PEKING UNIVERSITY

北京大学年鉴

《北京大学年鉴》编委会 编

2014

图书在版编目（CIP）数据

北京大学年鉴. 2014 /《北京大学年鉴》编委会编. -- 北京：北京大学出版社，2025.6. -- ISBN 978-7-301-36422-2

Ⅰ. G649.281-54

中国国家版本馆CIP数据核字第2025DB0984号

书　　　名	北京大学年鉴（2014）
	BEIJING DAXUE NIANJIAN (2014)
著作责任者	《北京大学年鉴》编委会　编
责任编辑	陈　健　梁庭芝
标准书号	ISBN 978-7-301-36422-2
出版发行	北京大学出版社
地　　　址	北京市海淀区成府路205号　100871
网　　　址	http://www.pup.cn　　新浪微博：@北京大学出版社
电子邮箱	zpup@pup.cn
电　　　话	邮购部 010-62752015　发行部 010-62750672
	编辑部 010-62752032
印　刷　者	北京中科印刷有限公司
经　销　者	新华书店
	787毫米×1092毫米　16开本　37.5印张　4彩插　1358千字
	2025年6月第1版　2025年6月第1次印刷
定　　　价	200.00元

未经许可，不得以任何方式复制或抄袭本书之部分或全部内容。

版权所有，侵权必究

举报电话：010-62752024　电子邮箱：fd@pup.cn

图书如有印装质量问题，请与出版部联系，电话：010-62756370

《北京大学年鉴（2014）》编委会

主　任：朱善璐　王恩哥
副主任：张　彦　吴志攀　柯　杨　刘　伟　王　杰　于鸿君
　　　　敖英芳　叶静漪　李岩松　高　松　陈十一　王仰麟
委　员：李晓明　李　强　张宝岭　邓　娅　程　旭　黄桂田
　　　　马化祥　孙　丽　陈宝剑　衣学磊　肖　渊　雷　虹
　　　　冯支越　余　浚　胡新龙　胡少诚

《北京大学年鉴（2014）》编辑部

主　编：张国有
副主编：马化祥　肖　渊　胡少诚
编　辑（按姓氏笔画为序）：
　　　　王天天　左　婧　冯　路　曲一铭　任一丁　刘明乾
　　　　刘语潇　刘　鹏　汤继强　孙启明　李　喆　李东辉
　　　　杨　超　杨柠泽　杨凌春　吴　明　利冠廷　张　琳
　　　　张妙妙　陈　捷　陈璇雯　罗小廷　侯　乐　徐聪颖
　　　　高慧芳　郭俊玲　曹冠英　谢　婷　鞠　晓

编辑说明

《北京大学年鉴》是全面、客观、系统记述北京大学发展基本情况的大型专业性工具书，汇辑了北京大学一年内各方面、各层次的重要信息、资料和数据。

《北京大学年鉴（2014）》是北京大学建校以来的第十六本年鉴，反映了北京大学2013年度在教学改革、学科建设、科学研究、社会服务、对外交流等方面的发展进程和最新成就。

本年鉴以文章和条目为基本体裁，以条目为主。全书共分特载、专文、北大概况、基本数据、机构与干部、院系情况、教育教学与学科建设、科学研究与社会服务、管理与后勤保障、党建与思想政治工作、人物、党发、校发文件目录、表彰与奖励、毕业生名单、大事记、附录等基本栏目。

本年度所收录的各院、系、所、中心等单位的资料基本按照发展概况、教学科研、合作交流、管理服务等条目编写。统计图表附在相关内容之后。

本年鉴所刊内容由各单位确定专人负责提供，并经本单位领导审定。

本年鉴采用双重检索系统。书前有目录，书后有索引。索引采用内容分析主题法，按汉语拼音排序，读者还可以通过书眉检索所需资料。

本年鉴主要收录了各单位2013年1月1日至12月31日期间发生的重大事件，部分内容依据实际情况，在时限上略有延伸。

《北京大学年鉴（2014）》由北京大学党委办公室、校长办公室组织编写，在编写过程中，得到了各有关单位和部门的大力支持，在此谨表示衷心感谢。

《北京大学年鉴》编辑部
2014年12月

5月4日，为学习贯彻习近平总书记重要回信精神，北京大学举行学习贯彻习近平总书记给北京大学考古文博学院2009级本科团支部全体同学回信精神座谈会。（宣传部 供）

9月8日，在第29个教师节即将来临之际，中共中央政治局委员、国务院副总理刘延东来校看望慰问师生，并观看原创歌剧《为你而来·王选之歌》。（宣传部 供）

2月6日，全国政协副主席、科学技术部部长万钢一行来校看望徐光宪院士，向徐光宪及其家人送上新春的祝福。（宣传部 供）

7月11日，北京大学党的群众路线教育实践活动动员部署大会召开。（宣传部 供）

9月26日，北京大学党的群众路线教育实践活动理论研讨会召开。（宣传部 供）

1月5日，由北京大学、中共中央党校、北京师范大学以及教育部高等学校社会科学发展研究中心共同发起的"马克思主义与中国文化协同创新中心"成立。（宣传部 供）

4月8日,2011年诺贝尔生理学或医学奖得主、得克萨斯西南医学中心"宿主防御遗传研究中心"主任、美国学者布鲁斯·博伊特勒(Bruce A. Beutler)博士来访,并接受"北京大学名誉教授"称号和"大学堂顶尖学者讲学计划"奖牌。(宣传部 供)

5月5日,首届北京大学五四科学论坛举行。(宣传部 供)

10月11日,北京大学数学学科创建100周年庆典举行。(宣传部 供)

10月19日,北京大学物理学科建立100周年庆祝大会举行。(宣传部 供)

12月4日,北京大学纪念毛泽东同志诞辰120周年理论研讨会举行。(宣传部 供)

12月23日,由中央电视台和北京大学联合举办的《中华之光·讲堂》首场讲座举行,叶嘉莹受邀担任主讲嘉宾。(宣传部 供)

6月20日，第一届北京大学人才论坛暨人才战略伙伴授牌仪式在英杰交流中心举行。（宣传部 供）

12月6日至7日，中华医学会医学教育分会第六届四次会议召开。大会向北京大学原党委书记、北京大学人民医院血液病专家王德炳教授颁发了医学教育"终身成就奖"。（宣传部 供）

10月23日，北京大学国际战略研究院成立大会举行。（宣传部 供）

3月11日,北京大学与天津市滨海新区政府共建北京大学(滨海)新一代信息技术研究院签约仪式举行。(宣传部 供)

4月20日,由北京大学第三医院11个科室的27名医护人员组成的北京首批国家医疗队,开赴四川雅安地震灾区。(第三医院 供)

7月18日,校领导到海淀区调研,并就进一步推动北京大学和海淀区的合作进行座谈。(宣传部 供)

4月30日，北京大学—台湾师范大学奥运太极雕像赠送仪式在北京大学邱德拔体育馆举行。（宣传部 供）

3月4日，北京大学纪念毛泽东同志"向雷锋同志学习"题词发表五十周年座谈会暨北京大学团委与雷锋生前所在团"共建共育培训班"开班仪式举行。（宣传部 供）

5月7日，北京大学建校115周年音乐会在北京音乐厅举行。（宣传部 供）

10月11日，中国国家乒乓球队成员走进北京大学，与学子交流互动。（宣传部 供）

11月22日，北京大学学生艺术总团暨学生文化艺术协会成立。（宣传部 供）

11月23日，"廿载爱心接力，青春与梦同行"纪念北京大学开展志愿服务二十周年大会暨首届北京大学志愿文化节开幕式举行。（宣传部 供）

目　录

·特　载·······························(1)
习近平总书记给北京大学考古文博学院2009级
　本科团支部亲切回信·····························(1)
北京大学深入学习贯彻习近平总书记五四重要讲话
　和"回信"精神·································(1)
刘延东副总理看望慰问北京大学师生　观看北大原
　创歌剧《为你而来·王选之歌》·················(2)
办好人民满意的高等教育　加快创建世界一流大学
　进程——北京大学党的群众路线教育实践活动全
　面启动·······································(4)

·专　文·······························(6)
党委书记朱善璐在春季全校干部大会上的
　讲话···(6)
校长王恩哥在春季全校干部大会上的讲话······(13)
党委书记朱善璐在秋季全校干部大会上的
　讲话··(18)
校长王恩哥在秋季全校干部大会上的讲话······(26)

·北大概况·····························(33)

·基本数据·····························(40)

·机构与干部··························(44)
校领导机构组成名单·····························(44)
校务委员会·····································(45)
学术委员会·····································(45)
专业技术职务评审委员会·························(46)
学位评定委员会·································(47)
第六届教职工代表大会执行委员会·················(47)
各院、系、所、中心负责人·······················(47)
校机关各部门、工会、团委负责人·················(50)
直属、附属单位负责人···························(52)
各民主党派和归国华侨联合会负责人···············(53)

·院系情况·····························(55)
数学科学学院···································(55)
物理学院·······································(58)
化学与分子工程学院·····························(60)

生命科学学院···································(65)
城市与环境学院·································(68)
地球与空间科学学院·····························(70)
心理学系·······································(74)
建筑与景观设计学院·····························(77)
信息科学技术学院·······························(78)
工学院···(81)
计算机科学技术研究所···························(83)
软件与微电子学院·······························(84)
环境科学与工程学院·····························(86)
中国语言文学系·································(88)
历史学系·······································(89)
考古文博学院···································(90)
哲学系(宗教学系)·······························(91)
外国语学院·····································(93)
艺术学院·······································(95)
对外汉语教育学院·······························(97)
歌剧研究院·····································(98)
国际关系学院···································(99)
经济学院······································(101)
光华管理学院··································(102)
法学院··(104)
信息管理系····································(106)
社会学系······································(107)
政府管理学院··································(109)
马克思主义学院································(110)
教育学院······································(111)
新闻与传播学院································(113)
人口研究所····································(115)
国家发展研究院································(115)
体育教研部····································(116)
基础医学院····································(118)
药学院··(120)
公共卫生学院··································(123)
护理学院······································(124)
医学人文研究院/医学部公共教学部················(128)
第一医院(第一临床医学院)······················(130)
人民医院(第二临床医学院)······················(134)
第三医院(第三临床医学院)······················(140)
口腔医院(口腔医学院)··························(143)

肿瘤医院（临床肿瘤医学院） (147)
第六医院（精神卫生研究所） (150)
首钢医院 (152)
深圳医院 (154)
滨海医院 (155)
元培学院 (158)
中国社会科学调查中心 (160)
分子医学研究所 (161)
科维理天文与天体物理研究所 (163)
北京国际数学研究中心 (163)
《儒藏》编纂与研究中心 (165)
深圳研究生院 (165)

• 教育教学与学科建设 • (172)

本科生教育 (172)
　医学部本科生教育 (248)
研究生教育 (253)
　医学部研究生教育 (269)
继续教育 (271)
　医学继续教育 (274)
留学生与港澳台学生教育 (276)

• 科学研究与社会服务 • (277)

理工科与医科科研 (277)
文科科研 (298)
医院管理处 (314)
科技开发 (315)
国内合作 (323)
　医学部国内合作与产业管理 (324)
主要区域发展服务机构 (327)
　首都发展研究院 (327)
　深港产学研基地 (328)
校办产业管理委员会办公室 (330)
主要高科技企业 (331)
　北京大学科技园 (331)
　北大方正集团有限公司 (332)
　北大青鸟集团 (332)
　北大未名生物工程集团有限公司 (333)
　北京北大维信生物科技有限公司 (334)
　北京北大英华科技有限公司 (335)
　北京北大临湖科技发展有限公司 (336)
　北大资源集团 (337)
主要教学科研服务机构 (339)
　图书馆 (339)
　医学图书馆 (346)
　出版社 (347)
　医学出版社 (349)
　档案馆 (349)
　医学部档案馆 (350)
　校史馆 (351)
　赛克勒博物馆 (353)
　地质博物馆 (353)
　体育馆 (354)
　北京大学学报（自然科学版） (355)
　北京大学学报（哲学社会科学版） (356)
　北京大学学报（医学版） (356)
　计算中心 (357)
　现代教育技术中心 (360)
　医学部信息通讯中心 (361)
　医药卫生分析中心 (363)
　实验动物科学部 (364)
　中国药物依赖性研究所 (365)
　医学教育研究所 (367)
　医学信息学中心 (368)
　中国卫生发展研究中心 (369)

• 管理与后勤保障 • (371)

"985工程"与"211工程"建设 (371)
发展规划部 (372)
对外交流 (374)
人事部 (376)
　离退休工作 (377)
财务工作 (379)
审计工作 (382)
房地产管理 (385)
　肖家河教工住宅项目 (387)
实验室与设备管理部 (388)
　昌平校区 (398)
基建工作 (400)
总务工作 (402)
　医学部总务工作 (405)
主要后勤保障服务机构 (408)
　会议中心 (408)
　餐饮中心 (410)
　动力中心 (411)
　校园服务中心 (413)
　学生宿舍管理服务中心 (414)
　燕园社区服务中心 (415)
　燕园街道办事处 (416)
　北京大学医院 (418)
　北京大学附属中学 (420)
　北京大学附属小学 (422)

信息化建设与管理办公室 …………… （423）
教育基金会与校友工作 …………………… （426）
　　教育基金会 ……………………………… （426）
　　校友工作 ………………………………… （428）

·党建与思想政治工作· ………… （429）
组织工作 …………………………………… （429）
宣传工作 …………………………………… （431）
统战工作 …………………………………… （434）
纪检监察工作 ……………………………… （439）
保卫工作 …………………………………… （442）
保密工作 …………………………………… （443）
工会与教代会工作 ………………………… （444）
学生工作 …………………………………… （447）
　　学生就业指导服务中心 ………………… （450）
　　青年研究中心 …………………………… （451）
　　学生心理健康教育与咨询中心 ………… （452）
　　学生资助中心 …………………………… （453）
共青团工作 ………………………………… （455）
机关党委 …………………………………… （461）
后勤党委 …………………………………… （462）
直属单位党委 ……………………………… （464）
产业党工委 ………………………………… （466）
　　医学部产业党总支 ……………………… （467）

·人　物· ………………………… （469）
在校院士名录 ……………………………… （469）
哲学社会科学资深教授名录 ……………… （470）
具有正高级职称的教师及专业技术人员名单
　　………………………………………… （470）
2013年逝世人员名单 ……………………… （480）

·党发、校发文件目录· ………… （482）

·表彰与奖励· …………………… （489）
党建与思想政治工作奖励 ………………… （489）
教学科研奖励与奖教金 …………………… （495）
学生及学生工作奖励 ……………………… （500）
奖学金名单 ………………………………… （517）
共青团系统表彰名单 ……………………… （537）

·毕业生名单· …………………… （541）
本科生毕业生名单 ………………………… （541）
研究生毕业生名单 ………………………… （555）

·大事记· ………………………… （570）

·附　录· ………………………… （575）
2013年授予的名誉教授 …………………… （575）
2013年聘请的客座教授 …………………… （575）
北京大学2012—2013学年校历 …………… （576）
北京大学2013—2014学年校历 …………… （577）

·索　引· ………………………… （578）

表 目 录

表 6-1	2013 年数学科学学院本科生在校生人数统计	(55)
表 6-2	2013 年数学科学学院研究生在校生人数统计	(55)
表 6-3	2013 年数学科学学院举办的国际学术会议	(56)
表 6-4	数学科学学院 2013 届毕业生毕业去向统计	(57)
表 6-5	2013 年生命科学学院纵向科研项目（包括子课题）一览表	(67)
表 6-6	2013 年生命科学学院横向科研项目明细表	(68)
表 6-7	2013 年生命科学学院基层党建创新立项情况表	(68)
表 6-8	2013 年生命科学学院学生活动情况一览表	(68)
表 6-9	2013 年外国语学院入选北京市高等教育精品教材名单	(94)
表 6-10	2013 年外国院学院入选北京大学教材建设立项支持名单	(94)
表 6-11	外国语学院获得教育部第六届高等学校科学研究优秀成果奖（人文社会科学）名单	(94)
表 6-12	2013 年对外汉语教育学院教师代表成果	(97)
表 6-13	2013 年对外汉语教育学院承担的科研项目	(98)
表 6-14	药学院 2013 届夏季硕士毕业去向	(122)
表 6-15	药学院 2013 届夏季博士毕业去向	(122)
表 6-16	2013 年护理学院教师主编教材情况	(125)
表 6-17	2013 年度护理学院教师外出学习、参会情况	(125)
表 6-18	2013 年护理学院获奖情况	(127)
表 6-19	第一医院 2013 年、2012 年收入、支出对比	(133)
表 6-20	2013 年度口腔医学院教师出版著作、发表论文情况	(144)
表 6-21	2013 年度口腔医学院获奖情况	(145)
表 6-22	2013 年度口腔医学院专利获得情况	(145)
表 7-1	2013 年北京大学本科专业分布表	(175)
表 7-2	2013 年北京大学本科课程目录	(177)
表 7-3	2013 年度北京大学教材建设立项名单	(245)
表 7-4	2013 年北京大学获评北京高等教育经典教材名单	(246)
表 7-5	2013 年北京大学获评北京高等教育精品教材名单	(246)
表 7-6	北京大学入选第二批国家级精品资源共享课立项项目名单	(247)
表 7-7	北京大学入选第三批国家级精品资源共享课立项项目名单	(247)
表 7-8	北京大学入选第五批"精品视频公开课"名单	(248)
表 7-9	2013 年医学部本科招生基本情况	(248)
表 7-10	医学部获中华医学会医学教育分会 2012 年度医学教育优秀论文奖名单	(250)
表 7-11	医学部教学单位汇总（截至 2013 年 12 月 31 日）	(251)
表 7-12	医学部临床学系成立时间及第一届学系主任名单	(252)
表 7-13	2013 年北京大学授予博士、硕士学位学科专业目录	(261)
表 7-14	2013 年北京大学入选全国优秀博士学位论文名单	(265)
表 7-15	2013 年度北京大学优秀博士学位论文（93 篇）	(265)
表 7-16	2013 年北京大学在校研究生统计（双证）	(268)
表 8-1	国家实验室	(280)
表 8-2	国家重点实验室	(280)
表 8-3	国家级重点实验室	(280)
表 8-4	国家工程研究中心	(280)
表 8-5	国家工程实验室	(281)
表 8-6	省部共建国家重点实验室培育基地	(281)
表 8-7	教育部重点实验室	(281)
表 8-8	教育部工程研究中心	(281)
表 8-9	卫生部重点实验室	(281)
表 8-10	卫生部工程技术研究中心	(282)
表 8-11	北京市重点实验室/工程技术研究中心	(282)

表 8-12	中关村开放式实验室 …… (282)	
表 8-13	广东省、深圳市重点实验室 …… (283)	
表 8-14	其他省部级研究基地 …… (283)	
表 8-15	北京大学 2013 年度理工医科在研科研项目数分类统计 …… (283)	
表 8-16	北京大学 2013 年理科与医科科研项目到校经费统计 …… (284)	
表 8-17	北京大学 2006—2013 年到校科研经费分类统计 …… (284)	
表 8-18	北京大学 2013 年度理工科新批科研项目和经费统计 …… (285)	
表 8-19	北京大学 2013 医科新批科研项目和经费统计 …… (285)	
表 8-20	北京大学 2013 年获批国家自然科学基金项目和经费统计 …… (285)	
表 8-21	北京大学医学部 2013 年度获批国家自然科学基金项目和经费统计 …… (285)	
表 8-22	北京大学 2013 年度获批的国家自然科学基金重点项目 …… (289)	
表 8-23	北京大学 2013 年度获批的国家自然科学基金重大项目/课题 …… (289)	
表 8-24	北京大学 2013 年度获批的国家自然科学基金国家重大科研仪器设备研制专项 …… (290)	
表 8-25	北京大学 2013 年度获批的国家自然科学基金重大研究计划 …… (290)	
表 8-26	北京大学 2013 年度获批的国家自然科学基金重大国际合作项目 …… (290)	
表 8-27	北京大学 2013 年获批的《国家重点基础研究发展规划》项目 …… (291)	
表 8-28	北京大学 2013 年获批的《国家重点基础研究发展规划》课题 …… (291)	
表 8-29	北京大学 2013 年获批的重大科学研究计划项目 …… (291)	
表 8-30	北京大学 2013 年获批的重大科学研究计划课题 …… (291)	
表 8-31	北京大学 2013 年度获批的 863 计划课题 …… (292)	
表 8-32	北京大学 2013 年度获批的支撑计划课题 …… (292)	
表 8-33	北京大学 2013 年度新获批的重大仪器设备专项 …… (292)	
表 8-34	北京大学 2013 年理工医科获批"创新团队发展计划"名单 …… (292)	
表 8-35	北京大学 2013 年理工医科获批的"新世纪优秀人才支持计划"名单 …… (292)	
表 8-36	北京大学 2013 年理工医科获批的教育部科学技术研究项目 …… (293)	
表 8-37	2013 年北京大学青年教师入选北京市科技新星计划名单 …… (293)	
表 8-38	北京大学 2013 年获批的公益性行业专项 …… (293)	
表 8-39	北京大学获 2013 年度国家科学技术奖项目 …… (293)	
表 8-40	北京大学获 2013 年度高等学校科学技术奖项目 …… (294)	
表 8-41	北京大学获 2013 年度北京市科学技术奖项目 …… (294)	
表 8-42	北京大学获 2013 年度中华医学科技奖项目 …… (295)	
表 8-43	2013 年度 SCI 数据库收录的北京大学为第一作者单位的论文及分布总体情况统计 …… (295)	
表 8-44	北京大学 2013 年通过鉴定的科研成果统计表 …… (296)	
表 8-45	北京大学 2013 年专利申请受理、获授权情况统计表 …… (296)	
表 8-46	北京大学校本部 2013 年主办的理工类国际学术会议和研讨班情况统计 …… (296)	
表 8-47	北京大学医学部 2013 年主办的医学类国际学术会议和研讨班情况统计 …… (297)	
表 8-48	北京大学 2013 年度文科主要纵向项目申报和立项情况 …… (299)	
表 8-49	北京大学 2013 年度文科其他纵向项目立项情况 …… (299)	
表 8-50	北京大学 2013 年度文科纵向项目评审组织情况 …… (299)	
表 8-51	北京大学 2009 年至 2013 年文科科研经费一览表 …… (299)	
表 8-52	第六届高等学校科学研究优秀成果奖(人文社会科学)前 10 名高校获奖情况 …… (300)	
表 8-53	2013 年北京大学教育部人文社会科学重点研究基地名单 …… (301)	
表 8-54	2013 年度北京大学文科纵向科研课题立项名单 …… (302)	
表 8-55	第六届高等学校科学研究优秀成果奖(人文社会科学)北京大学获奖成果名单 …… (308)	
表 8-56	北京大学第十二届人文社会科学研究优秀成果奖名单 …… (311)	
表 8-57	第二届思勉原创奖北京大学获奖名单 …… (312)	

表号	标题	页码
表 8-58	北京大学获北京市社会科学理论著作出版基金 2013 年资助著作名单	(313)
表 8-59	2013 年北京大学文科入选教育部"新世纪优秀人才支持计划"名单	(313)
表 8-60	2012 年度北京大学人文社科 SSCI、AHCI、SCI 收录论文院系统计表	(313)
表 8-61	2013 年科技开发部签订进款技术合同统计	(317)
表 8-62	2013 年科技开发部签订进款技术合同分布区域统计	(318)
表 8-63	2013 年科技开发部技术合同到款统计	(318)
表 8-64	2013 年北京大学签订的 100 万元以上技术合同	(318)
表 8-65	北京大学首届产学研奖获奖名单	(322)
表 8-66	2013 年医学部专利申请及授权情况统计	(322)
表 8-67	2013 年度图书馆书刊采访工作统计	(339)
表 8-68	2013 年度图书馆电子资源订阅情况统计	(340)
表 8-69	图书馆近五年相关读者服务工作进展情况	(341)
表 8-70	2013 年图书馆科研项目一览	(343)
表 8-71	2013 年图书馆（总馆）学术成果获奖情况统计	(344)
表 8-72	《北京大学学报（自然科学版）》2011—2012 年文献计量指标统计	(355)
表 9-1	2013 年北京大学审计项目分类统计表	(384)
表 9-2	2013 年北京大学实验室基本情况一览表	(392)
表 9-3	2013 年新增 40 万元以上大型仪器设备一览表	(393)
表 9-4	北京大学大型仪器设备开放测试基金使用情况统计表	(398)
表 9-5	2008—2013 年北京大学大型仪器设备测试服务收入统计表	(398)
表 9-6	2013 年北京大学大型软件审批目录	(424)
表 9-7	2013 年北京大学新建楼宇及旧楼改造信息网络建设项目	(426)
表 13-1	北京大学 2012—2013 年度优秀德育奖名单	(492)
表 13-2	北京大学 2012—2013 年度优秀班主任标兵名单	(493)
表 13-3	北京大学 2012—2013 年度优秀班主任名单	(493)
表 13-4	北京大学"学生工作先进单位"名单	(494)
表 13-5	北京大学 2012—2013 年度教学优秀奖获奖名单	(495)
表 13-6	北京大学荣获第九届北京市教学名师奖名单	(495)
表 13-7	北京大学 2013 年国华杰出学者奖获奖名单	(496)
表 13-8	北京大学 2013 年杨芙清—王阳元院士教师奖获奖名单	(496)
表 13-9	北京大学 2013 年正大奖教金获奖名单	(496)
表 13-10	北京大学 2013 年通化东宝生命科学奖教金获奖名单	(496)
表 13-11	北京大学 2013 年方正奖教金获奖名单	(497)
表 13-12	北京大学 2013 年树仁学院奖教金获奖名单	(497)
表 13-13	北京大学 2013 年中国工商银行教师奖获奖名单	(497)
表 13-14	北京大学 2013 年北京银行奖教金获奖名单	(498)
表 13-15	北京大学 2013 年宝洁奖教金获奖名单	(498)
表 13-16	北京大学 2013 年宝钢奖教金获奖名单	(498)
表 13-17	北京大学 2013 年人文杰出青年学者奖获奖名单	(498)
表 13-18	北京大学 2013 年绿叶生物医药杰出青年学者奖获奖名单	(499)
表 13-19	北京大学 2013 年黄廷方/信和青年杰出学者奖获奖名单	(499)
表 13-20	北京大学 2013 年华为奖教金获奖名单	(499)
表 13-21	北京大学 2013 年王选青年学者奖获奖名单	(499)
表 13-22	北京市三好学生名单	(514)
表 13-23	北京市优秀学生干部名单	(514)

图 目 录

图 6-1　2013 年化学与分子工程学院机构设置 …………………………………………………………（61）

· 特 载 ·

习近平总书记给北京大学考古文博学院
2009 级本科团支部亲切回信

　　五四青年节即将到来之际,中共中央总书记、国家主席、中央军委主席习近平5月2日给北京大学考古文博学院2009级本科团支部全体同学回信,肯定他们立志为实现中华民族伟大复兴的中国梦而奋斗的理想和追求,勉励当代青年珍惜韶华、奋发有为,勇做走在时代前面的奋进者、开拓者、奉献者。回信全文如下。

北京大学考古文博学院
2009级本科团支部全体同学:

　　来信收悉。得知你们近一年来不仅校园学习取得新的进步,而且在野外考古实习中很有收获,甚为欣慰。从字里行间,我感受到了你们立志为实现中华民族伟大复兴的中国梦而奋斗的决心和信心。

　　你们在信中写道,中国梦让你们感受到了一份同心奋进的深沉力量,让你们更加懂得了当代青年所肩负的历史责任。说得很好。中国梦是国家的梦、民族的梦,也是包括广大青年在内的每个中国人的梦。"得其大者可以兼其小。"只有把人生理想融入国家和民族的事业中,才能最终成就一番事业。希望你们珍惜韶华、奋发有为,勇做走在时代前面的奋进者、开拓者、奉献者,努力使自己成为祖国建设的有用之才、栋梁之材,为实现中国梦奉献智慧和力量。

　　五四青年节即将来临,我向你们致以节日的问候。

习近平
2013年5月2日

　　据悉,2012年6月19日,习近平到北京大学调研高校党建工作时,看望了考古文博学院2009级学生,并同他们交流,勉励他们学好专业,为中华民族文化传承和祖国建设多作贡献。五四青年节前夕,学生团支部全体同学于4月28日给总书记写信,向总书记汇报了他们近一年来的学习、生活、思想情况特别是关于中国梦的认识和体会,同时表达了恳请总书记在百忙中再一次给他们送上寄语和嘱咐的期盼。习近平收到北京大学党委转交的这封信后随即回信。

　　(资料来源:人民网。原文标题:习近平给北京大学学生回信勉励当代青年　勇做走在时代前面的奋进者开拓者奉献者。)

北京大学深入学习贯彻习近平总书记
五四重要讲话和"回信"精神

　　2013年5月2日,习近平总书记给北京大学考古文博学院2009级本科团支部全体学生回信,勉励青年学生珍惜韶华、奋发有为,为实现中国梦奉献智慧和力量。5月4日,习近平总书记在同各界优秀青年代表座谈时,对广大青年提出了五点希望。北京大学党委高度重视,将学习贯彻习近平总书记重要讲话和"回信"精神,作为当前和今后一个时期的重要任务和开展"中国梦"主题教育活动的核心内容;结合115周年校庆和一流大学建设实际,切实加强和改进大学生思想政治工作,全面提升学校办学水平和高等教育质量,在全校范围内营造"圆梦北大、筑梦中华"的浓厚氛围。

　　5月3日上午,根据上级通知,党委书记朱善璐赴中共中央办公厅取回习近平总书记给我校考古文博学院2009级本科团支部的回信。获悉情况后,中央政治局委员、国务院副总理刘延东同志指示,总书记的回信是北大、全体青年学生以及全国教育界的一件大事,希望北大立即组织面向干部师生和党团员的学习活动,按照总书记回信的要求,加快推进创建世界一流大学步伐,在实现"中国梦"的进程中作出重大贡献。

校党委迅速召开相关会议,第一时间组织学习传达。5月3日下午,党委书记朱善璐先后主持召开党委书记办公会、党委常委会(扩大)会议和干部大会,学习传达总书记"回信"精神;学生工作部召开座谈会,组织部分学生党支部书记学习总书记"回信"精神。当晚,考古文博学院召开座谈会,组织师生学习总书记"回信"精神。在4月已经下发《"我的中国梦"主题教育活动实施方案》的基础上,校党委印发《关于学习贯彻习近平总书记给北京大学考古文博学院2009级本科团支部全体学生"回信"精神的通知》,要求全校学习宣传、贯彻落实总书记"回信"精神,以"北大梦""青春梦"助推"中国梦"早日实现。5月4日上午,学校举办"学习贯彻习近平总书记给北京大学考古文博学院2009级本科团支部全体同学回信精神座谈会",教育部、团中央相关负责同志出席并讲话。

5月4日下午,党委书记朱善璐主持召开书记办公会,学习总书记在同各界优秀青年代表座谈时的讲话;会议决定成立北京大学学习贯彻习近平总书记给我校考古文博学院2009级本科团支部全体同学回信精神暨在同各界优秀青年代表座谈时的讲话精神领导小组(下称"学习领导小组"),统筹领导并推进学习活动深入开展。5月4日是北京大学建校115周年纪念日,在当天的校庆系列活动中,学校领导向返校的广大校友通报了总书记回信情况。5月4日晚,学生工作部组织优秀学生代表收看新闻联播报道并座谈。5月5日上午,学习领导小组召开会议,就深入开展学习总书记重要讲话和"回信"精神活动进行研究。当晚,校团委召开"北大团员青年学习习近平总书记五四重要讲话和回信精神座谈会"。

5月7日上午,党委书记朱善璐主持召开书记办公会,研究部署如何运用总书记五四重要讲话和回信精神具体指导学校工作。5月7日下午,朱善璐主持召开党委常委会,就如何组织学习贯彻总书记五四重要讲话和回信精神进行深入研讨。5月7日、8日,朱善璐先后到马克思主义学院和艺术学院调研,就以总书记五四重要讲话和"回信"精神为指导,进一步加强北大学生价值观教育、美育教育,进行深入研讨部署。学校还发出《关于转发〈中共教育部党组关于教育系统学习贯彻习近平总书记五四重要讲话精神的通知〉的通知》,要求全校紧扣立德树人的主题,深入思考培养什么人和怎么培养人,将学习活动与学校育人工作更加紧密地结合起来,加快创建世界一流大学。

刘延东副总理看望慰问北京大学师生
观看北大原创歌剧《为你而来·王选之歌》

9月8日,第29个教师节来临之际,中共中央政治局委员、国务院副总理刘延东,全国政协副主席、中国科协主席、九三学社中央主席韩启德,十一届全国政协副主席王志珍,教育部部长袁贵仁,中国科学院院长白春礼,中国工程院院长周济,共青团中央书记处第一书记秦宜智,中国文联党组书记赵实,九三学社中央常务副主席邵鸿,国务院副秘书长江小涓等领导来我校看望慰问师生,并观看北大原创歌剧《为你而来·王选之歌》。校党委书记朱善璐、校长王恩哥和其他校领导陪同。

一、刘延东副总理亲切看望徐光宪院士

傍晚6时,刘延东来到徐光宪院士家中,亲切看望这位国家最高科技奖获得者,向他致以节日的问候,听取他对建设创新型国家、人力资源强国的意见和建议。教育部部长袁贵仁、国务院副秘书长江小涓以及校党委书记朱善璐、校长王恩哥等领导陪同看望。

刘延东首先代表习近平总书记、李克强总理和党中央、国务院向徐老致以诚挚的祝福和节日的问候。她称赞徐老是化学界老前辈,为稀土化学的理论和实践作出了巨大贡献,评价他是了不起的教育家,编写的教材《物质结构》直到现在还深受学生的欢迎,特别是他以自己的品德和精神影响学生,可谓"桃李满天下,师德扬四海"。

刘延东指出,中央高度重视科技和教育工作,高度重视人才培养工作,新一届领导集体产生后,习近平同志第一时间参加了政协科协、科技界联组会,强调实施创新驱动发展战略是立足全局、面向未来的重大战略;李克强总理不久前主持召开了国家科技教育领导小组第一次全体会议,强调发挥科技第一生产力作用,关键是促进科技和经济社会深度融合,并以创新和创业为导向;继续用好"人口红利"。必须一靠教育、二靠科技,两者有机结合。刘延东还指出,新中国成立60周年,特别是改革开放30多年来,中国的经济、科技、教育都实现了巨大的飞跃,但是和发达国家、科技强国相比,我们还是有很大的差距,在由大国向强国迈进的过程中,我们始终要牢记科技是关键,人才是核心,教育是基础。

当了解到徐老虽然年过九旬,仍坚持每天工作三四个小时,刘延东强调,北大师生要继承和发扬徐老几十年如一日甘于寂寞、潜心治学的精神,以徐老为榜样,学习他怎么做学问、怎么教学生、怎么做人,使北大培养出更多的拔尖创新人才,涌现出更多尖端科研成果,为国家进步、社会繁荣、人民幸福作出更大贡献。

徐光宪对国家给予他的崇高荣誉表示感激,也感谢中央和学校领导对他的关怀和关心。他与刘延东副总理畅谈了当前面临的第六次科技革命对世界发展的重要影响,高度赞扬了中央对科教工作的高度重视和大力投入。当刘延东副总理问及徐老对科研、教育工作的建议时,徐老特别指出,高等教育一定要注重培养创新人才,最重要的就是要培养学生独立自主学习和分类归纳、总结规律的能力。

临行前,徐老向刘延东等领导赠送了《举重若重:徐光宪传》一书。刘延东特别嘱咐陪同的学校领导,一定要关心保障好徐老的健康,认真总结徐老在教学、科研等方面的经验,并在工作中加以推广。

二、刘延东副总理与教师代表座谈

傍晚6时40分左右,刘延东在北大百周年纪念讲堂贵宾室亲切会见了王选院士夫人陈堃銶教授和教师代表。校党委书记朱善璐、校长王恩哥和其他校领导陪同。

刘延东首先代表党中央、国务院向全体北大教师致以节日的问候和良好的祝愿。在与陈堃銶教授的交谈中,她深情回忆了自己与王选、陈堃銶交往的经历,高度评价了王选的一生,称赞王选先生改变了整个现代印刷业,无愧于"当代毕昇"的称号。同时,她也对陈堃銶教授与王选先生在事业上的倾力合作、生活中的相濡以沫表示了由衷钦佩。刘延东高度赞扬了王选先生淡泊名利的崇高品质、追求事业的宝贵精神、多才多艺的个人魅力,并指出王选先生虽然离开了我们,但他永远活在人民心中。

在与教师代表座谈中,我校生命科学学院教授邓宏魁介绍了他带领的团队在干细胞技术领域的重大突破,副校长刘伟、哲学系主任王博介绍了中国成功申办2018年世界哲学大会的情况,艺术学院教授朱青生介绍中国成功申办2016年世界艺术史大会的情况。刘延东对这些成绩给予了充分肯定,她指出,当前中国正在从大国向强国迈进,世界总的经济发展是东升西降,但是在话语权方面还是西强我弱。举办人文社科领域国际性大会对于提升中国的软实力,争取在国际舞台上的学术话语权有很大的帮助,同时也能使更多的人了解中国。特别是在哲学领域,解决好东方哲学和西方哲学如何相互交融的问题,对世界的和平、社会的和谐、人民的幸福都有重要的意义,希望北京大学认真筹备这两场学术盛会。

三、刘延东副总理等领导与北大新生共同观看原创歌剧《为你而来·王选之歌》

晚7时,刘延东等领导同志与1400名本科新生在百周年纪念讲堂观看了《为你而来·王选之歌》的首场公开演出。

朱善璐在演出前的致辞中指出,王选先生的一生是光辉的一生,作为新中国自己培养的科技工作者,他经过长期的不懈努力和刻苦求索,以一系列的技术创新使汉字印刷"告别铅与火,迎来光与电",实现了中国印刷技术的第二次革命;作为新中国培养的人民教师,在他身上体现了学为人师、行为世范的高尚师德,他始终带着一颗大爱之心教书育人,为我们履行立德树人这一根本使命树立了时代典范。朱善璐希望广大青年学生能从该剧中深刻感受到科学家的高尚情怀和人民教师的师德风范,感受到北京大学的光荣传统和北大精神的深刻内涵,进而感受和理解中国精神的伟大力量,沿着前辈先贤的足迹,志存高远、埋头奋斗,圆梦北大、筑梦中华,像习近平总书记在给北大学生的回信中要求的那样,勇做走在时代前面的奋进者、开拓者、奉献者,成为祖国建设的有用之才、栋梁之材。

《为你而来·王选之歌》是一部"教授写教授,学生演老师"的原创歌剧,主创和演职人员几乎全部是北大师生,陈堃銶教授参与了整个创作过程,并亲自修改了很多歌词,它也是北大响应中国科协和教育部共同发起的科学家主题宣传活动"共和国的脊梁——科学大师名校宣传工程"的一大力作。

演出结束后,刘延东等领导同志走上舞台,与全体演员亲切握手并合影留念。刘延东称赞歌剧很好地再现了王选从一个普通的教师成长为一个伟大科学家的历程,描绘了一个人从平凡走向伟大的精神轨迹,她向参加该剧编、导、演的师生们表示最热烈的祝贺。

刘延东指出,王选是享誉国内外的伟大科学家,是中国共产党的亲密朋友,是一百多年来北大优秀教师中的杰出典范。他执着追求科学,坚守理想信念,对祖国、对人民、对社会主义、对科学教育事业充满热爱,为国家作出了伟大的贡献,他在激光照排领域取得的具有里程碑意义的成就,使中国古老的汉字放射出巨大的活力与光彩,展现出中国人的智慧、能力、勇气以及能够克服一切困难的伟大精神。王选同志是我们最好的榜样,是祖国的骄傲、人民的骄傲,更是北大的骄傲。

刘延东强调,新中国成立六十多年,以邓稼先、竺可桢、李四光、郭永怀为代表的老一辈科学大师和以王选为代表的新中国培养出来的科学家,为国家的现代化建设作出了不可替代、举足轻重的贡献。对于他们,祖国不会忘记,人民不会忘记,历史不会忘记。党的十八大报告提出两个百年奋斗目标,一个是在中国共产党成立一百年时全面建成小康社会,一个是在新中国成立一百年时建成富强、民主、文明、和谐的社会主义现代化国家。要实现这两个目标,必须大力发展教育事业,加快科技创新,必须牢记科技是关键,人才是核心,教育是基础。我们应该深入挖掘先进典型,认真学习老一辈精神品质,继续他们的理想和追求,更好地坚持走中国道路,弘扬中国精神,凝聚中国力量,打造中国形象,讲好中国故事。刘延东勉励在座的青年学子要以这些老科学家为榜样,不辜负先辈们的期望,接好"接力棒",将老一辈科学家开创的事业坚持下去,发展下去。

刘延东高度评价了该剧所展现出的艺术水准和精神感染力,认为该剧气势宏大,场景分明,情节跌宕,内容丰富,动人心弦;演员表演活力四射,亲切自然,充满青春向上的气息,该剧较好地表现出了王选老师的爱国情怀、科研精神、创新成果和可贵爱情,是一台能够展现北大水平的好作品。她希望这部优秀的作品能够走出北大,面向全国乃至全世界的观众。她希望主创人员在演出取得巨大成功的基础上,能够进一步挖掘思想内涵,丰富人物形象,将其打造成一部常演不衰的艺术精品和北大的文化品牌,让更多的人从中感受到中国科学家的志气和力量。

最后,朱善璐代表学校感谢刘延东副总理和各位领导莅临指导,表示要深入学习领会刘延东副总理发自肺腑、语重心长的讲话精神,以加快创建世界一流大学的实际行动为党和国家的事业,为民族复兴的"中国梦"贡献北大人的力量。

办好人民满意的高等教育　加快创建世界一流大学进程
——北京大学党的群众路线教育实践活动全面启动

7月11日上午,北京大学召开党的群众路线教育实践活动动员部署大会。中央第42督导组组长、中山大学原党委书记李延保,督导组副组长、教育部思想政治工作司副巡视员俞亚东以及来自中央纪委、中央组织部、教育部、工业和信息化部有关司局的五位督导组成员,学校党政领导班子全体成员,近期退出班子的原校领导出席大会,学校全体处级干部、教授代表以及其他教师代表、学生代表近四百人参加了大会。会议由校长王恩哥主持。

首先,校党委书记朱善璐代表学校党委做动员讲话,对我校开展教育实践活动作出了全面部署。朱善璐指出,根据中央精神和督导组的指导意见,学校党委把开展教育实践活动作为学校党建工作的首要任务和全局性关键性抓手,及时摆上主要议事日程,认真传达学习中央精神,研究谋划筹备这次教育实践活动,紧锣密鼓地开展调研与准备工作,认真听取了各方面的意见和建议。学校成立了教育实践活动领导小组,正式组建了领导小组办公室。我校教育实践活动实施方案已报请督导组同意,具体日程安排已经常委会会议审议通过,各项准备工作已全面就绪。

朱善璐强调,一要提高认识、升华境界,以高度的政治自觉性和强烈的责任感投身教育实践活动。开展教育实践活动,是党的十八大和党中央做出的重大决策部署,是当前重大而紧迫的政治任务;是发扬优良作风传统,保持党的先进性纯洁性,推进党的建设新的伟大工程的重大举措;是切实改进领导班子、领导干部的思想作风、解决广大师生员工反映强烈的突出问题的迫切需要;是将作风建设成效转化为加快创建世界一流大学强劲动力的重大契机。二要准确把握教育实践活动的指导思想和目标要求。坚持贯彻总要求,把这个总要求落实到教育实践活动的全过程、各环节,并随着活动的深入而不断深化。坚持把握好目标任务,针对北大存在的"四风"问题,以敢于以亮短揭丑的态度、以无私无畏的勇气,抓住主要矛盾,有的放矢、务求实效。坚持以整风精神开展批评和自我批评,坚决打消一切顾虑,开展积极健康的思想斗争。坚持领导带头、上行下效,一级做给一级看,一级带着一级改,形成一级抓一级、层层抓落实的工作格局。坚持师生群众参与,自觉接受师生监督,注意听取师生评价,确保教育实践活动与师生群众的意愿和期盼相契合。坚持分类指导,坚持一切从实际出发,灵活掌握时间进度,探索务实管用的工具载体。坚持创造性地开展工作,尊重师生员工的首创精神,及时总结、提炼并推广鲜活经验。三要牢牢抓住三个重要环节,确保教育实践活动扎实有序推进。现在虽已进入暑期,但学校的教育实践活动不能等、不能拖,必须立即启动。校领导班子和中层领导班子的教育实践活动要先行一步。这次教育实践活动不分阶段、不搞转段,必须把学习教育、听取意见,查摆问题、开展批评,整改落实、建章立制三个环节贯穿于教育实践活动全过程。四要加强领导,狠抓落实,用好的作风来抓作风改进工作,确保活动取得实效。加强组织领导,周密部署,精心实施,确保教育实践活动沿着正确轨道健康深入推进;强化督导检查,确保各项活动任务的落实;形成高质量的活动成果,确保改进作风、联系群众的常态化长效化。五要"两手抓、两促进",把教育实践活动的成果转化成完成教学科研中心任务的工作成果、推进学校各项事业发展的创建成果。必须牢牢把握教育实践活动这一重大契机,把活动成果及时运用转化。充分相信师生、紧紧依靠师生、紧密团结师生,始终保持与师生员工的血肉联系,凝聚起蕴藏于人民群众之中的伟大力量,推动学校的跨越发展;坚持以人为本、育人为本、人才为本、师生为本,切实转变发展方式、提高发展质量、实现内涵发展,确保把主要精力和资源配置更加有效地集中到全面提高教育质量和办学水平上来,把各项工作的重点更加有力地集中到同心同德、真抓实干,加快创建世界一流大学上来;坚持师生共享学校改革发展成果,团结一切可以团结的力量,调动一切积极因素,凝心聚力,奋发向上,办好人民满意的高等教育。

随后,督导组组长李延保讲话,对教育实践活动提出了具体要求。李延保指出,北京大学党委对教育实践活动高度重视,围绕扎实开展教育实践活动做了大量的准备工作。校党委组织专门力量,深入调研,广泛听取师生员工的意见,查明情况、摸清底数;组织党员干部认真学习贯彻习近平总书记和刘云山同志重要讲话精神,进一步提高思想认识,制订的工作方案体现了中央精神,符合自身实际,指导性、针对性和操作性都很强。

李延保强调,中央对开展教育实践活动的基本要求主要体现在五个方面。一是贯彻"照镜子、正衣冠、洗洗澡、治治病"的总要求。二是聚焦作风建设,坚决反对"四风"。三是以整风精神开展批评和自我批评。四是坚持领导带头。五是注重建立长效机制。李延保要求我校各级党组织和广大党员干部认真搞好教育实践活动。一要学习领会中央精神,把思想和行动统一到习近平总书记重要讲话精神上来,统一到党中央决策部署上来。二要保持良好精神状态,切实增强思想自觉和行动自觉,以改进作风的实际成效取信于师生员工。三要采取务实管用措施,确保教育实践活动扎实推进、不走过场,着力形成实践成果、制度成果和理论成果。四要坚持两手抓、两促进,把开展教育实践活动同做好学校改革发展各项工作,同人才培养、科学研究、服务社会、文化传承创新各项任务,同正在推进的现代大学制度建设,同建设世界一流大学的历史进程紧密结合起来。

李延保表示,督导组将按照中央要求,履职尽责,积极作为,扎实做好督导工作。一是紧紧依靠校党委开展工作,把督导工作寓于帮助服务之中,做到尽职不越位,督导不包办。二是认真履行督导工作职责,在全程督导、全面督导的同时,抓住重点对象、重点要求和重点环节,加强督促检查和具体指导。三是坚持以好的作风抓督导,坚持把学习放在首位,发扬钉钉子精神,自觉遵守中央八项规定。李延保还就搞好这次领导班子和党员领导干部的民主评议工作作了简要说明,并预祝北京大学能圆满完成教育实践活动的各项任务和目标,为全国高校教育实践活动提供经验,做出表率。

此前,6月19日下午,刚刚参加完中央"党的群众路线教育实践活动工作会议"的党委书记朱善璐回到学校,立即主持召开了书记办公会,传达习近平同志重要讲话精神和会议精神,并就学校党委落实中央要求,开展党的群众路线教育实践活动的相关工作进行了研究和部署。6月20日上午,北大党委召开常委会,全体常委认真学习了习近平总书记的重要讲话,讨论通过了北京大学党的群众路线教育实践活动领导机构组成名单,并部署在调研的基础上,具体制订《北京大学开展党的群众路线教育实践活动实施方案》。6月25日,北京大学党委召开扩大会议,传达学习开展党的群众路线教育实践活动有关精神。

·专　文·

党委书记朱善璐在春季全校干部大会上的讲话

（2013年4月3日）

同志们：

刚才，恩哥校长代表学校行政班子报告了2012年的工作，并对新学期工作做了安排部署。下面，我代表学校党委向大家简要报告2012年的工作情况，并就2013年度的工作提出要求。

一、2012年度党委工作报告

2012年是党的十八大召开之年，也是北京市第十一次党代会、学校第十二次党代会召开之年。学校党委勇担使命、创先争优，不断加强党建和思想政治工作，推动学校各项事业的科学发展。

（一）迎接和学习宣传贯彻十八大，将思想和行动统一到十八大精神上来

2012年年初，学校党委就把"开好党代会、加快创一流、迎接十八大"确定为工作主题，兴起了学习中国特色社会主义理论体系的新高潮，为迎接党的十八大召开营造了良好氛围。

在十八大胜利闭幕之后，学校党委立即明确了"贯彻十八大、落实党代会、加快创一流"的新工作主题，学校领导班子带头认真学习党的十八大报告和新修订后的党章，学习习近平总书记的一系列重要讲话精神。党委组织开展了关于十八大精神的理论研究。全校各基层党组织积极开展主题教育活动，使党的十八大精神真正入耳、入脑、入心。据初步统计，全校各级党组织已经举办代表报告会、师生座谈会、读书交流会、组织生活会、学术研讨会逾百场。

（二）筹备并成功召开学校第十二次党代会

筹备并召开第十二次党代会，是2012年度学校党委工作中的大事。在党代会筹备阶段，校党委先后召开了14次常委会、2次常委扩大会、8次全委会等各种形式党的会议，研究部署工作并酝酿推选代表。在"两委"委员推荐提名过程中，"三下"每一"下"都基本实现了对各级党组织的全面覆盖，全校26000多名党员的参与率分别达到了99.3%、97.1%、99.1%。

在党代会报告起草过程中，校党政领导班子成员深入基层开展党建工作专题调研，校党委召开了多个征求意见座谈会，面向全校以及校友代表、社会各界友人征求对党代会文件起草工作的意见和建议。经过反复讨论修改，十二次易稿，最终形成了凝聚着北大全体党员和全校广大师生员工智慧和心血的党代会报告。

2012年6月，学校第十二次党代会胜利召开。大会紧紧围绕"勇担使命、团结奋斗，更加执着地加快推进创建世界一流大学步伐"的主题，认真总结和回顾了第十一次党代会以来学校党的建设和主要工作情况，提出了"北大2048"远景规划和"三步走"战略设想，总结了"使命自觉、创建自信、差距自省、奋斗自强"的"四自"精神。会议批准了党委工作报告和纪委工作报告，并选举产生了中共北京大学第十二届委员会和第十二届纪律检查委员会。

（三）进一步加强领导班子思想作风建设，提高能力素质，稳步推进干部队伍建设

不断完善工作体制机制，增强校级领导班子凝聚力和战斗力。认真开好领导班子民主生活会，开展领导班子成员谈心、寒暑假战略研讨会（务虚会）等，建立健全党政领导班子沟通协调机制。通过召开基层党委书记季度会等途径，加强了校党委与院系党委的沟通交流。

着力加强领导班子的能力建设和作风建设。在党代会后，新一届党委立即组织了"红楼寻根"主题教育活动和延安学习班，研究制定了《关于进一步加强和改进党委领导班子建设的意见》，讨论通过了《关于进一步做好校领导联系院系基层工作的意见》。扎实推进党务公开工作，使发扬党内民主、加强党内监督等观念深入人心。2012年3月，教育部赴北京大学巡视组到我校开展巡视工作，对我校领导班子建设成效予以充分肯定。

坚持党管干部原则，扎实抓好干部队伍建设。2012年度，全校共完成班子换届、调整、充实及组建共40个。

(四)深入开展党建工作年活动,不断提高学校党的建设科学化水平

2012年,校党委先后召开了深化创先争优活动开展党建工作年推进会和深入开展创先争优活动总结表彰大会,不断推动创先争优常态化和长效化。

以党建基本标准迎评促建工作为契机,不断加强党建和思想政治工作的制度化、规范化、科学化建设,提升学校党建科学化水平。2012年11月,《北京普通高等学校党建和思想政治工作基本标准》检查组来校检查验收,对我校党建工作取得的新进展和新成绩予以高度肯定。

继续将提高党支部生活质量作为院系党组织建设的重点,继续实施"基层党建创新立项"工作,选取基层活动的重点项目予以经费支持,截至2012年11月,共计支持项目838个,总计支持经费84万余元。

(五)以筹备并召开新一届"双代会"为重要契机,切实推进和谐校园建设

自2012年9月起,经过精心筹备,新一届"双代会"于2013年1月胜利召开。这次"双代会"是继党代会之后,全校师生员工政治生活中的又一件大事。会议系统总结了八年来学校教代会和工会工作的主要成绩、基本经验,确定了今后一段时期的工作目标、主要任务。

全力推进校园民生工程。进一步建立完善了教职工待遇合理增长机制。五道口教师住宅完成认购工作,肖家河教师住宅项目加快推进。后勤系统改革取得新突破。

(六)以社会主义核心价值体系为引领,进一步繁荣发展校园文化

加强社会主义核心价值体系宣传教育。2012年先后举办了六场"聚时事·观热点"形势政策系列报告会,不断推进中国特色社会主义理论体系进课堂、进教材、进头脑。

推进哲学社会科学繁荣发展。召开人文社会科学发展工作会议,把十八大精神转化为推进文化建设和人文社会科学发展的实际行动。加强党史校史工作。继续开展北京市哲学社会科学科研骨干研修班的组织工作。

做好宣传思想和舆论引导工作。大力报道北大建设世界一流大学取得的阶段性成果。据不完全统计,北大2011—2012年度对外宣传中正面宣传整体发稿3000多篇,转载率80%以上。

充分抓住医学部百年庆典重大契机,大力宣传北大医务工作者救死扶伤、大爱无疆的高尚医德。

(七)坚持以立德树人为根本,加强大学生思想政治教育

依托学生党课、新生党员培训、学生党支部书记培训、红色"1+1"等活动平台,深入开展学生党建工作创新。

开展以"牢记'五个坚持',矢志成才报国"为主题的学生暑期社会实践活动,努力构建实践育人长效机制。与沈阳军区雷锋生前所在团建立"学雷锋共建共育协作关系",大力推进以"春燕行动"为代表的志愿服务,引导学生在志愿服务中实现思想境界的升华。

提高学生管理和服务工作"精致化"水平,构建有效的学生激励机制。

(八)进一步加强党风廉政建设,营造风清气正的校园环境

建立健全廉政制度体系。把强化"一岗双责"作为推进党风廉政建设的主线,形成一级抓一级、层层抓落实的责任体系。着力构建以岗位为"点"、以程序为"线"、以制度为"面"的廉政风险预防机制。建立信访监督工作联席会议机制。

进一步强化监督管理。切实加强对重点领域和关键环节的监管,特别是切实做到阳光招生、廉洁招生。加强科研经费管理,建立纪检、财务、审计、科研管理部门相互配合的协同监管机制。

深入开展廉洁教育工作。党委主要领导和纪委书记对新任处级干部进行廉政谈话。继续定期向校级和处级党员干部循环发送廉政短信,形成廉政警示机制。继续推进大学生廉洁教育。

(九)做好统一战线工作和群团工作,为推动学校各项事业发展凝聚力量

抓好民主党派和党外代表人士培养、储备和推荐工作。积极开展党外人士教育培训,认真做好党外干部挂职工作。做好党派中央、党派市委及全国、北京市两会换届工作,我校共有33人当选为民主党派市委委员,6人担任新一届民主党派北京市委负责人。

推进民族宗教工作和港澳台侨工作。注意在归国留学人员中加强统战工作,努力在优秀的归国留学人员中发现、培养、推荐党外代表人士,2012年推荐多位专家学者到北京市侨联、海淀区党外知识分子工作联谊会担任理事职务。

共青团工作、工会教代会工作取得新的成效,为建设和谐校园、凝聚各方力量发挥重要作用。

(十)认真做好安全稳定工作,推进平安校园建设

学校制订了校园安保防控工作方案、应急处突预案和各专项工作方案,妥善应对了"邹恒甫微博事件"、涉日维稳工作,以及多起上访、非法聚集、散发非法宣传片、非法传教活动等突发事件,有力维护了校园的安全稳定,并以高分顺利通过北京市"平安校园"创建达标验收检查。

二、关于2013年学校党委工作

今年是学习贯彻十八大精神的开局之年,也是全

面落实学校党代会部署，特别是向着"三步走"战略第一步战略目标奋斗的全面起步之年。如果说 2012 年我们把很大一部分精力用于谋划、筹备，那么 2013 年的鲜明特点就是要真抓实干、狠抓落实。

学校党委提出，当前和今后一个时期，北大全体师生员工抓落实的载体，就是全力推进北大"圆梦行动"。

今年是北大建校 115 周年。在 115 年的发展历程中，北大人为国家的富强、民族的复兴作出了自己的贡献；在新的历史时期，北大人更要继往开来，再接再厉，发挥优势，为实现中华民族伟大复兴的"中国梦"作出新的重要贡献，这是时代赋予北大人责无旁贷的使命和任务。在"中国梦"旗帜的感召下，北大人要有"北大梦"。北大之梦是中国梦的重要组成部分，也是北大为国家作贡献的最重要途径。

"北大梦"的具体内涵，就是把北大早日建成具有中国特色、北大特点、同时扎根于中华土壤的世界一流大学。北大人要实现梦想，必须踏踏实实、奋力开拓，把激情与实干、理想和科学结合起来。我们要立即启动并抓紧实施北大的"圆梦行动"，要在全国高校中示范引领，奋力追梦、率先圆梦！

同志们，在当前这个关键的时刻，我们应该对北大面临的形势有一个更加清醒的认识。

当前北大正处在重要的战略机遇期。国家发展的宏伟蓝图为创建世界一流大学事业提供了良好的外部环境。在学校第十二次党代会上，我们提出了"北大 2048 远景规划"和"三步走"战略设想，进一步明确了创建世界一流大学的路线图和时间表，这一发展目标和十八大确立的"建党 100 周年全面建成小康社会、建国 100 周年实现中华民族伟大复兴"的两个百年目标是高度契合的。

再有一个月时间，北京大学就将迎来 115 周年华诞。这是凝聚力量、振奋精神、万众一心朝着更高目标冲刺的契机。同时，也意味着距离"三步走"第一步战略目标的实现只有五年的时间。未来五年，我们将迎来新文化运动 100 周年、"五四运动" 100 周年，2021 年还将迎接建党 100 周年。北大是新文化运动的中心、"五四运动"的策源地和中国共产党最早的活动基地，这些是北大人永远的骄傲，在这些重大的历史纪念日、重要的时间节点，我们应该交出满意的答卷，应该以实实在在的工作业绩，告慰我们的先辈！

今年还是"985 工程"启动 15 周年。15 年前，以北大百年校庆为契机，国家启动了"985 工程"，创建世界一流大学上升为国家战略；15 年来，在国家的扶持下，通过全校师生员工的奋力拼搏，学校各项事业取得了长足进步，创建世界一流大学作为共同的事业追求和接力奋斗的目标，已在全校师生员工心中深深扎根。全校上下都要抓住这次契机，认真全面总结 15 年来的成功经验，继续探索在中国创建世界一流大学的规律，认真查找存在的差距和不足并在缩差、赶超的过程中实现北大新的历史性跨越。

我们还要清醒地认识到，北大面临的挑战也更加艰巨。在新一轮的世界高等教育格局调整中，我们要想迎头赶上、后来居上，就必须加快速度跨越发展，等不得、慢不得、浮不得，不进则退，慢进也是退！如果我们现在的各项工作抓不好、抓不紧、抓不实，那我们与世界一流大学的差距还可能会越拉越大。

今后的五年，是真抓实干、攻坚克难、全面推进、重点突破的五年。我们要在十八大精神的指引下，既对今后五年的工作进行总体设计，做到胸有全局，又要做好分领域的部署，认真制订年度计划，做到落实有步骤，走有中国特色、北大特点的创建道路。全校上下都要增强危机感和忧患意识，全身心投入今后五年的冲刺，一心一意创一流，聚精会神抓落实，把主要精力和资源配置更加有效地集中到全面提高以育人为根本的教育质量和办学水平上来，把各项工作的重点更加有力地集中到同心同德、真抓实干，加快创建世界一流大学上来。

今年，学校党委要按照"统全局、抓大事、有重点、求实效"的方针，着力抓好以下各项工作：

（一）进一步深入学习宣传贯彻落实党的十八大精神，坚持和发展中国特色社会主义办学道路

学习贯彻落实十八大精神是我们的首要政治任务。在新进中央委员会的委员、候补委员学习贯彻党的十八大精神研讨班上，习近平总书记指出，党的十八大精神，说一千道一万，归结为一点，就是坚持和发展中国特色社会主义。90 多年来，中国共产党带领人民奋斗、创造、积累取得的根本成就，就是开创和发展了中国特色社会主义这条实现中华民族伟大复兴的必由之路。在学校跨越发展的关键时期，要实现率先建成世界一流大学的目标，就必须始终坚持正确的办学方向，坚定不移地走中国特色社会主义办学道路，不断增强对中国特色社会主义的道路自信、理论自信、制度自信。

要推进马克思主义学习型党组织建设。认真做好学校和院系两级理论中心组学习工作，科学制订学习计划，推动各级党员干部带头学习、先学一步、深学一步，着力提高领导干部的思想政治水平和领导科学发展的能力。进一步规范理论中心组集体学习的时间和要求，严格执行党员干部读书、调研、撰写报告、讨论交流等各项学习制度。加强对全校各单位理论学习的指导和督促检查，切实做到学习有制度、有计划、有落实、有报告。

要不断增强学习宣传贯彻十八大精神的广度和深度。认真研究网络时代和新媒体条件下师生的思想特

点和信息接收方式，利用网络、影视等新的传播手段，探索互动式学习、实践学习等途径，着力打造学习十八大精神的精品工程、品牌工程、创新工程。把理论学习与思想政治工作紧密结合起来，深化调研和舆情信息工作，既尊重差异、包容多样，又有力抵制错误思潮和腐朽思想的影响，不断增强马克思主义在学校意识形态领域的指导地位。

（二）以十八大精神为指引，狠抓学校第十二次党代会部署的工作落实，切实有效地加快推进创建世界一流大学的工作进程

学习贯彻十八大精神，关键在吃透精神、武装思想，指导实践、推进工作，结合实际、狠抓落实。当前，我校最大的实际、最紧迫的任务，就是坚决落实学校十二次党代会提出的各项目标任务，加快创建世界一流大学。

要实现党代会提出的目标，归根到底靠真抓实干、团结奋斗。如何来抓落实？必须着力抓好以下几个方面：

一是要从思想武装上抓好落实。党代会提出的指导思想、发展思路要更加深入人心，成为我们的强大共识。党代会提出的"使命自觉、创建自信、差距自省、奋斗自强""四自"精神，是团结动员全体师生员工的重要思想武装和精神动力，要进一步增强全校上下特别是各级领导干部投身学校建设的自觉性和坚定性。

二是要从顶层设计和规划计划上抓好落实。十八大强调，改革需要"顶层设计"和"顶层推动"，我们创建世界一流大学的工作也要抓好"顶层设计"和战略规划这个龙头。"北大2048"远景规划和"三步走"战略设想是我们总的发展规划，要落实就必须进一步明确、细化，科学制定每一步、每一个阶段要达到的目标。要做好设计和规划，加强调查研究很有必要。要深入教学科研一线，同师生员工一起讨论问题，尤其对师生员工最盼、最急、最忧的问题更要主动调研，抓住不放。

三是要从具体制度、措施、办法上抓好落实。党代会提出了"112456"：咬定"一个目标"、抓好"一个根本保证"、扣住"两条主线"、突出"四个着力点"、深入实施"五大战略"、重点推进"六项建设"。其中，四个着力点、五大战略、六项建设，都要转化为具体的工作举措。

四是要通过抓基层、打基础来抓好落实。学校建设发展，重点在基层，关键在院系。当前，心浮气躁、精力分散、投入不足、工作不实的现象还在一定程度上存在，这严重影响着我们实现又好又快科学发展。我们应该沉下心来，把资源和精力更多地投入抓基层、打基础上来，正本清源、固本强基。

五是从建立健全创建工作责任制和考核评价体系等体制机制上来抓好落实。党代会提出的部署，我们已经做了任务分解并把方案正式印发全校，常委会各位同志要分工负责，每位常委要牵头负责几个项目，一段时间之后，要汇报这些项目的进展情况和抓落实的具体成效；各单位各部门要不折不扣抓好执行，明确目标、理清思路，逐条逐项落实到位。要落实好问责制，抓好监督检查，不断提高我们各级组织的领导力和执行力。

六是要区别情况、分类指导，从实际出发来抓好落实。北大有几十个院系、六万多师生员工，有一千多个党的基层组织、两万多党员，在这样一个复杂的组织系统中抓工作，就不能搞一刀切。要一切从实际出发，在坚持原则的前提下具体问题具体分析，找准问题对症下药。

（三）坚持党要管党、从严治党，切实加强党的建设

加强学校和基层领导班子建设。加强领导班子的思想、组织、作风、能力和反腐倡廉建设，增强党员干部示范引领、走在前列的使命感、责任感和紧迫感，提高领导班子和党员干部坚持正确方向、密切联系群众、推进科学发展的能力和水平。进一步完善以院系党政联席会议制度为核心的决策运行机制，落实好"三重一大"集体决策制度，完善领导班子议事决策规则，研究出台《北京大学院（系）级党政领导班子职责和工作规则的规定（试行）》。

加强党的组织建设和党员队伍建设。2013年上半年将适时召开北京大学党建工作会，总结经验、凝聚共识，探索建立健全学习贯彻十八大精神和学校十二次党代会精神的长效机制。各基层党组织要继续开展以学习贯彻落实十八大精神为主题的组织生活会、主题党日、主题团日等活动。实施"旗帜引领工程""规范固本工程""队伍提升工程"和"品牌创新工程"，健全基层党建工作制度体系、组织体系、保障体系，推动党建工作制度化、规范化、程序化，切实把基层党组织工作重心转移到服务发展、服务民生、服务群众上来。进一步加强党员队伍和基层党务工作者队伍建设，抓好党员发展和教育培训工作。

加强党内民主建设。根据《中国共产党章程》和《中国共产党全国代表大会和地方各级代表大会代表任期制暂行条例》，学校党委研究决定，第十二次党代会代表实行任期制，到下一次党代会召开之前，我们的三百名党代表应以代表身份从事职责权限范围内的活动。学校正在抓紧建立健全相关制度，包括党内情况向党代表报告、通报制度，党委职能部门与党代表的联系、沟通制度，党代表调研制度和党代表的建议、提案、质询制度。本年度，学校将召开一次党员代表大会，党委要向全体党代表报告工作，并广泛听取大家的意见、建议。同时，要进一步完善学校党委工作机制，坚持校党委常委会定期向全委会报告工作的做法，发挥全委

会对重大问题的决策作用,增强全委会对常委会工作的监督。

为开展党的群众路线教育实践活动做好准备。党的十八大提出,要在全党深入开展以"为民务实清廉"为主要内容的党的群众路线教育实践活动。学校各级领导干部和党组织要结合实际认真做好各项准备工作,特别是要积极开展深入基层调研活动,深化以"服务群众、做好群众工作"为主要任务的服务型党组织建设,完善党员干部直接联系群众制度,注意听取群众意见,注重民情民生,关心师生员工特别是青年教职工、离退休人员和家庭经济困难学生的学习、工作、生活,让师生员工共享改革发展成果。

进一步加强党风廉政建设。深入学习贯彻中纪委二次全会精神,开展党风廉政建设专题教育,贯彻执行"一岗双责"制度,固化党风廉政建设责任制实施效果,加大对基层单位的责任考核和追究力度。探索推进权力结构科学化配置、权力运行规范化监督以及廉政风险信息化防控三大体系建设,增强廉政风险防控效果。对基层单位执行"三重一大"集体决策和"事务公开"制度情况开展专项检查。建立健全科研经费管理制度,整合纪检、监察、财务、审计等力量建立专门管理组织,进一步规范科研经费使用,坚决纠正科研经费违规使用行为。

(四)大力加强思想理论和文化建设,建设更高标准的风清气正的校园环境

深入推进理论宣传和研究。组织专家学者对党的十八大精神进行深入解读;继续办好每年一届的"五四理论研讨会",针对不同群体举办不同形式的学习报告会和理论研讨会,深入学习和研究十八大提出的新思想、新观点、新部署;切实抓好十八大精神"进教材、进课堂、进头脑"工作;注意总结和推广深入研究党的十八大精神取得的理论成果,在社会媒体上不断发出北京大学的理论声音。

完善文化建设的机制和载体。加强文化建设整体规划和顶层设计,完善文化建设统筹协调机制,逐步形成全方位、宽领域、多层次的文化建设格局。把校风建设作为当前文化建设的重点和着力点,加强制度建设和监督管理,认真做好第三届"蔡元培奖"的评选和表彰工作。开展纪念毛泽东同志题词"向雷锋同志学习"50周年系列活动,将学习雷锋精神与志愿服务、社会实践等常规工作结合起来,营造"学习雷锋精神,弘扬北大传统,引领社会风尚,争做时代先锋"的文化氛围。

做好宣传思想和舆论引导工作。完善学校重大新闻宣传报道绿色通道,主动在教学科研管理服务一线发现新闻,采写新闻,深入挖掘和宣传在创建世界一流大学实践中的好成果、好经验、好典型。完善对外宣传机制,更加重视国际传播,整合传播机制和传播手段,形成统筹国际国内的宣传大格局。完善新闻发言人制度,定期或不定期召开新闻发布会,建立北京大学新闻中心官方微博,妥善应对和处理各类新闻危机事件。

将师德建设放在教师队伍建设的首位。着力加强教师队伍的思想政治工作,引导广大教师弘扬优良教风,提高教学能力,遵守学术道德,做学生健康成长的指导者和引路人。深化学生思想政治教育。不断完善第二课堂育人体系,全面拓展大学生素质教育,着力培育实践育人项目。积极探索网络思想政治教育平台和机制建设,尝试以学生生活社区为阵地开展思想政治教育,以班集体团队建设促进校风学风建设。着重探索加强和改进研究生思想政治教育的新思路、新方法和新途径。强化管理育人和服务育人,进一步加强学生骨干培养、学生心理健康教育、就业指导和经济困难学生资助等工作。

(五)继续重视和改善校园民生,进一步加大统战工作、群团工作和离退休工作的力度,全面推进和谐校园建设

坚持党的群众路线,帮助广大师生解决好学习、工作、生活中的实际困难,继续下大力气推进校园民生工程,特别是重点推进肖家河教师住宅项目。

团结动员统一战线广大成员参与学校民主管理、民主监督。以全国和北京市两会换届为新起点,大力推进党外代表人士队伍建设和党外干部培养选拔工作。进一步加强和改善党委对统战工作的统一领导,适时召开全校统战工作会议,坚持和完善学校党委与各民主党派组织和无党派代表人士的沟通协商机制。加大对新时期归国留学人员工作的力度以及对新形势下留学人员统战工作特点的研究。加强我校统战历史以及各民主党派组织发展历史的整理、研究工作,推进学校统战文化建设。慎重稳妥地做好民族宗教工作。

继续重视并抓好群团工作、工会教代会工作和离退休工作,凝聚力量,共建和谐。进一步发挥共青团联系青年的桥梁纽带作用,以第十九次团代会和115周年校庆为契机,在群团组织中大力开展党史团史和校史校情教育,强化党组织与广大青年的沟通联系。全面开展"我的中国梦"主题教育活动,积极引导青年牢固树立中国特色社会主义的道路自信、理论自信、制度自信。

不断加强和完善校、院(系)两级教代会制度建设,大力推行校务公开。探索加强教代会提案办理公开工作的有效手段,完善"校领导与教职工沟通会"制度,健全教代会代表参与学校重大事项决策与评议机制。

继续做好离退休工作,全心全意为离退休老同志服务好,持续改善离退休同志的生活待遇,充分发挥他

们在学校工作中的积极作用。

（六）坚持不懈地维护校园安全稳定

始终保持清醒的头脑和高度的政治敏锐性，确保学校安全和政治稳定。全校各级党组织和干部师生都必须坚决同党中央保持高度一致，立场坚定，维护学校安全稳定的大局。要加强网络监管，旗帜鲜明地抵制各种错误思想言论以及地下宗教活动、社会非正常维权活动。进一步巩固前一阶段"平安校园"创建成果，强化校园网格化安全管理，推进科技创安深化工程，完善"校""警"联动机制。要把师生的健康和安全放在首位，牢固树立"责任重于泰山"的观念，严格执行各项安全和卫生规定，尽力杜绝安全和卫生事故。各级党组织要加强对安全稳定工作的领导，责任到人，狠抓落实，深入开展矛盾纠纷排查化解，严格落实分级挂账销账和领导包案制度，加大对重大矛盾和急难险重问题的攻坚力度。提高应急处置能力，完善安全稳定危机预警和信息报送制度，建立安全稳定工作责任追究和责任倒查制度。提升保密管理和技术防范水平，充分调动二级单位主动性，创建有北大特色的保密管理模式。

三、关于抓好2013年工作的几点意见

2013年，学校的工作主题是"贯彻十八大、落实党代会、加快创一流"，要坚决突出这个主题，始终紧扣这个主题。同时，检验我们工作的标准，还要看能不能"取得新成效"，要实现新的突破，打开新的局面。

在这里我谈几点意见，也是对大家提出希望和要求。

（一）更加重视从严治党，强化作风建设

在中纪委二次全会上，习近平总书记发表了重要讲话，强调要认真学习贯彻党的十八大精神，以邓小平理论、"三个代表"重要思想、科学发展观为指导，深入推进党风廉政建设和反腐败斗争；要严明政治纪律，自觉维护党的团结统一，党的各级纪检监察机关要把维护党的政治纪律放在首位，加强对政治纪律执行情况的监督检查；要抓好中央八项规定落实，下大气力改进作风，密切联系群众，坚决抵制享乐主义和奢靡之风，各级纪检监察机关要执好纪、问好责、把好关；要依纪依法严惩腐败，继续全面加强惩治和预防腐败体系建设，着力解决群众反映强烈的突出问题，反对特权思想、特权现象。

总书记的重要讲话，对加强党的纪律建设、作风建设和反腐倡廉建设，全面提高党的建设科学化水平，具有重大而深远的意义。我们要按照党的十八大部署和要求，坚持要管党、从严治党，坚持标本兼治、综合治理、惩防并举、注重预防，着力严明党的纪律特别是政治纪律，切实转变领导机关和领导干部工作作风，认真解决反腐倡廉中的突出问题，推动党风廉政建设和反腐败斗争向纵深发展。

在不断提升教育质量的新阶段，加强和改进党对学校工作的领导，就是要更加从严治党，特别是要始终把作风建设摆在突出位置来抓，以良好的作风正校风、带教风、促学风。学校党委对全校党员干部的作风有一个总要求，概括就是要"勤奋学习、钻研问题，认真负责、勇于担当，依靠群众、廉洁自律，求真务实、真抓实干，改革创新、攻坚克难"。

习近平总书记在十八届中共中央政治局第一次集体学习时的讲话中指出，"一个政党，一个政权，其前途和命运最终取决于人心向背。如果我们脱离群众、失去人民拥护和支持，最终也会走向失败。"具体到北京大学，就是要深刻认识到服务师生，是党员必须始终坚持并不断发扬的优良传统。要高度重视了解师生的需求，听取大家的意见、关心群众的困难。要心里装着群众，凡事想着群众，工作依靠群众，一切为了群众。

（二）更加重视凝聚力量，振奋"精气神"

我们必须调动广大师生员工的积极性、主动性，凝聚起全校师生员工的力量，激发出更大的创造活力。

一是要尊重教师、尊重人才，尊重师生员工的创造和贡献。北大的传统，是思想自由、兼容并包，这个传统不能动摇，我们要创造更加宽松、民主的氛围，只要把好政治关，掌握好正确的方向，就要允许犯错误，允许突破常规，要真正做到"天高任鸟飞、海阔任鱼跃"，要让我们的师生员工充分发挥出聪明才智，人尽其才，人人心情舒畅，愿意干，愿意奋斗，而且干了就有收获，就能够得到肯定和尊重。

二是要特别重视发挥各个年龄段的同志的积极性。北大汇聚了众多精英人才，我们要尊重师长、尊重老同志，包括离退休老同志。北大有很好的传统，老同志对年轻人传帮带，扶持年轻人成长，我们要坚持这个传统，让老同志能够老有所为，充分发挥他们的作用。

同时，我们还要特别注意，当前北大特别是各级领导班子和队伍都要抓紧培养青年。北大的事业是面向未来的事业，希望在青年身上。我们要培养一大批青年干部、青年学者、青年员工，抓好新老交替、新老合作，真正把各个年龄段的同志的积极性、主动性、创造性都调动起来。

我们这一代北大人使命光荣、责任重大。在这样一个关键的冲刺阶段，没有一种一往无前、敢于胜利的精神是不行的。北大人是有精神的，在历史上很多重要的关头，北大人都体现了自己那种不屈不挠、敢为天下先的精神，于是才创造了北大光荣的历史；今天我们还要特别强调精神状态，有了艰苦奋斗的强大精神，有了昂扬向上的"精气神"，我们就能够干事创业，就能够实现跨越发展。

（三）更加重视改革创新，攻坚克难

学校党代会明确提出，要抓住以改革创新为动力的"创建"工作主线。创建不仅是一般意义上的常规性建设，而且要更加注重创业精神、创新机制、创优标准，更加重视创造在建设中的核心和引领作用。

当前，学校的发展建设遇到了一些新的瓶颈，一些长期积累的矛盾问题也还没有得到根本解决，这就对我们攻坚克难提出了新的要求。在硬件方面，投入不足、经费紧张的问题比较严峻，发展建设受空间不足的局限较大；在软件方面，我们在思想理念、管理水平、队伍建设、体制机制上与世界一流大学还有不小的差距，这些都是我们的短板。只有通过永不停顿的改革创新，才能够扬长补短。

要不断解放思想，牢固确立科学发展观的指导思想地位。全校各个单位、各级领导班子，都要用科学发展观来检验我们的一切工作，要认真反思：我们的工作是不是符合科学发展观，有没有出现发展偏差，甚至是不是存在背离科学发展观的错误？要结合学习贯彻十八大精神，在全校范围内继续广泛深入、扎实细致地开展解放思想大讨论，认真查找和坚决摒弃那些束缚发展的陈旧教育思想和观念。

要切实转变发展方式，把结构的调整、优化、提升作为主攻方向和重点突破口。我们必须更加自觉地克服片面依靠规模扩张的外延式发展惯性，着力克服北大在一定程度上存在的分散和低水平重复问题，促进各基层院系之间的学科交流，打破界限壁垒，突破体制制约，在学校内部实现协同发展。

（四）更加重视真抓实干，狠抓落实

前面已经就如何抓好党代会部署的工作落实谈了一些意见，这里我还要特别强调，全校各级领导干部都要增强抓落实的意识、完善抓落实的机制、拿出抓落实的举措。

要抓落实，就必须杜绝虚浮、浮躁、浮夸、肤浅。空谈误校、实干兴校。我们要坚决贯彻中央精神，激励和重用那些有强大执行力、有实干精神的优秀干部。全校上下都要胸怀理想、坚定信念、不动摇、不懈怠、不折腾，大兴求真务实、干事创业之风。

要抓落实，必须有体制机制作为保证。要建立完善责任制度，我们的干部考核评价体系要特别强调抓落实的成效。常委会的各位领导都要牵头负责抓具体项目的落实，特别是重点难点问题，必须把责任落实到人，要有专门的班子和队伍负责抓，一级抓一级，层层抓落实。对于抓落实的情况和成效，要严格检查督促。一般性的工作检查要尽量减少，但针对党代会目标任务落实情况的检查要特别强化。

要抓落实，就必须拿出实实在在的招数和办法来。过去一些行之有效的好办法，要继续坚持，但是必须注意，形势发展变化很快，我们遇到的困难和挑战比过去更为复杂艰巨，所以必须想新招、出实招，认真调查研究，不断解决矛盾、破解难题。还要注意切实把工作重心下移，推动院系进一步明确发展目标、转变发展理念、创新发展模式。

在这里我还要特别强调，要以第三轮全国一级学科评估为契机，以学科建设为突破口，狠抓落实。去年教育部开展了一级学科评估，我校有48个学科参评，其中，有16个学科排名第一、35个学科排名前三、38个学科排名前五，均居全国高校之首。这是这些年来我们加快创建世界一流大学取得的实实在在的成效，是全校师生员工凝心聚力、团结奋斗的重大成果，我们应该为之感到欣慰并倍加珍惜。

但在成绩面前，我们也必须清醒、冷静。决不能忘记在前两次评估中，我们排名第一的学科数量落后于清华，这次虽然数量领先了，但仍要有强烈的危机意识。北大的人文学科、理科、医科实力强劲，工科发展趋势良好，提升空间还很大，社科类在与中国人民大学的比较中落于下风，对此要高度重视、深刻反思。

学科建设是学校发展的生命线。全校各个部门、各个院系都要认真研究这次评估的结果，认真总结反思，即使连续三次评估都排名第一的学科也要反思，要看到兄弟高校迅猛发展的势头，开展大调研、大讨论，建立健全自我评估的体制机制，全面规划下一步的发展。不能躺在功劳簿上高枕无忧，不能光看到那些表面的热闹，要动真的、碰硬的、来实的，总结学科评估中形成的好做法、好经验，各单位协同作战、狠抓落实，共同把学科建设推向新的高度。

根据学科评估的情况，我们还要进一步落实党代会提出的原则，就是要有所为、有所不为；有所大为、有所小为；有所先为、有所后为。只有集中力量、突出重点，抓好集成聚焦战略，我们的学科结构才可能进一步优化，办学水平和教育质量才可能有更大的提升。

同志们，以上我代表学校党委谈了几点意见。大家要进一步把思想和认识统一到中央精神上来，把意志和力量凝聚到落实学校十二次党代会提出的各项目标任务上来，全力以赴实施北大"圆梦行动"，以加快创建世界一流大学的实际成效，为实现"中国梦"作出无愧于历史和时代的新贡献！谢谢大家！

校长王恩哥在春季全校干部大会上的讲话

(2013年4月3日)

各位老师,同志们:

我的报告分两个部分。一是简明回顾上一年学校行政主要工作;二是对新一年学校行政工作谈几点想法。

2012年的主要工作

2012年是不平凡的一年。习近平总书记视察了北京大学,代表中央对我校加快创建世界一流大学寄予了新期待,提出了新要求;举世瞩目的党的十八大胜利召开。上半年,学校认真筹备并胜利召开第十二次党代会,提出了"2048"远景规划和"三步走"战略。这一战略规划受到中央领导的高度重视。

面对新形势,一年来,学校行政领导班子和师生员工紧密团结、群策群力,认真学习领会党的十八大精神,深入贯彻落实学校第十二次党代会的战略部署,坚定不移走以提高质量为核心的内涵式发展道路,学校各项事业稳步向前推进。

一、"985工程""211工程"扎实推进,学科建设成效显著

2012年,我校"985工程"三期(2010—2013年)进行了阶段性总结。我校"211工程"三期通过了国家验收,由于成效显著,获得了中央专项资金奖励1360万元。在教育部第三轮全国一级学科评估中,我校参评学科48个,评估结果排名第一的学科16个、排名前三的学科35个、排名前五的学科38个,均居全国高校之首。另外,根据美国ESI基本科学指标数据库最新数据,我校进入全球前1‰的学科达到18个,在国内高校中遥遥领先。其中,化学、材料科学、临床医学等3个学科已经进入全球前千分之一,经济学与商学、精神病学与心理学实现了零的突破,是中国唯一进入全球前1‰的机构。

二、人才强校战略深入实施,高端人才队伍建设形势喜人

2012年,我校7人入选第八批国家"千人计划"项目,推荐4名《国家高层次人才特殊支持计划》"百千万工程"领军人才人选。12人入选首批国家"青年拔尖人才支持计划",总数居全国首位。17人入选2011年度"长江学者奖励计划",居全国高校前列。稳步实施我校人才计划项目,不断加大对青年人才的引进、培养力度。截至目前,我校共有中国科学院院士63人、中国工程院院士9人、发展中国家科学院院士17人、"千人计划"学者62人("青年千人计划"学者49人)、长江学者146人、国家杰出青年科学基金获得者179人、国家级教学名师16人、国家级突出贡献专家51人、教育部新世纪百千万人才工程51人、973及重大科学研究计划首席科学家56人、863重大计划首席科学家20人、国家自然科学基金委创新研究群体学术带头人23人、教育部跨世纪人才74人、教育部创新团队学术带头人31人、教育部新世纪优秀人才259人,各项指标均在全国高校中名列前茅。

2012年,学校加大引进国外高水平人才力度,海外引智工作取得长足发展。在继续实施"海外学者讲学计划""海外学者研究计划""海外名家讲学计划"的同时,启动了"大学堂顶尖学者讲学计划",邀请了诺贝尔物理学奖得主崔琦教授、美国科学院院士庄小威教授、斯坦福大学学者弗朗西斯·福山教授、后现代文化理论代表人物弗雷德里克·杰姆逊教授等国际知名学者来校讲学。

2012年,学校适应国际国内人才竞争愈发激烈的趋势,大幅提高教职工薪酬待遇和离退休人员的补贴,完成了五道口教师住宅置换售房工作,全面推进肖家河教师住宅项目,积极帮助教职工申购两限房和经济适用房,继续做好教职工住房补贴发放工作,多渠道缓解教师住房压力,进一步改善了吸引和保持人才的环境。

三、主动融入国家创新计划,积极承担国家重大科研项目,科研水平继续保持全国高校领先地位

2012年,我校获批国家973计划7项、重大科学研究计划5项。截至2012年,北京大学科研人员为首席科学家主持的"973计划"和重大科学计划项目共70项,承担973计划项目总数居全国首位。2012年获批国家自然科学基金委项目710项(项目总经费6.2亿元),国家自然科学基金创新研究群体2个,国家杰出青年科学基金项目16项、优秀青年科学基金项目28项。获批国家哲学社会科学基金重大项目12项,比上年翻一番,28项成果荣获北京市第十二届哲学社会科学优秀成果奖,在全市各单位中居于首位。获批参与科技部重大国际科技合作项目6项,金额达2400万元人民币,获资助总额在高校中位列前茅。2012年我校科研项目到校经费总额超过25亿元,比五年前增长14亿元,其中,2012年人文社科科研经费接近2亿元。2012年全校发表SCI收录论文5556篇,比上年度增长16%。按照"积极行动,有序推进"的方针,学校积极推动参与"2011计划"。目前我校牵头组建或参与组建的协同创新中心达十余个。在上月举行的"2011计划"答辩评审中，我校牵头的"量子物质科学协同创新中心"在科学前沿领域排名第一。在这里，我代表学校感谢物理学院谢心澄教授和他的团队。他们的工作也为我校下一步组织"2011计划"积累了经验。

四、教育教学改革走向深入，人才培养质量稳步提升

本科教育方面，进一步深化本科教育教学改革，在继续实施元培计划的基础上，重点推进"小班课教学"改革试点，效果良好，标志着我校本科教学改革探索迈出新的一步。教育部"基础学科拔尖学生培养试验计划"稳步实施。开设本科生外文平台课128门，初步建立了国内培养与国际交流相衔接的开放式人才培养体系。紧扣"追求卓越"和"维护公平"两个主题，深化招生考试制度改革，不断完善"中学校长实名推荐制"，探索拔尖创新人才选拔新思路。研究生教育方面，继续贯彻落实"稳定规模、优化结构、分类培养、提高质量"的工作思路，继续实施研究生教育创新计划，首次在部分院系采用"申请—考核制"选拔录取博士生模式和"科研经费资助"招收研究生模式，稳步推进研究生培养机制改革，加强研究生教育过程管理与质量监督体系建设。2012年，我校共有5篇全国优秀博士学位论文、12篇北京市优秀博士学位论文。2012年，"学生海外学习"计划进一步完善，学生参加国际交流的渠道不断增加。学校设立了留学生新生奖学金，留学生招生质量和培养水平进一步提升。

五、巩固提高实践育人水平，加强学生创新创业就业工作，提升学生工作水平

根据人才培养规律，结合工作实际，围绕不同功能定位，进一步巩固实践育人的"十大平台"，形成实践育人合力，着力构建实践育人的长效机制。以服务学生成长成才为宗旨，大力拓展学生创新创业平台，举办学生创业计划大赛，建立健全学生创业成长计划网络平台，面向全校学生开设高水平、高层次的大学生创新创业教育课程。积极开展"博士生服务团"和青年就业创业见习活动，新增青年就业创业见习基地8个，毕业生就业率保持较高水平，获国务院授予的"全国就业先进工作单位"荣誉称号。创新资助育人工作，精心打造绿色成长平台，助学金总额达2225万元，创历史新高。完善心理健康全员教育机制，完善学生心理健康监控网络，健全防护机制，做好学生心理危机排查与干预工作。

六、外部交流合作进一步拓展，社会服务能力明显增强

进一步加强校友联络工作，积极主动拓展国际国内交流空间，立足北京、扎根本土、布局全球的外部交流合作战略格局不断完善。2012年接待各类来访代表团399个，接待人数6000余人次，赴外访问校级代表团17次，派出学生逾600人，对世界高等教育强国的重点合作院校实现了友好访问，进一步深化了合作关系。2012年，我校与江苏、广东、山西签署校省区合作协议，与中国工程物理研究院、中国航天科工集团公司、国家开发银行等国家大型企事业单位签署合作协议，与广西壮族自治区和广东东莞市等签署项目合作协议，进一步加大对口支援新疆石河子大学、西藏大学的力度。积极支持学习型社会建设，加快网络公开课程建设，参与教育部国家精品视频公开课项目和教育部国家精品资源共享课程项目，精心承办中央和国家机关司局级干部选学专题班，圆满完成"教育部机关与直属单位干部自主选学"项目，继续开展"国子监大讲堂"、平民学校等一批特色项目，具有品牌效应和社会影响力的精品项目进一步丰富，各类非学历继续教育培训项目达1000个，培训学员近6万人。2012年各附属医院门诊总量近1000万人次，年收治住院病人超过20万人次。2012年，我校签署各类技术合同577项，合同总额3.52亿元，到款1.77亿元。

七、校园公共服务体系进一步完善，办学条件进一步改善

2012年我校基建工程继续保持高峰状态，各类建筑工程20余项，总建筑规模达19万平方米。一大批重点工程的前期报批工作进展顺利。大力推进校级科学仪器公共平台建设，为建设世界一流大学提供有力支持。与北京市主动沟通联络，积极应对地铁4号线振动与电磁场对我校精密仪器使用的干扰。校园公共服务设施进一步完善，加大图书、期刊、电子资源、多媒体、古籍等教学科研资源建设的力度。大力推进"智慧校园"建设，推进全校课程数字化与网络化。实施全校水电暖设施、学生食堂、宿舍、浴室、校园环境等基础设施改造工程，为师生学习、工作和生活提供安全优质的校园环境；克服原材料持续涨价等方面的困难，保持食堂饭菜价格稳定；推进老旧小区综合整治，各园区面貌有较大改观；进一步加强校园安全管理，持续推进校园科技创安工程，为师生提供更加安全的环境。

八、财务运行安全高效，筹资业绩再创新高

财务工作始终坚持"严格、透明、公平、效益、服务"的方针，以为教学科研服务为宗旨，以不断改善办学条件和提高师生员工生活待遇为落脚点，以深化财务改革、规范财经行为、严格财务管理为抓手，不断加大筹款力度，努力开源节流，有力支撑了学校的正常运转和事业发展。下大气力加强科研经费管理，通过财务、科研、审计和纪检监察部门共同配合，建立完善科研经费管理监督体系。学校筹资渠道进一步拓展，二级筹款体系进一步完善，2012年获社会捐赠1719笔，到账

3.5亿元人民币;签署捐赠协议307个,协议总额3.82亿元;争取并落实国家捐赠配比资金1.001亿元。

同志们,2012年我校事业取得的各项进步,是全校师生员工辛勤劳动和群策群力的结果,我再次代表学校向大家表示衷心感谢!周其凤校长作为学校行政领导班子的上一任班长,团结带领班子全体成员,为推动学校建设发展付出了巨大心血,也为学校今后发展打下了坚实基础,这里让我们对周其凤校长表示衷心的感谢!

下面,我就2013年行政工作要点谈几点看法。

2013年是全面贯彻党的十八大精神、落实学校第十二次党代会战略部署的第一个完整年份,也是学校建校115周年和"985工程"实施15周年。学校改革创新进入了攻坚期、"三步走"战略进入了关键期。我们唯有坚定信念、凝心聚力、埋头苦干,才能把学校各项事业扎扎实实推向前进。

一、进一步提高教育教学质量,努力培养高素质人才

学生的成长成才是学校工作的根本出发点和落脚点。我们要发扬北大在这方面的优良传统,进一步巩固和加强"领导重视教学、教师热爱教学、科研促进教学、资源确保教学、管理服务教学"的有效机制和良好氛围,始终确保教学的中心地位,不断提高人才培养质量。

狠抓本科教育。一是不断完善多样性人才培养体系建设,加强本科生实践创新能力培养。认真总结教育部基础学科拔尖学生培养试验计划经验。二是深入推进"小班课教学"改革,及时总结经验,转变教育理念,创新教学方法。三是深化元培理念,探索设置"整合科学"等综合性交叉学科,启动"水基础科学人才培养模式改革试点"工作,探索"本科—研究生"相结合的一体化交叉学科人才培养模式。四是进一步加强国家理科基地以及本科生实习实践基地建设与管理;五是稳妥推进英语平台课建设,加快适应国际化教学要求;六是深化招生改革,在保障生源质量的基础上维护教育公平。

办好研究生教育。一是要在优化学科培养方案、提高课程教学质量、加强培养过程质量监督、提升博士生论文水平等方面下功夫,进一步深化和推进研究生培养机制改革;二是要在提升研究生教育国际化水平上下功夫,积极推进与国内外其他高校和科研机构开展联合培养工作;三是要在教育部全国优秀博士学位论文评选推荐工作上下功夫,努力推荐更多的优秀论文;四是要探索建立研究生淘汰机制。

继续推进医学教育综合改革,顺应国家发展和人民群众的需求,培养卓越的临床医学和各类医学人才。

二、坚持以人才工作为中心,全力打造高水平的教师队伍

"师德高尚、业务精湛、结构合理、充满活力"的高素质教师队伍,是创建世界一流大学的根本依托。要按照"师德为先、教学为要、科研为基"的标准,努力提高教师队伍素质。坚持把师德作为教师职业的准入门槛。

进一步壮大高端人才队伍。学校仍然会把高端人才引进作为工作重点,继续做好"千人计划""万人计划""长江学者奖励计划"等高层次国家人才计划的推荐申报、聘任管理工作。"万人计划"将是推动现有人才队伍建设的一个重要新机遇,下一阶段要研究制定学校关于"万人计划"的实施细则,对现有人才队伍情况进行全面摸底,同时加大对申报"万人计划"人选的推荐力度。人才队伍建设既要充分利用好各种政策,也要考虑我校实际,尤其要发挥不同学科的优势,加强各类高层次人才队伍建设特别是人文社会学科高层次人才队伍的建设。

抓好青年人才队伍建设。优秀青年人才是学校人才队伍的重要后备力量,要始终把建设一支高水平的青年教师人才队伍作为学校人才战略的重点,围绕学校学科建设需要和发展战略规划,将资源配置向优秀青年人才倾斜,大力吸引、培养和支持优秀青年人才,着力打造具有强大竞争力和发展优势的青年学术带头人队伍。青年人才成长最重要的前提是耐得住寂寞。学校一方面要加强引导,另一方面要多为青年人消除后顾之忧,让年轻学者心无旁骛地从事教学科研。

北大资源有限,要加强学校编制管理,研究出台北京大学机构编制管理条例,实现机构设置、人员编制统筹管理,事业编制人员和合同制人员统筹管理,探索建立教学科研人员编制分类管理制度。严格控制学校人员编制,确保编制总量零增长甚至负增长。进一步完善职员制度和教师聘任制度,依法加强对合同制人员的管理,切实保障他们和学校的合法权益。借鉴国内外高校的经验,着手制定并严格执行教师学术休假制度和教师参与社会服务制度,为教师潜心学术研究创造更充分的制度条件。

北大学科门类齐全,这是一个优势。我们要继续保持这个优势并得到健康发展,一定要注意各学科的特点。我校实验技术队伍建设还在探索阶段,希望人事部门深入调研,提出一个符合北大发展需要的方案。

三、以实施国家重大工程为依托,进一步优化学科布局,深入挖掘科研创新能力

"985工程""211工程"是学校加快创建世界一流大学的重要依托和引擎,全校上下要始终高度重视,持之以恒地扎实推进两大工程,努力取得新成绩,并在此基础上争取国家更大力度的支持。

2013年是"985工程"三期的最后一年,要认真做好"985工程"校内验收组织工作。验收工作的重点是：阶段建设目标和任务完成情况,改革方案的实施情况,资金使用管理情况,项目管理情况以及建设中存在的问题等。各院系要高度重视,以检查验收为契机,认真总结成果经验,找出差距和问题。

"211工程"要结合国家三期验收的反馈情况,在进一步总结经验的同时着手规划四期建设方案。"211工程"四期将面临模式的转变。我们要精心规划和设计,研究提出新思路,通过认真充分的前期规划论证,推动四期尽快启动。

依托学科优势,进一步提升我校科研创新水平。积极适应经济社会发展重大需求,瞄准世界科技发展前沿,深入开展国家急需的战略性研究、探索尖端领域的前瞻性研究、涉及国计民生重大问题的公益性研究。进一步精心组织参与"2011计划",努力在新一轮国家科技创新工程中占据有利位置。同时,针对部分省市设置的省级"2011计划"展开布局及资源争取工作。在这里,我想强调一点,北京大学参与协同创新要坚持以我为主,这方面学校去年已出台了相关管理办法,对协同创新中心的培育和管理做出了明确规范。

在做好全校总体布局的同时,要加强自身的基本功建设,完善校级公共实验平台和各级重点实验室,积极参与国家大科学工程,全面提升整体实力。（教育部最近对参加国家大科学工程建设将有新的建议,请相关领导和专家密切关注,积极行动）。要创造一个更加理想的科研环境,比如切实降低地铁震动对我校精密仪器使用的影响。在这方面,学校正与北京市加强沟通。昨天我专门带队拜会了北京市相关领导,取得了积极进展。

要认真贯彻落实《教育部关于进一步规范高校科研行为的意见》《教育部关于进一步加强高校科研项目管理的意见》这两个文件精神,切实加强学校科研管理,调动和保护科研人员的积极性和创造性,维护学校科学研究有序进行,营造良好的学术氛围,进一步增强科研创新能力。同时,也要用好每一分钱,严守财务纪律,对违法乱纪等不当行为将依法严肃处理。

要做好保密工作。我校涉军、涉密项目越来越多,而且项目组所在区域和地点分散,一定要按照上级要求,加强涉军、涉密科研场所管理,防范互联网泄密事件,创造良好的保密科研工作环境。

四、传承北大精神,创新校园文化,提升北大文化软实力

全校上下都要高度重视校园文化建设。以推进文化传承创新为己任,抓住国家促进文化大繁荣大发展的历史机遇,自觉承担文化传承创新的责任,加强校园精神文化建设、制度文化建设、历史文化建设、景观文化建设,科学发展校园文化事业,弘扬北大精神,凝聚北大力量,坚持北大道路,服务文化强国战略。

特别强调,新时期要进一步增强北大先进文化的辐射力和影响力。发挥北大人文社会科学优势和人才优势,坚持基础研究和应用对策研究相结合,促进北京大学国家发展研究院、国际战略研究中心、首都发展研究院等智库功能的提升,积极在经济、政治、社会、文化、宗教、外交等关键领域为国家提供有重要价值的咨询建议报告,进一步强化我校国家智库的地位和作用。

今年我们将要迎来115周年校庆。学校领导班子对此进行了专门研究和部署,坚决贯彻中央关于举办庆典的精神,统筹安排校庆主题活动。

五、加强能力建设,进一步提高服务国家社会的水平

2013年学校社会服务工作要继续加强谋篇布局,提升服务能力和水平。在这里,我想特别强调以下几方面的工作。

一是加快国内合作方式的转变。要加强国内合作战略研究和策划,加快从粗放、被动的国内合作向集约、主动的国内合作的转变；加强校内各单位统筹协调,加快从分散的、各自为战的国内合作向集中的、综合协调的国内合作的转变；加强国内国际合作统筹,发挥我校国际交流合作优势,提升和拓展国内合作工作。要坚持"立足北京、服务全国"的方针,在服务北京工作的同时,有选择地在珠三角、长三角等地域培育我校国内合作战略基地,并发挥这些基地的聚集带动作用。继续做好对口支援工作,尽最大努力支持新疆石河子大学和西藏大学,为民族地区的教育发展贡献力量。

二是发挥优势,助力学习型社会发展。要下大力气抓好网络公开课建设,要认清这件事的重要性和长远影响,不失时机地把北大优质课程资源面向全社会共享。要切实落实好"一部一院"改革,实现好"管办分离",进一步优化继续教育体制机制；加大力度建设北京大学"全国干部教育培训高校基地",使之成为我国干部教育的示范基地；切实加强品牌管理。北大今天的声誉是一代代人奋斗的成果,全校师生员工要像爱护自己的眼睛一样加倍珍惜学校的声誉。对有损于学校声誉的行为,我们一定要严查到底,追究相关人员的责任。

三是大力提升技术转移和医疗服务水平。2013年,要进一步完善产业技术研究院统筹管理我校产业技术转移工作的体制机制,进一步建立健全我校国际国内一体化的产业技术转移体系。要努力推动附属医院建设更上一层楼,持续打造高品质的医疗服务中心。进一步做大做强校办产业,推进校办企业完善现代企业制度,处理好学校与企业的关系,促进北大优秀科技成果优先在校办企业转化。加速北大上地科技园建设,使之成为中关村新一轮发展的协同创新基地。认真做好深圳研究生院工作,继续探索符合北大实际的异地办学新路径,为北大提升国际化办学水平、发展前沿交叉学科、培养高层次专业应用型人才和服务地方经济社会发展发挥重要作用。

四是加强港澳台联络,推动海峡两岸文化教育交流合作。积极配合国家总体外交战略,充分发挥北大作为重要民间外交平台的作用。

六、坚持开放办学,提升学校的国际化水平

要从全球化和"中国崛起"的大背景来认识全面提升我校办学国际化水平和质量的重要性、紧迫性。国际交流合作要始终坚持服务教学科研这一中心,特别注重与世界一流大学开展高层次的、实质性的合作。

要加大"走出去"的步伐,认真思考在美国、欧洲等世界高等教育水平领先地区建立我校海外中心、办事处或教学科研基地,积极提升学校的海外影响力;要抓住国家鼓励和支持引进国际优质高等教育资源的战略机遇,吸引世界一流大学与北大合作建立高水平的国际高端教育项目、联合实验室、跨学科研究中心、国别研究中心以及合作办学机构。

要借鉴先进教育理念,引进优质教育资源,注重学习国外先进教学思想、办学经验和人才培养模式,有计划地吸引世界一流的专家学者和学术团队,引进境外优秀教材,构建面向国际学术前沿、更为开放的课程体系。

要进一步办好孔子学院,弘扬和传播中华传统文化和价值体系;不断扩大我校师生参与海外交流的规模,搭建更多方便师生出国交流学习的平台,努力使全部学生在校学习期间都有出国(出境)访学实习的机会。今后也要加大干部出国培训交流的力度。

下大力气解决留学生教育质量问题。大胆探索推进留学生招生改革,招生目标定位在世界各国的优秀生源,不断提高生源质量。加大研究生留学生的招生力度,不断扩大研究生留学生以及理工医科类留学生的比例。在保证质量的前提下稳步扩大外国留学生规模,积极推进管理制度改革,努力打造世界一流的留学教育品牌,使北京大学成为世界各国优秀青年向往的学习圣地。

七、加快完善现代大学制度,推进学校全面质量管理

创建世界一流大学的关键在于质量和效益。从现在起,我们必须更加强调实施全面质量管理,学校所有部门、所有单位都要以质量和效益为中心,不断建立健全科学严密高效的办学质量保证体系,有效控制办学过程中影响质量的因素,提供人民满意的人才培养、科学研究、社会服务、文化传承创新成果。

下一阶段学校要大力推进全面质量管理。一要树立科学的质量观,把促进人的全面发展和适应社会需要作为衡量质量的根本标准;二要在资源配置上贯彻质量第一的理念,好钢要用在刀刃上,不断优化配置资源;三要借鉴国际经验,完善评估程序,建立以学校内部评估和外部评估相结合的评估制度,做好教育质量报告公示工作,完善质量保证体系;四要以更大的勇气、智慧和韧性,坚持不懈深化体制机制改革,建立健全有效的规章制度,完善竞争、活力、透明的资源优化配置体制机制。

我们要全面贯彻落实去年教育部印发的《全面推进依法治校实施纲要》,将依法治校纳入学校整体工作规划,扎实推进制度创新、依法治校工作。制度创新、依法治校是一项系统工程,牵一发而动全身,我们必须统筹协调、全盘考虑,正确处理好改革、发展和稳定的关系。在这里,我想强调以下几点工作:一是要继续做好建设中国特色现代大学制度试点工作,加快《北京大学章程》建设,按照教育部要求在年内初步形成《北京大学章程》;二是要加快出台新的《北京大学学术委员会章程》,修订校长办公会组织规程,建立北京大学战略咨询委员会,进一步增强校长办公会制度与学术委员会制度之间以及二者与党委常委会制度、教职工代表大会等制度之间的协调性、互补性;三是要转变学校行政管理职能,加强院系基础建设,切实推进管理重心下移,提升行政效能;四是加强政策法规能力建设,严格学校规章制度管理,推进科学建章立制、民主建章立制和依法建章立制,加快形成学校统一、严谨、有效的规章制度体系;五是坚持制度建设以用为本。在这一点上,习近平总书记指出:"各项制度制定了,就要立说立行、严格执行,不能说在嘴上,挂在墙上,写在纸上,把制度当稻草人摆设。"我们要真正在制度的贯彻落实上下功夫。

八、推进校园建设,加强校园安全工作,不断改善校园民生

一是着力提高筹资能力。要加强基金会建设,进一步完善筹资体系,建设一支世界一流的筹资融资队伍;进一步完善筹资激励机制,拓宽筹资渠道。要加强校友工作,更多地争取校友和社会各界的支持。

二是切实提高资源使用效率。研究制定北京大学预算管理办法,加强财务管理和预算管理,合理安排支出,提高资金使用效益,从源头上遏制浪费现象的发生。

三是建立教职工待遇逐步提高制度体系,并逐步建立根据情况发展及时调整的绩效工资制度。贯彻落实国务院批转的发展改革委、财政部、人力资源社会保障部《关于深化收入分配制度改革的若干意见》精神,着手规范教职工收入分配秩序,适当调节单位之间的收入差距。

四是加快校园基础设施建设，加强学生宿舍、食堂、体育场馆、文化娱乐设施的建设改造，为师生创造更加舒适的学习工作生活环境；大力推进肖家河教师住宅建设项目，加强与政府的沟通联系，努力为教职工争取两限房、经济适用房，帮助教职工缓解住房压力。

五是继续做好校园安全管理工作。安全管理要年年讲、月月讲、天天讲。这项工作万万不可麻痹大意、掉以轻心。各单位一把手作为本单位维护安全稳定第一责任人，要切实负起责任。很多师生反映现在北大校园里人多车多，经常出现矛盾和危险。

六是进一步抓好学生资助、学生就业、学生心理健康教育咨询工作，落实精致化的要求。当前就业形势依然很严峻，各相关单位和院系要多措并举，全力以赴，切实做好学生就业服务与指导工作。

七是继续做好教工"爱心基金""学生大病救助基金"建设，加强师生困难保障帮扶工作；进一步做好离退休教职工的服务工作；继续办好平民学校，进一步激发外来务工人员为学校发展建设作贡献的积极性。

九、做好身边工作

2013年要根据"北大2048"远景规划和"三步走"战略设想，研究完善学校战略规划。这是一项关系以"北大梦"促进实现"中国梦"、意义深远的基础工程，我们要高度重视、积极配合落实。千里之行，始于足下。这里，我想强调我们从身边的一些小事做起：

一是净化校园。努力营造一个使师生心无旁骛地教书、读书的安静校园。学校要着力清理校园商业文化不当行为，净化校园文化环境，重塑校园寂静的氛围，努力开创校园文化建设新局面。这里我们要抓好几件事，如标语横幅的规范、学校成府新区及东围墙规划建设、未名湖周边区域车辆管理等，学校规划部及相关部门加大力度，认真征求各方面的意见把这些工作做好，希望得到大家的支持和理解。

二是精简讲话。今后要减少领导的致辞和讲话，特别是在国际学术会议上致辞、讲话。国际学术会议主要是大会主席、专家学者讨论学术问题。请各院系领导和老师理解。

三是规范会议。要加强会议管理，合理减少会议数量，开短会，开有实际内容的会。特别是涉及一线院长、系主任和教师的会要慎之又慎。学校各方面要减少不必要的仪式性的活动，集中精力思考、研究、解决实际问题。

四是开源节流。进一步完善会议室、教室、实验室、大型仪器设备等公共资源的开放共享机制，清理没有充分利用甚至被闲置的空间，继续推动资源有偿使用的成本核算，促进全校各单位进一步增强成本意识，努力杜绝空间资源浪费现象，切实提高资源使用效率。

最后我还要提一下，今年医学部临床医学专业要接受教育部专业认证工作，大家要积极配合，以此为契机进行自身检查，促进工作。

以上是本学期行政工作要点。由于时间关系，还有很多常规工作我就不一一点到了。这些工作同样重要，请相关校领导和同志们齐心协力，抓好细节、抓好落实。

我刚刚被任命为北大校长，这是中央的信任，也体现了大家对我的鼓励和支持。作为校长，我深知这份重任和使命。我一定尽心尽力，不负重托。虽然在学校工作了一段时间，但我还有很多情况需要深入调查研究。这个阶段，我会去各院系调研学习，学校机关管理部门调研和主要负责人述职工作也将于近期展开。在这里，我想再强调一遍——"空谈误业，实干兴校"。希望通过我们扎扎实实的工作，促进学校在新的一年里取得新的成绩！同时也希望大家对我和学校行政班子的工作给予批评和帮助。最后，大家平时工作都很辛苦，希望多注意劳逸结合，保重身体！

谢谢大家！

党委书记朱善璐在秋季全校干部大会上的讲话

同志们：

新学期开学已经一个多月了，大家不顾疲倦，连续作战，兢兢业业地做好各项工作，在服务广大师生的过程中，充分体现出了开学新气象、作风新变化、管理服务新风貌。在此，我谨代表学校党委和行政向大家表示亲切的慰问和衷心的感谢！

近一段时间，学校工作日程安排得很满。党委集中精力，全力以赴推进党的群众路线教育实践活动，先后举行了全校二级单位深入动员大会和中层正职学习班；同时，根据教育部的安排，近期学校又顺利完成了行政副职换届，对行政班子的分工进行了调整；再加上中秋、国庆两个长假，所以，为了提高效率、节约时间，确保中层干部把更多的时间和精力投入教育实践活动和新学期的工作之中，学校研究决定，改变召开全校干部大会的形式，书面印发学校党政主要领导的讲话材料，由各单位自行安排时间学习并贯彻落实。这次学校行政班子调整，是学校领导班子建设的一件大事。希望连任、新任的校级行政副职干部，忠于职守、勤政敬业、奋力开拓、再立新功，也希望全校干部员工大力支持他们开展工作。

这学期，学校将继续全面推进党的群众路线教育实践活动，这是当前学校的首要政治任务，也是加强学校党建工作的关键抓手，我们必须紧紧抓住这一契机，狠抓以作风建设为核心的校园风气建设，进一步振奋精气神，要把教育实践活动与创建世界一流大学的工作紧密结合，形成加快创一流的强大动力。

11月份将召开党的十八届三中全会。这次会议意义重大，必将开启新的改革进程，对我们的工作提出新的要求。我们要坚决贯彻落实好中央精神，在全国高校中示范引领、走在前列，要以改革创新精神攻坚克难、爬坡过坎，推动学校的跨越发展。

前不久，刘延东副总理莅临我校观看原创歌剧《为你而来·王选之歌》并看望了徐光宪院士。刘延东副总理强调，新中国成立六十多年来，以邓稼先、竺可桢、李四光、郭永怀为代表的老一辈科学大师和以王选为代表的新中国培养出来的科学家，为国家的现代化建设作出了不可替代的贡献。党的十八大报告提出了两个百年奋斗目标，要实现这两个目标，必须大力发展教育事业，加快科技创新，要深入挖掘先进典型，继续他们的理想和追求。她还勉励青年学子要以老科学家为榜样，不辜负先辈们的期望，接好"接力棒"，将老一辈科学家开创的事业坚持下去、发展下去。我们一定要深入学习领会刘延东副总理发自肺腑、语重心长的讲话精神，紧密结合党的群众路线教育实践活动的要求，强化思想自觉、行动自觉，心系国家、扎实育人，以加快创建世界一流大学的实际行动为党和国家的事业，为民族复兴的"中国梦"贡献北大人的力量。

面临新形势新任务和中央的新要求，我们要清醒地认识到，现在距离实现"三步走"战略的第一步阶段性目标，时间越来越紧迫，必须只争朝夕加快前进！这学期，要坚决按照学校第十二次党代会部署，更加把"落实"二字摆在首位，以改革创新精神推动发展，务求工作取得实效，确保创建一流大学的事业取得实质性的较大进展。

一、简要总结上学期学校党委工作和党的群众路线教育实践活动开展情况

上半年，根据中央精神和督导组的指导意见，学校党委把开展党的群众路线教育实践活动作为党建和思想政治工作的首要任务和全局性关键性抓手，及时摆上主要议事日程，召开党委书记会、党委常委会、党委全体扩大会、党政联席会认真学习传达中央精神，同时，召开了十二届党委第三次全体会议和党代表2013年年会，研究筹备这次教育实践活动，广泛征求"两委"委员和全校党代表的意见和建议。学校党委还紧锣密鼓开展调研与准备工作，先后召开院系党委书记、教师代表、统战人士代表、离退休老同志代表、学生代表座谈会，就如何开展教育实践活动征求意见和建议，查明情况，摸清底数。6月20日，学校成立了教育实践活动领导小组。7月2日，领导小组审议通过了工作规则，拟订了实施方案，正式组建了领导小组办公室。

7月11日，学校召开教育实践活动动员部署大会，深入学习贯彻中央教育实践活动工作会议精神特别是习近平总书记重要讲话精神，对北大教育实践活动进行动员。在动员大会后，学校重点推进了几项工作：

一是科学制订实施方案，分层推动相关工作。在前期调研、充分论证的基础上，学校印发了教育实践活动实施方案，并针对活动的不同环节、活动对象的不同层次和群体的特点，制订了相应的子方案，提出不同要求，形成"1＋X"的方案体系，体现分类指导的原则，避免一刀切、一把尺、一般粗。目前学校领导班子深入开展学习教育和听取意见环节的工作取得初步成果，绝大多数二级单位也集中召开了本单位动员大会，并正在抓紧开展学习教育和听取意见的工作。

二是领导带头开展学习教育活动，取得明显效果。动员大会后，学校领导班子迅速开展集中学习教育活动，按照主题鲜明、针对性强的学习方案，校级领导班子和两委委员、院系党委书记、部分党政职能部门正职一起集体学习，精读深学，规定动作到位，自选动作规范，特别是领导带头领读重要文件，深入开展学习讨论，取得了明显效果。9月18日，我们还举办了全校中层正职干部暨二级单位活动领导小组组长学习班，使我校处级以上干部、二级单位活动领导小组组长及各督导组成员准确把握党的群众路线的精神实质和思想内涵。

三是成立督导组，加强培训工作，推动二级单位党的群众路线教育实践活动的开展。学校组建了15个督导组，并向医学部派出专门督导组，全程参加各基层单位的教育实践活动，了解掌握活动进展情况，检查、指导、督促活动的开展。专门制订了《北京大学党的群众路线教育实践活动督导工作方案》，并先后多次召开督导组专题培训会议和督导组组长工作会议，对督导组进行了系统培训，各督导组在接受全面培训，明确工作任务后，目前已经行动起来，深入各基层单位开展督导工作，确保北京大学党的群众路线教育实践活动有效有序进行。

四是广泛听取意见，形成了阶段性成果，为校级领导班子对照检查、开展批评和解决问题打好基础。按照《学校领导班子调研和听取意见方案》，受党委委托，党委组织部、纪委办公室牵头，组织相关单位，结合各自管理服务工作的范围，开展了征求意见的活动。重点内容是听取师生员工对学校领导班子和领导干部、党政职能部门和后勤服务部门在作风方面，尤其是"四风"方面存在的问题和改进建议，听取对群众关心的热点难点问题、对创建世界一流大学的关键问题的意见建议。同时结合中央和教育部巡视、北京市委党建和思想政治工作基本标准检查等活动中反馈的意见，以及校内若干次民主生活会、干部考察、班子调整等工作中征求到的群众意见，进行分析提炼、整合分类、对照检查。经过初步梳理，目前已征求到18项340多条意见。

在活动开展中，学校扎扎实实做了几项实事，让师生群众切实感受到活动带来的新变化、新气象。暑假期间，学校各院系、各部门认真执行《关于寒暑假管理服务工作正常有效运行的意见》，一大批教职员工冒着酷暑，克服困难，坚守在工作岗位上，扎扎实实做好暑期教学科研、安全防汛、后勤保障、卫生防疫、学生军训及暑期社会实践等各项工作，切实践行党的群众路线、改进机关作风、提升管理服务效能，得到了师生员工的肯定。学校有关部门着力推进成府园区的综合整治工作，营造了更加和谐安宁的校园环境。同时，学校设立"校领导接待日"制度，使之成为党的群众路线教育实践活动的"落地"形式之一，进一步畅通与师生群众的沟通渠道。我和恩哥校长已经接待了一次群众来访，接下来，校党委、行政领导班子成员都将轮值接待师生和校内外群众来访，听取意见和建议，尽最大努力帮助解决师生和群众反映的突出问题。

在同志们的共同努力下，我校教育实践活动得到了中央督导组的充分肯定，也得到了广大师生员工的积极支持。师生群众的期待就是我们的工作动力和目标，全校各级领导班子要发挥模范带头作用，把深入贯彻落实党的群众路线作为一项长期的战略任务坚持抓好。要以"照镜子、正衣冠、洗洗澡、治治病"为总要求，把"为民、务实、清廉"的价值追求深深植根于全校党员同志的思想和行动中，对作风之弊、行为之垢来一次大排查、大检修、大扫除，使作风建设的成效经得起师生群众的评判和时间的检验。

本着"两不误、两促进"的原则，前一阶段，在认真准备、启动教育实践活动的同时，学校党建和思想政治工作也不断向前推进。

学校党委以党的十八大精神和习近平总书记"五四"重要讲话及给北大学生回信精神为指导，以校庆115周年为契机，通过举办中层干部专题研讨班、"大学与中国梦"五四理论研讨会、主题党日等多种形式，深入开展"中国梦"主题教育活动，并思考和研究如何进一步履行育人根本使命。认真落实学校第十二次党代会部署，大力推进加快创建世界一流大学的实质性进程。校党委制订了党代会各项目标任务的分解落实方案，成立了以"六项建设"为主题的六个专门的推进落实工作小组以及五个学校重点工作协调小组，由校领导分别牵头，抓住关键的建设项目和重大工程，专项

攻关、重点突破。按照党代会提出的要求，校党委高度重视抓好战略规划和顶层设计，正在抓紧制订《北大2048远景规划》和《北大2018圆梦行动计划》，并统筹人才、学科、院系发展、校园建设总体规划的编修。

领导班子和干部队伍建设进一步加强。顺利完成学校行政主要领导及部分成员调整，实现了平稳过渡。着力加强校级领导班子的能力建设和思想作风建设，学校领导班子成员继续深入全校57个院系级党组织开展调研工作，转作风、下基层、察实情、听意见，认真研究、着力破解了一些困扰基层党建工作和基层单位改革发展稳定的实际问题。推进人才工作体制机制改革创新，举办第40期干部研讨班、第4期中青年骨干研修班，下大力气抓干部队伍、人才队伍建设。继续加强基层党组织建设和党内民主建设。结合不同阶段的新形势、新要求，积极组织开展主题党建活动，及时将中央、上级党组织以及学校党委的有关精神传达贯彻到基层党组织当中，并抓好工作的贯彻落实，在丰富多彩的基层党建活动中切实发挥党组织的领导核心和战斗堡垒作用。先后召开学校党委三次全会和第十二次党代会代表2013年年会，继续健全党委工作机制和党代会代表任期制、提案制的具体工作机制。

党的思想理论建设和宣传思想工作取得了丰硕成果。大力加强社会主义核心价值体系的宣传教育，强化马克思主义中国化最新理论成果的宣传，夯实马克思主义在意识形态领域的主导地位。着力宣传学校改革发展取得的新进展，为加快创建世界一流大学营造良好舆论氛围。在学习贯彻十八大精神、"中国梦"教育活动、纪念"五四运动"94周年等工作中取得了一些重要理论成果。

党风廉政建设进一步加强。今年4月，召开了全校党风廉政建设工作会议，就厉行"一岗双责"，狠抓校风建设的相关工作做出了进一步部署。以教育部检查科研经费管理工作为契机，进一步加强科研经费管理，完善纪检、财务、审计、科研管理部门相互配合的协同监管机制。

做好统一战线工作，为推动学校各项事业发展凝聚力量。今年5月下旬，学校代表团到香港特区、澳门特区进行工作访问，加强学校与特区高等院校的联系，看望了特区的北大校友，并拜会特区政府的主要负责人，更加密切了北大与港澳的合作交流，取得了积极成果。6月，学校召开统战工作会议，对过去六年来的统战工作进行总结，并部署未来五年的工作。

深入推进大学生思想政治教育。以立德树人为根本使命，抓住实践育人这个突出主题，以"精致化"为指导理念，全面加强和改进大学生思想政治教育，重视研究生思想政治教育，探索推进网络思想政治教育。在严峻的就业形势下，举办第一届北京大学人才论坛，与

地方和重点企事业单位建立人才培养与输送的战略伙伴关系。学生资助和心理素质教育工作发挥重要保障作用，获得上级部门肯定和表彰。

扎实推进工会教代会和共青团工作。工会、教代会及时召开全委会和执委会以及教代会代表提案交办会，加强自身建设，为落实"民主治校、依法治校、科学治校"做出积极努力。北大共青团组织以"中国梦"主题教育活动为契机，通过专题讲座、座谈研讨、展览参观、图文连载、影像展播等生动丰富的形式，引导青年坚定跟党走中国特色社会主义道路的理想信念。

确保学校安全稳定。在全国两会召开期间以及一些敏感时间节点，保卫、宣传部门和学工系统科学研判形势，制订专项工作方案，高度重视维稳工作和应急处置工作，切实做到"组织严密，保障有力，秩序良好，万无一失"。针对部分涉意识形态的教师和个别突发校园安全事件，学校党委责成专人负责、专项处置，有力地维护了学校的安全稳定。

二、部署新学期学校党委工作

同志们，现在距离实现率先建成世界一流大学的奋斗目标，时间越来越紧迫，各项工作任务仍然比较繁重，必须只争朝夕加快前进。要实现我们的宏伟目标，要办好北大的事情，关键在党。我们必须坚持党要管党、从严治党，以正在开展的党的群众路线教育实践活动为重要契机，聚精会神抓好党的建设各项工作，全力打造学习型、服务型、创新型党组织，不断提高党的建设科学化水平，为加快创建世界一流大学提供根本政治保证。学校党委也希望各级领导干部进一步增强大局意识、责任意识和忧患意识，以更加昂扬的精神状态，改革创新，锐意进取，努力开创学校跨越式发展的新局面。下面，我就学校党委下一阶段的工作计划和要求进行部署。

（一）按照中央部署继续深入开展好党的群众路线教育实践活动，确保取得实效

这次教育实践活动原定于11月底结束，目前，按照中央的精神，为了确保活动不走过场、取得实效、推动发展，活动的开展时间将做适当延长，预计到2013年年底结束。中央对这次活动高度重视，前不久专门召开了中管高校党的群众路线教育实践活动工作座谈会。赵乐际同志出席会议并强调，要深入贯彻习近平总书记重要指示，落实好"照镜子、正衣冠、洗洗澡、治治病"的总要求，坚持从严要求，高标准高质量地开展好教育实践活动，以好的作风办好人民满意的教育。赵乐际同志指出，中管高校开展教育实践活动，事关立德树人的百年大计，要提高认识、强化责任，增强搞好活动的思想自觉和行动自觉。要坚持开门搞活动，真心诚意听意见，把"面对面"和"背靠背"结合起来，真找问题、找真问题。要开好专题民主生活会，深入谈心交心，体现整风精神。要抓好整改落实，围绕师德建设、科研诚信、招生录取、"三公消费"等突出问题，开展专项整治，拿出切实管用的办法，实实在在加以解决。要注意总结运用典型，宣传正面典型，曝光负面典型，警示教育党员、干部。书记、校长要以身作则，发挥示范推动作用。

我们每一位领导干部特别是各单位主要领导，务必要切实贯彻中央的指示精神，以高度的政治责任感和紧迫感把教育实践活动作为下一阶段学校党建工作的首要任务抓紧、抓好、抓出实效。

8月27日，学校已经召开全校二级单位教育实践活动深入动员会，对下一阶段工作开展提出了要求，明确了部署。目前，二级单位的教育实践活动已经积极开展起来，形成了良好氛围，希望大家把这种良好的势头保持下去，不仅要按照中央的要求，扎实完成各项"规定动作"，而且要结合实际，充分体现北京大学的特色，使活动与创建世界一流大学的实际工作联系起来，与解决制约基层发展的瓶颈问题结合起来，使之成为推动学校发展的重要动力。

在教育实践活动中，要狠抓领导班子、领导干部队伍的作风改进。学校领导班子、中层领导班子和处级以上党员领导干部是这次活动的重点。领导有决心、大家才会有信心，领导干部做了榜样、普通党员才会自觉跟上。下一阶段，在继续抓好学习教育的同时，要以整风精神开展批评和自我批评，开好民主生活会，坚持开门搞活动，积极开展深入学校终端、教学科研服务一线调研活动，面向上级部门和有关单位征询意见，把党员干部队伍中存在的思想作风问题特别是"四风"方面的突出问题找准、群众反映强烈的问题找准、基层对活动的意见建议摸清，并做好消化吸收、归纳提炼工作，认真制订整改方案，确保各项整改工作得以落实。

要狠抓教风学风建设，巩固教师队伍爱岗敬业、立德树人的使命意识。现在，有的单位和党员干部、教师没有坚定地心系立德树人这一根本职责，没有把主要精力用在教书育人、关爱学生成长上，没有把主要心思放在教学科研本职工作上。有的心浮气躁、舍本逐末，急功近利，不安心本职工作和教育事业，不恪守岗位职责，在市场经济和商业化大潮的冲击下片面追求经济利益和论文数量、项目数量和办学规模，"见物不见人"，师生关系淡漠疏远，这样下去将严重偏离正确的办学方向。我们必须深刻认识到，在北大，脱离学生就是脱离群众，忽视立德树人的根本使命就是对群众路线的最大偏离。必须以这次教育实践活动为契机，大力弘扬高尚师德师风，使教师队伍心无旁骛抓育人，把学生的健康成长成才作为学校最核心的使命来抓。

要通过这次教育实践活动，把掌握群众工作规律、练就群众工作过硬本领作为提高人才培养质量的重要

内容。以"全覆盖"为目标,以"学习中受教育"和"实践中受教育"为重点,按照学生党支部主责、学生党员示范、学生骨干带头、全体学生共同受教育的思路,进一步加强和改进大学生思想政治教育,培养牢固坚持群众路线和群众观点、掌握群众工作本领的高素质人才。

在这里还要特别强调的是,为深入推进党的群众路线教育实践活动,按照中央和北京市委精神,根据《中共中央关于在全党深入开展党的群众路线教育实践活动的意见》(中发〔2013〕4号)和《北京大学党的群众路线教育实践活动实施方案》(党发〔2013〕35号)的工作要求,学校正在开展正风肃纪专项活动。全校各单位要按照开展党的群众路线教育实践活动的要求,紧密结合我校党风廉政建设和反腐败工作任务,把开展正风肃纪专项活动摆在突出位置,以贯彻落实中央八项规定精神为切入点,以各单位领导班子及领导干部为重点,深入查找分析形式主义、官僚主义、享乐主义和奢靡之风方面存在的问题,同时要把开展正风肃纪专项活动与落实党风廉政建设责任制"一岗双责"要求紧密结合,加强组织领导,落实工作责任,实现开展正风肃纪专项活动与推进日常工作"两不误,两促进"。

纪委监察室要加强监督检查,对违法违纪的领导干部,要严肃追究责任。

各相关部门要切实抓好落实,以开展正风肃纪专项活动的实际成果促进和保证党的群众路线教育实践活动取得实效。

(二)深入学习贯彻全国宣传思想工作会议精神和习近平总书记重要讲话精神,坚定不移抓好学校宣传思想和意识形态领域工作

8月19日至20日,全国宣传思想工作会议在北京召开。习近平总书记出席会议并发表重要讲话。他强调,宣传思想工作一定要把围绕中心、服务大局作为基本职责,胸怀大局、把握大势、着眼大事,找准工作切入点和着力点,做到因势而谋、应势而动、顺势而为。总书记的讲话统揽全局、思想深刻,蕴含着一系列新思想、新观点、新要求,体现了新一届中央领导集体的执政理念和执政方略,是一篇纲领性文献。当前,摆在我们面前的一项十分重要的政治任务,就是要深入学习领会、全面贯彻落实习近平总书记重要讲话精神,切实把思想和行动统一到讲话精神上来,努力把宣传思想工作做得更好、抓出实效。

习近平总书记强调,意识形态工作是党的一项极端重要的工作。宣传思想工作就是要巩固马克思主义在意识形态领域的指导地位,巩固全党全国人民团结奋斗的共同思想基础。历史和现实反复证明,能否做好意识形态工作,事关党的前途命运,事关国家长治久安,事关民族凝聚力和向心力。只有从推动事业长远发展、巩固党的群众基础、执政基础的高度,认清肩负的责任、面临的挑战,我们才能进一步增强做好意识形态工作的自觉性、坚定性。

总书记要求,党员、干部要坚定马克思主义、共产主义信仰,脚踏实地为实现党在现阶段的基本纲领而不懈努力,扎扎实实做好每一项工作,取得"接力赛"中我们这一棒的优异成绩。领导干部要把系统掌握马克思主义基本理论作为看家本领,老老实实、原原本本学习马克思列宁主义、毛泽东思想特别是邓小平理论、"三个代表"重要思想、科学发展观。新干部、年轻干部尤其要抓好理论学习,通过坚持不懈学习,学会运用马克思主义立场、观点、方法观察和解决问题,坚定理想信念。总书记还强调,高校要把马克思主义作为必修课,成为马克思主义学习、研究、宣传的重要阵地。当前,我国意识形态建设面临来自内部和外部各种因素的挑战,马克思主义意识形态的主导地位是巩固的,但也受到了一定程度的冲击。意识形态领域的稳定,直接影响我们社会主义国家政权的稳固,也会直接影响创建世界一流大学的社会主义办学方向。

北京大学是我国思想文化的重镇,是宣传思想和意识形态领域工作的重要阵地,学校各级领导干部、教师、青年学生,是加强意识形态工作的三大重要群体。我们务必要坚持把思想理论建设放在首位,在事关大是大非和政治原则问题上,必须增强主动性、掌握主动权、打好主动仗,管课堂、管讲座、管网络,帮助全校党员、干部、师生员工划清是非界限、澄清模糊认识。大力加强社会主义核心价值体系的宣传教育,强化马克思主义中国化最新理论成果的宣传,夯实马克思主义在意识形态领域的主导地位。充分发挥我们的学科和科研优势,把学校建设成为马克思主义学习、研究、宣传的重要阵地,着力推进马克思主义大众化,使马克思主义获得人民群众的拥护、支持,赢得强大的后盾和根基。把理想信念教育作为大学生思想政治教育的核心任务,大力推动中国特色社会主义理论体系和"中国梦"进教材、进课堂、进头脑,将青年学生培养为马克思主义意识形态的坚定继承者。

要高度重视网络在新媒体时代的作用,充分认识网络的建设和管理工作在意识形态工作中的极端重要性,把宣传工作主动权紧紧抓在手里,确保主流思想舆论占领意识形态阵地。围绕创新推进网络思想政治教育工作,做实力量配备和条件保障,在谋划全局、建立机制、增强实效上狠下功夫。建好网,掌握高校网络文化育人工作主动权;用好网,掌握高校网络舆论引导话语权;管好网,掌握高校网络管理工作主导权,不断提高高校网络文化建设和管理工作科学化水平。

要坚持团结稳定鼓劲、正面宣传为主。在加快创一流的征程上,我们面临的挑战和困难前所未有,必须弘扬主旋律,传播正能量,激发全校师生员工团结奋进

的强大力量。主动在教学科研管理服务一线发现新闻、采写新闻，深入挖掘和宣传在创建世界一流大学实践中的好成果、好经验、好典型。积极发挥校内媒体作用，努力拓展校外宣传渠道，精心做好对外宣传工作，大力宣传学校创建世界一流大学取得的重要成果，妥善应对和处理各类媒体危机事件。

要狠抓宣传思想工作创新。认真总结、长期坚持党的宣传思想工作经验，并在实践中不断丰富和发展，推动宣传思想工作与时俱进、开拓创新。重点要抓好理念创新、手段创新、基层工作创新，努力以思想认识新飞跃打开工作新局面，积极探索有利于破解工作难题的新举措新办法，把创新的重心放在基层一线。注重发挥校园文化的价值导向功能，加强校园文化建设整体规划和顶层设计，完善文化建设统筹协调机制，把校风建设作为当前文化建设的重点和着力点，逐步形成全方位、宽领域、多层次的文化建设格局。

做好宣传思想工作是一项系统工程，必须发动全校力量、广泛参与。其中，宣传思想部门承担着十分重要的职责，必须守土有责、守土负责、守土尽责，宣传部门领导同志要加强学习、加强实践，真正成为让人信服的行家里手。各级党组织要负起政治责任和领导责任，加强对宣传思想领域重大问题的分析研判和重大战略性任务的统筹指导，不断提高领导宣传思想工作能力和水平。要树立大宣传的工作理念，动员各条战线各个部门一起来做，把宣传思想工作同加快创建世界一流大学的事业更加紧密地结合起来。

（三）不动摇、不懈怠、不折腾，紧紧咬住"三步走"战略目标，奋力扎实推进一流大学重点目标任务的落实

沿着中国特色社会主义道路又好又快地建设世界一流大学，将是我们现在以及今后几十年始终不渝的奋斗目标和工作主题，决不能动摇和懈怠。

学习贯彻十八大精神和党代会精神，关键在把精神吃透，根本在狠抓落实。当前，我校最大的实际、最紧迫的任务，就是坚决落实学校十二次党代会提出的"三步走"战略目标，加快创建世界一流大学。学校党委和各级党组织、广大党员的中心工作就是狠抓落实。我们决不能躺在过去的功劳簿上，我们也没有任何资本来守成，必须扑下身子、甩开膀子实干、苦干、大干、会干。

抓党建工作，必须围绕中心、服务大局。学校党委和各级党组织都要不断增强抓落实的能力。

一是要从思想武装上抓好落实。党代会提出的指导思想、发展思路应该更加深入人心，成为我们的强大共识。党代会提出的"使命自觉、创建自信、差距自省、奋斗自强""四自"精神，是团结动员全体师生员工的重要思想武装和精神动力，要进一步增强全校党员和广大师生投身学校发展建设的自觉性和坚定性。

二是要从顶层设计和规划计划上抓好落实。十八大强调，改革需要"顶层设计"和"顶层推动"，我们创建世界一流大学的工作也要抓好"顶层设计"和战略规划这个龙头。"北大2048"远景规划和"三步走"战略设想是我们总的发展规划，要落实就必须进一步明确、细化，科学制定每一步、每一个阶段要达到的目标。学校党委也希望各位党代表深入师生员工中间认真开展调查研究，积极建言献策，为做好设计和规划提供科学的实践基础和理论分析。

三是要通过抓基层、打基础来抓好落实。在我们中间，一定程度上还存在着心浮气躁、精力分散、投入不足、工作不实的现象。现在学校发展的大政方针已定，规划蓝图已经绘就，必须大力提倡抓落实的精神，提倡不讲条件、敢于担当、敬业奉献的精神，杜绝那些"空对空"的争议、牢骚。特别是自上而下都应该把资源和精力更多地投入抓基层、打基础上来，把工作重心下移。

四是从改革创新上抓好落实。实现创新驱动发展是党的十八大提出的重大战略，也是学校党代会提出的重点。我们必须牢牢抓住以改革创新为动力的"创建"工作主线。创建就不仅是一般意义上的常规性建设，必须更加重视创新在建设中的核心和引领作用。

只有通过永无止境的解放思想和永不停顿的改革创新，才能够扬长补短。当前改革的重点，是要继续积极探索建立中国特色现代大学制度，完善学校内部治理机制，改革学术组织的治理结构与运行机制，继续推进适应社会主义市场经济要求、符合高等教育规律、人才发展规律和教师职业特点的学校人事制度改革，建立健全教育质量评估保障体系，推进人才培养模式创新和科研体制创新。

五是从建立健全创建工作责任制和考核评价体系等体制机制上来抓好落实。各单位各部门要严格按照党代会的任务分工，不折不扣地抓好执行，明确目标、理清思路、分解任务，逐条逐项落实到位。要落实好问责制，抓好监督检查，不断提高我们各级组织的领导力和执行力。

六是要区别情况、分类指导，从实际出发来抓好落实。北大有几十个院系、六万多师生员工，有一千多个党的基层组织、两万多党员，在这样一个复杂的组织系统中抓工作，就不能搞一刀切、一把尺、一般粗。各单位要坚持一切从实际出发，在坚持原则的前提下具体问题具体分析，走出一条符合自身实际的改革发展之路。

（四）进一步抓好领导班子建设和干部队伍建设

创建世界一流大学，关键在党，关键在领导班子和领军团队。作为具有光荣传统的共产党人和党组织，

我们一定要自觉地肩负起崇高使命与责任,在团结带领全校师生员工加快创建世界一流大学的伟大实践中,以改革创新的精神,结合学校实际,全面推进思想理论建设、能力建设、制度建设、作风建设和基层组织建设,建设高水平的领军团队,为加快创建世界一流大学提供坚强保证。

党的十八大深刻指出:精神懈怠的危险,能力不足的危险,脱离群众的危险,消极腐败的危险,更加尖锐地摆在全党面前。其中,精神懈怠的危险是排在第一位的。具体到我校的党员领导干部,特别要强调精神面貌问题。

我们这一代北大人使命光荣、责任重大。在当前这样一个关键的冲刺阶段,没有一种一往无前、敢于胜利的精神是不行的。北大人是有精神的,在历史上很多重要的关头,北大人都体现了自己不屈不挠、敢为天下先的精神,于是才创造了北大光荣的历史;今天我们还要特别强调精神状态,有了艰苦奋斗的强大精神,有了昂扬向上的"精气神",我们就能够干事创业,就能实现跨越发展。

完善决策机制,进一步提高学校决策质量。为完善党委领导下的校长负责制,从本学期开始,学校将按照党要管党、从严治党的要求,坚持独立召开党委常委会,讨论决定"三重一大"事项和党务工作;为保证校长对学校重大行政工作独立负责地行使决策权,坚持独立召开校长办公会,研究决定学校的教学、科研和其他行政管理工作。同时,加强党委常委会和校长办公会之间的内容衔接和组织协调,进一步完善学校议事决策机制。为健全重大工作的咨询和评议机制,学校还将修订《北京大学校务委员会规章》,调整校务委员会的人员构成,进一步发挥校务委员会的校务咨询评议功能。

深化干部人事制度改革。树立正确用人导向,坚持德才兼备、以德为先,坚持注重实绩,群众公认,坚持按岗选人、从基层一线选人。扩大干部工作中的民主,提高民主质量,防止简单以票取人;探索完善公开选拔干部制度,改进考核测评工作,防止简单地以分取人。研究制定《北京大学中层管理干部交流工作暂行办法》,推进"机关—院系—后勤"多向挂职,鼓励有管理潜质的中青年学术骨干挂职服务,干部交流任职经历应作为干部选拔培养的重要依据。研究制定《北京大学保障双肩挑干部学术发展的若干意见(试行)》,创新思路,创造条件,进一步保障双肩挑干部发展。研究制定《北京大学干部对外交流工作办法(试行)》,明确职责、理顺机制、规范管理,将干部人才交流纳入校地合作的整体框架中加以推动,拓宽干部交流的有效渠道,加大干部对外交流工作力度。

在今年的暑期战略研讨会上,学校领导班子还专门研讨了教学科研人员分系列管理的方案。这是学校狠抓队伍建设、狠抓制度创新的一项重大举措。我们要统一思想、凝聚共识,坚定地把这项重点改革积极、平稳向前推进。

完善领导班子和干部考核评价机制。健全年度考核,有针对性地开展届中考核,完善任期考核。规范中层领导干部年度考核的内容、方法和程序,丰富考评内涵,探索建立包含学科发展评估内容的考评制度。制定并实施《北京大学院系领导班子和领导干部年度考核工作办法》和《北京大学党政管理及教学科研支持单位领导班子和领导干部年度考核工作办法》。

加强和改进干部教育培训,重视实践锻炼和培养。制定和实施《北京大学关于2013—2017年大规模培训干部工作的实施意见》。围绕坚定理想信念、增强治校理教本领、提高科学发展能力,为加快创建世界一流大学服务、为干部健康成长服务,重点抓好处级领导干部、中青年学术骨干和后备干部的培训。建立健全科级以上干部大规模在线学习的组织管理体制机制,积极探索督学促学和帮学助学的有效方式。拓展与省市、地区政府部门以及高校党校之间的交流合作,逐步建立一批合作单位、培训与实践基地。扎实推进管理干部境外培训,提升国际化视野,形成多方参与、齐头并进的干部培训新格局。

抓好后备干部和青年干部队伍建设。以推动青年干部健康成长为基础、以正职后备为重点抓好后备干部队伍建设。健全青年后备干部工作档案,专家、相关部门和用人单位形成合力,普遍谈心谈话,协助青年干部拟定职业发展规划,按照其发展潜力、熟悉领域、个性特点和不足,明确发展方向,形成个性化的培养措施,分流培养,人尽其才,使青年干部形成清晰的发展路径和稳定预期。丰富管理干部的职业内涵,探索新机制,为管理骨干开展专业研究提供平台。加大培养选拔优秀青年干部力度,鼓励年轻干部到基层院系和艰苦部门锻炼成长。发挥老同志传帮带作用,成立顾问组,帮助研究解决青年干部成长的问题。

(五)切实抓好其他各项党建工作,全面推进党的建设新的伟大工程

第一,推进党的组织建设和党员队伍建设。各基层党组织要以党建和思想政治工作先进校的评选为契机,继续开展以学习贯彻落实十八大精神和"我的中国梦"为主题的组织生活会、主题党日、主题团日等活动,继续巩固创先争优活动的成果,巩固党建基本标准验收的成果,将十八大精神贯穿于党的基层组织建设和党员队伍建设的全过程,充分发挥基层党组织,特别是基层党支部的政治核心、战斗堡垒作用和党员的先锋模范作用,不断提高党在高知识群体和广大师生中的影响力和凝聚力。

第二，扎实推进党风廉政建设。把党风廉政建设列入党委重要议事日程，纳入学校发展总体规划，融入学校中心工作。以更加坚定的信心、更加坚决的态度、更加有力的措施、更加扎实的工作，贯彻执行"一岗双责"制度，加强责任分解、责任考核和责任追究。围绕规范权力运行，针对在权力结构和运行机制中存在的廉政风险，努力推进权力结构科学化配置体系、权力运行规范化监督体系、廉政风险信息化防控体系建设，逐步实现廉政风险防范和权力运行监控长效机制。以教育部开展科研经费管理检查工作为契机，进一步规范科研经费使用，健全科研经费管理体制机制，建设风清气正的校园环境，以党风廉政建设和反腐败斗争的新成效为创建世界一流大学保驾护航。

第三，加强和改进大学生思想政治教育。始终坚持育人为本、德育为先的方针，把中国梦作为理想信念教育的时代话语，着力打造"大国复兴""大师智慧""大才精诚"等思想政治教育品牌，着力培育实践育人项目。在学生学习社区、生活社区、活动社区和网络社区营造和繁荣各具特点的校园文化。把加强和改进研究生思想政治教育作为重大问题进行专门研究和部署落实。把学生党建作为重要抓手，强化党建带团建促班建思路，把思想政治教育融入人才培养全过程。从战略高度把思想政治教育工作队伍纳入学校人才队伍建设规划统筹考虑，加强思想政治理论课教师队伍、导师队伍、辅导员和班主任队伍建设。要把就业工作抓得紧而又紧、实而又实，要科学筹划、周密部署，结合学习习近平总书记回信精神活动，引导学生转变就业观念，拓展就业思路，把个人理想同国家发展紧密联系起来。

第四，加大统一战线工作力度。以全校统战工作会议的召开为契机，团结最广泛的力量共同推进一流大学建设。以全国和北京市两会换届为新起点，大力推进党外代表人士队伍建设和党外干部培养选拔工作。加大对新时期归国留学人员工作的力度以及对新形势下留学人员统战工作特点的研究。加强我校统战历史以及各民主党派组织发展历史的整理、研究工作，推进学校统战文化建设。慎重稳妥地做好民族宗教工作。

第五，扎实推进工会教代会工作、共青团工作及学生会、研究生会工作。不断加强和完善校、院（系）两级教代会制度建设，探索加强教代会提案办理公开工作的有效手段，完善"校领导与教职工沟通会"制度，健全教代会代表参与学校重大事项决策与评议机制。继续深入学习贯彻党中央在共青团十七大上的祝词精神和共青团十七大精神，在共青团组织中大力开展党史团史和校史校情教育，强化党组织与广大青年的沟通联系，深化党组织在青年学生中的影响力。

第六，全面改善校园民生，高度重视并继续做好离退休工作。党委要把离退休工作摆在特别重要的位置来认识和对待，切实为老教师、老干部、老职工服好务。积极拓展工作服务途径，让离退休职工能够更好地发挥余热，做到"老有所为"；要加大相关工作的经费投入，建立健全奖励机制，增强对离退休困难群众的扶助力度，保证"老有所养"；切实关心老同志，照顾老同志，认真解决好老同志的合理诉求和需要。

要重视学校各个群体特别是困难群体的利益保障，认真研究并解决实际问题，使大家共享改革阳光、共享发展成果。此外，还要继续建立完善群众诉求表达机制、合理的利益调整机制和矛盾纠纷的化解机制，构建人尽其才、利益协调、分配合理、安定有序、人人心情舒畅、充满创造活力的和谐校园，努力形成全校上下一条线、一股劲，同心同德共创建的生动局面。

（六）扎实做好安全稳定工作，确保学校的政治稳定

在安全稳定方面，学校各级领导干部一定要保持高度的政治敏锐性和政治辨别力，树立确保学校安全稳定是高于一切、重于一切、压倒一切的政治任务的责任意识。这方面既不能惊慌失措，又不可麻痹大意。今年形势特殊，各单位尤其要引起警觉，及时掌握社情舆情，做好应对预案，注重从源头排查和化解不稳定隐患，及时排查和解决好各种矛盾和纠纷，避免激化矛盾。要加大学校周边治安综合治理，加强和改进校园网络管理，形成保障学校安全稳定的长效机制。提升保密管理和技术防范水平，充分调动二级单位主动性，创建有北大特色的保密管理模式。

（七）切实抓好基层党建工作创新

创新是灵魂，也是党的十八大提出的明确要求。北大的党组织有着光荣的传统，北大也一直是"常为新"的改进运动的先锋，因此，当代的北大共产党人，应该以改革创新精神抓好党的建设，用党建新成果、新成效带动和促进创建工作科学发展。

解放思想永无止境。学校党委和全校各级党组织、党员干部，都要以更强烈的自觉和更大的胆略来抓改革创新。要在深入调查研究和科学论证、集思广益的基础上，抓住重点推进改革。比如，要着力提高党内民主建设的制度化、规范化、程序化水平，进一步完善学校党的代表大会制度，积极探索、不断健全党代会代表任期制和提案制的具体工作机制，包括在部分院系试点建立院系一级的党代表任期制，通过创新，为学校党建工作的科学发展夯实基础、筑牢根基。要尊重和发扬基层党组织的首创精神，及时发现先进典型，总结提炼并推广基层创新的鲜活经验。

同志们，今年是学习贯彻党的十八大精神的开局之年，也是全面落实学校党代会部署，特别是向着"三步走"战略第一步战略目标奋斗的全面起步之年。上

半年,全校师生员工奋发进取、群策群力,推动学校各项事业取得了阶段性成绩。在下一阶段工作中,希望大家继续按照中央的精神和学校十二次党代会的部署,着眼当前,立足长远,甩开膀子大干。我们一起团结奋斗,力争率先实现建成世界一流大学的"北大梦",并为实现中华民族伟大复兴的"中国梦"作出新的历史性贡献!

谢谢大家!

校长王恩哥在秋季全校干部大会上的讲话

同志们:

今年暑期,学校制定了《关于寒暑假管理服务工作正常有效运行的意见》,我们机关各个职能部门,包括院系的行政、教辅,都坚持开门办公,很多同志没有休息,或者只是短暂轮休,付出了很多辛劳。新学期开学以来,大家的工作就更加辛苦,一方面深入开展党的群众路线教育实践活动,一方面,学校的很多重要工作正在加快向前推进,实现了两不误、两促进。对此,我代表学校行政再一次向大家表示衷心的感谢!

最近这段时间,我到院系调研,老师们对学校近期的一系列新举措,包括我们暑期的工作、加强校园环境综合治理的工作、提升行政服务效能改进作风的工作等等,都表示了高度认可。进一步加强和改进我们的管理,既是师生员工的要求,也是学校事业发展的客观需要。有一些教授专门给我讲,一些过去假期办不成的事现在能办成了,办得慢的事现在办得快了,不管到哪个单位,都能找到人办事了,他们很满意。我认为,这就是我们为落实党的群众路线、加快创建世界一流大学所办的一件实事,看得见,摸得着,群众满意,苦一点累一点,都值得。空谈误事、实干兴校,我们必须按照师生员工的期盼和要求、按照世界一流大学的标准,扎扎实实、埋头苦干,这样我们的事业才能不断进步!

上个学期,在党的十八大精神指引下,按照十二次党代会提出的部署,在学校党政的领导下,通过全校各级干部和全体师生员工的共同努力下,我们重点推进了几项关系长远的工作,着力解决了影响学校改革发展稳定的一些突出问题,取得了积极的成效。在这里,我先简要做一总结:

教育教学方面,"小班课教学"改革继续深入推进,试点工作从基础理科院系扩大到人文社科院系,投入包括院士、长江学者在内的优秀师资力量,课程评估结果显示,学生普遍反映效果良好。近日公布的第九届北京市高等学校教学名师奖中,我校经济学院董志勇教授、国际关系学院牛军教授、医学部王韵教授、化学与分子工程学院李彦教授等4名老师入选,在此向他们表示热烈祝贺。在2013年美国大学生数学建模与跨学科建模竞赛中,我校2支队伍获特等奖、3支队伍获Finalist(介于特等奖和一等奖之间)、8支队伍获一等奖。这些成绩,从一个方面反映了我校人才培养的质量。

师资队伍建设方面,在2013年中国科学院、中国工程院两院院士增选中,目前,我校有26位教授成为中国科学院院士增选有效候选人,1位教授成为中国工程院院士增选进入第二轮评审的候选人,希望最终能够取得好的结果;在刚刚批复的首批国家高层次人才特殊支持计划("万人计划")中,我校12人入选,包括杰出人才1人,青年拔尖人才11人。应该说,经过这些年努力,我校人才工作取得了很好成绩,尤其在高端人才队伍建设方面继续保持了国内领先优势。

学科建设方面,在第三轮全国一级学科评估中,我校排名第一的一级学科达16个,排名前三的一级学科有35个,均居全国高校之首。2013年5月公布的"QS世界大学学科2013年年度排名"中,北大21个学科位列世界50强(QS纳入测评的共有30个学科方向),其中现代语言、哲学和化学等3个学科进入全球20强;根据汤森路透"基本科学指标数据库"(ESI)2013年7月公布的数据显示,北大18个学科进入全球前百分之一,在国内各高校中遥遥领先,其中,物理学是首次进入全球前千分之一,也是我校第五个进入全球千分之一的学科。

科学研究方面,上学期总体保持良好势头,优秀创新成果不断涌现。生命科学学院邓宏魁教授研究组和定量生物学中心汤超教授研究组合作,有关干细胞研究的最新成果被《科学》《细胞》等多个国际权威学术杂志刊登。8月13日,中央台新闻联播报道了相关成果,并被有关专家誉为干细胞研究方面里程碑式的工作。近日公布的2013年度国家自然科学基金项目评审结果中,我校获批各类项目总计604项,批准总经费4.7亿元。北京大学在项目总体批准率、人才团队项目等方面继续保持优势。

社会服务和协同创新方面,学校与海淀区共同推动了生态设计产业园、医疗医药产研园、文化产业园等一批事关学校未来发展的重大项目建设,打造产业协同创新科研平台;与甘肃、广西等中西部省份开展人才交流与政策咨询;与海军签署了《军民融合创新发展协议》,拓展军民融合科研领域。截至目前,学校已与20个省级地区和单位签署了战略合作协议。扎实完成对口支援及扶贫工作,帮助西藏大学获得3个一级学科的博士点授权。学校依托高等学校创新能力提升计划（即"2011计划"），尝试与具有创新能力的行业领头企业建立开放式协同创新实验室，推进校企协同创新；与东莞、南京等地开展合作，推进校地协同创新。

国际合作方面，上学期，我校国际交流和对港澳台地区的交流十分活跃，共接待代表团122个，其中高校代表团96个、外国元首及政要6人。校级领导带团出访8次，新、续签合作协议26个。围绕国家教育外事热点以及学科建设重点，广泛吸纳各方资源，成立了多个高层次的研究中心或基地，一些具有国际水准的联合中心或项目也在积极筹备中。海外引智工作取得了新进展，层次进一步提高，为推动科学研究、人才培养发挥了积极作用。学生国际交流、留学生工作等也持续健康发展。我们还成功参与主办了"生态文明贵阳国际论坛2013年年会"，在国内外影响很大。

校园环境建设和后勤保障方面，前一段时间，学校花了比较大的力气，对校园里面乱挂的条幅进行了治理，规范了管理，净化了校园文化环境，这一举措得到了师生的普遍认可。我们开展了成府园区综合治理和东校围墙规划建设，对未名湖区的交通管理进行了重新设置，基本解决了这个"老大难"问题。北大是做学问的地方，做学问就要耐得住寂寞，不能让商业文化和市井喧嚣过分侵蚀我们的校园，要维护好高贵、宁静的学府氛围。

2013年我校基础设施建设继续保持高峰状态，上半年共计有29项工程在建，总建筑规模达56万平方米。对学生宿舍、幼儿园、食堂等校园基础设施进行维修改造，提升了公共服务的品质。科学规划并调整、确定了学生中心的使用方案；顺利推进人文学院搬迁工作，开学将正式投入使用。

为缓解青年教师住房困难，学校开展了教师公寓周转房集中申请和调配工作，为近两百名青年教师安排或调整了教师公寓。肖家河项目打拆迁工作即将完成，学校成立了售房领导小组和工作小组，着手研究制定售房政策。

继续深化财务改革、严格财务管理，不断加大筹款力度，努力开源节流，有力支撑了学校的正常工作和事业发展。

以上是对上学期工作的简要总结。新的学期已经开始，按照党代会提出的"路线图"，我们要在2018年前后跻身世界一流大学行列，现在满打满算只有五年时间了。学校党政反复强调，我们要有只争朝夕的精神，要全力以赴狠抓落实。同时，新的学期，全校上下特别是在座的学校各级领导干部，要继续深入开展党的群众路线教育实践活动。我们必以这次活动为契机，改进校系两级班子和全校各级干部的工作作风，增强战略思维，加大执行力度，提高工作效率，在不断改革创新、攻坚克难的过程中彰显作为、加快发展。

下面，我就本学期学校行政工作进行安排部署。

第一，坚持育人为本，加强教育教学改革，培养高素质创新型人才

教育的根本任务是立德树人，大学的根本使命是促进"人"的全面自由发展。3月我在就任校长的演讲中就谈道，世界一流不能简单地给出数字化指标，甚至也无法用精确的语言去描述，但有一条是明确的，那就是：只有当我们的学生，无论文、理、医、工，在世界任何一个地方就职都能以其实力赢得肯定和信任，我们才有可能自居世界一流。全校教职员工都必须不断强化立德树人的使命意识，把育人作为全部工作的出发点和落脚点，在政策导向、资源分配、评价考核、投入保障等各方面采取有效措施，确保教学质量，不断提高人才培养水平。北大把全国最优秀的学生招了进来，不提供全国乃至世界最高质量的教育就对不起这些学生，也对不起国家和人民的期待。

在全部教育教学工作中，本科教学具有极其重要的基础地位。在新学期，我们要重点抓几项工作：

一是稳步推进小班课教学试点。小班教学是通过加强师生互动，引导学生自主学习，实现粗放式教学向精细化教学转变，克服"见物不见人"的错误导向的一项改革尝试，也是继续深化教育教学改革的重要突破口。本学期试点范围将扩大至12个院系，预计开设104个研讨型小班。教务长、教务部和试点院系要高度重视，加强调研、指导与质量监控，相关部门要大力支持。要从理念和实践两个层面认真总结经验，引导转变教育观念，创新教学方法。

二是不断完善多样化人才培养模式。进一步推动元培学院改革，加强基础学科人才和跨学科人才培养，深入研讨基础学科拔尖学生的后续培养问题，不断完善大类招生和培养模式，进一步完善辅修/双学位制度。

三是推进"国家级教师教学发展示范中心"建设。针对北大教学工作的特点，开展教师培训、教学咨询，重点提升中青年教师业务水平和教学能力，发挥中心的辐射作用，提高教育教学质量。

四是推进网络公开课建设。进一步统一思想提高认识，把建设网络公开课程作为迎接当前高等教育教学变革挑战的重要举措。按照上级要求抓好国家级视频公开课建设，加强与edX等国际在线开放教学平台以及"中国东西部课程联盟"等国内课程共享平台的合作，持续推出优质课程，提升北大教育品牌领导力。

研究生教育尤其是博士生教育，在一定程度上是我校人才培养工作的短板，虽然近十年我们进步很大，但与世界一流大学相比还存在很大差距，集中表现在学生创新能力不足。为什么我们最优秀的本科生都选

择出国留学？这必须反思，必须痛下决心，尽我们最大的努力予以扭转。

国家对提高研究生培养质量高度重视，上半年教育部、国家发展改革委、财政部联合发布了《关于深化研究生教育改革的意见》，要认真学习领会文件精神，研究制定我校深化研究生教育改革的意见。

一是不断完善研究生尤其是博士生招生选拔机制，加大力度吸引优秀生源。积极推进考试招生改革，优化初试，强化复试，发挥和规范导师作用，注重对考生专业基础、综合素质和创新能力的考查，建立与培养目标相适应、有利于拔尖创新人才和高层次应用型人才脱颖而出的研究生考试招生制度。进一步探索完善博士研究生招生"申请—考核"机制，强化对科研创新能力和专业学术潜质的考察。

二是继续推进研究生培养机制改革，多途径大力提升研究生培养质量。进一步优化调整学科专业、类型、层次结构。进一步完善研究生培养、奖助、学位以及质量监督机制，建立系统科学、相互协调的研究生教育制度体系，实现资源优化配置，形成多维度的培养合力。

三是探索构建基于分类培养的质量评价体系。进一步探讨导师激励措施和规范机制，考虑如何更合理地发挥学术声誉、同行声誉对导师职责的引导、激励和约束作用。

学校党政还再一次明确，校级领导班子成员必须更加重视教学中心工作，深入教学一线。班子成员每学期至少要旁听一堂课，亲自坐到教室里，认认真真听讲，了解教学授课的实际情况。大家共同努力，真正把育人为本、师生为本的理念落到实处。

此外，我们还要进一步抓好学生管理和服务工作，坚持全方位、全过程育人，真正实现"教书育人、管理育人、服务育人"的三育人目标，重点培养学生的创造精神和实践能力。抓好学生资助、就业、心理健康教育咨询工作，推进管理精致化、服务人性化，为每一名学生健康成才保驾护航。

第二，创新人才工作理念，推进师资队伍建设更上新台阶

人才资源是第一资源，要坚持把教师队伍建设作为学校最重要的基础性工作抓紧抓好。

当前，我校人才工作面临新挑战，北大人才队伍虽然整体水平处在世界先进行列，但世界最顶尖的人才和学术领军人物还十分缺乏；高水平人才引进、培养以及人才流动的体制机制尚不健全；人才队伍建设的资源十分短缺，能够给予优秀人才的待遇仅相当于世界一流大学平均水平的1/3。而且，高校人才竞争越来越激烈，近年来兄弟高校集中精力发展几个重点学科，不计成本挖人才，使得我校优秀人才流失压力加大。

挑战总是伴随着机遇。从国家层面看，我国经济持续快速发展，经济实力稳步提升，对高等教育的投入不断增加，以及国家实施"万人计划""千人计划"为代表的高层次人才计划，为我们推进人才工作、实行人才强校战略提供了重要机遇；从区域层面看，北大地处首都，位于中关村国家自主创新示范区核心区，引进高端人才的区位优势十分明显。我们必须善于抓机遇用机遇，人才竞争如逆水行舟，不进则退，慢进也是退，我们决不能躺在过去的功劳簿上睡大觉。

要根据学校第十二次党代会确立的目标任务，结合国家政策导向，深入总结学校人才工作实践经验，研究制定学校人才发展的总体规划，创造各级各类人才凝心聚力、协同发展的良好局面。

要用活用好国家人才政策，依托"千人计划""万人计划"等国家高层次人才计划，广聚海内外英才，不断壮大高端人才队伍。要特别注意引进有潜力的青年优秀人才。上学期我在院系调研时发现，有的单位人才队伍偏于老化，人才梯队年龄结构不是很合理。据人事部统计，15年后我校将出现退休高峰。因此，必须加大35岁以下优秀青年人才的引进工作，防止出现20世纪末我校人才队伍青黄不接的危机。现在人才国际竞争越来越激烈，从外部挖顶尖人才越来越困难。因此，我们要坚持人才引进与培养并举，以战略眼光，提早把最有潜力的优秀青年人才引进来，经过一段时期培养、考核和筛选，产出我们自己的顶尖人才。

要坚定不移深化师资人事制度改革，打破束缚人才活力的体制机制，创新人才招聘、任用和管理的制度，最大限度发挥人才效益，控制用人成本。加强学校编制管理，尽快研究出台北京大学机构编制管理条例，实现机构和人员编制统筹管理，事业人才和合同制人才统筹管理。严格控制学校人员编制，编制是宝贵的资源，要珍惜并且科学、合理、高效地使用；进一步完善职员制度和教师聘任制度，依法加强对合同制人员的管理；借鉴国内外高校的经验，着手制定并严格执行学校的学术休假制度和教师参与社会服务制度，为教师潜心学术研究创造更充分的制度条件。

今年暑期校领导班子战略研讨会专门就教师分系列管理制度进行了研究，这项举措意义重大，将有力推动我校人事人才工作与国际接轨，不断激发人才队伍的创造活力。有关部门要周密计划、稳步实施，在推进制度创新的同时确保队伍和谐稳定。

此外，学校计划下半年召开人事人才工作会议，全面总结近年来我校人才工作和人事制度改革经验，分析人才工作的形势、机遇和挑战，积极探索人事人才工作的新思路和新举措。请有关部门和院系做好充分准备。

我们除了在制度上和物质上为师资队伍建设做好

保障之外，也要更加注重精神，注重师德师风建设，要用高尚的精神激励引导我们的教师。前不久，刘延东副总理莅临我校观看原创歌剧《为你而来·王选之歌》之后，深情地回忆起我国老一辈科学家在非常艰苦的条件下，以执着的追求和坚定的理想信念克服万难，为国家的现代化建设作出了巨大贡献的感人事迹，对我们提出了新的要求。我们一定要认真贯彻落实。

毛泽东同志说过："人是要有一点精神的。"同样，一支志在争取世界一流的教师队伍，没有点精神是不行的。我们的全校教职员工，一定要以党的群众路线教育实践活动为契机，真正理解民族复兴的"中国梦"、创建世界一流的"北大梦"和个人事业发展的梦想之间的关系，真正激发出每一位教师努力工作、奋发有为的精气神。

第三，进一步优化学科布局，提升学科建设水平

近年来，我校学科建设取得了不错的成绩，但与世界一流水平还有不小的差距。根据 ESI 统计数据，哈佛、耶鲁、伯克利、牛津、剑桥等世界顶尖大学在统计范围内的全部 22 个学科均进入全球前百分之一，而且大部分学科都进入了前千分之一，甚至前万分之一。我校虽然有 18 个学科进入前百分之一，但其中仅有 5 个学科进入前千分之一。在学科分层结构上，哈佛、加州伯克利等世界一流大学基本呈现倒金字塔形或纺锤形，进入全球前千分之一乃至万分之一的尖端学科较为密集，学科发展整体水平较高。而北大则呈现正金字塔形的学科结构，科学研究有"高原"但是缺少"高峰"。

另外，北大重点学科数量多、分布广，因此战线也长，一些兄弟院校近年来集中力量发展一个或几个拳头学科，盯住我们，这个竞争策略使我们的各个学科都面临挑战。因此，我们在学科建设方面必须进一步集中力量，大力提升学科品质，优化学科布局，力争五年之内有 20 个学科进入 ESI 全球前百分之一，在全球前百分之一的位置要有全面提升，要有更多学科进入全球前千分之一、万分之一，全面提升学科整体实力，并使部分学科尽早进入世界一流行列。

要全面落实学校"985 工程"中长期规划和学校"十二五"规划关于学科建设的总体战略，针对学科发展前沿、科技进步和经济社会发展重大问题进行学科布局，进一步加强具有传统优势的基础学科，重点发展前沿交叉学科，有选择地发展应用学科和技术学科。要打破学科壁垒和院系壁垒，进一步强化学科交叉、协同创新，打造新的学科增长极。

学科建设必须坚持集成聚焦战略，有所为有所不为，集中力量，择优扶重，克服片面依靠规模扩张的外延式发展惯性，解决一定程度上存在的分散和低水平重复问题。要建立健全学科发展决策以及资源配置的科学的顶层设计、制度体系和动态调节机制。要逐步建立健全学科数据收集、分析体系，推进院系和跨学科机构的分析评估工作，逐步推广和完善国际评估制度。

第四，完善科研创新体系，提升科研全球竞争力

提升科研水平，关键要抓好学术带头人的引进和培育、科研团队的配备、科研项目的争取、科研环境的建设这四大要素。要结合国家相关科技人才计划，吸引和聚集一批高水平科技人才；围绕领军人才选好配强科研团队，打造全球顶尖的创新团队；围绕创新团队配置空间和资源，同时抓好科研管理服务；面向国家重大战略需求，加强大科学项目、海外科技合作项目的争取和支持力度，发挥学校在项目组织中的科学领导作用；进一步加强科研创新平台建设，整合现有研究机构，同时积极组织筹建新科研平台，探讨依托大科学装置建设科研平台的可行性；进一步加强基础科学和前沿技术研究，特别是交叉科学研究，把握第三次工业革命的浪潮，努力在生物科技、新能源、新材料、环境保护等方面有大作为；要做好知识产权管理和科技成果转化工作；要积极推进校级科学仪器公共平台建设，继续加强现有平台的设备升级和功能完善，加强实验技术队伍建设，提升平台服务能力；要创新科技管理体制，激发科研创新活力，鼓励教师自觉将科研创新工作与服务国家需求紧密结合起来。

人文社会科学要认真学习贯彻刘延东副总理今年 5 月 30 日在"繁荣发展高校哲学社会科学，推动中国特色新型智库建设座谈会"上的讲话精神，围绕中心，服务大局，充分发挥学科优势、科研优势、人才优势，抓准当前关系国家内政外交的热点问题开展研究，主动为中央决策提供一流的咨询服务和智力支持，努力建设世界知名的中国特色新型智库。继续抓好"2011 计划"申报认定工作，做好现有协同创新中心培育工作，争取在第二批"2011 中心"认定中取得好成绩。

认真做好科研保密工作。近几年高校发生多起教师和科研人员因泄密被处理的事件，要引起高度警惕。要按照《北京大学"十二五"时期保密事业发展规划》的要求，做好涉军、涉密科研场所管理，提升保密技术防范能力，提高保密管理水平，优化保密管理体制机制，高标准、严要求完成各项保密任务。

第五，更加自觉地服务国家战略，全面增强社会服务能力

近年来，我校国内合作工作发展很快，合作网络日益庞大，但我们的资源和力量是有限的，要把好钢用在刀刃上。要从国家区域发展战略的全局着眼，立足学校实际情况，结合学校发展需要，完善国内合作和社会服务的总体规划和宏观布局，加快国内合作发展方式转变。具体来讲，在发展思路上，要转粗放的外延扩张为集约的内涵提升；在工作格局上，要转分散无序、各

自为战为集中决策、统筹协调。

要抓实抓好已有合作项目,项目要落地,人才要到位,运作要开展。进一步遴选若干条件成熟的合作地区和重点企业,将其作为校地合作、校企合作的示范基地重点培育,作为长远发展的战略合作伙伴重点建设,形成示范效应,以点带面,全面提升我校国内合作水平。要以战略眼光遴选新的合作伙伴,合作项目的设计既要考虑我校能力,又要有利于推动学校学科建设、人才培养、科学研究和人才队伍建设。进一步做好服务首都工作。学校空间拓展、人才引进、科研创新、校园安全等方方面面都离不开北京市、海淀区的帮助支持。必须进一步强化服务首都意识,积极主动适应首都发展战略调整,为北京建设中国特色世界城市提供更多的智力支持、科技支持和人才支持,要以服务首都的新贡献来取得首都对北大的新支持。在这里我特别要强调与海淀区的合作问题,海淀区是我们的根据地,我们的生存发展主要在海淀区,因此,不与海淀区实现全方位、高水平的深入合作是不明智的。学校党政对此高度重视,上学期书记和我专门抓这项工作,海淀区党政班子也非常支持,积极性很高,我们一起提出了很多重要的、切实可行的规划,这学期务必全面推进,狠抓落实。与海淀区的合作,必须做成我校社会服务工作的重点和亮点,要通过校区合作为学校发展提供强大动力。

继续尽全力做好对口支援和西部扶贫工作。最近李克强总理在视察西部时指出,西部发展是中国最大的回旋余地所在。国家肯定会拿出新的重大战略举措。我们要以对口支援为切入点,及早谋划布局,思考如何在新一轮的西部大开发中作出新的贡献。

加强科技开发与成果转化工作,深度挖掘校内项目,完善项目储备机制;加快建设高水平的北大国际技术转移中心,深化与世界一流大学开展技术转移项目合作;支持产研院与企业合作建立开放式协同创新实验室;整合学校、校友、政府、企业等资源,通过设立各类创业基金,开展创新创业教育与研究,培育新的产业增长极;进一步加强校办产业管理,确保国有资产保值增值。

进一步加强各附属医院建设与管理,完善医疗卫生服务网络,服务国家和北京医疗卫生改革与发展,完善医疗卫生政产学合作体制机制,努力支撑健康北京和健康国家建设。继续教育工作要充分发挥"管办分离"新管理体制的优势和活力,进一步提高办学质量和效益。及时查处制止以北大名义违规办班的侵权行为,维护学校声誉。继续做好中央和国家机关司局级干部自主选学工作,建设高层次党政干部和行业领袖培训基地。

第六,坚持开放办学,进一步提升国际交流的层次与质量

近年来,我校国际交流与合作的热度不断上升,规模不断扩大,有显示度的各类成果也不断涌现。今后我们要把工作重点放在提升国际交流合作的质量和层次上,坚决摆脱迎来送往为主的交流模式,特别注重与国外一流大学和科研院所开展实质性、高层次的合作;要立足服务国家外交大局的高度,充分发挥北大作为重要民间外交平台的作用;要通过对外交流合作为教学科研、学科建设、人才队伍建设等学校中心工作汇集全球优质资源、提供有益经验。

本学期,我校将派出多个校级访问团赴海外交流访问,进一步学习借鉴世界一流大学建设的先进经验,深化与世界一流大学和科研院所的战略合作关系;要从战略和全局的高度出发,完成好国家和上级部门交予的各项教育外事任务;要紧紧围绕培养国际化人才的目标,进一步完善"学生海外学习计划",拓展学生赴海外交流学习和参加实习的平台和项目,力争让每一名学生都有出国交流、学习、实习的机会;要进一步完善和实施各项引智工程,吸引和留住更多的世界领军人才;要认真筹备好北京论坛、东亚四国大学校长论坛等重要活动,在交流中相互促进,在合作中共同进步。9月底,我将率团访问美国,并在斯坦福大学和耶鲁大学举办"北京大学日"活动,这将是我校首次在这两所世界一流大学举办大学日活动。11月我们还将在英国爱丁堡大学举办"北京大学日"。在海外知名高校举办北京大学日活动,对于提升北大知名度、吸引优秀人才、优秀学生和争取更多的国际支持都有巨大作用。请国际合作部与各相关部门、院系认真筹备,务求取得实效。

第七,加强校园规划与治理,提高资源汲取能力,坚持改善校园民生

当前,学校快速发展和资金不足的矛盾非常突出,下半年面临前所未有的资金压力。要有效缓解财政压力,必须开源和节流并举。

今年是"985工程"三期最后一年,要认真做好"985工程"校内验收组织工作。"211工程"要结合三期建设验收的反馈意见,进一步总结经验,及时着手制订四期建设方案。学校正在与中央和上级沟通,希望继续实施"985工程",尽快启动"985"四期和"211"四期,对北大给予重点支持。进一步建立健全立体化、全方位的筹资体系,借鉴世界一流大学筹资经验,更新筹资理念,拓宽筹资渠道,提升筹资能力,深挖筹资潜能,善于适应国内外经济形势发展变化和当前高校筹资融资竞争日益激烈的态势,不断调整完善学校筹资融资战略。同时,要切实提高资金管理水平,确保资金保值增值。

筹资工作要和校友工作紧密结合。校友是大学的重要资源,是学校最可靠的捐赠来源,必须充分涵养好、开发好。要创新思路,采取有效措施,进一步加强与校友的联络沟通,积极主动为校友提供力所能及的贴心服务,进一步增强校友热爱母校的感情,激发校友为母校捐赠的热情。筹资工作和校友工作不仅是具体部门的事,更是全校性的工作,从校领导到普通教职工都要树立强烈的筹资意识,都要积极参与、支持校友工作。下一步,学校还将探索完善筹资激励机制。财务工作要遵循"严格、透明、公平、效益、服务"的工作方针,继续执行"统一领导、分级管理、财力集中、财权下放"的财务管理体制,继续加强财务管理和预算管理,合理安排支出,最大限度提高资金使用效益,从源头上遏制浪费。要加强资源统筹,增强成本核算意识,建立健全资源有偿使用制度,提高资产使用效率。特别强调,对于学校接受捐赠、投资修建的房产,要在产权和使用权上研究制定相应管理办法,加强规范管理。

校园面积不足、空间过度拥挤、布局不够合理是当前限制学校发展的最大瓶颈。有志于成为世界一流大学的北大必须有一个高贵典雅、宁静和谐、功能集聚、井然有序、品位不凡的校园,既要适应事业发展需要,又要保护好燕园的历史风貌和百年文脉;既要有体现北大特色、功能完备的建筑群,又要有更好的自然生态环境。

首先要盘活存量,加快功能集聚,优化空间布局。要以实施新一轮《北京大学海淀本部校区总体规划》修编为契机,进一步完善校园规划,实现"功能疏解、布局优化、品质提升、空间拓展"的目标,努力改造一个新燕园。学校现有的每一寸土地都十分宝贵,必须精耕细作,不容许有半点浪费。学校经过研究论证,目前正在稳步推进,争取从空间上逐步形成三个相对集中的"中心":一是学生服务中心,新太阳学生活动中心即将竣工,除了学工系统、团委之外,主要为学生服务的教务部、研究生院、留学生办公室、本科招生办公室等部门也将整体迁入;二是后勤服务中心,后勤保障系统的部门、中心将来要集中办公;三是行政服务中心,学校的党政机关和部分职能部门,未来也将相对集中起来。"三个中心"的建设,不仅是空间上的集并整合,更希望以此为契机,推动解决职能部门权责不清、职能交叉、效率不高的问题。

要高度重视、统筹规划校园地下空间开发利用;要进一步明晰昌平校区功能规划,珍惜并使用好这一片宝贵的土地资源,缓解燕园主校区压力,并积极争取扩大征地的机会。此外,医学部建设也迎来一个新高峰,包括西北区建设、综合游泳馆建设、家属区危房改造和东北区教工宿舍建设、医疗城建设等。学校要以更大力度支持医学部建设,纳入全校规划统筹考虑,帮助医学部抓住新一轮的发展机遇。

其次要抢抓机遇,积极拓展增量。要积极与国家、政府沟通联系,争取新的发展空间。受大环境大政策影响,这项工作当然有很大的难度,但我们一定要解放思想、抢抓机遇、敢想敢干。比如主动将北大校园规划建设融入中央和北京市关于北京中心城市人口与功能疏解战略,争取新的支持,加快推进北大未来科学城的规划建设,为北大长远可持续发展争取战略空间。

加大力度抓好校园民生工程。进一步改善学生宿舍、食堂、体育馆舍、娱乐设施,为学生创造更加舒适的学习生活环境;大力推进肖家河教师住宅建设项目,做好教师公寓周转房调配工作;进一步提高教职工及离退休职工待遇。

坚持抓校园安全管理工作,确保校园秩序良好。安全管理必须把功夫下在平时,增强预防意识。要坚持以人为本,在为师生构筑安全防线的过程中,充分体现对师生的体贴和尊重,促使师生在享受安全舒适校园环境的同时自觉维护校园良好秩序。

第八,提升管理效能,优化资源配置,完善现代大学制度,推进学校全面质量管理

质量和效益是学校发展的生命线。我们要通过提升管理效能抓质量,通过优化资源配置抓质量,通过完善现代大学制度抓质量。

提高质量要以提升管理效能为关键。管理效能的高低,在一定程度上决定了大学的办学质量和社会形象。一是要树立"服务"这个理念。大学管理的主要对象是高知群体,他们工作学习的个性化程度比较高,大学管理的目标就是为他们创造有利于人尽其才、才尽其用的环境,因此要明确管理的宗旨是服务,行政部门和管理人员要结合党的群众路线教育实践活动,牢固树立服务理念,转变工作作风,以师生的满意度作为检验管理工作是否到位的标尺。二是要抓住"效率"这个关键。要切实解决职能部门效率不高、运转节奏较慢、时间观念不强的问题;要切实树立起求真务实的工作作风,精简会议、讲话、致辞,只开有实际内容、能解决实际问题的会,提倡开短会、讲短话、发短文。

提高质量要以优化资源配置为导向。在资源配置上贯彻质量第一的理念,把质量评估作为资源配置的依据。要根据权责对等、分权和授权适宜的原则,探索通过建立目标管理责任制来使资源配置的重心下移,使办学外部压力传导到基层,转化为内部动力,让院系既有目标又有资源,既有压力又有活力,增强成本意识,强化效益观念,提高资源配置效率。

提高质量要以完善现代大学制度为抓手,大力推进制度创新,落实依法治校。前不久,刘延东副总理在教育部直属高校工作咨询委员会第23次全体会议上就加快建设中国特色现代大学制度发表了重要讲话。

我们要认真学习贯彻刘延东副总理讲话精神,推进我校现代大学制度建设。要根据教育部的要求,继续做好《北京大学章程》的制定工作;要修订校长办公会议组织规程,建立北京大学战略咨询委员会;要进一步增强校长办公会与学术委员会之间,以及二者与党委常委会、教职工代表大会等制度之间的协调性、互补性;要严格执行制度,制度一旦制定,关键就在于执行,有令不行,制度就成了一纸空文,抓而不紧,等于不抓,只有一抓到底,制度才真正管用。我们要有这样的态度和决心。

当然,狠抓管理、狠抓落实的关键,首先还是要严明纪律,正风肃纪。当前,学校正在深入开展正风肃纪专项活动,这是学校开展党的群众路线教育实践活动的一项重要内容,全校上下都要高度重视,认真抓好。在这里,我特别强调几点,一是进一步强化财经纪律,2013年10月底之前,学校将开展"小金库"专项治理工作,严肃查处违反"收支两条线"规定、违规使用专项资金、私设"小金库"等问题;二是继续加强公用房管理,按照《北京大学公用房管理条例》规定,于2013年10月底前,对照领导干部工作生活待遇标准,严格纠正超标准、超规格使用办公用房现象,坚决纠正违规占有和出租公用房现象;三是强化科研经费管理,严肃查处违规违法使用科研经费的行为,加强科研经费管理制度建设,提高科研管理和服务水平,加大科研经费管理力度,建立科研经费规范管理的长效机制,提升学校整体科研水平;四是要加强招投标管理,健全招标工作机制。针对学校招标工作中存在的分散管理问题,积极开展专项调研,进一步严格招投标程序,纠正随意变更招标方式的行为,探索建立符合学校实际的招标工作机制;五是要认真落实监察部、人力资源和社会保障部的《用公款出国(境)旅游及相关违纪行为处分规定》,严格执行学校制定的公派出国管理办法,规范领导干部出国出境管理,严肃查处领导干部公款出国(境)旅游行为。

同志们,"为政贵在行"。我们已经有很多重要的共识,学校发展的大方向、大思路、大战略已经明确,关键就是要狠抓落实,务求实效。希望我们大家一起努力,按照中央的要求,按照党代会的部署,甩开膀子大干,为早日实现我们共同的"北大梦"而团结奋斗!

谢谢大家!

北大概况

北京大学创办于1898年,初名京师大学堂,是我国第一所国立综合性大学,也是当时中国最高教育行政机关。辛亥革命后,于1912年改为现名。

作为新文化运动的中心和"五四运动"的策源地,作为中国最早传播马克思主义和民主科学思想的发祥地,作为中国共产党最早的活动基地,北京大学为民族的振兴和解放、国家的建设和发展、社会的文明和进步作出了不可替代的贡献,在中国走向现代化的进程中起到了重要的先锋作用。爱国、进步、民主、科学的传统精神和勤奋、严谨、求实、创新的学风在这里生生不息、代代相传。

1917年,著名教育家蔡元培出任北京大学校长,他"循思想自由原则,取兼容并包主义",对北京大学进行了卓有成效的改革,促进了思想解放和学术繁荣。陈独秀、李大钊、毛泽东以及鲁迅、胡适等一批杰出人才都曾在北京大学任职或任教。

1937年卢沟桥事变后,北京大学与清华大学、南开大学南迁长沙,共同组成长沙临时大学。不久,临时大学又迁到昆明,改称国立西南联合大学。抗日战争胜利后,北京大学于1946年10月在北平复学。

中华人民共和国成立后,全国高校于1952年进行院系调整,北京大学成为一所以文理基础教学和研究为主的综合性大学,为国家培养了大批人才。据不完全统计,北京大学的校友和教师有400多位两院院士,中国人文社科界有影响的人士相当多也出自北京大学。

改革开放以来,北京大学进入了一个前所未有的大发展、大建设的新时期,并成为国家"211工程"重点建设的大学之一。1998年5月4日,在北京大学百年校庆之际,国家主席江泽民题词:"发扬北京大学爱国进步民主科学的优良传统 为振兴中华作出更大贡献",并在庆祝大会上发出了"为了实现现代化,我国要有若干所具有世界先进水平的一流大学"的号召。北京大学积极响应号召,适时启动"创建世界一流大学计划"("985计划"),自此开启了北京大学建设发展的新篇章。

2000年4月3日,原北京大学与原北京医科大学合并,组建了新的北京大学。原北京医科大学的前身是国立北京医学专门学校,创建于1912年10月26日,并于1946年7月并入北京大学。1952年在全国高校院系调整中,北京大学医学院脱离北京大学,独立为北京医学院。1985年更名为北京医科大学,1996年成为国家首批"211工程"重点支持的医科大学。两校合并进一步拓宽了北京大学的学科结构,为促进医学与人文社会科学及理科的结合,改革医学教育奠定了基础。

近年来,在"211工程"和"985工程"的支持下,北京大学进入了一个新的历史发展阶段,在学科建设、人才培养、师资队伍建设、教学科研等各方面都取得了显著成绩,为将北大建设成为世界一流大学奠定了坚实的基础。今天的北京大学已经成为国家培养高素质、创造性人才的摇篮、科学研究的前沿和知识创新的重要基地和国际交流的重要桥梁和窗口。

2013年,北京大学设53个直属院系。开设本科专业119个,覆盖文、理、医等11个学科门类。全校有48个博士学位授权点一级学科点、50个硕士学位授权点一级学科点、119个本科专业、18个国家重点学科(一级)、25个国家重点学科(二级)、3个国家重点(培育)学科,以及44个博士后流动站。全年博士后研究人员在站1065人,累计进站4968人。有12个国家重点实验室、2个国家工程实验室、2个国家工程研究中心、97个省部级研究院(所、中心、重点实验室)、8所附属医院、13所教学医院。在职教职工19651人,其中专任教师6504人。有教授2179人、副教授2146人,中国科学院、中国工程院院士72人,"长江学者奖励计划"特聘教授和讲座教授165人,"973"项目首席科学家59人,国家杰出青年科学基金获得者191人。毕业生21764人,学历教育学生中全日制研究生6111人(博士生1773人,硕士生4338人),普通本专科生3548人(本科生3356人,专科生192人),成人教育本专科生2832人(本科生2618人,专科生214人),网络教育本专科生9273人(本科生6047人,专科生3226人)。招生26950人,学历教育学生中全日制研究生7674人(博士生2164人,硕士生5510人),普通教育本专科生3607人(本科生3607人,专科生0人),成人教育本专科生3151人(本科生3151人,专科生0人),网络教育本专科生12518人(本科生9587人,专科生2931人)。在校生94544人,学历教育学生中全日制研究生23235人(博士生8681人,硕士生14554人),普通教育本专科生14623人(本科生14232人,专科生

391人),成人教育本专科生10261人(本科生10261人,专科生0人),网络教育本专科生46425人(本科生36540人,专科生9885人)。本科毕业生就业率96.21%。留学生毕业2489人,招生3551人,在校3628人。图书馆建筑面积67462平方米,图书馆藏书956.65万册。校园占地面积为2741118平方米,校舍建筑面积为2199011平方米,固定资产总额865836.61万元,其中教学科研仪器设备资产为375252.79万元。

2013年,是学校建校115周年和"985工程"实施15周年,也是全面贯彻党的十八大精神、落实学校第十二次党代会部署第一个完整的年份。全校师生员工以党的十八大和十八届一中、二中、三中全会精神为指导,认真学习领会习近平总书记给我校考古文博学院2009级本科团支部的全体同学回信精神、刘延东副总理莅临我校观看原创歌剧《为你而来·王选之歌》并看望徐光宪院士的重要讲话精神,牢牢把握创建世界一流大学的宏伟目标,深入贯彻落实科学发展观,全面推进学校第十二次党代会的战略部署,深化改革,锐意进取,各项工作都取得了新进展,学校核心竞争力和国际影响力进一步增强,创建世界一流大学步伐显着加快。

一、高水平人才队伍建设成效显著

北大始终秉承"人才资源是第一资源"的理念,大力实施人才强校战略,通过深层次、大力度的人事制度改革,优化资源配置,激发人才创新活力。通过不断改善人才发展整体环境,努力聚集一批高层次人才,培养一批优秀青年人才,以此提升学校整体科技创新实力和综合竞争力。

高层次人才和中青年后备队伍的培养和引进工作是学校师资队伍建设的重点。北大充分依托"千人计划""万人计划"等国家高层次人才计划,广聚海内外英才,不断壮大高端人才队伍。2013年,北大认真做好院士增选推荐工作,在大家的共同努力下取得了突出成绩,陈十一、欧阳颀、龚旗煌、程和平、方岱宁5人被增选为中国科学院院士,当选人数继续居全国高校之首。高松、梅宏、朱玉贤3人当选为发展中国家科学院院士。这次新当选的两院院士中,还有9名北大校友。在首批国家高层次人才特殊支持计划("万人计划")中,北大有13人入选(刘忠范教授入选杰出人才、12名教师入选青年拔尖人才)。2013年度,北大有16位教授入选教育部长江学者奖励计划、6位教授入选新世纪百千万人才工程国家级人选,均居全国高校首位。在青年人才培养和引进方面,2013年北大24人入选第五批青年千人计划、73人入选北京高校青年英才计划,均居高校前列。

2013年,北大高层次人才队伍建设各项重要指标不断刷新。截至2013年底,北大有中国科学院院士67人、工程院院士9人、发展中国家科学院院士20人、人文社科资深教授16人、"千人计划"入选者66人、长江学者166人、国家杰出青年科学基金获得者191人、国家级教学名师16人、国家级突出贡献专家52人、新世纪百千万人才工程国家级人选58人、973及重大科学研究计划首席专家69人次、国家自然科学基金委创新研究群体带头人26人、青年千人计划入选者54人、教育部跨世纪人才74人、教育部创新团队学术带头人34人、教育部新世纪优秀人才278人。北大已经初步形成了以院士和资深教授、"千人计划"和"万人计划"学者、长江学者、杰出青年科学基金获得者、青年千人计划入选者和"百人计划"青年学者为主体,合理的、可持续的人才梯队,队伍结构进一步优化,学校的核心竞争力得到了极大提升。这些人才在北大教科研中发挥着十分突出的引领带动作用。

在加大力度引进高端人才的同时,进一步健全完善人才考评体系。2013年教学科研岗位聘任中,强调教师特别是聘A岗和特聘岗教师的教学工作要求,推动教学科研并重,促进教师承担一线教学工作。2013年首次对6位"千人计划"专家履职情况进行了考核评估,切实发挥千人计划专家的领军作用。通过"人才评价专家小组",对学校学术带头人的引进、聘任、评估以及专项人才计划申报等进行把关。

2013年,学校继续推进师资人事制度改革,努力打破束缚人才活力的体制机制,探索创新人才招聘、使用和管理的制度,最大限度发挥人才效益,控制用人成本。加强岗位聘任和合同管理;进一步完善职员制度和教师聘任制度,依法加强对合同制人员的管理;成立了北京大学劳动关系审议委员会、北京大学劳动关系审议工作小组,作为北大劳动关系管理的领导机构和工作机构,促进规范聘用,加强用工过程的监督管理;借鉴国内外高校的经验,着手制定教师学术休假制度和教师参与社会服务制度,为教师潜心学术研究创造更充分的制度条件。

稳步推进教师分系列管理制度的建立,积极探索教师预聘制的聘任管理新模式,研究起草了《北京大学新体制教学科研人员招聘与晋升工作细则(试行)》等文件。特别针对教研系列教师的评估、考核、聘任等程序和要求进行了规范和完善,进一步细化了操作要求,为下一步全面实施分系列管理和核心师资队伍的质量提升打下了坚实的工作基础。这些举措将有力推动北大人事人才工作与国际接轨,不断激发人才队伍的创造活力。

二、学科建设形势喜人

学科是学校发展的生命线。借助"985工程""211工程"的支持,学校不断优化学科布局,扎实推进学科建设,稳步提高学科整体水平。

学科建设始终坚持有所为、有所不为的原则,充分发挥"985工程"项目经费的导向性,强调资源分配的科学性、合理性和有效性,根据战略选择,对部分基础学科和前沿交叉学科实施重点建设和重点支持。充分发挥学科齐全的优势和潜力,努力打破学科壁垒和院系壁垒,进一步强化学科交叉、协同创新,打造新的学科增长点。继续支持中国社会科学调查中心、前沿交叉学科研究院、分子医学研究所等交叉学科研究基地和平台,不断形成学科交叉协同创新的新优势。学校13个理、工、医新体制科研机构中,北京国际数学研究中心、国际量子材料科学中心、生物动态光学成像中心等较早成立的新机构成绩显著人才辈出,成为北大推动体制创新和学科建设的生力军。

2013年北大学科建设又有新的喜人成绩:在第三轮全国一级学科评估中,北大排名第一的一级学科达16个,排名前三的一级学科有35个,均居全国高校之首。特别值得高兴的是,在16个排名第一的学科中,包括文史哲数理化以及基础医学等学科,显示了北大文理医各基础学科的巨大优势。2013年5月公布的"QS世界大学学科2013年年度排名"中,北大21个学科位列世界50强(QS纳入测评的共有30个学科方向),其中现代语言、哲学和化学等3个学科进入全球20强;根据汤森路透"基本科学指标数据库"(ESI)的最新数据显示,北大19个学科进入全球前百分之一,在国内各高校中遥遥领先,其中,物理学是首次进入全球前千分之一,也是北大继化学、材料科学、临床医学、工程学之后,第五个进入全球千分之一的学科。

2013年学校下大力气建立健全学科数据收集、分析体系,推进院系和跨学科机构分析评估工作,逐步推广和完善国际评估制度。与爱思唯尔、汤森路透等国际知名数据服务公司开展合作,对北大部分学科进行系统分析。对照第三轮全国一级学科评估结果,在全校深入开展了一次学科建设与评估总结。上半年和下半年分别在新闻与传播学院、马克思主义学院、信息管理系、城市与环境学院、环境科学与工程学院等部分院系开展了由校内外专家学者参与的评估工作,取得良好效果。这些工作为今后建立健全科学的学科发展决策机制以及灵活的资源配置机制打下良好基础。12月,学校还召开了学科建设与评估工作研讨会,深入研讨今后北大学科建设与评估工作的目标、任务和思路。

以上来自各方面国际国内统计数据结果,在一定程度上反映了北大近年来学科建设的突出成绩和巨大进步。今天的北京大学,一个门类齐全且特点鲜明的综合性研究型大学学科体系基本形成,学科整体水平在国内高校中处于领先地位,一批优势学科已经进入世界先进行列,个别学科已经达到世界一流水平。这些成绩也从一个侧面反映了"985工程"实施的十五年来,北大学科建设的总体思路是正确的,举措是有效的。

三、科研实力不断增强

理工医科在国家科技计划支持的重大基础研究和应用基础研究领域继续保持强大的竞争优势。新批"973"计划项目/重大科学研究计划项目10项,获批项目数连续4年稳定在10项以上,高居全国榜首;新批"863"计划课题5项,新增"支撑计划"课题3项,重大仪器设备开发专项1项,科研条件领域项目1项。在国家自然科学基金方面,新批基金总经费超过7亿元,居高校首位,各类项目685项,其中创新研究群体3个,国家杰出青年科学基金获得者9人,优秀青年科学基金获得者28人,重大科研仪器设备研制专项1项,重大项目2项,重点项目29项。在教育部项目方面,获批教育部创新团队3项,新世纪优秀人才支持计划19项,教育部高校博士学科点专项科研基金资助项目98项,教育部科学技术研究项目3项,高等学校全国优秀博士学位论文作者专项资金资助项目3项。此外,还获批北京市自然科学基金26项,北京市科技计划项目7项,入选北京市科技新星计划1人。

科研获奖形势喜人。2013年北京大学作为第一完成单位获得国家科学技术奖5项,其中自然科学奖4项,技术发明奖1项,获奖总数连续多年维持高位。作为第一完成单位获得高等学校科学研究优秀成果奖(科学技术)13项(一等奖7项,二等奖6项),一等奖数量居高校首位。北京大学作为第一完成单位获得北京市科技奖二等奖1项。化学与分子工程学院高松院士获2013年度何梁何利基金科学与技术进步奖。至此,北京大学共有45人获得该奖,为获得该奖项最多的单位。

重大科学问题的突破性成果不断涌现。生命科学学院邓宏魁教授研究组和定量生物学中心汤超教授研究组合作,有关干细胞的系列研究成果被《科学》(Science)等多个国际权威学术期刊刊登,被誉为干细胞研究里程碑式的工作。由乔杰、汤富酬和谢晓亮教授三个研究小组共同完成的对单个卵细胞高精度全基因组测序,在《细胞》(Cell)杂志发表,具备基础研究和临床实践上的重要意义。在"2013年度中国高等学校十大科技进展"中,北大邓宏魁、朴世龙两位教授领衔的2项成果入选。

2013年全校发表SCI收录论文5899篇(截至12月18日,含合作论文),作为通讯作者发表在Science、自然(Nature)及其子刊、Cell、PNAS共23篇。申请专利389项,获授权专利281项,学校被评为"全国企事业专利示范单位""专利示范单位"。

进一步加强重点实验室和科研基地建设。2013年新增2个北京市重点实验室、2个北京市工程研究中心,1个国际科技合作联合研究中心。2013年依托北京大学建设的8个国家重点实验室到校经费共计8289万元。

积极参与高等学校创新能力提升计划（"2011计划"）。北大牵头的"量子物质科学协同创新中心"成为排名第一的全国首批14个认定中心之一，获得5000万元中央财政专项资金支持。同时认真做好第二批"2011中心"筹备工作。

人文社科科研方面，厉以宁教授获得中国经济年度人物终身成就奖。61项成果获第六届高等学校科学研究优秀成果奖（人文社会科学），总数居高校第一。国家社科基金重大项目立项取得新突破，第一批中标4项，第二批中标9项，居全国各单位之首。文科期刊工作取得新成绩，北大主办的9种哲学社会科学类学术期刊中，有7种获得国家社科基金学术期刊资助，获资助数在全国高校中位列第一，为进一步推动文科学术创新打下了更加坚实的基础。

科技开发与成果转化工作水平和效率进一步提高，加快与国际一流水平接轨。主办了"国际研究型大学联盟（IARU）协同技术转移研讨会"等一系列高水平的学术论坛与会议，与部分世界一流大学在技术合作与转移、大学间专利的合作运营、培养创新创业人才等领域建立共识，形成合作机制。加强北大技术转移中心体系建设，分布全国主要省市的技术转移中心运转良好，成绩突出。其中，北京技术转移中心已经吸引了斯坦福大学、香港科技大学、南洋理工大学等海外知名大学技术转移机构入驻，并通过这几家机构引进了海外的130多项技术，目前正在进行推广。2013年全校签署技术合同566项，合同额约4.1亿元。

认真做好科研保密管理工作。按照国家保密局和教育部的通知要求，顺利平稳完成学校涉密计算机保密技术防护专用系统更换工作，为全校涉密计算机配备"三合一"技术产品和由终端防护与审计软件构成的保密技术防护专用系统，提升了保密技术防范能力。

四、人才培养质量稳步提升

高度重视本科教育质量的提升，积极推进人才培养模式改革。2013年，"基础学科拔尖学生培养试验计划"进展顺利，数学、物理、化学、生物、计算机科学、环境科学六个项目组加强了聘请高水平师资、教学方法改革、国际化培养、落实导师制等方面的工作，在课程建设、师资队伍建设和人才培养方面取得了突出成绩。在拔尖计划的带动下，学校支持了工学、地质学和古典语文学的拔尖人才培养计划。2013年，在教育部开展的"拔尖计划"项目阶段性审查中，北大的培养理念和工作成果受到专家组的认可。加强人才培养基地建设和分类指导，统筹利用各种资源进行重点建设，逐步带动全校各类人才培养基地建设水平提高。2013年，数学、化学、地质学、心理学、药学、生物学、力学等7个国家理科基地获得国家基础学科人才培养基金项目资助，经费总计1400万元；2013年北京大学向教育部申报新增设置"能源与资源工程"（审批专业）和"文物保护技术"（备案专业）两个本科专业。近几年，依托元培学院建设了"古生物学""政治学、经济学与哲学""外国语言与外国历史"等跨学科专业，并结合国家社会需求，积极开展了"古典语文学""水基础科学""整合科学"等交叉学科人才培养的探索与实践。2013年起招收"3+1"双学籍"空军飞行国防生"，各项工作进展良好。继续开展本科教学改革，推动教学方式的转变。"小班课教学"试点扎实推进，2013年逐步扩大试点范围，涉及数学科学学院、物理学院等十几个院系30余门课程，共开设44个大班、218个研讨型小班，近150名骨干教师参加。英文平台课建设有新进展，2012—2013学年共计开设149门英文课。进一步强化本科生科研训练，提升学生创新能力。2013年本科生科研立项共计524项；继续探索招生新模式，从被动单纯录取高考分数最高的学生向主动多样化选拔最适合北大培养的优秀学生转变，实现了招生工作的战略转型，加大向贫困地区招生的倾斜力度。

此外，北大首开网络公开课"慕课"入选了2013年全国十大教育新闻。北大在edX平台开设的首批4门课程，受到了国内外学生的追捧，这是中国内地高校首次在全球网络公开课平台开课，也是在线课程在我国高校课堂的首次应用。"慕课"将给北大的课程教学改革带来重大而深远的影响。

研究生教育继续贯彻落实"稳定规模、优化结构、分类培养、提高质量"的工作思路。进一步改革和完善研究生招生选拔机制，加大推免研究生录取力度，继续在部分院系探索实施博士生招生"申请—考核制"，多种措施吸引和选拔优秀生源。稳步推进研究生培养机制改革，加强研究生教育过程管理与质量管理体系建设。加强研究生课程建设，课程质量稳步提升。高度重视研究生科学素养训练，提高研究生创新能力，"才斋讲堂"自开设以来已经组织70场学术报告，受到在校研究生及老师们的欢迎。2013年还筹资设立专项基金，资助院系开展专家主题论坛学术交流活动，促进学科交叉，开拓学生的学术思维与对话能力。完善研究生导师遴选机制，强化导师的责任意识，召开2013年新上岗博士生导师交流研讨会，帮助新上岗导师深入了解北大研究生教育发展状况和相关制度政策。2013年，北大11篇博士论文入选全国优秀博士论文（公示期），居全国高校首位，这也是北大近年来的最好成绩。

进一步加强学生管理与服务工作，加强学生创新创业教育，巩固提高实践育人水平。以培养具有创新精神、创业能力的人才为目标，积极整合教育资源，先试先行,组织开展了一系列富有成效的创新创业教育活动,包括由"千人计划"学者、产业研究院院长陈东敏教授主持的面向全校学生的"创业基础"公选课、"模拟创业"选修课等。积极应对毕业生就业严峻形势,提高学生就业指导与服务工作精细化水平。毕业生就业率保持较高水平,就业质量进一步提高。推进北大就业"家国战略",倡导毕业生"回家乡作贡献"和"到祖国最需要的地方去",特别是与12个省(区、市)进行定向选调生合作,重点加强向西部和基层一线人才输送力度。创新资助育人工作,精心打造绿色成长平台,发放包括助学金、助学贷款、勤工助学、紧急救助等在内的资助资金近4000万元,惠及上万人次。在教育部学生资助工作年度综合评估和专项检查中名列前茅,获得1000万元奖励。完善心理健康全员教育机制,完善学生心理健康监控网络,健全防护机制,做好学生心理危机排查与干预工作。充分发挥第二课堂育人作用,在2013年美国大学生数学建模与跨学科建模竞赛中,北大2支队伍获特等奖。学生获得第十三届"挑战杯"全国大学生课外学术科技作品竞赛特等奖。在2013年世界智力精英运动会上,北大同学为中国队夺得3枚金牌和2枚银牌。

五、社会服务成效显著

全方位推进与地方政府、军队和大中型企业的战略合作关系,积极参与新一轮地方经济转型升级,充分发挥知识库、创新源和人才泵的作用。2013年,学校与甘肃、福建、江西、贵州四省及中国人民解放军海军签署了战略合作协议。截至目前北大已与21个省级地区建立了战略合作伙伴关系,合作规模日益扩大,合作领域不断拓展,合作层次逐年提升,形成了互利多赢的良好局面。北大与省市、国有特大型骨干企业合作项目数年增长率超过20%,每年登记备案的全校各类重要合作项目1200余项。

坚持服务国家战略,能力进一步提升。一是服务国家建设生态文明战略,与贵州省开展全面合作,提升"生态文明贵阳会议"的层次和知名度,将会议升格更名为"生态文明贵阳国际论坛"。未来双方将继续尝试建立生态文明研究平台,共同探索生态文明建设规律,推广生态文明建设经验,为建设美丽中国汇聚智慧和力量。二是服务国家海洋战略,与中国人民解放军海军开启全面合作,围绕海洋战略研究、海洋文化建设、海洋科技开发和海洋人才培养等重点领域,探索军民融合式发展道路,为建设海洋强国贡献力量。与中国对外建设有限公司共建北京大学海洋研究院。与中国船舶重工集团公司、浙江省等进行洽谈,在海洋科学事业方面进行合作。三是响应中央号召,利用学校多学科优势,建设服务国家战略的北大智库。北大国际战略研究院、新结构经济学研究中心、国家发展研究院、人口研究所等,已经成为在海内外有一定影响力的智库,为中央和各级政府提供了许多有价值的政策建议。其中国际战略研究院在美国宾夕法尼亚大学《全球智库年度报告》中,成为入选全球前150名的中国唯一高校智库,获得刘延东副总理的批示肯定。

按照党中央、国务院要求,认真开展对口支援石河子大学、西藏大学的工作。强化两所高校自身的造血机能,逐步建设成为特色鲜明、国内知名、能为西部地区的跨越式发展和长治久安发挥重要推动作用的大学。自对口支援石河子大学以来,北大累计为石河子大学培养了68名博士,占石河子大学博士师资的33%,使石河子大学博士师资比例从4%提升到了20%。自2010年开展对口支援西藏大学以来,藏大科研经费增长60%以上,博士师资比例翻番,尤其是今年成功获批中国语言文学、民族学、生态学3个博士学位授予点,实现博士点零的突破,填补了西藏高等教育没有博士学位授予点的空白。此外,按照国务院扶贫办、教育部的部署,北大定点扶贫云南大理弥渡县。2013年为该县培训党政领导干部,遴选骨干教师跟班学习,组织校办企业捐资等。

2013年,各附属医院继续为首都乃至全国人民提供优质的医疗服务。在京七家附属医院的门诊总量超过1000万人次。几大医院同时承担了繁重的教学科研任务,为学校的学科建设、人才培养和科学研究作出了突出贡献。各附属医院勇于承担社会责任,圆满完成各类医疗救灾志愿服务任务,并开展对口支援医疗服务工作。

积极服务学习型社会建设,参与教育部国家精品视频公开课项目和教育部国家精品资源共享课程项目。继续教育完成了"一部一院,管办分离"改革,成立了继续教育学院,进一步优化了继续教育体制与机制,为继续教育健康发展注入新活力。加强"全国干部培训高校基地"建设,精心承办中央和国家机关司局级领导干部选学专题班,圆满完成"教育部机关与直属单位干部自主选学"项目,继续开展"国子监大讲堂"、平民学校等一批有特色的项目,具有品牌效应和社会影响力的精品项目进一步提升和丰富,各类非学历继续教育培训项目达1172个,培训学员65000余人。

六、对外合作水平和层次不断提高

2013年,学校对外交流合作的热度持续上升,全年接待181个高校代表团、29位国家元首及政要、32个非政府组织(NGO)团组和学术研究机构、8个企业团组、6个政府代表团、22个驻华使馆代表团。派出校级出访团组23个。

注重与国外一流大学和科研院所开展实质性、高层次的合作,通过对外交流合作为教学科研、学科建设、人才队伍建设等学校中心工作汇集全球优质资源、提供有益经验。2013年新签署国际合作协议45个，多个重点项目成功设立并顺利推进。成功举办了第十届国际文化节、第十届北京论坛、北大—哈佛中美关系学术研讨会、北大—维斯理女性领导力培训项目、"中日青年交流中心"五校联合研讨会、中美高水平大学校长圆桌会议、中澳高层对话等一系列高水平国际学术交流和培训项目，在耶鲁大学、斯坦福大学、英国爱丁堡大学等国际知名大学成功举办"北京大学日"活动，中德人文与社会科学高等研究院正式启动运行。

进一步拓展学生出国学习交流的渠道。经过近几年的努力，北大常规校级学生海外学习项目（含校际交流及奖学金）已超过100个。共派出学生3821人次。

加强留学生的招生、培养和管理。留学生规模稳步提升，生源结构日趋优化。共有来自115个国家的3852名长期外国留学生在北大学习，同比增长4%。学位生共计2540人，其中本科生1619人，硕士研究生614人，博士研究生307人；非学位生1312人。2013年还有约4800人次外国短期进修生来北大学习。留学生生源结构调整效果显著，国别构成日趋合理。与以往留学生主要集中在人文社科院系不同，来北大理科院系学习的留学生数量迅速增长。

高度重视外籍专家工作，海外引智工作取得长足发展。2013年北京大学聘请的外籍专家和教师达到571人次，其中不乏诺奖得主、院士级专家，具有教授、研究员职称、博士学位者占较大比例。外籍专家分布在全校各个院系和研究所，从事基础教学和合作研究，联合培养研究生，协助建设和管理实验室、研究所，为学校的教学科研与人才培养作出了突出贡献。继续实施"大学堂"顶尖学者讲学计划、"海外名家讲座计划"和"海外学者讲学计划"，邀请国际顶尖学者和教授来校讲学。

深化与港澳台交流合作，加强人员往来；进一步加强海外孔子学院建设，调整北大汉语国际推广工作机构，为传播中华文化和汉语国际推广事业作贡献。

七、认真实施民生工程

2013年下半年，按照中央部署，北大开展党的群众路线教育实践活动。北大以此为契机，进一步密切联系师生群众，认真倾听师生意见，查摆和解决工作中和作风上存在的问题，积极响应群众需求，大力推进民生工程。

2013年北大基础设施建设继续保持高峰状态，总建筑规模达15万平方米。对外汉语教育学院大楼和新闻与传播学院大楼竣工，学生宿舍、附小、幼儿园、食堂、临湖轩、太平洋大厦、经济学院综合楼等校园基础设施得到维修改造，学生活动中心、物理西楼已经封顶，行政服务中心已经开工建设，后勤服务中心、实验设备2号楼等工程正在进行前期报批。这一系列重点工程的完成，将大大缓解北大教学科研和学习生活空间不足的矛盾，提升公共服务的品质。

着力加强校园规划与治理整顿工作，努力建设一个高贵典雅、宁静和谐、功能集聚、井然有序、品位不凡的校园。启动新一轮《北京大学海淀本部校区总体规划》修编工作，进一步完善校园规划，努力实现"功能疏解、布局优化、品质提升、空间拓展"的目标。顺利推进人文学苑搬迁工作。从上半年开始筹划并在暑期一鼓作气完成了对成府园区根本性综合治理，实现了成府园区与主校园的归并，同时调整交通路线，真正做到了未名湖四周全线禁行机动车，有效优化了空间布局，净化了校园环境。学校还科学规划并调整确定了学生中心的使用方案，进一步优化校园空间和功能布局。

着力解决校园空间不足这个限制学校科学发展的瓶颈性问题。积极与国家、政府沟通联系，争取新的发展空间，包括加快推进北大未来科学城的规划建设，明晰昌平园区功能规划并争取在周边征地的机会，支持医学部加快推进西北区建设等。

想方设法提高教师待遇和生活水平。一是通过多种途径和方式，稳步提高在职教职工、离退休教职工、博士后的收入水平；二是为缓解青年教师住房困难，开展教师公寓周转房集中申请和调配工作，为两百余名青年教师安排或调整了教师公寓。学校还积极帮助教职工申请两限房、公租房、经适房等项目。特别值得一提的是，经过艰苦卓绝的努力，2013年10月肖家河项目完成了全部住宅拆迁任务，并取得了上级主管部门的可研报告批复，为开工建设奠定了坚实基础。

进一步完善校园公共服务设施，加大图书、期刊、电子资源、多媒体、古籍等教学科研资源建设力度；改进校园网络服务，将个人校园网络连接数增加至2个；在学生宿舍安装空调和饮水机；实施全校水电暖设施改造；进一步加强校园安全管理等，提升了校园环境的安全度和舒适度，受到师生一致好评。

加强督查督办工作，完善信访接待和督查督办机制，提高学校抓执行、抓落实的能力，增强为师生群众办实事、办好事的水平。2013年学校在督查室加挂信访办公室牌子，正式设立"校领导接待日"制度，目前已举行7次接待。

八、学校财政状况总体趋向良好

学校财务工作继续贯彻"严格、透明、公平、效益、服务"的十字方针，严格财务管理，维护预算特别是校级预算的严肃性，预算执行情况良好。2013年认真贯彻落实中央八项规定的要求和教育部关于加强高校科研经费管理的文件精神，切实加大预算执行力度，加强科研经费检查与管理机制建设，认真开展小金库治理与招投标管理，加强审计，有效降低财务运行风险。相关工作后面总会计师会有专门的汇报。

虽然学校收入有所增加,但与学校事业发展带来的巨大资源需求相比,学校财政一直面临巨大压力。一方面,北大积极与国家有关部门沟通,尽量增加资金使用的灵活度,同时加强预算管理,加强资源统筹,确保学校财务安全,最大限度地发挥资源使用效率;另一方面,学校通过多种形式办学,积极开展社会服务,加大筹资力度,拓宽筹资渠道,完善筹资机制,2013年全校筹款工作取得突出成绩。院系筹款积极性进一步提高,能力显著增强。目前已有42个院系或单位成立筹资工作小组,国家发展研究院、法学院、光华管理学院、工学院、教育学院等多个院系基金超过千万元。

九、现代大学制度建设稳步推进

加快推进现代大学制度建设是党和国家交给的重要任务,也是贯彻落实学校第十二次党代会精神,加快推进世界一流大学建设步伐的必然要求。党的十八届三中全会吹响了国家新一轮改革开放的号角,对高等教育改革创新提出了新要求。而高等教育推进改革创新,必须把现代大学制度建设放在最重要、最突出的位置抓紧抓好。

2013年,北大认真学习领会刘延东副总理在教育部直属高校工作咨询委员会第23次全体会议上的重要讲话精神,按照中央和教育部的要求,继续认真实施现代大学制度建设试点,加快探索建设中国特色现代大学制度的步伐。学校成立了现代大学制度建设小组。加快《北京大学章程》建设步伐,学校领导班子带头攻关,凝聚各方力量参与其中,目前已经十几易其稿,争取在中央规定的期限内制定出一部与世界接轨、兼具中国特色和北大特点的学校基本法。以学校章程建设为驱动,以现代大学制度改革试点为探索,统筹兼顾,稳步推进,在完善学校内部治理结构方面取得了突出进展,包括修订完善党委常委会、校长办公会、校务委员会、学术委员会等重要会议的组织规程,进一步明确职能定位,完善议事决策程序,增强了制度之间的协调性和互补性;探索建立学校董事会、国际咨询委员会等重要咨询议事机构的制度,构建学校、政府及社会之间的新型关系。新一届校务委员会人员调整到位。此外,根据党的群众路线教育实践活动整改落实的要求,学校深入开展建章立制工作,涉及编制管理、人事管理、财务管理和保障日常运行等方面。

·基本数据·

(含医学部、附属医院)

一、总体数据

		其中,医学部
(一)校园面积	2741118 平方米	392305 平方米
	(约 4112 亩)	(约 588 亩)
其中,绿化用地面积	1233576 平方米	114703 平方米
	(约 1850 亩)	(约 172 亩)
运动场地面积	153389 平方米	27300 平方米
	(约 230 亩)	(约 41 亩)
(二)校舍建筑面积	2199011 平方米	348117 平方米
	(约 3299 亩)	(约 522 亩)
(三)固定资产总额	865836.61 万元	167678.1 万元
其中:教学科研仪器设备资产值	375252.79 万元	86340.22 万元
(四)图书馆藏书:		
其中:一般藏书	956.65 万册	60.22 万册
电子资源	140909GB	17159GB
(五)设立奖学金项数	111 项	32 项
奖学金总额	4345.5 万元	570 万元

二、教职工情况(单位:人)

		其中,医学部
(一)教职工数(不包含博士后)	19651①	10975
专任教师数	6504	3994
其中,按职称划分:		
正高级	2179	923
副高级	2146	1189
其中,按学历划分:		
博士学历	4290	2181
其中:		
两院院士	72②	10
中国科学院院士	63	6
中国工程院院士	9	4
第三世界科学院院士	17	
海外高层次人才引进计划(千人计划)	64	4
青年千人计划	54	2
哲学社会科学资深教授(文科资深教授)	17	0

---

① 教职工总数包括专任教师、教辅人员、行政人员、工勤人员、科研机构人员、校办企业员工,不包含离退休人员和博士后。
② 其中人事关系在本校的科学院院士为41人,工程院院士为6人,双聘院士25人。

		其中:医学部
"长江学者奖励计划"特聘教授、讲座教授	165①	14
973计划首席科学家	59②	18
国家杰出青年科学基金获得者	191	28
国家级教学名师	17	2
博士生导师	2068	366
教辅人员	7467	5465
行政人员	1787	883
其中:专职辅导员人数	190	74
工勤人员	2566	533
科研机构人员	1082	73
校办企业职工	245	27
(二)其他人员		
离退休人员	10296	5018

三、在校学生情况(单位:人)

		其中,医学部
(一)全日制学生③	37858	7807
其中:共产党员	15234	2113
少数民族	3373	669
华侨港澳台	699	124
本科学生	14232	3028
一年级	3602	776
二年级	3487	637
三年级	3365	621
四年级	3350	603
五年级	428	391
硕士研究生	14554	2266
一年级	5443	862
二年级	5095	805
三年级及以上	4016	599
博士研究生	8681	2122
一年级	2366	693
二年级	2286	687
三年级及以上	4029	742
专科学生	391	391
(二)成人教育学生	10384	2356
(三)网络本专科学生	52954	22917
(四)外国留学生	3628	385
其中:博士生	307	2
硕士生	614	18
本科生	1629	338
培训	1078	27
(五)普通本专科毕业生		
一次就业率	96.21%	90%

---

① 其中讲座教授45人,特聘教授120人。
② 北京大学共获批973计划项目46项,重大科学研究计划26项,59位教授被聘为项目首席科学家。
③ 全日制学生包括普通本专科学生、硕士研究生、博士研究生,不包含成人教育、网络教育及外国留学生(单列)。

四、博士后人数（单位：人）

在站人数	1065	87
累计进站人数	4968	603

五、专业情况（单位：个）

其中，医学部

本科专业①	119	10
专科专业	1	1
博士学位授权一级学科点	48	0
博士学位授权二级学科点（不含一级学科覆盖点）	0	0
硕士学位授权一级学科点	50	0
硕士学位授权二级学科点（不含一级学科覆盖点）	3	0
国家重点学科（一级）	18	3
国家重点学科（二级）	25	12
国家重点（培育）学科	3	1
省部级重点学科（一级）	5	1
省部级重点学科（二级）	12	6
博士后流动站②	44	6
全球前1%的学科（美国"基本科学指标数据库"ESI的统计）③	18	0

六、教学科研（单位：个）

其中，医学部

直属院系④	53	11
国家实验室（筹）⑤	1	0
国家重点实验室⑥	11	1

---

① 本科专业名录：数学与应用数学、信息与计算科学、统计学、应用统计学、物理学、应用物理学、核物理、天文学、大气科学、核工程与核技术、化学、应用化学、化学生物学、材料化学、核化工与核燃料工程、生物科学、生物技术、微电子科学与工程、电子信息科学与技术、计算机科学与技术、智能科学与技术、集成电路设计与集成系统、软件工程、理论与应用力学、工程力学、材料科学与工程、能源与动力工程、勘查技术与工程、航空航天工程、生物医学工程、地球物理学、空间科学与技术、地质学、地球化学、地理科学、自然地理与资源环境、人文地理与城乡规划、地理信息科学、生态学、城乡规划、环境科学、环境工程、心理学、应用心理学、汉语言文学、汉语言、古典文献学、应用语言学、历史学、世界史、哲学、逻辑学、宗教学、考古学、文物与博物馆学、新闻学、广播电视学、广告学、编辑出版学、国际政治、外交学、科学社会主义、国际事务与国际关系、经济学、资源与环境经济学、财政学、保险学、国际经济与贸易、金融学、工商管理、市场营销、会计学、财务管理、人力资源管理、法学、知识产权、信息管理与信息系统、图书馆学、政治学与行政学、行政管理、城市管理、社会学、社会工作、英语、俄语、德语、法语、西班牙语、阿拉伯语、日语、波斯语、朝鲜语、菲律宾语、梵语、巴利语、印度尼西亚语、印地语、缅甸语、蒙古语、泰语、乌尔都语、希伯来语、越南语、葡萄牙语、公共事业管理、艺术史论、广播电视编导、政治学、经济学与哲学、古生物学、外国语言与外国历史、基础医学、临床医学、口腔医学、预防医学、药学、医学检验技术、医学实验技术、口腔医学技术、护理学（119个）。

② 博士后流动站名录：数学、统计学、物理学、化学、天文学、地理学、地质学、大气科学、地球物理学、生物学、力学、电子科学与技术、信息与通信工程、计算机科学与技术、软件工程、生态学、环境科学与工程、核科学与技术、心理学、中国语言文学、中国史、世界史、考古学、哲学、理论经济学、应用经济学、工商管理、法学、社会学、外国语言文学、政治学、教育学、公共管理、图书情报与档案管理、马克思主义理论、测绘科学与技术、新闻传播学、艺术学、口腔医学、药学、基础医学、临床医学、生物学（医学部）、公共卫生与预防医学（44个）。

③ 进入ESI前1%的学科名录：物理、化学、材料科学、工程学、临床医学、数学、地球科学、动物和植物学、生物学与生物化学、环境科学/生态学、社会科学、药学与毒理学、计算机科学、神经科学与行为学、分子生物学与遗传学、精神病学/心理学、经济学/商学、农学（18个）。

④ 直属院系名录（不含深圳研究生院）：数学科学学院、物理学院、化学与分子工程学院、生命科学学院、城市与环境学院、地球与空间科学学院、心理学系、建筑与景观设计学院、信息科学技术学院、工学院、计算机科学技术研究所、软件与微电子学院、环境科学与工程学院、中国语言文学系、历史学系、考古文博学院、哲学系（宗教学系）、外国语学院、艺术学院、对外汉语教育学院、歌剧研究院、国际关系学院、经济学院、光华管理学院、法学院、信息管理系、社会学系、政府管理学院、马克思主义学院、教育学院、新闻与传播学院、人口研究所、国家发展研究院、体育教研部、元培学院、先进技术研究院、前沿交叉学科研究院、中国社会科学调查中心、分子医学研究所、科维理天文与天体物理研究所、核科学与技术研究院、北京国际数学研究中心、基础医学院、药学院、公共卫生学院、护理学院、公共教学部、第一临床医学院、第二临床医学院、第三临床医学院、口腔医学院、临床肿瘤学院、精神卫生研究所（53个）。

⑤ 国家实验室：北京分子科学国家实验室（筹）（1个）。

⑥ 国家重点实验室：人工微结构和介观物理国家重点实验室、湍流与复杂系统研究国家重点实验室、核物理与核技术国家重点实验室、稀土材料化学及应用国家重点实验室、分子动态与稳态结构国家重点实验室（联合）、蛋白质工程及植物基因工程国家重点实验室、生物膜与膜生物工程国家重点实验室（北大分室）、天然药物及仿生药物国家重点实验室、环境模拟与污染控制国家重点实验室（北大分室）、区域光纤通信网与新型光纤通信系统国家重点实验室（北大实验区）、微米/纳米加工技术国家级重点实验室（北大分室）（11个）。

国家工程实验室①	2	1
国家工程研究中心②	2	0
省部级设置的研究(院、所、中心)、实验室	97	34
定期出版的专业刊物③	26	13
附属医院④	5+3	5+3

---

① 国家工程实验室:数字视频编解码技术国家工程实验室、口腔数字化医疗技术和材料国家工程实验室(2个)。
② 国家工程研究中心:电子出版新技术国家工程研究中心、软件工程国家工程研究中心(2个)。
③ 《北京大学学报(自然科学版)》《物理化学学报》《大学化学》《数学进展》《北京大学学报(哲学社会科学版)》《中外法学》、Peking University Law Journal、《经济科学》《国外文学》《国际政治》《大学图书馆学报》《人口与发展》《北京大学教育评论》《北京大学学报(医学版)》《中国生育健康杂志》《医院管理论坛》《中国药物依赖性杂志》《中国疼痛医学杂志》《中国新生儿科杂志》《中国微创外科杂志》《中国斜视与小儿眼科杂志》《中国介入心脏病学杂志》《中国妇产科临床杂志》《中国糖尿病杂志》《中国生物化学与分子生物学报》《生理科学进展》(26种)。
④ 附属医院:第一医院、人民医院、第三医院、口腔医院、第六医院、首钢医院、北京肿瘤医院、深圳医院(5+3)。

·机构与干部·

校领导机构组成名单

党 委 书 记	朱善璐
党委常务副书记	张 彦
党 委 副 书 记	于鸿君　敖英芳　叶静漪
校　　　　长	周其凤(2013年3月免)　王恩哥(2013年3月任)
常 务 副 校 长	吴志攀　柯 杨　王恩哥(2013年3月免)　刘 伟(2013年9月任)
副 　校 　长	张 彦(兼)　鞠传进(2013年5月免)　海 闻(2013年9月免)
	刘 伟(2013年9月免)　王 杰(2013年5月任)　李岩松
	高 松(2013年9月任)　陈十一(2013年9月任)　王仰麟(2013年9月任)
纪 委 书 记	于鸿君(兼)
秘 　书 　长	杨开忠
总 会 计 师	闫 敏
校 长 助 理	李晓明　李 强　张宝岭　邓 娅　程 旭　黄桂田　马化祥　孙 丽　陈宝剑
纪 委 副 书 记	孔凡红　周有光　龚文东
副 秘 书 长	赵为民　李 鹰　韩 流　张晓黎　白志强
教 　务 　长	王恩哥(兼)(2013年4月免)　高 松(兼)(2013年4月任)
副 教 务 长	吴宝科(2013年4月免)　关海庭　李晓明(兼)　王 宪
	王仰麟(兼)(2013年11月免)　生玉海　严纯华(2013年11月任)
总 　务 　长	鞠传进(兼)(2013年4月免)　王仰麟(兼)(2013年4月任)
副 总 务 长	张宝岭(兼)　赵桂连　杨仲昭　崔芳菊　张西峰(2013年12月任)

医学部负责人

医 学 部 主 任	韩启德
医学部常务副主任	柯 杨
医学部党委书记	敖英芳
医 学 部 副 主 任	李 鹰　闫 敏　方伟岗　姜保国　段丽萍　宝海荣　王 宪
医学部党委副书记	李文胜　顾 芸　孔凡红
医学部纪委书记	孔凡红
医学部主任助理	戴谷音　王维民　吴 明

校务委员会

主　　　　任	朱善璐	
副　主　　任	林毅夫　田　刚　海　闻　饶　毅　李　鸣　王　杰　敖英芳　杨开忠	
秘　书　　长	杨开忠（兼）	
委　　　　员	（按姓氏笔画为序）	

王　杉　王　博（哲学系）　王　博（学生会）　王缉思　甘子钊　厉以宁　叶　朗　朱卫国
乔　杰　任庆鹏　刘玉村　刘俊义　阮　草　孙　丽　孙祁祥　杨芙清　吴　明　吴　凯
张东晓　张守文　张颐武　陈跃红　季加孚　周晓林　袁行霈　高　毅　郭建宁　唐晓峰
涂　平　陶　澍　黄　如　鄂维南　程朝翔　鲁安怀　谢心澄　蔡洪滨

学术委员会

校学术委员会

主　　　　任	王恩哥	
副　主　　任	朱善璐　吴志攀　柯　杨	
委　　　　员	（以姓氏笔画为序）	

丁　洁　马　戎　王诗宬　王缉思　方　竞　方伟岗　甘子钊　厉以宁　叶　朗　申　丹
朱苏力　朱作言　刘　伟　许智宏　李晓明　杨　河　杨芙清　肖瑞平　吴树青　余振苏
闵维方　张礼和　张恭庆　陈佳洱　欧阳颀　周力平　周其凤　赵光达　赵新生　饶　毅
敖英芳　袁行霈　高　松　郭　岩　阎步克　童庆禧　童坦君

理学部学术委员会

主　　　　任	甘子钊	
副　主　　任	姜伯驹　高　松	
委　　　　员	（以姓氏笔画为序）	

王世强　王学军　文　兰　方精云　朱玉贤　朱作言　刘晓为　严纯华　来鲁华　陈运泰
陈佳洱　欧阳颀　赵光达　耿　直　席振峰　韩世辉　童庆禧　潘　懋

信息与工程科学部学术委员会

主　　　　任	杨芙清	
副　主　　任	黄　琳　王子宇	
委　　　　员	（以姓氏笔画为序）	

王阳元　王建祥　方　竞　朱　星　汤　帜　何新贵　张东晓　张远航　查红彬　倪晋仁
彭练矛　程　旭

社会科学部学术委员会

主　　　　任	厉以宁
副　主　　任	陈兴良
委　　　　员	（以姓氏笔画为序）

丁小浩　王子舟　牛　军　平新乔　叶自成　朱家祥　朱善利　关海庭　李翔海　李　强
吴树青　张国庆　郑晓瑛　姜明安　郭志刚　董进霞　程曼丽

人文学部学术委员会

主　　　　任	袁行霈
副　主　　任	申　丹　叶　朗
委　　　　员	（以姓氏笔画为序）

丁　宁　丁宏为　王　希　王邦维　孙　华　赵敦华　荣新江　胡　军　秦海鹰　曹文轩
阎步克　梁敏和　彭广陆　韩水法

医学部学术委员会

名誉主任委员	韩启德
顾　问　委　员	（以姓氏笔画排序）

王　夔　王志珍　王志新　庄　辉　沈渔邨　陆道培　陈慰峰　秦伯益　郭应禄　韩济生
童坦君　强伯勤

主　任　委　员	柯　杨
副主任委员	
委　　　　员	（以姓氏笔画排序）

丁　洁（儿科）　　万远廉（外科）　　马大龙（免疫）　　王　宪（生理）
王海燕（肾脏）　　王培玉（营养）　　方伟岗（病理）　　卢　炜（药剂）
刘忠军（骨科）　　李若瑜（皮肤）　　李萍萍（中西医）　张　岱（精神病学）
张大庆（医学史）　张礼和（化学生物）陈贵安（生殖）　　林三仁（消化）
林东昕（流行病）　尚永丰（生化）　　柯　杨（细胞生物）俞光岩（颌面外科）
敖英芳（运动医学）顾　江（病理）　　高学军（牙体牙髓）郭　岩（卫管）
郭继鸿（心内）　　黄晓军（血液）　　黎晓新（眼科）　　魏丽惠（妇产）

专业技术职务评审委员会

主　　　　任	王恩哥
副　主　　任	朱善璐　吴志攀　柯　杨
委　　　　员	（以姓氏笔画为序）

于鸿君　王仰麟　王明舟　方伟岗　叶静漪　朱　强　刘　伟　刘　波　刘克新　闫　敏
许崇任　李晓明　闵维方　迟惠生　张宏印　张新祥　陆正飞　陈十一　林久祥

学位评定委员会

主　　　席	周其凤
常务副主席	王恩哥
副　主　席	柯　杨　刘　伟　陈十一
委　　　员	吴志攀　海　闻　袁行霈　甘子钊　厉以宁　杨芙清　文　兰　涂传诒　张传茂　彭练矛 尚新建　王邦维　钱乘旦　李　强　王　宪　段丽萍　徐　韬　张礼和　胡永华　王仰麟

医学部学位评定委员会

主　　　席	韩启德
副　主　席	柯　杨
委　　　员	方伟岗　王　宪　段丽萍　庄　辉　万　有　周春燕　张礼和　胡永华　郝卫东　洪　炜 刘玉村　王海燕　郭应禄　王　杉　陈　红　王　薇　刘忠军　傅民魁　徐　韬　季加孚 沈　琳　王玉凤　刘俊义

第六届教职工代表大会执行委员会

执行委员会名单

主任委员	高　松
副主任委员	（以姓氏笔画为序） 王　磊　孙　丽(女)　张宝岭　姜保国
委　　　员	（以姓氏笔画为序） 王　磊　　王一川　朱卫国　　刘　力　　刘穗燕(女)　孙　丽(女)　苏都莫日根(蒙) 李淑静(女)　宋春伟　张大成　张汉平(女)　张庆东　　张宝岭　　陈　红(女) 郝卫东　　姜保国　聂　华(女)　高　松　　韩毓海

各院、系、所、中心负责人

校本部

数学科学学院	党委书记	刘化荣
	院长	王长平(2013年1月免)
		田　刚(2013年1月任)
	常务副院长	张平文(2013年1月任)

物理学院	党委书记	陈晓林
	院长	谢心澄
化学与分子工程学院	党委书记	刘虎威
	院长	吴　凯
生命科学学院	党委书记	柴　真
	院长	饶　毅（2013年9月免）
		吴　虹（2013年9月任）
	常务副院长	赵进东（2013年9月免）
城市与环境学院	党委书记	刘耕年
	院长	陶　澍
地球与空间科学学院	党委书记	宋振清
	院长	潘　懋（2013年7月免）
		张立飞（2013年7月任）
心理学系	党委书记	吴艳红
	主任	周晓林（2013年12月免）
		方　方（2013年12月任）
建筑与景观设计学院	院长	俞孔坚
信息科学技术学院	党委书记	魏中鹏
	院长	梅　宏
	副院长	黄　如（2013年5月主持工作）
工学院	党委书记	谭文长
	院长	陈十一（2013年7月免）
		张东晓（2013年7月任）
计算机科学技术研究所	直属党支部书记	叶志远
	所长	肖建国
软件与微电子学院	党委书记	白志强（2013年7月免）
		陈向群（2013年7月任）
	院长	张　兴
	常务副院长	徐雅文
		杜　鹏（2013年7月任）
环境科学与工程学院	党委书记	胡建信
	院长	朱　彤
中国语言文学系	党委书记	蒋朗朗（2013年6月免）
		金永兵（2013年6月任）
	主任	陈跃红
历史学系	党委书记	高　毅
	主任	高　毅
考古文博学院	党委书记	宋向光（2013年5月免）
		王幼平（2013年5月任）
	院长	赵　辉
哲学系/宗教学系	党委书记	尚新建
	主任	王　博
外国语学院	党委书记	宁　琦
	院长	程朝翔
艺术学院	党总支书记	邹　惠
	院长	王一川
对外汉语教育学院	党委书记	王海峰
	院长	张　英
歌剧研究院	院长	金　曼

国际关系学院	党委书记	李寒梅
	院长	王缉思(2013年12月免)
		贾庆国(2013年12月任)
经济学院	党委书记	章　政
	院长	孙祁祥
光华管理学院	党委书记	冒大卫
	院长	蔡洪滨
法学院	党委书记	潘剑锋
	院长	张守文
信息管理系	党委书记	王继民
	主任	王余光(2013年12月免)
		李广建(2013年12月任)
社会学系	党委书记	查　晶
	主任	谢立中
政府管理学院	党委书记	周志忍
	院长	罗豪才
	常务副院长	傅　军
马克思主义学院	党委书记	孙熙国
	院长	郭建宁
教育学院	党委书记	陈晓宇
	院长	文东茅
新闻与传播学院	党委书记	冯支越(2013年10月免)
		陈　刚(2013年10月任)
	院长	邵华泽(2013年8月免)
		陆绍阳(2013年10月任)
	常务副院长	徐　泓(2013年8月免)
人口研究所	所长	郑晓瑛
国家发展研究院	党委书记	胡大源(2013年1月任)
	院长	姚　洋
体育教研部	直属党支部书记	张　锐
	主任	郝光安(2013年7月免)
		李　宁(2013年7月任)
元培计划管理委员会	党总支书记	查　晶(2013年11月免)
元培学院	党委书记	孙　华(2013年11月任)
	院长	许崇任(2013年9月免)
		鄂维南(2013年9月任)
先进技术研究院	院长	程　旭(兼)
	常务副院长	白树林(兼)
深圳研究生院	党委书记	白志强
	院长	海　闻(2013年10月免)
		陈十一(2013年10月任)
	常务副院长	史守旭
分子医学研究所	所长	肖瑞平
科维理天文与天体物理研究所	代理所长	刘晓为(2013年12月免)
北京国际数学研究中心	主任	田　刚
软件工程国家工程研究中心	主任	梅　宏(2013年1月免)
		张世琨(2013年1月任)
前沿交叉学科研究院	院长	韩启德
	常务副院长	方　竞

医 学 部

基础医学院	党委书记	朱卫国
	院　长	尹玉新
药学院	党委书记	徐　萍
	院　长	刘俊义
公共卫生学院	党委书记	郝卫东
	院　长	孟庆跃
护理学院	党委书记	尚少梅
	院　长	郭桂芳
网络学院	院　长	高澍苹
公共教学部	党委书记	吴玉杰
	主　任	张大庆
第一医院	党委书记	刘新民
	院　长	刘玉村
人民医院	党委书记	陈　红
	院　长	王　杉
第三医院	党委书记	金昌晓
	院　长	乔　杰
口腔医院	党委书记	李铁军
	院　长	徐　涛（2013年10月免）
		郭传瑸（2013年10月任）
肿瘤医院	党委书记	朱　军
	院　长	季加孚
第六医院	党委书记	王向群
	院　长	于　欣（2013年7月免）
		陆　林（2013年7月任）

校机关各部门、工会、团委负责人

校 本 部

党委办公室校长办公室	主　任	马化祥
	常务副主任	衣学磊
国内合作委员会办公室	主　任	雷　虹
督查室（信访办公室）	主　任	王天兵（2013年7月免）
		冯支越（2013年10月任）
发展规划部	部　长	杨开忠（兼）
	常务副部长	薛　领
监察室	主　任	周有光（兼）
党委组织部	部　长	郭　海
党委宣传部	部　长	蒋朗朗
党委统战部	部　长	张晓黎
保卫部	部　长	安国江
保密委员会办公室	主　任	刘旭东

学生工作部、人民武装部	部长	张庆东
教务部	部长	方新贵
科学研究部	部长	周　辉
"211工程"办公室	主任	李晓明(兼)
社会科学部	部长	李　强
	常务副部长	萧　群(2013年1月免)
研究生院	院长	陈十一(兼)
	常务副院长	王仰麟(兼)(2013年11月免)
		严纯华(兼)(2013年11月任)
继续教育部	部长	侯建军
	常务副部长	张　虹(2013年1月免)
人事部	部长	刘　波
离退休工作部	部长	马春英
财务部	部长	闫　敏(兼)
	常务副部长	权忠鄂
国有资产管理委员会办公室	主任	闫　敏(兼)(2013年7月免)
		张贵龙(2013年7月任)
后勤财务核算中心	主任	闫　敏(兼)(2013年7月任)
国际合作部	部长	夏红卫
总务部	部长	张西峰
房地产管理部	部长	陈宝剑
实验室与设备管理部	部长	张新祥
基建工程部	部长	莫元彬
审计室	主任	王　雷
校办产业管理委员会办公室	主任	黄桂田(兼)
产业技术研究院/科技开发部	院长/部长	陈东敏
	常务副院长/常务副部长	姚卫浩
信息化建设与管理办公室	主任	柳军飞
工会	主席	孙　丽
	常务副主席	王春虎(2013年1月免)
团委	书记	阮　草
校友工作办公室	主任	李宇宁
机关党委	书记	刘力平
后勤党委	书记	姜晓刚(2013年12月免)
		刘宝栓(2013年12月任)
校办产业党工委	书记	孟庆焱

医 学 部

主任办公室、党委办公室	主任	肖　渊
纪委办公室、监察室	主任	范春梅
党委组织部	部长	戴谷音
党委宣传部	部长	王春虎
党委统战部	部长	王军为
教育处	处长	王维民
人事处	处长	朱树梅
科学研究处	处长	沈如群
国际合作处	处长	孙秋丹
医院管理处	处长	张　俊

继续教育处	处长	姜辉
保卫处	处长	赵成知
设备与实验室管理处	处长	徐善东
审计办公室	主任	安宇
计划财务处	处长	郑庄
后勤与基建管理处	处长	陈斌斌（2013年4月免）
总务处	处长	陈斌斌（2013年5月任）
后勤党委	书记	王运生
国内合作与产业管理办	主任	吴问汉
产业党总支	书记	吕廷煜
工会	主席	顾芸
	常务副主席	刘穗燕
团委	书记	焦岩
机关党委	书记	郭艾花

直属、附属单位负责人

校本部

直属单位党委	书记	束鸿俊（兼）
图书馆	党委书记	萧群
	馆长	朱强
档案馆、校史馆	馆长	马建钧
计算中心	主任	张蓓
现代教育技术中心	主任	汪琼（2013年10月免）
	副主任	何山（2013年10月任，主持工作）
教育基金会	秘书长	邓娅
出版社	党委书记	金娟萍
	社长	王明舟
	总编辑	张黎明
校医院	党委书记	王秋生
	院长	张宏印
首都发展研究院	院长	李国平
燕园街道党工委	书记	严敏杰
燕园街道办事处	主任	李贡民
附属中学	党委书记	生玉海
	校长	王铮
附属小学	直属党支部书记	尹超（兼）
	校长	尹超
体育馆	馆长	郝光安（2013年1月任，2013年7月免）
		李宁（2013年7月任）
	常务副馆长	李杰（2013年1月任）
昌平校区管理办公室	主任	白树林
	常务副主任	卢永祥
会议中心	主任	范强
餐饮中心	主任	王建华

动力中心	主任	李　钟
公寓服务中心	主任	姜晓刚
校园服务中心	主任	张丽娜
燕园社区服务中心	主任	张鸿奎
特殊用房管理中心	主任	赵桂莲（兼）
	常务副主任	周　波（2013年1月任）
成人教育学院	院长	李国斌（兼）（2013年5月免）
网络教育学院	院长	侯建军（2013年5月免）
继续教育学院	党总支副书记	李　胜（2013年7月任，主持工作）
	院长	关海庭（兼）（2013年1月任）
	常务副院长	张　虹（2013年1月任）

医　学　部

图书馆	馆长	张大庆
信息通讯中心	主任	种连荣
医药卫生分析中心	主任	王京宇
出版社	社长	王凤廷
学报（医学版）编辑部	主任	曾桂芳
医学教育研究所	所长	王　宪
中国药物依赖性研究所	所长	陆　林
实验动物科学部	主任	郑振辉
心血管研究所	所长	韩启德
	共同所长	张幼怡
北京大学中国卫生发展研究中心	常务副主任	孟庆跃
北京大学医学信息学中心	主任	赵乐平（2013年7月免）
	代理主任	张　俊（2013年7月任）

各民主党派和归国华侨联合会负责人

校　本　部

中国国民党革命委员会北京大学支部委员会	主任委员	吴泰然
	副主任委员	关　平
中国民主同盟北京大学委员会	主任委员	鲁安怀
	副主任委员	沈正华　刘　力　陈晓明　李　玮　宋春伟
中国民主建国会北京大学委员会	主任委员	陈效逑
	副主任委员	李　虹　陈少峰
中国民主促进会北京大学委员会	主任委员	张颐武
	副主任委员	佟　新　刘凯欣　肖鸣政
中国农工民主党北京大学支部委员会	主任委员	刘富坤
	副主任委员	陆　地　陈变珍
中国致公党北京大学支部委员会	主任委员	唐晓峰
	副主任委员	王若鹏
九三学社北京大学委员会	主任委员	沈兴海
	副主任委员	种连荣（常务）　夏壁灿　郭召杰　徐爱国

北京大学归国华侨联合会	主席	周力平
	副主席	龚旗煌 曲振卿

医　学　部

中国国民党革命委员会北大医院支部	主任委员	涂　平
	副主任委员	干汝起
中国民主同盟北京大学医学部委员会	主任委员	季加孚
	副主任委员	卫　燕　晋长伟　杨晓达
中国农工民主党北京大学委员会	主任委员	顾　晋
	副主任委员	刘富坤　李　东　金燕志　王　豪
中国致公党北京大学医学部支部	主任委员	陈仲强
中国致公党北大医院支部	主任委员	胡　晓
	副主任委员	周常青
九三学社北京大学第二委员会	主任委员	吴　明
	副主任委员	陈　新　屠鹏飞　昌晓红　阙呈立　崔　涛　李子健
北京大学医学部归国华侨联合会	主席	朱卫国
	副主席	黄河清　谢秋菲　王培玉

院系情况

数学科学学院

【概况】 发展历程。1913年秋,北京大学数学门招收新生,标志着中国现代第一个大学数学系(门)正式开始教学活动。此后,北京大学数学学科的发展历经京师大学堂高等算学、数学门、北京大学数学力学系等多个发展阶段。1981年,北京大学数学研究所成立。系所结合的形式使多项具有国际领先水平的研究成果应运而生。1995年,北京大学数学科学学院成立,成为北京大学数学学科发展进程中的一个里程碑。2013年1月在教育部公布的全国学科评估结果中,北京大学数学学科再次名列第一,统计学科排名第二。2013年,北京大学数学科学学院成功举办北京大学数学学科百年庆典,成立北京大学数学校友会,并启动了北大数学发展基金。

组织结构。北京大学数学科学学院现有包括数学系、概率统计系、科学与工程计算系、信息科学系、金融数学系在内的五个下设机构。2013年1月,数学科学学院行政班子完成换届,田刚任院长,张平文任常务副院长,陈大岳、柳彬、夏壁灿、史宇光任副院长,冯荣权任院长助理。

学科建设。数学科学学院现有两个一级学科:数学、统计学。四个博士专业:基础数学、应用数学、计算数学、概率统计,四个博士专业都设有博士后流动站并全部被评为重点学科。

队伍建设。目前数学科学学院共有教学科研人员118人,其中正高级职称61人、副高级职称35人、中级职称22人。2013年数学科学学院入职11人,包括事业编制3人、新体制百人计划1人、博士后6人、劳动合同制1人。续聘13人,包括事业编制10人、新体制1人、劳动合同制2人。减离12人,包括事业编制3人、博士后7人(含助理教授1人、企业联合培养1人)、劳动合同制2人。转系1人。

【教学工作】 学生人数。2013年,数学科学学院共有学生1186人,其中本科生706人,硕士研究生229人,博士研究生251人。2013年招收本科新生163人,其中普通入学(包括自主招生)72人,保送65人,国防定向20人,港澳台学生2人,留学生4人。国际奥赛金牌获得者4人,银牌获得者1人。2013年,普通本科毕业生161人,双学位119人,辅修7人。毕业159人。2013年共招收研究生167人(硕士101人,博士66人),毕业135人(硕士100人,博士35人)。

表6-1 2013年数学科学学院本科生在校生人数统计

	春季	秋季
2009级	161	
2010级	171	173
2011级	181	179
2012级	180	191
2013级		163
总人数	693	706

表6-2 2013年数学科学学院研究生在校生人数统计

	硕士研究生	博士研究生
2008级		3
2009级	1	25
2010级	3	36
2011级	31	57
2012级	93	64
2013级	101	66
总人数	229	251
毕业生	100	35

课程设置。数学科学学院2013—2014学年共开设本科生课程214门、研究生课程104门、研究生讨论班100门。

培养方案。数学科学学院的本科被教育部遴选为国家"理科基础科学研究和教学人才培养基地"。学院贯彻"加强基础,淡化专业,因材施教,分流培养,增强适应性"的教学方针。学院的课程设置门类齐全,教学安排丰富灵活。数学科学学院的学生前两年的必修课相同,从第三学年开始,学生可以根据数学各个专业方向的要求从学院开设的大量专业课程中选择一部分,还可以根据学校规定选修其他院系开设的部分课程。数学科学学院培养的学生基础理论扎实、知识面广,受到严格的数学训练与计算机技能训练,因而有很强的适应性。

数学科学学院培养热爱祖国、遵纪守法、学风严谨、品行端正的研究生专业人才,使之有较强的事业心和献身科学的精神,具有较坚实宽广的数学理论基础,在基础数学、概率统计、大规模工程与科学计算、信息科学和金融数学等学科的某个方向上掌握较系统的专门理论知识、技术与方法，能够运用所掌握的基础理论与专门知识解决科学研究或实际工作中的问题，并掌握一门外国语。

教材出版。《数理统计学讲义（第2版）》（陈家鼎、孙山泽、李东风、刘力平编著）入选第一批"十二五"普通高等教育本科国家级规划教材。

【科研工作】 人才队伍。数学科学学院现有"杰出青年"18人、"新世纪优秀人才支持计划"9人、"新世纪百千万人才工程"国家级人选1人、院士7人、长江特聘教授11人、千人计划3人。

项目数量。2013年，数学科学学院纵向项目获批29项，包括国家自然科学基金委员会重点项目"复几何中的奇性分析及应用"（负责人：田刚）和重大研究计划项目"地下强爆炸牵引的多介质辐流体动力学的可计算建模和数值模拟"（负责人：汤华中）。

科研成果。2013年，数学科学学院共有SCI收录的第一作者和通信作者论文139篇，SCI收录的非第一作者和通信作者论文48篇，11篇非SCI论文，16篇会议论文。出版专著《堆球的故事》（宗传明，高等教育出版社）和《点集拓扑与代数拓扑引论》（包志强，北京大学出版社）。申请专利《一种生物神经环路活体成像系统》（毛珩、陶乐天、姜明，发明专利：201310255101.9/实用新型专利：201320368802.9）。

经费情况。2013年，数学科学学院科研拨款总计2930.5万元，其中973项目经费316.31万元，自然科学基金1170.79万元，理科博士点经费88万元，教育经费拨款771.4万元，中组部万人计划180万元，高教中心经费100万元，其他经费304万元。

学术活动。2013年，数学科学学院接待学校主请的国外访问学者10人。同时学院还接待了54位顺访教授及学者，"数学及其应用"教育部重点实验室接待了3位国内访问学者。

表6-3　2013年数学科学学院举办的国际学术会议

会议名称	会议时间	会议地点	主持人
海峡两岸数学研讨会	2013.4.22—4.23	北京大学数学科学学院	陈大岳
Long-Term Special Program on Arithmetics and Geometry	2013.5.2—7.26	北京国际数学研究中心	陈华一 田青春
Workshop on Geometric Analysis 2013	2013.6.3—6.8	北京国际数学研究中心	数学学院 数学中心
2013年北京大学许宝騄讲座	2013.7.11	北京国际数学研究中心	数学学院 数学中心
生态学、流行病学和环境科学中的数学进展	2013.10.17—10.20	北京国际数学研究中心	鄂维南 张平文
北京香山全国概率统计学术研讨会	2013.10.18—10.19	北京香山饭店	概率统计系 统计中心
"数学及其应用"教育部重点实验室2013年年会	2013.12.21	北京国际数学研究中心	王诗宬 蒋美跃 甘少波

【党建工作】 组织建设。数学科学学院共有教师党员97人（在职教师54人、离退休教师37人、博士后6人），设教工党支部5个；共有学生党员271人（本科生83人、硕士生80人、博士生108人），设学生党支部14个。

党建活动。1. 党员发展培训。2013年数学科学学院共发展党员36人，其中教师1人，本科生20人，硕士生9人，博士生6人。共有39名预备党员转为正式党员，其中本科生27人，硕士生7人，博士生5人。学院组织学生积极参加北京大学第20期党性教育读书班和第26期党的知识培训班，第20期党性教育读书班共有29人顺利结业，第26期党的知识培训班共有72人顺利结业。11月15日，学院党委组织了学生党支部书记实务培训，14名党支书参加学习。

2. 换届工作。2013年10月，数学科学学院9个到届党支部顺利完成换届工作。一年来，各个党支部围绕深入学习宣传贯彻党的十八大精神、扎实推进落实北京大学第十二次党代会精神,结合北京大学数学学科创建100周年的契机,开展了形式多样的主题活动。

3. 党风廉政建设、规章制度建设。为使学院管理更加科学、民主、廉洁、高效,数学科学学院制定了《北京大学数学科学学院院务公开实施办法(试行草案)》和《数学科学学院"三重一大"集体决策制度实施办法(试行草案)》。为规范学生党员发展程序,学院制定了《北京大学数学科学学院发展学生党员工作办法》,进一步增强团组织在推优入党中的作用。

4. 统战工作。学院现有民主党派教师22人,其中民革1人,民盟14人,民建1人,致公党1人,九三学社5人。

【行政工作及其他工作】 行政队伍。数学科学学院共有行政人员26人,其中事业编制19人,劳动合同制7人。

工会工作。数学科学学院工会共有委员9人,下设11个工会小组。2013年的主要工作包括:教代会工代会选举工作,组织校运动会、游泳、乒乓球、羽毛球等各类比赛,组织新年联欢会、冬季健身大步走、工间操、歌咏比赛、女工活动、户外活动(春游、秋游)、慰问活动、师生交流。其中,数学科学学院在北京大学教职工乒乓球赛中实现男团四连冠。数学科学学院工会荣获北京大学先进工会委员会称号,两个院属工会小组——院行政工会小组和科学与工程计算系工会小组荣获北京大学先进工会小组称号。

【学生工作】 学生活动情况。2013年2月,组织参加美国大学生数学建模竞赛。3月,组织召开学生代表大会、研究生会换届、院团委学生骨干换届、挑战杯竞赛院内初评。5月,组织北京大学"江泽涵杯"数学建模竞赛,数学科学学院团校第五期培训班结业。7月,学生暑期社会实践(8支队伍、1个个人)。8月,2012级本科生军训。9月,数学科学学院团校第六期培训班开学,2013级新生入学教育,组织参加全国大学生数学建模竞赛和全国研究生数学建模竞赛。10月,组织参加全国大学生数学竞赛,组织学生参与北大数学学科百年庆典服务,举办第十六届数学文化节。12月,组织参加"一二·九"合唱比赛,开展"学习群众路线·践行服务承诺"学生党团日联合主题教育活动。2013年,青年志愿者协会开展27次大型志愿服务活动,院刊《心桥》出刊2期,院报《数学风采》出刊12期,组织学生参加北大杯、新生杯等体育比赛,获1项冠军、3项亚军、4项季军。

毕业生去向。2013年,本科生159人毕业,10人就业、83人出国留学、54人留在国内深造;研究生135人毕业,87人就业、16人出国留学、6人留在国内深造。

表6-4 数学科学学院2013届毕业生毕业去向统计 单位:人

	专业	出国(境)留学	免试推荐读研	考研	工作	其他
本科生 (159人)	基础数学	25	6	1	0	2
	概率统计	26	11	1	3	4
	计算数学	10	3	1	0	0
	信息科学	3	4	0	0	0
	金融数学	19	25	2	7	6
	合计	83	49	5	10	12
	类别	出国(境)留学或国外博士后	考博、博士后	工作	定向委培	其他
研究生 (135人)	硕士	13	1	50	32	4
	博士	3	5	24	1	2
	合计	16	6	74	33	6

【数学学科百周年庆典】 10月11日,北京大学数学学科创建100周年庆典活动在北京大学百周年纪念讲堂隆重举行。一直以来关心北大数学发展的各级领导、兄弟院校的嘉宾同仁、来自全球的优秀学子、在校师生、各级校友欢聚一堂,共同见证了北大数学的百年光辉与荣耀。庆典系列活动包括:"数立双九,学贯百年"九十九周年数学文化节;青年数学家论坛;正式成立北大数学校友会与理事会;"数学拔尖人才的发现与培养"中学校长论坛;正式启动"北京大学数学学科创建100周年庆典"大会与北大数学发展基金;百年数学文化节;国际顶尖数学特邀学术报告。

物理学院

【概况】 中国物理学本科教育始于1913年在北京大学设立的物理学门。1919年更名为物理系。2001年5月原物理系、技术物理系核物理专业、重离子物理研究所、地球物理系的大气物理与气象专业、天文系等单位合并成立物理学院。为加强学科建设,2006年在聚变等离子体物理、空间与天体等离子体物理和计算等离子体物理方面逐渐形成了结合理论研究、数值模拟、实验诊断和人才培养为一体的研究队伍,并于2009年正式成立等离子体物理与聚变研究所。2009年12月,依托物理学院成立了"北京大学国际量子材料科学中心"。2010年5月,为加强北京大学在海—气相互作用以及全球气候变化研究中的研究力量,创建海洋科学教育平台,北京大学决定在物理学院原大气科学系的基础上,增设物理海洋专业,并将"大气科学系"更名为"大气与海洋科学系",同时成立"气候与海—气实验室"。

物理学院下设2个教学实体单位(基础物理教学中心、基础物理实验教学中心),8个研究系所(理论物理研究所、凝聚态物理与材料物理研究所、现代光学研究所、重离子物理研究所、等离子体物理与聚变研究所、技术物理系、天文学系、大气与海洋科学系)。同时,依托物理学院建立了人工微结构和介观物理国家重点实验室、核物理与核技术国家重点实验室、医学物理北京市重点实验室、李政道高能物理研究中心、国际量子材料科学中心、科维理天文与天体物理研究所等多个科研机构,研究方向涵盖物理科学及相关的主要领域,并建有北京大学电子显微镜专业实验室。

物理学院现有物理学、核物理、大气科学3个国家理科基础研究和教学人才培养基地,物理学、大气科学、天文学、核科学与技术4个一级学科博士点及博士后流动站。现有师资队伍180余人,包括17位中国科学院院士(含7位双聘院士),8位国家"千人计划"讲席教授,16位"长江学者奖励计划"特聘教授和讲座教授,24位国家杰出青年科学基金获得者,2位国家级名师奖获得者,3位北京市教学名师奖获得者。物理学院拥有3个基金委创新研究群体,1个国家级优秀教学团队。

【年度纪事】 "量子物质科学协同创新中心"通过教育部组织的专家认定并获得财政部、教育部的专项经费支持。

物理学科建立100周年。物理学院举办系列活动,包括10月19日在邱德拔体育馆举行的百年庆典大会。

欧阳颀、龚旗煌当选为中国科学院院士。

孙庆丰被评聘为长江学者特聘教授。

陈斌、施均仁入选国家杰出青年科学基金计划。

陈佳洱获蔡元培奖,秦国刚获国华杰出学者奖。

孟智勇获第十届中国青年女科学家奖。

孟杰课题组获2013年度高等学校科学研究优秀成果奖(科学技术)自然科学奖一等奖。

赵光达、朱星分别指导的学生马艳青、方哲宇的毕业论文被评为全国优秀博士论文。

数学物理方法、量子力学、力学在原国家精品课基础上被评为全国资源共享课。

叶沿林当选中国核物理学会新一届理事长。

2013年物理学院在 Nature Communications、PRL、PNAS、Nano Lett、Advanced Materials、Scientific Reports、Laser & Photonics Reviews、Applied Optics、Adv. Funct. Mate. 等重要刊物上发表了28篇论文。

2013年到校科研经费近2.1亿元。

物理新楼主体工程完工。

【学科建设与科研工作】 人事。2013年引进教职工14人。其中青年千人计划5人,长江特聘教授1人(孙庆丰),百人计划3人,其他5人。

林熙、冯济、彭良友、施可彬和任泽峰等5人获基金委优秀青年科学基金,赵清入选教育部新世纪人才计划。

晋升教授3人,副教授2人,高级工程师2人,副研究员1人,工程师1人,助理研究员1人。

2013年,物理学院首位届满的百人计划研究员通过届满评估,转为无固定期限副教授(tenured)。3位百人计划研究员中期考核优良,全部续聘。

招收博士后24位,19位博士后出站;现在站博士后60人。

10名教职工获得2013年度奖教金。

科研工作。2013年申请国家发明专利33项,获授权28项。

2013年在研项目356项:主持科技部973和国家重大科学研究计划项目8项,主持和参与973课题及重大科学研究计划课题55项、863项目8项,重大专项、支撑项目4项,专项14项。主持基金委杰出青年科学基金、优秀青年科学基金、创新群体基金、重大仪器专项13项,重大重点基金13项,面上及青年基金121项。负责教育部创新团队1项、新世纪优秀人才4项,青年千人启动项目13项,博士点基金及新教师基金26项，留学回国等专项4项，北京市科技项目3项，海外外企项目2项，其他协作委托及开发项目67项。

刘晓为和杜瑞瑞分别担任国家973计划项目和重大研究计划项目首席科学家。刘晓为、杜瑞瑞、吴学兵、朱凤、傅宗玫、贾爽、王垡、胡小永担任973课题负责人；张国义获批基金委重大科学仪器开发专项，范祖辉、刘川、孟杰、王宇钢获批重点基金，许甫荣获批国际（地区）合作与交流重点项目，陈剑豪获批仪器专项。获教育部博士点基金资助4项。

校友、对外交流与筹资工作。聘请长期访问研究学者3名，短期讲学学者18名，新聘外籍博士后2名。通过海外学者讲学计划邀请外籍专家44名，完成讲座55次，讲课2门。通过海外学者研究计划邀请专家6名。

2013年，先后接待法国巴黎大学校长Dominique Perrin教授一行等10个代表团来访。选派代表团访问台湾大学理学院，并举行"台湾大学理学院与北京大学物理学院科研教学合作研讨会"。对澳大利亚莫纳什大学、澳大利亚国立大学、昆士兰大学等三所大学进行了访问。

举办北京大学百年物理讲坛第七讲和第八讲，美国斯坦福大学物理科学"保罗·派格特讲席教授"沈志勋教授、哈佛大学庄小威教授、哈佛大学谢晓亮教授和哈佛大学James G. Anderson教授分别作学术报告。

举办春秋两次"格致"青年学者论坛。

编印2011—2012年度《北京大学物理学院年报》（中英双语版）。

2013年，由校友和社会捐赠，设立北大物理紧急救助基金、北大物理新楼报告厅座椅认捐基金、北大物理79级捐赠园林基金、北大物理新楼视频会议室基金、北大物理新楼楼前花园捐赠基金、北大物理新楼7802会议室基金、2013北大合伙人基金、北大78级核物理校友奖励基金。

奖教金、奖学金和助学金资助教师和学生共127人，支出金额381000元。

2013年，北大物理学科迎来百周年华诞。学院组织编写《北大物理百年》《北京大学物理百年纪念文集》。庆典当天，近4000名校友返校参会；诺贝尔物理学奖获得者杨振宁、崔琦，近70名院士、50名重点高校物理学科学术带头人、30名国家主管部门和研究机构负责人、70名著名中学代表应邀参加庆祝大会，共同纪念北大物理一个世纪的光辉历程。

【人才培养】 本科招生与培养。2013年物理学院招收本科生208人，其中九院定向生11人，国防定向生15人，留学生4人；国际物理奥赛金牌获得者3人，亚洲物理奥赛金牌获得者8人。2013届本科毕业185人，其中授予理学学士学位183人，暂结业2人。另有4人获得物理学双学位，1人完成辅修。

2013年开始参加学校各项基金资助的本科生科研项目的2011级本科生共116人次，104个项目；2012年开始的2010级本科生科研项目于2013年10月结题，参加64个科研项目的79名学生获得了研究型学习的学分。2013年本科生在国际重要学术刊物上发表论文65篇，申请发明专利1项，在第十三届"挑战杯"全国大学生课外学术科技作品竞赛中获一等奖，在第四届中国大学生物理学术竞赛中获一等奖。

现已开设英文课程9门，小班讨论课3门；全年共有近100人次出国交流；获批国家留学基金委优秀本科生国际交流项目6项，派出12名同学到国外著名大学交流学习；举办首届"物理学科优秀大学生暑期学校"，有来自全国16所高校的83名同学参加；发放2013年"未名物理学子"奖学金，奖励优秀本科生78人。

举办"北京大学2013年全国优秀中学生物理科学营"，共有147位来自全国各地的优秀中学生参营。

学院申报并获批国家级资源共享课3门，北京市教学成果奖二等奖1项。

物理基地和核物理基地"条件建设"项目、大气科学基地和核物理基地"能力提高"项目通过中期检查，物理基地被评为优秀。

研究生招生和培养。2013年共招收研究生229人，其中博士研究生178人，硕士研究生51人。6人获北京大学优秀博士学位论文奖。

新增4门英语讲授课程。

全院研究生出国交流约220人次，其中"国家建设高水平大学公派研究生项目"选派20名在读博士研究生到国外大学或研究所联合培养，1名硕士研究生、6名本科生到国外攻读博士学位。

7月举办"2013年物理学院优秀大学生暑期夏令营"。来自全国五十多所重点高校的690余名同学报名，340名同学参加。

第十一届"钟盛标教育基金"研究生学术论坛共评出一等奖5人，二等奖8人，三等奖37人，鼓励奖18人，优秀报告奖4人。

共举办3期"萃英"研究生学术沙龙。

【行政后勤与实验室建设工作】2013年，物理学院共购置仪器1361台，其中大型仪器（大于20万元）49台，大于100万元的仪器8台。

物理学院2013年获4项"北京大学第七届实验技术成果奖"。

获得实验教学补充经费6万元，开放测试基金54万元。北京大学实验教学设备补充经费7万元。

【党委工作】 党建工作。2013年共发展预备党员30人，61人按期转为正式党员。转入组织关系123人，转出组织关系80人。

工会与离退休工作。全校运动会取得团体总分第十三名的好成绩。通过选举，选出校教代会代表10名，提交6项教代会提案。

物理学院工会获北京大学先进工会委员会称号。

孟策获得北京大学第十三届青年教师教学基本功比赛理工科组二等奖和评委特别奖；外籍教师柯文采获得理工科组二等奖。

物理学院被评为北京大学"离退休工作先进集体"。

物理学院共有离退休人员404人，其中90岁以上4人；80岁以上62人，占离退休总人数的15.35%；70岁以上278人，占离退休总人数的68.81%。2013年，新增离退休人员6人，去世3人。

学生工作。2013年物理学院共有43人获国家奖学金，其中本科生12人、硕士研究生6人、博士研究生25人。2012—2013学年共有205人获学生个人奖励，其中本科生107人、研究生98人；获得创新奖学生23人，其中研究生17人、本科生6人。

2013年度物理学院学生获校级奖学金情况如下：本科生获奖总金额为447860元，研究生获奖总金额266000元。本科生获奖人数为115人，研究生获奖人数为70人。

2013年物理学院获助学金的本科生共109人，包括2010级25人，2011级22人，2012级22人，2013级40人；按计划，共分配助学金283个名额，共计1005800元。

2013年，物理学院共有毕业生301人，其中本科生183人，硕士研究生49人，博士研究生69人。

化学与分子工程学院

【发展概况】 北京大学化学系始建于1910年，是中国高等院校中成立最早的化学系之一，1994年发展成为化学与分子工程学院（以下简称化学学院），2001年北京大学原技术物理系应用化学专业并入化学学院。北京核磁共振中心2001年1月成立并挂靠在化学学院。

100余年来，化学学院培养了本科生12000多名、研究生约3000名，其中博士生1100多名。目前学院设有化学系、材料化学系、高分子科学与工程系、应用化学系、化学生物学系，以及无机化学研究所、分析化学研究所、有机化学研究所、物理化学研究所和理论与计算化学研究所，北京大学合成与功能生物分子中心、北京大学软物质科学与工程中心、北京大学分析测试中心和化学基础教学实验中心，并有两个国家重点实验室和两个教育部重点实验室，一个国防重点学科实验室。化学学院分别受中国化学会和高等学校化学教育研究中心委托，负责编辑出版《物理化学学报》和《大学化学》两种刊物。2003年底，科技部批准北京大学化学学院与中国科学院化学所联合筹建"北京分子科学国家实验室"，2007年12月通过建设论证。

学院拥有一支学识渊博、治学严谨的师资队伍。截至2013年底，化学学院共有教职工214人，其中中国科学院院士10人，教授60人，副教授51人，有12人为北京大学"百人计划"特聘研究员，有19人被教育部聘为"长江学者特聘教授"，2人被聘为"长江学者讲座教授"，有36位国家杰出青年科学基金获得者。

北京大学化学学科在第三轮全国高校学科评估中排名第一，在2013年QS化学学科全球排名中位列综合第15名，在全球毕业生雇主满意度调查中位列第2名（仅次于哈佛大学）。

2013年度化学学院共录取统招本科生169人，留学生3人，实际入学统招本科生169人，留学生2人。本年度离校本科生158人，其中151人获毕业证书和学士学位证书，6人暂结业，1人获大专毕业证书。

2013年度招收研究生129人，其中五年制博士生118人，三年制硕士生11人。研究生中有2人为留学生。本年度共有93人获博士学位，8人获硕士学位。2013年度接受国内访问学者5人。

学院重视教学，注重学生素质的培养，注重扎实系统的基础理论教学和严格系统的实验训练是化学学院的优良传统。2门课程（分析化学、无机化学）被评为国家级精品课，1门课程（有机化学）被评为北京市精品课。现有无机、有机、分析、物化、综合五大基础课实验室，总面积4000平方米。2006年，化学基础实验教学中心被评为第一批国家级实验教学示范中心。全院拥有总价值3.25亿元的各种仪器设备。学院自1986年起建立了博士后流动站，共进站博士后570人（截至2013年底）。2005年被评为全国优秀博士后流动站。学院有7个二级学科（无机化学、有机化学、分析化学、物理化学、高分子化学与物理、应用化学、化学生物学），其中5个二级学科（无机化学、有机化学、分析化学、物理化学、高分子化学与物理）在2007年再次被评为教育部重点学科。2002年起化学一级学科下学校自设博士点两个：化学生物学、应用化学。5个重点学科均设有硕士点、博士点。

学院注重基础理论与应用基础理论研究，开展多项应用与开发研究,2013年化学学院从国家和省部委获得科研经费13669万元。主持和参加40项科技部重点基础研究发展规划项目(973项目)、重大科学研究计划,主持和参加5项国家863高科技项目、攻关项目,以及252项国家自然科学基金项目和省部级项目。1994—2013年有36人获得国家杰出青年科学基金资助,获得国家自然科学基金委创新群体资助3个(稀土功能材料化学、有机合成化学与方法学、表面纳米工程学);16人获得教育部跨/新世纪人才基金。1978—2013年共获科研成果奖近190项(不含北京大学校级奖),其中国家自然科学奖和国家科技进步奖25项。1994—2013年在国内外核心学术刊物上发表论文8000多篇,其中被SCI收录6237篇(从1999年起使用SCI扩展版)。

化学与分子工程学院							
化学系	材料化学系	高分子科学与工程系	应用化学系	化学生物学系	院机关、后勤		院工厂、公司
教学及研究机构							
无机化学研究所	北京大学稀土化学研究中心	有机化学研究所	分析化学研究所	北京大学物理化学研究所	理论与计算化学研究所	高分子化学与物理研究所	北京大学分析测试中心	化学基础实验教学中心	北京大学纳米科学与技术研究中心
重点实验室							
北京分子科学国家实验室(筹)							
稀土材料化学及应用国家重点实验室		分子动态与稳态结构国家重点实验室		生物有机与分子工程教育部重点实验室		高分子化学与物理教育部重点实验室	放射化学与辐射化学国防重点学科实验室
学报及人事挂靠单位							
《物理化学学报》编辑部		《大学化学》编辑部		北京核磁共振中心		北京大学合成与功能生物分子中心	北京大学软物质科学与工程中心

图6-1 2013年化学与分子工程学院机构设置

【学科、专业设置】 1. 本科生学位授予专业设置:化学专业、材料化学专业、应用化学专业、化学生物学专业、核化工与核燃料工程专业。

2. 五年制博士学位授予专业设置及研究方向。

无机化学:量子化学和理论无机化学,功能配位化学及光电功能材料,配位化学,分子磁性,晶体工程,稀土固体化学和材料,稀土分离及功能材料化学,纳米材料与纳米结构,富勒烯结构的碳原子簇化学,新能源与纳米材料,新能源材料与器件,稀土—贵金属纳米材料化学,无机电/光材料,超分子组装,纳米复合材料与高分子功能材料,分子光谱,高分子复合材料和分子光谱在生物医学中的应用,无机/金属有机化学,生物无机化学,金属有机化学和化学生物学。

分析化学:生物和纳米电分析化学,药物与生物物质的分离与分析,分子识别与生化分析,生物质谱和生化分析,生化分析与生物分离科学,色谱分析与药物分析,生物核磁、结构及分子生物学。

有机化学:生物有机化学,金属有机化学,物理有机化学,有机合成与有机材料化学。

物理化学:材料与功能体系物理化学,纳米化学,生物物理化学,胶体与界面化学,催化化学,理论与计算化学。

高分子化学与物理:高分子可控合成与材料制备,高分子溶液及凝聚态物理,特种与高性能高分子材料,生物医用与环境友好高分子材料,光电功能高分子材料及器件。

化学生物学:生物识别化学,生物过程化学,细胞化学生物学,外源物质的生物效应,化学生物技术。

应用化学:辐射化学与材料,超分子化学与核燃料化学,核药物化学,新型储能材料与锂二次电池,环境放射化学,有机/高分子功能材料化学,环境污染控制与"三废"治理。

【教学工作】 2013年学院本科生的课程设置基本保持不变,2012—2013年增设物理化学英文课程。对于2013级学生,毕业总学分仍为147。

5月,面向化学学院招收的2013级保送生开设预科班,为保送生讲授普通物理、高等数学、元素化学和群论等课程,以弥补他们在中学阶段学习的不足,并拓展其知识领域。

11月27日至12月3日,学院承办第27届全国化学奥林匹克(决赛)暨冬令营,严谨有序地完成包括命题、考试、评选及其他全部程序。

从2013年起,开始执行国家自然科学基金委员会基础局为本科人才培养设立的国家基础科学人才培养支撑条件建设项目。

【教学获奖情况】 1. 裴坚获2013年"北京市优秀教师"称号。

2. 李彦获2013年北京市教学名师奖。

3. 廖一平入选北京大学第十八届"十佳教师"。

4. 由裴坚、李维红、李子臣、朱涛、段连运等人完成的"建设多元化教学体系,培养创新型化学后备人才"获2013年度北京市教学成果一等奖。

5. 周公度、段连运编写的《结构化学(第4版)》获评2013年北京高等教育经典教材。

6. 裴坚编写的《中级有机化学》获评2013年北京高等教育精品教材。

7. "气体分离净化技术中心"获北京大学首届产学研工作特别贡献奖。陈继涛获北京大学首届产学研工作产学研管理先进个人奖。

8. 由廖复辉完成的"变温XRD关键部件加热单元的国产化"获北京大学第七届实验技术成果一等奖。

9. 由谢景林完成的"一种新型实用的复杂XPS图谱拟合方法及XPS模版数据库的建立"、由张秀和扶晖完成的"特殊型核磁管在杂核谱测试中的应用",由扶晖和张秀完成的"基于自动进样器的核磁仪开放管理"等三项成果获北京大学第七届实验技术成果三等奖。

10. 2013年度化学与分子工程学院获北京大学第十二届青年教师教学基本功比赛优秀组织奖;阎云、张俊龙分获北京大学第十二届青年教师教学基本功比赛理工类一等奖和二等奖。

11. 赵达慧获北京市青年教师教学基本功比赛三等奖。

12. 席振峰、裴坚、贾欣茹、赵新生、付雪峰、张锦、刘海超、刘锋、翟茂林等九位教师被评为北京大学优秀博士学位论文指导教师。

13. 席振峰获北京大学2013年杨芙清—王阳元院士奖教金。

14. 徐东升获北京大学2013年正大奖教金。

15. 严纯华获北京大学2013年宝钢奖教金优秀教师奖特等奖(推荐)。

16. 马玉荣、王炳武、张艳等三人获北京大学2013年绿叶生物医药杰出青年奖。

17. 卞江、甘良兵获2013年北京大学教学优秀奖。

18. 5位本科生参加了在四川大学举办的第三届全国化学专业本科生科技活动交流会,1位同学获大会报告类一等奖,2位同学获墙报展讲类一等奖,2位同学获墙报展讲类二等奖。

19. 1名本科生获2013年"挑战杯"全国大学生课外学术科技作品竞赛特等奖。

【学生工作】 2013年度,学院共有597名在校本科生,566名在校研究生。

1. 学生资助。2013年,学院共计发放本科生校设助学金79人807500元,院设助学金5人22000元;发放研究生校设助学金5人28000元,院设助学金7人30000元。另发放国防生专项助学金10人20000元,研究生院专项奖助学金11人55000元,院设特困补助2800元。同时,贷款还款率达到了100%。

2. 就业工作。受整体就业环境影响,化学学院2013届毕业生就业率为95.6%,其中本科毕业生157人,研究生毕业生93人,研究生春季毕业生2人。其中出国、保研占76.4%;研究生直接就业人群占71%,主要分布在各教育科研单位、国有企业、党政机关事业单位以及部分三资企业和基层单位等。2013届毕业生西部就业比例达8.6%。

3. 学生党建。化学学院目前共有9个学生党支部,学生党员419人,占学生总数的35.4%,其中预备党员83人,占党员总数的19.81%。本科生党员96人,占本科生总数的15.7%;研究生党员323人,占研究生总数的56.3%。2013年,学院分别组织41名和50名学员,参加了北京大学两期党校学习。2013年学院共发展学生党员49人,转正党员62人。学院学生党支部自2012年底申请并完成了7项党建立项活动,举办了一系列"学习两会精神""学习基层群众路线精神"教育实践活动。

4. 学生活动。2013年,学院与中国工程物理研究院材料研究所合作,共建社会实践基地。学院团委组织实践团赴安徽铜陵、四川绵阳等地参观调研,组织同学参加"全国高中生化学竞赛"志愿服务,出版了学院科普读物《明星分子》,举办了"第十五届化学文化节""生涯规划大讲坛""陶氏化学可持续发展大赛""全国高校化学视频大赛""Ishow讲坛"等一系列活动。

5. 获奖情况。2013年度,化学学院共评选出本科生校设奖学金81项353000元,院设奖学金38项114000元;研究生校设奖学金77项892000元,院设奖学金72项275000元。另外,学院还新设立本科生一九八七院友奖学金、郑用熙奖助学金等奖项。本年度,学院共有71名本科生、69名研究生获评校级奖励,另有20人获创新奖,26人获评优秀毕业生,2个班级获评校优秀班集体,3个班级获评校先进学风班。此外,学院还评选出"化学之星"、学术honors奖、社会工作奖、优秀毕业生、本科生学术奖等一系列院级奖励。2013年度，学院荣获北京大学学生资助工作先进单位、2012—2013学年北京大学学生工作先进单位称号。

【各类成果统计】 1. 国家奖。

施章杰教授获国家自然科学奖二等奖（基于碳氢键活化的氧化偶联）。

2. 人才计划。

高松当选发展中国家科学院院士。

刘忠范入选中组部万人计划"杰出人才"（全国共6人）。

张锦、李彦获聘教育部"长江学者特聘教授"。

吴凯入选"百千万人才工程"国家级人选。

付雪峰、白玉、张洁获国家优秀青年基金资助。

陈鹏、彭海琳入选中组部第一批青年拔尖人才计划。

王初、罗佗平、张文彬入选中组部"青年千人"计划。

陈继涛入选科技部中青年科技领军人才。

3. 科研奖励。

刘元方获得北京大学第三届"蔡元培奖"。

高松获何梁何利基金科学与技术进步奖。

陈鹏获第十三届中国青年科技奖。

刘海超获首届"闵恩泽能源化工奖"突出贡献奖。

陈兴获2013年杜邦青年教授奖。

【科研项目】 2013年化学学院共承担纵向科研项目300项，其中科技部重大基础研究973项目及重大科学研究计划40项，国家863项目5项，国家自然科学基金委重大、重点项目13项，国家杰出青年科学基金项目7项，基金委创新群体1项，国家自然科学基金委面上基金（含青年基金）98项，教育部博士点等各类基金20项。

【学术交流】 1. 4月4日至12日高松、严纯华、李彦等9人前往美国加利福尼亚大学戴维斯分校（UC-Davis）参加中美10+10 PKU-UC-Davis论坛，并赴加利福尼亚大学伯克利分校（UC-Berkeley）、加利福尼亚大学默塞德分校（UC-Merced）等学校交流访问，加强了基地与世界一流高校的交流与合作。

2. 6月5日至7日北京大学纳米化学研究中心成功举办"纳米化学前沿论坛"（Frontiers of Nanochemistry—2013），恰逢北京大学纳米化学研究中心成立20周年庆典及中国化学会纳米化学专业委员会成立暨第一届纳米化学专业委员会会议之际。北京大学纳米化学研究中心主任、中国科学院院士刘忠范教授担任大会主席。多名海内外知名教授作大会邀请报告。会议期间还举办两场墙展，共接收来自新加坡、日本、国内知名大学和研究所的墙报120余份，参会人数超200人。

3. 7月28日至31日第七届全国配位化学会议在北京大学召开。本次会议由中国化学会和国家自然科学基金委化学科学部主办，北京大学化学与分子工程学院、北京分子科学国家实验室（筹）和北京大学稀土材料化学及应用国家重点实验室承办。高松院士担任大会主席和学术委员会主任，严纯华院士担任会议组织委员会主任。本次会议共有来自中国和美国、英国、日本、韩国、新加坡、加拿大、瑞典等8个国家的1300余位代表参加，是历届会议中参会人数最多的一次。

会议旨在围绕"配合物的新功能"这一主题，讨论配位化学自身的发展及在新能源、生命科学、环境科学、材料科学等领域的应用，展望配位化学未来的发展趋势，加强配位化学各分支学科及相关领域的学科交叉与学术交流，促进中国配位化学研究的发展和创新。会议共安排了4个大会报告、2个系列共30个主题报告，8个分会共计123个特邀报告及一大批口头报告和墙报。为了提高会议的学术交流质量，改变"重口头报告、轻墙报交流"现象，为青年学生树立良好榜样，本次会议特别设立"特邀墙报"，邀请一批知名学者亲自进行墙报展讲，取得了非常好的效果。此外，会议还设置了36个墙报奖。

中国化学会理事长、国家自然科学基金委员会副主任姚建年院士，北京大学王杰副校长分别在开幕式上致辞。顾问委员会和学术委员会成员参加了开幕式。亚洲化学联合会主席、新加坡化学会主席 Andy Hor 教授也应邀参加大会。

4. 8月23日至25日，来自美国哈佛大学、芝加哥大学、加利福尼亚大学伯克利分校以及北京大学、清华大学、香港中文大学等国际知名学府的三十余名顶尖科学家齐聚于北京大学化学与分子工程学院，一起参加由何川教授主持，北京大学合成与功能生物中心主办的动态生物学学术会议。

会议主要内容涵盖化学生物学、生物物理学、神经生物学等多个方面，邀请了相关领域的顶级专家作特邀学术报告，包括：哈佛大学化学系教授、北京大学长江学者讲座教授，美国国家科学院院士谢晓亮教授，庄小威教授，伯克利大学美国科学院院士 Carlos Bustamante 教授，芝加哥大学化学系教授、北京大学长江学者讲座教授何川教授（霍华德·休斯医学研究所研究员），哈佛大学的 Adam

Cohen教授（霍华德·休斯医学研究所研究员）；还有来自芝加哥大学生物物理动态研究中心的Tobin Sosnick, Keith Moffat, Anthony Kossiakoff, Bozhi Tian, Gregory Voth, Aaron Dinner, Benjamin Glick, Norbert Scherer, Tao Pan等教授。

5. 10月12日，第六届北大—礼来有机化学会议在化学学院A204学术报告厅举行。杨震教授担任此次会议主席并主持了会议开幕式，来鲁华副院长代表学院对来自国内外的专家教授以及与会师生表示热烈的欢迎。本次会议邀请的专家分别是美国加州理工学院的B. M. Stoltz教授、普林斯顿大学的E. J. Sorensen教授、德国慕尼黑大学的Herbert Mayr教授、洪堡大学的Oliver Seitz教授、以色列魏茨曼科学研究所的David Milstein教授以及中国科学院上海有机所的马大为教授，报告内容涉及天然产物全合成、有机合成方法学以及化学生物学等诸多领域。在众多优秀墙报中，刘栋栋、晏佳譞、刘振兴、赵鹏、柳成航、魏毅等六名同学最终获得了优秀墙报奖。

6. 2013年9月23日，第四届联合利华—英国皇家化学会"功能化材料科学国际研讨会"在化学学院A204学术报告厅举行。黄建滨教授作为会议主席主持会议开幕式，吴凯院长代表学院对来自联合利华、英国皇家化学会的代表以及国际国内相关领域的专家表示热烈欢迎。

联合利华—英国皇家化学会"化学国际研讨会"是联合利华中国研发部与英国皇家化学会联合创建的系列国际学术会议，旨在加强化学领域的国际交流。会议每年在中国三个城市举行三站的学术研讨会。每站由英国皇家化学会邀请在国际上有重要影响的中国教授作为主席。2013年研讨会以"功能化材料科学"为主题，三站分别为北京大学、中国科技大学和上海硅酸盐研究所。2013年北京站除邀请了4位在功能材料研究领域有重要影响的国际报告人外，清华大学张希院士、北京大学黄建滨教授、中国科学院化学研究所王毅琳研究员、国家纳米中心唐志勇研究员作为中国代表作了邀请报告。北京大学王一杰等三位同学获得北京站的优秀墙报奖。

7. 9月2日至3日，"第四届中泰纳米科技研讨会"在北京大学化学与分子工程学院成功举办。会议主席郭雪峰主持开幕式。北京大学物理化学研究所所长刘忠范院士、泰国朱拉隆功大学理学院院长Supot Hannongbua教授和Sukkaneste Tungasmita教授、泰国国家纳米中心主任Pairash Thajchayapong教授在开幕式上致辞，充分肯定了中泰纳米科技研讨会的重要性。

会议期间，来自泰国朱拉隆功大学、泰国国家纳米中心以及北京大学的近30位师生作了精彩的报告。报告内容涉及低维碳纳米材料、纳米组装、纳米器件与能源、绿色催化与环境保护、纳米生物学等多个纳米科技领域的热点话题。

报告结束后，中泰双方参会人员齐聚A717会议室进行圆桌座谈会，对未来合作模式和中泰联合中心的成立方案进行深入讨论。刘忠范院士提出，联合中心的职能包括以下几个方面：(1) 开展纳米科技领域的合作研究，重点关注能源、环境、健康、电子和教育；(2) 试点双学位和双导师制度；(3) 建立中泰双方研究生和博士后的交换与交流制度；(4) 继续推动中泰双方学者的互访。双方就今后加强学术互访、强化合作交流达成一致意见。

8. 10月10日至13日，化学学院邀请了格拉茨技术大学（Graz University of Technology）物理学院Wolfgang Sprengel教授对基地进行为期4天的访问与交流，其间与李星国课题组师生进行了学术讨论交流，作了Dilatometry and Positron Annihilation: Two Complementary Techniques for Specific Studies of Structural Defects in Bulk Ultrafine-Grained Metals为题的学术报告，来自本校和外校的20多位教师和学生聆听了报告，并与Wolfgang Sprengel教授进行了热烈的讨论。

9. 10月25日至11月4日，纽约州立大学石溪分校的朱鹏年教授来访，并作兴大科学报告，题目为Water, Global View & Purification with Fibrous Membranes。他从全球视野阐述了未来50年水的短缺和污染的严重性，特别是在中国，进而介绍了膜材料在水处理中的优势和发展趋势。

10. 10月7日至10日，日本国家材料研究所环境再生材料研究中心主任叶金花教授来基地访问，作题为Nano-photocatalytic Materials: Possibilities & Challenges的兴大科学报告，来自本校和外校的100多位学生和教师聆听了报告，并与叶金花教授进行了热烈的讨论。叶金花教授对化学学院给予很高的评价，将与无机所以及物化多个小组进行合作，今后将在光催化降解以及制氢方面对学生研究给予指导。

【年度纪事】1. 7月10日，化学学院举办中国化学会第29届学术年会启动会暨2012—2013化学学科发展报告研讨会。来自中国化学会学科委员会和专业委员会的主任和秘书长、北大会议中心领导等70余名专家学者参加会议。

2. 5月25日，化学学院校友联谊会代表大会暨第二届理事会会议隆重召开。会议增补了化学学院校友联谊会名誉会长，改选或增补了化学学院校友联谊会会长、常务副会长、副会长人选，并对校友会理事进行了换届。

3. 2013年度学院接受1963级校友杨旭清兴大教育基金捐赠、1959级校友陈伯华化学学院环境工程基金捐赠、1993级校友张冬柏北大明德公司股权捐赠等3项新增捐赠；同时，原有8项基金项目获得注资，目前化学与分子工程学院在执行基金项目总数为29项。

生命科学学院

【概况】 生命科学学院的前身是创办于1925年的北京大学生物学系，是中国高等学校中最早建立的生物学系之一，1993年扩建成立北京大学生命科学学院。学院现有2个国家重点实验室（蛋白质与植物基因研究国家重点实验室、生物膜与膜生物工程国家重点实验室），1个教育部重点实验室（细胞增殖与分化教育部重点实验室），2个国家人才培养基地（国家理科生物学研究与教学人才培养基地、国家生命科学与技术人才培养基地），1个国家实验教学示范中心（生物基础实验教学中心），5个国家重点学科（植物学、动物学、细胞生物学、生理学、生物化学与分子生物学），8个博士学科点（植物学、动物学、生理学、生物化学与分子生物学、生物物理学、生物技术、生物信息、细胞生物学）。

5月17日，学院召开党员大会，选举产生新一届党委委员9名：白书农、朱玉贤、向妮（女）、苏都莫日根（蒙古族）、郝雪梅（女）、饶广远、柴真（女）、唐平、瞿礼嘉；新一届党委选举柴真任书记，唐平、瞿礼嘉任副书记。9月3日，学院召开全院教职工大会，北京大学组织部部长郭海宣读关于生命科学学院新一届行政领导班子的任命决定：院长吴虹，副院长柴真（兼）、王世强、李沉简、郭红卫；原班子成员自然免职。

截至2013年12月31日，学院共有院士5人、千人计划4人、长江学者特聘教授11人、国家973计划及国家重大科学研究计划项目首席科学家9人、青年千人计划8+2（已公示完毕）人、"国家杰出青年科学基金"获得者16人、教育部新世纪优秀人才支持计划10人、教育部跨世纪优秀人才培养计划4人、国家级教学名师1人、全国模范教师1人。

2013年学院新入职教职工17人，退休2人，调离2人，去世1人。截至2013年底，学院在职职工164人，其中教授39人、研究员25人、教授级高工2人；劳动合同制职工131人。

2013年学院共有37名博士后进站，22名博士后出站。截至2013年底，在站博士后共73名。

【教学工作】 1. 本科生教学。2013年生命科学学院招收本科生119人（含留学生2人）。本科毕业生有111人获得毕业证和学位证，其中生物科学专业110人、生物技术专业1人；本科暂结业学生5人；双学位/辅修毕业2人；上一届换发毕业证书1人，1人换发学位证书。截至2013年12月31日，学院在校本科生419人，其中留学生6人，港澳台学生2人，民族地区生源2人；另有元培班学生16人，双学位/辅修5人，国内访问学者4人。

2013年，完成第三届"生命科学强化挑战班暨拔尖人才培养计划"（以下简称"挑战班"）选拔工作，录取18名同学；上一届"挑战班"年度审核有4名同学退出。截至2013年底，"挑战班"学生共50人。

2013年春季学期，"遗传学"课程试点小班教学。

2013年秋季学期，学院首次尝试本科生自主招生，选拔录取20名热爱生物的理科甚至文科的优秀中学生。

许崇任等申报的"跨校的生物学野外实习教学资源共享平台建设与实践"获北京市高等教育教学成果奖一等奖，饶毅等申报的"北京大学生命科学学院本科生科研和社会实践体系建设"、昌增益等申报的"通过完全英语授课培养具有国际视野的生命科学一流人才"、王戎疆等申报的"让学生'动'起来——生态学实验教学体系改革"获北京市教育教学成果奖二等奖。郭红卫、张博获北京大学教学优秀奖。生命科学学院设立郑昌学奖教金，顾红雅为第一位获奖者。

2. 研究生教学。2013年生命科学学院招收硕士研究生35人、博士研究生161人；硕士毕业生9人，博士毕业生57人。截至2013年12月31日，学院在校硕士研究生113人，在校博士研究生546人，合计659人。在校研究生中，留学生4人，港澳台学生3人，民族地区生源0人。

6月，学院和清华大学生命科学学院、北京生命科学研究所（NIBS）共同举办了联合培养博士生项目（PTN）统一资格考核，共有63名学生参加，53人通过第一次考核。

7月，学院举办"全国优秀大学生暑期夏令营"，来自全国各著名高校的180名优秀大学生参加，预录取63名学生为学院2014级研究生。

8月，成立了"生命中心课程委员会"，整合生命科学联合中心（CLS）、PTN、生命科学学院及其他相关院系的课程，设置了一套以模块课为核心、兼顾生物学基础和前沿交叉的全新课程体系。

9月，设立"生命中心新生奖学金"（分为"杰出"和"优秀"两档，分别为10万元/人/年和5万元/人/年，资助期一年）和"生命中心奖学金"（6万元/人/年，资助期一年，可连续申请），以吸引国内优秀生源。通过材料审核和面试答辩，有12人获得"生命中心新生奖学金"（"杰出"5人，"优秀"7人）；5人获得"生命中心奖学金"。

10月，新一届研究生委员会成立并做出一些改革，包括建立老体制研究生统一资格考试的制度、完善并细化助研津贴的发放标准、统一奖学金的评定机制等。

【科研工作】 2013年，学院科研经费到账总数约为1.42亿元，其中纵向科研经费约1.2亿元，横向科研经费约0.215亿元。2013年，学院在研纵向项目160项（见表6-5），申请获批国家级项目33项，国家自然科学基金结题项目15项。在新获批项目中，李晴、汤富酬获国家优秀青年科学基金，顾红雅、邓兴旺获国家自然科学基金重点项目，邓宏魁获教育部创新团队，李毅、蒋争凡获批科技部973计划项目"农作物重要病毒病昆虫传播与致害的生物学基础"，并担任首席科学家。2013年，学院重大横向课题项目有11项（表6-6）。2013年学院共申请9项专利。

2013年，徐成冉、陆剑、罗冬根、钱伟强入选国家青年千人计划；李毓龙、魏平申请国家青年千人计划已通过公示；蒋争凡、李毅受聘为国家973项目首席科学家；高歌入选"万人计划"第一批青年拔尖人才；王青松入选北京高等学校"青年英才计划"。

截至2013年12月31日，以生命科学学院为第一作者或通讯作者单位发表的论文被SCI收录127篇，平均影响因子7.256，最高影响因子34.366。其中的突出成果有：

（1）2月15日，Science杂志发表生物动态光学成像中心孙育杰/谢晓亮研究组、苏晓东研究组合作研究结果，通过单分子生物物理等手段严谨地证实了DNA中确实存在别构效应。

（2）5月23日，Cell杂志以封面文章形式发表了邓宏魁研究组和定量生物学中心汤超研究组的合作成果，首次证明小鼠体细胞重编程可由调控分化的基因完成，并提出了决定细胞命运的"跷跷板模型"。

（3）7月18日，Science杂志刊登了邓宏魁研究团队更具有革命性的研究成果——用小分子化合物诱导体细胞重编程为多潜能干细胞。该成果开辟了一条全新的实现体细胞重编程的途径，给未来应用再生医学治疗重大疾病带来了新的可能。

（4）其他具有代表性的重要科研成果：饶毅实验室博士生樊圃揭示了黑腹果蝇识别其他物种果蝇的生物学机制，以封面文章的形式发表于Cell杂志；王世强与北医三院合作发现了抑制心力衰竭病理发展的新机制，以超快通讯的优先形式发表于Circulation Research；等等。

2013年9月，蒋争凡获第六届谈家桢生命科学创新奖。2013年12月，邓宏魁的研究成果"化学小分子诱导体细胞重编程为多潜能性干细胞"位列"2013年中国高等学校十大科技进展"榜首，并入选"2013年中国科学十大进展"。邓宏魁成为第一位获得"北京大学生命科学学院年度杰出科研奖"的教授。

2013年学院加强科研管理体制及公共平台建设，成立教职工大会"学术交流委员会"和"科研建设委员会"，征集意见和建议；同时，聘请专家成立"仪器管理委员会"，负责决策公共仪器设备建设、运行监督、人员考评和管理。

2013年学院举办了21场系列学术讲座，其中特邀2011年诺贝尔生理学或医学奖获得者Bruce Beutler教授、美国国家科学院院士Rudolf Jaenisch教授等国际顶尖学者来学院作学术报告。

【党建工作】 生命科学学院共有党支部21个，其中学生党支部14个，在职教工党支部6个，离退休党支部1个；共有党员631名，其中在职党员93名，离退休党员80名，学生党员458名。2013年，学院共发展党员27人；预备党员转为正式党员44人；34名学生入党积极分子参加党的知识培训班学习。

学院党政领导班子深入开展党的群众路线教育实践活动，并将其与党风廉政建设相结合，通过设置公开意见箱、开通书记电子信箱等具体措施，广泛征求党员及群众对学院党政工领导的意见和建议，专人定期分类汇总至各主管领导。12月17日，学院召开党的群众路线专题民主生活会，王恩哥校长、杨开忠秘书长、党委组织部束鸿俊副部长参会并指导工作。

许崇任荣获北京大学党务和思想政治工作奉献奖；安成才荣获北京大学优秀党务和思想政治工作者称号。

学院积极开展"贯彻党的群众路线，创建服务型党组织"主题党日活动，并鼓励以党支部为单位具体组织。2013年，学院党委向校党委组织部申请基层党建创新立项2项（详见表6-7）。

【行政工作】 2013年生命科学学院行政工作在编人员10人,选留学工干部2人,合同制人员2人。2013年,学院被确定为北京大学二级单位安全管理标准化试点单位。在学校支持下,学院进一步完善安全硬件设施,补充、修订安全管理规章制度,并成立义务消防队。12月7日,学院与校保卫部联合组织了消防(反恐)演习,并召开了二级单位安全管理标准化建设推进会。

【工会工作】 截至2013年底,生命科学学院工会人数为225人。学院工会进一步深化落实二级教代会工作。1月21日,第三次教职工大会通过了将教职工大会常态化的提案。学院教职工大会按照专业分为七个分会;分会自行选举产生主任、副主任及秘书各一名,负责日常活动的组织。2013年各分会共组织三次活动,就学院的教学、科研、管理等各项公共事务展开针对性的讨论,积极向学院领导班子建言献策。

学院工会荣获2013年度"北京市先进职工小家"称号。

在北京大学第十三届青年教师教学基本功比赛中,罗冬根获理工类一等奖,李毓龙获二等奖,姚锦仙获优秀奖,生命科学学院获优秀组织奖。

【学生工作】 2013年学院继续通过举办"展望事业,探讨人生"系列讲座、生科一席谈活动、开设"事业与人生"课程及一对一深度访谈、"爱乐传习"教育活动,从思想上对同学予以引导。

2013年,学院举办的学生活动情况见表6-8。本年度学院累计提交挑战杯作品2件,推荐挑战杯评审专家10人。

2013年学院本科毕业生就业19人,出国留学54人,留在国内深造35人;研究生毕业生就业43人,出国读博士后14人,留在国内读博士后8人。

2013年学院在学校专门立项支持下,总结多年的"分阶段、多平台实践育人体系"经验,将"校友杯社会实践""本科生科研训练""海外交流活动""生涯人物访谈"等工作逐一梳理并加以宣传。同时,学工办完成了一系列办公室制度改革,包括:工作事务设立A、B角,建立集体学习制度,改革例会制度,人员分工定向联系1~2个年级,等等。

学院获2013年度军训工作先进单位,"绿色生命协会"获北京大学2013年度"十佳社团",2012级本科生赴云南实践团队获北京大学2013年度暑期社会实践"十佳团队"。

学院团委获"一二·九"爱乐传习歌咏比赛三等奖、北京大学挑战杯赛事组织奖、北京大学工业设计大赛优秀组织奖等奖项。

【年度纪事】 2013年4月,安徽省华信生物药业股份有限公司与学院续签"华信生物药业生命科学发展基金",将连续五年每年捐赠50万元。

2013年11月,校友李林川及其创立的北京百川高科材料有限公司发起成立"生命科学学院敬婧奖学金"。

2013年,学院"生物87校友基金""校友尊师基金""沈同基金""华信优秀教师奖"等八项基金分别获得北京大学第八批、第九批配比基金支持,共计2020817.40元。

2013年底,生命科学学院新科研楼设计方案通过审查,预计将于2014年3月完成施工招标工作。太平洋大厦改造工程接近尾声,学院获得其中4700平方米的使用权,预计将于2014年3月交付使用。

表6-5　2013年生命科学学院纵向科研项目(包括子课题)一览表

项目分类	2013年在研项目	获批2014年项目
国家973计划和重大科学研究计划	44	2
国家863计划	3	
科技部其他重大项目	6	
国家自然科学基金项目	75	27
教育部各类项目	9	4
北京市及其他部门项目	4	
海外合作项目	7	
企事业单位委托项目	12	
总计	160	33

表6-6 2013年生命科学学院横向科研项目明细表

项目名称	项目委托方	被委托人
单细胞测序癌症早期诊断	广西梧州中恒集团股份有限公司	谢晓亮
Amendment to Basic Research Grant Agreement	Roche R&D Center (China) Ltd	郑晓峰 魏文胜
目标蛋白结构解析技术服务合同	北京望京科技孵化服务有限公司	夏 斌
吗啡、甲基安非他明、氯胺酮三合一唾液检测试剂盒	北京纳百景弈生物科技有限公司	郭振泉
北京大学与广州知光生物科技有限公司共同组建北京宏冠再生医学科技有限公司(暂定名)合作协议	广州知光生物科技有限公司	邓宏魁
体外抗肿瘤细胞活性筛选测试服务	中国科学院化学研究所	郭振泉
基于动物源性基质护创材料的组织再生机理和新技术研究	再生型医用植入器械国家工程实验室	罗 莹
水蛭素突变体HV2-Lys47生产菌株及中试技术	汕头市双骏生物科技有限公司	朱圣庚
制作诱导性多能干细胞基因表达报告体系列转基因小鼠	北京维通达生物技术有限公司	邓宏魁
制作多基因修饰快速衰老模型小鼠	北京维通达生物技术有限公司	邓宏魁

表6-7 2013年生命科学学院基层党建创新立项情况表

立项支部	立项名称	经费
2009研、2010—2011PTN、2011研、2012研、2012—2013PTN、2013本、离退休党支部	教育反哺:温暖离退休老师	5000元
2012—2013级CLS党支部	讲述生命联合中心自己的故事——实验室风采与技术展示活动	2000元

表6-8 2013年生命科学学院学生活动情况一览表

活动时间	活动名称	参加人员
2013.3—2013.5	生科一席谈	全体2012级本科生
2013.3	生科文化节	全体学生
2013.3	"4+2"篮球赛	全体本科生
2013.1—2013.12	"展望事业,探讨人生"讲座	低年级本科生
2013.7	"校友杯"暑期实践	全体2012级本科生
2013.9	迎新晚会	全体2013级本科生
2013.10—2013.12	"一二·九"爱乐传习活动	全体2013级本科生
2013.12	元旦晚会	全体学生

城市与环境学院

【概况】 城市与环境学院以地理学为主体,2007年建院,目前包含环境科学、生态学、城乡规划等多个相关学科,具有理、工、文多学科交叉的综合优势。学院拥有地理学国家一级重点学科,自然地理和人文地理两个国家二级重点学科,并与校内其他学院联合建设了首批生态学一级学科。学院下设5个系和1个研究所,即城市与区域规划系、城市与经济地理系、自然地理与资源环境系、生态学系、环境学系和历史地理研究所。另有地理科学研究中心、中法地球系统科学中心、气候变化研究中心、城市规划设计中心十多个研究中心。美国林肯基金会支持的北京大学——林肯研究院城市发展与土地政策研究中心挂靠城市与环境学院。

【教学工作】 学生人数。截至2013年12月,学院现有在读学生927名,其中本科生402名,硕士生312名,博士生213名,延期学生35名,留学生19名(本科生11名、研究生8名),港澳台学生20名(本科生7名、研究生13名)。本科生2013级99人,2012级78人,2011级93人,2010级99人,2009级33人。硕士研究生2011级113人,2012级110人,2013级89人;博士研究生2010级39人,2011级47人,2012级48人,2013级44人,2009级及以前延期35人。少数民族学生84人(本科53人、研究生31人)。本科毕业生91人,硕士毕业生95人,博士毕业生35人。

课程设置。2012—2013学年春季学期朴世龙、韩茂莉等43名教师开设"普通生态学3""中国历史地理"等本科生课程49门，2013—2014学年秋季学期刘耕年、李本纲等43名教师开设"地球概论""遥感基础与图像解译原理"等本科生课程54门。

2012—2013学年春季学期杨小柳、柴彦威等36名教师开设"自然地理博士生高级讲座""城市社会专题"等研究生课程34门，2013—2014秋季学期彭建、陈彦光等45名教师开设"自然地理学进展""地理数学方法"等研究生课程41门。

培养方案。学院执行的本科生培养方案中将"大类平台课"纳入课程体系，和专业必修课同等地位。增设大类平台课6门：生态学与环境变化、遥感基础与图像解译原理、自然资源学原理、自然地理概论、地貌学、地貌实习。环境科学专业首次按照模块化教学，学生可以在两个模块自由选择必修课程。环境科学、生态学、地理科学、资源环境与城乡规划、城市规划五个专业分别设有暑期实习课程，对实践教学环节加强重视。

研究生培养方案中有硕士招生专业8个，包括地理学一级学科下的自然地理学、人文地理学、地理学（历史地理学）、地理学（城市与区域规划）；生态学一级学科；地质学一级学科下的第四纪地质学；环境科学一级学科下的环境科学；建筑学一级学科下的建筑设计及其理论，学制均为3年。培养方案以培养学术型硕士为目标，按专业分别制定。

研究生培养方案中有博士招生专业6个，包括地理学一级学科下的自然地理学、人文地理学、地理学（历史地理学）、地理学（环境地理学）；生态学一级学科；地质学一级学科下的第四纪地质学。博士生培养方案按专业制定，并根据直博生（学制5年）、硕博连读生（学制2+3或3+3年）和统考生（学制4年）的不同特点分别制定。

教材出版。城市与环境学院积极整合资源，为教师出版高水平教材提供支持。学院蒙吉军、许学工、彭建等教师出版的《自然地理学方法》教材于2013年1月入选"十二五"普通高等教育本科国家级规划教材。

教学获奖。城市与环境学院教师积极投身教学工作，2013年度获得国家级以及省部级奖项10项。其中陶澍、莫多闻、刘鸿雁、朴世龙、邓辉等教师于2013年9月荣获北京市"突出实践—实验教学的环境、生态与地理创新人才培养模式"一等奖，贺灿飞教授荣获"第六届高等学校科学研究优秀成果奖（人文社会科学）"二等奖，邓辉、李有利两位教师所编撰的教材分别荣获"2013年度北京市精品教材"。

【科研工作】 科研工作一直是学院常抓不懈的重中之重，2013年12月，学院作为学校开展国际评估的首批单位接受了学校邀请的国际评估专家团队的评估，并得到了评估专家组的高度肯定。

人才队伍。截至2013年12月31日，城市与环境学院现有教学科研系列教师72人，其中42人为正高职称（包括百人计划和千人计划研究员），26人为副高职称，4人为中级职称。城市与环境学院高度重视人才梯队建设和人才引进工作。学院从国外引进了生态学专业唐艳鸿教授和青年学者王志恒博士。他们的加入将提升北京大学在中国和国际生态学方面的学术地位。

科研项目。学院获得2013年度国家自然科学基金各类新批项目总计22项，其中重大专项1项，面上项目11项，国家杰出青年科学基金1项，重点项目3项，青年科学基金2项，国家优秀青年基金1项，国际（地区）合作与交流基金2项，海外及港澳学者合作研究基金1项。截至12月1日，全院2013年度在研项目共计192项，其中基金委72项，科技部27项，教育部5项，海外政府委托4项，北京市4项，其他及企事业委托80项。科研经费再创新高。

科研成果。2013年度全院教师发表SCI/SSCI论文130篇，是有史以来最多的一年。除此之外，全院教师共出版著作8部，发表中文核心期刊论文126篇。学院申报的"区域生态与环境"创新引智基地于2013年10月获得教育部、国家外国专家局的批准。贺金生教授受聘为科技部973项目"土壤系统碳动态、机制及其对全球变化的响应"首席科学家。陶澍教授为负责人的国家自然科学基金重大专项"中国东部地区典型半挥发持久性有机污染物的来源、归趋、人群暴露及健康风险"获得批准。朴世龙教授在Nature杂志发表《昼夜不对称增温对北半球陆地生态系统的影响》，该项研究成果入选2013年"中国高等学校十大科技进展"，由学院朴世龙教授参与撰写的第五次政府间气候评估报告第一工作组报告《气候变化2013：自然科学基础》于9月30日在斯德哥尔摩正式全文发布。

【交流合作】 学院积极开展国内外交流合作，年度主要来访包括：6月3日香港城市大学郑淑娴教授来访学院并作学术交流；7月1日美国安赋金融工程集团及约翰斯·霍普金斯大学Jian Chen教授来访交流讲学；7月15日纽约市立大学（The City University of New York）Chan Su Han教授来访交流讲学；7月20日台北大学来访交流；9月10日纽约市立大学Ko Wang教授来访交流。

【党建工作】 组织建设。截至2013年12月31日，城市与环境学院党委共有党员551人，党支部21个。

党建活动。城市与环境学院

党委根据学校党委的统一部署,结合学院实际情况通过主题党日、学习研讨会、主题报告会、学生党支部实践志愿活动等形式积极开展党建活动。在"落实十八大,共话中国梦"教工主题党日活动中,学院党委要求各党支部以深入落实党的十八大和学校第十二次党代会精神为主要内容,紧密围绕"落实十八大,共话中国梦"的主题,结合本专业和工作特点,开展丰富多彩的主题活动。5月1日—20日,学院各教工党支部纷纷以"落实十八大,共话中国梦"为主题开展主题党日活动。综合通过领导讲、专家引、先进带、集中读、讨论议等学习方式,学院党委以十八大报告、十八大报告辅导读本、新党章为基础,认真深入学习了十八大报告和新党章。结合中国梦的主题,学院党委通过室内会议或研讨、校外考察或讨论等形式,积极开展主题党日活动。在"党的群众路线教育实践活动"当中,学院党委狠抓落实、强化活动效果,于9月5日上午召开党的群众路线教育实践活动动员大会。学院党政领导班子成员、党委委员、党支部书记、教工党员、学生党员近200人参加会议。

学院党委于10月10日召开城市与环境学院党的群众路线教育实践活动征求意见座谈会。北京市第十二届全国政协委员、中国民主同盟盟员方精云院士,中国致公党北大主委唐晓峰教授,中国民主建国会会员柴彦威教授,中国民主促进会会员王红亚教授,学校党代会代表韩茂莉教授,以及教代会、工会、教辅行政、学生等各方面共15位师生代表参加了会议。会上师生畅所欲言,谈问题、提意见、谋发展,取得积极成效。

【行政工作及其他工作】 行政队伍及行政工作。城市与环境学院行政共有事业编制教师8人,合同制教师1人,分别参与党务、日常行政事务、科研外事、研究生教学管理、本科生教学管理、学生工作、共青团工作、院友工作等方面的工作。

院友工作。学院院友会通过走访联系到97位年级或班级联系人,夯实了广大院友的沟通交流平台。学院院友会先后组织或参与了1952级、1953级、1955级、1978级、1979级、1983级、1999级等年级的院友活动,并开展了离退休院友慰问,学生实习就业推荐等多方面工作。2013年度,学院院友会累计筹集院友捐赠61594066元,其中包括1988级院友、深圳铁汉生态环境股份有限公司董事长刘水先生捐赠的5000万元用于支持学院大楼建设,1000万元用于未来十年的奖教金和奖学金。

北京大学地理学60周年庆祝大会。学院于1月20日在图书馆北配殿举办了北京大学地理学60周年庆祝大会,100余位学院老先生、知名校友和来自城市与环境学院和地球与空间学院、北京联合大学的教师出席会议。会议期间,学院正式发布了《北京大学地理学60周年纪念册》。

侯仁之先生悼念活动。学院泰斗侯仁之先生于10月22日辞世,享年102岁。在学校的支持下,学院于10月26日起举行侯仁之先生悼念仪式,并在百周年纪念讲堂设悼念堂。教育部、北京市、北京大学相关领导和大量校友、师生前往吊唁。

【学生工作】 学院以学生工作办公室、院团委、中国大学生环境教育基地为载体,打造"全员育人、全方位育人"的学生工作体系。学院以"迎新晚会""洪堡杯运动会""城环文化节"等活动丰富同学们的课余文化生活,以"甘肃文县地震灾区教育援助百人计划""暑期社会实践调研""林歌回收项目"等同学们乐于参与的公益志愿活动鼓励和支持同学们学以致用、服务社会。2013年,学院团委被评为北京大学红旗团委,院长助理、学工办主任金鑫老师当选全国辅导员年度人物,并于5月4日受到习近平总书记等党和国家领导人的亲切接见。

就业工作。城市与环境学院2013年共毕业学生211人,其中本科毕业83人,就业率100%,研究生毕业128人,就业率96.1%。

学院2013年本科毕业生中在国内读研深造的有49人,占本科毕业生总人数的59.04%,出国深造的有24人,占本科毕业生总人数的28.92%,实际参加就业的只有10人,占本科毕业生总人数的12.05%。毕业研究生中硕士研究生102人,博士研究生26人。毕业研究生中定向生2人,占总人数的1.56%,毕业后已回原单位工作;在国内做博士后研究的6人,占毕业研究生总人数的4.69%;出国深造的20人,占毕业研究生总人数的15.63%;参加就业的97人,占毕业研究生总人数的75.78%。

地球与空间科学学院

【发展概况】 北京大学地球与空间科学学院成立于2001年10月26日,由原地质学系、地球物理学系的固体地球物理专业与空间物理专业、北京大学遥感所和城市与环境学系地理信息系统专业组成。

地球与空间科学学院有七个研究所和一个重点实验室:大陆动力学与资源工程研究所、史前生命与环境研究所、矿物、岩石、矿床学研究所、地球化学研究所、理论与应用地球物理研究所、空间物理应用技术研究所、遥感与地理信息系统研究所、教育部重点实验室。

北京大学地球科学与空间科学的教学和研究有着悠久和辉煌的历史,地质系创办于1909年,地球物理系创办于1959年,遥感所创办于1983年,迄今已为国家培养了包括五十多位院士在内的地球科学与空间科学高层次专业人才。学院现设有5个本科生专业,地质学、地球化学、地球物理学、空间科学与技术和地理信息系统;10个硕士研究生专业和10个博士研究生专业,构造地质学、矿物学岩石学矿床学、材料与环境矿物学、古生物学与地层学、地球化学、固体地球物理学、空间物理学、地图学与地理信息系统、石油地质学、摄影测量与遥感;并设有地质学、固体地球物理学、测绘科学与技术和地图学与地理信息系统4个博士后流动站,国家理科基础科学人才培养基地1个(地质学),国家基金委创新群体2个(日地空间高能带电粒子的加速、传输及效应研究、变质作用与造山带演化)。学院"造山带与地壳演化实验室"为教育部重点实验室,"空间信息集成与3S工程应用"为北京市重点实验室;"构造地质学"和"固体地球物理学"2个学科为国家重点学科,"矿物、岩石、矿床学"为国家重点培育学科,"空间物理学"为北京市重点学科。

截至2013年12月,地球与空间科学学院有教职工145人,其中教授49人,副教授41人,讲师6人,新体制"千人计划""青年千人计划"特聘研究员4人,"百人计划"特聘研究员6人。

2013年新增教职工11人,调离4人,退休7人,去世3人。

2013年学院现有在校学生924人,其中博士研究生240人,硕士研究生272人,本科生412人。2013年招收本科生104人,硕士研究生108人,博士研究生85人;2013年共毕业198人,其中本科毕业生74人,硕士毕业生65人,博士毕业生59人。

7月9日,学院完成行政班子换届工作,张立飞任地球与空间科学学院院长,黄清华、李培军、刘建波、张飞舟任副院长。

【教学工作】 本科生工作。2012—2013年春季学期,学院共开设本科生课程62门,包括1门全校公选课程、1门理科大类平台课、4门全校通选课程,剩余课程为学院主干基础课程和各专业必修及选修课程。春季学期学院成功开设一门面向地质学专业的"小班讨论课"——地球科学概论(二),该课分为2个中班、4个小班进行。2012—2013年度暑期学校共开设7门课程,其中包括2门全校通选课程、5门专业实习课程。2013—2014学年秋季学期学院按照教学计划共开设68门课程,其中1门全校必修课程、4门全校通选课程,1门全校公选课和1门理科大类平台课程,剩余课程为学院主干基础课程和各专业必修及选修课程。

7月20日至27日,学院举办"相约北大,走进地学"北京大学第四届全国优秀中学生地学夏令营,共有95名优秀高中生参加。

学院制定《"本科新生导师"制度管理办法(试行)》,建立本科新生导师制度。2013年学院有18名导师举办专业规划系列讲座5次、校外参观活动3次。

2013年本科生科研项目基本情况:2011级本科生科研立项33项,包括国家创新计划5项,北京市创新计划2项,箸政基金2项,教育基金会基金2项,毛玉刚基金2项,校长基金20项(含12项地质基金)。2010级42项本科生科研项目顺利结题。

研究生工作。学院研究生教务办公室编制完成《北京大学地球与空间科学学院研究生手册》《北京大学地空学院研究生专业与教育概况》。

2013年学院开设研究生课程146门,其中春季学期70门,秋季学期76门。

2013年学院完成二级学科申报工作。石油地质专业重新申报并获批准,2014年继续招生。

2013年6月北京大学地球科学实验教学中心被教育部正式批准为"国家级实验教学示范中心"。

《遥感学报》2013年第5期报道"定量遥感"为精品课程。经过网络投票,北京大学成功举办第十届"定量遥感"暑期研究生课程班高票入选2012—2013年度中国遥感领域十大事件。

2013年学院完成博导遴选工作,新增6位博士生指导教师。田晖获得全国优秀博士论文奖,李诺获得北京市优秀博士论文奖,张文、张浩获得北京大学优秀博士论文奖。国家建设高水平大学公派研究生项目派出17人;北京大学"博士生短期出国(境)研究项目"派出6人;北京大学研究生国际学术交流资助项目资助16人。

【科研工作】 2013年地球与空间科学学院到账总经费9949万元(包含科技开发部经费)。国家自然科学基金项目28项,其中面上项目20项,徐备教授获批国家973计划项目1项,许成副教授获批优秀青年科学基金项目1项,涂传诒院士、鲁安怀教授、秦其明教授分别获重点基金项目1项,国际(地区)合作与交流项目5项,总金额2129万元。

2013年学院申请并获批立项的973项目:光电子调控矿物与微生物协同作用机制及其环境效应研究(2014CB846000),首席科学家鲁安怀。

2013年度SCI收录论文统计(以科研部奖励为准):北京大学地球与空间科学学院师生发表科技论文173篇,论文收录期刊平均影响因子1.76,在北京大学理工领域学院(系、所)中论文总数排名第5位。

2013年地球与空间科学学院师生以北京大学为第一作者单位发表的SCI收录论文为112篇。

名誉院长陈运泰院士荣获亚

洲和大洋洲地球科学学会2013年度艾克斯福特（Axford）奖。该奖自2009年颁发以来，共有4位科学家获奖，陈运泰院士是第一位获此荣誉的中国科学家。

陈运泰院士当选为亚洲和大洋洲地球科学学会（AOGS）主席，任期两年（2014—2016）。

赵克常获北京市教学成果奖二等奖、北京大学教学成果奖一等奖。

涂传诒院士（第二获奖人）获北京市教学成果奖二等奖。

晏磊教授课题组"无人机偏振遥感数字成像系统"项目获第41届日内瓦国际发明展金奖；"偏振遥感的系统化理论、方法及几个发现"项目获北京市科学技术奖资源与环境技术领域一等奖；"民用无人机遥感系统技术及其应用"项目获中国产学研促进会创新成果奖和贵州省科技进步奖三等奖。

毛善君教授课题组参与的"煤矿通风瓦斯超限预控与监管技术及系统"项目获2012年度国家科学技术进步奖二等奖，"煤矿井下重大危险源检测、识别与预测预警系统"项目获2013年中国煤炭工业协会科学技术奖一等奖。

邬伦教授课题组"基于3维GIS的深圳基准房价体系关键技术"项目获地理信息科技进步奖一等奖。

薛进庄获北京高校第八届青年教师教学基本功比赛理工类A组三等奖。田原获北京大学第十二届青年教师教学基本功比赛二等奖和优秀教案奖第一名。

江大勇、张波获北京大学2012—2013年度教学优秀奖。

张贵宾入选2013年教育部"新世纪优秀人才支持计划"。

【交流合作】 2013年，地球与空间科学学院共接待讲课、讲座教授53人次。专家大部分来自美国、加拿大、英国、法国、德国、意大利、瑞士和日本等国，他们为学院师生作了多次学术报告，介绍了目前国际上最新的研究动态和最前沿的研究成果，并与师生进行了广泛的讨论和交流，参观了学院的相关实验室，就共同感兴趣的问题做了讨论，也对学院的研究工作提出了很好的建议，对今后的合作提出了希望。邀请的讲课教授直接参与了教学工作，担任1~2学分的授课任务，全程英语授课。

2013年，学院教师累计出国（境）开展学术交流活动116人次。

2013年，美国康涅狄格大学刘澜波教授成功获得"海外名师项目"资助，成为学院首位"海外名师"。

8月11日至15日学院举办第8届国际统计地震学学术研讨会。第8届国际统计地震学科学委员会主席为陈运泰院士，组委会主席为黄清华教授。参加会议的国内学者有30多人，国外学者近30人，其中包括加利福尼亚大学洛杉矶分校（UCLA）教授David D. Jackson，日本统计数理研究所Yosihiko Ogata教授等人。

9月15日至16日，由名誉院长潘懋、副院长黄清华带领的学院代表团一行8名教授应邀访问台湾"中央"大学地球科学学院。此行是根据两个学院之间的合作与交流意向，继2012年11月"中央"大学代表团来访后的回访。

北京大学地球与空间科学学院和台湾"中央"大学地球科学学院于2013年8月份签署了学生交流计划备忘录并开始实施交流计划，5年内（2014年至2018年）每年交流5名全日制学生。

5月8日下午，悉尼大学地学院院长Jonathan Aitchison教授、前院长Geoffrey Clarke教授和助理惠兰女士访问地球与空间科学学院，洽谈两院之间学生合作培养与交流事宜。地球与空间科学学院副院长张立飞、黄清华、秦其明以及所长魏春景热情接待了来宾，双方在学生合作培养与交流的细节方面，如交换期限、交换学生类型、交换学生的入学资格以及交换学生的学业成绩等方面进行了深入的探讨。

10月26日，由北京大学作为牵头单位的大陆强震巨灾研究协同创新中心第一次工作会议召开。中国地震局局长陈建民，中国地震局科学技术司（国际合作司）司长胡春峰，科学技术司（国际合作司）副司长李明，科学技术司（国际合作司）处长王峰，地质研究所所长张培震，地壳研究所所长谢富仁，地震预测研究所所长金卫，地球物理研究所副所长高孟潭出席会议。北京大学杨开忠秘书长，地球与空间科学学院名誉院长潘懋，院长张立飞，副院长黄清华、李培军、刘建波、张飞舟，党委书记傅绥燕，院长助理张进江出席会议。会议通过讨论初步确定协同创新中心的理事会组成原则、学术委员会组成原则、筹备领导小组和筹备工作组的组成原则。会议还讨论了协同创新中心的发展规划、主要研究方向、研究目标及今后在科研合作、学科建设、人才培养等方面进一步开展合作的主要内容等。

【社会服务】 潘懋：中国地质学会常务理事。

张进江：中国地质学会构造地质学与地球动力学专业委员会副主任，中国科学探险协会常务理事。

白志强：北京大学副秘书长、北京大学深圳研究生院党委书记、中国古生物学会第十一届理事会常务理事。

高克勤：国土资源部化石资源和国家地质公园咨询顾问、教育部东北亚生物演化与环境重点实验室学术委员会副主任（2009—）。

马学平：国际地层委员会泥盆纪分会委员、全国地层委员会泥盆纪工作组成员。

孙元林：北京大学地质博物馆

馆长、中国科学院资源地层学与古地理重点实验室学术委员。

刘建波：中国古生物学会副秘书长、中国微体古生物学会副秘书长。

江大勇：国际地层委员会三叠系分会通讯委员、国家古生物专家委员会委员、全国地层委员会中生代分会三叠纪工作组成员。

魏春景：中国矿物岩石地球化学学会变质岩专业委员会委员。

陈衍景：新疆自然资源与生态环境研究中心首席科学家、中国科学院地球化学研究所（贵阳）研究员、中国科学院地质与地球物理研究所特聘研究员、中国科学院新疆矿产资源中心客座研究员、成都理工大学兼职教授。

宋述光：中国地球化学学会化学地球动力学专业委员会副主任委员。

传秀云：国家自然科学基金重点项目中期检查专家组成员。

王长秋：中国珠宝玉石首饰行业协会宝石鉴定师考试委员会委员。

秦善：中国矿物岩石地球化学学会矿物物理和结构专业委员、副主任委员。

鲁安怀：全国政协委员、中国民主同盟北京大学委员会主委、中国民主同盟中央委员兼教育委员会副主任、国际矿物学协会（IMA）执行理事、第20届国际矿物学大会学术委员会委员、国家特邀国土资源监察专员。

刘树文：中国国际地球科学计划（IGCP）全国委员会委员、中国地质学会前寒武纪专业委员会委员、全国地层委员会下寒武纪分委会委员。

刘曦：中国矿物岩石地球化学学会实验矿物岩石地球化学专业委员会副主任委员。

郑海飞：中国矿物岩石地球化学学会火山及地球内部化学专业委员会委员、中国矿物岩石地球化学学会实验地球化学专业委员会委员。

朱永峰：中国矿物岩石地球化学学会理事、中国地质学会矿产勘查专业委员会委员、矿床专业委员会委员、区域地质与成矿专业委员会委员、美国国际矿床地质学会（SEG）会士。

涂传诒：教育部科学技术委员会地学与资源环境学部主任、北京大学学位委员会委员、北京大学"千人计划"考核评估小组成员。

宗秋刚：北京大学空间探测中心（虚体）主任。

傅绥燕：全国卫星气象与空间天气标准化技术委员会委员、地球物理学会空间天气委员会副主任委员、空间科学学会空间物理专业委员会委员。

陈秀万：中国遥感应用协会理事、中国地理信息系统协会数据专业委员会副主任委员。

邬伦：中国地理信息系统协会常务理事、副秘书长、《地理与地理信息科学》副主编、国土资源部信息化专家咨询组成员、建设部信息化专家组成员。

李琦：中国图象图形学会技术委员会主任、中国国际工程咨询公司专家、北京市政府专家顾问、国家海洋局信息中心、海监总队特聘教授与责任专家、中国地理信息系统协会GIS理论与方法专委会副主任。

秦其明：教育部高校地理教学指导委员会秘书长、环境遥感学会常务理事、高技术产业化研究会理事、中国地理信息系统协会理事。

晏磊：中国感光学会副理事长、数字成像专业委员会主任、中国测绘学会摄影测量与遥感专业委员会副主任、中国卫星导航定位协会（GNSS）常务理事、《全球定位系统》副主编、《影像技术》副主编。

李培军：中国卫星导航定位协会资源环境监测专业委员会副主任。

曾琪明：美国电子与电气工程师协会地球科学与遥感学会北京分会（IEEE GRS Beijing Chapter）副主任、科技部遥感中心软件评测专家组成员、全国遥感应用协会理事、遥感数据处理与分析应用产业技术创新战略联盟常务理事。

焦健：中国卫星导航定位协会教育与发展专业委员会副主任、中国测绘学会地图学与地理信息系统委员会委员、中国地理学会地图学与地理信息系统委员会委员、北京测绘学会地图学与地理信息系统委员会委员。

刘岳华：中国卫星导航定位协会空间定位专业委员会副主任、中国GIS-T委员会委员、中国地理信息系统协会GIS标准化专业委员会委员。

张飞舟：中国卫星导航定位协会资源环境监测专业委员会副主任。

张显峰：国际摄影测量与遥感协会（ISPRS）GI4D学术委员会成员。

毛善君：中国煤炭教育协会高教分会会员、中国煤炭工业协会信息化分会常务理事。

【党建工作】 2013年地球与空间科学学院共有党员544人，其中预备党员42人，在岗职工84人，学生388人，离退休72人。2013年学院有10个教工党支部，22个学生党支部。2013年学院发展党员43人，预备党员转正25人，初级党校结业47人，高级党校结业55人。

地球与空间科学学院党委组织学生党支部学习贯彻习近平总书记给北京大学考古文博学院2009级本科团支部全体学生回信精神、习近平总书记五四重要讲话精神，开展教工党支部和学生党团日联合主题教育活动，大力推进学习型党组织建设，进一步加强基层党组织建设，获得北京大学"落实十八大，共话中国梦"学生党团日联合主题教育活动"优秀组织奖"。

2013年地球与空间科学学院党委顺利完成了党的群众路线教育实践活动各个环节的工作任务。

【学生工作】 2013年,地球与空间科学学院学生工作获得北京大学学生工作先进单位第一名。

地球与空间科学学院本科资助工作覆盖全院本科生总人数的1/3,2013年获得资助107人,共获资助金额1255020元。

地球与空间科学学院学工办、团委从2011—2012学年开始启动"德育一二三"计划。

2013年地球与空间科学学院学工办、团委创办《地空青年研究》,创立的北京大学李四光中队讲师团于2013年1月正式成立,目前已在北京市东四九条小学、北京大学附属小学、北京师范大学附属小学、江苏省常州市罗溪中心小学、新桥中学、常州长江社区、浙江省湖州市少年宫和山东省胶州市胶莱小学宣讲过地球科学知识。

【工会工作】 2013年在学校资助下,学院工会在逸夫二楼天井里新建358平方米运动场,由两个羽毛球场地组成。

心理学系

【党委工作】 2013年上半年,心理学系党委认真部署"中国梦"主题教育活动。各支部先后召开支部会议,学习相关内容,并组织学生党员前往毛主席纪念堂瞻仰参观,随后组织参观国家博物馆的"复兴之路"展览,由系团委书记在参观展览的过程中为学生讲解中国革命、建设的历史。同时,系党委利用党课集体讨论和双周一次的党组织生活会的机会,与同学们讨论时事热点问题与党史问题,引导学生理性、客观、科学地看待中国革命、建设过程中的曲折与当今社会中存在的矛盾与问题,教育学生"与其诅咒黑暗,不如点亮光明",学会从一个袖手旁观的批判者变成一个热火朝天的建设者,参与到实现"中国梦"的征途之中,勇做走在时代前面的奋进者、开拓者、奉献者。

2013年下半年,根据校党委的统一安排,心理学系认真开展了党的群众路线教育实践活动。心理学系自8月30日召开党的群众路线教育实践活动动员大会以来,在学校第10督导组的指导与帮助下,按照学校的总体要求认真部署和开展了一系列活动,先后召开了党的群众路线教育实践活动动员大会、领导班子集体学习讨论会、教工党支部学习讨论会、学生党支部学习讨论会、党政领导班子的专题学习研讨会、教职工意见征求座谈会、学生意见征求座谈会,并通过走访离退休老领导、老教师,电话访谈和发放问卷调查表,开设征求意见箱和征求意见电子邮箱等多种途径积极主动地查摆问题,共收集53条意见。根据前期活动的内容与反馈的情况,系领导班子认真完成对照检查材料,召开民主生活会,开展批评和自我批评,并向教工党员通报了民主生活会的相关情况以及落实整改情况。心理学系党委力求将党的群众路线教育实践活动做到"重长效,踏石留印;贵实效,润物无声",不求在新的领域进行量的积累,而是在既有的工作内容上实现质的提升,查缺补漏、差距自省、亡羊补牢。

【教学工作】 2013年度心理学系在校本部录取了学术型硕士研究生22名(含留学生3人,台湾学生2人,香港学生1人),专业硕士44名;博士研究生27名(含留学生2人,2013年启动了北大—清华联合培养博士研究生项目,共招收5名博士研究生);本科生41名(含马来西亚、菲律宾、英国、韩国留学生各1人),辅修双学位录取学生120名。

经统计,2013年11月报考心理学系2014年学术型硕士研究生有261人,应用心理硕士专业学位有405人,招生考录比位居学校前列。2013年9月完成了2014年推荐免试研究生的录取工作。2014届本科毕业生中有15人获得推荐免试研究生资格并落实接收单位,其中8人被本系录取(含专业硕士4人),3人被校内其他院系录取(含支教1人),4人被外单位录取。

在全日制学生的培养工作之外,心理学系还积极开拓多种形式的办学、培养人才的模式,与深圳市南山区科技创业培训中心合作举办人力资源研究生课程进修班(深圳、广州两地),并在北京招收了人力资源研究生课程进修班,总共招收学员254名。心理学专业夜大学共招生221人。

2013年心理学系毕业并获得学位的心理学专业本科生37人(含留学生1人);应用心理学二学位本科毕业并获得学位10人;心理学双学位毕业80人;心理学辅修毕业7人。2013年硕士研究生毕业79人,其中获硕士学位的研究生78人;博士研究生毕业7人,获博士学位8人;同等学力毕业生获硕士学位74人;夜大毕业学生145人,其中93人获学士学位。

博士研究生招生继续采用"申请—考核制"。2013年教育部学位与研究生教育发展中心组织开展了第三轮全国一级学科评估,心理学系在学科整体水平得分中排第2名。2013年北京大学自主设置二级学科——临床心理学专业,从2014年起心理学系将招收临床心理学专业硕士研究生。

2013年5月,心理学系2011级20名学生的17个项目成功申请到北京大学本科科研基金资助。2013年10月,2010级22名本科生的15个项目顺利通过本科科研论文答辩。2013年度本科生已发表或被收录论文11篇(其中SCI/SSCI收录文章6篇,第一作者3篇,第二作者6篇,第三作者1篇,第四作者1篇),其中7篇文章获得国家自然科学基金—科研训练和能力提高项目的资助。

2013年度心理学系与加拿大多伦多大学和约克大学校际海外交换项目获得国家留学基金委资助,心理学系每年秋季学期各选派1名本科生赴外学习交换,9月已派出第一批交换生。2013年度共有11名本科生赴外参加国际学术交流活动。2013年度北京大学"国家建设高水平大学公派研究生项目"心理学系派出3名博士生到国外联合培养;2013年度"北京大学研究生学术交流基金"共资助心理学系博士生、硕士生各11名参加国际会议。

5月20日至5月24日,心理学系本、硕、博12名学生由系领导带队参加了在台湾大学举行的2013年台湾大学、北京大学与香港中文大学三校心理学系学术研讨会。2013年的活动更加强调学生的自主探索意识和主动交流能力。海峡两岸暨香港的学生在"Psychology for Better Life and Society"的主题下,深入探讨如何发挥自身的学科背景优势,在微观层面提升人们的生活幸福感,并在宏观层面促进社会发展。学术报告现场共有24个口头报告和40份壁报供给三校师生进行交流与探讨。

7月10日至12日,心理学系举办了首届大四本科生夏令营,来自全国40余所高校的289名同学提交了申请,最终有69名大四本科生齐聚燕园。活动旨在为全国的优秀心理学本科生搭建一个了解北京大学心理学系教学与科研的平台,为有意向攻读北京大学心理学系研究生的学生提供与教师沟通交流的机会,同时也为心理学系教师全方位地评估学生各方面的能力与素质提供帮助。夏令营安排了精彩纷呈的学术讲座、实验室情况介绍、参观实验室和一对一的交流活动。为了解营员的学业基础和学术能力,夏令营安排了基础能力测试、无领导小组面试和研究设计大赛。

【科研工作】 2013年心理学系在科研方面取得了突出的成绩,主要体现为SCI和SSCI论文继续保持较高的数量和质量。2013年度心理学系师生共发表科研论文140篇(含国内外期刊论文),其中以心理学系为第一单位(或通讯单位)发表的SCI和SSCI收录期刊论文66篇。其中韩世辉教授在SCI一区杂志 Annual Review of Psychology 发表1篇研究论文。韩世辉教授、包燕副教授在重要的SSCI杂志 Psychological Inquiry 和 Cognition 上发表2篇研究论文。2013年在SCI和SSCI收录期刊上以第一作者或通讯作者发表论文最多的三位教授是周晓林教授(12篇)、韩世辉教授(9篇)和姚翔副教授(5篇)。

2013年心理学系多项国家自然科学基金申请获得批准。李健研究员获批优秀青年科学基金项目(100万元);韩世辉教授获重大研究计划培育项目资助(100万元);包燕副教授(65万元)、李健研究员(80万元)、魏坤琳副教授(75万元)、张亚旭副教授(80万元)、苏彦捷教授(75万元)、侯玉波副教授(80万元)、吴艳红教授(15万元)、张燕讲师(49.55万元)、孟祥芝副教授(70万元)获面上项目资助;香港大学李黎副教授与魏坤琳副教授获海外及港澳学者合作研究基金资助(20万元);王垒教授承担国家自然科学基金重点项目子课题(80万元);吴艳红教授获国家社会科学基金重点项目支持(25万元);韩世辉教授主持教育部博士点基金项目(12万元);魏坤琳副教授主持教育部留学回国人员科研启动基金项目一项(4万元);魏坤琳副教授获北京市教育委员会项目支持(50万元)。2013年心理学系新获得的科研项目经费为1239.35万元。

2013年度心理学系共举行12次公开科研讨论会,邀请国外同行研究者和本系教师作学术报告。甘怡群教授应邀担任 Applied Psychology: Health and Well-being 与《心理科学进展》期刊编委。至此,心理学系有8位教授(王垒、李量、周晓林、韩世辉、方方、余聪、钱铭怡、甘怡群)担任18个国际学术刊物的副主编或编委。

2013年,周晓林教授入选教育部长江学者特聘教授,至此心理学系共有三位教授入选该计划。魏坤琳副教授入选教育部新世纪优秀人才支持计划,至此心理学系共有四位教师入选该计划。

11月1日至3日,中国心理学会在南京召开第十一次会员代表大会暨第十六届全国心理学学术会议。心理学系周晓林教授当选为新一届理事会副理事长、常务理事,苏彦捷、钱铭怡教授当选为常务理事,吴艳红、王垒教授、侯玉波副教授当选为理事。心理学系李晟研究员在学术会议上作大会主题报告。

【IDG麦戈文脑科学研究所】 2013年初,研究所任命心理学系系主任周晓林教授为研究所副所长,聘期与心理学系主任同步;任命张研教授为所长助理,协助所长处理教学相关事务;任命李芳敏为办公室主任,协助所长处理综合行政事务。

3月18日,研究所召开PI见面会,讨论决定成立以下委员会,对研究各项工作献智献策。

招聘委员会:饶毅、方方、余聪、罗冬根、陆林、高家红。

学术交流委员会:韩世辉、张晨、陆林、余聪。

博士后与研究生委员会：周晓林、周专、张岱、李健。

教育委员会（本科生和研究生教育）：王韵、张研、李沉简、李毓龙、方方、李晟。

2013年8月，生命科学学院新引进研究员罗冬根加入研究所。罗冬根博士毕业于华东师范大学，后在中国科学院上海生理研究所获神经生物学博士学位，2003年起在约翰斯·霍普金斯大学医学院神经科学系先后以博士后和Research Associate进行神经生物学的研究。他主要研究感觉信号的转导和处理及感知形成的环路机制。

2013年9月，心理学系新引进纳家勇治（Yuji Naya，日籍）研究员，纳家勇治博士毕业于日本东京大学细胞生物学系，在博士期间，就在高水平国际期刊上发表多篇SCI论文，如Science、Cell、Neuron、PNAS、Journal of Neuroscience等。他的研究方向主要是利用非人灵长类动物，使用行为神经电生理的方法来描述跨内侧颞叶记忆系统和相关新皮层区域的负责陈述性记忆的"信息流"。

2013年10月，1名博士后（吴超）入站，导师李量、饶毅。

8月4日—10日，第一届"神经与认知科学暑期班"在北京大学IDG麦戈文脑科学研究所及生命科学联合中心共同资助下成功举办。来自全国四十余所高校、不同年级共计一百多名同学在短短一周内参加了课堂听讲、实验室参观、与教师交谈、小组合作文献展示、体育活动、娱乐表演等丰富多彩的活动。此次暑期班激发了学生们对神经和认知科学的兴趣，为培养杰出的神经和认知科学工作者提供了一个交流互动的平台。

8月20日—21日，首届北京大学IDG麦戈文脑科学研究所学术研讨会在北京大学金光生命科学大楼邓祐才报告厅成功举行。

研讨会上，16位脑科学领域的专家学者作报告，主题从感觉机制到自我意识，从动物交配到人类语言，从正常视听到神经疾病，从大规模测序到新原理成像，从电生理测量到行为学对比，跨度极广。研讨会设海报展示环节并评选出12份"最佳海报"。

【人事工作】 根据学校关于2012—2013年度岗位考核和2013—2014年度岗位聘任工作部署要求，心理学系按照学校岗位年度考核与续聘工作要求和程序布置了该项工作。9月9日系岗位考核评审小组认真审核了A、B、C岗人员提交的有关材料，并认真听取了A类岗人员的述职报告，在此基础上对所有人员进行评议、讨论和投票，最后给出评定意见。

心理学系根据一年来的教学、科研、社会服务工作业绩，并根据学校给心理学系的岗位指标数和津贴总额进行了岗位级别的调整。对业绩突出的1位同志给予了晋级，4位同志给予了降级。这一举措加强了考核制度的严肃性、约束性，提高了考核效力。

2013年心理学系引进纳家勇治（日籍）和童佳瑾两位博士。教师人数达到39人。

【国际学术交流】 心理学系在2013年累计使用"北京大学海外学者讲学计划"12人次，共举办20次讲座，使用外事经费达8万元人民币。这些来访专家均为美国、德国、澳大利亚和英国等发达国家心理学领域的著名专家或著名期刊的主编。他们为心理学系带来了心理学研究的最新动态，同时在"周五学术午餐会"上作了多场精彩的学术报告。

2013年度，心理学系共有130人次出访及参加国际会议。其中教师出访71人次，本科生、研究生出访59人次。出境参加会议主要涉及第15届人格与社会心理学大会、第18届听觉研究论坛、第10届中德认知神经科学研讨会和2013年度美国人力资源管理协会年会。会议内容包含认知神经科学、社会心理学、临床心理学、儿童发展心理学等方面，出访国家包括美国、加拿大、德国和澳大利亚等发达国家和地区。另外，受国家留学基金委资助，1名副教授去国外访问交流。

心理学系在2013年派出3名联合培养博士生，派出国分别为美国和英国；1名公派出国攻读学位的硕士研究生，派出国为德国。

【学生工作】 2013年，心理学系在校学生共计457人，其中本科生172人，硕士研究生199人（含深圳研究生院硕士生36名），博士生86人；国防定向生17人，留学生19人，港澳台地区学生7人，少数民族学生37人。学生党员130人，团员239人，共有25名入党积极分子顺利完成党的知识培训班的学习。

学生奖学金评审方面，心理学系召开奖学金评审委员会会议，进一步细化和修订《心理学系综合素质测评办法（试行）》和《心理学系奖学金评审办法（试行）》，完成50个奖励项目、58个奖学金项目的评选工作，奖学金评选金额累计407600元。2011级本科班获评优秀班集体，2012级本科班和博士班获评优秀学风班。

学生资助方面，2013年底，心理学系共认定34名本科生为家庭经济困难学生，共计获得21项助学金资助，金额累计231000元。

针对学生保险工作，学生工作办公室加大宣传学生保险政策及保费和赔付标准的力度，以增强学生的投保意识，并针对部分家庭经济困难学生，采取先垫付保险费的方式帮助困难学生。2012年，心理学系共有345名学生投保，投保率达89.6%。

学生就业指导方面，2013学年召开两次全体应届毕业生工作会议,对就业政策、签约流程、派遣手续等一系列毕业生工作找寻和签约过程中的具体流程和事项进行讲解和说明。

团学工作方面,系团委重点完成了对系学生会、系研究生会的建章立制工作,在系学生会、研究生会相继改选之后,系团委即要求学生骨干端正态度、提升能力、改进作风,每周三晚上召开团学工作会议,由学生骨干汇报工作、计划工作,系团委书记现场指出存在的问题、改进的建议并安排下一工作周期的工作内容。通过建立例会制度,系团委一方面可以及时了解学生的思想动态,听取同学们对学生工作的想法与建议,另一方面也加强了对学生骨干的指导与培养,提升了他们的领导能力、组织能力,使他们成为团学工作中的中坚力量。一年来,系学生会、研究生会除了组织一些课余的文体活动外,还在系友返校、开学、毕业典礼、学生军训、系奖学金颁奖典礼、"一二·九"合唱比赛、新年元旦晚会等多项活动中发挥了重要作用。由系学生会主办的"第五届心理文化节"更是在校园中引起了相当程度的关注。特别是由系学生会成员设计、参演的视频在网络上引起了不小的轰动,视频生动、有趣地向非心理学专业的同学介绍了心理学学科的发展历程,以及心理学的研究范畴和研究方法,打破了长久以来很多人对心理学的误解与偏见。在活动开展方面,系团委坚决杜绝"穷兵黩武""好大喜功""劳民伤财"的活动,力求"温馨、巧妙、精致",如搭建覆盖全系本硕博的生日短信平台、为毕业年级拍摄四季毕业照等活动。这些活动既增强了团学组织凝聚力,又调节了学生的课余生活。"525心晴小队"继续走进北京大学附属中学进行团队辅导,学以致用,解决同学们的心理问题,得到师生的一致好评。总之,2013年度团学工作一方面扎实完成建章立制的工作,另一方面认真推进教育、管理、服务的职能,在各方面都取得明显的提升。

党团创新方面,心理学系以党的知识培训班与党组织生活会为两个重要的支点,力求每次集体讨论与每次组织生活都做到言之有物,并以此为平台认真推进"中国梦"主题教育活动、党的群众路线教育实践活动以及十八届三中全会的学习活动。团委书记坚持参加双周四晚上的组织生活会,为学生讲解党史和时事热点问题,从学术的角度,理性、客观、科学地解释一些在媒体上被误读的历史与概念,在学生中起到了很好的效果。通过这样的解析与讨论,心理学系为理科知识背景的同学提供一个观察世界与中国的多元视角,帮助他们了解多元复杂的世界,促使他们更主动地去思考问题。

建筑与景观设计学院

【概况】 2013年,建筑与景观设计学院继续在各级领导的关注下建设发展。6月6日北京市海淀区委书记隋振江在北京大学校长王恩哥等的陪同下,莅临学院考察调研,并听取了院长俞孔坚作的题为"携手共建美丽海淀"的报告。俞孔坚在报告中详细介绍了"大脚革命:生态城市与美丽中国理论与实践"的相关理念和项目。

2013年度,建筑与景观设计学院专家John Zacharias依托之前在加拿大肯考迪亚大学(Concordia University)担任教授期间的研究及项目积累,创建了北京大学城市过程模拟与应用实验室,并正式开展其在北京大学建筑与景观设计学院的科研教学工作。

汪芳副教授于本年度调入建筑与景观设计学院。截至2013年底,建筑与景观设计学院共有正教授2名,副教授4名,讲师1名。

【教学科研】 2013年学院招收全日制硕士研究生11名,在职风景园林硕士研究生39人。学院整合校内外资源,开设了景观社会学、景观文化系统与评价、景观设计学理论与方法(Ⅰ):核心理论、景观设计理论与方法(Ⅱ):城市景观规划与设计、景观设计理论与方法(Ⅲ):场地景观规划与设计、景观自然系统与评价、文献阅读与独立研究、景观自然系统与评价、景观与环境美学、景观设计学史等课程。

10月1日,美国景观设计师协会(ASLA)官方公布了2013全美年度景观设计专业奖项。专业组奖项涵盖了全美及世界各地的公共空间、住宅设计、校园、公园以及城市规划设计等范畴。由知名设计专家组成的评审团从534个参赛作品中,最终选出了33个作品分获综合设计、住宅设计、分析和规划、沟通交流、设计研究以及地标设计等奖项。由俞孔坚带领的北京大学团队为中国迁安市政府设计的迁安三里河绿道获得2013年ASLA综合设计类荣誉设计奖。这是俞孔坚及其团队获得的第10个ASLA设计奖项。

【社会服务】 7月21日,以绿色变革与转型为主题的生态文明贵阳国际论坛2013年年会在贵阳国际生态会议中心举办。俞孔坚受邀参会,并提出"大脚美学"的理论。这一理念得到了与会嘉宾的高度认可。俞孔坚谈道,中国必须向"大脚时代"迈进,要进行两个战略的部署:第一,建立生态基础设施;第二,提倡"大脚美学",让自然系统去调节生态环境,不要人为地过度干预自然,从而通过思想革命真正实现可持续发展的目的。北京大学校长王恩哥在高峰论坛发言中对俞孔坚在推广生态文明理念、解决国内外生态领域内重大的科学问题方面作出的贡献,特别对俞孔坚团队提出的已在国内外200多个城市付诸实施并得到认可的"生态安全格局和反规划"理论予以高度肯定。

【合作交流】 为了进一步活跃教学、科研,促进学术交流,学院于2013年举办了一系列"生态文明与国土安全大师讲座"活动。6月19日,北京大学"生态文明与美丽国土"大师系列首场讲座由华南理工大学东方建筑文化研究所所长吴庆洲教授主讲"中国古代经验对城市防洪涝的启示";9月2日,北京大学"生态文明与美丽国土"大师系列讲座之二,中国工程院院士王浩主讲"面向生态的城市水系治理";9月17日,北京大学"生态文明与美丽国土"大师系列讲座之三,中国工程院院士、华南理工大学建筑学院院长何镜堂主讲"建筑创新与创作实践";系列讲座之四,中国工程院院士张锦秋主讲"传统建筑的空间艺术——传统空间意识与空间美";10月14日,系列讲座之五,麻省理工学院景观设计与规划系教授、宾夕法尼亚大学景观设计与地区规划系前系主任安妮·惠斯顿·斯本(Anne Whiston Spirn)主讲"从花岗岩公园到眼中的景观世界";10月22日,系列讲座之六,中国建筑大师、中国工程院院士程泰宁主讲"跨文化发展与中国现代建筑的创新";12月9日,北京大学"生态文明与美丽国土"大师系列讲座之七,南京大学建筑与城规学院名誉院长鲍家声主讲"建筑文明与文明建筑——走向新时代新建筑"。

信息科学技术学院

【概况】 信息科学技术学院成立于2002年。为了顺应信息科学技术学科发展趋势,整合校内信息科学技术学科资源,推动学科融合和发展,北京大学在原电子学系、计算机科学技术系、信息科学中心的建设基础上,于2002年正式组建成立信息科学技术学院。

北京大学信息科学技术学科具有悠久的历史,最早可以追溯到20世纪50年代数学力学系的计算数学专业,以及物理系的无线电物理、电子物理和半导体物理专业。1958年12月,北大在物理系无线电物理、电子物理等专业基础上成立了无线电电子学系,1996年更名为电子系。1978年,在数学系计算数学专业和无线电电子系计算机专业基础上组建了计算机科学技术系。1985年,为了发展多学科的交叉与融合,由数学系、计算机科学技术系、电子学系等校内十个系(所)联合组建了信息科学中心。1986年,成立了微电子学研究所。

12年来,信息科学技术学院植根于北京大学信息科学技术学科50多年的历史底蕴,逐步探索形成了清晰的发展思路,即坚持"充分尊重现实,强调合理整合,形成统一框架,促进深度融合;面向国际一流,确立发展目标,基于当前状况,制订实施方案;学科建设为纲,队伍建设为本,发展既有优势,确保战略必争;注重制度建设,形成激励机制,优化管理结构,营造和谐环境"的基本原则,为建设世界一流大学的一流信息科学技术学科探索总结经验,艰苦奋斗、砥砺前行。

目前学院涵盖了计算机科学与技术、电子科学与技术、信息与通信工程3个一级学科及其相关的计算机软件与理论、计算机系统结构、计算机应用技术、计算机科学与技术(智能科学与技术)、信号与信息处理、通信与信息系统、微电子学与固体电子学、物理电子学、电磁场与微波技术、电路与系统和电子科学与技术(量子电子学)等11个二级学科。学院有计算机科学与技术、电子信息科学与技术、微电子科学与工程和智能科学与技术4个本科生专业,实行按学院统一招生。

学院拥有2个国家级重点实验室、1个国家级工程实验室、11个省部级重点实验室(或工程研究中心),并与多家知名中心组建了联合研究机构。12年来,学院承担了一批立足于国家需求、面向国际前沿的重大科研项目,到账科研经费超过18亿元人民币,并取得了一批重要研究成果,获得国家级科技奖励19项(其中第一完成单位9项)和省部级科技奖励34项(其中第一完成单位24项),发表A类论文4684篇,其中SCI收录论文1607篇(截至2010年数据),获得授权专利747项,出版学术著作177种。

学院目前包含基础教育部、研究生教育部和继续教育部3个教学管理单位,电子学系、微电子学系、计算机科学技术系和智能科学系4个学科建设单位,以及基础实验教学研究所、物理电子学研究所、量子电子学研究所、应用电子学研究所、现代通信研究所、微电子学研究院、系统结构研究所、网络与信息系统研究所、软件研究所、计算语言学研究所、数字媒体研究所、高能效计算与应用中心、信息科学中心和信息技术创新研究院14个教学科研实体单位。学院院长梅宏院士,副院长查红彬、李文新、黄如、侯士敏、蒋云,党委书记魏中鹏,副书记陈向群、胡薇薇、卢亮。学院学术委员会主任何新贵,副主任迟惠生、梅宏,委员包括陈徐宗、程旭、高文、胡一龙、黄如、焦秉立、李红滨、李晓明、彭练矛、魏中鹏、杨芙清、吴文刚、查红彬、张兴。学院学位评定委员会主席杨芙清,副主席梅宏、彭练矛,委员包括陈向群、陈章渊、代亚非、郭弘、郭宗明、候士敏、黄如、刘晓彦、吴文刚、谢昆青、查红彬。

学院2013年在职教学科研人员共281人,含发展中国家科学院院士1人,两院院士9人(含双聘院士4人),正高级职称108人,副高级职称114人,中级及以下职称38人,以及百人/新体制人员21人。2013年调出教师3人(张刚、于江生、苏开乐),退休6人(王进、孙蓬德、杨玉顺、马景玉、吴娟、刘金生)。

【教学工作】 2013年在校学生总共2624人,其中本科生1262人,硕士研究生785人,博士研究生577人。2013年新生总共744人,其中本科新生347人(含留学生1人),硕士新生263人,博士新生134人。2013年授予学士学位317人,硕士学位245人,博士学位86人,本科结业5人,授予大专学位1人。在取得博士学位的86人中,诸葛菁(导师王阳元)获全国优秀博士学位论文,丁力(导师彭练矛)获全国优秀博士学位论文提名,张颖(导师梅宏)获中国计算机学会优秀博士论文奖,王啸吟(导师梅宏)获北京市优秀博士学位论文,高滨(导师康晋锋)、姚俊杰(导师崔斌)、任杰(导师郭宗明)、张诚(导师邬贺铨)获北京大学优秀博士学位论文。

根据本科生和研究生教学计划,学院2012至2013学年第一、二学期开课254门,暑期开课10门。

2013年王克义教授的《微机原理与接口技术(第2版)》获北京高等教育精品教材奖,李文新、罗英伟、陈向群、谢昆青、汪小林等教师主持完成的"实践创新推动学生自主发展:计算机学科栋梁人才成长环境建设10年"获北京市教学成果奖一等奖,张海霞、陈江、王志军、周辉等教师主持完成的"大学生物联网大赛的开展和学生创新创业能力的培养"获北京市教学成果奖二等奖。

2013年信息科学技术学院继续实行本科新生导师制,2013级本科新生导师由85名各系教授及部分优秀副教授担任。此外,在原有两个小班课("计算机系统导论"和"算法设计与分析")的基础上,又新增小班课"电路分析原理",由10名教师参与大班授课和小班教学。

在本科生对外交流方面,2013年学院组织了北大—卡内基梅隆大学(CMU)暑期科研实习项目,以及美国西部(斯坦福、伯克利、UCLA)、美国东部(麻省理工、耶鲁、哥伦比亚)、英国(牛津、剑桥、爱丁堡)、"创新工程课"美国团(麻省理工、哈佛、哥伦比亚)等4个英美名校本科生访问交流团。2013年,有7位同学被北大—UCLA"3+2"本硕联合培养项目录取。此外,11月学院签署了北大—康奈尔"3+2"本硕联合培养项目,预计2014年秋季开始招生。其他正在洽谈中的项目还包括北大—伯克利"3+1+G"本硕博联合培养项目、北大—牛津"3+1"本硕联合培养项目和北大—爱丁堡"3+2"本硕联合培养项目。

11月,学院举办了第一届北京大学信息科学技术学院本科生科研成果展示会,副校长高松院士、教务部部长方新贵教授、信息科学技术学院院长梅宏院士、卡内基梅隆大学Roger Dannenberg教授、加利福尼亚大学伯克利分校(UCB)Brian Barsky教授以及部分教师代表和学生近400人参加。会议包括口头报告14篇、海报展示38个。评选出一等奖2人,二等奖4人,三等奖8人,最佳海报奖8人。

2013年度学院获得奖教金22人,其中杨芙清—王阳元院士优秀奖3人(张志刚、张铭、王源),正大教师奖3人(陆俊林、董明科、王兴军),宝洁优秀教师奖2人(赵建业、刘田),中国工商银行教师奖2人(王玮(女)、汪中),黄廷方/信和青年杰出学者奖1人(周明辉),方正优秀教师奖3人(王玮(男)、王胜、裴玉茹),华为奖教金3人(谢昆青、田军、李妍),天创奖教金3人(曲天书、王亦洲、王道宪),颐天民生奖教金2人(蔡一茂、李素建)。

【科研工作】 2013年信息科学技术学院引进青年千人计划学者1人,百人计划学者2人(杜朝海、陈婧),长江学者特聘教授2人(刘濮鲲、夏明耀)。2013年学院当选发展中国家科学院院士1人(梅宏),当选美国计算机学会会士(ACM Fellow)1人(高文),入选教育部直属高校"百千万人才工程"暨有突出贡献中青年专家1人(张兴),新增教育部长江学者讲座教授1人(胡振江),中国青年科技奖获得者1人(黄罡),教育部新世纪优秀人才1人(王兴军),北京青年五四奖章获得者1人(宋令阳),入选北京高等学校"青年英才计划"6人(马思伟、李戈、王玮、裴玉茹、马猛、王爱民),中国计算机学会青年科学家奖获得者1人(黄罡),美国IEEE电子器件青年科学家奖(Early Career Award)获得者1人(王润声,第一个美国以外的人员获得)。

2013年学院成功申请科技部973计划/重大科学研究计划课题35项,863计划课题12项,科技支撑计划、科技重大专项课题15个,国家自然科学基金项目162个。其中国家自然科学基金委创新研究群体项目1个(彭练矛:纳米尺度的高性能电子与量子器件的理论与方法),基金委优秀青年科学基金项目3个(张志勇:碳基纳米电子学,马思伟:视频编码与处理,英向华:机器视觉),973计划青年科学家专题项目1个(熊英飞:基于情境的安全攸关软件的构造方法与运行机理研究)。

在对外学术交流方面，2013年学院教师、博士后493人次完成出访任务，其中参加会议332人次，访问考察144人次，合作研究17人次；本科生150人次、研究生291人次完成参加会议、学生交换等出访任务；主办国际会议17次。此外，学院承担海外合作项目13个，新增项目5个。与海（境）外机构签署合作协议3个，包括北京大学—加利福尼亚大学洛杉矶分校校际合作主协议之第四增补协议、北京大学信息科学技术学院与台湾大学电机资讯学院硕士双学位协议和北京大学—圣彼得堡国立信息技术，力学与光学研究大学协议。2013年，学院完成"北京大学海外学者讲学计划"项目31个（其中讲课类5个、讲座类26个），"北京大学海外学者访问研究讲学计划"项目2个，"海外名家讲学计划"4个。

在科研成果方面，2013年学院共发表A类论文287篇，获得授权专利107项，申请专利154项，出版科技图书10种。学院作为第一完成单位获国家自然科学奖二等奖1项（生物计算中数据编码与模型构建理论方法研究，主要完成人许进），教育部自然科学奖一等奖1项（高性能碳基纳米电子器件，主要完成人彭练矛、张志勇、王胜、梁学磊、丁力、杨雷静等），教育部科学技术奖一等奖1项（基于知件的知识获取、管理和知识服务平台，主要完成人金芝、李戈、赵海燕、张伟等），2012年度北京市科学技术奖三等奖2项（走进清明上河图，主要完成人王亦洲、马伟、查红彬等；基于非级联迭代加密相息图的盲水印鲁棒方案，主要完成人杨光临、邓柯）。学院作为参与完成单位获得国家科学技术奖二等奖1项（超大规模集成电路65-40纳米成套产品工艺研发与产业化，主要完成人黄如，单位排名4/4，个人排名7/10），教育部科学技术奖一等奖1项（题目内部公布，主要完成人刘濮鲲，单位排名2/4，个人排名4/15），中华农业科技奖一等奖1项（我国迁移性蝗害绿色防控技术研究与示范，主要完成人鲁文高，单位排名3/10，个人排名4/20），2012年度北京市科学技术奖一等奖1项（超大规模集成电路65-40纳米成套产品工艺研发与产业化，主要完成人黄如、张兴，单位排名4/4，个人排名7、14/15），2012年公安部科学技术进步奖二等奖1项（千万人级指纹自动识别和全国异构系统查询关键技术研究，主要完成人封举富、王立威，单位排名2/4，个人排名2、8/9），2012年军队科学技术进步奖二等奖1项（题目内部公布，主要完成人罗武、董明科，单位排名5/5）。

2013年学院共承担各类国家级、省部级及其他科研项目/课题400余项，到账纵向经费20541万元，横向经费3977万元，合计到账24518万元。

【党建工作】 截至2013年12月中共北京大学信息科学技术学院委员会实有党员1231人，其中在职教职工党员178人，离退休教职工党员101人，学生党员854人，其他党员（组织关系未转出等情况）98人。学院党委下属党支部47个，其中在职教职工党支部10个，离退休教职工党支部2个，学生党支部35个。

2013年学院共发展党员95人，其中教职工党员3人，包括教授1名、副教授1名，预备党员转正109人。

卢亮、李艳萍等2位同志获得"北京大学优秀党务和思想政治工作者"荣誉称号，信息科学技术学院党委获得"北京大学党务和思想政治工作先进集体"荣誉称号。依那、曹永知、陆璇等13位同志获得"北京大学信息科学技术学院优秀党务和思想政治工作者"荣誉称号。崔立农同志获得"北京大学信息科学技术学院党务和思想政治工作十年奉献奖"。

【工会及离退休工作】 学院获评2013年北京大学离退休工作先进集体，冯燕、钱成获北京大学离退休工作先进个人称号，王晶云、徐松青获北京大学安全保卫先进个人称号，胡薇薇获北京大学优秀工会主席称号，刘旭东、汪小林、孙晓昆获北京大学优秀工会干部称号，谭云华、王道宪、张雅聪、董晓辉获北京大学工会积极分子称号。

学院工会获评2013年北京市"先进职工小家"、北京大学先进工会委员会示范单位。在校工会组织的北京大学第十二届青年教师教学基本功比赛中，学院教师王延辉获一等奖，宋国杰获二等奖，王兴军、王玮获三等奖，张成获优秀奖，宋国杰获最佳教案奖。此外，学院工会还获得了比赛优秀组织奖。

学院积极组织参与校工会爱心基金捐款，140人参加共捐款26670元，占全校总捐款额约8.4%。

【学生工作】 2014年，学院团委获北京大学2012—2013年度红旗团委，学院获北京大学毕业生就业工作先进单位。李子奇获北京高校优秀辅导员称号。2011级4班获北京大学第九届"班级五·四奖杯"，马郓获北京大学第九届"学生五·四奖章"。学院获"一二·九"合唱比赛全校一等奖。

学院继续开展具有信科特色的"E·彩"文化节，包括先锋（学生党员骨干研修班、高级团校、初级团校）、学术（"信息技术与信息化"名家讲坛、"博采众长"博士生论坛、计算机应用设计大赛、"学术十杰"评选）、文艺（一二·九合唱比赛、"E生所爱"新年联欢晚会、院十佳歌手大赛）、体育（Lab杯系列赛事、信科杯系列赛事（足球/篮球/排球/乒乓球/羽毛球/台球））、实践（寒暑期实践调查团、求职交流酒会）、公益（信科电脑小分队、美丽大卖场)、集体(女生节、男生节、程序员节)等七大板块。

2013年学院继续评选第二届"信科之星",2名同学获评"个人奖章",7个集体获评"集体奖章"。

2013年学院在心理排查、朋辈辅导工作的基础上,设立了心理咨询室,面向全院学生开展一对一的心理咨询。2013年学院加强班主任辅导员队伍建设,实行班主任、辅导员公开选拔,通过自愿报名和面试考核确定人选;开展辅导员中期考核,监督辅导员工作成效,规范辅导员工作方法。

工 学 院

【概况】 工学院下设六个系和近二十个研究机构。六个系包括工业工程与管理系、力学与工程科学系、航空航天工程系、能源与资源工程系、生物医学工程系、材料科学与工程系。近二十个研究机构包括国家重点实验室2个:湍流与复杂系统国家重点实验室、国家湿地保护与修复技术中心,省部级重点实验室4个:高能量密度物理数值模拟教育部重点实验室、城市固体废弃物资源化技术与管理北京市重点实验室、先进电池材料理论与技术北京市重点实验室、北京市智能康复技术研究中心。

【教学工作】 本科生教学。工学院2013年招收本科新生共104人,其中,留学生1人。目前在校本科生人数达到374人,其中,留学生2人。2010级共有42名学生获得免试推荐研究生资格,其中,直博20人,学术型留校硕士16人,学术型外推5人,专业型硕士1人。

2013年工学院组织完成了《工学院本科生培养方案(2013版)》的修订工作。工学院2013年度共开设课程149门次(春季68门、暑期11门、秋季70门),其中新开课程17门。

工学院鼓励学生积极参加科研活动,2013年18个学生科研项目获得学校资助,其中,箐政基金3项,国家创新训练项目5项,毛玉刚基金2项,钟夏校际科研基金2项,校长基金6项。

2013年8月,工学院举办首届北京大学2013全国中学生工学夏令营,根据笔试、面试及实践考核成绩,选拔出40名优秀营员直接进入北京大学自主招生笔试。

工学院力学系荣起国获得北京大学2012—2013年度教学优秀奖。

研究生教学。2013年,工学院在校研究生共656人,其中,硕士研究生237人,博士研究生419人。2013年工学院录取研究生新生共218人,其中硕士生97人,博士生121人。2013年工学院共毕业研究生96人,其中,硕士毕业生45人,博士毕业生51人。

7月8日至10日,北京大学工学院举办全国优秀大学生夏令营,参加夏令营的300多名优秀大学生来自全国各地30多所高校。

2013年工学院共有93人次出国参加国际会议或合作研究,其中有42人获得北京大学国际会议资助,15人获得2012年"国家建设高水平大学公派研究生项目"支持到国外合作研究或攻读博士学位。

康炜研究员的"力学问题中的量子方法导论"和励争教授的"动态测试技术"获得2013年北京大学研究生课程立项。

2012年7月毕业的博士生王建春的毕业论文获评2013年北京市优秀博士学位论文,周健、刘伟、李鹏飞、张鲁辉的毕业论文获评2013年北京大学优秀博士学位论文。

在教育部第三轮学科评估中,力学学科全国并列第1名,生物医学工程学科并列第6名。

【科研工作】 2013年学院在人才机制建设和教师队伍建设上取得较大发展。

2013年,学院在编人员150人,其中教学科研人员111人,院士9人(含双聘)(今年新增两名),千人计划学者11人,长江学者16人,青年千人计划5人。

2013年1名力学系教员晋升为教授,1名教辅人员退休。

在获奖方面,黄岩谊、席鹏获得绿叶生物医药杰出青年学者奖,裴永茂获黄廷方/信和青年杰出学者奖,王前获正大奖教金,夏定国获中国工商银行优秀教师奖。

2013年,工学院共举办各类学术报告会155场,新获批科研项目240余项,获批经费超过2亿元,其中包括青年千人和拔尖人才项目4项,北京市科技计划项目3项。先进技术研究院项目49项,经费总额5580万元,其中包括2项重大专项。国家自然科学基金获批55项,经费总额达到5596万元,其中包括1项重大科研仪器设备专项、1项重大研究计划集成项目、1项基础科学人才培养基金、4项重点基金、5项优秀青年科学基金和2项杰出青年科学基金。2013年工学院到校科研经费近2.13亿元,比上一年增长1000余万元,其中科研部1.27亿元、科技开发部5170万元、先进技术研究院3400多万元。工学院师生发表文章的数量稳步增长,全年发表SCI检索论文670余篇,其中374篇的第一作者或通讯作者的第一署名单位为工学院。

2013年工学院师生发表的SCI收录文章(第一作者或通讯作者)的平均影响因子为2.72,高水平论文的数量在不断增加,2013年影响因子超过5的文章有45篇,其中10篇超过9,最高为17.69。

工学院青年人才迅速成长。2012—2013年工学院有8人获国家杰出青年科学基金资助,7人获得基金委优秀青年科学基金资助，4人获得青年千人和拔尖人才项目资助。

2013年，工学院在国内外的学术影响力进一步扩大。黄琳院士当选为国际自动控制联合会会士；陈十一、方岱宁当选中国科学院院士；任秋实当选美国医学与生物工程学会会士；刘锋当选美国航空航天学会会士；郑春苗教授先后获得美国地质学会2013年度的O.E. Meinzer奖和美国地下水协会2013年度的M. King Hubbert奖；袁明武教授同时荣获亚太计算力学学会颁发的最高奖"APACM Congress Medal (Zienkiewicz Medal)"和国际华人计算力学学会颁发的最高奖"ICACM Congress Award"。工学院机器人竞赛代表队——"功夫队"再创佳绩，在2013宁波国际水中机器人大赛中斩获两项冠军和一项金奖，在第14届中国机器人大赛暨RoboCup公开赛中荣获机器人水球比赛项目的冠军。2013年，工学院成功主办、协办和承办了近20场在国内外有较大影响力的研讨会。

【党建工作】 2013年工学院共组织55人参加学校党课班的学习，新发展党员33人，有48人转为正式党员。学院党委重视支部建设，根据院系情况，重新进行了支部划分，现共有党支部33个，其中教工党支部9个，学生党支部24个。截至2013年底，工学院共有党员654人，其中学生党员506人，教职工党员104人，离退休党员44人。

2013年，工学院党委获"北京大学统战工作先进党委"称号，谭文长获"北京大学统战系统先进个人"称号，李军凯获"北京大学优秀党务和思想政治工作者"称号。

2013年8月至12月，学院积极开展了党的群众路线教育实践活动。

【学生工作】 2013年，工学院学生工作办公室坚持"育人为本"的思想和"精致化、人性化"的指导原则，秉承"工之道，实为本，新为上"的育人理念，推进育人形式多元化，育人成效显著。学工办积极组织学生参加"挑战杯"、数学建模竞赛、数学竞赛、物理竞赛、力学竞赛等。2013年，学院组织了4支实践团队奔赴重庆、上海等地。

2013年学院获"北大杯"乒乓球团体赛、网球赛第四名，校运会团体总分第四名。

第六届国际"太阳能十项全能竞赛"（Solar Decathlon）首次落户亚洲。工学院作为协办单位，在参赛、志愿者招募等工作中，积极组织同学参与，体验国际高水平实验创作竞赛。

2013年工学院响应"春燕行动"的号召，积极组织志愿者看望院友，并将此项活动延伸开来，组织学生进行杰出院友访谈活动。李军凯老师牵头组建了采编团队，对13位院士进行联系采访、摄影录像、录音整理和文稿撰写等工作，所有访谈成果最后结集成《燕园骄子——13位杰出院士的学术人生路》一书。

【交流合作】 2013年工学院教员出国(境)共349人次，其中赴港澳34人次，赴台12人次。全年出访人次比2012年增加98人次。

2013年，本着外事工作为教学科研服务的宗旨，工学院积极开展国际学术交流方面的工作，交流渠道呈现多元化，全年共接待知名高校来宾200余人次。

2013年工学院申请学校"海外学者讲学计划"和"海外学者访问研究计划"项目共35万元，先后聘请了外国及港澳台专家约50人次来工学院讲课、作讲座及科研合作。

2013年工学院协助教师继续申报北京市外专局"高端外国专家项目"。工学院2013年度续报2人，共获得每年30万元的聘请高端外国专家来京工作费用资助。

北京大学"海外名家讲学计划"工学院申报1人，获批经费7.4万元。

Globex（Global Education Exchange）项目是北京大学工学院和多所世界知名大学工学院达成的外籍教师和学生交换学习与研究合作的项目。2013年，工学院选拔派出12名优秀本科生赴澳大利亚新南威尔士大学、加拿大多伦多大学、美国马里兰大学、美国匹兹堡大学和美国特拉华大学学习。

【发展与产学研】 发展工作。2013年，工学院发展工作取得了很大成绩。在宣传方面，工学院继续利用多种渠道、采用多种形式向校内外和国内外进行正面宣传。本年度运营的宣传手段包括运行多年的"一网"（网站，中英文）、"一刊"（《工学快讯》）、"一册"（宣传册，中英文）、"一报"（电子报，中英文）。此外，2013年的创新有：(1)编写了《青春梦·北大根——北大工学1910—1952》一书，由北京大学出版社出版，用于宣传工学院1952年以前的历史，(2)制作了用于宣传学院优秀人才的明信片，共印8100张。

2013年工学院完成年度所有基金项目财务报告并新设立了人类健康科学基金、思爱普院长基金、项目管理基金、施耐德基金、生物医学工程专业暑期学校项目、讲席教授6个基金；完成铁汉基金、博绿雅建基金、瑞鑫安泰基金、进财院长基金等转账手续；参与北京大学教育基金会第八批和第九批基金配比，获得1724840.22元奖励。

2013年工学院签订的捐款合同金额为5.19亿元。截至2013年12月31日，学院签订的捐款合同总额为7.36亿元，到账金额为25581147.19元，共设立92个基金账户。

第三届工业理事会成功换届并举行了第一次会议。德稻集团董事长李卓智理事捐资500万元与北京大学共同开展"大规模网络开放课程"的研发;中国对外建筑有限公司捐资10亿元与北京大学、工学院共同建设"北京大学海洋研究院"并筹建"海洋科学与工程系"。

产学研工作。2013年工学院进一步完善了产学研体系的管理结构,实现了管办分离,科技开发办公室负责总体规划、制度建设、知识产权管理,增设了产学研合作中心负责业务发展,形成了工程技术研究院、工道投资公司、工道控股公司、创新教育中心及北大科技园创新公司、产学研合作中心6大业务平台分工协作的体系。

2013年工学院与企业合作的项目有77个,项目合同金额为7112.6万元,到账金额5169万元(全校第一,占全校总额的26%)。

北京大学工学院杭州未来科技城研究院于2013年7月挂牌运营。截至2013年底,学院分别在绍兴、南京、包头和杭州设立了研究院,建成了28个研究所,科研人员约300人。2013年在研项目34项,申请专利30项,技术转移项目15项。

工道创新投资有限公司增资2000万元,并在南京、包头、杭州共设立了3亿元的政府引导基金。截至2013年底,工道投资公司的政府引导基金数量为4个(厦门、南京、包头、杭州),总募集基金额为4亿元,目前正在与北京市政府部门筹建2亿元的创新基金和1亿元的如皋产学研合作基金。

2013年创新教育中心招收了第二批工程管理硕士学员,并全面启动了2014年招生工作。非学历教育方面,创新教育中心开设了"未来创新500强企业暨产业创新领袖培育工程""高新技术解析系列专题"等系列项目,培训收入约600万元。

计算机科学技术研究所

【概况】 2013年计算机科学技术研究所(以下简称计算机所)教师队伍总计35人,其中正高职称8人、副高职称21人,新晋升副高职称1人,新入职教师1人,调出3人。另外还有博士后3人、劳动合同制21人。

【教学工作】 2013年计算机所毕业博士研究生5名、硕士研究生24名;入学博士研究生7名、硕士研究生28名;在读博士研究生33名、硕士研究生74名。

博士研究生发表期刊论文11篇、会议论文21篇;硕士研究生发表期刊论文2篇、会议论文27篇。

1篇博士毕业论文被评为北京大学优秀博士学位论文,1名本科实习生的毕业论文被评为信息科学技术学院"十佳"优秀毕业论文,同时该生被评为计算机学会"CCF优秀大学生"。

2013年计算机所共开设11门课程,其中5门研究生课程、6门本科生课程。

【科研工作】 2013年计算机所在研项目80余项,到账经费2332万元,其中纵向科研经费1845万元。

2013年计算机所师生发表学术论文103篇,其中会议论文70篇、期刊论文33篇,SCI收录论文23篇,影响因子最高的为3.623。

2013年计算机所获得国内发明专利授权27项,申请并被受理的国内发明专利40项。专利"一种对半结构化文档集进行文本挖掘的方法"获第十五届中国专利优秀奖。

青年教师孙俊入选2013年度"新世纪优秀人才支持计划"。

字形计算技术研究方向在手写体中文字库自动生成系统的开发与研究中,针对笔画和部件自动提取、最优输入数据集选取、字形优化调整、字形轮廓矢量化等核心模块提出了相应的新算法,实现了从639个输入手写汉字自动生成包含6763个汉字的满足GB2312国标的中文字库。

图像、视频内容理解与检索研究方向在TRECVID2013的Instance Search任务两项评测中,获得了1项第二名(交互式搜索)和1项第三名(自动搜索)。2013年的参评队伍包括哥伦比亚大学、IBM Watson研究中心、加利福尼亚大学圣塔芭芭拉分校、阿姆斯特丹大学、日本国立情报学研究所(NII)、北京大学、清华大学、北京邮电大学、同济大学等国内外著名大学、研究所和企业研究院,最终23个队伍提交了74个参赛结果。

语言计算与互联网挖掘研究方向在句法分析方面,计算机所提出了用于解决汉语依存分析的伪文法模型,并进行了多系统融合的研究,构建了高精度的汉语依存分析器。在观点挖掘与信息摘要方面,计算机所提出面向微博的基于标签传递的协作式观点对象抽取方法。基于标准评测数据集的实验表明,该方法能有效提高微博观点对象抽取效果。相关工作的论文分别发表于 TACL、ACL2013、EMNLP2013、IJCAI2013。

网络信息处理技术研究方向在基于图的大规模RDF数据存储与管理技术研究中,设计了基于图结构的多层索引结构,有效降低查询响应时间。自主研发的原型系统g-Store在单机环境下2亿条三元组的Benchmark数据集上,实现了百毫秒级别的查询响应时间。特别是该方法对复杂查询的性能无明显下降,且查询性能受结果集增长的影响非常小,可以有效地支持在线的RDF数据更新。计算机所基于g-Store系统与搜狗建立了合作,开始在"知立方"应用中试用。

数字视频技术研究方向针对大规模网络视频内容分发，研究以内容为中心的未来网络传输协议和系统，提出一种基于命名的内容路由协议，结合位置寻址和命名寻址的优点，设计了一种拓扑感知的内容中心网络，解决了内容中心网络路由的一个关键问题，相关成果在 SIGCOMM2013 会议发表。

网络内容保护与文档处理技术研究方向在基于 PDF 文档的数学公式识别研究中，经过 3 年多的科研攻关，完成了数学公式的区域定位、结构恢复、公式搜索等公式识别全部流程环节的研发，并且达到实用水平，已经在合作单位的商用软件中使用，相关工作的论文发表在 JCDL 2013、期刊 *IJDAR* 和会议 ICDAR 2013 等文档识别和数字图书馆领域的专业期刊或会议上。

在互联网搜索与挖掘技术研究方向，计算机所重点针对微博的短文本与社会化的特点，提出了基于排序学习的微博实时检索模型，综合利用了微博的语义内容特征、互动特征和用户社会特征，有效地提高了微博实时检索的质量，在 TREC 微博评测中获得优秀成绩（非人工干预评测中，P@30 评测指标获第 1 名成绩）。

【科技开发】 电子出版新技术国家工程研究中心研制的喷墨数码印刷机 P 系列研发完成两款新产品，参加 ChinaPrint 大展获得良好反响。P 系列喷墨数码印刷机在河南新华成功完成与世界顶尖印后厂商马天尼设备的联机，可以联机完成书籍的印刷及装订成册，在小批量图书的生产效率、降低损耗、减少人工等方面处于国内领先地位。同时，P 系列的实际印刷质量及速度与原产品相比，有了较大提高，在河南新华实际生产速度达到了 130 米/分钟，印刷质量也得到了用户认可，在新华系统中起到了良好的样板示范作用。

中国文字字体设计与研究中心 2013 年承担了国家语委"十二五"科研规划项目"中国教科书专用字体研究与设计"，参与研发了国家《通用规范汉字表》并完成配套字库开发。中心被北京市科委评为北京市创新设计中心。中心参加了"2013 年北京国际设计周"，并受邀参加在法国巴黎联合国教科文组织总部举办的"古韵今风·北京设计"展览。

计算机所面向新一代国际视频编解码标准 HEVC 成功研发完成了实用编解码器产品 Lentoid，其中编码器比 H.264/AVC 最佳商用编码器 x264 的压缩效率提高近一倍，解码器达到 H.264/AVC 最佳软件解码器 coreavc 的设计水平，实现单核 CPU 高清实时解码，在 HEVC 解码器的 Google 搜索结果中排名第一。市场方面，迅雷看看从 2013 年 3 月起全面采用 Lentoid HEVC 编解码器，第一批分辨率为 720p 和 1080p 的 HEVC 影片已经大规模上线（Lentoid HEVC 解码器装机量超过 1 亿，日启动量超过 870 万次，日播放量超过 130 万次，崩溃率低于 0.1%）。

文档处理技术研究方向在文档中数学公式定位识别等研究成果，应用到方正阿帕比公司的 CEBX 文档转换技术中，使 CEBX 文档能够在移动终端上实现科技文献的高质量自适应排版，基于 CEBX 技术制定的《数字阅读终端内容呈现格式》已经成为新闻出版的行业标准（CY/T 88—2013）。

【交流合作】 2013 年计算机所参加国内外学术会议、交流访问 100 多人次，邀请校外专家来所作学术报告 10 余场，主办或承办学术会议 3 次。

【党建工作】 2013 年计算机所共有党员 28 人，其中离退休党员 7 人。

在开展党的群众路线教育实践活动中，按照"照镜子、正衣冠、洗洗澡、治治病"的总要求，计算机所以为民务实清廉为主题，以"反对'四风'、服务群众"为重点，组织领导班子、全体党员学习相关文件，通过网络、座谈等多种渠道听取党员、群众对领导班子和领导干部在作风方面存在的突出问题的反映，听取对贯彻落实中央八项规定精神、反对"四风"和践行党的群众路线方面的意见和建议。领导班子主要负责同志与班子每名成员之间、班子成员相互之间认真组织开展谈心活动，沟通思想、交换意见、查摆问题，认真撰写对照检查材料，并组织召开了民主生活会，对反映的问题及时进行了整改。

此外，计算机所还组织了"参观印刷史、共话中国梦""学习党的群众路线，建设服务型党支部"主题党日等活动。

【王选纪念陈列室】 作为主要协作和监制单位，王选纪念陈列室参与北京大学原创歌剧《为你而来·王选之歌》的筹备和创作支持工作。

组织王选纪念陈列室的接待和讲解工作，2013 年共接待各方参观人员 2000 余人，此外还在校内外作了 20 场题为"王选的世界"的主题报告。

【行政工作及其他工作】 2013 年计算机所行政人员共有 8 人，其中事业编制人员 4 人、合同制人员 4 人。

计算机所工会在 2013 年春季组织了全所教职员工、学生一起参加了趣味运动会，在秋季组织了徒步穿越活动，既锻炼了身体，又活跃了所内的气氛，增强了凝聚力。

软件与微电子学院

【概况】 2013 年，软件与微电子

学院在已有的12个系和40个专业方向的基础上，成立软件技术与服务工程领域、微纳电子与嵌入式系统领域、金融信息与管理技术领域和新兴交叉领域四个学科组，以领域学科组为单位，建设师资队伍，全面提高人才培养质量。学院在学科建设方面也取得了重要进展，高层次人才培养体系基本形成。目前已设有电子与信息领域工程博士点，工程管理硕士点，软件工程、集成电路工程、项目管理、电子与通信工程、计算机技术等5个领域工程硕士点。2013年学院与软件工程国家工程研究中心、信息科学技术学院软件研究所合作建设的软件工程一级学科博士点开始招生。同时通过2013级工程博士招生，学院继续深化校企合作，目前已在17家企业建立了工程博士研究生工作站，工程博士的试点培养将为工程硕士培养质量的提升创造有利条件。

【教学科研】 2013年软件与微电子学院共评审新增教授1人，副教授3人，讲师1人。截至2013年8月，学院共有专职教师62名，校外兼职教师79名，校内兼职教师28名，其中具有工业界和学术背景的占70%；专职教师中，获得正高职称的教师占48%，获得副高职称的教师占26%。五年来，正高职称教师人数逐年上升，副高级、初级教师人数呈下降趋势，副高级职称以上教师占教师总数的70%以上且保持相对稳定，师资整体保持较高水平。2013学年，经北京大学工程专业学位分会讨论和投票同意，学院新增9名硕士生导师。

2013年，软件与微电子学院承担各类科研项目92项，目前在研项目71个，在研资金约1296万元。在科研项目中，国家基金委和科技部资助的国家级项目数量较往年有所增加。2013年，学院组织申请国家自然科学基金项目11项、北京市自然科学基金项目8项、博士点基金4项、教育部专项基金1项。此外，在科技部组织的高技术领域"十一五"国家科技计划项目科技资源汇交工作中，学院有3个863计划项目办理了汇交手续。

2013年，软件发展战略研究室和微电子发展战略研究室在完成调研、咨询、规划、出版等方面取得了多项重要成果。工程技术研究中心围绕工程博士试点培养和软件工程一级学科建设任务初步形成了Genie、tCloud、iCampus三个研究团队。

据不完全统计，2013年学院以第一作者或责任作者单位发表的SCI、EI论文共计21篇，国内外会议论文36篇；作为合作单位发表的论文共13篇；出版专著、教材14部；申请专利12项，其中，获授权美国专利1项、国家专利2项，受理PCT国际专利3项、国家专利6项；开发系统8个，其中4个已经得到实际应用。学生工程实习与论文质量继续保持平稳上升的势头。2013年学院梳理了历年学生实习企业，确定了重点合作的23家实习企业，实习立项共计813人次；调整了实习立项、开题、结项的流程，力求简化工作程序，方便学生办理；共组织931名硕士生参加学位论文答辩，其中905名学生顺利通过论文答辩并取得硕士学位，答辩委员会推优的论文共计35篇。

【党建工作】 学院党委高度重视教职工和学生党员的先进性和纯洁性及党风廉政建设，多次组织教职员工和学生干部专题学习研究党的十八大精神和党的群众路线知识理论。同时，学院党委发挥学院专业优势，利用校园网络、视频等技术传达、学习会议精神。学院党委开展党员干部警示教育，有针对性地完善相应的规章制度，做到标本兼治，使领导干部的法律意识、纪律观念、照章办事意识得到进一步增强。

学院各学苑学生党支部定期组织学生党员开展支部活动，如参观卢沟桥抗日战争纪念馆、养老院送温暖、学生党员座谈会等。2013学年，学院党委共组织各学苑支部书记培训3次，支部定期入党积极分子谈话50多次。在186名入党积极分子中，学院党委发展新党员50名，转正党员111名。软件与微电子学院党委秉承育人为本、立德树人、德育为先的理念，致力于培养中国特色社会主义高素质建设者和可靠接班人。在党建工作中，院党委把学生党支部建立在学苑上，党支部和学苑工作紧密结合，通过党校学习以及各项有益的社会活动，既调动学生的潜力，又做好发展新党员的各项工作。

【学生工作】 软件与微电子学院学生积极参加全国、学校的各类赛事，硕果累累。2013年学院获得第十三届"挑战杯"全国大学生课外学术作品竞赛团体二等奖，北大"挑战杯"五四青年科学奖竞赛1个特等奖、1个二等奖、2个三等奖，"京华杯"北大、清华棋类桥牌友谊赛冠军，北京大学首届工业设计大赛优秀组织奖。在2013年学校春季运动会上，学院学生再创佳绩，在男子4×400米等六个项目中摘得金牌。此外，微纳电子与嵌入式系统领域学科组的同学荣获2012亚洲创新设计大赛一等奖，新兴交叉学科领域学科组的同学作品在首届国际动漫博览会中取得1个二等奖、1个单项奖的佳绩。

在奖励、奖学金的评比过程中，学院根据学校相关规定，制定评比细则和操作规范，力求公正。奖励213人（含校级211人、市级2人），其中包括校级优秀毕业生46人、国家奖学金获得者52人、其他奖学金获得者68人（含杨芙清—王阳元院士奖学金、五四奖学金、董氏东方奖学金、摩根士丹利奖学金、华为奖学金等）。

【交流与合作】 2013年,软件与微电子学院进一步拓展学术交流,加强同政府、高校、企业的合作。学院与新加坡管理大学联合招收培养金融服务、商业与数据分析双硕士,共录取30人。这一批学生将在无锡基地学习半年后,赴新加坡管理大学继续攻读。这也是学院首个国际合作项目的招生。此外,学院与台湾交通大学电机学院等4所台湾知名高校签署初步合作协议,正等待学校研究生院的批复。学院还将进一步加强同其他国家和地区知名高校的合作,进一步夯实基础,提升国际化办学的水平。

在加强对外合作的同时,学院还积极开展与政府、国内知名企业在产、学、研结合方面的合作。学院参加国家外国专家局2012年北京基地绩效考核和引智项目费用核销工作,国家外国专家局2013年引智项目申报工作,教育部组织的"创新人才推进计划"评议专家库的相关工作等。各领域学科组积极开展与国内外的学术交流和项目合作。新加坡管理大学三次到访学院,就研究生联合培养国际合作项目签署备忘录;法国最大的高等商学院欧洲知识经济与管理商学院来访,就合作开展管理专业工程硕士联合培养项目达成一致意见;荷兰屯特大学来访,介绍了作为新兴学科的技术传播专业的发展前景以及全球市场对人才的需求,并希望与学院合作开设国内独具特色的技术传播专业。

【招生与就业】 在2013年全国硕士研究生统一考试过程中,第一志愿报考软件与微电子学院的人数达到1634人,创历史新高,在北大各院系中排名第三。第一志愿录取率为16%。2013年,学院共录取各类考生1572人(含单转双190人),比上一学年增长26%,是建院以来入学学生最多的一年。其中硕士研究生1550人、电子与信息领域工程博士研究生9人、第二学士学位学生13人。无锡基地共录取学生(含港澳台学生)369人(含单转双35人),增长45.8%,也是无锡基地录取人数最多的一年。1月全国硕士研究生统一考试,录取211等重点高校学生达到80%以上,生源质量继续稳中有升。港澳台招生工作继续平稳发展。2013学年,学院招收港澳台学生51人,留学生1人,是全校理工科院系招收港澳台学生较多的院系。2013年,学院采取"申请—考核制"方式录取电子与信息领域工程博士9人,全部来自高科技企业和科研院所,为行业和产业培养急需领军人才。2013年,学院首次招收工程管理硕士,首批录取工程管理硕士15人。同时,2014年度,学院计划开始招收学术型软件工程博士10人,学术型软件工程硕士研究生10人,开始参与学术型研究生的培养。

软件与微电子学院毕业生就业情况进一步呈现就业率高、薪资水平高、大公司大企业多的"两高一大"特点。据统计,在2013年的648位双证硕士毕业生中,国家机关35人、事业单位23人、国有企业184人、科研单位26人、国内升学9人、出国17人、高等学校30人、部队2人、创业6人、企业316人。

从行业分布来看,2013年毕业生进入金融行业的人数为185人,占总人数的28.55%,比重较大,且有上升趋势;纯技术开发类岗位持续下降。从就业地区分布来看,北京仍是学院毕业生就业的首选,2013学年共有354名毕业生留京就业,占总人数的54.63%。但同时,毕业生离开北京择业正呈现上升趋势。

环境科学与工程学院

【发展概况】 环境科学与工程学院于2007年5月成立。学院现有环境科学系、环境工程系、环境管理系3个教学实体单位,设立了环境模拟与污染控制国家重点实验室联合实验室(北京大学分室)、水沙科学教育部重点实验室、北京市新型污水深度处理工程技术研究中心3个科研平台,此外学院挂靠单位包括:中国持续发展研究中心、环境工程研究所、环境与健康研究所和环境与经济研究所等研究机构。

学院现设2个本科专业:环境科学、环境工程,3个硕士专业:环境科学、环境工程、大气物理学与大气环境,2个博士专业:环境科学、环境工程,1个博士后流动站。

截至2013年12月,学院共有教职员工68人,其中,教授33人(含百人计划研究员7人)、副教授21人、讲师3人。2013年度新晋升教授1人,新进教师6人,离退休1人。2013年度在站博士后23人(含深圳研究生院12人),其中进站13人(含深研院7人),出站9人(含深研院3人)。

为了解学科发展在国际上所处位置,评估学科发展态势,梳理学院发展的方向和思路,提升学科国际竞争力,学院作为北京大学首个理工科院系开展国际同行评议工作,邀请7位国际知名专家为学院的发展状况把脉诊断,并为学院的发展战略提出建议。

【教学工作】 学院现有本科生127人,硕士生157人,博士生115人。2013年学院招收本科生31人(留学生1人),硕士生54人,博士生29人(含留学生1人)。2013年度学院本科毕业生22人,硕士毕业生48人,博士毕业生20人。

2013年度学院共开设本科生课程40门，包括专业必修课18门、专业选修课20门、暑期课2门（含专业必修课1门、专业选修课1门）。2013年度学院共开设研究生课程44门，其中必修课17门，选修课27门。

2013年度学院共有26名学生参加本科生科研训练，参与率高达91%。学院进一步规范和制度化本科拔尖人才计划，对本科生的课程建设、实验教学建设、学生国际交流、聘请国内外专家授课等给予重点资助，13名学生受资助参与国际交流和校际交换项目。学院成功组织北京—哥本哈根城市挑战计划，来自丹麦哥本哈根商学院、丹麦技术大学和环境科学与工程学院的8名学生参加互访。

为进一步提升本科生教育质量，加强本科生管理工作的战略设计和统一协调，学院成立本科教学工作小组，讨论和决定学院加强本科生工作的举措和实施方案。

学院以"过程管理与提高质量"为基本原则，以选择优秀的学生悉心培养并执行严格的标准为主线，制定了《关于建立硕士研究生学年汇报制度的规定》《关于建立硕士研究生论文预报告制度的规定》《关于建立博士研究生学术报告制度的规定》《关于博士研究生学科综合考试的规定》《关于硕士研究生奖学金评定的办法》《关于研究生学术活动信息公开的规定》等六项制度，进一步规范和完善研究生培养与管理工作。

为提高研究生生源质量，学院首次举办"北京大学环境科学与工程学院2013年全国优秀大学生夏令营活动"，共有来自全国各地39所高校的109名优秀大学生参加，最终56人被录取为推免硕士或直博生。为扩大北京大学的学术影响与践行社会服务宗旨，学院举办了"生态文明与环境管理"暑期学校，来自全国41所高校的75名优秀研究生参加。学院举办了"环境经济学青年学术研讨会"，来自中国、美国、法国、加拿大、澳大利亚、韩国等6个国家的40位环境经济学领域的知名学者和优秀博士生参加。

2013年度学院继续推进与国外知名大学和研究机构的研究生学术交流和联合培养工作，共有61人参加出国出境交流访学，其中21人获得学术交流基金资助。

【科研工作】 2013年度学院师生共发表论文231篇，其中SCI/SSCI收录134篇，核心期刊收录92篇，英文论文5篇。2013年学院获授权发明专利26项，软件著作权登记3项，出版专著2部。2013年学院全年到账科研经费6362万元。2013年学院承担的973课题、科技支撑计划课题、国家科技重大专项、基金委项目及国际合作项目进展顺利，新获批国家自然科学基金项目12项，其中重点项目1项、优秀青年科学基金项目1项、面上项目8项、青年科学基金项目2项、主任基金项目2项、国际合作基金项目1项。2013年学院相关成果获2013年度国家技术发明奖二等奖1项，日内瓦国际发明展特别奖1项、金奖2项。学院注重成果转化及社会服务，鼓励教员积极参与产学研工作，获首届北京大学产学研先进集体二等奖，相关成果及个人另获4项校级表彰。

【交流合作】 4月，中国环境保护产业协会重金属污染防治与土壤修复专业委员会成立，专委会挂靠单位为北京大学环境科学与工程学院。为拓展学院的资金来源渠道、提升北大在环境领域的影响力，10月，学院拜访香港特别行政区环境局、澳门特别行政区环境保护局，在港举办北大公共论坛"清洁空气：政府、企业、高校和社会的责任"，与澳门特别行政区环境保护局签署《关于在环境保护与可持续发展领域的合作意向书》。12月，学院组织第一届珠海生态文明建设学术会议，推进珠海市与学院在生态文明理论与实践建设中双赢。

2013年度学院近90名教师出访参加国际交流及学术研讨，聘请20位国际著名专家前来合作科研、作讲座及学术交流。学院主办及参与主办了如下科研活动：基于"人类—自然"耦合系统理念的流域管理国际研讨会、环境经济学国际研讨会、北京论坛之"中国与世界环境保护四十年：回顾、展望与创新"环境分论坛、第三届环境模拟与污染控制国际学术研讨会暨第八届环境模拟与污染控制学术研讨会、城市环境污染国际学术会议以及海洋生态文明国际论坛等国际学术会议。学院接待了美国、以色列、日本等国高校及研究机构的代表团。

【党建工作】 结合党的群众路线教育实践活动部署以及学习贯彻十八大报告精神，学院设立党支部书记联系工作机制，丰富发展党员发展程序，建立学院各年级党支部手拉手项目，高年级支部带领低年级支部，同时立足学院实验室工作组的特点，设立党小组，提升党组织的覆盖面，扩大和深化党员联系群众的渠道，不断发挥党员的先锋模范带头作用。

学院党委将工作重心移到服务学校上，创新性地与燕园街道联合开启了"绿色北京，共爱燕园"共建活动，同时开展绿色校园专项活动，将党建工作、志愿者服务工作、绿色环保理念工作统一起来，增强党建工作的时效性、针对性、创新性。

6月，在学校党委指导下，学院顺利完成党委换届工作。6月14日召开全院党员大会，选举产生新一届党委班子，胡建信任学院党委书记。

【学生工作】 学院学生工作办公

室紧密围绕育人中心任务,以全面推进实践育人工作为载体,秉承"夯实根本、突出特色、勇于创新、注重实效"的工作理念,扎实开展学生工作,获得2013年"北京大学学生工作先进单位"称号、"北京大学学生资助工作先进单位"称号、"北京大学党团日主题教育活动先进组织奖"。

中国语言文学系

【概况】 在2012年9月中国语言文学系行政班子完成换届后,2013年5月,中国语言文学系党委班子实现顺利换届。2013年6月和11月,中国语言文学系先后两次召开全系队伍建设和学科发展的战略研讨会,就中国语言文学系近期的发展拟订了切实可行的规划和实施方案。2013年度,中国语言文学系适时调整了学术委员会、学位委员会、部分基地中心、研究所、教研室的管理层结构,队伍运行更有活力和效率。9月初全系从静园五院顺利搬迁到人文学苑,办公和教学科研空间环境有了历史性的扩大和改善,由此带来了诸如各种小型研讨会、学术沙龙、读书会的纷纷涌现和教师接谈学生制度的实施,每周都有来自国内外各种系列学术讲座举办,形成了浓厚的学术气氛。中国语言文学系语言实验室扩大和更新改建项目正在实施。

【教学工作】 本科和研究生教育方面,2013年6月,中国语言文学系召开全系教书育人工作大会,总结中国语言文学系在教学和人才培养方面的成功经验,反思存在的问题,寻找对策。2013年秋季学期中国语言文学系启动实施"一对一本科生学业导师制度",建立指导管理考评办法,全系百名教师分别为本科一、二年级同学的学业发展提供了"一对一"的指导,效果明显,获得师生广泛好评。北京大学"大学国文"教学方案和教材编写顺利推进,预期于2014年秋季在部分理科院系开设。硕士研究生培养结构调整有进展,启动了创意写作专业硕士(MFA)和中国语言与文化(EMA)(英语作为学习语言)硕士项目,初步改变了单一学术硕士的培养局面;直博生的招生计划指标也将有所增加。全系计划于2014年实施研究生科研资助和奖励制度。研究生论文质量,尤其是博士论文质量有明显提高,在学校年度优秀博士学位论文评审中,全系有18篇论文申报,其中11篇在匿名评审中获得综合指标5项全优的评价。

【科研工作】 人才队伍建设方面,长江学者、跨世纪人才、新评聘教授和新教师调入均有进展,长江学者达到4位(3位特聘、1位讲习)。科研方面,新获批准一批国家社科、教育部人文社科和北京市项目,其中包括在研国家社科基金重大项目5项、教育部重大项目2项、教育部重点研究基地重大项目17项等。为了促进自主科研的发展和项目培育,全系拿出资金启动实施了"自主科研培育项目计划",首批有19个项目得到支持。

【交流合作】 在国际交流与合作方面,一方面,中国语言文学系仍然保持着与日本、韩国以及港澳地区重要高校的传统友谊,继续派遣教师赴这些地区任教;另一方面,不断加大学术研究的国际交流与合作。2013年1月,中国语言文学系派遣多名学科负责人赴台湾大学、台湾新竹"清华大学"交流,商讨学术合作事宜并就现代学术管理进行讨论;2013年3月,中国语言文学系与意大利威尼斯大学亚非学院举办了首届国际学术会议,来自中国、北美、欧洲近70名学者与会,中国语言文学系十多名教授参加。此外,一年来中国语言文学系还举办了多次国际学术会议,邀请国际知名学者作讲座几十人次,譬如"胡适人文讲座"的著名汉学家瓦格纳系列讲座,在国内中文学界产生了很好的反响。2013年中国语言文学系大量教师赴国(境)外参加重要学术会议。

【党建工作】 党委工作方面,中国语言文学系5月顺利完成党委换届工作,新一届党委与行政密切配合,在人才队伍建设、学科发展、院系管理,尤其是思想政治教育和党团支部建设等方面齐抓共管,成绩斐然,得到学校有关方面和全系师生广泛好评。自8月底开展党的群众路线教育实践活动以来,中国语言文学系党政班子紧紧围绕保持党的先进性和纯洁性,通过集体学习讨论与个人自学相结合,努力提高认识,在日常工作中认真践行清廉为民的服务宗旨,在生动活泼、充满创造性的群众实践中"正衣冠,照镜子,洗洗澡,治治病",不断加强作风建设,下大力气改进工作作风。一方面,系领导班子深入开展教育实践活动,立足于解决领导班子的作风问题,学习教育、听取意见、查摆问题,实实在在开展批评和自我批评、整改落实并逐步建章立制;另一方面,依托党支部,在广大党员师生中开展党的群众路线教育实践活动,使教师党员、学生党员和师生普遍接受马克思主义群众观点和党的群众路线的教育,针对中国语言文学系存在的需要解决的突出问题,提出了适合本系特点的自选动作,寻找到解决问题的办法措施,从而带动了教风的改善、学风的改善。

【学生工作】 学生管理和就业方面,中国语言文学系思想政治工作和党团组织建设再上新台阶,坚持两手抓、两手都要硬的方针,以学生为本,工作细致到位。一年来,中国语言文学系学生的精神面貌持续向好,院系文化建设卓有成效,思想状况稳定,党团支部建设更上层楼。譬如,2012级本科生党支部"红色一加一"活动获得学校唯一的北京市党团日活动一等奖。全系形成了积极健康向上的浓厚氛围,大力倡导学习之风。读书会、学术沙龙、学生社团、兴趣组织如辩论队、戏剧队、各种体育运动队等学生自组织建设活泼而规范,他们活跃在学校的各项活动中,并代表系里取得了不俗的成绩。就业方面,虽然就业形势比较严峻,但是2013年中国语言文学系学生的就业质量和就业率仍保持稳定。

历史学系

【概况】 历史学系始创于1899年京师大学堂设立之史学堂,是近代中国最早的国立史学高等教育机构。1903年大学堂开设中国史学门和万国史学门,民国初年增设历史地理学、考古学、史学理论与方法、专门史等课程体系。屠寄、王舟瑶、李大钊、朱希祖、马衡、叶瀚、陈汉章、陈翰笙、陈寅恪、冯承钧、何炳松、傅斯年等史学名师先后在此执教。1952年院系调整后,清华、燕京等名校精华汇入本学科,翦伯赞、向达、张政烺、邓广铭、齐思和、杨人楩、周一良、侯仁之、王铁崖、邵循正、苏秉琦、田余庆、罗荣渠、张广达、宿白、严文明等名师云集。在2013年教育部公布的全国一级学科评比中,历史学系世界史和中国史两个学科都获得全国第一的好成绩。

2013年,历史学系共有在编教职工78人,其中在编教师69人(教授41人、副教授20人、讲师1人、新体制7人),在编教辅人员4人,在编党政管理人员5人;博士后8人;离退休人员55人,劳动合同制聘用人员5人。新入校教工,艾兰娜(新体制,副教授);校内调入教工,朱青生(教授);优秀人才引进计划,井上亘(日本)、法恩瑞(意大利)、朱玉麒、陆扬(美国)。

【教学工作】 2013年,历史学系共有在册学生631人。本科生271人,其中留学生56人;硕士研究生170人,其中留学生10人、港澳台学生12人、香港树仁大学学生21人;博士研究生190人,其中留学生18人、港澳台学生9人。2013年,历史学系在教学方面努力深化教学改革,推动学术发展,取得了一些成效。按照学校要求,历史学系积极开展小班教学实验,2013年春季学期首先在阎步克教授和邓小南教授开设的通选课"中国古代政治与文化"进行了小班教学实验,2013年秋季学期开设中国古代史练习、中国近现代史练习、世界古代史练习、世界近现代史练习4门小班教学课程;继续加强实践教学,2010级本科生完成了暑假西北历史考察,2011级本科生完成暑期社会历史调查,编辑了北京大学历史学系社会调查报告之九《11本暑期实践报告:流光》。

根据实际情况,历史学系与元培学院、外国语学院共同修订外国语言与外国历史专业教学计划,该专业导师彭小瑜教授继续举办外国语言与外国历史专业系列讲座,加强对外国语言与外国历史专业学生的辅导。

在教学成果方面,朱孝远著《如何学习研究世界史》被评为2013年度北京市高等教育精品教材;赵冬梅副教授荣获北京大学2012—2013学年度教学优秀奖。同时配合学校有关要求,历史学系也加强了对教师教学工作量的要求。

【科研工作】 历史学系积极推进教师的科学研究工作,专门拿出部分经费用于资助一般和重点系级科研项目。2013年共有40余位教师申请到了系级一般项目资助,每个项目提供经费8000元;同时历史学系拿出经费20万元,设立了"中青年人才培养计划"作为重点资助项目,2013年有8位中青年教师提出申请,计划评出4个项目,每个项目资助5万元。

2013年历史学系获国家社科基金重大项目立项2项("宗教与东亚近代化""敦煌与于阗"),重点项目1项(朱孝远:"德国通史"),一般社科项目3项,其他项目15项。

在科研成果获奖方面,历史学系获第六届高等学校科学研究优秀成果奖(人文社科)一等奖3项(何芳川等历史学系教师:《中外文化交流史》;朱凤瀚:《中国青铜器综论》(上、中、下);朱孝远:《欧洲文艺复兴史·政治卷》所纳入丛书《欧洲文艺复兴史》),二等奖1项(钱乘旦总主编《世界现代化历程》6卷),三等奖1项(王奇生:《革命与反革命:社会文化视野下的民国政治》);北京大学第十二届人文社科优秀成果奖一等奖2项(分别为:韩巍:《北京大学藏西汉竹书(贰)》(老子卷)、昝涛:《现代国家与民族建构——20世纪前期土耳其民族主义研究》),二等奖4项(分别为:郭卫东:《中国近代特殊教育史研究》;董经胜:《拉丁美洲史》;朱孝远:《宗教改革与德国近代化道路》;包茂红:《环境史学的起源和发展》)。

【交流合作】 外事交流工作是教学科研工作的重要助力,2013年历史学系外事交流工作继续平稳开展。历史学系在北京大学海外学者讲学计划项目、人文基金高级访问学者项目和法鼓人文基金等项目的大力支持下来邀请并接待了60余位海外学者,涵盖德国、法国、英国、美国、韩国、日本、加拿大、马来西亚、意大利,以及我国港澳台地区;这些学者无论长期教学还是短期讲座,都收到了良好的教学效果。据不完全统计,历史学系教师2013年累计出访62人次。

在学生交流方面,历史学系全年接受1名日本新潟大学的交换生、1名日本二松学舍大学的交换生、1名日本东京大学的交换生、1名日本同志社大学的交换生、2名澳门大学的交换生。2013年历史学系出国出境学生累计达50余人次;同英国埃克塞特(Exeter)大学、日本京都大学分别召开了国际学术研讨会。

【党建工作】 2013年历史学系共有党员249人。教工党员85人,其中含离退休人员42人,学生党员164人;正式党员227人,预备党员22人。

2013年,历史学系党政班子继续推进学习实践科学发展观,深入认真开展党的群众路线教育实践活动,继承和发扬本系优良传统,继续贯彻民主和谐办系的思路,遵循廉洁从政的准则,为创建世界一流的历史学科不断努力。除完成好学校布置的各项基本工作任务,历史学系在党的建设、教学、科研等领域都做出了自己的探索。

历史学系深入开展落实党的群众路线教育实践活动,把党的各项工作落到实处。系党委严格按照上级部门和校党委的指示,结合历史学系的实际工作,严格落实中央八项规定,坚决反对形式主义、官僚主义、享乐主义和奢靡之风,把党的各项工作要求落到实处。根据学校的要求,历史学系及时制订了党的群众路线教育实践活动的实施方案,成立了领导小组,并明确了实施的步骤。这次活动以边学边改、边查边改、边整边改的方式,立竿见影地进行,主要目标是及时地、尽快地解决作风方面的问题,并通过建立相关制度,使密切联系群众、为民务实清廉的优良作风常态化。

【学生工作】 历史学系除了做好常规的学生党建工作、心理排查工作、奖助学金工作、毕业就业工作之外,还在如何提高育人效果方面进行不断的探索,开展了丰富多彩的学生活动及党团日活动。

1. 针对不同年龄段的学生境况开展调研。为了了解历史学系学生各方面的真实情况,更好地指导学生管理工作,历史学系学工办采取问卷和访谈的形式,分别对本硕和博士两个群体进行了调研,根据调研结果分析了造成其学习生活压力的主要原因,并从与导师配合、与学校联合、以党支部为媒介三个方面对研究生群体的学生工作做了一些探索。

2. 与学生谈话谈心实现制度化。系学工办制定了量化指标,每个月确保约谈8名学生,涵盖新生班到毕业班各个年龄段(暂未包括博士班)。

3. 引导和增强学生的自信心与进取心。从2012年开始,系学工办就着重鼓励学生全面发展自身综合素质,积极参加各类社会活动,增强自信心和进取心。

4. 鼓励和支持学生开展各类社会实践。

考古文博学院

【概况】 考古文博学院下设考古学系(主任:杨哲峰)和文化遗产学系(主任:杭侃)。其中考古学系下分5个教研室:旧石器时代考古教研室(主任:王幼平)、新石器商周考古教研室(主任:雷兴山)、历史时期考古教研室(主任:杨哲峰)、外国考古教研室(主任:李水城)、考古技术方法教研室(主任:张弛、吴小红),文化遗产学系下分3个教研室:博物馆学教研室(主任:宋向光)、古代建筑教研室(主任:徐怡涛)、文物保护教研室(主任:胡东波)。

考古文博学院现有教职工共63人,其中在职教师36人,技术人员11人,行政管理5人,工人4人,博士后4人,劳动合同制3人;退休32人。2013年度病逝1人:马世长。2013年考古文博学院孙庆伟、魏正中晋职教授,崔剑锋晋职副教授,方笑天晋职馆员。

【教学工作】 总结学科评估。考古文博学院在教育部一级学科(考古学)评估中排名第一,在评分上领先兄弟院校。经总结和分析,此次评估胜在主观得分优势较大,但从客观评估指标来看,兄弟院校竞争态势激烈,差距正在不断缩小。

推动专业改革。继2012年改革研究生招生模式、强调研究生分类培养后,2013年学院将专业建设重点放在文物建筑和文物保护专业。为了提高人才培养水平,有利于教学组织,相关教师提出了在这两个专业上实行从本科生到专业硕士延续学习、以六年为周期的人才培养模式。此方案得到了有关专家的一致认同,目前正就方案的细节进行讨论,希望在不久的将来得以实施。2013年考古文博学院获得了北京市对考古实验实践示范中心和教育部对专业综合改革的支持,为推进专业发展提供有力支持。

人才培养。2013年学院共招收本科新生48人;硕士研究生24人;博士研究生25人,其中直博生10人。经过学院的积极改革和努力,招生人数较往年有大幅度的增长。2013年本科生毕业30人,硕士研究生毕业28人,博士研究生毕业11人,皆获得博士学位。2013年度学院有一篇博士论文获评北京市优秀博士学位论文。

继续教育。2013年9月至12月,受国家文物局委托,学院在陕西岐山双庵遗址举办"《田野考古工作规程》推广培训班",结业13人。12月9日至15日,受杭州市园文局委托,学院举办"北京大学杭州市文化遗产保护与管理培训班",结业30人。

实习基地建设。在宝鸡市政府的支持和陕西省考古研究院的合作帮助下,学院重点建设陕西周原考古实习基地,以承载考古专业的主要实习和各种田野考古培训(国家文物局委托的全国田野考古工作人员培训、国内外相关院校的委托培训等)。在郑州市的支持下,学院继续完善旧石器考古专业实习基地,成为实施教育部"裴文中人才培养计划"的主要依托。在新疆文物局和新和县政府的支持下,学院兴建龟兹(安西都护府)实习基地。

教学成果。赵辉、张弛、赵化成、雷兴山、王幼平等教授申报的"坚持教学与科研相结合,创建面向国际一流的考古实验实践课程体系"获2012年度北京市教学成果奖二等奖。齐东方教授获2013年北京大学优秀博士学位论文指导教师。孙庆伟教授获北京大学第十二届青年教师教学基本功比赛人文社科类三等奖和2012—2013年度教学优秀奖。金英副教授获2012—2013年度北京大学优秀德育奖。王书林获2012—2013年度北京大学优秀班主任二等奖。

【科研工作】 科研项目。2013年度学院在研课题87项,其中国家级项目33项(包括科技支撑计划项目3项、国家社科基金重大项目4项、社科基金项目7项、教育部基地项目6项、教育部一般项目2项、国家文物局项目11项),政府部门委托项目14项,企事业单位委托项目36项,2013年度入账科研经费总计20009334.5元。2013年度在研的国际合作项目有:中肯合作发掘项目"中国和肯尼亚合作实施拉穆群岛地区考古项目"、中美合作研究项目"成都平原社会复杂化进程调查"、中法合作发掘项目"法国De La Seille河谷制盐遗址考古发掘"、中意合作研究项目"意大利所藏中国文物"。

学术成果。2013年度考古文博学院教师出版学术专著9部,编著书籍3部,发表论文131篇。宿白先生获北京大学第三届蔡元培奖。雷兴山教授的《先周文化探索》获教育部高等学校科学研究优秀成果奖(人文社会科学)著作类二等奖。孙庆伟教授的《周代用玉制度研究》获教育部高等学校科学研究优秀成果奖(人文社会科学)著作类三等奖。林梅村教授的《寻找楼兰王国》获教育部高等学校科学研究优秀成果奖(人文社会科学)成果普及奖。

人才。孙庆伟教授入选2012年教育部"新世纪优秀人才支持计划"。张弛教授入选全国"百千万人才工程",并被授予"有突出贡献中青年专家"荣誉称号。崔剑锋副教授入选"万人计划"第一批青年拔尖人才。

学术会议。10月26日—29日,由北京大学中国考古学研究中心、浙江省文物考古研究所、中国丝绸博物馆、中国茶叶博物馆等四家单位联合主办的"海上丝绸之路——亚洲的跨文化交流和文化遗产"研讨会在杭州举办。12月7日—8日,学院举办第二届高校研究生建筑考古论坛。12月7日,学院举办"俞伟超先生诞辰100周年暨逝世十周年追思会"。11月23日,学院举办"叠翠——浙东青瓷的考古发现与研究学术论坛"。

【党建工作】 2013年5月,习近平总书记在百忙之中抽出时间提笔给考古文博学院同学回信。他为同学们在校园学习与田野考古实习中取得的收获感到欣慰,对同学们在信中所说"实现中国梦,就要同心奋进,肩负历史责任"的看法深表赞同,并对他们提出了殷切的期望。2013年6月,考古文博学院党委在学校党委的领导下,顺利完成党委换届工作。王幼平教授当选党委书记,雷兴山教授、金英副教授当选党委副书记。2013年9至12月,学院党委按照上级党委部署,圆满完成党的群众路线教育实践活动。

【学生工作】 推进基层党建,探索制度创新。结合学院特点和实际情况,学院继续实施实习基地的党团共建,建立临时党支部,继续实施严格的手拉手绩效考核制度和开展"红色一加一"活动。此外,学院完善考核评估机制,力促推优入党,取得了良好的效果。

完善奖助工作,推进育人工程。学院继续推进资助工作,共覆盖全院40名贫困生,其中25名本科生、2名研究生获得了校级资助,13名研究生获得了学院资助。本年度学院继续招入国家贫困地区计划学生10名。考古文博学院高度关注就业工作,2012届毕业生就业率高达100%。学院继续强化学生骨干队伍梯队建设,形成了以学生会、研究生会、院团委、青年志愿者协会、文物爱好者协会、学生助理小组为中心的几个骨干群体,强化骨干责任意识,重点培养管理型、领导型人才。

加强思想教育,关注心理健康。2013年度共开设"成长成才课"六次,取得了良好的反响。

学院利用人人网、微博等新媒体加强与学生的沟通交流,及时了解学生的意见和要求。在做好学生心理健康教育的全面普查工作的同时,学院对特殊群体和问题学生还给予特别关注。

开辟第二课堂,丰富育人手段。学院坚持学术为先,以学术培养人造就人的理念。学院开展研究生学术沙龙、研究生学术讲座、研究生学术实践等相关活动,取得了广泛赞誉。

哲学系(宗教学系)

【概况】 哲学系(宗教学系)(以下简称哲学系)现有2个一级学科:

哲学和科技史。其中哲学包括马克思主义哲学、中国哲学、外国哲学、逻辑学、伦理学、美学、宗教学、科学技术哲学8个二级学科，马克思主义哲学、中国哲学、外国哲学、美学4个学科被评为国家重点学科。

哲学系在2013年世界QS排名中位列第17位，居亚洲第一。在2013年度学校绩效奖励评估中，哲学系各项指标名列前茅，获得教学、科研、管理3项主要指标全A的好成绩。

2013年底，哲学系在编教职员工共71人。其中，教师64人：教授37人，副教授21人，讲师2人，人文讲习教授4人。行政6人；副研究员1人，助理研究员3人，讲师2人，硕士5人，本科1人。资料室1人；副研究馆员，本科。离退休人员59人。在站博士后20人。挂靠单位：儒藏编纂与研究中心8+1人；儒学研究院2人；高等人文研究院1人。

2013年哲学系行政班子完成换届。主任：王博；副主任：杨立华、仰海峰、吴飞、李猛。

外国哲学教研室引进德国教授Rainer Schaefer任人文讲席教授；中国哲学教研室引进孟庆楠博士后任讲师；基督教教研室徐龙飞、吴飞任教授；美学教研室宁晓萌任副教授。张秀成老师、王海明教授退休，徐向东教授、叶峰副教授调离北京大学，黄枬森教授、郭雅存副教授去世。

【教学工作】 2013年哲学系开设本科课程95门，研究生课程119门。2013年哲学系招收本科生52人（其中3人为留学生），本科毕业51人；录取硕士生60人，博士生61人，通过硕士学位论文答辩50人，通过博士学位论文答辩52人。在2012年基础上，2013年哲学系进一步推动北大人文基础学科本科人才跨院系培养计划"古典语文学"项目，进入该项目的总人数达到40人。2013年7月该项目有16位同学毕业，其他全都继续读研深造。

郑开、吴天岳获2012—2013年度北京大学教学优秀奖，何欢欢的博士论文《〈中观心论〉及其古注〈思择炎〉对外道思想批判的研究》获全国优秀博士学位论文（导师姚卫群教授）。

7月，哲学系有博士毕业生47人，其中43人毕业、2人结业、2人肄业；硕士毕业生50人，全部毕业。哲学系获得博士学位44人、硕士学位51人。

2013届本科生48人毕业，含留学生3人；双学位18人毕业，辅修3人结业。

【科研工作】 2013年度，哲学系教师出版科研专著18部：胡军教授：《中国哲学的现代转型》；何怀宏教授：《新纲常》；章启群教授：《论魏晋自然观——"中国艺术自觉"的哲学考察》（修订版）、《星空与帝国——秦汉思想史与占星学》；陈波教授：《理性的执著》《逻辑哲学研究》；韩林合教授：《分析的形而上学》；陈少峰教授：《中国伦理学史新编》《中国文化企业报告2013》；李超杰教授：《偶像的黄昏》（名著版）、《哲学的精神》（修订版）；孙尚扬教授：《明末天主教与儒学的互动》；聂锦芳教授：《马克思〈资本论〉研究读本》《马克思的"新哲学"——原型与流变》；徐龙飞教授：《循美之路——基督宗教本体形上美学研究》《形上之路——基督宗教的哲学建构方法研究》；吴飞教授：《心灵秩序与世界历史》；宁晓萌副教授：《表达与存在——梅洛庞蒂现象学研究》。

2013年度，哲学系共获国家社科基金重大项目2项，分别为赵敦华教授的"20世纪中国传统哲学与马克思主义哲学、西方哲学关系研究"以及刘华杰教授的"西方博物学文化与公众生态意识关系研究"。

聂锦芳获2013年北京大学第十二届人文社会科学研究优秀成果奖一等奖，徐凤林、陈波、吴飞、刘哲获北京大学第十二届人文社会科学研究优秀成果奖二等奖。

2013年，王中江教授被评为教育部"长江学者"，仰海峰教授被评为"新世纪优秀人才"。

重点学术会议。4月2日上午，法兰克福学派第三代核心人物阿克塞尔·霍耐特（Axel Honneth）教授来系访问，北京大学副校长李岩松教授会见了来宾。霍耐特教授在英杰交流中心作了"论我们自由的贫乏——黑格尔伦理学说的伟大与边界"的演讲，演讲会由哲学系教授丰子义主持。

10月12日，由北京大学主办、北大哲学系承办的"严复：中国与世界"国际学术会议在北京大学隆重举行。来自中国、美国、日本、德国、意大利、丹麦、希腊、冰岛等国近七十名专家学者参会。

讲座与论坛。2013年，哲学系成功举办各类讲座、论坛40场，大部分都是定期举行，如：佛学工作坊、虚云讲座、逻辑讲座、严复学术讲座、道家学术讲堂、周五哲学论坛、科学史与科学哲学论坛等。

【党建工作】 哲学系现有党员259人，党支部18个，其中教工支部7个，学生支部11个，离退休同志与在职人员混合组建党支部。2013年哲学系共发展新党员18人，预备党员转正6人。2013年上半年，哲学系组织21人参加第20期党性教育读书班，其中2人被评为"优秀学员"，1人被评为"优秀领队"；下半年组织30人参加第26期党的知识培训班，其中1人被评为"优秀学员"。

经系党委推荐，系党委副书记杨弘博、系党委委员兼任逻辑科哲党支部书记邢滔滔被评为北京大学优秀党务和思想政治工作者，美学伦理学党支部书记张中秋获评北京大学优秀党务和思想政治工作奉献奖。系党委委员杨立华被评为北京大学统战系统先进个人。

在学校党委的领导和指导下，哲学系于2013年8月开展了党的群众路线教育实践活动，系党政领导班子、师生党员积极参与，取得了显著成效。在此次党的群众路线教育实践活动中，哲学系围绕"学习教育、听取意见、查摆问题、开展批评，落实整改、建章立制"三个环节，坚决反对"四风"问题。领导班子成员进一步提高思想认识，转变工作作风，振奋精神，加倍努力，出色完成各项工作任务。

【学生工作】 2013年，哲学系学生工作办公室有条不紊地开展了对学生的思想政治教育、服务管理等各项工作，全面贯彻落实了各级主管部门的工作，举办了系列活动，活跃了学术氛围。

积极开展主题党团日活动。3月至6月，系学工办组织开展"落实十八大，共话中国梦"党团日联合主题教育系列活动；10月至12月，组织开展"学习党的群众路线"党团日联合主题教育活动；11月29日，组织开展"学习党的十八届三中全会精神"党团日联合主题教育活动；12月9日，组织开展"纪念周恩来诞辰115周年"主题团日活动，并举行读书会。

积极探索思政教育新方法。结合时政热点，哲学系积极探索思政教育新方法，在系学工办的发起下，组织开展"茶品"约谈计划，通过"老师请喝茶"的全新方式，拉近师生关系，关注学生成长，2013年约谈本系学生63名，涵盖本科、硕士、博士等各年级。

2013年，系学工办首创学生刊物《生生》，旨在报道第二课堂的丰富文化生活，为同学们提供启发思考、交流心得的崭新平台，并搭建展示哲学系文化活动和人文精神的崭新窗口。《生生》与系团刊《共青苑》通过对学生生活的不同侧重，相得益彰，受到系内师生一致好评。哲学系还组织了2012—2013年"爱智杯"征文比赛。

【交流合作】 在对外学术交流方面，2013年哲学系教师有近42人次出国出境开会、讲学和访问；学生有近29人次出国出境开会、学习和访问；20余名学生出国出境长期进修、学习。来哲学系开设讲座、交流的国外专家有18人次（其中讲课类专家4位，访问研究类专家1位）。

北大欧洲"中国研究合作中心"2011年至2016年第三次合作协议自2011年1月开始正式生效。2013年上半年，该中心有来自德国图宾根大学、法兰克福大学、丹麦哥本哈根大学学生29人次在哲学系进行学习，下半年有42人次在哲学系进行学习。

外国语学院

【概况】 北京大学外国语学院成立于1999年6月，是由原北京大学东方学系、西语系、俄语系、英语系合并而成的北京大学第一个多系、多学科的学院。2013年，外国语学院进一步加快了具有明确定位和鲜明特色的外国语言文学学科的建设步伐，得到社会各界和国内外同行的认可。在2013年初公布的2012年全国一级学科整体水平评估中，外国语学院继2004年、2008年后第三次蝉联第一，表现出较大的学科优势和较强的学科竞争力。而在与众多国际一流大学同台竞争的QS世界大学学科排名等国际评价中，外国语学院也获得高度认可，三个相关学科再次保持国际领先地位，连续三年位居全球前五十，彰显出北京大学外国语言文学学科在国际上的学术影响力。

外国语学院现设阿拉伯语系、朝语系、东南亚系、俄语系、法语系、南亚系、日语系、西葡语系、西亚系、亚非系、英语系、外国语言学及应用语言学研究所、世界文学研究所、MTI翻译硕士教育中心等15个系、所、中心，35个研究机构和学术团体，1个教育部人文社科研究基地（北京大学东方学研究中心），1个国家外语非通用语种本科人才培养基地，2个教育部区域和国别研究培育基地（南亚研究中心、大洋洲研究中心）。

外国语学院有英语、俄语、法语、德语、西班牙语、葡萄牙语、日语、阿拉伯语、蒙古语、朝鲜语、越南语、泰国语、缅甸语、印尼语、菲律宾语、印地语、梵巴语、乌尔都语、波斯语、希伯来语等20个招生的语种；1个一级学科博士点，10+1个二级学科博士点（1个与中国语言文学系合建），1个应用型硕士学位点，1个博士后流动站。

截至2013年12月，外国语学院共有教学科研人员227人，其中教授71人，副教授86人，讲师70人；博士后3人，外籍人员4人。全院共有在职教职工259人，离退休人员232人（其中27人离休）。彭甄、罗炜、潘钧、王丹等4名教师新晋博士生指导教师。

【教学工作】 截至2013年12月，外国语学院有学生1333人，其中本科生769人，硕士研究生381人、博士研究生183人。2013年，外国语学院共录取本科生201人，含外语类高中保送生44人；录取硕士研究生146人，含学术型87人，应用型59人（英汉笔译方向29人，日汉笔译口译方向30人）；录取博士研究生32人，另有3名通过申请制入学的港澳台学生。2013年外国语学院毕业本科生190人，除5人暂结业外，其他均授予学士学位；授予硕士学位120人，授予博士学位37人。此外，2013年学院开设的辅修共招生200人，毕业73人。

外国语学院除承担北京大学

全校非英语专业学生的英语教学任务外,还开设了除英语以外十个语种的公共外语课:阿、朝、日、法、德、西、俄、葡、基础拉丁语、土耳其语,另外继续开设德、法、西、日辅修专业。

外国语学院与元培学院、历史学系一起开设的本科专业"外国语言与外国历史专业"(2012年教育部批准)2013年正式启动,共有19名学生选择了这一方向,分别在阿拉伯语、波斯语、德语、俄语、日语、西班牙语、越南语、葡萄牙语专业上课。

研究生人才培养工作取得突出成绩。2013年学院为硕士研究生新开的课程共计15门,特别是围绕亚非学科的建设和提升一级学科的综合实力,学院邀请哈佛大学教授开设了高层次高水平的"约鲁巴语""西非戏剧与表演专题研究"和"索因卡戏剧专题研究"三门课程。学院成功组织并举办2013年外国语学院研究生论坛,共收到学术论文50篇,参赛同学来自全院全部11个二级学科,是历届论坛活动参赛人数最多的一次,论文质量也有显著提高。两篇博士论文获北京大学优秀博士学位论文。在韩国中央研究院举办的"2013年韩国学优秀论文竞赛"中,学院荣获1个一等奖、2个二等奖。

2013年,外国语学院有5种教材入选北京市高等教育精品教材,有3种教材获得北京大学教材建设立项支持。

表6-9　2013年外国语学院入选北京市高等教育精品教材名单

教材名称	主编姓名	出版社
美国文学选读	陶洁	北京大学出版社
大学英语视听说教程(1—4)修订版	刘红中、李正栓	北京大学出版社
实用日语(中级)上·下	彭广陆	北京大学出版社
韩中翻译教程(第三版)	张敏、朴光海、金宣希	北京大学出版社
俄罗斯文学精品解析	刘洪波	北京大学出版社

表6-10　2013年外国院学院入选北京大学教材建设立项支持名单

教材名称	主编姓名	编写类型	教材类别
西班牙语高级阅读(上)(下)	王军	编	院系主要专业课教材
蒙古语教程(一)至(四)	王浩	编	院系主干基础课教材
乌尔都语语法	孔菊兰	订	院系主要专业课教材

【科研工作】　2013年外国语学院有北京大学文科资深教授2人、教育部长江学者特聘教授1人、"百千万人才工程"入选者1人、教育部跨世纪人才2人、教育部新世纪优秀人才7人、享受国务院政府特殊津贴教师9人。

2013,学院获得国家社科基金年度项目、国家社科基金后期资助项目、教育部人文社会科学研究规划项目、教育部留学回国人员科研启动基金项目等纵向项目立项6项,其中首次在民族学与文化学学科领域获得教育部人文社会科学研究规划项目资助。2013年度学院获得横向及外资项目立项10项,获得经费总计约280.76万元。

据不完全统计,2013年外国语学院教师的学术成果共计240项,其中在国内外学术刊物及著作中发表论文170篇,译文16篇,出版学术专著14部,编著及教材14部,工具书参考书3部,古籍整理1部,译著22部。2013年学院获得省部级以上科研奖励4项。2013年学院共主(合)办国际(含境外、双边)学术研讨会11次、国内学术研讨会3次。

表6-11　外国语学院获得教育部第六届高等学校科学研究优秀成果奖(人文社会科学)名单

成果名称	获奖等级	主要研究者	出版、采纳单位	出版时间
德国文学史(5卷本)	一等奖	范大灿、安书祉、李昌珂等	译林出版社	2008年6月
阿拉伯文学通史	二等奖	仲跻昆	译林出版社	2010年12月
叙事、文体与潜文本——重读英美经典短篇小说	二等奖	申丹	北京大学出版社	2009年9月
缅甸语与汉藏语系比较研究	三等奖	汪大年	昆仑出版社	2008年1月

【交流合作】　学生海外交流方面,2013年外国语学院180余名本科生参加出国交流,三个月以上的有117人。越南语全班同学暑期去越南参加教学实践,取得了良好的效果。研究生留学与国际国内学

术交流不断发展,12人入选国家建设高水平大学公派研究生项目,其中联合培养6人,攻读博士学位6人。全年研究生参加国际交流94人次,其中三个月以上的有60多人。学院已建立起比较完整的研究生参加国际国内学术交流的体系。

2013年学院的外事工作在引进高端外籍师资、加强国际化师资队伍方面做出了较为突出的成绩,学院从22个国家聘请外籍教师65人次,其中31人次由"北京大学外国语言文学文化讲席项目"聘任。2013年度学院还邀请各国专家短期来访,举办讲座近百场,其中包括西班牙著名语言学家Salvador Gutiérrez Ordóñez院士,国际比较文学学会会长Hans Bertens教授,认知语言学主要奠基人之一Ronald Wayne Langacker教授等。他们的讲座关注学科的前沿学术问题,对学术研究和研究生培养具有重要的促进作用。此外,学院还与英国埃克斯特大学人文学院和圣彼得堡国立大学签订了合作协议,合作内容包括研究生培养、合作研究、教学等方面。

【党建工作】 2013年,外国语学院新发展学生党员35人,转正教职工预备党员1人,学生预备党员67人。截至2013年底,学院共有27个党支部,其中在职教职工党支部13个、离退休教职工党支部4个、学生党支部10个;党员共计615名,其中在职教职工党员120名、离退休教职工党员125名、学生党员370名。

外国语学院党委积极开展学习贯彻两会精神和"我的中国梦"主题学习实践活动。在两会结束后的第一时间特邀全国政协委员申丹、湛如教授出席,举办了"畅想中国梦,共叙爱国情"——外国语学院学习两会精神座谈会。同时,学院面向全院师生开展了"我的中国梦"主题征文活动和"最美中国·最美北大·最美外院"主题摄影比赛,组织全院在职教职员工开展了"回味经典,畅想未来"集体观看红色舞剧《铁道游击队》活动。下半年,学院扎实推进党的群众路线教育实践活动。学院党委成立了领导小组和办公室,研究制订了活动方案和日程安排表,在此基础上有序推进教育实践活动三个环节的工作任务,并结合学院实际需要精心设计组织了一系列相关活动。

创新学生党建,进一步激发主体活力,强化联动机制,增强科学指导。2013年4月学院通过《外国语学院关于聘任年级学生负责人的规定(试行)》。学院党委探索设置学生海外党小组,2013年《中国教育报》对学院海外党小组情况进行了报道。

2013年,学院党委再次被评为"北京大学党务和思想政治工作先进集体",建院以来已连续7次获得该项荣誉。郑清文同志荣获"北京大学优秀党务和思想政治工作者——李大钊奖",杨明丽同志荣获"北京大学优秀党务和思想政治工作者"称号,张臣武同志荣获"北京大学党务和思想政治工作奉献奖"。

【学生工作】 2013年12月,外国语学院连续第十四次获得"北京大学学生工作先进集体"的光荣称号。

做实协同育人,进一步增进相互参与,促进彼此认同,构建长效机制。2013年5月,学院率先成立学生工作指导委员会,并通过了《外国语学院学生工作指导委员会章程》。

学院坚持以人为本,做细民生工作,将科学管理与人文关怀有机结合,积极为贫困生提供勤工助学机会,并拨出3万元专项经费,为各语种学生提供导游、翻译、院内学生助理等岗位。2013年11月,学院启动第七届"新生访谈坊"活动,对200余名本科新生进行逐一访谈。学院建立了一支心理专项学生助理队伍,形成按年级、专业、语种的覆盖网络。

建好第二课堂,繁荣校园文化,以多元平台全方位提升综合素质。2013年外国语学院文化节举办了包括"千言"版块的"你眼中的外院人"视频展播、"指尖出美味,舌尖品文化"外院文化美食节、"外语"版块的首都高校日语演讲比赛、燕园语伴互助平台发布、"中国梦"版块的"我是英雄"文化知识竞赛、外院文化节主题讲座等活动。2013年12月,学院参加"爱乐传习暨一二·九合唱比赛",并荣获一等奖。学院还邀请英语系1987级校友许晓峰先生作了"中国文化产业的世界梦"专题讲座。学院组织学生学习习近平总书记回信精神,深刻领会"得其大者可以兼其小"的内涵,倡导学生投身志愿服务行动。外国语学院青年志愿者协会连续第四年被评为北京大学志愿服务优秀集体。

艺术学院

【概况】 北京大学艺术学院成立于2006年1月11日,其前身是1997年4月成立的北京大学艺术学系和1986年成立的北京大学艺术教研室。艺术学院除承担艺术学门类的专业课外,还面向全校开设艺术类公共选修课和大类平台课程,并担任北京大学学生艺术团的指导和管理工作。

艺术学院于1999年开始招收艺术学硕士研究生;2001年开始招收广播电视编导(影视编导)本科生,增设了电影学硕士点;2003年增设美术学硕士点;2004年开始招收艺术学博士研究生;2005年被批准设立艺术学一级学科博士点;2006年增设艺术硕士(MFA)专业学位(广播电视艺术专业);2009年被批准设立艺术学一级学科博士后流动站;2011年增设艺术学(艺术史论)本科。2011年艺术学升格为学科门类后,艺术学院获批了艺术学理论一级学科博士点,以及艺术学理论、戏剧与影视学、美术学等共三个一级学科硕士点。

艺术学院下设四个系:艺术学理论系、影视学系、美术学系、音乐学系;同时设六个研究机构:北京大学电视研究中心、北京大学影视戏剧研究中心、北京大学书法艺术研究所、北京大学昆曲传承与研究中心、北京大学汉画研究所、北京大学艺术学院民族音乐与音乐剧研究中心。艺术学院还拥有一个北京大学数字媒体实验教学中心(教育部领导型媒体创新人才培养实验区),同时得到北京大学文化产业研究院(国家文化产业创新与发展研究基地)和北京大学美学与美育研究中心(教育部文科重点研究基地)的强力支持。

艺术学院现有教职员工36人,其中教授11人,副教授11人,讲师2人,博士后5人,行政教辅人员7人。2013年艺术学院有本科生137人,艺术学双学位学生136人,共计273人;学术型研究生165人,其中博士生74人,硕士生91人;专业型硕士生(MFA)153人。

【党建工作】 2013年,艺术学院党总支开展了党的十八大、十八届三中全会精神相关专项工作和学习活动,完成党的群众路线教育实践活动,多次组织与专业紧密相关的主题党团日活动。组织建设方面,自2012年底启动党总支换届工作,2013年6月,新一届艺术学院党总支委员会正式被校党委批复。学院每周召开一次党政联席会议,每两周召开一次全体教职工大会,廉政建设常抓不懈。

【教学工作】 艺术学院每年承担全校本科生艺术类通选课、公选课的开课任务,每年选课人数在8000人次左右。为了加强对2013级本科生的指导,学院继续实行本科生导师制,为每位学生配备一位导师,指导新入学的学生更好地进行学习。2013年,学院面向全世界高校开放的网络课程计划在北京大学等几所国内顶级高校实施,学院毕明辉老师开设的"20世纪西方音乐"等两门本科生通选课成功入选。

艺术学院积极支持并鼓励学生参与或举办学术活动。国际交流方面,分别有1名硕士生和2名博士生外出访问参加国际学术会议;有1名博士生获得国外基金会资助开展研究。国内学术活动方面,艺术学院研究生成功举办两场博士生国际学术论坛。

艺术学院继续教育办公室积极做好艺术硕士(MFA)、研究生课程进修班、高级研修班的招生、培养与学位授予等各项事务性工作,及时与研究生院、继续教育部沟通,传达并落实学校布置的有关工作任务。

【科研工作】 2013年度,艺术学院在人文社科科研方面的绩效排名为第二等级,位于全校排名的中游。学院完成申报国家社科基金重大项目1项和北京市哲学社会科学规划项目1项,变更科研虚体机构1个;主持编撰报告及丛书共3部。

国内学术活动。学院抓住文化大发展大繁荣的机遇,与国内科研机构积极联络,举办各类学术活动。9月举办"艺术史研究的进展与前瞻"学术研讨会,10月组织首届"中关村国际音乐剧研讨会",同月组织首届"中关村国际音乐剧研讨会"等。文化产业研究院于1月主办了第十届文化产业新年论坛,影响广泛;北大电视研究中心相继举办了电视研究中心成立八周年座谈会、记者节、地球日活动及2013中国电视掌声嘘声活动;北大影视戏剧研究中心承办了"全球化背景下民营影视企业的机遇与挑战"高峰论坛、第三届"中国新锐批评家高端论坛"等。

2013上半年学院邀请到美国西东大学教授讲授"19世纪欧洲美术史"课程,并举办博雅艺术讲坛系列讲座,邀请德国艺术史学者贝尔廷、国际美学协会前主席卡特等学者前来演讲。

【学生工作】 11月22日,北京大学学生艺术总团暨学生文化艺术协会成立。学术艺术总团下设舞蹈团、民乐团、交响乐团与合唱团四大艺术团,以及戏剧、朗诵主持、影视创作、曲艺四个新团。艺术团于2013年参加北京市"全国第四届大学生艺术展演活动",获得多项殊荣。其中,合唱团凭借必选曲目《思乡》和自选曲目《西域之歌》荣获声乐专场比赛一等奖;民乐团表演的《踏歌》《月牙泉的故事》获得民族管弦乐合奏一等奖;交响乐团的《E大调弦乐小夜曲》第三乐章获得交响类一等奖;舞蹈团的《同行》也获得舞蹈类一等奖,可谓成果丰硕。艺术团还相继参加了"北京大学2012—2013年度新生文艺汇演""北大团委与武警天安门警卫支队团委共建演出""北京大学2013年毕业生晚会""北京大学第十届国际文化节"等重大活动,并均有精彩演出。11月初,适逢澳门大学横琴校区落成,艺术团部分团员赴澳门参加了"北京大学——澳门大学学生交流活动",为两校交流增添了活力。

艺术学院学工办、团委紧紧围绕学院教学、科研中心工作,以党的群众路线教育实践活动、十八届三中全会等为契机,加强学生思想政治教育工作。在做好常规工作的同时,学院着重加强了如微信公众号等多种手段的学生思想政治教育。

学生服务管理贯穿入学毕业始终。在迎新当天学院学工办即召开了全体新生家长会,向家长传达学校、学院的相关要求,并和家长进行了深入沟通。在毕业生教育和就业工作中,学工办积极参与活动的组织、筹备。学院坚持党建带团建、团建促党建的原则,认真谋划,全员参与,收到了良好的育人效果。

学院两位专职辅导员和四位兼职辅导员每周按明和学生谈话,根据学生成长的不同阶段确定谈话的主题。在奖学金和奖励评选过程中,学院严格执行综合素质考察制度,公开、透明地完成了本年度的奖学金评选工作。围绕学生心理问题,艺术学院学工办在加强朋辈辅导工作的同时,处理了两起突发事件,并对困难学生及时给予思想上和生活上的关心和爱护。

对外汉语教育学院

【概况】 北京大学对外汉语教育始于1952年建立的北京大学外国留学生中国语文专修班。1984年10月,在汉语教研组基础上成立了北京大学对外汉语教学中心。1995年4月,以"汉语中心"和"留办"为基础,成立了北京大学海外教育学院。1999年,学校进行体制改革,海外教育学院建制撤销,"汉语中心"暂挂靠在国际合作部。2002年6月29日,北京大学对外汉语教育学院在"汉语中心"基础上成立。2003年1月,北京大学对外汉语教育学院被教育部批准为首批国家对外汉语教学基地。

10月16日,对外汉语教育学院大楼"方李邦琴"落成,极大地改善了教师的办公科研条件。

教师队伍。2013年学院有教师54人,其中教授8人,副教授35人,讲师10人,助理研究员1人。2013年退休1人。

【教学工作】留学生教学。2013年春季学期学生总数为633人,其中长期班416人,预科班175人,特殊班42人,周教学量为730学时。短期班项目有日本班(5个班共400学时)、泰国王宫秘书班(36学时)、泰国前教育部长单独授课教学(160学时)和新加坡邱氏家族成员单独授课教学(28学时),短期项目教学总量为624学时。

2013年秋季学期学生总数为651人,其中长期生259人,短期生125人,美国国际教育交流协会(CIEE)29人,预科班156人,特殊班82人,周教学量为868学时。短期班项目有悉尼大学班(4个班共320学时)、埃及开罗大学夏令营(20学时)、泰国移民局官员班(42学时),以及日企培训(下半年18学时),短期教学总量共400学时。

2013年暑期项目学生总数为580人,比2012年减少49人,其中莫斯科大学孔子学院项目取消,日本早稻田大学项目学生人数锐减。暑期班的特点是暑期学校和汉语体验项目人数增加,常规语言项目人数减少。

研究生教学。2013年对外汉语教育学院有研究生221人,其中硕士研究生183人,博士研究生38人。硕士研究生中,全日制中国学生129人(含台湾学生9人),2010级延期6人、2011级33人、2012级50人、2013级40人;外国留学生35人,在职研究生17人。博士研究生中,中国学生23人(含台湾学生2人,在职8人),外国留学生15人。

教材出版。2013年学院教师出版教材和工具书19部。

教学获奖。2013年,汲传波获黄廷方/信和青年杰出学者奖,刘元满获树仁学院教师奖,刘立新获杨芙清—王阳元院士优秀教师奖,邓丹获北京大学教学优秀奖。赵杨、姚骏获学院优秀论文奖,林欢、钱旭菁、施正宇、任雪梅获学院教学优秀奖。

【科研工作】

表6-12 2013年对外汉语教育学院教师代表成果

成果名称	作者	出版社/刊名	成果类型
百老汇的行吟诗人——田纳西·威廉斯	韩 曦	群言出版社	专著
汉字语音认知研究——行为与ERP探索	孔令跃	光明日报出版社	专著
中国现代短篇小说的文体自觉	李 丽	光明日报出版社	专著
如何进行个性化教学:来自国际学校的启示	张 园	北京大学出版社	译著
谈高级口语教材生词选取与编排的若干问题及解决对策	董琳莉	华文教学与研究	核心/CSSCI
宗教神话故事的现代诠释——田纳西·威廉斯戏剧的文化意义	韩 曦	戏剧艺术	核心/CSSCI
高级汉语口语教学:问题、研究与对策	孔令跃	汉语学习	核心/CSSCI
汉语国际教育专业硕士培养中的若干问题	刘颂浩	华文教学与研究	核心/CSSCI
不同国别汉语学习者汉语拼音使用情况及其教学策略	王添淼	语言文字与应用	核心/CSSCI
基于语料库的动宾组合中定语受限问题研究	辛 平	汉语学习	核心/CSSCI
"波逃""相宜"考源	张 雁	语言学论丛(第47辑)/商务印书馆	核心/CSSCI

表 6-13　2013 年对外汉语教育学院承担的科研项目

名称	起止时间	负责人	总经费（万元）	任务来源	备注
当代美国戏剧思潮研究	2013	韩曦	13.5	国家社会科学基金艺术学	纵向
汉语作为第二语言界面关习得研究	2013.8—2016.8	赵杨	15.8	国家社会科学基金	纵向
清代来华西方人汉语教育史	2013	施正宇	16	国家社会科学基金	纵向
中央在京高校共建项目"北京市青年英才计划"	2013—2016	李丽	15	北京市教委	纵向
国家社会科学基金	2013.8—2016.12	施正宇	16	全国哲学社会科学规划办公室	纵向
商务汉语考试命题	2013.7—2013.11	刘超英	5.8	汉考国际教育科技（北京）有限公司	横向
博士、硕士学位基本要求（专业学位）	2013.8—2013.10	李红印	19.7	孔子学院总部	横向

学术活动。2013 年学院举办 4 次"国际汉语讲坛"，邀请校内外著名专家学者作学术讲座，为学院师生开阔学术视野、交流学术见解提供平台；举办 3 次学院教师"学术沙龙"，邀请本院和院外教师报告自己的研究成果，分享学术内容。

【交流合作】　2013 年学院公派教师 8 人：刘超英、张文贤（美国），蔡云凌、刘颂浩（日本），赵延风（韩国），韩曦（澳大利亚），金兰（印度），於斌（英国）；校际交流 1 人：赵杨（以色列）；短期出国讲学 7 人次：林欢、董琳莉（日本）、李红印、邓丹（泰国）、施正宇（俄罗斯）、张英、王玉（新加坡）；派出学生志愿者 14 人：高洁、薛晓丽、翟莹熙、张伊凡、吴锐（西班牙），高弘（德国），羊乃书（荷兰），李梓萌、唐静（爱尔兰），喻洁（挪威），禹文静、袁云儿（美国），武铮铮（日本），金茜（埃及）。

【党建工作】　2013 年学院共发展党员 6 名，预备党员转正 10 名。学院现有 136 名党员，其中在编教职工党员 37 名，学生党员 76 名，离退休党员 20 名，合同制职工党员 3 名。

2013 年学院党委成功开展"中国梦·北大梦·汉院梦"专题研讨会，并获得北京大学教工党支部"落实十八大，共话中国梦"主题党日教育活动优秀组织奖，汉语教研室党支部获得教工党支部优秀党日教育活动三等奖。结合党的群众路线教育实践活动，教工党支部开展了"学习党的群众路线建设服务型党支部"主题教育活动，汉语教研室党支部获得二等奖，视听说教研室党支部获得三等奖。

【学生工作】　2013 年 3 月，学院学生联合党支部获得学校"落实十八大，共话中国梦"学生党团日联合主题教育活动二等奖。2013 年 8 月，学院 2013 级硕士党支部在"学习群众路线，践行服务承诺"学生党团日联合主题教育活动中获得一等奖。学生团支部还开展学习团十八大精神座谈会、"中国梦·汉院情——写一封家书，让爱先回家""纪念周恩来诞辰 115 周年"主题团日等形式多样、内容丰富的教育活动。

在 2012—2013 学年北京大学第二十一届"挑战杯"系列赛事中，学院马娴等同学的《〈西游记〉汉语分级课外读物及其手机阅读软件》荣获跨学科学生课外学术科技作品竞赛一等奖。雷梦婕等的《北京大学留学生饮食习惯调查报告及基于报告的饮食指导软件》获五四青年科学奖二等奖，曹霄等同学获得特别贡献奖。

毕业生去向。2013 年学院毕业博士生 3 人，全部在北京高校从事对外汉语教学工作。毕业硕士生 49 人，全部就业，其中担任地方高校教师 1 人，公务员 6 人，企业 17 人，中学和其他教育机构 15 人，高校等其他事业单位行政岗位 5 人，出国担任汉语教师志愿者 2 人，其他 3 人。

歌剧研究院

【概况】　北京大学歌剧研究院是北京大学直属的二级学院，于 2005 年底开始筹建，2010 年 1 月正式成立，2010 年 4 月 9 日举行成立仪式。歌剧研究院是亚洲第一所专门从事歌剧研究、创作和表演的高等教学科研机构，将创建独立、完整、系统的歌剧学学科和完善、严谨、科学的歌剧教学科研体系，弥补中国艺术教育史上的空白。

2010 年 1 月，北京大学任命金曼为院长，对歌剧研究院实行在学校党委、行政、歌剧研究院理事会领导下的院长负责制，以新体制运行管理。

歌剧研究院教师队伍总人数为 13 人，由来自国内外的优秀歌剧表演艺术家、理论家、指挥组成，其中：事业编制正职教授 3 人（金曼，歌剧表演；HAIJING FU，歌剧表演；YIMIN JIANG，歌剧理论）、事业编制研究员 1 人（周笑莉，戏剧表演，新聘），事业编制讲师 1 人（李鸿，歌剧表演），新聘兼职教授

2人(戴玉强、魏松,歌剧表演),劳动合同制教师3人(XINYU LIU,歌剧指挥、高端外国专家;李丹、牛闯,钢琴伴奏),外聘兼课教师3人(XIUWEI SUN,歌剧表演;GUIPING DENG,歌剧表演;张健,舞蹈形体)。

【教学工作】 歌剧研究院设戏剧(歌剧表演)硕士专业学位研究生,旨在培养能够适应社会需求,掌握本学科基础理论和专业知识,具有良好职业素养的复合型、应用型人才,能够胜任国内外歌剧院团、高等院校、文化艺术研究、管理等机构的歌剧及音乐剧表演、创作、教学、科研、制作与管理等工作。

2013年歌剧研究院设置歌剧表演1个研究方向。学生总人数13人,全部为硕士研究生,其中2012级5人,2013级8人(新生,第二届歌剧表演方向招生8人)。

歌剧研究院设置研究生课程9门:歌剧表演(负责人:金曼)、音乐排练(负责人:傅海静)、艺术指导(负责人:傅海静)、声乐(负责人:傅海静)、形体与舞蹈训练(负责人:金曼)、歌剧文化史(负责人:蒋一民)、语音正音(负责人:傅海静)、歌剧学专题(负责人:蒋一民)、歌剧创作与再创作(负责人:蒋一民)。

歌剧研究院设置本科生公选课4门:歌剧的魅力(作品篇)(授课教师:蒋一民)、声乐演唱及表演(授课教师:李鸿)、五线谱视唱练耳基础(授课教师:李鸿)、视唱练耳(中)(授课教师:徐鸣涧)。

歌剧研究院特色教学初获成果:2012级歌剧表演专业学生陈小朵凭借原创歌剧《青春之歌》于2013年5月获第26届中国戏剧梅花奖;2013级歌剧表演专业学生王泽南于12月获第九届中国音乐金钟奖银奖。

【科研工作】 1. 成功举办"2013中国歌剧论坛"。

6月8日至10日,歌剧研究院与中国歌剧研究会、福建师范大学音乐学院在福建师范大学联合主办"2013中国歌剧论坛"。出席论坛的嘉宾有文化部、福建省、国家大剧院、各院团院校的负责人和全国各地的专家学者。这是中国歌剧理论界的一大盛事,也是北大歌剧研究院自成立后在中国歌剧与音乐界首次高端亮相。论坛主题为"攻坚克难,开辟中国歌剧创作新局面"。

2. 创作推出歌剧《为你而来·王选之歌》。

在北京大学的组织领导和校内多部门的参与配合下,歌剧研究院于2013年9月创作推出歌剧《为你而来·王选之歌》,代表北京大学参加中国科协、教育部共同发起的"共和国的脊梁——科学大师名校宣传工程",获优秀成果。这是中国第一部成功表现科学家的歌剧作品,为歌剧形式表现当代题材、科技领域题材和其他各种题材提供借鉴和经验。

3. 创作推出歌剧《宋庆龄》。

2013年10月,歌剧研究院以"纪念20世纪中国最伟大的女性宋庆龄诞辰120周年"为题,创作推出歌剧《宋庆龄》。10月17日、18日,该剧在广州大剧院首演。歌剧研究院金曼院长担任艺术总监并在剧中饰演宋庆龄,广东省珠江交响乐团担任伴奏,歌剧研究院师生及广东省优秀青年艺术家、星海音乐学院部分师生共同参与演出。歌剧《宋庆龄》是北京大学与广东省人民政府签订战略合作框架协议后首个落地实施的文化项目,被广东省列入2013年文艺精品生产扶持重点,开创艺术领域政产学研用联合创新的先河,既填补了广东省艺术文化建设中原创歌剧的空白,也成为歌剧研究院实施"产学研用"人才培养方式的重要探索与实践。

4. 发表论文及报刊文章。

教授蒋一民发表:《让中国歌剧登上世界舞台》,载《人民日报》2013年8月8日;《歌剧在中国的机遇和挑战》,载《福建艺术》(双月刊)2013年第4期;《攻坚克难,开创中国歌剧创作新局面——"2003中国歌剧论坛"综述》,载《人民音乐》(全国中文核心期刊)2013年第10期;《章回体歌剧〈宋庆龄〉》,载《歌剧》,2013年第12期。

研究员周笑莉发表:《歌剧改革的一点儿思考》(2013,《人文天下》,论文);《梅耶赫德理论与歌剧表演》(2013.6,中国歌剧论坛,论文);《表演是生命的提升》(2013.12,北京电影学院"生命表演学"讨论会论文)。

【交流合作】 2013年,歌剧研究院成功举办自成立以来的首个国际校际交流项目——与美国密歇根州立大学音乐学院互访。本次互访以7月在美国密歇根州立大学、10月在中国北京大学的面向两校的音乐会形式举办,富有学科特色。通过互访,双方增进了对彼此教学状况的了解,拓宽了学生的视野,对教学起到很好的促进作用,提升了院校间探索合作的发展空间。

国际关系学院

【概况】 北京大学国际关系学院是国内普通高校中建立最早的国际关系学院,是我国培养国际问题的教学与研究,以及外交与涉外工作专门人才的重要基地。目前,国际关系学院由4个系和3个研究所组成,即国际政治系、外交学与外事管理系、国际政治经济学系、比较政治学系、国际关系研究所、亚非研究所、世界社会主义研究所。此外,学院还管理着20多个科研中心。教学辅助机构和行政机构包括院行政办公室、教务办公室、党委办公室、财务办公室、学生工作办公室、国际项目办公室、继续教育办公室、网络办公室、《国际政治研究》编辑部及北大图书馆国关分馆等。学院现有在职教师54人,其中教授29人,副教授22人,讲师3人。2013年国际关系学院完成了院行政班子的换届工作,成立了以贾庆国老师为院长的新一届领导班子。

【教学工作】 国际关系学院现有3个本科专业、7个硕士专业和6个博士专业对外招生,即本科的国际政治、外交学、国际政治经济学,硕士的国际政治、国际关系、外交学、国际政治经济学、中外政治制度、中共党史、科学社会主义与国际共产主义运动,博士的国际关系、国际政治、外交学、科学社会主义与国际共产主义运动、中外政治制度、国际政治经济学。其中国际政治、科学社会主义与国际共产主义运动是全国重点学科。学院还与政府管理学院、马克思主义学院共同设立了政治学博士后科研流动站。

截至2013年春季学期,学院共有本科生629人,硕士研究生171人,博士研究生137人,其中外国留学生总计369人。学院招生规模特别是研究生、留学生数量呈逐年递增趋势。

2013年,国际关系学院教学质量显著提高。张清敏获得2013年"北京市优秀教师"称号;牛军获得2013年"北京市教学名师奖"。印红标获得杨芙清—王阳元院士奖教金优秀奖,归泳涛获得黄廷方/信和青年杰出学者奖。唐士其和祝诣博作为主要完成人,获得2012年度北京大学教学成果奖一等奖,范士明、唐士其、张海滨、钱雪梅、董昭华获得2012年度北京市教学成果奖二等奖;郭洁获得北京大学第十二届青年教师教学基本功比赛人文社科类优秀奖,国际关系学院获得优秀组织奖;刘语潇获得北京大学2012—2013年度优秀德育奖;曲一铭、刘海方、罗艳华获得北京大学2012—2013年度优秀班主任。

【科研活动】 2013年,国际关系学院教师共出版著作24部,其中,专著6部,合著5部,译著3部,编著10部。学院获得国家社科基金、北京市规划办支持的课题3项,包括"小国与国际安全"(教育部项目,韦民主持)、"印度人对中国形象和文化软实力的认知研究"(北京市哲学社会科学重点项目,尚会鹏主持)、"对'中国梦'的认识及推进首都工作的战略设想"(北京市项目,朱锋主持)。

2013年,国际关系学院刊物《国际政治研究》继续保持良好的学术影响,继续被确认为中文社会科学引文索引(CSSCI)来源期刊、中国人文社会科学核心期刊、北京大学出版社出版的《中文核心期刊要目总览(2011年版)》中政治学(含马列)类的中文核心期刊。《国际政治研究》在《中国人文社会科学核心期刊要览(2013年版)》的国际政治学专业核心期刊的排名中位列第五名,在《中文核心期刊要目总览(2011年版)》国际政治类的核心期刊中位列第三名。

【交流合作】 2013年学院有40名留学生和11名中国学生报到并入读,总人数同比增加27%。其中,国际学生分别来自美国、英国、法国等20多个国家与地区,包括英国牛津大学、美国普林斯顿大学、法国巴黎政治大学等学校的本科毕业生。学院凭借长期以来良好的国际学术声誉,正吸引着越来越多的优秀海外学子前来就读。学院亚洲校园项目2013年共派出17名学生分赴东京大学、首尔大学和早稻田大学交流。

2013年,国际关系学院及挂靠在学院的研究中心主办了一系列比较有影响的会议,例如,以"挑战与合作:崛起中的中国和调整中的美国如何处理双边关系以及应对全球问题"为题的北大—哈佛中美关系学术研讨会、以"构建新型大国关系:机遇与挑战"为题的2013北京论坛第一分论坛、"中美关系、信息公开与治理:中国内政与外交政策热点问题的思考"国际研讨会等。2013年,学院接待16位海外学者来访,另有4位外国专家长期在学院承担语言教学任务。另外,2013年专程及顺访学院的外国专家、学者、政要有150多人。

重视与国外知名大学的合作与交流一直是国际关系学院建设世界一流学院的重要任务。学院2013年与日本东京大学公共政策大学院、波兰华沙大学、美国雷鸟全球管理学院、美国培泽学院、美利坚大学、美国蒙特雷国际关系学院和瑞士日内瓦高级国际关系与发展学院签订了交流合作协议。

【党建工作】 2013年是全面深入贯彻党的十八大精神的开局之年,也是全面落实北京大学第十二次党代会工作部署,沿着"三步走"战略构想的全面起步之年。按照学校党委的要求,学院党委积极贯彻落实党建工作,组织全体党员认真学习了十八大和十八届三中全会精神,扎实开展党的群众路线教育实践活动。

【学生工作】 2013年,国际关系学院团委加强制度建设,努力提升学生的综合素质;完善团委两会两中心的整体框架,扩大工作群体覆盖面;充分发挥团支部、团小组作用,积极推动基层团建;规范推优入党工作;坚持思想引领,切实做好理想信念教育和形势政策教育;积极做好调查研究,把握团委和学生会工作规律;服务学生发展,拓展社会实践与实习资源;营造和谐院系文化,打造品牌活动;活跃学生学术氛围,推动相关制度建设;提高留学生参与度,开拓学生国际视野;充分利用新媒体,打造团委和学生会活动新平台。

2013年国际关系学院学生工

作方面所做的主要工作包括：坚持思想引领，深入开展学生思想政治教育，通过抓基层组织建设，努力提升党团骨干综合素质；充分发挥学科优势，深入开展学生党团日联合主题教育活动；坚持分类引导，努力营造协调发展的育人环境，为学生提供多样化选择，发挥育人合力，丰富文体活动，特别注重提高留学生的参与度，努力开拓学生的国际视野；坚持团队成长，持续加强学生工作队伍建设，努力开拓基层共青团工作新局面。

经济学院

【概况】 北京大学经济学院的前身是北京大学经济学系，始建于1912年，是中国高等学校中建立最早的经济学科。著名学者、中国共产党的创始人之一李大钊曾在经济学系任教。马寅初（新中国成立后曾任北京大学校长）是经济学系的早期负责人和教授。1952年全国院系调整后，著名经济学家陈岱孙教授长期担任北大经济学系系主任。1985年5月北京大学经济学院正式成立，当时设经济学系、世界经济系和经济管理系。历任院长为胡代光、石世奇、晏智杰、刘伟，现任院长为孙祁祥教授。

经济学院现有经济学系、国际经济与贸易系、金融学系、风险管理与保险学系、财政学系、发展经济学系等6个本科系；政治经济学、西方经济学、经济思想史、经济史、世界经济、财政学、金融学、人口、资源与环境经济学、风险管理与保险学9个学术硕士点；金融学、保险学、税务学和国际商务4个专业硕士点；政治经济学、西方经济学、经济思想史、经济史、世界经济、人口、资源与环境经济学、财政学、金融学、风险管理与保险学9个博士点；13个校级科研机构、4个院级科研机构和理论经济学博士后流动站。经济学院师资力量雄厚，拥有全职教师74人，包括教授31人，副教授37人，讲师6人。在站博士后研究人员63人。

2013年，学院拥有在编教职工85人，有2名教师离职，2名教师退休，2名教师调入。李连发、夏庆杰晋升教授，锁凌燕、陈凯、唐翔晋升副教授。截至2013年底，经济学院有离退休教职工46人。

【教学工作】 2013年，经济学院共有各类学生学员约23181人，其中博士研究生149人，硕士研究生271人，访问学者、进修教师34人，本科生1349人，留学生101人，研究生课程进修生807人，继续教育中心学生、学员约20470人。

2013年，经济学院为本科生开课136门次，春秋学期各68门，其中为北京大学全校开设的通选课程11门（春季学期4门，秋季学期7门）。经济学院本科教学评估成绩春季学期为88.6分，位列北京大学人文社会科学各院系第一名，秋季学期为87.91分。2013年，经济学院本科在校留学生共计100人，来自美国、俄罗斯、日本、韩国、新加坡、马来西亚等国家。经济学院积极开展双语教学，推出了"突出重点，以点带面，积极推进双语教学"的教学措施，制定了《北京大学经济学院双语教学的管理规定》。2013年，经济学院开设7门全英语课程，面向全校本科生、留学生、交换生开放。

2013年，经济学院共开设研究生课程77门，人均开课1.01门。其中32门必修课参加了研究生课程的网上教学评估，院平均得分略高于校平均分值。2013年，经济学院有1名博士生新生获得校长奖学金；1篇博士学位论文荣获北京大学优秀博士学位论文奖。2013年经济学院共有9人次研究生出访美国、澳大利亚、日本、英国等国家，出访事由包括联合培养、暑期学校、交流学习、参加学术会议等。

2013年，王一鸣老师获杨芙清—王阳元院士奖教金（优秀奖）；陈仪、袁诚老师获中国工商银行教师奖（经济学优秀学者奖）。

【科研工作】 2013年，经济学院共完成各类科研成果237项，其中专著12部，编著和教材10部，译著2部，研究报告18部，论文181篇，其他成果14篇。2013年经济学院获得科研项目55项，其中纵向课题17项，横向课题38项，批准经费1896.1万元。孙祁祥教授主持的"建立社会公平保障体系与维护社会公平正义研究"课题获得国家社科基金重大项目资助。

2013年，经济学院服务国家重大现实需求的成果共17项，其中2013年5月31日"我国房地产业发展形势、调控成效与问题的对策建议"（作者：张辉、冯科）获得李克强总理批示。郑伟、陈凯、林山君的研究成果《我国养老保险基金存在缺口》，被国务院研究室《信息研究》（2013年5月）采用，报送李克强总理等国务院领导。

刘伟、黄桂田、李绍荣、蔡志洲、苏剑和张辉合著《中国市场经济发展研究——市场化进程与经济增长和结构演进》获得第六届高等学校科学研究优秀成果奖（人文社会科学）一等奖；董志勇论文"Do Executive Stock Options Induce Excessive Risk Taking?"获得第六届高等学校科学研究优秀成果奖（人文社会科学）二等奖；孙祁祥获国际保险学会（IIS）毕克利奖；郑伟等获第五届中国社会保障论坛论文一等奖；唐翔（一等奖）、董志勇、李绍荣、叶静怡、袁诚（二等奖）获北京大学第十二届人文社会科学研究优秀成果奖。

经济学院已经形成院级论坛和六个系级常设论坛等组成的模式多样、国内外具有一定影响的论坛体系。2013年,学院举办国内外各类论坛和学术会议100多场。其中有重要影响的有第三届"北大经济国富论坛"、北京论坛(2013)美国圣母大学专场、2013中国信用高峰论坛、北大赛瑟(CCISSR)论坛、第十届中国经济增长与经济安全战略论坛等。

2013年,经济学院共举办两场国际会议,分别为由北京大学经济学院、韩国成均馆大学中国大学院、北京大学经济学院国际经济与贸易系联合主办的"第五届中韩经济管理论坛",以及由经济学院与美国圣母大学联合举办的北京论坛(2013)专场讨论会"经济政策与社会福利"。

【交流合作】 系列讲座。2013年,经济学院邀请了17位海外知名学者来访作讲座,为师生们提供了更广阔的国际视野。

对外交流与合作。2013年,经济学院接待了许多来访的高校师生、企业代表、政府官员、媒体记者等,有若干新的国际合作交流项目在洽谈中,已经启动的各项目均进展良好。2013年度经济学院同学参加的交流项目有公派至美国加利福尼亚大学洛杉矶分校、伯克利分校、南加利福尼亚大学、哈佛大学、澳大利亚悉尼大学学习,以及华盛顿中心实习项目。

海外名师、海外名家、海外学者讲学计划。2013年,美国杜克大学教授Frank A. Sloan院士、《后凯恩斯主义经济学杂志》(SSCI收录)主编、美国田纳西大学政治经济学杰出讲席教授Paul Davidson、英国伦敦卡斯商学院养老金研究所所长David Blake教授等受邀来访作讲座。

学生、教师出访。2013年,经济学院教师20余人次出访参加国际会议或进行短期的学术交流;经济学院有200余人次学生出访其他国家及地区,出访事由包括交换学习、暑期学校、国际会议、考察访问、短期实践及国际文体比赛等。

【学生工作】 2013年经济学院学生工作办公室、团委本着"以德立身,全面育人"的宗旨,开展了一系列具有经院特色的工作,推进学院文化传承,加强青年思想政治教育,规划学生职业发展,完善学工队伍建设,精益求精地开展学生工作。

2013年,经济学院修订了奖学金评选制度,完善了班级测评加分办法。经济学院撰写奖助、迎新、毕业典礼等专项工作的工作指导手册;指导各年级学生成立宿舍委员会,制定《宿舍公约》,加强宿舍育人工作;继续补充完善《经济学院班主任工作手册》,创立"班主任工作坊"的工作机制,组织全体班主任每月就心理疏导、学业辅导、职业指导等主题进行交流,以便提升教育、服务学生的水平,坚持学院学生工作例会制度;完善留学生管理机制,每班设立留学生班委,动员留学生积极参加重大活动。学院从行政经费中拨款,将班主任津贴增加一倍,以提高班主任的工作积极性。

4月29日—30日,经济学院团委、学生会举办了北京大学中学生国际辩论邀请赛。经济学院还举办了北京大学第二届经济·投资文化节、北京大学经济学院·清华大学建筑学院联合歌手大赛、第二十一届"挑战杯"——五四青年科学奖竞赛宣讲会与初评答辩会。因在"挑战杯"竞赛中动员、组织工作出色,经济学院被北京大学团委授予"优秀组织奖"。另外,在"一二·九"师生歌咏比赛中,经济学院成功实现"三连冠"。在"新生杯"体育比赛中,经济学院女排获得了亚军的优异成绩。

经济学院青年志愿者协会在学院党委、团委的指导下系统地开展了以"爱筑中国梦,志愿在行动"为主题的一系列志愿服务工作。因在志愿服务工作中表现出色,经济学院青年志愿者协会荣获"阿克苏诺贝尔中国大学生社会公益奖"。学院还举办了园博会志愿者选拔工作、MBA Tour服务活动等形式多样的实践活动,激发了学生参与社会实践的热情。同时,学院一直致力于学生工作的国际化,为学生提供了多样的国外名校暑期交流项目。

【党建工作】 经济学院积极开展"学习群众路线"系列党团日活动,举办学院青年马克思主义学校,在学生范围内通过团建强基实现广大青年的思想引领。经济学院积极贯彻落实十八大精神和党的群众路线,推进"学院领导与学生座谈会"制度化、常规化。学院党委组织完成北京大学第20期党性教育读书班和第26期党的知识培训班的培训工作,贯彻"行为量化"制度,做好党员发展工作。为深入贯彻落实习近平总书记回信精神,学院团委组织开展学习习近平总书记五四重要讲话和回信精神座谈会、党团日联合主题教育系列活动以及研究生主题座谈会等活动,进一步完善经济学院团校章程制度,加强生活阵地、育人阵地、学生自组织阵地的建设。

光华管理学院

【概况】 光华管理学院依托北京大学深厚的历史底蕴和文化积淀,以"创造管理知识,培养商界领袖,推动社会进步"为使命,历经近三十年的发展,在科研水平、师资建设、人才培养、国际合作等方面位居国内经济管理学院前列,成为亚太地区最为优秀的商学院之一。

光华管理学院现设有会计学系、应用经济学系、商务统计与经济计量系、金融学系、管理科学与信息系统系、市场营销系、组织管理系、战略管理系等8个系,其中国民经济学和企业管理是国家重点学科。学院具有完整的人才培养体系,学位项目包括本科、研究生、金融硕士、工商管理硕士(MBA)、高级管理人员工商管理硕士(EMBA)、会计硕士项目(MPAcc)。金融硕士2013年《金融时报》(FT)排名全球第13,蝉联亚洲区首位,并在薪酬等三项指标上位列全球第一。为进一步满足不同类型的企业和组织中的高层管理者的知识需求,学院还设立了高层管理教育中心(ExEd),提供非学位的公开课程、定制课程和国际课程。

2013年,学院有1名副教授晋升为教授,3名讲师晋升为副教授,1名助理研究员晋升为研究员。截至2013年12月底,学院8个系共有教员111名,其中,教授46名,副教授43名,讲师22名;离退休1人。

【教学工作】 2013年,光华管理学院共招收全日制本科生216人(包括29名省级高考状元),普通研究生111人(其中博士生64人),学术硕士47人,金融硕士89人。2013年MBA项目共招收学生390人,EMBA项目共招收学生420人。MPAcc项目共招收学生57人,高层管理教育中心(ExEd)项目新增学员5600人,全年运行完成项目123个。2013年,光华管理学院本科研究生项目实际毕业365人(含春季毕业生6人),其中本科毕业生191人,普通硕士研究生毕业生136人,博士毕业研究生38人;MBA毕业生366人;EMBA毕业生327人。

本科项目"经济学"首次尝试"大班授课,小班讨论"教学方式,以加强学生学术训练以及和老师的互动与沟通。金融硕士项目初步完成培养方案的重大调整,新培养方案增加了先修课程,进行了专业课程细化,强化实践课程、海外课程,开设行业讲座课程。业界导师项目正式启动。金融硕士项目成立业界导师顾问委员会,在顾问委员会指导下,首届业界导师队伍有18位光华校友加入。学院设立院长科研基金项目,鼓励学生合作进行科学研究,8名同学获得首届院长科研基金。15名博士生获得国家高水平大学公派研究生项目资助出国交流,创历史新高。学术型硕士研究生毕业论文全部采取匿名评审的形式由项目办公室统一组织评审。学院整合学校和学院的奖学金,有效利用资源,鼓励学生开展学术研究,完善专业硕士奖助学金体系。2013年,奖助学金总金额达450万元,覆盖800余人次。学院通过开设新的人文必修和选修课,更加凸显课程对MBA学生人文精神的培养;首次在国内商学院中开设逻辑与思维课程;全面实施国际化,构建IMBA课程的中国特色;成立MBA师资发展基金。

【科研工作】 2013年,学院新立项国家自然科学基金面上项目和青年项目11项,杰出青年项目1项,优秀青年项目1项,新立项目的总批准经费达919.5万元;新立项教育部科普读物专项项目1项,一般项目5项,留学回国基金项目3项,北京市哲学社会科学项目1项。学院共计有49位教员有在研纵向科研项目。

2013年,学院教员共登记成果225项,其中学术论文171篇,会议论文19篇,著作27部,其他成果8项。其中,发表SCI/SSCI收录论文74篇,含院选英文A类19篇、院选英文B类19篇;发表CSSCI论文77篇,含院选中文A类17篇、院选中文B类37篇。学院实际奖励论文92篇,其中奖励英文论文38篇,中文论文54篇。

学院共获第六届高等学校科学研究优秀成果奖(人文社会科学)8项:一等奖1项,二等奖2项,三等奖5项。

【交流与合作】 2013年,学院继续拓展国际合作院校,国际合作院校增加至111所,所在国家增至32个,重点在发展中国家和新兴市场,此举大大丰富了合作院校的多样性,为学生了解"Global"的概念提供了更多的可能性。

学院加强与国际顶尖商学院的深度合作,如Guanghua-Kellogg EMBA项目、Stanford联合课堂等。

学院选拔出220位学生赴海外交流学习一学期(本科143名,普研13名,MBA 60名,MPAcc 4名);共接收海外交流学生193位。

学院多批次组织"中国经营方略(DBIC)"课程,共接收255人,来自重点合作院校,包括芝加哥大学、Kellogg商学院、NYU等。

学院设立光华纽约办事处,推动在美海外模块的开展。

学院与清华联合组织PIM(Partnership in International Management)40次年会,扩大光华在高端商学院联盟中的影响力,进一步加强了与合作伙伴的关系。

【党建工作】 光华管理学院党委紧密围绕贯彻落实北京大学第十二次党代会会议精神的中心任务,认真开展党的群众路线教育实践活动。学院领导带头学习、听取意见,开展批评和自我批评、整改落实,号召全院领导干部和师生党员加入群众路线学习活动的行列,切实提升各项工作的领导水平和服务质量。

学院召开党委扩大会议,做好科研经费的自查自纠工作,切实加强反腐倡廉建设;认真组织学习《关于落实中央八项规定精神坚决刹住中秋国庆期间公款送礼等不正之风的通知》内容和开展副处级(含)以上领导干部会员卡专项清退活动;组织召开民主生活会,加强党内民主工作制度建设,完善党务公开制度,增强党组织工作的透明度和公信力。

学院顺利开展了16个支部的

法 学 院

【概况】 在中国国立大学法学教育的历史中,北京大学法学院最为著名、最为悠久。1904年,京师大学堂在其下设政法科大学堂,设立"法律学门",这是中国首个在近现代大学之内专事法律教育的部门,亦即现今北京大学法学院的前身。1912年,京师大学堂更名为"国立北京大学"。1919年,北京大学法律学门正式改为北京大学法律学系。此后,经历多次更迭和易名,直至1954年重建北京大学法律学系,1999年6月26日改建为北京大学法学院。

2013年,在QS排名中,北京大学法学院名列中国法学院第一名。自2010年7月学院党政班子完成换届以来,学院现任院长张守文,副院长潘剑锋(兼)、汪建成、沈岿、王锡锌;现任党委书记潘剑锋,党委副书记朴文丹、杨晓雷。

2013年,法学院新引进教师3人,招聘博士后2人。法学院现有在编教师88人,在站博士后4人;事业编制教辅、党政管理人员18人,另有13名院聘的行政教辅人员。学院共有3位"长江学者",分别是:陈兴良、朱苏力、陈瑞华。截至2013年12月,法学院已经建成一支教学科研能力突出、年龄学历结构合理的师资队伍,包括45名教授、7名院聘教授、28名副教授、8名讲师。学院现有教育部跨世纪优秀人才培养计划入选者5人、教育部新世纪优秀人才支持计划入选者9人、全国十大青年法学家4人。

【教学工作】 2013年,学院顺利完成招生工作,共招收本科生179名,硕士生396名,博士生50名,在职法硕102名,港澳台学生7名,留学生25名。学院组织完成日常教学任务,教学秩序井然,教学效果良好。学院顺利组织完成本、硕、博毕业生的论文答辩工作。本科生182人顺利毕业并获得学位(另有2人结业),全日制法律硕士毕业251人、252人取得学位,在职法硕102人取得学位,法学硕士毕业126人、127人取得学位,博士毕业51人、53人取得学位,研修班2名学生取得学位(获得学位数超过毕业生数为往年延迟补授学位情况)。

学院继续深化学生培养模式改革与教学改革。学院组织完成全院课程库的梳理和课程改革工作,并在此基础上完成各类学生教学计划的修订工作;继续推进和完善"案例研习课"和"法律实务课",结合学生论文写作能力的训练,开设"法律写作"系列课程;增设法律硕士(法学)项目的招生和培养;改革本科生毕业论文评价答辩方式;聘任第六期法律硕士校外兼职导师;在全院教师中征集"教学综合改革研究项目"(12个项目)。

学院完成学校下达的"公派留学和学术交流项目""研究室教育创新计划""暑期学校"、接受国内"访问学者"等项目的相关工作,以及优秀博士学位论文评选工作。学院完成几个国家审批的项目:法律硕士综合改革项目的验收结项工作,法学教育实践基地项目,卓越法律人才项目的实施方案和进展报告,以及学科评估工作。

【科研工作】 2013年,在国家级、省部级科研项目的申报中,法学院共有35项参与申报,8项课题获得立项。其中,国家社科基金项目4项,含重大项目1项;教育部人文社科一般项目1项,北京市哲学社会科学规划课题1项、最高人民检察院检察理论研究课题1项等。法学院为国家级、省部级科研课题提供选题建议11项。

2013年,全院教师共发表各类学术论文299篇。其中,核心刊物论文139篇(其中,独著135

换届改选工作,共组织164名入党积极分子参加党课培训班的学习,深入解读党的群众路线的内涵,开展党委书记讲党课系列活动,相继发展党员58名,党组织得到了加强;积极开展研究生入学政审的咨询、转档、信息上报工作,顺利完成543名研究生入学政审咨询及归档工作。学院注重学生从入学到毕业的党员管理服务,2013年完成199名党员组织关系转入和207名党员组织关系转出工作。

【学生工作】 学院组织新生家聚晚会、"光彩经声"K歌大赛、"一二·九"爱乐传习等文艺活动;组织同学参加校级新生杯等各项赛事,取得北大杯乒乓球团体第一、足球团体第二的好成绩;策划并组织2013年北京大学—台湾大学两岸精英交流营。

学术科创方面,学院组织学生参与挑战杯、创业大赛等赛事,获得多项个人奖;组织光华管理学院案例大赛。

学院组织学生团队赴广东揭阳开展"沃土计划"实践活动,荣获北京大学2013年学生暑期社会实践"最佳风采"奖;组织学生开展寒暑假返乡调研。

学院举办青年公益论坛,推广美丽中国、免费午餐计划;开展"润灵计划"赴贵州支教;组织光华公益案例分析大赛。

在职业发展方面,2013年学院本硕博MBA毕业生在就业率、薪酬、就业企业质量等方面相比往年有不同程度的提升,就业率和薪酬指标在体制内商学院中持续领先,MBA毕业生薪酬绝对增幅超过中欧商学院,金融硕士就业指标稳中有升。

2013年学院邀请创投企业和创业成功的校友开设创业咨询室,帮助有创业梦想和计划的学生30人次。

篇);发表在15种CLSCI法学类核心期刊论文62篇(三大核心期刊20篇,含4篇笔谈);外文学术论文24篇,其中1篇A&HCI收录;出版学术著作39部,其中,独著中文专著8部,独著外文专著1部,独译、合译译著9部等;出版教材15部,其中独著教材5部。由法学院主办、科研中心主办或由学院教师主编的正式出版刊物共22本。

2013年,学院荣获了多项省部级科研奖励,其中,刘剑文、陈兴良、蒋大兴、陈瑞华、白建军、薛军6位教师荣获教育部第六届高等学校科学研究优秀成果奖(人文社会科学);叶姗、车浩、张东(博士生)荣获首届"董必武青年法学成果奖";薛军的译著荣获"第四届中华优秀出版物奖图书提名奖";7位教师荣获北京大学第十二届人文社会科学研究优秀成果奖,其中一等奖1项、二等奖6项。5部教材荣获"2013年北京市精品教材"。罗豪才教授荣获北京大学"蔡元培奖"。

2013年,学院举办国内、国际学术研讨会二十余场,例如"北京大学法学院、美国加利福尼亚大学伯克利分校法学院、土耳其科克大学法学院三方联合学术会议""北京大学—斯坦福大学互联网法律与公共政策研讨会""中德刑法学者联合会第二届学术研讨会""中日合同法研讨会"等。此外,学院教授赴韩国首尔国立大学参加了第七届BESETO(北京大学—首尔大学—东京大学)年度国际研讨会,赴香港大学法学院参加了"北京大学—香港大学法学年会"等。

法学院共设有虚体科研机构36个。2013年,北京大学财经法研究中心、北京大学港澳研究中心被评为"北京大学第三届人文社会科学优秀研究机构";北京大学廖凯原法治与礼治研究中心获批更名为"北京大学法学院廖凯原法治与义理研究中心"。北京大学法治与发展研究院继续深入开展对策性研究工作,研究院下设的司法案件研究中心举办了"司法实务前沿"系列讲座,研究院成立了电子商务法律发展研究基地,举办"电子商务法律发展研讨会暨北京大学电子商务法律发展研究基地成立大会"。

【交流合作】 2013年,法学院教师共计出访73人次,出访国家和地区有日本、韩国、德国、美国、新加坡、荷兰、智利、俄罗斯、泰国、加拿大、印度等国家和香港、澳门、台湾地区,出访内容为出席学术会议、交流访问或讲授课程。此外,学院代表团出访了美国、德国、英国、韩国等国家,推动了15个新协议的签署。

学院共接待来自美国、加拿大、英国、芬兰、荷兰、瑞典、韩国等7个国家11个法学院访问团;接待超过100名来自不同地区的著名教授、学者。学院共向29个合作院校送出48名交换学生,接受5所院校10名交换生。学院与美国圣母大学、加拿大不列颠哥伦比亚大学、香港中文大学等12所新增合作院校签署了合作交流协议。与学院签署了交流合作协议、备忘录的海外、港澳台院校共61所。

2013年,美国众达律师事务所出资500万元人民币协助法学院设立众达全球化与法治讲席教授席位计划,旨在聘请全球法律领域的最优秀教研人才,进一步完善北京大学法学院的学科建设,提高北京大学法学院的综合实力与国际竞争力。

【党建工作】 2013年,学院党委下设46个党支部,其中8个在职教职工党支部,2个离退休教职工党支部,36个学生党支部。2013年学院共发展预备党员86名,其中研究生57名,本科生29名。109名预备党员如期转正。全院共有175名学生参加入党积分子培训班学习并顺利结业。

学院党委在校党委组织部的指导下,组织下设的46个党支部,严格依照相关规定开展学院党委委员换届的筹备和组织工作,推进党委换届工作平稳、高效、公正、有序进行。

学院党委深入贯彻落实上级指示,通过理论中心组学习、教师座谈会、专题讲座等多种方式,积极组织对"中国梦"的思想内涵和中国共产党十八届三中全会精神的学习活动,广泛开展党的群众路线教育实践活动,认真学习贯彻习近平同志的重要讲话精神,深入领会党和国家的路线、方针和政策。法学院召开了党政领导班子民主生活会,就检查"四风"问题、分析原因、制定整改措施等方面进行了深入的对照检查,取得了阶段性成果。

【学生工作】 法学院2013届毕业生中,本科生162人,其中,57人就业,31人出国留学,64人留在国内深造。2013届毕业研究生401人,369人选择就业,14人出国留学,13人留在国内深造。2013年法学院毕业生的平均就业率高达96.98%。学院就业指导工作在做好职业生涯规划、推进示范性实习基地项目的同时,完善工作流程和制度项目,探索制度创新,加强毕业生就业系统管理;重视同学约谈咨询;创新运作法律职业发展训练营。

法学院拥有丰富的奖助学金资源,助力学生长足发展。学院优化奖助学金评审制度,促进奖助学金工作体系化、精致化、科学化。2013年法学院拥有校设及院设奖学金50项,其中校设奖学金13项,院设不可兼得奖学金11项,院可兼得奖学金20项,院设国际游学奖学金5项,院设新生奖学金1项。奖学金总额达340余万元,惠及学生433余人次。2013年院设助学金共15项,惠及学生共101

学院团委积极培养学生的学术实践能力。11月,法学院代表队荣获第十届"贸仲杯"国际商事仲裁辩论赛第三名;12月,法学院代表队参加第六届红十字"国际人道法"模拟法庭竞赛;12月,学院举办首届"冰律杯"研究生法科辩论赛。学院团委组织丰富的团学活动。3月15日学院团委组织"3·15校内系列普法活动";4月12日学院开展"走进司法实践,探寻中国梦"主题教育活动;4月26日学院举办2012—2013学年春季学期第一次党班团大会;9月18日学院举行纪念"九一八"事变81周年学生代表座谈会;10月25日学院开展"青春船长法治启航"北大附小青少年法制课首讲;11月30日至12月4日学院法律援助协会组织"12·4"全国法制宣传日系列活动;11月23日学院举办2012—2013学年团校开学典礼暨团校实习实践基地建立签约挂牌仪式;12月12日学院团委组织学习十八大报告专题讲座。学院团委组织丰富的文体活动。4月19日至20日法学院荣获2013年校运会甲组亚军;4月20日至21日法学院羽毛球队夺得北大杯亚军;12月15日举办法学、光华、信科三院联谊舞会。

信息管理系

【概况】 发展历程。信息管理系是我国自己创办的最早的图书馆学情报学教育基地之一,其前身是图书馆学系,始建于1947年。1987年5月更名为图书馆学情报学系,1992年为适应国民经济信息化和社会信息化的需求,改名为信息管理系。信息管理系拥有图书馆学、情报学和图书、情报与档案管理(编辑出版学)硕士、博士点以及一级学科授予权,其中图书馆学为国家重点学科,情报学为北京市重点学科。系内设有2个教研室(图书馆学教研室、情报学教研室),3个研究所(信息化与人类信息行为研究所、北京大学信息产业战略研究中心、北京大学信息化与人类信息行为研究所),1个实验室(数字图书馆开放实验室),还设有党委和人事办公室、行政办公室、教务办公室、北京大学图书馆信息管理系分馆等机构。

学科建设。在学科专业建设方面,经过多年的调整和发展,信息管理系已形成一个以信息管理为核心,专业类较齐全的学科体系。本科层次设置有信息管理与信息系统、图书馆学2个专业。主要课程有:计算概论、数据结构、信息管理概论、程序设计语言、数据库系统、信息组织、调查与统计方法、信息存储与检索、中国古籍资源等。

队伍建设。2013年全系共有教师31人。图书馆学教研室14人,其中教授7人,副教授5人;情报学研究室17人,其中教授9人,副教授6人。

【教学工作】 2013年信息管理系本科招生42人(含留学生5人),本科毕业39人。2013年信息管理系研究生招生51人,其中硕士招生33人,博士招生18人(含港台生2人)。生源比较充足,就业状况良好。

2013年信息管理系开展本科生赴日本筑波大学访学交流项目。信息管理系新开设了一批课程,如"多媒体技术""人机交互""信息安全""web信息产品设计"(与百度腾讯等合作的暑期课)等;结合大类课实际情况,新开设了社科大类平台课程"信息素养概论"。

2013年信息管理系对硕博士教学培养方案进行了进一步的修订,研究方向和必修课做了相应的调整。2013年信息管理系共开设研究生课程22门,其中博士生课程9门。

2013年,经过全系教师的一致研究和讨论,信息管理系建设了"北京大学信息管理系情报学网络资源平台",并进行优化与资源建设。由赵丹群等几位教师开展的情报学学科资源门户经过三年的建设,已经初步具备相关应用及与资源平台整合的基础。同时,信息管理系还支持各种学术活动,包括论文发表的版面费以及学会会费、邀请学者讲学等。

2013年系教学管理工作主要包括本科和硕博士研究生的招生计划方案拟定,组织免试推荐研究生,组织硕博士研究生命题、阅卷和复试,组织编制2013—2014年教学执行计划,组织申请新课审核与认定工作,安排组织各类精品课程、教学奖项和教材立项审批和组织评审,布置期末考试、毕业论文选题与答辩、学位汇报与授予等工作。

【科研工作】 科研项目。王余光教授获得2013年度国家社科基金重大项目(第二批)立项,课题名称为中国图书馆学史;刘兹恒教授获得2013年度国家社科基金一般项目立项,课题名称为国外数据库商业版权模式及图书馆应对策略研究;徐扬副教授获得2013年度国家社科基金青年项目立项,课题名称为大规模个性化定制环境下的情报系统研究;刘畅讲师获得国家自然科学基金项目立项,课题名称为基于用户检索行为和搜索任务情境的个性化信息检索系统研究;申静教授获得2013年度北京市哲学社会科学规划项目立项,课题名称为北京高端服务业的发展路径与对策研究。

学术会议。由信息管理系主办的以"图书馆与阅读推广"为主题的2013年全国图书馆学博士生学术论坛于11月下旬在北京大学顺利举行。信息管理系进一步升级改进了由"研究生教育创新计划"资助的暑期学校课程"社群信息学"。10月中旬,由中国科技情报学会主办,中山大学资讯管理学院承办的"第五届搜索行为与用户认知研究学术研讨会"在广州中山大学召开。会议主题为"大数据背景下的搜索行为与用户认知研究"。信息管理系赖茂生、王益明、张鹏翼、刘畅等教师和同学参会。

获奖情况。王子舟教授荣获第六届高等学校科学研究优秀成果奖(人文社会科学)的成果普及奖,获奖著作为《图书馆学是什么》(北京大学出版社,2008年)。

【党建工作】 2013年信息管理系党委按照学校党委的要求和部署,结合信息管理系工作实际,扎实推进信息管理系的各项工作。目前信息管理系有党支部6个。开展"照镜子,正衣冠,洗洗澡,治治病"为总要求的党的群众路线教育实践活动是2013年信息管理系党委工作的重点。2013年8月,系党委严格按照党中央及学校的要求,结合信息管理系工作实际,制订了《北京大学信息管理系党的群众路线教育实践活动实施方案》,并征求了对系党政班子成员、系党委委员、系教工支部书记的意见和建议。

8月中旬至12月中旬,信息管理系五个党支部陆续召开了党的群众路线教育实践活动并举行了征求意见民主生活会。会上各支部党员就群众路线对我党发展的意义进行了讨论,并认真开展了批评和自我批评。2013年各支部及学生骨干民主生活会共召开九次,汇总出意见5类81条。

12月17日,根据群众路线的总要求,信息管理系召开了以"求真务实清廉"为主题的领导班子专题民主生活会。校督导组副组长宋振清、成员李军凯、李晓鹏及信息管理系领导班子全体成员参加了此次会议。系党委书记王继民向督导组介绍了党政领导班子的分工情况,并介绍了系民主生活会的筹备情况,包括制订了《北京大学信息管理系民主生活会方案》,精心组织班子两次集中学习,各支部分别召开专题民主生活会等。领导班子分别对照检查材料开展了批评和自我批评,并与督导组进行了充分交流。

党政班子成员认真学习《关于实行党风廉政建设责任制的规定》等文件,积极开展反腐倡廉自查工作。系党政坚持实行民主集中制的原则,践行"三重一大"的集体决策机制,修订并完善了部分规章制度。

【学生工作】 信息管理系团委积极推动学生党团日联合主题教育活动,如带领新生参观沙滩红楼,了解北大历史,传承北大精神;参观国家博物馆,回顾光荣历史,使同学们对北大学子的历史使命和时代责任有了更深刻的认识。同时,系团委深入开展形式多样的党团日建设活动,通过征文、辩论、座谈、参观革命遗址、专题讲座、学术沙龙等方式引导青年学生深入思考改革开放三十多年来的理论变迁、社会变革的脉络和取得的巨大成就。北京大学第十二次党代会召开后,系团委组织2012级全体新生讲座、召开学生党员大会、全系学生干部座谈会,深入学习领会党代会的重要精神;十八大召开时,系团委组织学生骨干观看十八大开幕式直播,开展深入学习贯彻十八大精神的学习交流活动。

信息管理系团委积极配合学校开展全校性的文体活动,包括"一二·九合唱比赛""新生杯足球赛""校运动会"等。系学工办充分发挥学科特色,开展各项特色鲜明、有益学生身心健康和专业成才的活动,如"新老生篮球赛""北大杯篮球赛""新生羽毛球赛"等,丰富学生的课余生活,促进系文化塑造。

结合信息管理系的学科特色,系团委开展了多种学科讲座,既有百度资深工程师的专业讲座,也有像办公自动化软件使用技巧这类的实用讲座。迎新晚会、中秋晚会、联谊舞会等形式多样的文艺活动为同学们的生活添加了不少色彩,为学生提供了一个展示和交流的平台。

社 会 学 系

【概况】 截至2013年12月,社会学系在职的教学和科研、教辅和行政人员共48人,其中专任教师38人。郑也夫、于惠芳老师在2013年退休。38名专任教师中,教授22人,副教授11人,讲师5人。

社会学系设有社会学和社会工作两个本科专业;社会学、人类学、人口学和社会保障4个学科学位硕士点;1个专业学位(社会工作硕士专业学位)硕士点;社会学、人口学和人类学3个博士点。北京大学社会学一级学科(下含社会学、人口学、人类学、民俗学四个二级学科)是北京大学18个国家一级重点学科之一。社会学系还是中国社会工作教育协会秘书处和全国社会工作硕士专业学位教育指导委员会秘书处所在地。9月20日,经社会学系全体教职工大会讨论和投票通过,系党政联席会议决定,撤销社会学系原有的社会学理论、社会学方法、应用社会学和社会工作四个教研室,成立社会学专业、人类学专业和社会工作专业三个专业团队。

【教学工作】 2013年度,社会学系与北京市朝阳区精神疾病预防控制中心合作建立了"北京大学社会工作专业学生实践基地"。"北京大学社会学创新人才培养与实践教学三十年"获得北京市高等教学优秀成果奖一等奖。社会学系重视毕业论文的质量和规范化管理,特别请有经验的教授为博士生开设了1个学分的论文写作指导课程,作为博士生的必修课。2013年秋季学期"社会学导论"和"人类学导论"课程分别被列为北京大学核心通选课。社会学系认真迎接并顺利完成了教育部关于中外合作办学机构的评估工作。

2013年7月,社会学系社会学专业获得学士学位学生45人,社会工作专业获得学士学位2人,社会学专业留学生获得学士学位21人,获得社会学专业双学位学生54人;获得硕士学位97人,其中社会学专业59人(其中获得同等学力硕士学位2人),人类学专业7人,社会保障专业7人,女性学专业3人,社会工作硕士21人;获得博士学位17人,其中人类学专业4人,社会学专业13人;培养进修教师21名。

2013年,社会学系熊跃根教授获北京大学"教学优秀奖",马戎教授获"方正奖教金优秀奖",刘能教授获"北京银行奖教金",卢云峰副教授获"黄廷方/信和奖教金"。

第二届余天休社会学优秀博士论文奖颁奖仪式于12月20日在上海大学隆重举行。按照《余天休社会学优秀博士论文奖章程》的规定,3位优秀博士论文奖获得者除获得由余天休社会学优秀博士论文奖评选委员会颁发的奖励证书和奖牌外,还各自获得3万元人民币的奖金。

【科研工作】 社会学系22位教授中,有"长江学者奖励计划特聘教授"1人(郭志刚),"文科新世纪优秀人才"5人(张静、佟新、邱泽奇、方文、熊跃根),教育部"跨世纪优秀人才培养计划(人文社会科学)"人才2人(马戎、郭志刚)。此外,社会学系还聘请了国家"千人计划"入选者1人(谢宇)。

截至2013年12月15日,社会学系教师出版专著7部,译文1篇,编著文集或教材9部,研究或咨询报告1篇,电子出版物1部,发表论文112篇。截至2013年12月9日,社会学系全年新增科研经费857.93万元,其中纵向经费71万元。2013年社会学系新增各类项目62项,其中纵向项目9项,横向项目53项(以上均不含博士后基金项目)。卢云峰申报的"台湾地区的宗教状况及对大陆的启示"获国家社科基金重点项目资助;周皓申报的"北京市流动人口的社会融合研究"获北京市哲学社会科学规划重点项目资助。

【党建工作】 截至2013年12月31日,社会学系党委共设有党支部14个,其中学生党支部12个,教工党支部2个;共有党员221人,其中在职教职工党员29人,离退休党员12人,学生党员180人;2013年新发展党员10人,预备党员按期转正13人。25名同学参加了北京大学第20期党性教育读书班并顺利结业;19名同学参加了北京大学第26期党的知识培训班并顺利结业。

2013年上半年,社会学系围绕"落实十八大,共话中国梦"开展了多项专题学习活动。系党委先后组织党政领导班子学习会、党委扩大会议和教工党支部会议,重点学习十八大会议精神。5月,系党委组织全系教职工赴北京市平谷区京东大峡谷开展集体活动,并参观鱼子山抗日战争纪念馆。学生党支部开展了丰富多彩的主题党团日活动:2011—2012级本科生联合党支部联系系青年志愿者协会,开展打工子弟小学支教活动;2012级社会工作专业硕士生党支部组织成员到社区、家庭提供社工服务;2011级博士生党支部和离退休党员开展共创活动,记录社会学在北大恢复重建的历史。2013年下半年,系党委开展党的群众路线教育实践活动,各党支部召开专题组织生活会,围绕为民务实清廉和解决"四风"问题,针对如何发挥先锋模范作用,对照党章,联系实际,开展批评和自我批评,提出改进措施和办法。教工党支部开展"学习党的群众路线,建设服务型党支部"主题活动,并结合党的十八届三中全会精神进行深入学习解读。系党委组织师生党员代表观看影片《四个昼夜》,学习树立党组织和党员形象标准。系党委通过召开座谈会、设立意见箱、发放《征求意见表》等方式,听取师生意见,落实整改方案,努力在解决作风问题、推进院系建设整体工作方面取得实效。

在北京大学庆祝中国共产党成立92周年暨表彰大会上,查晶、钱民辉、陆杰华三位同志被评为"北京大学优秀党务及思想政治工作者"。系党委获批3项北京大学党委组织部基层党建创新立项资助。

【学生工作】 2013年,社会学系团委、学生会、研究生会举办了丰富多彩的学生活动。4月,社会学系第九届文化节开幕。在北京大学第二十一届"挑战杯"赛事中,社会学系共有17件作品获奖,其中2010级本科生胡璟怡等同学获特等奖,社会学系夺得团体冠军,蝉联"王选杯"。2009级本科生李昌琦获第六届首都"挑战杯"学生创业计划大赛金奖。7月,社会学系组织首次毕业典礼,社会学系教师、20余位系友和包含本科、硕士、博士和留学生、社会学双学位学生在内的近170名毕业生参加典礼。9月,社会学系迎新工作顺利完成,社会学系迎来了包括本科生、研究生以及交换生、进修教师在内的180余名"社会学人"。社会学系第十一次学生代表大会召开,大会选举梁中良等3人为新一届学生会主席团成员。11月,社会学系通过团校平台组织学生开展思想理论学习。3月,"北大杯"系列体育赛事全面启动,社会学系共约60名学生参与了篮球、足球、排球等项目。4月,"会心倾城,声动寰宇"社会、心理、生科、城环、环科五院系K歌大赛决赛在百周年纪念讲堂多功能厅举办。社会学系参加北京大学本科招生校园开放日,刘爱玉等通过"北大社会学系"新浪微博与中学生、家长互动。9月,社会学系学生工作微信公众号"北大社会"全面启用,社会学系团委宣传中心负责公众号日常运营。10月,社会学系学生会组织新生参加北京大学"情谊·永玖"九院系新生舞会。11月,社会学系学生会组织"男生节"及生活周活动。12月,社会学系学生会组织2012级、2013级100余名学生参与北京大学纪念"一二·九"合唱比赛。

政府管理学院

【概况】 北京大学政府管理学院拥有政治学与行政学、公共政策学、城市管理学、行政管理学(政治学与行政学专业联合培养)四个本科专业;设有政治学理论、中外政治制度、中共党史、行政管理、区域经济、公共管理(发展管理)和公共管理(公共政策)七个硕士学位授予点;拥有政治学、行政学、区域经济学三个博士授予点和政治学、行政学、区域经济学三个博士后流动站。学院还设有MPA教育中心。学院与教育部人文社会科学重点研究基地——北京大学政治发展与政府管理研究所有着密切的学术协作关系。

院长为全国政协副主席行政法学家罗豪才教授,常务副院长为傅军教授,副院长为徐湘林教授、李国平教授、白智立副教授、朱天飚副教授、李靖。党委书记为周志忍教授,副书记为李国平教授(兼)、李靖(兼)、姚静仪、姚奇,工会主席为黄璜副教授。学院共有在职教师53人,其中教授24人,副教授26人,讲师3人;离退休教师19人。

【教学工作】 2013年,政府管理学院有在校本科生420人,其中留学生53人、港澳台学生10人、少数民族学生46人;新生80人,毕业生79人。

2013年度硕士研究生共316人,其中2009级2人,含留学生1人;2010级5人,含留学生2人;2011级92人,含留学生36人、港澳台学生2人、少数民族骨干计划2人;2012级113人,含留学生50人、港澳台学生7人、少数民族骨干计划4人;2013级104人,含留学生39人、港澳台学生6人、少数民族骨干计划5人;2013级新生104人,毕业硕士生105人。

2013年博士研究生共224人,2005级9人,2006级9人,2007级7人,2008级27人,2009级30人,2010级34人,2011级31人,2012级39人,2013级38人;留学生10人、港澳台学生16人、少数民族骨干计划11人;2013级新生38人,毕业博士生44人。2013年度MPA 667人。

2013年,政府管理学院在国际英文授课项目方面招生总计36人,分别来自全球24个国家和地区。其中发展中国家公共管理硕士项目22人,公共政策英文硕士项目6人,北大—伦敦政经双硕士项目7人,北大—维多利亚惠灵顿大学双硕士项目1人。与此同时,国际授课项目师资力量和课程设置进一步扩大、丰富。

2013年,高鹏程老师获得北京大学教学优秀奖,张国庆老师的《公共行政学概论》获第二批国家级资源共享课立项项目。

【科研工作】 2013年政府管理学院积极动员和组织全院教员和博士后申请国家、部委纵向项目。全年获批纵向项目2项,其中黄恒学教授"推进我国事业单位分类改革实施和战略与相关政策"为重点项目。2013年政府管理学院教师承担多项横向项目,到账经费总计20342067.55元。

2013年政府管理学院教师发表核心期刊论文61篇(SSCI 3篇),出版著作6部。

【交流合作】 1月23日至27日世界经济论坛(World Economic Forum)年会于瑞士达沃斯举行。政府管理学院傅军教授应邀作为多个分会场的发言人(speaker)、研讨会贡献者(contributor)和主导人(fire-starter),并在"思想实验室"(IdeasLab)中特别讲述了"制度技术与经济发展的关系"。

2月25日,北京大学政府管理学院与日本法政大学大学院公共政策研究部、韩国延世大学政经学院签订了三方合作框架协议。该协议的签订旨在推动以上三所院校在学者互访、学生交换、合作研究、开设讲座、共同举办学术研讨会等方面的国际交流与合作。

4月11日,新西兰总理约翰·基(John Key)访问北京大学,作为"北大公共政策国际论坛"嘉宾在英杰交流中心阳光大厅发表主题为"双边教育关系"的演讲。

9月7日,美国政治学学会前主席Margaret Levi教授作为受邀的海外名家,在北京大学政府管理学院报告厅举办题为"为了他人利益:会员组织中的领导、治理和政治行动主义"的演讲会。

2013年世界经济论坛全球议程委员会峰会(World Economic Forum Global Agenda Council Summit Meeting 2013)于11月18日至20日在阿拉伯联合酋长国阿布扎比举行,来自世界各国约一千人参加了本次会议。作为新增长模型委员会(Global Agenda Council on New Growth Models)成员,政府管理学院傅军教授应邀出席会议,主持和参加了4场公开或闭门专题会。

12月9日上午，日本明治大学长尾进副校长、政治经济学部大六野耕作学部长率团访问北京大学，北京大学副校长李岩松在临湖轩西北厅会见了来宾。随后代表团一行到访政府管理学院，傅军常务副院长与大六野耕作学部长签署了两院交流项目合作协议。

【党建工作】 2013年，学院新生辅导员党员比例达到27%，党员担任班长比例达到59%，有效发挥了党员的引领作用。2013年学院共发展党员28人，其中本科生10人，研究生18人。

北京大学党的群众路线教育实践活动正式启动以来，政府管理学院高度重视，起草方案、成立工作机构、召开动员大会，在学校第七督导组的指导下按照既定方案开展工作。经过意见征求及问计于师生，学院共征集到关于学校建设的建议35条，关于学院发展的建议21条，关于学生切身需要的建议5条，合计61条。根据征求到的教职员工及学生意见，学院领导班子边查边改，先后采取了约谈、答复、软硬件改进等措施。在个人对照检查的基础上，学院顺利召开政府管理学院党政班子民主生活会。

2013年，政府管理学院党委继续坚持党建促教育工作，深入贯彻落实十八大、2013年全国人大、政协两会和学校第十二次党代会精神，紧密围绕"落实十八大，共话中国梦"的主题，积极响应学校关于"我的中国梦"主题教育活动的各项安排，积极进行理论学习，并组织学生党支部开展以"我为梦想去行动""我为梦想画蓝图"为主题的党团日活动；积极响应学校开展党的群众路线教育实践活动的号召，组织学生党支部开展以"学习群众路线·践行服务承诺"为主题的党团日活动。2013年，学院5个党支部申请了6项创新立项，全部获批。其中2013级本科生党支部申报的"创建党员卡制度，贯彻群众路线，建设服务型支部"获批学校一般一类项目。

学院高度重视反腐倡廉建设工作，坚持对"小金库""乱办班""学术道德问题"等违规现象实行"零容忍"，先后完成科研经费自查、小金库自查、清退会员卡等工作，调查处理、答复来信来访9件次。

【学生工作】 在学生活动方面，2013年3月，学院组织开展第二十一届"挑战杯"系列赛事五四青年科学奖竞赛政府管理学院初评工作，共有8件作品参加评审。政府管理学院荣获第二十一届"挑战杯"系列赛事团体三等奖。2013年9月，学院组织开展第二十二届"挑战杯"系列赛事五四青年科学奖竞赛院系报名工作及资助申请工作，共有5支团队报名参赛，3支团队申请资助。经过院系评审，学院推荐作品《社区信息化环境下的社区服务——以北京市96156社区服务平台为例》获得资助。

在学生资助工作方面，学工办成员和班主任密切关注贫困学生的思想及心理状况，建立了快速准确的反馈机制；同时，积极开展感恩教育，引导受助学生回馈社会。

在奖励奖学金评审工作方面，学院确保程序的规范与合理。2013年度共评选出各类校级奖励奖学金167人次，实现了标准规范化、流程透明化、结果公开化的评选过程。

在就业工作方面，"为未来导航"品牌项目继续举办，其中"扬帆起航"项目作为"为未来导航"的子项目，主要包括公务员就业成长成才平台、就业问题Q&A平台、院友分专题就业沙龙三个系列活动。针对即将毕业的学生，学院组织了2013届毕业生就业指导会、研究生免试推荐模拟面试活动、"辅修、双学位"经验交流会等活动。就业去向方面：本科生2013年共计59名学生毕业，其中29名国内升学深造，10名出国留学深造，20名学生就业；研究生2013年共计112名学生毕业（硕士72名、博士40名）。

马克思主义学院

【概况】 发展历程。北京大学马克思主义学院成立于1992年4月2日，是全国第一所马克思主义学院。

组织机构。学院现设有5个基本教学研究机构：马克思主义基本原理研究所、马克思主义中国化研究所、思想政治教育研究所、政治经济学研究所、科学社会主义研究所；建立了9个跨学科关联研究机构。

学科建设。学院现有马克思主义理论一级学科博士点和硕士点，下设马克思主义基本原理、马克思主义中国化、国外马克思主义、思想政治教育和中国近现代史基本问题研究五个二级学科。另外，学院还招收科学社会主义与国际共产主义运动（全国重点学科，与国关学院共建）、政治经济学两个专业的博士、硕士研究生和马克思主义哲学专业的博士研究生。

队伍建设。截至2013年12月，马克思主义学院在编教职员工53人，合同制1人，其中教师45人，党政管理人员7人，博士后2人。2013年学院新入职2人（教学科研岗）、退休1人（教学科研岗）、进站博士后1人、出站博士后2人。

【教学工作】 学生人数。学院现有学生151人，其中硕士生63人，博士生88人；港澳台学生1人，留学生1人，民族地区学生2人。

课程设置。学院承担着全校学生的思想政治理论课教学工作。

2013年,学院为本科生开设了5门"思想政治理论课":思想道德修养与法律基础、中国近现代史纲要、马克思主义基本原理概论、毛泽东思想和中国特色社会主义理论体系概论、形势与政策;为硕士生开设了1门"思想政治理论课":马克思主义与社会科学方法论;为博士生开设了1门"思想政治理论课":中国马克思主义与当代。

教材出版。2013年,马克思主义学院出版了4本教材,分别是:孙熙国主编的全国高中学生统一使用教科书《思想政治·生活与哲学》(第四版)和《马克思主义与社会科学方法论教学大纲》;仝华主编的《中国近现代史纲要》;李兴、王成英等主编的《当代世界政治经济与国际关系》。

教学获奖。2013年,学院荣获了多项教学奖励,"思想道德修养与法律基础"被评为2013年国家级精品资源共享课;李淑珍获得北京大学教学优秀奖,冯雅新获得北京大学正大奖教金,聂志红获得北京大学树仁学院奖教金。

【科研工作】 人才队伍。学院现有享受国务院政府特殊津贴专家4人、新世纪优秀人才2人、"四个一批"人才1人、马工程首席专家1人、"新世纪百千万人才工程"国家级人选1人、国家高层次人才特殊支持计划哲学社会科学领军人才1人。

项目数量。2013年,马克思主义学院获得立项课题12项,其中国家社科基金规划项目3项,教育部文科基地项目6项,北京市哲学社会科学规划项目3项。

科研成果。2013年,马克思主义学院教师发表学术论文154篇;出版学术专著6部,其中独著中文专著3部,合著中文专著3部。

经费情况。2013年,马克思主义学院科研经费到账2639000元。其中,横向经费501000元,纵向经费2138000元。

学术活动。2013年,荷兰莱顿大学现代东亚研究中心主任Peter Ho教授、台湾元智大学人文社会学院院长刘阿荣教授、英国肯特大学教授大卫·麦克莱伦、美国纽约市立大学特聘教授理查德·沃林等知名学者到访学院。在"请进来"提高学术标准和品位的同时,马克思主义学院也"走出去"拓宽学术研究视野,思想政治教育研究所副教授杨柳新赴加拿大多伦多大学访学一年;科学社会主义研究所副教授王成英在全校研究生公共课"中国特色社会主义理论与实践研究"课堂上接受美国《华盛顿邮报》记者威廉·万的采访,谈苏共失败与中国共产党的成功。

12月6日上午,为纪念毛泽东诞辰120周年,由北京大学中国特色社会主义理论体系研究中心、北京大学马克思主义学院、北京大学马克思主义与中国文化协调创新中心联合主办的以"毛泽东与当代中国和世界"为主题的国际学术研讨会在北京大学召开。

【党建工作】 学院现有中共党员233人,党支部12个。2013年,在学院党委的大力支持下,学院教工党支部和学生党团支部开展"落实十八大、共话中国梦"、学习习近平总书记五四讲话精神、学习贯彻党的十八届三中全会精神等系列党日活动和党团日联合主题教育活动;扎实开展党的群众路线教育实践活动,取得良好实效;协助学校召开北京大学"五四"理论研讨会,联合承办"马克思主义中国化论坛2013";举办"毛泽东与当代中国和世界"国际学术研讨会等;认真做好党员发展工作,发展教工党员1人(博士后)、学生党员10人,预备党员转正11人。两个学生支部获得学校党建创新立项。

【学生工作】 学生活动情况。2013年4月,博士生党支部走进打工子弟学校开展义务支教活动。5月10日,召开学生骨干学习习近平总书记回信、五四讲话精神座谈会。5月至6月,学生党团支部开展"落实十八大、共话中国梦"党团日联合主题教育活动。7月至8月,学院组织学生赴福建、新疆开展暑期社会实践活动。7月至12月,学院指导各学生党支部开展系列党的群众路线教育实践活动。10月至11月,学院举办第七届"马克思主义与当代社会发展——学习贯彻党的十八届三中全会精神"系列讲座。

2012级硕士班团支部获得2012—2013年度首都大学、中专院校"先锋杯"优秀团支部荣誉称号、北京大学2012—2013学年优秀团支部称号,2012级硕士班获得北京大学2012—2013学年优秀班集体称号,并被学校推荐参与北京市先进班集体评选。此外,2012级硕士班还获得北京大学"落实十八大、共话中国梦"学生党团日联合主题教育活动三等奖。

毕业生去向。2013年,学院毕业研究生47人,其中就业41人、本国读博深造6人。

校园文化建设。马克思主义学院在学生工作中始终倡导"家园"建设,开展女生节、新生素质拓展训练、师生乒羽友谊赛、迎新联欢会、厨艺大比拼、宿舍文化节、新年联欢会、趣味运动会、主题读书会等校园文化活动。

教 育 学 院

【概况】 北京大学教育学院成立于2000年10月,是在原北京大学高等教育科学研究所、教育经济研究所和电化教学中心的基础上合并组建而成的。教育学院下设四个系、两个研究所和八个中心,即:教育与人类发展系、教育经济与管理系、教育技术系、教育领导与政策系;高等教育研究所和教育经济研究所;基础教育与教师教育研究中心、中国教育与人力资源研究中心、企业与教育研究中心、数字化学习研究中心、国际高等教育研究中心、教育信息化国际研究中心、博士后研究中心和教育发展研究中心。其中,教育经济研究所为教育部人文社会科学重点研究基地,教育经济与管理专业为国家重点学科;高等教育学专业为北京市重点学科。教育学院承办全国中文核心期刊、CSSCI来源期刊、国家社科基金资助期刊《北京大学教育评论》(季刊),并且是联合国教科文组织亚太高等教育教席、中国蔡元培研究会秘书处所在单位。学院教学科研辅助机构包括图书及信息资料中心、网络管理与计算机室。截至2013年底,学院共有在职教职工65人,其中教师37人,行政和教辅人员8人,博士后5人,劳动合同制人员13人,返聘教职工2人。2013年学院有1位教师晋升为教授,2位教师晋升为副教授。学院教学科研队伍中有教授16人,副教授18人,副编审1人,讲师2人,研究员1人。教师队伍中拥有博士学位的有36人。

【教学工作】 教育学院设有高等教育学专业博士点(设于1990年)、硕士点(设于1983年);教育经济与管理学专业博士点及公共管理博士学位一级学科授予权(分别设于1997年和2003年)、硕士点(设于1995年);教育学原理博士点及教育学博士学位一级学科授予权(分别设于2003年和2006年);教育技术学硕士点(设于2000年)。2008年4月,高等教育学科被评为北京市重点学科,教育与人类发展系为北京市高等教育学重点学科单位。

2013年,教育学院共毕业研究生88人,其中获硕士学位51人,获博士学位37人。2013年教育学院总计招收研究生105名。截至2013年底,学院共有在读研究生377人,其中博士生251人,硕士生126人。学院成功举办了"教育技术前沿"暑期学校和"质性研究方法与社会科学研究"暑期学校,分别招收学员150名和35名。2013年经院学术委员会审议通过的新课程有14门。截至2013年底,学院能够为研究生开设的课程有231门。除为本院研究生开设课程外,学院还积极参与学校本科的教学工作。

2013年,在中国高等教育学会第九届"高等教育学"优秀博士学位论文奖评选活动中,马万华教授指导的杨光钦的博士学位论文《学术生产数量繁荣的制度逻辑——基于某省地方院校科研评价制度的分析》、陈洪捷教授指导的秦琳博士的《德国博士教育的结构化改革研究——知识生产转型的视角》获得优秀博士学位论文;林小英获得2012—2013年度"北京大学教学优秀奖"。2013年学院学生出国出境学习、考察、参加国际会议15人次;教育学院博士生于2013年10月举办了"未来学术领导力与学术职业的发展"博士生国际学术论坛。

【科研工作】 2013年教育学院新立项的项目共计81个,其中纵向项目12个,横向、委托及国际合作项目69个。纵向项目立项数量与2012年基本持平,横向及委托项目比2012年有较大增长,增幅约50%。纵向项目中国家社科基金项目结项1项,国家自然科学基金结项1项,教育部人文社科一般项目立项2项,教育部重点文科基地重大项目立项2项,北京市哲学社会科学一般项目立项1项,中检2项,北京市教育科学规划项目立项2项,博士后科学基金项目立项1项。

据不完全统计,2013年教育学院教师发表文章(期刊、报纸及文集收录)132篇,其中英文论文12篇,比2012年增长约30%;发表会议论文54篇,其中英文会议论文17篇,比2012年增长约70%;撰写研究报告40篇,出版著作19部,报告数量及著作数量基本与2012年持平。

2013年教育学院获得各种科研荣誉及奖励20余项,其中比较重要的奖项有:陈洪捷、赵世奎、沈文钦、郭建如、蔡磊砢等著《博士质量:概念、评价与趋势》(专著)获北京市第十二届哲学社会科学优秀成果奖一等奖及教育部第六届高等学校科学研究优秀成果奖(人文社会科学)二等奖;陈向明等著《搭建实践与理论之桥——教师实践性知识研究》(专著)获第三届中国大学出版社图书奖优秀学术著作奖二等奖;刘云杉入选2013年度教育部"新世纪优秀人才支持计划";贾积有的"CSIEC: A Computer Assisted English Learning Chatbot Based on Textual Knowledge and Reasoning"论文获北京市第六届教育科学研究优秀成果奖二等奖;闵维方、蒋承撰写的《产业与人力资源结构双调整背景下的大学生就业——一个历史和比较的视角》论文获北京大学第十二届人文社会科学研究优秀成果奖一等奖;贾积有的 Educational Stages and Interactive Learning: From Kindergarten to Workplace Training 著作、林小英的《教育政策变迁中的策略空间》著作、沈文钦的《西方博雅教育思想的起源、发展和现代转型:概念史的视角》著作获北京大学第十二届人文社会科学研究优秀成果奖二等奖。

【交流合作】 2013年教育学院邀请国外专家学者作讲座12人次,国内专家作讲座14次(其中含港澳台地区专家讲座5次),共计26次。2013年教育学院教师出国访问、考察、合作研究、参加国际会议15人次,赴港澳台3人次,派送教师出国(境)访问(一个月以上的)、进修2人次。其中,沈文钦赴美国进修1年,贾积有赴德国学术交流3个月。

2013年度学院成功组织19场学术研讨会,会议数量比2012年增长3倍,其中重要的会议有:4月2日的"中国大学学生调查与院校教学质量评估"国际论坛;4月13日的首届"中国电子游戏与青少年发展圆桌论坛";4月25日的"2013年度首都高等教育质量与学生发展监测项目启动会";5月29日的"第十七届全球华人计算机教育应用大会";7月2日的"国家人事制度与高教改革的政策协同与对策"研讨会;7月6日至7日的"Ed.D.与教育改革"研讨会;9月1日的首届"实践——反思教育质性研究"学术研讨会;9月4日的"高等教育宏观决策协调机制中德研讨会";10月12日至13日的全国教育信息技术研究"十二五"规划重大课题"区域教育信息化与教育公平研究"子课题开题会议;10月21日的"2013年中芬高等教育合作与交流讨论会";11月3日的"信息技术发展与教育改革国际论坛"(参与举办);11月1日至3日的"高等教育的全球参与和知识共享——第十届北京论坛教育分论";11月26日的"欧盟——中国博士合作项目启动大会暨中欧博士教育研讨会";12月16日的首届"北京大学教育信息化圆桌论坛"。

【党建工作】 截至2013年12月31日,教育学院党委共有194名党员,其中在岗教工党员48名,学生党员126名,离退休党员20名;学院党委下辖12个党支部,其中教工党支部5个,学生党支部6个,离退休党支部1个。

2013年,学院教工支部先后组织开展了"落实十八大,共话中国梦"主题党日活动和"学习党的群众路线,建设服务型党支部"主题教育活动。2013年度,学院认真组织完成"北京大学第五期教工党的知识培训班"的各项学习活动,圆满完成12个支部的换届工作以及年度党内统计工作,共发展党员12名(女党员9名),转正党员15名。陈晓宇获得"北京大学优秀党务和思想政治工作者——李大钊奖",马世妹被评为北京大学优秀党务和思想政治工作者。教育学院领导班子在落实党风廉政建设工作中,定期召开院长办公会和党委会,需要时召开党政联席会或扩大会议,对学院有关重要事项进行集体讨论决策;对于与学术有关的决策,定期召开学术委员会、学位委员会和教授会集体讨论决定。学院利用每年的全体教职工大会,由主管领导分别汇报本年度学院的教学、科研、人事、行政、培训、财务、党务和学生等方面的工作。

【学生工作】 截至2013年底,教育学院共有经济困难学生17人。其中2011级硕士研究生3人,2012级硕士研究生6人,2013级硕士研究生5人,2013级博士研究生3人。2013年学院共完成了17名困难生的认定和6项助学金的评定。

2013年学院共有57名硕士生和博士生参加就业,就业落实率达到100%,签约率在全校居于前列,就业去向大多是国家机关、国有企业、重点高校等单位,并有2人赴中西部基层就业,就业质量得到进一步提高。

在2012—2013年度的评优评奖中,共有17人获得校级奖学金,8人获得学院闵维方奖学金,10人获得科学实践创新奖,17人获得北京大学三好学生标兵、三好学生、优秀学生干部、学习和社会工作单项奖、创新奖等奖励奖项。在2013年先进班集体评选中,教育学院博士班荣获"北京大学优秀班集体"称号,2012级普硕班、2012级高管班荣获"北京大学先进学风班"称号。在北京大学第二十一届"挑战杯"竞赛中,硕士生魏戈主持的项目荣获特等奖,指导教师陈向明获优秀指导奖。此外,硕士生陈妍妤、李康婷和新闻与传播学院学生合作的项目荣获特别贡献奖一等奖。教育学院获"挑战杯"组织奖。

教育学院学生党支部、团总支、研究生会、班级等各级学生组织通力合作,开展了包括中秋晚会、新年晚会、"师生情"羽毛球友谊赛、师生篮球友谊赛、辩论赛、毕业联欢会等一系列丰富多彩的学生活动。

新闻与传播学院

【概况】 新闻与传播学院依托日益增强的新闻学和传播学学科基础,整合全校资源,逐步形成具有北大特色、适应时代发展的新闻与传播学研究和教学模式,形成了包括新闻学、传播学、广告学、编辑出版学、网络传播、广播影视、跨文化交流、公共关系、媒体经营管理等一系列的学科群。2013年,学院在学科发展、人才培养和队伍建设等方面继续朝着一流新闻与传播学院的目标迈进。

2013年10月,学院完成行政班子换届工作,原院长邵华泽、常务副院长及原班子成员卸任,陆绍阳为新一届学院院长,陈刚、俞虹、刘德寰、吴靖为副院长。

2013年,学院共有教职员工33人,其中教授15人,副教授11人,讲师2人。2013年,吕艺晋升教授。

【教学工作】 本科教学。学院本科设有新闻学、广告学、编辑出版学和广播电视新闻学四个专业。在做好日常教学管理工作的基础上,学院重点开展了大类平台课程的协调与管理、本科教学质量改进与提升两项工作。2013年,学院在校全日制本科生445人(国内学生333人,留学生112人)。2013届本科四个专业毕业生共计97人(含留学生27人),授予学士学位97人。2013年学院开设本科课程共计81门。

研究生教学。学院设有新闻学和传播学2个硕士点,传播学博士点和新闻传播学博士后流动站。研究生专业方向涵盖国际新闻、新闻传播实务、新闻传播史论、国际传播与跨文化交流、大众传播、新媒体与网络传播、广告理论与实务、媒体经营管理、编辑出版学等诸多领域。

2013年,学院在校研究生247人,其中博士研究生89人,硕士研究生158人,包括留学生9人以及港澳台学生20人。2013届毕业研究生共计141人,其中授予硕士学位129人,博士学位12人。2013年学院开设研究生课程57门,其中必修课程35门,选修课程22门。

2013年学院成立了教学指导工作小组,由主管教学的副院长担任负责人,着手新版教学计划的修订工作。目前各系已经拿出初步的修订方案,总的原则是和国际一流新闻与传播学院的课程设置接轨,同时又考虑到中国现实的需要和学院目前师资队伍的情况,计划在2014届新生入学后就采用新版的教学计划。在研究生教学改革的设计中,学院遵照小班化、模块化、差异化的设计来进行。同时,学院进行教学管理制度的修订,对教学优秀的老师进行奖励,拟将教学效果和职称晋升、聘岗等工作挂钩。

【科研工作】 2013年度学院教师共发表论文135篇,出版著作(含专著、译著、主编等)14部;立项课题50项。

学院谢新洲教授的课题"网络情报挖掘与管理系统关键技术及其应用"获得2013年教育部科技进步奖一等奖。肖东发教授主编的著作《从甲骨文到E-Publications——跨越三千年的中国出版》获第六届高等学校科学研究优秀成果奖(人文社会科学)普及奖。吴靖教授的专著《文化现代性的视觉表达:观看、凝视与对视》获得北京大学第十二届人文社会科学研究优秀成果奖一等奖。陈汝东教授的专著《新兴修辞传播学理论》获得北京大学第十二届人文社会科学研究优秀成果奖二等奖。博士后高崇申报的"新媒体语境下转型社区农村青年的代际交往"获得北京哲学社会科学规划项目青年基金项目。

【交流合作】 2013年学院教师参加各类国内学术会议77人次,参加国际学术会议28人次;外出讲学23人次,7人次赴外社会考察;合作研究11人次。在国际网络建设方面,除了建立与美国纽约大学、密苏里大学新闻学院、斯坦福大学、加利福尼亚州立大学、南加利福尼亚大学、加利福尼亚大学伯克利分校、安那堡新闻学院、曼隆学院、培泽学院、日本经济新闻社、筑波大学、英国威斯敏斯特大学、牛津布鲁克斯大学、俄国莫斯科大学、法国高等新闻学院等院校的合作教学、讲学和研究等传统学术网络之外,2013年学院洽谈的合作伙伴与项目如下:与美国西北大学传媒学院签署学生交流协议;与香港大学媒体与传播系、香港城市大学签署合作备忘录;与北京大学欧洲高校中心商讨于2014—2015学年度合作开设欧洲媒体研究研究生课程;与瑞士提契诺大学(the Università della Svizzera italiana, USI)商讨合作举办研究生科研训练暑期课等。

此外,学院学生参加了台湾"孔子行脚"支教活动、德国科隆、香港等地的交换项目。

【党建工作】 2013年在北京大学召开的庆祝中国共产党成立九十二周年暨表彰大会上,学院党委获得北京大学党务和思想政治工作先进集体称号。截至2013年12月,学院共有中共党员195名,其中教工党员26人;学生党员169人,其中正式党员133人,预备党员36人。

1. 契合新时期学院整体发展规划,抓住学科发展的历史机遇期。2013年10月底,在学校党委的统一部署下,学院党委班子完成换届,陈刚教授新任学院党委书记,主持全面工作;党委副书记王洪波副研究员分管学生工作,兼任统战委员、安全委员;党委委员谢新洲教授任群众工作委员,负责工会相关工作;党委委员张积任组织委员兼纪检委员;党委委员徐金灿任宣传委员兼青年委员。学院党委班子履职后,以高度的政治责任感和使命感开展工作,进一步加强学院的领导班子和干部队伍建设,积极推进党的群众路线教育实践活动,深入探索构建有利于基层党组织建设的体制机制,推动班子建设的科学化、民主化与制度化。

2. 始终把思想建设、廉政建设置于领导班子建设的重要位置。学院党委结合十八大、十八届三中全会等重要节点,持续开展思想政治建设工作。学院多次组织讨论会研讨专项工作,把学习作为加强思想政治建设的重要手段,"以学习提高思想,用思想谋划工作",高度重视党风廉政建设,把思想工作做在前头,完全遵照纪委对基层党组织的要求开展工作。

3. 成立党的群众路线教育实践活动领导小组,开展党的群众路线教育实践活动。学院党委按照为民务实清廉的总要求,通过群众提、自己找、上级点、互相帮,广泛开展批评和自我批评,坦诚开展谈话谈心。新党委上任后,迅速接手党的群众路线教育实践活动的工作,同时,把党的群众路线教育实践活动作为新班子的开局工作,通过各种途径收集到学院师生近百条意见建议,认真撰写对照检查材料,召开专题民主生活会,形成专题报告,认真查摆班子"四风"和学院发展等方面存在的问题,并提出整改方案。

【学生工作】 2013年,学院团委、学工办在"科学化、精致化"理念指导下,以制度建设为抓手,将行之有效的做法固化为长效机制,梳理并确立了较为完备的规则程序。

2013年,学院学生工作办公室牵头组建"专业专精"系列暑期实践团,分别奔赴上海、江苏、江西、北京、贵州等地开展暑期实践活动。在此基础上,学院团委不断创新工作模式,探索网络与新媒体时代凝聚引导青年的新方法、新途径,开展团建创新试点,打破年级限制,以专业为划分标准建立了新闻、广告与新媒体、广播电视、编辑出版四个特色团支部,推出朋辈成长、生涯规划、中秋联欢会、微博班会等特色活动。学院团委运营"新传人"微信公众号,目前粉丝将近800人,第一时间将学院的信息传达到学生。学院团委有效整合现有资源,促进了学院学生工作水平整体跃升。

人口研究所

【发展概况】 2013年人口研究所(以下简称人口所)各项工作取得了比较满意的成绩。全所在编教职工20人,其中专职科研与教学人员16人,教授6人,副教授8人,博士生导师7人,讲师2人;另有博士后在站研究人员8人,聘有国内外客座教授20余名。研究人员全部具有博士学位和海外学习培训背景,来自人口学、经济学、社会学、人类学、数学、计算机、医学、公共卫生、地理学、环境科学等多个学科。

【科研工作】 科研成果。人口所近年来强调多学科交叉研究,加大国际前沿学术交流力度,鼓励发表高质量英文文章。2013年人口所教师出版专著、译著5部,参与6本教材及专著章节的撰写,提供政府咨询报告6本;发表英文文章23篇,中文文章53篇。

重要奖励。郑晓瑛教授获得2013北京大学国华杰出学者奖。郑晓瑛教授研究团队获2013年第三届中国残疾人研究优秀成果(项目)特别奖。郑晓瑛、陈功、宋新明、崔斌、张蕾、刘菊芬、裴丽君、武继磊、黄成礼、林艳获中华预防医学会科学技术奖二等奖。穆光宗教授的学术论文《家庭发展的理论与政策思考》获国家卫生计生委计划生育家庭发展司、中国人口学会联合颁发的"家庭发展理论与实践"征文一等奖。

科研项目。2013年,人口所新立项国家级项目2项,省部级项目5项。

【交流合作】 9月24日至25日,郑晓瑛教授前往巴里参加亚太经合组织(APEC)生命科学创新论坛(LSIF),并再次当选亚太经合组织(APEC)健康创新和投资领导委员会主席团成员。11月19日至22日,郑晓瑛教授参加了中国发展基金会和美国布鲁金斯学会在华盛顿联合举办的"第四轮中美人文交流高层对话会"。11月16日,黄成礼副教授,刘岚副教授前往日本东京,参加"东亚社会保障:东亚福利体系的未来"研讨会。12月10日至12日,郑晓瑛研究团队参加在北京举办的"健康中国战略的突破口"香山科学会议学术讨论会。

2013年中国国务院副总理刘延东、美国前国务卿希拉里·克林顿出席第四轮中美人文交流高层对话会并分别作主题报告。北京大学人口研究所所长、中国人口健康与发展中心主任郑晓瑛教授应邀出席本次会议,并与美国布鲁金斯学会主席约翰·桑顿、诺贝尔经济学奖获得者詹姆斯·海克曼及世界银行前行长詹姆斯·沃尔芬森等知名学者和儿童早期发展专家进行学术交流。

【教学工作】 2013年,人口所有硕士研究生33人(含港澳台学生2人),博士研究生39人(含港澳台学生1人)。博士研究生王灏晨所获"才斋奖学金"课题顺利进入结题阶段;博士研究生郭超获得"校长奖学金"。

【党建工作】 人口所党支部组织全所师生全面开展党的群众路线教育的学习和实践活动,共同学习和深刻领会十八大精神。人口所党支部按照学校和经院党委要求始终坚持正常的组织生活制度,不断研究人口所发展的新思路。

人口所将在2014年大力促进人口学的多学科发展,积极为国家和地方政府重大决策建言献策,提供智力支持。

国家发展研究院

【教学工作】 国家发展研究院按国际一流大学的标准开设博士、硕士、本科生双学位、MBA及EMBA课程,每年招收各类学生近千名。

本科生。2013年本科双学位项目从北京大学校内报名的928名同学中择优录取了700名新生,从校外报名的1183名同学中择优录取了200名新生,新生合计数量900名。截至目前,本科双学位项目拥有在读学生2598人,校友9078人,是北京大学规模最大、影响最深远的双学位项目。

研究生。2013年国家发展研究院招收博士新生16人(其中硕博连读4人、博士生12人)、硕士新生35人(含香港学生1人),颁发经济学博士学位20人、经济学硕士学位29人(含金融单考班学员)。研究生办公室大力推进博士生国际交流项目,其中公派出国学生5人、国家发展研究院资助派出学生2人。国家发展研究院2009级博士生谭之博和2012级博士生赵岳的论文《企业规模与融资来源的实证研究》一文获评《金融研究》年度（2012年）优秀论文。国家发展研究院2010级博士生卯光宇独立完成的论文"Model Selection for Regression with Heteroskedastic and Autocorrelated Errors"，发表在 Economics Letters 第118卷上；另一篇论文 "Efficient Penalized Estimation for Linear Regression Model" 已被 Communications in Statistics-Theory and Methods 接收。前一个期刊为SSCI刊源，后一个为SCI刊源。

北大国际。北大国际BiMBA教学兼具中西教学方式的优点，在国际规范的MBA课程基础上，根据中国的实际情况加以调整。师资队伍由来自中国、美国、欧洲的教授联合构成，其中海外教授来自北大国际在美国和欧洲的多所合作院校，中方师资主要来自国家发展研究院。引领学员在深刻把握中国经济发展趋势和商业环境变化的高度下，具体研究企业的管理问题，重在培养学员们的前瞻性思维能力，是北大国际的独特定位和特色。

【科研工作】 2013年国家发展研究院师生共发表中英文期刊论文70篇（67篇已刊印，3篇已上线）。其中英文论文部分包括SSCI收录文章28篇（包含一篇A类：American Economic Journal)、其他英文期刊文章7篇；中文论文部分包括《经济研究》5篇、《经济学（季刊）》2篇、《管理世界》1篇、《中国社会科学》1篇、其他CSSCI及核心期刊文章17篇。2013年国家发展研究院师生发表讨论稿、工作论文、会议文章共计11篇。

科研项目。2013年国家发展研究院在研的国家、教育部及基地重大课题共9个，其中基地项目6个，国家社科基金项目1个，教育部攻关项目1个。2013年立项的重大课题包括林毅夫教授负责的国家社科基金项目"深化改革的基本方向、重点难点和有效路径研究"、周其仁教授负责的教育部攻关项目"城乡一体化"。2013年国家发展研究院承担国家自然科学基金及哲学社会科学项目（含子课题）4个，包括林毅夫教授负责的"纾解中小企业融资困境策略研究——基于最优金融结构视角"、张晓波教授负责的"中小企业融资的历史、现状和问题"、薛兆丰教授负责的"中小企业融资难的机制研究"、巫和懋教授负责的"纾解中小企业融资困境的国际经验"。2013年国家发展研究院还承担了其他纵向及横向课题研究项目39个。

自办期刊。经中文社会科学引文索引指导委员会第九次会议审定，《经济学》（季刊）入选"中文社会科学引文索引（CSSCI）"来源期刊（2012—2013）。《经济学》（季刊）在"2012和2013年《中国学术期刊影响因子年报》&国际引证报告》及'中国最具国际影响力学术期刊'发布会"上，荣获"中国最具国际影响力学术期刊"称号。

【交流合作】 国家发展研究院注重与国内外其他高校的联系与学术交流，组织各种类型的活动与学术会议。同时，国家发展研究院还通过朗润格政系列讲座、中国经济观察报告会、北大国际MBA管理学系列讲座、金融论坛、严复经济学纪念讲座等不同形式，邀请世界著名学者、专家、政治领袖、企业精英等人物来北大讲学或演讲。

【党建工作】 为了更好地进行党风廉政建设与反腐败工作，北京大学国家发展研究院多次召开全体党员大会及各党支部会议，就党风廉政建设与反腐败工作进行认真的思考与讨论，并组织各种形式的学习活动，凝聚人心，团结队伍。

根据《中共中央关于在全党深入开展党的群众路线教育实践活动的意见》（中发〔2013〕4号）和习近平总书记等中央领导同志重要讲话精神，按照《北京大学党的群众路线实践活动实施方案》（党发〔2013〕35号）中的各项要求，北京大学国家发展研究院领导班子先后多次召开会议，组织学习讨论，统一思想认识，研究工作部署。领导班子决定，大兴调查研究之风，为学生办实事；精简会议活动，切实改进会风，提高会议实效；厉行勤俭节约、反对浪费、杜绝奢靡之风，加强宣传，把好财务监管关。完善的规章制度是作风建设取得实效的重要保证。国家发展研究院全面梳理已有的各项制度，必要时根据实际情况及时修订或做出补充。

【学生工作】 2012—2013学年度国家发展研究院研究生共获得各类奖项42人次，其中北大三好学生标兵1人，三好学生7人，优秀学生干部1人，学习单项奖3人，社会工作奖5人；奖学金获得者26人。各类奖励奖学金、学业奖学金、出国资助总金额达100余万元。

本科双学位办公室努力争取各类资源，为学生提供大量奖学金与助学金。其中奖学金包括中国经济研究奖学金、钟国光社会服务奖学金、北京大学领导力奖学金、北京大学冯燊均国学奖学金、21世纪路劲财经新闻奖学金，各类奖学金合计金额约为50万元；助学金包括校内助学金、校外助学金、富邦助学金，各类助学金合计金额约为85万元。

体育教研部

【概况】 2013年，北京大学体育教研部（以下简称"体教部"）新增教员2人：北京体育大学2014级跆拳道专业硕士研究生刘林青，北京大学经济学院博士研究生周正卿。无退休人员，在职人员55人，教员49人，其中王东敏赴美留学一年。教务1人，教辅人员5人，另有外聘教师4人，合同制工作人员5人。体教部承担全校体育教学、群众体育活动、体育科研、运动训练和后勤体育场馆的管理工作。

8月21日，体教部行政班子完成换届：主任：李宁（主管全面工作）；副主任：李杰（主管体教部场馆后勤兼任北京大学体育馆常务副馆长）、萧文革（主管代表队和办公室）、吴昊（主管教学和群体）；赫忠慧：主任、支部秘书。体教部直属党支部书记：张锐（主管支部、工会和体育科研工作）；副书记：钱永健（主管青年、安全保卫工作）；支部组织委员：郝光安；宣传委员：李德昌；统战委员：李朝彬。

【教学工作】 开课情况。2012—2013年度第二学期体教部总计开课242个班，其中本科开班226个，包括220个必选班和6个任选班；研究生任选班12个，体育研究生班4个。学期开课时间为2月25日。

2013—2014年度第一学期体教部总计开课251个班，其中本科226个班，体育研究生3个班。

亓昕的《瑜伽教程》出版。体育教研部亓昕老师的《瑜伽教程》于2013年由北京大学出版社出版，这是北京大学体育教研部系列精品教材之一。

暑期课程。2013年体教部暑期课程从7月8日开始，7月19日结束，共计12天，12次课。任课教师为：太极拳—李宁（一个班）；健美操—王宏宇（医学部，两个班）；乒乓球—吴飞（两个班）。

体育健康测试。按照上级有关规定，北京大学体育健康测试于10月16日至26日举行。参加测试的均为上体育课的本科生，测试项目：身高、体重、肺活量，男1000米、实心球掷远，女800米跑、仰卧起坐、立定跳远。

【科研工作】 1月8日上午，2013年体教部体育科学论文报告会在新落成的五四体育中心318会议室隆重举行。北京大学人文社科部副部长耿琴，体教部主任郝光安、党支部书记张锐、副主任李宁、刘铮，体教部全体教师和研究生参加了本次科报会。报告会由张锐书记主持。

第五届中国大学生体育协会"两操"分会校长论坛在北京大学举行。3月30日上午，第五届中国大学生体育协会"两操"分会第一次工作会议召开，来自全国各地160多所高校的领导们欢聚一堂，就"青春健康，活力校园"主题开展讨论。北京大学三位教师参加2013年国际体育社会学年会。6月12日至15日，2013年国际体育社会学年会在加拿大温哥华召开，北京大学体教部董进霞、张锐、赫忠慧参会并作会议报告。

10月31日，为期两天的第四届北大人文体育高层论坛在五四体育中心顺利举行。本届论坛的主题为"体育·女性·中国梦"，与会专家学者在两天的会议中就如何继续发挥体育的作用、充分释放女性能力和潜力、引导休闲健康的生活方式等展开深入探讨与交流。来自30多所高校主管体育的校领导、体育部主任、专家学者、媒体记者等共150余人参加论坛。

【交流合作】 "奥运太极雕像"赠送仪式和揭幕仪式分别在北京大学和台湾师范大学举行。4月30日，北京大学—台湾师范大学奥运太极雕像赠送仪式在北京大学邱德拔体育馆举行。台湾师范大学校长张国恩，副校长郑志富，总务长吴忠信，公共事务中心执行长黄兆玺，运动与休闲学院院长张少熙等一行7人与北京大学副校长刘伟，体育教研部主任郝光安，体育教研部书记张锐等出席赠送仪式。仪式由张锐主持。6月5日，由张彦常务副书记带队的北京大学访问团一行参加了台湾师范大学67年校庆日暨"奥运太极雕像"揭幕仪式活动。

慕尼黑工业大学运动与健康科学学院与北京大学体教部签署合作伙伴协议。10月10日，德国慕尼黑工业大学运动与健康科学学院院长Jurgen Beckmann教授抵达北京，对体教部进行了为期两天的访问。

2013年中国大学生健美操艺术体操锦标赛举行。12月19日至23日，由中国大学生健美操艺术体操协会主办的"2013年中国大学生健美操艺术体操锦标赛"在北京大学邱德拔体育馆举行。本次大赛共吸引了来自全国各省164所高校3000余名师生参加，比赛共设8个项目，分别是健美操、艺术体操、啦啦操、街舞、排舞、节奏体语、中国风健身舞以及健身健美。北京大学健美操队在健美操项目比赛中获得2枚金牌、2枚银牌，在啦啦操比赛中获得2枚金牌。

【党建工作】 弘扬五四精神 共铸中国梦想——体教部召开学习近平总书记五四重要讲话和回信精神座谈会。5月17日，体教研究生党支部举办学习"习近平总书记五四重要讲话和回信精神"座谈会，探讨如何进一步弘扬五四精神，共铸中国梦想。体教部书记张锐、支部委员李德昌以及党办助理赫忠慧出席座谈会，并与研究生党团员一起分享心得体会。会议由体教研究生党支部书记李黄主持。

体教部领导班子积极开展党的群众路线教育实践活动。8月22日，体教部书记张锐组织新一届领导班子李宁主任、李杰副主任、萧文革副主任、吴昊副主任召开党政联席会，这是新班子产生之后的第一次重要会议，会议就积极开展党的群众路线教育实践活动进行部署并组织学习。会议由张锐主持。

体教部党支部组织支部扩大会议学习党的群众路线教育实践活动。9月2日,体教部党支部组织支部扩大会议,学习党的群众路线教育实践活动。会议由张锐书记主持,参加会议的有钱永健、钱俊伟、李朝彬、郝光安、李德昌、赫忠慧、范梦娇(学生党支部书记)。张锐首先传达北京大学党的群众路线教育实践活动的情况,然后介绍支部近期工作的开展情况,最后征求意见和建议,汇集后一一落实改进。

体教部组织中层干部学习党的群众路线教育实践活动。9月6日体教部组织中层干部学习党的群众路线教育实践活动。会议由党支部书记张锐主持。

【学生工作】 第四届校园社交舞大赛。1月5日,北京大学"体育舞蹈教学成果展示"暨"第四届校园社交舞大赛"在五四体育中心拉开帷幕,来自体育舞蹈选修课和体育舞蹈协会的舞蹈爱好者共200多人参加比赛。体教部吴定锋老师担任竞赛长兼裁判长,并邀请北京体育大学体育舞蹈专业选手田鑫、张景朕、李波及体育舞蹈协会竞赛部部长张玉豪担任评审,郝艳丽担任计分长。比赛由陈昊主持,由体教部和体育舞蹈协会共同主办,体育舞蹈协会承办,北大体教部、北大团委支持。大赛共设34个场次的比赛,并穿插舞会环节,涵盖了标准舞、拉丁舞和交谊舞三大类别。

北京大学第二十届体育文化节暨2013年运动会。4月20日,以"有梦想、爱运动"为主题,以"发展校园体育,增强师生体质"为宗旨的第二十届体育文化节暨2013年田径运动会开幕式在五四田径场隆重举行。

第七届"多威杯"北京大学半程马拉松接力赛。4月14日,第七届"多威杯"北京大学5+2半程马拉松接力赛在未名湖畔举行。本届比赛共有101支队伍报名参赛,包括校本部参赛队64支,以及来自北京大学医学部、清华大学、北京航空航天大学、北京师范大学、中国科学院等高等院校的参赛队37支。

"校长杯"乒乓球比赛。5月25日至26日,北京市第七届"和谐杯"乒乓球比赛暨2013年首都高校乒乓球锦标赛、"校长杯"乒乓球比赛在北京大学邱德拔体育馆——北京奥运会乒乓球比赛场馆举行。北京大学代表队获得男团甲A第一名。高校乒乓球锦标赛共有61所院校、105支代表队、49名高校校长和教育部领导报名参加,运动员共计600多人。

"国球北大行 共享奥运梦"。10月11日,"国球北大行、共享奥运梦"在北京大学邱德拔体育馆隆重举行,中国国家乒乓球队总教练刘国梁、女队主教练孔令辉、领队黄彪率领众多奥运冠军、世界冠军走进北京大学,与北大学子交流互动,传承家国梦想,共享国球荣耀。

基础医学院

【发展概况】 北京大学基础医学院现设13个学系、2个研究所及1个医学实验教学中心,拥有生物学和基础医学2个博士学位授权的一级学科(涵盖12个二级学科)、1个中西医结合基础二级学科、7个国家重点二级学科、1个北京市重点一级学科、2个博士后流动站、4个省(部)级重点实验室,拥有一批处于国际先进水平的科研基地和实验技术平台。基础医学院现有教职工410人,其中教授76人、副教授85人;具有博士学位者183人,硕士学位者62人。基础医学院师资力量雄厚、治学严谨,有一批国内外著名的专家、学者。其中,中国科学院院士4人,中国工程院院士1人,"长江学者奖励计划特聘教授"7人,国家杰出青年科学基金获得者9人,享受国务院政府特殊津贴13人,获"国家人事部有突出贡献中青年专家"称号4人,获"卫生部有突出贡献中青年科技专家"称号5人,教育部跨世纪优秀人才2人,教育部新世纪优秀人才16人,北京市教学名师1人。目前,基础医学院已发展成为国内最著名的,以发展多层次基础医学教育、研究人类生命科学和防治疾病的基础理论为主要任务的教学科研中心之一,成为国家基础医学领域高级专门人才的培训基地之一。

【教学活动】 2013年,基础医学院基础医学专业毕业学生20名,招收新生73名;医学实验专业毕业学生33名,招收新生46名。基础医学院现有在校本科生1201名。2013年基础医学院毕业研究生182名,其中博士生91名,八年制博士生39名,硕士生52名;招收研究生224名,其中博士生82名,硕士生97名,八年制博士生45名。基础医学院现有在校研究生共681名,其中博士生432名,硕士生249名;在站博士后工作人员28名。

2013年7月,2010级教改专业学生顺利完成基础医学阶段的学习,进入临床医院进行临床阶段的学习。2011级教改专业也顺利完成了基础医学阶段第一学年的学习,开始进入以"器官系统为中心"的小组讨论式学习为主的第二学年的学习。

PBL(Problem-Based Learning)教学。案例库的建设包括新案例撰写和旧案例的完善,并在科研案例方面做了尝试,准备投入教学。以PBL教学为切入点,基础医学院进一步改革以能力导向为主的考核评估体系,减少传统考试体系中的简单记忆题，加强分析综合能力的考核与评估，初见成效。

实验教学改革。实验教学中心积极进行了建设成果的交流与展示工作：组织实验教学骨干参加2013年7月由青岛大学医学院承办的"第六届全国医学类实验教学研讨会"，并在会上作了交流发言。按照学院的整体安排，中心顺利完成换届工作，由王韵教授担任实验教学中心主任。

创新人才培养项目。更新导师库：目前共有152名导师承担了教学任务，其中教授55人，副教授64人，讲师33人，院士4人。

【科研活动】 2013年基础医学院新批各类科技项目99项，批准或签约科研经费9165万元（不含2012年973项目后3年2项627万元）。新批项目及经费略低于2012年，主要原因是2012年科技部"十二·五"项目集中立项。另有12项北京大学"985工程"项目新批或追加经费3586万元。

2013年基础医学院师生共发表科技论文356篇。其中，以第一作者或通讯作者单位发表SCI收录论文208篇，IF合计845；期刊平均影响因子（IF）4.06。IF≥PNAS高影响论文11篇，比往年有增长。

王韵获批"长江学者"特聘教授；2013年万有教授新任973计划项目首席科学家。郑乐民、杨吉春获国家自然科学基金"优秀青年科学基金"资助；孙露洋、张君入选教育部"新世纪优秀人才"；邓宏魁教授入选Cell编委。

【学术活动】 2013年，基础医学院举办了两届全国PBL医学教育研讨班，每次均有20余个院校130余位一线教师和教学管理人员参加；选派2名学生参加了"复旦大学基础医学院第一届学生实践创新论坛"，较好地展现了创新人才培养项目的成果；12月30日，学院举办了"首届北京大学大学生基础医学创新论坛"，为全国的医学生及医学院校搭建了一个共同交流、展示、提高和发展的平台。2008年以来，论坛已邀请近100位国际著名学者来校交流作讲座，逐步成为品牌化的学术交流平台。

免疫学系王月丹教授在国际医学教育发展论坛上获"最佳发言奖"。

【学科建设】 基础医学院继续实施重点学科建设和重点实验室建设。各重点学科和部门重点实验室总结评估了"十一五"建设目标和建设内容完成情况与建设成效。基础医学院启动实施"985工程"三期重点学科和重点实验室建设。

2013年1月教育部学位与研究生教育发展中心发布2012年第三轮学科评估结果，北京大学基础医学学科在该学科44所参评高校中排名第一，学科整体水平得分91分。

基础医学院肿瘤团队获批国家自然科学基金创新研究群体；生化与分子生物学系组织申报了蛋白质翻译后修饰与细胞功能北京市重点实验室；细胞生物学系入选教育部创新团队，建设干细胞转化医学平台，研究iPS技术治疗糖尿病和血液疾病；病理学系新建阿尔茨海默病生物标志物研究开发及测试分析平台；生理与病生理学系、心血管研究所、神经生物学系、免疫学系继续实施"985工程"三期国家重点学科、部门重点实验室建设。

【所获奖项】 李刚等申报的"甲胎蛋白信号分子样作用的发现"获2013年度高等学校科学研究优秀成果奖（科学技术）自然科学二等奖。

韩济生院士等申报的"经皮穴位电刺激治疗阿片成瘾的疗效及其神经机制"获2013年度中华医学科技奖三等奖。

庄辉院士获《健康时报》等主办的"健康中国2013年度十大人物"称号。

庄辉院士获中华医学会肝病学分会颁发的"终身贡献奖"。

庄辉院士、鲁凤民教授参加的"中国人群肝病谱构建与HBV相关肝病集成防治策略的建立及应用"获2012年度国家科学技术进步奖二等奖（第6、第10完成人，第3完成单位）。

庄辉院士参加的"乙肝病毒核心基因启动子双突变（T1762A1764）筛选肝癌高危人群价值的研究"获广西科学技术奖二等奖和广西医药卫生适宜技术推广奖一等奖（第7完成人）。韩济生院士被中国神经科学学会授予"终身荣誉会员"。

刘国庆教授参加的"低度炎症在肥胖和脂代谢紊乱中的致病机理研究"获2013年度教育部科技进步奖二等奖（第2完成人，第2完成单位）。

刘国庆教授参加的"脑梗死血运重建的新策略"获2013年度江苏省科技进步奖一等奖（第2完成人，第2完成单位）。

周春燕教授获第三届中国女医师协会五洲女子科技奖基础医学科研创新奖。

崔德华教授获第20届世界老年学暨老年医学大会中韩论坛优秀论文奖。

神经生物学系王韵教授荣获2013年"北京市教学名师"称号。

国家级精品课程中有病理生理学、药理学、生物化学与分子生物学、人体解剖学、病理学、医学微生物学、医学免疫学七门课程被评为"2013年国家级精品资源共享课"。

《病理生理学》（第2版，吴立玲）和《医学寄生虫学》（第2版，高兴政）教材被评为"2013年北京高等教育精品教材"。

北京大学生物医学创新实践

基地被评为"2013年北京高等学校示范性校内创新实践基地建设单位"。

梅林等20名教师被评为"北京大学医学部优秀教师";张瑛等6名教师获"北京大学医学部教学管理优秀奖";田新霞老师获"北京大学优秀教师奖";生理与病理生理学系获"北京大学医学部优秀集体"。

神经生物学系伊鸣老师获得北京市第八届青年教师教学基本功比赛一等奖、最受学生欢迎奖和最佳演示奖。

李亦婧、庞炜和马利伟老师分别获得北京大学第十三届青年教师教学基本功比赛医科组一等奖、二等奖和三等奖。

2013年基础医学院共获批8项中华医学会医学教育分会医学教育研究课题。

【转化医学研发取得标志性进展】韩济生院士团队开展电针镇痛、电针戒毒等,获良好推广应用效果,获"国际标准化组织(ISO)"授权制定了基于韩氏仪的"电针仪"国际标准。

王凡教授实验室研制的"新型特异性肿瘤显像剂"突破全身肿瘤一次性检查的技术瓶颈,有望成为同类产品中世界领先的1.1类新药。

韩晶岩教授实验室丹参、芪参等中药制剂药效和机理研究获企业委托研究经费350万元。

药 学 院

【发展概况】 2013年,药学院围绕着"985工程""十二五"发展计划、学科发展规划,扎实、稳步地开展教育教学、科学研究、管理与服务等各项工作,并取得了新的成绩。

药学院由六系(化学生物学系、药物化学系、天然药物学系、药剂学系、分子与细胞药理学系、药事管理与临床药学系)、一室(天然药物及仿生药物国家重点实验室)、一所(应用药物研究所)、一中心(药学实验教学中心)组成。下设四个委员会:教学委员会、学术委员会、药物研究与开发委员会、对外合作交流委员会。

【学科建设】 在教育部组织的2012年学科评估中,北京大学药学学科在48所参评的高校中学科整体水平得分91分,位列第一。药学学科是药学博士后流动站和"大药学"博士点,学院各二级学科均可招收博士生。学院现有7个硕士点、博士点,即药物化学、生药学、药理学、药剂学、药物分析学、化学生物学、临床药学。

【队伍建设】 药学院现有教师队伍(不含非教学科研岗位)140人,其中正高职称40人(教授35人、研究员5人),副高职称47人(副教授42人、副研究员5人),中级职称53人(讲师39人、助研14人)。新入职职工9人。离退休人员141人。

台湾阳明大学潘怀宗教授、美国密歇根大学王少萌教授被聘为北京大学药学院客座教授。

【教学工作】 学生人数。2013年药学院招收研究生139人(博士生50人、硕士生89人),六年制学生115人,夜大专升本160人。

药学院现有在校生1539人。研究生552人;博士生149人,硕士生403人;2013级博士生50人、硕士生89人,2012级博士生45人、硕士生81人,2011级博士生39人、硕士生66人,2010级直博生9人,2009级直博生6人,六年制硕士生167人;少数民族学生50人,外国留学生2人;在职攻读学位人员20人。六年制本科阶段学生476人;2013级120人,2012级120人,2011级121人,2010级115人;少数民族学生67人。夜大专升本491人;2013级160人,2012级175人,2011级156人。

2013年药学院毕业学生480人,其中研究生185人(博士生60人、硕士生53人、2007级六年制学生72人),在职攻读学位人员7人,2009级本科毕业生122人,夜大专升本166人。

药学院开设的各轨道课程共计43门(必修课37门、选修课6门)。课程负责人中教授占49%,副教授占27%,讲师占24%。

2013级研究生培养方案为2013年7月新修订的培养方案。内容包括:科研型硕士培养方案、科研型博士培养方案、直接攻读博士研究生培养方案、专业型硕士培养方案以及研究生培养过程中的相关文件规定。

教学改革。在学生培养方面,二级学科实验室轮转开始实施,为全体学生统一提供早期介入科研训练的机会。在教学平台建设方面,药学实验教学中心通过北京市级实验教学示范中心专家组验收。在研究生教育方面,首次试行博士生招生"申请—初审—考核"制,并获成功,经验已在医学部进行全面推广。新遴选出专业学位培养基地14家、基地导师16人。第一批药学方向的专业学位硕士生已进入基地进行培养。药学院对博士生盲评制度、研究生学位申请的期限要求和研究生考勤等规章制度进行了修订和完善。药学院兼顾学科均衡发展,制定出《药学院研究生招生指标分配办法》。在教学管理改革方面,药学院制订出《药学院关于"推进教师教学综合评价工作"的实施方案》,新的教学绩效考核指标将于2014年教师晋升和教学评优中开始实行。

教学获奖。"药学研究型人才创新能力培养的探索和实践"获北京市教学成果奖二等奖;药学院获批"医学部大学生创新性实验项目"31项;新立项教改课题5项;

《天然药物化学》(主编:赵玉英)获评北京市精品教材;"药物化学"获得"北京市精品资源共享课"称号;叶新山获"北京大学教学优秀奖"。

2013年药学院教师发表教学改革论文5篇,1篇教改论文获得中华医学会医学教育分会2012年度医学教育优秀论文三等奖;发表会议论文1篇;主编教材1部;7位同学获得北京大学优秀博士学位论文奖。

【科研工作】 人才队伍。周德敏入选"长江学者"特聘教授;焦宁入选国家首批青年拔尖人才支持计划,他承担的"C-H/C-C键氧气氧化反应及氮化反应研究"项目获国家杰出青年科学基金项目支持;刘合力承担的"分子药理学"项目获得了国家自然科学基金优秀青年科学基金项目支持;学院引进的医学部"百人计划"人才董甦伟、黄卓,董甦伟入选国家青年"千人计划"项目支持(公示期)、黄卓入选教育部新世纪优秀人才支持计划;还有四位青年教师入选"北京高校青年英才计划"。

药学院拥有中国科学院院士2人,"长江学者奖励计划"特聘教授3人,国家杰出青年科学基金获得者6人,教育部跨世纪(新世纪)优秀人才12人。

项目数量和经费情况。2013年药学院获得批准各类纵向科技项目(课题)70项,已知批准或预算或签约的科研经费6950余万元;技术开发技术服务等横向项目签订合同31项,签约资金1630余万元。

【科研成果】 2013年度全院教师共发表论文350篇(SCI收录252篇),其中影响因子大于10.0的有8篇,大于5.0的有37篇;申请专利47项,获得发明专利26项。艾铁民为执行主任兼主编的国家重大出版工程项目《中国药用植物志》第十二卷于2013年4月正式出版。

【科研获奖】 果德安、叶敏主持的"中药复杂体系活性成分系统分析方法及其在质量标准中的应用研究"项目获2012年度国家自然科学奖二等奖。

叶新山主持的"寡糖的合成及某些基于糖类的药物发现"项目获2013年度国家自然科学奖二等奖。

杨秀伟主持的"中药体内过程的分子机制"项目获高等学校科学研究优秀成果奖(自然科学奖)二等奖(公示期)。

张礼和荣获北京大学第三届"蔡元培奖"。

刘俊义被评为第十一批"北京市有突出贡献的科学、技术、管理人才"。

【社会服务】 中药五类新药"龙血竭酚类提取物"及"龙血通络胶囊"获国家新药证书和药品生产批件。"人血硫氧还蛋白还原酶(TR)活性检测试剂盒"临床检测技术通过国家临床检验中心评价,被纳入国家卫生计生委印发的《医疗机构临床检验项目目录(2013年版)》,成功实现临床转化。

【继续教育】 药学院获得"北京高等学校继续教育优秀教学团队"称号。学院将进一步实施和完善研究型人才与应用型人才培养并重的方案,通过夜大学药学专业成人学历教育、网络学院药学专业成人学历教育、进修生培养及国家级继续医学教育基地更好地开展继续教育工作。

【交流合作】 2013年,学院教师外出参加各类学术会议120余人次,作大会报告(特邀报告)61人次,分组报告22人次。

药学院与瑞年国际有限公司组建北京大学瑞年医药联合实验室;与浙江医药股份有限公司签订"张礼和院士—浙江医药"奖学金协议;与美国新泽西州立大学药学院签订学术交流与学生交换合作项目书。

美国科学院院士 Richard W. Aldrich 教授、J. Am. Chem. Soc. 杂志副主编 Sidney M Hecht 教授应邀来学院进行学术交流;美国肯塔基大学代理执行校长、药学院院长 Timothy S. Tracy,密歇根大学药学院院长 Frank Joseph Ascione 到药学院进行访问交流。药学院联合主办或组织了五次高水平国内、国际学术会议,连续举办八场"药学大讲堂"系列讲座。

【党建工作】 组织建设。2013年药学院在校党员452人,其中在岗职工85人,离退休党员65人,本科生党员69人,研究生党员233人。药学院现有党支部21个,其中在职教工党支部10个,离退休教职工党支部1个,学生党支部10个(本科生党支部4个、研究生党支部6个)。

党建活动。药学院党委扎实开展党的群众路线教育实践活动,认真做好"学习教育,听取意见""查摆问题,开展批评""整改落实,建章立制"三个环节的工作,将改进作风建设与加快创建世界一流药学教育紧密结合起来。

围绕"落实十八大,共话中国梦,为党旗增辉"和"学习贯彻党的十八大精神,为党旗增辉",药学院党委组织全院各支部结合本单位工作实际开展主题党日活动,学习党的十八大、习近平总书记重要讲话精神,组织师生参观明代反贪尚廉历史文化园。

药学院完成医学部党建创新立项课题结题工作6项,并新获准6项立项课题。在医学部党委宣传部组织开展的思想政治与宣传文化工作课题表彰中,药学院获得二等奖1项、优秀奖2项。

药学院组织两次入党积极分子党课培训学习,共计31人次参加培训。药学院2013年度共发展党员22人,其中本科生党员8人,研究生党员14人;培养教职工发展对象5人,列入次年发展计划。

药学院修订《药学院关于贯彻落实党风廉政建设责任制的实施细则》《药学院关于党政领导班子落实"三重一大"制度的实施办法》《药学院党风廉政建设和反腐败任务分工》。药学院以重点实验室作为示范引领单位,继续深入推动党风廉政建设向基层下沉。

党建获奖。北京大学药学院党委获得北京大学统战系统先进基层党委称号,民盟北京大学医学部委员会第一支部和九三学社北京大学第二委员会药学院支社获得北京大学统战系统民主党派工作先进支部称号。吕万良被评为北京市教育系统优秀工会工作者。张红梅被评为"北京大学优秀党务和思想政治工作者"、中国卫生思想政治工作促进会医学教育分会"2013年度师德师风先进个人"。王坚成被评为"北京大学医学部优秀党务和思想政治工作者"。郭敏杰获得北京大学统战系统基层党委先进个人称号,杨晓达、黄河清获得北京大学统战系统民主党派和侨联工作先进个人称号,蔡少青获得北京大学统战系统特殊贡献奖。

【行政工作】 行政队伍。药学院行政管理人员共14人,其中,正高职称1人,副高职称4人,中级职称8人,初级职称1人。

行政管理。药学院完成了卫生楼、药学楼、国家重点实验室、实验教学中心的空间调整,使学院基础设施利用率得到提升。药学院建立学生助理信息员队伍,加强学院网站建设,在医学部率先完成学院英文网站的建设工作。

工会工作。药学院工会共有会员186人。3月21日上午,药学院召开第三届教职工代表大会第四次会议。大会听取了院长刘俊义教授作的药学院工作报告。院党委副书记、工会主席吕万良对学院教代会、工会所做的工作做总结并提出了2014年的工作思路和重点。药学院教代会副主席杨秀伟教授报告了药学院三届四次教代会提案征集和落实情况。

药学院通过了"北京市先进职工小家"的验收。药学实验教学中心获得"北京大学模范教职工小家"称号。以"绿色校园,低碳生活,节约创新"为主题的活动被评为医学部工会2013年权益杯观摩活动。

【学生工作】 学生活动。3月底,经院团委组织推荐、学生党总支考察确定,24名入党积极分子参加高级党课学习。4月15日学生党总支和院团委举办"学习贯彻十八大,青春畅想中国梦"主题党团知识竞赛。五四青年节期间院团委组织举办"青春心向党,共筑中国梦"主题团日活动、创先争优团支部风采展示活动。学生党总支创办面向全院青年学生的刊物《青春·荣耀》,为学生党员开辟发声渠道。研究生党总支第五党支部"红色1+1"活动荣获北京高校红色"1+1"示范活动三等奖。药学院5月18日举办第五届实验技能大赛,暑期组织百余名同学奔赴全国各地开展社会实践活动,11月18日举办学生骨干训练营,12月20日举办"梦药起航"学生新年联欢晚会。丰富多彩的校园文化活动为全院学生搭建创造了拓展综合素质的平台。

毕业生去向。2013年,药学院2009级六年制学生总计122人,94人本硕连读,28人申请四年本科毕业。本科毕业的学生中7人进入企业单位工作,10人成功申请出国留学,5人转为医学部直博生,6人在国内跨专业或跨学校保研。

表6-14 药学院2013届夏季硕士毕业去向

就业去向	升学	出国	高校	科研院所	医疗	企业非研发	企业研发	机关	部队	其他	未落实	总计
百分比	3.33%	23.33%	5.00%	0.83%	10.00%	23.33%	9.17%	7.50%	0.83%	0.00%	16.67%	100%
人数	4	28	6	1	12	28	11	9	1	0	20	120

表6-15 药学院2013届夏季博士毕业去向

就业去向	博士后	出国	高校	科研院所	医疗	企业非研发	企业研发	机关	部队	其他	未落实	合计
百分比	3.51%	15.79%	21.05%	10.53%	10.53%	10.53%	12.28%	8.77%	0.00%	0.00%	7.02%	100%
人数	2	9	12	6	6	6	7	5	0	0	4	57

公共卫生学院

【发展概况】 北京大学公共卫生学院始建于1931年，其前身为国立北平大学医学院建立的卫生学教研室（卫生科）。1952年，全国高校院系调整，北京大学医学院脱离北京大学独立建院，1956年更名为北京医学院公共卫生学系。2013年学院有教职工169人，其中专职教师128人。教师中高级职称77人，教辅和行政中高级职称9人，高级职称占教职工总人数的50.89%。教师中具有博士学位92人，占教师总数的71.88%。

【学科建设】 2013年公共卫生学院有国家重点学科1个：流行病与卫生统计学；国家重点学科（培育）学科1个：儿少卫生与妇幼保健学；北京市重点学科1个：儿少卫生与妇幼保健学；北京市重点实验室1个：食品安全毒理学研究与评价实验室；卫生部重点实验室1个：生育健康重点实验室。

9月24日"北京大学医学部药品上市后安全性研究中心"成立，詹思延教授任主任。中心将致力于为国家药品上市后安全性研究提供规范严谨的技术指导和支撑；开展药品相关政策研究，为国家制定相关法律法规提供依据；开发培训教材，系统培训相关的技术队伍；与有关机构合作制定适合我国情况的药品上市后研究方法学指南；开展药物流行病学方法学研究；围绕创新药物和规划中强调的基本药物、中药注射剂、高风险药品开展安全性评价。

2013年3月，教育部公布第三轮学科评估结果，北京大学公共卫生学院在全国高校"公共卫生与预防医学"一级学科中排名第二。学院于9月27日召开学科评估总结会，进行分析比较，查找自身不足，以促进公共卫生与预防医学一级学科建设。

【教学工作】 2013年学院招收本科生85人。截至2013年12月，预防医学共5个年级，10个班，学生总数为413人。58名预防医学2009级的长学制学生通过二级学科资格审核。2013年学院招收统招研究生126名，含博士生27人、硕士生77人（其中全日制MPH 45人）、长学制进入二级学科22人。另有2012级非全日制公共卫生硕士专业学位（MPH）82人。2013学年在读研究生总数为566人，其中博士生102人、硕士生224人，长学制进入二级学科41人，在职申请学位1人，MPH198人。

2013年学院共毕业博士生25人、硕士生143人，含第一届全日制MPH 14人，预防七年制学生25人，在职博士1人。

2013年学院为全校学生开设本科生必修课18门次，修课学生约为1620人。学院为北大本部、医学部和学院路21所高校学生开设各类选修课（北大通选课、北大暑期学校、医学部任选课和学院路选修课）42门，修课学生约为3250人。从2012年上半年开始，学院先后录制了7门专业课课堂教学视频课件，目前正在后期制作当中，计划在未来3年内，将完成全部专业课的视频课程建设，为学生的"移动学习"提供资源。

3月21日，学院召开"北京大学公共卫生教育改革咨询会"，探讨公卫教改方向和主要问题；4月17日、19日分别召开教育改革咨询学生及教师专场咨询会；6月6日，召开教改项目启动会，确定了4项教改分课题及负责人和协调人；7月12日和10月21日召开两次进展交流会；12月中下旬，孟庆跃院长和郝卫东书记带队，院领导、骨干教师、教改课题负责人近20人先后出访华中科技大学、四川大学、复旦大学和南京医科大学四所兄弟高校的公共卫生学院，学习教学和教改方面的经验，进行了包括公卫人才培养目标和能力界定、公卫教学体系构建、公卫教学模式以及教师能力建设等诸多方面的讨论和经验交流。

2009级博士研究生吴少伟的博士学位论文荣获"2013年北京市优秀博士学位论文"，指导教师为劳动卫生与环境卫生学系郭新彪教授。

【科研工作】 2013年公共卫生学院获得项目126项，总金额为4868.7万元。其中获得国家自然科学基金项目11项，金额2325万元；获科技部及其他部委项目8项，金额100万元；获国家卫计委项目11项，金额109.8万元；获教育部项目18项，金额241万元；获北京市项目21项，金额256.9万元；获国际合作项目17项，金额754万元；与公司合作项目10项，金额291万元，获北京大学项目14项，金额502万元；与学会、研究院、其他省市合作项目13项，金额235万元；与中国疾病预防控制中心合作课题3项，金额为54万元。流行病与卫生统计学系李立明教授的项目"环境与遗传因素及其交互作用对冠心病和缺血性脑卒中影响的超大型队列研究"获得2013年国家自然科学基金重大项目资助，金额为1800万元，这是国家自然科学基金委员会自组建后设立的第一个公共卫生领域的重大项目。

2013年公共卫生学院在国内核心期刊发表论文244篇，在国外期刊发表英文论文103篇，其中SCI收录99篇，合计发表论文347篇。劳动卫生与环境卫生学系王云老师为第一作者发表的论文《纳米二氧化钛经口毒性》，发表在国际权威杂志 *Small*（IF=7.823）上。研究成果被 Wiley-VCH 主办的 Materials Views China 进行亮点报道。生育健康研究所与美国疾病预防控制中心慢病中心合作在中国北方地区开展大规模随机对照研究,刘建蒙教授撰写的论文发表在 2 月 25 日的 JAMA Internal Medicine(IF=11.46),论文题目为"Micronutrient Supplementation and Pregnancy Outcomes: Double-Blind Randomized Controlled Trial in China",该研究成果受到路透社、中国医学论坛报等国内外媒体关注。

卫生管理与卫生政策学系冯星淋博士获教育部新世纪优秀人才计划资助,金额为 50 万元。邹志勇博士获中国青年学者营养科学奖。经中华预防医学会循证预防医学专业委员会推荐,詹思延教授获"2013 年公共卫生与预防医学发展贡献奖"。钮文异教授因其卓有成效的科普工作,荣获"2012 年度公众最喜爱科学传播人奖"。

劳动卫生与环境卫生学系王生、何丽华教授的"职业性肌肉骨骼损伤的流行病学、发生机理及预防控制技术研究"获中国职业安全健康协会科学技术奖二等奖。营养与食品卫生学系李勇教授的"小分子生物活性短肽的产学研集成研究"获中华预防医学会科学技术奖二等奖。流行病与卫生统计学系詹思延教授的"药品上市后安全有效性评价的理论、方法与实践研究"获 2013 年中国药学会科学技术奖三等奖、中华预防医学会科学技术奖三等奖。

【对外交流】 2013 年 4 月、5 月美国约翰斯·霍普金斯大学公共卫生学院院长、美国环境国际有限公司创始人分别访问公共卫生学院并观摩课堂教学。美国学者就"博士开题报告撰写指导""课程开发与设置的基本原则""可选择的教学方法:主动式学习、混合学习等教学模式""约翰斯·霍普金斯大学实践及面临的挑战""美国毒理学危险度评估的历史和今天"等与中国同行进行交流。

11 月 25 日,公共卫生学院与芬兰图尔库大学"食品质量与安全教学科研合作备忘录"签字仪式举行。双方合作建立中芬食品质量与安全的教学、科研、培训合作网络体系;推进双方在食品营养科学及信息技术方面的教师、学生的合作培养、交换培训;提高中国与芬兰/欧洲食品安全、质量、注册健康效应以及全食品链管理领域的监管机构及食品企业专家、学者的合作与交流;合作申请中欧的食品质量与安全的科研项目。

【人才培训】 公共卫生学院承办两期河南省"533 行动计划"卫生监督人才培训班,两期河北省卫生监督管理干部培训班,与中国疾病预防控制中心、辉瑞投资有限公司合作承办"全国疫苗应用与评价研修班"。

护理学院

【发展概况】 2013 年护理学院在职职工总数为 45 人,其中教师 32 人,管理人员 8 人,教辅人员 5 人。教师中教授 6 人,副教授 14 人,讲师 12 人;博士 12 人,硕士 18 人,学士 2 人。管理人员中副高职称 2 人,中级职称 4 人,无职称 2 人。教辅人员中中级职称 1 人,初级职称 3 人,未定级 1 人。护理学院承担着护理学研究生、本科生、专科生三个层次的全日制教育,以及夜大专升本教学和护理专业自学考试专升本论文辅导工作。学院全日制学生在校总人数为 642 人。

【学科建设和教学改革】 研究生教育。2013 年学院录取硕士生 12 人,博士生 3 人;毕业硕士生 14 人。学院完成 2011 级阶段考核工作,制定研究生困难补助申请流程、专业学位研究生毕业综合评定工作流程。

本专科教育。护理专业教育改革小组对北京市 50 多所三级甲等医院进行了访谈和问卷调查,拟定了《关于护理学院本科招生改革的报告》,确定 2013 年护理专业本科招生人数为 120 人,停止招收护理专业专科生,培养具有较强的护理实践能力和基本的教学、管理和科研能力,以及在护理专业领域中具有发展潜能的,具有评判性思维能力及德智体全面发展的护理专业骨干,毕业后能够有更多的护理本科人才从事临床一线工作。

结合各省(区、市)生源特点,学院在重庆、山西、内蒙古、广西、河北、云南、安徽实施提前批次录取,并在北京、河南采取一批本科生录取。2013 年学院招生录取 122 人,目前在校 109 人,其中男生 39 人,女生 70 人,录取分数在 569 分至 675 分之间。6 月 27 日学院举办本科教育教学工作研讨会,以加强学院与临床医院、教学医院之间的交流,推进教育教学工作发展。9 月 11 日学院召开护理学专业本科生"护理学导论"课程临床实践工作会议,来自北京大学第一医院、北京大学人民医院、北京大学第三医院、中关村社区卫生服务中心、北下关社区卫生服务中心、北京市第一社会福利院、北京市第四社会福利院的 30 位临床教师及 18 位护理学院教师参会。9 月护理学院确定北下关社区卫生服务中心、北京第一社会福利院及第四社会福利院为护理学院学生教学实践基地。10 月学院为护理学本科 2013 级学生开设"护理学专业态度引导"课程,邀请澳大利亚教授、天津医科大学护理学院院长及临床护理部主任为学生讲授"护理学发展趋势"等内容的专题讲座。护理专业本科生申请 2012—2013 年度北京大学医学部创新实验项目 10 项。护理学院入选 2011—2012 年度北京大学医学部创新实验 7 个项目中,一等奖 1 名,二等奖 3 名,三等奖 1 名,优秀奖 2 名。学院完成 30 万元实验教学设备的采购，包括智能化心肺、腹部触诊模型教师机和学生机、心电图机、胎儿模型、透明男性导尿模型以及各种器官解剖模型。

继续教育。2013年学院申报2014年继续教育项目共8项；完成2012年北京市级项目反馈及执行汇报1项；举办北京市级继续教育项目"护理科研提高班"共两期，招收北京市学员34人；12月14日至18日举办"系统评价培训班"。培训班内容涵盖循证卫生保健简介、系统评价基本步骤、循证资源检索方法、量性和质性研究证据的系统评价（Meta分析和Meta整合）方法及软件操作。47名学员参加了第1模块的培训，其中12名学员完成了2个模块、5天的培训内容，取得澳大利亚JBI颁发的系统评价证书。2013年护理学院接收护理师资班进修学员10人，国内访问学者9人（其中4人已结业）。

【科研工作】 2013年护理学院获得各类项目合计30项，其中国际合作项目8项，国内合作项目6项，国家级项目2项，市级项目5项，校级项目7项，学院项目2项。2013年学院教师在医学类核心期刊上发表论文87篇，其中有2篇被SCI收录。

2013年学院教师参编各种教材和参考书共计7本，其中主译1本，副主编2本。学院教师主编的《老年护理学》（双语）和《妇产科护理学》入选2013年北京市精品教材。2013年护理学院教师参加各种学术会议77人次。3月21日，英国曼彻斯特大学护理学院院长Karen Luker教授为学院教师、研究生、进修生作了一场题为"Writing for Publication in a Referred Journal"的讲座；6月4日，英国伦敦国王学院佛罗伦萨南丁格尔护理与助产学院副院长Norman教授为学院教师、研究生、进修生作题为"Publish or Perish? Successful Publication in English Language Academic Nursing Journals—Top Tips from an Editor"的讲座；9月24日，武汉大学Hope护理学院院长Marcia Petrini教授为学院师生作了题为"如何在临床开展干预性护理研究"的讲座。2013年内外科护理学教研室金三丽和妇儿科护理学教研室侯睿到澳大利亚天主教大学进行为期3个月的学术交流和科研合作。

表6-16 2013年护理学院教师主编教材情况

论著名称	出版社	参与情况
卫生领域质性Meta研究-Meta分析和Meta综合实践指南	北京大学医学出版社	主译
探索新型中非卫生合作	世界知识出版社	副主编
健康评估	北京科学技术出版社	副主编
护用药理学	北京大学医学出版社	参编
养老护理员手册（高级）	中国劳动社会保障出版社	参编
人际沟通与礼仪	人民卫生出版社	参编
护理学专业资格考试系列丛书	北京大学医学出版社	参编

表6-17 2013年度护理学院教师外出学习、参会情况

会议名称/访问目的地	时间	地点	人次
《卫生部临床护理指南》心理技能培训班	2013年3月	昆明	1
Sino-US Forum on Psychology of Aging	2013年4月	北京	1
全国高等医学教育学会护理教育分会会议	2013年4月	湖北	3
中国慢病管理大会	2013年4月	北京	3
第四届中非卫生合作国际研讨会	2013年5月	博茨瓦纳	1
中国营养学会第十一次全国营养科学大会暨国际DRIs研讨会	2013年5月	杭州	1
2013年CMB护理青年教师科研基金科研培训班	2013年6月	北京	2
国际护理高端论坛——高级护理实践发展与研究	2013年6月	西安	4
科研伦理培训	2013年6月	北京	5
中国老年健康论坛2013	2013年6月	北京	3
第一届CMB中国护理网研究生论坛	2013年6月	上海	1
澳大利亚天主教大学（访问学习研究生培养模式）	2013年7月至10月	澳大利亚	2
全国模拟教学在护理临床实践教学中的应用研讨会	2013年7月	北京	1
第二届全国酒精合并病毒性肝损伤高峰论坛	2013年8月	大连	1

续表

会议名称/访问目的地	时间	地点	人次
台湾慈济技术学院慈济人文健康照护学习营及"跨文化健康照护学习课程"	2013年8月	台湾	6
海峡两岸护理专业现况发展及实务研习	2013年8月	台北	1
国际科研管理研讨会	2013年9月	北京	4
护理管理论坛	2013年9月	成都	1
糖尿病教育与管理	2013年9月至10月	德国	1
加拿大尼亚加拉护理学院	2013年9月	加拿大	1
2013年两岸四地护理发展学术论坛	2013年10月	苏州	2
第二届首都国际护理学大会	2013年10月	北京	2
美国护理科学院学术年会和新院士入会大会	2013年10月	美国	1
全国外科护理学术交流会议	2013年10月	西安	3
中国妇幼保健协会第四届中国妇幼保健发展论坛	2013年10月	上海	2
澳大利亚JBI中心主任年会和第九届JBI学术会议	2013年10月	澳大利亚	1
五国医学教育改革亚太网络研讨会	2013年11月	孟加拉国	1
葡萄牙第十届光华国际护理教育论坛和第20届欧洲多国文化交流活动	2013年11月	葡萄牙	1
The Asia-Pacific Meeting on Simulation in Healthcare expert panel	2013年11月	上海	2
国际糖尿病联盟糖尿病教育委员会工作会议	2013年12月	澳大利亚	1
医学教育前沿会议:从课堂到临床e-learning的机遇与挑战	2013年12月	香港	4
第三届中华护理学会科技奖颁奖大会暨第三届护理学术年会	2013年12月	北京	9
教育部高等学校护理学教学指导委员会工作会议暨护理学专业认证及教材建设研讨会	2013年12月	北京	4

【对外交流】 2013年学院接待来自美国、英国、澳大利亚、加拿大、丹麦、比利时等国家的代表团或个人19批,共计39人;学院教师出访12批,共计14人。4名教师分别获得CMB师资进修计划、CMB博士师资培训项目及其他科研项目的资助以访问学者身份出访美国、澳大利亚、德国等国家和地区。2013年护理学院继续保持与美国亚利桑那大学护理学院、美国宾夕法尼亚大学护理学院等国际知名护理学院在博士联合培养及博士生导师培养项目中的合作。在中华医学基金会(CMB)的资助下,由护理学院牵头进行的护理博士核心课程建设项目进展顺利。1月至5月,2名教师完成了美国亚利桑那大学护理学院博士核心课程的网上学习,至此全国8所院校均完成了护理博士核心课程的网上学习;7月至10月,2名教师赴澳大利亚凯斯林大学访问进修;9月,2名教师参加了美国密歇根护理学院临床研究管理证书项目;英国伦敦国王学院护理学院副院长Norman教授、美国明尼苏达大学护理学院院长Delaney教授、阿德莱德大学护理学院院长Kitson教授、澳大利亚悉尼大学护理学院院长White教授来访,进行护理教育、护理科研方面的交流,探讨师资互相配对、博士生联合培养方面的合作内容及合作形式。

【学生交流】 与香港大学学生的交流活动。4月22日至5月4日香港大学护理学院4名三年级护理本科生来学院进行了为期2周的交流访问。来访学生旁听了护理本科学生的妇产科护理学、儿科护理学、护理科研、护理管理等课程,参加了妇产科护理学、儿科护理学、社区护理学的临床见习,参观了医学部校园、护理学院、北医三院、肿瘤医院、社区卫生服务中心,举办了与护理学院本科同学的交流会。

与丹麦城市大学学院的学生交流活动。1月20日至2月18日,护理本科2009级2名学生赴丹麦城市大学学院进行为期4周的临床实习。

赴台湾慈济技术学院的交流活动。9月1日至15日,护理学院6名教师、3名研究生、2名本科生赴台湾慈济技术学院参加"2013年服务学习,人文与跨文化交流活动"。师生们从课堂走向环保站、医院、养老院,了解、感受、学习、体验慈济所倡导并实践的"慈善、医疗、教育、人文"四大志业。

与美国Dreyfus健康基金会合作。自2012年7月始,学院与美国Dreyfus健康基金会合作开展Problem Solving for Better Health(PSBH)项目培训。护理本科2009级36名同学参加了项目培训,并有11个项目在基金会的资助下立项。2013年6月,10个项目组完成了立项项目并结题。项目内容包括"糖尿病患者的个体化饮食指导""通过远程支持提高糖尿病病人自我管理效果""学生心理健康干预""社区骨关节病健康知识宣教""通过对食堂厨师进行健康教育以减少饮食中盐和油脂含量"等,研究人群从学生、厨师到患者,地点从校园、医院扩展到社区。

【学生工作】 主题活动。学院开展"爱、感动、收获——走进孤单老人的内心","天使爱心"呼唤更多爱心——为莎利文聋儿康复机构组织义卖活动,走近社会、关注"民声"。"赴云南纳西族——传统医学现况调查"荣获北京大学医学部2013年暑期社会实践优秀奖,吴薇队长荣获"北京大学2013年暑期社会实践"优秀个人。

"护理专业新生安全教育"系列活动。包括一般安全知识测评、安全防范与自我保护讲座、防患于未"燃"即消防知识培训、安全教育实践互动。

【社会服务】 1. 完成教育部高等教育护理专业教学指导委员会护理学专业认证工作。护理学院作为教育部高等教育护理专业教学指导委员会主任委员单位,受教育部委托,2013年组织专家对两所护理院校进行了专业认证试点。

2. 12月9日至11日,协助教育部高等学校护理学专业教学指导委员会与人民卫生出版社联合举办"教育部高等学校教学指导委员会工作会议暨护理学专业认证与教材建设研讨会"。

3. 承担护士执业资格考试试题命题工作。11月北京大学护理学院护士执业资格考试试题命题小组协助卫生部人才交流服务中心完成与命题专家签署保密协议、护士执业资格考试命题及经费下拨工作。

4. 作为全国医学专业学位研究生教育指导委员会护理分委会牵头单位,根据国务院学位委员会办公室〔2013〕7号《关于委托全国专业学位研究生教育指导委员会编写〈博士、硕士学位基本要求(专业学位)〉的通知》和编制《护理硕士专业学位教学合格评估方案》的指示,组织全国医学专业学位研究生教育指导委员会护理分委会编写《护理硕士专业学位基本要求》和《护理硕士专业学位教学合格评估方案》讨论稿,并提交给国务院学位办。

【获奖情况】

表6-18 2013年护理学院获奖情况

序号	奖项名称	获奖个人或集体
1	美国护理科学院院士	郭桂芳
2	北京高校第八届青年教师教学基本功比赛(理工类A组)一等奖、最受学生欢迎奖、最佳教案奖和最佳演示奖三个单项奖	庞 冬
3	北京高校第八届青年教师教学基本功比赛优秀指导教师	孙宏玉
4	"护理学研究生教育新增专业学位的建设与实践"获北京大学教学成果奖一等奖、北京市教学成果奖二等奖	孙宏玉、段丽萍、郭桂芳、路潜、孙玉梅
5	北京大学优秀党务和思想政治工作"李大钊奖"	尚少梅
6	北京大学统战工作先进个人	杜彩霞
7	北京大学招生工作先进个人	罗 萍
8	北医百年庆典宣传文化工作先进个人	杜彩霞
9	北京大学医学部"学习贯彻党的十八大精神,为党旗增辉"主题党日活动优秀奖	教工第二党支部、教工第三党支部、2011级学生党支部
10	北京大学医学部"落实十八大,共话中国梦,为党旗增辉"主题党日活动优秀奖	研究生党支部、2009级学生党支部、教工第一党支部
11	北京大学医学部教学优秀奖	江华、任国华、林可可、侯睿
12	北京大学医学部教学管理奖	金晓燕、李利、陈华
13	北京大学第十三届青年教师教学基本功比赛医科组三等奖	朱 秀
14	北京大学医学部工会"权益杯"精品活动奖	护理学院
15	北京大学医学部工会模范工会小组	护理学院行政工会小组
16	北京大学医学部第六届教职工羽毛球比赛第四名	护理学院代表队(李明子、杨园园、梁爽、马耀春、刘旭)

续表

序号	奖项名称	获奖个人或集体
17	北京大学医学部第50届运动会优秀组织奖	护理学院
18	"春暖神州 花开北医"第二届教职工服装服饰秀优秀组织奖	护理学院
19	北京大学医学部优秀工会干部	杨园园
20	北京大学医学部工会优秀会员	张岩、张继英
21	北京大学医学部教职工"心系北医 圆梦中华"摄影展三等奖	任国华

医学人文研究院/医学部公共教学部

【发展概况】 医学部公共教学部于2002年7月在原社文部、外语部、体育部及数学、物理、计算机教研室的基础上组建而成,现设五个学系:哲学与社会科学系、医学人文学系、医用理学系、应用语言学系、体育学系。2008年4月,北京大学医学人文研究院成立。截至2013年底,研究院下设七个研究中心:医学史与医学哲学研究中心、医学心理学研究中心、医学伦理与法律研究中心、健康与社会发展研究中心、医学文化与健康传播研究中心、医学美学研究中心,以及数据与案例管理中心。此外,医学人文研究院/医学部公共教学部还拥有四个校级研究中心:北京大学医史学研究中心、北京大学临床心理中心、北京大学医学部性学研究中心、北京大学医学部中美医师职业精神研究中心。目前医学人文研究院/医学部公共教学部设有生物医学英语五年制本科专业,招收科学技术史、应用心理学、伦理学、社会学、科学技术哲学、思想政治教育、马克思主义基本原理、生物物理学专业的硕士和博士研究生。医学人文研究院/医学部公共教学部现有教师108人,其中正高级职称15人,副高级职称42人,中级职称48人,初级职称3人;具有博士学位30人,占27.78%,具有硕士学位44人,占40.74%。2013年增员4名教师(接收毕业生2人,调入2人),3名教师退休。

【教学工作】 医学人文研究院/医学部公共教学部现有在读学生200人,其中医学英语专业本科生160人,硕士研究生28人,博士研究生12人。2013年毕业学生34人,其中医学英语专业本科生22人,硕士研究生9人,博士研究生3人;2013年招收新生51人,其中医学英语专业本科生39人,硕士研究生9人,博士研究生3人。

医学人文研究院/医学部公共教学部承担着医学部(含临床医院)在校本专科生及研究生的公共基础课及医学人文课的教学任务,应用语言学系还同时承担生物医学英语专业课的授课任务。2013年医学人文研究院/医学部公共教学部为全校本专科生开设36门必修课、22门通选课、35门任选课,为医学英语本科生开设39门专业必修课、12门选修课,为全校研究生开设35门公共课。

本科生培养方面,医学英语专业培养国际卫生背景下的复合型人才。培养的毕业生是既有较扎实的自然科学、医学基础知识及一定的临床医学专业基础知识,又有坚实的英语语言知识基础、较强的英语语言运用能力和一定的社会人文学科知识,能熟练地用英语和所学医学专业知识在医药、公共卫生、医药信息管理、医学英语教育等领域从事国际交流、教学科研等工作的应用型人才。研究生培养方面,各医学人文和社会科学学科培养点围绕"高素质、创新型"的高层次人才培养的基本要求,已初步形成具有特色的医学人文学高层次创新人才培养模式。研究生培养要求学生具有扎实的人文社会科学理论及医学人文综合素养,掌握相应学科的基础理论以及较系统的专业理论知识,有一定的独立从事有关科学研究的能力,以及开展相关教学工作的能力。

深化教学改革。医学人文研究院/医学部公共教学部鼓励并资助教师到美国和我国香港、台湾等地高水平院校调研,为本学科教学改革提供借鉴。医学人文研究院/医学部公共教学部召开医学预科及通识教育改革研讨会、医学英语教学与研究研讨会等会议,了解北大本部教育教学改革工作的总体情况及经验,以及医学部教育教学改革的整体框架和思路,分享兄弟院校临床八年制医学英语教学的成功经验。结合先进经验,医学人文研究院/医学部公共教学部组织教学沙龙活动,交流探讨教改方案。

规范教学管理。医学人文研究院/医学部公共教学部制定《北京大学医学人文研究院2014年博士生入学面试考核工作细则》,使博士生招生工作更加规范和符合医学人文学科特色。

加强专业建设。本科生方面,2013年新一届医学英语专业委员会成立。医学英语2009级26名学生参加了全国英语专业八级考试,通过22人,通过率84.62%;医学英语2011级32名学生参加了全国英语专业四级考试,通过31人,通过率96.88%。研究生方面,医学人文研究院/医学部公共教学部积极筹备申报社会工作专业硕士学位,拓展具有专业学位的高级医学或健康相关领域高级应用型人才的培养。

2013年,2位教师分别获得宝钢教育基金优秀教师奖、黄廷方/信和青年杰出学者奖教金。

【科研工作】 2013年医学人文研究院/医学部公共教学部获批科研项目18项,总金额为169.7万元。其中,国家级3项,经费45万元;省部级8项,经费91.5万元;校级3项,经费12万元;横向课题4项,经费21.2万元。

2013年医学人文研究院/医学部公共教学部对2012年获准立项的四个青年教师科研基金项目进行了中期检查。青年教师科研基金项目以点带面,极大地调动了青年教师科研工作的积极性。

2013年医学人文研究院/医学部公共教学部教师在全国核心期刊发表论文41篇,有6篇论文被SCI收录,4篇被EI收录;出版专著3本,科普著作1本,译著3本,主编教材4本,出版学术期刊《中国医学人文评论》(2013)。

举办学术交流活动。6月7日至9日医学人文研究院/医学部公共教学部承办中国心理学会医学心理学分会年会暨国际学术交流论坛;6月22日至23日与美国印第安纳大学联合主办"西方医学在中国"国际学术研讨会(Henry Luce基金会资助),与中国自然辩证法研究会生命伦理学专业委员会、《中国卫生法制》杂志社联合主办全国精神病学伦理和法律问题学术研讨会;10月24日至25日主办第八届中美医师职业精神研讨会。此外,医学人文研究院/医学部公共教学部还举办了10期学术沙龙活动,沙龙主要以案例为中心,邀请国内外专家学者或由医学人文研究院/医学部公共教学部教师担任主讲人,启发新思路,整合研究团队。

【继续教育】 10月7日至12月31日,应用语言学系受中华医学会委托,举办武田项目语言强化培训班,来自全国的16名临床医生接受了英文和日文培训。2013年医学心理学教研室招收进修生4人,其中一名为西部助学西藏学员。

【交流合作】 2013年医学人文研究院/医学部公共教学部接待来自哈佛大学、凯斯西储大学、印第安纳大学、香港大学等知名高校和组织的专家学者来访10余人次,赴美国、英国等地访问交流30余人次。医学人文研究院与印第安纳大学共同承担的"西方医学在中国1800—1950"研究项目进展顺利。

【党建工作】 医学部公共教学部党委下设12个党支部,其中在职职工支部6个,离退休支部2个,本科生支部3个,研究生支部1个。医学部公共教学部党委共有党员156人,其中教工党员68人,离退休党员41人,学生党员44人,其他3人。2013年医学部公共教学部党委发展党员16人,其中教职工1人,本科生13人,研究生2人。

医学部公共教学部党委以深入学习十八大精神、开展党的群众路线教育实践活动为主题,开展多种形式的党建活动。医学部公共教学部党委向全体党员发放十八届三中全会和党的群众路线教育实践活动学习资料,组织党员学习。党委副书记王玥为领导班子及全体党员作题为"党的群众路线教育实践活动"理论辅导报告。医学部公共教学部党委召开党委学习十八大精神暨工作研讨会、举办庆祝中国共产党成立九十二周年表彰大会暨"我的中国梦"主题演讲大会。医学部公共教学部党委在教职工党支部中开展了"学习贯彻党的十八大精神,为党旗增辉""落实十八大,共话中国梦,为党旗增辉""学习党的群众路线 建设服务型党支部"主题党日活动,以及"学习党的群众路线 建设服务型党支部"主题教育活动。医学部公共教学部党委在学生中坚持开展党建带团建、团建助党建工作,学习习近平总书记给北大考古文博学院2009级本科团支部回信内容,开展"学习践行正能量、青春奉献中国梦""践行群众路线,增强宗旨意识"等主题党团日活动,以及"中国梦·学子情"演讲比赛、"青春向党,一站到底"党团知识竞赛等活动。3个党支部提交医学部第七期基层党建创新立项成果,4个党支部获得医学部第八期基层党建创新立项。

【行政工作及其他工作】 医学人文研究院/医学部公共教学部有管理人员11人,其中事业编制10人,非事业编制1人。

2013年医学人文研究院/医学部公共教学部工会共有6个工会小组,工会会员138名,其中男会员46名,女会员92名。1月8日,医学人文研究院/医学部公共教学部举行第三届教代会暨工代会,选举产生了第三届教代会暨工代会常设主席团以及工会委员会。公共教学部三届一次教职工代表大会征集提案6份。医学人文研究院/医学部公共教学部举办青年教师教学基本功比赛以及青年教师讲课比赛获奖教师示范课,提高青年教师的业务素质和教学水平,感受获奖教师风采。医学人文研究院/医学部公共教学部工会举办"舌尖上的健康:合理膳食 远离癌症"讲座。在工会的支持下,体育学系工会小组承办教职工登居庸关长城春游活动,工会与医学人文学系共同组织骨干教师赴华北油田总医院开展"医学人文进临床"考察交流活动,医学人文研究院/医学部公共教学部工会配合党委,编排歌曲《红军不怕远征难》参加医学部七一合唱会演。医学人文研究院/医学部公共教学部工会举办"我爱我家 最美办公室"评选活动,并被评为医学部工会"权益杯"十大精品活动。

继续做好离退休工作。根据老同志的特点,医学人文研究院/医学部公共教学部通过离退休老同志新年午餐会等形式,通报学校和医学人文研究院/医学部公共教学部的有关情况;协助离退休党支部组织活动;探望、慰问患病的离退休人员;配合学校,做好离退休人员的体检、送温暖、福利品发放等工作。

【学生工作】 结合医学英语的专业特点和学生实际,医学人文研究院/医学部公共教学部指导学生开展"抗辩——谁能破解当下的医患僵局"(5月举办)、外语歌曲演唱比赛(6月)、微言大 YI 创意演讲比赛(10月)等特色活动。学生志愿服务队完成《北医三院医讯简报》《北京大学医学部校内中英对应翻译手册》等文字翻译、修订工作,以及非洲国家卫生部长研讨班等国际会议的外宾接待陪同、语言翻译等形式的服务工作。暑期,围绕"爱、责任、成长"主题,医学人文研究院/医学部公共教学部组织六支社会实践团,分赴河北永清、山东临沂、辽宁营口、旅顺等地开展社会调研、志愿服务等社会实践活动。此外,还有低年级学生进行了返乡社会调研、支教等社会实践活动,高年级同学利用暑期开展了工作见习、实习活动。研究生班开展了研究生论坛(3月)、参观北京园博园(11月)等活动。为了鼓励中青年教师指导和参与学生社会实践,医学人文研究院/医学部公共教学部实行了社会实践带队教师奖励制度。

11月11日至12月医学人文研究院/医学部公共教学部举办北京大学第六届医学人文周,包括开幕式、口腔病理学专家李铁军教授显微摄影艺术展、医学人文英文短剧大赛、微电影大赛、医学人文电影赏析、诺贝尔生理学或医学奖科普作品比赛以及医学院校学生校级交流等一系列内容。

2013年医学英语专业有22名本科毕业生,其中10人参加工作,8人国内读研,4人赴国外读研;研究生毕业12人,其中11人参加工作(含在职2人),1人出国。

【党的群众路线教育实践活动】 医学人文研究院/医学部公共教学部党委于2013年7月开始,按照上级党组织的统一部署,在领导干部及全体党员中开展了党的群众路线教育实践活动,顺利完成了教育实践活动各个阶段的各项任务,达到了提高思想认识,转变工作作风,密切党群干群关系,促进科学发展的目标要求。通过活动,领导干部及全体党员增强了遵守党的政治纪律的自觉性,领导班子及成员增强了政治敏锐性,广大党员增强了党的宗旨意识。医学人文研究院/医学部公共教学部进一步明确了发展思路和方向,建立健全各类制度45项,征集意见建议43条,能够马上落实的已经解决落实,对一时不能解决的问题,制定了切实可行的整改台账,不属于院/部职权范围内的问题,报送有关部门。

第一医院
(第一临床医学院)

【医疗工作】 2013年第一医院(第一临床医学院)期末实有病床1500张,入院71497人次,出院71294人次,门诊2506897人次,日平均门诊 8356.3 人次,急诊140583人次,日平均急诊385.16人次,平均病床日均门诊(含急诊)5.8人次,住院病人手术33998人,术后10日死亡人数18人,麻醉意外人数0人,麻醉死亡人数0人,急诊抢救 6788 人次,抢救成功6554人次,无菌手术切口甲级愈合率99.6%,病床使用率108.63%,出院者平均住院日8.38天,病床周转次数47.53次/年,平均床位工作日数396.5天,尸检率0%,急诊病人入院率8.48%,危重病人急诊抢救成功率96.55%,院内感染率1.09%。

医政管理工作。第一医院继续贯彻落实"三三三一"工程,建立并出版《[内科系统]、[外科系统]、[医技系统]科室医疗综合目标综合评价档案》;努力提高手术室使用效率,促进二部外科系统"8:10安全核查完成率"和"9:00准时开台率"分别由 65.28% 和 45.99%上升至 76.08% 和 74.12%;在医疗应急管理方面,初步制定了《北大医院统一应急电话实施方案》;形成了以"处长—科主任例会"为代表的多部门联动的工作机制,初步建立"医疗管理体系"。5个学科获国家临床重点专科:感染病科、临床药学、老年病科、消化内科、神经内科。2013年第一医院共组织院内会诊39959例,院外会诊830人次;完成司法鉴定6例,医调委专家鉴定11例。第一医院继续开展支援社区工作、对口支援工作;接收内蒙古乌兰浩特市人民医院、扎赉特旗人民医院进修医生9名;选派医务、感控、护理、药事专业专家赴新疆维吾尔自治区妇幼保健院进行指导;接收河南县级医院骨干医师进修28名;派往密云县医院、密云妇幼保健院16人,门诊3613例,急诊261例,手术20例,疑难病会诊421次,业务培训493次;派往什刹海和德胜社区84人次。在2012年临床路径管理工作的基础上,第一医院新推行6个专业、15个临床路径病种。2013年第一医院共申报新技术23项。第一医院办理新医师执业注册共计110人次。

门急诊管理和医保工作。2013年第一医院加强了出诊管理,根据门诊量指标、卫生局对出诊的要求以及各科实际病源、人力情况,重新核定了各科出诊单元。全年专家出诊单元完成率在100%以上,与卫生局要求的单元数相比符合率达70%,部分科室的部分号源做到了不限号。第一医院加强停诊管理,停诊率逐月下降,至11月份全院停诊率为0.4%。门诊部和药剂科联合进行门诊处方点评,公示次均费用、次均药费排名,核查大处方,对排名前列的科室和个人进行诫勉谈话,长期停止1名医生的门诊处方权;门诊部不定期进行病历抽查,组织临床专家进行集中点评,公示病历点评结果,对个别病历质量欠佳的科室进行诫勉谈话。第一医院建立了急诊会商制度,确保急诊需要住院的患者尽可能及时收住院,自2013年3月起经会商收住患者434例。2013年北京在全部的二级及二级以上医院实行医保总额预付,1至11月我院完成总额指标的91.95%,基本完成既定目标。6个质量考核指标:门诊次均费用、住院次均费用、住院药品材料费比例高于全市同级同类均值、门诊药品比例、门诊人次人头比、7日重复住院率低于全市均值。

护理管理工作。2013年,第一医院在临床护理、护理教学、护理科研、人力资源开发、护理品牌建设等方面开展了一系列工作。第一医院修订护理管理制度26项,护理质量考核评价标准36项,护理标准化流程49个。第一医院建立优质护理奖励基金发放指标及原则,完善绩效考核方案。2013年第一医院组织三级护理质量检查23次,涉及696护理单元次,实现每月覆盖全院各个护理单元的质量督查,尤其加大对重点科室、问题科室、代理护士长及零容忍专项检查的力度,下发护理质量问题反馈单602张,进行护理质量问题改进效果复查10次。第一医院积极推进护理质量管理工具在护理质量持续改进工作中的应用,全院共完成128个PDCA案例的改进及5个品管圈的试点工作,其中介入血管外科的"蜗牛圈"入围卫生部医院管理研究所成果改进大赛决赛。为了加强护理师资队伍建设,3月份护理部启动了为期两年的每月一次的护理师资培训班,并于9月5日举行了护理教师讲课比赛;举办5期护理国家级继续教育项目,受训人员987人;选派20名护理骨干赴台湾培训1个月,1名护理骨干赴加拿大培训3个月。

设备管理工作。2013年第一医院共完成万元以上设备采购834台套。2013年自筹资金采购:医疗预算中计划自筹部分采购项目65项,取消或调整预算16项、25台套,调整后剩余医疗万元以上设备项目48项(自筹计划75%),签订合同48份,包含设备76台套,医疗设备计划追加4次,追加项目14项、50台套,跨年度计划44项、69台套;科研平台执行项目56项、255台套;教学10项、24台套;信息29项、407台套。专项资金采购:7627保健项目19个项目,中西医老年病重点建设项目招标论证22项、52台套,卫生部肾内科重点实验室项目招标论证32项、36台套,北京大学"985"项目2项,北京大学医学部"985"项目涉及13个课题项目,批复79项。2013年第一医院进行了5次设备自查工作,并对10万元以上科研设备进行专项检查,共检查163台设备,涉及25个科室。其中有问题设备9个,并着手解决。第一医院报废设备3057件,设备转账490台。2013年第一医院对服务中心监护仪及呼吸机进行使用效率分析,并根据数据出台补偿性收费方法。三个月内使监护仪计费从4.5元/小时提高到9.3元/小时,大大提高了监护仪使用效率和周转率。2013年4月7日第一医院启动耗材管理交接工作,召开了第一次移交工作的多部门协调会。11月15日第一医院成立耗材管理科。

感控工作。全院医院感染发病率监测70455人,发生医院感染797例次,感染率为1.09%,较前三年平均感染率有所下降;开展各类ICU和外科单病种医院感染的目标性监测2163例;开展多重耐药菌监测,共监测病原菌4647株,其中多重耐药菌712株,有效地防止了耐药菌在医院内的传播。全院无医院感染暴发。第一医院接待北京市及西城区疾控督导检查23次,培训46次。第一医院完成全院传染病监测工作,全年报告传染病2293例。第一医院监测AFP 225444例,报告24例;HIV/AIDS监测72103例,报告22例;流感样病例监测643304例,报告14392例;职业病监测64445例,报告5例。第一医院整理疾控相关工作内容及流程:组织全院及各专业科室疾控知识培训6次,并对传染病培训工作进行盖章与审核;制作全院2475本传染病培训证书。按照《北京市、西城区健康促进医院考核标准》要求,第一医院发放门诊病房健康教育宣传资料58725份。

药事管理工作。第一医院不断深化抗菌药物管理,召开抗菌药物管理组会议12次。第一医院加快临床药师队伍建设,培养3名临床药师。临床药师持续深入临床用药的评估,不断优化院内药品结构。第一医院在二部住院部病区引入智能药柜,依托信息化提高安全性、准确性,实现为病房送药,推进优质护理。第一医院举办"百城千家三甲医院药剂科主任参观北大医院"活动,宣传北大医院管理理念,探讨医改环境下医院药学发展方向。第一医院推动临床药学进基层医疗机构,成功举办"北京大学第一医院—山西省县级医院临床药师"培训班,已开展第一轮双向交流。

信息化建设工作。2013年信息化建设的工作重点以面向临床服务为中心。经过对十余家医院的调研,第一医院制订了《北大医院3~5年信息化建设规划》;大力推广电子病历和电子医嘱,电子药品医嘱在内科系统推行了13个病房,电子检查、检验医嘱在血液、呼吸、心一、心二四个病房试点,电子病历累计上线病房57个(全院共65个病房),推广使用率达到87.69%;完成内外科医师、护士签名样章收集制作工作;构建完成一期"北大医院——区域(功能社区)协同医疗服务平台",已有30家合同单位和社区参加,效果良好。

干部保健工作。2013年第一医院共完成115名院士专家的体检工作,参加体检工作人员232人,针对不同的体检项目分别设定服务岗位,安排专人提供"一对一"服务,得到了院士及其所在单位的一致好评;完成43名副部级干部的体检工作,对享受副部级(含)以上医疗待遇的保健对象的资料进行纸质及电子化管理,并有专人负责与单位联系。2013年干部门诊接诊院士607人次、副部级干部2390人次,收治院士40人次、副部级干部163人次。第一医院共安排卫生部保健局组织的医疗保健任务9次,派出医生、护士、司机36人次,参加服务共246天。

【教学工作】 2013年,医学部"新途径"教学改革以及第一医院特色的"器官系统为主线、胜任力为导向"教学体系得到更大范围和更深层次的开展。本科教育全程相关的课程梳理和改革、集体联合备课、院级教案审核、教学大纲修订、见习内容确认、考试内容研讨、考题审核、团队式教学、Mini-CEX、DOPS等形成性或终结性评价工作均完成或超额完成预定目标。

教育部项目"面向岗位胜任能力培训的长学制医学生集成信息管理体系"为第一医院教学信息化以及教学绩效改革的实现发挥了巨大作用;医学部研究生培养教学课题、第一医院自主设计研发的"临床专业研究生培训指南"获得医学部研究生院的赞赏并已准备出版;第一医院新获得北京市卫生局住院医师规范化培训质量提高项目3项、国家卫计委关于住院医师规范化培训项目3项。

2013年第一医院获批国家卫生计生委全科医生规范化培养基地。第一医院依托医学部全科医学学系招收4名全科医学研究生,举办国际全科医学研讨论坛以及国家级、市级和院级多次全科医学教师培训。第一医院继续选派研究生导师到英国参加全科研究生导师培训。

经过多次认真核算与研讨,2012年底出台第一医院《教学工作绩效管理规定》,经过修订与完善,在2013年9月后正式实施,该项管理措施对全院教师产生了较大的教学激励以及对我院教学工作产生极大的推进作用。2013年全年除极个别教师未完成基本教学量外,参加教学绩效管理的教师都完成了教学任务。

【科研工作】 2013年度第一医院共获批5994.96万元。其中国家自然科学基金占比最高,获批2564.18万元。2013年度申报的各类项目,目前共获批91项。2013年度第一医院重点学科、重点实验室建设项目共获经费1754.40万元。重点实验室获经费资助2项,共计550万元,重点学科获经费资助13项,共计1204.40万元。2013年度院级各类基金申报106项,获批52项,其中资助院级归国人员启动基金8项、青年基金26项、管理基金3项以及护理科研基金15项,资助经费78.80万元。2013年第一医院横向课题(非政府机构发起或委托的研究课题)共立项70项,到账科研经费908.68万元。2013年度第一医院负责人共申请北京大学医学科学出版基金8项,获批8项。2013年度在研及结题科研项目情况(不含横向课题):进展执行项目238项,其中国家、部委、市、校级项目214项,其他项目24项;结题项目145项,其中国家、部委、市、校级项目123项,其他项目22项。

2013年度第一医院成果申报27项,已获奖7项,待公布3项;申报专利3项,获授权专利4项,其中发明专利2项,实用新型专利2项。

2013年度第一医院教师共发表各类论文1142篇,其中被SCI收录论文292篇,国内期刊论文876篇,国外期刊论文266篇,中文期刊论文829篇;共出版书籍43本,其中专著29本,为出版书籍的主要类别,占67.44%。

2013年度第一医院参加国内外学术会议1861人次。其中参加国际学术会议559人次,参加全国学术会议1032人次,参加地方学术会议270人次。主要交流形式为大会报告,为682人次。2013年度第一医院共主办各种学术会议63次,其中国际学术会议20次,国内学术会议43次。

【后勤管理】 2013年,第一医院顺利完成了年初制订的各项工作计划及目标,保证了医、教、研工作的顺利进行。第一医院完成全院五个院区5283台套动力设备的安全运行、日常维保及节能管理等相关工作;配合临床经济指标的增长,采购、出库等工作量大幅增加;为配合二部老区搬迁,抢时间、创造条件做了大量装修改造工程,对PET-CT、MR等大型设备进行移装机,对餐饮公司进行了重新论证,更换后职工满意度达到73.6%;5月,对物业公司进行重新招标,7月顺利完成交接工作,运行平稳;第二住院部获评"北京市花园式单位";更新救护车和中型面包车各1辆,完成车队队长竞聘工作;针对各类档案,制定了生产用房变更申请表、人防档案统计表、央产房上市审核流程及管理办法等;老门诊装修改造工程如期开工,并顺利实施;启动后勤信息化系统建设,使后勤工作向精细化管理迈进;有针对性地进行人才培养,召开了第二届后勤管理研讨会,全年发表文章18篇;通过"大学生下班组""管理沙龙"等形式,构建我院后勤管理人才梯队。

【安全保卫】 遵照"谁主管、谁负责"的安全保卫工作原则,第一医院贯彻落实安全责任制,在院内签订了87份安全责任书;对全院配置的消防设施设备及灭火器材全部进行了定期检测、维修,检修全院灭火器3335具,配备消防自救呼吸器112套,配备消防疏散指示标牌112套,补充灭火器120具;组织消防培训4次,培训1100人次;进行消防安全检查74次,共发现安全隐患19个,全部完成整改。2013年全院治安工作平稳有序,医疗秩序安全稳定,未发生任何重大治安案件。第一医院共完成治安检查78次,联合西城公安分局厂桥派出所对盘踞在医院门诊的号贩子进行打击11次,抓获号贩子26人次,治安拘留号贩子18人次;销毁危险化学品废物317千克,办理放射源交接、出入管理598次。

【基本建设】 保健中心工程于2012年10月完成设计合同签约,设计单位为中国中元国际工程公司。截至2013年底设计院已经基本完成可行性研究报告及概算的编制工作,工程可行性研究报告上报国家卫生计生委保健中心。可行性研究报告对比项目建议书面积变化不大,投资增加1.2亿元。

城南院区工程已于2013年10月25日接到国家发展改革委关于城南院区工程项目建议书的批复,批复总建筑面积182039平方米,其中地上建筑面积143835平方米,地下建筑面积38204平方米,项目估算总投资13.3亿元。目前正在进行北京市规划委员会选址意见书、北京市国土资源局土地初审和土地预审的申报工作,北京市规划委员会勘察设计招标工作也在同时进行中。

【经营管理】 全院建立成本控制机制、加强全面预算、细化成本单位,以实现国有资产的保值和增值。

表6-19 第一医院2013年、2012年收入、支出对比

项目	2013年	2012年	增减额	增减率
一、总收入(万元)	272913	237156	35757	15.08%
财政补助收入	8813	9033	−220	−2.44%
医院经营收入	264100	228123	35977	15.77%
其中:医疗收入	141160	116799	24361	20.86%
药品收入	115586	104825	10761	10.27%
其他收入	7354	6499	855	13.16%
二、总支出(万元)	268359	234703	33656	14.34%
人员经费	87597	71933	15664	21.78%
能源支出	4495	4180	315	7.54%
专用材料支出	153210	139210	14000	10.06%
修购支出	11654	9256	2398	25.91%
费用支出	11403	10124	1279	12.63%
三、收支差额(万元)	4554	2453	2101	85.65%

人民医院
（第二临床医学院）

【发展概况】 北京大学人民医院在职员工总数4991人，其中，中国工程院院士1人；医教系列人员872人，研究系列人员71人，护理系列人员1692人，医技系列人员537人，管理系列人员135人，财务系列人员68人，工人及其他系列人员310人，合同制员工1306人。医院设有40个临床科室、17个医技科室、25个职能处室。

【改革与管理】 作为面向群众的公共服务窗口行业，医院以大学医院强烈的社会责任感，夯实质量，提升效率，开拓创新，各项工作亮点频出。

"共同体"（医联体）。医院医疗卫生服务共同体（又称"医联体"）运行6年多，实现各级综合医院、专科医院之间的横向联合，并纵深延伸到社区卫生服务中心/站、企事业单位医务室、乡镇卫生院、村医务室以及健康管理机构等基层医疗机构，形成整合型"X+Y"健康服务模式。在既往新疆、云南、青海、山东、山西、湖南、黑龙江等省、自治区基础之上，2013年又新增了湖北、天津和内蒙古自治区，至此医院服务省、自治区、直辖市已达11个，并跨出国门服务到老挝人民民主共和国。目前医联体成员机构已达320家，2013年新增47家。

临床路径管理。医院基于学习型临床路径管理应用系统，继续提高临床路径的入组率和完成率，规范医师诊疗行为。目前系统中在用临床路径从2012年的749个增加到2013年的794个，出院患者中进入临床路径比例由2012年的平均82.8%增加到2013年的平均89.7%，完成临床路径比例由2012年平均的60.5%增加到2013年的平均67.0%，路径中选择医嘱比例由2012年的平均33.9%增加到2013年的平均36.2%。实施三年来累计进入临床路径130562人次，在用路径793个。

医院胸痛中心。医院建立了一套行之有效的临床路径和诊断操作流程，以此规范胸痛诊治过程中相关诊疗流程和医务人员的行为，并与999急救系统签订了合作协议，配备了院外急救远程心电传输系统，真正实现了院前急救—医院急诊室的无缝隙连接，有效缩短了患者就诊时间。同时，医院还建立了完善的"一键启动"机制，保证了院内急救、急性心肌梗死绿色通道人员在最短的时间内到达介入诊疗中心，及时有效地实施直接冠脉介入治疗，使胸痛患者有了明确、清晰的诊治流程，在最短时间内得到最有效的治疗。

信息化建设。2013年，移动护理信息系统各项功能均不断完善，医院利用移动护理信息系统进行关键环节质控。为了保证各种评估表单的质量，2013年医院特增加了打印自检功能，新增移动护理中表单的书写，转科病人交接护理记录单、手术病人交接护理记录单、病重（病危）患者护理记录表单已开发完成。全院已使用移动护理信息系统进行护理人员的维护、网上排班、不良事件的上报等功能，全面提升了护理服务质量。

2013年10月，美国医疗卫生信息与管理系统协会（HIMSS）对北京大学人民医院信息化评级为6.056，北京大学人民医院成为国内少数几家跻身HIMSS六级的医院。HIMSS评级标准最高级是七级。截至2013年第二季度，在HIMSS全球跟进的8000多家医院中，仅8.49%达到电子病历采纳模式（EMRAM）六级。在亚太地区，仅2.5%的医院达到这一水准。这一认证充分证明北京大学人民医院已与世界顶尖医院的信息化处于同一水平。医院将继续在信息化建设上不断努力，致力于利用先进信息技术保障患者安全，使信息化更好地服务于临床，争取早日通过七级认证，达到世界顶级水平。

医院临床能力培训中心。中心依据现代医学教育理念，综合利用最新科学技术，打造我国临床教学实践的示范工程，并成功接受美国国际模拟协会（SSH）认证，建立与国际接轨的模拟医学教育全新模式。中心为提高医务人员的临床能力、提升医疗的安全性、改善医疗质量作出贡献，努力实现培养具备扎实的理论基础、较强的创新精神、人文精神与综合素质能力、终身学习与实践能力、多种发展潜质以及能够参与国际竞争的人才的最终目标。

医学研究"三联体"。2013年医院建立了以医院临床路径和结构化电子病历系统为核心，整合生物样本库系统和随访管理系统的现代医学三位一体系统。目前，临床路径表单和医生工作站实现了有效衔接，生物样本库共建立分库26个，入库患者数超过13000例，17个科室加入了智能化随访系统，制订了25个随访方案，共有1205例患者接受随访。"三联体"为临床医学研究打造共享平台，为临床科研工作提供全面、翔实的数据支持，为转化医学研究奠定基础。

志愿服务事业。2013年医务社会工作暨志愿服务工作部完善医院志愿者管理模式，实现了医院志愿服务项目的常态化，并创新开展了手术室患者陪伴志愿服务项目、CCU患者社会—心理个案评估工作、透析患者及其家属、白血病患儿家庭病友会等团体工作以及社区服务/社会工作专业教育、实习与研究等行政工作。部门共开展志愿服务项目17项，服务总人次达4511次，累计服务时间达9849小时6分钟，共有志愿者3505人，累计服务时长51275小时50分钟。

医院服务。"文明服务缺陷管理"系统2013年收到表扬867条，建议299条。自实行"文明服务缺陷管理"意见征询系统以来，截至2013年12月31日共接收有效信息8165条，其中表扬5530条，意见2635条，意见中已解决2400条，正在解决235条，解决率91.08%。2013年医院优化服务流程改造658项，就诊秩序不断改善。

【医疗工作】 医院全年门、急诊量2567360（2012年同期2434025）人次，增长5.48%；出院病人总数63766（2012年同期58074）人次，增长9.8%。最高日门诊量11126人次，出院者平均住院日8.85天（去年同期8.26天）。住院手术量29632台，比去年同期增加8.92%。

医院利用现代技术对全院病例自动进行事前提醒、事中监控和事后质量监控；通过病历质控系统向临床医师实时反馈；对未按时完成病历记录的医生进行个体纠错和培训；同时做好终末病案检查。

医院以PDCA的管理思路，发现问题、从系统角度解决问题，建立或完善工作流程，加强环节质量管理。医院以优质医院评审标准为标杆，不断发现医疗质量与安全管理工作中的缺陷，持续改进医疗质量与安全管理体系。医院根据上级文件及三级综合医院评审标准对管理制度进行完善，制订并正式下发与优质医院评审相关文件19份。

医院对临床33个科室进行督导检查，规范查房形式，建立《查房基本规范》，对查房质量进行360度评价。2013年医院组织院内联合会诊431次，院际间会诊1188次。

医院不断完善临床诊断名称字典库，提高临床诊断书写的规范性。医院每周向临床科主任反馈临床诊断未从临床诊断名称字典库中选择的诊断名称，通过与临床医师及病案编码员沟通，不断完善临床诊断名称字典库。临床诊断名称字典库中的诊断名称数量由2012年的6853个，增加到7219个；从临床诊断名称字典库中选择诊断的比例，2012年平均为97.0%，2013年平均为96.0%。

医院不断完善手术和操作名称字典库，提高手术和操作名称书写的规范性。医院每周向临床科主任反馈手术操作名称未从手术操作名称字典库中选择的诊断名称，通过与临床医师及病案编码员沟通，不断完善手术操作名称字典库。手术操作名称字典库中的手术操作名称数量由2012年的6279个，经二次整理后变为5712个，从手术操作名称字典库中选择手术操作名称的比例，由2012年的平均86.0%增加到2013年平均的94.0%。

2013年4月，医院组织全院麻醉药品及一类精神药品使用与规范化管理培训，46人参加此次培训；全年利用门诊工作例会举办住院总医师、门诊大组长有关传染病、手卫生、门诊及会诊相关流程和管理规定等培训，参加人数360余人次。医院完成3次对于基层区县级医院产科医师的集中培训；全年组织医疗应急演练5次。

2013年医院抽检终末病历801份，其中甲级病历688份，占抽检病历的85.89%，比2012年提高3.38%；乙级病历63份，占抽检病历的7.87%；不合格病历50份，占抽检病历的6.24%，比2012年下降0.91%。终末病历平均分90.36分，比2012年提高0.83分（统计截至2013年11月24日）。

为了提高病历质量，医院及时发现和纠正病历中存在的问题，将病历质控的重点前移，加强了环节病历的检查。医院利用电子病历系统自动质控功能，对2013年在院62884份病历进行质控，检出未按时完成各种病历记录的病历7256份，检出未按时完成各种记录的问题28766次。

医院建立以各科各级临床医师、门诊大组长、病房住院总医师、医院总值班为主的传染病三级报告网络。医院认真抓好重点科室（感染科、儿科、呼吸科、消化科、妇科、神经内科、皮肤科、泌尿外科）医生工作站的使用及传染病卡片的报告方法，做好法定传染病报告的质控工作，同时严把传染病、职业病报告质量关，做好国家法定传染病、职业病报告的质控管理工作。1月至11月传染病报告4025例（门诊3471例，病房554例）；迟报43例（门诊0例，病房43例），迟报率1.07%。

医院认真做好国家严格控制发生的传染病的疫情监测工作，做好肠道传染病病原菌分子分型监测工作、流感样病例监测任务。医院为国家级流感哨点监测医院，2013年1至11月共采集咽拭子959例，流感病毒检测阳性37例，阳性率占3.86%，得到了北京市及西城区疾病控制中心的高度认可。2013年，医院医务人员参加北京市及西城区举办的各种传染病学习班38次。

根据国家卫生计生委《关于进一步开展全国抗菌药物临床应用专项整治活动的通知》（卫办医政发〔2013〕37号）、卫生部84号令《抗菌药物临床应用指导原则》和北京市卫生局关于印发《2013年北京市抗菌药物临床应用专项整治活动方案》（京卫医字〔2013〕94号），医院在认真总结2012年专项整治工作的基础上，科学制订工作方案，按照卫计委及卫生局要求定期召集工作小组会议，圆满完成抗菌药物控制指标和围手术期抗菌药物合理应用。

为使每位临床医师能够及时了解到病历书写中存在的问题，及时纠正，促进病历质量的提高，医院通过电子病历系统实时反馈、手机短信、周报、病历质控会、医师座谈会等形式反馈，以方便临床医师及时修改，避免同类错误出现。

对于病历书写中有时限要求的单项，如入院8小时内完成首次病程记录、24小时内完成入院记录、入院48小时完成主治医师首次查房记录、入院72小时完成（副）主任医师首次查房记录等，医院每周对问题病历的书写医师进行个体纠错、个体培训25期364人；个体培训后考试364人。医院每周对问题病历的上级医师组织召开座谈会。

在各临床科室医务人员的积极响应下，内分泌科、呼吸内科、骨关节科、风湿免疫科、肾内科及乳腺外科做了积极的准备，医院3月通过了区级验收，8月通过了市级验收，11月北京市卫生局正式发文我院成为"北京市健康促进示范基地"。

10月12日至20日，医院开展"服务百姓健康行动"健康教育大讲堂及义诊咨询活动，组织实施了院内院外多层次、广覆盖、形式多样的健康教育义诊活动，共义诊130人次。

医院于2010年承办中华医学会《健康世界》期刊，2013年度医院医务人员在此刊物上发表文章90篇；在百科名医网上发表文章20篇，在其他报纸、杂志、网络发表及转发健康科普文章和相关新闻2101篇；知名医生受邀做客电视台节目，共播放157次。

根据社区患者就医及基层医院的需要，医院共派出6个学科7人参加支援展览路社区工作，其中副高职称以上1人，主治医师6人；临床营养科每月到社区咨询1次。1—11月社区门诊量623人次；转诊93人次，其中营养科门诊44人次；继续教育10次，有77人次受益和63人次咨询；带教16人。

2013年医院被授予"特别贡献奖"。"健康快车"工作作为一项长期系统的慈善公益工程，自1997年以来，医院已先后10次参加"健康快车"白内障复明扶贫工程，足迹遍及全国13个省的24个地区，完成白内障手术2.8万余例。2013年医院已申请2014年第11次参加"健康快车"工作。

【护理工作】 2013年护理部继续围绕"质量、效率、服务、安全、创新"的主题，深化优质护理服务；完善岗位管理、绩效考核；加强移动护理信息化建设；拓展护理服务；推进专科护理人才的培养；逐步建立护理垂直管理体系。

合理配置护理人力。护理部根据各科室的护理工作量，合理配备护理人员。为保证科室在岗护理人员数量，2013年护理部招聘往届护理学生3次，组织462名应聘者进行面试前考试，考试合格227名人员参加面试，141名人员参加查体，最终入职123名护士。2013年8月护理部入职应届毕业生95名护士，面试2014届毕业生96名护理学生，通过面试95人次。

深化护理模式改革。2013年护理部继续在全院深化优质护理服务，推行责任制整体护理工作模式。从1月开始，所有护理单元实行了网上排班，护理部可以随时查阅各护理单元的排班情况。通过督查，护理部保证每个患者不管白天还是夜间，均有一名责任护士负责，每名有资质的责任护士均独立分管患者。

规范护理规章与流程。医院自2009年9月开始对护理规章与流程进行梳理和再造，将我院的护理规章与流程进行系统分类，初步确定其框架包括组织架构与岗位职责、行政管理制度、临床服务管理制度、感染管理制度、护理应急预案、护理操作技术、教学管理制度和科研管理制度8个方面。2013年护理部针对每类又进行了详细划分，如将临床服务管理制度分为核心制度、患者安全、药品管理、病区管理、护理文件、护理服务规范、护理常规、常见并发症的预防及处理8项子类。

修订专科护理常规的规章与流程。为规范护理行为，提高护理质量，护理部制度组在原有护理常规的基础上结合我院临床护理工作，修订了《慢性心力衰竭的护理常规》和《泌尿系结石的护理常规》两个内外科模板，已提交护理质量委员会、医疗质量委员会和院务会通过，各个大科已经根据模板进行护理常规的梳理和修订工作，目前共修订专科护理常规360余条。

【教学工作】 北京大学人民医院承担着院校教育、毕业后教育的临床医学教育任务，作为北京大学第二临床学院，承担着临床八年制医学生290名、临床、科研研究生335名、护理本科36名、护理高职66名、检验本科6名、口腔专业海外班36名、订单培养学员227名的教学工作。

在2013年全国高等医学院校临床认证工作中，医院认真落实北京大学及医学部各项工作部署，从细节着手，严格按照临床认证工作要求，认真落实，精心准备，圆满完成各项检查任务，达到认证工作要求的各项指标，得到认证专家的一致赞扬。10月16日，教育部医学教育临床教学研究中心暨北京大学人民医院临床能力培训中心在教育部、财政部、国家卫生计生委的大力支持下，正式启用。12月12日，国际模拟医学协会（Society for Simulation in Healthcare, SSH）认证委员会主席Chad Epps教授带领认证委员会委员Sabrina Koh教授、Yue Dong教授来到教育部医学教育临床教学研究中心暨北京大学人民医院临床能力培训中心进行了现场认证考察。临床能力培训中心依托现代化的技术装备,开展了"腹腔镜外科学基础""高级生命支持""临床实景模拟系列教学"等课程。王杉院长任教育部医学教育临床教学研究中心主任、教育部临床实践教学指导分委员会主任;陈红书记任教育部医学教育临床教学研究中心副主任兼秘书长、教育部临床实践教学指导分委员会秘书长。

教育部临床实践教学指导分委员会是指导全国高等医学院校临床实践的专业学术组织,这个组织的成立将对临床教学特别是实践教学进行全国的规划指导与评估。

由教育部医学教育临床教学研究中心、国家医学科学教育者学会、人民卫生出版社、高等教育出版社联合主办,北京大学人民医院承办的"2013年高等医学教育临床教学研究高峰论坛"于10月16日在北京成功举办。

2013年5月医院举办第四届全国高等医学院校大学生临床技能竞赛。第五届全国高等医学院校大学生临床技能竞赛启动会暨第四届全国高等医学院校大学生临床技能竞赛总结会成功举办。

自2012年11月医院建立起基于网络环境的北京大学人民医院师生双向360°评估平台后,基于现代技术的床旁实践教学师生双向360°评价工作得到飞速发展。2013年师生双向评价体系已完成横向拓展和纵向延伸,基本形成依托现代技术构建的全覆盖的北京大学人民医院床旁实践教学师生双向360°评估体系。2013年医院共有13277人次完成评价,308名老师被评价,520名学生被评价。评价结果反馈至学生、教师、教研室、科室主任、导师。

医院在完成既往推荐免试招生面试、全国统考招生面试基础上,积极响应北京大学医学部2013年全国优秀大学生暑期夏令营招生的号召,组织进行了北京大学人民医院暑期夏令营招生面试工作。

全科医学作为一个新兴的二级学科,其研究生招生、培养和就业均有其特点。2013年医院招收3名全科医学临床专业学位硕士研究生,目前在读全科医学临床专业学位硕士研究生共6人。2013年由全科教研室整合学科力量,与医学部其他兄弟医院合作组织全科医学专业讲座及座谈2次。在上级领导部门的支持下,医院派出导师1人、研究生1人赴英国参加全科医学专业培训。

医院举行第19届中青年教师教学基本功比赛,并组织参加北京大学第十三届青年教师教学基本功比赛以及北京市第八届青年教师教学基本功比赛,对促进医院中青年教师的成长,提高全院教师积极投身教学工作积极性和热情,促进我院教学水平的整体提升起到积极作用。党育大夫参加2013年北京市第八届青年教师教学基本功比赛取得优异成绩,获得一等奖,同时获最受同学欢迎奖及最佳表现奖两项单项奖。

【学生工作】 医院通过新生入院教育、毕业生教育、考风考纪教育和贷款学生教育等多种途径,开展诚信和文明礼仪教育。

安全教育方面医院坚持落实月班会制度,通过班会形式分阶段开展针对性的安全教育,强化安全意识。

医院从物质和精神两个方面给予学生积极帮助。同学一进入人民医院,班主任马上组织贫困生座谈,掌握第一手资料,同时让贫困学生感受到医院的温暖。在一些重大节庆日,医院都会组织各项关心关怀贫困同学的活动。对于一些重点贫困生,医院尽最大可能帮助学生解决经济问题。

医院以"教育与管理相结合""教育为主、惩戒为辅"为指导原则开展学生违纪处理工作,尊重和保护学生的合法权益。医院对违纪同学进行批评教育并建立了提前预警制度。

医院坚持在自我教育、自我管理、自我服务的方针指导下,结合医学生的个性、志趣、情感需要,鼓励和支持学生以拓展综合素质为目标,开展一系列丰富多彩的活动。医院做到每月组织1~3次活动。2013年医院着力开展医学生下基层卫生实践、暑期社会实践、社区卫生实践等为主的临床医学生社会实践活动。实践结束后医院及时进行总结、评优,并对3支优秀团队和6位优秀个人进行表彰。2013年学生团队提交了6个新的研究项目申请并获得立项,获得北京大学医学部大学生创新实验项目一等奖1项、二等奖2项、三等奖2项。

【科研工作】 人才培养与学科发展。2013年3月至5月,科研管理部门对25个科室进行了学科调研。由科研主管院长带队,科研技术平台的服务人员和科研处管理人员与临床、医技科室的学科带头人和科研骨干以及青年科研人员进行了座谈。通过全院公开招标和专家组的遴选,8项转化医学课题获得资助。项目经费由北大管理,医院采用设立财务专员、进行经费使用指导、定期反馈课题经费结余信息等方式进行管理,顺利完成全部费用的支出。课题产出良好,发表SCI收录期刊论文2篇,统计源期刊4篇,申请发明专利1项,研究结果在国际学术会议上交流1次,后续申请科研基金1项,培养5名研究生。4名40岁以下的青年科研人员获得资助,赴国外先进研究机构或医疗机构进行3个月的短期交流。通过交流,青年科研人员学习了本领域的国际领先技术,并撰写中英文论文6篇、综述2篇,申请基金4项,中标1项。

科研项目管理。2013年度,医院共负责、参加科研项目152项,已获科研基金总额1.19亿元。医院共申报科研项目124项,中标36项,资助经费1583万元。其中,面上项目中标20项,青年科学基金项目中标9项,共有11项教育部高等学校博士点专项科研基金项目获得资助,共获得北京市科技计划项目15项,资助金额达938.92万元。

科研成果与专利。2013年度,医院作为第一完成单位获得科技成果奖8项。黄晓军教授、纪立农教授、韩芳教授项目组分别获得2013年度首都十大疾病科技攻关"创新性科技成果奖"和"惠民型科技成果奖"。中心实验室何湘君的"microRNA加尾和引物延伸实时定量PCR检测方法的建立和优化"项目获得北京大学第七届实验技术成果奖三等奖。风湿免疫科获得北京大学首届产学研合作先进集体奖三等奖。2013年医院共有22项专利获得授权,其中教学相关实用新型专利授权5项。

科研论文与著作。医院科研人员在国家统计源期刊发表论文555篇;SCI期刊论文192篇,其中论著190篇,综述2篇。其中,何菁为第一作者、栗占国为通讯作者的论文发表在 Immunity(IF 19.795),主鸿鹄为第一作者、黄晓军为通讯作者的论文发表在 J CLIN ONCOL(IF 18.083),是医院历史上影响因子最高的论文。

经中国科学技术信息研究所定量分析遴选和同行评议推荐,张旗为第一作者的论文《RNA加尾和引物延伸RT-PCR法实时定量检测microRNA》入选2012年度"中国精品科技期刊领跑者5000顶尖学术论文"。

科研平台建设。"临床医学研究三联体"的构建基本完成,临床组织标本库已正式运行。医院依托"转化医学战略合作平台"开展转化医学课题研究,并取得了良好成果。科研管理信息化系统在全院正式运行,为医院科研发展提供了完善的信息化支持。

生物样本库质量管理体系。目前,生物样本库共建立分库26个,入库患者数超过13000例,包括乳腺癌等38种疾病。目前生物样本库中共储存样本6万份,2013年新增标本25000份,包括组织、血浆、血清、白细胞、尿液、DNA、粪便、骨髓等10余种样本类型。7个科室使用了生物样本库的样本,出库样本300余例。

【后勤工作】 2013年,医院对现有的管理制度和操作流程进行了规范和完善。全年共修订各项管理制度64篇,操作流程19项;完善各种检查标准及参数11项,各种紧急突发事件的应急预案11项。内容涉及配电室、各种压力容器、电梯、污水处理、热力站、中央空调等。经修订后,各种管理制度条例细致全面,岗位责任落实到人;各项操作流程科学规范、简单易行。

为做到总务后勤管理的专门化、科学化、精细化,医院总务处实行了区域网格化、三级查房制度,做到监督工作全覆盖,整改落实无死角。同时,总务处加强了对各种设备设施的日常监管检查力度,开展"回头看、查隐患、抓落实"工作。

2013年医院安全生产的重点是把突击化管理转变为日常化、网格化管理的模式上来。医院将安全管理工作列入网格化表格的必填项,安全监管工作做到重点区域有人管、安全责任全覆盖。

总务处通过后勤社会化,引进竞争机制,为医院提供优质、高效、低耗的后勤服务,最大限度地发挥人财物的综合效益。总务处的管理思路也由过去的"办后勤"转为"管后勤"。医院建立节能减排工作领导小组,成立了一把手为组长,后勤院长为副组长,各科室负责人为成员的节能工作领导小组,下设节能办公室在总务处。其主要职责是:研究提出本院节能的规划,研究制订节能工作的具体措施和方案,开展节能工作的考核评比。总务处建立健全节能减排统计制度,年初核定用电、用水、用气、用油、办公耗材等分项指标,准确地统计各科室办公用品、水、电、气、油等能耗资源消耗数据,定期向院领导提交能耗报告。总务处采取有效措施,认真开展节能减排工作。

【运营工作】 受卫生部委托,医院继续作为全国5家医院之一承担"卫生部西部地区卫生人才培养项目"。2013年度继续接收来自西部8个省、自治区、直辖市和新疆生产建设兵团46家医院的80名学员来院开展为期半年的临床专业技术培训。培训学科覆盖血液科、心血管内科、骨科、妇产科、眼科等多个国家级重点学科及其他18个国内领先学科。

医院完成HRP系统人事模块、薪酬模块实施,实现人力资源管理的信息化提升;完善调整高级职称评审量化评估工作;继续推行订单培养政策招募人才,2013年度订单培养学生留院工作率达49.1%。除调整员工职务补贴、增加员工社会保险投入、落实同工同酬政策保障职工福利外,2013年医院还举办了一系列座谈会、联欢会等,提升员工归属感。

医院尝试多元化办医合作,拓展医院服务空间,已完成北院区后期运营测算,与海淀区政府合作运营清河医院的工作已经提上日程;同时合理规划调整医院发展和使用空间。

医院的信息系统建设,在美国医疗卫生信息与管理系统协会(HIMSS)进行的现场评估中,得分4.2410(总分7分),达到了美国同类医院的高水平。2013年医院根据新病案首页上报要求完成首页上报系统,实现病案首页信息的自动生成,病案首页、入院记录、病程记录、诊断等内容的电子签章(试用中),推出 IPAD 移动医生工作站,实现移动查房,规范并实现 ICD10、ICD-9-CM3 的全结构化录入与存储,完成卫生部、卫生局上报数据的快速上报,实现临床工作各环节的实时监控并快速形成质控报表,实现门诊病历的结构化录入存储,完成"出院计划"的调研、设计、开发、测试。医院完成病理报告签章上线,部分临床科室上线电子签章系统,提高了工作效率。

医院基本完成资产清查工作,严格预算编制、管理和执行,全面落实卫生部和财政部新制度要求,做好新旧制度的衔接。2013 年医院继续配合审计署的联网审计工作,并做好财务收支的审计以及对外合同的转签审核,对 25 项基建、修缮改造工程进行审计,并完成卫生部部属的"小金库"检查工作。

【对外交流】 2013 年医院共接待或协助科室接待来自 23 个国家和地区的外宾 49 批次、281 人次。作为医院的对外宣传窗口,国际合作办公室为医院和科室邀请的大部分外宾都讲解了院史,全年共计 20 余次。国际合作办公室对每一次重要外宾来访都进行了整理、归档,并撰写简讯 15 篇。国际合作办公室为院职工办理短期因公出访手续,包括办理出国、赴港澳台任务批件、任务确认件、政审批件、因公普通护照、签证、因公赴港澳台通行证等。截至 2013 年 12 月 1 日,国际合作办公室共办理因公短期出访 458 人次,开具在职证明 458 人次,办理北京大学出国、赴港澳台任务批件、任务确认件 120 人次,办理北京大学出国、赴港澳台政审批件 15 人次,办理因公普通护照 21 本,办理各国签证、港澳台签注 45 人次。

【党建工作】 中共北京大学人民医院委员会现有党总支 2 个,党支部 48 个。截至 2013 年 12 月 31 日,医院共有党员 1424 人,其中离退休党员 273 人,学生和研究生党员 235 人,在职党员 881 人,其他 35 人。全年发展培养对象入党 27 人,预备党员转正 82 人。

8 月 7 日,北京大学人民医院党的群众路线教育实践活动正式启动。医院制订了《北京大学人民医院开展党的群众路线教育实践活动实施方案》,做好动员部署,并邀请中共中央党史研究室宣传教育局副局长薛庆超教授作《群众路线是党的生命线和根本工作路线》报告,组织班子成员、党委委员、支部书记、民主党派代表赴延安学习实践,在全院掀起学习高潮。医院党委采取多种方式方法面向全体职工和广大患者征求意见建议,形成编号意见建议 81 条。医院党委建章立制,通过完善学习制度,进一步拓展学习形式,加强干部培训体系构建;推进民主办院,建立宣传机制,加大对医院方针政策、流程制度的公开宣传力度;建立完善可行的院级督办机制,推动医院工作的具体落实;完善行政部门考勤、绩效考核体系,完善社会化服务公司第三方评价制度等手段,将工作做在实处。

2013 年医院党委继续组织支部积极参与医学部党建创新立项的申报工作,共有 16 个支部参与申报,其中医技机关联合支部等 7 个支部的 6 个申报项目获立项支持。同时,医院党委组织职工参加中国医院文化论坛(2013)年主题征文,共收集征文 29 篇,获优秀组织奖,一等奖 1 篇,二等奖 2 篇,三等奖 3 篇,优秀奖 17 篇。

2013 年 2 月至 3 月,医院党委严格按照规定程序,进行了第二批 25 个支部的支部委员会换届选举工作。医院支部数量由之前的 43 个增加到 50 个,新一批党支部书记平均年龄由原先的 50.9 岁减小为 47.9 岁,青年人所占比例由原先的 15% 上升为 22%;队伍知识能力水平明显提高,有本科以上学历的支部书记占比由原先的 65.1% 上升为 76.0%;有行政职务的支部书记占比由 60.5% 上升为 62%;此外,新设立离退休党总支。

医院党委建立健全医院干部选拔任用机制和监督管理机制。2013 年行政科室共 35 个管理岗位面向全院招聘,产生新一任中层管理干部共 36 人;启动护理管理岗位竞聘工作,任命 8 位护士长。

医院每季度召开一次纪委会扩大会议。医院党委举办新任中层干部和支部书记集体"廉政谈话"会;改版更新纪检监察网页,加大了党风廉政建设宣传力度;启用商务智能分析系统,并逐步构建了药品使用管理预警模型;开展了会员卡专项清退活动,学习讨论并贯彻执行《加强医疗卫生行风建设"九不准"》等文件精神。

经院务会决定,医院正式确定"本仁恕博爱之怀,导聪明精微之智,敦廉洁醇良之行"为北京大学人民医院院训。该院训能全面涵盖从医治学者应具备的品德和素质,能代表医院的核心价值观,是医院文化精髓的体现。

医院党委依托工会、团委等平台,举办庆祝中国共产党成立 92 周年大会、北京大学人民医院庆祝建院 95 周年暨第五届职工合唱节、建院 95 周年系列活动之"中国梦,北大情,人民人之魂"主题演讲比赛等活动;重阳节组织 75 岁以上离退休职工共庆华诞、欢度重阳;举办冯传汉教授 99 华诞庆典,向冯老致敬,鼓舞人民人薪火相传,传承延续 95 载的"人民"精神,向着新的辉煌前行。

2013年医院将位于京郊房山窦店的50亩自留荒地开拓为员工绿色农场。职工们一起种植、一起劳作、一起收获,在品尝健康果蔬的同时也收获了健康快乐。医院承办了2014年北京大学医学部统战新春联欢会,荣获北京大学统战工作先进党委称号。医院开展团支部调整及换届选举工作,举办团干部素质提升培训系列课程。团委联合医务社会工作暨志愿服务工作部开展了"爱暖童心"关爱甘肃甘南州先天性心脏病患儿活动。舞台剧《北医合伙人》蝉联北医舞台剧比赛冠军。心脏中心获得"全国青年文明号"荣誉称号。

2013年原党委院长办公室的宣传工作人员、照相室和电教中心合并,组建成为宣传处。医院开通了官方微博,共发布信息551条,粉丝达129646人,积极传播正能量。医院在医院门诊及住院楼区域设置数字电视,播放专家谈健康节目。

【获奖情况】 2013年,医院荣获"全国卫生系统先进集体"荣誉称号,三次蝉联全国公立医院改革创新奖,三次蝉联全国最受欢迎三甲医院,荣获"全国医药卫生系统创先争优活动先进集体"称号,并再次获得"第四届全国医院(卫生)文化建设先进集体"表彰。医院连续五年荣获"首都文明单位",并连年获评"首都文明单位标兵"。

第三医院（第三临床医学院）

【发展概况】 第三医院有职工4240人(在编2566人,合同制1674人),其中卫生技术人员3417人,包括正高级职称201人、副高级职称320人、中级职称912人、初级师744人、初级士1240人。

10月11日,医院成立质量控制办公室、医院服务管理办公室。

2013年,第三医院新增三个国家临床重点专科建设项目,分别是康复医学科、成形科(整形外科)、运动医学研究所。目前第三医院共有20个学科进入国家临床重点专科建设项目行列。

医院成为北京市人类辅助生殖技术质量控制和改进中心主任委员单位。运动医学关节伤病实验室被北京市科委批准为北京市重点实验室。

【改革与管理】 医院在完成临床路径、优质护理服务、抗菌药物临床应用专项治理等医改任务的同时,进一步探索公立医院改革、电子病历、预约挂号、先诊疗后结算、对口支援、按诊断相关分组(DRGs)支付等工作,并通过试点工作加强医院管理,提高医院服务能力。

第三医院托管海淀医院,探索公立医院改革新模式,签订了《北京市海淀区卫生局、区政府公共服务委员会与北京大学第三医院战略合作备忘录》以及《关于北京大学第三医院与北京市海淀医院深度合作融合发展的相关原则及指导意见》。

2013年医院开展临床路径管理的科室有29个,创建临床路径551个,实施402个,其中卫生部下发病种200个,自创路径202个;总计应入临床路径病例数122952例,实施临床路径病例数105305例。

【换届工作】 1月15日,中共北京大学委员会批复北京大学第三医院第三次党员代表大会选举结果:金昌晓同志为党委书记,刘东明同志、付卫同志为党委副书记;付卫同志为纪委书记(兼),杨莉同志为纪委副书记。12月17日,共青团北京大学第三医院第十二次代表大会召开并进行换届选举,选举产生了共青团北京大学第三医院第十二届委员会。刘温文当选团委书记,车颖、张珂当选团委副书记。

2013年,高炜被推选为第十二届全国政协委员。

【医疗工作】 2013年医院门诊3514690人次,急诊309080人次,床位1425张,入院79336人次,出院79076人次,床位周转53.5次,床位使用率93.4%,平均住院日6.37天,住院手术38456例。

病案管理。2013年医院依托电子病历系统调整工作流程进行病历回收电子签收,建立病历回收电子登记体系及奖惩机制,病历48小时回归率达到三甲评审优秀的要求。医院完成病案统计系统与电子病历系统的整合。扫描病历网上借阅浏览系统上线,全年医生通过网上浏览病历达到5324份。

医院感染管理。医院修订抗菌药物临床应用管理指标,加强外科围手术期的抗菌药物预防使用及分级管理。监测急诊留观及住院病历79588份,住院病人抗菌药物使用率为47.04%;坚持每月至少一次的临床科室医院感染与传染病管理现场考核,对重点部门、重点平台和重点环节加强巡查监督。2013年未发生医院感染暴发事件,医院感染率为1.09%。

医保工作。医院加强门急诊处方质量管理,调整医药构成比,药占比为57%,门诊1211908人次,总费用55436.97万元,次均费用457元;住院医保总费用43668.18万元。

医疗救援。4月20日,四川省雅安市芦山县发生7.0级地震。医院派出11个学科27名医护人员组成首批北京国家抗震救灾专家医疗队,赴四川雅安地震灾区开展紧急救援工作。随后医院又派出1名抗震救灾国家医疗督导组成员、1名抗震救灾国家医疗专家组成员赴四川雅安芦山进行现场医疗救治情况督导和指导工作。医疗队和2名专家出色地完成了任务,医院被国家卫生和计划生育委员会评为"四川芦山地震抗震救灾工作表现突出单位"。

对口支援。医院与新疆医科大学第二附属医院签署合作协议书。2013年4月,医院与江西省赣州市人民医院签署对口支援协议书,以接收医护人员进修培训、派出专家坐诊、开展教学和技术指导等方式,对受援医院进行前期帮扶。医院安排5批次35名医师分别到北京市延庆区医院、延庆区妇幼保健院、内蒙古五原县和乌拉特前旗医院开展为期3个月的对口支援工作,完成门急诊1万余人次,开展手术/有创操作例数1400余次,义诊1200余人次,免费接收进修生14人次。

护理工作。医院做到优质护理全覆盖,建立科护士长、护士长及各层级护士的三级绩效考核体系,修改、完善医院护理质量评价体系。医院按照危重一级患者比例对病房分类,以此为基础进行护理人力配置;形成综合结构—过程—结果三个维度,分级护理实施、常见并发症管理、给药管理、急救准备常态化、护理文书五个方面的护理质量综合评价表。护理工作实现对科室及个人工作量的实时统计,并发症管理的实时监测。重症护理合格率98.48%,一级护理合格率99%,基础护理合格率99.28%,急救物品完好率99.78%,护理文件书写合格率99.21%,患者满意率99.25%。

护理人员在核心期刊上发表护理论文35篇,论著14篇。

2013年护理部接收进修护士166人,其中三级医院111人,二级医院47人,私立及合资医院8人。ICU、急诊、手术室、糖尿病、伤口造口、助产士专科护士培训基地共接待182名护士学习,其中三级医院160人,二级医院22人;北京市医院58人,外省市医院124人。2013年护理部接待参观护士186人,其中中国医师协会组织参观护理岗位学员近100人。2013年护理部申报2014年国家级学习班3项,北京市继续教育项目5项。

【医学教育】 2013年,医院承担本科教育5个专业共计682名医学生的教学任务,其中临床医学专业345人、医学检验专业114人、护理专业179人、药学专业24人、实验技术专业20人。截至年底,学籍在医院的本科医学生共241人;在校研究生311人,在职人员申请博士、硕士学位有91人,博士后10人,共计412人。在培住院医师339人,其中一阶段288人,包括本院住院医师75人,外院住院医师213人;二阶段51人。2013年新入院住院医师145人,其中本院57人,外院88人。自主培训6人,其中麻醉1人,神经内科1人,内科2人,影像2人。

2013年医院接收单科进修班学员530名,零散进修学员571名,北京市学科骨干14名,医学部委托培养学科骨干32名。2013年医院举办国家级继续医学教育项目学习班40个,北京市继续医学教育项目学习班11个。医院申报2014年国家级继续医学教育项目42个,北京市继续医学教育项目11个,备案项目35个。

2013年医院举办院内继续教育讲座245次,共735学时,23559人次参加。

谢敬霞教授获北京大学医学部桃李奖,张小为教授获北京大学十佳优秀教师。2010级5班被评为北京市优秀班集体。在北京大学第十三届青年教师教学基本功比赛中,运动医学研究所江东、儿科邢燕、心内科白瑾获医科组一等奖。在北京市第八届青年教师教学基本功比赛中,运动医学研究所杨渝平、骨科周非非获一等奖、最佳教案奖、最佳演示奖、最受学生欢迎奖;心内科赵威获二等奖、最佳教案奖,教育处曾辉处长获优秀指导教师奖。在中华医学会教育分会第三届医学(医药)院校青年教师教学基本功比赛中,骨科周非非获特等奖、最佳教案奖、最受学生欢迎奖。北医三院危重医学科、放射科、消化科、心血管内科、成形科等多个科室及教育处获得10项中华医学会医学教育分会医学教育研究课题立项;教育处"住院医师规范化培训指导教师队伍建设研究"获北京市住院医师规范化培训质量提高项目立项。

【科研工作】 国家自然科学基金项目申报118项,中标33项;国家科技项目立项41项,批准2008.17万元;地方其他科技项目立项145项,批准经费1951.53万元。骨科陈仲强团队的"胸椎管狭窄症关键诊疗技术的建立与应用"项目获2012年北京市科技进步奖二等奖,"胸腰段椎间盘突出症的病因学研究与新手术方式"项目荣获首都十大疾病科技攻关(2013年)创新型科技成果奖。

医院科研人员全年发表SCIE收录论文194篇、MEDLINE收录论文70篇;发表论文750篇,论文质量也大幅度提升。由邓敏作为第一作者的研究成果发表在 *Nature Genetics*(IF 35.209)上,该研究通过全基因组关联分析研究首次发现中国汉族人群肌萎缩侧索硬化的两个易感位点;由乔杰作为共同责任作者、闫丽盈作为共同第一作者的研究成果分别发表在 CELL（IF 31.957）和 Nat Struct Mol Biol（IF 11.902）上，这两项研究分别完成了对人单个卵母细胞的高精度全基因组测序和人类早期胚胎单细胞转录组测序，有助于阐述卵母细胞成熟及胚胎发育的分子机制；由徐明作为共同责任作者的研究成果发表在 Circulation Research（IF 11.861）上，该研究发现通过微小 RNA-24（miR-24）干扰序列在体抑制 miR-24 表达，可以延缓小鼠模型从代偿期心肌肥厚向心力衰竭的病理转化。骨科刘忠军率领的团队与企业合作研发出66个3D打印脊柱外科植入物，其中3个产品已进入临床观察阶段。

2013年度医院获得发明专利授权4项，实用新型专利授权15项。

医院主办的《中国微创外科杂志》2013年核心影响因子和扩展影响因子分为0.823，在外科学综合类核心期刊中排名第4位，总被引频次排名第5位，学术影响力进一步提升。

【对外交流】 4月11日，医院接待澳大利亚阿德莱德大学校长Warren Bebbington和副校长Kent Anderson参观。4月18日，医院接待美国NIH全球卫生办公室执行主任Cristina Rabadan-Diehl参观生殖医学中心。4月22日，医院接待美国迈阿密R. Rodney Howell教授和Michele Lloyd Turyear博士参观生殖医学中心。4月24日，医院接待TPG国际医疗卫生学院一行7人来院参观交流。9月10日，医院接待荷兰伊拉斯姆斯大学Stephanie Klein Nagelvoort Schuit博士参观。9月25日，医院接待美国系统生物学研究所创始人兼所长Leroy Hood教授参观生殖医学中心和临床干细胞研究中心。12月3日，医院接待英国国家服务医疗体系（NHS）盖伊和圣托马斯医院执行董事Sir Ron Kerr参观交流。

【信息化建设】 医院完成三病区病房的信息系统准备和部署工作；建立移动护理信息系统；逐步将分诊叫号扩展到放射、心电和妇产科超声检查。

医院完成更换眼科影像信息系统。医院网站在2012年度北京市医疗卫生行业网站考核评议中荣获"在线服务奖"；医院完成医院本部与中国石化股份有限公司石油化工科学研究院社区点、蓟门里社区卫生服务中心、东升镇社区卫生服务中心、青龙桥社区卫生服务中心和万寿山庄社区卫生服务站的远程系统接入，实现所有社区点的预约挂号和部分社区点的电子处方功能；生殖医学中心建立病案管理系统，并配置具备生物特征识别的身份记录模块；医院完成门诊自动发药机的安装和系统调试工作；完成对五官科楼八层信息管理中心主机房的专业装修和配电改造；实现院区各主要机房的实时环境监测，以及五官科楼各配线间的集中供电；完成心电管理信息系统的立项和招标采购工作，并基本解决心内科和急诊科的系统部署问题；在运动医学科、儿科和肾内科开展门诊电子病历试点；对检验结果的网上查询的接口进行改造，实现使用存储过程直读病人主索引，解决部分病人信息同步滞后的问题。

【基本建设】 医院完成编制医院区应急预案，并得到北京市规划委员会的认可。医学部同意核减其校区部分建筑面积用以支持医院改扩建内科病房楼。医院完成行政楼加固改造工程前期报批审核等手续，完成监理、施工单位的公开招标，办理《工程施工许可证》。医院调整改扩建项目地下停车库停车方案和设计概算，并获得国家卫生计生委批复。医院完成改扩建项目污水处理站工程的岩土勘察工作以及各项前期报批手续。

【获奖情况】 2013年，医院荣获中华健康快车基金会颁发的"2013年度健康快车特殊贡献奖"，2012年度卫生部人防工作先进单位，北京市卫生局颁发的2012年度卫生系统政务信息工作优秀单位，北京市药品监督管理局、北京市卫生局联合颁发的药物警戒工作先进单位和医疗器械不良事件日常监测工作先进单位；被北京市卫生局评为首批"北京健康促进示范基地"。"住院医师临床培训与考核过程的精致化管理"项目（教育处曾辉）荣获中国医院协会医院科技创新奖三等奖，移动护理项目获中国医院协会"英特尔杯中国移动好应用——最佳效果奖"，"诊断相关组与定额支付在医疗保险支付的应用"项目获北京医院协会颁发的2013年度"优秀医院管理科研成果"奖。

陈仲强荣获全国卫生系统先进工作者荣誉称号；田得祥荣获2013年全国医德标兵、健康报"医药卫生界30年'生命英雄'"和"首都十大健康卫士"；陈晓勇荣获全国青年岗位能手称号；乔杰荣获吴阶平—保罗·杨森医学药学奖；王薇荣获亚太眼科学会"杰出贡献奖"、中国女医师协会五洲女子科技奖基础医学科研创新奖；金昌晓荣获中国医院协会医疗信息化工作"2013年度中国医院优秀主管院长"称号；李海燕荣获药物信息协会杰出贡献奖；妇产科乔杰教授获华夏医学科技奖二等奖;泌尿外科马潞林获中华医学科技奖三等奖、华夏医学科技奖三等奖;神经外科王振宇、肿瘤放疗科王俊杰获华夏医学科技奖三等奖;职业病科赵金垣获中华预防医学会"公共卫生与预防医学发展贡献奖";骨科陈仲强教授获首都十大疾病科技攻关创新型科技成果奖;运动医学研究所余家阔获国家体育总局第三十届奥运会科研攻关与科技服务突出贡献个人奖;药剂科杨毅恒获中国医院药学奖——创新奖。2013年,医院在中华医学会系列任副主委以上兼职18人次。

口腔医院(口腔医学院)

【概况】 发展历程。北京大学口腔医学院始建于1941年,是集北京大学口腔医学院、口腔医院和口腔医学研究所为一体的医疗机构,长期以来承担着向社会提供口腔医疗保健服务和口腔教学、医学研究的重任。医院拥有诸多国内外著名的口腔医学专家,为中国口腔界培养了一批批高素质、高层次专业人才,成为中国最重要的口腔医学研究基地之一,是中国口腔医学对外交流的重要窗口。

10月医院完成了领导班子正职换届,郭传瑸任院长。医院成立离退休工作处,完成口腔颌面解剖教研室更名、口腔医疗器械检验中心负责人任免变更,变更口腔颌面解剖教研室/挂号室隶属关系。

医院共有教授79人,正高53人,副高27人,调出1人。

学科建设。学院是全国首批一级学科博士点授权单位,1990年被批准为口腔医学博士后流动站,2007年被评为口腔医学国家一级重点学科。学院拥有"千人计划""长江学者""杰青""国家级口腔医学教学团队"等一批学术造诣高、国内著名、国际知名的学术带头人,形成了一支结构合理的学术梯队,是教育部批准的唯一可招收口腔医学专业八年制本博连读生的口腔医学院,是中国口腔医学高层次人才培养的主要基地,目前在校生总共700余人。在15部口腔医学全国统编教材中,5部教材的主编由口腔医院教授担任。中国第一位医学博士(1984年)、第一批口腔临床技能型博士(1988年)、第一位口腔医学双博士(2012年)均由口腔医院培养。几十年来,北京大学口腔医学院培养出一代代优秀的学子,推动了中国口腔医学事业的发展,也涌现出一批在国际口腔医学领域颇具成果的著名学者和专家。

学院在长期学科建设和临床实践的基础上,已逐步凝练、形成了独具特色的口腔医学临床学科群。目前有八项口腔类别"国家临床重点专科"建设项目:牙周病科、牙体牙髓病科、口腔颌面外科、口腔修复科、口腔正畸科、口腔种植科、儿童口腔科、口腔黏膜科。自2009年起,口腔医院连续四年被评为"中国最佳医院及最佳专科排行榜"口腔专科第一名。

作为国内口腔医学对外交流的重要窗口,医院先后与境外多所口腔医学院(校)和相关学术机构签署了学术合作谅解备忘录。医院每年接待大量外宾,多次举办大型国际和地区性学术会议,并聘请多位世界著名教授、学者担任口腔医院名誉教授或客座教授,已成为国内外学术交流的重要平台,国际影响力显著增强。

【医疗工作】 基本医疗情况。2013年全院门急诊128万人次,同比增长9.4%,其中门诊总流量120余万人次,同比增长9.9%,日均门诊4078人次;急诊接诊78595人次,同比增长1.5%;日均急诊215人次。全院实有开放椅位521台,根据教学椅位调整统计椅位412台,同比增长8.7%,诊椅使用率86.9%;每医师日均接诊9.7人次,每椅位日均接诊8.3人次。入院6055人次,较上年同期增长19.7%;出院5995人次,较上年同期增长18.2%;完成手术5614例次,较上年同期增长18.1%,占出院总人次的93.64%。

医疗质量管理。医院积极推动2013年重点专科项目申报,督促在建项目实施进展;持续推动PDCA项目管理,加大推进管理的科学化精细化;健全细化医疗质量管理,重点保障医疗安全运行。

医院全年共计开展8个病种临床路径,入径867例,入径率46.1%。2013年医院继续承接北京市卫生局和民政局组织的"孤残儿童手术康复明天计划"和中华慈善总会的"微笑列车"惠民服务工作。全年医院共完成61例残疾儿童的唇裂、腭裂及唇腭裂手术,其中"明天计划"10例,发生费用56216.48元;"微笑列车"接待咨询80例,手术51例,共计发生费用317541.8元。由于微笑列车拨款指标的限制,"微笑列车"惠民服务中实际拨款203796元,经费缺口113745.8元。2013年医院没有经各级医学会鉴定的医疗事故发生。2013年医院接受上级卫生行政部门及行业协会有关医政、医疗用血、医师资格考试、医保相关等各项检查11次。

护理质量。2013年医院继续深入开展优质护理服务。在外科继续开展优质护理服务工作的基础上,医院继续深入开展相关工作。特诊科、急诊科、导医咨询中心、修复科、综合二科、口腔颌面外科门诊等6个科室探索适合口腔专科特色的门诊优质护理服务工作。

医院完成临床护理质量检查督导工作,修订护士分层次管理标准,推进护理岗位管理工作,加强护理质量的追踪管理及信息化管理,持续改进护理质量,继续选派优秀护理人员外出学习。

医疗获奖情况。医院被评为国家医学考试中心医师资格考试实践技能考试与考官培训基地。

【教学工作】 学生人数。2013年医院有在校生268人,其中博士生114人,硕士生154人。

本科生培养方案。依据《中国本科医学教育标准(试行)》的要求,医院8年制学生贯彻"八年一贯,本博融通"的原则,强调"通识通科的医学基础,贯穿全程的医学素质和面向未来的医学潜能"的培养模式。本专业学制分为五年和八年两种:5年本科,8年本博连读。时间分配上,前5年统一:公共普通基础课教学1学年,生物医学基础课教学1.5学年,临床医学基础课及临床实践0.75学年;口腔医学专业基础、专业课和专业实习1.75学年。八年制后3年为博士生第二阶段培养:临床培训按住院医师规范化培训3年安排,辅以适量的科研工作。

研究生培养方案。医院按照不同类型研究生制定不同的培养方案。目前有以下4种:科研型硕士培养方案、科研型博士培养方案、直博生/硕博连读生培养方案、专业学位研究生培养方案。

教学获奖。国家级精品资源共享课:口腔颌面医学影像诊断学(主持人:马绪臣)、儿童口腔医学(主持人:葛立宏)、口腔正畸学(主持人:周彦恒)。

北京市精品教材:《口腔颌面医学影像诊断学》(人民卫生出版社第6版,主编:马绪臣)、《口腔正畸学》(人民卫生出版社第6版,主编:傅民魁)。

北京大学医学部桃李奖:马绪臣。

北京大学医学部教学集体优秀奖:口腔颌面外科学教研室。

北京大学优秀班主任标兵:王洋。

北京大学优秀班主任:释栋、沈勇。

北京大学第十三届青年教师教学基本功比赛医学组三等奖:陈立;优秀奖:邹晓英。

北京大学医学部教学优秀个人奖:高岩、姜若萍、康军、李健、刘向晖、刘晓松、王新知、谢晓艳、许向亮、杨杰。

北京大学医学部优秀教学管理奖:胡文杰、钱军、张笋、陈立。

其他:新增人文医学执业技能教学组,第一任教学组组长为牙体科冯琳,副组长为儿童口腔科李静。

根据北京大学《关于做好我校二级学科自主设置及相关工作的通知》的文件精神,医院召开学位分会,根据二级学科自主设置问题及实际情况,共设置目录外二级学科九个:牙体牙髓病学,牙周病学、儿童口腔医学、口腔黏膜病学、口腔预防医学、口腔颌面外科学、口腔颌面医学影像学、口腔修复学、口腔正畸学;目录内二级学科:口腔基础医学。

【科研工作】 人才队伍。2013年度,医院有"千人计划"人才1名,教育部"长江学者"2名,国家杰出青年科学基金项目负责人1名。

项目数量。2013年医院共立项项目50项,经费3967万元。

科研成果。2013年度,医院教师出版著作11本,其中教材8本、编著2本、译著1本;以第一作者或通讯作者发表学术论文423篇,其中以第一作者单位发表SCI收录期刊论文109篇;获得省部级科技奖励1项;获得实用新型专利2项。

表6-20 2013年度口腔医学院教师出版著作、发表论文情况

	成果名称	作译者	出版单位	成果形式	字数
1	牙周病学	孟焕新	人民卫生出版社	著作	608千字
2	牙体牙髓病学	高学军	北京大学医学出版社	著作	911千字
3	临床龋病学	高学军	北京大学医学出版社	著作	482千字
4	口腔修复学	冯海兰	北京大学医学出版社	著作	802千字
5	口腔生物学	张筱林	北京大学医学出版社	著作	321千字
6	口腔组织学与病理学	高岩	北京大学医学出版社	著作	837千字
7	牙体解剖与口腔生理学	谢秋菲	北京大学医学出版社	著作	401千字
8	口腔医学导论	冯海兰 郭传瑸	北京大学医学出版社	著作	341千字

续表

	成果名称	作译者	出版单位	成果形式	字数
9	美学修复牙体预备	刘 峰	人民卫生出版社	著作	117千字
10	精细印模技术	刘 峰	人民卫生出版社	著作	126千字
11	儿童牙病临床病例解析	葛立宏	辽宁科学技术出版社	著作	350千字
12	Lower Extent but Similar Rhythm of Osteogenic Behavior in hBMSCs Cultured on Nanofibrous Scaffolds versus Induced with Osteogenic Supplement	刘文涛 卫 彦	Acs Nano	SCI论文	
13	A Subset of IL-17（+）Mesenchymal Stem Cells Possesses Anti-Candida Albicans Effect	杨瑞丽	Cell Research	SCI论文	
14	Hierarchical Intrafibrillar Nano-carbonated Apatite Assembly Improves Nanomechanics and Cytocompatibility of Mineralized Collagen	刘 燕	Advanced Functional Materials	SCI论文	
15	Effects of Compatibility of Deproteinized Antler Cancellous Bone with Various Bioactive Factors on their Osteogenic Potential	张学慧 徐明明	Biomaterials	SCI论文	
16	Occludin is Required for TRPV1-modulated Paracellular Permeability in the Submandibular Gland	丛 馨	Journal of Cell Science	SCI论文	
17	Acetylated Sp1 Inhibits PTEN Expression through Binding to PTEN Core Promoter and Recruitment of HDAC1 and Promotes Cancer Cell Migration and Invasion	寇晓星	Carcinogenesis	SCI论文	
18	In Vitro Growth of Bioactive Nanostructured Apatites via Agar-Gelatin Hybrid Hydrogel	邓 怡	Journal of Biomedical Nanotechnology	SCI论文	
19	GNAS Mutational Analysis in Differentiating Fibrous Dysplasia and Ossifying Fibroma of the Jaw	时瑞瑞	Modern Pathology	SCI论文	
20	Long-term Self-renewal of Human Pluripotent Stem Cells on Peptidedecorated Poly（OEGMA-co-HEMA）Brushes under Fully Defined Conditions	邓 怡	Acta Biomaterialia	SCI论文	
21	Fluocinolone Acetonide Partially Restores the Mineralization of Lipopolysaccharide-stimulated Dental Pulp Cells through Inhibition of NF-κB Pathway and Activation of AP-1 Pathway	刘中宁	British Journal of Pharmacology	SCI论文	

备注：论文仅列 SCI 影响因子最高的 10 篇。

表 6-21　2013 年度口腔医学院获奖情况

	成果名称	获奖类型及等级	全部作者
1	多尺度、多维度填料协同增强树脂基口腔生物材料及临床修复技术	教育部高等学校科学研究优秀成果奖（科学技术）技术发明奖二等奖	邓旭亮,杨小平,王新知,卫彦,蔡晴,胡晓阳

表 6-22　2013 年度口腔医学院专利获得情况

	发明名称	发明人	专利号	类型
1	上颌骨缺损充气式阻塞器赝复体	侯月中,周永胜,黄知,叶红强	ZL 2012 2 0114351.1	实用新型专利
2	一种用于牙颌模型扫描仪空间精度评价的检测装置	吕培军,宋杨,赵一姣,王勇,孙玉春	ZL 2012 2 0380865.1	实用新型专利

经费情况。2013年度医院纵向科研经费到账3217.9万元,横向科研经费到账267.9万元。

学术活动。1.举办国际性学术会议3个;7月12日至14日,眼眶缺损重建高级论坛;7月16日,口腔干细胞研究与再生中心2013暑期高峰论坛;10月23日,CORE China 2013口腔功能修复重建的未来挑战研讨会暨北京大学殆学论坛。

2.举办全国性学术会议6个;8月15日,第十一届全国口腔医学计算机应用学术会议口腔修复CAD/CAM系统标准专题研讨会;8月16日,第八届全国口腔材料学术交流会;10月13日,口腔颌面X射线操作标准研讨会;11月16日,第三届中国颅底外科多学科论坛;11月23日,第二届全国口腔药学学术会议;11月24日,全国口腔材料和器械设备医药行业标准审定会。

3.举办海外校际交流学术会议2个;7月26日,北京大学口腔医学院—日本东北大学齿学部科研研讨会;12月14日,第二次北京—首尔涎腺联合研究中心学术研讨会暨北京大学口腔医院涎腺疾病研究中心和唾液研究中心2013联合年会。

【社会服务】 口腔医院创新赴基层工作模式,发挥公立医院公益性,完成密云区医院、密云区妇幼保健院、昌平区沙河医院对口支援工作。5月12日是北京大学口腔医学院与大连市口腔医院签约成立"学科发展联合体"一周年,医院组织专家义诊、口腔高层论坛等活动。大连市口腔医院派驻多批次共计20名临床医技科室负责人和行政职能部门负责人来院交流学习,医院协助安排进修7人;医院分批次派驻12名专家赴大连挂职担任相关科室负责人全面开展专业技术和管理工作。联合体加速了双方人才培养,促进了双方在医疗、教学、科研、预防及管理等全方位的快速发展。

【交流合作】 2013年度重要外宾来访共40余批次,112人次,其中包括日本姊妹校朝日大学、明海大学海外研修团来短期研修(8月)、台湾中山医学大学口腔医学院学生研修团来短期研修(11月)、与3M数字牙科合作启动仪式(11月)、日本大阪齿科大学研修团(11月)、日本东北大学学者短期研修(12月)等。医院与美国波士顿大学牙学院、台湾大学牙学院签订学术合作协议;与3M公司进行数字牙科战略合作。2013年度医院接待境外研修团两批,分别来自日本姊妹校朝日大学、明海大学、台湾中山医学大学口腔医学院。医院举办各级各类外国专家讲学近百场。短期公派出访380人次,覆盖全院40个科室或部门。医院协助外国医师来口腔颌面外科长期研修办理来华申请手续共两例,分别是来自尼泊尔与马来西亚的青年医师。2013年度医院协助颌面外科申报2014年ADT国际会议。

【党建工作】 2013年口腔医学院有31个党支部,共884名党员。

主题党日活动有"中国梦""群众路线""学习十八大,共话中国梦"等,活动形式有动员、座谈、征集意见、召开领导班子民主生活会等方式;医院举办党支部书记培训;承办北京大学医学部党委书记会;整改落实全国文明单位创建,通过动员全院各科室参与、职能部门各司其职,召开多次协调会。

【行政及其他工作】 行政队伍。人员共97人,其中代理制66人,派遣制10人,合同制21人。

工会工作。2013年1月医院召开了四届二次教代会例会,听取了2012年工作报告。会后,各代表团认真组织代表进行了讨论,并征集了提案。常设主席团多次召开会议,听取各代表团讨论《院长工作报告》情况,听取院领导及职能处室负责人述职,对中层领导干部进行民主评议。会议讨论并审议代表提案36件,提案委员会对代表提案进行了主案、移交、回复和落实。

医院举办第五届"精品活动模范工会小组"评审会;5月底组织工会小组长前往台儿庄大战纪念馆参观学习,其间召开了"如何争做模范之家"工会小组长经验交流会;开展了"做德艺双馨口腔人"系列活动,并参加了医学部"权益杯"精品活动立项申报。活动内容包括:文明服务讲信用;雅言传承文明、经典浸润人生——教职工道德经典诵读座谈;道德讲座;教职工道德经典诵读比赛。

医院妇女工作和共青团工作。坚持为年满35岁以上女职工免费办理"女职工安康保险";组织临床科室部分女职工,前往顺义区光爱儿童学校,开展题为"关爱儿童、三八节的情怀"口腔义诊、送温暖活动。2013年11月,共青团北京大学口腔医院委员会第四次代表大会胜利召开,大会通过第三届委员会的工作报告,选举产生第四届委员会委员。院团委积极开展青年文明号手的建设工作。综合治疗科段登辉大夫被评为北京大学青年岗位能手。

【学生工作】 学生活动情况。1.志愿者活动。学生会和研究生党支部在教育处的指导下,先后在中国青年政治学院、北京邮电大学、北大医学部开展了"小口腔·大世界高校口腔保健行"系列讲座、义诊活动;研究生党支部、团支部联合举行"红色1+1"活动,开展"朱房社区口腔健康爱心行"义诊活动。研究生暑期社会实践团与遵义医学院附属口腔医院、贵阳医学院附属口腔医院、贵阳医学院附属第二医院的师生们进行学术交流,举办公益讲座,并了解当地苗族群众的口腔卫生状况,获评北京大学医学部优秀团队。医院参加中华口腔医学会举办的"西部行"公益性讲座及贵阳市口腔医院"口福行动"项目中期汇报的相关活动。5月,学生会以"反对餐桌浪费、共建节约型校园"为主题在口腔医学院组织了"珍惜粮食,倡导光盘"活动。

2. 2013年38名学生参加了暑期社会实践的学生交流项目,分为6组分别赴首都医科大学附属北京口腔医学院、吉林大学口腔医学院、武汉大学口腔医学院、上海交通大学附属第九人民医院、四川大学华西口腔医院、美国太平洋大学牙医学院6所口腔医学院进行了参观交流。9月6名学生到日本姊妹学校进行交流。

毕业生去向。2013年医院毕业本科生38人;38名八年制本博连读学生(国内继续深造5人,就业33人),其中留院(包括门诊部)23人,继续学习深造5人,赴外地8人,留京2人。

校园文化建设。4月学生会换届,新一届学生会成员产生。学生会主办医院"五四及毕业生晚会"。10月,由学生会和清华大学十院系联袂主办"舞动拾光"联谊舞会。10月,学生会举办2013年度迎新晚会。

【医院文化】 医院加强医德医风建设,提高服务水平,举行医德医风讲评大会、健康大讲堂等活动。医院组织"口述历史"收集素材,前期采访89人次、拍摄90场次,约700个小时。为加强医患沟通,提倡文明服务,医院举行医患沟通讲座,举行学生医疗文明服务演讲比赛,举办文明服务讲用活动,开展"五个一"创建活动。

【获奖情况】 李铁军教授荣获卫生部有突出贡献专家称号;俞光岩教授荣获全国卫生系统先进工作者称号。

肿瘤医院
(临床肿瘤医学院)

【发展概况】 2013年度,肿瘤医院有职工1814人(在编1098人、合同制716人),其中专业技术人员1634人、职员系列12人、工人168人。专业技术人员中,正高级职称94人、副高级职称150人、中级职称503人、初级师481人、初级士324人、未确定职称82人。全院设备共6916台件,总资产6.1亿元,其中医疗设备3976台件,资产5.45亿元。

【医疗工作】 2013年,全院完成门诊总量459617人次,同比增长15.8%;日均门诊1818.1人次,同比增长15.6%;开放床位707张,同比增长4.2%;出院人次40779人次,同比增长27.79%;手术13763例,同比增长4.07%;床位周转57.70次,同比增长22.77%;床位使用率100.43%,同比下降10.67%;平均住院日6.38天,同比下降2.32天。

医疗质量管理。2013年,医院通过国家卫计委医院质量安全年度评价检查,获得较好评价。医院每月定期召开医疗工作例会,传达关于医疗质量与安全文件精神,部署医院质量安全工作,通报医疗安全重要事件,组织学习医疗纠纷常见问题分析,强调医疗质量与患者安全的重要性。医院组织了11个科室的沟通会,对科室2010—2012年的医疗、教学、科研、运营及财务数据进行统计分析,帮助各科室分析发展过程中存在的问题,帮助科室明确目标,更好地发展。医院每周召开医疗工作协调会,负责医疗工作的各个管理科室和党院办公室参加,解决科室之间需协作开展的工作。医院通过建立核心制度督导机制,督促科室严格落实各项医疗核心制度,加强医疗安全管理。医院实施了医疗质量与安全监测指标分析工作。医院修订完善了北京肿瘤医院医疗安全(不良)事件报告制度及流程,明确规定了医疗质量安全事件分级、报告程序、报告要求和反应措施等内容,并完成医疗安全(不良)事件上报信息系统的结构建设。医院实施对重点患者的分步骤医疗预警管理,协助科室规避医疗风险,加强重点患者医疗管理,提高患者安全。

护理工作。全院实有护士640人,其中合同制护士357人。640人中,女性护士627人,男性护士13人,平均年龄30.6岁。职称结构方面:640名护士中,副主任护师7人,占护士总数1.09%,同比增长16.67%;主管护师109人,占17.03%,同比增长11.23%;护师244人,占38.13%,同比增长2.09%;护士280人,占43.75%,同比增加9.03%。学历结构方面:硕士研究生14人,占护士总数2.19%,同比增长7.69%;本科学历248人,占38.75%,同比增长29.17%;大专学历347人,占54.22%,同比增长7.43%;中专学历31人,占4.84%,同比下降47.46%。2013年全院护士床护比为1:0.92,普通临床病区床护比为1:0.6。医管局于2013年8月对市属21家医院住院患者进行了第三方满意度调查,肿瘤医院护理工作满意度排名第四位。

【科研工作】 2013年,医院科研工作获院外各项课题资助84项,科研经费4400余万元;完成院内外结题项目102项;管理在研院外课题200余项、院内课题30项;发表论文402篇,其中肿瘤医院作为第一作者或责任作者单位的SCI收录论文129篇,总影响因子399.955;获授权国家发明专利3项、国际发明专利1项;举行全院性学术活动15次。

科研课题。2013年医院获国家级课题资助41项,经费2700余万元。其中:国家自然科学基金委课题资助共27项,其中重点项目3项(含子课题1项)、面上项目10项(含子课题1项)、青年基金11项,科学部主任基金1项,委主任基金1项,国际(地区)合作交流项目1项;科技部支撑计划1项、国际合作项目1项;973子课题2项、973重大项目子课题1项、863项目子课题9项。医院获其他各类课题43项,经费1700余万元,其中:国家中医药管理局子课题1项、北京市科委课题2(含子课题)项、科技新星1项、教育部新世纪优秀人才支持计划1项、教育部创新团队1项、教育部博士点基金5项、教育部留学回国人员科研启动基金3项、北京市卫生局首都卫生发展科研专项4项、中医局1项、北京市留学科技活动择优资助项目2项、北京大学985三期临床医院合作专项3项,其他横向课题17项。

科研活动。医院组织专家对7项首都卫生发展科研专项项目进行了中期检查,每个项目5位评审专家,专家对课题的进展、后期工作提出意见。国家卫计委组织对1项卫生行业专项项目进行了中期检查。北京大学对3项985三期临床医院合作专项的执行情况进行了中期检查。科技部组织对1项863课题进行了课题执行情况的中期检查。北京市科委组织完成对4项首都临床特色应用研究课题执行情况的中期检查。医院召开重大疾病科技攻关课题讨论会。医院组织国家自然科学基金申请书撰写培训会。医院组织消化系统疾病领域国家临床医学研究中心申报。医院完成"恶性肿瘤防治篇"科普丛书编写工作。

科研成果。寿成超教授以第三完成单位、第三完成人完成的科研项目"肿瘤血管生成机制及其在抗血管生成治疗中的应用"荣获2012年度国家科学技术进步奖一等奖。季加孚教授负责的项目"进展期胃癌围手术期综合治疗的基础与临床研究"获北京市科学技术奖三等奖。该项目还获得了2012年华夏医学科技奖二等奖。李萍萍教授负责的项目"乳腺癌内分泌治疗不良反应的中药干预效果与机理研究"获2012年度高等学校科学研究优秀成果奖(科学技术)二等奖。超声科陈敏华、严昆等与301医院合作,共同申报的"介入微创治疗肝癌的临床与基础研究"获得中国人民解放军医疗成果奖二等奖。肾癌黑色素瘤科孔燕副研究员负责的项目"黑色素瘤遗传变异特点分析与靶向药物选择的技术平台"荣获北京大学实验技术成果奖三等奖。郭军课题组申报的"中国黑色素瘤治疗模式"获北京市科委和北京市卫生局联合颁发的"标准、规范、指南"类的"惠民型科技成果"1项。

申报专利。寿成超等完成的发明"用于抗血管生成的小肽及其应用"获得美国专利授权。张青云完成的发明"Survivin抗体的应用及其制备的食管癌免疫层析检测试剂条"获得国家发明专利授权。张青云完成的发明"存活素酶联免疫试剂盒及其应用"获得国家发明专利授权。张青云等完成的发明"荧光定量PCR检测血清miR-21试剂盒及其应用"获得国家发明专利授权。

【教学工作】 2013年医院研究生招生72人,其中博士生35人(含八年制二级学科培养3人,专业学位硕士转博士11人),硕士生37人;研究生毕业55人,其中博士生30人,八年制2人,硕士生23人;获得学位62人,其中获得博士学位39人,获得硕士学位23人。1名博士后完成工作出站。在院研究生(包括在职申请学位)共计239人(其中研究生218人,在职申请学位21人)。在院博士后1人。医院现有教师427人,其中教授23人,副教授47人,博士生导师38人,硕士生导师43人;新增教授职称2人,副教授职称10人;新增博士生导师2人,10名教师获得硕士研究生指导教师资格。

课程设置。2013年,医院开设研究生课程11门,共计277学时;举办三基培训789学时;进一步优化了研究生课程,将研究生课程分为医院层面和教研室层面两大类,分别由教育处和各教研室负责。医院本学期完成消化道肿瘤和乳腺肿瘤两门课程调整,并将陆续对全部研究生课程进行调整,进一步加强MDT课程建设,积极完善和推进实践课程。医院承担了医学部本科生部分选修课和基础课程的教学工作。

培训方案。医院积极完善学术交流平台,初步建立博士后、访问学者中期、结业报告交流、考核评价制度;继续完善研究生读书报告、课题进展及结题报告制度;建立研究生学习"互助"机制,开展"点滴贡献,助力你我"系列活动;举办研究生学术年会,邀请外院研究生共同进行学术交流;开展科研诚信教育活动,举办"科研诚信学习知识竞赛"。医院加强对研究生、住院医师临床培训过程的督查;每周2次深入科室听课,加强对科室三基培训课程的督查;建立《北京肿瘤医院进修医师评优办法》,每三个月对各科进修医师进行考评;临床培训计划个性化,召开政策宣讲会,制订个性化临床培训方案;推进出科考核工作,完善出科考核制度。医院开展住院医师规范化培训;开展进修医师培训;开展继续教育培训。

教学管理。2013年医院启动医院远程教育平台建设。在研究生招生工作中,医院首次尝试导师差额复试、录取方式。医院加强工作调研和反馈,定期组织各类学员座谈会,听取意见,改进工作。医院规范进修管理工作;加强对入院学习人员执业资质的审核,探索进修住宿社会化解决方法;探索进修申请、审批工作的无纸化工作程序。医院制定《北京大学临床肿瘤学院研究生在学期间发表论文补充规定(试行)》,对研究生在学期间发表论著规定进行调整补充。每月协助主管院长召开教学工作例会,研讨、解决教学工作中遇到的问题。医院加强教学管理研究,促进管理科学化,设立教学管理研究课题9项,部分研究结果已用于教学日常工作。医院积极促进肿瘤学专科医师培训体系的建设。

【学术交流】 2013年,肿瘤医院共接待外国专家来访20余人次;承办国际学术会议2次;出国(境)学习进修(3个月以上)13人;出国(境)参加学术活动(包括学术会议、参观、考察、讲课等)172人次;到国内其他机构参加学术活动(包括学术会议、参观、考察、讲课等)93人次。

国际交流。美国国立卫生研究院(NIH)、国立精神卫生研究所(NIMH)研究员 Cai Lisheng 博士来访。文贤子副研究员到美国芝加哥大学医学部 Nakamura 实验室进行交流。季加孚教授在博鳌亚洲论坛"生命科学与生命产业"圆桌讨论会上作主题发言。美国国家癌症研究所(NCI)的 Sean Hanlon 教授、斯坦福大学 Parag Mallick 教授和中国科学院物理研究所刘雳宇教授来访。美国护理专家 Josie Stone 来院作讲座。欧洲胸心外科学会前主席、比利时鲁汶大学胸外科主任 Toni Lerut 教授来访。中西医结合科暨老年肿瘤科李萍萍教授等6人前往台湾马偕医院参观访问。英国卡迪夫大学校长 Colin Riordan 被授予北京大学名誉教授。美国得克萨斯州立大学 MD Anderson 肿瘤研究中心李春教授来院进行学术交流,并被聘为北京大学肿瘤医院客座教授。比利时鲁汶大学 Sabine Tejpar 教授来肿瘤医院进行学术交流。美国宾夕法尼亚大学孔繁渊(Hank F Kung)教授来肿瘤医院进行学术交流。日本癌研有明病院一行7人来肿瘤医院交流访问。

学术会议。医院举办第8届全国胃癌学术会议;举办首届中国进展期乳腺癌会议(CABC1);召开中瑞联合研讨会肿瘤分论坛;举办首届 CALM 工作坊;参加美国2013 ASCRS 年会;参加美国胸外科医师年会;参加亚洲高速网络协会肝胆胰外科远程视频会议;参加国际心理社会肿瘤学(IPOS)大会;参加欧洲结直肠大会(ECC)并作专题报告;举办首届中国胸腺肿瘤协作组多学科论坛;主办中国肺癌精彩手术大赛;主办第四届全球肿瘤放疗进展论坛。

【党建工作】 医院党委共设29个在职党支部,2个党总支(离退休党总支、研究生党总支)。党员数量为606人。2013年新发展党员12人,预备党员转正19人。

医院制定了《2013年北京大学肿瘤医院反腐倡廉工作主要任务分工》,将各项工作细化,落实到部门,院长、书记与各科室主任签订廉政责任书,年终对照惩防体系建设、廉政风险防控、领导干部廉洁自律情况等逐项落实;开展"警钟长鸣,不断学习,爱护医院"为主题的反腐倡廉教育培训,邀请有关方面专家作专题报告;组织"守住底线、提升医德"为主题的廉洁教育活动;配合相关部门对院科研课题的经费使用情况进行了核查监督;按照中纪委要求及医学部的安排,将有关精神传达给肿瘤医院纪检监察干部,并组织会员卡专项清退工作;配合北京市卫生局对有关药品开展调查核实工作。医院党委召开了党委会、全院党员动员会,对医院开展党的群众路线教育实践活动进行全面部署。医院举行"我的中国梦"主题演讲比赛;开展"共话中国梦"主题党日活动;开展两会精神、十八大精神、反腐倡廉的学习活动;开展"学习十八大精神、为党旗增辉"的主题党日活动;坚持每年举行党务干部培训,2013年开展了两次党务干部培训活动;制定党支部考核评估制度;开展党建创新立项活动。

【工会工作】 北京大学肿瘤医院工会有工会小组66个,会员1680人,其中合同制员工会员590人,占合同制员工的82.4%。北京大学肿瘤医院工会2013年获得全国总工会模范职工之家称号,肾癌黑色素瘤内科工会小组获得北京大学模范职工小家称号,检验科工会小组获得北京大学医学部模范工会小组称号。在66个工会小组中,医院已经有北京大学模范职工小家5个、北京大学医学部模范工会小组5个。

民主管理。职代会召开前,医院举办职工代表"如何写好提案"的培训会,以便提高提案质量。立案分解后,院务会主题讨论落实到每个院领导、主管科室并做出落实答复。职代会闭会期间,由提案委员会专人负责落实提案进展情况,督促提案的落实,保证提案落实完成。2013年职工代表大会共收到职工提案31份,立案30份。院党委在党委会上专门听取工会主席关于提案工作的汇报。

特色项目。医院重新修订了《北京大学肿瘤医院送温暖工程条例》,各种补助补贴均有提高;组建了"法律支持小组";落实职工提出的"关于同工同酬要求的提案";实施了"健身·美丽计划";举行第三届"三八"节"清逸杯"作文比赛;院工会开展了"润心杯精品活动";承办寒暑假托管班;开展岗位技能竞赛。

【共青团工作】 共青团北京肿瘤

医院委员会是中共北京肿瘤医院党委领导下、共青团北京大学医学部委员会指导下的一级团委,负责全院共青团工作,协助指导医院研究生会,并承担医院志愿者服务工作。共青团北京大学肿瘤医院委员会由9名团委委员组成,分别负责组织、宣传、研究生团员、在职团员等方面工作。全院共有30个团支部,每个团支部由支部书记、组织委员、宣传委员及支部团员组成。截至2013年底,全院共有团员506人,其中学生团员82人,在职团员424人。

【年度纪事】 1. 1月12日,全国政协副主席、核医学科的老主任张梅颖看望核医学科全体员工。

2. 1月18日,援疆干部消化肿瘤内科陆明医生圆满完成援疆任务胜利归来。

3. 1月18日,寿成超教授作为第三完成人参加的"肿瘤血管生成机制及其在抗血管生成治疗中的应用"荣获2012年度国家科学技术进步奖一等奖。

4. 2月25日,"肿瘤姑息疼痛学科建设"中美合作项目启动会在肿瘤医院召开。

5. 2月27日,"北京大学肿瘤医院—卡迪夫大学联合研究所"在英国威尔士卡迪夫揭牌成立。中英专家将以此为平台,在胃癌、肺癌、食管癌等多种癌症的防治方面开展合作研究。

6. 6月15日,肿瘤医院主办的第8届全国胃癌学术会议在北京国际会议中心召开。

7. 6月20日,在意大利维罗纳举行的第十届世界胃癌大会(IGCC)上,由肿瘤医院季加孚院长率领的团队获得2017年第十二届世界胃癌大会主办权,这将是我国首次承办胃癌领域世界最高级别会议。

8. 9月13日,肿瘤医院由消化、结直肠、乳腺、妇瘤、放疗等专业的10名专家组成的医疗队参加了"情系和田、直达心田——北京医疗队送健康大型义诊活动"。

9. 10月15日,中瑞联合研讨会肿瘤分论坛在肿瘤医院举行。

10. 10月25日,国内首台核磁定位系统临床启用仪式在肿瘤医院学术报告厅举行。

第六医院
(精神卫生研究所)

【概况】 北京大学第六医院(北京大学精神卫生研究所、精神卫生学院)是世界卫生组织北京精神卫生研究和培训协作中心,同时也是中国疾病预防控制中心精神卫生中心,是教育部批准的精神病与精神卫生重点学科,拥有全国唯一的卫生部精神卫生学重点实验室,承担着精神卫生领域的医疗、科研、教学、学科发展、健康教育、公共卫生等多方面的使命。

2013年医院完成行政领导班子换届,院长陆林,副院长董问天、姚贵忠、郭延庆。

《中华人民共和国精神卫生法》实施后,医院率先对精神科诊疗文书进行全面修订,向全国同行公布,并进行专项培训。

医院修订完善全院医疗、护理、感染、行政管理等各部门规章制度,共制作14本制度手册。

医院接受国家卫生计生委质量安全年度评价,并带动国内同行开展质量安全管理工作的研讨,推动我国精神卫生事业规范化发展。

截至2013年12月31日,医院共有职工388人,其中在编人员280人,合同制人员108人;离退休人员116人;正高级职称32人,副高级职称30人,中级职称122人,初级职称148人。

医院连续四年获中国医院最佳专科之精神医学排行榜第一名。医院被评为首都文明单位。沈渔邨院士荣获北京大学蔡元培奖及国华杰出学者奖。

【教学工作】 2013年医院招收研究生31人,其中硕士生19人、博士生12人;在学统招研究生86人,在职博士3人,在职硕士12人,合计在学101人;在培住院医师26人。

2013年医院完成6个临床教学医院178名学生的大课及见习教学工作,包含219学时的大课和198学时的见习;完成北医2008级八年制第一阶段临床多站考核中临床沟通技巧站考官任务;承担北医三院2007级八年制心理辅导课程14学时的教学任务;改造两间PBL(Problem-Based learning,以问题为导向教学方法)教室,现已投入使用。

医院继续开设精神病学、临床思维及晤谈技能、临床沟通技巧、心理治疗主客观分析、行为分析、心理危机干预、儿童精神医学、恋爱婚姻咨询等八门研究生课程,共计160学时。

医院系统推出教学进病房项目,以提高病房医生临床教学意识和水平;相继开展神经认知与神经精神病学、精神病理学与临床思维、哲学与心理学等教学论坛。

【科研工作】 2013年医院获批国家自然科学基金5项,资助金额366万元;获973计划子课题1项,863计划军口部分课题1项,支撑计划子课题1项,医院作为合作单位参与国家支撑计划子课题和重大新药创制专项子课题各1项,资助金额总计431万元;获部委级科研项目4项,包括教育部博士点基金博导类2项,教育部博士点基金新教师类2项,总资助金额32万元;获得北京市科委"首都临床特色应用研究"专项资助课题2项,北京市卫生局住院医师规范化培训质量提高项目1项。

医院全年获新立项的国内横向科研课题15项,到账资金

257.8万元。

医院继续扶持青年医务人员开展科研工作,启动"青年学者科研兴趣与能力激励计划",共有42项课题立项。

医院科研人员全年发表学术论文114篇,其中英文34篇;SCI收录32篇,累计影响因子97.555,其中最高影响因子文章发表在 Neuropsychopharmacology 上,影响因子8.678;主编、主译或参加编写著作8部,其中主编《精神残疾评定手册 残疾人残疾分类和分级国家标准实施手册》《医务人员心理保健手册》两部著作;主译《双相障碍探究:美国文化中的躁狂和抑郁》《浅论精神病学》两部著作。

【继续教育】 2013年医院申报国家级继续医学教育22项,举办20项、52个班次,培训3418人次,包括"精神卫生立法及医学伦理国际研讨班""痴呆临床诊治、照料与研究技能培训班""灾后心理危机干预国际培训班""全国重性精神疾病防治培训班"等特色项目;举办区县级项目44项,培训3596人次;举办单位自管项目72项,培训2187人次。2013年医院招收各种专项研修42人,医学部学科骨干进修2人,北京市基层骨干进修1人。

【交流合作】 医院与哈佛大学医学院、加利福尼亚大学、密歇根大学、英国伦敦国王学院、悉尼大学、墨尔本大学、香港大学、香港中文大学、日本东京大学等著名大学开展合作,并与世界卫生组织总部和西太区办公室、美国精神病协会、世界精神病协会、美国国立卫生研究院等国际组织和机构保持密切的联系,开展多领域的合作研究和学术活动。医院以项目承担单位新建国际合作项目4项,经费合计人民币61.42万元。

医院主办了第一届全国"精神障碍受试者伦理学规范"论坛;先后承办了第二届中韩日 BESETO 国际精神病学大会,中华医学会第十一次全国精神医学学术会议暨第三届亚洲神经精神药理学术会议,国际行为分析协会中国分会首届年会,西太平洋区域首届灾难精神卫生高峰论坛暨国际培训等国际、国内学术交流活动;召开了卫生部精神卫生学重点实验室(北京大学)2013年度学术委员会会议。

【医疗工作】 2013年医院门诊228402人次,日均门诊914人次,比上年增加7.78%;入院2270人次,出院2226人次,平均住院日33.91天,床位使用率97.45%,床位周转10.4次;出入院陪护率44.34%,治愈率16.84%,好转率76.03%。

医疗质量管理。1. 病历质量及病案管理。医院坚持设专人定期检查运行病历和终末病历,严格执行病历分级奖罚细则,对病历中的问题每月在主任会上提出整改要求。10月医院接受卫生局精神专科病历质量检查组检查。甲级病案率100%。

2. 科主任例会。医院对日常工作中和每月满意度调查中发现的问题,在每月一次的科主任例会上通报和商讨解决办法,协调各科室提出整改措施并监督落实,强化科室管理意识,严格落实检查三级查房制度和各级医师岗位职责。

3. 主治医师督导。医院开展主治医师督导工作32次,督导300余人次,加强对主治医师诊疗质量的检查和指导,加强临床医疗质量管理。

医院感染管理。医院加强感染管理质量控制,实行全方位感染监测。医院完成院感专业知识、相关法律法规、不同专业人群的培训;接受海淀区卫生监督所的例行检查,接受海淀区疾控中心现场采样监测;收集流行性传染病信息和数据,做好法定传染病的管理;指导医务人员严格执行标准预防制度和掌握出现职业暴露流程,防范职业暴露危害。院内感染率4.71%。

医保工作。医院严格执行分级管理制度;配合医疗保险总额预付制度的实施,每月对医保结付情况进行监测分析,确保申报费用即时结付;做好患者实名就医管理,严格病历审核,即时进行病案对照上传工作。全年医保出院684人次,总费用1330万元,出院次均费用19444元。

对口支援。医院对口支援普洱市第二人民医院1人、朝阳区第三医院1人、海淀区精神卫生防治院1人、华一医院2人、北京大学人民医院1人;接收支援单位进修40余人。

护理工作。全院病房均开展优质护理服务。新入院患者实施三级护理风险评估。医院实施三级护理质量监控,每季、月、日按标准考评护理质量;护理风险管理关口前移,规范护理行为,严格执行诊疗护理常规,重视日常工作中微小隐患的管理,培养护士不良事件主动上报的意识,达到规避和减少护理不良事件发生的目标。

【党建工作】 医院党委现有党支部8个,在职教职工党支部6个,学生党支部1个,离退休党支部1个。党员共计213人。

按照医学部要求医院党委先后组织支部开展"学习贯彻党的十八大精神,为党旗增辉"和"落实十八大,共话中国梦,为党旗增辉"两个主题党日活动,在七一建党节期间还举行了"贯彻十八大,学习新党章,共筑六院梦"知识竞赛。

医院党委召开了"齐心共筑六院梦,合力发展创一流"党员座谈会,广泛征求党员干部的意见和建议,为医院的发展献计献策。

结合党的群众路线教育实践活动,医院通过举办普法知识讲座,加强科研经费管理,对重点岗位轮岗情况进行检查,举办"规范行为 和谐医患"的行为规范情景剧表演等多种形式的活动,进一步加强党风廉政建设。

【学生工作】 医院举办各种集体活动、座谈会和评奖活动，增强研究生的凝聚力；辅导教师24小时手机开机，随时应答学生的各种问题；每月与各级研究生定期聚会沟通；针对具体问题，提供PDCA工作流程、定期检查沟通指导；就学习困难、考试失败、恋爱婚姻、师生关系、求职就业等提供参考意见和具体帮助；坚持与新生定期沟通、随时谈话交流、定期书面总结沟通；运行北大六院研究生网站，介绍北大六院研究生的学习、工作和生活。

【工会及共青团工作】 工会工作。医院修改完善北京大学第六医院教职工代表大会的有关文件；进一步扩大长期实际用工人员入会的覆盖面，推动送温暖工作规范化、日常化，切实为教职工排忧解难，加大各级送温暖力度；完成好"职工互助保障计划"工作，实现职工保险工作的三级管理；加强工会组织自身建设，以争创北京大学"模范职工之家"为载体，推进教职工之家规范化建设，促进工会组织为广大教职工办实事、解难事、做好事，提升教职工之家的服务能力，增强教职工的归属感和责任感。

共青团工作。医院团委召开总支部第六次代表会，圆满完成团委换届选举工作，并召开全体团员大会；加强团员队伍建设，配合医院党委，做好世界控烟日主题宣传活动，为医院的发展贡献青年团员的力量。门诊收费处被评为"医学部青年文明号"。

【公共卫生服务】 医院与世界卫生组织（WHO）合作举办西太平洋区域首届灾难精神卫生高峰论坛暨国际培训；担任国家卫生计生委应急办德惠火灾心理危机干预医疗队队长；配合精神卫生法实施的各项工作（培训和协助配套政策的制定）；建立基于中央补助地方重性精神疾病管理治疗项目（简称"686"项目）的应用研究网络；通过WHO与国家卫生计生委审核，再次获任WHO/北京精神卫生研究与培训合作中心。

医院继续承担"686"项目国家项目办工作；受国家卫计委疾控局委托，继续承担国家重性精神疾病信息管理系统I期日常管理工作，同时开展系统II期建设工作。

首钢医院

【概况】 北京大学首钢医院位于北京市石景山区晋元庄路9号，是一所集医疗、教学、科研、预防保健为一体的三级综合医院，建于1949年10月，最早名为石景山制铁厂医院。1958年至1968年更名为石景山钢铁公司医院，1968年至1989年更名为首都钢铁公司医院，1989年至1992年更名为首都钢铁公司总医院，1992年至2002年更名为首钢总医院，2002年首钢总公司和北京大学合作办院后更名为北京大学首钢医院。

医院职工总数为1894人（其中在编职工数1171人、合同制职工人数723人），其中：卫生技术人员1528人（不包括职能处室卫生技术人员）（含正高级职称36人，副高级职称99人，中级职称464人，初级师434人，初级士199人，无职称296人）。

【医疗工作】 医院全年门急诊量1049289人次，编制床位1006张，实际开放857张，出院患者25785人次，较上年增长2.93%；住院病人手术6798例，较上年增长6.84%；病床使用率89.6%，出院患者平均住院日10.8天，较上年缩短0.3天；全院患者药占比53.42%，其中住院患者药占比38.63%；三四级手术量较2013年增加114.64%；医院服务能力（DRG组数是560）、技术难度（CMI1.12）均优于北京市三级综合医院平均水平。

医院完成了《临床各科急救流程》《科室质量管理手册——急诊科分册》《科室质量管理手册——外科系统分册》《医务人员依法执业手册》《应知应会手册——护理部分》的编印工作。医院制订了《病历管理规定》《新生儿安全管理制度》《辐射安全管理制度》《高危孕产妇接诊及转诊实施方案》《深化优质护理服务工作方案》等相关制度和方案；加强环节质量的实时监控，以首诊负责制、三级查房制度、交接班制度等核心医疗制度为抓手，深入科室参加质量小组活动，加强关键科室、关键环节和关键时间的监督检查工作。

开展新技术、新疗法情况。医院开展新技术、新项目49项，其中关节镜等11项诊疗技术获北京市技术准入；骨科"应用骨搬移技术治疗慢性骨髓炎"等6项获医院新技术、新项目专项奖。

临床路径管理。医院实施临床路径的科室有12个，入径管理人数1682人，入径率70.17%，完成率60.76%。医院单病种质控网报例数：急性心肌梗死38例，心力衰竭36例，肺炎255例，脑梗死176例，髋、膝关节置换术31例，冠状动脉旁路移植术5例，围手术期预防感染301例，质控指标达标率均值较2012年有所提高。

预约挂号管理。医院采取网络预约、窗口预约、电话预约、诊间预约和社区转诊预约等多种形式，开放号源比例为20%，预约挂号人次占门诊比例约为2.5%。

医院感染管理。医院感染发生率为1.73%。医院按照《人感染H7N9禽流感医院感染预防与控制制度》，开展培训和督查工作，有效防控"人感染H7N9禽流感"；进一步修订《多重耐药菌管理多科协作及联系制度》和《医院感染在职教育与培训制度》等相关文件。

医保工作。全年医保出院17471人次，同比增长2.92%；出院医保病人总费用327567656元，出院医保病人次均费用18749元。

医疗支援。医院组织医务人员赴内蒙古自治区丰镇市医院和北京大兴红星医院进行对口支援活动，累计支援时间87天，主要开展临床诊疗、教学培训和查房、疑难病例讨论、学术讲座等工作，并附送教学光盘1000余张。医院每月安排各科室医务人员对口支援社区卫生服务工作，保证古城、苹果园、老山、金顶街四个社区卫生服务中心每天都有医院主治医师以上人员出诊。6月至12月，医院与医联体成员单位间实现双向转诊1000余人次，接待医联体成员单位进修人员18人，进行带教9次，会诊38次。

体检科新址。体检科新址正式启用，面积增加至1000平方米，实现了医检分开、一站式服务模式。全年体检55353人次，其中体检车为60多家单位，包括30余家首钢一业多地企业单位18087人次提供了上门医疗服务。医院积极参与首钢职工健康管理系统项目工作，配合首钢总公司项目组完成业务架构的初期模型。医院年内共组织医务人员开展各类宣传义诊活动17次，组织管理健康教育工作，发放健康教育处方8889张；自制宣传材料8041余份；参加患者27042人次。医院为医务人员举办健康教育讲座34次。

医疗纠纷处理情况。医院全年参加医疗保险1427人，全年保险缴费973191.5元，保险赔付948606.65元。截至12月31日医疗纠纷经北京市医疗纠纷人民调解委员会调解16起；经法院判决5起。

社区医疗。社区卫生服务共管理人口211739人，共计68390户。全年接诊患者507641人次，提供家庭病床服务床日13140天，上门医疗健康服务1123次；发放宣传材料27350份，家庭医生总数111人，签约人数133352人，签约户数为46383户；管理高血压病患者15566人，糖尿病患者4645人，冠心病患者425人，脑血管病患者367人，精神病患者1372人，恶性肿瘤患者36人；预防接种54186人次，接种率100%，新生儿管理覆盖率100%，计划生育指导2758人，孕期保健6073人，产妇访视3270人，新生儿访视4516人。

医院制定了社区医疗中长期发展规划，确定了以康复和中医适宜技术进社区为先导，信息化建设为支撑，带动其他学科支持社区的发展模式。医院增加了设备、技术投入，增设专科门诊，提升了社区医疗服务能力。

【护理工作】 护士数708人，注册护士数679人，合同护士数493人，医护比例0.64，ICU床位数45张。全院优质护理评分平均为98.3分，分级护理质量总平均分为98.1分，患者非常满意度88.4%。（以下数据均不包括四个社区卫生服务中心注册护士85人和非护理岗人员100人）

100%病区落实责任制整体护理。不良事件上报率100%，整改率100%。医院修订完善护理规章制度40余项，相关执行程序、指引、标准30余项。

院级在研科研项目：青年基金3项，重点项目1项，3项护理课题通过院级立项；在统计源期刊发表护理论文5篇。

医院完成护理临床实（见）习带教232人，其中本科生8人，大专生217人，中专生7人。全院护理人员继续教育学习达标率99.9%，顺利通过北京市的抽查。手术室护士4人，RICU护士1人、神经外科护士1人和儿科护士1人，共7人到外院进修学习；血透室护士1人，输液室护士4人，急诊室护士1人，骨科护士1人，肿瘤科护士1人、ICU护士3人和手术室护士1人，共12人参加专科护士取证培训。

【教学工作】 本科教育方面，医院顺利完成北医2010级生物医学英语专业临床教学任务和2011级海外口腔专业教学任务，共44人，929学时；完成2010、2011级辽宁医学院临床教学任务，共57人，866学时。在加强本科教学的同时，医院培养硕士研究生6人、博士研究生2名。

全年医院参加北京市卫生局专科医师规范化培训的住院医师共125人，其中一阶段77人，二阶段48人。2013年医院参加继续医学教育的医务人员共1062人；接收来院进修生共37人；脱产学习53人；到院外进修20人。2013年医院录取研究生40人，其中硕士研究生36人、博士研究生4人。

【科研工作】 2013年医院新增课题12项，其中卫生部医药卫生科技发展研究中心课题2项、医学部交叉学科种子基金项目2项、中华医学会项目1项、首钢总公司管理创新课题2项。医院科研人员发表论文107篇，其中SCI收录文章11篇，核心期刊69篇，非核心期刊27篇。

【交流合作】 2013年医院接待美国William W. Chu教授、奥地利Georg Gaul教授和澳大利亚墨尔本林延龄教授等多位教授来医院开展学术交流；医院出国考察、参加国际学术交流2人次。

2013年医院到广州、深圳、济南等地参加各种国内学术交流53人次。

【党建工作】 2月25日，首钢医院召开第十八届职工代表大会第一次会议。院长陈仲强，党委书记、纪委书记、工会主席刘慧琴，副院长雷福明、向平超、张祥华、王健松等108名职工代表参加会议。3月12日，北京大学首钢医院召开党的群众路线教育实践活动总结大会。首钢总公司教育实践活动第四督导组成员、医院领导班子、各党支部书记及大部主任、职能部门负责人以及部分职工代表出席总结大会。4月29日,首钢总公司党委经研究决定:向平超同志任北京大学首钢医院党委副书记。10月至12月,北京大学首钢医院党委进行了党支部换届选举工作,党支部由原来的11个调整为25个,分别为机关第一党支部、机关第二党支部、外科临床部第一党支部、外科临床部第二党支部、外科临床部第三党支部、外科临床部第四党支部、外科临床部第五党支部、内科临床部第一党支部、内科临床部第二党支部、内科临床部第三党支部、内科临床部第四党支部、医技部第一党支部、医技部第二党支部、医技部第三党支部、门诊部第一党支部、门诊部第二党支部、门诊部第三党支部、门诊部第四党支部、总务处党支部、泌尿外科党支部、办公厅保健室党支部、金顶街社区卫生服务中心党支部、苹果园社区卫生服务中心党支部、古城社区卫生服务中心党支部和老山社区卫生服务中心党支部。全年,首钢医院医务人员拒收"红包"55人次,共计58600余元;共收到表扬信148封、锦旗137面。

【后勤与基建工作】 医院积极推进新门急诊医技大楼项目,已通过方案设计;医院立体停车楼(含营养食堂)建设进入前期改造阶段;启动了门诊楼医疗总体布局设计;完成体检科、康复医学科、门诊检验和新核磁机房的改扩建工程,完成干部保健科门诊和病房、住院大楼四层血液科、免疫风湿科病房和四个社区卫生服务中心等装修改造和多项配套设施改造和升级项目,共17个项目,改善了就医环境。医院确保全年风、水、电、气等保障设备安全平稳运行,实现全年安全生产六个方面零事故,保障了医院医疗工作的正常运行。医院加强能源管理,实施节能改造,推进非医疗物资采购集中管理工作,实现"零库存",采购成本在原基础上下降20%。

【医院文化】 医院开展了以"如何在为患者服务中践行社会主义核心价值观"为主题的征文活动;通过《医苑之窗》《首钢日报》《健康报》等多种媒体广泛宣传医院重点学科和特色技术。医院开展了"中国梦,我的梦——共建美好医院,共享发展成果"文化建设主题活动,成功举办第八届文化艺术节。围绕中心任务和医疗护理业务工作,医院根据不同科室和职工不同岗位特点,组织技能操作、病历书写、应急演练等16场次技能竞赛。医院完成了院徽的征集工作,与院歌一同成为医院文化的标志和象征。

医院开展多种形式的廉政教育,开展题为"重医德,塑医者仁心;保廉洁,创美好生活"的廉洁教育培训;修订和制定了《北京大学首钢医院总务后勤系统检修、维保、设备物资购置项目管理办法(试行)》《北京大学首钢医院医疗设备采购管理办法》《北京大学首钢医院工程招投标管理办法(试行)》《北京大学首钢医院信息系统软硬件设备采购管理办法》等;转发《北京市卫生和计划生育委员会关于印发〈北京市医药购销领域商业贿赂不良记录实施意见〉的通知》文件。

深 圳 医 院

【医疗工作】 临床路径工作。2013年,深圳医院临床路径已覆盖所有开设病房的临床科室,全院入径病例超过2万例,增长100%,月完成例数约1700例,入径病例平均住院日和平均住院费用均得到一定控制。临床路径信息化管理系统进一步完善,改善了临床医生的使用体验,并对临床路径变异进行专项控制和分析。

手术绩效方案。2013年医院启用新的绩效考核方案,与去年同期相比,手术室总手术量增加了2454例(增长8.9%),三、四级手术量增加2391例(增长45.5%),人均手术量增长0.4%,人均三、四级手术量增长36.1%,在提高手术周转率、保证医疗质量和病人安全的同时,极大地提高了医务人员的工作积极性。

新技术项目临床应用。医院从中山大学肿瘤医院引进CIK生物治疗技术,建立先进的GMP实验室,聘请国内著名的中山大学肿瘤医院首席生物治疗专家为客座教授,由肿瘤内科、中心实验室联合开展肿瘤患者CIK生物治疗。目前,预约CIK治疗患者已排名全市前列。

急诊改造工程和急诊预检分诊制度。医院积极推动急诊手术室、急诊留观病房和急诊抢救室改造工程;稳步推动EICU正常运转,试行急诊科与专科(神经内科等)共同管理留观病人的全新管理模式,进一步缓解住院压力,保障患者安全。

就医环境。医院以推进预约挂号、分时段诊疗为核心,通过优化门诊流程,开设专病门诊,提供多样化的便民服务,合理分流病人,2013年医院预约挂号量排名全市医院第一,其中妇科预约量排名居全市科室预约量第一名,有效地缓解了紧张的医患关系,改善了患者的就医感受。医院被市社保局授予"医保信用等级AAA单位"称号,是唯一一家获此殊荣的市三级综合医院。

广东省阳光用药制度建设验收。医院完善并全面运行阳光用药电子监察系统,实现对临床用药的实时监控;强化药品管理,提高用药安全;建立高危药品分级管理制度和目录、易混淆药品目录、安全警示牌,定制使用统一、清晰的"警示标识",有效提高用药安全性;同时开展了"超说明书用药专项管理",在广东省阳光用药制度验收中受到专家组的高度表扬。

新"三甲评审标准"。医院引入"三甲"新标准,以围手术期安全为重点,加强医疗环节质控;制定《北京大学深圳医院手术部位标识管理制度》和《北京大学深圳医院手术部位标识管理规范》;完善医院质控三级网,提升质控工作内涵质量,实施多渠道、"智能化"运行病历质控;配合开发电子病历完成时限的监控软件,对电子病历进行自动化"时限质控"。

院感控制综合监督管理。医院坚持"早发现、早报告、早控制"原则,坚决杜绝院感暴发事件的发生,全院感染率为1.1%(Ⅰ类切口感染率为0.05%)。医院获得中国疾病预防控制中心的"全国医院感染——消毒监测项目示范医院"荣誉称号。

医疗质量专项检查。医院顺利通过市卫计委医疗质量整体评估检查和市医管中心的综合目标评估检查,在手术期管理、院感控制、护理管理等方面取得较优异的成绩。医院顺利通过北医医疗质量飞行检查,总体医疗质量和管理得到专家充分肯定,专家认为我院"进步明显,已进入国内医疗第一梯队"。

【教学科研】 学科建设。医院新取得医学影像、皮肤科和肾内科3个省级临床重点专科。药物临床试验机构成为深圳市药物临床试验公共服务平台,获资助500万元;医院市级实验室和平台数量达到9个。2013年医院获得的实验室、平台和重点学科建设经费达1060万元。

人才培养。北京大学7位临床专业学位研究生进入医院培养,标志着医院全面具备了培养北医科学型和临床型硕士的资格。同时,继2012年成为广州医学院研究生教学医院后,2013年医院又与大连医科大学签订了联合培养研究生、国际留学生和教学基地合作协议。

科研工作。为了吸引更多的青年医务人员投入临床研究和教学工作中,医院2013年出台了几项重要举措:一是多渠道拓展与国内外高水平医院的联系,选派更多中青年骨干到国内外著名医院进修学习。除继续向日本有明医院派出进修医师外,医院还加大力度推进与日本独协医科大学病院、美国麻省总医院的合作,分别派医务人员进修学习。二是大幅度提高研究生导师带教指导费,特别是提高北医硕士生导师和博士生导师的带教指导费,提升幅度达300%。三是大幅度提高研究生待遇,平均提升幅度在50%,北医临床研究生的待遇提升达5倍。四是设立总额达60万元的院内科研基金,重点资助青年医务工作者开展临床研究。五是加大对重点学科的支持力度,2013年已为省级临床重点专科资助100万元,为院级重点专科资助100万元。

科研成果。2013年医院科研资助金额仍创纪录,达到1195.5万元,学科建设和科研资助资金合计2255.5万元。医院再取得省科技奖和市科技奖各一项,延续了2012年的获奖势头。

【人才引进】 医院大力推动学科建设,从中山大学附属第一医院等引进脊柱外科、肿瘤内科学科带头人,使得上述科室的技术水平、管理水平和学术地位得到快速提升。同时,借助外引人才产生的"鲇鱼效应",推动全院形成积极向上、举贤推能的风气,全院学术氛围日渐浓郁。

【基建方面】 外科楼建设进展顺利,地下车库提前使用,大大缓解院内交通压力。工务署已将地下负二层提前交付医院用于停车。目前外科住院楼基本完成样板房装修,下一步将按样板房标准大面积展开精装修施工。经过多方沟通协调,在外科楼原总投资56614万元基础上,2013年医院又取得市发改委概算调增批复,概算调整为65190万元,增加了8576万元。

滨海医院

【发展概况】 天津市第五中心医院(又名北京大学滨海医院,原天津市塘沽医院)始建于1949年,是一所集医疗、教学、科研、预防保健、康复为一体的大型综合性三级医院,是天津市滨海新区医学中心。

医院占地6.2万平方米,建筑面积10.8万平方米,编制病床800张。在职职工1459人(其中:在编1065人,合同制394人),27人在国家级专业期刊担任编委,18人在国家级专业分科学会担任委员,19人在省市级各专业分科学会担任委员。医院有10万元以上的大中型医疗设备364台(套),其中:500万元至1000万元2台,1000万元以上3台。包括:瑞典医科达医用直线加速器;荷兰飞利浦16排、256排螺旋CT机,3.0T核磁共振成像系统;德国西门子ArtisZeego数字减影血管造影系统;卡尔史托斯腔镜一体化手术室。

2013年是医院与北京大学医学部合作共建第一个五年周期的收官之年,在领导班子的坚强领导下,医院贯彻落实中国共产党十八大和十八届三中全会精神,以及天津市委十届二次全会、滨海新区区委二届一次全会精神,一手抓学科建设、一手抓质量管理,改革创新、锐意进取,在滨海新区区委、区政府的领导和北京大学医学部专家的支持下,圆满完成三级甲等综合医院评审这一核心任务,整体达到了北京大学教学医院标准,实现了合作共建第一周期的既定目标,也为合作共建第二个五年周期奠定坚实的基础。

【医院管理】 医院推进管理综合改革,明确各科室职责和科室各岗位职责,以建立规章制度分级管理体系和部门间联席会议机制为途径,落实各职能部门岗位职责,形成规范化、制度化的医院、职能科室、临床科室三级管理体系,作为开展质控管理和绩效考核的工作依据。医院成立质管科,建立医院质量考核体系,强化各部门质量管理意识;调整医院各管理委员会组成,定期召开会议,完善会议记录,充分发挥各委员会在医院质量管理中的作用。医院启动门急诊综合治理工作,规范门急诊管理、改善服务质量、提升患者满意度。医院加强对出诊医师的管理,建立科室内部纵向与门急诊横向结合的管理体系;规范门急诊医疗行为,加强医德医风管理,制定《门急诊综合绩效考核管理办法》进行专项考核;开展多种形式的预约诊疗服务,推行错峰就诊,每月预约诊疗率高于20%;调整门诊布局,新建连廊并投入使用,优化诊疗流程;在各窗口启用信息化排队叫号系统和检验报告自助打印机、取片机,缩短患者排队等候时间。医院完善临床科室、医技科室绩效考核方案;制订职能科室绩效考核方案,以缺陷管理、单项奖励为切入点对职能科室工作进行考核管理,评价其工作成效。医院完善成本核算体系,使成本分摊更趋合理,开展以放射项目为对象的项目成本核算和以儿科病种为对象的单病种成本核算。医院在二级预算管理基础上,持续推进三级预算,强化职能部门对支出的管理。

【医疗工作】 2013年医院完成门急诊126.97万人次(其中:门诊108.76万人次、急诊18.21万人次),较去年增长3%;住院2.2万人次,出院2.2万人次,较去年增长22%,平均住院日10.6天,病床周转次数27.5次,病床使用率80%;完成大中型手术14770例,其中甲级手术2216例,较去年增长35%。

医院全面实行住院总医师制度,明确住院总医师职责、规范住院总医师管理,切实承担科室日常管理工作;加强疑难危重病人管理和持续监管力度,完善临床病人用药、诊断、手术、转科等管理制度;落实危急值管理,修订《危急值报告处理制度》,完善危急值项目和处置流程;加大围手术期管理,持续对术前小结、术前讨论、手术安全核查、术后病程、手术记录及手术后病人管理进行监督;扩大临床路径范围,增加路径病种20个,推进信息化管理;加强单病种过程管理,对已开展的5个单病种,逐一进行过程管理。

医院完善药品管理制度,规范各病区常备药品与高危药品,统一抢救车备药品种、数量,保证临床用药安全,降低用药风险;每月进行门诊处方点评和住院医嘱点评,使抗菌药物各项指标达到国家标准。2013年,医院药品比例为48.06%;门诊抗菌药物使用率16.7%,住院抗菌药物使用率56.2%,抗菌药物住院使用强度41.9DDD,I类切口抗菌药物预防使用率19.13%,细菌送检率66.7%。

医院做好医技科室工作质量督查,对照三级综合医院评审标准及相关质控中心的检查标准,抓好医技科室的工作落实,以及输血、病理、医学影像等科室的质量管理。

医院落实感染预防与控制措施及消毒隔离制度,加强临床督导,继续开展各项监测工作,面向职工、进修人员、物业服务人员进行院感相关培训12次。

【护理工作】 医院推进优质护理服务迈向更高水平,实施责任制整体护理的优质护理模式;加强岗位培训,加强质量管理,增强执行力,采用走动式管理方法,督导检查临床工作,形成管理常态化,保证病人安全。

【医保工作】 医院启用门诊"医保服务平台"和"信息共享"软件,对医保数据进行实时监控、按月统计,制订并实施《控制住院医保患者人次均费用方案》,每月通报医保数据并进行拒付原因分析,布置医保工作及相关信息反馈,降低临床拒付额,提高返款比例和及时性,保证医院资金运行。

【学科建设】 医院按照共建重点学科、扶持学科、支援学科的定位,有层次地推进学科建设,形成点、线、面的带动效应。

小儿内科在北京大学第一医院专家的指导下,充分发挥核心组的作用,已完成科内学组划分并健康发展,科室综合实力位于全市前列。新生儿学组承担着新区新生儿重症患者救治任务,对RDS、肺动脉高压、肺出血、多脏器衰竭等有较高的救治水平。新住院部投入使用后,新生儿ICU硬件条件有极大改善,显著提高了重症新生儿救治能力。

医院骨科目前已经成为滨海新区龙头学科。作为北京大学交通医学中心滨海分中心,骨科深入研究交通创伤患者伤情,明确创伤分型并制订规范的治疗指导方案,同时与院前急救紧密联系,建立起一套能够切实发挥作用的交通创伤响应、救治体系;完善学组划分,构建起配置合理的人才梯队,形成了在科室统一管理下、各学组有专攻的业务体系,确保每位患者能够得到及时、有效的治疗;按照国际国内科研机构标准对病人资料进行规范管理,于2013年9月首次主办全国骨与关节损伤学术会议。

医院妇产科继续按妇科、产

科、生殖及计划生育的学组划分推进学科建设；妇科进一步开展腹腔镜下及开腹恶性肿瘤手术，逐步扩大盆底手术的范围，微创手术比例超过70%，取得腹腔镜4级手术及腹腔镜恶性肿瘤手术资质；产科是滨海新区危重症转诊中心，合并症产妇比例接近90%，科室通过不断强化危重症产妇的规范化诊治，保证产妇安全，且剖宫产率逐步下降至50%以下；生殖门诊继续规范化地进行不孕症的诊治，监测排卵、宫腹腔镜联合治疗不孕不育、夫精人工授精等，为不孕夫妇提供正确的生育指导，为开展更高端技术夯实基础。

医院加大对外科系统的扶持力度，将原先的外一科、外二科、肛肠外科整合为大外科，划分出胃肠、甲状腺、乳腺、肝胆、肛肠等学组，理顺了外科系统管理体制；任命北京大学第一医院赵建勋教授为科主任，主持学科建设、指导业务开展；积极开展微创手术和各类肿瘤手术，影响力不断扩大。各学组对相关疾病建立治疗指导方案并严格执行，规范诊疗过程，保证患者安全，全年药品比例维持在55%左右，抗菌药物使用指标达到各项规范要求。

医院深化支援学科的共建工作，按照学科发展规划，聘请北京大学医学部专家定期来院进行业务指导，使各学科业务范围不断扩大、技术水平显著提升、诊疗过程进一步规范。

小儿外科、神经科、重症医学科、心血管内科等滨海新区重点学科和医院各学科通过自身努力和人才引进，不断强化学科建设。医院成立脑血管介入病区，充分发挥介入技术在脑血管病诊断和危重症患者救治方面的积极作用；重症医学科填补了本市多项技术空白，在大型手术术后管理和危重症患者抢救方面发挥着不可替代的作用，为医院各兄弟科室开展业务提供了强有力的保障；加强肿瘤科建设，重启放疗科和建设肿瘤生物治疗中心，为肿瘤患者在非手术治疗上提供高质、有效的治疗方案。

【科研与教学】 医院按照北京大学附属医院标准推进科研教学工作，完成医院中心实验室的基础设施建设并购进基础实验需要的耗材、试剂。医院完成了实训中心建设工程，采购教具90种200余件，进一步规范实习生带教、住院医师规范化培训工作，强化承担教学任务医师的业务培训。经北京大学医学部评定，医院成为"北京大学医学部教学基地"。2013年医院举办国家级继续医学教育项目1项、省市级继续医学教育项目5项，举办区县级学术活动45项；发表论文107篇，其中SCI收录论文7篇，核心期刊论文46篇；获批天津市卫生局科技基金项目4项，填补天津市空白6项，滨海新区卫生局科技基金项目14项；全年获各类科研项目经费共计106万元，重点学科经费144万元。

【党建工作】 2013年医院共有党员436人，9个基层党支部，实行集体领导与个人分工负责相结合，谁主管，谁负责，一级抓一级，层层抓落实。党政"一把手"承担党风廉政建设"第一责任人"的责任。医院领导干部分别与上级党组织签订《党风廉政建设责任书》；组织处级领导与纪工委签订《党风廉政建设责任书》；医院与天津市卫生局、塘沽区卫生局签订《医德医风责任书》；与供应商签订《天津市第五中心医院供应商廉洁承诺书》。医院接待患者投诉举报6件，承办上级纪检部门转来信访件12件，协助院内其他部门处理案件1件，协助塘沽区人民检察院、天津市工商局等部门办案3件。医院全年收到锦旗263面，感谢信147封，拒收礼金12万元。

医院深入推进文化建设体系，制定《VI手册》，"厚德、精医、仁爱、济世"成为院训。医院启动为职工送生日祝福活动，为当月过生日职工在中层干部例会上送生日卡和祝福。

【后勤工作】 医院新住院综合楼、医技楼投入使用，一方面为医院发展提供了更加宽阔的平台，另一方面使医院运行成本大幅增加。医院对后勤各类设备的供应对象、运行时间、运行成本等要素进行科学测算，制定了一系列措施，大到燃气锅炉的开启时间、不同时段的燃烧程度，小到室内照明、空调的开闭，都提出了具体指导意见，以降低医院能耗和后勤成本；加强对物业服务、外送洗涤、外包食堂等社会化服务的管理和质量督查，确保其服务达到医院相关标准。

医院加强消防、治安的管控，制定"新大楼防控安全管理计划"，坚持每月消防安全查房，组织全院职工及物业人员进行消防安全、治安知识培训。医院联合塘沽消防支队进行消防实战演习一次；签订《消防安全责任书》62份。医院加强安全保卫工作监管力度，清理散发非法小广告及其他扰乱医院正常秩序闲杂人员5人次，治理医托3人次。

【基本建设】 医院一期工程新住院部VIP体检中心建设完成。装备、人员配置到位，于7月10日试运行；同时完成VIP保健中心病房样板间的装饰设计和装备配置工作。目前，二期工程新门急诊楼各区域布局确定，已完成前期各项报批手续和试验桩测试等前期准备工作。

按照天津市副市长宗国英视察指示精神，医院瞄准北京大学附属医院定位，提出发展建设近期、中期和远期规划，满足科研、教学需要。医院启动第二住院部改造、滨海新区儿童医院和原门急诊楼改造准备工作，对设计方案进行前期论证。

【社会服务】 雅安地震发生后，医

院职工为雅安地震灾区捐款14855元,对家乡受灾职工发起了"关注雅安、奉献爱心,从身边做起"的倡议,累计捐款25530元。医院全年组织大中型义诊7次,累计服务群众3950余人次。

医院选派麻醉科郝伟、放射科于晓坤、检验科戴随3名医生组成第六批援甘医疗队赴甘谷县开展工作;选派心血管内科张明惠、放射科王志斌、检验科褚祥南3名医生组成第七批援甘医疗队赴甘谷县开展工作。

援非医疗队队员夏涛在援非(加蓬)期间参加加蓬卫生部和民主党全国妇女联盟在首都利伯维尔联合举办的大型儿童义诊活动。

医院派出重症医学科杨万杰主任参加由天津市卫生局组织的质控中心专家组,赴河北省邯郸市涉县境内的铁厂医院圆满完成质量检查和帮扶工作。

【卫生应急】 8月8日,医院肠道门诊陆续收治急性胃肠炎患者。临床表现主要为恶心、呕吐、腹痛、腹泻、发热。总值班人员接到临床报告后,立即启动突发公共卫生事件应急预案,第一时间报告医院领导、疾病预防控制中心、塘沽区卫生局,紧急抽调医务人员、管理人员、物业人员50余名,参与临床救治、综合协调、后勤保障等工作,同时做好应急药品、物资的供应,紧急协调病床20张、床罩60个、棉被10床、被罩50条、输液架30个,调配注射液640袋、注射药物960支、口服药160盒。当日累计诊治83人,其中有2人收入院。由于医院在整个事件处理过程中反应迅速,处理及时,所有患者病情均得到有效控制,获得上级领导和患者家属一致肯定。

【预防保健】 2013年医院计划内接种10243人次,查验学生接种证895人,主动搜索流动儿童81人,接种率、建卡率均达95%以上。儿保门诊设专人做健康咨询、营养发育评价,辖区内0~7岁儿童健康体检21395人,儿童管理覆盖率达到95%以上,儿童系统管理合格率均达到上级要求的标准。产后跟踪访视690人次,追访735人次。

【人才队伍建设】 2013年医院引进口腔科、放疗科学科骨干人才及学科带头人4人,促进薄弱学科加速发展。医院加大对中青年骨干力量培养,按计划送至北医系统等处进修学习。为使医院科研水平得到跨越式提升,开展更多高水平的实验项目,医院选送中心实验室主任赴美国深造学习一年。

【信息化建设】 医院完成PACS等医疗信息化系统上线;窗口启用电子叫号排队系统,增加候诊椅,提高患者等候公平性和舒适度;确定患者就诊一卡通具体方案,已完成设备投放,正在进行互联调试,投入使用后将有效缩短患者挂号、缴费的等候时间。

【获奖情况】 医院被天津市企业文化研究会评为"天津市组织文化骨干单位"。

医院被天津市护理学会评为"天津市护理学会2013年度组织建设先进单位"。

医院被天津市重点疾病预防控制和免疫规划工作领导小组评为"2012年度天津市筛查项目优秀肠镜检查单位"。

医院妇产科被天津市卫生局评为"2012年度天津市妇幼卫生工作先进集体"。

王会菊被评为"2012年度天津市妇幼卫生工作先进个人"。

苏丽丽被天津市红十字会、天津市卫生局评为"优秀人体器官捐献协调员"。

杨万杰被天津市总工会授予"2012年度天津市五一劳动奖章",被天津市卫生局评为"天津市卫生行业第二届人民满意的好医生"。

孙光斌被评为"2012年度天津市筛查项目先进个人"。

(吴培东、赵建敏、任亮)

元培学院

【教育教学】 元培学院积极探索本科生教育模式。2013年度学院进一步深化跨学科专业和自建课程改革调整,摸索以网络为平台的新型教学方式,并在教务办公室人手紧缺的情况下,顺利完成学生教学管理各项工作。

学术规范与论文写作课程改革。学术规范与论文写作课程作为元培学院自建平台课,面向所有元培学生开放。2013年度学规课响应学校小班课教学改革的号召,将原来的单纯大课授课改为小班教学。在春秋学期开课前,学院主管教学的苏彦捷教授邀请相关导师一起讨论教学大纲,对课堂组织形式和内容进行了广泛的沟通,达成小班教学必要性的共识。学院导师办公室负责联系和落实由元培导师担任学规课程任课教师。2013年度学院共联系30位教师承担了8个小班课程,针对不同专业方向,开设有针对性的课程,帮助学生尽快掌握本学科的学术规范。一年试行之后,小班课教学获得学生们的广泛肯定。

教学管理工作。教务办公室在工作中坚持以学生为本,对学生负责,在工作中根据元培学院的特点,做到计划性与灵活性相结合,不断完善管理制度,提高管理和服务水平。全年各项教学管理工作均圆满完成。

空军国防生培养。2013年9月,25位空军国防生加入元培学院,在校飞行国防生总数约50人。

学院圆满完成飞行国防生的跨院系教学组织协调,以及日常和假期的军事、身体训练。飞行国防生保持了昂扬的斗志和学习热情。

2013年12月，由于飞行国防生在北大学习年限发生变化，学院完成调研和思想摸排工作。

跨学科专业建设发展。元培学院已经建设了三个跨学科本科专业："古生物学"已经有四届毕业生；"政治学、经济学与哲学"已经有三届毕业生；"外国语言与外国历史"已经开始人才培养工作，2014年将会有第一届毕业生。

导师工作。导师工作是元培学院教育管理的核心环节之一。全年导师办协调完成了一系列导师工作，包括选课指导、迎新、毕业典礼、导师访谈等。

座谈交流。学院导师办全年举办近20次不同学科方向的导师交流座谈会，活动内容主要面向2012级和2013级同学。由于进行了有效组织和事先广泛征求了同学意见，交流会有序高效，同学们的参与积极性也很高。另外组织形式上也有所改变，比如人文方向不限于单个院系的师生自己开展活动，而是人文方向几个专业一同举办，邀请数位导师到场，这样不仅增加了师生交流的机会，也扩展了学生看问题的视野和角度，这种形式更受同学们欢迎，2013年度导师共38人次出席座谈交流活动。

专题讲座。学院导师办充分利用元培学院丰富的导师资源，开展多种形式的主题讲座，以多种视角引导同学们了解课堂之外的知识，拓展大家的知识结构，从而提高学生的探索能力和探索兴趣。讲座包括艺术学学科宣讲会、"世界发展的东方智慧"主题论坛上导师李强的主题发言等。

创新基金评审。在3月国学网奖学金续签仪式和11月国学网论文评选活动中，共有5位导师出席，6位导师参与了国学网的评审和答辩工作；在元培学院创新基金的评选工作中，共有18位导师参与了28篇论文的评审和答辩工作。国学网奖学金得到尹小林的支持。

导师调整。部分导师因退休需要调整，一位专职导师因年近八十高龄需要调整。学院导师办认真完成导师人员调整工作，保证导师工作顺利进行。导师工作继续得到吴言动先生资助。

【党建工作】 元培学院党委成立，党委班子建设工作积极有序推进。2013年12月3日，经北京大学党委批准，中共北京大学元培学院委员会成立，孙华任党委书记。元培学院党委成立，代表学院党建工作在制度化、规范化层面取得新突破。学院党委成立后正在积极有序推进党委班子建设工作。

党的群众路线教育实践活动扎实开展，党风廉政建设取得成效。元培学院积极开展党的群众路线教育实践活动。8月初学院成立党的群众路线教育实践活动领导小组及办公室，按照统一布置开展动员大会、集体学习交流会、学生党员座谈会、联合党团日、专题民主生活会等活动，共收集意见建议12条，并逐一回复。对于同学们关心的学习年限问题，领导班子进行专项研究，拟定修改意见。学院以党的群众路线教育实践活动为契机，深化党风廉政建设，进一步完善设备管理和学生活动的预决算制度，将厉行节俭、杜绝浪费的精神贯穿活动始终；学院领导班子积极开展多种形式的自查自纠，对于发现的问题和存在的不足进行严肃整改，力求在作风改进和建章立制方面取得良好成效。

【学生工作】 元培学院作为北大本科生教育改革试点单位，需要相应学生工作安排配套保障，以确保本科生人才培养工作顺利开展。2013年元培学院在继承原有学生工作做法基础上，积极创新，在学术科研创新委员会、学生楼委会和元培小组的建设方面卓有成效，同时广泛联系社会各方力量，充分调动校友、院友资源，帮助罹患重病的元培毕业生赵赟。

专业方向建设。元培学院内部专业方向众多，仅依靠传统的党团班为主轴的学生管理模式难以较好支撑元培学院学生工作要求。针对这一情况，元培学院成立学术科研创新委员会并设立学科联系人制度。2013年度在既有工作基础上，学院整合学科联系人设立学部委员，集中优势资源，凝聚学生骨干，密切联系导师，以多种形式推进院内专业方向建设。学院在专业建设中特别注重以学术活动为依托，以各方向学生为主体，开展丰富多彩、富有意义的集体活动。2013年度在活动的数量和质量上都有较大提升，仅以秋季学期为例，学院共举办各方向导师交流会11次、方向交流会8次、读书会14次。此外，学院还邀请数学科学学院丘维声教授作题为"数学无处不在，学好数学的方法何在"的主题演讲；在党的十八届三中全会后，邀请国发院姚洋教授和李玲教授与青年学子对话，主题为"亲历：两代人的改革时代"，展现青年学子的良好精神风貌，均获热烈反响。

住宿制书院建设。元培学院借鉴国际较为成熟普遍的住宿制书院模式，采取院系集中住宿。在内部管理中，学院通过成立学生楼委会调动学生积极性，实现一定程度自主管理。楼委会以学生骨干为主体，承担了楼内设施维护修缮、楼内公共空间整理安排和安全卫生检查等任务。2013年度楼委会在此基础上积极创新，通过开展36楼板报大赛、布置走廊书法摄影作品、制作楼厅电视通知提醒等方式，突出元培特色，营造寝室文化。楼委会还以36楼为载体，承接部分学生工作，如为赵赟同学募捐等，36楼当天筹款金额便突破5万元。

第二课堂建设。元培学院不

仅采取基于学生兴趣的专业选择与课程学习模式,也注重培养学生在课堂外的兴趣爱好养成。2013年秋季学期,学院依托元培课外导师资源,成立以传承传统文化为主要内容的元小组,吸收对书法、绘画、篆刻等传统文化感兴趣的学生加入,采取知名书画家定期指导和学生自主活动相结合的方式。活动开展一学期以来,吸引了对传统文化感兴趣的近30名同学加入,并在2014年学院新年晚会上进行汇报表演,获得师生一致好评。

何善衡图书室。何善衡图书室是北京大学图书馆系统中的独特风景,该图书室由元培学院学生独立运营,成为学生成长的特殊基地。6月图书室管理团队进行换届,图书室志愿者达到58人。管理团队完成馆藏清点、整理和排架调整、借还书系统完善更新、毕业班爱心赠书活动以及书评大赛等。

【国际化发展】 元培学院国际合作与交流工作稳步推进,在现有良好基础上,不断丰富扩展项目的内涵,并积极开拓新的外事项目和合作机会,接收留学生工作也有很大发展。

留学生工作。2013年学院参与外事活动的学生人数逾200人次,学生在外语能力、科研能力、视野眼界、待人接物等方面都得到较好的锻炼,有助于推动学院国际化人才培养工作的发展。

留学生工作大幅推进,留学生数量显著提升。2013年学院成功接收22名留学生,至此元培学院留学生总数为44名,实现人数翻番。学院期待留学生能够入住36楼,实现元培学院更加深入的国际化。

国际交流项目。2013年度学院接待来访时间一周以上、来访人数15人左右学生代表团3个,并全程配合学校完成北京大学—维斯理女子学院女性领导力培训项目。

学院继续稳步推进现有交换项目,与香港中文大学、日本早稻田大学、美国沛泽大学进一步深入合作。10月底学院成功举办北大—首尔国立大学—香港中文大学通识教育论坛,这是第三年举行该论坛,香港中文大学首次参加;前往日本早稻田大学的交换学生获得日本政府的奖学金资助;和沛泽学院签署长期协议,恢复在勺园的同屋住宿项目,并将项目的2门英文课向全校学生开放,且从2014年开始每年派出一名学生赴对方学校学习一学期,并获全额奖学金资助;与新加坡大学的交流项目正在洽谈中,目前进展顺利。

中国社会科学调查中心

【发展概况】 北京大学中国社会科学调查中心(Institute of Social Science Survey, ISSS,以下简称调查中心)成立于2006年9月,是北京大学社会科学的数据调查平台,也是北京大学开展中国社会问题实证研究的跨学科平台。

调查中心长期承担两项大型社会追踪调查:中国家庭追踪调查(China Family Panel Studies, CFPS)和中国健康养老追踪调查(China Health and Retirement Longitudinal Study, CHARLS)。两个项目均以收集能真实反映我国民生状况的高质量微观数据为目标。中心立足数据、通过研究分析社会民生方面的各类问题,为政策制定提供实证依据。CFPS与CHARLS两大调查的数据现已免费向各界开放,有力推动了社会、经济、教育等跨学科研究工作。此外,中心还负责实施了一系列重要项目,如中国健康与疾病负担调查、中国居民医改满意度调查等。

调查中心有一支由50余名优秀人才组成的社会科学调查团队,专业涵盖调查技术、调查执行和质量控制等诸多领域,每年组织管理调查访问员千余名。中心开展的各类调查充分利用国际领先的计算机辅助调查系统,执行运作规范,保证调查数据质量优异。

此外,调查中心组成了由北京大学以及国内外专家学者参加的顾问机构,为中心的学术发展提供咨询,指导设计抽样和问卷等技术环节。中心组织专家学者利用数据撰写研究报告,目前已经出版五期《中国民生报告》,即将出版《中国收入状况报告》《中国教育发展报告》《中国家庭动态报告》等。

调查中心在现有数据收集、数据发布平台的基础上,还将进一步推动数据共享平台和研究智库等方面的发展,成为集调查、共享和政策相关研究为一体的专业数据调查科研枢纽。

【数据调查】 中国健康与养老追踪调查(CHARLS)。调查中心在2013年完成了对2011年全国基线调查10238个样本家户的追访工作。样本覆盖28个省区市的150个县/区、450个村庄/居委会。在参与基线调查的17683位有效受访者中,除去441位在2011至2013年间去世的外,有15168位受访者至少完成CHARLS访问中一个主要模块的追访(14931位完成了所有模块),所有成功追访的个人占基线个人样本总数的88.3%,在国际相类似的追踪调查中名列前茅。此外,CHARLS还完成一般追踪调查无力或忽略的对基线抽样样本的确认。一方面项目对基线调查当时预留样本的2500个受访户全部进行了追访和信息更新;另一方面,项目还对2011年基线调查中无法访问的五类约7500户样本进行了再次确认,确保CHARLS数据的真实可靠。

中国家庭追踪调查(CFPS)。调查中心完成对全国样本的维护工作。调查中心通过对行政支持各级单位、村（居）干部、受访户开展电话、短信、邮件等不同方式，为2014年CFPS追访调查活动的顺利进行做好准备。

中国健康与疾病负担调查（CMHS）。该项目由调查中心承担，在全国31个省（自治区、直辖市）的157个县（区）1256个村（居）展开。该项目得到国家卫生行业科研专项和"十二五"科技支撑计划资助，其主要目的在于通过科学、规范的调查，获得全国疾病负担及卫生服务利用的现况数据，为我国医疗制度改革、卫生立法以及各级政府制定相关政策提供科学依据。在一年多的项目筹备和执行中，调查中心完成了项目方案设计（抽样方案、招聘方案、培训方案、执行方案、预调查方案、调查信息系统方案、质量监控方案、报告系统方案）、问卷测试、预调查实施和总结、访员招聘和培训、区县协调和沟通、实地执行、质量控制、进度实时报告、现场攻关、访员设备和材料回收、访员劳务申请和结账等大量工作。全国共计完成访户内抽样登记表（KISH问卷）28752份，复合性国际诊断交谈表（CIDI问卷）257283份，采访总时长近4万小时。

【会议出版】 7月17日，"中国家庭追踪调查"（China Family Panel Studies，CFPS）数据暨《中国民生发展报告·2013》发布会在北京大学英杰交流中心举行。该报告共计13章，包括收入分配、教育、医疗与健康等多方面使用CFPS数据所完成的研究。此次数据发布包括2010年基线数据对全国学术和政策研究界的免费开放，以及2012年追访数据测试版对北大校内用户的开放。9月10日，由调查中心主办的"社会调查年会·2013"在北京大学召开。会议主题为"社会调查质量管理和社区建设"。国内外高校、研究机构相关领域专家及调查管理专业人员参会。

【教育与培训】 调查中心与北京大学—密歇根大学于7月至8月在北大开设为期一个半月的暑期强化课程，任课教师均为美国高校的著名教授。北大和国内高校、研究单位的教师、研究人员、硕博研究生和高年级本科生共计约150人参加了此课程，并给予课程高度评价。

1. 课程名称：历史社会学研究方法（Methods of Historical Sociology）。时间：7月1日至7月12日。课时：32学时。招生人数：20人。教学语言：英语。主讲教师：Howard Kimeldorf教授。

2. 课程名称：事件史分析方法（Event History Analysis）。时间：7月15日至7月26日。课时：32学时。招生人数：80人。教学语言：英语。主讲教师：Daniel A. Powers教授。

3. 课程名称：抽样调查方法（Methods of Survey Sampling）。时间：7月29日至8月9日。学时：32学时。招生人数：60人。教学语言：英语。主讲教师：James M. Lepkowski教授。

分子医学研究所

【发展概况】 北京大学分子医学研究所（Institute of Molecular Medicine，Peking University，以下简称IMM）创建于2005年。截至2013年底，IMM已建成了具有国际水准的16个研究室和研究中心，3个大型公共科研平台，其中包括国际知名的"非人灵长类研究中心"。

程和平教授当选中国科学院院士。以程和平教授为牵头人、汇聚校内仪器研发与创新应用重要研究力量的国家重大科研仪器设备研制专项"超高时空分辨微型化双光子在体成像系统"获批，成为北京大学单笔资助额度最高的基础研究类科研项目。

随着综合科研楼的落成，6个实验室、中心和平台完成了实验室的搬迁和建设工作。IMM积极推进新大楼的建设工作，与基建部、生物成像中心携手，已初步完成大楼的设计工作。

【中期评估】 根据建所方案"三年进行中期评估，五年进行国际评估"，继2008年11月19日进行第一次中期评估，2011年1月10日至11日进行第一次国际评估后，IMM于2013年8月28日进行了第二次中期评估。评审委员会主席由北京生命科学研究所王晓东院士担任，委员由中国科技大学施蕴渝院士、清华大学李蓬教授、钟毅教授、北京大学医学部周德敏教授、王克威教授以及北京大学汤超教授担任。各位专家在评审过程中对13位研究人员的研究进展和未来学术方向提出了中肯的建议和意见。评估后评审委员会为每位研究人员撰写了评估报告，所长分别与每位研究人员就评估结果进行沟通。中期评估成功举行，为IMM PI和主要研究力量的学术发展指明了方向，并对IMM的可持续发展具有重要的指导意义。

【"分子医学"二级学科设置】 3月，"分子医学"被正式列入北京大学自主设置的二级学科。"分子医学"二级学科的设置，是IMM优化学科结构，加快学位与研究生教育发展的一项重要改革举措。目前，在该二级学科方向上，IMM拥有博士生导师18名，硕士生导师3名；中国科学院院士1名，千人计划专家3名，青年千人计划专家3名，杰青3名。IMM设立高度交叉的26个研究方向和22门特色选修课程，注重选拔与培养面向转化医学的学科交叉型人才。

【人才队伍】 截至2013年底，

IMM有事业编制职工38人，博士后6人，劳动合同制职工26人。劳动合同制职工已成为研究所科研工作的重要补充力量。

梁子才研究员通过学校Tenured评审，获聘北京大学高级研究员，成为IMM第4位高级研究员；与工学院双聘的席建忠研究员荣获2013年度国家杰出青年科学基金资助；李川昀荣获第三届"贝时璋青年生物物理学家奖"；陈良怡、吕凤祥荣获2013年度"北京大学绿叶生物医药杰出青年学者奖"；陈良怡、李川昀入选"生命科学联合中心"研究生培养体系。

在人才引进方面，IMM根据整体学科规划，2013年完成2位新PI何爱彬和陈晓伟的招聘，两位新PI均通过第五批国家"青年千人计划"入选名单公示，并分别获聘生命科学联合中心青年学者和生命科学联合中心预备研究员。同时，IMM还从国外引进了2位Co-PI刘彦梅和汪世溶，1位研究助理马淇。

【科研工作】 2013年IMM科研人员发表论文47篇，在Nature上发表一篇，总影响因子315.79，平均影响因子6.72。其中IMM为第一作者或责任单位第一单位署名文章35篇。2013年IMM获批国家重大科研仪器设备研制专项1项，国家自然科学基金项目重点项目1项、重大研究计划培育项目1项、面上项目3项及青年科学基金项目1项，北京市项目2项；获中国授权专利1项、国家计算机软件著作权1项，申请中国专利2项。

主要成果。发现胰岛素抵抗核心分子MG53（Nature）；超氧炫与衰老机制研究取得突破（Nature）；首次实现对纳米尺度钙信号的高精度实时观测（Circulation Research）；揭示了一种不同于融合—裂解的线粒体物质交换与通讯的新机制（PNAS）；完成小核酸修饰对活性影响机制的解析（FASEB J）；在国际上首先建立CRISPR诱导的斑马鱼和大鼠基因敲除的新技术（Cell Research）；完成百岁老人外显子测序工作；首次发现了小肠的功能改变在营养过剩所致肥胖中起重要作用（Diabetes）；解析了胚胎干细胞中miRNA阻止分化和促进细胞增殖的分子机制，并发现了多个促使胚胎干细胞分化的miRNA（Cell Reports）；首次发现机械性刺激诱导内皮细胞WP小体的分泌及血管炎症反应，并揭示其分子机制，为高血压相关疾病的治疗提供了新靶点（Cell Research）；恒河猴基因组医学研究揭示灵长类调控新层次（PLoS Genetics）。

北京市重点实验室获得认证。IMM着眼于国家重点实验室，积极推进北京市重点实验室的申请和建设工作。6月，"代谢及心血管分子医学北京市重点实验室"获得北京市科学技术委员会认证并获得"北京市科技创新基地培育与发展工程专项"资助。

【学生工作】 截至2013年底，IMM有北京大学学籍学生127人，客座学生75人；2013年毕业13名博士研究生。7月7日，IMM举行第二届"顾吴奖学金"颁奖仪式暨学术报告会。该奖项为感谢顾孝诚和吴才宏两位教授对IMM的创立和发展所作出的巨大贡献而设立，用于奖励IMM在读的品学兼优的研究生，每年组织评选一次。结合学生在求学过程中的不同心理需要，IMM继续开展"PIZZA SEMINAR""MEETING WITH PI"以及运行学生顾问制，从挖掘个人学术潜能、规划个人发展方向以及排忧解困方面给学生提供平台、给予帮助。

7月10日，为期三天的"北京大学分子医学研究所2013年全国优秀大学生夏令营暨北京协和医学院阜外心血管病医院2013年全国优秀大学生夏令营"落下帷幕。来自全国40多所高校的生物、理工、基础与临床医学等不同学科背景的90名优秀学子参加了本次活动。本次大学生夏令营是在转化医学的时代格局下，高校研究单位和临床医院联手，探索新型人才培养模式的一次成功的实践。夏令营活动不仅促进了两个单位之间的交流与合作，同时也使同学们对心血管转化医学的理念与应用、生物医学前沿格局等有了具体而深入的认识。

【AAALAC复审】 2013年，国际实验动物评估和认可管理委员会（Association for Assessment and Accreditation of Laboratory Animal Care International，AAALAC）对实验动物计划进行了三年一次的复检。由于这次复检是在2008年认证和2011年第一次复检的基础上，加上AAALAC在2011年推出新的指南，因此对实验动物相关工作提出了新的、更高的要求。IMM一方面积极配合学校和动物中心做好动物设施准备工作，另一方面督促各实验室在人员培训、动物实验计划修订、实验室安全卫生、实验操作规范等方面做了很多工作。检查小组对北京大学三年来的实验动物工作给予了充分肯定，并表示会如实将检查情况上报AAALAC国际理事会。复检的最终结果将于2014年2月反馈北京大学。

【学术交流】 举办第四届中国小核酸技术与应用学术会议。为促进中国小核酸研究和制药的交流和进一步发展，由IMM等承办的"第四届中国小核酸技术与应用学术会议（RNAi China，2013）"于6月21日至22日在中国"小核酸的硅谷"江苏省昆山市召开。来自国内小核酸研究领域、医药生物技术领域以及高校、科研院所的400多名专家学者齐聚一堂，探析小核酸技术和产业发展方向。

举办 Current Concept of Aging 2013。IMM 组织召开了"Current Concept of Aging 2013",内地及香港大学 30 余名专家参加。会议主要研讨了衰老领域研究现状及存在的问题,对整合国内衰老研究资源以及促进国内衰老研究有重要意义。

IMM Seminar 系列讲座。IMM 自建所以来共举办 IMM Seminar 系列讲座 483 场,2013 年共举办 44 场。IMM Seminar 作为一个品牌学术交流平台,在开拓学生学术视野的同时,更进一步加强了 IMM 与国内外学术同行的学术交流。

【党建工作】 IMM 现有教工党员 15 人,学生党员 58 人。IMM 党支部认真组织学习中国共产党第十八届中央委员会第三次全体会议、北京大学第十二次党代会以及习近平总书记给北京大学考古文博学院 2009 级本科团支部全体同学的回信精神;结合党的群众路线教育实践活动这一契机,组织开展了多项活动,针对学生和教工党员在发挥先锋模范作用等方面存在的问题,开展了批评和自我批评,并提出改进措施和方法;探讨了在国际化程度日益增强的新时代,IMM 的教工和学生党员应如何发挥先锋模范作用,在国际化的舞台上赢得尊重、赢得信任、赢得支持和赞赏。北京大学党委书记朱善璐同志、组织部副部长霍晓丹同志等领导多次亲临指导研究所党建和教学科研工作,激励大家追求卓越,自觉地为实现率先跻身世界一流大学的"北大梦",为实现中华民族伟大复兴的"中国梦"作出新的贡献。

科维理天文与天体物理研究所

【概况】 科维理天文与天体物理研究所(以下简称 KIAA)2013 年从海外引进"百人计划"研究员三人,其中两人获批国家"青年千人计划"。研究所进行了所长招聘工作,通过全球招聘,学校决定聘任美国卡内基天文台研究员何子山(Luis Chi Ho)担任 KIAA 下任所长。

【教学工作】 KIAA 共指导研究生 23 名、本科生近 30 名(其中包含多名未名学子班学生)。KIAA 研究员讲授的课程有:天体物理前沿(研究生)、致密星(研究生)、星系动力学(研究生)、天文学中的距离测量(研究生和高年级本科生)、现代天文学(本科生)等。

【科研工作】 科研成果。2013 年 KIAA 科研人员共发表专业学术期刊论文 54 篇,会议论文 6 篇。由 Richard de Grijs 研究员主编的国际天文联合会第 289 次科学研讨会专辑 Advancing the physics of cosmic distances 由剑桥大学出版社出版。

经费情况。2013 年 KIAA 获得国家自然科学基金面上项目 2 项、外国青年学者基金项目 1 项、专项基金项目 1 项,中国博士后科学基金项目 3 项,总经费 259 万元。KIAA 代理所长刘晓为教授作为首席科学家申请的国家重点基础研究发展计划(973 计划)项目"基于 LAMOST 大科学装置的银河系研究及多波段天体证认"获得科技部批准,预算控制数为 2500 万元。

学术会议。5 月 6 日至 10 日,KIAA 与天文学系、中国科学院国家天文台和紫金山天文台、广西大学等单位共同组织在北大召开了"多信使瞬变源天体物理"国际研讨会,国内外 80 多人参加会议。

【天文夏令营】 7 月 15 日至 18 日,KIAA 与天文学系联合国家天文台、北京师范大学和北京天文馆共同举办了第五届天文夏令营,来自全国的近 150 名高中学生参加了为期 4 天的夏令营。通过学科导航、名师讲座、师生互动及到北京天文馆、国家天文台兴隆站参观,并通过精心设计的笔试和面试,天文学系向学校推荐了 57 名优秀中学生作为 2014 年自主招生的候选人。

北京国际数学研究中心

【队伍建设】 北京国际数学研究中心(以下简称数学中心)面向全世界招聘教师及博士后科研人才。2013 年,数学中心继续创新工作思路,吸纳青年科研人员成立人才招聘小组,增加人才招聘工作的活力和效率,根据人才队伍建设的整体规划在全球范围内吸引、遴选、招纳一流数学家。截至 2013 年底,在北京国际数学研究中心指导博士生的教师共有 24 人,其中有 10 人入选中组部"千人计划"(3 人入选中组部"青年千人计划"),3 人为北京大学"百人计划"学者。另外,杨文元、葛剑有望在 2014 年加盟数学中心。

2013 年度新加盟的"青年千人计划"入选者张磊的主要研究领域包括偏微分方程数值解法、大规模科学计算、计算材料、计算生物等,其研究成果已发表在包括 Physical Review Letters、Nature 子刊 Molecular Systems Biology 等国际顶级期刊上。

北大"百人计划"学者文再文主要研究最优化计算方法,在带一定特殊结构最优化问题,如稀疏优化、低秩矩阵优化和带正交约束优化及其应用等研究方向上取得了一系列重要的研究成果;开发有多重网格优化软件包 MGLS,稀疏优化软件包 FPC_AS,低秩矩阵恢复软件包 LMaFit 和保正交约束软件包 OptM。

特聘教授阮勇斌在辛拓扑与量子上同调等方面做出了开创性研究,在国际数学界有重要影响。特聘教授赵宏凯曾获得冯康科学计算奖以及斯隆奖,在汉密尔顿—雅可比方程的快速扫描方法、水平集方法和移动界面的计算方法以及计算机视觉和图像处理等方面做出了重要工作。

讲座教授彭实戈为中国科学院院士,他建立了动态非线性数学期望理论,将 Kolmogorov 创立的概率论推广到非线性情况,并将其应用于动态金融风险度量的理论与计算,对在中国建立"金融数学"新学科发挥了关键的作用。

数学中心博士后工作继续取得引人注目的工作成绩。目前,数学中心有在站博士后 20 人,2013 年度有 3 人获得中国博士后科学基金一等资助,2 人获得二等资助。博士后熊金钢、陈凌、王超等进站后刻苦钻研,在自己的科研领域做出很好的工作成绩,逐步获得国际同行的认可。

【科研工作】 2013 年,数学中心教授和博士后发表或被接受的论文总数有 100 余篇(含预印本),其中多篇发表在世界著名数学杂志上。2013 年,数学中心的科研人员获得国家自然科学基金重点项目 1 个,面上项目 1 个,优秀青年科学基金项目 1 个,数学天元基金专项基金项目 2 个,以及若干个其他基金的支持。

田刚院士完成解决著名的 Yau-Tian-Donaldson 猜想的文章,并于 2013 年初投稿。Yau-Tian-Donaldson 猜想是数学中广受关注的重要猜想,涉及很多数学分支,比如微分几何、代数几何、偏微分方程、多复分析、度量几何等,这一猜想的解决建立了连接代数几何和微分几何的桥梁,并将推动这两个学科的发展。

博士后关启安与合作者解决了 L^2 延拓定理中的最优常数问题,作为应用证明了 Suita 猜想。Suita 猜想在 1972 年被 Suita 提出,四十年悬而未决,于 2012 年被关启安与合作者解决。该猜想在公开文献中被称为"复分析中的经典问题"和"一个著名的猜想"。

许晨阳教授与人合作的两篇论文被世界顶级数学期刊 Annals of Mathematics 接受。许晨阳与李驰合作,通过系统引入极小模型纲领为工具,完全解决了田刚的猜想,他们的结果揭示了数学两个不同领域之间的深刻联系,并在利用纯代数几何的方法构造 Fano 簇的模空间这个理论方向取得了一大进步。许晨阳教授的另一工作是有关第一陈类为负的代数流形构成的模空间的紧化研究,在高维领域被称为 KSBA 紧化理论。建立模空间的第一步是要证明其有界性。在 KSBA 理论中,这个有界性被划归为关于一般对数典范偶的所有可能的体积的下降链稳定性。经过几年的反复思考,许晨阳与 Hacon、McKernan 合作,在他们早先关于自同构群有界性的工作基础之上完全解决了这个猜想。许晨阳有关这两部分工作的文章被世界数学界顶级期刊 Annals of Mathematics 接受。加上 2012 年被接受的有关自同构群有界性的文章,他已有 3 篇文章被 Annals of Mathematics 接受,这极为难得。由于许晨阳教授非常突出的工作成绩,他分别于 2013 年 9 月和 11 月获得"求是杰出青年学者奖"和"中国青年科技奖"。

【人才培养】 2013 年度数学中心招收博士研究生 10 人,博士研究生总人数达到 29 人。数学中心努力为青年学生提供一流的学习条件,创造浓厚的学术氛围,探索建立一流数学人才培养特区,稳步开展人才培养模式的改革,促进拔尖人才脱颖而出。

在课程设置方面,数学中心邀请多位世界著名数学家前来讲授基础或专业课程,为学生创造跟随国际数学大师学习、开展科研的机会,使学生尽早地接触到前沿的数学问题。2013 年春季,著名数学家 James Carlson、陆智勤教授前来开设专题课程。2013 年 10 月,数学中心邀请法国著名数学家 Claire Voisin 和 Nesiim Sibony 为学生讲授系列课程。Claire Voisin 的课程围绕代数几何领域中两个基本研究对象——周群和 Hodge 结构之间丰富而微妙的联系展开,课程本身还为理解著名的 Hodge 猜想提供了几种不同的深度与角度。Nessim Sibony 的课程主旨是二维的复动力系统中的刚性,以及紧 Kahler 流形上具有正熵的全纯映射。学生通过听课、参加讨论班和学术讲座等方式直接与世界级数学家探讨、请教学术问题,在一流数学家的带领下开展科研训练。

自成立以来,数学中心一直努力建设成为一流的数学人才培养特区。为了充分发挥中心的优势,更有效、更集中地利用国际数学前沿资源,实现中国从"数学大国"向"数学强国"的转变,培育更多优秀的人才服务于创新型国家建设,并进一步加强应用数学服务于国家发展战略,数学中心于 2013 年度开办第 5 期研究生数学基础强化班。强化班主要招收来自全国各大高校的数学尖子生,充分利用国内外数学教育资源,采取集中训练、优质教育的方式进行,并在全球范围内聘请著名教授在数学中心集中讲授数学基础课程。同时,北大数学科学学院所有高年级本科生专业课和研究生课程均对强化班学生开放。数学中心还将通过特别数学讲座、学术会议交流、讨论班等活动的开展,与学生分享前沿数学研究成果,让其了解国际数学发展的新趋势、新成果,开阔学生眼界和思路。

【学术活动】 2013年,数学中心组织召开6个国际研讨会,其中包括"代数几何日"研讨会,第三届群、代数及相关课题国际会议,中法金融数学研讨会,P可除群的模空间研讨会,生态学、流行病学和环境科学中的数学进展等。另外,数学中心全年举办长期讨论班7个,学术报告100余场。

10月11日,北京大学数学学科创建一百周年庆典隆重举行,六位国际顶尖数学家应邀访问北大,并在数学中心报告厅为北大师生带来了精彩的学术报告。此次来访的国际顶尖数学家包括沃尔夫奖得主、美国国家科学院院士Phillip A. Griffiths,英国皇家学会会员、国际数学联盟(IMU)前主席John Ball,菲尔兹奖得主Andrei Okounkov,国际数学联盟秘书长、美国工程院外籍院士Martin Groetschel,法国科学院院士Jean-Michel Bismut以及沃特曼奖、柯拉兹奖得主Emmanuel Candes。北京大学党委书记、校务委员会主任朱善璐,北京大学校长王恩哥以及有关校领导亲切会见了来访的国际顶尖数学家,感谢他们对北京大学科研建设和国际交流合作的大力支持,并欢迎他们以北大数学学科创建一百周年为契机,常来北大开展高水平学术交流,为北大举荐世界一流的数学人才。作为庆祝北京大学数学学科创建一百周年的系列学术活动,本次国际顶尖数学家的学术报告涵盖了基础数学和应用数学的重要研究领域,既有专业的前沿研究成果,也有适于公众聆听的非专业性学术报告。活动吸引了北大师生以及周边各大高校的学者和学生逾千人前来参加。

【对外交流与合作】 通过TRAM计划,普林斯顿大学的学生Heather Macbeth、杨诗武等前来北大访问,北京大学数学专业的戴嵩获得了到普林斯顿大学访问的机会。互访交流的方式拓展了学生的国际视野,加强了学生之间的学术沟通与合作,拓宽了国际化交流的平台和途径。

2013年度数学中心共接待来自世界各地的数学家逾百名,他们当中既有国际著名的数学家,比如国际数学界最高奖项菲尔兹奖得主、欧美各国科学院院士等,也有颇具潜力的优秀青年学者。丰富而活跃的学术交流和访问使数学中心汇聚了许多国内外数学界的著名专家和优秀科研人员,为北大师生带来最新、最前沿的学术研究成果,为数学中心的科研人员和青年学生营造了开放、国际化的学术研究和交流环境。

《儒藏》编纂与研究中心

【教学工作】 2013年,"儒家思想与儒家经典"方向招收9名博士研究生,毕业4名,肄业1名,在校29名。博士后进站1名。

【科研工作】 研究中心与《儒藏》"精华编"日本编委会合作,整理出版仓石武四郎之《日本中国学之发展》,2013年正式出版。

研究中心主办《儒家典籍与思想研究》集刊,每年一辑,截至2013年已出版5辑。

【年度纪事】 1月24日,北京大学《儒藏》编纂与研究中心召开"《儒藏》史部工作会议"。

7月29日,教育部社科司魏贻恒处长来北京大学《儒藏》编纂与研究中心座谈。

深圳研究生院

【概况】 北京大学深圳研究生院经教育部批准于2001年4月成立,是以全日制研究生教育为主的高等教育机构,校址位于深圳西丽大学城内。2013年,校区占地面积21.28万平方米,汇丰商学院教学大楼、创新药物研发中心大楼、学生宿舍5号楼建设项目陆续竣工交付使用,建筑面积增至17.41万平方米,同比增长80%。

2月,成立新材料学院。至此,深圳研究生院共有信息工程学院、化学生物学与生物技术学院、环境与能源学院、城市规划与设计学院、新材料学院、汇丰商学院、国际法学院、人文社会科学学院等八个学院。

2013年,深圳研究生院领导班子进行了调整:院长陈十一,常务副院长史守旭,党委书记白志强,副院长栾胜基、李贵才、吴云东、牛宏伟。

深圳研究生院各学院对学科分别进行了整合提升。化学生物学与生物技术学院进一步加快创新药物研究中心的平台建设,完善学科建设体系,学科整合梳理为四大研究方向:疾病发生机制与疾病模型研究、药物作用靶标及作用机制研究、计算化学与药物设计、重要天然产物及药物的合成及方法学研究。城市规划与设计学院着手城乡规划一级学科的申报,以此为契机全面提升学院发展,新增建筑设计及其理论二级学科。环境与能源学院明确环境科学、环境工程两个二级学科下的各学科方向,能源高效利用与清洁能源工程新能源学科获得进一步发展。新材料学院着手与工学院等本部院系合作建设材料科学与工程的一级学科;"国家新能源汽车(动力电池)技术创新工程项目"相关资金与资助相继到位,以新材料学院为协同研发创新中心和枢纽(Hub)的协同创新体开始运行并取得初步成果。国际法学院与本部法学院的交流合作进一步加强。汇丰商学院初步构建包括全日制研究生、EMBA、MBA、在职MBA以及EDP高层管理培训在内的多个培养层次,完善多个与香港地区、新加坡高校合作的全日制学生培养项目,国际认证工作进展顺利。人文社会科学学院新增财经新闻方向研究生招生方向,进一步稳固办学学科基础。

2013年,深圳研究生院有专职教师142人;年内引进教师29人,其中教授6人,副教授5人,助教授18人,以上教师中19人为外籍教师。专职教师中,教授36人,副教授50人,讲师56人;136人拥有博士学位,留学归国教师56人,外国专家52人。

【教学工作】 2013年,深圳研究生院共录取研究生992人(博士研究生59人,硕士研究生933人,留学生46人),在校生总人数2810人。在校留学生来自三十多个国家和地区,增至87人。建筑设计及其理论专业实现了独立招生,力学(先进材料与力学)专业依托校本部工学院实现了招生。

【科研工作】 新材料学院学科团队入选广东省创新团队,成为研究生院第一个入选团队;信息工程学院"图像与视频处理研究创新创业团队"入选深圳市"孔雀团队";全年新增国家及地方人才项目入选25人次,1人入选国家"千人计划",1人入选国家"万人计划",1人入选教育部"新世纪优秀人才支持计划",1人入选国家外专局年度高端外专项目,2人入选"北京大学百人计划",4人入选"鹏城学者"计划,1人获得深圳市政府特殊津贴。在深圳市人才认定中,深圳研究生院新增海外高层次人才A类2人,B类16人,新增高层次专业人才国家级1人、后备级2人。

2013年深圳研究生院新增科研项目233项,合同经费达17114.58万元;全年科研经费收入14461万元,其中纵向课题经费收入9555万元,横向课题经费收入4906万元,纵向、横向经费收入比达到1.95∶1。师生发表学术论文476篇,其中SCI、EI、ISTP、SSCI收录343篇;申请专利79项,获得专利授权34项。2013年深圳研究生院新增科研载体6个,其中3个深圳市工程实验室,2个深圳市重点实验室,1个公共技术服务平台;另外,1个深圳市重点实验室(化学生物学与生物技术学院纳米微米重点实验室)提升为广东省重点实验室。

Nature杂志发表城市规划与设计学院曾辉教授与北京大学城市与环境学院朴世龙课题组合作的最新研究成果,该成果"昼夜不对称增温对北半球陆地生态系统的影响研究"入选2013年度"中国高等学校十大科技进展"。国际法学院常驻教授弗朗西斯·施奈德所著的《欧洲联盟与中国基本文件与评注》中文版由社会科学文献出版社出版;国际法学院全英文的《北京大学跨国法律评论》出版两期;汇丰商学院承担的深圳国际化城市指标体系研究重大课题顺利结题,成为深圳市国际化城市建设的重要依据。

【交流合作】 国际合作与交流取得新进展。2013年深圳研究生院有合作办学项目6个;合作交流项目达到29个,其中,国际法学院12个,汇丰商学院15个,城市规划与设计学院1个,环境与能源学院1个。在校留学生87人,覆盖30多个国家和地区。

2013年深圳研究生院参与、组织深圳国际化城市研讨会、北大深圳论坛、中国工程院院士论坛、校园开放日等活动。11位教职工新增选为深圳各学会、行业组织、政府机构的顾问和理事。近百名志愿者参与"北大学子进桃源"龙联社区四点半学校志愿服务活动,服务时长接近600小时;茶光小学"春蕾行动"第二课堂支教活动顺利开展多期,北大"清湖学堂"项目影响扩大。

为推进产学研合作,深圳研究生院成立了技术转移办公室,并成功申请深圳市技术转移专项经费资助。院各单位主办、承办了全球法务研讨会、中国工程院院士论坛等前沿论坛,扩大了深研院的影响力。深圳研究生院继续加大研究生科研支持力度,引导研究生追踪前沿、源头创新,举办第二届创意创新竞赛。

【党建工作】 2013年度,深圳研究生院共有70个党支部,其中7个教工党支部,63个学生党支部,全院党员共1431人。

深圳研究生院把开展党的群众路线教育实践活动和学习贯彻学校党代会关于深圳研究生院的战略部署相结合,加强组织领导,把握关键环节,有力推进工作,取得了明显成效。研究生院充分利用活动契机,在全院特别是教学科研一线,对深圳研究生院的办学定位和办学方向进行深入讨论,通过学习与讨论,提升了全院教职工创建世界一流国际化校区的使命感和责任感,进一步明确了深圳研究生院继续当好北京大学创建世界一流大学和国家高等教育改革的重要实验区的奋斗目标。

2013年按照学校党委的部署,着眼于自我净化、自我完善、自我革新、自我提高,以"照镜子、正衣冠、洗洗澡、治治病"为总要求,院领导深入师生和教学科研一线,倾听群众的意见和建议。在对问题建议汇总梳理后，进一步完善整改落实措施，研究生院抓好整改方案后续工作的落实，确保有序推进、按期完成；研究建立长效机制，及时完善相关制度规章，使这些制度落到实处、发挥作用，进一步促进和巩固教育实践活动的成果。此外，研究生院以"标本兼治、综合治理、惩防并举、注重预防"为方针，结合研究生院实际，切实提高党员干部自觉接受监督、主动参与监督、积极化解廉政风险的意识，进一步促进职责明确、决策民主、程序公开、管理规范的院管理水平提升。

【行政工作】 深圳研究生院加强行政能力建设，先后邀请市校业务领导及专家来院举办行政服务专题讲座和培训。研究生院实施《北京大学深圳研究生院行政教辅人员办公行为规范》《北京大学深圳研究生院中层干部任期考核办法》，全面促进提高行政人员的行政服务水平。研究生院坚持在行政岗位聘任外籍人员并增加为外籍师生服务的工作内容。

研究生院完成规章制度的梳理和英文翻译，共翻译 30 余项规章制度。《教师手册》《国际学生手册》《北京大学深圳研究生院招生工作手册》《北京大学深圳研究生院安全工作条例》及实施细则全面制定实施。研究生院继续加强考勤，强调劳动纪律。

研究生院深化落实此前"管理服务年"取得的成果，进一步全面提升管理与服务的国际化水平，为今后的跨越发展做好扎实准备。

【学生工作】 深圳研究生院 2013 届毕业生共 697 名，其中博士毕业生 26 名，硕士毕业生 671 名，就业率 99.16%，29% 学生于广东就业，另有 35% 与 15% 学生分别选择在北京和上海就业。

研究生院首次编印推出《南燕学生工作论丛》，提升学生工作理论水平。研究生院遴选与学生关系密切的事务性工作，精心编制《南国燕园学生事务指南》，深受学生好评。

研究生院做好大型活动，举办首届国际文化节、承办深圳市首届高校辩论赛、创新开学典礼、毕业典礼、五四校庆晚会、十一迎新晚会、镜湖之夜等传统品牌活动形式，在活动中贯穿北大人的使命感、责任感等精神教育；提升学生骨干培训班对学生综合素质教育的作用。2013 年研究生院组队返校参加北京大学运动会、新年晚会，均取得了出色成绩，增强了同学们对北大精神的认识。

研究生院首次将新生心理测评纳入校本部心理教育中心系统中。研究生院建立了个体面谈、电话咨询、邮箱咨询和团体咨询与辅导小组等形式的咨询活动机制。研究生院制订心理危机干预方案，开展心理健康讲座，建立专业的心理健康队伍。研究生院初步形成"助学贷款为主、勤工助学为辅，助学金、困难补助等形式为补"的资助工作体系。研究生院继续引导学生在读期间承担北大人的社会责任，大力宣传学生志愿者中的典型人物，形成了非常好的舆论氛围。

【信息工程学院】 2013 年 1 月，李震被任命为信息工程学院院长助理。

2013 年 9 月，王文敏被任命为信息工程学院院长。

截至 2013 年底，信息工程学院有教职工 60 余人。其中专任教师 20 人，包括外国专家 2 人，港澳台专家 3 人，留学归国教师 10 人。在专任教师中，正高级职称 6 人，占 30%；副高级职称 11 人，占 55%；中级职称 3 人，占 15%。

学院开设微电子学与固体电子学、电子科学与技术（集成电路与系统）、计算机应用技术三个专业。学院共招收 163 名研究生，其中博士生 8 人，硕士生 155 人；毕业生分为微电子学与固体电子学、电子科学与技术（集成电路与系统）、计算机应用技术、计算机系统结构四个专业，共 162 人，其中博士生 9 人，硕士生 153 人；全年在校生共计 542 人，其中博士生 46 人，硕士生 441 人。

学院共开设专业课程 51 门，计 146 学分。在学校组织的校网评中，信息工程学院课程两个学期分别为：96.43 分（高于深研院平均分和全校平均分）和 95.37 分（略低于深研院平均分和全校平均分）。

计算机应用技术专业两门选修课，课堂教学与实际应用相结合，增加了外出参观著名 IT 企业的内容，并邀请行业专家到课堂上与学生们交流讨论，深受学生欢迎。

海外高层次人才认定即"孔雀计划" 2 人。

2013 年度学院科研经费收入 2593 万元，其中纵向课题经费收入 1786 万元，横向课题经费收入 807 万元。

2013 年度，学院共获得国家自然科学基金、国家 973 课题以及教育部、科技部等国家级重要科研项目 7 项。学院师生共发表学术论文 173 篇，其中 SCI、EI、ISTP 和 SSCI 收录 142 篇；新增加国家发明专利申请 59 项，中国专利获授权 30 项。

学院积极服务深圳战略性新兴产业发展，主办"智慧城市中的视频分析与评测"院士论坛。

学院学生志愿者积极参与"北大学子进校园""春蕾行动""雅安地震募捐""第九届中国（深圳）国际文化产业博览会交易会志愿服务""老年大学""深圳慈善展览会黑苹果秋月会志愿服务""四点半

学校""第五届校园公益服务周"等活动。

学院与创维集团合作共建深圳市三维数字媒体技术工程实验室;与深圳市广信网络传媒有限公司合作共建深圳市融合网络集成播控技术工程实验室;与中国联通深圳分公司合作共建深圳市宽带无线网络安全技术工程实验室。

2013年,学院共邀请包括7位院士和3位IEEE Fellow在内的著名专家学者来校作学术讲座16次,学院教师参加国际会议50余人次,聘请香港理工大学副校长、IEEE Fellow 卫炳江教授为学院的兼职教授。

2013年度学院毕业生共计162人,其中博士生9人,硕士生153人,就业率98%,在广东省(含深圳市)就业27人,占毕业生总体的16.67%;在深圳就业19人,占毕业生总体的11.73%。

学院举办各具特色的品牌活动,如"一二·九运动"周年纪念活动、体育活动月、新生秋游活动、TED-SECE演讲比赛、毕业生话会、女生节主题活动等。

学院学生在2013年Altera亚洲创新设计大赛中获得特等奖和优秀文稿奖。

(雷凯、杨柳、张婧、卢志明、李建桦)

【化学生物学与生物技术学院】 2013年,学院的创新药物研发中心逐步投入使用。新药研发是人类对未知世界的探索和挑战,依赖高素质、有经验、有毅力的人才团队来实现。一年多来,学院梳理新药研发平台各环节建设中必需且北大尚缺乏的人才,有针对性地在转化医学方面引进周强博士、欧阳昆富博士作为TENURE-TRACK教师,进一步推动和完善了创新药物研发中心的平台建设。

学院进一步完善实验室建设,提升科研平台高度。新建深圳市功能分子X射线单晶结构分析测试公共技术服务平台、深圳功能结构生物学重点实验室、深圳多能干细胞分化技术工程实验室、深圳市南山区实验动物研究中心。

学院教师申请中国专利4项,PCT专利1项,获得中国专利授权2项;获2013年度国家自然科学奖二等奖1项(吴云东)、药明康德生命化学研究奖(学者奖)1项(潘峥婴);在国际知名期刊上共发表论文95篇,均为SCI收录,平均影响因子6.71,其中以学院为第一通讯作者单位,在国际顶尖杂志 *Cell Stem Cell*、*J. Am. Chem. Soc.*、*Angew. Chem. Int. Ed.*、*Nat. Struct. Mol. Biol.* 共发表论文8篇(分别由邓宏魁、黄湧、全军民、赵劲、杨震课题组完成);国家重大科学研究计划"蛋白质研究"青年专题项目"重要病原微生物感染与耐药性相关膜蛋白结构功能研究"获得立项,这是学院获得的首例青年973首席专家项目。

学院主办或承办国际会议1次,国内会议及论坛5次,参会人员均超过100人;邀请专家到学院举办讲座39次;学院教师外出参加国际及国内会议15次,共计80人次;学院教师被国内国际知名院校邀请外出举办讲座14次。其中学院承办的"2013有机反应机理国际研讨会"及"国家自然科学基金委员会'基于化学小分子探针的信号转导过程研究'重大研究计划2013年度学术交流会"最具影响力。

(王锐、李佩佩)

【环境与能源学院】 2013年,环境与能源学院有学生183人,全职教师14人,研究员3人,博士后9人。学院现有环境科学和环境工程两个专业,"能源高效利用与清洁能源工程"新能源学科建设工作获得进一步的发展,结合新能源工程、节能工程、能效政策和能源信息管理四个方向的特点,筹备出版一系列能源学科教材(科学出版社),目前已完成13本初稿。学院共开设27门专业课,其中新开课程2门。全年学院有47名硕士、6名博士毕业。学院在珠三角地区就业的毕业生人数与往年相比有所提升,占已签约人数的24%,初步实现了为珠三角输送人才的目标。

学院全年实际总到账经费1985.3万元,其中实到纵向科研经费1476.4万元,实到横向科研经费508.9万元。学院师生共发表学术论文110篇,其中SCI收录论文37篇,EI收录论文6篇,中文核心期刊64篇。在专著方面,金鹏老师作为第二作者出版了21万字的《城市道路照明智能监控技术》,由清华大学出版社出版。学院师生申请实用新型专利1项,并获得授权。2013年深圳市城市人居环境与技术重点实验室通过市科创委考核,获得优秀评级。受深圳市发改委2013科技计划资助的"深圳市聚硅酸盐复合环保材料工程实验室"已经得到正式批复,资金也已到位。

全年学院共举办两次大型学术会议:"第三届学术年会"、第四届"区域低碳发展国际论坛"。国际交流方面,2013级SPO双学位招生工作顺利完成;三名环境科学专业硕士生赴美国德雷塞尔大学进行短期交流。

【城市规划与设计学院】 城市规划与设计学院组建于2009年,其前身为深圳研究生院环境与城市学院。2013年学院在现有地理学(城市与区域规划)、地理学(景观设计学)硕士研究生招生专业的基础上,新增建筑设计及其理论(城市设计)全日制硕士研究生招生专业,现有全日制在校学生318人。

学院有教学科研人员46人。其中,海外归国教员19人。新增海外归国教员叶祖达、王钧,并新开"气候变化与低碳城市规划"和"定量空间分析与模型"两门课程。

2013年学院新组建国土资源部国土规划与开发重点实验室深圳分室;学院与深圳市万泽集团达成合作协议,由该集团出资100万元组建北大—万泽生态人居和低碳建设工程实验室。此外,由北京大学深圳研究生院和北京腾骧时代科技有限公司共同成立北京大学(深圳)腾骧生态环境修复技术研发中心。

2013年度,学院共承担课题30项,合同总金额为4139.4万元,其中新增横向项目18项、新增纵向项目12项。全职教师(13人)人均经费318.41万元。学院师生发表各类科研论文89篇,人均6.85篇。其中SCI收录论文32篇,EI收录论文10篇,与2012年相比,论文总数增加28篇,增长46%,SCI收录论文发表数量增加50%,且所发表论文期刊的影响因子也有明显提升,如在顶级期刊 *Nature* 以及环境类顶级期刊 *Environmental science & technology* 上均有论文发表。

2013年,学院毕业生共99人,就业率92.9%,其中国家机关和事业单位就业人数达31.3%,在北上广就业人数达42.4%。

2013年学院共有3人次获国家资助出访美国参加国际会议,1人次赴台湾交换学习。"2012城市与区域规划班"获得"北京市优秀班集体"称号。

学院举办了具有专业特色的"城市观影摄影大赛""南燕城市沙龙""世界读书日——读书与独立""求职与职业分享"等系列活动。

【新材料学院】 新材料学院于2011年底开始筹建,2013年正式成立。新材料学院是一个兼具北大传统和深圳活力的新兴院系。学院以"北大传统、深圳活力"为核心文化,面向国家和人类重大产业应用,开展交叉学科协同的基础研究与应用开发。近期目标是为国家清洁能源的采集(太阳能电池)、存储(储能和动力电池)与应用(智能电网与新能源汽车)及关键材料的发展提供科技创新、技术支撑和解决方案。

学院下设"力学(先进材料与力学)"专业,自2013年起依托本部工学院招收硕士研究生,2013年共招收硕士研究生15名。

截至2013年底,学院全职教员共10人,分别来自哈佛大学、伯克利国家实验室、剑桥大学等国内外著名高校。另外还有双基地(本部与深圳研究生院)教员7人,兼职(外聘)教员2人。

2013年7月,学院成功举办深圳国际低碳城"清洁能源示范工程中心"筹建会暨"新材料、清洁能源与智能电网研讨会"。此外,学院邀请了美国伯克利国家实验室杨万里研究员、加利福尼亚大学伯克利分校William Miller教授、美国斯坦福大学鲍哲南教授等国际知名专家学者来学院交流访问,并举办大型讲座7次。博士后吴忠振被派往美国伯克利国家实验室进行为期6个月的交流学习。

学院有深圳市重点实验室1个(深圳市新能源材料人工设计重点实验室);发改委工程实验室1个(深圳太阳能薄膜材料工程实验室)。学院内设实验室、中心等6个:动力与储能电池工程实验室、固态材料合成实验室、新能源材料实验室、光电检测实验室、储能电池管理实验室、动力电池材料实验室。

2013年学院师生申请发明专利5项,发表学术论文7篇,SCI收录7篇,其中2篇在《自然》杂志子刊《科学报告》上发表。

新材料学院作为技术支撑平台和研发创新枢纽,协同深圳动力电池产业链七家企业,承担国家新能源汽车(动力电池)重大创新工程,项目总投资7.8亿元人民币,获国家资助1.5亿元。潘锋教授的光伏器件与储能电池及其关键材料创新团队申请的广东省第四批引进创新科研团队已通过评审,正在公示。

【汇丰商学院】 11月21日,汇丰商学院新大楼正式投入使用,大楼从2010年1月开始奠基,历经3年多建成。新大楼占地面积约1万平方米,建筑面积约5.6万平方米,有教室34间、会议室9间、研讨室10间、教师办公室136间,聘请了全球知名的物业顾问管理公司世邦魏理仕(CBRE)负责专业的物业管理服务。

第一届工商管理在职硕士(MBA)、"北京大学经济学—新加坡国立大学金融工程双硕士""北京大学管理学—新加坡国立大学金融工程双硕士"入学。商学院现有西方经济学、企业管理、金融学3个学术硕士学科,西方经济学1个博士学科,另有全日制及在职工商管理硕士(MBA)及在职高级工商管理硕士(EMBA)两个专业硕士学科。

商学院有全职教师44人,其中22人为外籍教师,平均分布于经济、管理和金融3个专业;另有行政人员60人,其中外籍行政人员2人。

商学院有在校全日制硕士生825人,全日制博士生5人。其中,在校外国留学生77人。第一届在职MBA学生入学,共62人,MBA在校人数共115人;EMBA在校人数共144人。

2013年商学院毕业全日制硕士生224人,毕业博士生3人。另有40名学生获得高级工商管理硕士学位(EMBA)。

商学院共举办内部学术研讨会34场。商学院聚成实践家商业模式研究中心主办的第一届国际商业模式圆桌论坛于2013年6月成功举办。

2013年11月,由商学院主办的北大深圳论坛在商学院新教学大楼举办。本次论坛的主题为"改革升级版:分析与展望"。

2013年11月,由商学院和人民日报社《环球人物》杂志社联合举办的"民企传承与中国影响力第二届国际论坛"在北京大学英杰交流中心隆重开幕。学院与百瑞信托咨询签署了为期十年的横向课题项目,并与安迪曼公司、深圳市发展和改革委员会、东莞市发展和改革局、惠州市发展和改革局、深圳市工商业联合会签署横向项目共四项。

1月11日,北大南燕首届国际文化节在镜湖旁边开幕。本次文化节由汇丰商学院主办,聚集了包括北亚、南亚、大洋洲、欧洲、美洲、非洲的6个地区30多个国家的国际留学生。

2013年12月,由5位同学组成的汇丰商学院代表队,在由瑞银证券、淡马锡(Temasek)和麦格理(Macquarie)联合举办的"AceBridge行业研究大赛"中,获得全国总冠军。

2013年商学院毕业生就业成绩喜人,就业率100%,北京、深圳、上海依然居商学院学生就业地域选择的前3位。

北京大学经济学(管理学)与新加坡国立大学金融学双硕士联合培养项目正式签署协议。

2013年4月,学院14名教授及91名学生赴香港参加INET国际经济论坛。

2013年5月,题为"中国的可持续发展——挑战与机遇"的研讨会在美国内布拉斯加大学(奥马哈)举办。院长海闻教授应邀出席并做了"城市化:中国经济发展的新阶段"的大会发言。

2013年3月下旬至4月初,学院代表访问了包括德国科隆大学在内的12所欧洲大学,并与10所大学签订合作协议意向。

汇丰商学院共与世界上48所大学签署了正式合作协议。2013年,学院共有48名在校生参加了出国交换项目,同时接收了来自交换院校的9名留学生。

2013年7月,学院与东莞市清溪镇人民政府举行签约仪式,共建汇丰商学院智汇谷产学研基地。

(张凡姗)

【国际法学院】 2013年,宾夕法尼亚州立大学法学院原院长Philip McConnaughay教授受聘成为国际法学院第二任院长。Stephen Yandle留任常务副院长,Colleen Toomey女士加入,担任副院长。

学院常驻教师共17人,其中教授、副教授及助理教授10人,讲师7人。

2013年学院共录取新生89人,包括法律硕士(非法学)85人,法律硕士(法学)4人。学院学生总人数314人(以9月入学时的数据为准)。新聘美国法教授Stephan Jaggi,副教授(耶鲁大学法学院J. S. D. & LL. M.,弗莱堡大学Doctor iuris)。

1月10日,学院与纽约州律师协会共同主办全球法务国际研讨会。主题为"中美视角下全球法务部门的创立(Creating a Global Law Department: China and U. S. Perspectives)",会议邀请来自中美两国跨国公司法务部、知名律所和院校的律师与学者参会。

3月29日,由美国驻广州总领馆主办,学院法律职业女性协会承办的"女性领导力研讨会"在学院举行。美国驻广州总领事郭瑾女士、深圳排放权交易所总裁陈海鸥、精量电子亚太区董事及总经理陈晓音、深圳证券交易所市场监管部副主任姜华女士、深圳市标准化应用研究所副所长温利峰等受邀出席了本次会议。此次"女性领导力研讨会"由国际法学院副教授金自宁主持。

2013年4月,社会科学文献出版社出版了中文版的,由学院C. V. Starr法学教授、著名中欧事务专家施奈德教授所著的《欧洲联盟与中国基本文件与评注》。该书收录了中国与欧洲联盟国家从1949年10月至2008年交往过程中的各类文件原文,是研究中欧关系极其珍贵的原始资料汇编。

1月,由学院学生主编的《北京大学跨国法律评论》创刊号正式出版。

交流合作。学院已经在运作的交换项目有11个,在项目国际化方面成绩显著。

行政工作。学院行政人员稳定为13人。

学生工作。2月,学院学生代表队在第十一届Jessup(杰赛普)国际法模拟法庭中国赛区选拔赛中夺冠。代表原告和被告的两份诉状皆获本次比赛的"最佳诉状奖"。周聿和韩香梅两位同学获得最佳辩手称号。

3月,学院学生刘爽和刘幸儿在第六届法兰克福国际投资仲裁模拟法庭大赛中获得世界亚军(Silver Award/ Finalist),并同时获得了最佳亚洲队(Best Asia Team)和最佳非经合组织国家队(Best non-OECD Country)的称号。

11月,学院Vis模拟法庭辩论队在第十一届"贸仲杯"国际商事仲裁模拟仲裁庭辩论赛中折桂。张寸渊和李思宇分别在决赛和半决赛中获得"个人最佳辩手"的称号。

学院2013届毕业生共54人,已知52人就业去向,其中50人已就业,2人已升学,就业百分比为96.3%(数据截至2014年2月28日)。

学院正在与北大深研院教务部门合作建立一个新的为期一年的 LL.M 项目。

学院新大楼开始动工建设。

（曾雨晨，钟小金，陈柯如）

【人文社会科学学院】 人文社会科学学院共设置传播学、社会学和心理学三个专业，在校生共 192 人，其中招收 2013 级新生 71 人，2013 届毕业生 106 人，延期毕业 2 人，硕转博 4 人。

学院获得多项重要科研项目，其中包括"社区服务中心监管机制"课题、"深圳龙华新区民政事业发展规划"课题、"宝安区社会建设指标体系研究"课题、四川阿坝藏族羌族自治州牧民定居研究以及大规模开放在线课程的社会网络和社区研究等重大项目。此外，学院还参加了深圳美术馆论坛，荣获深港生活大奖。在科研成果方面，学院叶韦明老师的"Two Selves and Online Forums in China"与"A Study on Chinese Bulletin Board System Forums: How Internet Users Contribute to Set Up the Contemporary Notions of Family and Marriage"两篇论文分别发表在《亚洲社会心理学杂志》和《信息、传播与社会》期刊上。

学院坚持打造品牌活动，多次开展人文沙龙系列活动、三月素拓主题活动以及知识竞赛活动等，并成功举办了 7 场专家讲座活动。与此同时，学院于 2013 年度推出了众多创新活动：与地方传统文化合作，主办客家山歌展演艺术沙龙和非物质文化遗产正字戏进南燕等文化交流活动；与香港教育机构合作，承办新媒体发现及考察活动等文化交流活动；与福田区政府合作，承办"福田改革对话北大师生"活动。此外，学院还积极开展党建活动，深入学习党的方针路线，举办"习近平总书记在北大师生座谈会上的讲话"学习活动等。

（郑李欣、范一鸣）

教育教学与学科建设

本科生教育

【概况】 2013年5月成立北京大学考试研究院（挂靠教务长办公室），由教务部副部长兼任考试研究院院长。

2013年7月，北京大学向教育部申报新增设置"能源与资源工程"（审批专业）和"文物保护技术"（备案专业）两个本科专业。为服务国家重大战略需求，应空军方面要求，2013年起招收双学籍"空军飞行国防生"，由北京大学和空军航空大学联合培养飞行国防生，为空军培养飞行后备人才。"双学籍"空军飞行国防生，采取"3+1"的培养方式，学生入学后的前三年在北京大学本部完成120个学分的专业基础课学习，第四年回到空军航空大学学习，完成飞行训练、部分专业课程及毕业论文等其他内容。

根据复合型人才培养的需要，北京大学依托元培学院创建了"古生物学""政治学、经济学与哲学""外国语言与外国历史"等跨学科专业，并结合国家社会需求，开展"古典语文学""水基础科学""整合科学"等交叉学科人才培养的探索与实践。

【招生工作】 2013年校本部录取本科生3149人，医学部录取776人。

2013年，北京大学首次全面启动"元培综合评价系统"，对报考北京大学自主招生的考生进行全方位系统深入的考察，破除以简单的考试成绩为唯一标准的评判体系，进一步打破"一考定终身"的窠臼，通过长期的过程性考核评价，为北京大学选拔更适合北京大学培养的优秀学生。

2013年1月，北京大学率先与中学合作试点开设"中国大学先修课程"。在现有高中选修课体系里，在数学、物理、化学、中文和历史等基础学科领域开设微积分、电磁学、大学化学、中国古代文化、中国通史（古代部分）五门"中国大学先修课程"，供高中二年级学有余力的学生选修。2013年春季，全国开设"中国大学先修课程"的中学有40所。在第一学期完成了课程学习，并报名参加2013年9月由北京大学组织的"中国大学先修课程"全国统一考试的学生达1529人。

【基础学科拔尖学生培养试验计划】 2013年，北京大学"拔尖计划"实施进展顺利，数学、物理、化学、生物、计算机科学、环境科学等6个项目组完成学生遴选工作，进入计划培养的在读学生达480人。各项目组在高水平师资聘请、教学方法改革、国际化培养、导师制落实等方面开展了重点工作。例如数学科学学院与法国著名数学家、《代数杂志》主编Michel Broué长期合作，邀请其开设全英文讲授的"大学生代数教程"课程，该教授还为此课程专门撰写布尔巴基（Bourbaki）式教材；物理学院结合模块化培养方案改革，成立了以国家级教学名师王稼军教授为主任的选课与综合指导委员会，对学生的个性化培养方案提出建议和指导意见；导师指导下的科研训练不断加强，如化学与分子工程学院建立了基础实验与科研训练紧密结合的实践教学体系，更好地将科研训练与日常教学环节相结合，多名学生在国际一流期刊上发表论文；此外，项目通过推动国际交流访学和科研训练、国际会议、学科竞赛等多种形式，加强对学生的国际化培养。各项目组在氛围营造、条件支持等方面开展了一系列工作，保障拔尖计划稳步顺利推进。在拔尖计划的带动下，北京大学支持了工学、地质学和古典语文学的拔尖人才培养计划。

【课程情况】 继续扎实推进"小班课教学"试点工作。2013年4月全校本科教学工作会进一步提出"要扎实推进'小班课教学'，通过多种形式密切师生联系，加强师生交流互动"。

北京大学继续推进大班授课与小班研讨相结合的教学模式，以充分调动教师—学生的双主体作用，激发学生的学习主动性和学习潜力，进一步提高教学质量和培养创新人才。数学科学学院、物理学院、化学与分子工程学院、生命科学学院、信息科学技术学院、地球与空间科学学院、中国语言文学系、历史学系、哲学系、法学院、考古文博学院、光华管理学院、经济学院等院系共在30余门课程上开展"大班授课和小班研讨"相结合的"小班课教学",共开设44个大班、218个研讨型小班,近150名骨干教师投入大班授课或小班指导,其中院士、长江学者、杰青基金获得者、千人计划学者、国家级教学名师等近10名。

推进英文平台课建设。为建立国内培养与国际交流相衔接的开放式人才培养体系,提高学生的跨文化交流能力,加强与世界优秀大学的交流与合作,提升北京大学的国际化水平,2012—2013学年,北京大学共计开设140门、149门次英文课。按照课程类型统计,通识类通选/公选课48门、49门次,专业类、前沿类课程92门、100门次;按照课程内容统计,理工类课程35门、37门次;人文类课程57门、60门次;社科类课程16门、16门次;经管类课程32门、36门次;按照项目统计,拔尖项目课程26门、28门次;古典语文学项目课程8门、9门次;耶鲁项目课程2门、2门次;2013年国际暑期北京大学项目课程17门、17门次。

【教务管理】学生管理和服务。对2013年录取的3149名新生(普本2792+二学位13+留学生344)进行资格审查,有3053人(普本2745+12+留学生296)取得学籍,其中:因身心不合格而保留入学资格3人,因未报到或不符合招生规定取消入学资格91人(普本43+留学生48),退学2人。

2013年共办理学生出境手续1663人次,出境一学期及以上的507人。全年办理各类异动1727人次,其中:休学87人,休学复学89人,停学507人,停学复学436人,退学39人,保留学籍90人,恢复学籍76人,提前毕业5人,延期毕业83人。全年办理留学生异动299人次,其中:保留学籍68人,恢复学籍70人,休学36人,复学27人,退学20人,延期毕业7人等。

2013年有206名本科生提出转系转专业申请,转出院系审核不同意的5人(蒙古语、天文、考古、法学),学生中途放弃的5人,转入院系考核未接收的72人,转系成功的124人。另有3名医学部学生转入校本部,校本部3名学生转入医学部。

2013年,发放学士学位证书2880人(含留学生219人),第二学士学位证书18人。本科毕业证书2905人(含留学生220人),2013年结业2014年可申请换发证书65人(含留学生9人),直接结业2人,大专毕业证证书12人。为2012年结业学生换发毕业证书51人,授学位48人。双学位证书1291份,辅修专业证书156份。

在免试推荐研究生政策突变情况下,为确保学生利益最大化和免推校内名额尽量多,同研究生院、教育部、院系上下协调多次,最终初审具备免试资格推荐研究生1377人,成功推荐1252人(含直博)。

教师管理与考试工作。2013年办理校外人员单科旁听192人次(含内蒙古大学96人、石河子大学10人、吉林大学10人),结业生选课76人次。为全校本科生、研究生、成人学生排定两个学期课程,为本科生和研究生暑期安排北京大学教室。各类课程期中期末考试考场的安排;各类北京大学组织的招生入学考试,如保送生考试、自主招生考试、艺术特长生考试、留学生入学考试、研究生入学考试、博士生入学考试等考场的安排;承办的各类外语、计算机类考试的考场安排;学生就业指导服务中心组织的大量用人单位的招聘笔试场地安排等;经批准的各类学术讲座、研究生课程进修班、培训班及临时加课、换调课的教室分配工作;为学生社团活动借用教室每学期约1000次(每学期第3—15周)。

本学年对考试中违纪作弊学生的处理共13人,其中记过取消学位以上11人,严重警告2人;考试前的动员与宣传,教学楼前悬挂横幅。安排两个学期的巡考,发现问题及时与院系沟通。给2013级学生印发课程手册4000余本,给公选/通选课教师发函及课表2次,计300份。

【教材建设】按照教材建设规划,2013年北京大学继续开展每年一次的教材建设立项工作,立项的重点是主干基础课教材、通选课教材、精品课教材、基础大类平台课教材、小班课教学教材、外文平台课教材、在教学实践中反映良好的出版3年以上的修订教材。4月26日,组织召开了2013年北京大学教材建设委员会工作会议,会议审议了2013年北京大学教材建设立项名单,并对今后北京大学教材建设工作的方针、政策、思路进行了研讨。专家们对申报项目逐项进行了严格评审,最终经北京大学教材建设委员会工作会议审议,共确定28个项目为2013年北京大学教材建设立项项目。

2013年4月,北京市教育委员会开展了2013年北京高等教育精品教材评审和经典教材评选工作,北京大学37种教材被评为北京高等教育精品教材,2种教材被评为北京高等教育经典教材,获奖教材数量再次居北京高校第一。

【教学评估与奖励工作】学生课程评估和老教授教学调研组工作。2013年,针对课程特点,设计理论课、实验课、体育课、实习课、助教评估问卷等多套课程问卷。全年评估本科生课程共3763门次,其中理论课2786门次,实验课117门次,体育课141门次,助教评估719门次。分别于2013年3月和10月将学生评教结果编印成《2012—2013年春季学期学生课程评估手册》《2012—2013年秋季学期学生课程评估手册》《北京大学助教评估手册》《北京大学课程评估结果汇编》下发到院系各教学单位。

2013年,协助老教授教学调研组组织听课、研讨、调研及座谈等工作并发布老教授教学调研组工作简报。2012—2013学年,老教授教学调研组共听课400余门次,并积极参与北京大学小班课教学改革工作。

教学奖励。2013年7月,经北京市教育委员会推荐、专家评审,北京大学申报的3门课程入选"2013年度来华留学英语授课品牌课程"。

2013年9月,评选2012—2013学年度北京大学教学优秀奖获奖者47人,其中校本部41人,医学部6人,于教师节期间公布表彰。

2013年9月,北京大学董志勇、李彦、牛军、王韵等4位教师被评为第九届北京市教学名师。

【本科生科研训练】 2013年本科生科研立项共计524项(2011级),并完成了2010级本科生科研项目的中期检查和结题工作。11月中旬,主办了海峡两岸六校莙政基金管理委员会第十五届年会。7、8月,大陆四校和台湾新竹"清华大学"互派莙政学生交流活动如期开展,北京大学向台湾新竹"清华大学"派出8名本科生,并接待10名台湾学生和2名大陆学生。据不完全统计,2012年北京大学本科生公开发表科研论文224篇,其中第一作者SCI收录文章35篇。

【开放课程建设】 结合教育部开展的国家精品开放课程建设工作和校领导"把北京大学的优质教学资源向社会开放"指示精神及部署要求,2013年组织第一批30门北京大学优秀课程向社会开放,同时探索多种方式的开放课程建设。

建设精品视频公开课。2013年1月,北京大学数学科学学院邱维声教授等主讲"科学是什么"、历史学系朱孝远教授主讲的"文化兴国:欧洲由衰及兴的转折点",被教育部确定为第二批"精品视频公开课";6月初,中国语言文学系戴锦华教授主讲的"影片赏析"、城市与环境学院邓辉教授主讲的"世界文化地理"被教育部确定为第三批"精品视频公开课"。国际关系学院唐士其教授负责的"政治学导论"获得教育部视频公开课"专业导论类课程建设计划"选题立项。组织艺术学院朱青生"艺术史"、新闻与传播学院龚文庠"传播、文化、社会:中国模式"和图书馆肖珑等"数字图书馆资源检索与利用"3门课程申报教育部视频公开课"科学文化素质教育类课程"建设计划项目,历史学系王晓秋教授主讲的"近代中国人对国家出路的早期探索"作为思政视频公开课的建设计划项目报送教育部。

建设国家级精品资源共享课。2013年12月北京大学有7门课程通过北京市和教育部专家组评审,并入选"国家级精品资源共享课程立项项目"。截至12月12日,程檀生"量子力学"、田光善"力学"、吴崇试"数学物理方法"已上线,供学生在线学习。教育部将对上网后社会反响良好的课程,给予"国家级精品资源共享课"称号,截至2013年9月13日,校本部有11门原国家级精品课课程申报提升转型"国家级资源共享课程"。

北京大学开放课程(MOOCs)。2013年5月,北京大学与国际著名网络在线教学网站edX签订了协议,成为该平台的首批亚洲高校成员之一。2013年9月推出首批11门MOOCs课程,其中Coursera平台上线6门课程,Edx平台上线4门课程,清华学堂在线平台上线1门课程。

2013年5月,北京大学加入中国"东西部课程联盟"的工作计划。北京大学在10月9日联盟成立大会中被推举为理事长单位,高松副校长任理事长。目前已有卞江老师"化学与社会"、毕明辉老师"二十世纪西方音乐"为东西部联盟开课。

【市属高校教师发展基地】 北京市教育委员会于2011年5月正式启动"北京市属高校教师发展基地"研修项目。2012年9月至2013年7月,北京大学"市属高校教师发展基地"共接收第二批25名教师来校进修,36位北京大学优秀教师担任学员导师。北京大学按照北京市教育委员会的要求,认真组织落实了25名学员的导师安排、中期考核和结业考核等工作,安排了"通识教育系列课程"、老教授面对面交流、教学方法与教育技术培训讲座、与湘潭大学教学交流等集中培训活动,为学员集中交流、提升教学能力提供了多样化的机会与平台。

2013年6月,基地第3期项目启动,北京大学组织落实了26名新学员的导师联络、师生见面、集中培训安排等工作,董志勇、马凤芝、漆永祥、王一川、赵化成等一批教学经验丰富、学术造诣深厚的北京大学教授担任学员的指导教师。2013—2014学年,北京大学将按照北京市教育委员会的要求,组织安排多种形式的集中培训,分享北京大学的优质资源,带动市属高校教学和科研水平的提升。

【附表】

表7-1　2013年北京大学本科专业分布表

编号	院系名称	教育部专业代码	教育部专业名称
1	哲学系	010101	哲学
2	哲学系	010102	逻辑学
3	哲学系	010103K	宗教学
4	经济学院	020101	经济学
5	数学科学学院、经济学院、光华管理学院	020102	经济统计学
6	经济学院	020104T	资源与环境经济学
7	经济学院	020303	保险学
8	经济学院	020301K	金融学
9	经济学院	020201K	财政学
10	经济学院	020401	国际经济与贸易
11	法学院	030101K	法学
12	法学院	030102T	知识产权
13	国际关系学院	030201	政治学与行政学
14	国际关系学院	030202	国际政治
15	国际关系学院	030203	外交学
16	国际关系学院	030204T	国际事务与国际关系
17	元培学院	030205T	政治学、经济学与哲学
18	社会学系	030301	社会学
19	社会学系	030302	社会工作
20	国际关系学院	030501	科学社会主义
21	中国语言文学系	050101	汉语言文学
22	中国语言文学系	050102	汉语言
23	中国语言文学系	050105	古典文献学
24	中国语言文学系	050106T	应用语言学
25	外国语学院	050201	英语
26	外国语学院	050202	俄语
27	外国语学院	050203	德语
28	外国语学院	050204	法语
29	外国语学院	050205	西班牙语
30	外国语学院	050206	阿拉伯语
31	外国语学院	050207	日语
32	外国语学院	050208	波斯语
33	外国语学院	050209	朝鲜语
34	外国语学院	050210	菲律宾语
35	外国语学院	050211	梵语巴利语
36	外国语学院	050212	印度尼西亚语
37	外国语学院	050213	印地语
38	外国语学院	050216	缅甸语
39	外国语学院	050218	蒙古语
40	外国语学院	050220	泰语
41	外国语学院	050221	乌尔都语
42	外国语学院	050222	希伯来语
43	外国语学院	050223	越南语
44	外国语学院	050232	葡萄牙语
45	新闻与传播学院	050301	新闻学

续表

编号	院系名称	教育部专业代码	教育部专业名称
46	新闻与传播学院	050302	广播电视学
47	新闻与传播学院	050303	广告学
48	新闻与传播学院	050305	编辑出版学
49	历史学系	060101	历史学
50	历史学系	060102	世界史
51	考古文博学院	060103	考古学
52	考古文博学院	060104	文物与博物馆学
53	考古文博学院	060105	文物保护技术
54	历史学系、外国语学院、元培学院	060106T	外国语言与外国历史(注:可授历史学或文学学士学位)
55	数学科学学院	070101	数学与应用数学
56	数学科学学院	070102	信息与计算科学
57	物理学院	070201	物理学
58	物理学院	070202	应用物理学
59	物理学院	070203	核物理
60	化学与分子工程学院	070301	化学
61	化学与分子工程学院	070302	应用化学(注:可授理学或工学学士学位)
62	化学与分子工程学院	070303T	化学生物学
63	物理学院	070401	天文学
64	城市与环境学院	070501	地理科学
65	城市与环境学院	070502	自然地理与资源环境(注:可授理学或管理学学士学位)
66	城市与环境学院	070503	人文地理与城乡规划(注:可授理学或管理学学士学位)
67	城市与环境学院	070504	地理信息科学
68	物理学院	070601	大气科学
69	物理学院	070801	地球物理学
70	地球与空间科学学院	070802	空间科学与技术(注:可授理学或工学学士学位)
71	地球与空间科学学院	070901	地质学
72	地球与空间科学学院	070902	地球化学
73	元培学院	070904T	古生物学
74	生命科学学院	071001	生物科学
75	生命科学学院	071002	生物技术(注:可授理学或工学学士学位)
76	城市与环境学院	071004	生态学
77	心理学系	071101	心理学(注:可授理学或教育学学士学位)
78	心理学系	071102	应用心理学(注:可授理学或教育学学士学位)
79	数学科学学院	071201	统计学
80	数学科学学院	071202	应用统计学
81	工学院	080101	理论与应用力学(注:可授工学或理学学士学位)
82	工学院	080102	工程力学
83	工学院	080401	材料科学与工程
84	化学与分子工程学院	080403	材料化学(注:可授工学或理学学士学位)
85	工学院	080501	能源与动力工程
86	信息科学技术学院	080704	微电子科学与工程(注:可授工学或理学学士学位)

续表

编号	院系名称	教育部专业代码	教育部专业名称
87	软件与微电子学院	080710T	集成电路设计与集成系统
88	信息科学技术学院	080714T	电子信息科学与技术(注:可授工学或理学学士学位)
89	信息科学技术学院	080901	计算机科学与技术(注:可授工学或理学学士学位)
90	软件与微电子学院	080902	软件工程
91	信息科学技术学院	080907T	智能科学与技术
92	工学院	081402	勘查技术与工程
93	工学院	082001	航空航天工程
94	物理学院	082201	核工程与核技术
95	化学与分子工程学院	082204	核化工与核燃料工程
96	环境科学与工程学院	082502	环境工程
97	城市与环境学院、环境科学与工程学院	082503	环境科学(注:可授工学或理学学士学位)
98	工学院	082601	生物医学工程(注:可授工学或理学学士学位)
99	城市与环境学院	082802	城乡规划
100	医学部	100101K	基础医学(八年、五年)
101	医学部	100201K	临床医学(八年、五年)
102	医学部	100301K	口腔医学(八年、五年)
103	医学部	100401K	预防医学(七年、五年)
104	医学部	100701	药学(六年、四年,授予理学学士学位)
105	医学部	101001	医学检验技术(注:授予理学学士学位)
106	医学部	101002	医学实验技术(注:授予理学学士学位)
107	医学部	101006	口腔医学技术(注:授予理学学士学位)
108	医学部	101101	护理学(注:授予理学学士学位)
109	信息管理系	120102	信息管理与信息系统(注:可授管理学或工学学士学位)
110	光华管理学院	120201K	工商管理
111	光华管理学院	120202	市场营销
112	光华管理学院	120203K	会计学
113	光华管理学院	120204	财务管理
114	光华管理学院	120206	人力资源管理
115	艺术学院	120401	公共事业管理
116	政府管理学院	120402	行政管理
117	政府管理学院	120405	城市管理
118	信息管理系	120501	图书馆学
119	艺术学院	130101	艺术史论
120	艺术学院	130305	广播电视编导

表7-2 2013年北京大学本科课程目录

学年	学期	院系代码	院系名称	课程号	课程名称
12—13	2	001	数学科学学院	00102892	统计学习
12—13	2	001	数学科学学院	00102894	分位数回归
12—13	2	001	数学科学学院	00110040	微分拓扑
12—13	2	001	数学科学学院	00110170	代数数论
12—13	2	001	数学科学学院	00110190	动力系统

续表

学年	学期	院系代码	院系名称	课程号	课程名称
12—13	2	001	数学科学学院	00110290	常微分方程选讲
12—13	2	001	数学科学学院	00110710	试验设计
12—13	2	001	数学科学学院	00110820	计算流体力学
12—13	2	001	数学科学学院	00110850	控制系统CAD
12—13	2	001	数学科学学院	00110940	复分析
12—13	2	001	数学科学学院	00110950	人工智能
12—13	2	001	数学科学学院	00111140	近代偏微分方程
12—13	2	001	数学科学学院	00112040	现代信息处理选讲
12—13	2	001	数学科学学院	00112530	数学物理中的反问题
12—13	2	001	数学科学学院	00112610	同调代数
12—13	2	001	数学科学学院	00112650	随机过程论
12—13	2	001	数学科学学院	00112730	线性代数群
12—13	2	001	数学科学学院	00112780	应用偏微分方程
12—13	2	001	数学科学学院	00112890	生物医学成像的数学方法
12—13	2	001	数学科学学院	00113030	偏微分方程选讲
12—13	2	001	数学科学学院	00113070	差分方法Ⅱ
12—13	2	001	数学科学学院	00113670	近代数学物理方法
12—13	2	001	数学科学学院	00114100	代数拓扑选讲
12—13	2	001	数学科学学院	00130030	信息科学基础
12—13	2	001	数学科学学院	00130070	初等数论
12—13	2	001	数学科学学院	00130190	微分流形
12—13	2	001	数学科学学院	00130200	数学模型
12—13	2	001	数学科学学院	00130410	常微分方程定性理论
12—13	2	001	数学科学学院	00130560	数值分析
12—13	2	001	数学科学学院	00130630	最优化方法
12—13	2	001	数学科学学院	00130640	流体力学引论
12—13	2	001	数学科学学院	00130990	非寿险精算
12—13	2	001	数学科学学院	00131140	期权期货与其他衍生证券
12—13	2	001	数学科学学院	00131280	证券投资学
12—13	2	001	数学科学学院	00131300	概率论
12—13	2	001	数学科学学院	00131410	计算概论
12—13	2	001	数学科学学院	00131610	高等代数
12—13	2	001	数学科学学院	00131640	几何讨论班
12—13	2	001	数学科学学院	00131650	代数讨论班
12—13	2	001	数学科学学院	00131660	分析讨论班
12—13	2	001	数学科学学院	00131670	应用数学导论
12—13	2	001	数学科学学院	00131680	毕业论文(1)
12—13	2	001	数学科学学院	00131690	毕业论文(2)
12—13	2	001	数学科学学院	00132230	大学生代数教程
12—13	2	001	数学科学学院	00132302	数学分析(Ⅱ)
12—13	2	001	数学科学学院	00132312	数学分析(Ⅱ)习题
12—13	2	001	数学科学学院	00132320	复变函数
12—13	2	001	数学科学学院	00132323	高等代数(Ⅱ)
12—13	2	001	数学科学学院	00132332	高等代数(Ⅱ)习题
12—13	2	001	数学科学学院	00132340	常微分方程

续表

学年	学期	院系代码	院系名称	课程号	课程名称
12—13	2	001	数学科学学院	00132350	泛函分析
12—13	2	001	数学科学学院	00132520	模形式
12—13	2	001	数学科学学院	00132630	解析数论
12—13	2	001	数学科学学院	00132750	毕业论文(证券)讨论班
12—13	2	001	数学科学学院	00132770	毕业论文(资产定价)讨论班
12—13	2	001	数学科学学院	00132860	研究型学习
12—13	2	001	数学科学学院	00132880	统计软件
12—13	2	001	数学科学学院	00132930	生物数学物理
12—13	2	001	数学科学学院	00132960	凯勒几何
12—13	2	001	数学科学学院	00132990	数学分析Ⅱ选讲
12—13	2	001	数学科学学院	00133010	测度论
12—13	2	001	数学科学学院	00133050	应用多元统计分析
12—13	2	001	数学科学学院	00134120	高等代数Ⅱ选讲
12—13	2	001	数学科学学院	00134270	毕业论文(金融统计)讨论班
12—13	2	001	数学科学学院	00134280	代数几何初步
12—13	2	001	数学科学学院	00134300	镜像对称
12—13	2	001	数学科学学院	00135050	理论计算机科学基础
12—13	2	001	数学科学学院	00135290	集合论与图论
12—13	2	001	数学科学学院	00135590	计算机图像处理
12—13	2	001	数学科学学院	00135810	寿险精算
12—13	2	001	数学科学学院	00135920	实分析
12—13	2	001	数学科学学院	00136020	组合数学
12—13	2	001	数学科学学院	00136220	运筹学
12—13	2	001	数学科学学院	00136280	应用时间序列分析
12—13	2	001	数学科学学院	00136320	应用多元统计分析
12—13	2	001	数学科学学院	00136590	复变函数
12—13	2	001	数学科学学院	00136640	微分形式与方程的保结构离散与多尺度求解方法
12—13	2	001	数学科学学院	00136820	近世代数
12—13	2	001	数学科学学院	00136840	统计学
12—13	2	001	数学科学学院	00136900	同伦论
12—13	2	001	数学科学学院	00431132	普通物理(Ⅰ)
12—13	2	001	数学科学学院	00431680	普通物理习题课
12—13	2	199	产业技术研究院	19930001	创业基础
12—13	2	126	城市与环境学院	00131422	高等数学C(二)
12—13	2	126	城市与环境学院	00132380	概率统计(B)
12—13	2	126	城市与环境学院	01034350	定量分析
12—13	2	126	城市与环境学院	01034360	定量分析实验
12—13	2	126	城市与环境学院	01339320	中国历史地理
12—13	2	126	城市与环境学院	01339330	中国古典园林赏析
12—13	2	126	城市与环境学院	01531010	经济地理学
12—13	2	126	城市与环境学院	01531180	地貌学
12—13	2	126	城市与环境学院	01531250	气象气候学
12—13	2	126	城市与环境学院	01531610	现代自然地理学实验方法
12—13	2	126	城市与环境学院	01531730	文化地理学
12—13	2	126	城市与环境学院	01532230	城市规划管理与法规

续表

学年	学期	院系代码	院系名称	课程号	课程名称
12—13	2	126	城市与环境学院	01532240	城市总体规划(课程设计)
12—13	2	126	城市与环境学院	01532280	规划机助技术(规划CAD)
12—13	2	126	城市与环境学院	01532440	城市经济学
12—13	2	126	城市与环境学院	01532450	城市规划原理
12—13	2	126	城市与环境学院	01532460	城市园林绿地系统规划设计
12—13	2	126	城市与环境学院	01532470	城市社会学
12—13	2	126	城市与环境学院	01532480	城市生态学
12—13	2	126	城市与环境学院	01532490	美术与制图
12—13	2	126	城市与环境学院	01533170	城市规划概论
12—13	2	126	城市与环境学院	01533180	建筑规划与场地设计
12—13	2	126	城市与环境学院	01533220	社会综合实践调查
12—13	2	126	城市与环境学院	01534030	自然资源学原理
12—13	2	126	城市与环境学院	01534060	综合自然地理学
12—13	2	126	城市与环境学院	01534230	自然保护学
12—13	2	126	城市与环境学院	01534260	营销地理学
12—13	2	126	城市与环境学院	01534300	土壤学与土壤地理
12—13	2	126	城市与环境学院	01535122	植物学(下)
12—13	2	126	城市与环境学院	01535150	生态学实验技术
12—13	2	126	城市与环境学院	01536011	普通生态学1
12—13	2	126	城市与环境学院	01536012	普通生态学2
12—13	2	126	城市与环境学院	01536013	普通生态学3
12—13	2	126	城市与环境学院	01536090	环境监测与实验
12—13	2	126	城市与环境学院	01536530	环境科学专业英语
12—13	2	126	城市与环境学院	01536800	污染物水文地质学
12—13	2	126	城市与环境学院	01538040	经济和城市地理的关键理论
12—13	2	126	城市与环境学院	01539230	中国传统建筑
12—13	2	126	城市与环境学院	04831420	数据结构与算法(B)
12—13	2	126	城市与环境学院	12631020	环境毒理学
12—13	2	126	城市与环境学院	12631030	环境科学前沿
12—13	2	126	城市与环境学院	12631060	大气环境导论
12—13	2	126	城市与环境学院	12632010	生态学与自然地理学前沿
12—13	2	126	城市与环境学院	12635010	区域规划
12—13	2	126	城市与环境学院	12635020	社区空间规划与设计
12—13	2	126	城市与环境学院	12635060	景观规划与设计
12—13	2	126	城市与环境学院	12635070	详细规划(课程设计)
12—13	2	126	城市与环境学院	12635080	城市形态学导论
12—13	2	126	城市与环境学院	12638010	海洋科学导论
12—13	2	012	地球与空间科学学院	00130202	高等数学(B)(二)
12—13	2	012	地球与空间科学学院	00130212	高等数学(B)(二)习题课
12—13	2	012	地球与空间科学学院	00431142	热学
12—13	2	012	地球与空间科学学院	00431212	普通物理实验(A)(二)
12—13	2	012	地球与空间科学学院	00431254	热学习题课
12—13	2	012	地球与空间科学学院	00431680	普通物理习题课
12—13	2	012	地球与空间科学学院	00436011	普通物理学(B)(一)
12—13	2	012	地球与空间科学学院	00539410	太空探索

续表

学年	学期	院系代码	院系名称	课程号	课程名称
12—13	2	012	地球与空间科学学院	01230030	C程序设计
12—13	2	012	地球与空间科学学院	01230052	地球科学概论(二)
12—13	2	012	地球与空间科学学院	01230070	遥感概论
12—13	2	012	地球与空间科学学院	01230150	地球科学前沿
12—13	2	012	地球与空间科学学院	01230160	地球科学概论(二)
12—13	2	012	地球与空间科学学院	01230161	地球科学概论讨论班
12—13	2	012	地球与空间科学学院	01231040	矿床学
12—13	2	012	地球与空间科学学院	01231050	X射线粉末衍射分析
12—13	2	012	地球与空间科学学院	01231090	中国区域地质学
12—13	2	012	地球与空间科学学院	01231140	海洋地质学
12—13	2	012	地球与空间科学学院	01231170	遥感地质学
12—13	2	012	地球与空间科学学院	01231252	普通岩石学(下)
12—13	2	012	地球与空间科学学院	01231300	宝石学
12—13	2	012	地球与空间科学学院	01231310	构造地质学
12—13	2	012	地球与空间科学学院	01231320	地史学
12—13	2	012	地球与空间科学学院	01231350	脊椎动物进化史
12—13	2	012	地球与空间科学学院	01231370	古海洋学与全球变化
12—13	2	012	地球与空间科学学院	01231410	结晶学与矿物学
12—13	2	012	地球与空间科学学院	01231450	灾害地质学
12—13	2	012	地球与空间科学学院	01231480	构造地质学前缘
12—13	2	012	地球与空间科学学院	01231530	地层学原理与应用
12—13	2	012	地球与空间科学学院	01231570	矿物材料学
12—13	2	012	地球与空间科学学院	01231620	地质样品化学分析
12—13	2	012	地球与空间科学学院	01233130	地球物理信号处理
12—13	2	012	地球与空间科学学院	01233150	地球灾害
12—13	2	012	地球与空间科学学院	01233160	空间探测信息处理技术
12—13	2	012	地球与空间科学学院	01233170	地震概论
12—13	2	012	地球与空间科学学院	01233230	地球物理数值计算方法
12—13	2	012	地球与空间科学学院	01233320	地震学
12—13	2	012	地球与空间科学学院	01233360	地震学实验
12—13	2	012	地球与空间科学学院	01233410	宇航技术基础
12—13	2	012	地球与空间科学学院	01233430	太阳大气层与日球层物理学
12—13	2	012	地球与空间科学学院	01233470	中高层大气物理学
12—13	2	012	地球与空间科学学院	01235010	软件工程原理
12—13	2	012	地球与空间科学学院	01235080	地学数学模型
12—13	2	012	地球与空间科学学院	01235100	数据库概论
12—13	2	012	地球与空间科学学院	01235180	GIS设计和应用
12—13	2	012	地球与空间科学学院	01235240	地理信息系统原理
12—13	2	012	地球与空间科学学院	01235300	城市与区域科学
12—13	2	012	地球与空间科学学院	01235350	地理信息系统概论
12—13	2	012	地球与空间科学学院	01235370	物联网技术导论
12—13	2	012	地球与空间科学学院	01430020	地史中的生命
12—13	2	012	地球与空间科学学院	01430960	自然资源概论
12—13	2	012	地球与空间科学学院	01430970	固体力学基础
12—13	2	012	地球与空间科学学院	01431270	同位素地球化学基础

续表

学年	学期	院系代码	院系名称	课程号	课程名称
12—13	2	012	地球与空间科学学院	04831420	数据结构与算法(B)
12—13	2	029	法学院	02930010	法理学
12—13	2	029	法学院	02930030	中国法制史
12—13	2	029	法学院	0293005a	外国法制史
12—13	2	029	法学院	0293007a	行政法与行政诉讼法
12—13	2	029	法学院	02930087	民法案例研习一
12—13	2	029	法学院	02930091	合同法实务
12—13	2	029	法学院	02930104	刑法总论(刑法一)
12—13	2	029	法学院	02930105	外国刑法
12—13	2	029	法学院	02930106	国际刑法学
12—13	2	029	法学院	02930107	刑法案例研习(总论)
12—13	2	029	法学院	02930113	法理学讨论课
12—13	2	029	法学院	02930141	刑事诉讼案例研习
12—13	2	029	法学院	02930171	诊所式法律教育
12—13	2	029	法学院	02930180	知识产权法学
12—13	2	029	法学院	02930190	亲属法与继承法
12—13	2	029	法学院	02930200	企业法/公司法
12—13	2	029	法学院	02930220	犯罪学
12—13	2	029	法学院	02930249	竞争法
12—13	2	029	法学院	02930262	破产法
12—13	2	029	法学院	0293028a	金融法/银行法
12—13	2	029	法学院	02930340	国际经济法
12—13	2	029	法学院	02930440	海商法
12—13	2	029	法学院	02930470	商法总论
12—13	2	029	法学院	02930501	法律经济学
12—13	2	029	法学院	02930530	外国宪法
12—13	2	029	法学院	02930580	票据法
12—13	2	029	法学院	02930591	著作权法
12—13	2	029	法学院	02930720	外国行政法
12—13	2	029	法学院	0293074a	专业英语
12—13	2	029	法学院	02930831	商标法
12—13	2	029	法学院	02930844	知识产权国际保护
12—13	2	029	法学院	02930845	知识产权法律实务
12—13	2	029	法学院	02930847	国际知识产权
12—13	2	029	法学院	02930901	实习
12—13	2	029	法学院	02930920	刑事诉讼法
12—13	2	029	法学院	02930980	债权法
12—13	2	029	法学院	02930986	法律实务
12—13	2	029	法学院	02930987	国际组织法
12—13	2	029	法学院	02939982	法律信息概论
12—13	2	029	法学院	02939991	英美侵权法
12—13	2	029	法学院	02939999	法律导论
12—13	2	192	歌剧研究院	19230030	歌剧的魅力(作品篇)
12—13	2	192	歌剧研究院	19230060	声乐演唱及表演
12—13	2	086	工学院	00330050	计算方法

续表

学年	学期	院系代码	院系名称	课程号	课程名称
12—13	2	086	工学院	00330140	计算流体力学
12—13	2	086	工学院	00330190	塑性力学
12—13	2	086	工学院	00330220	自动控制原理
12—13	2	086	工学院	00330630	工程制图
12—13	2	086	工学院	00330760	工程数学
12—13	2	086	工学院	00331752	微积分(二)
12—13	2	086	工学院	00331760	微积分习题
12—13	2	086	工学院	00331782	现代工学通论(下)
12—13	2	086	工学院	00331800	高等动力学
12—13	2	086	工学院	00331960	工程热力学
12—13	2	086	工学院	00332010	水文学与水资源
12—13	2	086	工学院	00332070	工程经济学
12—13	2	086	工学院	00332171	能源与资源工程实验(上)
12—13	2	086	工学院	00332220	清洁生产过程原理
12—13	2	086	工学院	00332241	数学物理方法(上)
12—13	2	086	工学院	00332260	材料力学
12—13	2	086	工学院	00332270	弹性力学
12—13	2	086	工学院	00332282	流体力学(下)
12—13	2	086	工学院	00332290	工程弹性力学
12—13	2	086	工学院	00332320	工程设计初步
12—13	2	086	工学院	00332370	网络经济与电子商务
12—13	2	086	工学院	00332382	工程毕业设计(下)
12—13	2	086	工学院	00332400	废水资源化工程
12—13	2	086	工学院	00332510	电路与电子学
12—13	2	086	工学院	00332520	地球科学基础
12—13	2	086	工学院	00332540	全球创新产品设计和团队实践
12—13	2	086	工学院	00332550	药品质量与全球健康
12—13	2	086	工学院	00332642	材料科学基础(下)
12—13	2	086	工学院	00332702	空气动力学Ⅱ
12—13	2	086	工学院	00332740	计算方法上机
12—13	2	086	工学院	00332750	飞行器设计原理
12—13	2	086	工学院	00332760	飞行力学与控制
12—13	2	086	工学院	00332780	生物系统建模、仿真与控制
12—13	2	086	工学院	00332791	生物医学工程设计(Ⅰ)
12—13	2	086	工学院	00332793	生物医学工程设计(Ⅲ)
12—13	2	086	工学院	00332820	解剖生理学
12—13	2	086	工学院	00332830	解剖生理学实验
12—13	2	086	工学院	00332870	太阳能光伏发电系统
12—13	2	086	工学院	00332900	生物材料学
12—13	2	086	工学院	00332940	复杂系统科学导论
12—13	2	086	工学院	00332960	发育与再生生物学
12—13	2	086	工学院	00332980	物理流体力学
12—13	2	086	工学院	00332990	材料科学与工程专业英语
12—13	2	086	工学院	00333000	材料性能分析与测试
12—13	2	086	工学院	00333020	纳米材料科学与技术

续表

学年	学期	院系代码	院系名称	课程号	课程名称
12—13	2	086	工学院	00333040	岩土力学
12—13	2	086	工学院	00333060	对流与传热
12—13	2	086	工学院	00333160	工程流体力学(能源类)
12—13	2	086	工学院	00333360	魅力机器人
12—13	2	086	工学院	00333400	对话全球创新大师
12—13	2	086	工学院	00333410	材料物理导论
12—13	2	086	工学院	00333420	工学类文献检索和科技写作
12—13	2	086	工学院	00333440	流体中的波
12—13	2	086	工学院	00333450	试验设计与数据分析
12—13	2	086	工学院	00333460	能源与推进
12—13	2	086	工学院	00333470	科学计算
12—13	2	086	工学院	00333480	生物医学光学及应用
12—13	2	086	工学院	00431141	力学
12—13	2	086	工学院	00431144	光学
12—13	2	086	工学院	00431148	光学习题课
12—13	2	086	工学院	00431165	近代物理
12—13	2	086	工学院	00431200	基础物理实验
12—13	2	086	工学院	04830494	数据结构与算法上机
12—13	2	086	工学院	04831420	数据结构与算法(B)
12—13	2	028	光华管理学院	00130202	高等数学(B)(二)
12—13	2	028	光华管理学院	00130212	高等数学(B)(二)习题课
12—13	2	028	光华管理学院	00131460	线性代数(B)
12—13	2	028	光华管理学院	00131470	线性代数(B)习题
12—13	2	028	光华管理学院	02830110	人力资源管理
12—13	2	028	光华管理学院	02830140	社会心理学
12—13	2	028	光华管理学院	02830170	电子商务
12—13	2	028	光华管理学院	02830260	影子中央银行
12—13	2	028	光华管理学院	02831112	专业英语(2)
12—13	2	028	光华管理学院	02831160	行为经济学
12—13	2	028	光华管理学院	02831180	创业管理概论
12—13	2	028	光华管理学院	02831310	管理学原理
12—13	2	028	光华管理学院	02831520	会计学
12—13	2	028	光华管理学院	02831590	国际金融与国际财务管理
12—13	2	028	光华管理学院	02831600	国际金融与国际贸易
12—13	2	028	光华管理学院	02831610	产业分析的理论与政策
12—13	2	028	光华管理学院	02831650	城市与区域经济学
12—13	2	028	光华管理学院	02832120	宏观经济学
12—13	2	028	光华管理学院	02832150	宏观经济与健康投资
12—13	2	028	光华管理学院	02832220	民商法
12—13	2	028	光华管理学院	02832230	商战模拟
12—13	2	028	光华管理学院	02832500	中国经济改革与发展
12—13	2	028	光华管理学院	02832510	财务会计
12—13	2	028	光华管理学院	02832540	高级管理会计
12—13	2	028	光华管理学院	02832600	营销学原理
12—13	2	028	光华管理学院	02832650	市场营销战略

续表

学年	学期	院系代码	院系名称	课程号	课程名称
12—13	2	028	光华管理学院	02832770	应用多元统计分析
12—13	2	028	光华管理学院	02832780	市场营销专题
12—13	2	028	光华管理学院	02833100	跨文化管理
12—13	2	028	光华管理学院	02833160	货币金融学
12—13	2	028	光华管理学院	02833390	博弈与社会
12—13	2	028	光华管理学院	02833540	中级财务会计
12—13	2	028	光华管理学院	02833570	财务会计理论与政策
12—13	2	028	光华管理学院	02833650	市场研究
12—13	2	028	光华管理学院	02833680	生产作业管理
12—13	2	028	光华管理学院	02833720	计量经济学
12—13	2	028	光华管理学院	02834370	企业伦理
12—13	2	028	光华管理学院	02834420	证券投资学
12—13	2	028	光华管理学院	02834510	审计学
12—13	2	028	光华管理学院	02834530	内部控制与内部审计
12—13	2	028	光华管理学院	02834660	服务业营销
12—13	2	028	光华管理学院	02834730	创业管理
12—13	2	028	光华管理学院	02834780	公共财政理论与政策
12—13	2	028	光华管理学院	02834840	金融衍生工具
12—13	2	028	光华管理学院	02836020	金融计量经济学
12—13	2	028	光华管理学院	02836600	广告学
12—13	2	028	光华管理学院	02837020	投资银行
12—13	2	028	光华管理学院	02837120	消费者行为
12—13	2	028	光华管理学院	02837140	中国商务
12—13	2	028	光华管理学院	02837170	策略与博弈
12—13	2	028	光华管理学院	02838130	中国社会与商业文化
12—13	2	024	国际关系学院	02430020	国际政治经济学
12—13	2	024	国际关系学院	02430041	政治学原理
12—13	2	024	国际关系学院	02430061	国际组织
12—13	2	024	国际关系学院	02430092	国际关系史（下）
12—13	2	024	国际关系学院	02430111	发展学
12—13	2	024	国际关系学院	02430140	中华人民共和国对外关系
12—13	2	024	国际关系学院	02430152	英语听说（二）
12—13	2	024	国际关系学院	02430154	英语听说（四）
12—13	2	024	国际关系学院	02430172	毕业实习
12—13	2	024	国际关系学院	02430211	中国对外关系史
12—13	2	024	国际关系学院	02430360	军备控制与裁军
12—13	2	024	国际关系学院	02430380	世界政治中的民族问题
12—13	2	024	国际关系学院	02430500	世界宗教与国际社会
12—13	2	024	国际关系学院	02430920	中亚各国政治与外交
12—13	2	024	国际关系学院	02430962	中文报刊选读（二）
12—13	2	024	国际关系学院	02430964	中文报刊选读（四）
12—13	2	024	国际关系学院	02431092	专业汉语（二）
12—13	2	024	国际关系学院	02431100	中美关系史
12—13	2	024	国际关系学院	02431171	东亚政治经济
12—13	2	024	国际关系学院	02431270	冲突学概论

续表

学年	学期	院系代码	院系名称	课程号	课程名称
12—13	2	024	国际关系学院	02431310	南亚各国政治与外交
12—13	2	024	国际关系学院	02431360	英国政治与外交
12—13	2	024	国际关系学院	02431450	非洲政治与外交
12—13	2	024	国际关系学院	02431560	美国文化与社会
12—13	2	024	国际关系学院	02431580	中国政治概论
12—13	2	024	国际关系学院	02431600	中美经贸关系
12—13	2	024	国际关系学院	02431610	中国边疆问题概论
12—13	2	024	国际关系学院	02431641	比较政治学
12—13	2	024	国际关系学院	02431770	当代西方政治思潮
12—13	2	024	国际关系学院	02431780	美国与东亚
12—13	2	024	国际关系学院	02431840	社会科学方法论
12—13	2	024	国际关系学院	02431880	中东地区的国家关系
12—13	2	024	国际关系学院	02431890	晚清对外关系的历史与人物
12—13	2	024	国际关系学院	02431940	台湾政治概论
12—13	2	024	国际关系学院	02431964	日语（二）
12—13	2	024	国际关系学院	02432050	经济学原理
12—13	2	024	国际关系学院	02432060	东亚共同体：政治、经济与文化
12—13	2	024	国际关系学院	02433091	社会主义由西方到东方的演变
12—13	2	024	国际关系学院	02433180	民族国家概论
12—13	2	024	国际关系学院	02433200	伊斯兰与世界政治
12—13	2	024	国际关系学院	02433220	香港澳门概论
12—13	2	024	国际关系学院	02433260	中国与朝鲜半岛
12—13	2	024	国际关系学院	02433310	当代国际关系专题
12—13	2	024	国际关系学院	02433330	地区一体化研究
12—13	2	024	国际关系学院	02433350	伊斯兰世界的政治发展
12—13	2	024	国际关系学院	04031730	毛泽东思想和中国特色社会主义理论体系概论
12—13	2	062	国家发展研究院	02554430	经济增长理论
12—13	2	062	国家发展研究院	06232150	概率统计
12—13	2	062	国家发展研究院	06232200	中级微观经济学
12—13	2	062	国家发展研究院	06232400	计量经济学
12—13	2	062	国家发展研究院	06233300	国际贸易
12—13	2	062	国家发展研究院	06233310	国际金融
12—13	2	062	国家发展研究院	06233400	货币银行学
12—13	2	062	国家发展研究院	06233440	基础管理学
12—13	2	062	国家发展研究院	06233550	公共财政学
12—13	2	062	国家发展研究院	06234850	环境经济学
12—13	2	062	国家发展研究院	06234880	法律经济学
12—13	2	062	国家发展研究院	06234900	中国经济专题
12—13	2	062	国家发展研究院	06235060	财务会计
12—13	2	062	国家发展研究院	06235080	经济学研究训练
12—13	2	062	国家发展研究院	06236020	网络营销与经济信息战略
12—13	2	062	国家发展研究院	06236030	人文社会跨学科讲座
12—13	2	062	国家发展研究院	06236060	大国国家发展战略
12—13	2	062	国家发展研究院	06237010	金融计量
12—13	2	062	国家发展研究院	06237020	社会经济调查理论方法与实践

续表

学年	学期	院系代码	院系名称	课程号	课程名称
12—13	2	062	国家发展研究院	06237030	期权、期货与衍生品定价
12—13	2	062	国家发展研究院	06237040	市场营销
12—13	2	010	化学与分子工程学院	00130202	高等数学(B)(二)
12—13	2	010	化学与分子工程学院	00130212	高等数学(B)(二)习题课
12—13	2	010	化学与分子工程学院	00431132	普通物理(I)
12—13	2	010	化学与分子工程学院	00431680	普通物理习题课
12—13	2	010	化学与分子工程学院	01030120	结构化学
12—13	2	010	化学与分子工程学院	01032530	高分子物理
12—13	2	010	化学与分子工程学院	01032860	无机化学实验
12—13	2	010	化学与分子工程学院	01034350	定量分析
12—13	2	010	化学与分子工程学院	01034360	定量分析实验
12—13	2	010	化学与分子工程学院	01034371	有机化学(一)
12—13	2	010	化学与分子工程学院	01034390	仪器分析
12—13	2	010	化学与分子工程学院	01034400	仪器分析实验
12—13	2	010	化学与分子工程学院	01034440	无机化学
12—13	2	010	化学与分子工程学院	01034460	高分子化学
12—13	2	010	化学与分子工程学院	01034480	化工实验
12—13	2	010	化学与分子工程学院	01034490	材料化学
12—13	2	010	化学与分子工程学院	01034500	生命化学基础
12—13	2	010	化学与分子工程学院	01034520	中级分析化学实验
12—13	2	010	化学与分子工程学院	01034551	中级物理化学
12—13	2	010	化学与分子工程学院	01034590	电分析化学研究方法
12—13	2	010	化学与分子工程学院	01034640	应用化学基础
12—13	2	010	化学与分子工程学院	01034660	化工制图
12—13	2	010	化学与分子工程学院	01034710	界面化学
12—13	2	010	化学与分子工程学院	01034960	理论与计算化学
12—13	2	010	化学与分子工程学院	01034980	生物物理化学
12—13	2	010	化学与分子工程学院	01034990	化学开发基础
12—13	2	010	化学与分子工程学院	01035001	有机化学实验(Ⅰ)
12—13	2	010	化学与分子工程学院	01035030	中级物理化学实验
12—13	2	010	化学与分子工程学院	01035090	大学化学
12—13	2	010	化学与分子工程学院	01035110	高等电化学
12—13	2	010	化学与分子工程学院	04830494	数据结构与算法上机
12—13	2	010	化学与分子工程学院	04831420	数据结构与算法(B)
12—13	2	127	环境科学与工程学院	00431121	普通物理
12—13	2	127	环境科学与工程学院	00431680	普通物理习题课
12—13	2	127	环境科学与工程学院	01032720	物理化学实验(B)
12—13	2	127	环境科学与工程学院	01034360	定量分析实验
12—13	2	127	环境科学与工程学院	01034400	仪器分析实验
12—13	2	127	环境科学与工程学院	01034520	中级分析化学实验
12—13	2	127	环境科学与工程学院	12730020	变化中的地球
12—13	2	127	环境科学与工程学院	12731010	人类生存发展与环境保护
12—13	2	127	环境科学与工程学院	12731020	全球环境问题
12—13	2	127	环境科学与工程学院	12731060	环境伦理概论
12—13	2	127	环境科学与工程学院	12732020	环境管理学

续表

学年	学期	院系代码	院系名称	课程号	课程名称
12—13	2	127	环境科学与工程学院	12732060	环境规划学
12—13	2	127	环境科学与工程学院	12732080	环境工程学二
12—13	2	127	环境科学与工程学院	12732150	环境工程学一
12—13	2	127	环境科学与工程学院	12733010	环境化学
12—13	2	127	环境科学与工程学院	12733020	环境化学实验
12—13	2	127	环境科学与工程学院	12733080	环境科学与工程文献选读
12—13	2	127	环境科学与工程学院	12733120	水环境学基础
12—13	2	127	环境科学与工程学院	12733140	企业环境管理
12—13	2	127	环境科学与工程学院	12734010	工程制图
12—13	2	127	环境科学与工程学院	12734030	水处理工程(下)
12—13	2	127	环境科学与工程学院	12734050	环境工程实验(一)
12—13	2	127	环境科学与工程学院	12735130	环境质量评价
12—13	2	127	环境科学与工程学院	12735170	环境遥感基础
12—13	2	127	环境科学与工程学院	12735180	环境信息系统
12—13	2	067	教育学院	06730070	生活教育——成功人生的基础
12—13	2	025	经济学院	00130202	高等数学(B)(二)
12—13	2	025	经济学院	00130212	高等数学(B)(二)习题课
12—13	2	025	经济学院	00132380	概率统计(B)
12—13	2	025	经济学院	02530070	宏观经济学
12—13	2	025	经济学院	02530071	宏观经济学"习题课"
12—13	2	025	经济学院	02530140	计量经济学
12—13	2	025	经济学院	02530220	房地产经济学
12—13	2	025	经济学院	02530400	保险法
12—13	2	025	经济学院	02530500	世界经济专题
12—13	2	025	经济学院	02530620	国际投资学
12—13	2	025	经济学院	02531080	社会保险
12—13	2	025	经济学院	02532180	投资银行学
12—13	2	025	经济学院	02532370	保险精算学原理
12—13	2	025	经济学院	02532420	金融工程概论
12—13	2	025	经济学院	02532590	中华人民共和国经济史
12—13	2	025	经济学院	02532730	劳动经济学
12—13	2	025	经济学院	02533080	随机过程
12—13	2	025	经济学院	02533170	经济学原理(Ⅱ)
12—13	2	025	经济学院	02533190	政治经济学(下)
12—13	2	025	经济学院	02533320	固定收益证券
12—13	2	025	经济学院	02533340	中国经济思想史
12—13	2	025	经济学院	02533350	外国经济思想史
12—13	2	025	经济学院	02533420	中国环境概论
12—13	2	025	经济学院	02533440	营销学
12—13	2	025	经济学院	02533530	预算经济学
12—13	2	025	经济学院	02533550	日本经济
12—13	2	025	经济学院	02533570	公司金融
12—13	2	025	经济学院	02533600	产业组织理论
12—13	2	025	经济学院	02533700	动态优化理论
12—13	2	025	经济学院	02533750	金融风险管理

续表

学年	学期	院系代码	院系名称	课程号	课程名称
12—13	2	025	经济学院	02533790	投资基金概论
12—13	2	025	经济学院	02533850	农业经济学
12—13	2	025	经济学院	02533930	国际贸易实务
12—13	2	025	经济学院	02534060	货币银行学
12—13	2	025	经济学院	02534090	专业英语
12—13	2	025	经济学院	02534260	地方财政
12—13	2	025	经济学院	02534270	经济地理学
12—13	2	025	经济学院	02534430	经济增长理论
12—13	2	025	经济学院	02534500	公共经济学
12—13	2	025	经济学院	02534520	财政学
12—13	2	025	经济学院	02534620	金融监管学
12—13	2	025	经济学院	02534670	企业风险管理
12—13	2	025	经济学院	02534690	人力资本与经济发展
12—13	2	025	经济学院	02534700	合作经济理论
12—13	2	025	经济学院	02534740	中级财务会计
12—13	2	025	经济学院	02534760	比较税收学
12—13	2	025	经济学院	02534820	保险学原理
12—13	2	025	经济学院	02534830	人口健康经济学
12—13	2	025	经济学院	02534870	金融工程软件编程
12—13	2	025	经济学院	02534940	投资理财
12—13	2	025	经济学院	02534970	成本效益分析
12—13	2	025	经济学院	02535020	证券投资学
12—13	2	025	经济学院	02535030	企业全面风险管理
12—13	2	025	经济学院	02535090	微观经济学
12—13	2	025	经济学院	02535150	风险管理与保险
12—13	2	025	经济学院	02535160	网络经济学
12—13	2	022	考古文博学院	02230120	田野考古学概论
12—13	2	022	考古文博学院	02230250	人体骨骼学
12—13	2	022	考古文博学院	02230260	动物考古学
12—13	2	022	考古文博学院	02230300	文化人类学
12—13	2	022	考古文博学院	02230440	丝绸之路考古
12—13	2	022	考古文博学院	02230470	科技考古
12—13	2	022	考古文博学院	02230570	冶金考古
12—13	2	022	考古文博学院	02230730	文物法规与行政管理
12—13	2	022	考古文博学院	02230980	考古测量与 GIS
12—13	2	022	考古文博学院	02230990	文物保护材料学
12—13	2	022	考古文博学院	02231080	考古学导论
12—13	2	022	考古文博学院	02231100	建筑设计(一)
12—13	2	022	考古文博学院	02231240	文物研究与鉴定
12—13	2	022	考古文博学院	02232103	中国考古学(中一)
12—13	2	022	考古文博学院	02232104	中国考古学(中二)
12—13	2	022	考古文博学院	02232105	中国考古学(下一)
12—13	2	022	考古文博学院	02232106	中国考古学(下二)
12—13	2	022	考古文博学院	02232200	美术考古
12—13	2	022	考古文博学院	02232210	考古学通论

续表

学年	学期	院系代码	院系名称	课程号	课程名称
12—13	2	022	考古文博学院	02232220	文化遗产学概论
12—13	2	022	考古文博学院	02232250	古代近东考古与艺术
12—13	2	022	考古文博学院	02233020	美术色彩基础
12—13	2	022	考古文博学院	02233040	文化遗产踏查与测绘实习
12—13	2	022	考古文博学院	02240140	文化遗产保护实践
12—13	2	022	考古文博学院	02240390	植物考古
12—13	2	021	历史学系	02113121	拉丁语阅读(2)
12—13	2	021	历史学系	02115661	研究生拉丁语(四)
12—13	2	021	历史学系	02130012	中国古代史(下)
12—13	2	021	历史学系	02130102	中国历史文选(下)
12—13	2	021	历史学系	02130110	史学概论
12—13	2	021	历史学系	02130180	中国古代政治文化
12—13	2	021	历史学系	02130490	世界现代化进程
12—13	2	021	历史学系	02130610	英国史专题
12—13	2	021	历史学系	02130650	苏联东欧史专题
12—13	2	021	历史学系	02131080	18—19世纪欧洲
12—13	2	021	历史学系	02131110	中国古代政治与文化
12—13	2	021	历史学系	02131250	西方文明史导论
12—13	2	021	历史学系	02131340	近现代中日关系史
12—13	2	021	历史学系	02131460	拉美国家现代化进程研究
12—13	2	021	历史学系	02131772	现代希腊语(2)
12—13	2	021	历史学系	02131970	西方当代历史学流派
12—13	2	021	历史学系	02131991	基础意大利语(1)
12—13	2	021	历史学系	02131992	基础意大利语(2)
12—13	2	021	历史学系	02132030	中国现代史
12—13	2	021	历史学系	02132110	社会调查与史学研究
12—13	2	021	历史学系	02132130	西方史学史专题
12—13	2	021	历史学系	02132150	社会史研究导论
12—13	2	021	历史学系	02132220	中国古代民族史
12—13	2	021	历史学系	02132250	中国近代政治与外交
12—13	2	021	历史学系	02132310	战国秦汉法制史
12—13	2	021	历史学系	02132370	蒙元史专题
12—13	2	021	历史学系	02132390	清史专题
12—13	2	021	历史学系	02132520	现代国际政治史
12—13	2	021	历史学系	02132730	印度文明史
12—13	2	021	历史学系	02132750	中国通史(古代部分)
12—13	2	021	历史学系	02132830	秦汉魏晋南北朝政治历程
12—13	2	021	历史学系	02132861	左传选读
12—13	2	021	历史学系	02133102	基督教拉丁语(2)
12—13	2	021	历史学系	02133601	外文历史文选阅读指导
12—13	2	021	历史学系	02133610	古代东方文明
12—13	2	021	历史学系	02133640	欧洲史
12—13	2	021	历史学系	02133660	亚洲史
12—13	2	021	历史学系	02133691	外文历史名著选读(上)
12—13	2	021	历史学系	02133700	英文历史学文献翻译

续表

学年	学期	院系代码	院系名称	课程号	课程名称
12—13	2	021	历史学系	02135010	中国古代史
12—13	2	021	历史学系	02138540	中古西欧政治
12—13	2	021	历史学系	02138970	中国古代妇女史专题
12—13	2	040	马克思主义学院	04031650	思想道德修养与法律基础
12—13	2	040	马克思主义学院	04031660	中国近现代史纲要
12—13	2	040	马克思主义学院	04031681	马克思主义基本原理概论(上)
12—13	2	040	马克思主义学院	04031700	周易精读
12—13	2	040	马克思主义学院	04031730	毛泽东思想和中国特色社会主义理论体系概论
12—13	2	040	马克思主义学院	04031740	马克思主义基本原理概论
12—13	2	040	马克思主义学院	04031750	形势与政策
12—13	2	031	社会学系	03100130	国外社会学学说(上)
12—13	2	031	社会学系	03130010	社会学概论
12—13	2	031	社会学系	03130020	国外社会学学说(下)
12—13	2	031	社会学系	03130050	中国社会思想史
12—13	2	031	社会学系	03130120	社会统计学
12—13	2	031	社会学系	03130150	社会人类学
12—13	2	031	社会学系	03130190	城市社会学
12—13	2	031	社会学系	03130210	社会心理学
12—13	2	031	社会学系	03130250	农村社会学
12—13	2	031	社会学系	03130260	家庭社会学
12—13	2	031	社会学系	03130280	社会性别研究
12—13	2	031	社会学系	03130340	宗教社会学
12—13	2	031	社会学系	03130350	教育社会学
12—13	2	031	社会学系	03130430	群体工作
12—13	2	031	社会学系	03130460	社会保障
12—13	2	031	社会学系	03130480	社会行政
12—13	2	031	社会学系	03130590	中国社会
12—13	2	031	社会学系	03130640	经济社会学
12—13	2	031	社会学系	03130700	历史社会学
12—13	2	031	社会学系	03130790	贫困与发展
12—13	2	031	社会学系	03130840	劳动社会学
12—13	2	031	社会学系	03130880	西方社会思想史
12—13	2	031	社会学系	03131160	社会学导论
12—13	2	031	社会学系	03131190	社会工作概论
12—13	2	031	社会学系	03131230	社会工作实习
12—13	2	031	社会学系	03131410	自杀社会问题研究
12—13	2	031	社会学系	03131500	社会调查与研究方法
12—13	2	031	社会学系	03131530	人口社会学
12—13	2	031	社会学系	03131540	实习
12—13	2	031	社会学系	03131640	生物学对社会科学的启示
12—13	2	031	社会学系	03131650	人口统计学
12—13	2	031	社会学系	03131700	政治人类学
12—13	2	031	社会学系	03131760	人口资源环境社会学
12—13	2	031	社会学系	60730020	军事理论
12—13	2	011	生命科学学院	00130202	高等数学(B)(二)

续表

学年	学期	院系代码	院系名称	课程号	课程名称
12—13	2	011	生命科学学院	00130212	高等数学(B)(二)习题课
12—13	2	011	生命科学学院	00431200	基础物理实验
12—13	2	011	生命科学学院	00431580	生命科学中的物理学(上)
12—13	2	011	生命科学学院	01032630	物理化学(B)
12—13	2	011	生命科学学院	01032720	物理化学实验(B)
12—13	2	011	生命科学学院	01130070	微生物学实验
12—13	2	011	生命科学学院	01130130	免疫学
12—13	2	011	生命科学学院	01130210	遗传学实验
12—13	2	011	生命科学学院	01130370	生理学
12—13	2	011	生命科学学院	01130380	生理学实验
12—13	2	011	生命科学学院	01130850	算法与数据结构及上机
12—13	2	011	生命科学学院	01130871	人类的性、生育与健康
12—13	2	011	生命科学学院	01130889	生物摄影及实践
12—13	2	011	生命科学学院	01131040	植物生物学
12—13	2	011	生命科学学院	01131060	植物生物学实验
12—13	2	011	生命科学学院	01131170	发育生物学实验
12—13	2	011	生命科学学院	01132020	遗传学
12—13	2	011	生命科学学院	01132021	遗传学讨论
12—13	2	011	生命科学学院	01138530	病毒感染与免疫
12—13	2	011	生命科学学院	01138540	分子生物学
12—13	2	011	生命科学学院	01138560	生理学(清华)
12—13	2	011	生命科学学院	01138570	生物统计学基础
12—13	2	011	生命科学学院	01138580	生物物理学
12—13	2	011	生命科学学院	01138590	遗传学(清华)
12—13	2	011	生命科学学院	01139001	药理学基础
12—13	2	011	生命科学学院	01139350	普通生物学(B)
12—13	2	011	生命科学学院	01139360	基础分子生物学实验
12—13	2	011	生命科学学院	01139380	普通生物学(A)
12—13	2	011	生命科学学院	01139390	普通生物学实验(A)
12—13	2	011	生命科学学院	01139490	文献强化阅读与学术报告(1)
12—13	2	011	生命科学学院	01139580	发育生物学
12—13	2	011	生命科学学院	01139600	微生物学
12—13	2	011	生命科学学院	01139732	生物数学建模
12—13	2	011	生命科学学院	01139760	事业与人生
12—13	2	011	生命科学学院	01139780	系统生物学选讲
12—13	2	011	生命科学学院	01139910	细胞骨架、细胞运动及人类疾病
12—13	2	011	生命科学学院	01139930	系统与计算神经科学
12—13	2	011	生命科学学院	01139940	科学研究基本技能
12—13	2	011	生命科学学院	01139950	分子医学高级教程
12—13	2	041	体育教研部	04130020	游泳
12—13	2	041	体育教研部	04130021	游泳提高班
12—13	2	041	体育教研部	04130030	太极拳
12—13	2	041	体育教研部	04130040	健美操
12—13	2	041	体育教研部	04130050	乒乓球
12—13	2	041	体育教研部	04130053	乒乓球提高班

续表

学年	学期	院系代码	院系名称	课程号	课程名称
12—13	2	041	体育教研部	04130060	羽毛球
12—13	2	041	体育教研部	04130063	羽毛球提高班
12—13	2	041	体育教研部	04130070	网球
12—13	2	041	体育教研部	04130080	足球
12—13	2	041	体育教研部	04130090	篮球
12—13	2	041	体育教研部	04130093	篮球提高班
12—13	2	041	体育教研部	04130100	排球
12—13	2	041	体育教研部	04130103	排球提高班
12—13	2	041	体育教研部	04130110	形体（女生）
12—13	2	041	体育教研部	04130120	体育舞蹈
12—13	2	041	体育教研部	04130130	健美
12—13	2	041	体育教研部	04130160	体适能
12—13	2	041	体育教研部	04130171	保健2
12—13	2	041	体育教研部	04130210	棒、垒球
12—13	2	041	体育教研部	04130231	安全教育与自卫防身
12—13	2	041	体育教研部	04130240	攀岩
12—13	2	041	体育教研部	04130260	少林棍术
12—13	2	041	体育教研部	04130280	跆拳道
12—13	2	041	体育教研部	04130290	击剑
12—13	2	041	体育教研部	04130350	运动、营养与减肥
12—13	2	041	体育教研部	04130370	围棋（初级班）
12—13	2	041	体育教研部	04130420	散打
12—13	2	041	体育教研部	04130430	中华健
12—13	2	041	体育教研部	04130440	瑜伽
12—13	2	041	体育教研部	04130450	地板球
12—13	2	041	体育教研部	04130480	高尔夫
12—13	2	041	体育教研部	04130490	桥牌
12—13	2	041	体育教研部	04130500	国际象棋（初级班）
12—13	2	041	体育教研部	04130520	《黄帝内经》与古导引
12—13	2	041	体育教研部	04130570	剑道
12—13	2	041	体育教研部	04130600	曲棍球
12—13	2	041	体育教研部	04130620	定向与徒步运动
12—13	2	041	体育教研部	04130630	汉字太极与养生课
12—13	2	041	体育教研部	04130640	拓展训练
12—13	2	039	外国语学院	03530010	东方文学史
12—13	2	039	外国语学院	03530190	日本文化艺术专题
12—13	2	039	外国语学院	03530242	公共阿拉伯语（二）
12—13	2	039	外国语学院	03530350	圣经概述和导读
12—13	2	039	外国语学院	03530370	东南亚文化
12—13	2	039	外国语学院	03530442	公共韩国语（二）
12—13	2	039	外国语学院	03530450	东方文学
12—13	2	039	外国语学院	03530500	当今韩国—亚洲及全球经济事件
12—13	2	039	外国语学院	03531012	基础蒙古语（二）
12—13	2	039	外国语学院	03531402	基础韩国（朝鲜）语（二）
12—13	2	039	外国语学院	03531404	基础韩国（朝鲜）语（四）

续表

学年	学期	院系代码	院系名称	课程号	课程名称
12—13	2	039	外国语学院	03531569	韩中翻译
12—13	2	039	外国语学院	03531710	韩国(朝鲜)经济
12—13	2	039	外国语学院	03531802	韩国(朝鲜)语视听说(二)
12—13	2	039	外国语学院	03531804	韩国(朝鲜)语视听说(四)
12—13	2	039	外国语学院	03531812	高级韩国(朝鲜)语(二)
12—13	2	039	外国语学院	03531813	高级韩国(朝鲜)语(三)
12—13	2	039	外国语学院	03531820	韩国(朝鲜)语应用文写作
12—13	2	039	外国语学院	03531832	韩国(朝鲜)语报刊选读(下)
12—13	2	039	外国语学院	03531842	高级韩国(朝鲜)语口语(二)
12—13	2	039	外国语学院	03531852	韩国(朝鲜)文学作品选读(下)
12—13	2	039	外国语学院	03531860	韩国(朝鲜)民俗
12—13	2	039	外国语学院	03531970	日语阅读
12—13	2	039	外国语学院	03532022	基础日语(二)
12—13	2	039	外国语学院	03532024	基础日语(四)
12—13	2	039	外国语学院	03532030	日本历史
12—13	2	039	外国语学院	03532042	日语视听说(二)
12—13	2	039	外国语学院	03532090	日本文化概论
12—13	2	039	外国语学院	03532110	日译汉
12—13	2	039	外国语学院	03532120	日本文学史
12—13	2	039	外国语学院	03532160	日语概论
12—13	2	039	外国语学院	03532220	日语会话
12—13	2	039	外国语学院	03532252	公共日语(二)
12—13	2	039	外国语学院	03532322	高年级日语(二)
12—13	2	039	外国语学院	03532334	高年级日语(四)
12—13	2	039	外国语学院	03532370	日汉语言对比
12—13	2	039	外国语学院	03532402	基础日语(二)
12—13	2	039	外国语学院	03532411	日语视听说(一)
12—13	2	039	外国语学院	03532413	日语视听说(三)
12—13	2	039	外国语学院	03532422	日语阅读(二)
12—13	2	039	外国语学院	03533030	越南历史
12—13	2	039	外国语学院	03533041	越语会话(上)
12—13	2	039	外国语学院	03533104	越南语视听说(四)
12—13	2	039	外国语学院	03533143	越南报刊选读(三)
12—13	2	039	外国语学院	03533272	基础越南语(二)
12—13	2	039	外国语学院	03533521	初级泰语阅读(一)
12—13	2	039	外国语学院	03533862	泰语教程(二)
12—13	2	039	外国语学院	03534018	缅甸语(八)
12—13	2	039	外国语学院	03534170	缅甸语写作
12—13	2	039	外国语学院	03534816	印尼语(六)
12—13	2	039	外国语学院	03534832	印尼语旅游口语(二)
12—13	2	039	外国语学院	03535024	希伯来语视听说(四)
12—13	2	039	外国语学院	03535164	希伯来语(四)
12—13	2	039	外国语学院	03535210	以色列现代史
12—13	2	039	外国语学院	03535230	圣经概述与导读
12—13	2	039	外国语学院	03535420	菲律宾文学史

续表

学年	学期	院系代码	院系名称	课程号	课程名称
12—13	2	039	外国语学院	03535570	菲律宾语报刊选读
12—13	2	039	外国语学院	03535610	菲律宾短篇小说选读
12—13	2	039	外国语学院	03535676	菲律宾语(六)
12—13	2	039	外国语学院	03536021	印地语视听说(一)
12—13	2	039	外国语学院	03536090	汉语译印地语教程
12—13	2	039	外国语学院	03536152	梵语宗教哲学文献选读(二)
12—13	2	039	外国语学院	03536161	巴利语(上)
12—13	2	039	外国语学院	03536212	印度英语报刊文章选读(二)
12—13	2	039	外国语学院	03536220	梵语文学史
12—13	2	039	外国语学院	03536232	印度哲学史(下)
12—13	2	039	外国语学院	03536260	印度佛教史
12—13	2	039	外国语学院	03536304	印地语报刊阅读(四)
12—13	2	039	外国语学院	03536609	印地语文章选读(下)
12—13	2	039	外国语学院	03536914	印地语(四)
12—13	2	039	外国语学院	03537041	乌尔都语报刊阅读(一)
12—13	2	039	外国语学院	03537050	乌尔都语语法
12—13	2	039	外国语学院	03537231	乌尔都语高级口译教程(上)
12—13	2	039	外国语学院	03537340	乌尔都语文学作品选
12—13	2	039	外国语学院	03537382	乌尔都语翻译教程(二)
12—13	2	039	外国语学院	03537502	基础波斯语(二)
12—13	2	039	外国语学院	03537511	波斯语视听说(上)
12—13	2	039	外国语学院	03538012	基础阿拉伯语(二)
12—13	2	039	外国语学院	03538014	基础阿拉伯语(四)
12—13	2	039	外国语学院	03538021	阿拉伯语视听(一)
12—13	2	039	外国语学院	03538023	阿拉伯语视听(三)
12—13	2	039	外国语学院	03538025	阿拉伯语视听(五)
12—13	2	039	外国语学院	03538031	阿拉伯语口语(一)
12—13	2	039	外国语学院	03538033	阿拉伯语口语(三)
12—13	2	039	外国语学院	03538042	阿拉伯语阅读(二)
12—13	2	039	外国语学院	03538044	阿拉伯语阅读(四)
12—13	2	039	外国语学院	03538050	阿拉伯语语法
12—13	2	039	外国语学院	03538071	阿拉伯语口译(一)
12—13	2	039	外国语学院	03538081	阿拉伯语翻译教程(一)
12—13	2	039	外国语学院	03538180	阿拉伯伊斯兰文化
12—13	2	039	外国语学院	03538222	阿拉伯报刊文选(二)
12—13	2	039	外国语学院	03538230	开罗方言
12—13	2	039	外国语学院	03538240	阿拉伯语应用文
12—13	2	039	外国语学院	03538272	高年级阿拉伯语(二)
12—13	2	039	外国语学院	03538274	高年级阿拉伯语(四)
12—13	2	039	外国语学院	03631002	法语精读(二)
12—13	2	039	外国语学院	03631004	法语精读(四)
12—13	2	039	外国语学院	03631006	法语精读(六)
12—13	2	039	外国语学院	03631018	法语精读(八)
12—13	2	039	外国语学院	03631022	法语视听说(二)
12—13	2	039	外国语学院	03631024	法语视听说(四)

续表

学年	学期	院系代码	院系名称	课程号	课程名称
12—13	2	039	外国语学院	03631026	法语视听说（六）
12—13	2	039	外国语学院	03631028	法语视听说（八）
12—13	2	039	外国语学院	03631032	法语写作（二）
12—13	2	039	外国语学院	03631034	法语写作（四）
12—13	2	039	外国语学院	03631043	法语笔译（上）
12—13	2	039	外国语学院	03631065	法国文学史和文学选读（上）
12—13	2	039	外国语学院	03631091	法语泛读（一）
12—13	2	039	外国语学院	03631093	法语泛读（三）
12—13	2	039	外国语学院	03631230	法语国家及地区概况
12—13	2	039	外国语学院	03631252	法国报刊选读（二）
12—13	2	039	外国语学院	03631254	法国报刊选读（四）
12—13	2	039	外国语学院	03631512	法语精读（二）
12—13	2	039	外国语学院	03631514	法语精读（四）
12—13	2	039	外国语学院	03631522	法语视听（二）
12—13	2	039	外国语学院	03631524	法语视听（四）
12—13	2	039	外国语学院	03631532	法语泛读（二）
12—13	2	039	外国语学院	03631534	法语泛读（四）
12—13	2	039	外国语学院	03631612	公共法语（二）
12—13	2	039	外国语学院	03632002	德语精读（二）
12—13	2	039	外国语学院	03632004	德语精读（四）
12—13	2	039	外国语学院	03632022	德语视听说（二）
12—13	2	039	外国语学院	03632024	德语视听说（四）
12—13	2	039	外国语学院	03632042	德语笔译（二）
12—13	2	039	外国语学院	03632044	德语笔译（四）
12—13	2	039	外国语学院	03632052	德语口译（下）
12—13	2	039	外国语学院	03632089	德语散文名篇选读
12—13	2	039	外国语学院	03632099	德语国家青少年文学
12—13	2	039	外国语学院	03632104	德语长篇小说（下）
12—13	2	039	外国语学院	03632110	德国文化史
12—13	2	039	外国语学院	03632130	奥地利、瑞士文学
12—13	2	039	外国语学院	03632160	德语中篇小说选读
12—13	2	039	外国语学院	03632210	德国历史
12—13	2	039	外国语学院	03632220	德语国家国情课
12—13	2	039	外国语学院	03632270	德语国家诗歌
12—13	2	039	外国语学院	03632512	德语精读（二）
12—13	2	039	外国语学院	03632514	德语精读（四）
12—13	2	039	外国语学院	03632522	德语视听（二）
12—13	2	039	外国语学院	03632524	德语视听（四）
12—13	2	039	外国语学院	03632532	德语泛读（二）
12—13	2	039	外国语学院	03632534	德语泛读（四）
12—13	2	039	外国语学院	03632612	公共德语（二）
12—13	2	039	外国语学院	03632622	德语国家文学史与选读（二）
12—13	2	039	外国语学院	03632624	德语国家文学史与选读（四）
12—13	2	039	外国语学院	03633012	西班牙语精读（二）
12—13	2	039	外国语学院	03633014	西班牙语精读（四）

续表

学年	学期	院系代码	院系名称	课程号	课程名称
12—13	2	039	外国语学院	03633019	西班牙语精读(八)
12—13	2	039	外国语学院	03633022	西班牙语视听(二)
12—13	2	039	外国语学院	03633028	西班牙语视听(四)
12—13	2	039	外国语学院	03633032	西班牙语阅读(二)
12—13	2	039	外国语学院	03633042	西班牙语口语(二)
12—13	2	039	外国语学院	03633044	西班牙语口语(四)
12—13	2	039	外国语学院	03633061	西班牙语文学史和文学选读(上)
12—13	2	039	外国语学院	03633082	西汉笔译(下)
12—13	2	039	外国语学院	03633092	西汉口译(下)
12—13	2	039	外国语学院	03633100	西班牙语语音
12—13	2	039	外国语学院	03633220	拉丁美洲历史和文化概论
12—13	2	039	外国语学院	03633231	西班牙语语法(上)
12—13	2	039	外国语学院	03633252	西班牙报刊选读(下)
12—13	2	039	外国语学院	03633290	西班牙语世界文化研究
12—13	2	039	外国语学院	03633310	西班牙语语言学导论
12—13	2	039	外国语学院	03633512	西班牙语精读(二)
12—13	2	039	外国语学院	03633514	西班牙语精读(四)
12—13	2	039	外国语学院	03633522	西班牙语视听(二)
12—13	2	039	外国语学院	03633524	西班牙语视听(四)
12—13	2	039	外国语学院	03633532	西班牙语阅读(二)
12—13	2	039	外国语学院	03633534	西班牙语阅读(四)
12—13	2	039	外国语学院	03633611	公共西班牙语(一)
12—13	2	039	外国语学院	03633612	公共西班牙语(二)
12—13	2	039	外国语学院	03634030	传记文学:经典人物研究
12—13	2	039	外国语学院	03634060	西方文学名著导读
12—13	2	039	外国语学院	03635022	葡萄牙语视听(二)
12—13	2	039	外国语学院	03635042	葡萄牙语(二)
12—13	2	039	外国语学院	03635051	葡萄牙语泛读(一)
12—13	2	039	外国语学院	03730032	俄语语法(二)
12—13	2	039	外国语学院	03730102	俄语报刊阅读(二)
12—13	2	039	外国语学院	03730111	俄语阅读—文化背景知识(一)
12—13	2	039	外国语学院	03730113	俄语阅读—文化背景知识(三)
12—13	2	039	外国语学院	03730192	俄语口语会话(下)
12—13	2	039	外国语学院	03730282	俄语二外(下)
12—13	2	039	外国语学院	03730312	俄罗斯文学选读(下)
12—13	2	039	外国语学院	03730392	俄罗斯文学史(二)
12—13	2	039	外国语学院	03730394	俄罗斯文学史(四)
12—13	2	039	外国语学院	03730422	俄语口译(下)
12—13	2	039	外国语学院	03730502	基础俄语(二)
12—13	2	039	外国语学院	03730504	基础俄语(四)
12—13	2	039	外国语学院	03730512	高级俄语(二)
12—13	2	039	外国语学院	03730514	高级俄语(四)
12—13	2	039	外国语学院	03730542	俄语写作(下)
12—13	2	039	外国语学院	03730552	俄译汉教程(下)
12—13	2	039	外国语学院	03730582	俄罗斯国情(下)

续表

学年	学期	院系代码	院系名称	课程号	课程名称
12—13	2	039	外国语学院	03730592	俄罗斯民俗民情(下)
12—13	2	039	外国语学院	03730630	俄语实践修辞
12—13	2	039	外国语学院	03730699	俄罗斯文学与音乐
12—13	2	039	外国语学院	03730739	文学理论基础
12—13	2	039	外国语学院	03730752	俄语视听说(二)
12—13	2	039	外国语学院	03730754	俄语视听说(四)
12—13	2	039	外国语学院	03730769	俄语新闻听力(下)
12—13	2	039	外国语学院	03730780	俄罗斯社会与文化系列讲座
12—13	2	039	外国语学院	03730801	中级乌克兰语
12—13	2	039	外国语学院	03730811	汉译俄教程(上)
12—13	2	039	外国语学院	03830016	英语精读(四)
12—13	2	039	外国语学院	03830018	英语精读(二)
12—13	2	039	外国语学院	03830022	英语视听(二)
12—13	2	039	外国语学院	03830028	英语视听(四)
12—13	2	039	外国语学院	03830042	口语(二)
12—13	2	039	外国语学院	03830044	口语(四)
12—13	2	039	外国语学院	03830060	应用文写作
12—13	2	039	外国语学院	03830072	写作(二)
12—13	2	039	外国语学院	03830080	测试(A)
12—13	2	039	外国语学院	03830091	英国文学史(一)
12—13	2	039	外国语学院	03830120	汉译英
12—13	2	039	外国语学院	03830131	美国文学史与选读(一)
12—13	2	039	外国语学院	03832080	美国短篇小说
12—13	2	039	外国语学院	03832120	英语词汇学
12—13	2	039	外国语学院	03832160	消费文化与生存美学
12—13	2	039	外国语学院	03833160	英美戏剧
12—13	2	039	外国语学院	03833270	文学与社会
12—13	2	039	外国语学院	03833352	古希腊语(二)
12—13	2	039	外国语学院	03834060	莎士比亚与马洛戏剧选读
12—13	2	039	外国语学院	03834080	同声传译
12—13	2	039	外国语学院	03834100	中西文化比较
12—13	2	039	外国语学院	03834130	英语诗歌鉴赏
12—13	2	039	外国语学院	03834240	比较视野中的中美当代小说
12—13	2	039	外国语学院	03834290	戏剧实践
12—13	2	039	外国语学院	03834350	美国当代文学思想
12—13	2	039	外国语学院	03834360	英国文学的基石
12—13	2	039	外国语学院	03834370	文学、自然与地方
12—13	2	039	外国语学院	03834410	西方古典文学与社会
12—13	2	039	外国语学院	03834420	现代欧洲小说中的自我、危机与救赎
12—13	2	039	外国语学院	03835340	莎士比亚名篇赏析
12—13	2	039	外国语学院	03930010	西方戏剧文学
12—13	2	004	物理学院	00130202	高等数学(B)(二)
12—13	2	004	物理学院	00130212	高等数学(B)(二)习题课
12—13	2	004	物理学院	00130280	计算方法(B)
12—13	2	004	物理学院	00405589	强场光物理

续表

学年	学期	院系代码	院系名称	课程号	课程名称
12—13	2	004	物理学院	00405595	多体系统的量子理论
12—13	2	004	物理学院	00405596	量子材料前沿讲座
12—13	2	004	物理学院	00405602	超快激光和光谱技术及应用
12—13	2	004	物理学院	00405603	量子信息物理导论
12—13	2	004	物理学院	00405605	拉曼光谱学导论
12—13	2	004	物理学院	00405606	表面等离激元学导论
12—13	2	004	物理学院	00405607	实用低温物理与技术入门
12—13	2	004	物理学院	00407771	核物理与粒子物理实验方法(二)
12—13	2	004	物理学院	00410542	固体理论
12—13	2	004	物理学院	00410612	Java编程
12—13	2	004	物理学院	00410644	非线性物理专题
12—13	2	004	物理学院	00410740	光学理论
12—13	2	004	物理学院	00411040	非线性光学
12—13	2	004	物理学院	00411850	固体光谱
12—13	2	004	物理学院	00411851	光电功能材料
12—13	2	004	物理学院	00412250	量子规范场论
12—13	2	004	物理学院	00412350	李群和李代数
12—13	2	004	物理学院	00414860	激光实验
12—13	2	004	物理学院	00415692	广义相对论
12—13	2	004	物理学院	00415702	介观光学导论
12—13	2	004	物理学院	00430109	演示物理学
12—13	2	004	物理学院	00430133	现代电子电路基础及实验(二)
12—13	2	004	物理学院	00430170	天文测距导论
12—13	2	004	物理学院	00430171	人类生存发展与核科学
12—13	2	004	物理学院	00430183	天体物理
12—13	2	004	物理学院	00430191	大气科学导论
12—13	2	004	物理学院	00431151	原子物理学
12—13	2	004	物理学院	00431154	热学
12—13	2	004	物理学院	00431155	电磁学
12—13	2	004	物理学院	00431159	原子物理习题
12—13	2	004	物理学院	00431212	普通物理实验(A)(二)
12—13	2	004	物理学院	00431254	热学习题课
12—13	2	004	物理学院	00431255	电磁学习题课
12—13	2	004	物理学院	00431547	天体物理前沿
12—13	2	004	物理学院	00431550	基础天文
12—13	2	004	物理学院	00431557	恒星大气与天体光谱
12—13	2	004	物理学院	00431559	天文技术与方法Ⅱ(高能与射电)
12—13	2	004	物理学院	00431620	计算物理学导论
12—13	2	004	物理学院	00431640	量子力学讨论班
12—13	2	004	物理学院	00431670	量子力学(A)
12—13	2	004	物理学院	00431690	固体物理学
12—13	2	004	物理学院	00431700	固体物理讨论班
12—13	2	004	物理学院	00431710	近海海洋学
12—13	2	004	物理学院	00431720	平衡态统计物理
12—13	2	004	物理学院	00431730	平衡态统计物理讨论班

续表

学年	学期	院系代码	院系名称	课程号	课程名称
12—13	2	004	物理学院	00432108	数学物理方法(上)
12—13	2	004	物理学院	00432109	数学物理方法(下)
12—13	2	004	物理学院	00432110	数学物理方法
12—13	2	004	物理学院	00432119	数学物理方法习题课
12—13	2	004	物理学院	00432140	电动力学(A)
12—13	2	004	物理学院	00432149	量子力学(B)
12—13	2	004	物理学院	00432151	量子力学习题
12—13	2	004	物理学院	00432160	电动力学习题
12—13	2	004	物理学院	00432166	几何光学及光学仪器
12—13	2	004	物理学院	00432190	凝聚态物理理论讨论班
12—13	2	004	物理学院	00432205	理论力学习题课
12—13	2	004	物理学院	00432211	理论力学
12—13	2	004	物理学院	00432224	现代物理前沿讲座(Ⅱ)
12—13	2	004	物理学院	00432230	热力学与统计物理(B)
12—13	2	004	物理学院	00432238	核物理与粒子物理导论
12—13	2	004	物理学院	00432242	加速器物理基础
12—13	2	004	物理学院	00432251	天气学
12—13	2	004	物理学院	00432252	大气动力学基础
12—13	2	004	物理学院	00432253	大气物理实验
12—13	2	004	物理学院	00432265	现代天文学
12—13	2	004	物理学院	00432267	工程图学及其应用
12—13	2	004	物理学院	00432268	自然科学中的混沌和分形
12—13	2	004	物理学院	00432272	微机原理及上机
12—13	2	004	物理学院	00432275	云物理学导论
12—13	2	004	物理学院	00432300	气候变化:全球变暖的科学基础
12—13	2	004	物理学院	00432520	固体物理习题
12—13	2	004	物理学院	00432530	理论物理导论
12—13	2	004	物理学院	00433327	近代物理实验(Ⅰ)
12—13	2	004	物理学院	00433328	近代物理实验(Ⅱ)
12—13	2	004	物理学院	00433640	材料物理
12—13	2	004	物理学院	00434070	物理宇宙学基础
12—13	2	004	物理学院	00434322	光学前沿
12—13	2	004	物理学院	00434714	核科学前沿讲座
12—13	2	004	物理学院	04830494	数据结构与算法上机
12—13	2	004	物理学院	04831420	数据结构与算法(B)
12—13	2	016	心理学系	01139510	生理学
12—13	2	016	心理学系	01603011	心理测量
12—13	2	016	心理学系	01630020	CNS解剖
12—13	2	016	心理学系	01630034	实验心理学
12—13	2	016	心理学系	01630040	社会心理学
12—13	2	016	心理学系	01630051	心理统计(1)
12—13	2	016	心理学系	01630060	发展心理学
12—13	2	016	心理学系	01630070	SPSS统计软件包
12—13	2	016	心理学系	01630080	人格心理学
12—13	2	016	心理学系	01630090	变态心理学

续表

学年	学期	院系代码	院系名称	课程号	课程名称
12—13	2	016	心理学系	01630101	生理心理学
12—13	2	016	心理学系	01630121	认知心理学
12—13	2	016	心理学系	01630140	认知神经科学
12—13	2	016	心理学系	01630180	工程心理学
12—13	2	016	心理学系	01630220	生理心理实验
12—13	2	016	心理学系	01630243	心理咨询与治疗引论
12—13	2	016	心理学系	01630330	心理学史
12—13	2	016	心理学系	01630350	教育心理学
12—13	2	016	心理学系	01630540	职业心理学
12—13	2	016	心理学系	01630560	婴儿心理学
12—13	2	016	心理学系	01630570	感觉与知觉
12—13	2	016	心理学系	01630600	组织管理心理学
12—13	2	016	心理学系	01630610	心理学研究方法——Matlab
12—13	2	016	心理学系	01630740	爱的心理学
12—13	2	016	心理学系	01635010	大学生健康教育
12—13	2	016	心理学系	01635020	生活中的心理学
12—13	2	016	心理学系	01635042	大学生心理素质拓展
12—13	2	016	心理学系	01636060	高级统计spss上机
12—13	2	016	心理学系	01639020	心理学概论
12—13	2	016	心理学系	04830494	数据结构与算法上机
12—13	2	016	心理学系	04831420	数据结构与算法(B)
12—13	2	018	新闻与传播学院	01830100	中国新闻传播史
12—13	2	018	新闻与传播学院	01830330	国际传播
12—13	2	018	新闻与传播学院	01830380	媒体与社会
12—13	2	018	新闻与传播学院	01830430	CI研究
12—13	2	018	新闻与传播学院	01830490	广告媒体研究
12—13	2	018	新闻与传播学院	01830500	广告综合研究
12—13	2	018	新闻与传播学院	01830510	广告类型研究
12—13	2	018	新闻与传播学院	01830540	市场调查
12—13	2	018	新闻与传播学院	01830580	广告心理学
12—13	2	018	新闻与传播学院	01830620	广告策划
12—13	2	018	新闻与传播学院	01830630	广告管理
12—13	2	018	新闻与传播学院	01830710	新闻摄影
12—13	2	018	新闻与传播学院	01831030	传播学概论
12—13	2	018	新闻与传播学院	01831280	出版经营管理
12—13	2	018	新闻与传播学院	01831330	中国图书出版史
12—13	2	018	新闻与传播学院	01831610	汉语修辞学
12—13	2	018	新闻与传播学院	01831670	期刊编辑实务
12—13	2	018	新闻与传播学院	01831740	视听语言
12—13	2	018	新闻与传播学院	01831760	世界电影史
12—13	2	018	新闻与传播学院	01831990	跨文化交流学
12—13	2	018	新闻与传播学院	01832150	媒体与国际关系
12—13	2	018	新闻与传播学院	01832250	纪录片简史
12—13	2	018	新闻与传播学院	01832260	媒介经济学
12—13	2	018	新闻与传播学院	01832350	名记者专题

续表

学年	学期	院系代码	院系名称	课程号	课程名称
12—13	2	018	新闻与传播学院	01832530	媒介经营管理
12—13	2	018	新闻与传播学院	01832550	电视节目制作与策划
12—13	2	018	新闻与传播学院	01832910	视频编辑
12—13	2	018	新闻与传播学院	01832950	传媒发展史
12—13	2	018	新闻与传播学院	01832960	基础采访写作
12—13	2	018	新闻与传播学院	01833000	中国文化与社会
12—13	2	018	新闻与传播学院	01833010	世界广播电视事业
12—13	2	018	新闻与传播学院	01833020	广播电视新闻
12—13	2	018	新闻与传播学院	01833040	广播电视研究
12—13	2	018	新闻与传播学院	01833050	广告视觉传达
12—13	2	018	新闻与传播学院	01833060	市场营销原理
12—13	2	018	新闻与传播学院	01833130	出版案例研讨
12—13	2	018	新闻与传播学院	01833270	新闻编辑
12—13	2	018	新闻与传播学院	01833280	新闻评论
12—13	2	018	新闻与传播学院	01833400	公关策划与危机管理
12—13	2	018	新闻与传播学院	01833490	跨文化新闻传播案例分析
12—13	2	030	信息管理系	03030010	图书馆学概论
12—13	2	030	信息管理系	03030220	著作权法
12—13	2	030	信息管理系	03030370	传播学原理
12—13	2	030	信息管理系	03030780	办公自动化
12—13	2	030	信息管理系	03031040	数据库系统上机
12—13	2	030	信息管理系	03031100	办公自动化上机
12—13	2	030	信息管理系	03032360	中国文化史
12—13	2	030	信息管理系	03033020	数据库系统
12—13	2	030	信息管理系	03033030	信息分析与决策
12—13	2	030	信息管理系	03033040	信息服务
12—13	2	030	信息管理系	03033060	数字图书馆
12—13	2	030	信息管理系	03033110	信息安全
12—13	2	030	信息管理系	03033130	市场营销学
12—13	2	030	信息管理系	03033140	企业与政府信息化
12—13	2	030	信息管理系	03033190	社科文献资源与检索利用
12—13	2	030	信息管理系	03033240	网络信息资源组织
12—13	2	030	信息管理系	03033246	电子资源的检索与利用
12—13	2	030	信息管理系	03033270	视觉圣经——西方艺术中的基督教
12—13	2	030	信息管理系	03033370	数字媒体信息传播
12—13	2	030	信息管理系	03033380	中国禁书史
12—13	2	030	信息管理系	03033460	调查与统计方法
12—13	2	030	信息管理系	03033490	中国图书史
12—13	2	030	信息管理系	03033520	商务信息
12—13	2	030	信息管理系	03033560	信息素养概论
12—13	2	030	信息管理系	03033570	社会实习与实践
12—13	2	048	信息科学技术学院	00130202	高等数学(B)(二)
12—13	2	048	信息科学技术学院	00130212	高等数学(B)(二)习题课
12—13	2	048	信息科学技术学院	00131480	概率统计(A)
12—13	2	048	信息科学技术学院	00132302	数学分析(Ⅱ)

续表

学年	学期	院系代码	院系名称	课程号	课程名称
12—13	2	048	信息科学技术学院	00132312	数学分析（Ⅱ）习题
12—13	2	048	信息科学技术学院	00132323	高等代数（Ⅱ）
12—13	2	048	信息科学技术学院	00132332	高等代数（Ⅱ）习题
12—13	2	048	信息科学技术学院	00132380	概率统计（B）
12—13	2	048	信息科学技术学院	00431142	热学
12—13	2	048	信息科学技术学院	00431143	电磁学
12—13	2	048	信息科学技术学院	00432211	理论力学
12—13	2	048	信息科学技术学院	04830030	科技交流与写作
12—13	2	048	信息科学技术学院	04830080	代数结构与组合数学
12—13	2	048	信息科学技术学院	04830100	数字逻辑设计
12—13	2	048	信息科学技术学院	04830110	数字逻辑设计实验
12—13	2	048	信息科学技术学院	04830120	微机原理A
12—13	2	048	信息科学技术学院	04830130	微机实验
12—13	2	048	信息科学技术学院	04830141	计算机系统结构实验班
12—13	2	048	信息科学技术学院	04830150	编译技术
12—13	2	048	信息科学技术学院	04830190	操作系统实习
12—13	2	048	信息科学技术学院	04830191	操作系统实习（实验班）
12—13	2	048	信息科学技术学院	04830210	软件工程
12—13	2	048	信息科学技术学院	04830211	软件工程（实验班）
12—13	2	048	信息科学技术学院	04830220	数据库概论
12—13	2	048	信息科学技术学院	04830221	数据库概论（实验班）
12—13	2	048	信息科学技术学院	04830230	计算机图形学
12—13	2	048	信息科学技术学院	04830240	计算机网络概论
12—13	2	048	信息科学技术学院	04830270	程序设计语言概论
12—13	2	048	信息科学技术学院	04830290	面向对象技术引论
12—13	2	048	信息科学技术学院	04830320	数字图像处理
12—13	2	048	信息科学技术学院	04830330	Linux程序设计
12—13	2	048	信息科学技术学院	04830340	JAVA程序设计
12—13	2	048	信息科学技术学院	04830450	网络实用技术
12—13	2	048	信息科学技术学院	04830640	电子线路实验（A）
12—13	2	048	信息科学技术学院	04830650	数字逻辑电路
12—13	2	048	信息科学技术学院	04830670	信号与系统
12—13	2	048	信息科学技术学院	04830710	通信电路实验
12—13	2	048	信息科学技术学院	04830730	微波技术与电路
12—13	2	048	信息科学技术学院	04830750	光电子技术实验
12—13	2	048	信息科学技术学院	04830760	数字信号处理（含上机）
12—13	2	048	信息科学技术学院	04830780	微机与接口技术实验
12—13	2	048	信息科学技术学院	04830800	光电子学
12—13	2	048	信息科学技术学院	04830850	近代物理
12—13	2	048	信息科学技术学院	04830880	纳米科技与纳米电子学
12—13	2	048	信息科学技术学院	04830890	量子力学（Ⅰ）
12—13	2	048	信息科学技术学院	04830970	通信电路
12—13	2	048	信息科学技术学院	04831010	半导体物理
12—13	2	048	信息科学技术学院	04831030	数字集成电路原理
12—13	2	048	信息科学技术学院	04831070	集成电路计算机辅助设计

续表

学年	学期	院系代码	院系名称	课程号	课程名称
12—13	2	048	信息科学技术学院	04831090	模拟集成电路原理
12—13	2	048	信息科学技术学院	04831200	随机过程引论
12—13	2	048	信息科学技术学院	04831210	信息论
12—13	2	048	信息科学技术学院	04831230	自动控制理论
12—13	2	048	信息科学技术学院	04831260	机器感知实验
12—13	2	048	信息科学技术学院	04831370	数据仓库与数据挖掘方法
12—13	2	048	信息科学技术学院	04831400	生物信息处理
12—13	2	048	信息科学技术学院	04831440	文科计算机基础(下)
12—13	2	048	信息科学技术学院	04831520	电子线路计算机辅助设计
12—13	2	048	信息科学技术学院	04831750	程序设计实习
12—13	2	048	信息科学技术学院	04831760	程序设计实习(实验班)
12—13	2	048	信息科学技术学院	04831770	微电子与电路基础
12—13	2	048	信息科学技术学院	04831780	自然语言处理导论
12—13	2	048	信息科学技术学院	04831800	数字媒体技术基础
12—13	2	048	信息科学技术学院	04831811	微纳尺度流体科学与应用
12—13	2	048	信息科学技术学院	04831870	基础电路实验
12—13	2	048	信息科学技术学院	04831880	初等数论及其应用
12—13	2	048	信息科学技术学院	04832030	量子力学(Ⅰ)
12—13	2	048	信息科学技术学院	04832040	现代无线通信中的新兴技术
12—13	2	048	信息科学技术学院	04832050	微米纳米技术概论
12—13	2	048	信息科学技术学院	04832140	现代电子与通信导论
12—13	2	048	信息科学技术学院	04832190	可重构系统基础
12—13	2	048	信息科学技术学院	04832230	基于安卓平台的程序设计
12—13	2	048	信息科学技术学院	04832240	并行与分布式计算导论
12—13	2	048	信息科学技术学院	04832250	计算机网络(实验班)
12—13	2	048	信息科学技术学院	04832260	微纳集成系统实验班
12—13	2	048	信息科学技术学院	04832271	科学研究方法、实践与文化(实习课)
12—13	2	048	信息科学技术学院	04832282	离散数学(Ⅱ)
12—13	2	048	信息科学技术学院	04832450	数字逻辑
12—13	2	048	信息科学技术学院	04832460	数据分析基础
12—13	2	048	信息科学技术学院	04832470	模拟电路
12—13	2	048	信息科学技术学院	04832480	MacOSX、iOS平台的Cocoa程序设计
12—13	2	048	信息科学技术学院	04832490	数字逻辑电路(实验班)
12—13	2	048	信息科学技术学院	04832500	无线通信集成电路基础
12—13	2	048	信息科学技术学院	04832510	软件工程实习(实验班)
12—13	2	048	信息科学技术学院	04832520	并行程序设计原理
12—13	2	048	信息科学技术学院	04832560	算法设计与分析
12—13	2	048	信息科学技术学院	04832570	算法设计与分析(实验班)
12—13	2	048	信息科学技术学院	04832580	算法设计与分析(研讨型小班)
12—13	2	048	信息科学技术学院	04832590	创新工程实践
12—13	2	607	学生工作部人民武装部	60730020	军事理论
12—13	2	607	学生工作部人民武装部	61030020	大学生职业生涯规划
12—13	2	180	医学部教学办	00131422	高等数学C(二)
12—13	2	180	医学部教学办	00431121	普通物理
12—13	2	180	医学部教学办	00431680	普通物理习题课

续表

学年	学期	院系代码	院系名称	课程号	课程名称
12—13	2	180	医学部教学办	01030810	有机化学(B)
12—13	2	180	医学部教学办	01032711	有机化学实验(B)
12—13	2	180	医学部教学办	01034900	分析化学(B)
12—13	2	180	医学部教学办	01034910	分析化学实验(B)
12—13	2	043	艺术学院	04330030	中国音乐概论
12—13	2	043	艺术学院	04330032	中国音乐理论与实践(二)
12—13	2	043	艺术学院	04330043	西方音乐史
12—13	2	043	艺术学院	04330051	中国美术史
12—13	2	043	艺术学院	04330091	世界电影史(2)
12—13	2	043	艺术学院	04330102	电视概论
12—13	2	043	艺术学院	04330111	经典昆曲欣赏
12—13	2	043	艺术学院	04330160	合唱基础
12—13	2	043	艺术学院	04330177	钢琴音乐理论与实践(二)
12—13	2	043	艺术学院	04330433	贝多芬音乐专题研讨
12—13	2	043	艺术学院	04330440	舞蹈创作排练
12—13	2	043	艺术学院	04330550	影视鉴赏
12—13	2	043	艺术学院	04330642	交响乐(初)
12—13	2	043	艺术学院	04330644	交响乐(中)
12—13	2	043	艺术学院	04330646	交响乐(高)
12—13	2	043	艺术学院	04330923	合唱(中)
12—13	2	043	艺术学院	04330926	合唱(高)
12—13	2	043	艺术学院	04330942	民族管弦乐(初)
12—13	2	043	艺术学院	04330945	民族管弦乐(高)
12—13	2	043	艺术学院	04331020	中外名曲赏析
12—13	2	043	艺术学院	04331100	交响乐名曲赏析
12—13	2	043	艺术学院	04331541	美学原理
12—13	2	043	艺术学院	04331570	戏剧艺术概论
12—13	2	043	艺术学院	04331620	毕业论文
12—13	2	043	艺术学院	04331792	视听语言(电影语言)(2)
12—13	2	043	艺术学院	04331803	影视编剧(二)
12—13	2	043	艺术学院	04331813	影视导演(二)
12—13	2	043	艺术学院	04331821	影视节目策划
12—13	2	043	艺术学院	04331831	摄影、摄像
12—13	2	043	艺术学院	04332120	影视音乐
12—13	2	043	艺术学院	04332210	中国电影史
12—13	2	043	艺术学院	04332270	表演理论与实践
12—13	2	043	艺术学院	04332281	学年作品(一)
12—13	2	043	艺术学院	04332282	学年作品(二)
12—13	2	043	艺术学院	04332285	毕业论文
12—13	2	043	艺术学院	04332300	舞蹈原理与鉴赏
12—13	2	043	艺术学院	04332301	西方舞蹈文化史
12—13	2	043	艺术学院	04332350	中国流行音乐流变
12—13	2	043	艺术学院	04332470	中国美术概论
12—13	2	043	艺术学院	04332490	西方歌剧简史与名作赏析
12—13	2	043	艺术学院	04332510	艺术史

续表

学年	学期	院系代码	院系名称	课程号	课程名称
12—13	2	043	艺术学院	04332552	艺术训练（二）
12—13	2	043	艺术学院	04332554	艺术训练（四）
12—13	2	043	艺术学院	04332556	艺术训练（六）
12—13	2	043	艺术学院	04332590	中国传统装饰艺术与审美文化
12—13	2	043	艺术学院	04332661	中国画理论与技法
12—13	2	043	艺术学院	04332710	西方美术史
12—13	2	043	艺术学院	04332791	制片管理与营销
12—13	2	043	艺术学院	04332881	中外美术创作比较
12—13	2	043	艺术学院	04332960	20世纪西方音乐
12—13	2	043	艺术学院	04333020	美术造型
12—13	2	039	外国语学院	03835062	大学英语（二）(2)
12—13	2	039	外国语学院	03835063	大学英语（三）(2)
12—13	2	039	外国语学院	03835067	大学英语（四）
12—13	2	039	外国语学院	03835150	高级英语——阅读与写作
12—13	2	039	外国语学院	03835170	高级英语听力技巧
12—13	2	039	外国语学院	03835202	大学英语 ABC（二）(2)
12—13	2	039	外国语学院	03835204	大学英语 ABC（四）(2)
12—13	2	039	外国语学院	03835230	实用英语词汇学
12—13	2	039	外国语学院	03835260	英语名著与电影
12—13	2	039	外国语学院	03835270	英语词汇与英美文化
12—13	2	039	外国语学院	03835350	大学英语听说
12—13	2	039	外国语学院	03835360	英汉口译
12—13	2	039	外国语学院	03835400	美国短篇小说与电影
12—13	2	039	外国语学院	03835430	英美文化与社会习俗
12—13	2	039	外国语学院	03835470	美国诗歌导读
12—13	2	039	外国语学院	03835710	语言、文化与交际
12—13	2	039	外国语学院	03835840	英美短篇小说赏析
12—13	2	039	外国语学院	03835880	英美报刊选读
12—13	2	039	外国语学院	03835900	高级英语写作
12—13	2	039	外国语学院	03835930	英语语境中的中国历史与文化
12—13	2	039	外国语学院	03835960	英文文体风格鉴赏
12—13	2	039	外国语学院	03835970	语调与听说语法
12—13	2	046	元培学院	00130212	高等数学(B)（二）习题课
12—13	2	046	元培学院	00431180	力学习题
12—13	2	046	元培学院	01034360	定量分析实验
12—13	2	046	元培学院	01034520	中级分析化学实验
12—13	2	046	元培学院	01035001	有机化学实验（Ⅰ）
12—13	2	046	元培学院	03131840	人群与网络
12—13	2	046	元培学院	04630030	学术规范与论文写作
12—13	2	046	元培学院	04830494	数据结构与算法上机
12—13	2	046	元培学院	04831420	数据结构与算法(B)
12—13	2	023	哲学系	02300494	一阶逻辑的可判定片段及扩张
12—13	2	023	哲学系	02300495	博弈与逻辑选讲
12—13	2	023	哲学系	02315051	高级模态逻辑
12—13	2	023	哲学系	02315300	内涵逻辑

续表

学年	学期	院系代码	院系名称	课程号	课程名称
12—13	2	023	哲学系	02330000	哲学导论
12—13	2	023	哲学系	02330025	马克思主义哲学导论(上)
12—13	2	023	哲学系	02330030	逻辑导论
12—13	2	023	哲学系	02330070	现代西方哲学
12—13	2	023	哲学系	02330085	中国哲学史(上)
12—13	2	023	哲学系	02330086	中国哲学史(上)讨论课
12—13	2	023	哲学系	02330101	马克思主义哲学史
12—13	2	023	哲学系	02330132	科学哲学导论
12—13	2	023	哲学系	02330161	宗教学导论
12—13	2	023	哲学系	02330360	马克思主义宗教学
12—13	2	023	哲学系	02330450	经典著作研究专题
12—13	2	023	哲学系	02330460	全球化问题研究
12—13	2	023	哲学系	02330500	环境哲学
12—13	2	023	哲学系	02330540	管理哲学
12—13	2	023	哲学系	02330812	西方美学专题
12—13	2	023	哲学系	02331100	逻辑哲学
12—13	2	023	哲学系	02331240	公理集合论
12—13	2	023	哲学系	02331310	逻辑与批判性思维
12—13	2	023	哲学系	02332017	中国佛教经典选读
12—13	2	023	哲学系	02332020	伊斯兰教史
12—13	2	023	哲学系	02332080	古兰经导读
12—13	2	023	哲学系	02332118	基督教原典
12—13	2	023	哲学系	02332137	圣经选读:智慧文学
12—13	2	023	哲学系	02332160	道教史
12—13	2	023	哲学系	02332190	宗教哲学
12—13	2	023	哲学系	02332241	淘美之路——基督宗教神哲学与美学研究
12—13	2	023	哲学系	02332336	中国佛教史
12—13	2	023	哲学系	02332541	宗教人类学
12—13	2	023	哲学系	02332615	拉丁语Ⅱ
12—13	2	023	哲学系	02333091	现代德国哲学
12—13	2	023	哲学系	02333093	德国古典哲学系列Ⅰ(谢林哲学)
12—13	2	023	哲学系	02333097	德国哲学研究
12—13	2	023	哲学系	02333170	后现代主义哲学
12—13	2	023	哲学系	02333320	近现代中国哲学
12—13	2	023	哲学系	02333370	政治哲学
12—13	2	023	哲学系	02333400	近代西方哲学
12—13	2	023	哲学系	02333950	伦理学专题Ⅲ(伦理学问题研究)
12—13	2	023	哲学系	02335000	学年论文
12—13	2	023	哲学系	02335061	西方哲学史(上)
12—13	2	023	哲学系	02335071	中国哲学史(上)
12—13	2	023	哲学系	02335100	知识论
12—13	2	023	哲学系	02335122	复杂性科学与哲学
12—13	2	023	哲学系	02335131	科学革命
12—13	2	023	哲学系	02335220	《四书》精读
12—13	2	023	哲学系	02335350	博物学导论

续表

学年	学期	院系代码	院系名称	课程号	课程名称
12—13	2	023	哲学系	02336162	西方思想经典(三)
12—13	2	023	哲学系	02336400	现代逻辑基础
12—13	2	032	政府管理学院	03230100	当代西方国家政治制度
12—13	2	032	政府管理学院	03230780	中国政治思想史
12—13	2	032	政府管理学院	03230790	西方政治思想史
12—13	2	032	政府管理学院	03230870	中国政治与政府过程
12—13	2	032	政府管理学院	03230900	政治学原理
12—13	2	032	政府管理学院	03231080	政治经济导论
12—13	2	032	政府管理学院	03231110	新公共管理
12—13	2	032	政府管理学院	03231120	比较公共管理
12—13	2	032	政府管理学院	03231130	地方政府管理
12—13	2	032	政府管理学院	03231140	公共财政与税收
12—13	2	032	政府管理学院	03231160	人力资源开发与管理
12—13	2	032	政府管理学院	03231170	电子政务与计算机技术
12—13	2	032	政府管理学院	03231200	宏观经济政策
12—13	2	032	政府管理学院	03231300	中国现代政治思想
12—13	2	032	政府管理学院	03231330	比较政治经济学
12—13	2	032	政府管理学院	03231530	财政预算与行政财务管理
12—13	2	032	政府管理学院	03231700	政党学概论
12—13	2	032	政府管理学院	03231740	美国政府与政治
12—13	2	032	政府管理学院	03231870	公民社会与非政府组织
12—13	2	032	政府管理学院	03231910	当代世界经济与政治
12—13	2	032	政府管理学院	03232050	市场与法治
12—13	2	032	政府管理学院	03232080	日本经济
12—13	2	032	政府管理学院	03232240	地方政府经济学
12—13	2	032	政府管理学院	03232290	经济学原理
12—13	2	032	政府管理学院	03232300	应用统计学
12—13	2	032	政府管理学院	03232320	行政学研究方法
12—13	2	032	政府管理学院	03232360	地理信息系统基础与应用
12—13	2	032	政府管理学院	03232390	宪法与行政法学
12—13	2	032	政府管理学院	03232400	社会调查的理论与方法
12—13	2	032	政府管理学院	03232430	西方政治思想原著选读
12—13	2	020	中国语言文学系	02030012	现代汉语(下)
12—13	2	020	中国语言文学系	02030022	古代汉语(下)
12—13	2	020	中国语言文学系	02030032	中国古代文学史(二)
12—13	2	020	中国语言文学系	02030034	中国古代文学史(四)
12—13	2	020	中国语言文学系	02030040	中国现代文学史
12—13	2	020	中国语言文学系	02030101	实习
12—13	2	020	中国语言文学系	02030130	汉语音韵学
12—13	2	020	中国语言文学系	02030240	校勘学
12—13	2	020	中国语言文学系	02030251	古文献学史(上)
12—13	2	020	中国语言文学系	02030253	古典文献实习
12—13	2	020	中国语言文学系	02030260	训诂学
12—13	2	020	中国语言文学系	02030790	比较文学原理
12—13	2	020	中国语言文学系	02030920	现代汉语虚词研究

续表

学年	学期	院系代码	院系名称	课程号	课程名称
12—13	2	020	中国语言文学系	02030950	汉语修辞学
12—13	2	020	中国语言文学系	02031080	《论语》选读
12—13	2	020	中国语言文学系	02031140	美国结构语言学
12—13	2	020	中国语言文学系	02031240	诗经
12—13	2	020	中国语言文学系	02031320	《文心雕龙》研究
12—13	2	020	中国语言文学系	02031522	汉语史（下）
12—13	2	020	中国语言文学系	02031540	中国古代文化
12—13	2	020	中国语言文学系	02031550	小说的艺术
12—13	2	020	中国语言文学系	02031601	方言调查
12—13	2	020	中国语言文学系	02031650	列维—斯特劳斯神话论
12—13	2	020	中国语言文学系	02031670	敦煌文献概要
12—13	2	020	中国语言文学系	02032020	民间文学概论
12—13	2	020	中国语言文学系	02032150	汉语方言语料分析
12—13	2	020	中国语言文学系	02032340	中文工具书及古代典籍概要
12—13	2	020	中国语言文学系	02032640	《论语》《孟子》导读
12—13	2	020	中国语言文学系	02033030	西方文学史
12—13	2	020	中国语言文学系	02033050	学年论文
12—13	2	020	中国语言文学系	02033090	中文工具书
12—13	2	020	中国语言文学系	02033140	当代诗歌选读
12—13	2	020	中国语言文学系	02033160	中国现代诗歌研究
12—13	2	020	中国语言文学系	02033290	先秦诸子讲说
12—13	2	020	中国语言文学系	02033420	中国当代文学史专题
12—13	2	020	中国语言文学系	02033480	大众文艺与文化研究
12—13	2	020	中国语言文学系	02033620	古典文献学基础
12—13	2	020	中国语言文学系	02033720	90年代以来长篇小说研究
12—13	2	020	中国语言文学系	02033931	经典精读课程（一）
12—13	2	020	中国语言文学系	02033940	中国古代文学
12—13	2	020	中国语言文学系	02034040	中国现代文学与文化
12—13	2	020	中国语言文学系	02034050	西方小说名著导读
12—13	2	020	中国语言文学系	02034060	形式语法导论
12—13	2	020	中国语言文学系	02034070	中国现代文学批评
12—13	2	020	中国语言文学系	02034080	网络文学生产机制研究
12—13	2	020	中国语言文学系	02034090	《西游记》研读
12—13	2	020	中国语言文学系	02034102	中国古代文学经典导读（二）
12—13	2	020	中国语言文学系	02034112	中国古代文学经典导读（二）讨论班
12—13	2	020	中国语言文学系	02039130	民俗研究
12—13	2	020	中国语言文学系	02039200	文学原理
12—13	2	020	中国语言文学系	02039310	大学语文
12—13	2	020	中国语言文学系	02080041	现代汉语（上）
12—13	2	020	中国语言文学系	02080053	古代汉语（下）
12—13	2	020	中国语言文学系	02080130	中文工具书使用
12—13	2	020	中国语言文学系	02080262	中国现代文学（下）
12—13	2	020	中国语言文学系	02080320	中国民间文学
12—13	2	020	中国语言文学系	02080332	中国当代文学作品（下）
12—13	2	020	中国语言文学系	02080342	中国古代文学（二）

续表

学年	学期	院系代码	院系名称	课程号	课程名称
12—13	2	020	中国语言文学系	02080344	中国古代文学(四)
12—13	2	020	中国语言文学系	02080382	汉语听说(下)
12—13	2	020	中国语言文学系	02080390	古文选读
12—13	2	020	中国语言文学系	02080400	中国人文地理
12—13	2	020	中国语言文学系	02080422	阅读与写作(中级上)
12—13	2	020	中国语言文学系	02080424	阅读与写作(高级)
12—13	2	020	中国语言文学系	02130012	中国古代史(下)
12—13	3	303	教务部	30330500	ACM/ICPC竞赛训练
12—13	3	303	教务部	30340004	在北京发现中国历史
12—13	3	303	教务部	30340009	中国民俗与文化
12—13	3	303	教务部	30340015	比较哲学:中国和西方
12—13	3	303	教务部	30340018	经济、环境与中国
12—13	3	303	教务部	30340028	转型时期的中国公共政策
12—13	3	303	教务部	30340033	镜中观花——中国人的价值观
12—13	3	303	教务部	30340036	人口的老龄与健康
12—13	3	303	教务部	30340039	中国经济专题
12—13	3	303	教务部	30340040	沟通、文化、社会:中国模式
12—13	3	303	教务部	30340042	中国历史与文化专题
12—13	3	303	教务部	30340043	现代中国文化与社会(1910年至今)
12—13	3	303	教务部	30340044	新中国:文艺与社会
12—13	3	303	教务部	30340045	中国地方政府与政治
12—13	3	303	教务部	30340046	丝绸之路——文化与物质交流史
12—13	3	303	教务部	30340048	中国传统认同与其现代变迁
12—13	3	303	教务部	30340049	"中国崛起"专题研讨课
12—13	3	303	教务部	30340050	组织行为学导论
12—13	3	126	城市与环境学院	01533240	人文地理专业实习
12—13	3	126	城市与环境学院	01533290	美术实习
12—13	3	126	城市与环境学院	01533300	城乡地域空间认知实习
12—13	3	126	城市与环境学院	01534320	自然地理综合实习
12—13	3	126	城市与环境学院	01535130	野外生态学
12—13	3	126	城市与环境学院	01539200	植物土壤实习
12—13	3	126	城市与环境学院	01539340	地貌实习
12—13	3	126	城市与环境学院	12639010	综合社会实践实习
12—13	3	126	城市与环境学院	12639020	圆明园的历史与现状
12—13	3	012	地球与空间科学学院	01231420	综合地质实习
12—13	3	012	地球与空间科学学院	01231440	区域地质实习
12—13	3	012	地球与空间科学学院	01233170	地震概论
12—13	3	012	地球与空间科学学院	01233380	地震学野外实习
12—13	3	012	地球与空间科学学院	01235260	3S野外综合实习
12—13	3	012	地球与空间科学学院	01430870	普通地质实习
12—13	3	012	地球与空间科学学院	01431440	珠宝鉴赏与珠宝文化
12—13	3	029	法学院	02930871	涉外民商事之法律适用
12—13	3	086	工学院	00332950	航空航天工业实习
12—13	3	086	工学院	00333050	金工实习
12—13	3	086	工学院	00333170	认识实习

续表

学年	学期	院系代码	院系名称	课程号	课程名称
12—13	3	086	工学院	00333390	生物医学工程实习
12—13	3	086	工学院	00333490	水力学与水文学的计算方法
12—13	3	086	工学院	00333500	制造工程
12—13	3	086	工学院	00333510	固体力学
12—13	3	086	工学院	00333520	光伏效应与太阳能
12—13	3	086	工学院	00333530	肌骨组织再生与生物力学
12—13	3	086	工学院	00333540	计算两相流
12—13	3	086	工学院	00333550	生物材料和生物相容性
12—13	3	024	国际关系学院	02431590	印度社会与文化
12—13	3	127	环境科学与工程学院	12734070	环境工程设计基础
12—13	3	127	环境科学与工程学院	12739020	环境化学野外实习
12—13	3	025	经济学院	02530060	微观经济学
12—13	3	025	经济学院	02532500	公共选择理论
12—13	3	025	经济学院	02533160	经济学原理（Ⅰ）
12—13	3	022	考古文博学院	02233070	中欧建筑比较
12—13	3	011	生命科学学院	01130910	生物学野外实习
12—13	3	011	生命科学学院	01139700	癌发生的分子和细胞学机制
12—13	3	041	体育教研部	04130030	太极拳
12—13	3	041	体育教研部	04130040	健美操
12—13	3	041	体育教研部	04130050	乒乓球
12—13	3	039	外国语学院	03530190	日本文化艺术专题
12—13	3	004	物理学院	00431740	可再生能源与低碳社会
12—13	3	004	物理学院	00432206	量子力学专题
12—13	3	004	物理学院	00432216	量子力学（Ⅱ）
12—13	3	004	物理学院	00437150	物理学科暑期专题研讨
12—13	3	016	心理学系	01630081	健康人格心理学
12—13	3	016	心理学系	01630247	电影与心理（心理咨询篇）
12—13	3	016	心理学系	61030030	朋辈心理辅导
12—13	3	018	新闻与传播学院	01832910	视频编辑
12—13	3	018	新闻与传播学院	01833610	跨文化系列课程：跨文化知识与能力的评估及训练
12—13	3	018	新闻与传播学院	01833630	跨文化系列课程：跨文化商务沟通
12—13	3	030	信息管理系	03032360	中国文化史
12—13	3	048	信息科学技术学院	04830810	可编程逻辑电路设计（Ⅰ）
12—13	3	048	信息科学技术学院	04831440	文科计算机基础（下）
12—13	3	048	信息科学技术学院	04831830	大规模数据处理/云计算
12—13	3	048	信息科学技术学院	04831840	职业规划与领导力发展
12—13	3	048	信息科学技术学院	04831950	生物特征识别
12—13	3	048	信息科学技术学院	04832330	工程科学研究方法
12—13	3	048	信息科学技术学院	04832600	创新工程实践（实习）
12—13	3	048	信息科学技术学院	04832610	计算机系统结构设计专题
12—13	3	048	信息科学技术学院	04832620	处理器体系结构
12—13	3	048	信息科学技术学院	04832630	分布式系统
12—13	3	048	信息科学技术学院	04832652	机器学习
12—13	3	180	医学部教学办	18050150	营养与疾病
12—13	3	180	医学部教学办	18050180	人体免疫与健康养生

续表

学年	学期	院系代码	院系名称	课程号	课程名称
12—13	3	043	艺术学院	04330881	基本乐理与管弦乐基础
12—13	3	043	艺术学院	04332711	西方美术史田野调研
12—13	3	039	外国语学院	03835350	大学英语听说
12—13	3	039	外国语学院	03835470	美国诗歌导读
12—13	3	039	外国语学院	03835720	澳大利亚研究
12—13	3	039	外国语学院	03835730	美国文化概览
12—13	3	039	外国语学院	03835950	高级英语口语
12—13	3	023	哲学系	02332311	佛教导论
12—13	3	020	中国语言文学系	02033970	《庄子内篇》解读
12—13	3	020	中国语言文学系	02034120	批评理论导论
13—14	1	199	产业技术研究院	19930002	创业模拟
13—14	1	126	城市与环境学院	00130310	线性代数(C)
13—14	1	126	城市与环境学院	00131421	高等数学(C)(一)
13—14	1	126	城市与环境学院	01030810	有机化学(B)
13—14	1	126	城市与环境学院	01030840	物理化学(B)
13—14	1	126	城市与环境学院	01032711	有机化学实验(B)
13—14	1	126	城市与环境学院	01034310	普通化学
13—14	1	126	城市与环境学院	01034321	普通化学实验
13—14	1	126	城市与环境学院	01339180	世界文化地理
13—14	1	126	城市与环境学院	01339220	现当代建筑赏析
13—14	1	126	城市与环境学院	01531130	中国自然地理
13—14	1	126	城市与环境学院	01531230	遥感基础与图像解译原理
13—14	1	126	城市与环境学院	01531240	地球概论
13—14	1	126	城市与环境学院	01531290	生物地理学
13—14	1	126	城市与环境学院	01531690	计量地理
13—14	1	126	城市与环境学院	01531710	文化地理学
13—14	1	126	城市与环境学院	01531720	区域分析与区域地理
13—14	1	126	城市与环境学院	01531810	环境演变与全球变化
13—14	1	126	城市与环境学院	01531900	人文地理
13—14	1	126	城市与环境学院	01532130	人口地理
13—14	1	126	城市与环境学院	01532190	中外城市建设史
13—14	1	126	城市与环境学院	01532240	城市总体规划(课程设计)
13—14	1	126	城市与环境学院	01532350	城市基础设施规划
13—14	1	126	城市与环境学院	01532370	城市设计
13—14	1	126	城市与环境学院	01532400	城市道路交通规划
13—14	1	126	城市与环境学院	01532420	城市地理学
13—14	1	126	城市与环境学院	01532430	建筑概论
13—14	1	126	城市与环境学院	01533050	房地产估价
13—14	1	126	城市与环境学院	01533190	城市规划系统工程学
13—14	1	126	城市与环境学院	01533230	城市社会地理学
13—14	1	126	城市与环境学院	01533260	自然地理概论
13—14	1	126	城市与环境学院	01533310	城市旅游与游憩规划
13—14	1	126	城市与环境学院	01534070	土地评价与管理
13—14	1	126	城市与环境学院	01534120	土壤地理实验
13—14	1	126	城市与环境学院	01534200	水文学与水资源

续表

学年	学期	院系代码	院系名称	课程号	课程名称
13—14	1	126	城市与环境学院	01535100	旅游地理学
13—14	1	126	城市与环境学院	01535120	流域综合规划与管理
13—14	1	126	城市与环境学院	01535121	植物学(上)
13—14	1	126	城市与环境学院	01536020	环境经济学
13—14	1	126	城市与环境学院	01536040	应用数理统计方法
13—14	1	126	城市与环境学院	01536200	微量有毒物风险分析
13—14	1	126	城市与环境学院	01536820	生态学导论
13—14	1	126	城市与环境学院	01539020	北京历史地理
13—14	1	126	城市与环境学院	01539350	中国自然地理
13—14	1	126	城市与环境学院	04831410	计算概论(B)
13—14	1	126	城市与环境学院	12631040	微机应用与文献检索
13—14	1	126	城市与环境学院	12631050	环境科学前沿秋季讲座
13—14	1	126	城市与环境学院	12632020	生态学数量方法
13—14	1	126	城市与环境学院	12634010	产业地理学
13—14	1	126	城市与环境学院	12634020	交通地理学
13—14	1	126	城市与环境学院	12635030	城市遗产保护与规划
13—14	1	126	城市与环境学院	12635040	土地利用规划与房地产开发管理
13—14	1	126	城市与环境学院	12635050	建设项目可行性研究
13—14	1	126	城市与环境学院	12635100	规划设计实习
13—14	1	126	城市与环境学院	12639040	历史地理学导论
13—14	1	012	地球与空间科学学院	00130201	高等数学(B)(一)
13—14	1	012	地球与空间科学学院	00130211	高等数学(B)(一)习题课
13—14	1	012	地球与空间科学学院	00131460	线性代数(B)
13—14	1	012	地球与空间科学学院	00131470	线性代数(B)习题
13—14	1	012	地球与空间科学学院	00132380	概率统计(B)
13—14	1	012	地球与空间科学学院	00431110	力学
13—14	1	012	地球与空间科学学院	00431144	光学
13—14	1	012	地球与空间科学学院	00431148	光学习题课
13—14	1	012	地球与空间科学学院	00431180	力学习题
13—14	1	012	地球与空间科学学院	00431680	普通物理习题课
13—14	1	012	地球与空间科学学院	00436012	普通物理学(B)(二)
13—14	1	012	地球与空间科学学院	00437180	普通物理实验(1)
13—14	1	012	地球与空间科学学院	00437200	基础物理实验
13—14	1	012	地球与空间科学学院	01034920	普通化学实验(B)
13—14	1	012	地球与空间科学学院	01230051	地球科学概论(一)
13—14	1	012	地球与空间科学学院	01230100	离散数学
13—14	1	012	地球与空间科学学院	01230110	操作系统原理
13—14	1	012	地球与空间科学学院	01231030	古生物学
13—14	1	012	地球与空间科学学院	01231080	大地构造学
13—14	1	012	地球与空间科学学院	01231150	石油地质学
13—14	1	012	地球与空间科学学院	01231200	自然资源与社会发展
13—14	1	012	地球与空间科学学院	01231210	地球历史概要
13—14	1	012	地球与空间科学学院	01231251	普通岩石学(上)
13—14	1	012	地球与空间科学学院	01231390	构造地质学研究方法
13—14	1	012	地球与空间科学学院	01231400	地球物理学基础

续表

学年	学期	院系代码	院系名称	课程号	课程名称
13—14	1	012	地球与空间科学学院	01231430	地球化学
13—14	1	012	地球与空间科学学院	01231460	水文地质与工程地质学
13—14	1	012	地球与空间科学学院	01231470	地貌学与第四纪地质学
13—14	1	012	地球与空间科学学院	01231500	古生态学与古环境分析
13—14	1	012	地球与空间科学学院	01231510	古生物学前沿
13—14	1	012	地球与空间科学学院	01231520	古植物学及孢粉学
13—14	1	012	地球与空间科学学院	01231540	沉积学概论
13—14	1	012	地球与空间科学学院	01231560	岩浆作用理论概述
13—14	1	012	地球与空间科学学院	01231580	环境矿物学
13—14	1	012	地球与空间科学学院	01231610	高温高压物质科学
13—14	1	012	地球与空间科学学院	01233020	电离层物理学与电波传播
13—14	1	012	地球与空间科学学院	01233140	行星科学概论
13—14	1	012	地球与空间科学学院	01233170	地震概论
13—14	1	012	地球与空间科学学院	01233200	地球重力学
13—14	1	012	地球与空间科学学院	01233270	岩石力学
13—14	1	012	地球与空间科学学院	01233310	弹性力学(B)
13—14	1	012	地球与空间科学学院	01233440	磁层物理学
13—14	1	012	地球与空间科学学院	01233450	空间探测与实验基础
13—14	1	012	地球与空间科学学院	01233460	空间天气学及与预报入门
13—14	1	012	地球与空间科学学院	01235030	计算数学
13—14	1	012	地球与空间科学学院	01235040	计算机图形学基础
13—14	1	012	地球与空间科学学院	01235060	数字地形模型
13—14	1	012	地球与空间科学学院	01235090	网络基础与 WebGIS
13—14	1	012	地球与空间科学学院	01235120	遥感数字图像处理原理
13—14	1	012	地球与空间科学学院	01235140	数字地球导论
13—14	1	012	地球与空间科学学院	01235170	导航与通讯导论
13—14	1	012	地球与空间科学学院	01235230	地图学
13—14	1	012	地球与空间科学学院	01235250	GIS 实验
13—14	1	012	地球与空间科学学院	01235270	程序设计语言
13—14	1	012	地球与空间科学学院	01235280	地貌与自然地理学基础
13—14	1	012	地球与空间科学学院	01235290	环境与生态科学
13—14	1	012	地球与空间科学学院	01235310	测量学概论
13—14	1	012	地球与空间科学学院	01235320	地理科学进展
13—14	1	012	地球与空间科学学院	01235330	遥感应用
13—14	1	012	地球与空间科学学院	01235340	遥感图像处理实验
13—14	1	012	地球与空间科学学院	01235360	遥感应用原理与方法
13—14	1	012	地球与空间科学学院	01431250	微量元素地球化学
13—14	1	012	地球与空间科学学院	04831410	计算概论(B)
13—14	1	029	法学院	02930020	中国法律思想史
13—14	1	029	法学院	02930040	西方法律思想史
13—14	1	029	法学院	02930050	民事诉讼法
13—14	1	029	法学院	02930060	宪法学
13—14	1	029	法学院	0293007a	行政法与行政诉讼法
13—14	1	029	法学院	02930086	侵权法
13—14	1	029	法学院	02930088	民法案例研习二

续表

学年	学期	院系代码	院系名称	课程号	课程名称
13—14	1	029	法学院	0293008a	民法总论
13—14	1	029	法学院	02930102	刑法分论(刑法二)
13—14	1	029	法学院	02930171	诊所式法律教育
13—14	1	029	法学院	02930180	知识产权法学
13—14	1	029	法学院	02930270	财政税收法
13—14	1	029	法学院	02930300	劳动法与社会保障法
13—14	1	029	法学院	02930390	专业英语(听力及口语)
13—14	1	029	法学院	02930480	国际公法
13—14	1	029	法学院	02930520	司法精神病学
13—14	1	029	法学院	02930560	比较司法制度
13—14	1	029	法学院	02930580	票据法
13—14	1	029	法学院	0293063a	刑事侦查学
13—14	1	029	法学院	0293074a	专业英语
13—14	1	029	法学院	02930760	心理卫生学概论
13—14	1	029	法学院	02930770	保险法
13—14	1	029	法学院	02930780	刑事执行法
13—14	1	029	法学院	02930890	经济法学
13—14	1	029	法学院	02930901	实习
13—14	1	029	法学院	02930905	犯罪通论
13—14	1	029	法学院	02930940	环境法
13—14	1	029	法学院	02930941	环境法概论
13—14	1	029	法学院	02930970	物权法
13—14	1	029	法学院	02930983	国际投资法
13—14	1	029	法学院	02930989	刑法学
13—14	1	029	法学院	02930995	会计法与审计法
13—14	1	029	法学院	02939995	国际私法
13—14	1	029	法学院	02939999	法律导论
13—14	1	192	歌剧研究院	19230060	声乐演唱及表演
13—14	1	192	歌剧研究院	19230070	五线谱视唱练耳基础
13—14	1	192	歌剧研究院	19230080	视唱练耳(中)
13—14	1	086	工学院	00330180	有限元法
13—14	1	086	工学院	00330270	专业英语
13—14	1	086	工学院	00330280	振动理论
13—14	1	086	工学院	00330700	常微分方程
13—14	1	086	工学院	00331311	工程CAD(1)
13—14	1	086	工学院	00331313	工程CAD上机
13—14	1	086	工学院	00331751	微积分(一)
13—14	1	086	工学院	00331760	微积分习题
13—14	1	086	工学院	00331770	线性代数与几何
13—14	1	086	工学院	00331781	现代工学通论(上)
13—14	1	086	工学院	00331860	高等微积分
13—14	1	086	工学院	00331880	高等代数
13—14	1	086	工学院	00331900	概率与数理统计
13—14	1	086	工学院	00331970	新能源技术
13—14	1	086	工学院	00332020	传热传质学

续表

学年	学期	院系代码	院系名称	课程号	课程名称
13—14	1	086	工学院	00332150	渗流物理
13—14	1	086	工学院	00332172	能源与资源工程实验(下)
13—14	1	086	工学院	00332242	数学物理方法(下)
13—14	1	086	工学院	00332250	理论力学
13—14	1	086	工学院	00332281	流体力学(上)
13—14	1	086	工学院	00332300	工程流体力学
13—14	1	086	工学院	00332310	结构力学及其矩阵方法
13—14	1	086	工学院	00332330	固体力学实验
13—14	1	086	工学院	00332340	流体力学实验
13—14	1	086	工学院	00332381	工程毕业设计(上)
13—14	1	086	工学院	00332390	数值模拟
13—14	1	086	工学院	00332410	复合材料与结构力学
13—14	1	086	工学院	00332430	燃烧学基础
13—14	1	086	工学院	00332460	连续介质力学基础
13—14	1	086	工学院	00332470	航空航天概论
13—14	1	086	工学院	00332500	空气动力学
13—14	1	086	工学院	00332580	高等数学(D类)
13—14	1	086	工学院	00332590	高等数学(D类基础)
13—14	1	086	工学院	00332600	分子细胞生物学
13—14	1	086	工学院	00332610	能源与资源工程原理
13—14	1	086	工学院	00332620	生物医学工程原理
13—14	1	086	工学院	00332630	地下水水文学
13—14	1	086	工学院	00332641	材料科学基础(上)
13—14	1	086	工学院	00332650	创新与创业
13—14	1	086	工学院	00332680	飞行器结构力学
13—14	1	086	工学院	00332690	机械设计基础
13—14	1	086	工学院	00332770	计算空气动力学
13—14	1	086	工学院	00332792	生物医学工程设计(Ⅱ)
13—14	1	086	工学院	00332800	生物医学信号与影像
13—14	1	086	工学院	00332810	生物医学信号与影像实验
13—14	1	086	工学院	00333010	材料计算科学与工程
13—14	1	086	工学院	00333190	材料化学
13—14	1	086	工学院	00333210	材料科学与工程实验
13—14	1	086	工学院	00333230	高分子材料科学与工程
13—14	1	086	工学院	00333250	金属材料科学与工程
13—14	1	086	工学院	00333270	生物材料分析方法
13—14	1	086	工学院	00333290	纳米医学
13—14	1	086	工学院	00333310	工程统计学
13—14	1	086	工学院	00333320	高等运筹学
13—14	1	086	工学院	00333330	建模与仿真
13—14	1	086	工学院	00333340	应用随机模型
13—14	1	086	工学院	00333350	环境微生物学
13—14	1	086	工学院	00333360	魅力机器人
13—14	1	086	工学院	00333400	对话全球创新大师
13—14	1	086	工学院	00333560	水环境模拟

续表

学年	学期	院系代码	院系名称	课程号	课程名称
13—14	1	086	工学院	00333570	推进原理与技术
13—14	1	086	工学院	00333580	生物医学信号处理
13—14	1	086	工学院	00333590	发动机燃烧
13—14	1	086	工学院	00333610	实验室安全与防护
13—14	1	086	工学院	00431142	热学
13—14	1	086	工学院	00431143	电磁学
13—14	1	086	工学院	00431254	热学习题课
13—14	1	086	工学院	01032711	有机化学实验(B)
13—14	1	086	工学院	01034330	普通化学习题课
13—14	1	086	工学院	01034880	普通化学(B)
13—14	1	086	工学院	01034920	普通化学实验(B)
13—14	1	086	工学院	04831410	计算概论(B)
13—14	1	086	工学院	04831650	计算概论(B)上机
13—14	1	028	光华管理学院	00130201	高等数学(B)(一)
13—14	1	028	光华管理学院	00130211	高等数学(B)(一)习题课
13—14	1	028	光华管理学院	02830230	商业活动在中国:管理视角
13—14	1	028	光华管理学院	02830260	影子中央银行
13—14	1	028	光华管理学院	02830280	运营管理
13—14	1	028	光华管理学院	02831100	组织与管理
13—14	1	028	光华管理学院	02831110	经济学
13—14	1	028	光华管理学院	02831111	专业英语(1)
13—14	1	028	光华管理学院	02831170	经济学讨论班
13—14	1	028	光华管理学院	02831550	风险管理与保险
13—14	1	028	光华管理学院	02831560	计量经济学应用
13—14	1	028	光华管理学院	02831570	固定收益证券
13—14	1	028	光华管理学院	02831580	金融经济学
13—14	1	028	光华管理学院	02831620	劳动经济学
13—14	1	028	光华管理学院	02831680	金融风险与管理
13—14	1	028	光华管理学院	02831690	国际金融与资本市场专题
13—14	1	028	光华管理学院	02832110	微观经济学
13—14	1	028	光华管理学院	02832230	商战模拟
13—14	1	028	光华管理学院	02832420	金融学中的数学方法
13—14	1	028	光华管理学院	02832480	成本与管理会计
13—14	1	028	光华管理学院	02832510	财务会计
13—14	1	028	光华管理学院	02832640	营销学
13—14	1	028	光华管理学院	02832690	物流与供应链管理
13—14	1	028	光华管理学院	02832700	定价管理
13—14	1	028	光华管理学院	02833230	金融市场与金融机构
13—14	1	028	光华管理学院	02833430	公司财务管理
13—14	1	028	光华管理学院	02833440	营销渠道
13—14	1	028	光华管理学院	02833460	品牌管理
13—14	1	028	光华管理学院	02833490	国际市场营销
13—14	1	028	光华管理学院	02833600	税法与税务会计
13—14	1	028	光华管理学院	02833670	高级财务会计
13—14	1	028	光华管理学院	02833700	产品管理

续表

学年	学期	院系代码	院系名称	课程号	课程名称
13—14	1	028	光华管理学院	02834020	金融学概论
13—14	1	028	光华管理学院	02834390	战略管理
13—14	1	028	光华管理学院	02834720	概率统计
13—14	1	028	光华管理学院	02834740	运作与信息管理
13—14	1	028	光华管理学院	02834750	创新管理
13—14	1	028	光华管理学院	02834800	综合商业计划书竞赛
13—14	1	028	光华管理学院	02834850	创业企业成长
13—14	1	028	光华管理学院	02834860	可持续创业
13—14	1	028	光华管理学院	02835620	会计审计与财务管理专题
13—14	1	028	光华管理学院	02837180	财务案例分析
13—14	1	028	光华管理学院	02838140	经济学
13—14	1	024	国际关系学院	02430010	国际政治概论
13—14	1	024	国际关系学院	02430020	国际政治经济学
13—14	1	024	国际关系学院	02430032	世界社会主义概论
13—14	1	024	国际关系学院	02430050	外交学
13—14	1	024	国际关系学院	02430091	国际关系史(上)
13—14	1	024	国际关系学院	02430140	中华人民共和国对外关系
13—14	1	024	国际关系学院	02430150	中国政治概论
13—14	1	024	国际关系学院	02430151	英语听说(一)
13—14	1	024	国际关系学院	02430153	英语听说(三)
13—14	1	024	国际关系学院	02430159	英语写作
13—14	1	024	国际关系学院	02430220	美国政治、经济与外交
13—14	1	024	国际关系学院	02430240	东欧各国政治经济与外交
13—14	1	024	国际关系学院	02430280	日本政治经济与外交
13—14	1	024	国际关系学院	02430320	中东政治经济与外交
13—14	1	024	国际关系学院	02430411	西方国际关系理论
13—14	1	024	国际关系学院	02430421	西方政治思想史
13—14	1	024	国际关系学院	02430570	台湾概论
13—14	1	024	国际关系学院	02430620	两岸关系与"一国两制"
13—14	1	024	国际关系学院	02430961	中文报刊选读(一)
13—14	1	024	国际关系学院	02430963	中文报刊选读(三)
13—14	1	024	国际关系学院	02431240	西方外交思想概论
13—14	1	024	国际关系学院	02431400	拉丁美洲政治与外交
13—14	1	024	国际关系学院	02431420	俄罗斯政治与外交
13—14	1	024	国际关系学院	02431551	比较政治与比较文化
13—14	1	024	国际关系学院	02431590	印度社会与文化
13—14	1	024	国际关系学院	02431672	英汉翻译
13—14	1	024	国际关系学院	02431682	专业英语原著选读
13—14	1	024	国际关系学院	02431690	心理、行为与文化
13—14	1	024	国际关系学院	02431730	世界政治中的民族问题
13—14	1	024	国际关系学院	02431930	中苏关系及其对中国社会发展的影响
13—14	1	024	国际关系学院	02431963	日语(一)
13—14	1	024	国际关系学院	02433030	国际经济学
13—14	1	024	国际关系学院	02433050	国际贸易政治学
13—14	1	024	国际关系学院	02433092	社会主义思想的演变

续表

学年	学期	院系代码	院系名称	课程号	课程名称
13—14	1	024	国际关系学院	02433170	公共外交
13—14	1	024	国际关系学院	02433221	香港澳门概论
13—14	1	024	国际关系学院	04031730	毛泽东思想和中国特色社会主义理论体系概论
13—14	1	062	国家发展研究院	06232000	经济学原理
13—14	1	062	国家发展研究院	06232140	线性代数
13—14	1	062	国家发展研究院	06232200	中级微观经济学
13—14	1	062	国家发展研究院	06232300	中级宏观经济学
13—14	1	062	国家发展研究院	06232400	计量经济学
13—14	1	062	国家发展研究院	06233300	国际贸易
13—14	1	062	国家发展研究院	06233310	国际金融
13—14	1	062	国家发展研究院	06233330	微积分
13—14	1	062	国家发展研究院	06233390	货币与银行
13—14	1	062	国家发展研究院	06233500	发展经济学
13—14	1	062	国家发展研究院	06233590	公司金融
13—14	1	062	国家发展研究院	06234700	产业组织
13—14	1	062	国家发展研究院	06234870	卫生经济学
13—14	1	062	国家发展研究院	06234950	新制度经济学
13—14	1	062	国家发展研究院	06235010	行为经济学
13—14	1	062	国家发展研究院	06235060	财务会计
13—14	1	062	国家发展研究院	06236010	财务报表分析
13—14	1	062	国家发展研究院	06236020	网络营销与经济信息战略
13—14	1	062	国家发展研究院	06237050	社会经济调查数据分析
13—14	1	062	国家发展研究院	06237060	资源经济学
13—14	1	062	国家发展研究院	06237070	创业管理
13—14	1	062	国家发展研究院	06237090	中国财政前沿问题
13—14	1	010	化学与分子工程学院	00130201	高等数学(B)(一)
13—14	1	010	化学与分子工程学院	00130211	高等数学(B)(一)习题课
13—14	1	010	化学与分子工程学院	00131460	线性代数(B)
13—14	1	010	化学与分子工程学院	00131470	线性代数(B)习题
13—14	1	010	化学与分子工程学院	00431133	普通物理(Ⅱ)
13—14	1	010	化学与分子工程学院	00431200	基础物理实验
13—14	1	010	化学与分子工程学院	00431680	普通物理习题课
13—14	1	010	化学与分子工程学院	01030200	化学实验室安全技术
13—14	1	010	化学与分子工程学院	01030440	化学动力学选读
13—14	1	010	化学与分子工程学院	01031100	今日化学
13—14	1	010	化学与分子工程学院	01032390	材料物理
13—14	1	010	化学与分子工程学院	01032580	催化化学
13—14	1	010	化学与分子工程学院	01033090	今日新材料
13—14	1	010	化学与分子工程学院	01033100	功能化学
13—14	1	010	化学与分子工程学院	01034030	魅力化学
13—14	1	010	化学与分子工程学院	01034040	化学与社会
13—14	1	010	化学与分子工程学院	01034310	普通化学
13—14	1	010	化学与分子工程学院	01034321	普通化学实验
13—14	1	010	化学与分子工程学院	01034330	普通化学习题课
13—14	1	010	化学与分子工程学院	01034373	有机化学(二)

续表

学年	学期	院系代码	院系名称	课程号	课程名称
13—14	1	010	化学与分子工程学院	01034450	化工基础
13—14	1	010	化学与分子工程学院	01034530	中级有机化学
13—14	1	010	化学与分子工程学院	01034580	色谱分析
13—14	1	010	化学与分子工程学院	01034600	立体化学
13—14	1	010	化学与分子工程学院	01034610	中级分析化学
13—14	1	010	化学与分子工程学院	01034630	环境化学
13—14	1	010	化学与分子工程学院	01034670	放射化学
13—14	1	010	化学与分子工程学院	01034680	波谱分析
13—14	1	010	化学与分子工程学院	01034720	辐射化学与工艺
13—14	1	010	化学与分子工程学院	01034780	胶体化学
13—14	1	010	化学与分子工程学院	01034800	多晶X射线衍射
13—14	1	010	化学与分子工程学院	01034930	物理化学
13—14	1	010	化学与分子工程学院	01034940	物理化学习题
13—14	1	010	化学与分子工程学院	01034970	计算机在化学化工中的应用
13—14	1	010	化学与分子工程学院	01035002	有机化学实验（Ⅰ+Ⅱ）
13—14	1	010	化学与分子工程学院	01035010	中级有机化学实验
13—14	1	010	化学与分子工程学院	01035020	物理化学实验
13—14	1	010	化学与分子工程学院	01035040	综合化学实验
13—14	1	010	化学与分子工程学院	01035080	化学信息检索
13—14	1	010	化学与分子工程学院	01035090	大学化学
13—14	1	010	化学与分子工程学院	01035100	表面物理化学
13—14	1	010	化学与分子工程学院	01035140	无机化学
13—14	1	010	化学与分子工程学院	01035160	无机化学讨论班
13—14	1	010	化学与分子工程学院	04831410	计算概论(B)
13—14	1	010	化学与分子工程学院	04831650	计算概论(B)上机
13—14	1	127	环境科学与工程学院	00431122	近代物理
13—14	1	127	环境科学与工程学院	00431200	基础物理实验
13—14	1	127	环境科学与工程学院	01032710	有机化学实验(B)
13—14	1	127	环境科学与工程学院	01034321	普通化学实验
13—14	1	127	环境科学与工程学院	12730030	环境问题
13—14	1	127	环境科学与工程学院	12731030	环境科学导论
13—14	1	127	环境科学与工程学院	12731050	环境材料导论
13—14	1	127	环境科学与工程学院	12732010	环境科学
13—14	1	127	环境科学与工程学院	12732040	环境监测
13—14	1	127	环境科学与工程学院	12732050	环境经济学
13—14	1	127	环境科学与工程学院	12733030	环境法
13—14	1	127	环境科学与工程学院	12733040	环境微生物学
13—14	1	127	环境科学与工程学院	12733050	环境与发展
13—14	1	127	环境科学与工程学院	12733060	气象学基础
13—14	1	127	环境科学与工程学院	12734020	水处理工程（上）
13—14	1	127	环境科学与工程学院	12734040	固体废物处置与资源化基础
13—14	1	127	环境科学与工程学院	12734060	环境工程实验（二）
13—14	1	127	环境科学与工程学院	12735010	化工原理
13—14	1	127	环境科学与工程学院	12735030	土壤与地下水
13—14	1	127	环境科学与工程学院	12735060	环境工程概预算与经济分析

续表

学年	学期	院系代码	院系名称	课程号	课程名称
13—14	1	127	环境科学与工程学院	12735140	环境系统分析
13—14	1	067	教育学院	06730070	生活教育——成功人生的基础
13—14	1	067	教育学院	06730091	大学生发展综合素养
13—14	1	025	经济学院	00130201	高等数学(B)(一)
13—14	1	025	经济学院	00130211	高等数学(B)(一)习题课
13—14	1	025	经济学院	00131460	线性代数(B)
13—14	1	025	经济学院	00131470	线性代数(B)习题
13—14	1	025	经济学院	02530051	统计学
13—14	1	025	经济学院	02530060	微观经济学
13—14	1	025	经济学院	02530061	微观经济学"习题课"
13—14	1	025	经济学院	02530070	宏观经济学
13—14	1	025	经济学院	02530071	宏观经济学"习题课"
13—14	1	025	经济学院	02530090	国际贸易
13—14	1	025	经济学院	02530100	国际金融
13—14	1	025	经济学院	02530140	计量经济学
13—14	1	025	经济学院	02530150	发展经济学
13—14	1	025	经济学院	02530160	外国经济史
13—14	1	025	经济学院	02530170	《资本论》选读
13—14	1	025	经济学院	02530340	投资学
13—14	1	025	经济学院	02530460	财产与责任保险
13—14	1	025	经济学院	02530480	国际经济学
13—14	1	025	经济学院	02531080	社会保险
13—14	1	025	经济学院	02532240	金融经济学导论
13—14	1	025	经济学院	02532250	数理经济学
13—14	1	025	经济学院	02532260	信息经济学
13—14	1	025	经济学院	02532340	中国经济史
13—14	1	025	经济学院	02532390	保险会计
13—14	1	025	经济学院	02532440	国际金融组织
13—14	1	025	经济学院	02532510	公债管理
13—14	1	025	经济学院	02532630	美国经济
13—14	1	025	经济学院	02533160	经济学原理(Ⅰ)
13—14	1	025	经济学院	02533161	经济学原理(Ⅰ)讨论课
13—14	1	025	经济学院	02533180	政治经济学(上)
13—14	1	025	经济学院	02533370	环境资源经济学
13—14	1	025	经济学院	02533380	西方经济学主要流派
13—14	1	025	经济学院	02533390	福利经济学
13—14	1	025	经济学院	02533430	俄罗斯经济
13—14	1	025	经济学院	02533490	世界经济史
13—14	1	025	经济学院	02533570	公司金融
13—14	1	025	经济学院	02533650	环境核算与环境会计
13—14	1	025	经济学院	02533670	农村金融学
13—14	1	025	经济学院	02533690	应用时间序列分析
13—14	1	025	经济学院	02533700	动态优化理论
13—14	1	025	经济学院	02533710	会计学原理
13—14	1	025	经济学院	02533720	数理经济学

续表

学年	学期	院系代码	院系名称	课程号	课程名称
13—14	1	025	经济学院	02533830	商业银行管理
13—14	1	025	经济学院	02533840	国际税收
13—14	1	025	经济学院	02533860	博弈论基础
13—14	1	025	经济学院	02533940	社会企业家精神培养实验
13—14	1	025	经济学院	02533950	信托与租赁
13—14	1	025	经济学院	02533980	美国经济
13—14	1	025	经济学院	02534000	生态经济学
13—14	1	025	经济学院	02534060	货币银行学
13—14	1	025	经济学院	02534100	国际宏观经济学
13—14	1	025	经济学院	02534130	跨国公司管理
13—14	1	025	经济学院	02534200	风险管理学
13—14	1	025	经济学院	02534240	人寿与健康保险
13—14	1	025	经济学院	02534280	卫生经济学
13—14	1	025	经济学院	02534300	现代金融理论简史
13—14	1	025	经济学院	02534310	财政学研究方法
13—14	1	025	经济学院	02534380	应用经济计量
13—14	1	025	经济学院	02534410	个人理财
13—14	1	025	经济学院	02534420	个人财务管理
13—14	1	025	经济学院	02534470	土地经济学
13—14	1	025	经济学院	02534490	中国商业管理思想
13—14	1	025	经济学院	02534540	微观计量方法
13—14	1	025	经济学院	02534550	东亚经济
13—14	1	025	经济学院	02534560	世界经济与中国
13—14	1	025	经济学院	02534570	中国对外经贸战略
13—14	1	025	经济学院	02534710	激励理论与经济发展
13—14	1	025	经济学院	02534780	区域经济学
13—14	1	025	经济学院	02534880	社会实践
13—14	1	025	经济学院	02534950	风险管理模型与应用
13—14	1	025	经济学院	02535020	证券投资学
13—14	1	025	经济学院	02535040	亚洲经济发展的理论与实践
13—14	1	025	经济学院	02535080	宏观经济学
13—14	1	025	经济学院	02535170	中国对外经贸概论
13—14	1	025	经济学院	02535180	美国经济史
13—14	1	022	考古文博学院	02230310	定量考古学
13—14	1	022	考古文博学院	02230410	中国佛教考古
13—14	1	022	考古文博学院	02230430	中国古代陶瓷
13—14	1	022	考古文博学院	02230830	无机质文物保护与实验
13—14	1	022	考古文博学院	02231040	博物馆学概论
13—14	1	022	考古文博学院	02231050	设计初步
13—14	1	022	考古文博学院	02231110	建筑设计(二)
13—14	1	022	考古文博学院	02231140	计算机建筑制图
13—14	1	022	考古文博学院	02231170	中国古代物质文化史
13—14	1	022	考古文博学院	02231270	博物馆实习
13—14	1	022	考古文博学院	02232102	中国考古学(上二)
13—14	1	022	考古文博学院	02232111	中国考古学(上一)

续表

学年	学期	院系代码	院系名称	课程号	课程名称
13—14	1	022	考古文博学院	02232260	古代民族考古
13—14	1	022	考古文博学院	02232270	埋藏学
13—14	1	022	考古文博学院	02233030	现代建筑构造与结构选型
13—14	1	022	考古文博学院	02233050	文化遗产保护规划设计理论与方法
13—14	1	022	考古文博学院	02240011	中国建筑史(上)
13—14	1	022	考古文博学院	02240060	传统建筑概预算
13—14	1	022	考古文博学院	02240250	文化遗产管理
13—14	1	022	考古文博学院	02240290	田野考古实习
13—14	1	022	考古文博学院	02240340	中国考古发现与探索
13—14	1	022	考古文博学院	02240370	古文字学通论
13—14	1	022	考古文博学院	02240410	文物分析技术
13—14	1	021	历史学系	02100020	中世纪欧洲社会与政治:文献和研究
13—14	1	021	历史学系	02101670	东亚共同体的历史实践与理论构想
13—14	1	021	历史学系	02101690	研究生拉丁语(五)
13—14	1	021	历史学系	02104790	唐宋元中国与中世纪欧洲
13—14	1	021	历史学系	02112521	《四库全书总目》研读
13—14	1	021	历史学系	02113242	研究生古希腊语(下)
13—14	1	021	历史学系	02130011	中国古代史(上)
13—14	1	021	历史学系	02130020	中国近代史
13—14	1	021	历史学系	02130101	中国历史文选(上)
13—14	1	021	历史学系	02130120	中国史学史
13—14	1	021	历史学系	02130130	外国史学史
13—14	1	021	历史学系	02131130	冷战与中国
13—14	1	021	历史学系	02131250	西方文明史导论
13—14	1	021	历史学系	02131270	欧洲启蒙运动
13—14	1	021	历史学系	02131290	西方历史哲学
13—14	1	021	历史学系	02131310	中国传统官僚政治制度
13—14	1	021	历史学系	02131350	中国古代史专题
13—14	1	021	历史学系	02131400	埃及学专题
13—14	1	021	历史学系	02131760	非洲历史与文化
13—14	1	021	历史学系	02131771	现代希腊语(1)
13—14	1	021	历史学系	02131991	基础意大利语(1)
13—14	1	021	历史学系	02131992	基础意大利语(2)
13—14	1	021	历史学系	02132040	中国历史文化导论
13—14	1	021	历史学系	02132080	世界史通论
13—14	1	021	历史学系	02132090	外文原版教材阅读指导
13—14	1	021	历史学系	02132301	中国经学史(一)
13—14	1	021	历史学系	02132380	明史专题
13—14	1	021	历史学系	02132460	中国古代史练习
13—14	1	021	历史学系	02132470	中国近现代史练习
13—14	1	021	历史学系	02132480	世界古代史练习
13—14	1	021	历史学系	02132490	世界近现代史练习
13—14	1	021	历史学系	02132500	日本古代史
13—14	1	021	历史学系	02132620	纳粹德国史
13—14	1	021	历史学系	02132700	近现代中韩关系史

续表

学年	学期	院系代码	院系名称	课程号	课程名称
13—14	1	021	历史学系	02132750	中国通史(古代部分)
13—14	1	021	历史学系	02133101	基督教拉丁语(1)
13—14	1	021	历史学系	02133103	基督教拉丁语(3)
13—14	1	021	历史学系	02133620	古希腊罗马史
13—14	1	021	历史学系	02133630	中世纪欧洲史
13—14	1	021	历史学系	02133650	美洲史
13—14	1	021	历史学系	02133670	外文历史文献选读
13—14	1	021	历史学系	02133692	外文历史名著选读(下)
13—14	1	021	历史学系	02138850	中国现代社会史
13—14	1	021	历史学系	02139160	欧洲一体化研究
13—14	1	021	历史学系	02139190	非洲史
13—14	1	040	马克思主义学院	04031650	思想道德修养与法律基础
13—14	1	040	马克思主义学院	04031660	中国近现代史纲要
13—14	1	040	马克思主义学院	04031682	马克思主义基本原理概论(下)
13—14	1	040	马克思主义学院	04031730	毛泽东思想和中国特色社会主义理论体系概论
13—14	1	040	马克思主义学院	04031740	马克思主义基本原理概论
13—14	1	040	马克思主义学院	04031750	形势与政策
13—14	1	031	社会学系	03100130	国外社会学学说(上)
13—14	1	031	社会学系	03130010	社会学概论
13—14	1	031	社会学系	03130020	国外社会学学说(下)
13—14	1	031	社会学系	03130120	社会统计学
13—14	1	031	社会学系	03130210	社会心理学
13—14	1	031	社会学系	03130400	教育社会学思考
13—14	1	031	社会学系	03130420	个案工作
13—14	1	031	社会学系	03130470	社会政策
13—14	1	031	社会学系	03130560	组织社会学
13—14	1	031	社会学系	03130660	发展社会学
13—14	1	031	社会学系	03130710	越轨与犯罪社会学
13—14	1	031	社会学系	03130820	民族志研究方法
13—14	1	031	社会学系	03131010	社会学专题讲座
13—14	1	031	社会学系	03131220	社区工作
13—14	1	031	社会学系	03131260	数据分析技术
13—14	1	031	社会学系	03131290	医学社会学
13—14	1	031	社会学系	03131390	中国社会福利
13—14	1	031	社会学系	03131500	社会调查与研究方法
13—14	1	031	社会学系	03131520	马列经典著作选读
13—14	1	031	社会学系	03131530	人口社会学
13—14	1	031	社会学系	03131570	社会分层与社会流动
13—14	1	031	社会学系	03131840	人群与网络
13—14	1	031	社会学系	03131850	社会学导论
13—14	1	031	社会学系	03131860	人类学导论
13—14	1	011	生命科学学院	00130201	高等数学(B)(一)
13—14	1	011	生命科学学院	00130211	高等数学(B)(一)习题课
13—14	1	011	生命科学学院	00131460	线性代数(B)
13—14	1	011	生命科学学院	00131470	线性代数(B)习题

续表

学年	学期	院系代码	院系名称	课程号	课程名称
13—14	1	011	生命科学学院	00431133	普通物理（Ⅱ）
13—14	1	011	生命科学学院	00431590	生命科学中的物理学（下）
13—14	1	011	生命科学学院	01032690	有机化学（B）
13—14	1	011	生命科学学院	01032711	有机化学实验（B）
13—14	1	011	生命科学学院	01034880	普通化学（B）
13—14	1	011	生命科学学院	01034920	普通化学实验（B）
13—14	1	011	生命科学学院	01130030	基础分子生物学
13—14	1	011	生命科学学院	01130050	生物化学实验
13—14	1	011	生命科学学院	01130110	蛋白质化学
13—14	1	011	生命科学学院	01130150	细胞生物学
13—14	1	011	生命科学学院	01130160	细胞生物学实验
13—14	1	011	生命科学学院	01130320	普通生物学实验（B）
13—14	1	011	生命科学学院	01130760	生物统计学
13—14	1	011	生命科学学院	01130780	生物进化论
13—14	1	011	生命科学学院	01130871	人类的性、生育与健康
13—14	1	011	生命科学学院	01130930	普通生态学
13—14	1	011	生命科学学院	01130960	保护生物学
13—14	1	011	生命科学学院	01131050	动物生物学实验
13—14	1	011	生命科学学院	01131080	动物生物学
13—14	1	011	生命科学学院	01131110	生物技术制药基础
13—14	1	011	生命科学学院	01131160	生物学思想与概念
13—14	1	011	生命科学学院	01132630	生物化学
13—14	1	011	生命科学学院	01132631	生物化学讨论课
13—14	1	011	生命科学学院	01133010	高级分子生物学讲座（上）
13—14	1	011	生命科学学院	01133040	实验病理学
13—14	1	011	生命科学学院	01133050	分子病毒学
13—14	1	011	生命科学学院	01133060	文献深度分析及实验的逻辑设计
13—14	1	011	生命科学学院	01133070	生命科学前沿的评论及分析
13—14	1	011	生命科学学院	01133080	行为生态学
13—14	1	011	生命科学学院	01137010	高级神经生物学
13—14	1	011	生命科学学院	01137011	高级神经生物学讨论课
13—14	1	011	生命科学学院	01138450	病毒与蛋白质结构
13—14	1	011	生命科学学院	01138460	微生物学（英文）
13—14	1	011	生命科学学院	01138470	蛋白质与生命
13—14	1	011	生命科学学院	01138480	生命科学的逻辑与思维
13—14	1	011	生命科学学院	01138490	生命科学前沿
13—14	1	011	生命科学学院	01138500	药物药理学导论
13—14	1	011	生命科学学院	01138510	应用蛋白质晶体学
13—14	1	011	生命科学学院	01138520	重大疾病的分子机制
13—14	1	011	生命科学学院	01139300	动物组织与胚胎学及实验
13—14	1	011	生命科学学院	01139330	现代生物技术导论
13—14	1	011	生命科学学院	01139340	生物学综合实验
13—14	1	011	生命科学学院	01139350	普通生物学（B）
13—14	1	011	生命科学学院	01139470	生物信息学方法
13—14	1	011	生命科学学院	01139491	文献强化阅读与学术报告（2）

续表

学年	学期	院系代码	院系名称	课程号	课程名称
13—14	1	011	生命科学学院	01139560	植物特有生命现象导论(2)
13—14	1	011	生命科学学院	01139640	生物医药工程及管理
13—14	1	011	生命科学学院	01139750	真核细胞DNA复制和checkpoint控制
13—14	1	011	生命科学学院	01139940	科学研究基本技能
13—14	1	011	生命科学学院	04831410	计算概论(B)
13—14	1	001	数学科学学院	00110000	黎曼几何引论
13—14	1	001	数学科学学院	00110010	同调论
13—14	1	001	数学科学学院	00110050	模式识别
13—14	1	001	数学科学学院	00110060	算法设计与分析
13—14	1	001	数学科学学院	00110130	泛函分析(二)
13—14	1	001	数学科学学院	00110150	交换代数
13—14	1	001	数学科学学院	00110330	几何分析
13—14	1	001	数学科学学院	00110400	随机分析
13—14	1	001	数学科学学院	00110620	生存分析与可靠性
13—14	1	001	数学科学学院	00110780	最优化理论与算法
13—14	1	001	数学科学学院	00110830	数值代数Ⅱ
13—14	1	001	数学科学学院	00110860	并行计算Ⅱ
13—14	1	001	数学科学学院	00111850	有限元方法Ⅱ
13—14	1	001	数学科学学院	00111940	遍历论
13—14	1	001	数学科学学院	00112110	低维流形
13—14	1	001	数学科学学院	00112400	代数组合论
13—14	1	001	数学科学学院	00112450	智能计算
13—14	1	001	数学科学学院	00112630	高等概率论
13—14	1	001	数学科学学院	00112640	高等统计学
13—14	1	001	数学科学学院	00112711	抽象代数Ⅱ
13—14	1	001	数学科学学院	00112780	应用偏微分方程
13—14	1	001	数学科学学院	00112878	数据中的数学
13—14	1	001	数学科学学院	00112950	辛几何
13—14	1	001	数学科学学院	00113180	模形式与数论
13—14	1	001	数学科学学院	00113690	随机模拟方法
13—14	1	001	数学科学学院	00113780	符号计算
13—14	1	001	数学科学学院	00114250	机器学习
13—14	1	001	数学科学学院	00130161	拓扑学
13—14	1	001	数学科学学院	00130550	数值代数
13—14	1	001	数学科学学院	00130730	数理逻辑
13—14	1	001	数学科学学院	00130830	数字信号处理
13—14	1	001	数学科学学院	00131420	数据结构
13—14	1	001	数学科学学院	00131430	高等数学C习题
13—14	1	001	数学科学学院	00131600	数学分析
13—14	1	001	数学科学学院	00131641	几何讨论班Ⅱ
13—14	1	001	数学科学学院	00131651	代数讨论班Ⅱ
13—14	1	001	数学科学学院	00131661	分析讨论班Ⅱ
13—14	1	001	数学科学学院	00132250	抽象代数选讲
13—14	1	001	数学科学学院	00132260	数学分析选讲Ⅲ
13—14	1	001	数学科学学院	00132301	数学分析(Ⅰ)

续表

学年	学期	院系代码	院系名称	课程号	课程名称
13—14	1	001	数学科学学院	00132304	数学分析(Ⅲ)
13—14	1	001	数学科学学院	00132310	微分几何
13—14	1	001	数学科学学院	00132311	数学分析(Ⅰ)习题
13—14	1	001	数学科学学院	00132313	数学分析(Ⅲ)习题
13—14	1	001	数学科学学院	00132321	高等代数(Ⅰ)
13—14	1	001	数学科学学院	00132330	偏微分方程
13—14	1	001	数学科学学院	00132331	高等代数(Ⅰ)习题
13—14	1	001	数学科学学院	00132341	几何学
13—14	1	001	数学科学学院	00132351	几何学习题
13—14	1	001	数学科学学院	00132370	实变函数
13—14	1	001	数学科学学院	00132510	李群及其表示
13—14	1	001	数学科学学院	00132610	密码学
13—14	1	001	数学科学学院	00132750	毕业论文(证券)讨论班
13—14	1	001	数学科学学院	00132780	毕业论文(精算)讨论班
13—14	1	001	数学科学学院	00132810	毕业论文(衍生工具)讨论班
13—14	1	001	数学科学学院	00132830	金融数学引论
13—14	1	001	数学科学学院	00133030	统计计算
13—14	1	001	数学科学学院	00133070	应用时间序列分析
13—14	1	001	数学科学学院	00133090	应用随机过程
13—14	1	001	数学科学学院	00133110	应用回归分析
13—14	1	001	数学科学学院	00134310	微分动力系统的定性理论
13—14	1	001	数学科学学院	00134320	薛定谔方程、形变理论和量子化
13—14	1	001	数学科学学院	00134330	金融经济学
13—14	1	001	数学科学学院	00134340	代数几何
13—14	1	001	数学科学学院	00134360	典型群引论
13—14	1	001	数学科学学院	00135220	非参数统计
13—14	1	001	数学科学学院	00135450	抽象代数
13—14	1	001	数学科学学院	00135460	数理统计
13—14	1	001	数学科学学院	00135480	风险理论
13—14	1	001	数学科学学院	00135520	偏微分方程数值解
13—14	1	001	数学科学学院	00136260	常微分方程
13—14	1	001	数学科学学院	00136270	应用随机过程
13—14	1	001	数学科学学院	00136350	概率论
13—14	1	001	数学科学学院	00136540	数值方法:原理、算法及应用
13—14	1	001	数学科学学院	00136700	普通统计学
13—14	1	001	数学科学学院	00136810	实变函数
13—14	1	001	数学科学学院	00136830	数学应用软件
13—14	1	001	数学科学学院	00136850	实变函数与泛函分析
13—14	1	001	数学科学学院	00431133	普通物理(Ⅱ)
13—14	1	001	数学科学学院	00431680	普通物理习题课
13—14	1	041	体育教研部	04130020	游泳
13—14	1	041	体育教研部	04130030	太极拳
13—14	1	041	体育教研部	04130040	健美操
13—14	1	041	体育教研部	04130050	乒乓球
13—14	1	041	体育教研部	04130053	乒乓球提高班

续表

学年	学期	院系代码	院系名称	课程号	课程名称
13—14	1	041	体育教研部	04130060	羽毛球
13—14	1	041	体育教研部	04130063	羽毛球提高班
13—14	1	041	体育教研部	04130070	网球
13—14	1	041	体育教研部	04130080	足球
13—14	1	041	体育教研部	04130090	篮球
13—14	1	041	体育教研部	04130090	篮球
13—14	1	041	体育教研部	04130093	篮球提高班
13—14	1	041	体育教研部	04130100	排球
13—14	1	041	体育教研部	04130103	排球提高班
13—14	1	041	体育教研部	04130110	形体（女生）
13—14	1	041	体育教研部	04130120	体育舞蹈
13—14	1	041	体育教研部	04130130	健美
13—14	1	041	体育教研部	04130160	体适能
13—14	1	041	体育教研部	04130172	保健3
13—14	1	041	体育教研部	04130210	棒、垒球
13—14	1	041	体育教研部	04130231	安全教育与自卫防身
13—14	1	041	体育教研部	04130240	攀岩
13—14	1	041	体育教研部	04130260	少林棍术
13—14	1	041	体育教研部	04130280	跆拳道
13—14	1	041	体育教研部	04130300	奥林匹克文化
13—14	1	041	体育教研部	04130350	运动、营养与减肥
13—14	1	041	体育教研部	04130370	围棋（初级班）
13—14	1	041	体育教研部	04130420	散打
13—14	1	041	体育教研部	04130430	中华毽
13—14	1	041	体育教研部	04130440	瑜伽
13—14	1	041	体育教研部	04130450	地板球
13—14	1	041	体育教研部	04130480	高尔夫
13—14	1	041	体育教研部	04130490	桥牌
13—14	1	041	体育教研部	04130500	国际象棋（初级班）
13—14	1	041	体育教研部	04130520	《黄帝内经》与古导引
13—14	1	041	体育教研部	04130570	剑道
13—14	1	041	体育教研部	04130620	定向与徒步运动
13—14	1	041	体育教研部	04130630	汉字太极与养生课
13—14	1	041	体育教研部	04130640	拓展训练
13—14	1	039	外国语学院	03530020	汉语语言学
13—14	1	039	外国语学院	03530050	泰戈尔导读
13—14	1	039	外国语学院	03530241	公共阿拉伯语（一）
13—14	1	039	外国语学院	03530441	公共韩国语（一）
13—14	1	039	外国语学院	03530510	公共土耳其语（一）
13—14	1	039	外国语学院	03531013	基础蒙古语（三）
13—14	1	039	外国语学院	03531031	蒙古文化（上）
13—14	1	039	外国语学院	03531041	蒙古语语法（上）
13—14	1	039	外国语学院	03531306	蒙古语会话（一）
13—14	1	039	外国语学院	03531311	蒙古语听力（一）
13—14	1	039	外国语学院	03531401	基础韩国（朝鲜）语（一）

续表

学年	学期	院系代码	院系名称	课程号	课程名称
13—14	1	039	外国语学院	03531403	基础韩国(朝鲜)语(三)
13—14	1	039	外国语学院	03531520	韩(朝鲜)半岛概况
13—14	1	039	外国语学院	03531589	中韩翻译
13—14	1	039	外国语学院	03531670	韩国(朝鲜)文化
13—14	1	039	外国语学院	03531801	韩国(朝鲜)语视听说(一)
13—14	1	039	外国语学院	03531803	韩国(朝鲜)语视听说
13—14	1	039	外国语学院	03531811	高级韩国(朝鲜)语(一)
13—14	1	039	外国语学院	03531814	高级韩国(朝鲜)语(四)
13—14	1	039	外国语学院	03531831	韩国(朝鲜)语报刊选读(上)
13—14	1	039	外国语学院	03531841	高级韩国(朝鲜)语口语(一)
13—14	1	039	外国语学院	03531851	韩国(朝鲜)文学作品选读(上)
13—14	1	039	外国语学院	03531880	韩国社会的理解
13—14	1	039	外国语学院	03531959	日语文言语法
13—14	1	039	外国语学院	03532021	基础日语(一)
13—14	1	039	外国语学院	03532023	基础日语(三)
13—14	1	039	外国语学院	03532041	日语视听说(一)
13—14	1	039	外国语学院	03532060	日语写作
13—14	1	039	外国语学院	03532079	日语口译指导
13—14	1	039	外国语学院	03532200	日本现代文学作品选读
13—14	1	039	外国语学院	03532251	公共日语(一)
13—14	1	039	外国语学院	03532253	公共日语(三)
13—14	1	039	外国语学院	03532260	中日文化交流史
13—14	1	039	外国语学院	03532321	高年级日语(一)
13—14	1	039	外国语学院	03532333	高年级日语(三)
13—14	1	039	外国语学院	03532401	基础日语(一)
13—14	1	039	外国语学院	03532412	日语视听说(二)
13—14	1	039	外国语学院	03532421	日语阅读(一)
13—14	1	039	外国语学院	03532430	日本文化概论
13—14	1	039	外国语学院	03532450	汉译日
13—14	1	039	外国语学院	03532460	日本概况
13—14	1	039	外国语学院	03532470	论文写作指导
13—14	1	039	外国语学院	03533042	越语会话(下)
13—14	1	039	外国语学院	03533180	越南文化
13—14	1	039	外国语学院	03533273	基础越南语(三)
13—14	1	039	外国语学院	03533511	泰语听力(上)
13—14	1	039	外国语学院	03533522	初级泰语阅读(二)
13—14	1	039	外国语学院	03533863	泰语教程(三)
13—14	1	039	外国语学院	03534011	缅甸语(一)
13—14	1	039	外国语学院	03534601	印度尼西亚文学史(一)
13—14	1	039	外国语学院	03534610	印尼文学选读
13—14	1	039	外国语学院	03534630	印尼语译汉语
13—14	1	039	外国语学院	03534690	汉语译印尼语
13—14	1	039	外国语学院	03534750	印度尼西亚电影欣赏
13—14	1	039	外国语学院	03535040	希伯来报刊选读
13—14	1	039	外国语学院	03535120	希伯来语写作

续表

学年	学期	院系代码	院系名称	课程号	课程名称
13—14	1	039	外国语学院	03535165	希伯来语(五)
13—14	1	039	外国语学院	03535191	希伯来语口语(一)
13—14	1	039	外国语学院	03535220	以色列社会
13—14	1	039	外国语学院	03535560	菲律宾华人问题
13—14	1	039	外国语学院	03535600	菲律宾语译汉语
13—14	1	039	外国语学院	03535610	菲律宾短篇小说选读
13—14	1	039	外国语学院	03535710	菲律宾民俗
13—14	1	039	外国语学院	03536022	印地语视听说(二)
13—14	1	039	外国语学院	03536060	印地语语法
13—14	1	039	外国语学院	03536162	巴利语(下)
13—14	1	039	外国语学院	03536170	印度概况
13—14	1	039	外国语学院	03536213	印度英语报刊文章选读(三)
13—14	1	039	外国语学院	03536301	印地语报刊阅读(一)
13—14	1	039	外国语学院	03536410	论文写作规范与电脑应用
13—14	1	039	外国语学院	03536501	印地语(一)
13—14	1	039	外国语学院	03536700	印度历史
13—14	1	039	外国语学院	03536915	印地语(五)
13—14	1	039	外国语学院	03537042	乌尔都语报刊阅读(二)
13—14	1	039	外国语学院	03537232	乌尔都语高级口译教程(下)
13—14	1	039	外国语学院	03537241	印巴英语报刊文章选读(上)
13—14	1	039	外国语学院	03537270	乌尔都语高级听力
13—14	1	039	外国语学院	03537503	基础波斯语(三)
13—14	1	039	外国语学院	03537512	波斯语视听说(下)
13—14	1	039	外国语学院	03537701	伊朗历史文明概论(上)
13—14	1	039	外国语学院	03538011	基础阿拉伯语(一)
13—14	1	039	外国语学院	03538013	基础阿拉伯语(三)
13—14	1	039	外国语学院	03538022	阿拉伯语视听(二)
13—14	1	039	外国语学院	03538024	阿拉伯语视听(四)
13—14	1	039	外国语学院	03538026	阿拉伯语视听(六)
13—14	1	039	外国语学院	03538032	阿拉伯语口语(二)
13—14	1	039	外国语学院	03538034	阿拉伯语口语(四)
13—14	1	039	外国语学院	03538041	阿拉伯语阅读(一)
13—14	1	039	外国语学院	03538043	阿拉伯语阅读(三)
13—14	1	039	外国语学院	03538045	阿拉伯语阅读(五)
13—14	1	039	外国语学院	03538060	阿拉伯语写作
13—14	1	039	外国语学院	03538072	阿拉伯语口译(二)
13—14	1	039	外国语学院	03538082	阿拉伯语翻译教程(二)
13—14	1	039	外国语学院	03538190	阿拉伯文学史
13—14	1	039	外国语学院	03538210	当代阿拉伯世界
13—14	1	039	外国语学院	03538221	阿拉伯报刊文选(一)
13—14	1	039	外国语学院	03538223	阿拉伯报刊文选(三)
13—14	1	039	外国语学院	03538271	高年级阿拉伯语(一)
13—14	1	039	外国语学院	03538273	高年级阿拉伯语(三)
13—14	1	039	外国语学院	03538281	基础土耳其语(一)
13—14	1	039	外国语学院	03631001	法语精读(一)

续表

学年	学期	院系代码	院系名称	课程号	课程名称
13—14	1	039	外国语学院	03631003	法语精读(三)
13—14	1	039	外国语学院	03631005	法语精读(五)
13—14	1	039	外国语学院	03631017	法语精读(七)
13—14	1	039	外国语学院	03631021	法语视听说(一)
13—14	1	039	外国语学院	03631023	法语视听说(三)
13—14	1	039	外国语学院	03631025	法语视听说(五)
13—14	1	039	外国语学院	03631027	法语视听说(七)
13—14	1	039	外国语学院	03631031	法语写作(一)
13—14	1	039	外国语学院	03631033	法语写作(三)
13—14	1	039	外国语学院	03631044	法语笔译(下)
13—14	1	039	外国语学院	03631053	法语口译(上)
13—14	1	039	外国语学院	03631066	法国文学史和文学选读(下)
13—14	1	039	外国语学院	03631092	法语泛读(二)
13—14	1	039	外国语学院	03631220	法国历史
13—14	1	039	外国语学院	03631251	法国报刊选读(一)
13—14	1	039	外国语学院	03631253	法国报刊选读(三)
13—14	1	039	外国语学院	03631511	法语精读(一)
13—14	1	039	外国语学院	03631513	法语精读(三)
13—14	1	039	外国语学院	03631521	法语视听(一)
13—14	1	039	外国语学院	03631523	法语视听(三)
13—14	1	039	外国语学院	03631531	法语泛读(一)
13—14	1	039	外国语学院	03631533	法语泛读(三)
13—14	1	039	外国语学院	03631611	公共法语(一)
13—14	1	039	外国语学院	03632001	德语精读(一)
13—14	1	039	外国语学院	03632003	德语精读(三)
13—14	1	039	外国语学院	03632021	德语视听说(一)
13—14	1	039	外国语学院	03632023	德语视听说(三)
13—14	1	039	外国语学院	03632029	德语高级听力
13—14	1	039	外国语学院	03632041	德语笔译(一)
13—14	1	039	外国语学院	03632043	德语笔译(三)
13—14	1	039	外国语学院	03632051	德语口译(上)
13—14	1	039	外国语学院	03632103	德语长篇小说(上)
13—14	1	039	外国语学院	03632150	德语短篇小说
13—14	1	039	外国语学院	03632170	阅读、理解与分析
13—14	1	039	外国语学院	03632190	德语文学批评选读
13—14	1	039	外国语学院	03632210	德国历史
13—14	1	039	外国语学院	03632331	圣经与德语文学
13—14	1	039	外国语学院	03632350	奥地利传媒
13—14	1	039	外国语学院	03632511	德语精读(一)
13—14	1	039	外国语学院	03632513	德语精读(三)
13—14	1	039	外国语学院	03632521	德语视听(一)
13—14	1	039	外国语学院	03632523	德语视听(三)
13—14	1	039	外国语学院	03632531	德语泛读(一)
13—14	1	039	外国语学院	03632533	德语泛读(三)
13—14	1	039	外国语学院	03632611	公共德语(一)

续表

学年	学期	院系代码	院系名称	课程号	课程名称
13—14	1	039	外国语学院	03632621	德语国家文学史与选读(一)
13—14	1	039	外国语学院	03632623	德语国家文学史与选读(三)
13—14	1	039	外国语学院	03633011	西班牙语精读(一)
13—14	1	039	外国语学院	03633013	西班牙语精读(三)
13—14	1	039	外国语学院	03633021	西班牙语视听(一)
13—14	1	039	外国语学院	03633027	西班牙语视听(三)
13—14	1	039	外国语学院	03633031	西班牙语阅读(一)
13—14	1	039	外国语学院	03633041	西班牙语口语(一)
13—14	1	039	外国语学院	03633043	西班牙语口语(三)
13—14	1	039	外国语学院	03633210	西班牙历史和文化概论
13—14	1	039	外国语学院	03633511	西班牙语精读(一)
13—14	1	039	外国语学院	03633513	西班牙语精读(三)
13—14	1	039	外国语学院	03633521	西班牙语视听(一)
13—14	1	039	外国语学院	03633523	西班牙语视听(三)
13—14	1	039	外国语学院	03633531	西班牙语阅读(一)
13—14	1	039	外国语学院	03633533	西班牙语阅读(三)
13—14	1	039	外国语学院	03633611	公共西班牙语(一)
13—14	1	039	外国语学院	03633710	禅与园林艺术
13—14	1	039	外国语学院	03635011	公共葡萄牙语(一)
13—14	1	039	外国语学院	03635023	葡萄牙语视听(三)
13—14	1	039	外国语学院	03635030	葡萄牙历史与文化概况
13—14	1	039	外国语学院	03635043	葡萄牙语(三)
13—14	1	039	外国语学院	03635052	葡萄牙语泛读(二)
13—14	1	039	外国语学院	03635061	葡萄牙语写作(一)
13—14	1	039	外国语学院	03639000	电影
13—14	1	039	外国语学院	03730031	俄语语法(一)
13—14	1	039	外国语学院	03730112	俄语阅读——文化背景知识(二)
13—14	1	039	外国语学院	03730120	俄语功能语法学
13—14	1	039	外国语学院	03730191	俄语口语会话(上)
13—14	1	039	外国语学院	03730311	俄罗斯文学选读(上)
13—14	1	039	外国语学院	03730381	俄语报刊阅读(一)
13—14	1	039	外国语学院	03730391	俄罗斯文学史(一)
13—14	1	039	外国语学院	03730393	俄罗斯文学史(三)
13—14	1	039	外国语学院	03730421	俄语口译(上)
13—14	1	039	外国语学院	03730501	基础俄语(一)
13—14	1	039	外国语学院	03730503	基础俄语(三)
13—14	1	039	外国语学院	03730511	高级俄语(一)
13—14	1	039	外国语学院	03730513	高级俄语(三)
13—14	1	039	外国语学院	03730541	俄语写作(上)
13—14	1	039	外国语学院	03730551	俄译汉教程(上)
13—14	1	039	外国语学院	03730581	俄罗斯国情(上)
13—14	1	039	外国语学院	03730591	俄罗斯民俗民情(上)
13—14	1	039	外国语学院	03730620	俄语快速阅读
13—14	1	039	外国语学院	03730650	俄语语音
13—14	1	039	外国语学院	03730729	普通语言学概论

续表

学年	学期	院系代码	院系名称	课程号	课程名称
13—14	1	039	外国语学院	03730751	俄语视听说（一）
13—14	1	039	外国语学院	03730753	俄语视听说（三）
13—14	1	039	外国语学院	03730761	俄语新闻听力（上）
13—14	1	039	外国语学院	03730812	汉译俄教程（下）
13—14	1	039	外国语学院	03730821	公共俄语（一）
13—14	1	039	外国语学院	03830015	英语精读（三）
13—14	1	039	外国语学院	03830017	英语精读（一）
13—14	1	039	外国语学院	03830021	英语视听（一）
13—14	1	039	外国语学院	03830027	英语视听（三）
13—14	1	039	外国语学院	03830041	口语（一）
13—14	1	039	外国语学院	03830043	口语（三）
13—14	1	039	外国语学院	03830071	写作（一）
13—14	1	039	外国语学院	03830092	英国文学史（二）
13—14	1	039	外国语学院	03830100	普通语言学
13—14	1	039	外国语学院	03830110	英译汉
13—14	1	039	外国语学院	03830132	美国文学史与选读（二）
13—14	1	039	外国语学院	03831020	希腊罗马神话
13—14	1	039	外国语学院	03831080	英语结构
13—14	1	039	外国语学院	03831120	中西修辞传统
13—14	1	039	外国语学院	03832030	短篇小说选读
13—14	1	039	外国语学院	03832040	欧洲文学选读
13—14	1	039	外国语学院	03832150	英语史
13—14	1	039	外国语学院	03833021	汉英口译
13—14	1	039	外国语学院	03833030	报刊选读
13—14	1	039	外国语学院	03833130	英国小说选读
13—14	1	039	外国语学院	03833140	英诗选读
13—14	1	039	外国语学院	03833170	英美女作家作品选读
13—14	1	039	外国语学院	03833309	英语文学文体赏析
13—14	1	039	外国语学院	03834100	中西文化比较
13—14	1	039	外国语学院	03834180	20世纪西方文论
13—14	1	039	外国语学院	03834210	西方宗教思想
13—14	1	039	外国语学院	03834290	戏剧实践
13—14	1	039	外国语学院	03834380	西方文化
13—14	1	039	外国语学院	03834390	应用语言的艺术：中西修辞传统比较
13—14	1	039	外国语学院	03834430	英国文学的历史背景
13—14	1	039	外国语学院	03834441	公共基础拉丁文（一）
13—14	1	039	外国语学院	03835340	莎士比亚名篇赏析
13—14	1	039	外国语学院	03835440	美国政治演说中的历史文化评析
13—14	1	039	外国语学院	03930010	西方戏剧文学
13—14	1	039	外国语学院	03930020	语言与认知
13—14	1	004	物理学院	00130201	高等数学(B)（一）
13—14	1	004	物理学院	00130211	高等数学(B)（一）习题课
13—14	1	004	物理学院	00131460	线性代数(B)
13—14	1	004	物理学院	00131470	线性代数(B)习题
13—14	1	004	物理学院	00132380	概率统计(B)

续表

学年	学期	院系代码	院系名称	课程号	课程名称
13—14	1	004	物理学院	00405596	量子材料前沿讲座
13—14	1	004	物理学院	00405608	低温物理学
13—14	1	004	物理学院	00405610	经典光学
13—14	1	004	物理学院	00405612	量子材料的物性
13—14	1	004	物理学院	00410140	群论
13—14	1	004	物理学院	00410340	高等量子力学
13—14	1	004	物理学院	00410440	量子统计物理
13—14	1	004	物理学院	00410640	量子场论
13—14	1	004	物理学院	00411850	固体光谱
13—14	1	004	物理学院	00411950	表面物理
13—14	1	004	物理学院	00412150	粒子物理
13—14	1	004	物理学院	00413250	等离子体物理
13—14	1	004	物理学院	00414860	激光实验
13—14	1	004	物理学院	00415450	量子光学
13—14	1	004	物理学院	00415510	现代光学与光电子学
13—14	1	004	物理学院	00415532	原子、分子光谱
13—14	1	004	物理学院	00430109	演示物理学
13—14	1	004	物理学院	00430132	现代电子电路基础及实验（一）
13—14	1	004	物理学院	00430151	现代物理前沿讲座Ⅰ
13—14	1	004	物理学院	00430191	大气科学导论
13—14	1	004	物理学院	00431110	力学
13—14	1	004	物理学院	00431151	原子物理学
13—14	1	004	物理学院	00431154	热学
13—14	1	004	物理学院	00431159	原子物理习题
13—14	1	004	物理学院	00431165	近代物理
13—14	1	004	物理学院	00431180	力学习题
13—14	1	004	物理学院	00431214	综合物理实验（一）
13—14	1	004	物理学院	00431254	热学习题课
13—14	1	004	物理学院	00431255	电磁学习题课
13—14	1	004	物理学院	00431443	计算物理学
13—14	1	004	物理学院	00431537	现代电子测量与实验
13—14	1	004	物理学院	00431543	天体物理专题
13—14	1	004	物理学院	00431545	天文文献阅读
13—14	1	004	物理学院	00431558	天文技术与方法Ⅰ（光学与红外）
13—14	1	004	物理学院	00431570	核物理与粒子物理实验方法（一）
13—14	1	004	物理学院	00431610	数量级物理学
13—14	1	004	物理学院	00431620	计算物理学导论
13—14	1	004	物理学院	00431640	量子力学讨论班
13—14	1	004	物理学院	00431650	平衡态统计物理
13—14	1	004	物理学院	00431660	宇宙探测新技术引论
13—14	1	004	物理学院	00431670	量子力学（A）
13—14	1	004	物理学院	00431690	固体物理学
13—14	1	004	物理学院	00431700	固体物理讨论班
13—14	1	004	物理学院	00432108	数学物理方法（上）
13—14	1	004	物理学院	00432109	数学物理方法（下）

续表

学年	学期	院系代码	院系名称	课程号	课程名称
13—14	1	004	物理学院	00432110	数学物理方法
13—14	1	004	物理学院	00432119	数学物理方法习题课
13—14	1	004	物理学院	00432140	电动力学(A)
13—14	1	004	物理学院	00432141	电动力学(B)
13—14	1	004	物理学院	00432151	量子力学习题
13—14	1	004	物理学院	00432160	电动力学习题
13—14	1	004	物理学院	00432164	生物物理导论
13—14	1	004	物理学院	00432190	凝聚态物理理论讨论班
13—14	1	004	物理学院	00432207	卫星气象学
13—14	1	004	物理学院	00432211	理论力学
13—14	1	004	物理学院	00432227	科研实用软件
13—14	1	004	物理学院	00432236	激光物理学
13—14	1	004	物理学院	00432247	大气物理学基础
13—14	1	004	物理学院	00432249	流体力学
13—14	1	004	物理学院	00432250	描述性物理海洋学
13—14	1	004	物理学院	00432255	天气分析与预报
13—14	1	004	物理学院	00432267	工程图学及其应用
13—14	1	004	物理学院	00432268	自然科学中的混沌和分形
13—14	1	004	物理学院	00432270	大气概论
13—14	1	004	物理学院	00432274	大气探测原理
13—14	1	004	物理学院	00432290	气候模拟
13—14	1	004	物理学院	00432310	全球环境与气候变迁
13—14	1	004	物理学院	00433328	近代物理实验(Ⅱ)
13—14	1	004	物理学院	00433410	半导体物理学
13—14	1	004	物理学院	00433520	超导物理学
13—14	1	004	物理学院	00433641	材料物理
13—14	1	004	物理学院	00434091	纳米科学前沿
13—14	1	004	物理学院	00434092	纳米科技进展
13—14	1	004	物理学院	00437160	核物理与粒子物理专题实验
13—14	1	004	物理学院	00437170	公共物理学
13—14	1	004	物理学院	00437180	普通物理实验(1)
13—14	1	004	物理学院	04831410	计算概论(B)
13—14	1	004	物理学院	04831650	计算概论(B)上机
13—14	1	016	心理学系	01603011	心理测量
13—14	1	016	心理学系	01603333	实验心理学实验
13—14	1	016	心理学系	01610200	神经心理学
13—14	1	016	心理学系	01630020	CNS解剖
13—14	1	016	心理学系	01630033	异常儿童心理学
13—14	1	016	心理学系	01630034	实验心理学
13—14	1	016	心理学系	01630041	社会心理学
13—14	1	016	心理学系	01630042	社会性与个性发展
13—14	1	016	心理学系	01630044	社会心理学
13—14	1	016	心理学系	01630045	社会认知心理学
13—14	1	016	心理学系	01630046	社会冲突与管理
13—14	1	016	心理学系	01630051	心理统计(1)

续表

学年	学期	院系代码	院系名称	课程号	课程名称
13—14	1	016	心理学系	01630060	发展心理学
13—14	1	016	心理学系	01630090	变态心理学
13—14	1	016	心理学系	01630101	生理心理学
13—14	1	016	心理学系	01630121	认知心理学
13—14	1	016	心理学系	01630140	认知神经科学
13—14	1	016	心理学系	01630220	生理心理实验
13—14	1	016	心理学系	01630600	组织管理心理学
13—14	1	016	心理学系	01630630	老年心理学
13—14	1	016	心理学系	01630740	爱的心理学
13—14	1	016	心理学系	01630900	普通心理学
13—14	1	016	心理学系	01635042	大学生心理素质拓展
13—14	1	016	心理学系	01635060	大学生心理健康
13—14	1	016	心理学系	01639020	心理学概论
13—14	1	016	心理学系	04831410	计算概论（B）
13—14	1	016	心理学系	04831650	计算概论（B）上机
13—14	1	018	新闻与传播学院	01830110	外国新闻传播史
13—14	1	018	新闻与传播学院	01830260	广播电视概论
13—14	1	018	新闻与传播学院	01830300	网络传播
13—14	1	018	新闻与传播学院	01830480	广告学概论
13—14	1	018	新闻与传播学院	01830640	广告文案
13—14	1	018	新闻与传播学院	01831030	传播学概论
13—14	1	018	新闻与传播学院	01831190	编辑出版概论
13—14	1	018	新闻与传播学院	01831240	电子出版技术
13—14	1	018	新闻与传播学院	01831300	中国古籍资源与整理
13—14	1	018	新闻与传播学院	01831470	信息检索与利用
13—14	1	018	新闻与传播学院	01831490	社会调查研究方法
13—14	1	018	新闻与传播学院	01831610	汉语修辞学
13—14	1	018	新闻与传播学院	01831740	视听语言
13—14	1	018	新闻与传播学院	01831750	专题片及纪录片创作
13—14	1	018	新闻与传播学院	01831800	汉语语言修养
13—14	1	018	新闻与传播学院	01831990	跨文化交流学
13—14	1	018	新闻与传播学院	01832220	毕业实习
13—14	1	018	新闻与传播学院	01832360	传播伦理学
13—14	1	018	新闻与传播学院	01832400	广播电视专题研究
13—14	1	018	新闻与传播学院	01832410	广播电视工作室
13—14	1	018	新闻与传播学院	01832420	品牌研究
13—14	1	018	新闻与传播学院	01832650	公共关系
13—14	1	018	新闻与传播学院	01832730	传媒法律法规
13—14	1	018	新闻与传播学院	01832760	英语新闻阅读
13—14	1	018	新闻与传播学院	01832940	新闻学概论
13—14	1	018	新闻与传播学院	01832970	高级采访写作
13—14	1	018	新闻与传播学院	01832980	播音与主持
13—14	1	018	新闻与传播学院	01832990	新闻与中国当代改革
13—14	1	018	新闻与传播学院	01833030	广播电视节目制作
13—14	1	018	新闻与传播学院	01833090	电脑辅助设计

续表

学年	学期	院系代码	院系名称	课程号	课程名称
13—14	1	018	新闻与传播学院	01833110	编辑实用语文写作
13—14	1	018	新闻与传播学院	01833120	选题策划与书刊编辑实务
13—14	1	018	新闻与传播学院	01833180	传播学英语经典阅读
13—14	1	018	新闻与传播学院	01833350	社会学基础与新媒体传播
13—14	1	018	新闻与传播学院	01833370	新媒体与社会
13—14	1	018	新闻与传播学院	01833490	跨文化新闻传播案例分析
13—14	1	030	信息管理系	03030630	信息存储与检索
13—14	1	030	信息管理系	03030700	计算机网络
13—14	1	030	信息管理系	03030720	信息经济学
13—14	1	030	信息管理系	03030740	管理信息系统
13—14	1	030	信息管理系	03030910	多媒体技术
13—14	1	030	信息管理系	03031170	信息存储与检索上机
13—14	1	030	信息管理系	03032000	管理学原理
13—14	1	030	信息管理系	03032110	信息政策与法规
13—14	1	030	信息管理系	03032130	信息组织
13—14	1	030	信息管理系	03032170	媒体与社会
13—14	1	030	信息管理系	03032230	电子商务
13—14	1	030	信息管理系	03032270	图书馆管理
13—14	1	030	信息管理系	03032380	专业英语
13—14	1	030	信息管理系	03033160	图书馆自动化
13—14	1	030	信息管理系	03033180	信息资源建设
13—14	1	030	信息管理系	03033220	广告学概论
13—14	1	030	信息管理系	03033243	中国名著导读
13—14	1	030	信息管理系	03033350	面向对象程序设计JAVA
13—14	1	030	信息管理系	03033360	面向对象程序设计JAVA上机
13—14	1	030	信息管理系	03033400	信息资源管理基础
13—14	1	030	信息管理系	03033420	信息资源编目
13—14	1	030	信息管理系	03033430	Web信息构建理论与实践
13—14	1	030	信息管理系	03033440	数据挖掘导论
13—14	1	030	信息管理系	03033450	信息系统分析与设计
13—14	1	030	信息管理系	03033470	图书馆参考咨询
13—14	1	030	信息管理系	03033500	运筹学基础
13—14	1	030	信息管理系	03033560	信息素养概论
13—14	1	030	信息管理系	03033580	人类信息行为
13—14	1	048	信息科学技术学院	00130201	高等数学(B)(一)
13—14	1	048	信息科学技术学院	00130211	高等数学(B)(一)习题课
13—14	1	048	信息科学技术学院	00130280	计算方法(B)
13—14	1	048	信息科学技术学院	00131460	线性代数(B)
13—14	1	048	信息科学技术学院	00131470	线性代数(B)习题
13—14	1	048	信息科学技术学院	00131480	概率统计(A)
13—14	1	048	信息科学技术学院	00132301	数学分析(Ⅰ)
13—14	1	048	信息科学技术学院	00132304	数学分析(Ⅲ)
13—14	1	048	信息科学技术学院	00132311	数学分析(Ⅰ)习题
13—14	1	048	信息科学技术学院	00132311	数学分析(Ⅰ)习题
13—14	1	048	信息科学技术学院	00132313	数学分析(Ⅲ)习题

续表

学年	学期	院系代码	院系名称	课程号	课程名称
13—14	1	048	信息科学技术学院	00132321	高等代数（Ⅰ）
13—14	1	048	信息科学技术学院	00132331	高等代数（Ⅰ）习题
13—14	1	048	信息科学技术学院	00132331	高等代数（Ⅰ）习题
13—14	1	048	信息科学技术学院	00431141	力学
13—14	1	048	信息科学技术学院	00431200	基础物理实验
13—14	1	048	信息科学技术学院	04031650	思想道德修养与法律基础
13—14	1	048	信息科学技术学院	04830010	信息科学技术概论
13—14	1	048	信息科学技术学院	04830041	计算概论A
13—14	1	048	信息科学技术学院	04830050	数据结构与算法（A）
13—14	1	048	信息科学技术学院	04830070	集合论与图论
13—14	1	048	信息科学技术学院	04830090	数理逻辑
13—14	1	048	信息科学技术学院	04830140	计算机组织与体系结构
13—14	1	048	信息科学技术学院	04830141	计算机系统结构实验班
13—14	1	048	信息科学技术学院	04830142	计算机组成与系统结构实习A
13—14	1	048	信息科学技术学院	04830143	计算机组成与系统结构实习B
13—14	1	048	信息科学技术学院	04830161	操作系统A
13—14	1	048	信息科学技术学院	04830162	操作系统及实习（实验班）
13—14	1	048	信息科学技术学院	04830163	操作系统A（实验班）
13—14	1	048	信息科学技术学院	04830170	数据结构与算法实习
13—14	1	048	信息科学技术学院	04830180	编译实习
13—14	1	048	信息科学技术学院	04830181	编译实习（实验班）
13—14	1	048	信息科学技术学院	04830200	汇编语言程序设计
13—14	1	048	信息科学技术学院	04830220	数据库概论
13—14	1	048	信息科学技术学院	04830240	计算机网络概论
13—14	1	048	信息科学技术学院	04830241	计算机网络实习
13—14	1	048	信息科学技术学院	04830250	人工智能概论
13—14	1	048	信息科学技术学院	04830260	理论计算机科学基础
13—14	1	048	信息科学技术学院	04830270	程序设计语言概论
13—14	1	048	信息科学技术学院	04830300	Web技术概论
13—14	1	048	信息科学技术学院	04830310	人机交互
13—14	1	048	信息科学技术学院	04830410	信息安全引论
13—14	1	048	信息科学技术学院	04830470	操作系统B（含实习）
13—14	1	048	信息科学技术学院	04830480	微机原理B
13—14	1	048	信息科学技术学院	04830510	语言统计分析
13—14	1	048	信息科学技术学院	04830530	计算概论A（实验班）
13—14	1	048	信息科学技术学院	04830540	数据结构与算法（A）（实验班）
13—14	1	048	信息科学技术学院	04830550	存储技术基础
13—14	1	048	信息科学技术学院	04830560	先进应用集成方法——面向服务的软件体系架构（SOA）
13—14	1	048	信息科学技术学院	04830610	电动力学
13—14	1	048	信息科学技术学院	04830630	电子线路（A）
13—14	1	048	信息科学技术学院	04830660	数字逻辑电路实验
13—14	1	048	信息科学技术学院	04830670	信号与系统
13—14	1	048	信息科学技术学院	04830720	通信原理
13—14	1	048	信息科学技术学院	04830740	微波技术实验

续表

学年	学期	院系代码	院系名称	课程号	课程名称
13—14	1	048	信息科学技术学院	04830790	嵌入式系统
13—14	1	048	信息科学技术学院	04830830	数字信号处理实验
13—14	1	048	信息科学技术学院	04830840	热学
13—14	1	048	信息科学技术学院	04830870	热力学与统计物理(B)
13—14	1	048	信息科学技术学院	04830910	固体物理
13—14	1	048	信息科学技术学院	04831040	半导体器件物理
13—14	1	048	信息科学技术学院	04831050	集成电路工艺原理
13—14	1	048	信息科学技术学院	04831060	集成电路设计实习
13—14	1	048	信息科学技术学院	04831160	半导体材料
13—14	1	048	信息科学技术学院	04831180	PSoC应用开发基础实验
13—14	1	048	信息科学技术学院	04831190	射频集成电路
13—14	1	048	信息科学技术学院	04831220	智能科学技术导论
13—14	1	048	信息科学技术学院	04831250	机器智能实验
13—14	1	048	信息科学技术学院	04831270	智能信息系统
13—14	1	048	信息科学技术学院	04831280	可视化与可视计算概论
13—14	1	048	信息科学技术学院	04831290	模式识别导论
13—14	1	048	信息科学技术学院	04831300	图像处理
13—14	1	048	信息科学技术学院	04831320	脑与认知科学
13—14	1	048	信息科学技术学院	04831420	数据结构与算法(B)
13—14	1	048	信息科学技术学院	04831430	文科计算机基础(上)
13—14	1	048	信息科学技术学院	04831431	文科计算机基础实验班(上)
13—14	1	048	信息科学技术学院	04831510	微电子学概论
13—14	1	048	信息科学技术学院	04831670	计算机网络与WEB技术
13—14	1	048	信息科学技术学院	04831730	机器学习概论
13—14	1	048	信息科学技术学院	04831860	光纤通信系统
13—14	1	048	信息科学技术学院	04831890	现代信息检索导论
13—14	1	048	信息科学技术学院	04831900	通信网概论与宽带信号技术
13—14	1	048	信息科学技术学院	04831970	卫星导航定位系统概论
13—14	1	048	信息科学技术学院	04831990	C#程序设计及其应用
13—14	1	048	信息科学技术学院	04832010	基于HDL的数字系统设计
13—14	1	048	信息科学技术学院	04832090	力学B类习题补充
13—14	1	048	信息科学技术学院	04832110	高等模拟集成电路原理
13—14	1	048	信息科学技术学院	04832120	微电子器件测试实验
13—14	1	048	信息科学技术学院	04832130	微电子学物理基础
13—14	1	048	信息科学技术学院	04832191	软件工程实习
13—14	1	048	信息科学技术学院	04832192	互联网数据挖掘
13—14	1	048	信息科学技术学院	04832193	模式识别与统计学习模型与方法及其在图像、图形和多媒体
13—14	1	048	信息科学技术学院	04832200	纳电子器件导论
13—14	1	048	信息科学技术学院	04832220	智能机器人概论
13—14	1	048	信息科学技术学院	04832271	科学研究方法、实践与文化(实习课)
13—14	1	048	信息科学技术学院	04832280	C++语言程序设计
13—14	1	048	信息科学技术学院	04832281	离散数学(I)
13—14	1	048	信息科学技术学院	04832350	统计分析与商务智能
13—14	1	048	信息科学技术学院	04832362	计算机系统导论

续表

学年	学期	院系代码	院系名称	课程号	课程名称
13—14	1	048	信息科学技术学院	04832363	计算机系统导论讨论班
13—14	1	048	信息科学技术学院	04832400	高级光电子技术实验
13—14	1	048	信息科学技术学院	04832410	原子物理导论
13—14	1	048	信息科学技术学院	04832420	固体物理导论
13—14	1	048	信息科学技术学院	04832430	电子线路A(实验班)
13—14	1	048	信息科学技术学院	04832440	光学
13—14	1	048	信息科学技术学院	04832640	数学物理方法
13—14	1	048	信息科学技术学院	04832650	电路分析原理
13—14	1	048	信息科学技术学院	04832651	电路分析原理研讨班
13—14	1	048	信息科学技术学院	04832660	电子系统设计实践
13—14	1	048	信息科学技术学院	04832670	集成电路测试原理
13—14	1	048	信息科学技术学院	04832680	社会科学中的计算思维方法
13—14	1	607	学生工作部人民武装部	60730020	军事理论
13—14	1	607	学生工作部人民武装部	60730320	当代国防
13—14	1	607	学生工作部人民武装部	60730330	孙子兵法导读
13—14	1	607	学生工作部人民武装部	61030020	大学生职业生涯规划
13—14	1	180	医学部教学办	00131421	高等数学C(一)
13—14	1	180	医学部教学办	01034880	普通化学(B)
13—14	1	180	医学部教学办	01034920	普通化学实验(B)
13—14	1	180	医学部教学办	01139380	普通生物学(A)
13—14	1	180	医学部教学办	04831410	计算概论(B)
13—14	1	180	医学部教学办	04831650	计算概论(B)上机
13—14	1	180	医学部教学办	18050200	中医养生学
13—14	1	180	医学部教学办	89139790	医学发展概论
13—14	1	180	医学部教学办	89339770	健康的生活方式与健康传播
13—14	1	043	艺术学院	04330013	艺术学原理
13—14	1	043	艺术学院	04330015	当代艺术概论
13—14	1	043	艺术学院	04330033	中国音乐理论与实践(三)
13—14	1	043	艺术学院	04330042	西方古典音乐
13—14	1	043	艺术学院	04330043	西方音乐史
13—14	1	043	艺术学院	04330052	中国美术通史(上)
13—14	1	043	艺术学院	04330101	电影概论
13—14	1	043	艺术学院	04330166	合唱基础的理论与实践
13—14	1	043	艺术学院	04330178	钢琴音乐理论与实践(三)
13—14	1	043	艺术学院	04330401	中国书法理论与技法
13—14	1	043	艺术学院	04330421	浪漫主义时代的欧洲音乐
13—14	1	043	艺术学院	04330433	贝多芬音乐专题研讨
13—14	1	043	艺术学院	04330440	舞蹈创作排练
13—14	1	043	艺术学院	04330641	交响乐(初)
13—14	1	043	艺术学院	04330643	交响乐(中)
13—14	1	043	艺术学院	04330645	交响乐(高)
13—14	1	043	艺术学院	04330941	民族管弦乐(初)
13—14	1	043	艺术学院	04330946	民族管弦乐(高)
13—14	1	043	艺术学院	04331020	中外名曲赏析
13—14	1	043	艺术学院	04331452	中国电影史

续表

学年	学期	院系代码	院系名称	课程号	课程名称
13—14	1	043	艺术学院	04331570	戏剧艺术概论
13—14	1	043	艺术学院	04331791	视听语言(电影语言)
13—14	1	043	艺术学院	04331812	影视导演(一)
13—14	1	043	艺术学院	04331881	中国书法艺术美学
13—14	1	043	艺术学院	04332120	影视音乐
13—14	1	043	艺术学院	04332210	中国电影史
13—14	1	043	艺术学院	04332270	表演理论与实践
13—14	1	043	艺术学院	04332281	学年作品(一)
13—14	1	043	艺术学院	04332282	学年作品(二)
13—14	1	043	艺术学院	04332283	毕业作品拍片实践
13—14	1	043	艺术学院	04332284	毕业实习
13—14	1	043	艺术学院	04332290	影视技术(非线性编辑)
13—14	1	043	艺术学院	04332300	舞蹈原理与鉴赏
13—14	1	043	艺术学院	04332301	西方舞蹈文化史
13—14	1	043	艺术学院	04332350	中国流行音乐流变
13—14	1	043	艺术学院	04332490	西方歌剧简史与名作赏析
13—14	1	043	艺术学院	04332510	艺术史
13—14	1	043	艺术学院	04332511	西方美术通史(上)
13—14	1	043	艺术学院	04332530	文化产业导论
13—14	1	043	艺术学院	04332551	艺术训练(一)
13—14	1	043	艺术学院	04332552	艺术训练(二)
13—14	1	043	艺术学院	04332553	艺术训练(三)
13—14	1	043	艺术学院	04332554	艺术训练(四)
13—14	1	043	艺术学院	04332555	艺术训练(五)
13—14	1	043	艺术学院	04332556	艺术训练(六)
13—14	1	043	艺术学院	04332557	艺术训练(七)
13—14	1	043	艺术学院	04332590	中国传统装饰艺术与审美文化
13—14	1	043	艺术学院	04332661	中国画理论与技法
13—14	1	043	艺术学院	04332710	西方美术史
13—14	1	043	艺术学院	04332870	音乐剧概论
13—14	1	043	艺术学院	04332881	中外美术创作比较
13—14	1	043	艺术学院	04332960	20世纪西方音乐
13—14	1	043	艺术学院	04333021	美术概论
13—14	1	039	外国语学院	03835061	大学英语(一)(2)
13—14	1	039	外国语学院	03835062	大学英语(二)(2)
13—14	1	039	外国语学院	03835063	大学英语(三)(2)
13—14	1	039	外国语学院	03835067	大学英语(四)
13—14	1	039	外国语学院	03835150	高级英语—阅读与写作
13—14	1	039	外国语学院	03835201	大学英语ABC(一)(2)
13—14	1	039	外国语学院	03835202	大学英语ABC(二)(2)
13—14	1	039	外国语学院	03835203	大学英语ABC(三)(2)
13—14	1	039	外国语学院	03835230	实用英语词汇学
13—14	1	039	外国语学院	03835260	英语名著与电影
13—14	1	039	外国语学院	03835270	英语词汇与英美文化
13—14	1	039	外国语学院	03835350	大学英语听说

续表

学年	学期	院系代码	院系名称	课程号	课程名称
13—14	1	039	外国语学院	03835360	英汉口译
13—14	1	039	外国语学院	03835500	新西兰历史与文化
13—14	1	039	外国语学院	03835830	西方文化选读
13—14	1	039	外国语学院	03835840	英美短篇小说赏析
13—14	1	039	外国语学院	03835900	高级英语写作
13—14	1	039	外国语学院	03835930	英语语境中的中国历史与文化
13—14	1	039	外国语学院	03835940	语音与听说词汇
13—14	1	039	外国语学院	03835950	高级英语口语
13—14	1	039	外国语学院	03835960	英文文体风格鉴赏
13—14	1	046	元培学院	00130310	线性代数(C)
13—14	1	046	元培学院	00332250	理论力学
13—14	1	046	元培学院	01034310	普通化学
13—14	1	046	元培学院	01034321	普通化学实验
13—14	1	046	元培学院	04630030	学术规范与论文写作
13—14	1	046	元培学院	04831410	计算概论(B)
13—14	1	046	元培学院	04831432	计算机应用基础(上)
13—14	1	023	哲学系	02330000	哲学导论
13—14	1	023	哲学系	02330001	哲学导论
13—14	1	023	哲学系	02330026	马克思主义哲学导论(下)
13—14	1	023	哲学系	02330030	逻辑导论
13—14	1	023	哲学系	02330087	中国哲学史(下)
13—14	1	023	哲学系	02330088	中国哲学史(下)讨论课
13—14	1	023	哲学系	02330091	中国现代哲学史
13—14	1	023	哲学系	02330142	伦理学导论
13—14	1	023	哲学系	02330152	美学原理
13—14	1	023	哲学系	02330161	宗教学导论
13—14	1	023	哲学系	02330180	科学历史哲学导论
13—14	1	023	哲学系	02330341	后形而上学与后现代主义
13—14	1	023	哲学系	02330342	中世纪形而上学专题
13—14	1	023	哲学系	02330350	西方马克思主义专题
13—14	1	023	哲学系	02330360	马克思主义宗教学
13—14	1	023	哲学系	02330501	美国环境思想
13—14	1	023	哲学系	02330840	中国美学史
13—14	1	023	哲学系	02331031	一阶逻辑
13—14	1	023	哲学系	02331050	模态逻辑
13—14	1	023	哲学系	02331190	集合论
13—14	1	023	哲学系	02331221	模型论
13—14	1	023	哲学系	02331371	数学结构
13—14	1	023	哲学系	02332026	中国伊斯兰教典籍选读
13—14	1	023	哲学系	02332035	阿拉伯伊斯兰文化
13—14	1	023	哲学系	02332071	道教原典
13—14	1	023	哲学系	02332131	圣经导读
13—14	1	023	哲学系	02332250	中国宗教史
13—14	1	023	哲学系	02332338	印度佛教经典选读
13—14	1	023	哲学系	02332450	本体论论证

续表

学年	学期	院系代码	院系名称	课程号	课程名称
13—14	1	023	哲学系	02332480	全球化时代的宗教关系
13—14	1	023	哲学系	02332614	拉丁语Ⅰ
13—14	1	023	哲学系	02332971	西方古典思想（一）
13—14	1	023	哲学系	02333054	古希腊语导论(1)
13—14	1	023	哲学系	02333170	后现代主义哲学
13—14	1	023	哲学系	02333211	先秦哲学专题
13—14	1	023	哲学系	02334030	应用伦理学专题
13—14	1	023	哲学系	02335062	西方哲学史（下）
13—14	1	023	哲学系	02335072	中国哲学史（下）
13—14	1	023	哲学系	02335081	西方哲学原著选读
13—14	1	023	哲学系	02335100	知识论
13—14	1	023	哲学系	02335122	复杂性科学与哲学
13—14	1	023	哲学系	02335250	人文经典阅读
13—14	1	023	哲学系	02335330	世界文明中的科学技术
13—14	1	023	哲学系	02336161	西方思想经典（二）
13—14	1	023	哲学系	02336170	哲学与人生
13—14	1	023	哲学系	02336191	康德哲学研究
13—14	1	023	哲学系	02337001	古典语文学专题研讨（一）
13—14	1	032	政府管理学院	03230020	政治学原理
13—14	1	032	政府管理学院	03230040	比较政治学概论
13—14	1	032	政府管理学院	03230050	当代中国政府与政治
13—14	1	032	政府管理学院	03230100	当代西方国家政治制度
13—14	1	032	政府管理学院	03230120	组织与管理
13—14	1	032	政府管理学院	03230430	国家公务员制度
13—14	1	032	政府管理学院	03230450	行政领导学
13—14	1	032	政府管理学院	03230670	秘书学与秘书工作
13—14	1	032	政府管理学院	03230700	中国近现代政治发展史
13—14	1	032	政府管理学院	03231050	公共经济学原理
13—14	1	032	政府管理学院	03231090	战略管理
13—14	1	032	政府管理学院	03231180	博弈论与政策科学
13—14	1	032	政府管理学院	03231210	公共政策案例分析
13—14	1	032	政府管理学院	03231240	经济地理学
13—14	1	032	政府管理学院	03231250	城市管理
13—14	1	032	政府管理学院	03231260	城市规划
13—14	1	032	政府管理学院	03231280	现代不动产
13—14	1	032	政府管理学院	03231430	公共福利与社会保障政策
13—14	1	032	政府管理学院	03231610	管理运筹学
13—14	1	032	政府管理学院	03231620	公共政策分析
13—14	1	032	政府管理学院	03231720	监察与监督
13—14	1	032	政府管理学院	03231750	中国地方政府与政治
13—14	1	032	政府管理学院	03232150	创新与企业
13—14	1	032	政府管理学院	03232200	区域分析方法
13—14	1	032	政府管理学院	03232270	政治学概论
13—14	1	032	政府管理学院	03232280	公共行政学概论
13—14	1	032	政府管理学院	03232310	政治学科的理论与方法

续表

学年	学期	院系代码	院系名称	课程号	课程名称
13—14	1	032	政府管理学院	03232340	国家与市场
13—14	1	032	政府管理学院	03232350	危机学
13—14	1	032	政府管理学院	03232380	公共组织行为学
13—14	1	020	中国语言文学系	02030011	现代汉语(上)
13—14	1	020	中国语言文学系	02030021	古代汉语(上)
13—14	1	020	中国语言文学系	02030031	中国古代文学史(一)
13—14	1	020	中国语言文学系	02030070	语言学概论
13—14	1	020	中国语言文学系	02030120	汉语方言学
13—14	1	020	中国语言文学系	02030150	理论语言学
13—14	1	020	中国语言文学系	02030220	目录学
13—14	1	020	中国语言文学系	02030230	版本学
13—14	1	020	中国语言文学系	02030252	古文献学史(下)
13—14	1	020	中国语言文学系	02030330	民俗学
13—14	1	020	中国语言文学系	02030350	中国神话研究
13—14	1	020	中国语言文学系	02030930	现代汉语语法研究
13—14	1	020	中国语言文学系	02030950	汉语修辞学
13—14	1	020	中国语言文学系	02030980	实验语音学基础
13—14	1	020	中国语言文学系	02031090	《孟子》选读
13—14	1	020	中国语言文学系	02031130	索绪尔语言学理论
13—14	1	020	中国语言文学系	02031170	语义学
13—14	1	020	中国语言文学系	02031521	汉语史(上)
13—14	1	020	中国语言文学系	02031540	中国古代文化
13—14	1	020	中国语言文学系	02031750	诗歌写作
13—14	1	020	中国语言文学系	02032270	中国现代文学名著研究
13—14	1	020	中国语言文学系	02032300	接受美学理论的嬗变
13—14	1	020	中国语言文学系	02032510	中国现代小说选读
13—14	1	020	中国语言文学系	02032570	台湾文学专题
13—14	1	020	中国语言文学系	02032640	《论语》《孟子》导读
13—14	1	020	中国语言文学系	02032780	西方文学理论史
13—14	1	020	中国语言文学系	02032790	"文革"后的中国文学
13—14	1	020	中国语言文学系	02033270	中国文学理论批评史
13—14	1	020	中国语言文学系	02033320	中国古代诗歌理论专题
13—14	1	020	中国语言文学系	02033360	中国当代文学
13—14	1	020	中国语言文学系	02033440	近代文学改良思潮
13—14	1	020	中国语言文学系	02033450	古代典籍概要
13—14	1	020	中国语言文学系	02033570	静园学术讲座
13—14	1	020	中国语言文学系	02033580	古代汉语
13—14	1	020	中国语言文学系	02033600	文学与文化
13—14	1	020	中国语言文学系	02033830	经典讲读
13—14	1	020	中国语言文学系	02033850	中国古籍入门
13—14	1	020	中国语言文学系	02033861	中国古代文学经典(一)
13—14	1	020	中国语言文学系	02033880	唐宋以来重要文献选读
13—14	1	020	中国语言文学系	02033932	经典精读课程(二)
13—14	1	020	中国语言文学系	02033980	唐代小说研究
13—14	1	020	中国语言文学系	02034000	现代汉语
13—14	1	020	中国语言文学系	02034020	中国有声语言和口传文化

续表

学年	学期	院系代码	院系名称	课程号	课程名称
13—14	1	020	中国语言文学系	02034030	中国现当代文学
13—14	1	020	中国语言文学系	02034050	西方小说名著导读
13—14	1	020	中国语言文学系	02034130	英译中国文学
13—14	1	020	中国语言文学系	02034140	网络文学重要作家作品研究
13—14	1	020	中国语言文学系	02034150	当代诗歌批评
13—14	1	020	中国语言文学系	02034163	中国古代文学史(三)讨论班
13—14	1	020	中国语言文学系	02034173	中国古代文学史(三)
13—14	1	020	中国语言文学系	02039110	元杂剧精读
13—14	1	020	中国语言文学系	02080042	现代汉语(下)
13—14	1	020	中国语言文学系	02080051	古代汉语(上)
13—14	1	020	中国语言文学系	02080261	中国现代文学(上)
13—14	1	020	中国语言文学系	02080331	中国当代文学作品(上)
13—14	1	020	中国语言文学系	02080341	中国古代文学(一)
13—14	1	020	中国语言文学系	02080343	中国古代文学(三)
13—14	1	020	中国语言文学系	02080410	中国民俗与社会生活
13—14	1	020	中国语言文学系	02080420	中国古代文化基础
13—14	1	020	中国语言文学系	02080421	阅读与写作(初级)
13—14	1	020	中国语言文学系	02080423	阅读与写作(中级下)
13—14	1	020	中国语言文学系	02080431	高级汉语口语(上)
13—14	1	020	中国语言文学系	02130011	中国古代史(上)

表7-3　2013年度北京大学教材建设立项名单

序号	主编	主编单位	教材名称
1	张之翔教授	物理学院	电磁学教学与学习指导
2	王晓钢教授	物理学院	高等等离子体物理
3	张奇涵副教授	化学与分子工程学院	有机化学实验
4	陈徐宗教授	信息科学技术学院	高级光电子技术实验
5	金永兵副教授	中国语言文学系	西方马克思主义文论教程
6	赵敦华教授	哲学系	现代西方哲学新编(第二版)
7	张海副教授	考古文博学院	GIS与考古学空间分析
8	周双林副教授	考古文博学院	不可移动文物保护
9	袁瑞军副教授	政府管理学院	比较政治制度
10	张国庆教授	政府管理学院	公共行政学概论
11	潘维教授	国际关系学院	比较政治学理论——世界各国政府的社会谱系
12	钱雪梅副教授	国际关系学院	国家发展学导论
13	李心愉教授	经济学院	公司金融学
14	陶涛副教授	经济学院	国际经济学
15	伍利娜副教授	光华管理学院	高级审计学
16	陆正飞教授	光华管理学院	财务报告与分析
17	楼建波副教授	法学院	房地产法学
18	储槐植教授、江溯讲师	法学院	美国刑法
19	刘银良副教授	法学院	专利法
20	徐爱国教授	法学院	西方法律思想史
21	易继明研究员	法学院	科技法学
22	王军教授	外国语学院	西班牙语高级阅读(上)(下)

续表

序号	主编	主编单位	教材名称
23	王浩副教授	外国语学院	蒙古语教程（一）至（四）
24	孔菊兰教授	外国语学院	乌尔都语语法
25	孙代尧教授	马克思主义学院	中国特色社会主义理论与实践专题讲座
26	李宁副教授	体育教研部	大学生体能练习指导
27	吴昊副教授	体育教研部	太极拳简明教程
28	赵国栋副教授	教育学院	网络调查研究方法概论

表7-4　2013年北京大学获评北京高等教育经典教材名单

序号	教材名称	主编姓名	单位	出版社
1	结构化学基础（第四版）	周公度、段连运	化学与分子工程学院	北京大学出版社
2	新概念物理教程——力学（第二版）	赵凯华	物理学院	高等教育出版社

表7-5　2013年北京大学获评北京高等教育精品教材名单

序号	教材名称	主编姓名	单位	出版社
1	中级有机化学	裴坚	化学与分子工程学院	北京大学出版社
2	微机原理与接口技术	王克义	信息科学技术学院	清华大学出版社
3	地貌学原理（第3版）	杨景春、李有利	城市与环境学院	北京大学出版社
4	世界文化地理（第2版）	邓辉	城市与环境学院	北京大学出版社
5	民俗学概论（第2版）	王娟	中国语言文学系	北京大学出版社
6	如何学习研究世界史	朱孝远	历史学系	北京大学出版社
7	国际关系与国际法	梁云祥	国际关系学院	北京大学出版社
8	经济学教程——中国经济分析（第二版）	刘伟	经济学院	北京大学出版社
9	产业组织理论	黄桂田	经济学院	北京大学出版社
10	金融伦理学	王曙光	经济学院	北京大学出版社
11	国际贸易实务（第二版）	李权	经济学院	北京大学出版社
12	货币银行学（第四版）	姚长辉、吕随启	光华管理学院、经济学院	北京大学出版社
13	决策模拟	王其文、陈福军、蓝颖杰、任菲、郁俊莉、黄涛	光华管理学院	北京大学出版社
14	会计学（第二版）	陆正飞、黄慧馨、李琦	光华管理学院	北京大学出版社
15	金融法概论（第五版）	吴志攀	法学院	北京大学出版社
16	国家赔偿法：原理与案例	沈岿	法学院	北京大学出版社
17	国际贸易法原理	王慧	法学院	北京大学出版社
18	美国刑法（第四版）	储槐植、江溯	法学院	北京大学出版社
19	人权法学	白桂梅	法学院	北京大学出版社
20	社会工作导论（第二版）	王思斌	社会学系	北京大学出版社
21	经济社会学	刘世定	社会学系	北京大学出版社
22	社会性别研究导论（第二版）	佟新	社会学系	北京大学出版社
23	美国文学选读	陶洁	外国语学院	北京大学出版社
24	大学英语视听说教程（1—4）修订版	刘红中、李正栓	外国语学院	北京大学出版社
25	实用日语　中级　上·下	彭广陆	外国语学院	北京大学出版社
26	韩中翻译教程（第三版）	张敏、朴光海、金宣希	外国语学院	北京大学出版社
27	俄罗斯文学精品解析	刘洪波	外国语学院	北京大学出版社
28	媒介经济学教程	秦春华	新闻与传播学院	北京大学出版社

续表

序号	教材名称	主编姓名	单位	出版社
29	媒介经营与管理	谢新洲	新闻与传播学院	北京大学出版社
30	病理生理学(第2版)	吴立玲	医学部	北京大学医学出版社
31	医学寄生虫学(第2版)	高兴政	医学部	北京大学医学出版社
32	传染病学(第2版)	徐小元、于岩岩、魏来	医学部	北京大学医学出版社
33	口腔颌面医学影像诊断学(第6版)	马绪臣	医学部	人民卫生出版社
34	口腔正畸学(第6版)	傅民魁	医学部	人民卫生出版社
35	天然药物化学	赵玉英	医学部	北京大学医学出版社
36	妇产科护理学(第5版)	郑修霞	医学部	人民卫生出版社
37	老年护理学(双语)	郭桂芳	医学部	人民卫生出版社

表7-6　北京大学入选第二批国家级精品资源共享课立项项目名单

序号	学校名称	课程名称	课程负责人
1	北京大学	思想道德修养与法律基础	祖嘉合、宇文利
2	北京大学	中国古代的政治与文化	邓小南
3	北京大学	理论语言学	陈保亚
4	北京大学	公共行政学概论	张国庆
5	北京大学	数学物理方法	吴崇试
6	北京大学	量子力学	程檀生
7	北京大学	力学	田光善
8	北京大学	病理生理学	吴立玲
9	北京大学	病理学	郑杰、田新霞
10	北京大学	生物化学	贾弘禔、倪菊华
11	北京大学	人体解剖学	张卫光
12	北京大学	医学微生物学	庄辉、彭宜红
13	北京大学	药理学	李学军

表7-7　北京大学入选第三批国家级精品资源共享课立项项目名单

序号	学校名称	课程名称	课程负责人
1	北京大学	变态心理学	钱铭怡
2	北京大学	电磁学	王稼军
3	北京大学	儿童口腔医学	葛立宏
4	北京大学	妇产科学	魏丽惠
5	北京大学	光学	钟锡华
6	北京大学	口腔颌面医学影像学	马绪臣
7	北京大学	口腔正畸学	周彦恒
8	北京大学	离散数学	王捍贫
9	北京大学	毛泽东思想和中国特色社会主义理论体系概论	郭建宁
10	北京大学	普通物理实验	张朝晖
11	北京大学	软件工程	孙艳春
12	北京大学	实验心理学	吴艳红
13	北京大学	数据结构与算法	张　铭
14	北京大学	西方文明史导论	朱孝远
15	北京大学	药物化学	徐　萍
16	北京大学	医学免疫学	张　毓

表 7-8　北京大学入选第五批"精品视频公开课"名单

序号	学校	课程名称	主讲教师	经费(万元)
1	北京大学	近代中国人对国家出路的早期探索(1~6讲)	王晓秋	18

医学部本科生教育

【招生工作】　概况。2013年医学部实际招生776人,其中一批本科676人,二批本科100人。

表 7-9　2013年医学部本科招生基本情况

批次	一批本科							二批本科		
层次	本博连读			本硕连读		普通本科				
专业	临床医学八年	基础医学八年	口腔医学八年	预防医学七年	药学六年	护理学	生物医学英语	医学检验技术	医学实验技术	口腔医学技术
人数	179	74	58	86	117	122	40	30	50	20
小计	311			203		162		100		
合计	676							100		
总计	776									

自主招生。根据教育部有关文件精神,2013年医学部自主选拔录取仍然在华北地区进行试点。医学部自主选拔录取要求考生对医学类专业具有浓厚兴趣,志愿献身医学事业,身心健康、心理素质好,具有学科特长、创新潜质,考生报考以中学推荐为主,考生自荐为辅。获认定自主选拔录取资格的考生可在北京大学医学部当地录取线下40分内提档录取,高考投档成绩达到医学部当地录取分数线的考生,可在专业录取时享受加10分的优惠。

2013年自主选拔录取笔试统一参加北京大学本部组织的包括北京航空航天大学、北京师范大学等高校的联考(联合命题、统一组织笔试并共享考试成绩),医学部组织复试。

经初审各类考生共有200多人参加笔试,根据笔试、面试综合成绩,自主选拔录取资格京外认定21人,北京认定52人,共计73人。获认定资格的北京考生有46人报考,录取37人,其中24人自然上线,13人降分录取(降分录取人数较往年增多)。京外自主考生录取10人,大部分为降分录取。

保送生情况。2013年招收保送生延续以往政策,要求考生必须在2012—2013年度全国数学、物理、化学、生物奥林匹克竞赛决赛中获一、二、三等奖,2013年经过综合性大学自主选拔录取联合考试、医学部复试,根据综合成绩最终录取15人。

港澳台学生及留学生情况。医学部招收港澳台学生30人(联招10人,台湾保送1人,插班生19人),留学生59人。

【临床医学专业认证】　自确定接受临床医学专业认证之日起,北京大学及医学部对此次认证工作高度重视,由学校主要领导挂帅,教育教学部门牵头,相关单位密切配合,做了大量准备工作。2012年2月成立了医学部临床医学专业认证领导小组和工作小组;11月正式向教育部提交认证申请。2013年2月,多次组织相关人员解读和学习认证标准;3月下旬依据教育部、原卫生部联合颁发的《本科医学教育标准——临床医学专业》,分别对5家临床医学院和口腔医学院进行临床教育教学检查;4月,开始对照《认证标准》对北京大学医学部临床医学专业办学各个环节进行自检、自评并开始着手撰写自评报告;7月初完成认证自评报告初稿,并在校内广泛征询教学督导专家、相关学院及职能部处负责人、骨干教师和学生的意见。自评报告历经前后21次修订,最终完成,并由学生在教师的指导下将报告翻译成英文版。9月,完成了认证网站构建等相关工作。10月20日至24日医学部接受教育部临床医学专业认证专家组对医学部的现场考察,受到认证专家广泛好评。

【教学改革】　3月15日召开医学部2013年度教育教学工作会议,对医学部本专科教育教学工作进行回顾总结并提出未来工作设想,各学院作教育教学工作汇报并充分交流经验。2013年基础阶段教改进一步总结经验并推广,开展2次全国性PBL讨论式教学相关培训活动,取得较好的效果。临床阶段教学改革,依托认证自评环节,进一步进行了梳理、核对教改中课程整合内容及相应学时、学分要求,通过认证报告的学习,进一步促进了各学院的交流、沟通；通过专家现场考察，明确了教改的优势与不足。公共卫生、药学、护理、医学英语等专业，也在开展教学改革工作探索。

【课程情况】 专业计划修订。2013年3月至10月修订医学部各专业培养方案，10月最终成稿并下发；4月至6月启动并完成临床医学专业（八年制）桥梁课、系统课教学大纲修订。

课程建设。2013—2014学年，医学部经过调查，从网络学院选取2门课程作为选修课，尝试网络课程教学模式。2013—2014学年，医学部探索学生教学能力发展课程，组织筹备开设"医学教育与学生能力发展"选修课。8月讨论在临床医学专业开设"循证医学"及"临床医学研究设计与统计"课程并进行前期调研工作，12月初步完成课程方案设计。

为培养学生自主学习能力，拓宽国际视野，2013年10月，医学部继续尝试开展临床专业学生"自选学习项目"，该课程为必修课程，为期8周，学生在正式进入二级学科轮转前在选科实习、科研训练或境外交流中自主选择一至两个项目进行学习。

教学管理。3月20日至28日医学部对北京大学医院、人民医院、第三医院、积水潭医院、北京医院进行教学工作检查。

2013年4月至5月修订教学管理文件《本科生选课管理规定》《留学生境外大学课程认定及免修规定》。

【教务管理】 医学部2013届本科生共606人，其中毕业并获得学士学位598人，毕业无学位1人，本科结业7人。医学部获得学士学位的598人中有：理学学士153人，医学学士424人，文学学士21人。医学部2012年本科结业、2013年换发毕业证书并授予学士学位4人。医学部2013届外国留学生应届毕业生共66人，其中毕业并获得医学学士学位57人，结业9人，其中9人可按规定在一年内修满学分申请换发毕业证，符合学位授予条件的，可授予学士学位。

2013年医学部共有51人通过转换专业资格审核，37人成功转换专业；共有389人进入二级学科，其中临床医学197人，口腔医学34人，药学、公共卫生与预防医学、基础医学合计158人。

【教育评价】 2013年2月，医学部开始准备接受教育部临床医学专业认证；在自评报告的撰写过程中，对医学部校内教育评价进行梳理，启动了《医学院校内部教育评价体系构建研究》的课题调研工作，医学部主任助理王维民教授牵头，对医学部本科教育教学评价工作进行多次研讨，构建了医学部教育评价的组织架构，确定了覆盖教育全过程的教育评价的基本内容和主要观测点，草拟了医学部教育评价管理办法，待经过校内外专家调研、深入访谈后，正式确立医学部教育评价体系。目前，该课题已获得2013年度北京市教育教学改革立项。

2013年3月，医学部修订了《北京大学医学部本专科教育教学督导工作管理办法》，聘任库宝善、祝学光等26位退休老专家成立第三届教育教学督导组，开始任期为3年的督导工作。接着，教育处组织督导专家对第一至第五和口腔临床医学院进行临床教学检查，为接受教育部临床医学专业认证做好准备；12月，专家组对药学院、公共卫生学院、护理学院和公共教学部2012—2013学年的教学工作进行调研，促进了各学院的自我评价；11月，专家组就督导调研课题进行研讨，启动5项专题调研工作，内容涉及临床教学、临床岗位胜任力、教师激励、教学管理和课程建设等方面。

自2008年医学部本专科教学督导专家组成立以来，专家们通过日常听课、督考、师生访谈、参加教学工作会、专题调研、教学检查等途径，深入教学第一线，全面了解教学情况，并及时与各相关部门和教师本人沟通交流，有效保证了医学部的教学质量。在认证中，专家们的工作也得到了教育部临床专业认证专家组的充分认可。

【教学发展】 2012年2月27日，医学部正式成立"北京大学医学部教学发展中心"，成立教学发展中心研究团队，经过文献检索、专家咨询、专题调研，召开了数十次中小型讨论会，明确了教学发展中心的定位、职能及运行模式，完成了医学部教学发展中心网站的设计工作，制订了医学部教师教学能力培养方案；完成了对医学部青年教师课堂教学监控能力的初步调研，研究制定了医学院校教师教学能力指标体系，为《北京大学医学部教师教学综合评价指标及评分表》的制定提供了参考。目前该指标已应用于医学部各学院教师的绩效考核。

2013年9月，经过多次研讨，研究团队设计了培训内容模块，包括八个部分，即：教育学基础理论、教学方法指南、课程设计与实施、学生与教学心理、教育研究方法、教育信息技术（多媒体辅助教学）、教育管理、人文职业素养。同时，依托医学部教学发展中心网站，建立网络课程，并围绕课程内容设计专题研讨会、座谈会、经验交流会、教学工作会、培训会、教学沙龙等，为教师学习提供交流的平台，帮助教师了解医学教育发展的趋势、理解学校教育教学改革的目的与意义，分享教学经验、更新现代教育的理念。

教学发展中心开设了28次示范性讲课观摩课，校内各学院教师根据自身需要和安排参加示范性讲课的观摩学习；教育处组织了9

次教学沙龙活动,内容涉及教育评价、教学方法、信息技术及教学研究等,520余人次教师参加了沙龙活动,教学沙龙的影响力逐步扩大。

【教学研究】 医学部教育教学研究立项。医学部一直鼓励广大教师积极参与教学研究活动,尤其是2008年启动的"新途径"教育教学改革后,医学部逐步加大教育教学研究的支持力度,设立专项基金,鼓励教师开展研究。2012年12月,医学部启动2010年度医学部教育教学研究课题的结题工作。截至2013年4月30日,在33项研究课题中,29项课题结题,4项课题申请延期。

组织课题申报。2013年5月,医学部各单位踊跃参与中华医学会医学教育分会和中国高等教育学会医学教育专业委员会组织的"2012年医学教育研究课题项目"申报工作,共申报63项,经评审,医学部43项医学教育研究课题获2012年度中华医学会立项,成为中华医学会医学教育分会、中国高等教育学会医学教育专业委员会2012年度医学教育研究课题。2013年12月,在中华医学会医学教育分会的"2012年度医学教育优秀论文"评选中,医学部各单位、教学医院共有39篇论文参加评选,其中12篇论文从全国545篇申报论文中脱颖而出,获得一等奖1项,二等奖4项,三等奖7项。

表7-10 医学部获中华医学会医学教育分会2012年度医学教育优秀论文奖名单

序号	单位	第一作者/责任作者(通信作者)	论文题目	获奖级别
1	教育处	谢阿娜/程伯基	我国临床医学专业认证制度的建立与思考	一等奖
2	教育处	续岩/王维民	全科医学课程体系建设的探索与实践	二等奖
3	医学教育研究所	殷晓丽/郭立	约翰斯·霍普金斯大学医学院医学博士培养模式特点及其启示	二等奖
4	第二临床医学院	梁书静/张斯琴	医学科学博士学位论文双盲评阅与公开评阅结果的对比分析	二等奖
5	第三临床医学院	刘薇薇	在校医学教育阶段的全科医学教育模式的需求评估研究	二等奖
6	教育处	俞赤卉	发展性教学督导工作的研究与实践	三等奖
7	教育处	张凤云	高校家庭经济困难学生认定参考因素的调查分析	三等奖
8	继续教育处	马 真	美国继续医学教育概述	三等奖
9	药学院	石玉杰	研究型大学六年制药学专业药物分析实验教学改革的探讨	三等奖
10	第二临床医学院	赵 旸	循环式临床技能培训体系在妇产科临床实习中的构建与应用	三等奖
11	第二临床医学院	张斯琴	医学研究生职业认知状况调查研究	三等奖
12	第三临床医学院	李民/曾辉	高仿真模拟教学用于危机处理的非技术技能评估及培训	三等奖

【教学成果】 2013年医学部共获得11项北京市高等教育教学成果奖。

医学部共有6门课程获得"第二批国家级精品资源共享课"立项,8本教材获评2013年北京高等教育精品教材。

基础医学院王韵教授获得第七届北京市高等学校教学名师奖,第三医院的杨渝平获得中华医学会第二届中青年教师讲课比赛第一名。

【教学基地】 2013年医学部新建教学基地1个。在前期专家论证、现场考察评估的基础上,经医学部批准,2013年5月天津市第五中心医院教学基地正式挂牌成立。为加强教学基地建设,医学部相继在天津市第五中心医院进行两期带教医师培训,为基地更好地承担教学工作做好准备。

2013年11月,为进一步优化各基地教学任务工作布局,医学部调整各教学基地的教学任务。自2014年起,中日友好临床医学院不再承接临床医学专业(六年制)留学生临床教学,改为与航天临床医学院共同承担基础医学八年制学生教学工作;临床医学专业(六年制)留学生临床教学任务由民航临床医学院、航天临床医学院共同承担;医学检验专业临床基础课教学由天津市第五中心医院承担。

截至2013年12月31日,医学部共有直属学院(部)13个,教学医院13个,基层卫生实践教学基地7个,教学基地5个,社区卫生教学基地3个。

表 7-11 医学部教学单位汇总(截至 2013 年 12 月 31 日)

教学单位性质(数量)	教学单位名称
直属学院(部)(13 个)	基础医学院
	药学院
	公共卫生学院
	护理学院
	公共教学部
	第一临床医学院
	第二临床医学院
	第三临床医学院
	口腔医学院
	临床肿瘤学院(肿瘤医院)
	精神卫生研究所(第六医院)
	首钢医院
	深圳医院
教学医院(13 个)	第四临床医学院(北京积水潭医院)
	第五临床医学院(卫生部北京医院)
	第九临床医学院(北京世纪坛医院)
	北京大学航天临床医学院(北京航天中心医院)
	北京大学中日友好临床医学院(卫生部中日友好医院)
	北京地坛医院教学医院(北京地坛医院)
	北京大学民航临床医学院(北京民用航空总医院)
	北京大学首都儿科研究所教学医院(首都儿科研究所)
	北京大学北京京煤集团总医院教学医院(北京京煤集团总医院)
	北京大学北京仁和医院教学医院(北京仁和医院)
	北京大学解放军 306 医院教学医院(解放军 306 医院)
	北京大学解放军 302 医院教学医院(解放军 302 医院)
	北京大学北京回龙观医院教学医院(北京回龙观医院)
基层卫生实践教学基地(7 个)	内蒙古巴林右旗人民医院
	北京市平谷区医院
	北京市密云区医院
	北京市延庆区医院
	北京市昌平区医院
	辽阳市第二人民医院
	北京市平谷区中医医院
教学基地(5 个)	北京航天总医院
	北京市红十字血液中心
	北京急救中心
	北京王府中西医结合医院
	天津市第五中心医院
社区卫生教学基地(3 个)	北京大学第三医院第二门诊部
	航天医院永定路社区卫生服务中心
	北京中关村医院

【临床学系】 2013 年医学部各临床学系继续在医疗、教学、科研沟通交流方面发挥作用。2013 年 4 月,血液病学学系成立,至此,医学部共建设临床学系 20 个。2013 年医学部共有 6 个临床学系完成换届工作,分别为:1 月传染病学学系换届;4 月核医学学系换届;5 月全科医学学系换届;9 月心血管外科学、中西医结合学系换届;12 月重症医学学系换届。

表7-12 医学部临床学系成立时间及第一届学系主任名单

序号	学系名称	成立时间	第一届学系主任
1	妇产科学	2005年1月1日	魏丽惠
2	核医学	2005年1月1日	王荣福
3	传染病学	2005年1月1日	王勤环
4	儿科学	2005年6月1日	陈永红
5	皮肤与性病学	2005年6月1日	朱学俊
6	医学检验学	2005年6月1日	夏铁安
7	眼科学	2005年10月1日	黎晓新
8	肾脏病学	2006年6月1日	王海燕
9	麻醉与重症医学*	2006年6月1日	吴新民
9	麻醉学	2009年11月1日	吴新民
10	重症医学	2009年11月1日	安友仲
11	神经病学	2009年11月1日	黄一宁
12	普通外科学	2010年7月1日	冷希圣
13	心血管外科学	2010年9月15日	万 峰
14	中西医结合学	2010年9月15日	韩晶岩
15	心血管内科学	2010年12月10日	胡大一
16	全科医学	2011年5月15日	郑家强
17	风湿免疫学	2011年7月1日	栗占国
18	放射肿瘤学	2012年2月9日	朱广迎
19	胸外科学	2012年4月1日	王 俊
20	血液病学	2013年4月1日	黄晓军

*麻醉与重症医学于第二届取消，变为麻醉学、重症医学2个学系；截至2013年12月31日。

【本科生科研训练】 大学生创新实验项目。2010年起，医学部启动大学生创新实验项目，几年来，906名学生参与了311个项目的研究工作，医学部给予150余万元的经费支持。

2013年3月，医学部启动2013—2014年度大学生创新实验项目的申报工作，共有371位同学申报了101个项目，经过30名教师评委和10名学生评委的认真评审，共98个项目通过答辩获得立项，经费投入达到42万元。

2013年11月，61项2012—2013年度医学部级大学生创新实验项目经过15位专家评审，确认达到结题标准，并从中评选出一等奖9项，二等奖20项，三等奖21项，优秀奖5项。12月，《大学生创新实验项目论文集2013》顺利出版，医学部第三届大学生创新实验项目表彰暨交流会于12月15日在逸夫楼309顺利举行，项目负责学生、学生评委、学生志愿者与项目指导教师、专家评委及管理者80余人进行了充分沟通交流。

自2012年起，大学生创新实验项目由学生志愿者参与全程管理。两年来，61名志愿者参与了立项申请、结题材料、项目计划书的收集与整理、评审指标讨论修改、对申报项目进行初审、推荐学生评委、梳理评审结果、设计汇编论文集、组织答辩交流表彰会等，并负责人人网公共主页——医学部创新实验的管理工作，目前人人网公共主页好友已经达到940余人。在整个活动的组织中，志愿者们的组织能力、管理能力、沟通能力、团队合作能力得到了提升，并成为学校管理者与学生沟通的桥梁，保证了项目申报评审的公开、公平、公正。

临床能力大赛。12月15日医学部举办第四届临床能力大赛，本届大赛首次尝试由学生主导组织、医学部教育处负责支持协调的模式进行，共有来自第一、二、三、四、五临床医学院的8支代表队（32名选手）参加复赛，北京大学医院第二代表队荣获团体一等奖，其他代表队分获二等奖、三等奖及优秀奖。此次大赛充分体现学生的主体地位，调动学生自主学习、自主成才的能动性，并取得圆满成功。

【质量工程】 医学部申请教育部2013年"高等学校本科教学质量与教学改革工程"建设项目的有药学实验教学中心、北京大学第三医院临床技能综合培训中心、专业综合改革试点——临床医学专业。

研究生教育

【概况】 北京大学的研究生教育可以追溯到20世纪初。1917年,北京大学成立研究所,开始招收和培养研究生。1932年国立北京大学研究院成立,下设文史部、自然科学部和社会科学部,领导和管理全校研究生教育工作。1952年至1966年,北京大学共招收研究生1200余人。1978年9月,北京大学录取了恢复招生后的首批444名研究生。1984年10月,北京大学成立研究生院,北京大学研究生教育进入全面发展的新时期。

2013年北京大学研究生教育总结学科建设成果,研讨学科发展面临的机遇与挑战,试点开展学科国际评估,梳理学科发展方向和思路,提升学科国际竞争力;探索分类培养目标及途径,不断优化研究生教育结构;加强过程管理与质量监督体系建设;不断完善招生选拔机制,大力吸引优秀生源;大力开展国际化教育,增强研究生教育的国际影响;不断完善奖助体系,稳步推进研究生培养机制改革,取得了预期工作成果。

2013年北京大学招收研究生8511人。校本部7331人,其中博士生2082人、硕士生5249人;医学部1180人,其中博士生433人、硕士生747人。

在以上统计数据中,校本部包括深圳研究生院和软件与微电子学院。

2013年北京大学入选全国优秀博士学位论文11篇。1999年至2013年,北京大学入选全国优秀博士学位论文总数为101篇。

7月2日,北京大学任命王天兵为研究生院副院长,廖晓玲为研究生院招生办公室主任。10月29日,北京大学任命王小玥为北京大学中国研究生院院长联席会秘书处办公室主任(副处级)。11月19日,北京大学任命严纯华院士为北京大学副教务长、研究生院常务副院长(兼)。

【招生工作】 总体情况。2013年报考北京大学硕士生的人数为20865人,共录取5249人。其中录取推荐免试生2319人,应试考生2930人。2013年报考北京大学博士生的人数共计5363人,共录取2082人。其中录取推荐免试直博生835人,本校硕转博500人,公开招考(含"申请—考核制")747人。

招生计划。2013年教育部下达硕士招生计划为5020人,实际增录229人。其中:医学部增扩99人、政府管理学院增扩100人(全部为专业硕士)、软件与微电子学院增扩30人(全部为专业硕士)。2013年教育部下达博士招生计划为1916人,最终增录26人(不含北大—清华生命中心和PTN项目单列计划)。

接收2013年推荐免试研究生。1.继续鼓励院系开展"夏令营"活动。2013年,心理学系、工学院、前沿交叉学科研究院、信息科学技术学院、光华管理学院、物理学院、化学与分子工程学院、生命科学学院、深圳研究生院、国家发展研究院、分子医学研究所以及环境科学与工程学院等12个院系开展了"夏令营"活动。

首次启动夏令营网上报名系统。根据物理学院等四个学院联合报送的《关于开展夏令营网报的请示》开展此项工作,在已开展夏令营网报的光华管理学院支持下(含技术改造经费5万元),2013年5月网上报名系统正式上线运行。

实行多项举措以保证招生质量。各院系可以根据实际情况进行一级学科综合考试,使接收推荐免试生的过程实际上形成了三次筛选:即材料初审—综合笔试—综合面试,不搞"一刀切";对推荐免试生施行综合考试+综合面试,加强了复试的力度;各院系普遍增强了对推荐免试研究生外语的听、说、读、写能力的考察,顺应研究生教育国际化趋势;加强了对外校优秀生源的吸引工作,接收了更多外校的优秀应届本科毕业生。

加强监督与约束机制。1.完善自我约束机制。采取行政监管和社会监督相结合的办法,实施公示、旁听和复议等制度,营造和维护招生工作公正、公平的环境。

2.加强复试监督机制。在2013年复试工作中,通过网站公布了复试基本分数线和复试工作相关要求,同时,要求各院系的复试规则应详细、透明,事先上网公布,在复试前要将复试规则、考核标准、复试时间和地点及时通知复试考生。复试时严格按照公布的规则执行。

3.拟录取名单的统一公示。按照教育部的要求,北京大学首次在研究生院的网站上开辟专栏,向社会公布了各个院系的复试工作方案和实施细则,以及参加复试所有考生(含拟录取考生)的初试成绩、复试成绩、总成绩(初试成绩和复试成绩加权后的成绩)等。公示时间不少于7天,公示期间名单不得修改;名单如有变动,须对变动部分做出说明,并对变动内容另行公示7天。未经公示的考生不得录取。

完善留学生、港澳台生选拔方法。1.申请—审核制选拔方式。从2007年起,将招收外国留学硕士、博士研究生的选拔录取办法,由原来的以考生应试考试成绩为主的选拔录取方式,转变为申请报名与考核申请人的素质能力为基础的（申请—审核制）选拔录取方式。

2. 与国外著名大学合作或联合培养的方式进行招生。如北京大学—伦敦政治经济学院联合培养双硕士学位项目；北京大学国际关系学院国际关系硕士学位（MIR项目）；招收外国来华留学生攻读汉语国际教育硕士专业学位；招收外国来华留学生攻读法律硕士专业学位；北京大学"中国法"硕士项目；北京大学与国立新加坡大学汉语语言学双学位硕士项目等。

3. 积极贯彻港澳台地区招生政策。根据国家、教育部港澳台地区招生政策，"对港澳台考生，坚持保证质量，适当照顾的原则，注意维护内地研究生教育的声誉"。学生一旦录取，按照国民待遇，与大陆学生同样享有奖学金等研究生培养机制改革的成果。

考试与考务。1. 改进和拓展网上报名。2012年起已连续两年实现考生在网上完成信息确认，取消现场确认环节，方便考生报名和进一步拓展教育部的网报系统。

2. 做好调整下的考务工作。根据统考试题大包装封装要求，按照"以统考科目为主、自命题科目为辅"的原则，最大化地实现既保证统考科目的集中，同时又照顾自命题科目的组织考试；首次进行"一考两制"的考试组织工作。其中"一考"是指硕士生入学考试，"两制"是指统考科目按国家要求和规定组织考试，自命题科目按北京大学多年来形成的组考模式进行，使两者有机结合在一起；主监考、副监考分开培训，并按照一考两制的模式进行监考人员的培训。

3. 北京大学标准化考点建设工作。标准化考点在北京大学2013年的硕士研究生入学考生中充分发挥出了重要作用。考务视频监控系统，具体包括复印室、三楼乒乓球室、楼道和有关房间，在2013年的试题印刷、封装和后期接收外埠试题、整理试题中也起到了十分重要的作用。2013年5月，学校教务长办公室牵头，电教中心、设备部、教务部、研究生院等有关单位组成了联合验收小组，同时北京教育考试院考务处的负责同志也参加了验收工作。

4. 首次将硕士生统考科目成绩复查通过网络进行。研究生院招生办公室将考试小分成绩放在网上，由考生使用招办给定的账号和密码在研究生院网站上查阅本人的各题得分成绩。此次查阅联合医学部一并进行，实现了一个平台查阅全部北京大学考生的成绩。

5. 将专业学位和单考班的复试分数线确定权最大限度地交给院系。由招生院系拟定招收硕士专业学位（不含已开展提前面试的专业学位）和单考班的院系分数线并报招办协商审批，最终以研究生院批准的分数线为准。

6. 与纪委联合检查各院系硕士生和申请—审核制博士生的复试工作。为进一步加强硕士生复试工作的监管，首次联合学校纪委开展了2013年的复试检查工作。

7. 对调往外校的硕士生不再寄送自命题试卷。根据教育部2013年统考试题实行网上阅卷并由省招办保存试卷的新措施，北京大学决定不再寄送自命题试卷的工作，简化了工作程序。

稳步推进招生改革。1. 改进研究生招生计划的制订工作。在2013年招生计划的安排上，根据培养机制改革的实施情况，仍将培养计划分为普通计划、调控计划、单独项目计划和单列计划。重点进行了结构的优化调整，提高资源的配置效率，并加强了对专业学位招生计划的管理。

2. 推进联合培养招生。2013年，北京大学与中国科学院联合招收了化学、纳米等领域的博士生；与中国工程物理研究院九院（绵阳）和中国石油勘探开发研究院联合招收了物理和石油领域的博士生；与清华大学、北京生命研究所联合招收了生命科学领域的博士生。

3. 推进交叉学科的招生工作。2013年招生工作除继续鼓励和推进原有交叉学科的招生外，也积极推进和鼓励其他学科的交叉。现有分子医学、计算科学、传统文化、儒家思想与儒家经典、欧洲学、医学伦理学等交叉学科项目。

4. "申请—审核制"。2013年在北京大学博士研究生招生中，心理学系、哲学系、光华管理学院、信息科学技术学院、国家发展研究院、环境科学与工程学院、分子医学研究所等，采用不同于传统做法的"申请—审核制"办法招收博士研究生。

5. 规范在职硕士（单证）招生工作。根据国务院学位办〔2013〕20号《关于2013年招收在职人员攻读硕士学位工作的通知》，制定并发布《北京大学关于2013年招收在职人员攻读硕士学位工作的通知》。

6. 北京大学统考政治科目阅卷点首次实行网上阅卷。根据2013年教育部关于考务和阅卷工作的相关文件规定，北京大学政治科目阅卷点按照北京教育考试院的规定，首次开展网上阅卷工作，在计算中心及启明公司支持下，北京大学首次开展并顺利完成了统考政治科目的网上阅卷工作。

【培养工作】 过程管理。1. 基本数据。2013年北京大学在校研究生共23728人。校本部19926人，其中博士生6898人、硕士生13028人；医学部3802人，其中博士生1436人、硕士生2366人。

截至2013年9月1日，北京大学有三种类型研究生教育：第一种为双证研究生23728人，其中博士生8334人、硕士生15394人；第二种为在职攻读专业学位研究生（单证，仅有学位无学历）5234人；

第三种为研究生课程进修班,共计2840人。按校区统计,校本部研究生19926人,其中燕园15487人(其中博士生6777人);深圳研究生院2314人(其中博士101人);大兴软件与微电子学院2125人(其中博士生20人);医学部研究生3802人(其中博士生1436人)。

2. 研究生学籍异动。截至2013年12月20日,北京大学研究生学籍异动处理量为2752人次,其中延长学习年限以1564人次的处理量位居所有研究生异动处理量之首。

3. 研究生出国(境)人数持续增长。截至2013年12月20日,北京大学2013年研究生出国(境)2282人次,其中博士1222人次、硕士1060人次。相较于2012年1896人次(博士1126人次、硕士770人次)大幅提升。其中,信息科学技术学院、物理学院、光华管理学院分别以年度360人次、230人次、228人次领先于全校其他各院系,处于年度出国(境)人数最多的第一集团。从出访的国家和地区来看,美国、日本和中国台湾是北京大学研究生出访的主要国家和地区,美国更是以年均742人次的出访量,成为北京大学研究生出访最多的国家。

2013年,为研究生办理出国成绩单近5300份,办理中英文在学证明1800余份,办理出国公证及介绍信600余份。

2013年"北京大学博士生短期出国(境)研究项目"有42名博士研究生到国外高水平的大学和研究机构从事1至3个月的短期研究。2013年学校"研究生学术交流基金"项目共资助32个院系的405名研究生(博士生290人、硕士生115人)赴43个国家和地区参加了国际高水平学术会议和暑期学校。

4. 汇编《北京大学研究生培养方案》(2013年卷)。2013年10月召开了北京大学研究生招生培养工作会议,研究生院以2013级研究生的培养方案为蓝本进行编辑整理,形成了系统完整的培养方案,涵盖了目前北京大学研究生所有专业及培养类型。

5. 课程教学。2013年研究生课程共3739门,其中新开设课程452门。

6. 课程建设。2013年共立项42门研究生课程;对2012年立项的34门课程进行了中期检查,除一门课程的授课教师已经离职外,其他建设课程均正常提交中期报告,进展良好;对2011年立项的39门课程进行了结题检查,除一门课程的授课教师已经离职、一名教师因身体问题推迟结题之外,其他课程正常结项。

开设"才斋讲堂"系列课程。2012—2013年度"才斋讲堂"共开课20讲。截至2013年底,共组织70讲"才斋讲堂"课程。

7. 课程评估。2013年校本部研究生课程评估共计完成2012—2013学年第一、第二学期两次评估工作。其中第一学期有31个院系总计1024门课程参评,共24283人次参与评估,全校平均得分为96.48分;第二学期有28个院系总计1024门课程参评,共17385人次参与评估,全校平均得分为96.30分。

8. 研究生课程研修班学生日常管理。2013年,为1300多人办理入学手续,组织课程考试20多场;审查结业人数约1100人;为500多名同等学力申请学位者审查成绩及整理档案;对2012年度研修班的学费进行核查和统计,收取学费5239多万元。

9. 实施研究生创新计划。2013年资助"研究生教育创新计划"项目38个,其中研究生暑期学校19个、博士生学术会议9个、博士生学术论坛10个,总计经费321万元;召开了2013年度"研究生教育创新计划"交流研讨会。截至2013年12月,绝大部分项目已经顺利完成并结项。

10. 公共课程管理,接受外单位旁听。2013年共安排外语、政治及公共选修课(不含单证专业学位、软件与微电子学院)共计170个班次。2013年共接收旁听人员481人次,收取旁听费937040元。

11. 研究生学风建设。建设完成北京大学研究生科学道德和学风建设宣传教育专题网站;完成《科学道德和学风建设简明读本》的发放工作。

12. 毕业审查。2013年毕(结)业研究生5067人,其中博士生1094人、硕士生3973人。

13. 过程管理,做好硕博培养工作的连续和相互衔接。2013年共有来自24个院系的334名同学通过了硕博连读的选拔和审核,并在2013年9月重新以博士研究生身份入学。

14. 加强管理信息系统建设。2013年7月毕业研究生实现了电子离校,研究生不再需要手持纸质转单在学校各个部门盖章。

15. 研究生会相关活动指导。2013年,北京大学第十五届研究生"学术十杰"评选活动由北京大学研究生院负责实施并于2013年10月顺利完成。2013年起,在研究生院指导下推出了"论道杯"研究生学术演讲比赛,旨在锻炼在校研究生的学术表达能力。首届比赛已于2013年12月顺利落幕。

16. 院系绩效评估。2013年拟从重点学科、全国优博、学科评估结果、研究生指导和教学工作,以及学院导师队伍建设等五个方面对院系绩效进行评价,在具体评价过程中综合考评。

17. 编印《北京大学研究生手册》。收集整理有关规章制度,按照北京大学管理规定和国家有关研究生教育的文件汇编成册。

18. 组织相关工作研讨会议。

组织北京市学籍学历工作研讨会、国际交流项目评审会、高水平派出项目布置会议、学生出国交流工作说明会、英文项目总结会、联合培养工作研讨会、研究生实习基地考察、院系绩效考评办法的调研等专项活动。

创新研究生培养工作。1. 首次组织开展研究生学业调查。2013年上半年开展了"2013年研究生学业调查"。问卷调查在全校包括医学部在内的55个学院(系、所、中心、附属医院)开展,共回收有效问卷3429份。调查的内容涉及课程、导师、学术交流、交叉学科等多个方面。指导研究生会完成《2013年度研究生状况调查报告》。

2. 首次开展学科国际同行评议试点工作。自2013年起北京大学首先在城市与环境学院、环境科学与工程学院启动国际同行评议试点工作,邀请国际知名专家、学者为北京大学的学科发展状况把脉诊断。

评议工作由研究生院负责牵头实施,学校相关部门参与组织,研究生院设计了专家现场评议的具体流程和组织方式。整个评议流程分为学院领导报告学院总体发展情况、课程旁听、实验室设备参观、与学院领导层研讨会谈,以及与教师代表、学生代表和校友代表分别座谈等多个环节。最后,专家组就评议过程的基本结论分别向学院领导、校领导作反馈、汇报。12月6日至7日,专家现场评议在环境科学与工程学院展开,12月8日至9日在城市与环境学院进行。从2014年起,国际同行评议将被列为研究生院学科建设的常规工作。

3. 积极参加教师教学发展中心的建设。作为成员单位积极参加北京大学教师教学发展中心的各项活动,并就研究生助教培训、研究生新聘博士生导师培训、研究生课程MOOCS建设等项目积极提供指导和帮助,2013年度有3门研究生课程启动网络开放建设计划。

4. 设立"黉门对话"专家主题论坛。论坛于2013年11月30日签订协议,正式启动。论坛以对话式为基本组织形式,每年举办5至10期,每期确定人文、科技、文化领域内的某一主题,邀请国内外知名专家和学者为嘉宾,参与对话交流和互动研讨。

5. 研究生学籍与培养管理制度建设。2013年,《研究生手册》《研究生学籍事务指南》《研究生学籍管理工作指南》等制度性文件都根据最新情况进行了更新和调整,并制作新版本发放至广大师生。

6. 研究生实习基地建设。2013年度探讨在广东珠海横琴地区建立研究生实践基地。有关论证考察工作正在推进中。

【教学成果】 1.《规律、体系、质量:研究生教育内涵式发展的探索与实践》获北京市教学成果奖一等奖。

2. "育人为本,打造精品,推进科学道德教育的资源共享及成果建设"和"教学为基,重在过程,系统构建研究生科学道德教育课程体系"两项成果入选2013年度北京市科学道德和学风建设示范项目。

【学位工作】 学位授予。2013年,校学位评定委员会召开第110次、111次、112次会议。2013年,北京大学学位授予共计16892名。其中:博士学位1817名,硕士学位6475名,学士学位8600名。

同等学力在职申请学位。2013年,受理1949人次以研究生毕业同等学力在职申请学位(包括科学学位404人和专业学位1545人)。同期,完成了2013年2000多人次国家统考报名资格的审核工作。2013年,国务院学位办公室启用全国同等学力申请学位管理系统,北京大学在短期内接受了管理系统的培训,并对部分学员进行了数据收集和指纹采集。

博士学位论文答辩材料的审批。2013年1月至7月,完成了1116名毕业生的博士学位论文答辩材料的审批工作。2013年9月至12月,完成了117名毕业生的博士学位论文答辩材料的审批工作。

学位证书的征订与管理。学位证书在类别上涉及学士、硕士和博士;从类型上又分为专业学位和科学学位;在管理部门上涉及教务部、继续教育部、医学部学位办、医学部教务处等多个部门。

试点抽查学位论文质量。2013年6月、12月分别对部分院系的学位论文进行抽查,并将结果反馈给院系和学生。

优秀博士学位论文评选。2013年,北京大学11篇论文入选全国优秀博士学位论文;11篇论文入选北京市优秀博士学位论文。2013年,经各学位分会推荐,评选出93篇北京大学优秀博士学位论文。

学科建设与学科评估。1. 第三次全国学科评估结果。2013年2月,教育部学位与研究生教育发展中心公布了第三次一级学科评估结果,在北京大学参评的48个一级学科中,有16个学科排名第一,9个学科排名第二,10个学科排名第三,均居全国高校之首。

2. 开展"加强学科建设专项计划"。对现有学科状况和布局进行总结和反思,进一步调整学科结构,规划学科布局。经费预算1185万元。具体三步骤:(1) 以学科为单位进行工作总结。深入分析学科自身的发展现状、特色、优势和竞争力,找出学科建设中存在的问题和发展瓶颈,提出学科发展的未来规划。(2) 北京大学学科状况分析报告。北京大学基于评估结果和在各学科进行总结的基础上,对学科状况进行深入分析并写出总报告。(3)组织召开学科建设总结会。听取各学科关于未来五年规划和建设方案的报告。

3.学科总结动员会。6月23日,组织召开学科总结动员工作会。研究生院院长陈十一介绍全校学科评估的总体情况,化学与分子工程学院院长吴凯、哲学系系主任王博介绍本单位学科评估和建设情况,研究生院副院长高岱布置本次评估总结工作的具体要求和时间安排,北京大学党委书记朱善璐做总结讲话。动员会后各院系召开学科建设专题总结会,对学科建设的现状、问题等进行深入分析和研讨,提出学科发展规划,并形成书面总结报告。

4.学科建设与评估工作总结会。12月20日至21日,召开北京大学学科建设与评估工作总结会。学校主要负责同志以及各职能部门听取各个学科和院系关于学科建设和总结情况的汇报。

5.自主设置二级学科工作。2013年11月,经第112次校学位评定委员会审议通过,北京大学新增石油地质学、航空航天工程、临床研究方法学和人口、资源环境经济学二级学科学位点。

博士研究生指导教师的队伍建设。9月23日—24日组织召开了2013年新上岗博士生导师交流研讨会,2012年、2013年新任博士生导师共90余人参加会议。会议通过大会报告、与资深导师座谈和拓展活动等多种形式,为新上岗导师提供了一个深入了解北京大学研究生教育发展状况、熟悉博士生培养相关制度政策,以及相互交流学习的平台。

第五届C9高校学位办主任研讨会。10月22日,第五届C9高校学位办主任研讨会在北京大学召开。本次研讨会以"研究生教育改革下的学位工作"为主题,探讨我国研究生教育改革新形势下的学位与研究生教育工作。国务院学位委员会办公室质量监督与信息处处长徐维清、北京大学副校长、研究生院院长陈十一、《学位与研究生教育》杂志社社长周文辉,以及来自C9高校联盟的北京大学、清华大学、浙江大学、中国科学技术大学、上海交通大学、南京大学、复旦大学、西安交通大学和哈尔滨工业大学的研究生院领导、学位办公室主任等参加了会议。会议由北京大学研究生院副院长高岱主持。

协作与协助。1.协助完成国务院学科评议组的有关工作。北京大学在国务院学科评议组工作中承担重要任务,是14个学科评议组召集人单位和8个学科评议组召集人秘书单位。协助北京大学学科评议组编写《一级学科目录简介》和《博士、硕士学位基本要求》,统计编制《二级学科目录》,拨付国家对各个学科评议组下拨的经费等。

2.北京大学与北京市共建项目管理工作。自2008年11月北京大学成立"北京大学与北京市共建项目领导小组"至今已5年。2013年6月和12月北京市财政局对共建项目进行了两次评审,涉及29类共建项目,总项目经费4590.5万元。2013年完成11个北京市优博导师项目任务书的填报组织工作;完成15个北京市重点学科的验收组织工作和学科群的中期考核文本报送工作;完成北京市共建项目中科研基地的申报工作,北京市共建经费的日常管理工作。目前,北京大学共有100多项与北京市共建的项目,每年涉及金额2300余万元。

3.教育部评估所、北京市教委及兄弟院校委托的评审工作。2013年受理了数百件上级有关部门和兄弟单位委托的评审工作材料。

4.中国学位与研究生教育学会委托的有关工作任务。中国学位与研究生教育学会文理科工作委员会秘书处挂靠北京大学研究生院。2013年,承担了学会文理科工作委员会的相关工作任务,5月组织召开了文理科工作委员会第三次委员会,8月在云南大学召开文理科工作委员会工作年会。

【奖助工作】调整和完善奖助工作体系。2013年,国家先后出台了多个文件,主要针对研究生教育的收费机制改革,强调进一步完善投入机制,加大支持力度,健全以政府投入为主的多渠道投入机制;建立健全包括生均综合定额拨款、绩效拨款、奖助经费在内的财政拨款体系;完善奖助政策体系,建立长效、多元的研究生奖助政策体系;全面实行研究生教育收费制度,合理确定研究生教育收费标准,并加强研究生教育收费管理。这一系列文件的出台,要求北京大学的奖助体系必须做出适当的调整。主要政策调整归纳如下:

1.全日制学术学位研究生学费标准的变化。学术型研究生的学费上限为博士生1万元/人/年,硕士生0.8万元/人/年。目前,北京大学学术型博士生学费为1.5万元/人/年,硕士生为1万元/人/年(三年制)和1.35万元/人/年(两年制)。

2.国家拨款体系的变化。建立健全国家财政拨款机制,包括:生均拨款标准提高和范围扩大;绩效拨款;国家助学金;国家学业奖学金;国家奖学金的设立等。2014年起,将原普通奖学金改为国家助学金,新设立国家层面的学业奖学金。

3.实际操作中的变化。学费缴纳方式由原来的学费冲抵改为收支两条线;奖助学金发放模式由按学期发放改为按月和一次性发放等不同模式;申请提前毕业研究生学费缴纳规定改变。

继承与创新并重。1.调控招

生计划经费的收取与改革。调控招生计划支持科研经费特别是国家重大课题经费充足的导师与学科适当扩大招生规模,其经费来源为导师的科研经费。通过调控招生计划收取的申请经费统一纳入学校培养机制改革经费之中。

2013年,共收取调控招生经费1134.86万元,其中,共有6个院系采用科研经费资助模式缴纳调控招生计划经费,分别是物理学院(现代光学研究所)、化学与分子工程学院、城市与环境学院、环境科学与工程学院、工学院和信息科学技术学院。

2. 学业奖学金的改革与完善。2013—2014学年度,共有9175名研究生获得奖学金,冲抵学费121052000元,应发放生活补贴125242482元,其中本年度已发放生活补贴61006125.5元。

获奖学生中享受博士待遇的研究生共5104人,平均每人每月的生活补助为1439元,享受硕士待遇的研究生共4071人,平均每人每月生活补助为761元。

3. 助教、助研津贴的发放。

助教津贴。2013年(包括12—13学年度第二学期、13—14学年度第一学期),全校共设立2258.875个助教岗位,助教津贴共计903.55万元,资助研究生2929人次,分别比2012年增加176个岗位、70.4万元和198人次。

社会科学学部助研津贴。2013年度,全校共发放社会科学学部和部分人文学部博士生助研津贴约470万元,其中博士生导师或其所在院系补贴约231.5万元,学校配套补贴238.6万元,共有约1400位博士生从中受益。

专项奖学金的评定工作。

1. 博士生校长奖学金。2013级博士研究生校长奖学金评定工作于2013年6月完成评审。共有99位申请人获得2013—2014学年度博士生校长奖学金。在99位获奖人中,理工科89人,文科10人。2013年6月,启动了2012—2013学年度博士生校长奖学金的中期评审工作。通过中期评审,共有323位博士生继续获得校长奖学金。

2. 才斋奖学金。2013年9月启动了2013年度才斋奖学金的评审工作。最终从27位博士生候选人中,评出16位获奖人(最后两名并列),资助金额达55.2万元,并于11月28日下午组织召开了2013年度才斋奖学金颁奖会。

2013年10月,奖助办公室启动了2012学年度才斋奖学金获得者中期评审工作。2012学年度获得才斋奖学金的15名同学均通过院系评审。对中期评审通过的获奖人,发放资助金额的40%。

3. "王文忠—王天成奖学金"和"闵材奖学金"。2013年9月,启动了"王文忠—王天成奖学金"和"闵材奖学金"两项助困性质的奖学金的评审工作。共有200位申请人获得"闵材奖学金"的资助,20位申请人获得"王文忠—王天成奖学金"的资助,资助总金额分别为100万元和10万元。

4. "翁洪武科研原创基金"。自2013年起,翁洪武先生连续20年,每年向北京大学捐赠100万元。该奖学金每年资助15~20个科研项目,鼓励北京大学基础学科的硕士生、博士生从事原创科学研究。申请者前期必须有相应科研成果做基础。资助标准为硕士1.5万元、博士3万元、博士后3万元。2013年6月,"翁洪武科研原创基金"捐赠仪式在校办103会议室圆满举行。

对延期博士生的资助与管理。2013年,针对2007年、2008级延期博士生施行延长期博士生资助政策的过渡方案。经过博士生申请和资格审核,2013年共向62位延长期博士生提供15.5万元的资助。

2009级及以后延长期博士生继续执行校发〔2010〕92号《北京大学延长期博士生资助管理办法》。2012—2013学年度第二学期,共有86名延期博士生办理了延长期助研经费缴纳手续,缴纳经费共计81.3万元。2013—2014学年度第一学期,共有126名延期博士生办理了延长期助研经费缴纳手续,缴纳经费共计175.8万元。奖助办公室每学期分三次进行博士生延长期助研经费的发放工作,发放对象为已办理延长期经费缴纳手续且按时注册的学生,每次发放3000元/人。2013年度共发放6次,共发放186.9万元,202人次。

经5月10日第8次研究生院院长会议讨论通过,主管校领导批准,制定《北京大学延长期博士生资助补充管理办法(试行)》。该办法规定:在基本学习年限内享受学业奖学金资格的博士生,在其延期第一学年,可向学校提出申请,由学校对其学费予以返还式资助。资助年限不超过一年。2013学年度,共资助人文学部延长期博士生50人,发放经费12.5万元。

科学实践创新奖的设立与评审。从2012年开始,北京大学为全日制专业学位研究生和单列项目研究生设立奖优性质的奖学金"研究生科学实践创新奖",资助标准为10000元/人/年,资助范围为全校全日制专业学位研究生和单列项目研究生总人数的10%左右。

2013年9月,启动2013—2014学年专业学位研究生科学实践创新奖的评选工作。经本人申请、院系初评、奖助办公室初审,共有190人获得2013—2014学年北京大学专业学位科学实践创新奖。资助金额共计99万元,2012年度第一学期共发放奖学金49.5万元。

【中国研究生院院长联席会秘书处】 2013年4月11日联席会主席院长扩大会在重庆大学召开。本次会议对联席会未来定位和发展问题进行了认真讨论,确定了联席会今后支援西部地区研究生教育的行动方向。会议决定继续编撰《中国研究生教育年度报告》,继续组派代表团出席美国CGS第53届年会、"全球研究生教育战略领袖峰会"和2013年"CGS Summer Workshop and New Deans Institute",推进"联席会院长赴欧美学习班"计划的实施。

贯彻落实《教育部、国家发展改革委、财政部关于深化研究生教育改革的意见》。在文件出台前,联席会的各成员单位就积极参与征求意见的活动,结合各自实际工作中遇到的问题以及思考,提出修改意见和推进改革的建议。2013年秋季,部分成员单位还小规模地召开了研究生院培养办主任会议、学位办主任会议、学籍与奖助工作会议等,对相关工作的下一步改革思路进行交流和讨论。秘书处通过联席会会刊《中国研究生院院长联席会e通讯》及时向各位院长提供各成员单位学习和讨论文件、制订和实施改革方案的动态和相关信息。

探讨建立"中国高水平研究生教育质量联盟"。2012年10月—12月,起草了中国研究生教育质量联盟成立方案、章程、质量协定。2013年1月21日,召开了京津地区研究生院院长会议,对成立"中国研究生教育质量联盟"的问题进行专题研讨,研究生司徐维清处长到会指导。2013年3月11日,对质量联盟的建议报告进行修改提交。2013年3月14日,徐维清到北京大学和有关人员再次商讨。2013年3月18日,向教育部提交了有关成立研究生教育质量联盟的建议报告和质量联盟章程等。

编撰出版《年度报告》。《中国研究生教育年度报告》以每年一部的形式出版了2009年版、2010年版、2011年版三部。2012年中英文版也已于2013年7月正式出版。

开展专项课题研究。从2009年起承担了"全国研究生院建设指导性意见的建议"课题。2013年该课题完成了数据的分类汇总和基本分析,并就新形势下,如何建设好研究生院,使之在全国研究生教育中真正发挥好示范引领的作用拓展了研究内容。

院长联席会2013年年会。2013年11月8日—9日年会在重庆大学举行。会议的主题是贯彻落实全国研究生教育工作会议和《教育部、国家发展改革委、财政部关于深化研究生教育改革的意见》精神,推进研究生培养质量监督与保障体系的建设;探讨研究生教育收费制下的高校资助体系变化及人才培养机制的转变。出席大会的领导和嘉宾有国务院学位办常务副主任、教育部学位管理与研究生教育管理司司长郭新立,国务院学位办副主任、教育部学位管理与研究生教育司副司长黄宝印,教育部学位与研究生教育发展中心主任李军,以及教育部学位管理与研究生教育司重点建设处、教育部高校学生司研究生招生处的处长和相关人员。

与美国CGS等研究生教育机构的交流。自2000年12月以来,中国研究生院院长联席会一直保持着与美国CGS的友好往来。第53届CGS年会于2013年12月4日—7在美国圣地亚哥召开,院长联席会秘书处瞿毅臻应邀代表联席会出席。年会的主题是"Crossing Boundaries and Building Community: New Challenges for Graduate Education",年会包含大会主报告、专题研讨分论坛、专项颁奖仪式及高等教育展会等内容,来自全球近650名与会者在大会期间进行了充分的交流与讨论。会上,瞿毅臻代表院长联席会将《中国研究生教育年度报告(2012)》(英文版)作为礼物赠送给美国CGS,《年度报告》得到了美国CGS主席Debra W. Stewart女士的高度评价。

"全球研究生教育战略领袖峰会"。峰会于9月30日—10月2日在匈牙利布达佩斯召开。峰会主题是"Graduate Education and the Promises of Technology"。厦门大学邬大光副校长、哈尔滨工程大学杨德森副校长、中国科技大学研究生院古继宝副院长出席了峰会。2013年7月,院长联席会首次组派院长代表团出席美国2013 CGS Summer Workshop and New Deans Institute。厦门大学的陶涛副院长和院长联席会秘书处主任廖晓玲参加了此次会议。

2013海峡两岸研究生教育研讨会(2013 Cross-Strait Forum on Postgraduate Education)。研讨会于2013年11月3日—4日在澳门大学召开。本次教育研讨会旨在加强海峡两岸暨香港、澳门高校在研究生教育方面的交流与合作,并为各高校博士研究生提供交流各领域科研动向和成果的良好平台,参会高校包括:北京大学、台湾大学、香港大学和澳门大学。

联席会自身建设。1. 人员调整。2013年7月,北京大学任命王天兵同志为研究生院副院长,协助陈十一秘书长具体分管联席会工作,原秘书处主任廖晓玲调任北京大学研究生招生办公室主任,瞿毅臻同志正式调入联席会秘书处工作。2013年10月,北京大学任命王小玥接任联席会秘书处主任。

2. 编辑发送《中国研究生院院长联席会e通讯》。从2013年10月起,通过网络等渠道收集整理会员单位和国内外研究生教育的重要信息,编辑院长联席会E通讯,以电子邮件的形式发送给各位院长。

【学科评估北京大学名列国内高校第一】 教育部在2013年1月29日公布了2012年全国高校学科评估结果,在95个一级学科中,北京大学有16个学科名列国内第一,居全国高校榜首。北京大学参评学科48个,其中排名第一的学科16个,排名前三的学科35个,排名前五的学科38个,均居全国高校之首。北京大学16个排名第一的学科为:数学、物理、化学、地球物理、力学、中国语言文学、外国语言文学、中国史、世界史、考古学、哲学、政治学、艺术学理论、基础医学、药学、护理学。

【2013年新聘任博士生导师交流论坛】 9月23日至24日,北京大学召开2013年新聘任博士生导师交流论坛。2013年新聘任博士生导师、资深博士生导师代表及研究生院工作人员近百人参加了论坛。论坛内容包括资深博导经验报告、北京大学研究生教育现状和相关政策解读、分组讨论三个部分。

论坛于9月23日开幕,研究生院副院长姜国华主持会议。人口研究所所长郑晓瑛、化学与分子工程学院院士严纯华分别作了博导经验专题报告。研究生院副院长高岱作了北京大学参加第三轮全国一级学科评估情况的报告。9月24日,研究生院副院长王天兵主持交流论坛。研究生院各办公室向导师们介绍了研究生招生、培养、学位、奖助等方面的工作及相关政策。随后,与会人员分为三组进行了讨论。

【2013年研究生教育工作研讨会】 10月18日至19日,北京大学召开2013年研究生招生培养工作研讨会。北京大学副校长、研究生院院长陈十一,各院系领导、研究生教学主管,以及相关职能部门负责人一百余人参加了本次研讨会。陈十一就北京大学研究生教育基本情况和目前格局作了介绍。研究生院招生办公室主任廖晓玲针对研究生招生工作,作了题为"完善选拔机制,优化资源配置,不断提高北京大学研究生生源质量"的主题报告。研究生院培养办公室主任贾爱英以"创新研究生培养模式,促进研究生培养质量的提高"为题,就研究生培养工作作主题汇报。化学与分子工程学院副院长付雪峰教授作了题为"在实践中探索——化学与分子工程学院研究生教育发展概述"的主题报告。光华管理学院副院长龚六堂就本学院研究生项目改革情况进行了总结汇报,介绍了学院在招生培养制度体系建设及服务系统完善方面的经验。

10月19日,各院系主要针对研究生招生培养经验、招生培养工作中存在的问题等进行了相关的分享与讨论。研究生院副院长高岱作总结发言。

【首批理工科院系国际同行评议试点工作】 经校长办公会决定,自2013年起北京大学首先在城市与环境学院、环境科学与工程学院启动国际同行评议试点工作,邀请国际知名专家、学者为学校的学科发展状况把脉诊断。12月5日至9日,由研究生院负责牵头实施,北京大学开展国际同行专家现场评议工作。副校长兼研究生院院长陈十一、研究生院常务副院长严纯华全程参与了评议过程。

12月6日至7日,专家现场评议首先在环境科学与工程学院开展。学院院长朱彤教授作报告,向专家介绍了学院教学、科研、人才培养、社会服务、队伍建设、发展优势、制约因素等方面的整体情况。随后两天内,专家组先后参与了一系列评议环节,包括旁听"环境问题"精品课程,分别组织了本科生、研究生、教师代表、校友代表的专场座谈会,参观了环境工程计量认证实验室、环境模拟与污染控制国家重点实验室。12月8日至9日,城市与环境科学学院院长陶澍向专家详细汇报了城市与环境学院的历史发展、学科建设、人才培养、师资队伍、课程设立、科学研究、社会责任与社会服务等各个方面的情况,并介绍了学院近些年发展过程中存在的机遇和挑战、优势和劣势、战略规划等情况。在两天时间内,专家组成员同校友、本科生、研究生、教师代表分别进行了座谈,观摩了地理信息系统、光释光测年、环境与生态等各实验室的基础设施和实验操作过程。

【2013年学科建设与评估工作研讨会】 12月20日至21日,北京大学召开2013年学科建设与评估工作研讨会。教育部学位管理与研究生教育司司长、国务院学位委员会办公室常务副主任郭新立,北京大学党委书记朱善璐,校长王恩哥,常务副校长、医学部常务副主任柯杨,副校长王杰、高松,副校长、研究生院院长陈十一,研究生院常务副院长严纯华,以及北京大学各院系和职能部门的主要负责人、负责研究生工作的副院长、常年工作在研究生教育管理一线的教师参加研讨会。

郭新立应邀作了大会报告。王恩哥以"立足学科、抓住机遇、改革创新,全面推进北京大学研究生教育"为主题发表讲话。陈十一作了题为"以学科评估为契机,促进北京大学学科建设与发展"的报告。研究生院副院长姜国华介绍了北京大学开展学科国际同行评议的情况。

物理学院院长谢心澄、光华管理学院院长蔡洪滨、工学院院长张东晓、历史学系主任高毅、基础医学院院长尹玉新在大会上分别报告了各自学院学科评估的情况、问题和下一步发展方向。各学院和职能部门负责人就北京大学学科发展与研究生教育开展了热烈交流和讨论。校党委书记朱善璐作了总结讲话并在评议期间会见了两个学院的专家组成员。高松副校长、陈十一副校长、研究生院严纯华常务副院长、姜国华副院长等参加会见。

【研究生院促进交流计划】 自2009年12月25日首次促进交流计划讲座开讲以来,截至2013年12月,通过不定期的讲座和各种活动,共举办了27次促进交流计划活动。王仰麟常务副院长的"管理就是生产力"讲座拉开了活动的序幕。由研究生招生、培养、学位、奖助、综合办公室分别介绍各办公室业务工作内容及流程,中国研究生院院长联席会秘书处为大家介绍国内外研究生教育未来发展趋势;在业务培训的同时,还聆听中国古典诗词赏析、英国历史等讲座;2013年4月19日,研究生院组织工作人员参观国家博物馆;5月17日下午,邀请国际关系学院贾庆国教授作题为《崛起中的中国与当前外交政策》的报告;11月6日,邀请计算中心来天平及樊春两位老师给大家现场演示研究生院云盘的特点以及使用方法。

研究生院促进交流计划旨在发扬研究生院的核心价值观,形成积极向上的精神风貌,同时,提高管理人员的业务素质及能力,加强沟通交流,促进团队精神,形成融洽的工作氛围,建立学习型研究生院。促进交流计划还将继续组织举办。

【附表】

表7-13　2013年北京大学授予博士、硕士学位学科专业目录

专业代码	学科专业名称	专业代码	学科专业名称
01	哲学	030105	民商法学
0101	哲学	030106	诉讼法学
010101	马克思主义哲学	030107	经济法学
010102	中国哲学	030108	环境与资源保护法学
010103	外国哲学	030109	国际法学
010104	逻辑学	030120	法学(知识产权法)
010105	伦理学	030121	*法学(商法)
010106	美学	030122	*法学(国际经济法)
010107	宗教学	030123	*法学(财税法学)
010108	科学技术哲学	0302	政治学
02	经济学	030201	政治学理论
0201	理论经济学	030202	中外政治制度
020101	政治经济学	030203	科学社会主义与国际共产主义运动
020102	经济思想史	030204	*中共党史
020103	经济史	030206	国际政治
020104	西方经济学	030207	国际关系
020105	世界经济	030208	外交学
020106	*人口、资源与环境经济学	030221	政治学(国际政治经济学)
020121	理论经济学(国家发展)	0303	社会学
0202	应用经济学	030301	社会学
020201	国民经济学	030302	人口学
020202	区域经济学	030303	人类学
020203	财政学	030320	*社会学(老年学)
020204	金融学	0305	马克思主义理论
020205	产业经济学	030501	马克思主义基本原理
020208	统计学	030503	马克思主义中国化研究
020220	应用经济学(风险管理与保险学)	030504	国外马克思主义研究
03	法学	030505	思想政治教育
0301	法学	030506	中国近现代史基本问题研究
030101	法学理论	04	教育学
030102	法律史	0401	教育学
030103	宪法学与行政法学	040101	教育学原理
030104	刑法学	040106	高等教育学

续表

专业代码	学科专业名称	专业代码	学科专业名称
040110	*教育技术学	040203	应用心理学
0403	体育学	040220	*心理学(临床心理学)
040301	*体育人文社会学	0701	数学
05	文学	070101	基础数学
0501	中国语言文学	070102	计算数学
050101	文艺学	070103	概率论与数理统计
050102	语言学及应用语言学	070104	应用数学
050103	汉语言文字学	0702	物理学
050104	中国古典文献学	070201	理论物理
050105	中国古代文学	070202	粒子物理与原子核物理
050106	中国现当代文学	070204	等离子体物理
050108	比较文学与世界文学	070205	凝聚态物理
050120	中国语言文学(中国民间文学)	070206	*声学
0502	外国语言文学	070207	光学
050201	英语语言文学	0703	化学
050202	俄语语言文学	070301	无机化学
050203	法语语言文学	070302	分析化学
050204	德语语言文学	070303	有机化学
050205	日语语言文学	070304	物理化学
050206	印度语言文学	070305	高分子化学与物理
050207	西班牙语言文学	070320	化学(化学生物学)
050208	阿拉伯语言文学	070321	化学(应用化学)
050210	亚非语言文学	070322	化学(化学基因组学)
050211	外国语言学及应用语言学	0704	天文学
0503	新闻传播学	070401	天体物理
050301	新闻学	0705	地理学
050302	传播学	070501	自然地理学
0504	艺术学	070502	人文地理学
0552	新闻与传播硕士	070503	地图学与地理信息系统
06	历史学	070520	地理学(环境地理学)
0601	历史学	070521	地理学(历史地理学)
060121	*考古学(考古学理论与方法)	070523	*地理学(城市与区域规划)
060122	*考古学(中国考古学)	070524	*地理学(景观设计学)
060123	*考古学(专门考古)	0706	大气科学
060124	*考古学(博物馆学与文化遗产)	070601	气象学
0602	中国史	070602	大气物理学与大气环境
060200	中国史	070620	大气科学(气候学)
060201	史学理论及史学史	0708	地球物理学
060202	历史地理学	070801	固体地球物理学
060203	*历史文献学	070802	空间物理学
060204	专门史	0709	地质学
060205	中国古代史	070901	矿物学、岩石学、矿床学
060206	中国近现代史	070902	地球化学
0603	世界史	070903	古生物学与地层学
060300	世界史	070904	构造地质学
060301	世界史	070905	第四纪地质学
07	理学	070920	地质学(材料及环境矿物学)
0402	心理学	070921	地质学(石油地质学)
040201	基础心理学	0710	生物学
040202	*发展与教育心理学	071001	植物学

续表

专业代码	学科专业名称	专业代码	学科专业名称
071002	动物学	080121	力学(力学系统与控制)
071003	生理学	0810	信息与通信工程
071005	*微生物学	081001	通信与信息系统
071006	神经生物学	081002	信号与信息处理
071007	遗传学	0811	控制科学与工程
071009	细胞生物学	081101	*控制理论与控制工程
071010	生物化学与分子生物学	0813	建筑学
071011	生物物理学	081302	*建筑设计及其理论
071020	生物学(生物信息学)	0816	测绘科学与技术
071021	生物学(生物技术)	081602	摄影测量与遥感
071022	生物学(分子医学)	0827	核科学与技术
0712	科学技术史	082703	核技术及应用
071200	科学技术史	0835	软件工程
0713	生态学	083500	软件工程
071300	生态学	10	医学
0801	力学	1001	基础医学
080101	一般力学与力学基础	100101	人体解剖与组织胚胎学
080102	固体力学	100102	免疫学
080103	流体力学	100103	病原生物学
080104	工程力学	100106	放射医学
080123	力学(先进材料与力学)	100120	病理学
080124	力学(能源与资源工程)	100121	病理生理学
080125	力学(航空航天工程)	100122	基础医学(人体生理学)
0809	电子科学与技术	100123	基础医学(医学生物化学与分子生物学)
080901	物理电子学	100124	基础医学(医学神经生物学)
080902	电路与系统	100125	基础医学(医学细胞生物学)
080903	微电子学与固体电子学	1002	临床医学
080904	电磁场与微波技术	100201	内科学(血液病)
080921	电子科学与技术(量子电子学)	100201	内科学(传染病)
0812	计算机科学与技术	100201	内科学(风湿病)
081201	计算机系统结构	100201	内科学(肾病)
081202	计算机软件与理论	100201	内科学(内分泌与代谢病)
081203	计算机应用技术	100201	内科学(消化系病)
081220	计算机科学与技术(智能科学与技术)	100201	内科学(呼吸系病)
0830	环境科学与工程	100201	内科学(心血管病)
083001	环境科学	100202	儿科学
083002	环境工程	100204	神经病学
0831	生物医学工程	100205	精神病与精神卫生学
083100	生物医学工程	100206	皮肤病与性病学
1007	药学	100207	影像医学与核医学
100701	药物化学	100208	临床检验诊断学
100702	药剂学	100209	*护理学
100703	生药学	100210	外科学(神外)
100704	药物分析学	100210	外科学(整形)
100706	药理学	100210	外科学(胸心外)
100720	[药学]化学生物学	100210	外科学(泌尿外)
100721	[药学]临床药学	100210	外科学(骨外)
08	工学	100210	外科学(普外)
0801	力学	100211	妇产科学
080120	力学(生物力学与医学工程)	100212	眼科学

续表

专业代码	学科专业名称	专业代码	学科专业名称
100213	耳鼻咽喉科学	13	艺术学
100214	肿瘤学	1301	艺术学理论
100215	康复医学与理疗学	130100	艺术学理论
100216	运动医学	1303	戏剧与影视学
100217	麻醉学	130300	*戏剧与影视学
100218	*急诊医学	1304	美术学
100231	*临床医学(全科医学)	130400	*美术学
100232	临床医学(重症医学)	20	专业学
100233	*临床医学(临床病理学)	025100	*金融硕士
100234	*临床医学(医学信息学)	025200	*应用统计硕士
100235	临床医学(临床研究方法学)	025300	*税务硕士
1003	口腔医学	025400	*国际商务硕士
100301	口腔基础医学	025500	*保险硕士
100320	牙体牙髓病学	025600	*资产评估硕士
100321	牙周病学	025700	*审计硕士
100322	儿童口腔医学	0351	法律硕士
100323	口腔黏膜病学	035101	*法律硕士(非法学)
100324	口腔预防医学	035102	*法律硕士(法学)
100325	口腔颌面外科学	035200	*社会工作硕士
100326	口腔颌面医学影像学	0451	教育博士
100327	口腔修复学	045101	*教育管理
100329	口腔正畸学	045300	*汉语国际教育硕士
1004	公共卫生与预防医学	045400	*应用心理硕士
100401	流行病与卫生统计学	0551	翻译硕士
100402	劳动卫生与环境卫生学	055101	*英语笔译
100403	营养与食品卫生学	055105	*日语笔译
100404	儿少卫生与妇幼保健学	055106	*日语口译
100405	卫生毒理学	055200	*新闻与传播硕士
1006	中西医结合	055300	*出版硕士
100601	*中西医结合基础	065100	*文物与博物馆硕士
100602	中西医结合临床	0852	工程(博士、硕士)
1011	护理学	085204	*材料工程
101120	护理学(临床护理学)	085208	*电子与通信工程
12	管理学	085209	*集成电路工程
1201	管理科学与工程	085211	*计算机技术
120100	管理科学与工程	085212	*软件工程
1202	工商管理	085239	*项目管理
120201	会计学	085271	*电子与信息
120202	企业管理	085273	*生物与医药
1204	公共管理	095300	*风景园林硕士
120401	行政管理	1051	临床医学(博士、硕士)
120402	社会医学与卫生事业管理	105101	内科学
120403	教育经济与管理	105102	儿科学
120404	*社会保障	105104	神经病学
120421	*公共管理(公共政策)	105105	精神病与精神卫生学
120422	*公共管理(发展管理)	105106	皮肤病与性病学
1205	图书馆、情报与档案管理	105107	影像医学与核医学
120501	图书馆学	105108	临床检验诊断学
120502	情报学	105109	外科学
120520	图书情报与档案管理(编辑出版学)	105110	妇产科学

续表

专业代码	学科专业名称	专业代码	学科专业名称
105111	眼科学	105400	*护理硕士
105112	耳鼻咽喉科学	105500	*药学硕士
105113	肿瘤学	1251	工商管理硕士
105114	康复医学与病理学	125101	*工商管理硕士
105115	运动医学	125102	*高级管理人员工商管理硕士
105116	麻醉学	125200	*公共管理硕士
105117	急诊医学	125300	*会计硕士
105126	中西医结合临床	125500	*图书情报硕士
105127	全科医学	125600	*工程管理硕士
105128	临床病理学	1351	艺术硕士
1052	口腔医学(博士、硕士)	135102	*戏剧(歌剧表演)
105200	口腔医学	135105	*广播电视
105300	*公共卫生硕士		

备注:标*为硕士学位授权点。

表7-14 2013年北京大学入选全国优秀博士学位论文名单

序号	院系	专业	作者	论文题目	导师
1	哲学系	宗教学	何欢欢	《中观心论》及其古注《思择炎》对外道思想批判的研究	姚卫群
2	法学院	国际法学	陈儒丹	WTO争端解决机制不对称性研究——系统与结果如何向原告倾斜	邵景春
3	心理学系	基础心理学	杜忆	对听感觉运动门控自上而下调节的动物模型和神经机制	李量
4	物理学院	理论物理	马滟青	重夸克偶素在高能对撞机上产生机制的研究	赵光达
5	物理学院	凝聚态物理	方哲宇	表面等离激元纳米结构制备与近场光学表征	朱星
6	化学与分子工程学院	无机化学	蒋尚达	稀土单离子磁体的设计、合成与磁性	高松
7	地球与空间科学学院	空间物理学	田晖	太阳过渡区结构与太阳风起源的观测研究	涂传诒
8	生命科学学院	细胞生物学	游富平	抗病毒天然免疫信号通路调控机制研究	蒋争凡
9	工学院	力学	顾雪楠	镁基材料的体液降解与生物相容性研究	郑玉峰
10	信息科学技术学院	微电子学与固体电子学	诸葛菁	新型纳米MOS器件研究	王阳元
11	环境科学与工程学院	环境工程	朱秀萍	掺硼金刚石膜电极电化学氧化难降解有机污染物机理及废水处理研究	倪晋仁

表7-15 2013年度北京大学优秀博士学位论文(93篇)

序号	系所	专业名称	作者	论文题目	导师
1	数学科学学院	计算数学	蔡振宁	气体动理学中数值矩方法的算法研究与应用	李若
2	数学科学学院	计算数学	王伟	液晶动力学方程的理论分析	张平文
3	数学科学学院	基础数学	许奕彦	黎曼度量的若干紧性和形变定理	田刚
4	数学科学学院	基础数学	陈伊凡	$K^2=7$ 和 $p_g=0$ 的一般型代数曲面	蔡金星
5	物理学院	核技术及应用	王鸿勇	超短超强激光与等离子体相互作用中离子加速的理论和数值模拟研究	陈佳洱
6	物理学院	光学	富聿岚	介观光学结构中光场局域及光子器件实现	龚旗煌
7	物理学院	理论物理	王健	量子色动力学高阶效应和新物理的研究	李重生
8	物理学院	凝聚态物理	别亚青	ZnO纳米线及石墨烯光电性质研究	俞大鹏
9	物理学院	天体物理	刘铁	大质量恒星的形成与反馈——对分子云和恒星形成区的观测研究	吴月芳

续表

序号	系所	专业名称	作者	论文题目	导师
10	物理学院	气象学	杨 军	冰雪地球形成和融化的机制	胡永云
11	前沿交叉学科研究院	凝聚态物理	司光伟	时空变化环境下细菌趋化行为的研究	欧阳颀
12	化学与分子工程学院	有机化学	张韶光	锆金属杂环和氮杂半瞬烯的合成、结构、反应与应用：新型氮杂环的合成	席振峰
13	化学与分子工程学院	有机化学	雷 霆	聚合物场效应晶体管材料的结构与性能关系研究	裴 坚
14	化学与分子工程学院	高分子化学与物理	滕明俊	氨基酸构筑的力诱导荧光变色分子和聚集体：设计、合成与性质	贾欣茹
15	化学与分子工程学院	化学（化学生物学）	尹延东	双链 DNA 分子中单个错配碱基对自发翻转的动力学研究	赵新生
16	化学与分子工程学院	无机化学	刘良会	有机醇、胺化合物的氧化官能团化：反应性及反应机理的研究	付雪峰
17	化学与分子工程学院	物理化学	徐伟高	石墨烯基表面增强拉曼光谱分析方法	张 锦
18	化学与分子工程学院	物理化学	刘 玥	纤维素催化转化为多元醇反应中固体酸作用机制和糖分子碳—碳键选择性断裂机理的研究	刘海超
19	化学与分子工程学院	分析化学	王丁众	基于链置换反应的石英晶体微天平传感体系构建与核酸分析应用	刘 锋
20	化学与分子工程学院	化学（应用化学）	张有为	纤维素微球及氧化石墨的辐射功能化改性研究	翟茂林
21	生命科学学院	细胞生物学	孙文香	天然免疫新分子 ERIS 的鉴定及相关抗病毒作用机制的研究	蒋争凡
22	分子医学研究所	生物技术	黄渊余	siRNA 药代动力学及其给药系统的研究	梁子才
23	分子医学研究所	生物物理学	黄小虎	心肌细胞线粒体间通讯机制研究	郑 铭
24	生命科学学院	生理学	黎荣昌	冬眠与心衰心肌细胞功能重塑的结构与分子调控机制	王世强
25	生命科学学院	生理学	樊 圃	雄性黑腹果蝇识别其他物种果蝇的生物学机制	饶 毅
26	地球与空间科学学院	构造地质学	张 文	北山——阿拉善北缘晚古生代花岗岩及其构造意义	吴泰然
27	地球与空间科学学院	固体地球物理学	张 浩	地震破裂过程的相对反投影成像	宁杰远
28	心理学系	基础心理学	毕泰勇	面孔朝向知觉学习：行为特性、神经机制以及外部噪声的影响	方 方
29	中国语言文学系	比较文学与世界文学	范晶晶	中国古代佛经汉译译场研究——从公元 179 年至 1082 年	陈跃红
30	中国语言文学系	中国古典文献学	马 昕	三家《诗》辑佚史研究	董洪利
31	中国语言文学系	中国现当代文学	袁一丹	北平沦陷时期读书人的伦理境遇与修辞策略	陈平原
32	中国语言文学系	中国古代文学	蔡丹君	从乡里到都城：历史与空间变迁视野中的北朝文学	傅 刚
33	历史学系	中国近现代史	张海荣	甲午战后清政府的实政改革（1895—1899 年）	金冲及
34	历史学系	中国古代史	孙闻博	秦汉军制演变研究	王子今
35	历史学系	世界史	周诗茵	冲突、平衡与和平——从贝克特争论看中世纪教会对政教关系的处理	彭小瑜
36	考古文博学院	考古学及博物馆学	李雨生	北方地区中晚唐墓葬研究	齐东方
37	哲学系	逻辑学	刘靖贤	概括公理与新弗雷格主义	陈 波
38	哲学系	中国哲学	王玉彬	心灵与存在——庄子哲学之诠释与重建	王 博
39	哲学系	伦理学	张 曦	理解道德约束：有关人类道德的本质、功能和应用的一种理论	徐向东
40	哲学系	中国哲学	常 超	"托古改制"与"三世进化"——康有为公羊学研究	胡 军
41	经济学院	西方经济学	李四光	企业中的混合分权和权力拍卖	李绍荣
42	国家发展研究院	西方经济学	茅 锐	开放经济中的增长、转型与失衡	姚 洋
43	光华管理学院	企业管理	蒋子熹	商品多样性的偶发效应	徐 菁

续表

序号	系所	专业名称	作者	论文题目	导师
44	光华管理学院	统计学	常晋源	扩散过程的统计推断以及经验似然方法在高维问题中的应用	陈松蹊
45	国家发展研究院	金融学	卯光宇	非平稳回归模型:一致的信息准则与压缩估计	朱家祥
46	法学院	诉讼法学	林志毅	回应型刑事司法初论	汪建成
47	法学院	诉讼法学	高 咏	非法证据排除程序研究	陈瑞华
48	法学院	国际法学	李诗鸿	公司法政治解释的路径研究——公司契约理论的缺陷及其改进	吴志攀
49	信息管理系	图书馆学	周余姣	郑樵与章学诚的校雠学研究	王子舟
50	社会学系	社会学	苏熠慧	新生代产业工人集体行动的可能	佟 新
51	人口研究所	人口学	陈 鹤	疾病对中国老年人口健康寿命的影响:现状分析与变化分解	郑晓瑛
52	政府管理学院	中外政治制度	孟天广	转型社会的分配政治:不平等、再分配与政治信任	沈明明
53	政府管理学院	政治学理论	冉 昊	1980年以来福利国家改革中政府和市场关系的结构分析	王浦劬
54	外国语学院	印度语言文学	张 远	戒日王研究	王邦维
55	外国语学院	印度语言文学	蔡 枫	犍陀罗雕刻艺术与民间文学关系例考	唐孟生
56	马克思主义学院	马克思主义基本原理	张 莉	马克思晚年《人类学笔记》思想主题研究	孙熙国
57	艺术学院	艺术学(影视学方向)	司 达	重塑公共领域:迈克尔·摩尔及其纪录片研究	俞 虹
58	前沿交叉学科研究院	物理电子学	杨雷静	高性能碳纳米管光电器件和光电集成	彭练矛
59	信息科学技术学院	微电子学与固体电子学	高 滨	金属氧化物阻变机理及器件研究	康晋锋
60	信息科学技术学院	计算机应用技术	任 杰	基于图像先验建模的图像复原技术研究	郭宗明
61	信息科学技术学院	计算机软件与理论	姚俊杰	社会化数据的时序分析与处理研究	崔 斌
62	信息科学技术学院	通信与信息系统	张 诚	基于正交频分复用的宽带光/电混合接入系统研究	邬贺铨
63	工学院	力学(先进材料与力学)	周 健	单原子层材料的物理特性调控及其应用的模拟研究	孙 强
64	工学院	固体力学	刘 伟	声子晶体表面/界面效应与若干特性研究	苏先樾
65	工学院	力学(能源动力与资源工程)	李鹏飞	气体燃料MILD燃烧的实验和模拟研究	米建春
66	工学院	力学(先进材料与力学)	张鲁辉	硒化镉纳米带/纳米线的可控合成及太阳电池应用	曹安源
67	城市与环境学院	地理学(环境地理学)	王 戎	黑炭的全球排放和大气迁移及其暴露风险和辐射强迫评估	陶 澍
68	城市与环境学院	自然地理学	王少鹏	基于中性理论的群落多样性机制研究	方精云
69	医学部	药物化学	张 淳	氧气氧化和氧气固定反应及其应用研究	焦 宁
70	医学部	生理学	宋瑞生	E3泛素连接酶MG53与代谢综合征	肖瑞平
71	医学部	药剂学	何 冰	PLGA纳米粒经MDCK及Caco-2细胞单层吸附、内吞及跨膜转运过程机理研究	张 强
72	医学部	生理学	刘子懿	高同型半胱氨酸血症促进血管外膜炎症和腹主动脉瘤的发生	王 宪
73	医学部	生物化学与分子生物学	王珊珊	人肝癌细胞AFP作为信号分子调控Fn14表达的分子机制	李 刚

续表

序号	系所	专业名称	作者	论文题目	导师
74	医学部	精神病与精神卫生学	安莉	哌甲酯对注意缺陷多动障碍儿童脑功能的影响——静息态及工作记忆任务的功能磁共振研究	王玉凤
75	医学部	病理生理学	徐晓健	miR-34c-5p 在低氧诱导小鼠肺可溶性鸟苷酸环化酶 β1 亚基下调中的作用	高远生
76	医学部	神经生物学	刘敏	DRG 中的 Visinin-likeprotein1 上调 P2X3 受体的表达和功能在骨癌痛发生中的作用	万有
77	医学部	神经生物学	王婧	电针在足底切口痛模型大鼠的镇痛作用及其对神经振荡的调制	万有
78	医学部	神经生物学	刘雯	钙激活氯通道 ANO1/TMEM16A 在肿瘤发生、发展和痛觉调制中的作用机制研究	王克威
79	医学部	外科学(骨外)	王志永	红芪减方、红芪提取液和地龙提取液对周围神经再生影响的研究	姜保国
80	医学部	外科学(普外)	张弛	促红细胞生成素受体在乳腺癌曲妥珠单抗耐药中作用的研究	刘荫华
81	医学部	内科学(肾病)	李志盈	重症抗中性粒细胞胞浆抗体相关肾小球肾炎患者预后分析	赵明辉
82	医学部	内科学(消化系病)	钟婵娟	黏膜肥大细胞在食管黏膜屏障功能中作用的研究	段丽萍
83	医学部	内科学(消化系病)	邓凯	胃液中胃癌特异性荧光标志物的分离鉴定以及机制	周丽雅
84	医学部	内科学(传染病)	郑颖颖	SOCS3 基因多态性与慢性丙型肝炎合并胰岛素抵抗的关联分析及功能研究	徐小元
85	医学部	儿科学	梁燕	microRNAs 参与叶酸缺乏影响小鼠胚胎发育调控机制的初步研究	吴建新
86	医学部	腔组织病理学	时瑞瑞	GANS 基因突变在颌骨骨纤维异常增殖症鉴别诊断中的作用及其致病机制初探	李铁军
87	医学部	劳动卫生与环境卫生学	宋艳双	职业接触六价铬盐对机体元素平衡的影响及机制探讨	贾光
88	医学部	劳动卫生与环境卫生学	黄婧	城市交通空气污染健康影响的热点问题研究——不同出行方式的污染物暴露评价及交通污染的急性心肺功能影响	郭新彪
89	医学部	药物化学	陈锋	C—H/C—C 氮化反应简洁高效合成含氮化合物研究	焦宁
90	医学部	药剂学	陈成军	氧化还原敏感型聚酰胺—胺及其胆固醇衍生物作为 siRNA 递送载体的研究	吕万良
91	医学部	药剂学	马旭	小檗碱靶向性脂质体及其抗乳腺癌干细胞作用机制与效应研究	吕万良
92	医学部	药剂学	高玮	叶酸和可激活穿膜肽穿透肽共同修饰的多西他赛纳米脂质载体抗肿瘤靶向研究	齐宪荣
93	医学部	药物化学	胡伟民	天然产物 Decursivine 的不对称合成以及光介导的串联关环反应机理研究	贾彦兴

表 7-16　2013 年北京大学在校研究生统计(双证)

院系代码	院系名称	博士	硕士	总计
00001	数学科学学院	227	227	454
00004	物理学院	553	189	742
00010	化学与分子工程学院	407	126	533

续表

院系代码	院系名称	博士	硕士	总计
00011	生命科学学院	437	87	524
00012	地球与空间科学学院	300	271	571
00016	心理学系	73	214	287
00017	软件与微电子学院	10	1974	1984
00018	新闻与传播学院	101	229	330
00020	中国语言文学系	295	249	544
00021	历史学系	201	134	335
00022	考古文博学院	68	87	155
00023	哲学系	235	156	391
00024	国际关系学院	184	298	482
00025	经济学院	109	216	325
00028	光华管理学院	182	1471	1653
00029	法学院	239	1064	1303
00030	信息管理系	85	71	156
00031	社会学系	104	255	359
00032	政府管理学院	189	230	419
00039	外国语学院	195	382	577
00040	马克思主义学院	84	62	146
00041	体育教研部		15	15
00043	艺术学院	78	67	145
00044	对外汉语教育学院	37	184	221
00047	深圳研究生院	63	1743	1806
00048	信息科学技术学院	570	1049	1619
00062	国家发展研究院	60	104	164
00067	教育学院	249	113	362
00068	人口研究所	37	31	68
00084	前沿交叉学科研究院	159	19	178
00086	工学院	351	185	536
00126	城市与环境学院	218	313	531
00127	环境科学与工程学院	127	151	278
00182	分子医学研究所	67	36	103
00192	歌剧研究院		5	5
00099	医学部	1428	2284	3712
总计		7722	14291	22013

医学部研究生教育

【招生工作】 概况。2013年医学部招收研究生1180人，其中博士生433人、硕士生747人。博士生中345人攻读博士学术学位，88人攻读临床医学/口腔医学博士专业学位；硕士生中361人攻读硕士学术学位，386人攻读硕士专业学位。

提高生源质量。在基础医学院和药学院先行开展学术型博士生招生申请—考核制试点工作的基础上，将该项工作在全医学部各学院展开。同时进一步加大推免硕士生和推免直博生在招生计划中的比例，提高生源质量。

就业工作。医学部2013届毕业研究生为991人，其中留学生9人、港澳台学生14人；博士研究生419人、硕士研究生572人。受总体就业形势影响,2013年的毕业生就业工作遇到一定困难与考验。截至2013年底,毕业研究生就业率为96.18%,较上一年略有下降。

培养工作。截至2013年12月31日,医学部在校研究生3712人;博士研究生1428人(专业学位174人,科学学位1254人);硕士研究生2284人(专业学位1014人,科学学位1270人)。

1. 加强专业学位建设和应用型人才培养。经过沟通,与北京市卫生局科教处基本达成共识:北京大学医学部临床/口腔/药学专业学位研究生在完成符合北京市住院医师规范化培训要求的基础上,允许在毕业当年参加北京市住院医师规范化培训合格考试,并根据这一情况,组织学科组专家对医学部的培养方案进行了相应修订。

为加强全科医学学科建设,提高全科医学专业学位研究生培养质量,2013年12月,医学部研究生院组织派出全科医学硕士研究生导师9人和相关教学管理人员6人赴英国进行为期1周的全科医学导师培训;于2013年12月派出3名全科医学专业学位研究生赴英国进行为期三周的学习,接受理论培训,并在英国全科诊所进行跟诊活动。

2. 深化创新能力培养,推进国际学术交流。2013年,医学部33名研究生获得国家留学基金管理委员会建设高水平大学公派研究生项目资助,其中18人攻读博士学位,15人为联合培养博士研究生。

2013年医学部"北京大学医学部研究生国家学术交流基金"与"博士研究生短期出国(境)研究项目"共资助14名研究生赴境外交流。

3. 开展教育课题研究。组织进行北京大学医学部"2011年度学位与研究生教育教学研究项目"结题工作。申请获得中国学位与研究生教育学会课题1项,名称为"全科医学专业学位研究生教育的研究与实践"。组织进行教育部哲学社会科学研究重大课题攻关项目"提升高等教育质量关键问题研究"子课题与"专业学位研究生质量保障"课题。

【学位工作】 1. 学位授予。2013年为834名研究生授予学位;其中博士学位376人、硕士学位458人;为176名在职人员授予学位:其中博士学位70人、硕士学位106人。授予七年制公共卫生医学硕士学位25人,授予六年制药学理学硕士学位64人,授予八年制临床医学专业学位186人,授予八年制口腔医学专业学位38人,授予八年制基础医学科学学位29人;授予学士学位1203人。

2. 在职人员申请学位工作。2013年3月,组织在职人员申请博士学位英语全国统考报名和全部考务工作,参加考试人员105人;50名拟在职申请硕士学位人员参加了英语听力考试。2013年4月至7月,接受在职人员申请硕士学位人员41人(申请硕士专业学位的10人,申请科学学位31人);接受在职人员申请博士学位59人(申请博士专业学位50人,申请科学学位9人)。

3. 2013年1月29日,教育部学位与研究生教育发展中心公布了2012年一级学科评估结果。北京大学医学部7个一级学科参加了此次评估,其中基础医学、药学、护理学排名第一;临床医学、公共卫生与预防医学排名第二;口腔医学排名第三;中西医结合排名第十一。护理学和中西医结合两个一级学科均为首次参评。

4. 2013年10月医学部学位办组织完成二级学科目录外申请自主增设二级学科"临床研究方法学"上报工作。

【研究生工作部工作】 1. 科学设计"爱·责任·成长"主题教育活动的内容和形式,邀请5位专家(韩济生院士、张礼和院士、顾晋教授、柯杨教授、郭应禄院士)以讲座、交流座谈等形式开展人文教育,收到良好效果。

2. 深入推进创先争优活动,加强学生党支部和班集体建设。1个班级参评北京市教工委在北京高校开展的"优秀基层组织"创建活动,获得"示范班集体"荣誉称号。1个研究生党支部参评北京市教工委红色"1+1"活动示范评比,荣获三等奖。

3. 开展社会实践项目化管理,宣传社会实践成果。2013年暑期,11个学院共组成17支研究生社会实践团,7个学院(部)的13名研究生开展个人实践。279名研究生参与到社会实践当中,多个团队及个人分获"首都大学生社会实践优秀团队奖""北京大学暑期社会实践优秀个人奖"等奖项。

4. 推选3名研究生导师(基础医学院张毓、药学院张礼和、第二临床医学院魏丽慧)获得北京大学"十佳导师"称号。

5. 深化研究生培养机制改革,根据《财政部 国家发展改革委 教育部关于完善研究生教育投入机制的意见》(财教〔2013〕19号)等相关文件精神开展调研和测算,改进和完善研究生奖助体系,通过国家助学金、学业奖学金、"三助"津贴、国家奖学金与专项奖学金等方式加大对研究生的资助。

6. 做好对研究生班集体及个人的奖励、表彰。会同学生工作部制定《北京大学医学部国家奖学金评审办法(试行)》,于2013年10月正式发布。启动国家奖学金小学院评审模式改革,对参评人数较少学院的研究生国家奖学金进行统一答辩评选。1个学院获得北京大学先进学工单位称号,多个研究生班级及个人分获北京大学优秀班集体、北京市三好学生等荣誉称号及各类奖学金。首次启动"研究生优秀典型宣传月"活动,通过制作宣传展板、学院经验交流等多种形式,发挥优秀典型对广大学生的激励导向作用。

7. 改进和完善保险管理工作。2013年研究生参保人数达2277人,参保率58.76%,共协助研究生保险理赔17人次,理赔金额约13万元。

8. 深化学生工作"科学化",加强德育工作队伍建设。申请教育部思想政治工作司2013年高校辅导员工作精品项目3项。选派5名主管研究生教师参加北京市教工委组织的"北京高校辅导员专业化培训"。2人获得北京大学"优秀德育工作者"称号,15人获得北京大学"优秀班主任"和"优秀班主任标兵"称号。

【综合工作】 1. 努力推进"北京大学医学部研究生综合信息管理系统"的开发进度,就项目开发过程中出现的各种问题及时协调沟通解决。

2. 组织并完成北京大学医学部研究生院的"年鉴"编写工作。

3. 继续编发《学位与研究生教育简报》。《简报》双月发行,2013年共发行5期,每期120份。

4. 为考博、择业、拟出国留学研究生近350人次办理研究生中英文成绩单、英文学历、学位认证和证明信等3700余份。

5. 协调组织各部门及时完成一年一度的"高等学校教育事业统计报表"等各类有关报表。

6. 管理在账设备及清理报废,协助设备处做好新增设备和办公家具网上建档工作。

7. 档案整理、装订归档,移交档案馆保存。

8. 做好宣传工作,参加各类典礼、讲座、培训、会议,拍摄照片,向宣传部编发通讯稿等。

【医学教指委、医药科秘书处】
1. 1月16日至18日,由全国医学专业学位研究生教育指导委员会和中国学位与研究生教育学会医药科工作委员会联合主办的全国第九届医药学学位与研究生教育学术年会在哈尔滨召开。

2. 5月12日,全国医学专业学位研究生教育指导委员会在上海召开公共卫生专业学位(MPH)研究生教育综合改革试点项目验收会。

3. 6月23日至27日,由全国医学专业学位研究生教育指导委员会和北京大学医学部联合主办的全国全科医学师资骨干精品培训班在北京举办。

4. 6月23日,公共卫生硕士专业学位(MPH)研究生教育专题研讨会在四川成都召开。

5. 7月1日,全国医学专业学位研究生教育指导委员会组织专家编写的《公共卫生硕士(MPH)专业学位联考考试大纲及考试指南(2013版)》由北京大学医学出版社出版发行。

6. 9月12日,全国医学专业学位研究生教育指导委员会全体委员工作会议在北京召开。

7. 12月4日至7日,由全国医学专业学位研究生教育指导委员会主办的全国临床医学硕士专业学位研究生培养模式改革研讨会在重庆隆重召开。

8. 2013年,全国医学专业学位研究生教育指导委员会启动医学专业学位案例库建设工作。4月28日,教育部学位与研究生教育中心主任李军调研案例库建设工作;9月6日,中国学位与研究生教育学会会长赵沁平调研医学专业学位案例库的软件开发及信息平台建设工作。

【教学成果与课题研究】 段丽萍、崔爽、侯卉、魏文杰、蒋涛的《科学、系统,可持续发展的医学研究生课程体系的构建与实践》获北京市教育教学成果奖一等奖。承担中国学位与研究生教育学会课题"全科医学专业学位研究生教育的研究与实践",中国学位与研究生教育学会研究重大课题(子课题)"医学博士学位基本标准体系研究"。

继 续 教 育

【继续教育管理体制改革】 2013年1月23日,北京大学下发《关于成立继续教育学院的通知》(校发〔2013〕28号),按照"管办分离"的原则,将继续教育部直属的成人教育学院、网络教育学院和培训中心进行整合,成立北京大学继续教育学院。任命关海庭为北京大学继续教育学院院长(兼),张虹为北京大学继续教育学院常务副院长,免去张虹北京大学继续教育部常务副部长职务。同日,学校下发《关于侯建军任职的通知》(校发〔2013〕33号),任命侯建军为北京大学继续教育部部长。

2013年5月7日,学校下发《关于杨学祥、刘广送等职务任免的通知》(校发〔2013〕64号),任命杨学祥、刘广送为北京大学继续教育部副部长。

【成人高等学历教育年度概况】
2013年,北京大学成人高等学历教育继续保持平稳发展态势。

招生情况。成人业余教育方面,2013年教育部下达招生计划总计3500人,招生层次均为专科起点本科,其中校本部招生计划为2680人,实际招生录取2545人;医学部招生计划为820人,实际招录取778人。

网络教育方面，2013年校本部全年招生总计5926人，其中春季招生1038人，秋季招生4888人。

在校生情况。2013年上半年成人高等学历教育在校生总数23592人，其中成人业余教育学生7899人，网络教育学生15693人；下半年在校生总数24887人，其中成人业余教育学生7569人，网络教育学生17318人。

毕业生情况。2013年成人业余教育毕业生总计1837人，其中函授1人，业余教育1836人。网络教育毕业生总计3670人，其中高中起点本科113人，专科起点本科3475人，高中起点专科82人。

学位发放情况。2013年授予成人高等教育学士学位共1829人，其中业余教育学生168人，网络教育学生503人，自学考试学生1158人（含广东137人）。

【进修教师、访问学者】 进修教师、访问学者规模保持稳定，继续承担多个国家级、省部级委托项目。2013年，北京大学全年共接收访问学者及进修教师445人，分别来自全国的近百所高等院校。其中具有副教授以上职称、从事课题研究的国内访问学者355人，以系统学习专业知识为主的进修教师90人。在北京大学接收的全部进修教师中，由中共中央组织部、教育部、人事部、财政部联合实施并资助所有经费，选送西部地区的高校教师到国内重点大学研修访问的"西部之光"项目的访问学者2人；西藏少数民族访问学者4人；新疆少数民族访问学者9人；来自全国各高校的骨干访问学者110人；受第二炮兵政治部委培的教员15人。学术成果方面，经过导师的认真推荐和编辑部同志对选送文章的审核、筛选，最终汇总出30篇有一定学术水平的论文，编辑出版了《北京大学学报——北京大学国内访问学者、进修教师论文专刊》。5月29日，北京大学召开"访问学者及进修教师表彰会暨经验交流会"，表彰37名取得丰硕科研成果的访问学者、2名学习成绩突出的进修教师、9位访问学者的优秀导师。

【自学考试工作】 北京大学作为主考院校完成北京市计算机及应用、心理学、法律、律师、日语、人力资源管理、护理学等七个专业以及政治公共课考试的命题、网上阅卷、非笔试课程组考、本科段学生的毕业论文指导与答辩等主考任务。完成自考日常咨询、毕业生材料审核、毕业证书副署公章、本科毕业生学位证制作与发放等工作。2013年完成106门课程77647科次的网上阅卷任务。2013年北京大学在北京市的各主考专业共毕业专科生742人，本科生1078人，授予学士学位1009人（包括护理学）。北京大学在广东省承办了法律、计算机、工商企业管理、行政管理4个专业的主考工作。2013年自学考试毕业专科生52人，本科生186人，其中获得北京大学相关学科学士学位本科毕业生137人。

【非学历继续教育培训】 2013年，北京大学的继续教育工作，作为北京大学创建世界一流大学战略部署的重要组成部分，在学校领导的高度重视和大力支持下，取得了快速健康的发展。为了进一步发挥北京大学的综合优势，落实"管办分离"的原则，继续教育部与学校各职能部门密切合作，起草了继续教育"一部一院"综合改革方案。9月13日，学校第15次党政联席会审议并通过了该方案。继续教育体制与机制改革进入实质性实施阶段。

非学历继续教育快速健康发展，办学规模和质量再上新台阶。截至2013年12月31日，全校共有33个办学单位举办各类非学历继续教育。共审批立项培训项目1011个，培训学员57805人。其中合作办班项目477个，院系独立办班项目534个；面向社会招生项目361个，系统委托招生项目388个，定向招生项目262个。当期已结业项目611个，结业学员35563人。2013年，非学历继续教育培训学费总收入为56274万元。其中，2013年审批立项的项目，培训学费总收入为49563万元。

【继续教育学院】 2013年，继续教育学院按照学校的整体部署，以"服务国家战略、履行社会责任，建设具有鲜明北京大学特色的世界一流继续教育"为奋斗目标，依托北京大学的优质教育资源，守正创新、转型发展，向全社会积极传递北京大学的正能量和好思想。

机构设置。继续教育学院设院长1名、常务副院长1名、副院长2名，成立党总支，设党总支副书记1名；下设8个办公室：综合办公室、市场开拓办公室、对外合作办公室、教学研究办公室、教学管理办公室、总务办公室、技术保障办公室和圆明园校区管理办公室。

人员概况。继续教育学院共有员工151人，其中事业编制14人，合同制员工125人，返聘12人，合同制员工占比82.78%；研究生及以上学历40人，本科学历75人，本科以下学历36人。50岁（含）以上19人，35岁（含）到50岁（不含）50人，35岁以下82人。员工队伍学历层次和年龄结构合理，为学院的长期发展提供了人才储备。

业绩概况。继续教育学院涉及的业务包括高端培训、网络培训、网络学历教育和夜大学四大部分，2013年总收入为15898万元，其中上缴学校3180万元。

【制度建设】 按照中央、教育部、学校的部署要求，继续教育学院深入开展教育实践活动，各项工作在本小组中走在前面，学习过程中注重将党的群众路线学习与学院事业发展相结合。学院始终把查准查实存在的"四风"突出问题作为衡量活动成效的重要标准,领导班子成员深入基层征求意见,通过召开群众座谈会和个别访谈等形式征集群众意见和建议。

针对征集到的意见,领导班子召开了专门学习讨论会,通过建章立制来规范学院各项工作的运行,按照习近平总书记的要求,自觉"把权力装进制度的笼子里"。

继续教育学院成立之初就执行中央关于"凡属重大决策、重要干部任免、重要项目安排、大额度资金的使用,必须经集体讨论作出决定"的制度。凡涉及大额度资金使用的事项,均经过学院党政办公会讨论决定。学院还先后起草拟定了《北京大学继续教育学院人员招聘及录用管理办法》《北京大学继续教育学院考勤管理办法》《北京大学继续教育学院财务管理规定(草拟)》等多项规章制度。

【人员招聘】 继续教育学院成立伊始,按照学校规定公开招聘副院长两名,为学院领导班子的建立奠定了良好基础。随后学院在员工队伍中进行了中层(主任、副主任)管理干部的公开招聘工作,共计完成7名主任和11名副主任的选拔招聘工作。另外还举行两次新员工招聘,合计选聘13人。目前学院管理队伍精干得力,员工队伍勤恳敬业,初步形成了一支具有较强战斗力的继续教育团队。

【思想文化建设】 继续教育学院由原培训中心、网络教育学院和成人教育学院合并而成,三个实体业务形态不同,组织文化各异,薪酬体制不一。学院成立后,积极采取多种措施,从思想理念、组织结构、薪酬体系、学院文化等多方面入手,努力加强学院整体建设。

决策体系。继续教育学院成立后坚持每周党政联席会制度、每周部门例会制度,另外还召开了五次全院大会和一次中层以上干部战略研讨会,明确了学院"重点发展高端培训,稳步提升网络学历教育质量"的发展战略,为学院发展指明了方向,统一了思想。

部门分工。继续教育学院根据高端培训、网络学历教育和网络培训的不同特点,实现了前端市场开拓、后端技术与后勤保障的完全整合,教学管理实现了初步融合。

薪酬体系。组成学院的三个机构办公地点分散,薪酬结构不同,不利于学院和谐发展。学院成立后,在尊重历史的前提下,办公地点集中到以燕园大厦为主,保留圆明园校区办公;逐步实行统一的薪酬体系,通过发展来解决问题,加强了统一管理,促进了人员融合。

文化建设。继续教育学院成立了党总支和党支部,营造共产党员"家园",充分发挥党员和积极分子的模范带头作用;筹建学院工会,营造员工"家园"。学院工会组织给藏区人民捐衣献爱心,举办"舞动的旋律、绳彩飞扬"主题跳绳比赛等活动,组建篮球队、足球队、乒乓球队等,搭建交流平台,提高员工福利,努力营造团结友爱的"大家庭"氛围,增强了学院凝聚力。

【高端培训】 市场与规模。继续教育学院将全国市场分为六大区域,实行区域负责人制度,实施"走出去、请进来"的战略,积极加强对外联络,全年外出37次,到江苏、广东等19个省市开展干部教育培训的调研工作,找出市场热点。学院根据不同地区需求不断调整、更新原有的课程体系及教学模式,凸显"订单式"设计特色。2013年,委托、联合办班共计301个,比2012年增加44个班。

品牌建设。继续教育学院充分利用所承办的"中央和国家机关司局级干部选学"项目和"教育部机关和直属单位干部自主选学"项目为抓手,在领导干部教育培训市场初步树立起高端形象。以此为契机,学院加大与各省市及部委的干部培训合作力度以服务当地人才培养。学院与北京市委组织部、江苏省委组织部、国家质检总局、国家统计局、山西省委组织部、银行系统等合作举办的系列培训项目已成为行业内的品牌项目。2013年共受托承办研修班158个。

制度建设。继续教育学院进一步规范合作办学,使得合作办学的各个环节有章可循,有序运作。

对外合作办公室的全体员工实行AB角制度、工作小组制度;同时,加强管理规章制度建设,完善社会招生合作办学管理流程,落实授课师资确认书、学员告知书、项目执行承诺书等管理文件,加强社会招生的风险控制。2013年,对外合作办班112个,共完成收入3571万元,培训5038人。

保障措施。高端培训的快速发展需要课程研发、教学管理和后勤支持的鼎力配合,相关同事的辛勤劳动为高端培训发展提供了有力保障。

2013年,继续教育学院完成高端培训2685讲(半天课为一讲)的课程安排,比2012年同期增加约24%;聘请师资421位,比2012年增长45%,开发新师资133人,比2012年同期增加9人。教室使用330个班次,以自行改造和长期租赁的10间教室为主,临时租借教室53个班次。酒店预定76887间夜,实际入住42965间夜,完成183个培训班的住宿安排。

【学历继续教育】 现代远程教育学习中心工作会议。4月18日到21日,继续教育学院举办了成立以来的第一次现代远程教育学习中心工作会议。会议听取了各中心的意见和建议,决定加大对学习中心的支持力度。主要包括:扩大学习中心业务范围,授权其在当地承接高端培训业务;制订招生激励政策,在刘伟常务副校长的大力支持下,通过了对以往网络学历教育所签协议分配比例为30%和35%的从事一线招生的学习中心工作人员进行奖励的政策;鼓励市场人员"走出去",在招生期间到各中心参与宣传,支持学习中心的招生工作。2013年招生人数为5928人,比2012年同期增加1098人。

"圆梦计划"。为了更好地发挥支持地方加快经济转型,促进产业结构升级的引领示范作用,2011年北京大学与共青团广东省委员会共同举办"圆梦计划·北大100"网络学历教育项目,该项目在海内外获得广泛赞誉。2013年圆梦计划的第一批毕业生共151名顺利毕业,该项目得到了广东省和北京大学的高度重视。

12月18日,北京大学继续教育学院与北京团市委签订合作协议,双方将在青少年社会工作学术理论研究、青少年专职社工队伍培训、培养专业人才等方面开展合作。北京团市委每年将组织社区青年汇专职社工参加成人高等学历教育考试,在考试合格者中推荐50名学员进入北京大学社会工作专业接受成人高等学历学位教育。

课程资源开发。优质课程资源是网络教育的核心竞争力之一。学院加大课程建设投入,整合全院资源,按照"微课件"的制作要求进行课程更新和建设。2013年,学院已完成学历教育课程建设10门,其中更新原有课程5门(97课时);新增课程5门(181课时),包括个案工作、社会学概论、社会调查与研究方法、社会心理学和社会工作导论。

【网络非学历继续教育工作】 规模。网络培训集中于中小学教师培训,以承担"国培计划"(财政部教育部中小学教师国家级培训计划)项目为主,带动与各省市培训合作。在6名骨干员工辞职、业务主要负责人离开的艰难条件下,剩下的15名员工尽心尽责,克服各种困难,累计完成约22万人次的网络培训,比2012年同期减少约20%,但收入较2012年同期增长约70%。

教学模式研发。学院注重员工的研究学习,共同探讨教师教育培训变革的新趋势,通过对新教学模式的研究以及新培训平台建设投入,教师培训逐步实现了从基于单一网络培训的"引领式教学"模式向"引领式教学"和以教师为本的"常态化社区研修"两种模式并重的转变。

新模式和新平台为北京大学中标教育部的示范性远程培训项目和骨干教师高端研修项目提供了基础保障;同时项目实施也为教师教育培训模式改革积累了经验。

【圆明园校区运行】 营收。圆明园校区在未来发展定位不明确、教学住宿等设施设备老化等不利条件下,自强不息,继续做好TIP英语培训、夜大学专升本教育的同时,挖掘潜力,盘活资源,做好在职人员的继续教育和岗位培训服务支持工作,实现1100万元收入,弥补了校区建设维护资金的不足,同时上交学校106万元。

基础设施建设。由于学校学生宿舍资源紧张,需要安排部分2013级研究生入住到圆明园校区。学院高度重视,圆明园校区员工放弃暑期休息,顺利完成了学生宿舍5、6号楼的维修改造、各房间的床等家具配置、被褥等床上生活用品的添置、网络布线、网络设备的添置、维护和检修工作;开展了阅览室无线网络的建设施工;还陆续完成了热水器的安装、体育活动设施的添置、自行车棚的改造、自动售卖机的添置、浴室的整修、食堂餐具消毒机的配置以及校区的绿化等工作,确保近400名研究生和340名进修教师、访问学者于8月31日顺利入住校区。

医学继续教育

【概况】 2013年,北京大学医学部继续教育处在学校党委和上级部门的正确领导下,认真贯彻党的十八大精神,同心同德,团结一致、围绕学校中心工作,更新工作理念,创新管理体制,优化运行机制,强化服务意识,积极探索毕业后医学教育和继续医学教育工作的新思路、新举措,在各院(部)及有关教学医院主管职能部处的积极配合与大力支持下,圆满地完成了2013年各项工作任务,并取得了新的收获和突破。

【住院医师规范化培训工作】 2013年医学部继续教育处加强与北京市卫生局的沟通协调,参与政策制定和制度创新,初步确立了肿瘤学和口腔医学培训方案;初步达成意向,允许临床专业硕士毕业前参加北京市住院医师培训结业考试;加强信息化管理平台建设,改进和完善住院医师规范化培训体系;积极筹备专科医师培训试点工作,探索建立专科医师准入制度。2013年医学部参加住院医师规范化培训的各类人员总数达到4740人,其中第一阶段3872人,第二阶段868人。

【住院医师规范化培训工作体系建设】 1. 肿瘤学纳入北京地区住院医师规范化培训体系。

全国和北京市住院医师规范化培训体系均未涵盖肿瘤学,不利于肿瘤学学科发展和人才队伍建设。医学部领导、继续教育处多次与北京市卫生局协商,并邀请卫生局领导来医学部调研,最终北京市卫生局同意开展肿瘤学培训试点,设肿瘤内科、肿瘤外科和肿瘤放疗三个专业。

2. 口腔医学增设4个培训专业。

全国和北京市住院医师规范化培训体系中口腔医学仅设口腔全科一个专业，与其诊疗科室设置不匹配。经过多方努力，2013年北京市卫生局同意增设口腔内科、口腔修复、口腔正畸和颌面外科等4个专业。

3. 加速住院医师规范化培训与临床专业学位研究生培养并轨。

住院医师与临床专业学位研究生实行并轨培养，即"四轨合一"是北医特色，但是长期以来北京市卫生局没有完全承认研究生的临床培训经历。经过多次协调沟通，北京市卫生局从2012年开始承认研究生期间的临床培训经历，并于2013年底初步达成意向，允许北医临床专业学位硕士毕业前参加住院医师培训结业考试，合格者可以获得培训合格证书。

【住院医师规范化培训工作质量保证】 1. 进一步做好与北京地区住院医师培训体系衔接。

医学部要求2013年及以后毕业的临床专业博士按照北京市卫生局要求进行培训和考核；同时承认研究生期间的临床培训经历，获得第一阶段合格证书并完成第二阶段培训内容者，可以参加第二阶段考试。

2. 组织第一阶段考核报名和审查以及部分学科的考试。

2013年共有16名住院医师参加了医学部自行组织的第一阶段考试，13人合格，合格率为81.25%；280人参加了北京市的理论考试，272人合格，合格率为97.14%；289人参加了技能考试，268人合格，合格率为92.73%，整体位于北京市前列。

3. 组织医学部住院医师规范化培训第二阶段审查与考核。

2013年组织住院医师规范化培训第二阶段考试，考试科目涉及25个学科、46个专业。共有309人报名，实际考试人数278人，241人合格，总合格率为86.69%。

4. 承担北京市住院医师公共课程任务。

2013年医学部继续承担北京市住院医师规范化培训开设公共课程任务，共开设7次课，共授予学分4075人次。问卷调查显示全体授课教师均获得住院医师好评，92.2%的学员对课程安排满意，84.4%的学员认为有收获。

5. 完善住院医师培训考核信息管理平台。

2013年对北京大学医学部住院医师培训考核系统进行了进一步修改和完善。

【医学继续教育访学工作】 2013年医学部接收来自教育部、人力资源和社会保障部、中组部、河北省卫生厅、福建省卫生厅、山东省卫生厅、北京市卫生局、天津市卫生局、郑州市卫生局等单位的国内访问学者及学科骨干共195名。继续教育处负责协调做好该项目的招生计划申报、录取接收、住宿安排、组织公共理论课及岗前培训、经费分配、监督研修计划的执行情况、中期检查、召开学科骨干座谈会、结业考核、优秀访问学者评选、办理证书等一系列工作。

【国家级和北京市市级继续医学教育项目】 2013年国家级继续医学教育项目征集上报工作共上报461项；新申报国家级继续医学教育项目158项，其中远程新申报继续医学教育项目7项；申报国家级备案项目461项，其中远程国家级继续医学教育备案项目242项。

2013年共申报了北京市市级继续医学教育项目76项，其中新申报北京市市级继续医学教育项目56项，申报北京市市级备案项目20项。

完成了2013年国家级项目获准后的公布工作，将获准项目下发各二级单位，同时在继续教育处网上公布以供全国卫生技术人员选择参加。

2013年医学部共举办各类培训班490项，培训444789人。其中：国家级继续医学教育项目举办434项，培训439519人；北京市市级继续医学教育项目举办48项，培训4918人；培训班8项，培训352人。

【各类进修生的培养工作】 2013年医学部举办单科进修班305项，培训2171人，培训零散进修1024人、新疆汉语骨干教师1人、西藏大学教师2人。

【国家卫计委及各省市卫生厅（局）委托的短期培训班】 1. 受北京市卫生局委托承办"区县级医院专业骨干培训班"公共课程讲座。

2. 受北京市卫生局委托承办"对口支援和田地区和内蒙古地区的卫生管理干部及医疗卫生人才培训班"公共课程讲座。

3. 受国家卫计委及郑州市卫生局委托承办"科技管理骨干培训班"。

4. 受国家卫计委及新疆维吾尔自治区卫生厅委托承办"全科医师师资培训班"。

【对内继续医学教育项目】 医学部对内开展的继续医学教育项目（包括北京市区县级项目及校级继续教育项目）内容仍然注重先进性、针对性和实效性。2013年医学部共申报对内继续教育项目1285个，实际举办项目1116个。2013年医学部人员参加对内的继续医学教育项目总人次达到95722人次，完成继续教育学分的总达标率为99.8%。

【医学继续教育评优创先工作】 组织开展了"2013年医学部继续教育系统管理干部先进个人"评选活动，在各学院、有关教学医院推荐的基础上，经研究，评选出29位同志为2013年北京大学医学部继续教育系统管理干部先进个人。

【医学继续教育课题研究工作】 1. 2013年召开了三次"中外继续医学教育制度比较研究"课题组会议，确定研究进度，研究报告的内容和体例。

2. 受国家卫生计生委委托，承担了"'十二五'继续医学教育评估指标体系的研究"课题研究工作，研制用于评估各省"十二五"继续医学教育工作的评估指标。目前正在积极开展工作，处于调研阶段，计划 2014 年结题。

【其他工作】 1. 发挥学校优势，作为组长单位，承担了中华医学会医学教育分会继续医学教育学组/成人医学教育学组组长单位学组秘书处工作，组织筹备学组各类会议的召开。2013 年 4 月在广西百色召开了学组组长扩大会；7 月在湖北省宜昌市召开学组年会，40 多个学组单位共 140 多人参加会议。秘书处负责学组的日常工作，更新维护学组网站，收取会费，撰写通知、会议纪要，以及学组成员间的联络等工作。

2. 医学部与中央广播电视大学签订的《联合开展专科起点本科开放教育试点协议书》和《关于中央广播电视大学开放教育本科（专科起点）卫生事业管理专业学士学位授予合作协议书》已于 2012 年 12 月 31 日到期。两校协商不再重新签署合作协议。对于 2013 年 3 月 1 日之前已招生的学生，继续教育处将继续做好相关工作，直至该批学生毕业。2013 年共招生卫生事业管理专业的电大学生 783 人，毕业学生 538 人，获得学位 25 人，占毕业学生的 4.65%。

留学生与港澳台学生教育

【概况】 截至 2013 年 10 月，共有来自世界上 115 个国家的 2540 名外国留学生在北京大学攻读学位，其中本科生 1619 人，硕士研究生 614 人，博士研究生 307 人。

【留学生招生】 2013 年，北京大学共录取留学生学位生 790 人，其中本科生 338 人，硕士研究生 365 人，博士研究生 87 人；非学位生共计 674 人；通过其他短期项目共招收来自 100 多个国家和地区的各类短期留学生 4919 人次。

海外招生。为进一步拓展北京大学留学生海外招生渠道，优化生源结构，2013 年 3 月，北京大学派出教育代表团访问巴西，参加在圣保罗举办的 Belta 教育展，并访问了在圣保罗、巴西利亚及里约热内卢的大学及科研教育机构。代表团还通过举行招生宣讲会，与学生面对面进行沟通，收获热烈反响。此外，传统的赴东南亚招生宣传受到东南亚社会的多方关注。2013 年 7 月，留学生办公室与马来西亚华人企业家郭鹤年先生下属郭氏基金会接洽，并达成合作意向，设立嘉里集团郭氏基金奖学金，专项奖励被北京大学录取的马来西亚籍本科留学生，每年 6 至 8 个名额，每人可获得 65000 元人民币的全额奖学金，为期四年。

【留学生校友活动】 5 月 4 日上午，由北京大学校友会国际合作部和国际校友联络会共同举办的"燕园寻梦、树木树人"留学生校友返校活动在未名湖静心岛举行，30 多名留学生校友返校庆祝北京大学 115 周年华诞，并通过手植的三棵玉兰树来表达对北京大学的感谢和对未来的希望，王恩哥校长出席并致辞。10 月，留学生办公室利用国际文化节十周年契机邀请校友代表返校，举办校友沙龙，畅谈留学趣事，回忆北大往事。12 月，留学生办公室举行校友招待会，与众多校友共庆新年，表示真诚祝福。留学生校友数据库建设也在 2013 年度取得了阶段性成果，目前已将 1950 年至 2000 年的非电子化数据进行整理汇总，并进行电子化处理，下学期将进一步完善数据库的信息。

【港澳台侨学生工作】 2013—2014 学年，共有 776 名全日制港澳台侨学生在北京大学学习，其中本科生 236 人，硕士生 331 人，博士生 203 人，医学进修生 6 人。从地区分类来看，香港学生 231 人；澳门学生 75 人；台湾学生 468 人，其中，本科生 108 人，硕士生 205 人，博士生 149 人，医学进修生 6 人；华侨本科生 2 人。

交换生也是北京大学港澳台交流工作的重要部分。2013 年，与北京大学签署有校际学生交换协议的港澳台高校共 11 所，包括 4 所香港高校，7 所台湾高校。2013 年，参与校级港澳台交换生项目的人数共 220 人。其中，派出北京大学学生 113 人，接收港澳台交换生 107 人。

科学研究与社会服务

理工科与医科科研

【发展概况】 建设世界一流大学就是要在科学主流方向上取得高显示度的原始创新性成果,为国家安全和经济发展作出重大突出贡献。2013年北京大学的科研工作继续围绕这一宗旨稳步推进,从实际情况出发,发挥已有优势,在基础研究和应用基础研究方面继续保持竞争力,承担了大量国家科研任务,取得了丰富的科研成果。

2013年北京大学理工科在研项目2904项,医科在研项目1562项;理工医科到校科研经费23.5亿元,其中理工科到校科研经费19.32亿元(含深圳研究生院1.45亿元),医科到校科研经费4.18亿元。2013年理工医科到校科研经费中,由财政部拨款的国家自然科学基金委项目和科技部主管项目到校经费分别达到4.99亿元和4.76亿元(不包含重大专项经费),两项合计占理工医科到校科研经费总数的41.49%,是北京大学科研经费的主要来源。

2013年北京大学理工医科在中国政府主导的重大基础研究和应用基础研究领域继续保持竞争优势,新获批973计划项目6项(含青年科学家专题1项)、课题24个,重大科学研究计划项目4项(含青年科学家专题1项)、课题6个,863计划课题4个,国家科技支撑计划项目课题3个(含科研条件支撑领域项目1项),企业牵头国家重大科学仪器设备开发专项1项,其中北京大学作为课题牵头单位获批专项经费1098万元(另有541.2万元自筹经费)。

2013年北京大学获批国家自然科学基金委各类项目628项,获批准总经费6.28亿元。其中国家杰出青年科学基金获得者9人,优秀青年科学基金获得者28人,创新研究群体3个;面上项目338项,青年科学基金项目146项,重点项目29项,重大项目2项,国家重大科研仪器设备研制专项3项,重大研究计划项目24项,国际合作项目41项,海外及港澳台学者合作研究基金项目4项。

2013年北京大学理工医科获得教育部创新团队3项,新世纪优秀人才支持计划19项;获批教育部科学技术研究项目3项;获批教育部高校博士学科点专项科研基金资助项目99项,其中博导类56项,新教师类35项,优先发展领域类7项,与香港研究局研究用途补助金合作项目1项;获得霍英东教育基金会高等院校青年教师基金及青年教师奖共6项;获得北京市科技计划课题11项;获得北京市自然科学基金项目22项(理工科11项、医科11项),其中重点项目1项、面上项目16项、青年项目4项和预探索项目1项;入选北京市科技新星计划2人;获批各行业部门(公益性)科研专项7项;与各企事业单位合作项目92项。

北京大学牵头的面向科学前沿的"量子物质科学协同创新中心"成为排名第一的全国首批14个"2011计划"认定中心之一,获得5000万元中央财政专项资金支持,此外北京大学还参与了哈尔滨工业大学牵头的"宇航科学与技术协同创新中心"和北京航空航天大学牵头的"先进航空发动机协同创新中心"。

2013年北京大学理工医科获得国际科技合作项目25项,其中来自国内政府的项目有4项,另有21项来自海外基金会、海外企业以及海外政府。

2013年北京大学作为第一完成单位获得国家科学技术奖5项,其中自然科学奖4项,技术发明奖1项,获奖数量连续多年维持在高位。

2013年北京大学共申请专利509项(本部390项,医学部119项),其中申请国际专利6项,外国专利9项。2013年北京大学获授权专利383项(本部287项,医学部96项),其中国内专利381项,外国专利2项。

2013年北京大学发表SCI收录论文5824篇(比2012年增长268篇),其中被SCI收录的北京大学为第一作者单位或责任作者单位的论文3663篇(比2012年增长421篇),平均影响因子3.57。

据中国科学技术信息研究所2013年9月27日召开的"2012年度中国科技论文统计结果发布会"公布,《北京大学学报(自然科学版)》连续第九次入选年度"中国百种杰出学术期刊"。此外,该刊2013年还获得教育部科技发展中心2012年度"中国科技论文在线优秀期刊"一等奖。

【科研基地建设】 依托北京大学建设的理工医科重点科研基地包括国家实验室、国家重点实验室、教育部重点实验室、卫生部和北京市重点实验室等,这些基地是北京大学组织重大科学研究活动、产生重大科研成果的重要科研平台,是北京大学高水平创新团队、拔尖研究人才的聚集地。

2013年科研部积极组织申报各级重点科研基地,推荐申报北京市重点实验室2个、北京市工程技术中心1个;获认定北京市重点实验室2个,北京市工程技术研究中心2个。

以下简述各类科研基地的建设运行情况。

国家级科研基地:

1. 国家实验室:北京分子科学国家实验室(筹)到校运行经费1661万元。

2. 国家重点实验室:2013年依托北京大学建设的8个国家重点实验室专项经费到校8289万元。

3. 国家工程实验室:数字视频编解码技术国家工程实验室通过建设验收。

4. 北京大学新农村发展研究院获得科技部批准成立。

省部级科研基地:

1. 教育部重点实验室及工程研究中心:生物有机与分子工程教育部重点实验室、高分子化学与物理教育部重点实验室参加了2013年度化学领域教育部重点实验室评估,均获得良好;慢性肾脏病防治教育部重点实验室完成建设验收;移动数字医疗教育部工程技术研究中心通过建设计划论证。

2. 北京市重点实验室:2个北京市重点实验室、2个北京市工程技术研究中心通过北京市论证,分别为代谢及心血管分子医学北京市重点实验室、药物依赖性研究北京市重点实验室、北京市低维碳材料工程技术研究中心、北京市虚拟仿真与可视化工程技术研究中心。推荐2个北京市重点实验室、1个北京市工程技术研究中心参加2013年度北京市重点实验室、北京市工程技术研究中心申报,分别为北京市城市热管理工程技术研究中心、环境污染与生殖发育安全北京市重点实验室、蛋白质修饰与细胞功能北京市重点实验室。

3. 其他类别实验室:北京大学与广播科学研究院共建的"国家新闻出版广电总局同轴宽带网络工程技术研究中心"获得批准;北京大学与北京市国土资源局共建的"国土资源部国土规划与开发重点实验室"获准运行;北京大学口腔医学国际联合研究中心获批。

【科研项目与科研经费】 2013年北京大学理工科在研项目2904项,医科在研项目1562项;理工医科到校科研经费23.5亿元,其中理工科到校科研经费19.32亿元(含深圳研究生院1.76亿元),医科到校科研经费4.18亿元。

国家自然科学基金委员会资助的各类项目。2013年北京大学在研的国家自然科学基金各类项目共1946项,到校经费4.99亿元;新批项目707项,经费总额6.91亿元。

1. 面上青年项目。2013年北京大学共申请面上和青年基金项目1266项,获批484项,获批经费2.87亿元。

2. 重点项目。2013年北京大学共申请重点项目90项,获批29项,获资助经费8571万元。

3. 重大项目。2013年北京大学获批重大项目2项、课题8项。

4. 重大研究计划。2013年北京大学获批重大研究计划24项。

5. 国家杰出青年科学基金。2013年北京大学共有93人申请国家杰出青年科学基金,9人荣膺资助:数学科学学院(2人),范辉军、李若;物理学院(2人),施均仁、陈斌;工学院(2人),曹安源、席建忠;城市与环境学院(1人),刘鸿雁;光华管理学院(1人),刘俏;药学院(1人),焦宁。

2013年全国共批准198名国家杰出青年科学基金获得者。

6. 优秀青年科学基金项目。2013年北京大学共有28人获得优秀青年科学基金项目,他们是:物理学院(5人),冯济、林熙、彭良友、任泽峰、施可彬;工学院(5人),黄迅、罗莹、邹如强、于海峰、陈正;化学与分子工程学院(3人),付雪峰、张洁、白玉;信息科学技术学院(3人),张志勇、马思伟、英向华;生命科学学院(2人),李晴、汤富酬;数学科学学院(1人),安金鹏;地球与空间科学学院(1人),沈冰;城市与环境学院(1人),彭建;环境科学与工程学院(1人),邱兴华;心理学系(1人),李健;光华管理学院(1人),虞吉海;医学部(4人),郑乐民、吕继成、杨吉春、刘合力。

2013年全国共批准400名优秀青年科学基金获得者。

7. 创新研究群体科学基金。2013年北京大学以高松(化学与分子工程学院)、彭练矛(信息科学技术学院)和朱卫国(医学部)为学术带头人的3个研究群体,获得了基金委创新研究群体科学基金的资助。

8. 国家重大科研仪器设备研制专项。2013年北京大学工学院黄岩谊教授、物理学院张国义教授和分子医学研究所程和平教授获得此项基金资助,获资助经费8800万元。

9. 海外(及港澳)学者合作研究基金。2013年共有4位以北京大学作为国内研究基地、目前尚在海外（或港澳）从事自然科学基础研究的优秀青年学者，获得了此项基金资助，他们的合作者都是北京大学相应学科的学术带头人。

10. 国际交流与合作项目。2013年北京大学在基金委资助下开展各类国际交流与合作共41项，其中包括国际合作重大项目、国际合作研究项目、在华召开国际会议，很好地促进了科研人员所承担国家自然科学基金项目的高水平完成。

科技部主管的各类项目。2013年科技部主管的各类国家科技计划项目到校经费4.76亿元，占理工科与医科到校经费的20.25%。其中，国家重点基础研究发展规划项目（973项目）和重大科学研究计划项目2.35亿元，高技术研究发展计划项目（863计划）8440万元，科技支撑计划项目5530万元，国家重点实验室专项1.01亿元。

1. 国家重点基础研究发展规划项目（973项目）。2013年全国共批准108项973项目，其中北京大学作为第一依托单位获批6项（包含青年科学家专题1项），项目首席科学家分别是物理学院刘晓为教授、生命科学学院李毅和蒋争凡教授、地球与空间科学学院鲁安怀教授、医学部姜保国教授，青年科学家专题负责人是信息科学技术学院熊英飞研究员。截至2013年，北京大学主持的973项目共计54项。北京大学2013年新获批973课题30个。

2. 重大科学研究计划。2013年全国共批准52项，其中北京大学作为项目第一承担单位的项目有4项（包含青年科学家专题1项），项目首席科学家是物理学院杜瑞瑞、林志宏教授，地球与空间科学学院贺金生教授，青年科学家专题负责人是物理学院彭海琳副教授。北京大学目前主持的重大科学研究计划依托项目共29项，其中已完成5项，在研19项。2013年北京大学在重大科学研究计划中新获批课题6个。

3. 国家高技术发展计划（863计划）。2013年北京大学新立863计划课题7项。

4. 科技支撑计划。2013年，北京大学共获批支撑计划课题8项。

5. 科技部国家重大科学仪器设备开发专项。2013年北京大学信息科学技术学院高文教授作为首席科学家获批1项，获批专项经费1098万元（另有541.2万元自筹经费）。

国际科技合作项目。2013年北京大学理工医新签国际科技合作项目25项，其中来自国内政府的项目有4项，另有21项来自海外基金会、海外企业以及海外政府。项目总经费达1400万元。

教育部资助项目。1. 创新团队发展计划。教育部"创新团队发展计划"是教育部"高层次创造性人才计划"中的第一层次计划，资助经费纳入学校"985工程"规划。2013年北京大学有3个团队入选该计划。

2. 新世纪优秀人才支持计划。教育部"新世纪优秀人才支持计划"是教育部"高层次创造性人才计划"中的第二层次计划，资助经费纳入学校"985工程"规划。2013年北京大学理工医科共有13人入选该计划，其中理工科9人、医科4人。

3. 高等学校博士点学科专项科研基金。2013年北京大学获得教育部高等学校理科博士学科点专项科研基金共99项。其中博导类课题56项（含医学部29项）、新教师类课题35项（含医学部），优先发展领域课题7项（含医学部），与香港研资局研究用途补助金合作项目1项。

4. 教育部资助其他项目。2013年北京大学理工医科获批教育部科学技术研究项目3项，高等学校全国优秀博士学位论文作者专项资金资助3项（工学院段小洁、李忠奎，历史学系陈侃理），获得教育部留学回国人员科研启动基金资助31人（理工科12人、医科19人），获得霍英东教育基金会高等院校青年教师基金及青年教师奖共6项。

北京市科研项目。1. 北京市自然科学基金项目。2013年北京大学获批北京市自然科学基金22项（理工科11项、医学部11项），其中重点项目1项、面上项目16项、青年项目4项和预探索项目1项。

2. 北京市科技项目与北京市科技新星计划。2013年北京大学获批北京市科技计划课题11项。2013年北京大学2名青年教师入选北京市科技新星计划。

其他部门科研专项。2013年北京大学获批各部委公益性行业专项7项。

【科研成果】 科技奖项。2013年以北京大学为第一完成单位获得的科技奖项包括：

1. 国家科学技术奖5项，其中自然科学奖4项，技术发明奖1项（见表8-39）。

2. 教育部高等学校科学技术奖13项（一等奖7项，二等奖6项）（见表8-40）。

3. 2013年度北京大学作为第一完成单位获得北京市科学技术奖7项，其中二等奖2项，三等奖5项（见表8-41）。

4. 北京大学副校长高松荣获2013年度何梁何利科学与技术进步奖。至此,北京大学共有45人获得何梁何利基金的奖励。

论文专著。根据2014年9月27日中国科学技术信息研究所召开的"2013中国科技论文统计结果发布会"上公布的统计结果,北京大学2013年国际论文被引用次数为270238次,在高等院校中排名第3;国际论文被引用篇数为19879篇,在高等院校中排名第4。北京大学作者2013年发表SCI收录论文3652篇(按第一作者统计,论文指 Article、Review、Letter、Editorial 四类文献),在高等院校中排名第4。在2004—2013年十年间,北京大学作者发表的SCI收录论文累计被引用次数达270238次,在高等院校中排名第3;累计被引用篇数为19879篇,在高等院校中排名第4。北京大学作者2013年发表国内收录论文(CSTPCD)3150篇,在高等院校中排名第4;国内论文被引用次数32698次,在高等院校中排名第1。

2013年北京大学作者发表SCI收录论文5824篇(比2012年增长268篇),其中被SCI收录的北京大学为第一作者单位或责任作者单位的论文3663篇(比2012年增长421篇),平均影响因子3.57(见表8-43)。

2013年北京大学作者出版理工类著作118部,其中校本部44部,医学部74部。

专利。2013年北京大学共申请专利509项(本部390项、医学部119项),其中申请国际专利6项,外国专利9项。2013年北京大学获授权专利383项(本部287项、医学部96项,其中国内专利381项,外国专利2项(见表8-45)。

【附表】

表 8-1　国家实验室

序号	实验室名称	负责人
1	北京分子科学国家实验室(筹)	席振峰

表 8-2　国家重点实验室

序号	实验室名称	负责人
1	人工微结构和介观物理国家重点实验室	龚旗煌
2	湍流与复杂系统研究国家重点实验室	陈十一
3	核物理与核技术国家重点实验室	叶沿林
4	蛋白质与植物基因研究国家重点实验室	朱玉贤
5	天然药物及仿生药物国家重点实验室	周德敏
6	生物膜与膜生物工程国家重点实验室(北大分室)	王世强
7	环境模拟与污染控制国家重点实验室(北大分室)	胡 敏
8	区域光纤通信网与新型光纤通信系统国家重点实验室(北大实验区)	陈章渊
9	稀土材料化学及应用国家重点实验室	严纯华
10	分子动态与稳态结构国家重点实验室(联合)	来鲁华

表 8-3　国家级重点实验室

序号	实验室名称	负责人
1	微米/纳米加工技术国家级重点实验室(北大分室)	金玉丰

表 8-4　国家工程研究中心

序号	中心名称	负责人
1	电子出版新技术国家工程研究中心	肖建国
2	软件工程国家工程研究中心	张世琨

表 8-5 国家工程实验室

序号	中心名称	负责人
1	数字视频编解码技术国家工程实验室	高 文
2	口腔数字化医疗技术和材料国家工程实验室	徐 韬

表 8-6 省部共建国家重点实验室培育基地

序号	实验室名称	负责人
1	化学基因组学省部共建国家重点实验室培育基地	杨 震

表 8-7 教育部重点实验室

序号	实验室名称	负责人
1	数学及其应用教育部重点实验室	张平文
2	北京现代物理研究中心	李政道
3	生物有机与分子工程教育部重点实验室	王剑波
4	纳米器件物理与化学教育部重点实验室	彭练矛
5	地表过程分析与模拟教育部重点实验室	方精云
6	水沙科学教育部重点实验室(联合)	倪晋仁
7	造山带与地壳演化教育部重点实验室	张立飞
8	分子心血管学教育部重点实验室	王 宪
9	神经科学教育部重点实验室	万 有
10	高分子化学与物理教育部重点实验室	陈尔强
11	机器感知与智能教育部重点实验室	查红彬
12	统计与信息技术教育部—微软重点实验室	郁彬、姜明
13	高可信软件技术教育部重点实验室	梅 宏
14	细胞增殖分化调控机理研究教育部重点实验室	张传茂
15	恶性肿瘤发病机制及转化研究教育部重点实验室	季加孚
16	计算语言学教育部重点实验室	穗志方
17	视觉损伤与修复教育部重点实验室	黎晓新
18	慢性肾脏病防治教育部重点实验室	赵明辉
19	辅助生殖教育部重点实验室	建设中
20	数理经济与数理金融教育部重点实验室	建设中

表 8-8 教育部工程研究中心

序号	中心名称	负责人
1	微处理器及系统教育部工程研究中心	程 旭
2	再生医学教育部工程研究中心	李凌松
3	体内局部诊疗教育部工程研究中心	谢天宇
4	地球观测与导航教育部工程研究中心	陈秀万
5	灵长类及大动物临床前研究教育部工程研究中心	程和平
6	移动数字医疗教育部工程技术研究中心	建设中

(以上表格由科学研究部 郑英姿、何洁 整理)

表 8-9 卫生部重点实验室

序号	中心名称	负责人
1	卫生部心血管分子生物学与调节肽重点实验室	高 炜
2	卫生部肾脏疾病重点实验室	赵明辉
3	卫生部精神卫生学重点实验室	张 岱
4	卫生部神经科学重点实验室	万 有
5	卫生部医学免疫学重点实验室	张 毓
6	卫生部生育健康重点实验室	任爱国

(医学部科研处 胡桂芬 整理)

表 8-10 卫生部工程技术研究中心

序号	中心名称	负责人
1	卫生部口腔医学计算机应用工程技术研究中心	张震康

（医学部科研处 胡桂芬 整理）

表 8-11 北京市重点实验室/工程技术研究中心

序号	实验室名称	负责人
1	医学物理和工程北京市重点实验室	高家红
2	空间信息集成与3S工程应用北京市重点实验室	晏 磊
3	城市固体废弃物资源化技术与管理北京市重点实验室	王习东
4	先进电池材料理论与技术北京市重点实验室	夏定国
5	网络与信息安全北京市重点实验室	邹 维
6	食品安全毒理学研究与评价北京市重点实验室	郝卫东
7	造血干细胞移植治疗血液病研究北京市重点实验室	黄晓军
8	脊柱疾病研究北京市重点实验室	刘忠军
9	磁共振成像设备与技术北京市重点实验室	韩鸿宾
10	皮肤病分子诊断北京市重点实验室	李若瑜
11	生殖内分泌与辅助生殖技术北京市重点实验室	乔 杰
12	丙型肝炎和肝病免疫治疗北京市重点实验室	魏 来
13	恶性肿瘤转化研究北京市重点实验室	季加孚
14	肿瘤系统生物学北京市重点实验室	尹玉新
15	泌尿生殖系疾病(男)分子诊治北京市重点实验室	金 杰
16	风湿病机制及免疫诊断北京市重点实验室	栗占国
17	心血管受体研究北京市重点实验室	张幼怡
18	北京市智能康复工程技术研究中心	王启宁
19	北京市有源显示工程技术研究中心	刘晓彦
20	北京市新型污水深度处理工程技术研究中心	倪晋仁
21	代谢及心血管分子医学北京市重点实验室	肖瑞平
22	药物依赖性研究北京市重点实验室	陆 林
23	运动医学关节伤病北京市重点实验室	敖英芳
24	神经系统小血管病探索北京市重点实验室	黄一宁
25	视网膜脉络膜疾病诊治研究北京市重点实验室	黎晓新
26	北京市低维碳材料工程技术研究中心	刘忠范
27	北京市虚拟仿真与可视化工程技术研究中心	汪国平

（科学研究部 郑英姿、何洁 医学部科研处 田君 整理）

表 8-12 中关村开放式实验室

序号	实验室名称	负责人
1	微处理器及系统芯片开放实验室	程 旭
2	细胞分化与细胞工程实验室	邓宏魁
3	空间信息集成与3S工程应用北京市重点实验室	晏 磊
4	网络与信息安全实验室	邹 维
5	医药卫生分析中心	王京宇
6	软件工程国家工程研究中心	张世昆
7	微米/纳米加工技术国家级重点实验室	张 兴
8	数字视频编解码技术国家工程实验室	高 文
9	实验动物中心	朱德生

（科学研究部 郑英姿 医学部科研处 田君 整理）

表 8-13　广东省、深圳市重点实验室

序号	实验室名称	负责人
1	化学基因组学广东省重点实验室	杨震
2	集成微系统科学工程与应用深圳市重点实验室	张兴
3	城市人居环境科学与技术深圳市重点实验室	栾胜基

（科学研究部　郑英姿、何洁　整理）

表 8-14　其他省部级研究基地

序号	机构名称	负责人
1	国家中医药管理局中药配伍减毒重点研究室	张宝旭
2	国家中医药管理局痰瘀重点研究室	韩晶岩
3	国家中医药管理局微循环实验室（三级）	韩晶岩
4	国家中医药管理局中药药理（肿瘤）实验室（三级）	李萍萍
5	国家统计局统计科学研究所	耿直
6	国家湿地保护与修复技术中心	吴晓磊

（科学研究部　郑英姿　医学部科研处　田君　整理）

表 8-15　北京大学 2013 年度理工医科在研科研项目数分类统计

	单位	科技部项目				重大专项	国家自然科学基金委项目	教育部项目	北京市项目	海外合作项目	其他部门专项	企事业单位委托项目	行业专项	科技开发	合计
		973计划和重大计划	863计划	支撑计划	国际合作										
校本部	数学科学学院	2					79	27		1	4	2	7	10	132
	物理学院	60	8	2		2	174	42	6	3	14	10	7	30	358
	化学与分子工程学院	40	5		2	3	156	30	8	8	4	9	8	35	308
	生命科学学院	44	3		2	4	75	9	2	7	2	3		9	160
	地球与空间科学学院	11	12	10		8	106	14	4	1	22	19	30	47	284
	城市与环境学院	8	2	12	1		72	5	4	4	15	28		20	175
	环境科学与工程学院	3		3	2		38	9		4	21	12	2	50	147
	信息科学技术学院	43	23	8	3	7	169	39	22	6	18	4	114	83	539
	工学院	23	15	9	2	4	134	22	12	3	10	7	52	71	364
	心理学系	3	1	1			34	5	2	2		3		3	54
	计算机科学技术研究所	2	1	3			16	5	7	1	9	10	10	1	65
	分子医学研究所	14		1		1	22	4	1	1		1		3	48
	科维理天文与天体物理研究所						12	1		3					16
	其他	6	2	9		1	152	14	5	4	4	7	9	41	254
	校本部小计	259	72	58	12	37	1239	226	77	44	123	115	239	403	2904
医学部		42	8	14	7	19	701	259	117	1	14	108	13	259	1562
全校总计		301	80	72	19	56	1940	485	194	45	137	223	252	662	4466

（科学研究部　吴锜　医学部科研处　肖瑜、许术其、郑宗方　整理）

表 8-16　北京大学 2013 年理科与医科科研项目到校经费统计　　　　单位：万元

单位		科技部项目			重大专项	国家自然科学基金项目	教育部项目	北京市项目	其他部委省市专项	企事业委托项目	海外合作项目	科技开发	行业专项	到校经费合计
		973计划	863计划	支撑计划	实验室专项									
校本部	数学科学学院	315					1171	188	49	199	38	47	176	92	2275
	物理学院	4246	830	67	2965	1231	7014	161	437	2665	225	107	1188	105	21241
	化学与分子工程学院	2961	347		1664	152	5167	209	421	1305	43	280	885	284	13718
	生命科学学院	2825	282	8	2501	1585	2828	36	65	1061	123	133	2165		13612
	地球与空间科学学院	990	153	490		283	3130	63	50	1074	268	2	2778	645	9926
	城市与环境学院	244	214	1024		174	2045	41	64	1573	636	109	1211		7335
	环境科学与工程学院		153		251	340	1115	1262	41	89	1165	142	20	1739	60	6377
	信息科学技术学院	2981	3109	385	400	1807	5287	255	635	903	94	100	3977	6922	26855
	工学院	1262	1946	1087	714	264	4683	243	968	1151	67	42	5169	2616	20212
	心理学系	166	50	−2			1038	13	5	104	55	59	63		1551
	计算机科学技术研究所			70	210		952	268	20	30	216	124	5	354	203	2452
	分子医学研究所	1141	75	107			996	674	14	364	100		282	10		3763
	软件与微电子学院					253	180	54		50	635	51		173		1396
	暂存	330	−270	−80		−65	−593	−985	−271	334	1234	10		809		453
	其他*	107	27	301			1857	10679	718	21942	6736	18	1843	113	44341
	小计	17727	6833	3848	8584	8747	36011	11032	3624	33842	10420	1265	21558	12022	175507
深圳研究生院		371	83	275	3	56	904			8038	4738				14468
深港产学研基地		70		60			253			1469	1340				3192
医学部		5343	1524	1347	1511	4829	12770	1678	487	4965		702	6603	24	41783
总计		23505	8440	5530	10098	13632	49938	12710	4111	48314	16498	1967	28161	12046	234950

* 含凤凰工程、生命联合中心、理工科 2011 协同中心、理科基本科研费、文科院系承担的基金委和科技部项目、实验动物中心等其他单位。

表 8-17　北京大学 2006—2013 年到校科研经费分类统计　　　　单位：万元

年度	理科	医学部	科技开发部	先进技术研究院	文科	深圳研究生院	深港产学研基地	合计
2006	38545	14096	6801	3535	6677	2832		72486
2007	44011	18793	7225	5400	7200	3500		86129
2008	56107	26160	10594	7163	9514	3784		113322
2009	68586	21760	9862	8288	13313	5172		126981
2010	95698	46356	11532	20265	17000	5683		196534
2011	113619	31990	15454	15081	17000	10277	1763	205184
2012	139638	42643	17685	16300	19000	20180	4396	259842
2013	141925	41781	21557	12022	20000	14467	3192	254944

（科学研究部　周锋　整理）

表 8-18 北京大学 2013 年度理工科新批科研项目和经费统计

经费单位：万元

单位	科技部项目										国家自然科学基金委项目		教育部		北京市		其他部委省市专项		企事业单位委托项目		海外合作项目		合计	
	973 计划		重大计划		863 计划		支撑计划		国际合作及其他															
	项目	经费	项目	经费	项目	经费	项目	经费	项目	经费	项目	经费	项目	经费	项目	经费	项目	经费	项目	经费	项目	经费	项目	经费
数学科学学院											21	1720	8	442			3	195	2	5			34	2362
物理学院	6	1460	3	759	1	483					63	6603	7	104	4	221	14	472	17	168			115	10270
化学与分子工程学院			1	203							39	4769	8	99	3	317	9	702	4	40	3	96	67	6226
生命科学学院	2	632					1	800			30	3529	6	454	2	36	3	270	3	70	5	230	52	6021
地球与空间科学学院	1	346									29	2159	5	72			16	950	13	251			64	3778
城市与环境学院			1	313							25	4052	2	53			6	760	12	324	1	74	47	5576
环境科学与工程学院	4	731			1	957					15	1123	5	82			13	1739	12	249	2	120	48	4270
信息科学技术学院											65	7623	18	245	6	645	12	505	8	146	4	26	117	9921
工学院	1	149							1	75	57	6781	9	170	2	476	12	521	4	201	1		86	8373
心理学系											12	810	2	62					4	53	1		19	925
计算机科学技术研究所					1	404					6	344	2	54	2	33	3	124	6	68	2	20	22	1047
分子医学研究所											7	7815			2	313			2	147			11	8275
前沿交叉学科研究院											1	87											1	87
其他									1	657	63	3425	4	67			1				1	30	69	4179
合计	14	3318	5	1275	3	1844	2	1457	1	75	433	50840	76	1904	21	2041	91	6238	85	1575	21	743	752	71310

（科学研究部　张瑛、范少锋、廖日坤、杨凌春　整理）

表8-19 北京大学2013年医科新批科研项目和经费统计

单位:万元

单位	科技部项目								国家自然科学基金委项目		教育部项目		北京市自然科学基金项目		卫生部项目		合计	
	973计划项目与重大计划		863计划项目		支撑计划		其他课题											
	项目	经费	项目	经费	项目	经费	项目	经费	项目	经费	项目	经费	项目	经费	项目	经费	项目	经费
基础医学院	6	1622					2	290	65	6179.99	7	71	7	113	1	180	88	8455.99
药学院	2	833					6	1625	33	2218	10	140	4	34	1	50	56	4900
公共卫生学院	3	847							13	1638	4	32			1	8.8	18	1678.8
第一医院	1	246	1	1000	1	700	1	400	31	1858	7	34.5	8	112			50	3251.5
人民医院	1	226			2	800	2	222	36	1583	14	109	4	42			59	3902
第三医院	1	409	2	1011	1	200	1	526	33	1763	13	133.5	6	78	1	2000	56	5000.5
口腔医院	1	313							23	824	9	86	4	39			41	3095
第六医院									5	366	4	32	1	8			11	719
肿瘤医院			1	700	2	600	1	100	24	1441	8	37.5	5	66			41	2944.5
深圳医院	1	340					1	150	5	167							6	507
中国药物依赖性研究所							1		3	111	1	4					5	265
医药卫生分析中心									1	70							1	70
中国卫生发展研究中心									2	77							2	77
公共教学部													1	15			1	15
首钢医院																	0	0
护理学院											2	6					2	6
医学信息学中心											1	3					1	3
总计	16	4836	4	2711	6	2300	14	3313	274	18295.99	80	688.5	40	507	4	2238.8	438	34890.29

(医学部科研处 肖渝、许未其 整理)

表 8-20 北京大学 2013 年获批国家自然科学基金项目和经费统计

单位：万元

单位	面上项目		青年科学基金项目		重点项目		杰出青年科学基金项目		优秀青年科学基金项目		创新研究群体科学基金项目		重大科研仪器研制专项		重大项目		重大研究计划项目		国际(地区)合作与交流项目		其他类项目		合计	
	项目	经费	项目	经费	项目	经费	项目	经费	项目	经费	项目	经费	项目	经费	项目	经费	项目	经费	项目	经费	项目	经费	项目	经费
数学科学学院	13	745	1	22	1	230	2	280	1	100							1	350			6	93	25	1820
物理学院	32	2635	5	143	5	1420	2	400	5	500			1	750			2	90	7	350	4	315	63	6603
化学与分子工程学院	23	1931	3	75	5	1580			3	300	1	600					3	273	1	10			39	4769
生命科学学院	19	1503	3	71	1	304			2	200					1	400	2	650	1	1	1	400	30	3529
城市与环境学院	11	869	2	49	3	933	1	200	1	100	1	600			2	1250			2	11	2	40	25	4052
地球与空间科学学院	20	1657	1	25	1	310			1	100							1	30	5	37			29	2159
环境科学与工程学院	8	654	2	44	1	290			1	100									1	5	2	30	15	1123
信息科学技术学院	34	2744	13	327	4	1200			3	300	1	600	1	850	2	840	3	1700	4	462	4	330	65	7623
工学院	16	1250	13	315	4	1200	2	400	5	500							3	1365	7	266	6	636	57	6782
光华管理学院	6	344	5	108	1	225	1	140	1	100									1	3			15	920
心理学系	9	590															1	100			1	20	12	810
分子医学研究所	3	200	1	26	1	289							1	7200			1	100					7	7815
计算机科学技术研究所	4	298	2	46															1	20			6	344
科维理天文与天体物理研究所	2	184																			1	40	4	244
前沿交叉学科研究院	1	87																					1	87
校本部其他	5	304	1	20																	6	365	12	689
深圳研究生院	11	821	15	378																	2	273	28	1472
医学部	121	8384	79	1823	5	1470	1	200	4	400	2	1200			3	1410	7	1185	11	874	18	417	251	17363
总计	338	25200	146	3472	29	8571	9	1620	28	2800	5	3000	3	8800	8	3900	24	5843	41	2039	53	2959	684	68204

注：未含肿瘤医院。下同。

(科学研究部 范少锋 整理)

表 8-21 北京大学医学部 2013 年度获批国家自然科学基金项目和经费统计

单位:万元

单位	面上项目		青年科学基金项目		杰出青年科学基金项目		优秀青年科学基金项目		重点项目		创新研究群体科学基金项目		国际(地区)合作与交流项目		重大项目重大研究计划项目		主任基金专项基金		合计	
	项数	经费	项数	经费	项数	经费	项数	经费	项数	经费	项数	经费	项数	经费	项数	经费	项数	经费	项数	经费
基础医学院	35	2470	14	324			2	200	3	890	1	600	4	561	6	1135			65	6180
药学院	16	1251	11	255	1	200	1	100					2	110	1	300	1	2	33	2218
公共卫生学院	6	450	4	88											2	1090	1	10	13	1638
第一医院	20	1308	5	115			1	100	1	290							4	45	31	1858
人民医院	20	1304	9	209									2	10			5	60	36	1583
第三医院	10	725	16	368					1	290					1	100	5	280	33	1763
口腔医院	9	535	11	251									1	8			2	30	23	824
第六医院	2	140	2	46									1	180					5	366
肿瘤医院	9	588	11	253					2	580							2	20	24	1441
深圳医院	1	70	4	97															5	167
中国药物依赖性研究所	2	86	1	25															3	111
医药卫生分析中心															1	70			1	70
中国卫生发展研究中心	1	55	1	22															2	77
总计	131	8982	89	2053	1	200	4	400	7	2050	1	600	10	869	11	2695	20	447	274	18296

(医学部科研处 肖瑜 整理)

表 8-22　北京大学 2013 年度获批的国家自然科学基金重点项目

批准号	项目名称	负责人	所在院系
11331001	复几何中的奇性分析及应用	田　刚	数学科学学院
11332001	高超声速机动飞行的复杂动力学建模与自主控制	黄　琳	工学院
11332002	时—空守恒算法及其软件的开发与应用	刘凯欣	工学院
11333001	基于 CFHTLenS 和 VOICE 巡天的若干弱引力透镜宇宙学研究	范祖辉	物理学院
11334001	超冷原子系统的相变及其普适行为研究	周小计	信息科学技术学院
11335001	格点量子色动力学的大规模数值模拟研究	刘　川	物理学院
11335002	天体快中子俘获过程中的核物理研究	孟　杰	物理学院
11335003	离子径迹法制备纳米孔及其能量转化与物质输运研究	王宇钢	物理学院
21331001	纳米氧化铈 $Ce3+/Ce4+$ 调控及其对胰岛 β 细胞保护研究	严纯华	化学与分子工程学院
21332001	惰性 C—H 键的高效转化及其应用	施章杰	化学与分子工程学院
21332002	金属卡宾的反应以及合成研究	王剑波	化学与分子工程学院
21333001	金属表面结构控制与分子反应调控的研究	吴　凯	化学与分子工程学院
21335001	液/液界面的结构与功能化研究	邵元华	化学与分子工程学院
31330012	我国温带草原的灌丛化及其对生态系统结构和功能的影响	方精云	城市与环境学院
31330024	神经元离子通道—动作电位—量子化分泌关系研究	周　专	分子医学研究所
31330025	髓质区 CD4 单阳性 T 细胞发育中的阴性选择、nTreg 分化及功能成熟研究	张　毓	医学部
31330048	光与激素共同调控植物发育的信号转导机制研究	邓兴旺	生命科学学院
41330210	西南天山俯冲带超高压变质流体与岛弧岩浆成因	张立飞	地球与空间科学学院
41330421	我国冰雹频率与强度的变化机制研究	张庆红	物理学院
41330632	小尺度优先水流通道对地下水污染物迁移过程和修复的控制作用：基于野外试验的基础研究	郑春苗	工学院
41330635	大气中关键含碳组分来源及转化的量化研究	邵　敏	环境科学与工程学院
41330637	富营养化水体中新型内分泌干扰物质的污染特征和复合生态毒理效应	胡建英	城市与环境学院
41330747	城市景观格局与自然灾害生态风险研究——以深圳市为例	王仰麟	城市与环境学院
51333001	高分子分散蓝相液晶/纳米粒子显示材料的制备与电光性能研究	杨　槐	工学院
71332006	基于全网数据的消费者行为与偏好研究	苏　萌	光华管理学院
81330010	胃激素 ghrelin 和 nesfatin-1 在肠道菌群紊乱促进非酒精性脂肪肝发生中的作用和机制	张炜真	医学部
81330020	致病微生物与抗肾小球基底膜病发病机制研究	赵明辉	医学部
81330040	软骨细胞微环境变化对软骨损伤修复影响的研究	敖英芳	医学部
81330074	尿素通道蛋白作为新型利尿药作用靶标的确认及其活性化合物的结构优化	杨宝学	医学部

（科学研究部　范少锋　整理）

表 8-23　北京大学 2013 年度获批的国家自然科学基金重大项目/课题

批准号	项目名称/课题名称	负责人	所在院系
21390412	细胞中活性分子实时动态变化与相互作用的荧光探针研究（课题）	谢晓亮	生命科学学院
41390240	中国东部地区典型半挥发持久性有机污染物的来源、归趋、人群暴露及健康风险（项目）	陶　澍	城市与环境学院
41390241	对象污染物的主要来源与排放清单（课题）	刘文新	城市与环境学院
41390243	对象污染物大气传输过程与人群呼吸暴露风险（课题）	陶　澍	城市与环境学院
61390504	高性能石墨烯器件与电路的批量制备与优化（课题）	彭练矛	信息科学技术学院
61390515	面向群体数据的 AVS 云媒体标准及验证平台（课题）	黄铁军	信息科学技术学院
81390351	糖代谢稳态调节基因的转录及转录后调控机制（课题）	管又飞	医学部
81390540	环境与遗传因素及其交互作用对冠心病和缺血性脑卒中影响的超大型队列研究（项目）	李立明	医学部
81390541	基于中国超大型队列的冠心病和缺血性脑卒中及其危险因素的长期趋势和病因研究（课题）	李立明	医学部
81390544	基于中国超大型队列的冠心病表观遗传学研究（课题）	吕　筠	医学部

（科学研究部　范少锋　整理）

表 8-24　北京大学 2013 年度获批的国家自然科学基金国家重大科研仪器设备研制专项

批准号	项目名称	负责人	所在院系	类别
21327808	单细胞高通量测序样品前处理微流控仪器与器件研制	黄岩谊	工学院	自由申请
61327801	用于制备 GaN 单晶衬底材料的 MOCVD、HVPE 和 LLO 集成化设备的研制	张国义	物理学院	自由申请
61327801	超高时空分辨微型化双光子在体显微成像系统	程和平	分子医学研究所	部委推荐

（科学研究部　范少锋　整理）

表 8-25　北京大学 2013 年度获批的国家自然科学基金重大研究计划

批准号	项目名称	负责人	所在院系
91313000	基于化学小分子探针的信号传导过程研究	张礼和	医学部
91313302	用于信号转导研究的小分子探针检测新方法	黄岩谊	工学院
91316000	近空间飞行器的关键基础科学问题指导专家组调研和学术交流经费	方岱宁	工学院
91319302	组蛋白去乙酰化酶 SIRT6 招募 NuRD 复合物参与 DNA 损伤应激的分子机制研究	朱卫国	医学部
91319305	基于"seesaw 模型"建立的新的重编程体系的表观遗传机制研究	邓宏魁	生命科学学院
91323105	离子径迹法制备纳米多孔体系及其应用研究	王宇钢	物理学院
91323304	跨尺度纳米批量制造原理与方法	李志宏	信息科学技术学院
91325105	黑河全流域遥感关键生态参数产品反演	范闻捷	地球与空间科学学院
91330103	经脑间质途径药物分子扩散的数学建模与算法研究	袁兰	医学部
91330205	地下爆炸研究牵引的多介质辐射流体力学的可计算建模与计算方法	汤华中	数学科学学院
91331201	中国野生拟南芥适应不同生境温度的分子机制	顾红雅	生命科学学院
91332119	前额叶皮质调控痛记忆和痛负性情绪及其交互敏化的微环路及分子网络基础	王韵	医学部
91332125	情感神经环路分子机理的药物基因脑成像研究	韩世辉	心理学系
91333102	表面等离子体共振增强的新型高效太阳能电池	郭雪峰	化学与分子工程学院
91333105	用于光伏倍增器件的高纯半导体性单壁碳纳米管阵列的可控生长	李彦	化学与分子工程学院
91333107	面向光电转换的高分子基柔性光电功能纤维	邹德春	化学与分子工程学院
91334110	气液固三相接触线区域热—质传递机理及其调控规律	王昊	工学院
91336103	获得 pK 温度铷原子量子气体的实验与理论研究	陈徐宗	信息科学技术学院
91337106	青藏高原对热带辐合带影响的耦合模式研究	杨海军	物理学院
91339105	miR-24 的二级结构—G-四链体对血管平滑肌细胞功能的调控	徐明	信息科学技术学院
91339106	基于转录组的腹主动脉瘤治疗药物的筛选策略研究	崔庆华	医学部
91339111	Gab1 介导的机械性信号转导在血管重塑中的作用及其机制	罗金才	分子医学研究所
91339114	NSun2 对血管衰老过程中衰老相关基因的多靶标调控作用	王文恭	医学部
91339203	血管活性肽 Intermedin 在血管稳态维持及损伤修复中的作用和机制	齐永芬	医学部

（科学研究部　范少锋　整理）

表 8-26　北京大学 2013 年度获批的国家自然科学基金重大国际合作项目

批准号	项目名称	负责人	所在院系
11320101004	奇特核、丰中子核物质及在天体物理中的影响	许甫荣	物理学院
61320106001	基于 HCG 器件的波束控制和量子极限接收的无线光通信基础研究	胡薇薇	信息科学技术学院
81320108012	Wnt 信号通路：癌性疼痛的细胞和分子机制及治疗靶点	宋学军	医学部
81320108020	IgG 分子在急性髓细胞白血病（AML）发生发展中的意义及其作为 AML 治疗新靶点的应用前景	邱晓彦	医学部

（科学研究部　范少锋　整理）

表8-27　北京大学2013年获批的《国家重点基础研究发展规划》项目

项目编号	首席科学家	所在单位	项目名称
2014CB138400	李毅	生命科学学院	农作物重要病毒病昆虫传播与致害的生物学基础
2014CB542600	蒋争凡	生命科学学院	动物病毒—宿主相互作用机制的研究
2014CB845700	刘晓为	物理学院	基于LAMOST大科学装置的银河系研究及多波段天体证认
2014CB846000	鲁安怀	地球与空间科学学院	光电子调控矿物与微生物协同作用机制及其环境效应研究
2014CB542200	姜保国	医学部（人民医院）	周围神经损伤及修复后神经再生与中枢神经重塑的机制研究
2014CB347700	熊英飞	信息科学技术学院	基于情境的安全攸关软件的构造方法与运行机理研究

（科学研究部　张琰　整理）

表8-28　北京大学2013年获批的《国家重点基础研究发展规划》课题

课题编号	课题名称	负责人	所在单位
2014CB046202	风力机气动弹性机理与非线性大变形结构动力学研究	黄克服	工学院
2014CB138402	虫传病毒对寄主植物的致病机制	李毅	生命科学学院
2014CB239302	表/界面调控及光化学机制的先进表征和理论研究	贾爽	物理学院
2014CB340105	多维复用光网络	李正斌	信息科学技术学院
2014CB340405	网络大数据模式发现与效应分析方法研究	李晓明	信息科学技术学院
2014CB340504	融合三元空间的中文语言知识与世界知识获取和组织	穗志方	信息科学技术学院
2014CB347701	基于情境的安全攸关软件的构造方法与运行机理研究	熊英飞	信息科学技术学院
2014CB441303	中国化学—气候相互作用的高分辨率研究	傅宗玫	物理学院
2014CB542004	肿瘤治疗前后的异质性与抗药性演化机制	梁静	医学部（基础医学院）
2014CB542204	周围神经损伤后疼痛、感觉异常的调控机制与干预策略	姜保国	医学部（人民医院）
2014CB542206	周围神经创新性修复模式下末梢效应器诱导的系统功能重塑	王韵	医学部（基础医学院）
2014CB542601	抗病毒天然免疫机制的研究	蒋争凡	生命科学学院
2014CB845504	强流高功率离子直线加速器超导高频HWR腔研究	朱凤	物理学院
2014CB845701	银盘结构、星族及其化学和动力学研究	吴学兵	物理学院
2014CB845705	多波段天体光谱证认研究	刘晓为	物理学院
2014CB845806	伽马暴宇宙学	李立新	物理学院
2014CB846001	光电子在矿物与"光电能微生物"界面传递的动力学和分子生物学机制	鲁安怀	地球与空间科学学院
2014CB846104	学习行为发展异常的机制与干预	王玉凤	医学部（第六医院）

（科学研究部　张琰　整理）

表8-29　北京大学2013年获批的重大科学研究计划项目

项目类别	项目编号	首席科学家	所在单位	项目名称
量子调控	2014CB920900	杜瑞瑞	物理学院	新型低维体系量子输运和拓扑态的研究
全球变化	2014CB954000	贺金生	城市与环境学院	土壤系统碳动态、机制及其对全球变化的响应
纳米研究	2014CB932500	彭海琳	化学与分子工程学院	二维原子晶体界面科学与器件基础
ITER	2013GB104000	林志宏	物理学院	托卡马克大规模数值模拟

（科学研究部　张琰　整理）

表8-30　北京大学2013年获批的重大科学研究计划课题

项目类别	项目编号	负责人	项目名称	所在单位
量子调控研究	2014CB920901	杜瑞瑞	新型一维体系中马约拉纳费米子的探索	物理学院
量子调控研究	2014CB920902	王垡	低维磁电耦合体系中奇异电子态的磁、电、光调控	物理学院
量子调控	2014CB921003	胡小永	氧化物异质结光磁电场调控机制研究	物理学院

续表

项目类别	项目编号	负责人	项目名称	所在单位
全球变化研究	2014CB954004	贺金生	全球变化背景下典型区域土壤碳动态及固碳潜力	城市与环境学院
发育生殖	2014CB943203	于洋	人卵母细胞质量的临床评估	医学部（第三医院）
纳米研究	2014CB932501	彭海琳	二维原子晶体界面科学与器件基础	化学与分子工程学院

（科学研究部 张琰 整理）

表 8-31 北京大学 2013 年度获批的 863 计划课题

申报领域	课题编号	课题名称	负责人	所在单位
信息技术领域	2014AA015102	基于多模态特征整合的大数据模式发现技术	陈晓鸥	计算机科学技术研究所
生物和医药技术领域	2014AA020602	基于临床信息的肺癌分子网络研究及关键产品开发	王俊	医学部（人民医院）
新材料技术领域	2014AA032605	大尺寸氮化镓衬底制备与同质外延技术研究	于彤军	物理学院
资源环境技术领域	2014AA06A507	挥发性有机污染物时空分布监测技术和设备	曾立民	环境科学与工程学院

（科学研究部 张琰 整理）

表 8-32 北京大学 2013 年度获批的支撑计划课题

课题编号	负责人	所在单位	课题名称
2014BAI07B01	栗占国	医学部	类风湿关节炎的诊治研究
2014BAK07B02	朱强	图书馆	文物数字化保护元数据标准研究

（科学研究部 张琰 整理）

表 8-33 北京大学 2013 年度新获批的重大仪器设备专项

课题编号	负责人	所在单位	课题名称
2013YQ030967	高文	信息科学技术学院	超高清视频实时分析增强仪开发和应用

（科学研究部 张琰 整理）

表 8-34 北京大学 2013 年理工医科获批"创新团队发展计划"名单

学术带头人	所在单位	研究方向
邓宏魁	生命科学学院	干细胞与再生生物学
柳彬	数学科学学院	动力系统与常微分方程
王洁	肿瘤医院	基因分型为基础的肺癌个体化诊治研究

（科学研究部 范少锋 整理）

表 8-35 北京大学 2013 年理工医科获批的"新世纪优秀人才支持计划"名单

姓名	所在单位	姓名	所在单位
赵清	物理学院	王兴军	信息科学技术学院
黄湧	深圳研究生院	张贵宾	地球与空间科学学院
魏坤琳	心理学系	黄卓	医学部
王崑	数学科学学院	孙露洋	医学部
童美萍	环境科学工程学院	张君	医学部
徐冬一	生命科学学院	斯璐	医学部
孙俊	计算机科学技术研究所		

（科学研究部 范少锋 整理）

表 8-36　北京大学 2013 年理工医科获批的教育部科学技术研究项目

项目名称	负责人	所在单位
全球二次有机气溶胶的时空分布格局与辐射强迫研究	刘峻峰	城市与环境学院
人脂肪干细胞三维生物打印体的体内成骨研究	孙玉春	口腔医院
基于碳纳米管材料的高性能电子器件	梁学磊	信息科学技术学院

（科学研究部　范少锋　整理）

表 8-37　2013 年北京大学青年教师入选北京市科技新星计划名单

序号	姓名	所在单位
1	赵　清	物理学院
2	黄　雨	软件工程国家工程研究中心

（科学研究部　范少锋　整理）

表 8-38　北京大学 2013 年获批的公益性行业专项

主管部门	项目名称	负责人	所在单位
环境保护部	含氢氯氟烃替代技术评估与推广政策研究	胡建信	环境科学与工程学院
环境保护部	石油污染土壤生态毒性微生物传感快速检测技术与方法研究	黄　艺	环境科学与工程学院
环境保护部	氨排放对华北地区细颗粒物形成的影响及控制对策研究	宋　宇	环境科学与工程学院
中国气象局	数值模式变量物理分解法在中期—延伸期区域暴雨预报中的天气学释用	钱维宏	物理学院
环境保护部	极高持久性和生物蓄积性化学品筛查方法和清单研究	万　祎	城市与环境学院
国土资源部	低丘缓坡山地开发地质环境与生态适宜性评价	彭　建	城市与环境学院
环境保护部	重点行业挥发性有机物（VOCs）减排和监管体系	邵　敏	环境科学与工程学院

（科学研究部　范少锋　整理）

表 8-39　北京大学获 2013 年度国家科学技术奖项目

奖励类别	获奖等级	单位排序	项目名称	获奖人	所在单位
国家自然科学奖	2	1	凯勒几何中的典则度量和里奇流	朱小华	数学科学学院
	2	1	基于碳氢键活化的氧化偶联	施章杰，李必杰，万小兵，杨尚东，林松	化学与分子工程学院
	2	1	寡糖的合成及某些基于糖类的药物发现	叶新山，熊德彩，耿轶群，王冠男，张礼和	药学院
	2	1	生物计算中数据编码与模型构建理论方法研究	许　进	信息科学技术学院
	2	3	有机小分子和金属不对称催化体系及其协同效应研究	吴云东	化学与分子工程学院
	2	3	过渡金属及其化合物纳米材料的可控合成、微结构及相关特性	陈晋平	物理学院
国家技术发明奖	2	1	高效微生物及其固定化脱氮技术	倪晋仁，叶正芳，籍国东，赵华章，陈倩，孙卫玲	环境科学与工程学院
国家科技进步奖	2	4	超大规模集成电路 65—40 纳米成套产品工艺研发与产业化	黄如，康劲	信息科学技术学院

（科学研究部　张铭整理）

表 8-40 北京大学获 2013 年度高等学校科学技术奖项目

奖种类别	获奖等级	单位排序[1]	项目名称	获奖人	所在单位
自然科学奖	1	1	原子核结构的相对论多体理论研究	孟杰,周善贵,龙文辉,张双全,梁豪兆,赵鹏巍,彭婧,耿立升,吕洪凤	物理学院
	1	1	有机光电材料的合成、器件化及构效关系研究	裴坚,王婕妤,周焱,雷霆,罗佳	化学与分子工程学院
	1	1	药物成瘾的神经机制及干预策略研究	时杰,陆林,贾忠伟,李素霞,赵励彦,鲍彦平,吴萍,王贵彬,薛言学,朱维莉,丁增波	中国药物依赖性研究所
	1	1	中国木本植物分布及其与环境关系的研究	方精云,王志恒,唐志尧,赵淑清,王襄平,沈泽昊,郑成洋	城市与环境学院
	1	1	高性能碳基纳米电子器件	彭练矛,张志勇,王胜,梁学磊,丁力,王振兴,徐慧龙,杨雷静	信息科学技术学院
	2	1	内源性二氧化硫—心血管调节的新型气体信号分子	金红芳,杜军保,唐朝枢,杜淑旭,王新宝,卜定方,耿彬,刘叠,孙燕,赵霞,张荣媛	第一医院
	2	1	甲胎蛋白信号分子样作用的发现	李刚,李孟森,王珊珊,李朝英,李慧	基础医学院
	2	1	中药体内过程的分子机制	杨秀伟,杨晓达,王旗,杜力军,张友波,徐嵬,张悦,邢东明,丁怡	药学院
	2	1	加味五子衍宗方防治阿尔茨海默病作用机制研究	王学美,黎巍威,曾克武,李娌,褚松龄,富宏,张泰,刘庚信,杨金龙,王斌	第一医院
科技进步奖	1	1	基于知件的知识获取、管理和知识服务平台	金芝,陆汝钤,张霞,李戈,张松懋,平安,陈德彦,赵海燕,张伟,牟克典,张立东,许焱	信息科学技术学院
	1	1	网络情报挖掘与管理系统关键技术及其应用	谢新洲,丁辉,李纲,王强,田丽,杜智涛,王洪波,陈安琪,王健美,安静,靳晓宏,邓明荣,刘志芳	新闻与传播学院
	2	1	中国宫颈癌检查模式探索及应用	廖秦平,赵更力,张小松,陈锐,周敏,邹艳荣,毕蕙,李克敏,吴成,陈丽君	第一医院
技术发明奖	2	1/2	多尺度、多维度填料协同增强树脂基口腔生物材料及临床修复技术	邓旭亮,杨小平,王新知,卫彦,蔡晴,胡晓阳	口腔医学院

(科学研究部 张铭 整理)

表 8-41 北京大学获 2013 年度北京市科学技术奖项目

获奖等级	单位排序	获奖人	项目名称	完成单位
3	1	晏磊,褚金奎,孙华波,彩万志,张树义,林沂	基于仿生学的空间信息处理方法及机理发现	地球与空间科学学院
3	1	翟茂林,吴国忠,许零,彭静,李久强,魏根栓	新型功能高分子材料的辐射制备方法及其应用研究	化学与分子学院
2	1	郭军,孔燕,斯璐,迟志宏,崔传亮,盛锡楠,毛丽丽,李思明,代杰	中国黑色素瘤个体化治疗模式的初步建立	肿瘤医院
3	1	詹思延,张黎明,李立明,胡永华,孙凤,吕筠	药品上市后安全有效性评价的理论、方法与实践研究	公共卫生学院
3	1	周利群,蒋宁,王建伟,李学松,瓦斯里江瓦哈甫,纪世琪	核小体结合蛋白(NSBP1)在泌尿系肿瘤发生发展中的作用机制	第一医院
3	1	黎晓新,何守志,黄旅珍,于文贞,史雪辉,郭丽莉	眼脉络膜新生血管发病机制研究	人民医院
2	1	敖英芳,余家阔,王健全,崔国庆,胡跃林,郭秦炜,徐雁,焦晨,马勇	关节运动损伤微创治疗临床与基础研究	第三医院

表 8-42　北京大学获 2013 年度中华医学科技奖项目

获奖等级	单位排序	获奖人	项目名称	完成单位
1	1	郭卫,杨荣利,汤小东,燕太强,杨毅,姬涛,李大森,唐顺,曲华毅,董森,李晓,孙馨,任婷婷,杜志业,臧杰	原发恶性骨肿瘤的规范化切除及功能重建系列研究	人民医院
2	1	栗占国,何菁,郭建萍,苏茵,李茹,穆荣,刘燕鹰,赵义,赵金霞,安媛	系统性风湿免疫病发病机制及免疫干预的研究	人民医院
3	1	韩济生,崔彩莲,吴鎏桢,李亦婧,王玢,梁璟,初宁宁,钟飞	经皮穴位电刺激治疗阿片成瘾的疗效及其神经机制	基础医学院
3	1	马潞林,卢剑,黄毅,赵磊,张树栋,侯小飞,王国良,刘余庆	肾外科疾病微创诊治技术的临床研究	第三医院
3	1,2	黄一宁,袁云,王朝霞,方亮,张珺,张巍,孙葳,刘旸	脑小血管病的发病机制与诊治研究	第一医院
医学科普	1	孙宁玲,喜杨,王鸿懿,陈源源,赵连友,马方,刘力生,荆珊	中国高血压患者自我管理标准手册	人民医院

表 8-43　2013 年度 SCI 数据库收录的北京大学为第一作者单位的论文及分布总体情况统计

单位	国内刊物			国外刊物	SCI论文数	所占百分比	平均影响因子	最高影响因子
	中文	英文	小计	英文				
数学科学学院		10	10	108	118	3.22%	1.29	8.39
工学院	6	20	26	378	404	11.03%	3.16	31.48
物理学院	12	32	44	348	392	10.70%	3.60	15.41
化学与分子工程学院	26	10	36	379	415	11.33%	5.63	30.41
生命科学学院		3	3	108	111	3.03%	6.81	33.12
地球与空间科学学院	36	20	56	113	169	4.61%	2.45	8.12
城市与环境学院		12	12	118	130	3.55%	3.65	42.35
环境与工程学院	3	7	10	129	139	3.79%	3.21	5.48
心理学系		1	1	40	41	1.12%	3.44	20.53
信息科学技术学院	1	43	44	276	320	8.74%	2.39	15.49
计算机科学技术研究所		2	2	20	22	0.60%	2.10	4.79
分子医学研究所				39	39	1.06%	6.54	42.35
人口研究所				4	4	0.11%	1.89	2.58
前沿交叉学科研究院		3	3	19	22	0.60%	2.67	5.68
北京国际数学研究中心				11	11	0.30%	0.75	2.33
科维理天文与天体物理研究所				15	15	0.41%	5.41	6.28
其他		1	1	23	24	0.66%	2.74	10.73
医学部	15	143	158	1034	1192	32.54%	3.30	39.32
深圳研究生院	2	1	3	92	95	2.59%	4.26	12.34
总计	101	308	409	3254	3663	100%	3.57	42.35

(科学研究部　王纬超　整理)

表 8-44　北京大学 2013 年通过鉴定的科研成果统计表

序号	项目名称	第一完成单位	第一完成人	组织、批准鉴定单位
1	河南省烟草面积与长势遥感监测	地球与空间科学学院	范闻捷	教育部
2	中国黑色素瘤个体化治疗模式的初步建立	肿瘤医院	郭军	教育部
3	基于知件的指示获取、管理和知识服务平台	信息科学技术学院	金芝	教育部
4	慢性肾脏病及透析患者代谢相关的合并症与综合干预治疗的研究	第三医院	张爱华	教育部
5	复杂角膜内皮移植手术技术与临床应用	第三医院	洪晶	教育部
6	高重复频率环形腔光纤激光器及频率梳	信息科学技术学院	张志刚	教育部
7	国人年龄相关性黄斑变性的发病特征及干预模式的研究	人民医院	黎晓新	教育部
8	中国及邻区盆地火成岩油气地质填图	地球与空间科学学院	师永民	教育部
9	网络情报挖掘与管理系统关键技术及其应用	新闻与传播学院	谢新洲	教育部
10	研发恶性骨肿瘤的规范化切除及功能重建系列研究	人民医院	郭卫	教育部
11	冠心病早期诊断与综合治疗技术体系的研究	第一医院	霍勇	教育部
12	中国宫颈癌检查模式探索及应用	第一医院	廖秦平	教育部
13	中国 Rett 综合征的遗传特点及其遗传机制研究	第一医院	包新华	教育部

（科学研究部　侯荣菊　医学部科研处　汪立　整理）

表 8-45　北京大学 2013 年专利申请受理、获授权情况统计表

单位	申请专利受理			获授权专利		
	国内专利	国际专利	外国专利	国内专利	国际专利	外国专利
信息科学技术学院	163	3	2	109		
计算机科学技术研究所	26			27		
化学与分子工程学院	54			34		
物理学院	27	1		32		
生命科学学院	14	1	1	9		
工学院	52			25		
环境科学与工程学院	9			26		
城市与环境学院	2			8		
地球与空间科学学院	21			9		
分子医学研究所	3			4		
软件与微电子学院	6			3		
计算中心				1		
光华管理学院	2					
数学科学学院	1					
心理学系	2					
校本部小计	382	5	3	287		
医学部小计	112	1	6	94		2
总计	494	6	9	381		2

（科学研究部　侯荣菊　整理）

表 8-46　北京大学校本部 2013 年主办的理工类国际学术会议和研讨班情况统计

会议时间	主办单位	会议名称
9月10日—9月15日	地球与空间科学学院	"三叠纪海生脊椎动物群及其后演化"2013 国际研讨会
6月18日—8月18日	工学院	中国国际太阳能十项全能竞赛太阳能峰会暨决赛

续表

会议时间	主办单位	会议名称
6月3日—6月7日	物理学院	固体中的马约拉纳费米子国际会议
8月15日—6月17日	物理学院	环太平洋地区自旋电子学材料学术研讨会
2月6日—2月7日	生命科学学院	中国爱尔兰生物医学研讨会
9月15日—9月17日	科学研究部	International Symposium for Challenge in Today's Research Administration
5月20日—5月24日	物理学院	北京大学-美国得克萨斯大学物理交流会议
12月9日—12月13日	信息科学技术学院	第14届ACM/USENIX/IFIP国际中间件大会
8月11日—8月16日	地球与空间科学学院	第八届国际统计地震学学术研讨会
5月16日—8月24日	信息科学技术学院	2013年电路与系统国际会议
6月10日—6月13日	工学院	流体物理国际研讨会
5月6日—5月10日	科维里天文与天体物理研究所	2013年KIAA多信使瞬变源天体物理研讨会
5月7日—5月9日	物理学院	CUSTIPEN Workshop
11月17日—11月20日	环境科学与工程学院	城市环境污染国际学术会议
9月14日—9月16日	物理学院	23rd ICNSP
9月17日—9月20日	物理学院	13th IAEA-TM EP
10月24日—10月27日	工学院	纳米结构及其在能源中的应用国际研讨会
12月15日—12月17日	物理学院	核多体理论与计算研究进展国际研讨会
10月31日—11月2日	物理学院	中美"原子核衰变及相关问题"研讨会
12月29日—12月31日	化学与分子工程学院	中欧化学前沿国际研讨会

(科学研究部 张琰 整理)

表8-47 北京大学医学部2013年主办的医学类国际学术会议和研讨班情况统计

会议时间	会议名称	主办单位
10月15日	2013北京系统生物学与转化医学国际研讨会	基础医学院
4月7日—4月10日	细胞应激反应国际研讨会	基础医学院
11月29日—11月30日	International Conference of Matrix Biology and Disease	基础医学院
7月19日—7月21日	第二届加中动脉硬化、血栓、糖尿病和肥胖论坛	基础医学院
9月6日—9月8日	Joint Congress for International Conference for Microcirculation and the 13th Annual Conference of the Professional Committee for Microcirculation, Chinese Association of Integrative Medicine	基础医学院
3月18日	国际流行病学会培训班	公共卫生学院
6月3日—6月17日	2013北京大学—杜克大学全球卫生暑期学校	公共卫生学院
8月12日—8月17日	第五期全球卫生外交高级培训班	公共卫生学院
11月19日	21世纪毒性测试研讨会	公共卫生学院
11月27日	环境健康与风险评价研讨会	公共卫生学院
10月18日—10月20日	中国科协"第十一届全国博士生学术年会"生物医药专题会议	药学院
9月25日—9月27日	第四届中医药现代化国际科技大会第八分会"民族医药的发展与产业化"	药学院
6月16日—6月19日	第二届"天然产物全合成—青年学术研讨会"	药学院
10月9日—10月12日	Beijing Symposium 2013 on "New Frontiers in Organic Chemistry: New Reagents, New Reactions"	药学院
11月1日—3日	4th International Symposium of Quantitative Pharmacology	药学院
7月2日	北京地区药物代谢会议	药学院
10月17日—10月18日	"癌症化学预防研究前沿"第471次香山会议	药学院
1月30日	北京大学医药管理国际研究中心10周年学术研讨会	药学院

续表

会议时间	会议名称	主办单位
5月25日—5月27日	"成瘾与精神疾病国际学术研讨会"（第十五届中国科协年会国际分会场）	中国药物依赖性研究所
10月14日—10月15日	PUHSC—SSSTC Joint Symposium on Cancer	肿瘤医院
11月16日—11月18日	第三届全球肿瘤放疗进展论坛暨北京抗癌协会肿瘤放疗专业委员会	肿瘤医院
8月3日—8月4日	中韩日 BESETO 国际精神病学大会	第六医院
10月13日	世界卫生组织西太区首届"灾难精神卫生高峰论坛"	第六医院
7月16日	口腔干细胞研究与再生中心 2013 暑期高峰论坛	口腔医院
10月23日	CORE China 2013 口腔功能修复重建的未来挑战研讨会暨北京大学䯒学论坛	口腔医院
5月23日—5月24日	北京大学第三届国际放射肿瘤学术论坛	第三医院
5月24日—5月25日	北京大学国际心力衰竭治疗论坛	第三医院
6月1日—6月3日	国际第三届慢性盆腔痛大会及微创手术热点问题论坛	第三医院
8月24日—8月25日	肌肉骨骼超声及新技术国际研讨会	第三医院
6月20日—6月23日	第四届国际儿科肾脏病学会（IPNA）研讨会暨第 23 届全国儿科肾脏病学习班	第一医院
11月22日—11月23日	2013 北大儿科癫痫论坛	第一医院
11月21日—11月22日	2013 年中日韩放射肿瘤年会	第一医院
9月7日—9月8日	北京大学 2013 骨关节炎国际论坛	第一医院
10月19日—10月20日	第三届北京大学国际脊柱外科高峰论坛暨 2013 北大—哈佛国际脊柱外科高峰论坛	第一医院
5月10日—5月12日	紫禁城国际药师论坛	第一医院
6月24日—6月27日	第二届创面修复及诊疗进展学术研讨会暨糖尿病足及相关慢性创面处理教育项目	第一医院
5月11日—5月13日	亚洲睡眠医学研讨会	人民医院
9月6日—9月8日	2013 年北京造血干细胞移植国际会议	人民医院

（医学部科研处 张秋月 整理）

文 科 科 研

【发展概况】 北京大学文科现有 21 个院系，在院系之外，设有社会科学部作为校级综合性职能部门，在文科主管校长领导下负责全校人文社会科学科研管理工作。社会科学部前身可追溯到 1956 年 9 月成立的科学工作处，1960 年 4 月，学校撤销科学工作处，设立社会科学处和自然科学处，分管文理科科研，后又经几次调整，2000 年 8 月，正式更名为"社会科学部"。目前社会科学部下设综合、项目管理、成果管理、基地管理四个办公室，现任社会科学部部长为校长助理、政府管理学院教授李强。

【科研项目】 2013 年，北京大学文科纵向项目立项数量继续稳健增长。其中国家社科基金重大项目是现阶段我国哲学社会科学领域层次最高、资助力度最大、权威性最强的国家级政府基金资助项目，2013 年北京大学共新获国家社科基金重大项目 13 项，立项率为 76.4%。其中 7 项为基础理论类项目。在进行的国家社科基金重大项目年检工作中，北京大学在研的 7 项重大项目全部顺利通过了年检，并且其中朱玉麒的"清代新疆稀见史料调查与研究"重大项目由于研究任务重、研究水平高，经过专家评估获得滚动资助。其他各类纵向项目立项数量也稳健增长，继续保持领先位置。

表 8-48　北京大学 2013 年度文科主要纵向项目申报和立项情况

项目名称	申报数	立项数
2013 年度国家社科基金重大项目	17	13（其中 2 项为重大转重点）
2013 年度国家社科基金年度项目	144	32
2013 年度教育部哲学社会科学研究重大课题攻关项目	12	1
2013 年度教育部人文社会科学重点研究基地重大项目	24	22
2013 年度教育部人文社会科学研究一般项目	227	31
总计	424	99

表 8-49　北京大学 2013 年度文科其他纵向项目立项情况

项目名称	立项数
2013 年国家社科基金后期资助项目	5
2013 年国家社科基金中华学术外译项目	1
2013 年国家社科基金艺术科学规划项目	2
2013 年度国家社科基金《成果文库》项目	2
2013 年国家社科基金重点资助学术期刊项目	7
2013 年度教育部哲学社会科学研究后期资助项目	1
2013 年度教育部人文社会科学研究专项任务项目	13
2013 年教育部留学回国人员科研启动基金项目	21
2013 年北京市一般项目	12
2013 年北京市教育科学规划课题	2
2013 年国家体育总局项目	2
2013 年国家文物局项目	3
总计	71

为保证纵向项目按时保质完成，社会科学部加强监管力度，积极配合上级部门的中期检查和结项工作。国家社科基金项目在结项激励政策的引导下，结项积极性较高，其中，2 项国家哲学社会科学项目获得优秀。教育部人文社科一般项目结项进展顺利，2007 年以前项目全部清理完成，新增项目按期结项的情况也比较理想，半数以上的项目能够按时保质地完成结项。

社会科学部组织校内专家参与国家社科基金、教育部等上级科研管理部门布置的项目评审工作，大多数教师积极配合，圆满完成了各项评审任务，展现了北大知名专家集中、学科门类齐全的优势。社会科学部将进一步做好对评审专家的服务工作，发挥好评审专家的经验和智慧，使专家不仅在对外咨询服务中扩大影响，而且能够促进我校自身项目申报的质量提升。

表 8-50　北京大学 2013 年度文科纵向项目评审组织情况

项目类别	评审份数	评审专家数
国家社科基金项目通讯评审	9042	337
国家社科基金项目会议评审	*	16
教育部人文社会科学研究一般项目通讯评审	6537	118

继 2008 年我校文科科研经费一举突破亿元大关后，2013 年经费继续保持稳定增长态势，总金额超过 2 亿元。近五年科研经费情况如下：

表 8-51　北京大学 2009 年至 2013 年文科科研经费一览表　　　　　　　　单位：万元

年度	2009 年	2010 年	2011 年	2012 年	2013 年
到账经费	13313	17055	17387	19068	20167

【科研成果】 2012年文科各单位教师共发表各类科研成果3579项,其中专著174部、论文2941篇、编著和教材251部、工具书和参考书4部、古籍整理作品23部、译著78部、研究咨询报告62篇、译文32篇、电子出版物14种。人文社科教师发表 SSCI、A&HCI、SCI收录论文共计143篇。(因成果的录入统计有一定的延后,所以年鉴统计之数为2012年的。)

第六届高等学校科学研究优秀成果奖(人文社会科学)。2013年4月,教育部正式公布了第六届高等学校科学研究优秀成果奖(人文社会科学)的获奖名单。北京大学共有61项成果获奖,其中一等奖5项,二等奖23项,三等奖28项,成果普及奖5项,获奖总数位居全国高校第一。高等学校科学研究优秀成果奖(人文社会科学)自1995年首次设立以来,一直是我国人文社会科学领域最具公信力和影响力的奖项。本届评奖前后历时近一年,经高校推荐、专家评审、面向社会公示和奖励委员会审定,最终从全国各高校推荐的5580项候选成果中评选出优秀成果830项,其中一等奖45项,二等奖250项,三等奖518项,成果普及奖17项,这些成果代表了2008—2010三年间全国高校人文社会科学领域研究的最高水平。

表8-52 第六届高等学校科学研究优秀成果奖(人文社会科学)前10名高校获奖情况

高校名称	一等奖	二等奖	三等奖	普及奖	总数
北京大学	5	23	28	5	61
武汉大学	3	15	25	0	43
中国人民大学	8	10	21	1	40
浙江大学	1	8	19	1	29
南京大学	1	9	17	1	28
北京师范大学	4	12	9	1	26
清华大学	0	9	12	0	21
华东师范大学	1	4	16	0	21
华中师范大学	2	10	8	0	20
复旦大学	1	2	13	1	17

北京大学第十二届人文社会科学研究优秀成果奖(以下简称"北大奖")。2013年12月,北京大学第十二届人文社会科学研究优秀成果奖评选结果出炉。北大奖旨在奖励北京大学人文社会科学优秀成果,充分调动和发挥文科教学、科研人员从事科学研究的积极性和创造性,多出精品,不断提高我校文科科研水平,更好地为当前政治、经济、文化建设和社会发展服务。本届北大奖评奖经院系初评推荐、学部委员会复评、全校范围内公示等流程,最终从全校24个教学科研单位(含医学部)推荐的候选成果中评选出优秀成果80项,其中一等奖23项,二等奖57项,这些成果代表了2009—2012四年间北京大学人文社会科学领域研究的最高水平。

第二届思勉原创奖。8月12日,第二届思勉原创奖评审会在华东师范大学举行,来自全国各地及海外的21位文史哲领域著名专家学者对参评作品进行了评审,最终,李泽厚的《哲学纲要》、阎步克的《品位与职位——秦汉魏晋南北朝官阶制度研究》、张涌泉的《汉语俗字研究》、罗宗强的《隋唐五代文学思想史》等4部作品从21项推荐作品中脱颖而出,荣获第二届思勉原创奖。这也是继田余庆教授的《东晋门阀政治》后,我校教师第二次获得该奖项。

【科研机构】 科研机构(Centers、Programs、Institutes)与院系(Department)有着不同的使命:院系以学科为导向,在学科的基础上构建院系,院系具有相对稳定的特征;科研机构以问题为导向,应现实需要,组建各种机制灵活的"机构"弥补学科(院系)之不足。目前北京大学的文科科研机构主要包括三类:第一类,重点研究基地,包括国家级和省部级;第二类,校级虚体机构;第三类,其他各类新体制的研究平台。

1. 重点研究基地工作是机构工作的重点。北京大学现有国家级的重点研究基地——教育部人文社会科学重点研究基地13个,另有北京市哲学社会科学、文化部、国家体育总局、国家汉办、全国妇联、国家版权局基地等近10个省部级重点研究基地。

表 8-53　2013 年北京大学教育部人文社会科学重点研究基地名单

基地名称	基地主任	基地批准时间	基地批次
中国古文献研究中心	廖可斌	1999 年 12 月 15 日	1
中国特色社会主义理论研究中心	杨　河	2000 年 9 月 25 日	2
中国语言学研究中心	陈保亚	2000 年 9 月 25 日	2
教育经济研究所	闵维方	2000 年 9 月 25 日	2
外国哲学研究所	尚新建	2000 年 9 月 25 日	2
中国考古学研究中心	徐天进	2000 年 9 月 25 日	2
中国社会与发展研究中心	邱泽奇	2000 年 9 月 25 日	2
东方文学研究中心	王邦维	2000 年 12 月 26 日	3
政治发展与政府管理研究所	谢庆奎	2000 年 12 月 26 日	3
中国古代史研究中心	荣新江	2000 年 12 月 26 日	3
美学与美育研究中心	朱良志	2004 年 11 月 26 日	5
宪法与行政法研究中心	姜明安	2004 年 11 月 26 日	5
中国经济研究中心	姚　洋	2004 年 11 月 26 日	5

2013 年基地工作的重心是基地主任换届工作。根据教育部规定,基地主任由依托高校校长聘任,每届任期四年,期满需要进行换届。基地主任在基地建设中起着协调各方、综合统筹的作用,所以换届成为基地工作的重心。由于各基地历史沿革、学科差异各不相同,每个基地的主任换届工作都有不同的要求和特点,因此这项工作复杂艰巨。通过对各基地逐一组织考核、民意测评、换届会议等环节,2014 年 1 月,新一届基地主任聘任会议胜利召开,刘伟常务副校长代表学校向新一届基地主任颁发聘书,标志着基地建设进入新阶段。

教育部人文社科重点研究基地重大项目从 2013 年开始实行网络申报,北大 13 个基地共获得基地重大项目立项 22 个,另获得 1 个委托项目。2013 年陆续有 21 个项目提交结项鉴定材料,另有 16 个项目顺利通过结项鉴定,获得结项证书。通过一次大规模的总体清查,北京大学 13 个基地历年来共承担了 281 个基地重大项目,目前有 136 个项目在研,绝大部分项目进行情况良好,个别项目存在超期情况。

北京大学第 12 次教育部人文社科重点研究基地主任圆桌会议于 2013 年 5 月在云南举行,会议由社会科学部主办、中国语言学研究中心承办,主题为"云南茶马古道上的语言与文化考察"。第 13 次基地主任圆桌会议由中国古文献研究中心承办,于 2013 年 9 月在浙江举行。

2. 虚体研究机构工作稳步开展。2013 年,在《北京大学人文社会科学研究机构管理办法》的指导下,全校虚体研究机构的科学研究、制度建设、队伍建设有序进行、良性运转。2013 年新成立的校级机构有 3 个,分别是:经典与文明研究中心、历史与社会研究中心、佛教典籍与艺术研究中心。

3. 以协同创新中心为代表的新体制研究平台培育工作逐步展开。随着"2011 计划"的逐步落实,继 2012 年 9 月世界文明与区域研究协同创新中心正式成立以来,2013 年 1 月,北大相继牵头组建了马克思主义与中国文化协同创新中心、传统文化与人文中国协同创新中心。同时,北大仍在筹划组建经济领域和实证社会科学领域等方面的协同创新体,也参与组建了出土文献与中国古代文明研究协同创新中心等多个机构。

【人才工作】　新世纪人才工作。2013 年 12 月,2013 年度教育部"新世纪优秀人才支持计划"入选者名单公布,北京大学文科院系共有 6 名学者入选,分别是:中国语言文学系董秀芳、哲学系仰海峰、艺术学院向勇、教育学院刘云杉、历史学系尚小明、体育教研部郝忠慧。

哲学社会科学骨干研修班。1 月中旬,北京大学共报送 6 个期次 14 位正高级教师参加由中央五部委联合举办的"高校哲学社会科学教学科研骨干研修班"的学习;3 月,按北京市委组织部、宣传部、教育工作委员会、党校、教委、财政局联合发布的《北京市哲学社会科学教学科研骨干研修工作规划(2010—2014)》通知要求和 2013 年的具体工作意见,社会科学部联合学校党委宣传部组织了我校 55 岁以下、副教授以上教学科研骨干共 14 人,分期分批参加北京市党校和海淀党校的脱产学习。

【科研管理活动】　教育部李卫红副部长来我校就推动高校哲学社会科学繁荣发展、建设中国特色新型高校智库等进行座谈。8 月 12 日,教育部李卫红副部长一行来我校进行调研。与会者包括李卫红(教育部党组成员、副部长)、张东刚(教育部社会科学司司长)、魏贻恒(教育部社会科学司成果处处长)、刘伟(北京大学副校长)、李强(北京大学校长助理、社科部部长)、汤一介(北京大学资深教授、《儒藏》编纂与研究中心主任)、郭建宁(马克思主义学院院长)、刘浦江(历史学系)、卢晖临(社会学系)、章永乐(法学院)、唐涯(光华管理学院)。会议听取了对教育部落实党的群众路线(聚焦"四风")方面的意见和建议,并结合实际工作,围绕如何推动高校哲学社会科学繁荣发展、建设中国特色新型高校智库等方面的情况进行了座谈。

服务国家战略,建立北大智库。2013年,社科部利用学校多学科优势,因势利导,积极整合,服务国家战略,初步建成若干北大智库。这些智库发挥北京大学人文社会科学者为国家战略服务的能力和影响力,为中央和各级政府提供了许多有价值的政策建议,如北大国际战略研究院、新结构经济学研究中心、国家发展研究院、人口研究所等。其中国际战略研究院在美国宾夕法尼亚大学发布的《全球智库年度报告》中,成为入选全球前150名的中国唯一高校智库,受到国务院副总理刘延东同志的批示和肯定。此外,社科部还响应国家号召,推荐相关教师进行社会实践,为中央和地方政府提供政策咨询服务。社科部推荐法学院饶戈平教授参加王宽诚教育基金会2013年度内地学者赴港澳讲学,推荐11位专家担任人力资源社会保障部专家,推荐何怀宏、孙庆伟、杨保筠、张振国、湛如担任北京市人民政府侨务办公室"文化中国·名家讲坛"专家等,获得各方好评。

社科部组织对新闻与传播学院、马克思主义学院、信息管理系进行院系评估。6月18日—26日,社科部会同党委组织部、发展规划部、人事部、研究生院、教务部等校内相关职能部门对新闻与传播学院、马克思主义学院、信息管理系先后开展了院系评估工作。评估小组由校内外知名专家组成。实地评估之前,根据评估小组提供的自评提纲,三个院系现任领导班子分别撰写了自评报告。同时,评估小组委托校内"科学评价研究组"专门为此次评估工作提供了三个院系的科研数据分析报告。评估小组对三个院系分别开展了为期2天的实地评估工作,包括:评估小组专家内部沟通会,介绍本次评估的背景、目的、程序和有关安排;院系领导作院系建设情况汇报,评估专家就相关问题与学院领导进行初步沟通;围绕学科定位、队伍建设、教学情况、科研工作、院系建设等问题与教授和中青年教师分别进行集体座谈;就院系学习、生活感受与期待与本科生、硕士生、博士生座谈;邀请学院学术委员会主任、各系主任(副主任)以及自愿报名的教师逐一访谈;邀请学院不同时段、不同专业、不同职业的毕业生访谈。评估专家通过阅读材料、听取汇报、集体座谈、个别访谈、内部交流及意见反馈等环节就三个院系的发展优势和面临的主要问题撰写了评估意见,经评估小组内部讨论后,评估小组向院系领导班子作初步反馈,取得了良好的效果,并向学校提交了评估报告。

【附表】

表 8-54 2013 年度北京大学文科纵向科研课题立项名单

项目名称	项目负责人	承担部门	项目类别	预期成果形式	预计完成时间
环境风险规制的行政法研究——以案例分析为方法	金自宁	深圳研究生院	国家社会科学基金一般项目	专题论文集、研究报告	2016 年 3 月
欧债危机的援助机制与案例研究	谢世清	经济学院	国家社会科学基金一般项目	研究报告、专题论文集	2015 年 12 月
基于药品监管能力的中国药品监管模式优化研究	江滨	医学部	国家社会科学基金一般项目	专题论文集、研究报告	2015 年 12 月
挤压发展下的政府与市场关系研究	朱天飚	政府管理学院	国家社会科学基金一般项目	专著	2016 年 6 月
我国长期税收收入、人均税负及税收结构(997—1909)	管汉晖	经济学院	国家社会科学基金一般项目	专著、专题论文集	2015 年 12 月
转型时期中国城乡收入差距的形成机制:基于农村金融和土地流转市场约束视角	吴佩勋	深圳研究生院	国家社会科学基金一般项目	专题论文集、研究报告	2015 年 12 月
云南史前农业经济的考古学研究	秦岭	考古文博学院	国家社会科学基金一般项目	专著、研究报告	2015 年 12 月
土木营造中的节俭观和生态思想	方拥	考古文博学院	国家社会科学基金一般项目	研究报告	2014 年 12 月
持续照料养老社区运营及服务模式研究	谢红	光华管理学院	国家社会科学基金一般项目	专著、研究报告	2016 年 7 月

续表

项目名称	项目负责人	承担部门	项目类别	预期成果形式	预计完成时间
国外数据库商业版权模式及图书馆应对策略研究	刘兹恒	信息管理系	国家社会科学基金一般项目	专题论文集	2015年12月
汉语作为第二语言的界面关系习得研究	赵 杨	对外汉语教育学院	国家社会科学基金一般项目	专著	2016年8月
宋朝两代"篇韵"及其相关辞书的综合比较研究	张渭毅	中国语言文学系	国家社会科学基金一般项目	专题论文集、研究报告	2016年12月
清代来华西方人汉语教育史	施正宇	对外汉语教育学院	国家社会科学基金一般项目	专著	2016年12月
拓跋起源的考古发现与研究	倪润安	考古文博学院	国家社会科学基金一般项目	专著	2016年12月
中国古代神怪小说传统的理论阐释	刘勇强	中国语言文学系	国家社会科学基金一般项目	译著	2016年12月
女性镜像与当代中国的主体认同（1940—2010）	贺桂梅	中国语言文学系	国家社会科学基金一般项目	专著	2016年6月
日本江户时代的《史记》学研究	杨海峥	中国语言文学系	国家社会科学基金一般项目	专题论文集、专著	2015年12月
城乡医疗统筹背景下我国医疗保障体系问题研究	王红漫	人口研究所	国家社会科学基金重点项目	专著、研究报告	2014年12月
马克思主义基本原理的学科对象与理论体系研究	孙熙国	马克思主义学院	国家社会科学基金重点项目	专著	2016年6月
独立以来美国的身份意识与对外政策	王立新	历史学系	国家社会科学基金重点项目	专题论文集	2017年6月
台湾地区的宗教状况及对大陆的启示	卢云峰	社会学系	国家社会科学基金重点项目	研究报告、专题论文集	2016年5月
推进我国事业单位分类改革实施战略与相关政策研究	黄恒学	政府管理学院	国家社会科学基金重点项目	专著、研究报告	2016年12月
多卷本《德国通史》	朱孝远	历史学系	国家社会科学基金重点项目	专著	2016年12月
基于严格语音对应的汉语与民族语关系字研究	陈保亚	中国语言文学系	国家社会科学基金重点项目	专著、研究报告	2016年5月
机器翻译理论框架下俄汉语篇内句子的同义转换	胡连影	外国语学院	国家社会科学基金青年项目	研究报告	2014年4月
高校图书馆基于区域图书馆联盟开展阅读推广活动的策略研究	刘彦丽	图书馆	国家社会科学基金青年项目	专题论文集、研究报告	2015年4月
大规模个性化定制环境下的情报系统研究	徐 扬	信息管理系	国家社会科学基金青年项目	专题论文集、研究报告	2015年12月
老龄产业发展背景下我国涉老企业现状与走向研究	郑志刚	社会学系	国家社会科学基金青年项目	专题论文集、电脑软件	2016年2月
现象学社会学新流派及其对基层社会的应用研究	孙飞宇	社会学系	国家社会科学基金青年项目	专著、研究报告	2015年9月
非物质文化遗产的社区保护及县域实践研究	韩成艳	社会学系	国家社会科学基金青年项目	专著、研究报告	2016年6月
空巢老年人口的生存状况及家庭与社会保障研究	孔 涛	中国社会科学调查中心	国家社会科学基金青年项目	专题论文集、研究报告	2015年6月
教育机会均等、人力资本与城乡收入差距缩小的关系研究	孙永强	国家发展研究院	国家社会科学基金青年项目	专题论文集、研究报告	2015年12月
自然资源产品取得权研究	王社坤	法学院	国家社会科学基金青年项目	研究报告	2016年6月

续表

项目名称	项目负责人	承担部门	项目类别	预期成果形式	预计完成时间
上市公司财务运作的法律规制——路径探寻	刘 燕	法学院	国家社会科学基金后期资助项目	专著、研究报告	2016年12月
西班牙当代女性成长小说	王 军	外国语学院	国家社会科学基金后期资助项目	专著	2016年12月
我国人口发展与经济社会可持续发展战略研究	郭志刚	社会学系	国家社会科学基金成果文库项目	专著、研究报告	2016年8月
历史语言学方法论与汉语方言音韵史个案研究	王洪君	中国语言文学系	国家社会科学基金成果文库项目	专著	2016年8月
坚定中国特色社会主义道路自信、理论自信、制度自信研究	杨 河	马克思主义学院	国家社会科学基金重大项目	著作	2016年12月
深化改革的基本方向、重点难点和有效路径研究	林毅夫	国家发展研究院	国家社会科学基金重大项目	著作	2016年12月
促进收入公平分配的财税法制创新研究	刘剑文	法学院	国家社会科学基金重大项目	著作	2016年8月
建立社会公平保障体系与维护社会公平正义研究	孙祁祥	经济学院	国家社会科学基金重大项目	著作	2016年12月
20世纪中国传统哲学与马克思主义哲学、西方哲学关系研究	赵敦华	哲学系	国家社会科学基金重大项目	著作	2017年12月
西方博物学文化与公众生态意识关系研究	刘华杰	哲学系	国家社会科学基金重大项目	著作	2016年12月
宗教与东亚近代化研究	王新生	历史学系	国家社会科学基金重大项目	著作	2016年12月
中国历史农业地理研究与地图绘制	韩茂莉	城市与环境学院	国家社会科学基金重大项目	著作	2018年12月
敦煌与于阗：佛教艺术与物质文化的交互影响	荣新江	中国古代史研究中心	国家社会科学基金重大项目	著作	2017年12月
国家图书馆藏未刊稿整理与研究	刘玉才	中国语言文学系	国家社会科学基金重大项目	著作	2017年12月
中国图书馆学史	王余光	信息管理学院	国家社会科学基金重大项目	著作	2016年12月
自杀关联型犯罪研究	车 浩	法学院	教育部人文社会科学研究青年基金项目	论文	2016年12月
基于住院病案和患者满意度双重视角的医疗质量综合评估研究	孔桂兰	医学部	教育部人文社会科学研究青年基金项目	研究报告	2016年12月
城市低收入人群的就业可达性研究——以北京为例	张 纯	城市与环境学院	教育部人文社会科学研究青年基金项目	研究报告	2016年12月
痴呆老人不同管理模式下照顾成本与效果的经济学评价	王志稳	医学部	教育部人文社会科学研究青年基金项目	研究报告	2016年12月
跨文化的文类构建：以晚清民国文学翻译为例	张丽华	中国语言文学系	教育部人文社会科学研究青年基金项目	论文	2016年12月
中国电信体制改革、行业效率与外部溢出效应研究	郑世林	光华管理学院	教育部人文社会科学研究青年基金项目	论文	2016年12月
收入不均与幸福感：基于隧道效应与地位效应的倒U型曲线分析	俞宗火	光华管理学院	教育部人文社会科学研究青年基金项目	论文	2016年12月
农村代际间财产转移特点及其对农村养老政策与改革的启示：理论与实证分析	王 辉	光华管理学院	教育部人文社会科学研究青年基金项目	研究报告	2016年12月
中国农村居民的健康需求与寻医行为研究	孙梦洁	经济学院	教育部人文社会科学研究青年基金项目	研究报告	2016年12月

续表

项目名称	项目负责人	承担部门	项目类别	预期成果形式	预计完成时间
沉船所见景德镇明代青花瓷的考古学研究	陈冲	考古文博学院	教育部人文社会科学研究青年基金项目	专著、研究报告	2016年12月
转型期民族身份与公民身份的建设性关系研究——以湖南维吾尔族流动人口为例	佟春霞	社会学系	教育部人文社会科学研究青年基金项目	研究报告	2016年12月
并行数据挖掘及其在社会调查质量管理中的应用研究	丁华	中国社会科学调查中心	教育部人文社会科学研究青年基金项目	论文	2016年12月
清代宫廷戏曲文献整理及研究	熊静	信息管理系	教育部人文社会科学研究青年基金项目	论文	2016年12月
西班牙语文学与基督教文化传统	范晔	外国语学院	教育部人文社会科学研究青年基金项目	论文	2016年12月
东汉佛教入华的图像学研究	朱浒	考古文博学院	教育部人文社会科学研究青年基金项目	论文	2016年12月
西班牙语习语研究	张慧玲	外国语学院	教育部人文社会科学研究青年基金项目	论文	2016年12月
《汉书·五行志》研究——以西汉经学为中心	程苏东	哲学系	教育部人文社会科学研究青年基金项目	论文	2016年12月
社会网络化时代品牌污名化的形成机制与应对策略:基于文化价值观和群际情感的研究	彭泗清	光华管理学院	教育部人文社会科学研究规划基金项目	研究报告	2016年12月
小国与国际安全	韦民	国际关系学院	教育部人文社会科学研究规划基金项目	专著、论文	2016年12月
《精神卫生法》实施中强制医疗问题的调查与研究	王岳	医学部	教育部人文社会科学研究规划基金项目	研究报告	2016年12月
幼儿园和小学儿童预防性侵犯教育研究	陈晶琦	医学部	教育部人文社会科学研究规划基金项目	研究报告	2016年12月
利用教育游戏培养学生创造力的理论与实践研究	尚俊杰	教育学院	教育部人文社会科学研究规划基金项目	论文、研究报告	2016年12月
农村第一代大学生校园参与和学业成就的影响机制研究	鲍威	教育学院	教育部人文社会科学研究规划基金项目	研究报告	2016年12月
多维贫困视角下的城乡贫困问题研究	夏庆杰	经济学院	教育部人文社会科学研究规划基金项目	专著、研究报告	2016年12月
市场竞争和中国抗生素滥用的成因:以抗生素管理为核心	林莞娟	光华管理学院	教育部人文社会科学研究规划基金项目	研究报告	2016年12月
菲律宾现代农业的形成及其转型:一项农业生态史研究（1780—2010）	包茂红	历史学系	教育部人文社会科学研究规划基金项目	论文	2016年12月
思想政治教育视域中公民教育的科学阐释——中国公民教育的历史考察	李毅红	马克思主义学院	教育部人文社会科学研究规划基金项目	论文	2016年12月
以色列阿拉伯少数民族的基本状况及以色列的民族政策研究	王宇	外国语学院	教育部人文社会科学研究规划基金项目	专著、论文	2016年12月
大规模词语搭配情感词典的自动构建研究	吴云芳	信息科学技术学院	教育部人文社会科学研究规划基金项目	论文	2016年12月
过渡性理论观照下的俄语语法研究	周海燕	外国语学院	教育部人文社会科学研究规划基金项目	论文	2016年12月
唐诗体格律问题研究	杜晓勤	中国语言文学系	教育部人文社会科学研究规划基金项目	论文	2016年12月
城乡一体化发展与土地管理制度改革研究	周其仁	国家发展研究院	教育部重大项目	专著	2016年12月

续表

项目名称	项目负责人	承担部门	项目类别	预期成果形式	预计完成时间
北族王朝的政治文化特征——以辽金为中心	刘浦江	历史学系	教育部基地项目	专著	2016年12月
现代汉语构式知识库建设及其应用研究	陆俭明	中国语言文学系	教育部基地项目	专著、研究报告	2016年12月
汉语声调认知的实验研究——声学变异、范畴感知与连读变调	王韫佳	中国语言文学系	教育部基地项目	专著、研究报告	2016年12月
印度古代文学的文本与图像研究	陈 明	外国语学院	教育部基地项目	专著	2016年12月
《大唐西域记》研究：历史、宗教、文学与图像	唐孟生	外国语学院	教育部基地项目	专著	2016年12月
中古时期丧葬的观念风俗与礼仪制度	齐东方	考古文博学院	教育部基地项目	专著	2016年12月
欧亚草原考古	李 零	中国语言文学系	教育部基地项目	专著	2016年12月
宗教改革和西方近代政治哲学	赵敦华	哲学系	教育部基地项目	专著	2016年12月
国家理性：从马基雅维里到黑格尔	吴增定	哲学系	教育部基地项目	专著	2016年12月
中国政府决策民主协商机制建设研究	赵成根	政府管理学院	教育部基地项目	专著	2016年12月
当代中国的信仰体系与政治发展	关海庭	政府管理学院	教育部基地项目	专著	2016年12月
中国的城乡一体化与健康不平等研究：证据、挑战与社会政策方向	熊跃根	社会学系	教育部基地项目	专著	2016年12月
少数民族地区生育水平与个体生育意愿研究	周 云	社会学系	教育部基地项目	专著	2016年12月
中国城乡发展一体化研究	白雪秋	马克思主义学院	教育部基地项目	专著	2016年12月
中国特色社会主义"五位一体"总体布局研究	郭建宁	马克思主义学院	教育部基地项目	专著	2016年12月
高校毕业生就业结构的实证研究	岳昌君	教育学院	教育部基地项目	专著	2016年12月
经济发展方式转变与产业结构升级背景下的高等教育分类管理与结构调整研究	丁小浩	教育学院	教育部基地项目	专著	2016年12月
行政程序法典化研究	姜明安	法学院	教育部基地项目	专著	2016年12月
执政模式的法治化研究	徐爱国	法学院	教育部基地项目	专著	2016年12月
大学生党支部建设案例研究	霍晓丹	党委组织部	教育部人文社会科学研究专项任务项目（高校思想政治工作）	论文	2013年12月
中国特色马克思主义"五位一体"总体布局研究	郭建宁	马克思主义学院	教育部哲学社会科学研究普及读物项目	专著	2014年12月
从封建到现代——五百年西方政治形态变迁	钱乘旦	历史学系	教育部哲学社会科学研究普及读物项目	专著	2014年12月
中国城镇家庭消费报告	符国群	光华管理学院	教育部哲学社会科学发展报告项目	研究报告	2013年12月
剑桥冷战史	牛 军	国际关系学院	教育部哲学社会科学研究后期资助项目	专著	2014年12月

续表

项目名称	项目负责人	承担部门	项目类别	预期成果形式	预计完成时间
马克思主义理论学科建设与理论创新研究	宇文利	邓小平理论研究中心	教育部人文社会科学研究专项任务项目（马克思主义中国化时代化大众化）	研究报告	2013年12月
进一步推进哲学社会科学繁荣发展的理论研究	周程	哲学系	教育部人文社会科学研究专项任务项目（马克思主义中国化时代化大众化）	研究报告	2013年12月
毛泽东评价历史人物方法研究	王浩雷	党委宣传部	教育部人文社会科学研究专项任务项目（马克思主义中国化时代化大众化）	研究报告	2013年12月
中国协商治理的基本特点研究	王浦劬	政府管理学院	教育部人文社会科学研究专项任务项目（马克思主义中国化时代化大众化）	研究报告	2013年12月
关于"中国梦"的理论思考研究	闫志民	马克思主义学院	教育部人文社会科学研究专项任务项目（马克思主义中国化时代化大众化）	研究报告	2013年12月
毛泽东与新中国经济建设研究	黄宗良	国际关系学院	教育部人文社会科学研究专项任务项目（马克思主义中国化时代化大众化）	研究报告	2013年12月
马克思主义美育理论研究	董学文	中国语言文学系	教育部人文社会科学研究专项任务项目（马克思主义中国化时代化大众化）	研究报告	2013年12月
马克思主义中国化研究学科建设现状与前景	程美东	马克思主义学院	教育部全国高校优秀中青年思想政治理论课教师择优资助计划	研究报告	2013年12月
基于游戏化学习的创造性思维的培育策略研究	尚俊杰	教育学院	北京市社会科学基金一般项目	论文	2016年12月
北京高端服务业的发展路径与对策研究	申静	信息管理系	北京市社会科学基金一般项目	研究报告	2016年12月
促进北京高端制造业自主创新能力研究	翟昕	光华管理学院	北京市社会科学基金一般项目	研究报告	2016年12月
中国建筑中的节俭观和生态思想	方拥	考古文博学院	北京市社会科学基金一般项目	专著、研究报告	2016年12月
唐诗的平仄音读与字义异同关系研究	刘子瑜	中国语言文学系	北京市社会科学基金一般项目	论文	2016年12月
中国当代音乐剧创作研究	周映辰	艺术学院	北京市社会科学基金一般项目	论文	2016年12月
北京构建科技创新平台体制机制研究	赖先进	经济学院	北京市社会科学基金青年项目	研究报告	2016年12月
老龄产业发展背景下北京市涉老企业现状与走向研究	郑志刚	社会学系	北京市社会科学基金青年项目	研究报告	2016年12月
新媒体语境下转型社区农村青年的代际交往	高崇	社会学系	北京市社会科学基金青年项目	研究报告	2016年12月

续表

项目名称	项目负责人	承担部门	项目类别	预期成果形式	预计完成时间
印度人对中国形象和文化软实力的认知研究	尚会鹏	国际关系学院	北京市社会科学基金重点项目	研究报告	2016年12月
北京市流动人口的社会融合研究	周皓	社会学系	北京市社会科学基金重点项目	研究报告	2016年12月
京津唐城市群一体化格局研究	张辉	经济学院	北京市哲学社会科学基地项目	专著、研究报告	2016年12月
市场整合与经济发展：近代京津都市圈实证研究	赵留彦	经济学院	北京市哲学社会科学基地项目	专著、研究报告	2016年12月
我国住房保障制度设计与政策实施问题研究——以北京市为例	方敏	经济学院	北京市哲学社会科学基地项目	研究报告	2016年12月
北京市房地产行业发展研究	刘伟	经济学院	北京市哲学社会科学基地项目	专著、研究报告	2016年12月

表8-55　第六届高等学校科学研究优秀成果奖（人文社会科学）北京大学获奖成果名单

成果名称	获奖等级	出版、采纳单位	出版时间	主要研究者	所在单位
德国文学史（5卷本）	一等奖	译林出版社	2008年6月	范大灿、安书祉、任卫东、刘慧儒、韩耀成、李昌珂	外国语学院
中外文化交流史	一等奖	国际文化出版公司	2008年5月	何芳川、梁志明、林被甸、宋成有、高毅、郑家馨等	历史学系
中国青铜器综论（上、中、下）	一等奖	上海古籍出版社	2009年12月	朱凤瀚	历史学系
工业化和制度调整——西欧经济史研究	一等奖	商务印书馆	2010年8月	厉以宁	光华管理学院
中国市场经济发展研究——市场化进程与经济增长和结构演进	一等奖	经济科学出版社	2009年9月	刘伟、黄桂田、李绍荣、蔡志洲、苏剑、张辉等	经济学院
汉语词类的认知研究和模糊划分	二等奖	上海教育出版社	2010年10月	袁毓林	中国语言文学系
汉语非线性音系学：汉语的音系格局与单字音（增订版）	二等奖	北京大学出版社	2008年5月	王洪君	中国语言文学系
中国戏剧研究的三种路向	二等奖	《中山大学学报（社会科学版）》	2010年第3期	陈平原	中国语言文学系
阿拉伯文学通史	二等奖	译林出版社	2010年12月	仲跻昆	外国语学院
叙事、文体与潜文本——重读英美经典短篇小说	二等奖	北京大学出版社	2009年9月	申丹	外国语学院
世界现代化历程（6卷）	二等奖	江苏人民出版社	2009年12月	钱乘旦、王铁铮、董正华、韩琦、陈晓律、李剑鸣主编	历史学系
先周文化探索	二等奖	科学出版社	2010年1月	雷兴山	考古文博学院
Globalization, Institutional Change, and Industrial Location: Economic Transition and Industrial Concentration in China	二等奖	Regional Studies	2008年第7期	贺灿飞、魏也华、谢秀珍	城市与环境学院
Do Executive Stock Options Induce Excessive Risk Taking?	二等奖	Journal of Banking and Finance	2010年第10期	董志勇、Cong Wang、Fei Xie	经济学院
转型中的地方政府：官员激励与治理	二等奖	格致出版社，上海人民出版社	2008年11月	周黎安	光华管理学院

续表

成果名称	获奖等级	出版、采纳单位	出版时间	主要研究者	所在单位
Pros and Cons of International Use of the RMB for China	二等奖	Currency Internationalization: Global Experiences and Implications for the Renminbi（论文集）	2010年1月	海闻、姚洪心	深圳研究生院
政府绩效评估中的公民参与:我国的实践历程与前景	二等奖	《中国行政管理》	2008年第1期	周志忍	政府管理学院
关于北京市2004—2008年实施新型农村合作医疗制度状况调查报告	二等奖	北京市有关领导批示	2010年3月	王红漫	医学部
Marketization and Democracy in China	二等奖	Routledge（London, New York）	2008年2月	张建君	光华管理学院
走向财税法治——信念与追求	二等奖	法律出版社	2009年5月	刘剑文	法学院
刑事诉讼的中国模式（第二版）	二等奖	法律出版社	2010年3月	陈瑞华	法学院
公司法的观念与解释（全三册）	二等奖	法律出版社	2009年5月	蒋大兴	法学院
判例刑法学（上下卷）	二等奖	中国人民大学出版社	2009年5月	陈兴良	法学院
社会身份的结构性失位问题	二等奖	《社会学研究》	2010年第6期	张 静	社会学系
走向多元话语分析:后现代思潮的社会学意涵	二等奖	中国人民大学出版社	2009年9月	谢立中	社会学系
博士质量:概念、评价与趋势	二等奖	北京大学出版社	2010年9月	陈洪捷、赵世奎、沈文钦、郭建如、蔡磊砢等	教育学院
从稀缺走向充足——高等教育的需求与供给研究	二等奖	教育科学出版社	2008年3月	李文利	教育学院
Cultural Differences in the Self: From Philosophy to Psychology and Neuroscience	二等奖	Social and Personality Psychology Compass	2008年第5期	朱滢、韩世辉	心理学系
马克思主义哲学中国化的当代视野	三等奖	人民出版社	2009年2月	郭建宁	马克思主义学院
维特根斯坦《哲学研究》解读	三等奖	商务印书馆	2010年1月	韩林合	哲学系（宗教学系）
西方马克思主义的逻辑	三等奖	北京大学出版社	2010年3月	仰海峰	哲学系（宗教学系）
佛教思想与文化	三等奖	北京大学出版社	2009年10月	姚卫群	哲学系（宗教学系）
欧美佛教学术史——西方的佛教形象与学术源流	三等奖	北京大学出版社	2009年11月	李四龙	哲学系（宗教学系）
句法结构标记"给"与动词结构的衍生关系	三等奖	《中国语文》	2010年第3期	沈阳、司马翎	中国语言文学系
缅甸语与汉藏语系比较研究	三等奖	昆仑出版社	2008年1月	汪大年	外国语学院
中国语音学史	三等奖	语文出版社	2010年6月	林焘、耿振生、孙玉文、苏培成、陈保亚、王韫佳	中国语言文学系
德里达的底线——解构的要义与新人文学的到来	三等奖	北京大学出版社	2009年1月	陈晓明	中国语言文学系

续表

成果名称	获奖等级	出版、采纳单位	出版时间	主要研究者	所在单位
齐梁诗歌向盛唐诗歌的嬗变	三等奖	北京大学出版社	2009年3月	杜晓勤	中国语言文学系
革命与反革命：社会文化视野下的民国政治	三等奖	社会科学文献出版社	2010年1月	王奇生	历史学系
周代用玉制度研究	三等奖	上海古籍出版社	2008年8月	孙庆伟	考古文博学院
中国集体林权制度改革调研报告	三等奖	国家领导同志批示	2008年10月	光华管理学院集体林权制度改革课题组	光华管理学院
Observational Learning: Evidence from a Randomized Natural Field Experiment	三等奖	American Economic Review	2009年6月	蔡洪滨、陈玉宇、方汉明	光华管理学院
Tunneling through Inter-corporate Loans: The China Experience	三等奖	Journal of Financial Economics	2010年第1期	姜国华、Charles M. C. Lee、岳衡	光华管理学院
The New Cooperative Medical Scheme in Rural China: Does More Coverage Mean More Service and Better Health?	三等奖	Health Economics	2009年7月	雷晓燕、林莞娟	国家发展研究院
环渤海地区2006—2015年经济社会发展环境承载力研究	三等奖	国家领导同志批示	2008年2月	杨开忠、李国平、唐任伍、翟振武、刘容子、吕永龙	政府管理学院
Do We Really Need a Reason to Indulge?	三等奖	Journal of Marketing Research	2009年2月	徐菁、Norbert Schwarz	光华管理学院
中国高校哲学社会科学发展报告（1978—2008）（政治学卷）	三等奖	广西师范大学出版社	2008年11月	王浦劬主编,周志忍、燕继荣、高鹏程副主编	政府管理学院
寻求渐进政治改革的理性——理论、路径与政策过程	三等奖	中国物资出版社	2009年6月	徐湘林	政府管理学院
政治利益分析	三等奖	社会科学文献出版社	2009年3月	高鹏程	政府管理学院
从中国犯罪率数据看罪因、罪行与刑罚的关系	三等奖	《中国社会科学》	2010年第2期	白建军	法学院
私法立宪主义论	三等奖	《法学研究》	2008年第4期	薛军	法学院
秦汉石刻题跋辑录	三等奖	上海古籍出版社	2009年9月	容媛辑录,胡海帆整理	图书馆
全球化背景下的高等教育责任制	三等奖	《教育研究》	2008年第3期	蒋凯	教育学院
退役军人教育资助政策研究报告	三等奖	中央军委等单位采纳	2010年11月	闵维方、陈学飞、文东茅、王书峰、杨钋、郭建如	教育学院
Forward Regression for Ultra-High Dimensional Variable Screening	三等奖	Journal of the American Statistical Association	2009年12月	王汉生	光华管理学院
国际关系英国学派——历史、理论与中国观	三等奖	人民出版社	2010年3月	张小明	国际关系学院
寻找楼兰王国（插图本）	成果普及奖	北京大学出版社	2009年6月	林梅村	考古文博学院
中国文化读本	成果普及奖	外语教学与研究出版社	2008年4月	叶朗、朱良志	哲学系（宗教学系）
图书馆学是什么	成果普及奖	北京大学出版社	2008年3月	王子舟	信息管理系
论语本解	成果普及奖	生活·读书·新知三联书店	2009年4月	孙钦善	中国语言文学系
从甲骨文到E-Publications——跨越三千年的中国出版	成果普及奖	外文出版社	2009年9月	肖东发、杨虎、卞卓舟	新闻与传播学院

表 8-56　北京大学第十二届人文社会科学研究优秀成果奖名单

序号	成果名称	成果形式	获奖者	单位	获奖等级
1	金融市场全球化下的中国金融监管体系改革	专著	曹凤岐	光华管理学院	一等奖
2	屈原及其诗歌研究	专著	常　森	中国语言文学系	一等奖
3	The Beijing Games, National Identity and Modernization in China	论文	董进霞	体育教研部	一等奖
4	民国时期图书馆学著作出版与学术传承	专著	范　凡	图书馆	一等奖
5	苏美尔、埃及及中国古文字比较研究	专著	拱玉书	外国语学院	一等奖
6	北京大学藏西汉竹书(贰)(老子卷)	古籍整理作品	韩　巍	历史学系	一等奖
7	社会平等、中性政府与中国经济增长	论文	贺大兴	马克思主义学院	一等奖
8	中国文学俄罗斯传播史	专著	李明滨	外国语学院	一等奖
9	中国道教美术史(第一卷)	专著	李　松	艺术学院	一等奖
10	涌动的天下——中国世界观变迁史论(1500—1911)	专著	李扬帆	国际关系学院	一等奖
11	图书馆危机管理手册	专著	刘兹恒	信息管理系	一等奖
12	〔德〕托马斯·曼著《浮士德博士——一位朋友讲述的德国作曲家阿德里安·莱韦屈恩的生平》	译著	罗　炜	外国语学院	一等奖
13	产业与人力资源结构双调整背景下的大学生就业——一个历史和比较的视角	论文	闵维方	教育学院	一等奖
14	批判与构建:《德意志意识形态》文本学研究	专著	聂锦芳	哲学系	一等奖
15	人民币低估之谜:一个投入产出分析	论文	唐　翔	经济学院	一等奖
16	文化现代性的视觉表达:观看、凝视与对视	专著	吴　靖	新闻与传播学院	一等奖
17	Early Pottery at 20,000 Years Ago in Xianrendong Cave, China	论文	吴小红	考古文博学院	一等奖
18	转型危机与国家治理:中国的经验	论文	徐湘林	政府管理学院	一等奖
19	批判民法学的理论建构	专著	薛　军	法学院	一等奖
20	现代国家与民族建构——20世纪前期土耳其民族主义研究	专著	昝　涛	历史学系	一等奖
21	〔俄〕赫尔岑著《往事与随想》	译著	臧仲伦	外国语学院	一等奖
22	Twenty-year Trends in the Prevalence of Disability in China	论文	郑晓瑛	人口研究所	一等奖
23	以利为利:财政关系与地方政府行为	专著	周飞舟	社会学系	一等奖
24	环境史学的起源和发展	专著	包茂红	历史学系	二等奖
25	Descriptivist Refutation of Kripke's Modal Argument and of Soames's Defense(对克里普克的模态论证和索姆斯的辩护的描述论反驳)	论文	陈　波	哲学系	二等奖
26	新兴修辞传播学理论	专著	陈汝东	新闻与传播学院	二等奖
27	拉丁美洲史	专著	董经胜	历史学系	二等奖
28	开放条件下的中国资本流动与货币政策	专著	董志勇	经济学院	二等奖
29	汉译巴利三藏经藏——长部	专著	段　晴	外国语学院	二等奖
30	Transition Psychology: The Membership Approach	论文	方　文	社会学系	二等奖
31	她的舞台——中国戏剧女导演创作研究	专著	顾春芳	艺术学院	二等奖
32	The Fledgling Securities Fraud Litigation in China	论文	郭　雳	法学院	二等奖
33	中国近代特殊教育史研究	专著	郭卫东	历史学系	二等奖
34	个人数据保护法研究	专著	郭　瑜	法学院	二等奖
35	菲尔丁研究	专著	韩加明	外国语学院	二等奖
36	"新启蒙"知识档案——80年代中国文化研究	专著	贺桂梅	中国语言文学系	二等奖
37	危险评估量表修订版的信效度检验	论文	洪　炜	医学部	二等奖
38	Educational Stages and Interactive Learning: From Kindergarten to Workplace Training	专著	贾积有	教育学院	二等奖
39	犯罪参与体系研究:以单一正犯体系为视角	专著	江　溯	法学院	二等奖
40	研究型大学的结构治理与生产率提升机理:基于知识生产者个人视角的理论思考	专著	姜万军	光华管理学院	二等奖
41	贫困山区可持续发展之路——基于云南省昭通地区调查研究	专著	雷　明	光华管理学院	二等奖

续表

序号	成果名称	成果形式	获奖者	单位	获奖等级
42	渊源与流变——从《锦绣万花谷续集》看南宋坊贾之类书编刻	论文	李 更	中国语言文学系	二等奖
43	当代欧洲社会理论指南	译著	李 康	社会学系	二等奖
44	Challenges of Creating Cities in China: Lessons from a Short-lived County-to-city Upgrading Policy	论文	李力行	国家发展研究院	二等奖
45	Population-level Prevalence Estimate and Characteristics of Psychiatric Disability among Chinese Adults	论文	李 宁	人口研究所	二等奖
46	中国和东盟人民币贸易结算的经济学分析	论文	李绍荣	经济学院	二等奖
47	东风西渐——中国西北史前文化之进程	著作	李水城	考古文博学院	二等奖
48	如何科学界定马克思早期六部著作的历史地位——一条循序渐进的方法论思路	论文	林 锋	马克思主义学院	二等奖
49	教育政策变迁中的策略空间	专著	林小英	教育学院	二等奖
50	黑格尔辩证——思辨的真无限概念	专著	刘 哲	哲学系	二等奖
51	中国住房保障供应体系法律制度研究报告	研究报告	楼建波	法学院	二等奖
52	税收竞争与区域城镇化——以京津冀为例	专著	陆 军	政府管理学院	二等奖
53	中国海归创业发展报告(2012)No.1	专著	路江涌	光华管理学院	二等奖
54	西方博雅教育思想的起源、发展和现代转型:概念史的视角	专著	沈文钦	教育学院	二等奖
55	国际关系理论:从政治思想到社会科学	专著	宋 伟	国际关系学院	二等奖
56	缅甸语汉语比较研究	著作	汪大年	外国语学院	二等奖
57	现代汉语离合词离析形式功能研究	专著	王海峰	对外汉语教育学院	二等奖
58	参与还是不参与:中国公民政治参与的社会心理分析——基于一项调查的考察与分析	论文	王丽萍	政府管理学院	二等奖
59	浮生取义——对华北某县自杀现象的文化解读	专著	吴 飞	哲学系	二等奖
60	经术与性理——北宋儒学转型考论	专著	吴国武	中国语言文学系	二等奖
61	意愿与自由:奥古斯丁意愿概念的道德心理学解读	专著	吴天岳	哲学系	二等奖
62	东正教圣像史	专著	徐凤林	哲学系	二等奖
63	基本药物制度相关政策研究	研究报告	杨 莉	医学部	二等奖
64	专利申请提前公开制度、专利质量与技术知识传播	论文	叶静怡	经济学院	二等奖
65	税法之预约定价制度研究	专著	叶 姗	法学院	二等奖
66	Trade, Democracy, and the Gravity Equation	论文	余淼杰	国家发展研究院	二等奖
67	现代思想政治教育课程论	专著	宇文利	马克思主义学院	二等奖
68	对低收入家庭子女大学收益的观察	论文	袁 诚	经济学院	二等奖
69	"《出版物上数字用法》GB/T 15835-2011"(国家标准)及配套解读本	研究报告	詹卫东	中国语言文学系	二等奖
70	民主社会主义:既不是魔鬼,也不是天使	论文	张光明	国际关系学院	二等奖
71	视觉传播:信息、认知、读解	专著	张浩达	信息管理系	二等奖
72	画与诗的界限,两个希腊的界限——莱辛《拉奥孔》解题	论文	张 辉	中国语言文学系	二等奖
73	现代中国"短篇小说"的兴起——以文类形构为视角	专著	张丽华	中国语言文学系	二等奖
74	中古音分期新论	论文	张渭毅	中国语言文学系	二等奖
75	从物理行为到言语行为:嘱咐类动词的产生	论文类	张 雁	对外汉语教育学院	二等奖
76	组织心理学研究的情境化及多层次理论	论文	张志学	光华管理学院	二等奖
77	旧邦新造:1911—1917	专著	章永乐	法学院	二等奖
78	下一代图书馆系统与服务研究	专著	朱本军	图书馆	二等奖
79	宗教改革与德国近代化道路	专著	朱孝远	历史学系	二等奖
80	从东方到西方	译著	左少兴	外国语学院	二等奖

表 8-57　第二届思勉原创奖北京大学获奖名单

成果名称	成果形式	获奖者	所在院系
品位与职位——秦汉魏晋南北朝官阶制度研究	专著	阎步克	历史学系

表 8-58　北京大学获北京市社会科学理论著作出版基金 2013 年资助著作名单

序号	推荐单位	申请著作名称	申请人	出版社	批次
1	中国语言文学系	上古音研究的方法研究	孙玉文	北京大学出版社	总第 42 批
2	建筑与景观设计学院	内外之间:屏风意义的唐宋转型	李 溪	北京大学出版社	总第 42 批
3	北京大学	公允价值计量对金融风险的影响机理与制度后果	曾雪云	北京大学出版社	总第 42 批
4	哲学系	《古逸丛书》研究	马月华	北京大学出版社	总第 42 批
5	马克思主义学院	改革开放以来中共应对重大突发事件的历史经验	程美东	北京出版社	总第 42 批
6	体育教研部	比较体育研究导论	赫慧忠	北京大学出版社	总第 43 批
7	北京大学	金融服务县域经济发展研究	郭兴平	北京大学出版社	总第 43 批
8	哲学系	悖论研究	陈 波	北京大学出版社	总第 43 批
9	图书馆	战国诸侯疆域及形势图考绘(前 333)	朱本军	北京大学出版社	总第 43 批
10	中国语言文学系	唐诗近体源流	钱志熙	北京大学出版社	总第 43 批
11	外国语学院	《缪斯的花园》:早期现代英国札记书研究	郝田虎	北京大学出版社	总第 43 批

表 8-59　2013 年北京大学文科入选教育部"新世纪优秀人才支持计划"名单

编号	姓名	所属单位	研究方向
NCET-13-0001	董秀芳	中国语言文学系	语言理论
NCET-13-0002	赫忠慧	体育教研部	体育教研部
NCET-13-0005	刘云杉	教育学院	教育理论
NCET-13-0006	尚小明	历史学系	中国近代史
NCET-13-0014	向 勇	艺术学院	文化产业、文化艺术管理
NCET-13-0016	仰海峰	哲学系	马克思主义哲学

表 8-60　2012 年度北京大学人文社科 SSCI、AHCI、SCI 收录论文院系统计表

序号	单位	成果形式						篇数总计
		Article	Book Review	Editorial Material	News Item	Proceedings Paper	Review	
1	光华管理学院	42					1	43
2	国家发展研究院	22				1		23
3	人口研究所	18						18
4	考古文博学院	6						6
5	外国语学院	5						5
6	中国教育财政科学研究所	5	1					6
7	哲学系	4						4
8	中国语言文学系	3	1					4
9	中国社会科学调查中心	4						4
10	教育学院	3						3
11	图书馆	1				1		2
12	新闻与传播学院	2						2
13	对外汉语教育学院	2						2
14	经济学院	1						1
15	历史学系	1						1
16	社会学系		1					1
17	马克思主义学院		1					1
18	体育教研部			1				1
	总 计	119	4	1	0	2	1	127

医院管理处

【发展概况】 北京大学医院管理处是北京大学医学部对所属医院实行管理、组织、协调的医疗行政管理部门,是北京大学医院管理专家委员会、北京大学医院管理研究中心、北京大学医学部医院医疗质量管理委员会、中国医院协会大学附属医院分会、PUHSC-JCI(北京大学医学部—美国医疗机构评审联合委员会医疗质量与患者安全研究所)的日常办事机构及北京市外国医师在京短期行医资格考试中心,在学校党政和医学部主管主任的领导下开展工作。2013年,管理处共有在职职工8人,工作内容包括医疗护理管理、医疗信访工作、医疗保健工作、外国医师在京行医资格考试中心工作、国际交流与合作、中国医院协会大学附属医院分会工作等。

医院管理处组织医疗管理专家与医学信息专家共同研发出中国医院综合能力评估模型、学科能力评估模型以及病案首页数据信息处理程序。针对中国目前病案首页质量,管理处建立了能够为中国医院管理提供决策支持的优质、可分析数据,探索出可同时对多家医院进行数据接收、数据整理、极值处理等一系列处理程序。目前已接收和完成了全国182家三级医院的数据处理工作,其中涵盖全国65家部属(管)和各省最好三甲医院的649万份病案信息的数据。管理处首次建立了中国目前顶级医疗机构医院综合能力评估的标准值,同时也能够满足各级政府对数据分析的需求,如北京市医院管理研究所进行的DRG(Diagnosis Related Groups,疾病诊断相关分组)分析、北京大学医学部所进行的医院医疗质量分析及医院综合能力评估使用,为各级政府的决策和提升医院评审评价质量奠定了坚实的基础。此外,通过近一年的努力,管理处现在成为目前中国唯一一家能够基于目前病案首页数据管理现状,提取出能够反映医院服务能力、医疗质量和医院效率的医院综合分析报告的机构,已经完成近64份评估报告,扩大了医学部在全国医院管理中的影响,并显现了北京大学医学部服务政府、引领行业的作用。

11月29日管理处组织召开"2013北京大学医院管理论坛"。以"大数据时代的医疗与管理"为主题,来自政府、医院、管理和信息技术领域的专家,围绕"海量、多样、实时"的大数据时代对医院未来发展及医院管理产生的影响等进行探讨,并讨论了建立北京大学医疗数据中心的发展前景。

【医疗质量管理与培训工作】 为协助各医院加强医疗质量管理,保障医疗安全,医院管理处于10月至12月期间分别对北京大学医学部七家附属医院的总值班在岗情况及病房的医疗、护理质量、手术室运行管理进行了抽查,本次抽查结果总体良好。同时管理处在往年检查内容的基础上增加了输血管理及手卫生设施情况的调查。此次抽查发现了一些问题,经过梳理后,把其中带有普遍意义的问题反馈给各附属医院及时改正,同时也将行业内值得推荐的最佳做法介绍给各医院,便于相互学习、提高改进。

管理处配合国家卫生计生委医院评审评价项目办公室和中国医院协会完成了全国十大片区的三级医院评审培训班,受众达上万人次。管理处作为核心单位为全国培训了150多位国家级评审员候选人。管理处与软件专家共同开发了《医院管理现场评价软件》,以评审组长身份亲自参与10余家全国三级甲等医院的现场评价工作和评审员带教,并主编了《医院现场评价——评审员工作手册》(北京大学医学出版社出版)。

【护理管理工作】 为进一步加强护理队伍建设,不断增强护理人员的教育教学素质,同时体现护理人员的爱岗敬业精神,展现白衣天使风采,医院管理处与医学部工会于2013年4月18日首度合作举办"护理专业知识讲课竞赛"及"护理人文精神演讲比赛"活动。在各学组挑选和推荐的基础上,进行医学部层面的汇报评比,优胜者不仅被选拔到"5·12"护士节上进行演讲,而且也为北京市卫生局后续组织的护理演讲输送了优秀参赛选手。

5月6日管理处召开"5·12国际护士节"庆典及表彰大会,表彰了24名临床一线优秀护士长及73名优秀护士,并对护理学院应届毕业生举行授帽仪式。

【医疗信访工作】 2013年为了提升办公室人员对医院管理处工作和附属医院情况的全面了解,管理处将信访接待工作一线人员进行轮换,以培养员工独立接待来访人员、处理问题、与医院协调等工作技能,让员工通过处理有关问题,掌握国家相关法律法规,奠定对医院提出指导性意见的知识和能力基础。1—12月管理处共接待、处理群众医疗投诉类来信、来访、来电及传真共计40件次,除重访外,计27件,比2012年同期减少14件。

【服务政府和社会工作】 管理处积极协助国家卫生计生委开展"服务百姓健康行动"全国大型义诊活动。10月13日,管理处组织北大医院、人民医院、北医三院呼吸内科、普通外科、妇产科3个专业共8位专家组成北京大学医学部义诊医疗队,为丰台区芳群园社区的居民答疑解惑,进行专业健康指导及医学知识的宣传普及,共接诊患者291人,为患者提供了很大的便利,得到了社区居民的一致赞扬。

管理处出色地完成了卫生部保健局下达的专家会诊任务和保健知识讲座等健康教育工作,协调组织各医院医疗队参与两会医疗卫生保障工作,组织各医院上报"中央保健科研课题",获得了卫生部保健局的高度好评。

【外国医师考试中心】 由北京市卫生计生委委托的北京市外国医师考试中心工作继续顺利进行,根据考试情况,管理处修订了口腔临床技能考试要求,完成了1例骨科手术操作的现场考试。全年参加考试的医疗机构共25所次,来自18个国家的考生64人次,参与考试专家90人次,共17个科目(项目),包括全科、内科、急诊科、口腔全科、整形外科、普通外科、骨科、骨科手术、麻醉科、康复科、精神科、妇产科、儿科、心理科、病理科、胸心外科(新增考试科目)、检验科(新增考试科目)。

【共建医院】 北京大学医学部与天津市塘沽区人民政府共建的天津市第五中心医院(共建医院)顺利通过天津市卫生局组织的医院等级评审专家的三甲综合医院评审。在五年的共建过程中,天津市塘沽区管委会(原塘沽区人民政府)积极支持医院的改扩建工程,累计投入10亿元用于医院的基础建设和设备购置。医学部领导和各附属医院专家、管理团队也付出了极大的心血,为探索公立医院管理模式的改革,提升医院管理水平和服务效益,作出了北医人的贡献。五年的建设,共建医院得到迅猛发展,服务能力和医疗质量不断提升,取得了良好的社会效益和经济效益。目前,医院年总诊疗人次超过120万人次;年出院人数达到18000人次;年手术量达到13000例;其中甲级(疑难)手术量由共建初的643例/年,增加到1700余例/年,达到了政府提出的"疑难重症患者不出滨海新区,当地诊治"的要求。同时,医院职工个人收入和满意度也有较大幅度提高。目前,共建医院已经形成以骨科、儿科、妇产科、神经科、小儿外科、危重医学科等滨海新区重点学科为纽带,以普通外科、急诊科、手术室、麻醉等15个临床共建科室为基础,以全院优质护理为服务特色的滨海新区唯一的医学中心,为国家滨海新区的快速发展建设提供了有力的医疗保障。

【党风廉政建设工作】 党风廉政建设工作是医院管理处持之以恒开展的重要工作之一。2013年管理处开展了党的群众路线教育实践活动以及反"形式主义、官僚主义、享乐主义和奢靡之风"的活动。依据活动要求,医院管理处开展了自查和整改。对发现的问题进行了汇总,医院管理处班子据此提出真实的、切实可行的整改措施。定期组织一线员工对班子成员的测评,班子成员有则改之、无则加勉,形成脚踏实地的工作作风。

【年度纪事】 管理处完成翻译《美国JCI医院评审——应审指南》(北京大学医学出版社出版),为国家和各省规范开展医院评审工作奠定了基础。

2013年医学部附属医院门诊量、入院人数、手术人数均继续增加,平均住院日进一步缩短。

管理处连续六年对附属医院的应急医疗能力和手术部感染控制及病房的医疗、护理质量进行检查,加强医院的医疗质量安全管理。

科 技 开 发

【发展概况】 2013年科技开发部/产业技术研究院(以下简称科技开发部)在技术转移、校地校企协同创新、专利运营、创新创业教育与研究等四个主要业务板块取得良好进展。2013年,科技开发部共签署各类技术合同566项,合同总金额约3.89亿元,到款2.3亿元;医学部签订科技合同440项,合同总金额9620万元,到款5397万元。2013年科技开发部继续开设"创业基础"系列讲座,并成功举办北京大学首届模拟创业大赛及首届产学研工作奖评选。

【成果收集】 2013年科技开发部编印最新《北京大学重点科技成果推广项目汇编》,共编录成果46项,其中工业制造和机电类5项、电子和信息技术类4项、化工新材料类6项、能源与环保类18项、生物医药和医疗器械类6项、其他7项。科技开发部查阅、整理、收录2012年北京大学获授权专利摘要300余项,并登录了2012年北京大学申请专利目录。2013年医学部(含附属医院)申报专利119项,获授权专利95项。

2013年科技开发部对科技开发管理信息系统进行扩建更新,对其中的专家信息库、成果信息库和科研项目信息库进行了扩充与优化,并规范合同信息库和经费信息库的使用和管理,为单位技术转移、校地校企合作、科研管理等工作提供数据支持。科技开发部筹备建设单位新版中英文网站,为校内教师提供相关服务。

【成果落地】 2013年,科技开发部与北京市科委、中关村管委会、海淀区人民政府加强合作,共同组建创投基金,挖掘北大项目和校外引进项目,进行产业化开发及运作。2013年,科技开发部共组织推荐工学院、信息科学技术学院、物理学院、分子医学研究所、人民医院、北大国际医院等单位的可转化项目20余项,积极促进科技成果在北京的落户与孵化。

【校地合作】 2013年科技开发部和医学部技术转移办公室参加全国各地技术成果推广和展洽会,接待来自各省市的参会代表,推广北大技术成果。在技术需求比较旺盛的地区,科技开发部与地方政府共建产学研办公室,在此平台上开展技术转移和合作。目前已经建立产学研办公室的地区有淮安市、天津东丽区、长沙市、扬中市等。

【国际技术转移】 科技开发部承担的北京市科委的"国际知名大学技术转移合作区建设"项目进展顺利,共与8家海外知名大学及技术转移机构建立合作关系,包括哈佛大学、斯坦福技术许可办公室、香港科技大学技术转移中心、乌普萨拉技术转化公司、马来西亚知识产权局、新加坡A-STER研究院的IPI以及ETPL、南洋理工大学技术开发中心、布拉德福德技术转移中心。2013年共引进海外各领域创新技术项目200多项。

【校企协同创新】 2013年科技开发部与国内外大型企业共建协同创新实验室,推进和企业开展持续、稳定的高端技术创新合作,汇集创新资源,培养创新人才,促进学科发展。2013年科技开发部与广西梧州制药(集团)股份有限公司、中安消技术有限公司、苏州艾隆科技股份有限公司等10家企业签署协同创新实验室合作协议,涉及总研究经费约为1.88亿元,其中协议进校经费约为1.41亿元,占2013年科技开发部合同总额的36.25%。

【合同管理】 截至2013年12月31日,科技开发部共审核签署各类技术合同566项。其中,签署进款技术合同482项,合同金额38870万元,比2012年进款合同金额增加了约23%;签署外协技术合同84项,合同金额约2047万元。此外还签订其他非技术合同约185项。

从合作区域看,2013年科技开发部签署的合同主要分布在华北、华南与华东地区。其中,与北京市企事业单位技术合作项目约248项,合同金额超过1.46亿元。2013年科技开发部与海外企业签订技术合同28个,合同金额782.8万元。

从合同类型看,2013年科技开发部签署的技术合同仍然以技术开发与技术服务为主,约占合同总额的78%。

【经费管理】 2013年科技开发部和医学部技术转移办公室在科研经费管理方面进一步规范,根据国家有关规定和学校的相关要求,为教师提供优质、方便的服务,保证科技开发活动正常有效进行。根据财务部账目统计,截至2013年12月31日,科技开发部技术合同到款共计21557.4万元,比上年增长22%;医学部到款5397万元,比上年增长22%。2013年科技开发部通过合资联营成立公司,共占股权1500万元。2013年科技开发部现金与股权到款额总计为23057.4万元。

按合同类型分,技术开发合同到款12167万元,占56.44%;技术转让合同到款782万元,占3.63%;技术服务与咨询合同到款8607万元,占39.93%。部分院系到款分别为:工学院5169.4万元,信息科学技术学院3976.6万元,地球与空间科学技术学院2777.9万元,生命科学学院2164.8万元,环境科学与工程学院1738.9万元,城市与环境学院1211万元,物理学院1188万元,化学与分子工程学院885万元,计算机科学技术研究所354万元,软件工程国家工程研究中心218万元,数学科学学院176万元。其中来自美国、日本、瑞典、加拿大、英国、德国等国的外汇到款623万元。2013年合同金额超过1000万元的有生命科学学院、信息科学技术学院、工学院、地球与空间科学学院、城市与环境学院、物理学院等,其中信息科学技术学院、工学院、城市与环境学院都比较稳定,合同金额略有下降,生命科学学院因为生物动态光学成像中心和广西梧州制药(集团)股份有限公司签署了为期10年累计1亿元的合同,合同金额比2012年增长了759%。

【创新创业教育与研究】 产业技术研究院在2012年度"创业基础"系列讲座的基础上,2013年起面向全校师生开设了"创业基础"公选课,吸引了近200名研究生与本科生积极选课。其中,研究生占选课总人数63%,本科生占选课总人数的37%。与此同时,课程还受到了包括《中国科学报》《中国教育报》在内的校内外媒体的关注与报道,成为北京大学创新创业教育的新亮点。2013年12月产业技术研究院成功举办"北京大学首届模拟创业大赛",来自"模拟创业"小班实战课堂的8支学生创业团队参加了比赛。活动得到了投资界的校友、学校校友办和企业家俱乐部的大力支持,一批获奖的创业项目脱颖而出,显示了北大学生创新性思维的扎实基础。

【产学研工作奖】 为进一步加强学校的技术转移和产学研合作工作,促进学校科技服务社会发展与经济建设,北京大学于2013年开展首届北京大学产学研合作先进集体奖、北京大学产学研先进个人奖、北京大学产学研合作优秀项目奖的评奖工作。本次评奖活动共产生了包括医学部在内的先进集体奖、优秀项目奖、先进个人奖38项。

【**交流与合作**】 2013年3月产业技术研究院主办了"国际研究型大学联盟（IARU）协同技术转移研讨会"，来自加利福尼亚大学伯克利分校、哥本哈根大学、苏黎世联邦理工学院、新加坡国立大学、澳大利亚国立大学、北京大学、新南威尔士大学的专家学者参加了此次研讨会。本次研讨会是亚洲大学作为IARU成员大学承办的第一次研讨会，重点关注了大学间的技术合作与转移、大学间专利的合作运营、大学如何培养创新创业人才等问题。

【**专利运营**】 2013年9月17日北京大学第827次校长办公会审议通过设立"北京大学专利转化基金"项目，探索开展专利运营工作。"北京大学专利转化基金"来源于科技开发部风险基金，从风险基金中拨出700万元作为"专利转化基金"首期经费，其中200万元用于日常运营，500万元用于专利撰写、申请、审理和维护。以后三年每年新增风险基金中的100万元作为每年新增专利基金，总"专利基金"额达1000万元。主要经营模式包括：北大已申请专利的运营；选择高端技术申请新专利的运营；专利池运营；其他机构委托专利运营；专利投融资。

【**附表**】

表8-61　2013年科技开发部签订进款技术合同统计

学院	合同数量（个）	金额（万元）
工学院	77	7113
信息科学技术学院	107	7116
科技开发部	25	758
地球与空间科学学院	52	2355
环境科学与工程学院	61	2472
化学与分子工程学院	29	771
城市与环境学院	21	601
软件工程国家工程研究中心	11	2131
其他	8	321
物理学院	35	1336
综合所	1	68
考古文博学院	6	381
数学科学学院	7	179
生命科学学院（含生物动态光学成像中心）	11	11896
心理学系	2	30
光华管理学院	2	56
计算机科学技术研究所	5	458
政府管理学院	3	395
国家发展研究院	11	271
建筑与景观设计学院	3	120
法学院	2	34
前沿交叉学科研究院	3	7.5
校本部小计	482	38869.5
医学部	440	9620
总计	922	48489.5

表 8-62　2013 年科技开发部签订进款技术合同分布区域统计

区域	合同数量(个)	合同金额(万元)
华北	277	17043.8
华南	40	13462.9
华东	80	5101.0
西北	13	898.6
其他	28	782.8
东北	17	730.3
华中	14	491.9
西南	13	358.3
总计	482	38869.6

表 8-63　2013 年科技开发部技术合同到款统计　　　　　　　　　　　　　单位：万元

院系	2013 年科技开发部到款金额				合资联营	总计
	技术开发	技术服务及咨询	技术转让	合计		
工学院	3842	1278	50	5170		5170
信息科学技术学院	3433	476	67	3976		3976
地球与空间科学学院	970	1808		2778		2778
生命科学学院	2108	7	50	2165	1500	3665
环境科学与工程学院	140	1414	185	1739		1739
城市与环境学院	192	1019		1211		1211
物理学院	415	773		1188		1188
化学与分子工程学院	609	156	120	885		885
其他	269	548		817		817
考古文博学院	42	366		408		408
计算机科学技术研究所	52	2	300	354		354
国家发展研究中心	24	216		240		240
软件工程国家工程研究中心	210	8		218		218
数学科学学院	110	66		176		176
心理学系		63		63		63
光华管理学院		58		58		58
法学院		39		39		39
经济学院		32		32		32
建筑与景观设计学院		28		28		28
分子医学研究所			10	10		10
前沿交叉学科研究院		3		3		3
合计	12416	8360	782	21558	1500	23058

表 8-64　2013 年北京大学签订的 100 万元以上技术合同

项目名称	项目人	单位	合同对方	合同金额（万元）	合同类别
智能视频技术协同创新中心	黄铁军	信息科学技术学院	中安消技术有限公司	2400	技术开发
"大数据平台安全管理产品"合作协议书	关志	软件工程国家工程研究中心	北京锐安科技有限公司	2000	技术开发
北京大学与广州知光生物科技有限公司共同组建北京宏冠再生医学科技有限公司(暂定名)合作协议	邓宏魁	生命科学学院	广州知光生物科技有限公司	1500	合资联营

续表

项目名称	项目人	单位	合同对方	合同金额（万元）	合同类别
中国医疗电子档案数据库利用回顾与评估项目协议	詹思延	医学部	辉瑞投资有限公司	1333.16	技术咨询
单细胞测序癌症早期诊断	谢晓亮	生命科学学院	广西梧州中恒集团股份有限公司	10000	技术开发
和厚朴酚注射液技术合作协议书	陈世忠	医学部	江苏涟水制药有限公司	1000	技术服务
页岩气测试和开采技术研发	张东晓	工学院	北京工道能创科技有限公司	1000	技术开发
先进技术研发	王荨祥	工学院	北京大学工学院包头研究院	1000	技术开发
同意与补充协议书	屠鹏飞	医学部	杏辉天力（杭州）药业有限公司	825	技术服务
基于云计算的跨运营商DDoS攻击监测及防护服务系统	陈钟	信息科学技术学院	中国科学院高能物理研究所	525	技术开发
数字化智能口腔综合治疗仪器	方竞	工学院	苏州艾隆科技股份有限公司	500	技术开发
基于高密度等离子系统的硅刻蚀技术研究	张大成	信息科学技术学院	北京北方微电子基地设备工艺研究中心有限责任公司	440	技术开发
国际知名大学技术转移合作区建设	陈东敏	科技开发部	北京市科学技术委员会	400	技术服务
面向安防监控的智能视频技术研究	黄铁军	信息科学技术学院	中安消技术有限公司	400	技术开发
关于申报"2013年组织实施卫星及应用产业发展专项"的合作协议	赵建业	信息科学技术学院	南京熊猫电子股份有限公司	400	技术开发
浙江省区域大气环境空气质量多模式预报系统	张远航	环境科学与工程学院	聚光科技（杭州）股份有限公司	400	技术开发
北京市房山区燕房组团概念性规划研究	沈体雁	政府管理学院	房山区发展和改革委员会	380	技术服务
模块式小型压水堆厂址适应性研究课题	陈家宜	物理学院	中国核电工程有限公司	348	技术开发
北京大学—浙江海正联合研究平台	郑强	工学院	浙江海正药业股份有限公司	325	技术服务
复方丹参滴丸和丹参多酚酸注射液等5项目合作研究合同	韩晶岩	医学部	天士力制药集团股份有限公司	310	技术服务
专利实施许可合同	肖建国	计算机科学技术研究所	新奥特北京视频技术有限公司	300	技术转让
NGVCAT视频技术研究项目	马思伟	信息科学技术学院	华为技术有限公司	300	技术开发
CFD软件的网格剖分及可视化模块开发	王荨祥	工学院	北京大学工学院南京研究院	300	技术开发
娄烦县循环经济工业园区规划技术服务合同	张作泰	工学院	山西新北方集团有限公司	300	技术服务
定边油田勘探开发现状与发展潜力研究	师永民	地球与空间科学学院	延长油田股份有限公司	220	技术服务
防灾科技学院新构造年代学实验室、测控技术与仪器实验室及地下结构与工程地质试验场设备购置	吴小红	考古文博学院	防灾科技学院	219	技术服务
天然地震探测工作（委托）合同	陈永顺	地球与空间科学学院	中国地质科学院地质力学研究所	210	技术服务
核酸提取及检测方法及用于加热生物样品的透气容器	钟镐镐	医学部	泰普生物科学（中国）有限公司	200	技术转让

续表

项目名称	项目人	单位	合同对方	合同金额（万元）	合同类别
吗啡、甲基安非他明、氯胺酮三合一唾液检测试剂盒	郭振泉	生命科学学院	北京纳百景弈生物科技有限公司	200	技术服务
"铁汉基金"转账协议	张日葵	工学院	北京大学教育基金会	200	技术开发
微生物发酵生产食品级高粘黄原胶	王茗祥	工学院	厦门北大泰普科技有限公司	200	技术开发
一种稀土铕配合物及其作为发光材料的应用	卞祖强	化学与分子工程学院	扬州晨化新材料股份有限公司	200	技术转让
新型氮化物材料研发及研究平台建设协议	王习东	工学院	烟台同立高科新材料股份有限公司	200	技术开发
工业固废资源综合利用检测平台建设	王习东	工学院	中源伟业新材料有限公司	200	技术服务
液晶显示器光增亮膜	杨槐	工学院	浙江星星光学材料有限公司	200	技术开发
宁波市PM2.5污染特征与大气监测网络优化	胡敏	环境科学与工程学院	宁波市环境保护局	198	技术服务
模块式小型压水堆厂址适应性研究	陈家宜	物理学院	中国核电工程有限公司	194	技术服务
包头资源环境研究所分析检测平台建设	王习东	工学院	北京大学工学院包头研究院	181	技术服务
北京大学科技开发部与飞利浦医疗（苏州）有限责任公司共建磁共振成像联合实验室协议书	张珏	工学院	飞利浦医疗（苏州）有限公司	160	技术开发
库车盐构造变形特征分析和区域变形场的建立	李江海	地球与空间科学学院	中国石油天然气股份有限公司塔里木油田分公司	155	技术开发
"智慧长阳"总体规划	陈秀万	地球与空间科学学院	房山区长阳镇人民政府	150	技术服务
产学研技术合作协议书	赵东岩	计算机科学技术研究所	明博教育科技有限公司	150	技术开发
光学遥感器视频图像稳像处理系统	赵红颖	地球与空间科学学院	北京空间机电研究所	150	技术开发
酶解谷物粉生产工艺开发	王茗祥	工学院	厦门北大泰普科技有限公司	150	技术开发
SELNA多功能低碳节能新材料专用高分子树脂研发合同	范星河	化学与分子工程学院	深圳市赛纳新材料有限公司	150	技术开发
中航贵州飞机有限责任公司与北京大学无人机遥感等系统项目长期合作协议	晏磊	地球与空间科学学院	中航贵州飞机有限责任公司	150	技术开发
新型节能环保空调联合实验室	张珏	工学院	张家港阿尔特空调科技有限公司	150	技术开发
北京博绿雅建科技基金转账协议	吴越	工学院	北京大学教育基金会	141	技术开发
深圳市大气灰霾控制对策与规划研究	张远航	环境科学与工程学院	深圳市人居环境委员会	140	技术服务
痰湿挟淤体质人群减肥产品组合和体重管理方案的人体功效验证研究	马军	医学部	无限极（中国）有限公司	139	技术服务
气虚体质人群减肥产品组合体重管理方案的人体功效验证研究	马军	医学部	无限极（中国）有限公司	138	技术服务
痰湿体质人群减肥产品组合和体重管理方案的人体功效验证研究	马军	医学部	无限极（中国）有限公司	138	技术服务
酸压过程中地面与井下的变形场分析	何川	地球与空间科学学院	中国石油化工股份有限公司石油工程技术研究院	125	技术服务

续表

项目名称	项目人	单位	合同对方	合同金额（万元）	合同类别
The Road Map of Industrial Structure Transition and Upgrade for Harmonization of Energy and Environmental Development in the Region of Beijing-Tianjin-Hebei	张世秋	环境科学与工程学院	Energy Foundation	122	技术服务
儿童多种营养素检测系统建设	周子君	医学部	首都儿科研究所	120.1	技术服务
中石化西部大型沉积盆地形成演化与勘探潜力	刘波	其他	中国地质大学（北京）	120	技术服务
宁东能源化工基地水环境规划	倪晋仁	环境科学与工程学院	宁夏回族自治区宁东能源化工基地管理委员会环境保护局	120	技术服务
Support of the Work Plan 2013 for The Environmental Economics Program	徐晋涛	国家发展研究院	The Environmental Economics Unit at the University of Gothenburg	115	技术服务
激光熔覆及激光熔覆焊丝等技术	王茤祥	工学院	南京北大工道光电技术有限公司	110	技术转让
山东省城镇化发展战略研究（2013—2030年）	冯长春	城市与环境学院	山东省住房和城乡建设厅	110	技术服务
北京大学医学部和安利公益基金会合作协议	马军	医学部	安利公益基金会	120	基金
科研协议	吕媛	医学部	北京大学第一医院	100	技术服务
医疗法律风险防范与医院管理方的科研合作	王岳	医学部	正大天晴药业集团股份有限公司	100	技术服务
Joint Development Contract	查红彬	信息科学技术学院	Waseda University	100	技术开发
The Research of Online Sensor Calibration Using Road Structure Features	赵卉菁	信息科学技术学院	Toyota Central Research & Development Laboratories Inc.	100	技术开发
分子医学影像装备协同创新实验室	任秋实	工学院	北京锐视康科技发展有限公司	100	技术开发
辐照技术在重整催化剂制备过程中的应用	魏根栓	化学与分子工程学院	中国石油化工股份有限公司	100	技术开发
"金海育苇基金"转账协议	吴晓磊	工学院	北京大学教育基金会	100	技术开发
联合申报协议	张国义	物理学院	东莞帝光电子科技实业有限公司	100	技术服务
碱金属微结构原子气室封装技术	郭等柱	信息科学技术学院	中国电子科技集团总公司第四十九研究所	100	技术开发
共建超声成像联合实验室	方竞	工学院	飞依诺科技（苏州）有限公司	100	技术开发
低温等离子体牙齿美白安全性评价（动物实验）	张珏	工学院	苏州艾洁医疗技术有限公司	100	技术开发
工业固废资源综合利用检测平台建设	王习东	工学院	朔州市经济和信息化委员会	100	技术服务
鄂尔多斯盆地延长组长7—长6裂缝发育特征研究	侯贵廷	地球与空间科学学院	中国石油天然气股份有限公司长庆油田分公司	100	技术开发
宁波市重点地区挥发性有机物源清单解析	陆思华	环境科学与工程学院	宁波市环境保护局	100	技术服务
宁波市大气复合污染预报预警系统	王雪松	环境科学与工程学院	宁波市环境保护局	100	技术服务
数字图像中自动目标检测算法及其应用	马尽文	数学科学学院	虹软（杭州）科技有限公司	100	技术开发

表 8-65　北京大学首届产学研奖获奖名单

奖项	奖项等级	单位	获奖项目名称/姓名
特别贡献奖		化学与分子工程学院	气体分离净化技术中心
		信息科学技术学院	综合型语言知识库
先进集体奖	一等奖	工学院	
	二等奖	信息科学技术学院	
	二等奖	地球与空间科学学院	
	二等奖	环境科学与工程学院	
	三等奖	城市与环境学院	
	三等奖	第一医院心血管内科	
	三等奖	人民医院风湿免疫科	
优秀项目奖	一等奖	物理学院	核电厂大气扩散试验研究与气象专题
	一等奖	医学部临床肿瘤医学院	以VEGF受体flt-1为靶点的抗肿瘤小肽F56的研究开发
	一等奖	环境科学与工程学院	北京及周边大气污染形成机制及区域联控保障奥运空气质量
	二等奖	工学院	调控油藏微生物群落抑制硫酸盐还原微生物技术开发
	二等奖	环境科学与工程学院	农村生活污水多介质生态处理技术
	二等奖	信息科学技术学院	HINOC技术
	三等奖	数学科学学院	运载火箭可靠性评估及性能分析系列方法
	三等奖	地球与空间科学学院	无人机遥感系统
	三等奖	地球与空间科学学院	深圳市斜坡类地质灾害预警预报系统开发与应用
	三等奖	信息科学技术学院	适合汉语特点的人工耳蜗关键技术研究
	三等奖	分子医学研究所	siRNA血清稳定化及抑制正义链脱靶效应修饰技术的技术转让
项目合作先进个人奖		医学部药学院	屠鹏飞
		工学院	王习东
		工学院	龚　斌
		环境科学与工程学院	曾立民
		环境科学与工程学院	胡　敏
		生命科学学院	安成才
		城市与环境学院	冯长春
		地球与空间科学学院	师永民
		地球与空间科学学院	潘　懋
		信息科学技术学院	王为民
		信息科学技术学院	马思伟
产学研先进个人奖		科技开发部	姜玉祥
		工学院	陈　斌
		数学科学学院	赵　静
		城市与环境学院	郭　菲
		信息科学技术学院	蒋　云
		化学与分子工程学院	陈继涛
		医学部人民医院	王　兵

表 8-66　2013年医学部专利申请及授权情况统计

单位名称	申请				授权			
	发明专利	实用新型	外观设计	合计	发明专利	实用新型	外观设计	合计
基础医学院	11			11	5			5
药学院	47(国外7)			47(国外7)	28(国外1)			28(国外1)
公共卫生学院				0	1	2		3
中国药物依赖性研究所	3			3	2			2
第一医院	2	1		3	2	2		4

续表

单位名称	申请				授权			
	发明专利	实用新型	外观设计	合计	发明专利	实用新型	外观设计	合计
人民医院	19	14	1	34	10	12		22
第三医院	5	5		10	4	14		18
肿瘤医院	1			1	4(国外1)			4(国外1)
精神卫生研究所	1			1				0
口腔医院	4	1		5	2			2
深圳医院	1	1		2	1	3		4
首钢医院		2		2		2		2
合计	94(国外7)	24	1	119(国外7)	57(国外2)	37	0	94(国外2)

国 内 合 作

【概况】 2013年，国内合作办公室围绕学校加快建设世界一流大学中心工作，紧密把握国家发展战略，不断加强与地方政府、高校和企业的合作，继续努力做好对口支援石河子大学和西藏大学，开展定点扶贫工作，增加学校的社会影响力，为学校核心工作提供有力支持。

【交流合作】 1月20日至21日，北京大学党委书记朱善璐率代表团赴甘肃省访问，会晤省委副书记、省长刘伟平，并举行省校战略合作协议签约仪式。常务副校长吴志攀，副校长鞠传进，秘书长、发展规划部部长杨开忠等校领导及党办校办、党委组织部、研究生院、国内合作办、历史学系等相关职能部门和院系负责人陪同。

1月31日至2月1日，北京大学校长周其凤率代表团赴福建省访问，会晤省委书记尤权，省委副书记、省长苏树林，并举行省校战略合作协议签约仪式。福建省陈桦、叶双瑜等省领导，北京大学常务副书记、副校长张彦，常务副校长吴志攀，秘书长、发展规划部部长杨开忠等校领导及党办校办、国内合作办、产业技术研究院、光华管理学院等相关职能部门和院系负责人出席合作座谈及签约活动。

3月11日，北京大学党委书记朱善璐，常务副书记、副校长张彦，常务副校长吴志攀，副校长李岩松在京与天津市委书记孙春兰会晤，北京大学信息科学技术学院还与天津市滨海新区共同签署了《北京大学信息科学技术学院 天津市滨海新区人民政府共建北京大学(滨海)新一代信息技术研究院合作框架协议》。

3月13日，云南省副省长高峰率云南省教育厅以及云南大学、昆明理工大学、云南师范大学、昆明医科大学、云南农业大学、云南民族大学、云南财经大学共七所高校的主要领导访问北京大学，北京大学常务副校长吴志攀以及相关院系和职能部门负责人出席座谈会。

3月15日，北京大学党委书记朱善璐在英杰交流中心会见浙江省委副书记、省长李强一行。浙江省科技厅党组书记周国辉，浙江省政府办公厅副主任朱重烈，北京大学常务副校长吴志攀，研究生院院长、工学院院长陈十一，校长助理、党办校办主任马化祥，科研部部长周辉，国内合作办主任、党办校办副主任雷虹参加会见。

4月24日，海淀区委书记隋振江，区委副书记、区长孙文锴，区政协主席彭兴业等区领导及各委、办、局、乡镇负责人一行30余人到北京大学考察调研，就进一步深化区校合作与北京大学进行交流座谈。

4月24日，北京大学与中国人民解放军海军在京签署《军民融合创新发展战略合作框架协议》。中央军委委员、海军司令员吴胜利，政委刘晓江等海军首长及相关部门负责人，北京大学党委书记朱善璐，校长王恩哥等校领导及相关院系和职能部门负责人出席签约仪式。仪式由海军副参谋长张建昌主持。

7月18日，北京大学党委书记朱善璐，校长王恩哥一行到海淀区调研，并就进一步推动北京大学和海淀区的合作进行座谈。海淀区委书记隋振江，区委副书记、区长孙文锴，区人大常委会主任关成启等区领导及各委、办、局负责人出席座谈会。座谈会由海淀区委书记隋振江主持。

7月25日，北京市科委主任闫傲霜一行来北大调研，就进一步加强双方合作与学校领导进行座谈交流。北京市科委副主任朱世龙、张继红及各处室负责人陪同调研。北京大学校长王恩哥，常务副校长吴志攀，秘书长、发展规划部部长杨开忠,研究生院院长陈十一及相关院系和职能部门负责人出席座谈会。座谈会由常务副校长吴志攀主持。

8月28日,北京大学党委书记朱善璐率代表团赴山西省交流访问,朱善璐一行会见了山西省委书记袁纯清和省委副书记、省长李小鹏,商讨进一步深化落实校省全面合作框架协议、推动校省融合发展事宜。

8月30日,朱善璐一行赴贵州省访问,与贵州省委书记赵克志和贵州省委副书记、省长陈敏尔进行了会谈。双方有关部门负责人和企业代表就推进校省各领域合作进行了交流。

9月15日至16日,北京大学党委书记朱善璐率代表团赴广西壮族自治区访问,就进一步加强校区全面合作与自治区党委、区政府领导及相关部门负责人进行交流,并看望了北大在桂校友和选调生。

9月23日,北京大学校长王恩哥会见了浙江省副省长、浙江舟山群岛新区党工委书记、舟山市委书记、新区管委会主任孙景淼一行,双方就进一步深化校省合作、校市合作进行了交流。

11月11日,江西省委书记、省人大常委会主任强卫,省委副书记、省长鹿心社率团访问北大,双方签署了江西省人民政府与北京大学新一轮战略合作协议。北京大学党委书记朱善璐等校领导出席签约仪式。签约仪式由校常务副书记、副校长张彦主持。

12月13日,贵州省委书记、省人大常委会主任赵克志,省委副书记、省长陈敏尔率团访问北大,双方签署了贵州省人民政府与北京大学战略合作协议。北京大学党委书记朱善璐等校领导出席签约仪式。签约仪式由北京大学党委常务副书记、副校长张彦主持。

【支援援建】 1月10日,北京大学党委书记朱善璐、常务副校长吴志攀在燕园会见西藏大学房灵敏书记、陈建龙副校长一行,就下一步对口支援工作进行了广泛深入的交流,为新一年的对口支援工作奠定了良好的基础。

2月27日至3月4日,受国务院学位委员会委托,以北京大学常务副校长吴志攀为组长的验收专家组一行11人,赴西藏拉萨、林芝,对西藏大学的民族学、中国语言文学、生态学三个博士学位拟授权学科立项建设工作进行整体验收;此后经国务院学位办批准,上述三个博士学位点获批,结束了雪域高原无博士点的历史。

3月18日,中亚文明与西向开放协同创新论证会在北京大学召开,北京大学、对外经济贸易大学、石河子大学专家学者、中国边疆史地研究中心相关负责人参加会议。论证会由北京大学常务副校长吴志攀主持。

4月30日,西藏自治区举行2013年第一次专题学习会,北京大学吴志攀教授和潘维教授应邀分别作"法治社会与法治政府""久安之道"专题讲座。

5月中旬,西藏自治区举行2013年第三次和第四次专题学习会,北京大学陈可石教授和刘伟教授应邀分别作"理念、方法与价值观——城镇化过程中如何做好规划设计""我国经济增长与发展方式转变"专题讲座。

7月20日,西藏大学举办"2013学术周·院士讲堂"。北京大学严纯华院士、陈平原教授到校开展学术讲座,为学校师生提供了一场高水平的学术盛宴。

8月28日,高校团队对口支援石河子大学例会在新疆石河子大学召开。北京大学、华中科技大学、华东理工大学、华中农业大学、重庆大学、江南大学、对外经济贸易大学、南京师范大学、华南农业大学、石河子大学等支援受援高校领导、相关院系及职能部门的负责人出席会议。

9月24日,北京大学常务副校长吴志攀带队赴西藏拉萨出席2013年高校团队对口支援西藏大学年度例会,研究生院、人事部、国内合作办、房地产管理部、计算中心、公寓服务中心等职能部门代表参会。

【定点扶贫】 10月24日,北京大学—云南弥渡对口帮扶党政领导干部高级研修班动员大会暨对口帮扶协议签约仪式在北京大学中关新园科学报告厅举行。北京大学校长王恩哥、常务副校长吴志攀、校长助理李旭、马化祥及相关院系和职能部门负责人,弥渡县委书记沙伟风、代县长张世伟及弥渡县各部门、乡镇负责同志等56人出席仪式。

11月24日至12月7日,北京大学遴选弥渡一中、二中的10名骨干教师来北大附中跟班学习。

2013年,北大方正集团有限公司、北大先锋科技有限公司向滇西贫困地区捐资31万元,支持当地经济社会发展。

医学部国内合作与产业管理

【产业管理与服务】 2013年,医学部国内合作与产业管理办公室(以下简称"国产办")参与北京大学医学部与天津市塘沽区人民政府共建天津市第五中心医院(共建医院)项目。天津市第五中心医院顺利通过天津市三级甲等医院评审,顺利通过医学部教育处的评估,成为北京大学临床教学基地,并开始接收医学部临床检验专业的临床全程教学,为成为教学医院奠定了基础。该项目顺利完成二期合作协议的论证工作。国产办支持医学部学院和所属公司的教学和培训活动。作为医学部项目执行组组长单位,国产办认真履行调研、沟通、协调、支持的工作职责,承担项目责任会计职责,负责学科建设经费管理。

在新项目开发与其他合作方面,北医投资管理有限公司与英国开放大学国际事务公司签署合作意向书。国产办完成北京京医福晨教育科技有限公司的论证过程,协助办理公司成立手续。10月,中澳医药教育培训及养老产业座谈会召开,双方就中澳面临的相似而又不同的医疗及养老问题,进一步交流和探讨了教学、研究、服务等领域合作的可能性。11月,国产办将历史遗留问题的解决与新项目的开展有机结合,经协调药学院与瑞年集团公司合作成立北大瑞年国际联合实验室。12月,北京大学医学部—英国开放大学交流洽谈会召开。北京北医投资管理有限公司总经理陈立奇和英国开放大学国际部CEO Steve Hill分别代表北医投资管理有限公司和英国开放大学国际部签署了战略合作意向备忘录。

2013年,国产办共处理医学部经济运行过程中的举报打假事件11起,经过详细登记来访信息及全面的调查核实后回复来访人,并在"维权打假"网页专栏中发表声明,维护了学校的合法权益。

受医学部委托,国产办使用及对外管理医学部所属的不动产及配套设施,代表医学部对外出租范围包括产业楼、会议中心的一部分、友朋馆的全部。国产办邀请第三方评估机构,对产业楼的房屋出租价格进行了评估,结合实际情况,调整了产业楼的租户和租金,保证了国有资产的保值增值。国产办坚持"完善制度、规范管理、保障安全"的出租管理理念。国产办从制度层面加大对承租单位违约和非法经营行为的制约,强化安全管理,对经营不规范、违约和有非法经营行为的承租单位予以清退。国产办定期检查各租户的安全及各项制度的执行情况,主动了解租户的需求,提高物业服务水平。国产办在房屋租赁合同中增加"承诺书"的内容,租户保证在其经营活动和广告宣传中,不以"北京大学医学部""北医""北医大""北京医科大学"的名义从事任何宣传、经营活动等。

【制度建设】 根据《中华人民共和国公司法》有关规定,国产办梳理了医学部与所属公司的关系:国产办作为医学部国有经营性资产的监管机构,强化了对医学部独资、控股、参股企业行使股东权利的作用;加强了对所属公司国有资产股权变动、公司形式变更、公司关闭清算等事项以及关键岗位人员变化等重大事项的监管;根据法人治理结构的要求,对各子公司的常规经营活动实施放权管理,促进了公司的创新和发展。

根据教育部和校办企业协会的要求,国产办开展了医学部校办产业的内部控制评价活动,提高了企业的经营管理水平和风险防范能力。北京大学医学部参与此次评价活动的企业有:北京北医投资管理有限公司、北京医大时代科技发展有限公司、北京大学医学出版社有限公司。按照北京市校办企业内部控制评价指南要求,医学部组建了内控评价小组。8月至10月各企业按照要求成立了自我评价小组,先后进行自我评价、补充完善和整改工作,并对企业的各部门和职工进行访谈和抽样调查,了解各部门的职能,掌握企业的各个管理流程,对各个部门职责、岗位分工、制度建设等进行评价及整改。11月初各企业根据整改情况再次评出分数,撰写了《自我评价报告》。11月医学部内控评价小组成员进行互评,根据各企业实际情况,阐述评价的依据,经过多次研讨,最终得出各参评企业的分数,并通过了三个企业的评价报告。通过内部控制评价活动,各企业在过去较为薄弱的内部环境的设计及实际运行方面找到了差距和不足,并且在整改过程中进行了加强和制度完善。

【企业改制】 博士苑宾馆:国产办协调总务处、设备与实验室管理处共同清理积压物资,盘活资产、腾挪空间,为进一步清产核资奠定基础。北京赛腾远程卫星科技网络开发有限公司:会同医学部两办、法律事务小组完成前期调研工作,制订解决方案,已得到医学部批准,目前处于按步骤具体实施阶段。北京北医投资管理公司所属的分公司:学知苑读者服务部和健康教育中心已经完成关闭手续。北医科泰公司:按国家规定完备了资产评估文件,目前送交教育部财务司进行评估备案。北京北医医疗投资有限公司:完成亏损审计。北京北医投资管理有限公司:关于5%股权问题多次与小股东商谈,对方同意退出。

【经营状况】 2013年医学部产业系统上交医学部资金5224.3万元,其中教育培训1712.7万元,出版社465万元,产业其他646.6万元,合作项目2400万元。

【医学网络教育学院】 医学网络教育学院2000年10月10日成立,目前,学院涵盖远程医学本专科学历教育、远程继续医学教育与培训、技术开发服务三大业务板块。学院同时是中国高等教育学会医学教育专业委员会医学远程教育研究会的日常办事机构,以及北京医师定期考核指定机构。学院实行"学院办学、企业化运作"的管理模式,北京医大时代科技发展有限公司是学院拓展业务的运营实体。学院一贯坚持"管理规范,资源优秀,服务满意,技术可靠,提供一流的医学远程教育"的质量方针。

北京大学医学网络学院现有员工118人,具有本科以上学历的占69.5%;其中博士学位1人,硕士学位17人,本科学历65人。学院在保证教学工作正常投入和运转的前提下,2013年回报医学部资金1256万元。

学院开设有护理学、药学、应用心理学、卫生事业管理、医学信息管理五个专业;办学层次有专科、专升本。2013年学院在全国有30家学习中心。两季报名人数7780人。全年毕业生共计5447人,其中本科毕业生为2418人,获得学位290人,学位获得率为11.99%。

教学管理与研究。2013年医学网络教育学院重点推进专业教学改革,以岗位需求为导向,以提升职业能力为核心,以提高学习效果为宗旨,用系统思维理念来指导具体实践。护理学专业教学的改革重视对护理职业的典型工作任务分析,通过任务导向的原则组织并实施教学。医学信息管理专业在病案信息管理基础上扩大医学信息管理概念,合理安排课程比重,强调计算机和医学知识的整合培养,还从专业课程设置上将专科、本科难度拉开。应用心理学专业设置三大专业方向满足学生不同领域学习的需要。2013年三大专业方向课程包上线运行,并且完善了毕业实习方案的设计,开发了网上毕业实习课程。

同时在学院教学改革方针的指导下,课程开发工作积极推进开放、实用、便捷的教与学的模式的建设。学院完成了应用心理学专业课程包的建设工作,推进了应用药学专业课程包的建设,建设新课程18门,完成23门课程的修改任务。学院在2013年共组织三次专业考试和两次学位英语考试,约考159031人次,阅批试卷297460份,均无差错。

非学历教育。2013年学院成立医大爱思唯尔教育科技有限公司,积极开展针对在职卫生技术人员的继续医学教育培训。适合医院各类人员学习的CME项目是互联网在线学习模式的国家级远程继续医学教育项目,2013年执行241项,截至12月份,项目学员累计达到90万人次,遍布全国;"医爱"临床人才培训与管理系统,知识涵盖临床技能、医学知识、管理能力、沟通技能、团队协作、科研能力、临床技能、健康倡导等8个方向;口腔专业人员培训项目在全国共开通37家临床实践基地,2650人获取口腔专业护士培训合格证书。网络学院自身还与行业合作了4个非学历项目,其中"养老护理员系列项目"作为重点项目,完成初中级系列课程开发工作。学院还为北京大学的教学医院拍摄制作了"中国医学生临床技能操作教学片",支持了教学医院的教学工作。

内部建设与管理。2013年3月,学院将传统的电话座机接线方式转换为虚拟呼叫中心的方式,为学院自建呼叫中心奠定了基础。为保障网络系统的安全,学院依照国家计算机信息系统安全保护二级标准对部署在办公区机房和IDC机房的所有主机、网络环境、机房环境进行评审。2013年12月达到国家二级标准,并获得认证报告。学院结合实际,建立了远程教育校外学习中心质量管理体系。

【在职教育培训中心】 2013年在职教育培训中心在医学部及国产办、继续教育处的领导和支持下,严格遵守国家法规和学校规章制度,重新整合后开展多方位、多层次教育培训,坚持规范办学,实施自主招生(第三年)。中心坚定维护北医培训的品牌和利益,以市场需求为导向,拓宽培训项目和内容,加强与各级政府部门的沟通与合作,圆满完成工作目标。

1. 中心开展业务。(1)医院管理班,2013年新开班15期;医药管理班3期;护理管理班3期;短期模块高级研修班2期;内训3次。(2)2013年5月承接2013年卫生专业资格考试(北京考区)机考任务4天,完成了北京市卫生系统5400余人次的卫生行业从业人员考务工作。(3)10月19日,北京大学医学部在职教育培训中心与中国医院管理杂志社合作,共同主办第七届中国医院院长大会,大会的主题是"探寻本质,内涵发展——医者、医疗与医院管理",来自全国各地约600名公立医院院长及医院管理者参加大会。

2. 中心内部管理。中心坚决维护北医品牌,稳步发展培训资源整合平台;进行了培训市场调研和学员需求分析;独立自主招生比前两年都有长足进步,同时拓宽了培训项目;改进项目营销宣传系列资料,以学员交流型刊物《杏林学友》为主,2013年共出版3期。

9月11日至13日,北医医药卫生管理校友会暨医院管理研讨会在广西南宁举办,此次研讨会的主题为"卓越质量与战略管理"。国家医院评审评价项目办公室主任、原解放军总医院(301医院)副院长陈晓红将军对医院等级评审标准及在评审实践中发生的管理问题进行深入解析;中央电视台《百家讲坛》主讲专家赵世民教授为大家分享《孙子兵法与战略管理》,讲述如何从中国传统战略理论中汲取精华,指导医院质量的持续改进。

主要区域发展服务机构

首都发展研究院

【发展概况】 2013年,北京大学首都发展研究院(以下简称"首发院")一方面认真学习贯彻党的十八大和十八届三中全会精神,另一方面,强化服务首都意识,做好北大与北京市对接的桥梁与纽带,积极服务首都经济社会发展。在北京市和北京大学的指导和领导下,首发院积极服务首都发展战略,充分发挥智囊团和思想库的作用,在能力建设和服务北京方面取得显著成绩。

2013年,在原有办公研究用房的基础上,首发院对教室、会议室和部分办公区域进行了装修,首发院的办公、培训场所得到逐步健全和完善,办公室、多媒体教室、资料室、会议室、内外网络办公、文印室等各类基础设施更加完备。首发院通过学校人事部网站公开招聘两名科研人员,纳入学校合同制聘用人员管理体系。

【党建工作】 自2013年7月开始,首发院领导班子带头学习相关文件,召开多种形式的内部学习会、座谈会和听取意见会,认真听取院内工作人员对院领导和院内工作的意见和建议,在此基础上,院领导通过自查和开展批评会,查找自身问题和工作当中存在的问题,不回避、不逃避问题,认真做自我批评,并研究整改落实,建章立制。

首发院大力推进院务公开,坚持"三重一大"制度,充分发扬民主,坚持两周召开一次首发院办公例会,重大问题办公会集体讨论决定,首发院人事、财务、科研、培训等都严格按制度办事。

【服务首都发展】 1月22日,首发院与北京市规划委员会在北京大学召开新年座谈会,在论坛合作、地理信息决策支撑平台建设、人才培养、课题研究等方面达成合作共识;1月28日,北京市人民政府副秘书长杨志强、市发改委副主任赵磊一行访问首发院;6月19日,北京市科委朱世龙副主任和伍建民副主任就筹备首发院第二届理事会等事宜到首发院进行调研;7月,北京市科委专门启动了对首发院的评估工作;7月23日,北京市科委主任闫傲霜一行到北大拜会王恩哥校长,并就首发院理事会换届一事与学校领导沟通,李国平院长作首发院工作汇报。

发挥智库作用,更好地服务首都经济社会建设。2013年度,首发院专家学者就"支持中关村加大实施创新驱动发展战略力度,加快建设具有全球影响力的科技创新中心的若干措施""北京市落实党的十八届三中全会精神的思考和建议"等政府咨询项目献计献策;由李国平院长牵头,首发院承担了"首都阶段性特征及动力规律研究"课题(此课题作为北京市经济社会发展规律综合研究15个子课题之一);11月26日,北京市市长王安顺邀请北京大学城市与环境学院吕斌教授和首发院副院长冯长春、林坚教授就首都城镇化建设问题进行研讨。

举办培训班。2013年,首发院共计为55家中央单位(政府部门和国有企业)、北京市及各省区市地方政府举办培训班65期,培训各级领导干部和企业高管3500余名,其中厅局级领导干部200名,处级干部1950名,科级干部1200名,企业高管150名,并和内蒙古赤峰市国土资源局、河南新乡学院建立人才培养战略合作关系,共计为学校带来财政收入301.6万元。2013年,首发院培训工作品质不断提升,培训规模不断扩大,赢得了委托单位及受训学员的广泛认可和一致好评,充分树立了北京大学和首发院干部教育培训品牌。

国子监大讲堂。首发院继续承办"北京大学国子监大讲堂",加强"北京大学国子监大讲堂"的建设。2013年,"北京大学国子监大讲堂"共授课17讲,内容涉及历史、哲学、艺术、地理、民俗、建筑等方面。2013年5月,首发院与东城区教委首次开设流动大讲堂,举办讲座5次,深入北京的街道、社区和中学,为他们带去传统文化的相关讲座,收到了良好的效果。《北京大学国子监大讲堂市民读本(2)》已在修改、整理中,即将由北京大学出版社出版。

决策要参。首发院继续与北京市经济与社会发展研究所合作主办《决策要参》。该刊紧扣首都发展中的重大问题,力求为市委、市政府相关政策制定提供针对性很强的海内外重要政策研究成果。2006年2月创刊至2013年底,该刊已出版109期,在北京市政机关起到了良好的咨询作用,成为各级政府的主要理论阅读材料。

北京论坛。北京论坛(2013)于11月1日至3日在北京举行,其中的城市分论坛由北京大学首都发展研究院和北京大学社会学系联合承办,其主题是"城镇化:可持续发展规划与多样性"。来自美国、加拿大、澳大利亚、法国等16个国家和地区的45位专家学者和政界人士,从环境、生态、城市等多角度进行了深入的研讨与交流。

【科研工作】 2013年首发院坚持服务首都研究与决策咨询工作,在多个领域与北京市多部门开展了全面的研究咨询与合作。主要合作单位包括北京市科委、市委组织部、对口支援办、市规划和自然资源委员会、人口计生委、质监局、对外联络服务办公室、21世纪议程工作办公室、北京市红十字会等。此外首发院还承担了国家级重要科研任务,主要委托单位包括教育部、民政部、国土资源部、科技部、环保部等。2013年首发院研究领域涉及首都人才、人口、资源环境、世界城市建设、生态文明发展、行政审批、行政区划、对口支援、土地城镇化、产业与空间发展、金融产业发展、发展规划综合评估、首都生态圈、首都经济圈等首都及首都地区经济、社会、文化与生态文明各个方面,这些研究咨询成果为首都发展提供了全面的决策支持。

2013年,首发院共承担北京市委托课题31项,完成研究报告13篇,发表论文、论著25篇(部),获奖3项。

【**合作交流**】 蔡满堂副院长代表首发院参加了2013年5月在美国举行的美国国际教育者联合会(NAFSA)2013年年会和国际教育展,参与推进国际教育学术交流。2013年7月,李国平院长参加了在日本东京举办的国际学术会议,作了主题为"中国首都圈空间划分及其规划研究"的学术报告。2013年11月,李国平院长参加了在南非、津巴布韦举办的南部非洲交通体系建设国际研讨会,作了主题为"中国经济特区的发展"的学术报告。

深港产学研基地

【**产业孵化**】 在产业孵化方面,深港产学研基地对外实施走出去战略取得阶段性成果,通过合作建立南京产业孵化基地、哈尔滨产业孵化基地等,这些孵化基地已正常运转并得到当地政府的认可,为引领当地经济发展发挥了作用,自身也进入良性发展阶段。

南京产学研基地进行股东结构调整后,加强了本地团队的建设工作,累计孵化企业约60家,其中4家已达成投资意向。基地与雨花软件谷合作的一期2万平方米专业孵化器已于2013年6月投入使用,南京安柯诺智能科技有限公司等30家企业陆续入驻,2期也正准备投入运营。

哈尔滨产业孵化基地8000平方米启动区已正式交付使用,已孵化23家企业,并被认定为哈尔滨市级孵化器,3家企业已达成投资意向。

与香港互联网专业协会合作成立的深港互联网专业孵化基地正在稳步推进,3家企业签订孵化协议。

为解决孵化企业发展与孵化场地紧张问题,深港产学研基地探索虚拟孵化的新路子,近年与桑达实业股份有限公司、金证科技大厦、长虹科技大厦等场地合作孵化科技创新企业,目前运作正常;2013年,基地与龙岗区科技创新局合作建立龙岗微软IT学院。

【**创业投资**】 根据深港产学研基地环境技术中心研发成果创立及孵化的企业——深港产学研环保工程股份有限公司,在历经多年的产业化实践和探索后实现飞速发展,公司于2013年12月完成最后一轮增资,券商、律师、会计师陆续进场,拟择机冲击IPO,深港产学研环保股份有限公司的发展将成为实验室成果向产业转化和促进深圳科技成果转化的一个成功范例。

由深港产学研创业投资有限公司发起成立的松禾资本面对创业投资寒潮,逐步探索新三板投资机遇,并积极参与中国创新创业大赛和中国农业创新大赛两项大赛,与其他创投机构共同发起大赛配套基金,服务早期投资市场。2013年以来,A股IPO持续冰封,IPO退出渠道受阻,松禾资本积极拓展多元化退出渠道,在搜狐畅游收购第七大道后实现并购退出,被评为"2013年度中国最具创新力创业投资机构TOP10"。

由深港产学研基地联合中国科学院、北京大学深圳研究生院、北京大学数字媒体研究所等单位联合发起成立的广州高清视信数码科技股份有限公司是致力于数字电视和电子信息领域产品的研发、生产和销售的高新技术企业,是AVS/AVS+国家视频编解码标准产业化的积极推动者,是高清视频技术应用的引领者。公司坚持自主研发,走一条拥有自主知识产权并处于业界领先地位的创业和发展之路,经过数年的发展现已初具规模。该公司作为深港产学研基地环境技术中心取得的产业化成果被列入广州市政府与北京大学市校合作的成功范例。2013年7月,高清视信以排名第一的成绩中标中国有线海南分公司高清互动机顶盒入围采购项目。目前公司业务已在全国各地全面推广。

【**公共研发平台建设**】 语音搜索及应用工程实验室。该实验室为2012年获批、2013年正式组建的互联网产业市级工程实验室,实验室主要针对语音搜索及应用关键技术,建立面向网络融合的智能语音搜索和监控的研发和试验平台。实验室开展针对基于关键词或关键人的实时高效语音搜索引擎开发、嵌入式与分布式融合的智能语音搜索、跨信道大数据量语音搜索基础资源库建设、面向信息安全的声纹搜索及确认等技术研究,实现语音搜索技术研发和应用的重大突破。实验室联合企业进行产业化推广和技术转移,将提升深圳在语音搜索及应用领域的创新能力,推动我国语音技术和产业的发展。

深圳人体组织再生与修复重点实验室。2013年,在深圳市科创委的支持下,基地依托原有生物医学工程中心,成立了深圳人体组织再生与修复重点实验室。实验室联合了具有医学、理学及工学等学科背景的研究人员与生物材料相关的研究资源,致力于研发用于替代、修复、改善或再生人体各种组织器官的材料和信息技术,其产品可用于因疾病、创伤、衰老或遗传因素所造成的组织器官缺损或功能障碍的再生治疗,涵盖了组织工程材料、医疗器械以及先进的纳米诊断技术。

目前实验室承担了国家973计划课题1项,子课题1项;"十二五"国家科技支撑计划重点项目子课题4项;863项目子课题2项;省级科技项目1项;市级各类项目支持12项。实验室孵化企业——北科航飞生物医学工程有限公司承担了"十二五"科技支撑计划项目"全降解冠脉支架"。

深圳环境材料研发与检测公共服务平台。该平台于2012年获批,2012—2014年为建设期,平台聚合深港产学研基地先进高分子实验室、深圳市环境模拟与污染控制重点实验室、北京大学深圳研究院分析测试中心、生物医学工程研究中心等研发机构已有的创新和公共服务资源,主要针对环境材料开展四个方面研究工作:环境材料的开发与应用研究;针对环境材料的完整生命周期,开展具有权威资质的公共检测服务;研究材料与环境的相互作用,定量评价材料生命周期对环境的影响;环境材料的科普推广、示范应用和技术培训交流。

【中国生物材料大会】 12月20日至23日,中国生物材料大会在深圳市会展中心1号展馆举办。近年来我国在生物材料研发领域已取得了长足的进步,但是与国际先进水平相比,还有较大差距。随着生物材料被列为我国"十二五"科技规划重点,其产业向高技术产品方向发展也成为必须和必然。结合目前生物材料领域两大热点——生物医学材料和生物降解材料,本届大会特设"生物新材料产业论坛",聚集国内外知名专家学者,从生物材料的研发、生产、应用等角度探讨新材料在生物体内的应用,为我国生物材料产业的发展奠定坚固、稳定的基石。

本次大会是我国生物材料界最高层次和学术水平的盛会之一,汇集了国内外大专院校、科研和医疗机构、企业以及管理部门等从事生物材料研究、应用、生产和管理的学者和专家,就生物材料相关领域的新理论、新方法、新材料、新发现,以及进一步发展的重点,特别是成果转化等进行交流和研讨,促进了我国生物材料科学和产业的发展。此次参会人员超过1000人,到会的人员包括7位院士,多位国内985高校校长和海外知名科学家,以及国家多个相关部门的负责人。

此外,2013年基地还承办了电力系统新材料应用研讨会、深圳市自主创新大讲堂等多个论坛及会议,在促进专业交流、引进新的资源等方面发挥了重要作用。

【深港产学研基地博士后科研工作站】 张冬军是深港产学研基地与孵化企业共同培养的博士后,他在博士后在站期间结合产业中的运用设计的一项核心算法得到突破,使其研发的项目获得成功,为所在公司创造了3000万元的产值。基地现有博士后创办的实验室4个,创办的公司5个。2个由博士后自主创业成立的公司业务范围已拓展到国际市场。目前,在40位博士后中,1人被认定为深圳市地方级领军人才,5人被认定为后备级领军人才,5人主持了中国博士后基金项目。有2个项目连续三年获得省市科学技术奖、市技术发明奖。

根据博士后需求,深港产学研基地还专门设立产学研合作基金,鼓励博士后创业和承担国家专项。2013年基地就博士后承担的13个项目给了293万元的配套支持,使得一大批研发成果迅速转化为生产力。

2013年博士后工作站完成9人入站,16人次的考核,截至2013年工作站累计培养博士后40人,为深港产学研基地开展高水平研究及为深圳市引进高层次人才发挥了关键作用。

【对外合作】 在对外交流及拓展方面,基地和深圳市宝安区签订了人才战略合作协议,今后将在高层次人才培养、产业转化、应用研发等方面展开全面、深入的合作,同时基地还与鄂州、贵州、淮安、成都、新西兰华人科学家协会、加利福尼亚大学伯克利分校高曼学院、宁波大学等地区与机构建立了合作关系,为下一步发展奠定了基础。

校办产业管理委员会办公室

【概况】 2013年北京大学校办企业悉心经营，攻坚克难，取得了良好的经济效益和社会效益。据初步统计，2013年校办产业资产总额1325.83亿元，比2012年增长约30%；总收入792.47亿元；归属于北大资产经营有限公司所有者权益155.17亿元；归属于母公司所有者的净利润9.51亿元；上缴税金总额26.18亿元，在全国高校产业中保持领先地位。2013年校办企业共上缴学校1.93亿元，比2012年增长19.8%，其中北大方正集团有限公司上缴1.2亿元、北京北大青鸟软件系统有限公司上缴1200万元、北京大学出版社有限公司上缴1900万元、北京北大维信生物科技有限公司上缴1096万元、北京北大未名生物工程集团有限公司上缴1000万元、北京北大学园教育投资有限公司上缴1100万元、北京北大先锋科技有限公司上缴684万元、北京北大临湖科技发展有限公司上缴234万元、北京北大英华科技有限公司上缴141万元。经初步统计，各校办企业2013年向学校及社会捐款、捐物总额超过2400万元，已向国家缴纳各项税费25亿元之多。

【加强管理服务】 2013年教育部等有关部门调整了高校校办企业经济行为审批、备案的工作流程，校办产业管理委员会办公室及时跟进，调整了服务方式，加强对下属企业经济行为的监管。2013年，校办产业管理委员会办公室承担的监管和服务主要包括：股权整合方面，协调完成了北大方正集团有限公司内部IT类企业股权重组、北大方正信息产业集团有限公司下属企业股权重组；企业并购方面，协调完成了方正证券股份有限公司吸收合并民族证券、收购北京中期期货有限公司的审批工作；资产出让方面，协调完成了北京北大方正电子有限公司转让所持无形资产、福建方兴化工有限公司挂牌转让经营性资产的事项；股权转让方面，协调完成了北大方正物产集团有限公司挂牌转让福建方通港口储运有限公司50%股权、方正软件（苏州）公司转让所持方正信息安全公司股权、北大方正集团有限公司向方正证券、方正和生投资有限责任公司转让所持方正东亚信托股权等事项；增资方面，协调完成了西南合成增资北京北大药业有限公司、北大方正集团有限公司增资北京大学国际医院、北大方正物产集团有限公司增资福建方通港口储运有限公司、北京北大科技园有限公司增资北京科技园置地有限公司、北京北大未名生物工程集团有限公司增资北京未名凯拓农业生物技术有限公司、北京北大明德科技发展有限公司增资等事项；公司设立方面，协调完成了北大方正集团有限公司设立金融租赁公司、北医健康产业园设立北大国际医院康复医疗管理有限公司、北大方正集团有限公司在香港设立全资子公司等事项。

【推动创新发展】 校办产业管理委员会办公室充分考虑企业发展的需要，积极为企业解决疑难问题。如举办北大校办产业与海淀工商座谈会，牵线搭桥，为企业化解在工商变更、商标管理等工作中遇到的困难。校办产业管理委员会办公室还积极扶持企业参与政府主导的各项优惠政策，推动企业创新发展。如协助企业上报2013年文化产业发展专项资金项目，北京大学出版社有限公司"基于物联网应用和集成供应链的出版物仓储物流设备更新升级"获得财政拨款600万元。

【规范管理制度】 校办产业管理委员会办公室进一步加强制度建设，制定《北大资产经营有限公司国有资产管理规则（暂行）》，从国有资产重大事项、清产核资、评估备案、企业改制、产权转让等多个方面全面规范了下属企业的国有资产管理工作。

7月30日至31日，校办产业管理委员会办公室举办了校办产业国有资产管理工作研讨会。教育部财务司国资与企业处处长迟玉收及国资管理专家组一行九人应邀出席本次研讨会，并作培训报告，北大各下属企业领导及法务、财务等部门负责人近150人参加会议。

此外，校办产业管理委员会办公室还进一步规范了资产公司自身贷款、担保、借款等行为，截至2013年12月31日，北大资产经营有限公司贷款担保的总额保持在教育部规定的额度内，降低了学校的风险。

北京大学校办产业主要企业名录：北大资产经营有限公司；北京大学出版社有限公司；北京大学音像出版社有限公司；北京大学医学出版社有限公司；北大方正集团有限公司；北大资源集团有限公司；北京北大青鸟软件系统有限公司；北京北大未名生物工程集团有限公司；北京北大科技园有限公司；北大科技园建设开发有限公司；北京北大临湖科技发展有限公司；北京开元数图科技有限公司；北大英华科技有限公司；北京北大宇环微电子系统有限公司；北京北大明德科技发展有限公司；北京燕园天地科技有限公司。

主要高科技企业

北京大学科技园

【企业概况】 北京北大科技园有限公司成立于2003年,注册资金1亿元人民币,位于北京市海淀区中关村北大街127-1号,是北京大学的校办企业。北京北大科技园有限公司是北京大学为响应国家"科教兴国"战略,促进北京大学科研成果产业化而建立的,是最早的国家级大学科技园之一,是北京大学建设世界一流大学的重要组成部分。北大科技园主要业务涵盖项目开发、科技成果转化服务、孵化投资、园区建设管理、酒店旅游等多个领域。

2013年,北京北大科技园有限公司围绕北京大学科技研发、技术创新、产业转移等领域开展多项产学研用合作,继北京大学工学院后又与北京大学建筑与景观设计学院、北京大学信息科学技术学院等院系开展实质性战略合作,通过科研技术的引入、科技成果的孵化和转化、企业项目的对接落地和多层孵化投资基金的参与,在科技提升和人才培养方面,积极与北京市、包头市、南昌市、杭州市等地方政府合作,加快产业转型和创新体系建设,发挥北京大学服务于国民经济建设和社会经济文化发展的重要使命。2013年,北京北大科技园有限公司被认定为首批"海淀区文化科技园区"。

【园区建设】 北京大学科技园杭州分园是北京北大科技园有限公司又一成功落户地方的产学研合作分园项目。园区所在地杭州未来科技城(海创园)是中组部、国资委确定的全国四个未来科技城之一,是国家级海外高层次人才创新创业基地,也是浙江省委、省政府重点打造的人才特区。园区位于未来科技城核心区域,包含大学科研、孵化加速、产业发展、综合服务四个功能区块,北京大学科技园杭州分园将以光纤技术、电子科技、医学工程、生物技术、绿色建筑、工业设计及文化创意等作为产业发展方向,为未来科技城的人才集聚、创新发展提供强大助力,为北京大学的科技成果转化提供最佳平台保障,为浙江省的经济转型和升级作出突出贡献。

北京大学科技园江西分园是北京北大科技园有限公司落实北京大学与江西省政府战略合作的重要项目。2013年北京大学与江西省人民政府签署新一轮战略合作协议,此次省校协议明确提出加快北京大学科技园江西分园发展进程,发挥北京大学和南昌经济开发区政府各自优势,实现资源融合、互利双赢,通过更全面的校地合作、协同创新模式,推动北京大学优势学科与江西重点产业发展的对接,推动北京大学科技落地与江西科技成果转化政策的对接,全力服务于江西地方经济发展。

【获奖情况】 在中关村科技园区海淀园管委会主办的全国首个文化和科技融合产业领域的峰会——"2013中国·中关村文化和科技融合产业峰会"上,北京北大科技园有限公司被认定为首批"海淀区文化科技园区"。

【基地建设】 北京大学科技园包头分园科教基地是北京北大科技园有限公司与包头市政府的又一次深入合作。基地位于包头市青山区政府东侧装备制造产业园区新规划区,紧邻城市主干道,总用地面积330亩,计划建设14栋标准厂房,总建筑面积126121平方米,专为产学研提供设施、场地等配套服务,促进科技成果转化。分园占地面积109亩。土地性质为综合用地,功能规划为包头研究院、科研中心、教育中心、企业总部及专家公寓五种类型,旨在围绕高端研发、教育及培训,通过开放式发展策略,联合相关大学和企业,打造人才的科技创新基地、高校的教育培训基地,充分发挥地理位置优势,将科技创新与教育资源辐射包头市及整个自治区,进一步助力包头市及自治区的经济结构转型与高新技术发展。

【业务发展】 北京北大科技园有限公司与北京大学工学院现有产学研用平台有机结合,共同成立北大科技园创新技术有限公司。公司通过科研技术的引入、科技成果的孵化和转化、企业项目的对接落地和多层孵化投资基金的参与,在科技提升和人才培养方面,积极与地方政府合作,加快产业转型和创新体系建设,发挥北京大学服务于国民经济建设和社会经济文化发展的重要使命。同年,北京北大科技园有限公司与北大校友会、北大产业技术研究院等相关单位共同发起了"北京大学创新创业扶持计划"。该计划依托北京大学的教育优势、科研优势、平台优势,采用"创业教育、创投基金、创业孵化、开放平台"四位一体的创业服务理念,以实际行动促进科技成果转化,扶持青年人才创业,服务国家战略。

北大方正集团有限公司

【企业概况】 方正集团为多元投资控股集团，业务领域涵盖IT、医疗医药、房地产、金融、大宗商品贸易等产业。作为国家首批6家技术创新试点企业之一，方正集团多次荣膺"国家技术创新示范企业"等荣誉称号。方正集团拥有五大产业集团，35000余名员工。同时，方正集团拥有6家在上海、深圳、香港交易所上市的公众公司。2013年，方正集团总收入680亿元，总资产960亿元，净资产339亿元。

【研究开发】 西南合成方正医药研究院携手SK研发全球精神神经类首创药物。2月26日，西南合成发布公告，宣布与韩国SK集团旗下医药生命科学子公司SKBP，及方正医药研究院等四家企业共同签署协议，就精神神经类全球首创药物SKL-PSY在包括临床前试验、新药注册申请、临床试验、生产批件申请、生产销售权益及在中国、美国或欧洲的注册等领域开展合作。

【企业改革】 北大医学部与北大方正集团有限公司签署战略合作协议。5月8日，北京大学医学部与方正集团在京签署战略合作协议，双方将在学科建设、人才引进、人员培养、学术交流、医疗管理、品牌联合等各方面展开深度合作。与北大医学部战略合作协议的签署。

【获奖情况】 1. 北大方正集团有限公司荣膺"中国软件创新力20强企业"称号。2月26日，中国版权保护中心举办"中国版权服务年会"。为纪念计算机软件著作权登记制度实施20周年，本次年会评选出了"中国软件创新力20强企业"。方正集团凭借在软件创新保护方面所作出的卓越贡献，入选"中国软件创新力20强企业"名单。截至2012年底，方正集团已完成软件著作权登记685件。

2. 方正集团荣获"最受赞赏的中国公司"。9月26日，《财富》（中文版）发布2013年"最受赞赏的中国公司"排行榜，方正集团榜上有名。

【回报社会】 北大方正集团有限公司与中国妇女发展基金会在京联合举办骨干医生培训班。9月16日至17日，方正集团与中国妇女发展基金会在京联合举办"方正健康发展基金"2013年乳腺癌、宫颈癌防治骨干医生培训班。中国妇女发展基金会秘书长秦国英等出席开班仪式。培训由"方正健康发展基金"出资举办，邀请多位国内顶尖专家，为来自河北、湖北、湖南、吉林、宁夏、四川、云南、内蒙古等省（区）的58名基层骨干医生传授先进的两癌防治知识。

【自主创新】 1. 方正阿帕比参与制定行业标准CEBX。2月28日，中国《数字阅读终端内容呈现格式》行业标准正式发布。由方正阿帕比研发的具有自主知识产权的CEBX版式文档技术被该行业标准采用，成为其技术基础，为数字阅读呈现格式提供制作和阅读的标准。该行业标准由原国家新闻出版总署面向全国各省市新闻出版局发布。通过后期培训与推广，CEBX版式文档技术将会在全国出版行业内得到更广泛的应用，从而为方正阿帕比与各出版单位搭建长期合作的桥梁。

2. 北大方正信产集团创新技术方案大赛圆满落幕。6月20日，由北大方正信产集团举办的"我的方案我造梦——创新技术方案大赛"决赛隆重举行。创新技术方案大赛作为提升方正信产核心技术竞争力、推动企业技术创新、加强企业内部高新技术交流的重要活动，得到了各所属企业的高度重视。经过现场激烈的角逐，上海方正数字出版选送的"海量数字内容的知识图谱构建平台"项目获得一等奖；方正国际的"集成化电子病历产品技术方案"和方正PCB的"TD PCB板生产技术解决方案"项目获二等奖；三等奖由方正国际的"位置资源综合服务平台"、方正电子的"基于大数据技术的互联网舆情垂直搜索服务平台"和方正电子的"全能印刷生产系统"获得。

北大青鸟集团

【业务发展】 9月2日，北京北大青鸟软件系统有限公司旗下新建成的北大成都附属实验学校正式开学。该校选址在全国20多家百强企业云集的成都市龙泉驿高新区，由北大青鸟集团与北京百悦集团和龙泉驿区政府合作，是北大青鸟基础教育办学优秀模式新的样板。该校在成都市1500家左右对手的竞争中，首期即取得新生报名5000人、录取近千人的成绩。

10月9日，北大青鸟文教集团正式建立。该集团隶属于北大青鸟集团，集中管理北大青鸟集团旗下的高等职业教育、基础教育和各种民办特色教育机构及业务，北大青鸟集团总裁初育国研究员兼任北大青鸟文教集团董事长。该集团成立后，随即对北京、南宁、珠海、成都等地北大附属实验学校为代表的基础教育资源配置优化、规模扩大、综合素质与效益提升发挥重要作用。

【重点项目】 1. 4月2日，北京北大青鸟软件系统有限公司与延庆区政府正式签约，合作八达岭区域开发项目。具体合作由北大青鸟集团旗下青鸟环宇科技的传奇旅游公司与北京延庆区八达岭长城旅游公司合作成立的合营公司完成,传奇旅游与八达岭长城旅游分别拥有70%及30%的权益,合营公司主要从事投资、开发、建设、经营及管理娱乐节目、乘客接驳服务、旅游景点及旅游度假区。

2. 4月15日,北京北大青鸟软件系统有限公司与美国弗吉尼亚州CCS公司合作的CCS项目框架协议在北京签署,美国弗吉尼亚州州长鲍伯·麦克唐纳、商务部部长郑叔霆、CCS公司董事长力特·汤普森等多位美国客人应邀到北京访问并与北大青鸟集团董事长许振东签约。

【回报社会】 8月24日,中共十八届中央候补委员、贵州省副省长陈鸣明,全国人大常委会委员、中国致公党中央副主席闫小培,北京大学党委常务副书记兼副校长张彦等领导出席了在北京大学举办的2013年度"春晖行动——致公学生培养计划"捐赠仪式,见证了北京北大青鸟软件系统有限公司向2013年度"春晖行动——致公学生培养计划"公益助学项目再捐赠2400万元的义举。陈鸣明代表贵州省政府、贵州省春晖行动发展基金会和贵州人民向活动发起人北大青鸟集团董事长许振东先生颁发捐赠证书。

8月21日2013年度103名受助贵州学生抵京入学。北大青鸟集团坚持"教育改变人生 创新服务社会"核心价值理念,4年全额捐赠"春晖行动——致公学生培养计划"公益助学项目,已为贵州老区贫困家庭333名品学兼优孩子提供了全免费优质中学教育,为保护和培养优秀人才作出贡献。

【获奖情况】 10月16日,在慧聪网2013年(第六届)消防行业十大评选颁奖盛典上,北大青鸟环宇消防设备股份有限公司以总成绩第二的排名,荣获中国消防行业十大知名报警企业奖。

12月4日,北大青鸟APTECH获得2013新华网"大国教育之声"中国最具品牌影响力职业培训机构大奖。评选专家认为,北大青鸟APTECH长期专注于中国IT职业教育领域,组建了世界首个技术专家顾问团组织——TAG,在超过半数高校毕业生因为缺乏社会实践经验而被用人单位拒之门外形势下,北大青鸟APTECH"逆向式课程设计"理念,弥补了高校毕业生缺乏工作经验的不足。该课程设计基于对上千家IT企业的深层调研,依托有针对性的全真项目实践,学员在培训期间就能获得丰富的实战经验,提前进入工作状态。北大青鸟率先在业内推行的"教育标准化"流程保证了教学质量,避免了教师个体差异带来的教学差异,促成了学生在专业技能上达到就业目标。

12月10日,北京北大青鸟软件系统有限公司旗下青鸟安全系统工程技术有限公司喜获"2013年中国智能建筑品牌奖"之"优秀智慧城市解决方案供应商"大奖。该奖项被誉为中国智能建筑行业的"奥斯卡"。

北大未名生物工程集团有限公司

【企业概况】 北京北大未名生物工程集团有限公司(以下简称"未名集团")成立于1992年,是北京大学三大产业集团之一,主要从事生物经济体系的建立和生物产业的发展,重点投资生物医药、生物农业、生物能源、生物环保、生物服务、生物制造和生物智能七大领域。

【研究开发】 2013年,未名集团共申报国家部委、省市等各级各类项目45个,资金总额达1.7亿元,获批项目38个,获批资金1.2亿元。申报项目数和申报资金数分别比2012年增加160%、156%。其中:北京科兴申报"手足口病疫苗产业化能力建设""EV71灭活疫苗临床前研究"等项目6个,获批资金7370万元;北大之路申报国家一类新药"恩经复"生产线扩建、"注射用鼠神经生长因子产业化基地"等项目11个,获批资金1168万元;未名凯拓申报"玉米新品种凯育8高产示范与推广""多倍体无籽罗汉果规范化生产与种植"等项目23个,申报资金3965万元,获批项目16个,获批资金2662万元;湖南未名申报"3万吨/年生物柴油生产装置新技术研究""第二代生物柴油制备工艺技术及产业化研究"等项目5个,获批资金460万元。

2013年,集团各下属企业共申报49项专利,有15项专利获得批准。其中:北大之路的"聚乙二醇同神经生长因子结合物的制备方法""目的蛋白制备方法及其用途""重组虎纹克胰肽载体及其制备方法和用途"等专利申请进入实质审查阶段。北京科兴申请包括"适合口服的脊髓灰质炎病毒疫苗""氧胆酸钠的分光光度检测方法""含肠道病毒抗原的多价免疫原性组合物""甲肝病毒单克隆抗体及其应用"等21项专利。未名凯拓申请19项专利,其中"水稻基因KT506在提高植物耐逆性能上的应用""一种有效降低转基因植物通过花粉介导基因漂移的方法""一个水稻逆境诱导启动子KT619P的鉴定和应用""一种简便高效的水稻转化方法""一种用百草枯筛选转基因植物的方法"等9项获得专利许可。湖南未名取得"一种利用光皮树油制备生物航空燃料的方法""一种发动机用醇基燃料复合助剂及其制备方法"

"一种利用山苍子果核油制备生物航空燃料的方法"3项专利。未名博思"3SAT的认知逻辑方法""序列比对的认知逻辑方法"在美国获得临时专利,这两个专利在国内已经进行申报,此外"无模式数据库的认知逻辑方法"同时在美国和中国进行了申报。

北京未名凯拓作物设计中心有限公司承担的科技部863课题"水稻智能不育系的创制和应用"已经通过载体构建和遗传转化获得了一批水稻智能不育候选株系,通过科学严谨的方法完成了所有试验报告的撰写,在经农业部批准进行环境释放试验完成了一年后,于2013年提交了下一轮生产性试验申请,目前仍在等待农业部相关部门的批准。

【重点项目】 北京北大未名生物工程集团有限公司下属企业北京科兴生物制品有限公司先后投入大量资金用于自主研发的手足口病(EV71)灭活疫苗的研发以及昌平基地建设。EV71疫苗Ⅲ期临床研究于2012年1月6日正式启动,先后对1万余名婴幼儿进行了疫苗接种,完成了长达一年的流行病学保护效果观察。2013年3月13日,EV71疫苗Ⅲ期临床试验揭盲会在京举行,初步结果显示:疫苗具有良好的安全性和有效性,对EV71病毒导致的疾病保护率可达95%。5月30日,北京科兴向北京市食品药品监督管理局提交了新药注册申请并被受理。

下属企业江苏未名生物医药有限公司主要从事胰岛素生产及新药的研究开发。该项目2013年1月被江苏省常州市政府列为2013年度常州市重点建设项目,一期计划筹备建设18000平方米的胰岛素GMP工厂,预计2014年中期完成厂房及配套设施的建设。6月17日,公司一期工程生产车间主体正式封顶,标志公司一期工程取得阶段性进展;10月30日,一期500公斤原料药、1000万支制剂车间主体基建项目生产车间完成验收;11月5日,公司一期工程生产车间顺利通过质监部门的主体结构验收,标志车间工程进度进入后期安装阶段。

【获奖情况】 2013年厦门北大之路公司全年实现营业收入4.2亿元,主营净利润同比增长59%,总资产达9.25亿元。公司被厦门火炬高新区授予"年度纳税大户"荣誉称号。2013年,公司还荣获"2013年度中国医药研发产品线最佳工业企业""福建省创新型企业"荣誉称号。核心产品"恩经复"荣获福建省优质品牌、厦门市政府质量奖和"国家重点新产品"称号,"恩经复"主要经营指标进入全国制药企业500强。

【回报社会】 北京北大未名生物工程集团有限公司出资100万元在北京大学生命科学学院设立"沈同奖学金"。

北京北大维信生物科技有限公司

【企业概况】 北京北大维信生物科技有限公司(以下简称"北大维信")于1994年9月1日创建于北京中关村高科技园区,注册资金8000万元,是由山东绿叶制药有限公司与北京大学共同合作投资的公司。公司自成立以来一直致力于天然药物和现代中药的研究、开发、生产和销售。2013年,北大维信总计实现销售收入3.21亿元,实现工业总产值33595万元,利润7100万元,实现利税5872万元,资产总额3.8亿元。公司现有员工约1000人。

【研究开发】 北京北大维信生物科技有限公司坚持以自主创新为主,积极进行新药研发。公司优秀的研发团队和研发能力使公司赢得了众多荣誉。2003年至今,北大维信先后成为人事部博士后流动工作站,北京市专利示范单位,中关村科技园区首批百家"创新型试点企业",中关村国家知识产权制度示范园区知识产权重点企业,北京市市级企业技术中心。在此期间,公司先后承担了科技部、卫生部以及北京市科委、经信委以及中关村园区的众多科研课题项目,先后获得近亿元的政府资金资助和奖励,进一步促进和激发了公司创新能力。同时为鼓励技术创新,公司还积极健全相关知识产权管理制度,初步建立对研发人员的有效的激励机制和绩效考评机制,大大提高研发部门的技术创新动力。与此同时,公司逐步建立和健全企业知识产权预警机制,优化资源,提高技术创新效率。此外,公司尝试将知识产权管理与技术创新、企业营销相融合,期望逐步实现企业知识产权战略服务于企业竞争战略目标的目的。作为一家高新技术企业,截至2013年底,公司累计拥有185件专利申请,其中已授权发明专利达130件。北大维信的持续创新药物开发能力为公司的稳步经营带来强有力的支持。

【业务发展】 北京北大维信生物科技有限公司主要产品血脂康胶囊自1996年上市以来已经进入国内数千家大医院和药店。同时,血脂康还进入全国20多个省、自治区、直辖市的公费药物或医疗保险用药目录。主导产品血脂康胶囊销售额逐年上升,市场份额名列前茅,已成为国产降血脂药物第一品牌。2006年,"北大维信"入选北京市"著名商标"。目前,血脂康胶囊在国内中药降脂药市场中排名第1。

公司生产厂区位于中关村永丰高新技术产业开发基地。厂区占地面积2.7万平方米,建筑面积3万余平方米,拥有10万级超净生产车间,设备先进。厂区2012年11月通过了新版GMP认证,年产胶囊10亿粒,片剂5亿粒。

【获奖情况】 北大维信血脂康制剂发明专利获得北京市发明专利二等奖。北京市发明专利奖是全国首个省部级的发明专利奖,自2008年起,每两年一届,已成功举办两届,共评选出获奖项目99项。本届发明专利奖评选工作从2013年5月正式启动,经过了项目申报、专家函审、专家组初审、评委会评审等阶段,共从8个技术领域182个申报项目中评选出获奖项目36项。其中,医疗、药物、中医药及医用器械专业领域仅有包括北大维信在内的3个企业通过审查、答辩,进入公示名单。

4月2日,北京北大维信生物科技有限公司通过市医药行业协会牵头的评选,成为第二批北京市药品安全百千万工程质量管理示范企业。

12月底,北京北大维信生物科技有限公司通过北京市安全生产标准化认证现场考核。在此之前,公司花费近9个月时间,进行了生产文件的修订、组织机构的调整及设备设施的更新等筹备工作。由于准备充分,公司顺利通过现场考核,也让公司安全生产规范化水平迈上了新台阶。

【回报社会】 5月28日,在六一儿童节来临之际,北京北大维信生物科技有限公司为普兴镇北大维信希望小学的师生捐赠二百套校服。年底,公司还为学校的每个教室配备了电子白板教学设备。北大维信希望通过现代化的教学设备改善传统的乡村教学方式,把现代化的信息技术融入教育教学中,提高课堂的教学效率,丰富教学形式和内容,增强教师和孩子们之间的互动。电子白板教学设备的安装,填补了希望小学电化教学上的一大空白,使北大维信希望小学的孩子们享受到和城市孩子一样的待遇。

12月20日,北京大学医学部"2012—2013学年度学生先进集体、优秀个人表彰大会"在医学部会议中心礼堂隆重举行。北京北大维信生物科技有限公司常务副总经理张翠玲作为颁奖嘉宾出席了颁奖会,向获奖学生颁发了获奖证书并接受了学生的献花。"维信医学教育奖学金"设立于2006年,旨在鼓励医学部优秀本科生和长学制学生,已连续八年在医学部颁奖,该奖项受到了医学部学生的热烈欢迎。此外,还有4名学生获得了"爱心维信助学金"的资助。"爱心维信助学金"旨在支持医学教育事业,对经济困难学生进行无偿资助,主要用于奖励品学兼优、勤奋进取的紧急困难学生。

【重点项目】 血脂康关键工艺改扩建升级项目。为了满足不断扩大的市场需求,2013年,北京北大维信生物科技有限公司对血脂康核心工艺——发酵工艺进行扩产改造,以期迅速提高产能。项目总投资6500万元,主要通过厂房改扩建、生产设备升级、管理水平升级实现血脂康关键原料——特制红曲的发酵产能和质量的双提升,完成后血脂康胶囊产量增长60%,出口产品——特制红曲增长40%。

1月11日,"中国医药创新战略暨血脂康美国Ⅱ期临床国际研讨会"在京举行,会议隆重发布了国家重大新药创制专项血脂康美国Ⅱ期临床研究结果;并对中国创新药物研发和国际化进行了研讨。桑国卫、陈可冀、张伯礼等几位院士以及相关部门领导,来自美国以及国内的医药专家以及媒体记者近200人出席了会议。社会各界对以血脂康为代表的中国中药国际化进程,以及绿叶制药为代表的企业自主创新之路有了更加深入的了解和更多的关注与认可。

北京北大英华科技有限公司

【企业概况】 北京北大英华科技有限公司(以下简称北大英华)成立于1999年,注册资金1000万元,位于海淀区中关村大街中关村大厦9层,是北大资产经营有限公司控股的公司。北大英华依托北京大学的资源优势,在北大产业办、北大资产公司的引导和支持下,致力于法律信息、网络教育和高端培训产业,为社会各界提供法律信息内容和应用平台以及源源不断的更新服务,已成为中国最大的法律信息与知识内容供应商。2013年,公司实现销售收入3550万元,实现利润453万元,实现利税497万元,资产总额6678万元,所有者权益4094万元。

北大英华不断探索最新信息技术与法学信息的结合方式,为用户和社会公众打造汇集、传播、交流法律知识和信息的综合法律信息平台,积极搭建有效法律社交网络,主动梳理展现基本法律知识体系,以不断促进法治文化社会传播,履行法律信息主导企业应尽到的社会责任。

【年度纪事】 5月28日,北大英华公司成立产品管理委员会和产品中心,加强产品管理,以提高产品规划、开发和运营的效率和效益,优化整合资源配置,强化移动互联网时代的产品市场竞争力。

6月11日,北大英华公司代表行业参加中美法律信息大会,大会由中美法律信息和法律图书馆(CAFLL)论坛非营利性组织主办,华东政法大学承办,北大英华公司《法律信息社交网络初探》一文被选入大会主题发言。

6月28日,北大英华公司知名法律信息产品北大法宝被评选为北京市著名商标,成为法律信息行业第一个获得著名商标的品牌。

8月30日,北大英华公司国家质检总局网络学院学习平台正式启用,该平台为国家质检总局职工提供全面在线培训。

11月11日,北大英华公司知名法律信息产品北大法宝法律数据库正式上线律所实务库,实务库收录众多知名律所研究文库和知名律师的法律实务评论文章。

12月1日,北大英华公司搭建的中山市检察机关辅助办案综合应用平台成功应用,该平台首次集合了北大英华公司的所有软件业务,包括法律法规、司法案例、法学期刊、专题参考、自建法律数据库、在线学习系统、规范化量刑建议系统,并开创性地整合了刑事专题,为法律信息的有效整合提供了新的思路。

12月19日,在主题为"软件助推中国"的"2013中国软件大会"上,北大英华公司的知名法律信息产品北大法宝荣获2013年度法律行业信息化最佳产品奖。

【企业改革】 启动新三板上市工作。10月17日,北京北大英华科技有限公司召开整体改制及在全国股份转让系统推荐挂牌工作启动会。公司正式引入证券公司和律师事务所,开始按相关法律规定,启动新三板上市相应的整体改制和推荐挂牌工作,以筹备新三板上市工作为契机,推进公司股份制改革和加强公司的内部管理和控制,完善企业法人治理结构和建立现代企业制度。

【研究开发】 Net系统架构改造。公司产品原有的面向过程开发的系统架构制约了新的业务需求和开发迭代周期,经改造为面向对象开发,系统架构由单层模式发展为MVC模式,开发框架提升为EF,在界面层展示也由原始的html+javascript转换为JQuery EasyUI。整个系统改造的过程非常稳健和平滑,在潜移默化中逐步完成了整个网站底层架构设计。一系列的技术改造,使得开发成本大大降低,大大缩短了开发迭代周期,在用户体验和市场反馈上获得了良好效果。

上线北大法宝APP。3月23日,北京北大英华科技有限公司在苹果应用商店中上线北大法宝的APP应用产品,为客户提供法律信息的微检索服务。北大法宝APP在当期的新上线应用产品中下载量名列前茅。

【产业运行】 创建和完善微营销体系。北京北大英华科技有限公司积极适应移动互联网时代的发展趋势,在2013年推出产品介绍、联系方式、客户服务、数据检索等二维码体系,增加支付宝等支付方式,开通淘宝品牌店,开通北大法宝微博和微信官号,逐步创建和完善微营销体系,进一步促进生产经营的顺利运行。

【节能减排】 启用电子管理办公平台。7月1日,北京北大英华科技有限公司全公司正式启用目标电子管理办公平台,内部管理流程、审批事项、公司公告等全部在平台流转,进一步推行无纸化办公,提升节能减排效果。

【重点项目】 开建国家质检总局网络学院学习平台。2013年,北京北大英华科技有限公司与国家质检总局达成搭建国家质检总局网络学院学习平台项目,该项目将共同设计质检总局全国网络学习平台、教育培训信息管理系统、系统需求分析与设计和网络培训课件租赁加工,可全面满足内部学习知识、需求、考核等功能,能长远降低内部学习培训成本并提高学习培训成效,将成为互联网时代政府机关学习培训平台建设的示范项目。

【产品介绍】 北大法宝法律数据库概述。北大法宝是由北京北大英华科技有限公司和北京大学法制信息中心共同开发和维护的法律数据库产品,经过20多年的不断创新,目前已发展成为拥有法律法规、司法案例、法学期刊、律所实务、专题参考、英文译本和法宝视频七大检索系统,在内容和功能上全面领先的法律信息服务领导品牌,是法律工作者的必备工具,受到国内外客户的一致好评。同时,基于北大法宝庞大内容支持的法律软件开发业务日益受到用户青睐。

北京北大临湖科技发展有限公司

【企业概况】 北京北大临湖科技发展有限公司是经北京大学批准,由北大资产经营公司出资800万元,北京大学科技开发部出资200万元共同成立的公司。公司成立于2006年5月25日,注册资本1000万元。公司主要负责北京大学周边房地产的经营管理和物业服务工作,主营业务为写字楼租赁管理和宾馆服务业,公司主要经营项目包括:燕园大厦、北大(资源)东楼、北京(资源)燕园宾馆。

公司下设:综合部、财务部、经营部、物业部、保卫部、法务部及北京(资源)燕园宾馆。

2013年,公司有职工165人,其中管理人员14人,高级职称3人。公司在北京大学及其产业办的领导下,在经营班子的带领下,进一步加强制度建设,完善岗位职责,经过全体员工的努力工作,实现总产值7037.04万元,利税总额1300.38万元,上缴学校234.97万元,为国家和学校作出了应有的贡献。

【重点项目】 燕园大厦总建筑面积为36970平方米,位于中关村科技园区核心地带,北京大学东南角,是5A级写字楼,具有5A智能化系统、豪华大堂、顶级商务配置、多元化功能。燕园大厦以其优异的综合品质和高附加值,提供智慧密集型企业办公的商务环境。

北大(资源)东楼总建筑面积11513平方米,地处中关村科技园区核心位置,北京大学南门东侧,中关村大街与北四环路交会处,交通便利,四通八达。资源东楼地上五层,地下一层,楼内设有各种规格的写字间,拥有中央空调、垂直电梯、自动消防报警系统,配套设施齐全,是创新培训和科研办公的理想场所。

北京(资源)燕园宾馆总建筑面积18000平方米,位于北京大学西南角,北四环海淀桥东北角,交通极其便利。宾馆拥有客房105间,其中标准客房81间,套房24间,写字楼8000平方米。设施包括闭路电视、闭路监控系统、网络系统、中央空调、分体空调、国内国际直拨电话等。另设有餐厅、歌舞厅、美容美发厅等配套设施,对客人实行四星级服务,三星级收费。

【年度纪事】 4月20日,四川雅安芦山县发生7.0级地震,给当地造成了严重的人员伤亡和财产损失。4月22日北京北大临湖科技发展有限公司党支部、工会向全体员工发出倡议:地震无情,人间有爱,灾害面前,你我相扶,捐献爱心,从点滴做起,号召为雅安人民捐款送去爱与希望!截至5月9日,公司共有72人捐款,共募集款项9700元。这些捐款送到北京大学教育工会,并通过有关渠道援助灾区,临湖公司以自己的实际行动,践行着"中国梦"。

2013年,北京北大临湖科技发展有限公司超额完成了经营任务指标,并上缴北京大学234.97万元,为学校发展作出了贡献,在北京大学校产年终总结表彰会上,受到北大校办产业管委会的表彰和奖励。

北大资源集团

【企业概况】 北大资源集团有限公司是北大资产经营有限公司和北大方正集团有限公司旗下专业从事房地产开发、教育投资、商业地产运营、物业经营管理等业务的综合性房地产控股集团。资源集团依托北京大学和方正集团,定位于资源整合型城市运营商,通过有效配置和整合教育、IT、医疗、金融等领域的内外部优质资源,提升自建项目的社区生活品质和城市价值,同时,通过战略合作,服务于外部开发商的地产项目,致力于成为中国特色城市运营模式的开拓者和领跑者。在商业开发的同时,北大资源集团深入挖掘北大深厚的人文底蕴,致力构筑新文化社区与新文化城市,以文化设施营建、文化活动发起、文化氛围塑造等,为中国城市及城市居民创造更有文化品质、更宜居、更具幸福感的生活。北大资源开发项目涵盖城市运营、住宅、写字楼、酒店、商业、科技园、工业园区等多种类型。目前项目主要分布于长三角、珠三角、环渤海区、华中、西南等国家重点发展地区。

【年度纪事】 1月22日,北京北大资源地产有限公司凭借商务地产这一创新模式,一举获得"中国地产最具影响力企业"桂冠。

2月28日,主题为"力拓疆土,共进共赢"的第二届北大资源集团战略联盟合作大会及晚宴在京隆重举行。

3月13日,北大方正集团有限公司、北大资源集团有限公司分别与顺义区政府、李遂镇政府就"李遂镇中心区整体开发项目"举行签约仪式,自此集团携手顺义谋发展,扎根李遂谱新篇。

4月25日晚,一年一度的"感动资源"2013颁奖典礼在成都落下帷幕。

4月27日,北大资源集团有限公司第三届品牌年会"资源·品茗斋"在成都胜利召开。年会对资源集团品牌新战略进行了首次推广,明确了北大资源集团的价值观——"相信文化的力量",并确定将"新文化社区"作为今后北大资源重点打造的差异化产品。

4月20日,四川雅安芦山发生7.0级地震,震区情况牵动着全国人民的心。作为一家有担当有责任感的企业,北大资源集团有限公司第一时间行动起来,积极号召和组织集团总部及全国各所属企业员工为灾区捐款,资源集团向雅安地震灾区捐款近50万元。

5月26日,借2013年香港山东周之机,青岛资源与青岛市市北区人民政府在香港举行项目合作框架协议签约仪式。青岛市市北区委书记惠新安、副区长蔡全记、商务局局长刘传伟等出席仪式。

7月19日至23日,在出席"2013生态文明贵阳会议"期间,北京大学校长王恩哥院士对"北大资源·梦想城"生态文明展厅及项目现场进行了实地考察。

7月24日,在第13届博鳌·21世纪房地产论坛"中国地产金砖奖"颁奖盛典上,北大方正集团有限公司董事、总裁兼首席财务官、北大资源集团有限公司总裁余丽荣获"2013年度中国城镇化特别贡献人物"。

7月6日晚,在千余名重庆北

大资源业主的期盼中,"北大文化之夜"文艺汇演在渝开幕。北京大学合唱团表演的节目形式多样,主题鲜明,让山城观众度过了一个充满文化韵味与艺术风情的夜晚。

9月16日,北大资源集团有限公司与北京大学校友会、共青团北京大学委员会、北京大学图书馆、北京大学艺术学院、北京大学中国考古学研究中心、北京大学文化研究与发展中心等六大机构签署了文化资源战略合作协议。

9月28日,在楼市传媒10周年庆典活动上,北京北大资源地产有限公司凭借博雅CC项目独特的商务地产理念、整合资源服务企业的新型模式,获得了"地产杰出贡献企业"荣誉。

12月1日,北大资源"新文化社区"战略暨"资源家"上线发布会在北京大学百周年纪念讲堂隆重举办,这是北大资源集团第一次正式向业界系统地诠释北大资源集团的全新战略思路和实践成果。

【重点项目】 昆山北大资源·理城。2013年1月获得理城项目3号地块,至此,位于昆山阳澄湖科技园核心区域的理城项目,整体总建筑面积达到75万平方米,是昆山城西首个集新文化中心、住宅、商业步行街、创意产业园等于一体的百万平方米人文社区。

重庆北大资源·悦来。2013年6月获得,未来将依托重庆国际会展中心,打造成重庆另一个中心。项目占地275亩,总建筑面积42万平方米,将被打造成为"30万方首席人文资源型低密度居住区"。

贵阳北大资源·梦想城。2013年6月获得,项目位于贵阳市观山湖区,占地面积约25万平方米,总建筑面积100万平方米,依托高铁的优势地理位置,着力打造新文化中心和北大生态建设研究院,成就文化、生态、绿色、智慧的梦想之城。

重庆北大资源·燕南。2013年6月获得,项目位于杨家坪商圈与大渡口商圈交汇处,占地15万平方米,总建筑面积70万平方米,是集高层、洋房、邻里型商业多重业态的综合性人居文化生活城。

青岛新都心苑。2013年6月获得,项目位于青岛市市北区新都心区域,占地面积2.1万平方米,总建筑面积7.5万平方米,依托重庆路、地铁等城市交通优势,打造城市中心低密度居住社区。

长沙北大资源·时光。2013年6月获得,项目地处长沙市华中最大城市湿地——洋湖湿地公园,项目占地11万平方米,总建筑面积32万平方米。项目将被打造成洋湖垸片区首个集美墅、住宅、商业为一体的高尚住区。

成都北大资源·燕楠国际。2013年6月获得,项目傲居成都新双楠核心,占地面积13万平方米,总建筑面积超过50万平方米。项目为双流区最大的高品质生活住宅区,拥有区域唯一的4万平方米商业配套,是区域首席品质生活大盘。

佛山北大资源·博雅滨江。2013年11月获得,项目地处佛山市三水区西南中心与北江新区交汇核心,占地20万平方米,总建筑面积95万平方米,涵盖住宅、商业、文化中心等多元业态,承方正教育、医疗、科技、金融及商业五大产业。

青岛北大资源广场。2013年11月获得,项目位于青岛崂山CBD核心区,占地面积2万平方米,总建筑面积14万平方米,依托金家岭金融新区的商务区域优势和便利的城市轨道、高速交通优势,定位为崂山区新文化地标商务集群。

武汉北大资源·山水年华。2013年11月获得,项目所属为中国光谷中心板块和武汉未来科技城起步区,是政府重点规划的光谷新中心区域,占地12万平方米,总建筑面积28万平方米,着力打造集舒居洋房、顶配高层、社区商业为一体的区域高端项目。

重庆北大资源·博雅东。2013年12月获得,占地面积18万平方米,总建筑面积62万平方米,为地铁5号线站口物业,据守照母山交通中心位置,雄踞200万平方米金州商圈中心,毗邻照母山千亩绿肺,依品牌名校。

【获奖情况】 2013年,北大资源集团有限公司"资源家"社区生活服务平台荣获"2013年度中国最佳幸福社区实践案例奖"。

北大资源物业集团荣获"2013中国物业管理最具成长潜力企业"。

山东北大资源·尚品燕园荣获腾讯房产2013齐鲁品牌房地产开发企业。

成都北大资源·燕楠国际荣获"中国地产新视角·最值得期待楼盘"大奖、"2013中国房地产(成都)峰会暨2013·榜样中国·华西房产TOP50排行榜"。

昆山北大资源·理城荣获乐居颁发的"2013年度乐居最佳人居"。

华南MALL荣获"2013东莞金牌地产评荐"之"金牌商用物业"奖。

开封北大资源荣获"2013最具影响力城市运营商"奖项。

主要教学科研服务机构

图书馆

【概述】 2013年，图书馆在继续改进日常业务和服务工作、支撑北京大学教学科研的同时，不断改革创新，以适应不断深入发展的信息化数字化环境。初步完成了资源发展政策，压缩纸本资源的投入，加大数字资源经费比例，重视采集特色资源和捐赠资源。继续拓展服务领域和服务方式，加强读者服务的宣传推广，开通了微博、微信、人人网等服务平台，探讨学科服务的新模式。努力推进文献资源体系建设取得新突破，教育学院、哲学系、信息管理系、物理学院、信息科学技术学院、软件与微电子学院等6家分馆开始向全校读者开放借书，医学部图书馆与五家附属医院图书馆（第一医院、第三医院、口腔医院、肿瘤医院、第六医院）之间实现通借通还服务。完成了新一轮全员考核及岗位聘任。在岗位考核工作中，将劳动合同制人员的考核一并纳入，进一步规范了劳动合同制人员的管理。完成了古籍图书馆（沙特国王图书馆分馆）的设计方案签约和施工图设计需求，确定了动工时限。启动了图书馆东楼大修改造的方案设计，反复与设计方沟通，并组织调研，年内已经完成图书馆东楼改造工程项目设计签约工作。正式开通了"北京大学机构知识库"，参与的院系等机构65个，建立教师学者主页435个。经过一年多的艰苦努力，在教育部、财政部和学校领导、相关学者、财务部及基金会的大力支持下，成功回购了日本大仓文化财团所藏的、以中国著名藏书家董康"诵芬室"旧藏为核心的"大仓文库"931部、近3万册典籍，并于12月12日入库。古籍编目过程中发现涉及馆史的具体详细物证，报经学校批准，将北京大学图书馆建馆年追溯到1898年，与北京大学建校时间同步。图书馆基金实现重大突破，获得社会捐赠资金50万元。

【文献资源建设】 继续克服经费不足和资源涨价的双重压力，在保持图书馆文献资源建设的连续性和稳定性的前提下，努力完成文献资源采访工作。

印本文献采访。图书购置总经费比上年增加约556万元；欠款约为320万元，比上年增加183.5万元。总购书量比上年（44167种/80895册）增加11766种/16765册。其中，外文图书采购量比上年增加5305种，增幅为55.49%。中外文期刊经费支出比上年减少198万元，减少191种/315册；订购报纸数为213种/220份，比上年减少1种/6份。新收学位论文6120种，从各院系接收纸本论文12083册。完成硕博士学位论文回溯编目1269种，往届博士后出站报告编目943种。在古籍方面，新入藏拓片535份，费用近15万元。成功回购日本大仓文化财团所藏、以中国著名藏书家董康"诵芬室"旧藏为核心的"大仓文库"931部、近3万册典籍。

表8-67 2013年度图书馆书刊采访工作统计

项目		文科		理科		总计	
		（种）	（册）	种	（册）	种	（册）
图书	中文	30970	64788	6468	11504	37438	76292
	外文	16458	19056	2037	2312	18495	21368
	图书总计	47428	83844	8505	13816	55933	97660
期刊	中文	2114	5396	1433	3496	3547	8892
	外文	1172	1341	317	1289	1489	2630
	期刊总计	3286	6737	1750	4785	5036	11522
报纸	中文	153	973	21		174	973
	外文	39				39	
	报刊总计	192	973	21		213	973
学位论文		2825	2825	2406	2406	5231	5231
音像资料						1498	1922
年新增总计						67905	117308

注：期刊的册数为装订后的合订本册数。另有捐赠的特藏图书12980册、中外文期刊263种未计入。

医学图书馆印本文献资源采购量比上年有所增加,全年共采访中文图书 4339 种/9479 册,外文图书 625 种/668 册,中文期刊 590 种,中文报纸 62 种,外文期刊 113 种。

电子资源建设。在续订的基础上,新订 8 个数据库:爱如生《申报》数据库、Springer 电子图书、OSA 美国光学学会全文数据库、AGU 美国地球物理学联合会电子期刊、OED 牛津在线英语大辞典、OLOD 牛津多语种在线大辞典、西班牙黄金世纪戏剧全文数据库、西班牙文学参考文献书目库。停订 3 个数据库:WSN 世界科技出版社电子期刊、Springer 丛书、Worldbank 世界银行数据库。电子文献经费支出比上年增加约 234.6 万元,增幅为 22.97%。中外文电子报刊总数与上年比略有增加,中外文电子图书总数比上年增加 4 万余册。零采多媒体实体资源 1.06 万元,新增电影、语言、音乐、节目、学习参考等类 DVD 1498 种/1922 件。继续自建内容丰富、形式多样的数字化资源,包括学位论文、教学参考书、民国期刊、满铁资料、外文刊元数据等,并在一定范围内发布利用。

表 8-68　2013 年度图书馆电子资源订阅情况统计

统计项目	中文(种)	外文(种)	年采访量(种/个)	累积量(种/个)
数据库	176	165	341/351	484/508
电子期刊	24936	26131	51067	51210
电子报纸	160	971	1131	1131
电子图书	2005862	369826	2375688	2791433
电子学位论文	2078332	400000	2478332	2478332
多媒体实体资源			1498/1922	24135/52683

注:其中包括多媒体数据库中文 7 个、外文 3 个。

医学图书馆年度订购电子图书、电子期刊数据库 70 个(其中与总馆合订 45 个),单独订购的电子期刊 3821 种;电子书 1342 种;电子学位论文 60 篇。

文献捐赠。全年共接受中文赠书 4912 种,外文赠书 3629 种,共计 13758 册。中文赠书有所增加,外文赠书少于上年。其中重要捐赠有:韩素音赠书(期刊 115 种/1248 册,图书 2321 种/2649 册)、厉以宁赠书 653 种/699 册、侯仁之赠书 254 种/440 册以及湖湘文库等。在国际交换出版工作方面,继续承担《中国之窗》项目海外赠书工作,2013 年完成《中国之窗》项目赠书合计 892 册,比 2012 年 449 册增长近一倍,深受海外受赠馆的好评。医学图书馆接受中外文赠书 741 种/846 册,中外文期刊约 3000 册。

【文献资源组织与揭示】　书刊编目方面,继续将中文编目工作外包,完善质量控制体系。除完成常规新书与赠书的中外文编目外,还完成了段宝林、侯仁之、厉以宁、傅海澜、韩素音赠书等编目工作,共计 46390 种图书。完成 23847 种外文图书的编目工作,包括 18208 种西文图书、4877 种日文图书和 762 种俄文图书的编目。古籍编目全年提交编目数据 4588 条,加工 4760 部 6944 函 32224 册,扫描数据库所需书影 3990 幅。完成新入藏拓片的编目,系统较 2012 年新增版刻记录 385 条,版本级 442 条;另完善旧数据数百种。完成艺风堂藏书正式典藏号的编制,共计 9765 号(含 2012 年完成);编制完成馆藏先秦、秦汉、明代、清代、民国拓片的正式典藏号,共计 5174 号。新扫描拓片 7495 拍。

【古籍与特藏整理】　初步整理完成了傅海澜女士在 2011—2013 年捐赠的 3 批共约 2701 件(册)有关司徒雷登的书信文件等。古籍部全年共完成中度、重度破损古籍书叶修复合计 56 种、379 册、25944 页,修复轻度破损古籍 31 种、178 册,换书皮、装订古籍 321 册。根据不同纸质及破损程度采用补、衬、裱等相应的修复手段修复拓片 42 张。

【读者到馆服务】　虽然印本借书量持续下降,但是图书馆采取多种措施努力提高基础服务水平。六家分馆向全校开放借书服务。医学图书馆与五家附属医院图书馆实现通借通还。推出在架预约服务。读者在非开馆时间即可预约图书,节约了读者的时间,是图书馆服务工作的又一个新尝试。

表 8-69　图书馆近五年相关读者服务工作进展情况

统计项目		2009 年	2010 年	2011 年	2012 年	2013 年
入馆人次		2122408	2290881	2284612	2149345	2336698
外借册次		839620	777349	697781	606543	591542
续借册次		468892	437773	395769	386369	394015
预约册次		50361	45494	36728	27923	31910
借出预约册次		23256	21753	16433	13392	14574
馆际互借/文献传递		42461	28679	32125	33521	30698
网上咨询		2007①	2437	2536	5868	5695
课题咨询		525	644	1099	1397	1522
信息素养服务	场次	113	116	125	138	141
	人次	4789②	3828	3902	3598	3569
电子资源检索人次		21733782	29222743	31366310	68281297	97770793
电子资源全文下载篇次		12812356	18615432	16829590	17902510	17010131
多媒体资源在线检索与点播频次		397284	542664④	1031842	1269767	2008118
视听欣赏区/数字体验区人次		33000	33000	34300	40382	53200
空间和设施服务	场次	560	662	678	935	1368
	人次	58300	69080	67320	71727	78930
主页登录次数		5361281	5499041	3824300	4192563⑤	3915678
储存馆外借册次		198③	1390	1470	1996	2490

注：①② 2009 年重新调整统计指标。③仅 12 月的统计数字。④ 2010 年重新调整统计指标。⑤含新门户主页发布后的访问量。

【电子资源检索服务】 电子资源检索服务每周开放 98 小时。2013 年，电子资源检索服务共接待到馆读者 211625 人。

【馆际互借与文献传递】 2013 年处理馆际互借与文献传递请求 30698 笔，满足 25887 笔，满足率为 84.33%。其中文献传递的请求量 23957 笔，馆际互借请求量 6741 笔。

【读者服务深化创新】 加强与读者互动，开通社交媒体平台，深化学科服务工作，加强学科竞争力情报分析，大力开展阅读推广活动，全新推出基于 Wi-fi 室内定位技术的图书馆导航移动应用服务及毕业生离校系统，数字加工服务助力学校产学研等。

北京大学机构知识库。北京大学机构知识库 Beta 版正式发布。作为支撑北京大学学术研究的基础设施，该库收集并保存北京大学教师和科研人员的学术与智力成果，为北京大学教师、科研人员和学生的学术研究和学术交流提供系列服务，包括存档、管理、发布、检索和开放共享。在系统中，学者可以存储、发布、管理自己学术成果，维护个人专有主页，还可以享受检索和开放共享等信息服务。截至 12 月底，系统内拥有元数据 20418 条，全文数据 8563 条，访问量达 356 万，下载量达 10 万余次，参与院系达 65 个，建立教师学者主页 435 个。

营销与宣传。以阅读推广为重点，系列活动贯穿全年。"北大读书讲座"暨"未名读者之星"评选被列为北京大学品牌校园活动之一。年内，举办了由著名学者周国平、叶永烈、陈平原、熊培云等主讲的 8 场读书讲座，场场爆满，累计有 2000 余名读者参加；为配合读书讲座，同时举办了 8 场主题展览和展播活动；4 月 23 日"世界读书日"当天，作为唯一高校馆，首次参与首都图书馆联盟举办第三届北京换书大集活动；6 月 6 日，同时开通新浪微博、人人网公共主页和微信公众号。截至 12 月中旬，微博粉丝超过 3000 人，人人网公共主页关注超过 5000 人，微信公众号关注超过 4000 人。微博每周粉丝净增量超过 45%，活跃粉丝比始终超过 95%。

深化学科服务。学科馆员在嵌入教学开展信息素质教育方面继续探究，深入院系举办针对课程的专题讲座；系统梳理各个学科相关的学术资源，印制成册，便于读者能在最短时间内驾驭本学科资源，提高教学科研效率；为管理机构提供客观的分析报告；为学校发展规划部提供《北京大学整体科研实力评估报告》《各学科科研现状分析报告》《海洋学和生态学学科发展前瞻分析》等一系列研究报告。

文化素养活动。联合 IEEE 北京大学学生分会、信息科学技术学院研究生会举办了"触摸科技"文化周系列活动，其中图书馆"密室逃生"活动令人注目。该活动是一个集趣味性、知识性于一体的综合性活动,将学生们感兴趣的人文社科、历史地理、琴棋书画、科学技术的知识和答案全部隐藏在图书馆的各个角落。活动不仅让学生熟悉了图书馆的资源组织、场所和布局,还普及了科学知识。短短两天的时间内全校师生有700多人次排队报名参加,参与活动同学的专业涵盖了人文社科、历史哲学、物理数学、信息科学技术等多个学科,真正起到了提高学生科学与信息素养的作用。

第二储存馆。2013年建成位于校内教学楼地下室的第二储存馆,极大地缓解了总馆主书库的压力。年底,将日文、俄文图书共计8.2万册迁入第二储存馆。管理模式全部采用密集书架存放,打破传统的按索书号排架模式,采用架位码管理系统,对读者提供在架预约服务,读者只需在OPAC中检索到记录后就可以直接在网上提交预约,工作人员每天处理预约报表提取图书到总馆,读者收到通知后在总馆完成借书和还书手续。

数字加工服务能力。在达到最初建设目标的基础上稳步发展,数字加工中心与北大第一医院、国际关系学院、中国语言文学系、考古文博学院、教务部等单位合作,加工了大量档案、线装书、校友考古笔记、工程图纸等资料,为北京大学积累了大量数字化资源,并对其中大部分资源提供面向校园网的共享服务,有力地支持了北京大学的教学与科研。中心年加工量46.25TB,累计加工量超过200TB(含发布服务量)。

【数字图书馆门户】 开放获取领域研究与应用全面突破:北京大学机构知识库正式上线;社科部成果统计与机构知识库统一融合管理服务。数字特藏平台建设稳步推进:图书馆捐赠平台正式服务;北京大学图书馆数字特藏主页正式服务。移动定位技术应用新进展:基于Wifi室内定位技术的图书馆导航移动应用服务正式推出。门户网站建设与服务不断开发应用:IFLA北京会议系统正式发布;北京大学图书馆庆祝岩波书店110周年专题网站正式发布;教育部高等学校图书情报工作指导委员会门户网站正式上线。

【课题咨询与学科服务】 科技项目查新以及论文收录及引用检索的业务量较2012年都有所增长。其中科技查新完成406件,较上一年增长100%左右,论文收录和引用检索完成544笔,11473条。2013年度学科馆员针对所服务院系,在文献资源保障、信息分析服务等方面做了探索。2013年为发展规划部提供了北京大学整体科研实力评估、各个学科科研现状分析,以及海洋学和生态学学科发展前瞻分析。这一系列活动把图书馆为科研评估和决策服务又推进了一步。

【北京大学文献信息资源体系】 2013年召开了北京大学文献信息资源战略发展委员会和北京大学图书馆工作委员会第四次工作会议,会议的主题是"挑战与创新"。会议讨论了《北京大学文献信息资源发展政策》,听取了总分馆之间通借通还工作进展的汇报,就总馆提出的"分馆数字特藏资源建设示范单位方案构想""分馆学科服务工作探索"两个方案进行了详细的讨论,并提出了很多结合院系分馆实际的建设性意见。

【分馆建设进展与分馆服务】 2013年发展了一家分馆:光华管理学院。至此,共建成32家分馆(含附属医院图书馆5家)。在分馆服务与建设方面,多次举办培训与交流工作。与信息管理系合作举办第二届分馆馆员沙龙。组织分馆馆员参观首都图书馆和北京市东城区图书馆。六家分馆向全校开放借书服务、医学图书馆与五家附属医院图书馆实现通借通还,标志着北京大学文献资源体系在全校资源共建共享工作中迈出了重要一步。

【信息基础设施建设】 信息基础设施建设有序进行,服务器、微机等设备的更新、数字存储设备的升级、管理软件的引进与开发,保障了图书馆各项业务工作的顺利开展,提升了图书馆服务的能力。

1. 在硬件方面。更换工作人员微机148台。推进完成核心交换机的迁移升级工作,图书馆万兆核心交换机正式上线,为图书馆网络稳定运行提供了更加可靠的保障。扩展存储容量至350TB,并对多台存储设备规划扩容空间,合理分配现有空间,为数字资源的发布和保存提供可靠保障。部署备份平台,对现有资源数据根据不同的类型采用不同的备份模式及备份策略进行保护,提供长期保存的安全保障。升级自助服务系统,以满足更多使用Windows8系统的读者需求。

2. 在应用系统开发与维护方面。昆曲传承计划网站上线。在文化产业研究院和图书馆的通力合作下,对昆曲数字资源进行了全面的整理和格式转换,并基于北京大学机构知识库平台开发了数字昆曲专题网站,实现了对视频、图片、昆曲馆藏的在线播放和展示。开发ILDS北京会议系统。电子资源监控与统计系统试运行。通过获取实时网关数据,实现对电子资源使用的监控、管理与统计,保证电子资源服务畅通,并为电子资源采购、管理与使用提供依据。医学部中文主页首页访问量达到64万次;年内对电子资源远程服务系统进行了清理,共有用户735人。全年远程页面点击量达744万次,2006—2013年远程页面点击量累计达1396万次。

【基础设施保障】 行政工作有序和规范化,后勤保障持续改进,为营造更好的馆舍环境而努力。在内部管理上完成以下几项工作：

古籍图书馆的建设。 5月，与沙特国王图书馆签订了古籍图书馆（沙特国王图书馆分馆）的设计方案，确定了施工图设计需求，明确了动工期限。通过与基建工程部、清华大学建筑设计院多次沟通与讨论，基本确定了图书馆东楼改造和西楼扩建规划方案，并与清华大学建筑设计院正式签署合同。

加强内部管理。 经过多方调研，图书馆以招标方式更换了物业公司和保洁公司，尽全力为读者营造美好祥和的阅读环境。

【党建工作】 图书馆党委以深入学习党的群众路线教育实践活动为核心，强化基层党建，助力学校发展。从遵守党的政治纪律、贯彻中央八项规定精神、转变作风方面的基本情况到"四风"方面存在的突出问题及原因进行了剖析，紧密结合图书馆工作实际，对存在"四风"方面问题的根源进行了深刻分析，结合图书馆现实特点提出了具体整改措施，制定了有关管理规定并加以检查落实。集中开展关于党的群众路线的理论学习，查摆问题、建言献策，召开多种形式的专题组织生活会，建设服务型党支部。开展了一系列的主题党日活动，通过活动加强党支部的自身建设，充分调动每一位党员的积极性、主动性、创造性，焕发新的工作活力，把党员的思想和行动统一到实现加快建设世界一流图书馆上来，进一步发挥党支部的政治核心作用和党员的先锋模范作用。

【人力资源建设】 加强人力资源管理，力求在人员逐年减少、业务不断扩展的形势下，保证图书馆的工作效率和服务质量。召开了2011—2013年度岗位考核及2013—2015年度岗位聘任全馆动员大会，按期启动了新一轮的岗位聘任。在新馆员招聘工作中，与学校人事部配合，继续代为招聘院系分馆的馆员，并统一安排新馆员轮训。在学校人事部的支持下，与学校学生资助中心合作，继续大规模地引进学生助理，参与图书馆的值班工作，解决阅览室值班任务繁重、人力严重不足的问题。每学期引进70余名学生助理员，承担大约20个全职岗位工作。

【工会工作】 图书馆工会在学校工会和图书馆党政班子的大力支持下，继往开来，务实创新，以服务职工为根本，以健全机制为保障，不断探索学习，提升工作能力，较为充分地发挥了基层工会的服务与纽带的作用。全年动员并组织30位合同制员工加入中华全国总工会。在校工会网站发布18篇新闻稿件。

【学术与交流】 2013年图书馆（总馆）的科研项目共22项，其中新立项12项，完成4项，全年拨入图书馆（总馆）的科研经费共72.5万元。

表8-70　2013年图书馆科研项目一览

序号	项目名称	负责人	项目来源	项目状态
1	高校图书馆基于区域图书馆联盟开展阅读推广活动的策略研究	刘彦丽	国家社会科学基金青年项目	新增/进行中
2	高校图书馆文献信息资源发展政策实证研究	张美萍	北京地区高校图书馆科研基金项目一等项目	新增/进行中
3	多媒体技术和设备体验服务的需求分析研究	唐勇	北京地区高校图书馆科研基金项目一等项目	新增/进行中
4	基于用户需求的高校图书馆古文献数字化研究	刘秀文	北京地区高校图书馆科研基金项目二等项目	新增/进行中
5	校级人文社科数据服务平台构建研究	李晓东	日本桐山教育基金项目	新增/进行中
6	新信息环境下中日韩高校图书馆文献资源共享体系建设现状研究	关志英	日本桐山教育基金项目	新增/进行中
7	高校图书馆古文献数字特藏建设研究	刘秀文	日本桐山教育基金项目	新增/进行中
8	泛在信息环境下我国大学图书馆人力资源管理对策研究——以北京大学图书馆为例	裴微微	日本桐山教育基金项目	新增/进行中
9	北京大学科学数据管理与共享政策机制研究	崔海媛	"北大研究"课题一般项目	新增/进行中
10	学科与院系角度相结合的北京大学科研实力分析	赵飞	"北大研究"课题一般项目	新增/进行中
11	全国哲学社会科学学术期刊评价	何峻	其他项目（来源：中国社会科学院调查与数据信息中心）	新增/完成
12	北京大学图书馆馆藏满铁资料全文库建设	王亚林	其他项目（来源：中国近现代史史料学学会满铁资料研究分会）	新增/完成
13	数字内容对象存储、复用与交换（DC-OSRE）	陈凌	其他项目（来源：新闻出版总署信息中心）	进行中

续表

序号	项目名称	负责人	项目来源	项目状态
14	西文古籍中清代北京老照片及图片的整理及研究	张红扬	北京市哲学社会科学规划项目	进行中
15	面向社会化服务的云南高校图书馆协同创新联盟建设对策研究	朱 强	其他项目(来源:云南师范大学)	进行中
16	"文化遗产数字化公共服务平台与产业化应用示范"项目课题第三方评估	朱 强	其他项目(来源:国家文物局)	进行中
17	基于用户视角的数字资源质量管理实务研究	刘素清	国家社会科学基金一般项目	进行中
18	数字图书馆动态知识管理研究	周义刚	国家社会科学基金一般项目	进行中
19	中华人民共和国国家标准——图书馆馆藏图像资源数据加工标准	肖 珑	其他项目(来源:国家图书馆)	进行中
20	古籍整理研究	李 云	全国高等院校古籍整理研究工作委员会	进行中
21	国家数字图书馆专门元数据标准与著录规范项目——拓片/舆图/古籍	肖 珑	其他项目(来源:国家图书馆)	完成
22	数字资源描述标准规范的完善与扩展建设("我国数字图书馆标准规范研究"之子项目)	肖 珑	其他项目(来源:国家图书馆)	完成

学术成果获奖情况见下表:

表 8-71　2013 年图书馆(总馆)学术成果获奖情况统计

成果名称	著者/负责人	成果形式	所获奖项
民国时期图书馆学著作出版与学术传承	范 凡	著作	北京大学第十二届人文社会科学研究优秀成果奖一等奖
下一代图书馆系统与服务研究	朱本军	著作	北京大学第十二届人文社会科学研究优秀成果奖二等奖
秦汉石刻题跋辑录	胡海帆	著作	第六届高等学校科学研究优秀成果奖(人文社会科学)三等奖
北京大学图书馆古籍收藏中的饶毓泰赠书	姚伯岳	论文	中国图书馆学会藏书文化研究委员会第一届中国藏书文化学术研讨会一等奖
泛在信息环境下图书馆的服务创新——以北京大学图书馆实践为例	刘彦丽	论文	中国高校图书馆发展论坛论文三等奖
直面智慧图书馆——探索及特色案例分享	刘彦丽	论文	第六届图书馆管理与服务创新论坛论文优秀奖

重要的学术活动包括:

1. 北京大学图书馆第十一届五四科学讨论会。本届讨论会主题为"图书馆服务创新与未来发展",共收到图书馆同仁提交的 66 篇学术论文。

2. CALIS 承办国际图联第 13 届国际互借与文献提供(ILDS)会议。来自 19 个国家的 150 多位公共图书馆、专业图书馆和大学图书馆的馆际互借与文献传递业务主管馆长和工作负责人齐聚燕园,共话长足发展。

3. 举办高等学校新任图书馆馆长高级研修班。"高校图书馆新任馆长暑期高级研修班"在山东济南成功举办。来自全国 20 余个省、自治区、直辖市的 70 所院校图书馆的 75 位新任领导参加了本次研修班。

【科研机构】　国家数字图书馆工程子项目"专门元数据规范——古文献"(古籍、拓片、舆图部分)顺利通过项目验收,已结项。北京大学图书馆牵头、联合敦煌研究院等单位申报的国家科技支撑计划项目"文物数字化保护标准体系及关键标准研究与示范"之课题"文物数字化保护元数据标准研究"于 12 月通过科技部的可研报告评审。在研究生培养方面,2013 年毕业研究生 4 人,招收研究生 4 人。已培养和正在培养的研究生达到 2014 级,共 63 人。2013 年进入研究所的研究生:潘见南、马驰、张婕、黄慧良。

【CALIS 全国文理中心】 配合高校图书馆数字资源采购联盟,在引进数据库、咨询服务、用户培训等方面深入开展工作。2013 年共组织 33 个数据库的集团采购工作,包括英文数据库 30 个,中文数据库 3 个,参加集团的馆次达到 2800 个。续订的数据库集团主要包括 Nature、Science、IEL、PQDT（A）、PQDT（B）、JSTOR、EEBO、ECCO、PAO、EMIS、PQDT 博硕士论文数据库等。全面启动引进数据库在线采购工作,年内所有数据库的订购及试用均通过 DRAA 平台操作,顺利完成从"传统采购"向"在线采购"的平稳过渡。承担了 CALIS 三期引进数据库评估子项目,在 DRAA 主页上建立相应的资源百科,年内共完成修订/发布资源评估报告 14 个。

【CALIS 全国医学中心】 通过调查分析选择了一些高质量的电子期刊数据库,牵头与外商谈判,组织协调全国医学院校图书馆联合引进数据库。全面提高医药文献保障率和受益面,全年共处理文献传递申请 6544 条,馆际互借申请 59 条累积 CALIS 用户 169 个。组织学术交流,召开专题会议。5月,组织国内医学图书馆长赴美参加 2013 年国际医学图书馆协会年会暨第 11 届国际医学图书馆员会议（ICML）暨第 7 届国际动物医学信息专家会议（ICAHIS）暨第 6 届国际临床医学图书馆员会议（ICLC）。6月,在宁夏召开了第五届 CALIS 全国高校医学图书馆工作会议暨 2013 年海峡两岸及香港医学图书馆馆长论坛。会议主题为"资源建设、服务创新及新技术应用"。8月,组织国内医学图书馆馆长赴台参加了第 35 届医学图书馆工作人员年会暨 2013 年海峡两岸医学图书馆馆长会议。

【中国高校人文社会科学文献中心（CASHL）】 成功举办"高校文科图书引进专款项目"三十周年纪念活动。组织召开纪念教育部"高校文科图书引进专款项目"30 周年暨高校文科文献保障体系建设会议,总结了过去的成就与经验,研讨了今后的发展,并对文专项目受益高校馆员进行了业务培训。文科专款新增经费,大型特藏建设取得突破性增长。图书、期刊、电子资源、目次数据库建设稳步发展。文献传递服务数量、质量稳定,图书借阅显著增长。不断创新宣传推广模式,深入推进学科化服务试点。与北美中国研究图书馆员学会（SCSL）、兰州大学联合主办"第二届中美高校图书馆合作发展论坛",主题为"中国周边国家文献资源的收集、整理和共享服务"。与北京高校网络图书馆 BALIS 签署合作协议,BALIS 成员馆全体加入 CASHL。截至年底,成员馆总数达到 741 家。

【高校图书馆数字资源采购联盟（DRAA）】 年度新增集团采购方案 47 次,采购数据库 130 余个,成员馆数量稳步增长,联盟影响力日趋扩大。年内联盟总计新增 95 家成员馆,共有成员馆 538 家,DRAA 门户注册成员馆用户 1157 人,数据库商 105 人,代理商 32 人。在线采购工作全面启动、DRAA 理事第四次、第五次会议和与数据库商座谈会以及 DRAA 第二次代理商招标会议的召开,不断推进 DRAA 引进资源规范化管理工作的发展。CALIS-CARSI Shibboleth 服务开展,为集团采购提供了更多增值化服务。

【教育部高校图工委与中国图书馆学会高校分会】 1. 教育部高等学校图书情报工作指导委员会（简称图工委）。发布《教育部"211 工程"院校图书馆文献资源发展状况区域对比报告（2011）》。发布《关于填报 2012 年高校图书馆统计数据的通知》,启动"高校事实数据库"的填报工作。与北京大学图书馆联合举办、山东大学图书馆承办"高校图书馆新任馆长暑期高级研修班"。第四届教育部高等学校图书情报工作指导委员会成立大会暨第一次工作会议召开。教育部高校图工委期刊研究工作组、高校图工委期刊工作委员会主办,南京大学图书馆、武汉大学图书馆及中国图书进出口集团公司联合承办"2013 年教育部高校图工委期刊研究工作年会暨全国高校图书馆第十四届期刊工作研讨会"。教育部高校图工委读者服务创新与推广工作组在上海交通大学图书馆召开第一次工作会议,共商工作组发展规划和工作目标,制订具体工作计划和实施方案。汇总"教育部高校图书馆事实数据库"中 2012 年数据,发布各项排行榜,提交《2012 年高校图书馆发展报告》给中国图书馆学会。《大学图书馆学报》通过全国哲学社会科学规划办公室年度考核,继续获得资助;荣获中国社会科学院文献计量与科学评价研究中心研制的《中国人文社会科学核心期刊要览（2013 年版）》图书馆学情报学期刊第二名。4 月,纪念《大学图书馆学报》创刊 30 周年座谈会暨四届二次编委会在深圳大学城图书馆召开。11 月,《大学图书馆学报》编辑部联合上海市图书馆学会、电子科技大学图书馆,在成都电子科技大学成功举办"Lib2.13:泛技术微创新"研讨会。

2. 中国图书馆学会高等学校图书馆分会。在全国学会的领导下,与教育部高等学校图书情报工作指导委员会密切配合,取得如下成绩:配合全国学会做好"2013 中国图书馆榜样人物"、第三届"青年人才奖"、中国图书馆学会"优秀会员""优秀学会工作者"及"优秀学会"的推选工作。组织各高校认真开展"2013 年全民阅读活动",并推选高校分会系统内的全民阅读活动"先进单位奖"和"全民阅读示范基地"。加强组织建设,6 月选举产生第三届高校分会。创立分会学术品牌,继续举办好年会。6月,成功举办第四届"高校图书馆发展论坛",并举行了高校分会"优秀网站特约通讯员"的颁奖仪式。进一步丰富网站内容,提高学术含金量。网站自2012年改版后,增加全民阅读经典案例栏目;丰富学术论文在线、BLOG直达等栏目;加强通讯员对各高校的宣传和经验推广等工作,加强网页的宣传功能。加强对外合作与交流。连续第九年主办"中国图书馆馆员暑期培训班"项目,累计参加人数突破200人,逐步成为图书馆界赴海外学习的品牌项目。

医学图书馆

【概况】 发展历程。北京大学医学图书馆始建于1922年,现馆于1989年建成并投入使用,馆舍面积为10200平方米,提供阅览座位600余个。藏书以生物及医药卫生类为主。1985年,教育部在北京大学医学图书馆建立了全国唯一的医学外国教材中心,中心积极引进国外优秀医学教材和教学参考书,为全国医学教材的研究与发展提供文献信息保障。1991年,医学图书馆被卫生部确定为文献资源共享网络系统华北地区中心馆;1993年,通过卫生部医学情报工作管理委员会首批考核,被审定为科研成果查新定点单位(北京大学医学信息咨询中心)。1998年,教育部在北京大学医学图书馆设立中国高等教育文献保障系统(CALIS)全国医学文献信息中心,作为"211工程"医药重点学科所需文献的保障基地。2003年,医学图书馆被教育部审核确认为教育部综合类科技成果查新及项目咨询中心工作站(与北京大学图书馆查新部门合称为综合查新站),具备为国家级或部级以上科研项目提供查新咨询服务、出具具有法律效力查新报告的资格。截至2013年底,北京大学医学图书馆共有各类藏书61.9万余册;其中,中外文纸本期刊约5960种,中外文现刊747种,报纸75种。引进或自建医药卫生数据库73个,中外文电子期刊48349种(其中外文刊17144种)。特藏中国大陆唯一珍善本——手抄本《太平圣惠方》一部十函共100卷100册。

组织机构。北京大学医学图书馆共有综合办公室、采访编目部、参考咨询部、流通阅览部、系统部等五个部室。馆长为张大庆教授,副馆长谢志耘、王金玲。每周定期召开馆务会,商讨医学图书馆重大事项。馆务会成员由馆长、副馆长、办公室主任组成。

队伍建设。职工共计48人(不含张大庆馆长),新晋升副研究馆员一人(杨莉),晋升馆员四人(张红艳、周志超、丁树芹、张远),应届生新入职人员一人(丛敏超),退休人员两人(孙静、林小平)。吴春光、王爱华通过继续教育学习,获得北京大学公共卫生硕士(MPH)学位。自2013年7月起,医学图书馆消防监控人员正式社会化,共配备8名专业消防保安,24小时双人双岗,保证消防安全。

学术交流。全年接待来自校内外的参访人员如台湾阳明大学图书馆、内蒙古医科大学图书馆、大连医科大学图书馆、上海交通大学医学院信息资源中心等共5批次。

2013年6月3日—6日,医学图书馆在宁夏主办了"第五届CALIS全国高校医学图书馆工作会议暨2013两岸三地医学图书馆馆长论坛",会议由宁夏医科大学承办。来自52所高校医学图书馆的81位馆长和部门负责人出席了本次会议。此外,医学图书馆还组织安排了2013附属医院图书馆长会议、第七届和第八届图书馆工作委员会会议等。

【服务工作】 医学图书馆提供的主要服务内容有书刊阅览、图书外借、信息咨询、科研立项及成果鉴定查新、定题服务、计算机光盘与网络数据库检索、计算机操作与Internet浏览、多媒体光盘阅览、馆际互借、文献传递、文献缩微与幻灯片制作、文献复印等。同时,医学图书馆承担各专业本科生、研究生和部分进修生的医学文献检索与利用教学任务,并不定期地举办各类计算机检索培训班。医学图书馆还将根据读者的要求不断扩大业务范围,改进服务手段,提高服务质量。

书刊借阅。医学图书馆在人员缺编的情况下,自2013年4月起,开馆时间延长至87小时,最大程度地服务于读者。同时,医学图书馆推出新版新书通报,可以展现新书的书封、书目信息、目录、内容简介以及豆瓣链接等。自2013年10月起,文艺书报刊借阅室周日由学生自主管理,一个学期以来,运行正常。新增一台自助借还书机,提高了读者服务效率,提高了借还书的工作效率,缩短了读者借还书的等待时间。2013年度自助借还书机使用率达75.7%,较上年增长26.6%。

医学图书馆开始新一轮岗位调整,将流通部分为流通一部、流通二部。二层中文书库全部外包给书尚公司。七层中英文老号图书全部清点完成,并顺架排序完毕。

通借通还。10月8日,医学图书馆正式启动与五家附属医院(北大医院、第三医院、肿瘤医院、口腔医院、第六医院)图书馆之间的通借通还工作。与北大本部图书馆之间的通还工作仍然延续,每周三试运行1次,目前运行良好。通借通还两个月来总册次已达3999册。

特藏与馆史室。新的特藏与馆史室设在图书馆206室,共收藏407册线装书845函,按中图分类号大概分类后,转移到206室,按类上架。

数据库讲座。医学图书馆组织6个数据库的试用和宣传工作,并组织了 Science Translational Medicine(《科学转化医学》)投稿讲座、Amirsys 数据库和 MICROMEDEX 数据库的用户培训,培训100多人次。

馆际互借与文献传递。2013年医学图书馆共完成馆际互借59册,文献传递6544篇,为校内读者服务人数644人。目前CALIS用户达158个(包括机构和个人),BALIS用户累计达700个(个人,以借书证为认证),CALIS服务馆(成员馆)达1061个,BALIS成员馆90个,文献满足率为88.27%。

检索教学。2013年医学图书馆完成文献检索教学任务273学时,培训7566人次;还组织实施了对滨州医学院医学信息管理专业两名来馆实习生的毕业实习带教与指导。

主页服务。2013年图书馆首页访问达639085次。

学科服务。学科服务模式基本建立,各个学科馆员定期走访学科联系人,以相对固定的时间去了解和发掘学科服务的方向。2013年,受医学部科研处委托,医学图书馆完成了生物医学重点学科对比分析任务;利用文献计量学的方法,对全国28所院校在2007—2012年发表的23个重点学科的SCI论文(按通讯作者进行筛选)、SCI论文被引频次及H指数进行对比分析。此外,医学图书馆通过对全国39所医学院校12个基础医学二级学科数据收集整理和评价,继续完成了2012年度基础医学二级学科的竞争力评价研究。

【阅读推广】 电子馆讯。自2013年6月起,医学图书馆对外发布电子馆讯,不定期实时对外发布,2013年共发布4期,受到好评。

系列活动。与学生会联合举办走进图书馆系列活动,包括图书馆知识讲座和密室逃脱竞赛。活动火热,学生参与度高,达到了宣传图书馆的目的。

搜索达人大赛。为了加强与学生的互动交流,宣传图书馆的信息资源,加强学生对信息的获取能力,推动学生熟悉图书馆的服务内容,图书馆于2013年6月8日—23日分初赛和预赛两个阶段成功举办了信息搜索达人大赛。

医学人文沙龙。医学图书馆与书友会、学生会、医学人文研究院共同举办人文沙龙活动。

【党建工作】 2013年1月,医学图书馆党支部为柳和与刘颖两位同志申请生活困难补助,每人1000元。

3月18日至31日,支部组织全体党员开展学习党的十八大报告和党章知识竞赛活动,并利用"共产党员网"的网络试题,参与知识竞赛活动。

2013年3月至4月,组织支部党员选举出医学图书馆参加中国共产党北京大学医学部机关第三次代表大会的党员代表6名,选举出机关党委委员10名。

2013年4月至5月,医学图书馆党支部开展"落实十八大,共话中国梦,为党旗增辉"的主题党日活动。通过集中学习、专题自学等方式,支部组织全体党员开展学习党的十八大报告、新党章、两会精神和习近平总书记关于中国梦的相关阐述活动。

2013年5月,医学图书馆6名党员代表参加中国共产党北京大学医学部机关第三次代表大会,并参与选举。

2013年6月,组织图书馆部分党员参加北京大学医学部建党92周年红歌会。

2013年9月至11月,支部制订《图书馆群众路线教育实践活动实施方案》,切实推进党的群众路线教育实践活动的组织实施。

9月27日,支部组织图书馆全体党员集中学习"北京大学党的群众路线教育实践活动学习资料",并根据学习情况提交心得体会。

2013年10月至11月,支部面向图书馆各个部门设计了调查表征集意见,支部的支委也分别找部分群众和党员进行单独谈话了解党员和群众的心声。

10月24日,图书馆党支部组织支部全体党员和入党积极分子到北京儿童福利院参观慰问。

11月22日,支部召开图书馆党支部民主生活会。

12月,召开图书馆领导班子民主生活会。

2013年12月,支部上报黄应申和丁树芹两位同志申请困难补助。

【获奖情况】 (1)2013年10月,通借通还参加北京高校图书馆数字图书馆年会,获信息新技术应用案例评比二等奖;(2)张燕蕾获2013年度中国图书馆学会高等学校图书馆分会优秀特约通讯员;(3)张燕蕾获2013年度北京大学医学部青年岗位能手;(4)张燕蕾获2013年度北京大学青年岗位能手。

10月12日,组织图书馆职工参加北京市高校图工委第九次运动会,并获得集体风尚奖。

【科研工作】 2013年,医学图书馆职工正式发表期刊论文9篇,并获得多个奖项。

出版社

【发展概况】 2013年,出版社出版图书4565种,实现生产码洋7.24亿元,净发货码洋5.30亿元,净发货实洋3.45亿元,退货率12.89%。财务状况、经营成果良好。资产总额达71796万元,同比增加5685万元,增长8.6%,全年实现回款31596.8万元,主营业务收入3.51亿元,净利润为6979万元,销售净利率为19.89%,资本保值增值率为107.5%,资产负债率为12.3%,流动比例为8.23,速动比例为5.16。出版社2013年上缴国家各种税费3578万元(含音像社87万元),上缴国有资本收益332万元(含音像社1万元),上交学校利润1900万元,支持学校教材建设专项基金100万元。

在出版的4565种图书中,新书1931种、重印2634种。新书中,教材新书830种,学术新书635种,一般图书新书466种。教材、教学参考书和学术著作新书品种占比为75.87%,比上年上升5.44%。

截至2013年底,出版社职工共404人,其中事业编制59人,其他人员345人;正高职称20人,副高职称36人,中级职称135人;博士学历21人,硕士学历162人,本科学历118人,大专学历43人。硕士研究生及以上学历职工人数占全社职工人数比例达到45.3%。

【重点项目】 2013年北京大学出版社有8个项目入选《"十二五"国家重点图书、音像、电子出版物出版规划》第二批增补名单,其中图书7种,音像1种。93种教材获"十二五"职业教育国家规划教材选题立项,其中公共课4种,专业课89种。44种教材获评北京市精品教材,3种教材获评北京高等教育经典教材。此外,出版社还承担北大立项教材28项。

基金项目情况:(1)《汉语阿拉伯语词典》《人文学科关键词研究》《人民的福祉是最高的法律》《中国特色社会主义道路:历史、现实和未来》4个项目获得2013年度国家出版基金立项,其中后2个项目入选"深入学习宣传贯彻党的十八大精神主题出版重点选题目录",资助金额共122.79万元;(2)《海外所藏〈西游记〉珍稀版本丛刊》《合璧影印中日分藏珍本分门纂类唐宋时贤千家诗选(上下)》《〈十三经注疏校勘记〉整理》《新中国古籍整理出版目录(6—10卷)》4个项目获得国家古籍整理出版资助;(3)承担了《罗马公法要论》等6个国家哲学社会科学成果文库项目的出版工作;(4)承担国家社科基金后期资助项目30种,其中本社申报入选16种,全国哲学社会科学规划办公室划拨出版14种;(5)《有无之境》英文版获得国家社科基金中华学术外译项目40万元资助;(6)《中华文明史》韩文版、《明清之际士大夫研究》韩文版、俄文版入选"CBI图书对外推广计划",获得400万元资助;(7)《北京大学创办史实考源》等7种图书入选"经典中国国际出版工程",获得资助342.8万元。

【版权工作】 2013年出版社完成签约的版权引进新项目共计137项,其中教材28种,学术著作63种,一般图书46种。输出版权完成签约共计140项,其中教材108种,学术著作7种,一般图书25种。《百年中国美学史略》(韩文版)、《北京大学创办史实考源》(英文版)获"2012年度输出版优秀图书奖"。

【出版社荣誉】 2013年11月,北京大学出版社被中国版权协会评选为"中国版权最具影响力企业"。

全年图书获奖共141项,其中国家级9项,省部级83项。

出版社获第三届中国出版政府奖9项奖励,获奖图书涵盖哲学、历史、经济、法律、艺术等多个学科,获奖数量在全国500多家出版社中名列第一;《中国儒学史(九卷本)》《新结构经济学:反思经济发展与政策的理论框架》获图书奖;《纸》获装帧设计奖;《财富论(第一·二卷)》《中国古代官阶制度引论》《中国现代美术之路》《中华人民共和国刑法的孕育诞生和发展完善》获图书奖提名奖;《7+2登山日记》获装帧设计奖提名奖。此外,《中国儒学史(九卷本)》荣获第四届中华优秀出版物(图书)奖。

《孩子必读的中华历史文化故事》入选2013年新闻出版总署向全国青少年推荐百种优秀图书;《解读中国经济》入选新闻出版总署全民阅读活动2012年度"大众喜爱的50种图书";《新结构经济学:反思经济发展与政策的理论框架》和《中国现代美术之路》入选新闻出版总署第四届"三个一百"原创图书出版工程;《批评官员的尺度》获得第八届文津图书奖;《科学的旅程》《物理学之美》入选2012年全国优秀科普作品。

【党建工作】 出版社深入开展党的群众路线教育实践活动。自8月下旬启动教育实践活动以来,出版社严格按照学校的部署,认真完成教育实践活动各个环节的任务,通过专题座谈会、设立意见箱和发放征求意见表等方式在全社员工中广泛征求群众对领导班子和领导个人的意见,最终整理出12项意见。在广泛听取群众意见的基础上,领导班子多次召开会议,聚焦"四风"问题,进行集体会诊,认真查找、梳理领导班子在"四风"方面存在的问题,制订整改方案。出版社通过整改,形成作风建设的长效机制,巩固教育实践活动成果。领导班子提出了18项目标具体、责任清晰、时限明确的整改措施,建立了整改落实台账,确保整改落实和建章立制的有效推进。

1人荣获北京大学优秀党务和思想政治工作者称号,1人荣获北京大学优秀党务和思想政治工作奉献奖。1人成为中共预备党员,4名预备党员如期转正。出版社为生活困难党员申请帮扶补助款3000元,为罹患癌症的在岗职工申请爱心基金资助2.5万元,为罹患肺癌的退休老同志申请特困专项补助 4 万元。

出版社认真贯彻廉洁自律的各项规定,切实落实党风廉政建设责任制,严格控制费用支出,全年各部门的管理费支出均较上年有较大幅度的下降。

【社会公益】 出版社党员和群众积极参与"共产党员献爱心"活动,共捐款 11240 元。在为北京大学工会爱心基金的捐款活动中,出版社职工捐款 16475 元,出版社捐款 20000 元。

出版社 2013 年累计捐赠图书 4728 册,码洋 23.67 万元:(1) 4 月,向海南省捐赠图书 1949 册,共计码洋 100331.5 元;(2) 4 月,向北京大学附属中学捐赠图书 696 册,共计码洋 31403.4 元;(3) 5 月,向芦山地震灾区捐赠图书 1949 册,共计码洋 100331.5 元;(4) 5 月,向首都图书馆世界读书日捐赠图书 102 册,共计码洋 3200 元;(5) 5 月,向蒋经国旧居捐赠图书 32 册,共计码洋 1442 元。

【年度纪事】 (1) 社长王明舟荣获第三届中国出版政府奖优秀出版人物奖;(2) 总编辑张黎明入选"全国新闻出版行业第三批领军人才";(3) 4 月,出版社投资 2100 余万元、建筑面积 8000 平方米的大兴基地二期工程正式投入使用;(4) 10 月,出版社党委书记金娟萍荣获"第三届中国大学出版社高校出版人物奖";(5) 申报的文化产业发展专项资金(重大项目补贴)项目"基于物联网应用和集成供应链的出版物仓储物流设备更新升级"于 11 月获得批准,获得 600 万元资助。

(陈 健 刘 洋)

医学出版社

【图书出版及经济指标】 2013 年,北京大学医学出版社出版图书 707 种,其中新书 221 种,重印书 486 种;造货码洋 1.17 亿元;造货册数 215 万册;销售码洋 1.29 亿元;销售收入 5770 万元;利润总额 1647 万元。

【图书获奖及基金申请】 《疼痛学》获第三届中国出版政府奖图书奖。《疼痛学》《关节镜外科学》《生殖医学微创手术学》入选第四届"三个一百"原创出版工程。《护理学基础》《医用组织学与胚胎学》《病理学(第 2 版)》分别获第三届中国大学出版社图书奖优秀教材一等奖和二等奖。《胃癌》和《女性盆底手术精要与并发症》《脊髓神经外科手术技术图谱》《医疗器械安全有效性评价》分别获第三届中国大学出版社图书奖优秀学术著作一等奖和二等奖。《生理学》等 27 种高职高专教材获"十二五"职业教育国家规划教材选题立项。3 个项目增补为"十二五"国家重点图书和电子出版物。《病理生理学(第 2 版)》《医学寄生虫学(第 2 版)》《传染病学(第 2 版)》获评 2013 年北京市高等教育精品教材。34 个项目获 2013 年度北京大学医学科学出版基金资助。

【企业管理与信息化建设】 出版社完成中层干部的换届工作;以开展企业内部控制评价工作为契机,以评促建,加强出版社的制度建设;修订部分原有的规章制度,以适应新形势下工作变化的要求;基本完成了出版社 ERP 平台构建。

【教材出版】 1. 完成"十二五"普通高等教育本科国家级规划教材的改版工作,启动 32 种临床医学专业本科教材第 3 版的修订再版工作,同时启动了 26 种新增教材的编写出版工作。

2. 完成北京大学口腔医学长学制教材第 2 版的修订再版工作。

3. 启动 38 种专科教材第 4 版的修订再版工作,同时新增了 20 余种选题。

4. 启动中南地区高职高专临床医学与护理专业教材的改版工作。

5. 基本完成区域护理高职系列教材的出版工作。

6. 加强医学部出版社留学生系列教材的选题策划,由原来的 5 种扩展到 20 余种。

7. 启动医学部出版社成人教育教材建设项目。

【学术专著/译著出版】 在做好国家重大出版工程和"十二五"重点图书出版的基础上,出版社加强了现有产品中畅销书和长销书的修订再版工作,同时加大了新选题的策划出版力度。出版社巩固和提升了在心血管、病理、麻醉等学科上的出版优势,通过权威译著的引进与原创学术著作的开发,拓展了新的优势出版学科。

【数字出版】 出版社完善了网络出版规划,在对现有的内容资源进行数字化改造的同时,加强了各类考试的试题库建设和模拟考试的增值服务,策划与组织了一批新的数字出版项目,如医学教学素材库、手术与操作数据库等项目。

档 案 馆

【概况】 北京大学于 1958 年设立专门机构管理档案。1958 年 11 月,档案室成立,为大学办公室的内设机构,1959 年 1 月成为独立的北京大学档案室,由校党委办公室领导。1982 年 12 月,北京大学综合档案室成立,为学校直属机构,处级建制。1993 年 5 月,北京大学综合档案室更名为北京大学档案馆。档案馆既是学校档案工作的职能部门,又是永久保存和提供利用北京大学档案的科学文化事业机构,下设收集指导、管理利用和技术编研三个办公室,编制 13 人。2013 年初,全馆共有工作人员 11 人。本年度新招聘 1 人,退休 1

人。截至2013年底,工作人员11人,其中高级职称1人,中级职称8人,初级职称2人。另有兼职1人,返聘人员5人。现任馆长马建钧,副馆长刘晋伟。

档案馆馆藏包括北京大学、西南联合大学、日伪占领区的"北京大学"、北平大学和燕京大学5个全宗,涉及党政、学籍、科研、基建、人物、出版、会计、声像、设备、实物等10个档案门类。截至2013年12月,馆藏档案排架长度1924米。

2013年档案馆参加了北京市高校档案研究会年度理事会(6月,北京)及年度课题评审会(5、10月,北京);接待了中国石油大学、西南财经大学、深圳大学、北京化工大学、陕西师范大学、中国科学院大学、国家第一历史档案馆、河南大学等档案同仁来馆参观或业务交流。

2013年档案馆3人获得学校奖励,其中张娜获得"2013年度北京大学优秀党务和思想政治工作者"荣誉称号,贾永刚获得"2013年度北京大学保密先进个人"荣誉称号,郭鹏获得"2013年度北京大学学生资助工作先进个人"荣誉称号。

【档案收集与整理】 档案馆工作人员深入各归档单位对档案员提供业务指导和上门培训服务,从材料的收集整理等初期阶段入手,为提高档案归档质量打好基础。本年度重点开展了教务部、国际合作部、人事部等重要归档节点的归档工作,取得明显成效。

2013年已接收进馆并进行馆内移交的常规业务档案合计14167卷(件),其中:文书档案5247卷(件)、学籍档案8233卷、声像档案523卷件、会计档案48卷、实物档案26件、出版档案13件、基建档案1卷(件)、人物档案2件、已故人员档案74卷。

针对各归档单位档案员收集整理时间分散、人员更替频繁等特点,档案馆编辑了《各单位主管档案工作领导和档案员通讯录》,并对全校各归档部门的相关领导和工作人员进行了发放,便于从事档案工作的领导和同事加强联系,沟通工作。

2013年档案馆继续开展历史档案的整理工作,本年度共有7个单位的历史档案全部整理完毕,整理档案2548卷(件),并为这些档案更换了装具,共计263盒。

【档案管理与利用服务】 档案核查入库。2013年度共接收档案入库12432卷(件),其中文书档案4187卷、学籍档案7491卷、出版档案13件、照片567张、光盘8张、基建档案1件、人物档案12件、实物31件、会计档案48件、已故人员档案74件。

档案利用工作。档案馆围绕中心,服务学校和社会需要是档案利用工作的首要任务。2013年度档案馆共接待利用者1363人次,利用档案6093卷(件)。其中1949年前1609卷(件)、1949年后4484卷(件);涉及管理类档案4494卷、学籍档案728卷、基建档案537卷、会计档案16卷、科研档案6卷、出版档案1卷、人物档案109卷、照片175张、资料27卷;复印档案3004张、扫描753张、拍摄423张、基建图纸输出502张。

档案库房管理。档案馆高度重视档案库房的安全管理工作,每天记录库房温湿度并根据温湿度变化采取相应增湿、去湿和调温措施,确保库房整体环境达到标准要求。2013年为一层档案库房更换了防火阻燃型窗帘。

学历学位认证工作。档案馆共接受520人次的学历学位认证,提供600余卷(件)档案利用,主要包括学位证、学历证以及成绩单的认证等。

为学校其他部门提供服务支持。档案馆为数学科学学院、物理学院百年院庆活动提供档案利用;为国家领导人的外事出访提供北大校友、现埃塞俄比亚新当选总统穆拉图·特肖梅先生的相关档案支持;协助校史馆举办了"周先庚先生110周年纪念图片展"和"冯至先生生平图片展",协助校史馆和蔡元培研究会举办了"字里行间的北大往事——蔡元培与友人往来书信手迹展"。

【档案编研与信息化建设】 2013年档案馆选择10个归档单位试用WEB著录系统完成2013年度归档工作,反馈良好,为2014年在全校推广新系统打下了良好的基础。2013年基建图纸数字化工作完成14860张,民国时期国立北京大学评议会记录全部数字化,并上载档案服务器提供查阅服务。北京大学学生档案数据库录入工作全部结束,共有46705条学生档案数据。

【档案安全与保密】 作为全校重点防火单位和保密要害部门,档案馆始终牢固树立"安全第一"的思想,重视组织建设和规章制度建设,加强安全责任制的落实工作,注重发挥安全、保密工作小组的作用,定期分析、查遗堵漏,坚持日常的巡查以及节假日前的清查,并每季度进行一次消防设备的安检。配合学校质量体系新版换证工作,档案馆对相关规章制度进行了重新梳理,顺利通过外审专家质量体系审查。

医学部档案馆

【概况】 2013年医学部档案馆有专职档案人员5人,其中侯建新退休,新接收职工王红涛、董惠华为副馆长,王兆怡为党支部书记。

【档案收集整理】 2013年医学部档案馆共接收各部门移交的档案2834卷,其中教学档案2082卷,含教学综合28卷;科研档案540卷;

党政档案110卷；出版档案20卷；设备档案18卷；礼品档案64件。

档案馆进行校史资料和校友制作的图册及电子版刊物资料的收集工作，接收张瑞珊、张质捐赠的北医校歌手稿及70年校庆宣传片演说词；接收"北医百年历程展"编制工作组移交的电子版照片及视频资料约232个文件；接收校史组纸质资料7卷。

【档案利用服务】 2013年，档案馆对外提供查阅、借阅纸质档案624卷次，提供电子档案查询和借阅1534张次；完成"北医百年历程展"讲解任务，接待北京市平安校园检查组人员、教育部本科临床医学认证专家组访问团队，为其进行校史讲解；受学校委托开展"百年历程展"中部分错漏内容的核实查证工作，历时近2个月，完成对"一号任务"等五个方面问题的核实工作。

【档案编研工作】 档案馆与医学部工会合作开展档案史料编研，查阅工会1983年至1993年全部的档案文件，并梳理1950年至2011年与工会工作相关的大事记，撰写工会史料图片展文字设计方案（草案），提交医学部工会；完成北京市高校档案研究会科研课题中期汇报工作，课题为"关于高校人物全宗管理的理论与实践探究"；开展医学部工会课题的研究工作，撰写结题报告"高校档案馆参与校园文化活动的途径和方法研究——以北京大学医学部档案馆为例"。

【业务学习与交流】 4月9日，在肿瘤医院作《科研档案的规范化管理》的讲座，向医学生普及档案知识，培养规范书写原始科研记录的意识。

6月22日，董惠华应邀出席"西方医学在中国，1800—1950"国际学术交流会，并在会上作"记录历史、传承文化——北医的档案与档案工作"主题报告。

10月17日至11月12日，先后走访医学部教育处、团委、基础医学院、药学院、公共卫生学院、护理学院和公共教学部等七个部门开展"创新档案工作模式，拓宽档案服务渠道"的调研，了解学院档案管理的现状，查找存在的问题，发掘潜在的档案需求。

12月9日，通过团委组织，对北医学生社团负责人开展档案知识和技能培训，帮助学生社团规范档案资料的管理，加强医学生档案意识的培养。

【党支部工作】 档案馆党支部根据医学部统一部署，配合上级党委开展各项工作与党内活动；协助完成医学部机关第三届党代会换届选举工作；开展"落实十八大，共话中国梦，为党旗增辉"主题党日活动；参加学习党的十八大报告和党章知识竞赛活动；召开"学习理论提高修养，群策群力促进发展"主题组织生活会；开展"追寻英烈忆前辈·徜徉花海惜今朝"党的群众路线教育实践活动主题党日活动；开展"创新工作模式，牵手学生社团，开展志愿服务"学习党的群众路线建设服务型党支部主题党日活动；接收新入职党员王红涛组织关系；参加"共产党员献爱心"捐献活动，捐款金额150元。

【工会工作】 档案馆工会小组积极参与医学部工会和机关工会的各项活动。3名会员参加医学部建党92周年歌咏比赛；参加《女职工劳动保护特别规定》知识竞赛；参加医学部摄影展，获得纪念奖；参加医学部校庆日大步走活动。

组织会员参观怀柔第一党支部纪念馆和延庆四季花海产业园区，获得机关工会权益杯小组活动二等奖。档案馆工会小组被机关工会推荐为医学部2013年模范工会小组。

组织选举第八次机关工会会员代表大会代表、提名工会委员，董惠华当选机关工会常务副主席。

校 史 馆

【概况】 校史馆成立于2001年3月，日常工作主要为校史展览、校史研究以及校史文物的征集、保管和展出。

校史馆馆舍于1998年北京大学百年校庆时奠基，2001年9月竣工，建筑面积3100平方米，分为上下三层，时任国家主席江泽民亲笔为校史馆题写了馆名。2002年5月4日，校史展览正式对外开放。展览主要分为北京大学校史陈列展、北京大学杰出人物展和专题展览三个部分。首层为北京大学杰出人物展，首批展出的革命先烈、学术先辈和各方面的杰出人物共217位。地下一层不定期举办各类校史专题展览。地下二层为北京大学校史陈列展，根据北京大学自身发展的脉络和特点，将北京大学历史分为九个阶段进行展示，展线长400余米，展板273块，展出图片图表800余幅、实物440余件。地下二层设有影视厅，定期播放校史专题影视作品。

校史馆内设研究室、综合办公室及资料室，编制7人，现有在职人员6人、返聘人员4人、兼职1人。现任馆长马建钧，副馆长刘晋伟。综合办公室刘静获2013年北京大学安全保卫工作先进个人。

校史馆党支部包括在职及退休党员11人。9月27日，校史馆党支部换届改选，选举产生党支部书记林齐模（2012年12月起任直属机关党委委员）、副书记杨琥。

【参观接待】 2013年，校史馆共接待参观34129人次，包括北京大学师生员工校友及客人18146人次，其中2013级新生3244人、新入职员工30人，团组291个。

重要参观团队及人员有教育部财务司副司长吴爱珍一行、台湾杰出青年代表团、高峰副省长率领的云南省政府代表团、国防科技工业局系统工程二司王敏正司长一行、海淀区委书记隋振江、区委副书记、区长孙文锴率领的海淀区政府代表团、中央党校地厅级领导干部培训班、新鸿基集团、中国石油大学一行、西北工业大学学生暑期实践团、北京大学2013年优秀中学生体验营、教育部教书育人楷模团、中央党校"文化发展与文化建设"厅局班、中国教育发展战略学会会长郝克明女士一行、国家乒乓球总队、北京大学教育基金会亚洲友好交流访问团、浙江海洋学院党委书记周克非一行、中国第一历史档案馆保管处、北京师范大学援疆干部、贵州省党政代表团。

校史馆积极探索提高参观接待与对外服务水平的方式与途径。4月、11月,校史馆面向全校师生公开招聘志愿讲解员70余人,经培训考核验收,50名新同学加入志愿者队伍。截至2013年底,校史馆志愿讲解服务队的规模达到近70人,基本满足参观人员和团队的讲解需求。2013年,校史馆确立了日常开馆值班、节假日临时接待发放讲解补助等制度,做到了开馆时间至少两名同学同时值班讲解、为所有预约团队提供志愿讲解服务。

在展馆建设方面,校史馆对展柜和展具进行了维修更新,完成了展馆楼层引导牌、特殊区域指示牌的制作;配合展具更新,对校史陈列文物进行了整理和调整,保证观众在参观过程中得到更多的信息和收获,使其可以更深入地了解北京大学的百年历史。

【展览筹办】 5月,为纪念蔡元培先生诞辰145周年暨北京大学建校115周年,校史馆与北京大学档案馆、中国蔡元培研究会联合举办了"字里行间的北大往事——蔡元培与友人往来书信手迹展"。

10月,为纪念周先庚先生诞辰110周年及冯至先生逝世20周年,校史馆"书生本色 学者风范"系列专题展览特别推出了"周先庚先生110周年纪念图片展"和"冯至先生生平图片展"。配合哲学系严复纪念活动,校史馆专题展厅再次展出了《严复在北京大学——严复任北京大学校长100周年纪念图片展》。

12月,根据校党委的指示,校史馆筹备了纪念毛泽东诞辰120周年图片展,因故未能展出。

【校史研究】 校史馆支持出版了退休返聘研究员郭建荣的著作《涵容博大 守正日新——我眼中的北京大学》。"北京大学校史上的第一·人物编""北大名贤馆集萃"(暂定名)项目仍在进行中。

杨琥参与了《李大钊全集》(修订本)的再版工作;林齐模撰写了《李大钊的社团活动与中国共产党的创建》,发表于《理论建设》2013年第3期。

4月,校史馆设计制作了校史系列(十)2014年校史台历,校史系列台历已成为联系北大朋友、宣传北大校史的一个有效媒介。

【文物征集与管理】 截至2013年底,校史馆共有藏品10大类612件、礼品17类749件。2013年,校史馆接受8名校内外人士捐赠北大校史文物18件、校内单位移交北京大学礼品3件。

2013年校史馆开始着手对校史文物进行数字化处理,截至2013年底已数字化藏品60余件。

【业务交流】 2013年,来馆参访交流的单位有清华大学、北京工业大学机电学院、空军航空大学、河南大学、北京舞蹈学院、贵州大学、南昌师范学院、中国石油大学、西南财经大学等学校的校史研究同行。

【图书资料】 校史馆继续加强图书资料室的规范化管理,对所购买和赠送的新书做到及时编目、上架、出借,并做好新书发布工作,在为展览和内部工作人员服务的同时,每周定期对社会开放。资料室现有图书3621册,其中中文图书3404种、3509册,工具书106种、112册;中文刊131种、142册。2013年,校史馆接受捐赠图书45册、报刊56册,接待校内外读者阅览624人次,借阅图书1019册次,室内阅览535人次,咨询87人次。

【内部管理】 在安全保卫工作方面,校史馆高度重视安全保卫工作,除了竭尽所能地保质保量完成学校安排的各项工作外,更力图将安全保卫工作融入日常行政管理工作之中,制定条规,形成制度,在工作细节处下功夫,努力做到人防与技防紧密结合,保证正常的参观秩序和藏品安全,确保校史馆各项工作的正常运转。2013年,校史馆安全保卫工作连续十二年做到"十无"达标。除继续坚持并不断完善往年形成的安全保卫小组例会制度、安全员巡视制度、消防及电路器材定期检查制度、人员进出登记管理制度外,2013年校史馆确立了年度消检电检制度、中控员日间消防安全巡查制度。

在设备维护方面,校史馆坚持对消防、监控、空调系统、电梯、展馆照明灯具的正常维修养护。此外,校史馆对馆内外监控探头、电梯的门刀和光幕、空调所属风机(排风扇)及接触控制器、卷帘门电路箱进行了更换,在负一层展厅与办公区域之间加装了门禁,并在场馆内增加了12处灭火器放置地点;联系基建工程部对文物库房的三处漏水点进行了维修。

【党建工作】 校史馆高度重视并开展了"党的群众路线教育实践活动"。领导班子成员通过召开座谈会、发放征求意见表、汇总观众意见等方式,认真听取本部门职工以及校内外单位和观众对校史馆及校史馆领导班子的意见建议,结合教育实践活动的总要求,坦诚开展谈心谈话,深入分析校史馆工作现状,提出了加强和改进工作的具体举措,认真组织召开专题民主生活会,并形成了专题报告,着重在建章立制上下功夫。

校史馆重视党风廉政建设工作,认真贯彻学校关于党风廉政建设的要求,通过日常工作的制度化和规范化建设来保证党风廉政建设,使党风廉政建设与具体工作相结合,落在实处。

领导班子坚持周馆务会制度,坚持《档案馆校史馆馆务会议工作规则》《档案馆校史馆领导班子落实"三重一大"制度的实施办法》《档案馆校史馆财务工作规则》《档案馆校史馆馆务公开制度及实施办法》,研究决定各项工作,工作中一贯坚持集体领导、集体决策,实行民主集中制,坚持馆务公开,建立共识,增强向心力、主人翁责任感和集体荣誉感。校史馆认真遵守学校的财务制度,坚持"收支两条线",不设"小金库"。校史馆在强调思想觉悟和政治要求的同时,发挥政策和制度的约束作用,保证了工作的公正和廉洁。

赛克勒博物馆

【年度纪事】 2013年赛克勒博物馆共办展览9个,其中在本馆举办展览7个。

1.《景德镇出土明代御窑瓷器展》,2013年4月至5月,展品是北京大学考古文博学院、江西省文物考古研究所、景德镇陶瓷考古研究所组成的联合考古队的发掘成果,为研究明代御窑厂瓷器品种、烧造工艺、生产制度等课题提供了珍贵资料,从多方面展现明代官窑瓷器珍贵的历史、艺术、科学价值。

2.《翠色欲滴——浙江当代青瓷艺术作品展》,5月4日至8月28日,展示了浙江龙泉工艺大师毛正聪及其弟子的作品。

3.《异世同调——陕西蓝田吕氏家族墓地出土文物精品展》,5月27日至8月20日,与陕西省考古研究院和陕西历史博物馆合办,展出了98件组陕西蓝田吕氏家族墓地出土的精美文物。

4.《与猪同行》,8月26日至9月26日,科普展暨指南针计划专项项目"中国古代猪类驯化、饲养与选育技术及其影响研究"成果展。

5.《格妮卡/格尔尼卡》,9月27日至10月30日,是吉尔·赛克勒女爵士国际艺术家展览计划首展,展出了美国艺术家安妮塔·格莱斯塔的八件雕塑作品。

6.《大师印记:从丢勒到毕加索——斯通教授捐赠版画展》,11月15日至2014年4月,展出了120件版画作品,其中39件是斯通教授2013年的捐赠,展出了18世纪、19世纪、20世纪的西方版画精品。

7.《叠翠——浙东越窑青瓷博物馆藏青瓷精品展》,2013年11月22日至2014年2月28日,推动了越窑青瓷的研究。

8. 援疆版画展《大师印记——北京大学赛克勒博物馆藏西洋版画展》,在新疆维吾尔自治区巡展,具体如下:2012年12月底至2013年3月初,新疆维吾尔自治区博物馆;2013年3月初至4月底,新疆巴州博物馆;2013年4月底至6月底,新疆昌吉州博物馆;2013年6月底至8月底,新疆吐鲁番地区博物馆。

9.《鼎盛中华——中国鼎文化》展览,2013年9月27日至2014年1月5日在河南博物院开展,由河南博物院和北京大学考古文博学院共同举办,我馆10件藏品参展。

地质博物馆

【概况】 北京大学地质博物馆1909年与北京大学地质学系同时建立,是中国最早的地学类专业研究型博物馆,在中国地学教育、科研和人才培养等方面发挥了重要作用,在国内和国外都有一定影响。现在,该馆是北京大学理工科虚体研究机构之一(校发〔2010〕99号),是国家理科基础科学研究和教学人才培养基地之一,是北京市科普基地(2013—2015),是北京高校博物馆联盟盟员和发起单位之一,也是海淀区青少年校外教育实践基地,承担着地球科学知识教育和社会科普的任务。

北京大学地质博物馆在2013年度有在职馆员1名、临聘馆员1名,兼职馆员6名(教授4人,副教授1人、讲师1名),特聘专家4名。

【教育教学】 地质学专业课程教学辅助。2013年地质博物馆承担北大地质学系新生入学教育、2门全校公选"地球历史中的生命"和"地球历史概论"、3门本科生主干基础课"古生物学""地史学"和"矿物学和结晶学"、1门古生物学研究生专业必修课"古生物学研究方法"以及2门专业选修课"生物地层学"和"博物馆学"等课程的实践教学。

中小学教育辅助。2013年地质博物馆作为海淀区青少年校外教育实践基地,承担了北京大学周边多所中小学自然类学科的课外实践,包括北京大学附小、中关村二小等。暑假期间地质博物馆免费对外开放,接待了来自全国各地的中小学生暑期夏令营参观,多达6000人次。

学生培养。以博物馆相关项目为基础,基于已建立的国际科研合作关系,2013年2月—5月,博士研究生马乐天在美国芝加哥Field博物馆交流学习3个月;2013年9月—2014年8月,博士研究生付宛璐在美国加利福尼亚大学戴维斯分校地质系交流学习一年,为利用国际平台和视野培养一流学生做出了有益探索。

【社会科普】 2013年地质博物馆承担了北京市教委、市科委地学科普共建项目,初步实现展示方式的现代化(声、光、电)及特色场景恢复。

项目实施。(1)2013年1月—9月,北京大学科普基地——地质博物馆建设(二期)主要进行了博物馆LED宣传屏、展板更换;(2)2013年10月—2014年3月,北京大学科普基地——地质博物馆建设(三期)主要进行地质历史时期断代虚拟场景恢复;(3)博物馆全年免费开放。

重要科普活动。(1)校园开放日。全天开放,2位教员10位志愿者向社会人士大力普及地球科学知识,提高了地质学的社会认知。(2)地球日。成功举办"我们只有一个地球"主题活动,宣传、提高了大众的环保意识。(3)北京市科技周。代表北京大学参加北京市科技周。(4)科学研究和交流。以北京大学地质学系和北京大学地质博物馆为对等合作单位在国际国内建立了稳定的科研合作团队:国际上与意大利米兰大学地质学系Andrea Tintori教授、美国加利福尼亚大学戴维斯分校地质学系Ryosuke Motani教授、美国芝加哥Field博物馆Oliver Rieppel教授合作;国内与安徽省古生物化石博物馆、贵州省兴义市国土资源局、贵州省六盘水乌蒙山国家地质公园合作。合作团队共同承担科研项目、组织科研活动、发表科研论文,已经成为国内外活跃的科研团队,具有重要的国际影响。

【科研项目】 1. 二叠纪末大绝灭后的早—中三叠世海洋生态系复苏辐射过程中海生爬行动物群辐射演化事件序列及全球迁移—演变模型。

2. 安徽巢湖早三叠世奥伦尼克期斯帕斯亚期巢湖龙动物群的生物多样性面貌及其古环境背景研究。

3. 贵州省级地质遗迹保护项目"盘县动物群化石多样性与环境背景调查和研究"。

4. 安徽省级地质遗迹保护项目"安徽早三叠世巢湖鱼龙动物群化石多样性与古生态资源的调查与研究"。

5. 贵州省级地质遗迹保护项目"兴义贵州龙动物群化石多样性与环境背景调查与研究"。

【科研活动】 1. 接待与出访。

2月22日至25日,接待瑞士苏黎世大学Hugo Bucher教授来访4天。

4月至5月,接待美国加利福尼亚大学戴维斯分校Ryosuke Motani、意大利米兰大学Andrea Tintori教授来访21天。

5月,接待美国加利福尼亚大学Isabel Montanez教授来访8天。

8月2日至12日,接待Ryosuke Motani教授来访10天。

8月18日至27日,接待美国加利福尼亚克拉瑞蒙特—麦克凯恩学院生物系教授Lars Schmitz博士来访7天。

8月31日至9月25日,接待Ryosuke Motani教授和Amanda Glynn博士、Field博物馆Olivier Rieppel教授、意大利米兰大学Andrea Tintori教授来访26日。

11月30日至12月12日,接待美国加利福尼亚大学戴维斯分校Ryosuke Motani教授来访13天。

1月10日至2月9日,江大勇出访瑞士苏黎世大学古生物学系;7月25日至31日,江大勇、季承出访美国芝加哥Field博物馆。

2. 学术会议。

8月4日至10日,孙作玉参加第六届国际中生代鱼类会议并作口头报告"News from the Early-Middle Triassic Fish Faunas from Southern China"。

9月10日至15日,组织"第二届三叠纪海生脊椎动物群及其后演化"国际研讨会。

10月26日至30日,江大勇参加美国丹佛市Geological Association of America 125th Annual Meeting并作会议专题口头报告。

体育馆

【概况】 2013年,北京大学邱德拔体育馆发挥奥运场馆的赛后使用功能,服务于北京大学校内师生及校友健身,馆内22项体育项目全部对校内师生开放,全年售卡7453张,其中校内师生占95.77%以上,是国内拥有健身项目最多、设施设备最先进、场地使用率最高、服务系统智能化的一流高校体育场馆。2013年,全体工作人员在刘伟副校长、体育教研部领导及体育馆领导班子的带领下,围绕"坚持服务于学校的总体发展方向"为根本目标,遵行"三重一大"制度,有步骤地落实各项具体工作内容,基本实现了体育馆收支平衡的目标,减轻了学校财务负担。2013年7月至9月,北京大学审计室对体育馆2011—2012年两年的经济情况进行了审计,结果显示,体育馆在经济决策、预算管理、财务管理、人力资源管理等方面,制度明晰、流程合理并严格执行,符合国家和学校相关法律法规要求。

【校系服务】 体育馆的服务使用智能化管理系统,有配套的服务手册,使服务更加人性化及便捷化;同时制定了《体育馆智能系统财务制度》，每月上报"体育馆智能系统运行报告"，保障了体育馆财务管理的科学性及为校内师生服务的高效性。2013年体育馆具体服务内容主要包括：

教学训练。2013年，北京大学本科生的健美操、形体、瑜伽、器械健身、跆拳道、散打、安全自卫防身术、台球、击剑、剑道、篮球、地板球、游泳等课程在馆内进行教学，体育馆全年上课总课时数达6756课时；学校男女篮球队、羽毛球队的训练和比赛主要放在体育馆内进行，使用场地总时数达6832小时。

课余锻炼。体育馆为学校21个学生和教工体育社团、24个体育项目提供常年场地服务，包括：学校工会组织的教工体育舞蹈、瑜伽练习；学生社团如乒乓球协会、羽毛球协会、体育舞蹈社团、排球协会、风雷社、精武会、太极拳协会等。考虑到大部分学生社团活动经费紧张，学生体育社团使用场地可享受3～5折的费用优惠；考虑到部分大学生家庭生活困难，为贫困学生提供部分免费锻炼卡。体育馆"以学生为本"的服务理念得到了学校团委、学生资助中心及学生社团的高度评价。

大型活动。承接每年学校毕业典礼，已成为体育馆的常规任务。2013年毕业典礼顺利圆满结束，体育馆运行团队的服务水平得到了认可。2013年，体育馆还承接了北京大学十佳歌手比赛、北京大学应届毕业生就业洽谈会、化学大会、物理百年、学工部入学教育活动、"北大杯"羽毛球/乒乓球/台球/篮球/排球/体育舞蹈/攀岩/游泳比赛、"硕博杯"羽毛球/乒乓球/篮球比赛、北大教工羽毛球团体赛和乒乓球比赛决赛、北京市高校乒乓球赛暨校长杯比赛、北京市高校羽毛球赛、全国大学生健美操艺术体操锦标赛等活动。

体育培训。为提高锻炼者的运动兴趣和技术水平，向校内师生提供更高层次的服务，体育馆开设了羽毛球、篮球、壁球、跆拳道、乒乓球等项目的常年培训。2013年暑期，体育馆首次举办夏令营并取得成功。2013年体育馆成立了"首都高校剑客之家"，开展了两次"击剑擂台赛"，承办了"首都大学生佩剑个人赛"。

北大附中体育课。因北京大学附属中学体育设施改造，体育馆为附中所有的羽毛球课、跆拳道课提供了上课场地。

党的群众路线教育实践活动调查。根据学校关于党的群众路线教育实践活动的文件精神和要求，体育馆对全馆员工和来馆健身的人员分别进行问卷调查，整理归纳所有意见后，进行有针对性的工作调整与设备设施改造。

北京大学学报（自然科学版）

【刊载论文情况】 《北京大学学报（自然科学版）》2013年出版6期共1130页，刊载学术论文146篇。其中数学3篇，力学1篇，物理学6篇，电子学与信息科学47篇，地球与空间科学46篇，地理学与环境科学38篇，心理学3篇，科研管理2篇。每篇论文都在"中国知网学术期刊数字出版平台"实行数字优先出版。

【数据库收录情况】 《北京大学学报（自然科学版）》2012年刊载的论文在2013年被多个国内外文献检索机构收录。重要国内文献数据库有：中国科学引文数据库、万方数据和中国知网。重要国际文献数据库有：Elsevier科学期刊数据库（Scopus）、美国《化学文摘》（CA）、美国《地质参考》（GR）、美国《数学评论》（MR）、俄罗斯《文摘杂志》（AJ）、日本科学技术振兴机构文献数据库（JST）、德国《数学文摘》（ZM）、英国《科学文摘》（SA）、英国皇家化学学会《质谱学通报（增补）》（RSC）和英国《动物学记录》（ZR）。作为中国科学引文数据库（CSCD）的核心期刊，《北京大学学报（自然科学版）》可在ISI的Web of Knowledge数据库跨库检索。

【文献计量指标】 据中国科学技术信息研究所出版的《2013年版中国科技期刊引证报告（核心版）》对2012年1994种中国科技论文统计源期刊的统计，《北京大学学报（自然科学版）》2012年主要文献计量指标见后表，同时列出2011年数据作对比。

【出版质量与获奖情况】 据中国科学技术信息研究所2013年9月27日召开的"2012年度中国科技论文统计结果发布会"公布，《北京大学学报（自然科学版）》连续第九次入选年度"中国百种杰出学术期刊"。此外，《北京大学学报（自然科学版）》还获得教育部科技发展中心2012年度"中国科技论文在线优秀期刊"一等奖。

表8-72　《北京大学学报（自然科学版）》2011—2012年文献计量指标统计

年份	总被引频次	影响因子	即年指标	他引率	引用刊数	扩散因子	权威因子	被引半衰期	学科扩散指标	学科影响指标	综合评价总分
2011	1063	0.537	0.044	0.96	451	42.43	535.81	7.3	7.52	0.33	74.6
2012	1170	0.585	0.045	0.97	475	40.60	534.09	7.2	8.48	0.29	79.2

（学报编辑部　李亚文）

北京大学学报
（哲学社会科学版）

【获奖情况】 《北京大学学报》（哲学社会科学版）坚持正面的学术取向，在传承学术、积累文化、服务教学、扩大交流等方面发挥了重大作用，在国际国内学术期刊界享有良好的声誉。2013年，在国家新闻出版广电总局开展的2013年"百强报刊"推荐活动中，《北京大学学报（哲学社会科学版）》被推荐为"百强报刊"。

《北京大学学报（哲学社会科学版）》荣获第三届中国出版政府奖期刊奖提名奖，是北京大学唯一获得此殊荣的学术期刊。这一荣誉的获得，充分体现了《北京大学学报（哲学社会科学版）》在学术界的良好声誉和各级主管部门对刊物质量的肯定，是对学报工作者的鞭策和鼓励。

【栏目设置】 在栏目设置方面《北京大学学报（哲学社会科学版）》把北京大学的优势学科、传统学科作为自己刊物的特色和个性，以此选择学术热点、学术前沿以及重大社会问题，确定自己的主打栏目和品牌栏目。学科编辑深入各院、系、所、中心，积极主动地向有深厚学术造诣的著名学者和中青年骨干教师组稿、约稿，了解他们的研究专长和研究动态，根据学术热点问题、前沿问题来策划选题、组织稿件和遴选稿件。同时，学科编辑还发动一些著名学者为学报组稿、约稿，聘请他们担任学报相关栏目的特约主持人。近年来，《北京大学学报（哲学社会科学版）》坚持推出"本刊特稿"，将那些有着较大影响力的学科前沿问题或反映现实热点问题的文章着重推出。另外，学报还坚持结合学科建设设置栏目，连续推出"古代小说前沿问题丛谈""宋史研究""石刻史料与中古文史""英国史研究""诗学与诗歌史研究""修辞学研究""校史研究"等特色栏目。

【网络建设】 逐步实现电子化、规范化管理，实现从传统媒体向全媒体的逐渐转变，在高校学报的未来发展战略中起着举足轻重的作用。2013年，《北京大学学报（哲学社会科学版）》启用新的投稿、编辑、审稿系统，并聘请专业的技术人员对网站进行更新、维护（相关网址：http://journal.pku.edu.cn）。《北京大学学报》网络版的回复稿件、组织审稿的流程变得更为明晰、迅速，实现了由传统编辑方式向编、校、审电子化、一体化的过渡。

【编辑队伍建设】 《北京大学学报（哲学社会科学版）》组织全体编辑，参加全国高等学校文科学报研究会于2013年8月在广西桂林举办的"2013年全国高校人文社科期刊编辑业务培训暨学术发展前沿报告会"。在会上，编辑们深入了解哲学社会科学的前沿和热点问题，以及国家文化体制改革和期刊体制改革的基本形势，学习最新编辑出版政策法规与出版规范，进一步提高编校质量，并与来自全国各地的学报界专家与同行作了深入的交流。

【学术影响力】 近年来，《北京大学学报（哲学社会科学版）》被中国人民大学书报资料中心、《新华文摘》《高等学校文科学术文摘》等检索途径转载的文章，在全国综合性大学学报中位居前列。根据中国学术期刊（光盘版）电子杂志社、中国科学文献计量评价研究中心和清华大学图书馆编写的《中国学术期刊综合引证报告》，《北京大学学报（哲学社会科学版）》在高校学报综合类中的总被引频次、基金比、影响因子、5年影响因子和下载率均名列前茅。根据人大书报资料中心全文数据库检索情况和南大CSSCI统计，近些年来，学报的转载量、转载率、平均影响因子等，均居全国高校社科学报前列。北大图书馆的《中文核心期刊要目总览》、中国社会科学院的《中国人文社会科学核心期刊要览》各版均收录学报为核心期刊。

北京大学学报
（医学版）

【获奖情况】 《北京大学学报（医学版）》被中国学术文献国际评价研究中心评为"2013中国国际影响力优秀学术期刊"。为客观公正地评估中国学术期刊的国际影响力，推动国家对学术期刊发展、学术评价、论文发表的战略管理研究，清华大学建立了由中国学术期刊（光盘版）电子杂志社与清华大学图书馆联合的中国学术文献国际评价研究中心，开始了中国学术期刊国际影响力评价研究。从2012年起，中心以美国汤森路透Web of Science收录的1.44万余种期刊为引文统计源，研制发布了《中国学术期刊国际引证年报》（CAJ-IJCR年报），给出中国5600余种中外文学术期刊总被引频次、影响因子、半衰期等各项国际引证指标，并采用了新的国际影响力综合评价指标CI对期刊排序，发布了"中国最具国际影响力学术期刊"（排序TOP 5%）和"中国国际影响力优秀学术期刊"（排序TOP 5%～10%），在国内外学术界产生了较大反响。

《北京大学学报（医学版）》荣获2012年度"中国科技论文在线优秀期刊"二等奖。根据《关于组织2012年度"中国科技论文在线优秀期刊"暨"中国科技论文在线科技期刊优秀组织单位"评选活动的通知》（教技发中心函〔2012〕183号），教育部科技发展中心对截至2012年12月31日已收录在"中国科技论文在线"《科技期刊》栏目的教育部主管的期刊,就期刊的影响因子和他引率、网站收录论文数和下载量、期刊入网的完整性及期刊编委的国际化程度、开放存取等统计分析,经过严格的评审,评选出"中国科技论文在线优秀期刊"一等奖33项,二等奖62项。

【组稿与出版情况】 学报准时、准期、保质保量地完成了全年6期1006页的编辑出版工作。学报始终坚持严格的三审制度,即同行双审和编委会定稿,全年收稿量有了大幅度的提升,分别在2013年1月18日、3月14日、3月29日、6月8日、7月5日、8月26日、9月13日、10月25日、11月13日和12月25日召开了10次编委定稿会议,保证了学报论文评审的公正和公平,以及发表论文的学术水平。

编委参与组稿和办刊是国际优秀期刊办刊的共同模式。《北京大学学报(医学版)》的编委和医学部的专家多年来一直坚持国际化办刊的先进理念——编委、专家参与办刊。2013年学报编委共完成了6个重点(专题)号的组稿工作,开展了5个专题的组稿工作,分别是:北大口腔医院俞光岩、李铁军等编委组织的"口腔医学专题",北大医院秦炯和丁洁编委组织的"儿科医学专题",医学部公共卫生学系胡永华等编委组织的"公共卫生学专题",北大医院郭应禄院士组织的"泌尿外科研究专题"和乔杰编委组织的"生殖医学专题",共组织稿件约200篇。

计 算 中 心

【发展概况】 截至2013年底,计算中心共有职工89人,其中正高级职称6人,副高级职称23人,中级职称30人,初级职称4人。具有硕士及以上学历46人,占中心总人数70%以上,其中具有博士学位7人,在读博士2人,学历结构逐年改善。2013年中心退休0人,招聘2人。

2013年,计算中心先后获得了2013年度北京大学离退休工作先进集体、实验技术成果奖三等奖、教职工运动会团体总分第二名和北京大学毽球比赛冠军等13项奖项,并在北京大学新闻网、中心网站和校工会网站发表各类宣传稿件40篇。

【科研工作】 项目数量6项,包括:(1)"211工程"三期高等教育公共服务体系——中国教育和科研计算机网"主干网和重点学科信息服务体系升级扩容工程"项目"重点学科信息资源系统平台"子项目;(2)"211工程"三期高等教育公共服务体系——中国教育和科研计算机网"主干网和重点学科信息服务体系升级扩容工程"项目"北京大学CERNET主干网核心节点建设"子项目;(3)国家重点基础研究发展计划(973计划)"新一代互联网体系结构和协议基础研究"项目"基于自治治理模型的网络管理与安全研究"课题;(4)国家发展改革委2011年度信息安全专项项目"基于可信身份联盟和云计算的数字资源安全防护服务";(5)北大研究2012年课题"北京大学云服务平台建设方案研究";(6)北大研究2013年课题"智能推荐引擎在北京大学学生管理信息系统中的研究与应用"。

科研成果。2013年计算中心职工共发表论文12篇,其中核心期刊7篇,SCI收录2篇,EI检索1篇,并获得1项专利授权,即2013年5月29日获授权专利"一种安全的多方网络通信平台及其构建方法"。全年在研科研项目5项,其中4个项目通过项目验收。

经费情况。2013年度计算中心科研经费到账228.6万元,其中226.6万元属纵向经费,其余为横向经费。

学术活动。10月12日,由教育部科技司组织在清华大学完成了国家重点基础研究发展计划(973计划)"新一代互联网体系结构和协议基础研究"项目的总体验收,北京大学计算中心参加研制的"基于自治治理模型的网络管理与安全研究"课题作为五个课题之一进行了验收。

10月,北大研究2012年课题"北京大学云服务平台建设方案研究"结题。

12月31日,由教育部科技司组织在清华大学完成了"211工程"三期高等教育公共服务体系——"中国教育和科研计算机网主干网和重点学科信息服务体系升级扩容工程"项目的验收工作,其中北京大学计算中心完成了"重点学科信息资源系统平台"子项目和"北京大学CERNET主干网核心节点建设"子项目的研制任务。

【成人教育】 计算中心成人教育目前只有夜大学和远程教育两种办学形式,档次都是由专科起点升本科。虽然近年来已有几个专业的承办院系退出了成人教育工作,计算中心的成人教育工作仍在稳步进行。2013年中心共招新生646人,毕业508人,现共有在校生1928人。

【交流合作】 9月2日至5日,计算中心陈萍参加了由新西兰奥克兰大学主办的环太平洋大学联盟(APRU)首席信息官论坛和教育与研究技术论坛会议,与来自马来亚大学、印度尼西亚大学、墨尔本大学、新加坡国立大学、奥克兰大学的首席信息官和来自南加利福尼亚大学、加利福尼亚理工州立大学、京都大学、日本东北大学、香港科技大学、北京大学和浙江大学等高校的29位代表就资源共享、IT助力大学更好运转、如何保持IT和大学总体战略的一致、IT如何参与教学模式的改变、如何在大学中更好地支持各类消费电子产品的使用、信息时代如何更好地管理信息以及如何更好地促进APRU高校间的合作等问题展开了充分的讨论。

9月9日至13日,计算中心陈萍、吕洁、张扬、付中南、刘云峰、李丽参加了在杭州举办的中美高级网络研讨会CANS（Chinese-American Networking Symposium）。陈萍作为联邦身份讨论组（Federated Identity Session）的联合主席,主持了讨论组工作。与会期间,计算中心教师同美国Internet2同行就身份认证、校园网管理、校园网技术发展等方面进行了深入交流,对于提高计算中心教师的业务能力、拓宽视野、促进双方的相互了解和深化合作具有重要的意义。

9月17日,美国乔治城大学副校长兼首席信息官丽莎·戴维斯（Lisa Davis）、校长助理Dan Cautis及科研副校长助理肖水根一行三人到北京大学访问。北京大学王杰副校长、国际合作部夏红卫部长、计算中心张蓓主任、国际合作部交流项目办公室副主任周曼丽等接待了来访的客人。交流会在友好而热烈的气氛中进行,双方交换了在校园网规划、运行管理、经费投入、教学科研服务体系方面的经验,分享了乔治城大学的CIO管理运行机制,同时双方就校际合作等共同关注的话题进行了进一步的探讨。

【党建工作】 9月4日下午,计算中心在交流中心222会议室召开了党的群众路线教育实践活动动员会。北京大学党的群众路线教育实践活动第十四督导组副组长郑清文应邀出席会议并指导工作。计算中心全体领导班子成员和党员群众参加动员会。会议由计算中心副主任、支部书记马皓主持。此次动员大会的召开,标志着计算中心党的群众路线教育实践活动正式启动。

12月18日上午,计算中心在理科1号楼1149会议室召开党的群众路线教育实践活动领导班子专题民主生活会。北京大学副校长王杰,直属单位党委书记、组织部副部长束鸿俊,党的群众路线教育实践活动第十四督导组组长曲春兰及党办校办副主任郭丛斌出席会议。计算中心全体领导班子成员、党支部成员及教职工代表参加会议并发言,会议由计算中心主任张蓓主持。

【校园网建设】 根据北京大学建设的统一规划以及校园网改造的部署,计算中心共完成人文大楼、经济学院、科技成果转化中心、五道口教工宿舍、南门二号楼、核磁中心、临湖轩、太平洋大厦、理科三号楼9处楼宇的网络新建和改建工程,涉及校园网接口约6500个,安装网络设备560余台,无线接入设备近350台。计算中心完成二教无线网络升级改造,接入交换机7台;实现动力中心售电系统内网的校内连接;完成学校节能监管平台所涉及部分楼宇的联网工作。截至2013年底,校园网共有各类网络接口9万个,各种网络设备近5000台,其中包括无线网络接入设备2118台。校园网用户总数达到12万,出口总带宽达到4.43Gbps。

为了进一步提高校园网络的安全性,计算中心自2013年3月21日在全校范围内启用了无线网络接入认证机制,阻止了未经认证的用户随意接入校园网对网络安全造成的危险。

按照中国教育和科研计算机网的统一部署,计算中心完成了北京大学主节点的升级改造工程,实现了北京大学主节点到教育网国家网络中心的100Gbps的高速连接。

为了满足校园网用户使用多台移动终端的需要,2013年10月29日起,计算中心为每个用户增加了一个访问校外网络资源的连接数,并调整了用户计费策略,为用户使用校园网提供了更多便利条件。

计算中心进一步完善了邮件系统功能,扩展服务范围,并完成了多个二级单位的邮件服务器的迁移工作。在此基础上,计算中心与多个邮件服务提供商合作,建立了一整套垃圾邮件投诉处理机制。

计算中心建设北京大学办公视频会议系统,实现各校区间的高清即时、互动交流;完成校本部多点控制单元MCU的安装和调试,可以提供同时10个1080p高清会议终端的接入,完成了校本部、深圳研究生院、医学部等九处的接入和测试工作,并开始为学校会议提供正式服务。

加强网络信息安全监管,堡垒主机正式上线,计算中心与信息办共同推进北京大学信息系统安全等级保护工作,完成对我校安全等级保护定级的12个信息系统2013年度等级保护自查,总计2155项,并录入重要信息系统等级保护平台。

【电子校务开发】 4月,新版北京大学实验室与设备管理信息系统启用。系统涵盖设备建账建卡流程管理、实验室管理、共享设备与通用设备处理、信息查询、信息填报、报表统计、大型仪器汇编、采购数据转储等多项业务。

4月,"北京大学学生综合信息管理系统"中研究生单证学生学位管理、无学籍学生管理、院系专业管理等子系统陆续开始上线运行。

5月,北京大学移动版门户开始上线运行,包括新闻、通知、北大概况、各类信息查询、毕业离校、新生地图、入学须知等16个板块。

5月,教师公寓申请与选房系统上线运行。系统包括网上申请、选房、审核、公示办理手续等一系列功能。

6月,"北京大学组织工作综合信息管理系统"中毕业生组织关系调转功能上线运行,3000多名毕业生党员通过系统完成了组织关系调转。

6月,改善办学条件专项项目申报系统正式上线运行。通过系统申请部门可以进行多批次的项目申报、查看审批结果,财务部可以进行项目计划、项目申报、项目排序和项目审核等功能。

7月,"北京大学人事综合信息管理系统"的奖教金管理功能、博士后管理功能开发完成并上线运行。

7月,毕业离校系统正式开通,为当年毕业的8908名本科生、研究生、单证研究生毕业生提供便捷的离校手续服务。

7月,为财务部开发的全校教职工工资卡换卡信息核对系统上线运行。

7月,基金会捐赠项目管理系统上线运行。主要功能包括捐赠人管理、礼品管理、助理管理、捐赠、项目管理等。捐赠项目管理又包括捐赠协议、进账单、入账单管理等,实现捐赠项目从立项到拨款入账的全流程管理。

9月,"北京大学学生综合信息管理系统"中研究生单证培养系统上线运行。

9月,"北京大学学生综合信息管理系统"的学生团体保险子系统上线运行。学生可以通过网报申请投保和理赔,院系、学工部可以进行审核、扣款、代办手续、查询等相关操作。

9月,"北京大学人事综合信息管理系统"中985职员聘任管理功能上线运行。系统包括985职员编制管理、职员聘任、职员名单管理和查询统计等多个功能。

10月,"北京大学学生综合信息管理系统"中研究生博士生短期出国项目管理上线运行。主要针对博士生短期出国进行资助的管理项目,包括申请、审核、一次拨款、二次拨款、项目建设等功能。

11月,"北京大学组织工作综合信息管理系统"中干部任免子系统上线使用。包括干部任免事件、干部名册、干部任免审批表等管理功能。

11月,配合学校财务更细致的内控工作,财务系统中增加校系两级财务机动车备案及报销功能,保证了报销票据与备案车辆的关联。

12月,为适应学校营业税改增值税管理方式的变化,科研经费系统中完成科研拨款入账功能改造,并开始使用。

【公共教学资源建设】 计算中心坚持服务管理与技术研发相结合,坚持高质量资源应用和功能辐射相结合,发挥国家级计算机实验教学示范中心的引领辐射作用。计算中心面向全校文科、理科、工科、医学科本科生、国防生和部分研究生全年362天开放,日开放14小时,是全校同学受益面最大、利用率最高的实验室。计算中心实现计算机和英语教学平台一体化管理,人、经费、房子、设备和水电等资源为学校节约50%左右。13年来,上课完好率和设备完好率分别保持99%和100%,公共计算机和英语教学实验室在同类高校一直处于领先水平。

1月16日,完成计算中心3层8号机房103台微机更新改造。中央处理器CPU、内存储器RAM和硬盘驱动器DISK采用主流先进水平。完成电源线更新、设备建卡、计算机双操作系统构建、ETS英语网络考试系统设置和考点申请。

1月23日,首次硕士研究生网上政治阅卷在计算中心进行,投入8个机房600台机器,阅卷和服务人员560人;采用无线网卡和多媒体教室软件,首次实现8个机房动员视频会议和全体统一阅卷培训,1月28日,圆满完成技术支撑和服务保障任务。

2013年2月25日至6月17日,2013年9月9日至2014年1月10日,共完成全校计算机和英语教学机时约72万小时、校内各类管理培训机时约1500小时。

3月2日,全年第一次网上TOEFL、GRE考试开始,到2013年12月22日最后一次网考,共完成40场TOEFL、GRE监考任务,并且连续四年成为北京市最先在网上被考生报满的考点。

3月26日,北京大学平民学校计算机班正式开课,计算中心为102名学员上8次课,提供1700机时;为计算中心多年级成人教育班1400人提供全部教学实习机时。

4月,为北京大学教职工运动会和学生运动会以及教职工游泳比赛提供了强有力的技术支持,包括:报名、分组、排秩序册、出秩序表、成绩统计、奖品分发等。升级了分组及核算分数的逻辑部分,使得运算速度大幅提升。为校工会提供多项技术服务,包括维护官网、升级开发评优系统、活动报名平台、教代会代表活动报名平台等。

5月1日至3日,北京大学第11届数学建模大赛在计算中心进行,计算中心提供连续72小时的技术支持和服务保障,竞赛圆满结束。

5月12日,圆满完成北京大学第12届计算机编程设计ACM竞赛技术支持和服务保障任务,投入8个机房600台机器,构建大赛网络环境,连续5小时,平台环境零故障。

5月25日,由工业和信息化部和教育部共同举办的全国大学生软件大赛在计算中心圆满结束。

6月9日,北京市高考语文网上阅卷工作在计算中心展开,计算中心提供8个机房600台机器,在阅卷区全封闭的前提下,先后完成

600台机器的压力测试、软硬件、供电、制冷、监控报警检测及修复,采取应急预案。6月17日,圆满完成阅卷任务。

10月,北京大学马克思主义学院网站正式投入研发,2014年1月上线,性能良好。

10月,北京大学基层工会管理信息系统MIS研发启动,2014年1月研发成功,并上线投入运行,性能稳定可靠。

10月,开发北京大学教代会代表活动报名平台,2014年1月完成并投入使用。

【校园网运行及用户服务】 校园网新建完成的网络工程:7月理科3号楼网络改造、餐饮中心理科1号楼地下库房、燕南园58号院;8月临湖轩改造、朗润园158号院、南门2号楼、南门3号楼、核磁共振中心、电话室搬迁。

学生区全年服务495次,家属区全年服务270次,办公区全年服务132次,新建联网用户全年服务173户。

暑期完成1725间学生宿舍粉刷后网络端口的检修、维修工作。

"51023"24小时值班热线电话2013年共直接拨打、接听50896次。

2013年上半年托管的机器有物理学院的机群和工学院的服务器,在运行室全体努力下,机器运行良好。

2013年全年铺设光缆7000多米,熔接光纤620芯,抢修挖(剪)断光纤6次。

【计算中心成立五十周年活动】 2013年是计算中心成立五十周年。计算中心举行了包括举办学术研讨会、建立网站、出版纪念册等在内的一系列活动。

10月12日,"高等教育信息化创新发展与前沿展望学术研讨会"在北京大学隆重召开。本次活动由计算中心主办,旨在交流分享高等教育信息化领域前沿技术、发展蓝图和先进经验,共同探讨高等教育信息化创新发展大计,并庆祝北京大学计算中心成立五十周年。教育部教育管理信息中心主任、教育信息化推进办公室主任展涛,教育部科技司副司长、教育信息化推进办公室副主任雷朝滋,国家信息中心专家委员会副主任、国家信息化专家咨询委员会委员宁家骏,郑州大学副校长、河南省教育科研网网络中心主任王宗敏,北京大学副校长王杰,北京大学校务委员会副主任迟惠生,北京大学校长助理、先进技术研究院院长程旭等多位领导嘉宾应邀出席研讨会。国内外68余所兄弟院校代表、北京大学相关职能部门、院系负责人、计算中心教职工代表近300人参加会议。会议由北京大学计算中心副主任马皓主持。北京大学副校长王杰首先代表北京大学致欢迎辞,计算中心主任张蓓向与会嘉宾作工作报告。教育部科技司副司长、教育信息化推进办公室副主任雷朝滋,清华大学信息化技术中心、网络科学与网络空间研究院党总支书记陈基和,郑州大学副校长、河南省教育科研网网络中心主任王宗敏,香港高校代表、大学联合电脑中心总监、香港城市大学电算服务处处长潘建中先生分别在会上致辞。大会还举行了"计算中心工作三十年奉献奖"颁奖仪式,为24位在计算中心工作满三十年的老同志颁发了奖牌。

计算中心还组织相关教师对计算中心大事记进行整理、撰写了纪念文章,并出版了计算中心成立五十周年纪念册。纪念册共127页,内容分为领导关怀、领导题词、主任致辞、美好回忆、计算中心五十年(下分历史沿革、今日计算中心、计算中心大事记、历届领导班子和工作人员名单、科研成果和获奖项目五部分)、编后语共六部分。纪念册全面总结回顾了计算中心走过的辉煌历程和几代中心人的耕耘、奉献,展现了当代计算中心的风貌,成为记录计算中心发展的重要历史资料。

计算中心还为中心成立五十周年建立了庆祝网站,网址为http://pkucc50.pku.edu.cn/。网站下设主任致辞、大会信息、会议新闻、学术报告、贺词贺信、庆典视频、美好回忆、发展历程、今日中心和联系我们十个主要版块。

现代教育技术中心

【发展概况】 现代教育技术中心主要承担北京大学教学信息化建设和服务工作,包括慕课(MOOCs)建设、网络教学平台、教学资源建设、课件制作、媒体技术支持与服务、教育技术培训及应用研究推广、教室教学环境建设、有线电视运维服务和全国高等学校教育技术协作委员会秘书处工作。2013年,北京大学首批慕课建成上线。

2013年,现代教育技术中心获得北京大学实验技术成果奖一等奖1项;2人获得北京大学青年岗位能手称号;1人获得中国教育技术协会主办的全国教育影视优秀作品大赛一等奖;1人获得北京大学统战系统摄影展"特别奖"。现代教育技术中心教职员工累计发表论文10篇。

【教学信息化工作】 北大教学网升级。2008年开始建设的"北大教学网"是集网络教学、资源管理、视频课堂为一体的综合性网络教学平台。2013年,北大教学网进行了系统软硬件升级,用户数容量由5万增至6万;8月完成系统调试与数据迁移;9月,新系统开始与原系统同时提供服务;12月原系统停止服务,升级全部完成。系统升级后未出现任何严重事故,提升了网络教学运转质量。截至

2013年12月16日,北大教学网(http://courses.pku.edu.cn)共有课程10621门,注册用户49355人。平均每天6000次登录;每月浏览页面30万次。

北大讲座网建设。北大讲座是校园文化的有机组成部分。2013年,现代教育技术中心在"北大讲座网"发布信息1920条、视频460个;累计发布信息8642条,可点播的视频2719个。平均每天有1000人访问,日平均点击量为3476次。访问者来自全国三十多个省、自治区、直辖市和二十多个国家,世界各大洲均有访问量。

优质课程资源制作。2013年,现代教育技术中心全程录制了42门课程,包括30门精品资源共享课、9门视频公开课和3门英语品牌课。2005年至2013年,现代教育技术中心共制作包括名师课、精品课、通选课等各种类型3500小时的课件,开发不同学科的精品课程视频课件模板,探索和研究了一套行之有效的制作流程和技术规范。

【教学促进工作】 "教学新思路"项目。该项目已经持续5年,全校31个院系204位教师参加。项目对推动信息技术与教学的深度融合起到了重要作用。6月26日,教学新思路项目五周年纪念活动举办,总结了五年以来的经验、成果及不足,探讨了进一步发展的方向。

全国多媒体课件大赛。2013年,现代教育技术中心组织、支持北京大学教师参加全国多媒体课件大赛,获一等奖1项、二等奖2项、优秀奖6项。

北京大学第五届多媒体课件大赛。2013年,现代教育技术中心成功举办了北京大学第五届多媒体课件大赛,组织培训课程7门,总计36课时,参加院系12个,培训123人次。2010年至2013年,现代教育技术中心共开设专题课件制作培训课程25门,计138学时,培训525人次。

教育技术一级培训。2013年,北京大学11位教师全勤参加了现代教育技术中心组织的8次培训课程并完成作业,19位教师参加并通过了北京大学教育技术一级考试,30人获得北京市高校教师教育技术一级能力证书。

助教学校项目。2013年,北京大学第七期助教学校共培训408人次,42位助教获得了结业证书。助教学校项目累计培训七期共培训助教3565人次,133位助教获得结业证书。

虚拟教室。2013年,现代教育技术中心进行了虚拟教室三种教学方法(协作教学、互动式教学、跨教室授课)的探索和应用。截至2013年12月,现代教育技术中心利用虚拟教室支持了北京大学本科生、硕士生和博士生课程教学,累计服务学生28676人次。

北大教学促进通讯。2013年,现代教育技术中心出版四期《北大教学促进通讯》,采访20位知名教授,整理70多个小时的录音、录像资料;发表48篇文章,29万字,其中原创32篇,22万字。同时,现代教育技术中心重新整理了培训和咨询方面的工作,重新设计了教学促进网站(fd.pku.edu.cn)并更新了其中的资源。

【北京大学首批慕课上线】 2013年,北京大学共有11门慕课课程分别在Edx、Coursera和学堂在线三个平台开课,课程开课周数在10~13周之间。截至2013年12月13日,11门课程总计注册人数73594人。现代教育技术中心为北京大学慕课建设提供了教学设计、平台使用、字幕制作、制作环境建设、课程宣传片制作、教师应用、后期制作、课堂拍摄等支持工作。

【电子巡考系统】 2013年,北京大学电子巡考系统建设完成,教室具备了考试监控功能。现代教育技术中心对研究生入学考试、本科生期末考试和研究生期末考试、国防生考试等进行了全程录像,并协助考试中心、研究生院等部门进行考试广播工作40余次,保障了研究生入学考试、博士生考试、大学英语四六级考试、新生分级考试等顺利进行。

【有线电视改造】 2013年9月,北京大学和北京歌华有线电视网络股份有限公司合作对有线电视网络进行双向数字化改造。自办节目数字化,北京大学用户可以通过有线电视机顶盒收看到北京大学、清华大学和凤凰卫视等节目。现代教育技术中心进一步改造境外电视系统,解决长期困扰学校的管理问题。

【教育技术支持服务】 现代教育技术中心技术支持北京大学教师教学发展中心、学生资助中心、计算中心和校内门户网站建设与美化工作;为继续教育学院制作3门交互式课件,其中2门已经入选国家级示范课程;为北京大学党校建设网络课程,服务干部培训、入党积极分子培训;为学生工作部组织的大型讲座提供网络直播服务。

【全国教育技术协作委员会换届】 2013年,全国教育技术协作委员会进行了换届,北京大学王杰副校长当选理事长。召开了全国教育技术协作委员会第八届年会暨学术交流会,21个省区市的74所高校参会。第八届年会进行了技术与教学深度融合案例征集,共收到案例79个、论文20篇。同时,举办了高校教师教学能力培训课程设计研讨班,12所高校的16位教师参加了研讨活动。

医学部信息通讯中心

【发展概况】 发展历程。医学部

信息通讯中心成立于2002年，其前身为医学部信息中心和医学部电话室，这两个部门在2002年合并后组建新的信息通讯中心。

组织结构。医学部信息通讯中心下辖综合服务室、网络管理室、信息管理室、运行管理室四个科室。种连荣为主任，张翎为常务副主任，宋式斌为副主任。2013年信息通讯中心成立党支部，党支部书记为尹忆民，副书记为黄宁玉。

队伍建设。员工总数17人，其中正高级职称1人，副高级职称2人，中级职称9人，初级职称1人，工人4人；新入职1人（孙浩志，毕业于北京航空航天大学，硕士研究生）。

【改善校园网络环境】网络建设制度。依据《北京大学医学部信息网络建设与管理规定（试行）》的总体要求，为细化网络建设、网络管理及运维服务的具体管理办法，信息通讯中心先后制定出《校园网络账号管理办法与流程》《医学部运维服务管理要求》《医学部网络工程验收流程》《医学部局域网络建设管理协议》等管理办法，使网络管理有据可依、有章可循，进入良性循环。信息通讯中心在2013年1月1日推行全校上网实名认证，推出新的网关认证计费系统，结束了医学部教学办公区上网无认证的局面，满足了网络安全法规及管理的相关要求。

技术建设。信息通讯中心与北京电信通公司深入开展合作，引入其公网带宽，医学部出口带宽增加至1.6Gbps，缓解了互联网出口压力。在修购经费的大力支持下，信息通讯中心购置核心路由器两台、流控设备一套、可管理楼宇接入交换机134台，改善网络基础环境，优化网络结构，对办公、学生、家属区域交换机设备进行了适量更替。信息通讯中心完成教学办公区中药学楼、新公卫楼、细胞楼、生理楼、卫生楼、学生宿舍5、6楼，家属区15、16、17、18、20、22、24、26楼等处网络设备更换，用户网络环境得到改善。信息通讯中心经过充分调研测试，在学校经费紧张的情况下，通过与服务商开展艰难谈判，由风险投资对医学部无线网络一期工程进行投资建设，对行政1、2号楼、教学楼、图书馆、会议中心、学生5、6号楼、体育馆、体育场、跃进厅食堂进行了覆盖，合计410个AP，无线网高峰期连接1200多个设备。

医学部宿舍8、9、10号楼用户存在迫切的上网需求，考虑到该楼宇的特殊情况，在不增加学校负担的情况下，信息通讯中心通过引入运营商投资，将学校网络延伸至以上楼宇，结束了医学部最后的楼宇网络盲区。

【信息应用环境】在修购经费的支持下，信息通讯中心新购置108TB磁盘阵列和12片刀片服务器，初步搭建起医学部虚拟化运行环境，未来在此环境下将实现网络基础、信息应用、托管服务、测试开发四套虚拟化运行平台统一管理和服务，提高医学部信息化应用运行服务支撑的条件，逐渐满足各类需求。

经组织调研、测试和招标采购，信息通讯中心购置新的网站内容管理系统，将通过新系统的实施，迁移70余个大小网站，统一目前医学部的网站内容管理平台，重新设计医学部英文网站，提升医学部网络环境下的宣传能力。

信息通讯中心为财务系统购置新的运行设备，托管至医学部机房，组建财务专网，提供整体的运行环境和安全保障环境，缓解财务系统运行的压力，提高财务系统运行的整体性能，未来还将进一步完善其运行支撑条件，为财务系统提供更安全、更稳定的运行环境。

【校园卡业务更新】根据目前校园卡业务运行的情况和实际需要，以及楼宇更新所需，信息通讯中心更新了德园、新回民食堂的所有Pos和网关设备，更新跃进厅食堂网关软件。目前医学部所有校园卡系统支持网络充值、pos拍卡领钱；同时，在修购资金的支持下，信息通讯中心更新医学部本部和草岚子校区所有校园卡圈存机，在所有学生宿舍楼安装校园卡圈存机，方便学生对校园卡充值、充值网费等，提升校园卡服务的质量。

【电话系统更新改造】医学部现有电话系统自2002年运营以来，提供了11年的服务，设备已经陈旧，不确定故障增加。在长效机制资金的大力支持下，信息通讯中心与北京联通商谈，由联通出资对医学部电话系统进行工程实施、线路割接、机房装修改造以及日后的电话业务的服务和实施工作。更新后的系统，将在保留原有定制化功能的基础上，全部号码都可提供来电显示等功能，并能够部分实现视频电话会议等，能够为未来若干年电话服务提供支撑。

【发布校园支付平台】经过高校调研、厂商调研，信息通讯中心确定项目快速开发。系统与迎新收费系统、网费系统、电话费系统均已对接，网费、电话费的在线支付功能已开通，学费等收费功能已实现；校园卡系统在线充值功能将很快上线。校园支付平台系统界面设计优化，使用简单方便，支付安全可靠。校园支付平台系统自2013年9月18日上线至2013年底，共完成网上支付364笔，金额12666.59元。

【信息门户】信息门户自2012年上线服务以来，得到师生的认可和使用，成为医学部的信息发布平台。985考核是医学部每年的重要工作，经与人事部门沟通，2013年985填报使用信息门户进行填报采集，为医学部业务提供支撑服务；2013年还解决了非在编用户经费查询、工资查询显示优化、图书馆资源和信息服务的引入,规范了账号开设、管理的流程。

【信息安全建设】 信息通讯中心购置了漏洞扫描系统、电子证书,提供校内系统外网漏洞扫描和信息系统数字证书加密服务;更新VPN系统服务、Web防火墙服务,同时,完善备份系统的功能,提供对财务数据的备份保障服务;完善系统监控能力,实现对关键链路和关键应用的服务报警功能;优化网页预警机服务能力,提供网页敏感词、网站挂马监控,在两会、党代会、四、六级考试等敏感时期,发挥了重要预警监控作用。

【服务工作】 信息通讯中心2013年尝试运维服务改革,通过与运营商合作,引入运营商服务人员驻场服务,调整运维服务流程,完善故障申报、故障记录、工单调度、认真完成和统计的各环节工作,提高了中心网络运维服务的水平和响应能力。

医学部网费计费策略延续北大已有策略,国际网关费用偏高,且国内国际难以明确切分,导致许多师生访问需要无法满足。信息通讯中心根据调研结果,组织学生代表座谈,推出新的计费策略,按照"按需使用、按量付费"的原则,满足了部分对教学科研国际网需求迫切的人员的需要,同时降低了此类人群使用网络的费用标准。

信息通讯中心自2012年底开通北大未名BBS官方账号以来,积极向同学们反馈信息,发送相关通知告示,同时积极协调和解答学生问题,并协调中心科室处理解决。2013年度共发表回复BBS帖子590余篇,回复邮件350余封,为学生与信息通讯中心搭建了一个直接沟通的桥梁。

【常规工作数据统计】 2013年信息通讯中心办理网费电话费前台收费19027笔、校园卡充值19606笔、网上支付346笔;发放校园卡1642张,补发校园卡1793张;维护服务外勤派单1056次,1114电话查询15659次,2999服务电话接听19315次。

医药卫生分析中心

【发展概况】 北京大学医药卫生分析中心直属北京大学医学部,成立于1990年,多次通过国家计量认证评审,是具有检测资质的单位,属于学校公共服务体系,为校内外医、教、研服务。

中心设有主任和副主任各一名,各个实验室分别设有实验室主任。

中心设有五个实验室:细胞分析实验室、蛋白质组学实验室、分子影像学实验室、同位素实验室、电镜分析实验室。

2013年中心招聘了具有博士学位的新员工1名,退休1名老员工,人事关系在中心的员工达到25人。

【教学工作】 中心各项课程选课总人数124人,其中研究生97人,本科生27人。

细胞分析实验室完成了"激光共焦显微镜与流式细胞术"课程教学。同位素实验室承担并完成了基础医学院本科生"实验核医学"和研究生"放射性同位素技术与安全"的理论课和实验课的教学工作。电镜分析实验室配合基础医学院生物物理学系完成了研究生课程"生物医学中的电镜方法"的实验教学工作。中心参与了"高级医学技术"研究生课程的教学工作。

中心参与完成了《高级医学技术学》教材中部分章节的撰写。

【科研工作】 启动中心第二期研发基金16个项目。袁兰获国家自然科学基金"经脑间质途径药物扩散的数学建模与算法研究(重大研究计划)"资助。中心在研各类科研项目共有30项,新申请项目3项。

邹霞娟、何其华、王京宇、袁兰等获北京大学第七届实验技术(医学)成果奖4项,其中一等奖1项、二等奖2项、三等奖1项。在 Biomacromolecules、Mol Pharm、Curr Med Chem、Curr Mol Med、Mol Imaging Biol、Nucl Med Biol、Mol Imaging Biol 等期刊发表SCI论文13篇。

2013年中心新申请获准纵向经费98万元。在研项目有国家自然科学基金重点项目、青年基金、杰出青年科学基金、973计划、科技部重大专项等12个项目,共获得科研经费资助900余万元。

细胞分析实验室参加了激光共焦与电镜最新进展学术研讨会、激光共焦技术国际研讨会等学术会议,流式技术和荧光标记在生物学中的应用、BD流式应用与最新进展专家论坛、东三省BD流式细胞技术应用论坛、染色体分离和表观遗传相关蛋白质组学研讨会。同位素实验室王凡、贾兵、史继云参加了在加拿大举办的美国核医学及分子影像年会。分子影像学实验室参加了第五届小动物分子影像技术进展及应用学研讨会、第6期北京大学医学部交叉学科系列研讨会——功能成像最新进展研讨会、第二届国际分子影像高峰论坛等学术会议。

【分析测试工作】 2013年中心完成测试服务收入约235.6万元。细胞分析实验室以较高的服务热情,最大限度地满足用户测试需求,得到了用户的普遍好评。该实验室经常协助客户进行实验设计、根据课题需求提供试剂订购方案,经常指导用户制备样品,处理测试中遇到的很多困难,解决了不少技术难题,给用户提供了全方位的技术服务,为科研、教学发展作出了较大贡献,全年完成测试服务收入约100万元。蛋白质组学实验室在完成校内外样品测试服务的同时,详细给学生和教师解答有关蛋白质组学发展方面的各种问题,并提供技术指导,全年完成测试服务收入约 35 万元。同位素实验室承担医学部的全部同位素分析测试,为其他课题组提供同位素技术支持,全年完成测试服务收入 70 万元。电镜分析实验室积极开展扫描电镜、透射电镜、免疫电镜技术服务工作,提供了高水平的电镜研究结果,全年完成测试服务收入 15.6 万元。分子影像学实验室完成测试服务收入 15 万元。

【实验室建设】 根据国家认证认可监督管理委员会和国家计量认证高校评审组工作安排,6月中心顺利通过了"实验室资质认定(计量认证)复查评审",并得到认监委审核批准。中心参加了 2013 高校实验室比对活动,取得较好的成绩。10 人参加内审员培训并获内审员证书,各项认证工作分工明确,责任到人。质量管理体系建设得到进一步加强。中心继续做好中关村开放实验室管理工作,加强实验室安全工作,多次进行自查,及时排除安全隐患。中心完成了新进仪器设备的安装调试,如:同位素实验室建立小动物 SPECT/CT 活体成像影像平台,Nano SPECT/CT 安装到位,经环保局终态验收后可正式运行;电镜分析实验室的 JEM1400 透射电镜安装完成,等待验收。各实验室仪器维修工作已顺利完成。中心积极参与高校大型仪器共享平台信息管理系统调研。西北区规划中心各仪器室基本设计完成。新建实验室添置了约 480 万元的仪器设备:荧光细胞动态分析系统 TAXIScan-FL、细胞活力图像分析系统 Vi-CELL XR、显微成像分析系统 Leica DM5000B、超速离心机 Optima L-100XP、傅里叶变换红外光谱仪 Nicolet 6700、全自动氨基酸分析仪 L-8900 等,其中傅里叶变换红外光谱仪 Nicolet 6700 和全自动氨基酸分析仪 L-8900 已通过计量认证,可出具具有法律效力的检测报告。中心建立了核医学分子影像评价技术平台,可以为基础医学、药学以及临床医学研究提供新的方法和手段。中心建立了小动物 SPECT/CT 活体成像影像平台,Nano SPECT/CT 安装到位。

【交流合作】 同位素实验室与美国斯坦福大学的陈小元教授和普度大学的刘爽教授实验室开展科研合作与交流。分子影像学实验室开展了与人民医院肝病研究所的科研合作工作,合作发表论文多篇。蛋白质组学实验室与北京大学第一医院合作开展了"免疫球蛋白轻链在浆细胞病肾损害中的致病研究"。电镜分析实验室与天士力微循环研究中心开展科研协作,承担全部科研课题中的电镜研究工作,参与课题"基于血管内皮质膜微囊的调控,探讨人参皂苷 RB1 对 LPS 诱导的大鼠血浆白蛋白漏出的固摄作用"(国家 863)。

【党建工作】 中心有一个党支部,党员 12 名。

9 月至 12 月,党支部组织开展了医药卫生分析中心党的群众路线教育实践活动。5 月,党支部组织全体党员学习了十八大报告,与行政和工会共同组织全体教师赴怀柔神堂峪祭拜"龙潭惨案"纪念碑。活动荣获医学部优秀主题党日活动奖。党支部组织党员深入学习和贯彻党的十八大、十八届三中全会精神和习近平总书记系列重要讲话精神。中心进一步加强党支部作用,提升凝聚力,开展创建服务型党支部工作,采用形式多样的工作方式,努力激发中心的"正能量",为促进中心的发展创造良好氛围。

【行政工作及其他工作】 行政队伍。中心没有专职行政人员,所有行政工作由各实验室人员兼职处理,有关人员积极主动承担了各项日常管理工作,计量认证、财务、研发基金、工会、办公室等日常事务管理工作职责得到全面履行。

工会工作。中心组织全体员工参加了机关的新年联欢会;五月组织教工参加了学校第五十届运动会团体操表演和各项田径比赛;组织全体女工参加了医学部工会组织的"《女职工劳动保护特别规定》知识竞赛活动";组织员工积极参加校、机关工会组织的摄影展,陶冶职工情操;组织参加医学部发起的"医者仁心,大爱无疆"——北京大学医学部师生为雅安地震灾区举行的赈灾募捐活动;参加了机关工会组织的"权益杯"活动,围绕中心工作开展了"说中心事,鼓中心劲"主题活动,并获得了奖励。2013 年中心完成了机关工会换届选举工作,选出的四位教师参加了北京大学医学部机关工会第八次代表大会。应对突发事件,中心党政工协调配合,及时与医学部领导、上级党组织和工会组织沟通,努力化解矛盾。

妇女、共青团工作。中心组织了迎"三八节"全体员工春季集体大步走活动。

实验动物科学部

【发展概况】 2013 年,实验动物科学部坚持以为学校的教学与科研工作服务为中心,确保提供优质实验动物和动物实验服务,切实起到了作为学校教学与科研公共支撑条件的作用。一年里,部门人员进一步完善了实验动物科学部各项管理制度及操作规程,加强了硬件设备的更新和维护,整体上提高了实验动物部的工作保障能力。

实验动物科学部完成了动物实验楼一层走廊地面和墙面翻新;完成了动物实验楼的门禁系统安装;完成了动物实验楼 3、4 层入口改造和墙面粉刷。

【实验动物工作】 2013年实验动物科学部向校内外供应合格（达到SPF/VAF标准）实验动物22.68万只。实验动物科学部承担了北京大学医学部教师们引进的包括基因修饰动物在内的模型动物的保种工作。现常年保种的实验动物品系达到近百种。实验动物科学部完成学校及相关单位动物实验伦理审查工作82项。2013年实验动物科学部教师在专业核心期刊发表论文4篇。

受校内外16个兄弟单位委托，2013年实验动物科学部教师以合同形式独立承担并完成有关毒理学、一般药理学、免疫学、肿瘤学等方面的动物实验42项，实验项目包括：2种物质不同剂量对骨质疏松大鼠的治疗及预防作用、真菌多糖抗小鼠S180肿瘤活性、铁蛋白装载阿霉素用于肿瘤治疗的动物实验、不同修饰的PLA纳微球免疫试验、制备H22肝癌模型、食物过敏动物模型、天然活性成分抗肿瘤动物实验、BBR和辛伐他汀抗动脉粥样硬化机制的研究、5只大鼠人干扰素药代动力学实验、中药对BALB/c裸鼠移植肝癌模型的影响、H5N1裂解疫苗动物实验、蛋白类药物在小鼠血液相中的半衰期实验、不同分子量胶原蛋白肽促骨活性研究动物实验、聚合物微球佐剂性评价动物免疫试验、睿元和睿臻抗小鼠S180肿瘤实验、BBR和辛伐他汀抗动脉粥样硬化机制的研究等。另外，实验动物科学部还完成10余个单位委托的30项大动物实验，开展手术300余台。

【教学与培训】 1. 2013年实验动物科学部共举办11个上岗证培训班，培训人数512人。

2. 承担药学院本科生"实验动物学基础"教学32学时。

3. 2013年完成四个班的教学工作（32学时×4），培训研究生730余人，选课同学课程结束后均取得北京市科委颁发的《实验动物从业人员职业资格证书》。

4. 协助医学部遗传学系本科生"实验动物学"教学，承担了8个学时的教学任务。

5. 完成了基础医学院本科生"实验动物学导论"教学任务。

【医用废弃物清运】 实验动物科学部完成北京大学医学部医用废弃物清运处理31000公斤。

【党建工作】 实验动物科学部积极参加党支部组织的各项活动，认真完成各级党组织交给的各项工作任务，加强对重点人的教育管理工作，确保稳定、和谐。实验动物科学部的党员和积极分子积极认真参与党的群众路线教育实践活动，处处起表率作用，优质高效地为医、教、研提供服务。党支部也特别注意保护党员和积极分子的积极性，尽可能地提供学习交流机会，创造服务平台，不定期地组织座谈会，结合当前形势，交流学习体会和工作中遇到的问题。2013年实验动物科学部的康爱君和田枫两位同志光荣地加入了中国共产党。

工会小组也积极参加医学部工会和机关工会组织的活动，及时把两级工会组织的会议精神传达到各个科室，主动维护职工权益。部领导积极参与工会小组的活动，同时从经费上积极支持，通过工会工作与单位工作的结合，让工会发挥最大的作用，进一步增加了同志间的沟通和了解，增强了集体的凝聚力。2013年实验动物科学部工会小组评为医学部优秀工会小组。

实验动物科学部始终认真执行中央、北京大学以及医学部关于廉政建设的若干规定，坚持干部以身作则，同时，加强对各室廉政工作的领导和监督，促进了部门的党风廉政建设工作。

中国药物依赖性研究所

【发展概况】 2013年北京大学中国药物依赖性研究所在卫生部、国家食品药品监督管理总局、公安部禁毒局以及北京大学各级领导的支持下，事业有了进一步的发展。2013年，研究所新申请获准科研基金项目8项，在研科研项目24项。在社会服务方面，针对药物滥用防治和禁毒工作中的问题，研究所开展了大量的流行病学研究。设立在研究所的国家药物滥用监测中心，建立了覆盖全国的药物依赖性监测网络。研究所承担国家食品药品监督管理总局和卫生部下达的任务。作为国家药物依赖性研究中心，研究所开展了新药的临床前药理毒理学评价研究，并从整体、细胞和分子水平开展了与药物依赖性有关的基础研究。

【学科建设】 研究所在既往研究工作的基础上，从多个层面开展药物滥用与成瘾的机制、干预药物和方法、流行现状及其控制策略等研究，为药物滥用与成瘾及相关疾病的预防和治疗提供重要科学依据和方案。研究所从分子生物学机制、临床药理学特征及流行病学方面，系统地研究药物滥用与成瘾及其相关疾病的分子基础、干预措施和流行现状。在动物模型上，研究所阐明药物戒断后的心理渴求和复吸的分子基础，寻找新的干预靶点和治疗药物；通过成瘾记忆理论，探索抑制心理渴求和复吸的行为学和药理学干预手段。在药物滥用与成瘾及相关疾病患者中，研究所研究药物滥用与成瘾及相关疾病所导致的脑结构和脑功能的改变及风险基因。此外，研究所通过制定全国药物滥用监测抽样方案，完善中国药物滥用监测系统并建立吸毒人群的艾滋病疫情综合数据库;通过横断面调查及队列研究,阐明新发HIV、HCV等病毒持续传播的现状及危险因素,提出相应的预防措施。

【科研工作】 2013年,研究所新申请获准科研基金项目8项,其中北京市科技创新基地培育与发展工程专项1项、国家自然科学基金面上项目2项、国家自然科学基金青年项目1项、"十二五"科技支撑计划及分课题2项、博士点新教师基金1项、北京市优秀博士学位论文指导教师科技项目1项;在研科研项目24项,其中国家自然科学基金创新研究群体科学基金项目1项、国家杰出青年科学基金项目1项、国家自然科学基金重点项目1项、国家基金委重大研究计划培育项目2项、国家自然科学基金面上项目5项、国家自然科学基金青年科学基金项目4项、科技部国家重点基础研究发展计划(973)子课题及分课题4项、科技部艾滋病和肝炎等传染病防治科技重大专项课题1项、国家科技重大专项重大新药创制项目2项、北京市自然科学基金面上项目1项、高等学校博士学科新教师基金1项、"十二五"课题传染病科技重大专项课题分课题1项;承担部委课题5项,横向课题3项。

【科研成果】 2013年,研究所教师在国际刊物上发表论文28篇,在国内刊物上发表论文8篇,参加会议交流论文或摘要23篇,提交研究报告2篇。研究所申请专利4项:一种半抗原与载体共价结合的吗啡/海洛因疫苗及其应用(发明人:陆林,孙成玉,李芊芊,徐凌志,孟适秋,申请号:201310319395.7);艾芬地尔的药物新用途(发明人:李素霞,陆林,徐凌志,刘丽京,孙成玉,申请号:201310033911.X);一种多肽及其在制备抑郁症治疗药物中的应用(发明人:陆林,孙成玉,孟适秋,朱维莉,时杰,申请号:201310036360.2);7-氯代硫犬尿酸的新用途(发明人:陆林,朱维莉,王慎军,刘萌萌,丁增波,申请号:201210018901.4)。研究所获得专利授权3项:一种抗原及其制备方法与应用(发明人:陆林,李芊芊,专利号:ZL201010512377.7);一种载GDNF微泡制剂及其制备方法(发明人:陈芸,王峰,石宇,陆林,孙成玉,刘俐,郑海荣,专利号:ZL201210056979.5);三叶因子3在制备预防和/或治疗抑郁症产品中的应用(发明人:陆林,史海水,朱维莉,王慎军,丁增波,专利号:ZL201010217952.0)。

【学术会议】 研究所成功举办"脑功能与精神疾病国际学术研讨会"(第十五届科协年会国际分会场,2013.5.25—5.27);成功举办"美沙酮维持治疗、社会心理干预培训班"(2013.4.19—4.25)。

【出版工作】 研究所编辑出版《中国药物依赖性杂志》6期;编写出版《中小学生禁毒教育读本》(小学、初中、高中,共3册)。李鹏、沈昊伟、孙洪强、薛丽芬、陆林参编《磁刺激在精神疾病中的临床应用》(主编:王学义等,北京大学医学出版社出版)第三章"经颅磁刺激的化学研究",第十三章"经颅磁刺激在物质依赖中的应用"。丁增波、薛丽芬、陆林参编《新禁毒全书》卷三第五章第一节"药物成瘾与犯罪"。研究所编写出版《国家药物滥用监测年度报告(2012年)》。刘志民担任《精神活性物质依赖》副主编(人民卫生出版社出版)。

【教学工作】 在教学方面,研究所为北京大学医学部研究生讲授"药物滥用与成瘾"课程,同时讲授"神经精神药理学""神经生物学""精神病学""药理学进展"等课程。2013年,研究所有在读博士研究生29名,硕士研究生8名,博士后1名,联合培养11名。

【社会服务】 研究所完成《药物滥用监测"十二五"规划》起草工作;指导北京市药品不良反应监测中心制定"药物滥用监测工作指导意见(草案)";指导广东、福建和重庆三省市完成"在校中学生药物滥用情况流行病学抽样调查"研究课题及组织召开专家论证工作,进一步申请扩大研究课题范围与调查地区的准备工作;指导甘肃省药物滥用监测中心完成"复方地芬诺酯片滥用情况流行病学调查"课题和研究报告编写工作;指导山西、广东、云南等省开展常规监测数据收集与报告的质量控制,提高医用麻精药品滥用风险预警能力;指导云南省药物滥用监测中心申请"吸毒人群使用精神药品地西泮情况调查"专项课题;指导上海药物滥用监测中心申请"提高监测工作针对性和监测数据有效性研究"专项课题;组织药物滥用监测系统参加中国内地、香港及澳门三地"第八届全国药物滥用防治研讨会";协助各省药品监管部门、禁毒部门举办药物滥用监测工作培训班和工作研讨会;受国家食品药品监管总局委托编写"2013年全国安全用药月宣传活动方案";受国家食品药品监管总局委托承担填报联合国毒罪办2013年度毒品问题调查问卷有关内容;为"全国美沙酮维持治疗工作人员继续教育"授课。

【实验室建设】 研究所获批成立药物依赖性研究北京市重点实验室;建立电生理学实验平台;与北大六院联合申请戒毒专业国家药物临床研究机构,按照SFDA的要求,进行药物临床研究机构的各项准备,建立健全各项SOP,递交申报材料。SPF实验动物设施获得北京市实验动物管理办公室颁发的实验动物使用许可证。研究所建立光遗传学、细胞生物学实验室。

医学教育研究所

【中华医学会医学教育分会和中国高等教育学会秘书处】 开展"2012年医学教育研究课题项目"申报工作以来,中华医学会医学教育分会总共收到24个省、自治区、直辖市75所医药院校和107所附属/教学医院等单位申报的1502项课题。学会组织专家组对申报课题进行评审,共有24个省、自治区、直辖市68所医药院校和85所附属/教学医院等单位的1007项申报课题通过立项。

中华医学会医学教育分会成功举办2013年医药院校青年教师讲课比赛,北医三院选派的选手获得特等奖。

中华医学会医学教育分会评选并授予北京大学医学部王德炳教授"医学教育终身成就奖",授予北京大学医学部校友、教育部部长助理林蕙青博士"医学教育杰出贡献奖"。

组织召开中国高等教育学会医学教育专业委员会第五届理事会第一次会议,中国高等教育学会瞿振元会长,教育部高等教育司石鹏建副司长,农林医药教育处王启明处长,中国高等教育学会办公室沙玉梅主任出席会议。来自全国102所医药院校及相关单位的145名代表参加会议。会议由第四届理事会副会长吕兆丰教授主持,教育部高等教育司石鹏建副司长代表林蕙青部长助理就我国高等医学教育的发展动态和面临的重要任务作专题报告。第四届理事会会长王德炳教授作了第四届理事会工作报告,报告从开展医学教育研究、促进医学教育国际交流、举办医学教育专题活动、发挥研究会主体作用和不断提高学会刊物质量五个方面总结了第四届理事会所做的主要工作,同时分析了存在的问题、提出了相关的建议。医学教育科学研究会孙宝志理事长、医学教育管理研究会马建辉秘书长和医学教材建设研究会杜贤副理事长分别报告了各自研究会的工作情况。会议特邀教育部高等教育教学评估中心王战军副主任和北京大学教育学院尚俊杰副院长分别作了"新制度、新理念、新方法——本科教学评估"和"信息技术环境下的未来教育"的专题学术报告。

会议选举产生了由74名常务理事组成的第五届理事会常务理事会,召开了第五届理事会第一次常务理事会议,选举北京大学常务副校长、医学部常务副主任柯杨教授为第五届理事会会长,选举首都医科大学校长吕兆丰教授等11人为第五届理事会副会长。学会聘请教育部林蕙青部长助理、北京大学原党委书记王德炳教授、中华医学会原副会长王镭教授为名誉会长;聘请王德炳教授等12位在我国医学教育界享有盛誉的资深专家为学会顾问;聘任教育部高等教育司石鹏建副司长为学会秘书长,北京大学医学部医学教育研究所郭立副所长为常务副秘书长,北京大学医学部王维民主任助理等7人为副秘书长;学会秘书处设在北京大学医学部医学教育研究所。

举办中华医学会医学教育分会2013年医学教育学术会议。

【《中华医学教育杂志》】 中华医学会批准《中华医学教育杂志》编委会换届,王宪教授担任总编辑。首届编委会会议于7月在吉林召开,初步确定了新一届编委会的工作构想。

在中华医学会医学教育分会举办的"2012年度医学教育优秀论文评选"中,共有72所学校和医院参评论文553篇,50所院校和医院获奖论文100篇。其中北医系统获奖12篇,数量排名第一。100篇获奖论文刊登在48种期刊上,《中华医学教育杂志》获奖29篇,并在10篇一等奖中占5篇,遥遥领先其他期刊。

中国科学技术信息研究所再次将《中华医学教育杂志》评为中国科技核心期刊。

《中华医学教育杂志》已与有关部门协商,将尽快建设期刊网页,方便研究人员和读者查阅本刊文献。

【医学教育研究】 医学部加大教育教学研究的支持力度,设立专项基金,鼓励教师围绕全人教育理念,对教学模式、课程建设、教学方法改革、师资继续教育、实践基地建设等教育、教学及管理的多个方面展开研究。近几年来医学部教育教学研究论文发表逐年递增,多项研究成果获得省市级以上教学成果奖,教学研究成效显著。

【研究生培养】 2013年研究所有2名研究生顺利毕业,累计毕业学生4人,继续招收研究生2名。

为规范医学教育研究生的管理,研究所向医学部研究生院提交招收医学教育方向研究生的请示和备案;明确副导师要求,协调安排研究生的实习轮转,参与教育处、医学教育研究所的日常管理和研究工作等。研究所组织导师、学生座谈会,对研究生培养方案、研究生管理、研究生工作、指导教师队伍建设等进行了研讨。研究所对医学教育专业建设进行了调研,讨论了《医学教育方向硕士研究生实践教学指南》,明确2012级研究生轮转实习的方案。目前,医学教育研究所仍在对医学教育研究生的培养方案进行深入调研、优化,努力建立具有医学部特色的培养机制。

医学信息学中心

【发展概况】 北京大学医学信息学中心成立于2010年4月,隶属于北京大学医学部,是具有独立编制的集医学信息学教学、科研、服务为一体的实体机构。中心的发展目标是以医学信息作为纽带和平台,促进北京大学本部和医学部的学科交叉融合,加快医学信息技术人才队伍建设,推动基础和临床、临床和人群、临床和临床、防病和治病之间的研究,推动医学知识和技术的自主创新,促进医疗卫生事业的发展。同时,不断加强医疗数据资源整合构架和共享标准的研究,促进中国医学信息学学科建设与发展;在疾病致病原因、发展机理和疗效评价等方面满足公共卫生、临床医疗、科研、教学需求,形成医学信息科技成果产业化的工程化验证环境和对相关产品的认证评估能力;促进建成具有产业化环境和自身特色的国际一流医学信息学基地;扩大和加深医学信息技术国际合作与学术交流;推动医学信息技术行业技术进步,创造良好的社会效益和经济效益。

医学信息学中心已初步建成了多学科的人才队伍,与国家卫计委、工信部、北大本部及医学部内部、公司等初步形成合作关系,取得了阶段性的成果。

【人事与团队建设】 医学信息学中心从国内外延揽了多名优秀人才。中心人员的知识领域覆盖广阔,包括临床医学、流行病学、数学、生物统计学、计算机科学、管理学等多种学科,部分人才同时具有多学科的知识和技能。

7月1日,经医学部第十五次部务会研究决定(北医〔2013〕部人字114号),任命张俊为北京大学医学信息学中心代理主任。医学信息学中心原主任、副主任自然免职。

医学信息学中心现有教授2人、兼职教授3人、特聘研究员2人;副高级职称3人、中级职称4人;合同制聘用人员4人。其中,2名博士后,2名青年教师入选北京大学"百人计划"。

【教学与人才培养】 2013年,医学信息学中心2010年招收的2名硕士研究生顺利完成学业并参加工作,2人的去向分别是北京大学附属肿瘤医院和北京大学首钢医院。

医学信息学中心于2011年招收硕士研究生4名;2012年招收硕士研究生6名、硕博连读研究生1名、博士研究生1名;2013年招收硕士研究生4名。由于导师变动的原因,2013年下半年中心部分在读研究生转到公共卫生学院。目前,学生转导师工作已基本完成,2011级研究生已顺利开题。医学信息学中心现在读研究生共2人,其中2011级1人,2013级1人。

2012—2013年度,医学信息学中心开设医学信息学研究生核心专业基础课"医学信息学概论",上课人数36人;开设"医学信息学理论与实践"课程,本科生36学时,研究生72学时;同时,医学信息学中心继续开设"数理统计基础及R软件应用导论"讨论班。

【科研工作】 医学信息学中心的总目标是建设国际一流的医学信息学学科;在学科建设和科研方面的发展策略是:"顶天立地",脚踏实地地开发北大的数据系统并展开研究,紧密地联系各国家部委为国家服务,积极寻找国家级的科研项目。

目前医学信息学中心正在进行的主要任务包括:建立临床数据仓库,建立病案首页上传系统,开展信息标准研究,利用"已有"的数据展开临床和医院管理的研究,以及建立中心核心项目。目前,中心学科建设取得的成效和获得的各类数据资源包括:北京大学医学部六家附属医院的电子病历档案,全国100多家三甲医院的病案首页数据,全国500多家三甲医院的单病种治疗信息以及北京市2001—2012年120急诊呼叫数据。

医学信息学中心已取得标志性成果的核心研究工作有三项,即医院评审、临床数据仓库(CDW)的建立以及病案首页数据挖掘和分析。

全国医院评审工作。此项工作已被列为医学信息学中心的重点工作之一。中心首次创造性地将病案首页数据信息与医院现场评价有机结合,设计出适合中国医院特点的医院检查路径;同时,创造性地构筑了医院医疗综合能力评价模型。

医学信息学中心已对全国50多家医院进行了评审评价。围绕医院评审工作,医学信息学中心已完成了一系列的文章,内容包括评审数据处理方法、评审框架构建、评审统计方法、评审体系和指标、第三方医院评审的构建和设想等,其中9篇已发表在卫生部的《中国医疗管理科学》上。

医学信息学中心已陆续获得全国100多家部属(管)医院病案首页数据,以及全国500多家三甲医院单病种治疗信息,也已经接收到国家卫生和计生委委托,继续对学科评估、医院评审、医学信息标准的建立、数据仓库的建设与共享提供相关技术支持。相关研究人员正在积极进行技术研究突破,力争为政府和医院提供客观反映中国目前医疗管理水平和管理能力的评价报告,为政府、行业和医院提供科学管理依据。

临床数据仓库(CDW)的建立。目前已初步完成部分医学部附属医院的数据集成和有关临床事件时间树的工作。这些工作为今后开展面向时间树的时间序列分析、基于时间序列的临床路径分析与评价、临床研究、数据标准化、数据共享平台等工作奠定了坚实的基础。

医院数据集成和数据共享平台研制工作艰难,目前正在寻找合作对象,计划借助外部力量来完成这项工作。

病案首页数据挖掘和分析。此项工作计划利用海量病案数据开展临床研究,以便能拟写SCI文章,扩大中心影响,同时培养年轻教师的科研能力。目前已完成并发表的相关论文包括《中国教学医院住院医疗费用、死亡率和住院天数的研究》(SCI文章)、《中风病人住院天数的研究》(SCI文章)、《中药对中风病人疗效的研究》(SCI文章)、《髋关节骨折与心血管关系的研究》(SCI文章)、《北京市心血管病人季节性死亡高峰的研究》(SCI文章)等。尚未完成的论文或研究工作包括《髋部骨折住院患者伴随疾病对住院费用及住院天数的影响》《髋部骨折非手术治疗伴随疾病分析》《髋部骨折患者伴随疾病手术预测模型》《我国肝硬化住院变动趋势分析》等。

虽然病案首页的内容具有一定的局限性,并且国外顶尖期刊也不太认可基于中国病案数据的研究结果(主要原因是数据质量和缺乏随访信息),但从实用角度来看,目前病案数据仍是中心发表研究论文的主要数据来源。如果病人数量足够大,并且研究设想新颖,立题能紧跟研究热点和潮流,这些数据仍然可以产生高质量和有影响力的文章。从长远发展来看,为了使中国临床研究结果能更好地与世界接轨,医学信息学中心将进一步努力用信息技术来改善病案首页数据质量,同时逐步从挖掘分析病案首页数据过渡到挖掘分析医院全部数据。

【文章发表】 2013年,医学信息学中心教师在国内专业期刊上总共发表10篇文章(包括综述、方法学介绍和研究论文),在国外英文专业期刊上发表8篇文章(SCI文章包括综述、方法学介绍和研究论文),在国际会议上发表7篇英文文章及摘要。

【研究项目】 除发表文章以外,医学信息学中心也通过合作参与和自主申请,获得了各类研究经费的资助,其来源包括"十二五"科技部重大专项分课题项目、国家自然科学基金(面上和青年项目各1项)、北京大学信息科学技术学院工业和信息化部项目、用友软件公司国家发展改革委项目、教育部项目、北京大学人才项目以及赛诺菲安万特捐款等。研究内容涉及各个方面,包括医学信息学教育、远程医疗、大数据分析平台与服务创新、医疗质量综合评估、院前创伤评估决策支持系统、神经精神系统疾病临床和标本数据库的建立、医疗物联网中间件的设计与实现等。

目前,已经落实的研究经费总计为199万元,尚未落实的研究经费为400万元(用友—发改委项目)。另外,医学信息学中心也正在通过国内外各种途径,积极合作或申请能够引领中心成功发展的大课题项目,使中心在医学信息学领域取得领先地位。

【国内外交流与合作】 医学信息学中心积极开展国内外交流和合作,多次邀请国外专家前来讲课交流,包括美国、加拿大和丹麦专家。另外,中心曾邀请国内专家举办专题讲座,专家成员来自北京市卫生局、北京市卫生信息中心、国家药监局、国家疾控中心等。

医学信息学中心曾派遣1名博士后到丹麦奥胡斯大学公共卫生学院短期合作研究工作2个月。丹麦奥胡斯大学拥有北欧全部居民健康数据,这些数据与医疗数据有很好的关联,其数据研究人员已在世界顶尖期刊包括美国《新英格兰》、英国《柳叶刀》等发表了一系列高质量文章。医学信息学中心希望通过学习取经,借鉴他们的经验,应用最新信息技术,发展出符合中国国情的医疗与健康信息关联的数据库。最近,丹麦奥胡斯大学公共卫生学院也已决定派遣6名教授,到北医公共卫生学院和医学信息学中心作进一步学术交流。

中国卫生发展研究中心

【概述】 北京大学中国卫生发展研究中心成立于2010年4月,是北京大学医学部和美国中华医学基金会共同建立的实体性研究机构,实行理事会领导下的主任负责制,现任理事会主席为柯杨教授,执行主任为孟庆跃教授。截至2013年底,中心有全职研究人员8人,其中教授2人,副教授1人,讲师及助理研究员4人,行政管理人员1人。在原有兼职教授的基础上,中心在海外又聘请了内华达大学拉斯维加斯校区沈杰教授和美国匹兹堡大学卫生经济学张昱婷副教授；根据理事会建议，首批聘请三位政策制定者作为兼职教授。此外，中心有博士后研究人员3人。2013年，中心在科研、教学、政策传播、学术活动、国际合作方面取得了很大进展。

【科研工作】 2013年，中国卫生发展研究中心获得资助的研究项目有10余项，包括2项国家自然科学基金项目。中心研究人员发表中文期刊论文12篇；在国际学术期刊上发表或被接收文章18篇；出版3本教材和2本英文著作；撰写中英文工作报告各1份。

【教学工作】 中国卫生发展研究中心2013年在医学部为本科生开设"卫生筹资和政策"和"卫生系统与政策"课程，共计42个教时，课程均为全英语授课。

【政策传播】 2013年，中国卫生发展研究中心研究人员参加了在韩国、澳大利亚、美国、加拿大、新加坡、印度尼西亚等举行的国际会议，完成了7次会议报告，有力地推动了中心卫生政策的传播。2013年5月，中心发布第9期题为《卫生发展瞭望》的卫生政策系列简报。3月14日，刘晓云为中央电视台新闻频道Biz Asia节目提供资讯。

【学术活动】 2013年中国卫生发展研究中心共组织10次对外学术研讨会和14次内部学术研讨会，并从2013年11月起开始组织旗舰型讲座"卫生发展对话"，用以讨论各种卫生发展问题，以服务于中国和世界的卫生发展与改革。

【国际合作】 中国卫生发展研究中心被《亚太卫生观察》和国家卫生计生委指定为起草《转型中的中国卫生体系》的牵头单位，与复旦大学、山东大学、卫生部卫生发展研究中心一起负责撰写工作。此外，在世界卫生组织卫生政策和系统研究联盟下，中心建立了卫生筹资系统综述主题中心。该研究中心是联盟为了支持这个领域能力建设的持续努力。这项工作将从国际组织获得技术援助并建立合作关系。

【年度纪事】 全国政协副主席韩启德一行到北京大学中国卫生发展研究中心指导工作。9月6日下午，全国政协副主席、医学部主任韩启德院士，北京大学常务副校长、医学部常务副主任柯杨，医学部副主任宝海荣，医学部科研处处长沈如群，医学部两办主任肖渊等一行到北京大学中国卫生发展研究中心指导工作。韩启德一行视察了师生工作环境和条件，询问了中心运行基本情况。中心执行主任孟庆跃教授向韩启德等医学部领导汇报了中心成立三年来的工作进展和需要继续努力的方向，重点汇报了中心三年来在人才引进、研究和政策服务、科研产出、教育教学和国际交流等方面的情况，并介绍了中心未来发展计划。韩启德在听取汇报后，对中心三年来的发展成绩做了充分肯定，对中心将研究和卫生政策服务紧密结合给予高度认可，对中心进一步发展做出了指示。韩启德特别就如何加快人才引进步伐、如何针对国家重大卫生政策需求和经济社会健康转型提升研究层次、如何开展长期和战略性研究等方面提出了要求。柯杨就中心进一步发展提出了指导性意见。

管理与后勤保障

"985工程"与"211工程"建设

【"985工程"建设】 通过实施人才计划从培养和引进两个方面加强了领军人才队伍和创新团队建设,例如,通过"优秀青年人才引进计划"(百人计划)引进的青年学者中,4人获评"长江学者",7人获评"杰青",13人获评"优青",9人入选"青年千人"。人才结构质量指标有大幅度提高,以院士、文科著名教授、千人计划学者、长江学者、国家杰出青年科学基金获得者为代表的高端人才聚集趋势形成。人文学科、社会科学学科、理科、新型工科、医科以及交叉学科等方面都取得了重要进展,进入世界先进水平的学科数量比建设初期有显著增长。北京大学主要办学指标已与世界一流大学具有可比性。特别值得一提的是,"百人计划"作为学校从2005年开始实施的一个人才计划,圆满完成了她"先行先试"的历史使命,有关工作2013年融入了学校更宽层面的人才引进和评价工作中。过去八年来一直坚持每三个月开一次会的专家组撤销,部分人员进入新的人才评价工作委员会。

在科研体制创新方面取得了突破进展,期间建设的13个交叉学科、前沿学科研究平台已经取得重大成果。以量子材料科学中心为主体,成功获准建设"量子物质科学协同创新中心"(2011计划)。

通过重点实施本科生教育改革,初步形成了元培学院以及跨学科人才培养、院系或学科大类培养、基础学科拔尖人才培养、医科生全人培养等多元化人才培养模式与培养方案,为学生提供了多样性选择。着力推进课堂讲授与小班讨论结合的教学改革并取得显著成效。引领网络公开课程建设,促进北京大学优秀教育资源的共享。通过"海外学者讲学计划"和"海外学者访问研究计划"的实施,有效地拓展了国际合作空间。

2013年,北京大学"985工程"(2010—2013年)建设进入最后一年,顺利完成了"985工程"(2010—2013年)阶段检查工作,完成并提交《北京大学"985工程"(2010—2013年)建设情况报告》和《北京大学"985工程"(2010—2013年)改革方案实施情况》两份报告以及《北京大学"985工程"(2010—2013年)建设标志性成果》。

北京大学"985工程"(2010—2013年)建设期间,国家投入33亿元,其中医学部投入7.26亿元。校本部学科建设投入8.57亿元,占本部总经费的33.29%,其中院系投入4.3亿元,各机构中心投入2.5亿元。

此外,按照教育部安排,北京大学还负责对中国人民大学、南开大学、天津大学、大连理工大学、东北大学、吉林大学等6所高校的"985工程"(2010—2013年)建设情况进行评审,985/211办公室积极组织专家对以上各高校的总结材料进行评审,最终汇总并提交了评审意见。

"985工程"(2010—2013年)建设项目2013年底全部结束,985/211办公室在学校领导的指示下多次与清华大学"985工程"办公室就两校共同关注的"985工程"发展现状和未来走向进行沟通和讨论,联合起草了两校给国家有关领导的建议信函和《北京大学、清华大学协同创建世界一流大学综合改革方案》。此外,985/211办公室还积极参与教育部相关文件的讨论和起草工作。

2013年2月,985/211办公室联合校人事部,开展了对北京大学优秀青年人才引进计划(2005—2013)的回顾总结工作,并完成了《北京大学优秀青年人才引进计划(2005—2013)回顾与评估》工作报告。

6月22日至23日,组织召开了北京大学新体制科研机构(理工医)工作交流与研讨会,对北京大学13个新体制机构发展整体情况进行了摸底和分析,并对学校未来在生命科学相关学科领域的发展进行了广泛讨论。

开展了北京大学"985工程"管理办法和专项资金管理办法的修订工作,提交学校党政联席会审议和通过了《北京大学"985工程"(2010—2020)建设管理办法》。

【"211工程"建设】 认真总结"211工程"三期建设的成功做法、经验以及存在的问题。

985/211办公室在"211工程"

三期建设的基础上,结合国家验收及验收结果的反馈,研究提出"211工程"四期建设的思路和建设目标、建设重点等。

【学科建设成效显著】 2013年1月19日公布的2012年高校学科评估结果显示,北京大学表现突出:排名第一的一级学科数量达到16个,排名前三的一级学科35个,均居全国高校之首。5月8日,全球教育界颇具影响力大学排行榜之一的"QS世界大学学科2013年年度排名"发布,北京大学有21个学科位列世界50强,其中现代语言、哲学和化学这3个学科世界领先,排在全球20强内。此外,在2013年11月英国泰晤士高等教育发布的2013—2014年世界大学排名中,北京大学位列全球第45位,这是泰晤士高等教育连续第10年发布的排名,北京大学一直稳居全球前50名。2013年11月汤森路透基本科学指标(ESI)更新数据,北京大学新增微生物学科进入全球前1‰,进入全球前1%的学科总数达到19个,继续居国内高校首位。

发展规划部

【概况】 发展规划部是在学校党委和行政领导下的职能部门。内设学科规划办公室、事业规划办公室、绿色校园与可持续发展办公室、文物保护与管理办公室、综合办公室,党委政策研究室挂靠发展规划部。

【学科规划】 海洋学科研究。发展规划部积极开展海洋学科发展战略的相关研究,通过梳理国内外海洋学科发展现状和趋势,分析国外海洋学研究前沿方向和领域,总结北京大学海洋学学科发展"五更"趋势,并根据海洋学科建设座谈会的专家意见提出北京大学海洋学发展的相关建议,形成北京大学海洋学科发展战略报告;深入研究世界顶尖海洋学研究中心——伍兹霍尔研究所(WHOI)的运行机制、管理模式、人才培养项目等。

加强学科分析。11月,发展规划部与爱思唯尔数据公司签署学科分析协议,委托该公司全面分析北京大学学科现状,识别细分学科中的优势学科、潜力学科,分析北京大学科研团队的效率,并对北京大学未来学科发展趋势进行预测。目前,已经形成北京大学学科整体分析报告的初稿,全部报告预计于2014年可以完成。

全面分析ESI千分之一学科。发展规划部先后对北京大学进入ESI千分之一学科的四个学科领域的学者专家进行了访谈,共访谈了刘忠范院士、何川、邵元华、裴坚、黄岩谊等9位学者,深入了解所处学科在国内乃至世界上的位置、北京大学该学科发展的亮点、清华大学与北京大学学科发展状况对比、学科冲击万分之一遇到的瓶颈因素、对学科未来发展的意见和建议,全面了解北京大学进入ESI千分之一学科发展态势,并形成建议报告供学校领导参阅。

【事业规划】 发展规划工作会议。2013年,发展规划部筹备与组织召开两次学校事业规划工作会议,审议北京国际数学中心、国际关系学院、国际合作部、生物动态光学成像中心、定量生物学中心、新媒体研究院、国家竞争力研究院、海洋研究院、党委宣传部、信息办以及校园规划职能机构调整等校属实体机构的机构编制事宜,并报请学校党委常委会、校长办公会核准。

根据学校主要领导指示,结合招生办公室提出的有关成立北京大学考试研究院(虚体)的申请,发展规划部经请示相关校领导并多次同招办研究讨论,向党政联席会提交了《关于成立北京大学考试研究院的建议方案》。该方案经2013年5月21日第13次党政联席会审核批准。

研究论证北京大学国际战略研究院成立事宜。发展规划部结合国际关系学院《关于成立北京大学国际战略研究中心的请示》,经研究论证,向学校党政联席会提交了《关于成立北京大学国际战略研究院的建议方案》。经2013年7月2日学校党政联席会议批准,同意成立北京大学国际战略研究院并同意北京大学国际战略研究院为北京大学国际关系学院内设的、直接冠名"北京大学"的实体机构。

研究论证督查室加挂信访办公室名牌事宜。根据朱善璐书记指示,结合学校党的群众路线教育实践活动,为加强学校信访工作,发展规划部经研究论证,向学校党委常委会提交了北京大学督查室加挂信访办公室名牌的建议方案。该方案经学校党委常委会审核批准。

【校园规划】 校园规划工作会议。2013年,发展规划部组织召开校园规划委员会会议1次,研究、审议事项10项,出具项目审批意见书3份;处理校园规划相关收文近70件;审议了《关于在成府园等区域开凿水井的请示》《关于在北京大学附属中学北校区综合楼地下建设开闭站的请示》《关于明确蔚秀园社区平房区有关规划的函》《关于光华管理学院1号楼改造的请示》《关于加速器楼配电系统维修改造的申请》《关于学生公寓是否拟建地下车库征求意见的函》、南门区域2号楼、3号楼内部平面设计方案等事项。

推进新一轮校园总体规划修编工作。发展规划部与北京大学城市规划设计中心合作，推动校园总体规划修编工作，并在2013年寒假和暑假战略研讨会上进行了汇报研讨；撰写2018圆梦行动和2048远景规划中校园规划部分。为将成府园围入燕园主校园，发展规划部会同相关部门，进行大量调研，提出若干方案，并在多次会议上进行审议研究。学校领导召开现场协调会议最终确定实施方案。

空间拓展与优化资源，推动项目建设。发展规划部对北京大学未来科学城、北京大学澳门苑规划选址进行多次调查研究，与相关政府部门进行沟通，并推动设计单位研究布局方案。发展规划部组织召开多次协调会议，研究制订学生中心分配方案，并协调后续推动落实工作；推动协调对外汉语教育学院大楼建设资金筹措问题；研究并推动信息管理系用房整体搬迁方案；推动燕京大学校史馆建设方案。

【文物保护与管理】 召开文保会议。3月22日，北京大学文物保护管理委员会召开第2次会议，总结近期工作进展，推动完善规章制度建设，研究探讨下一阶段工作任务。

古建修缮项目申报和推动。从2013年起教育部直属全国重点文物保护单位文物保护工作纳入国家文保专项资金支持范围。发展规划部会同相关部门召开多次会议研究申报项目、修缮内容、资金预算、周转腾退等事宜，并向国家文物局和教育部进行申报，2013年底第二体育馆、俄文楼、化学北路、外文楼、民主楼五个古建修缮项目启动经费下拨，其后发展规划部会同基建工程部推动方案设计工作。

调查研究。从2013年起教育部直属高校博物馆的文物保护将纳入国家文保专项资金支持范围。

发展规划部会同社会科学部对学校相关单位进行调查和沟通会商，并将情况和数据上报教育部。发展规划部完善散置文物普查建档工作；会同保卫部对建筑学研究中心内存放石雕刻进行清点，并建立清单。依据国家文物局文件要求，并结合北京大学校园访客实际情况，发展规划部组织学生课题组对校园文物保护区访客承载量进行调查研究。

文保日常工作。2013年，发展规划部积极落实国家文物局、北京市文物局政策文件要求，处理上级单位各类文件30余件，接待北京市文物局文保工作检查1次，会同保卫部等部门对校内文物建筑进行安全检查1次，并对校园文物进行定期日常巡查；在完成日常工作任务基础上，继续推动古建修缮项目设计施工和下一阶段申报、文保区访客承载量研究、文物建档等工作，并将启动全校可移动文物普查、燕园文物书籍编纂等工作。

【现代大学制度】 深入推进《北京大学章程》制定工作。按照2013年8月刘延东副总理在直属高校工作咨询委员会第23次全体会议上的讲话精神和教育部9月下发的《中央部委所属高等学校章程建设行动计划（2013—2015年）》中北京大学等23所"985工程"高校须于2014年6月前完成章程起草的任务要求，章程起草委员会加快了章程文本的起草工作，将草案制订分成A、B、C三个方案同时推动。A版以2011年以前草稿为基础，继续完善；B版由2011年后章程起草委员会秘书组成员起草，兼顾学校实际和创新改革；C版依托学校高校章程方面的专家独立研究起草。当前，A版、C版章程已基本形成讨论稿，B版章程已步入攻坚阶段。2013年9月以来，朱善璐书记、王恩哥校长、张彦常务副书记副校长等学校主要领导多次听取章程起草秘书组专题汇报。

积极推进《北京大学学术委员会章程》研究制定工作。2013年3月起，发展规划部先后组织召开了5次座谈会，进行了5轮大范围通讯评审，十易其稿，对新版《北京大学学术委员会章程》进行了系统修改与完善提升。发展规划部系统学习了上级有关文件，对新版《北京大学学术委员会章程》所涉及的关键改革进行了重点思考，并于11月27日上午向王恩哥校长、刘伟常务副校长、高松副校长、陈十一副校长进行了汇报，目前发展规划部已经形成了较为成熟的新版《北京大学学术委员会章程》并计划在教代会上报告。

开展《北京大学董事会章程》研究。学校于2012年底启动了董事会章程专题的探索研究工作。在工作思路上，发展规划部注重对国内外高校董事会的模式和章程的搜集，当前已搜集董事会章程50余个，解剖案例30余个，按照机构、功能进行了细致的类别划分，并就董事会的法人定位、权力运行形式进行了细致探究，已形成专题研究的汇报材料。通过对美国顶尖高校董事会结构的深入研究和香港高校实地调研，学校当前已经形成最高权力决策、最高咨询监督、内设机构、外设机构等若干个定位方案的章程草案，后期将继续深入研究完善。

研究制定《北京大学机构编制管理条例》。2013年春季学期，根据王恩哥校长在2013年全校春季干部大会上关于加强编制管理的讲话精神，发展规划部经调研中央编办、国务院、台湾大学、清华大学、中山大学、中国科学院等有关机构编制管理的规定和经验，结合前期有关机构管理办法、编制管理办法的起草工作，现已形成《北京大学机构编制管理条例》第8稿。

【学校战略规划】 2018圆梦行动计划。发展规划部于2013年4月启动了"2018圆梦行动"计划的制定工作。朱善路书记指导工作开展。发展规划部迅速成立专门起草团队,推进相关工作开展,累计召开研讨会议10余次,拟订主干计划,积极组织校内各单位完成子计划编制。目前已形成《2018圆梦行动计划》初稿,准备报寒假战略研讨会审议。

2048远景规划。战略规划的制定工作一直是发展规划部工作的重点之一。2013年发展规划部着手制定北京大学《2048远景规划》,搜集了十多个较有代表性的大学的长期战略规划,并翻译了其中有代表性的《旗舰2030:科罗拉多大学波尔得分校战略规划》《通往未来之路:北卡罗来纳州立大学2011—2020规划》《康奈尔大学5年规划》和《加利福尼亚大学伯克利分校学术战略规划2002》4个规划,在此基础上总结了国外长期战略规划的特点和要素。在研究学术期刊、专著,拜访和请教相关专家的基础上,发展规划部梳理了未来35年世界和中国发展的趋势。目前《2048远景规划》初稿和整体框架已初步完成。

对外交流

【概况】 2013年北京大学共接待高校代表团181个,国家元首及政要29位,其中包括新西兰总理约翰·基、泰王国公主诗琳通、芬兰前总理埃斯科·阿霍、美国前国务卿奥尔布莱特等;接待到访的NGO团组和学术研究机构32个、企业团组18个、驻华使馆和政府代表团28个;新签/续签校级交流协议45个;派出校级出访团组23个。

【重要出访】 访问美洲三国。9月下旬,王恩哥校长率领北京大学代表团出访美洲,先后访问美国、阿根廷和巴西三国。访问期间,北京大学代表团分别在斯坦福大学及耶鲁大学举办"北京大学日"主题交流活动。王恩哥校长发表了题为《悠久传统与创新精神的交汇》的公开演讲。此次出访是北京大学首次在美国知名高校举办主题大学日活动。

爱丁堡大学"北京大学日"。11月18日,活动在英国爱丁堡大学举行,刘伟常务副校长、李岩松副校长率团出席此次活动。双方签署了"北京大学英国研究中心与爱丁堡大学中国研究中心合作备忘录",两校区域国别研究中心正式建立合作关系。两校表示愿意在人文社科领域推动学者和学生互访、研究生联合培养,并积极共同申请经费举办学术研讨会。此外,北京大学还希望邀请爱丁堡大学共同倡议发起绿色校园联盟。

中美高水平大学校长圆桌会议。11月17日至19日,王恩哥校长应邀前往美国芝加哥出席中美高水平大学校长圆桌研讨会和全球城市挑战会议。会议共有中美两国23所著名大学校长参加。刘延东副总理也参加了此次会议,并发表了题为《携手共创中美两国大学的美好未来》的讲话。此外,王恩哥校长一行访问了西北大学及芝加哥大学,与两校校长及两校教务长进行会谈,就如何深化北京大学与访问院校之间的交流与合作展开探讨。

【项目建设】 中德人文社会科学高等研究院。2013年,北京大学与德国洪堡大学、柏林自由大学签署"中德人文社会科学高等研究院(简称高研院)协议"。根据协议,高研院拟于2014年5月启动,由德国联邦教育部出资30万欧元进行第一年的试点资助。高研院设在北京大学,接收8位来自世界各地的研究员进行为期3~6个月的驻院研究,研究主题为"跨区域的互动与世界社会的形成"。

大学国际组织。北京大学主办了国际研究型大学联盟框架下的国际研究型大学联盟协同技术转移研讨会、全球暑期项目、国际研究型大学第二届科研管理人员研讨会。北京大学也参与了国际研究型大学联盟框架、环太平洋大学联盟框架、东亚四国大学校长论坛框架下的各类活动。

干部境外培训。2014年1月,北京大学启动"北京大学干部境外培训"项目,首批4名青年干部赴美国斯坦福大学及加利福尼亚大学伯克利分校开展为期3周的交流培训,在各自负责的领域与世界一流大学进行深入交流,学习对方先进的办学理念和管理经验。

【孔子学院建设】 加大汉语国际推广力度。2013年,共接待北京大学6所孔子学院的10个来华研修团,200余名学生、教师参加了汉语和中华文化研修活动;几年来,选拔推荐21位中方院长、34位汉语教师和47名志愿者赴孔子学院任职、任教;2013年,派出多位业界知名教授赴孔子学院讲学,向国家汉办报送17名拟赴孔子学院讲学的人文社科领域高级储备人才,培训来华外国教师369人。参加国家汉办组织的"西班牙语、汉语作为经济资源论坛"、莫斯科大学孔子学院成立五周年庆祝活动和第八届全球孔子学院大会。

机构变动。经2013年4月2日北京大学事业规划工作2013年度第一次会议审议,并经2013年4月9日第9次学校党政联席会批准,国际合作部加挂"北京大学汉语国际推广工作办公室"的牌子。

【国际化人才培养】 联合培养。3

月，北京大学和杜伦大学签署合作备忘录，同意由北京大学化学与分子工程学院与杜伦大学化学系开展"2+2项目"，即本科学生在北京大学学习2年，在杜伦大学学习2年，毕业后获北京大学本科学位和杜伦大学硕士学位。项目计划于2014年9月正式启动。

北大—维斯理女性领导力培训项目。北京大学与美国维斯理女子学院于6月5日至15日在北京大学联合举办"北大—维斯理女性领导力培训项目：未来城市的发展"。该项目从两校各选拔20名优秀女生，在活动中共同生活、共同学习。两校教授围绕这一主题，从不同角度开展讲座。活动期间，美国前国务卿奥尔布赖特女士来访北京大学，参加为期一天的活动，并与北京大学国际关系学院袁明教授一起举行对话活动，分享女性领导力感悟。此外，两校于6月15日举办为期一天的"女性领导力论坛：女性改变世界"。

亚洲青年交流中心。9月，北京大学中日青年交流中心扩大了学生合宿规模，迎来第二批入住北京大学的中日青年学子，其中合宿学生增加到60人。目前，该项目得到了资助方的高度肯定，将于2014年更名为亚洲青年交流中心。

【学生海外学习】 截至2013年底，北京大学常规校级学生海外学习项目已超过100个，其中学期交换项目90个，假期学校24个。2013年全年，学生交换办公室通过学生海外学习（EAP）项目共派出270人参与校际交流项目，260人参加假期项目。

2011年，国家留学基金委启动优秀本科生公派项目。北京大学2013年最终获批项目数为44个，涉及选派人数88人。优秀本科生项目的启动积极推动了许多优质院系项目的建立。如物理学院针对该项目与美国哈佛大学、加州理工学院等签署了学生交流协议；工学院则与英国剑桥大学等知名高校签署了相关本科生协议。

【大型交流活动】 北京大学第十届国际文化节。10月19日上午，北京大学第十届国际文化节在校举办。本届国际文化节主题为"十年记忆：你看中国，我看世界"，来自68个国家和地区的北京大学在校留学生和中国学生，以及200多名学生志愿者参加。来自22个国家的40余位驻华使节也出席了文化节相关活动。

北京论坛（2013）。由北京大学、北京市教育委员会和韩国高等教育财团联合主办的第十届北京论坛于11月1日至3日在京举行。本届论坛的主题是"文明的和谐与共同繁荣——回顾与展望"。本届论坛共设有五个分论坛、一个学生论坛、一个圆桌会议、三个学术专场和一场对话。来自世界55个国家和地区的373位知名学者出席了本届论坛。

生态文明贵阳会议。7月20日，由北京大学参与主办的2013生态文明贵阳会议在贵州省贵阳市举行。北京大学承办了会议下设的教育论坛，主题为"生态教育与生态文明：海峡两岸及香港澳门的共识与共创"。

【外国专家工作及国际会议】 2013年，北京大学利用各种引智平台共聘请外籍学者571人次。此外，2013年北京大学主办、承办、协办了76场各种规模的双边和多边国际学术会议，累计邀请2034名外方学者和研究人员参会。

引智项目。加强"111基地"建设，启动"兴大学术交流访问"项目。2012年9月至2013年8月，北京大学邀请国际分子科学领域20位著名专家做"兴大学术访问"，另有100余人次外国专家来访，所作学术报告达100余场，资助并协助资助国际及双边学术交流会议7个，资助出访人员约10人次。经过专家评审，城市与环境学院的"区域生态与环境创新引智基地"获批立项，成为北京大学第四个"111计划"基地。积极支持"全校英语戏剧实践（由国外剧团导演任教）""数学国际暑期学校课程"等特色项目的实施，支持院系邀请海外名家来校讲学，并广泛收集学生的反馈意见和建议。

北京大学"大学堂"顶尖学者讲学计划。2013年，该计划邀请到2011年诺贝尔生理学及医学奖得主布鲁斯·博伊特勒（Bruce Beutler）、系统生物学的开拓者、美国系统生物学研究所创始人洛里·伊德（Leroy Hood）、著名数学家、哥伦比亚大学教授安德烈·奥昆科夫（Andrei Okounkov）、著名代数几何学家菲利普·格里菲斯（Phillip Griffiths）来校讲学。

【派出工作】 2013年，北京大学（校本部）办理因公出访手续共计5917人次。在出访人员构成上，教师出访为3043人次，学生出访为2874人次。

【港澳台交流】 2013年，北京大学（校本部）因公赴港澳台地区参加校际交流、合作研究、学术会议、短期学习、访问考察的师生共计1467人次，其中赴台771人次，赴港578人次，赴澳118人次。团体出访方面，北京大学共派出校级领导及五人以上团组76个。

校级交流。5月26日至31日，朱善璐书记率团赴香港、澳门进行友好访问。访问期间，代表团分别访问了香港大学、香港中文大学、香港科技大学、澳门大学、澳门理工学院等高校，签署2项合作协议，并分别拜会了中央政府驻香港特区联络办公室主任张晓明、中央政府驻澳门特区联络办公室副主任李本钧、香港特别行政区行政长官梁振英、澳门特别行政区行政长官崔世安等，就合作推动京港、京澳两地教育、学术和文化交流，努力培养爱国爱港、爱国爱澳优秀青年人才等方面交换意见。代表团还先后出席"北京大学香港政治经济文化沙龙第十讲"和"北京大学澳门校友交流晚宴"两场大型交流活动。

7月27日至8月4日,叶静漪副书记率领北京大学学生事务交流考察团一行15人赴台交流,专题考察台湾地区高校学生事务管理工作。代表团出席了在台湾大学举办的"北大——台大学务交流工作坊",并参访了台湾师范大学、东海大学、义守大学、高雄第一科技大学等高校,考察借鉴学务管理经验。

11月3日至7日,叶静漪副书记率领北京大学代表团赴澳门参加"澳门大学新校区启用仪式"及"北京大学——澳门大学学生交流活动"。

11月13日至20日,应台湾十大杰出青年基金会邀请,于鸿君副书记率北京大学高级行政人员代表团赴台交流,先后访问台湾大学、成功大学、中国医药大学,并拜会了十大杰出青年基金会董事长王金平和部分"十杰"当选人。

12月6日至9日,王恩哥校长率团赴香港出席"香港中文大学金禧校庆大学校长论坛""北京大学—香港中文大学—台湾联合大学系统语言与人类复杂系统联合研究中心成立典礼"等活动。活动期间,王恩哥校长在不同场合与香港中文大学、新竹交通大学、台湾"中央大学"、阳明大学等高校校长会面、交谈,探讨深化交流与合作事宜。

品牌活动。7月20日至26日,第九届海峡两岸暨港澳地区大学校长联谊活动在台湾举行,来自海峡两岸及香港澳门的近30所高校的新老校长出席活动。周其凤前校长出席相关活动。在台期间,周其凤一行访问了新竹"清华大学"、新竹工业科学园区、新竹交通大学、成功大学、义守大学、中山大学(高雄)、金门大学等高校及科研机构,与相关高校负责人会面,并拜会了十大杰出青年基金会董事长王金平、台湾长荣集团总裁张荣发等友好人士,探讨深化合作事宜。

10月26日,以"追求卓越与协同创新——大学制度、学科建设、人才培养"为主题的第四届海峡两岸大学校长论坛在福建开幕,43所大陆院校及21所台湾院校的校长及代表参加论坛。作为本届论坛组委会主任,王恩哥校长出席论坛开幕式并致辞。本届论坛设立了"大学制度建设与治校管理""学科建设与协同创新""人才培养与追求卓越"三个分论坛。

北京大学暑期学校自2012年起首次面向台湾地区招收学员,2013年,在教育部"香港与内地高校师生交流计划"的支持下,又首次面向香港地区招收学员。2013年,暑期学校项目共招收来自台湾大学等34所台湾高校和香港大学等8所香港高校的192名学生。

香港与内地高校师生交流计划。2012年,中央政府与香港特别行政区签署《香港与内地高等学校关于进一步深化交流与合作的意向书》。为此,中央政府从2013年开始设立专项资金,在现有基础上每年再邀请2000名香港高校师生赴内地学习或科研,同时每年资助香港7000名高校师生暑期赴内地交流。2013年,北京大学共执行完成教育部"香港与内地高校师生交流计划"项目15个,共邀请458名香港高校师生到内地交流,合作高校包括香港大学、香港中文大学、香港科技大学、香港理工大学、香港城市大学、香港教育学院、香港浸会大学、香港岭南大学、香港演艺学院等高校,项目内容包括学习、科研、实习、服务、交流等方面。

作为"2013香港与内地高校师生交流计划"项目,由教育部资助的北京大学"中国方略:当代中国与世界"研习营于2013年12月27日至2014年1月4日在北京大学举办。该计划邀请北京大学知名教授开设有关经济、文化、外交、"一国两制"、民族关系及环境保护等领域的专题讲座。本次研习营共招收来自香港大学、香港中文大学、香港科技大学、香港城市大学、香港演艺学院等高校的98名学生。

人 事 部

【奖教金评审工作】 2013年度奖教金总额为999.6万元,比上年增加3.6万元,奖励名额为218人,比上年增加9人。2013年度新增华为奖教金,用于奖励从事教学工作成绩突出的教师和学生思想教育管理的优秀教师,并指定奖励信息科学技术学院、软件与微电子学院和就业指导中心。王选杰出青年学者奖的2013年奖励名额由3人调整至2人,往年奖励名额为5人。4月,根据捐赠方的奖励要求和原则,同时兼顾各单位和学科领域,学校合理分配奖教金的名额,以确保评选出师德高尚、能力卓越、业绩突出的教师。6月,学校奖教金评审委员会召开会议,分别对各个奖项进行评审。11月,学校召开国华杰出学者奖评审会,刘伟等六位教授获奖。12月,学校召开2013年度奖教金、奖学金颁奖典礼,以表彰获奖教师。

2013年化学与分子工程学院严纯华院士获得宝钢优秀教师奖特等奖,软件与微电子学院教师蒋严冰获国家留学基金委IBM奖教金。

【工资与福利】 2013年1月,完成2012年度专项岗位绩效奖励工作。本次专项岗位绩效奖励总额约为5357万元,获奖人数4799人,人均奖励11165元。

2013年1月,由于通货膨胀,北京市消费价格指数上涨,学校决定发放年度一次性生活补贴,共发放5204人次。根据晋升薪级的规定,为5584名教职工晋升一级薪级工资。根据发放一次性年终奖的规定,为5206名教职工发放一次性年终奖。根据增加工龄的规定,为5573名教职工增加一年工龄。

2013年1月,根据《关于国家机关工作人员及离退休人员死亡一次性抚恤金发放有关问题的通知》和《关于我市机关在职及离退休、退职人员死亡一次性抚恤金发放办法的通知》,经学校批准,从2011年8月1日起,调整北京大学一次性抚恤金的发放标准。其中,烈士和因公牺牲人员的抚恤金从本人生前40个月基本工资或基本离退休费调整为上一年度全国城镇居民人均可支配收入的2倍加本人生前40个月基本工资或基本离退休费;病故人员的抚恤金从本人生前20个月基本工资或基本离退休费调整为上一年度全国城镇居民人均可支配收入的2倍加本人生前40个月基本工资或基本离退休费。

2013年1月,奖励北京大学62名省部级以上劳动模范和先进工作者,其中2005年以前省部级及以上劳动模范和先进工作者,退休后享受劳模津贴150元/月;2005年以后省部级及以上劳动模范和先进工作者一次性奖励1.5万元;国家级劳动模范和先进工作者晋升两级薪级工资,省部级劳动模范和先进工作者晋升一级薪级工资,退休后不再发放劳模津贴;省部级及以上劳动模范和先进工作者退休时可提高5%～15%退休费。

2013年3月,根据博士后管理规定,将博士后纳入月考勤管理,使博士后绩效管理逐步走向制度化和规范化。10月,为加强管理,对全校所有教职工进行考勤。为促进本科生教学,向541名教职工发放拔尖计划经费。完成27名本科选留教职工的岗位工资和薪级工资的转正定级工作。

2013年5月,启动教育岗位工作满30年的申报工作。经审核,2013年共有120名教职工符合在教育工作岗位满30年的条件。9月,整理符合条件的教职工材料和名册,在教师节对这些辛勤工作的教职工进行表彰。

2013年6月,根据《北京大学工勤技能岗位聘任实施细则》的规定,启动工勤技能岗位的聘任工作。9月,通过工勤技能岗位聘任委员会的评审,顺利完成工勤技能岗位的聘任工作,其中3名技师晋升为高级技师,20名高级工晋升为技师,13位中级工晋升为高级工,2位初级工晋升为中级工。

2013年6月,核对享受医疗照顾的干部和专家的个人信息。目前,校本部享受副部级医疗照顾的干部和专家共有36人,享受司局级医疗照顾的干部和专家共有1044人;其中在职212人,离退休868人。

2013年9月,学校组织完成了北京大学院士、资深教授和千人专家年度体检工作。北京大学院士统一安排在北京医院体检中心进行体检,资深教授和千人专家安排在北医三院上地体检中心进行体检。在体检当日,学校安排车辆及时接送,并派护士全程照顾,以免体检过程中出现意外情况。2013年,34名院士、13名资深教授、5名千人专家分批参加了体检。

2013年11月,由于物价水平的提高,考虑到离退休教职工的生活压力,学校参照北京市事业单位离退休人员的待遇调整水平,结合学校的实际情况,调整了离退休教职工生活补贴的预发标准,其中离休教职工发放283人次,退休教职工发放4994人次。同样,对于在职教职工,学校调整了生活类补贴,其中在职人员发放5207人次,博士发放529人次。

【津贴与补助】 根据干警津贴的相关规定,及时调整57名教职工的干警津贴。根据护理费的相关规定,将20名80岁以上患癌症离休干部的护理费标准提高到600元/月。

根据防暑降温费的相关规定,为256名离休干部发放防暑降温费,人均240元,共61440元。对支援西藏、新疆高校建设的教职工给予边疆补助。为提高青年教职工的收入水平,调整了425名教职工的青年津贴。调整67名教职工的离退返聘费,让离退休教职工发挥余热,更好地继续为学校作贡献。发放遗属补助25人次。

离退休工作

【发展概况】 2013年,北京大学(校本部)离退休人员总数继续保持增长态势。截至12月,北京大学(校本部)离退休人员共5289人,其中离休人员239人。

【工作队伍】 离退休工作部现有工作人员7名,领导班子一正一副。北京大学(校本部)88个二级单位有离退休人员,均有负责离退休事务的工作人员。其中,物理学院、工学院、生命科学学院、化学与分子工程学院4个单位设专人负责离退休工作,其余工作人员均为兼职。

4月启动北京大学离退休工

作先进集体、先进个人评选表彰活动，评选出16个先进集体和29名先进个人。

【政治待遇】 认真组织司局级离休干部学习会，每两周一次，派专人负责。7月，学校组织部分老领导老干部召开党的群众路线教育实践活动学习座谈会，朱善璐书记亲自向老同志传达了中央文件精神，并就活动的开展征求老同志意见与建议。离退休工作部坚持为每位离休干部订阅《北京老干部》杂志，坚持年节慰问、生日慰问、疾病慰问制度。2013年，离退休工作部各类走访慰问共计144人次。

2013年，离退休工作部深入开展党的群众路线教育实践活动，先后组织了司局级离休干部座谈会、离退休教职工代表征求意见座谈会等，通报学校及部门活动开展情况，听取老同志意见与建议。为广泛听取群众意见与建议，离退休工作部结合实际工作情况，开展了党的群众路线教育实践系列活动，通过发放《征求意见表》、设立征求意见箱、召开系统工作人员代表和离退休教职工代表征求意见座谈会等多种形式，不断听取各方意见与建议。10月中旬离退休工作部还发布了《离退休教职工建言献策活动倡议书》，在全校离退休教职工范围内开展"饮水思源知路难，集思广益谋新篇"建言献策活动。

【生活待遇】 2013年初，根据校医院提供的《北京大学患癌症离休干部名单》，离退休工作部协调人事部，将20位身患癌症的离休干部的护理费标准提高到600元/月；协调校医院，由校医院医生每两周为司局级离休干部开药一次；继续设立每年4万元专项经费，由校医院医生每两周为30名80岁以上、生活不能自理的离休干部上门巡诊一次；继续设立每年60万元离退休特困补助专项经费。离退休工作部根据《离退休人员特困专项经费使用办法》，坚持对因瘫痪长期卧床或因癌症、心血管疾病等大手术造成特殊困难的老同志及时补助。2013年，离退休工作部已累计补助126人次，累计补助金额48.99万元。

10月，经调查研究，学校筹措资金，为离退休人员预发津贴，帮助解决老同志实际生活问题。离休人员按照级别（讲师、副教授、教授）分别预发650元、900元、1300元不等，退休教师和干部按照级别每月预发300元、500元、700元不等，退休工人按照级别每月预发300元、380元、460元不等。离退休工作部配合相关部门做好对老同志的宣传解释工作。

针对大病致困及其他生活困难的离退休群体，离退休工作部与基金会协商，设立"春晖基金"，并积极筹措资金，以期为老同志提供更全面的帮助。

【文体活动】 围绕"中国梦"的重要主题，离退休工作部6月举办"翰墨劲书中国梦 丹青挥洒燕园情"北京大学老年书画摄影艺术作品展，展出130多幅作品。10月离退休工作部举办"同心共筑中国梦"主题摄影展，70余件摄影作品参展。离退休工作部积极选送书画摄影作品参加市教工委组织的展览，其中5幅作品分别荣获一、二、三等奖。

重阳节前夕，离退休工作部组织离退休人员进行健康环湖走的活动，共计500余位老同志参加活动。10月15日，离退休工作部为全校离退休人员举行电影招待会，全校2000多位老同志到场观影。

离退休工作部为当年新退休人员举行退休典礼，颁发感谢状，感谢他们为学校所作的贡献。

离退休工作部先后与北京大学书画研究会、老年摄影协会、老年工艺协会、老干部合唱团、燕园国乐社、老年舞蹈团等群众性老年社团进行座谈交流，认真了解各社团在队伍建设、制度建设、管理建设等方面存在的突出问题，研究制定了《北京大学老年社团活动经费管理办法（试行）》，建立了社团定期登记制度，并在扩大宣传、整合资源、完善为老服务制度规范等方面落实了相应措施。

离退休工作部将离退休人员活动经费中的三分之二下拨各单位，鼓励各单位开展符合老同志需求的活动。

【宣传调研】 4月，离退休工作部组织推荐报送林建祥、楼宇烈、杨辛三位离退休老教授分别参加北京教育系统离退休干部"学习之星""健康之星"和"乐为之星"评选活动，三位教师全部当选。2013年离退休工作部还向市教工委推荐了韩明谟、杨紫烜、田昭舆、郑吾开等教师的先进事迹材料，分别被收入北京市教工委主编的《霞为乐章》第三辑、《霞辉映党旗》第三辑等书。离退休工作部充分利用校内媒体资源，与学校新闻网合作了"莫道桑榆晚"（老有所为）等系列人物专访，树立离退休人员老骥伏枥的群体形象。离退休工作部定期制作《离退休工作简报》，以纸版、电子版形式通过二级单位分发给离退休人员，架设校内离退休工作交流平台。离退休工作部与北京市委宣传部《晚晴》杂志建立了合作关系，拓宽了离退休工作宣传渠道，扩大对外宣传效果。

2013年度，离退休工作部先后到信息科学技术学院、外国语学院、化学与分子工程学院、出版社、后勤系统各单位、校办产业管理办公室等单位调研，听取二级单位工作意见与建议。离退休工作部加强对外交流，与清华大学离退休工作处建立了定期交流沟通机制，并与武汉大学、中山大学、南开大学、天津大学、兰州大学等院校离退休工作部门进行座谈交流，学习兄弟院校先进工作经验，促进对离退休工作发展方向的思考，形成《离退休工作调研报告》。

4月离退休工作部启动"北大离退休教职工生活状况调研专项课题",6月对后勤系统困难群体进行了数据调研,9月启动"离退休教职工特殊群体情况调查",进一步深入了解全校离退休教职工独居、空巢家庭比例和困难人口比例。调查数据显示,在北京大学离退休人员中,存在经济困难的有140人,长期大病262人,不能自理的100人及其他特困情况105人;无子女或子女不同住的老人957家,无伴侣的老人321人。基于此次调查,重阳节、中秋节前后,学校特批4.8万元,离退休工作部补贴2万余元,以发放一次性补贴的形式对131名特困离退休人员进行慰问,帮助他们解决实际困难。

【关心下一代工作】 7月9日,中共北京大学委员会印发《关于调整北京大学关心下一代工作委员会的通知》(党发〔2013〕48号)。学校研究决定,调整北京大学关心下一代工作委员会,王德炳任顾问,吴志攀任主任,叶静漪、岳素兰、张国有、徐天民任副主任,马春英任秘书长,李海燕、霍晓丹、刘德英、张莉鑫、谷卫胜任副秘书长。同时,来自离退休工作部、党办校办、组织部、学生工作部、团委等相关部门的负责同志以及不少低龄老同志担任关工委委员。12月21日,中共北京大学委员会印发《关于在教学单位组建关心下一代工作委员会的决定》(党发〔2013〕70号),推动在教学单位建立关心下一代工作队伍。

关工委通过专题讲座、座谈会、演讲比赛、公益活动等多种形式,在青年学生中大力开展"中国梦"主题教育活动和党的群众路线教育实践活动。关工委以春节、端午节、中秋节、重阳节等传统节日为契机,联合学生工作部、团委开展"春燕行动"三行家书,遥寄乡情"主题活动、发布《重阳节倡议书》、举办"同心共筑中国梦"主题摄影展等。关工委联合党委组织部、学生工作部、团委共同指导中国大学生环境教育基地、爱心社等学生组织开展军训服装回收活动、燕园"光盘行动"、世界粮食日纪念活动等,大力倡导保护环境、勤俭节约、反对铺张浪费等理念,引导全校学生共同建设环境友好型校园和资源节约型校园。

【杨辛捐赠荷花藏品】 12月13日上午,杨辛先生向北京大学捐赠荷花艺术藏品暨设立"杨辛荷花品德奖"仪式在北京大学万柳公寓多功能厅举行。北京大学离休干部、著名美学家、92岁高龄的杨辛决定将他珍藏的136件与荷花相关的珍贵艺术藏品全部无偿捐赠给北京大学,而且还慷慨捐资在北京大学设立"杨辛荷花品德奖",用于奖励北京大学品德高尚的学生楷模。吴志攀与杨辛共同签署了《荷花艺术品捐赠协议》和《"杨辛荷花品德奖"设立协议》。朱善璐致辞并向杨辛先生颁发"北京大学杰出教育贡献奖"。

财 务 工 作

【概况】 按照教育部财务决算报表(财基表)口径,2013年北京大学收入总额775504万元,比2012年的799948万元减少24444万元,减少3.06%。其中,专项经费113517万元,比2012年的170047万元减少56530万元;非专项经费661987万元,比2012年的629901万元增加32086万元。此外,教育事业收入和科研事业收入分别比上年增加30598万元和4650万元。

2013年学校支出总额为757536万元,比2012年的741674万元增加15862万元,增长2.14%。年末固定资产总额为880745万元,增长6.93%。

总体看来,2013年在国家财政形势趋紧的背景下,尽管受国家"985工程"拨款减少影响导致总收入略降,但学校自筹收入、支出总量及固定资产总量均呈增长态势,表明教学科研事业依然保持蓬勃发展的势头,自身办学实力不断提升。

【财务专题分析】 办学经费。2013年,北京大学收入具体构成情况如下:教育经费拨款248729万元,科研经费拨款184900万元,其他经费拨款36774万元,上级补助收入15万元,教育事业收入174908万元,科研事业收入39781万元,附属单位缴款330万元,经营收入1323万元,其他收入88744万元。国家拨款(包括教育经费拨款、科研经费拨款、其他经费拨款和上级补助收入)占总收入的60.66%,是学校办学财力的主要来源;学校自筹资金(包括教育事业收入、科研事业收入、附属单位缴款、经营收入和其他收入)占总收入的39.34%,是弥补办学经费不足的重要来源。学校的事业发展不再单纯依靠国家拨款,而是逐步形成了以国家拨款为主、多渠道筹措办学经费的格局。

1. 财政拨款。国家拨款在2013年有一定程度的减少,主要原因为"985工程"专项资金较2012年减少63000万元,高校化债资金减少5560万元。

2. 自筹经费。为弥补办学经费的不足,促进学校的可持续发展,在保证正常教学、科研工作的前提下,学校充分利用自身条件,积极开展各种社会服务,尤其是为满足社会对高质量教育资源的需求,在举办各种层次社会化继续教育培训项目方面做了大量工作,教育事业收入达到174908万元,较2012年的144309万元增长21.20%,表现出了强劲的办学活力。

3. 支出结构。2013年学校总支出为757536万元,教学支出和科研支出分别占总支出的33.26%和25.57%,两者相加近60%。这表明学校在支出预算安排上始终以教学、科研为核心,资金投向明确,支出结构合理。

通过与2012年支出的各项对比可以看出,由于国家"985工程"专项资金拨款的下降,学校在教学、科研方面的支出较上年有一定程度减少,但仍然维持了较高水平;另外在学校总收入下降的情况下,学校仍然利用自有资金保障了后勤支出、学生事务支出及离退休人员保障支出,保证了学校的正常运转和各项工作的稳步推进。

4. 财务指标。2013年学校现实支付能力为10个月,潜在支付能力为9.94个月,非自有资金余额占年末货币资金的比重为22.23%,资产负债率为6.29%,总支出占总收入的比重为97.68%,自有资金动用程度为48.67%。从整体上看学校2013年各项发展潜力指标与2012年相比均有所好转,维持在合理的范围之内。学校现实支付能力和潜在支付能力等指标有一定程度的上升,学校财务状况处于良性循环状态,表明财务工作指导思想和财务管理体制是适合学校情况的。财务工作始终坚持"积极、稳健"的财政方针,为保证学校各项事业持续长久发展奠定了基础。

【财务管理工作】 1. 组织实施"985工程"等重大专项工程。

2013年,北京大学获得"985工程"拨款3.6亿元、改善基本办学条件专项1.83亿元、基本科研业务费8900万元、中央高校发展长效机制补助8000万元、"2011计划"5000万元。

2013年是"985工程"三期的最后一年,北京大学在按照既定规划圆满地完成了各项建设任务的同时,完善了学校"985工程"管理办法和专项资金管理办法,审议通过了《北京大学"985工程"(2010—2020)建设管理办法》,并对"985工程"三期工作进行了全面系统的总结和检查工作,提交了《北京大学"985工程"(2010—2013年)建设情况报告》和《北京大学"985工程"(2010—2013年)改革方案实施情况》两份报告以及《北京大学"985工程"(2010—2013年)建设标志性成果》,在此基础上积极筹划,推动国家考虑给予持续稳定的支持。

2013年,在项目申报之初,由校内财务部门牵头召开由总务、基建、保卫、设备管理、审计等校内部门参加的项目申报会,按项目轻重缓急排出优先次序,科学遴选项目,依照上级主管部门要求进行申报;在项目预算下达时,召开预算通报会,与相关部门逐个项目沟通预算情况,分析执行难点,确定资金使用进度计划;在项目执行中期,召开项目进展沟通会,对进展缓慢的项目认真查摆问题原因,采取切实措施,加快项目执行进度。在此工作基础上,北京大学基础实验教学条件提升改造工程、勺园学生宿舍及餐厅改造、医学部校园东区环境整治工程、医学部开发利用地热整治工程等改善基本办学条件项目实施顺利。

2. 以基本科研业务费为突破口切实加快预算执行进度。

2013年,北京大学在保证各项预算工作平稳开展的同时,着重加强了对预算执行进度的管理,动真碰硬,切实采取措施加快预算执行进度。2013年中,北京大学预算执行进度排名居于中后,面临扣减经费的巨大压力。王恩哥校长专门在校长办公会上就此事做了重要部署,针对专项资金预算执行进度严重影响整体预算进度的局面,研究出台了《关于加强专项资金结余管理的通知》,到2013年10月15日对基本科研业务费结余资金冻结50%,由学校结合实际资金需求重新分配,年底结余全部清零,第二年重新申请。得益于此,基本科研业务费预算执行率从9月底的63%上升至11月底的92%,高于教育部序时进度,使得北京大学顺利争取到2014年基本科研业务费的预算,同时也显著带动了学校整体预算执行进度排名的上升。

3. 逐步建立完善注重效益、节约资源的资源有偿使用机制。

2013年,北京大学继续全面推行公用房有偿使用改革,逐步改变原有公用房无偿分配和使用机制,实行分类定额管理、有偿使用、基础定额(教学、办公)免费、超定额加大收费的原则,建立公用房管理的调控与约束机制。公用房在体制上实行学校与院系两级管理,学校主要负责总量分配与管理,保障基础教学、重点科研以及公共平台用房;切实发挥院系对公用房调控与管理的积极性,提高调控力度。

4. 以内控制度建设与专项整治行动为抓手防范财务风险。

完善规章制度,相继完善了"三重一大""党风廉政"等重要制度,要求各级干部既要干事,还不能出事,一手抓发展,一手抓廉政,两手都要硬。开展了正风肃纪专项活动,其中涉及财务管理的有科研经费管理、小金库治理和招投标管理三项工作。2013年下半年,组织在全校范围内开展了"小金库"专项检查和治理工作,从自查结果看尚未发现"小金库"情况,但鉴于"小金库"问题对学校事业发展的巨大危害性,在日常工作中将继续会同相关职能部门健全制度、严格管理、加强专项检查与审计，对发现的问题严肃处理并通报全校。针对学校招标工作中存在的分散管理的问题，积极开展专项调研，探索建立符合学校实际的招标工作机制。加强经费使用的监督管理。出台了公车报销和私车公用报销登记备案制度，规范车辆运行维护费用报销；进一步加强对日常办公用品、耗材等报销管理，要求每一张发票都需要附有购物小票或清单；进一步加强了对人员经费的管理，劳务费全部通过银行卡发放，年内共采集卡折信息近1万份，对校外人员劳务费转卡发放6.2万笔，减少现金发放1.1亿元。

5. 在"教育经费管理年"的检查高峰中不断提高学校管理水平。

2013年6月—11月，教育部对北京大学开展了为期5个月的周其凤校长离任审计工作，其间通过查阅资料、现场走访、个别谈话、集中沟通等形式对学校预算、财务、基建、科研、国有资产、内控建设等方面工作情况进行了评估与检查。目前审计结果已由审计组上报教育部，有待教育部最终审核确认。除去前面已述的科研经费审计检查之外，2013年北京大学还接待了审计署教育审计局的预算执行审计、教育部资金监管中心的捐赠配比检查、中纪委驻教育部监察局的科研经费检查、北京市地税局的税务稽查等。

同时，通过举措创新，提高财务管理与服务水平。如北京大学医学部试点对部分核算业务开展投递式报账方式，提高工作效率，压缩报账业务等候时间。推行网银报销系统，加强网银报销内控制度，完善网银报销流程。实现报销人员提供个人职工编号或个人银行账号信息以及对方公司账户信息，可以做到当天报账当天及时到账。

6. 科研经费检查与管理机制建设。

2013年北京大学除接待常规会计师事务所审计145次外，还接待了来自科技部、教育部、财政部厦门专员办、国防科工委以及国家自然科学基金委员会的大型科研审计任务5次。在外部监督加强的同时，北京大学围绕制度建设、管理现状、预算管理、支出管理、绩效管理、监督机制等方面，在全校开展了科研经费的自查自纠工作，严肃查处违规违法使用科研经费的行为。此外，北京大学还通过推进间接费用管理工作、完善科研项目信息系统、深入开展预算编制培训工作、切实加快经费入账速度等方式，进一步完善面向课题负责人的科研经费服务。北京大学医学部完成了科研经费管理模块的开发工作，实现科研经费预决算报表的自动生成。

7. 以落实国资新规为重点加强国有资产管理。

2013年，北京大学在按时完成年度国有资产决算报表工作的基础上，认真学习贯彻教育部文件，召集财务、设备管理、房产等多部门共同梳理国有资产管理过程中的薄弱环节，加强对设备招投标、设备处置与房屋出租出借的管理，按新的规定认真落实设备处置与处置收入上缴工作，避免国有资产流失。同时，组织相关人员赴兄弟高校学习交流国有资产管理经验，提升北京大学国有资产管理水平。

8. 在积极实施研究生收费新办法的基础上加强收费管理。

2013年，国家发展改革委、财政部、教育部出台了新的研究生收费办法，规定从2014年秋季开始研究生收费将全面实施。2013年12月底，北京大学研究生收费标准正式获得北京市审批通过。此外，北京大学继续加强非学历办学的管理和服务，办学收入稳步提高，2013年共完成了包括独立办学、合作办学等项收费立项申请近1149份，比上年增加149份。在管理方面，财务部对于发现不符合学校分配办法或材料不全的，退回申报单位，为规范学校院系非学历办学把好关口。在服务方面，财务部简化办事程序，特事特办，保障院系办学收入及时到账和分配。

9. 以公开部门预决算为契机进一步加强财务信息公开工作。

2013年按照教育部要求，北京大学在主页上公布了学校2012年部门决算和2013年部门预算。在此基础上，北京大学进一步完善各项财务信息公开工作，目前已经形成了一套覆盖广泛、重点突出、公开透明、及时有效的财务信息公开体系，具体包括：一是通过党委常委会、校长办公会和干部会由主管校长向学校的主要领导汇报全校财务有关情况；二是通过教代会、职代会向全校教职工提交财务工作报告，落实教职工的民主监督意识；三是建立各类账务查询系统，包括二级单位负责人综合查询系统、系级财务管理系统、教学经费查询系统、教职员工工资查询系统、助研经费网上查询系统、科研经费查询系统等；四是落实教育收费公示制度；五是利用书记校长信箱、学校BBS、部长信箱开辟与教职工和学生沟通的渠道。

10. 围绕组织学习《高等学校财务制度》加强会计队伍建设。

2013年是《高等学校财务制度》实施的第一年，北京大学积极组织各项培训学习活动，在遴选骨干参加教育部组织的专项培训之外，通过印发学习材料、集体培训学习、组织课题小组、分科室讨论研究等方式进行深入学习和研究。此外，学校还通过多种方式培养会计人员的综合素质，支持会计人员的职业发展，具体包括：鼓励在职人员攻读学位,近五年来有20多人通过在职学习取得了博士或硕士学位;同时支持会计人员参加中、高级职称考试,尽可能为他们提供各种条件;每年都将财务人员纳入学校访问学者后备人选,至少推荐一名财务人员去国外大学进行为期一年的学习,开阔视野,提升对外交往与沟通能力;将会计职称评审作为单独的系列,担任领导岗位表现优秀的干部可以转到管理系列晋升研究员。

审 计 工 作

【**审计工作数量和绩效**】 2013年共完成审计审签项目(出具审计报告、意见)1276项,包括综合管理审计、经济责任审计、建设工程管理审计、建设投资评审、参与"三重一大"经济事项等五个方面工作。

增收节支,创造效益。除去隐性效益之外,显性效益主要包括:(1)通过工程造价审计,直接减少工程费用1572万元;(2)通过工程月度拨款审计,直接减少月度拨款1000万元;(3)建设工程投资控制在合理规模以内。

促进内部控制和经济责任落实,防范风险。(1)促进内部控制机制和经济责任落实,防范资源安全风险;(2)纠正和处理违法违规事项,防范违规风险。

【**优化审计业务战略**】 1."坚持一个目标",突出强调内部审计的建设性、服务性目标。内部审计不同于国家审计,重在建设性地解决问题,重在完善体制机制,重在提高资源绩效。

2."统筹两个层面",注意统筹好"当前重点、长效机制"两个层面。一是积极应对当前形势,加强重点领域的审计。在审计领域上,全面关注资金、资产、资源,把学校整体资源配置和利用纳入审计工作的考虑范围。关注学校资源配置的方向、结构及其变化,资源配置与管理控制的关系,从而确定审计的领域、方向、重点。把资源配置的方向作为内部审计的方向;把基建工程、物资采购、专项经费、科研经费、资产管理等管理控制薄弱的环节作为内部审计的重点。二是立足长效机制建设,加强对管理内部控制的审计。

3."通过三种方式",有效开展各类审计工作:(1)结果审计:持续深化、完善传统的结果审计方式,做好综合管理审计、领导干部经济责任审计等工作。(2)过程审计:不断探索过程审计规律,优化过程审计模式,加强对大型建设项目、采购项目、资产管理的过程监管;加强对大额科研项目的过程审计。(3)审计调查:加强对重要资源管理的审计调查,"抓大事,重宏观",发现、反映、解决带有普遍性的问题、体制机制问题,发挥内部审计的建设性作用。

4."搞好四项建设",持续提升内部审计的专业服务品质。

在内部审计专业化建设方面,搞好专业人才建设、专业规范建设、专业技术建设、专业管理建设,持续提升内部审计专业化、职业化水平,持续提升内部审计专业胜任能力,持续提升内部审计服务品质。

【**综合管理审计**】 学校预算执行审计。组织开展对学校预算管理与执行的审计,加强对科研预算管理与执行、工程预算管理与执行等方面的审计。

学校内部控制审计:

1. 研究生教育管理内部控制审计。组织开展对研究生教育管理内部控制的审计。

2. 深圳研究生院管理内部控制审计。组织开展对深圳研究生院内部控制的审计。通过审计,按照《行政事业单位内部控制规范(试行)》的要求,对深圳研究生院的内部控制进行全面深入的分析,提出规范业务控制、财务控制、业务控制与财务控制之间衔接控制等方面的意见建议,防范学校风险。

3. 大额资金管理控制审计。组织开展对22个单位(校本级以及在结算中心开户的二级独立核算单位)大额资金管理控制的月度审计。通过审计,促进其内部控制不断完善,资金安全风险不断降低。

二级单位综合管理审计:

组织开展对19个二级单位(包括教学科研单位、直属附属单位、后勤服务单位等)综合管理情况的审计(包括重大经济决策、预算管理与执行、内部控制等)。

科研经费管理审计:

1. 完成科研项目审计、审签445项。试点开展对2个重大科研项目(年度经费2亿多元)的全过程审计。

2. 按照教育部要求把科研经费管理审计纳入审计工作重点。在深入调查研究的基础上制定了《北京大学科研经费管理审计规定》。科研经费管理审计目标明确、重点突出、业务模式持续优化,成为学校科研管理内部控制的重要组成部分。

【**经济责任审计**】 完成领导干部经济责任审计20项,全面促进经济责任的落实。

按照国家有关规定,结合学校实际情况,修订发布《北京大学中层领导干部经济责任审计规定》,进一步完善了经济责任审计制度。

在经济责任审计工作中,坚持做好下述三个方面:

1. 发挥部门联动作用,落实联动机制。注重发挥经济责任审计联席会议的作用,加强同组织、纪检监察、财务等有关部门的协调配合,共同推动复杂问题的解决。

2. 以综合管理审计为业务基础,深化经济责任审计。在审计过程中,主要对经济责任人依法依规、规范管理、取得绩效三方面的情况进行审计,其中规范管理方面与管理审计相结合,对管理中的决策、计划、控制等方面进行审计,重点关注"三重一大"经济决策情况、预算管理情况、内部控制情况等;取得绩效方面与绩效审计相结合,重点关注管理绩效。

3. 促进经济责任的落实。通过审计形成权力制约,对在履行权力过程中出现的不负责任、绩效不高等问题及时揭示提醒,及时督促整改,加强审计意见建议整改落实力度,全面促进经济责任的落实。

【建设工程投资评审】 完成50万元以上建设投资评审51项,评审金额7.5亿元。其中新建项目5项,评审金额5.7亿元;1000万元以上大型修缮项目4项,评审金额0.8亿元。

把投资项目评审作为建设投资管理与控制的龙头。根据《北京大学建设工程投资管理办法》规定,规范了立项批准程序,对建设投资标准、投资计划、投资估算等进行评审,确定建设投资的控制目标,促进工程管理部门进行限额设计,在确保满足工程项目使用功能和质量性能的前提下,合理安排建设工程投资,提高建设经费使用效益。

根据各类工程的不同特点,及时有效地为建设工程投资评审小组审定投资计划提供决策支持。学校各个部门管理的50万元以上工程全部纳入学校建设投资评审管理范围。

【建设工程管理审计】 建设工程管理主体包括基建部、总务部、肖家河项目建设办公室、设备部、后勤系统有关中心等。审计部门注重加强各部门建设工程管理内部控制的审计,加强对建设工程重要项目的审计,加强对建设工程重点环节和重大项目的过程审计监管,不断优化业务模式,提高审计绩效。

1. 造价管理审计。

开工前造价管理审计。一方面督促工程管理部门加强招标控制价编制的内部管理控制,并落实管理责任。另一方面,加强对重要工程招标控制价的审计复核。2013年完成50万元以上项目开工前造价管理审计73项,送审金额7亿元,复核审减金额842万元。

竣工后造价管理审计。首先对送审工程造价变动原因及其责任进行分析,促进工程管理部门和使用单位明确造价变动责任,进而规范造价管理内部控制;然后再对工程造价进行审计复核。2013年完成10万元以上项目竣工后造价管理审计122项,送审金额5.4亿元,复核审减730万元,复核审减率1.35%。

2. 招标管理审计。

一方面促进工程管理部门完善招标管理的内部控制,明确询价要求,落实询价责任;另一方面加强重要项目审计监管,对50万元以上项目招标文件、工程合同等进行审计复核,对招标过程进行监管,处理典型事项,维护学校利益。2013年完成50万元以上建设工程招标管理审计项目91项,合同审计71项。

3. 建设财务请款审计。

一方面促进建设财务管理规范化,落实管理部门审核责任;另一方面加强对建设财务请款的审计复核。2013年送审金额5.3亿元,复核审减金额1000万元,复核审减率1.89%,较上年下降了3个百分点。

4. 建设工程拆迁管理审计。

继续开展肖家河项目拆迁管理审计。5次安排人员参加肖家河项目拆迁资金联审组会议,参与审议拆迁协议62份,支付补偿款7305万元,安置房屋7659平方米。

参加吉永庄、承泽园、蔚秀园平房拆迁等有关领导小组和工作小组,参与审议房屋搬迁补偿方案等。

在审议的过程中与学校相关部门人员一起督促规范拆迁工作流程,完善付款审批手续,降低拆迁风险。

【参与学校"三重一大"经济事项】 在内部审计工作中努力探索促进问题解决与机制建设的途径,参与学校"三重一大"经济事项,参与财务管理、资产管理、采购招标管理、建设管理等方面十多个专门委员会和专项工作。

【审计专业化建设】

1. 专业人才建设。

(1) 审计人员拥有多种专业资格。审计部门现有国际注册内部审计师(CIA)7名,中国注册会计师(CPA)5名。还有注册造价工程师、注册资产评估师等专业人员。80%以上审计人员具有经济、管理类研究生学历。

(2) 通过多种途径提高审计人员综合素质。坚持组织集体学习10次,提升现代内部审计理念;坚持组织案例研讨,提升审计实战能力;选派审计人员到相关单位工作锻炼。

2. 专业规范建设。

坚持每年对审计手册修订一次,确保审计专业服务品质。2013年对内部审计手册进行了全面修订。修订后的《内部审计手册》包括审计工作规章、业务管理规范、业务操作规程等三个部分的文件。

3. 专业技术建设。

(1) 深入运用"业务入手"审计方法。加强"业务梳理、问题揭示、数据分析、沟通协调"等方面的要求和训练。

(2) 深入运用数据审计技术。有效运用通用数据库软件(Excel、Access)对各类业务数据和财务数据进行对比分析、多维分析、统计分析、透视处理等,促进审计品质和效率不断提升。

4. 专业管理建设。

(1) 准确把握审计方向,切实突出审计重点。坚持以内部控制为基础开展各项审计工作;坚持"全面把握,突出重点",切实把突出重点落在实处;坚持促进控制机制建设,促进管理责任落实,促进资源绩效提高。

(2) 持续优化业务模式,深入提高业务能力。持续优化业务模式,努力使业务组织方式和业务过程成为"最佳实务"。每年对业务重点、流程进行梳理和整合,突出核心业务,强化审计能力。

【医学部审计】 经济责任审计。完成人民医院院长及领导班子、北医三院院长及领导班子离任经济责任审计。配合医学部中层领导干部换届,完成党委宣传部部长、设备与实验室管理处处长、国内合作与产业管理办公室主任离任经济责任审计。

建设工程审计。开展学生综合服务大楼建设工程、运动场看台改造工程全过程审计。目前两个项目的审计正在进行中。将2013年专项修购资金首次纳入全过程审计管理,涉及资金7330万元,涉及的8个项目均在进行中。参加各类招标及议标237项;审签招标文件58项;审签工程款支付194项,涉及资金约3600万元;审签各类经济合同81项;完成工程结算审计80项,节约工程资金133.99万元。

其他审计。完成科研课题经费审签141项;配合货币资金管理,完成医学部银行存款对账单审签。参加20万元以上的设备采购招标9次。

表9-1 2013年北京大学审计项目分类统计表

审计方面	审计类别	数量
一、校级管理审计	1. 预算管理与执行审计	1
	2. 业务管理内部控制审计	2
	3. 大额资金管理内部控制审计(校级及延伸22家单位)	264
	小计	267
二、二级单位、项目管理审计	1. 二级单位管理审计	19
	2. 科研项目审计、审签	445
	3. 受托专项审计	2
	小计	466
三、经济责任审计	领导干部经济责任审计	20
四、采购管理审计	大额物资、服务等招标管理审计	25
五、建设工程管理审计	1. 造价管理审计(50万元以上控制价等)	74
	2. 造价管理审计(20万元以上结算)	122
	3. 招标管理审计(招标文件、评标等)	91
	3. 合同审计(50万元以上施工合同等)	71
	4. 财务月度拨付款审计(4家单位)	42
	5. 建设工程拆迁管理审计	4
	小计	404
六、建设工程投资评审	1. 新建项目投资评审	5
	2. 大型修缮项目投资评审(1000万元以上)	4
	3. 一般修缮项目投资评审(1000万元以下)	42
	小计	51

续表

方面	审计类别	数量
七、参与"三重一大"经济事项	1. 财务、资产管理	16
	2. 采购招标管理	7
	3. 建设工程管理	20
	小计	43
合计		1276

房地产管理

【概况】 2013年,房地产管理部进一步加强了对学校土地、房屋、家具资产的科学管理与合理调配,保证了北京大学房地产管理各项工作的顺利开展。

截至2013年底,北京大学占地面积2348813平方米;各类房屋建筑面积1850893.26平方米,其中教学、科研及辅助用房717983.25平方米,行政办公用房31236平方米,学生宿舍319291.96平方米,教职工住宅(含集体宿舍)185323.9平方米。

【房地产管理】 2013年,房地产管理部顺利完成公用房调配与管理、公房搬迁周转、公房竣收验收、教职工住房的管理与服务、房改售房等方面的工作。

公用房调配与管理。1. 公用房分配与调整。在理科5号楼为中国社会科学调查中心调配办公用房43.92平方米;在老校医院门诊楼为组织部调配临时办公用房61.74平方米;在技物西院为人事部人才交流与培训中心调配办公用房15平方米;在方正大厦及老校医院门诊楼为工学院调配科研用房312.93平方米;在资源西楼及燕东园21号小楼为燕园街道全国经济普查及食品药品监管工作提供办公场所约40平方米;在理科5号楼为地球与空间科学学院地球物理所提供办公用房229.24平方米;将物理大楼内电镜实验室腾退的551平方米用房分配物理学院作为科研用房。

2. 公房搬迁周转。(1) 2013年中,学校启动后勤综合楼建设项目,工程区域内校园中心环卫小院、社区中心招待所完成搬迁,在大锅炉房为校园中心解决200平方米搬迁周转用房。(2) 2013年暑假,在老校医院门诊楼为心理学系调配办公用房8间约100平方米,配合学校蔚秀园幼儿园抗震加固工程,并缓解心理学系引进人才办公用房紧缺问题。(3) 2012年,学校为推进"沙特国王图书馆"项目建设,对老生物楼后小楼进行了整体改造,作为电话室新楼。2013年11月,电话室新楼竣工,启动校园中心电话室搬迁,以及老生物楼后小楼内生物展厅、工会会议室回迁工作。(4) 2014年初学校将启动静园区改造工程,对区内涉及的行政、教学、科研单位或研究机构进行了有效安置;在一教东北平房、二教地下室等处解决校园中心、餐饮中心搬迁周转需求,并妥善解决搬迁、周转过程中部分单位涉及的设备、装修经费等问题。(5) 为配合学校2014年初勺园1、2、3号楼改造工程项目建设,解决对外汉语教育学院、国际合作部留学生办公室以及各国外高校联络处搬迁周转用房。

3. 公用房竣工验收工作。2013年,学校新竣工工程包括五四体育活动中心改造、蔚秀园幼儿园抗震加固改造、朗润园158号院、电话室新楼、太平洋大厦改造(4—7层)、对外汉语教育学院大楼、新闻与传播学院大楼。

4. 公用房数据的采集、录入和整理等基础工作。2013年,利用公房管理信息系统,累计已完成1617间房屋数据更新工作。通过图纸面积测量、房间编号、现场核对,完成电话室新楼、太平洋大厦、行政综合楼、后勤综合楼等楼宇的房间信息采集工作。同时结合公房查询系统建设,完成了23栋楼宇、83个楼层、2087间房间的图纸标注工作。

5. 公房定额管理即缴费工作。2013年,在上一年未能按时完成缴纳房产资源使用费的3家学院均全额完成了使用费缴纳,累计收取房产资源使用费约3400万元,同时启动了当年全校45家教学科研单位公房定额管理和使用费缴纳工作。

6. 经营性用房普查工作。经巡查及各单位自查,共搜集整理各类经营性用房(用地)296处。在调查分析的基础上,编制完成《北京大学经营性用房(地)管理实施细则(草拟)》,明确了学校经营性用房的管理范围及管理模式,规范了"经营性房源的产生""经营单位的确定""收费的管理""日常管理责任"等问题,为学校相关规章制度的确立奠定基础。

公寓及住房日常管理。1. 房

屋维护。房屋日常粉刷检修10处。

2. 房屋整理。2013年，清理、收回因历史原因未腾退房屋36套（间）；开展了北京大学高级访问学者公寓23套房屋的装修工程和设备采购工作，2014年初投入使用。

3. 供暖费、物业费、房租支付。2013年，支付无房教职工自购房及住外单位福利房职工供暖费约157万元；方正集团畅春园60楼租金约89.76万元。

4. 办理住房相关手续。办理住房调查表、开具住房证明263人次，办理退休、病故、调出转单120人次，房租调整1022人次，回收退房39户；办理博士后进站教师公寓分配65人次，出站退房54人次；办理访问学者公寓、校内集体宿舍入住、调整及退房手续177次，续办协议25次。

5. 已售公有住房回购。回购已售公有住房4套。

房屋维修管理。2013年，处理各类房屋报修372起。重点做好了五道口腾退教师公寓简装检修专项工作，共完成了328套教师公寓的简装检修；启动三期15套高级访问学者公寓精装修。完成中关园、清华园公共楼道塑钢窗改造；朗润园9—12公寓挑顶翻修；中关园土冰箱维修；燕南园59号、61号、62号、64号、65号、燕南园老干部活动中心、体斋、第一体育馆、老生物楼等古建的维修等工程。

土地与房屋产权管理。1. 房屋产权管理。继续推进资源西楼、万柳公寓土地证和房屋产权证从资产经营公司过户至北京大学名下的相关工作。2013年12月，房地产管理部已与北京海正盛业房地产经纪有限公司签订了代理万柳公寓房产证和土地证变更手续的委托代理协议，并将相关材料交至北京市国土资源局海淀分局，启动权属变更相关手续工作；办理完成百周年纪念讲堂和图书馆的楼牌；协助中关新园办理西二旗铭科苑12号楼1702号房屋的产权过户。整理完成学校产业用房基本情况并汇报学校。

2. 土地管理。完成成府园区土地征地结案和新建工程项目《建设用地批准书》。完成2013年度中央国家机关在京单位用地变更调查工作，填报相关数据并报送教育部。

地下空间与人防工程管理。完成北大附中体育馆一期及教学北楼、北大附中北区综合教学楼、实验设备2号楼、生命科学科研大楼、阿卜杜勒·阿齐兹国王公共图书馆分馆暨北京大学古籍图书馆人防工程前期规划设计申请，人防工程总建筑面积25050平方米；科技成果转化中心（外国语学院大楼）的人防工程验收合格并对平时使用功能进行变更，平时使用功能申请由汽车库变成资料库，已获批准。

【房改工作】房改售房。1. 继续开展2012年度房改成本价售房相关工作。开展了2012价房改售房工作，对申请人及其配偶的工龄、调节因素、教师优惠等相关计价因素进行了核实，将符合申请条件的9户承租人的相关资料报送国管局并办理了相关审批手续，完成了9户承租人的公有住房房价计算，并对其中住房面积超标的4户进行了核实登记并完成了超标处理。在与申请人签订公有住房买卖契约并收取了购房款后，将按房管局要求整理好售房档案报送海淀区房管局房改办公室，目前正在等待审核。

2. 继续开展蓝旗营遗留房产证办理。目前，蓝旗营共有8户因各种原因未办理产权证，通过与住户个人及相关部门多方联系、申请，有两户顺利办理了继承公证，符合办理产权证条件，所需材料已准备齐全，产权证正在办理过程中。

3. 与高校房地产公司配合，办理育新花园小区收回住房的产权回购手续。

4. 对11户住房超标职工进行了超标处理，并收缴了超标住房款。

5. 审核办理继承业务的教职工45人，办理共有业务的教职工38人，均按规定完成申请人信息的登记、审核以及数据上报央产房交易办公室等工作，为申请人办理继承或共有业务做好准备工作。

6. 向央产房交易办公室报送北京大学已售住房档案信息。目前燕北园、畅春园、承泽园、西三旗、六道口的相关住房信息已录入央产房交易办公室信息系统。同时根据央产房交易办公室的相关要求，结合实际情况和长远规划，整理出校园周边不宜上市出售楼房清单共计2851户，已将信息报送央产房交易办公室。该数据信息的上报可有效防止现产权人未经学校同意将房屋上市交易。

住房改革资金测算和住房调查及审核工作。按照国家要求和学校规定，为新进校职工及时建立住房档案。同时，对北京大学现有教职工住房档案进行完善。协调财务、人事、医学部等多个部门编制上报《2014年北京大学住房制度改革支出预算报表》和《2012年北京大学住房制度改革支出决算报表》，同时编写了相关编制说明，涉及发放住房补贴职工4207人，申请住房补贴资金6039万元。

教职工住房补贴发放。2013全年为3184名无房及未达标教职工发放住房补贴7354万元，其中为443名新进职工及时核定和发放住房补贴及临时生活津贴，并继续做好老职工住房补贴拾遗补阙工作，为51名老职工核定和发放了相关住房补贴。为购五道口住宅教职工办理支付住房补贴、退购房款手续。

继续做好五道口售房操作的后续工作。学校五道口住宅实施方案规定,在教职工腾退原住房后,及时办理发放住房补贴和原购房款手续。全年办理9批次为172名购房教职工及时发放住房补贴2448.9万元;办理10批次,共为180户已购原房教职工发放原购房款741.5万元,其中为6户原购房人已故的住户,联系继承人并办理了原购房款领取手续。继续办理五道口项目学校回购223套周边已售住房的回购档案和产权转移手续。对于五道口选房后可交由北大使用的外单位4套住房,均已与原单位做好沟通,可由北京大学处置,学校将对收回校外住房进行评估及上市出售操作。

协助法政公司为第一批136户五道口购房教职工办理房屋产权证发放手续。《北京大学已购公有住房上市出售管理暂行办法》经学校党委常委会会议审议通过。

开展蓝旗营小区电梯更新改造相关工作。经向北京市公积金管理中心及海淀区房屋管理局多次咨询后,积极协调清华大学房管和财务、蓝旗营小区业主委员会、学校财务部等相关单位和部门,经多次协商并报学校党政联席会议批准后,最终确定了电梯更新改造方案及资金使用办法。6月电梯更新改造工程开始启动,房地产管理部和财务部已两次办理改造资金的支付手续。工程计划于2014年初全部完成。

办理学校购买西二旗智学苑小区18套住房的相关手续。经学校党政联席会批准,学校决定将西二旗智学苑18套住房由学校购买,产权办理到学校名下。经与安达房地产公司多次沟通协调,争取到该公司的配合。同时,委托专业代理公司办理产权转移登记手续。

西三旗和西二旗住户供暖费及物业费统一支付。西二旗769户供暖费约198万元;西三旗育新花园小区、六道口静淑苑小区406户供暖费94.1万元和物业费59.5万元。

【家具资产管理】 审核、建账、贴示家具标签的新购置家具为16079件,价值1605.85万元。处置废旧家具614件,价值40.97万元。调拨可再用家具36件,价值6.12万元;为一次性购置家具总值超10万元的单位,以公开招标的方式完成了13次家具招标,总中标价850.44万元,合同价843.60万元。

【重点专项工作】 公用房信息查询系统建设。2013年,根据《房地产管理部党支部深入开展群众路线教育实践行动方案》,结合《北京大学关于开展正风肃纪专项活动的意见》的具体要求,房地产管理部开发完成了"北京大学公用房信息查询系统"。目前该系统已正式部署上线运行。

完成学校重点工程建设项目分配方案制订及实施。(1)实验设备1号楼入驻方案实施:房地产管理部配合实验设备年起,房地产管理部先后与11家入驻单位签订了公用房使用协议和原办公用房腾退协议。2013年9月底,各入驻单位基本完成搬家工作。(2)人文大楼分配方案制订及实施:2012年11月起,房地产管理部根据人文大楼的实际现状,结合入驻单位现有教职工人员情况进行了详细测算,并分别与中国语言文学系、历史学系、哲学系、高等人文研究院负责人进行了数次沟通,最终制订了《人文大楼分配建议方案和原办公用房腾退方案》并获得通过,各入驻单位已依据协议腾退用房约1300平方米。(3)外国语学院大楼分配方案制订及实施:2013年年底,外国语学院大楼逐步具备入驻条件。房地产管理部在与外国语学院进行多次沟通、反复进行研究和论证后,形成具体分配方案及原办公用房腾退方案。2013年12月,外国语学院与房地产管理部正式签订了公用房使用协议和原办公用房腾退协议,正式启动搬迁工作。(4)行政综合楼、后勤综合楼、太平洋大厦4—7层分配方案制定:学校行政综合楼、后勤综合楼将于2014年下半年竣工交付使用。太平洋大厦4—7层已于2013年12月校内竣工验收。房地产管理部在对各入驻单位现用房情况、内设机构及人员情况进行详细调研整理的基础上,计算各单位用房定额、核实确认房间使用功能,最终得出各楼入驻分配方案。

完成办理成府园土地的《征地结案》和《建设用地批准书》。通过与海淀区政府、海淀乡、西苑村多次沟通,并依据区政府协调方案,学校向海淀镇、西苑村支付补偿费1000万元。房地产管理部于2013年5月办理完成了成府园区土地征地结案和新建工程项目《建设用地批准书》,有力保障学校环境科学与工程大楼、建筑与景观设计大楼、艺术与歌剧研究院大楼、软件工程中心大楼工程项目开工建设。

五道口教师住宅。五道口教师住宅原房腾退、收回工作:收回五道口腾退住房420多套(间)住房,做到了房屋逐户查验,数据整理在案。五道口腾退住房用作教师公寓的调配工作:通过网上选房系统集中申请、排队、选房,共有393人参加了申请排队,242人成功选房。

新教职工住宿安排。在学校周边园区教师公寓房源持续紧张的条件下,从校内筒子楼中挖掘了潜在房源。这些住房经过粉刷以及一系列检修,并配置了新家具,解决了49名应届毕业留校教职工住宿问题。

肖家河教工住宅项目

【概况】 肖家河项目建设办公室(以下简称"建设办")紧紧围绕腾退拆迁、开工筹备和手续报批等工作主线，于2013年10月完成了全部住宅拆迁任务，并取得了上级主管部门的可研报告批复，同时积极组织平整场地、回迁住宅、施工图设计和市场招投标工作，为启动开工建设奠定了坚实基础。

【腾退工作】 项目自2011年10月20日启动拆迁腾退工作，于2013年10月17日完成了区域内最后一个住宅院落的拆除工作。非住宅单位尚未完成全部谈判、签约工作。

2013年初，一方面加强宣传、集中入户谈话；另一方面自2013年3月至10月，由海淀镇牵头，建设办与区维稳办、信访办、公安系统等单位联动，先后组织了10余次大规模的帮助腾退行动，并随时根据谈判进展，抓住时机开展零星小规模的帮腾，帮助腾退行动达到了预期的效果。若干院落的被拆迁户或自行搬离，或表达签约意愿，选择了主动拆迁模式。

建设办深入了解肖家河地区社情动态，认真做好拆迁群众的信访接待和说服疏导工作。

【开工筹备工作】 项目于2013年6月获得了教育部可研批复（教发函〔2013〕112号）。

项目计划于2014年初启动项目回迁地块开工建设。建设办组织拆迁公司和拆除公司清除场地，会同相关单位完成了地块内坟墓迁移补偿、树木伐移、电线杆移拆工作，并积极咨询、协调，整理、申报建设临水、临电方案。在场地清除、平整的同时，建设办严格按照程序完成了J、H回迁地块土方及监理招标工作。中国建筑第八工程局有限公司、中建三局建设工程股份有限公司施工单位中标；北京帕克国际工程咨询有限公司、建研凯勃建设工程咨询有限公司监理单位中标。10月18日建设办组织召开了建设单位、施工单位、监理单位见面会。施工场地实现移交，现场临水、临电开通。一方面，基坑支护方案和土方开挖方案已编制完成，并通过专家论证。另一方面，建设办组织设计单位积极推进设计深化和施工图纸设计，已经完成了红线外市政设施咨询、地下室设计方案、幼儿园设计方案、还建商业设计方案以及回迁地块施工图纸设计、审核，预计2014年春节前即可获得教工自有住宅施工图纸等全部施工图纸。地铁16号线与项目建设有相互影响，建设办与海淀区住建委及重大办积极协调。

财务部、纪委、审计室、工会等部门与建设办公室共同研究制定了《肖家河重点村腾退安置资金管理办法》，并积极参与腾退拆迁资金的审核、管理工作；房地产管理部、总务部、水电中心、供暖中心、校园管理服务中心抽调精干力量，参加入户调查和安置房销控工作。财务部加强资金监管。党办校办、保卫部、燕园派出所等密切配合建设办公室，积极应对，妥善处理被拆迁群众上访事件，切实维护北京大学稳定。2013年，建设办公室通过多种途径与教职工充分交流和沟通。在项目招投标、方案设计、户型调整等各项工作中邀请教职工代表参加，征求、听取教职工的意见和建议。

【紧紧依靠政府力量】 10月10日和16日，北京市委傅华副秘书长听取了建设办关于项目建设情况汇报，并召开专题会议协调解决项目面临的难点和问题，已开展落实非住宅拆迁推进、防洪费、城市基础设施建设费、招投标管理费减免申报等工作。

住宅拆迁完成后，项目办总结了已经拆迁完成的两个标段（地块）的拆迁结案手续，征地结案手续正在申办过程中。建设办与海淀区规划分局、国土分局、发改委、住建委、重大办等相关主管部门多次请示、协调，项目已在海淀区招投标平台启动了H、J地块回迁住宅项目的土方/CFG桩的专业承包、建设施工监理、施工等招投标项目。

【健全完善建设办自身建设】 建设办除综合管理部、财务部外，前期管理部、造价管理部、建设管理部等业务部门全部入驻现场办公区，同时加快人员招聘节奏。项目办花大力气完善了项目开工建设阶段部门间协调配合的管理办法和工作流程，在制度建设的基础上，采取建立现场办公区每周例会制度、建设办内部重大事项进展定期通报、刻制部门方章、启用部门间工作联系单等具体措施。

实验室与设备管理部

【概况】 2013年，实验室与设备管理部（以下简称设备部）的工作重点是：积极推进学校大型科学仪器公共平台建设，构建国内领先、国际一流的科研公共服务体系；深化实验教学改革，总结和凝练实验教学示范中心及虚拟仿真实验教学中心评建经验，将实验教学的作用贯穿人才培养的全过程；继续加强实验技术队伍建设，组织完成本年度北京大学第七届实验技术成果奖评选；继续完善大型科学仪器购置论证和效益管理；继续管理和执行学校"985/211工程"设备经费；进一步规范设备采购的各个环节，加大招标采购、集中采购的执行力度，为学校争取更大的利益；全程负责仪器设备进口免税手续的办理，进一步加强免税科教用品的管理和政策宣传；建立健全实验室安全教育体系，加强环境保护和辐射防护管理、实验室危险废物排放及实验动物安全管理；承担北京市科委相关研究项目的建设工作；继续以管理机制创新和信息化建设为手段，进一步落实各项规章制度的执行；协助先进技术研究院完成相关认证工作。

【实验室建设与实验教学改革】
截至2013年底，北京大学共有实验室160个。2013年实验室建设和实验教学改革的主要工作如下：

国家级虚拟仿真实验教学中心评建。组织落实国家级虚拟仿真实验教学中心的评建工作。2013年，北京大学地球科学实验教学中心被教育部评为国家级虚拟仿真实验教学中心。本次评审，全国共有207所高校参评，共评选出国家级虚拟仿真实验教学中心100个。

北京市级实验教学示范中心验收。根据《北京市教育委员会关于开展北京市高等学校实验教学示范中心验收工作的通知》（京教函〔2013〕500号）安排，北京大学电子信息科学基础和药学实验教学中心等2个北京市级实验教学示范中心接受了北京市教委的验收并获通过。

实验教学改革经费和教学实验室建设经费的评审和监督执行。学校设立了实验教学改革经费和实验教学设备补充经费。经各单位申报和专家评审，2013年北京大学实验教学改革经费共支持实验教学改革项目12项，经费总额58.20万元；2013年北京大学实验教学设备补充经费共支持教学实验室建设项目11项，经费总额59.62万元。

实验技术队伍建设。截至2013年底，北京大学校本部共有实验技术人员385人（指在院系工作的实验技术人员），其中，教授级高级工程师21人，高级工程师/高级实验师142人，工程师/实验师206人。2013年，北京大学实验技术队伍建设方面的主要工作包括：

1. 组织完成2013年实验技术系列职务聘任工作。2013年，北京大学新聘教授级高级工程师3人，高级工程师/高级实验师16人（其中医学部2人），工程师/实验师12人（其中代评2人）。

2. 组织完成2013年度北京大学第七届实验技术成果奖评选。设备部在全校范围内组织开展"北京大学第七届实验技术成果奖"（每两年一次）的申报和评审工作。经过院系推荐、专家评审和校内公示等环节，共评选出一等奖5项（其中校本部4项、医学部1项），二等奖8项（其中校本部5项、医学部3项），三等奖14项（其中校本部9项、医学部5项）。

大型科学仪器公共平台建设。截至2013年底，北京大学共有6个校级公共平台，分别为：实验动物中心、分析测试中心、电子显微镜实验室、微纳加工实验室、北京核磁中心、氦液化回收公共平台，设备总价值2.5亿元。2013年，北京大学公共平台建设工作主要包括：

1. 组织完成首次校级公共平台绩效考评。北京大学启动了公共平台绩效考评工作。为配合考评工作的开展，设备部组织编制了高校中首个公共平台绩效考评指标体系，并于2013年初组织完成了首次绩效考评。考评从公共性、科研能力、管理机制、队伍建设、平台特色等方面全面检验了各平台的管理与服务工作，并根据考核成绩拨付了平台运行专项补贴。

2. 实验动物中心AAALAC认证和管理机制完善。北京大学实验动物中心是国内高校中首个按国际标准建设的实验动物平台，目前支撑着校内十余个院系的教学科研工作。2012年底，设备部组织完成了动物中心的换届选举，产生了新的领导集体和专家委员会。在此基础上，2013年，以AAALAC认证筹备为契机，设备部组织对中心核心工作进行了梳理，明确了新领导集体的职责分工，着力推动了中心信息化建设等相关工作，并顺利通过了AAALAC国际理事会组织的AAALAC认证现场检查。

3. 组织建设氦液化回收系统校级公共平台。设备部与物理学院量子中心共同组织开展了"北京大学氦气液化回收系统校级公共平台"的筹建工作。2013年，平台主车间改造工程全部完工，主体设备及配套设备全部到位，设备验收调试工作已加紧开展，预计于2014年4月开始试运行。

4. 整合国家平台资源建设北京大学核磁中心。北京大学核磁中心是以国家大型科学仪器中心——北京核磁中心为基础，以"国家蛋白质科学基础设施项目"——凤凰计划（Pilot Hub Of ENcyclopedic ProteomIX）核磁设施建设为契机，通过扩充和整合北京大学现有核磁共振谱仪资源而形成的校级科学仪器公共平台。2013年12月，中心新址竣工；同期，中心订购的4台高端核磁谱仪（价值合计近7000万元）已有3台到货并开始安装调试。

5. 实验设备楼建设（原校医院区域改造）。历经近两年建设，实验设备1号楼建设工程于2012年底基本完工。2013年，设备部组织各入驻单位对楼宇建筑及配套设施进行了全面验收，并配合用户单位完成了工程后期整改和二次装修工作。

【985/211设备经费管理与执行】
截至2013年底，由设备部负责管理和执行的"985工程"设备经费的情况为：校本部"985工程"三期设备经费总拨款6.23亿元，截至2013年底已执行5.36亿元。其中2013年执行0.65亿元。

【仪器设备管理】 截至2013年底，北京大学在用仪器设备总量233643台，价值人民币46.2亿元（校本部172456台，价值人民币35.18亿元；医学部61187台，价值人民币11.02亿元）。其中，40万元以上大型仪器设备1262台，价值人民币16.79亿元（校本部951台，价值人民币13.02亿元；医学部311台，价值人民币3.77亿元）。

2013年，北京大学新增800元以上仪器设备33282台，价值人民币7.21亿元。其中，校本部新增26718台，价值人民币5.5亿元；医学部新增6564台，价值人民币1.71亿元。

2013年，北京大学新增40万元以上大型仪器设备214台，价值人民币3.18亿元。其中，校本部新增159台，价值人民币2.44亿元；医学部新增55台，价值人民币0.74亿元。2013年仪器设备管理方面的主要工作如下：

北京大学第二十一期大型仪器设备开放测试基金的执行。第二十一期大型仪器设备开放测试基金共开放设备151台/套（含实验动物中心），完成课题1109项，使用基金734.42万元，测试机时197378小时，测试样品246460个，资助申请人发表SCI论文738篇，获得专利142项、国家级奖1项、省部级奖1项、出版专著11部，培养各类人才1171人。获资助单位包括化学与分子工程学院、物理学院、生命科学学院、信息科学与技术学院、地球与空间科学学院、城市与环境学院、环境科学与工程学院、考古文博学院、工学院、前沿交叉学科研究院、深圳研究生院、分子医学研究所、心理学系、元培学院、软件与微电子学院、医学部等16个院系。

北京大学第二十二期大型仪器设备开放测试基金的申报和评审。第二十二期大型仪器设备开放测试基金共收到课题申请1345个，测试费申请总额1910.9万元，申请机时37.88万小时，申请样品测试27.34万余个。经专家评审，最终获得批准的课题共1293个，测试基金总额804.8万元，其中学校出资402.4万元，申请人配套经费402.4万元。参加本期基金开放的仪器设备共177台/套（含实验动物中心）。

大型仪器设备测试服务。2013年，北京大学大型仪器设备测试服务总收入5522万元（不含大型仪器设备开放测试基金部分）。

大型教学科研仪器设备使用情况调查及分析。完成全校797台40万元以上仪器仪表类教学科研仪器设备的年度使用情况调查及分析。其中，校本部643台，价值8.80亿元，年使用机时800小时以上的仪器占55.05%，年使用机时2000小时以上的仪器占22.40%。

国家科技基础条件资源调查。完成北京大学（含医学部）50万元以上大型仪器设备基本信息和设备使用情况的统计上报。

仪器设备资产处置。2013年，设备部继续实行校内调剂、集中收储、公开处置的仪器设备报废程序，力求实现仪器设备使用价值的最大化。2013年北京大学旧仪器设备变价收入为148万元。

北京大学仪器创制与关键技术研发中心建设。设备部于2009年组织成立了高校中首个"仪器创制与关键技术研发中心"，并设立专项基金支持中心建设。截至2013年底，设备部已组织完成了四期"仪器创制与关键技术研发"项目的申请、评审和总结验收工作，共33个项目获得支持，获支持单位涵盖除数学科学学院外的全部理工科院系，资助经费共计742万元。所支持项目后续获国家重大专项经费约9000万元。在此基础上，设备部还积极利用首都科技条件平台等渠道宣传和推介已有成果。

编制《北京大学大型科学仪器设备汇编》（第三期）。本期汇编收录了北京大学除因故障无法正常使用及磁盘阵列、交换机和防火墙之外的全部726台40万元以上在用大型科学仪器的基本信息、共享信息和所获得的代表性科研成果，全面展示了北京大学大型科学仪器资源。

首都科技条件平台北京大学研发实验服务基地建设。2013年，北京大学继续承担北京市科委现代服务业促进重大专项——"首都科技条件平台北京大学研发实验服务基地建设及运营"项目（五期）建设工作，项目经费130万元。基地建设由设备部牵头组织，并在科技资源开放共享、科研成果转化、专利技术转移等方面取得了优异的成绩，顺利通过五期项目建设验收和绩效考评。

首都科技条件平台高等学校仪器创新与服务试点项目。2013年，由设备部牵头，北京大学成功申请北京市科委首都科技条件平台试点项目——高等学校仪器创新与服务试点，经费100万元。主要建设任务包括：聚集高校仪器研发优秀成果、汇聚企业仪器研发创新需求、推进仪器研发创新成果转化、开展需求和成果对接、培育仪器研发新项目等。

北京大学科普基地建设。2013年，北京大学顺利完成了北京市科委科学技术普及专项——"北京大学科普基地建设"项目（二期）建设任务，项目经费130万元，并成功启动了项目（三期）的建设工作（项目经费100万元）。科普基地建设项目建设完善了科普场馆。由设备部牵头组织，化学与分子工程学院、生命科学学院、地球与空间科学学院、校史馆等单位精心梳理和整合了优质的教学科研资源，面向社会开放，组织开展了科普活动。2013年5月,北京大学5个国家级实验室代表学校参与了北京科技周主会场的展示活动。

【仪器设备采购】 2013年,设备部进一步完善采购制度,规范仪器设备采购申报、审批程序以及招标采购流程;建立"阳光采购"机制,每月定期公布学校通用设备实际采购价格及采购工作相关信息,帮助全校师生及时掌握通用类仪器设备的实际价格变动情况。2013年,北京大学共采购仪器设备7.21亿元,其中校本部采购仪器设备5.5亿元,医学部采购仪器设备1.71亿元,主要工作如下:

招标采购工作。2013年,设备部共组织仪器设备招标采购109次,中标金额共计1.44亿元。其中校本部仪器设备招标47次,中标金额共计0.86亿元;医学部仪器设备招标62次,中标金额共计0.58亿元。通过招标方式采购,为学校节省约1493.6万元。

国内仪器设备采购。2013年,北京大学共采购国内仪器设备2.98亿元,审核并签订5万元以上合同490份,合同金额共计1.57亿元。其中校本部采购国内仪器设备2.28亿元,审核并签订5万元以上合同421份,合同金额1.26亿元;医学部采购国内仪器设备0.70亿元,审核并签订5万元以上合同69份,合同金额0.31亿元。

国外仪器设备采购。2013年,北京大学采购国外仪器设备折合人民币4.23亿元。其中校本部采购国外仪器设备3.22亿元,通过竞争性谈判或招标采购等方式签订及执行合同696项,共计4252台(件、套、批);医学部采购国外仪器设备1.01亿元,通过竞争性谈判或招标采购等方式签订及执行合同239项。

接受境外赠送。2013年,北京大学共接受境外友好赠送的仪器设备2批,折合人民币1372.5万元。设备部负责全程办理了接受赠送所需的行文、报审、进口审批等手续。

办理科教用品免税情况。2013年,北京大学共办理免税964项,免税合同金额折合人民币约5.31亿元,按平均税率20%计算,共免除税款约1.06亿元。其中校本部办理免税747项,免税合同金额折合人民币约4.68亿元,免除税款约9364万元;医学部办理免税217项,免税合同金额折合人民币约6268.61万元,免除税款约1253.72万元。

【实验室安全与环境保护】 2013年,在实验室安全、环境保护和辐射防护方面的主要工作如下:

实验室安全管理。为确保北京大学的实验室安全,设备部采取多种方式加强实验室安全管理:

1. 危险化学品管理调研。设备部环境保护办公室(以下简称环保办)对国内高校和科研院所危险化学品的管理情况进行了考察,并对国外相关情况进行了调研,完成了《危险化学品管理情况调研报告》。

2. 签订安全责任书。设备部代表学校与全校各院系、实验室签订了实验室安全责任书及辐射防护安全责任书,将安全责任逐级落实,强化广大师生员工的安全责任意识。

3. 实验室巡查。设备部自2013年6月起开始实施实验室巡查制度,每周巡查一个实验室。2013年共巡查了11个院系的14个实验室,巡查报告和实验室安全整改通知已发送相关单位。设备部后续还要对整改效果进行复查。

4. 安全检查。每年寒、暑假期以及国庆等重大节假日期间,由环保办组织,学校实验室安全委员会暨辐射防护工作小组成员组成实验室安全检查小组,对学校各院系实验室进行安全检查。2013年,共开展安全检查8次。

辐射安全与防护。为确保北京大学辐射防护安全,设备部通过多种方式加强管理:

1. 辐射安全许可。经环境保护部审批,允许北京大学辐射安全许可范围内增加核素使用量。先后办理了 Mn-54/Co-60/Cs-137、I-125、Tc-99m、P-32、S-35 等放射源(京环辐审〔2013〕265 号)和非密封放射性物质(京环辐审〔2013〕136 号、138 号、386 号、387 号)的进口、转让审批、相应的转让备案。

2. 辐射项目环保竣工验收。北京大学医院大楼射线装置、实验动物中心大动物CT室和北京大学国防特色学科专业建设项目通过北京市环境保护局和环境保护部的竣工环境保护验收。

3. 完成小钴源室退役申办、审批及批复。小钴源室退役项目竣工环境保护验收现场审查顺利审评,表明北京大学小钴源室退役工作程序基本完结,原小钴源室可以作为普通实验室开放使用。

4. 辐射工作人员管理。为确保辐射工作人员的职业安全与身体健康,统一对放射工作人员进行一年四次个人剂量监测,共计655人次;同时,根据北京市治安总队文件要求,对北京大学所有涉源单位的值守人员进行了培训和考核,持证上岗。

5. 完成学校医学部同位素及放射性废物暂存场所改造工作。6月,经北京大学医学部领导同意将中心楼214室改造为医学部同位素及放射性废物暂存场所。2013年已完成土建、技术安全防范安装、防盗门窗的更换、安全分析等工作。

环境保护。1. 环保审批申报。(1)向北京市环保局申办污染物处置等;(2)完成北京市安全生产监督管理局、北京市教委下发的各项实验室危险化学品、危险废物情况的调查和统计工作。

2. 危险化学废物管理与处

理。2013年,北京大学共处理实验室危险废液等100.33吨、动物尸体4310公斤。

3. 水质、室内空气质量监测和环境剂量检测。为给北京大学师生员工营造健康的生活环境,环保办组织开展了一系列环境质量检测工作,主要包括:(1)水质监测:继续开展全校饮用水和未名湖水质监测工作,对北京大学9处饮用水、2处未名湖湖水水质、8处污水排放口进行了详细检测,各项检测结果均符合国家规定标准。(2)室内空气质量监测:重点抽测了部分五道口教师公寓、教育学院、体育馆、学五食堂、光华管理学院、新建的实验设备1号楼以及国际合作部等单位。检测指标包括甲醛(HCHO)、可吸入颗粒物(IP)、总挥发性有机物(TVOC)、苯系物(苯、甲苯、二甲苯)、新风量、空气流速、氧气浓度、温湿度及放射性本底等。(3)校内环境辐射剂量检测:对多处辐射工作场所及其周边进行了两次环境辐射剂量检测。

4. 环保宣教活动。设备部开展了主题为"青春北大、绿色校园"的环保系列活动,内容包括:(1)新生入学的环保宣传工作,设计制作并印发环保宣传册。(2)在全校范围内进行废旧电池回收。(3)开展"青春北大、绿色燕园"系列环保宣传。(4)2013年正值环保办成立40周年,开展了系列主题环保宣教活动,包括向本科新生和新教工发放安全、环保宣传材料5000余份,开展《北京大学师生环保行为与低碳校园建设满意度调查》和"绿满燕园"征文活动,组织师生认知燕园草木,召开讲座和座谈会等。

【地铁振动影响评估专项工作】北京市于2013年10月书面批复了市规划委《关于地铁16号线西苑—苏州街段线路规划调整方案的请示》(市规文〔2013〕1669号)。

表9-2 2013年北京大学实验室基本情况一览表

序号	单位	实验室个数	实验室使用面积(m²)	教学实验(12—13学年)			仪器设备		其中20万元以上大型设备	
				实验个数	实验时数	实验人时数(万)	数量	金额(万元)	数量	金额(万元)
1	数学科学学院	2	2100	10	30	1890	3246	2063.5	1	44.5
2	工学院	5	7222	40	3797	10245	9513	21484.5	117	9241
3	物理学院	10	71623	164	1436	107709	15064	58960.4	368	39328.9
4	化学与分子工程学院	12	19134	189	1994	480659	14036	37471.2	345	23972.7
5	生命科学学院	8	8970	216	654	68772	12234	33857.7	265	17794.4
6	地球与空间科学学院	5	5085	180	1156	37921	6589	11452.1	75	4580.4
7	心理学系	4	600	88	832	17084	1346	1813.6	13	684.7
8	中国语言文学系	1	80	5	710	9030	1396	1180.2		
9	考古文博学院	1	1200	7	1136	25424	1679	3251	24	1360.7
10	光华管理学院	1	450	46	714	30513	4681	4459.4	10	363.1
11	法学院	1	530	3	116	2880	1603	1192		
12	北京核磁共振中心	1	2000				487	3837.6	11	3281.3
13	现代教育技术中心	1	1128				3535	3370.9	10	292.6
14	体育教研部	1	80	9	180	10020	1073	954.0	2	49.9
15	信息科学技术学院	17	21500	252	5749	937705	17031	45220.9	304	23891.4
16	计算机科学技术研究所	1	1100				991	2103	10	461.8
17	计算中心	1	2946				6724	12842.6	76	6101.7
18	图书馆自动化实验室	1	400				3187	11255	50	3075.7
19	城市与环境学院	3	3873	102	976	38906	5050	8026.9	80	3247.9
20	环境科学与工程学院	3	2840	3	210	1386	4693	11293.2	101	5404.5
21	分子医学研究所	1	1506				2309	6137.8	52	3030.4
22	实验动物中心	1	4139	1	16	1760	406	3152.4	7	2628.5

续表

序号	单位	实验室个数	实验室使用面积（m²）	教学实验(12—13学年)			仪器设备		其中20万元以上大型设备	
				实验个数	实验时数	实验人时数（万）	数量	金额（万元）	数量	金额（万元）
23	电子光学与电子显微镜实验室	1	850	1	48	3264	274	4877.3	17	4549.3
24	北京现代物理研究中心	1	600				37	47.5		
25	基础医学院	48	12169	164	5089	8.03	1410	3799.22	27	1915.53
26	药学院	13	12463	57	4552	0.89	698	1547.48	16	794.71
27	公共卫生学院	8	3749	30	204	0.18	610	700.41	2	60.33
28	护理学院	1	913	46	179	0.44	79	34.82		
29	公共教学部	3	1503	49	2970	1.05	168	115.43		
30	医药卫生分析中心	1	1229	8	70	0.04	43	2197.57	10	2125.21
31	实验动物科学部	1	1538				2	0.59		
32	中国药物依赖性研究所	1	1097				108	226.73	2	49.68
33	信息中心	1	336				154	578.72	8	333.37
	合计	160	194953	1670	32818	1785179	120456	299506.4	2003	158664.2

表9-3　2013年新增40万元以上大型仪器设备一览表

序号	设备名称	单价(万元)	经费来源	单位
1	宽带可调谐脉冲激光器系统	87.3	教学事业费	物理学院
2	角分辨光电子谱仪	200.6	教学事业费	物理学院
3	多功能可控环境扫描探针显微镜	140.1	211工程	物理学院
4	纳米压印机	203.0	基建设备费	物理学院
5	原子力显微镜	114.1	科研专款或基金	物理学院
6	金属/氧化物介质多功能超薄膜制备系统	219.7	科研专款或基金	物理学院
7	多功能超高分辨电子束刻蚀系统	678.7	科研专款或基金	物理学院
8	一体式窄线宽纳秒光学参量振荡器	47.6	科研专款或基金	物理学院
9	高次谐波光脉冲发生器	152.6	科研专款或基金	物理学院
10	时间分辨可见—红外全光谱发光寿命测量仪	198.9	科研专款或基金	物理学院
11	泵浦激光器	41.7	科研专款或基金	物理学院
12	深能级瞬态谱仪	54.6	科研专款或基金	物理学院
13	千赫兹高功率相位稳定飞秒放大激光器	501.1	科研专款或基金	物理学院
14	原子层沉积系统	97.0	科研专款或基金	物理学院
15	扫描近场光学显微镜	140.6	科研专款或基金	物理学院
16	高温金属有机物化学气相沉积系统	806.4	基建设备费	物理学院
17	钛宝石超快激光器	85.6	科研专款或基金	物理学院
18	太阳能电池光谱响应测试仪	61.3	科研专款或基金	物理学院
19	环形硅微条探测器阵列系统	84.1	科研专款或基金	物理学院
20	核电子学信号处理系统	64.7	科研专款或基金	物理学院
21	纳米压痕仪	175.4	科研专款或基金	物理学院
22	全波长多功能读数仪	43.9	科研专款或基金	物理学院
23	傅里叶变换远红外光谱仪	130.2	科研专款或基金	物理学院
24	高功率高压直流电源	58.9	科研专款或基金	物理学院
25	1.3GHz功率放大器	370.7	科研专款或基金	物理学院

续表

序号	设备名称	单价(万元)	经费来源	单位
26	激光共聚焦显微镜	122.8	科研专款或基金	物理学院
27	天文望远镜	43.5	科研专款或基金	物理学院
28	P型高纯锗伽马谱仪	175.1	科研专款或基金	物理学院
29	极低温强磁场系统	351.8	"985工程"	物理学院
30	光学浮区炉	93.4	"985工程"	物理学院
31	聚焦离子/电子双束系统	725.4	"985工程"	物理学院
32	超高真空低温扫描探针显微镜	369.8	"985工程"	物理学院
33	低波数高分辨显微拉曼光谱仪	104.0	"985工程"	物理学院
34	存储容器	141.0	"985工程"	物理学院
35	紫外光刻机	94.5	"985工程"	物理学院
36	超快激光系统	160.1	"985工程"	物理学院
37	超快激光系统	86.1	"985工程"	物理学院
38	飞秒激光器	96.8	"985工程"	物理学院
39	9特斯拉无液氦强磁场低温系统	71.9	"985工程"	物理学院
40	低温液氦系统	1062.8	"985工程"	物理学院
41	高分辨率定向劳厄系统	85.7	"985工程"	物理学院
42	薄膜沉积系统	159.7	科研专款或基金	化学与分子工程学院
43	服务器	54.3	科研专款或基金	化学与分子工程学院
44	台式扫描电子显微镜	79.0	自筹经费	化学与分子工程学院
45	台式X射线衍射仪	55.0	"985工程"	化学与分子工程学院
46	高效液相色谱仪	40.5	"985工程"	化学与分子工程学院
47	荧光光谱仪	87.1	科研专款或基金	化学与分子工程学院
48	钛宝石飞秒激光器	183.4	科研专款或基金	化学与分子工程学院
49	服务器集群设备	100.0	科研专款或基金	化学与分子工程学院
50	激光共聚焦荧光显微系统	291.6	"211工程"	化学与分子工程学院
51	多功能微孔检测仪	52.1	"985工程"	化学与分子工程学院
52	制备型高效液相色谱仪	54.7	"985工程"	化学与分子工程学院
53	离子色谱仪	56.3	"985工程"	化学与分子工程学院
54	超高效液相色谱质谱联用仪	106.0	"985工程"	化学与分子工程学院
55	流式细胞分析仪	194.4	"985工程"	化学与分子工程学院
56	实时荧光定量PCR仪	57.3	"985工程"	化学与分子工程学院
57	高速双扫描激光共聚焦显微镜	314.5	"985工程"	化学与分子工程学院
58	蛋白质液相色谱系统	60.8	科研专款或基金	生命科学学院
59	蛋白结晶筛选及图像采集仪	76.8	科研专款或基金	生命科学学院
60	多功能荧光分析仪	88.6	科研专款或基金	生命科学学院
61	快速纯化液相色谱系统	71.4	科研专款或基金	生命科学学院
62	多功能读板机	52.4	科研专款或基金	生命科学学院
63	倒置研究型显微镜	45.1	科研专款或基金	生命科学学院
64	三重四极杆气质联用仪	87.6	科研专款或基金	生命科学学院
65	研究级正置荧光微分干涉显微镜	44.9	科研专款或基金	生命科学学院
66	存储阵列	139.8	科研专款或基金	生命科学学院
67	全自动免疫组化和原位杂交染色仪	79.2	科研专款或基金	生命科学学院
68	植物分子影像仪	120.0	科研专款或基金	生命科学学院
69	凝胶色谱—气相色谱质谱联用仪	105.7	科研专款或基金	生命科学学院
70	植物活体荧光分子成像仪	55.3	科研专款或基金	生命科学学院
71	双转盘激光共聚焦扫描显微镜	261.5	科研专款或基金	生命科学学院

续表

序号	设备名称	单价(万元)	经费来源	单位
72	激光器	68.9	科研专款或基金	生命科学学院
73	华南虎标本	44.7	教学事业费	生命科学学院
74	傅里叶变换红外显微光谱仪	64.6	"211工程"	地球与空间科学学院
75	眼动仪	40.6	科研专款或基金	心理学系
76	大金多联体中央空调系统	100.4	教学事业费	考古文博学院
77	圆二色光谱仪	85.1	"985工程"	深圳研究生院
78	多光子激光扫描显微镜	312.2	"985工程"	深圳研究生院
79	制备液相色谱质谱联用仪	104.4	"985工程"	深圳研究生院
80	液相色谱质谱联用仪	88.0	"985工程"	深圳研究生院
81	倒置荧光显微镜	52.5	"985工程"	深圳研究生院
82	超导核磁共振波谱仪	160.2	"985工程"	深圳研究生院
83	等温滴定微量热仪	92.6	"985工程"	深圳研究生院
84	快速高效蛋白纯化工作站	41.1	"985工程"	深圳研究生院
85	多标记微孔板检测仪	87.5	"985工程"	深圳研究生院
86	误码分析仪	58.4	"211工程"	信息科学技术学院
87	超连续谱激光器	48.5	科研专款或基金	信息科学技术学院
88	综合物性测量系统	230.1	"211工程"	信息科学技术学院
89	电子束曝光机	574.0	"211工程"	信息科学技术学院
90	脉冲激光沉积设备	182.7	科研专款或基金	信息科学技术学院
91	原子层沉积设备	188.3	科研专款或基金	信息科学技术学院
92	动态MEMS器件光学测量系统	131.2	科研专款或基金	信息科学技术学院
93	低温真空探针台	183.3	科研专款或基金	信息科学技术学院
94	原子层淀积系统	45.8	科研专款或基金	信息科学技术学院
95	溅射台	93.8	科研专款或基金	信息科学技术学院
96	等离子增强化学气相沉积系统与反应离子刻蚀系统	151.7	科研专款或基金	信息科学技术学院
97	高压探针台	199.0	科研专款或基金	信息科学技术学院
98	ICP刻蚀机	440.0	科研专款或基金	信息科学技术学院
99	扫描电子显微镜	75.9	科研专款或基金	信息科学技术学院
100	等离子增强型原子层淀积系统	187.6	科研专款或基金	信息科学技术学院
101	激光控制及锁频系统	48.1	科研专款或基金	信息科学技术学院
102	高密度综合数据网络测试仪	124.7	科研专款或基金	信息科学技术学院
103	服务器组	57.3	科研专款或基金	信息科学技术学院
104	多通道神经电生理记录系统	49.3	科研专款或基金	信息科学技术学院
105	3D活细胞激光共聚焦成像分析系统	256.7	"985工程"	前沿交叉学科研究院
106	倒置研究型显微镜	44.8	科研专款或基金	前沿交叉学科研究院
107	硬组织切片机	48.0	"985工程"	前沿交叉学科研究院
108	硬组织磨片机	52.0	"985工程"	前沿交叉学科研究院
109	血管内超声诊断系统	100.0	科研专款或基金	前沿交叉学科研究院
110	数字切片扫描系统	190.0	科研专款或基金	前沿交叉学科研究院
111	超速离心机	74.4	科研专款或基金	前沿交叉学科研究院
112	超速离心机	49.0	科研专款或基金	前沿交叉学科研究院
113	荧光倒置电动显微镜	88.6	科研专款或基金	前沿交叉学科研究院
114	X射线衍射仪	97.2	"985工程"	工学院
115	全谱直读等离子发射光谱仪	51.4	科研专款或基金	工学院
116	小动物多模态分子医学影像系统	57.9	科研专款或基金	工学院

续表

序号	设备名称	单价(万元)	经费来源	单位
117	基因测序仪	65.2	"985工程"	工学院
118	15ML微型双螺杆挤出机	76.5	"211工程"	工学院
119	电子动静态试验仪	61.4	科研专款或基金	工学院
120	立体时间解析粒子成像测速场仪	247.6	"985工程"	工学院
121	液相色谱/三重四极杆串联质谱仪	160.8	"211工程"	城市与环境学院
122	电感耦合等离子体质谱仪	106.8	科研专款或基金	环境科学与工程学院
123	静电场轨道阱高分辨液质联用仪	229.5	科研专款或基金	环境科学与工程学院
124	细胞代谢呼吸动态分析仪	111.4	科研专款或基金	分子医学研究所
125	单光子探测器	47.2	科研专款或基金	分子医学研究所
126	固体激光器	53.3	科研专款或基金	分子医学研究所
127	在体飞秒激光成像系统	167.3	科研专款或基金	分子医学研究所
128	在体研究级正置全自动电生理显微镜	154.6	科研专款或基金	分子医学研究所
129	GP笼盒和笼架清洗机	185.2	"985工程"	实验动物中心
130	法奇奥里三角钢琴	139.3	教学事业费	歌剧研究院
131	多光子激光扫描显微镜	125.8	科研专款或基金	生命科学中心
132	飞秒激光器	97.8	科研专款或基金	生命科学中心
133	高速基因分析系统(新一代高通量测序仪)	404.6	科研专款或基金	生命科学中心
134	高速基因分析系统(新一代高通量测序仪)	404.6	科研专款或基金	生命科学中心
135	高速基因分析系统(新一代高通量测序仪)	404.6	科研专款或基金	生命科学中心
136	活细胞实时跟踪荧光显微镜	76.1	科研专款或基金	生命科学中心
137	台式扫描电子显微镜	46.4	科研专款或基金	生命科学中心
138	快速蛋白纯化液相色谱系统	52.0	科研专款或基金	生命科学中心
139	扫描离子电导显微镜	181.9	科研专款或基金	生命科学中心
140	快速纯化液相色谱仪	51.8	科研专款或基金	生命科学中心
141	液相色谱质谱联用仪	80.2	科研专款或基金	生命科学中心
142	活细胞实时跟踪荧光显微镜	88.5	科研专款或基金	生命科学中心
143	线性离子阱—静电场轨道阱组合式质谱液质联用仪	396.4	科研专款或基金	生命科学中心
144	全自动生化免疫分析仪	88.0	科研专款或基金	生命科学中心
145	超速流式细胞分选系统	232.7	科研专款或基金	生命科学中心
146	高内涵活细胞分析仪	142.9	科研专款或基金	生命科学中心
147	生物分子相互作用分析仪	248.8	科研专款或基金	生命科学中心
148	高通量荧光/生物发光微孔板检测器	219.1	科研专款或基金	生命科学中心
149	实验室自动化工作站	75.8	科研专款或基金	生命科学中心
150	在体多通道电生理信号记录系统	65.8	科研专款或基金	生命科学中心
151	研究级倒置荧光显微镜	87.4	科研专款或基金	生命科学中心
152	小型激光直写仪	102.1	科研专款或基金	生命科学中心
153	流式细胞分析仪	178.4	科研专款或基金	生命科学中心
154	流式细胞分选仪	200.3	科研专款或基金	生命科学中心
155	流式细胞分选仪	275.4	科研专款或基金	生命科学中心
156	高通量活细胞工作站	94.1	科研专款或基金	生命科学中心
157	多点长时间单细胞成像显微镜	48.0	科研专款或基金	生命科学中心
158	双转盘高速激光共聚焦实时成像仪	267.1	科研专款或基金	生命科学中心
159	双压线性离子阱—高场静电场轨道阱杂交组合型质谱液质联用仪	602.0	科研专款或基金	生命科学中心
160	个人基因组测序仪	115.8	"985"经费	第六医院

续表

序号	设备名称	单价(万元)	经费来源	单位
161	微量点样仪	147.6	"985"经费	第六医院
162	小动物分子影像分析仪	474.9	"985"经费	口腔医院
163	微滴式数字PCR系统	129.1	"985"经费	口腔医院
164	三维激光共聚焦显微系统	76.5	"985"经费	口腔医院
165	牙科光学快速成型机	118.0	修购经费	口腔医院
166	激光显微切割系统	119.9	"985"经费	口腔医院
167	影像尿动力学检查系统	50.0	"985"经费	第三医院
168	全自动核酸提取仪	59.7	"985"经费	第三医院
169	基因分析仪	122.8	"985"经费	第三医院
170	激光扫描共聚焦显微镜	171.2	"985"经费	第三医院
171	运动代谢分析系统(大小鼠跑步机代谢系统)	40.1	"985"经费	第三医院
172	流式细胞仪	44.9	"985"经费	第三医院
173	综合智能心肺仿生训练系统	167.5	修购经费	第三医院
174	荧光酶联免疫斑点分析仪	47.9	"985"经费	第一医院
175	32通道肌电/诱发电位仪监测系统	60.0	"985"经费	第一医院
176	低温细胞培养箱工作站	65.7	"985"经费	第一医院
177	数字切片扫描装置	67.3	其他"211"	第一医院
178	高通量芯片分析系统	101.4	"985"经费	第一医院
179	光学相干断层扫描仪	79.0	"985"经费	第一医院
180	激光共聚焦显微镜	153.1	其他"211"	第一医院
181	彩色超声多普勒诊断仪	44.0	"985"经费	第一医院
182	眼科光学生物测量仪	40.0	"985"经费	第一医院
183	CBL教学集成平台及移动影像访问平台软件	49.0	修购经费	北京大学医院
184	高清一体光学视管镜	49.0	"985"经费	北京大学医院
185	流式细胞仪	46.9	"985"经费	肿瘤医院
186	连续流动化学反应系统	71.3	科研	创新药物实验平台
187	流式细胞仪	49.2	"985"经费	基础医学院
188	运动代谢分析系统	58.0	"985"经费	基础医学院
189	个体化组基因测序仪	90.3	"985"经费	基础医学院
190	基因分析仪	109.6	"985"经费	基础医学院
191	细胞代谢呼吸动态分析仪	111.3	"985"经费	基础医学院
192	四级杆—静电场轨道肼串联高分辨质谱仪	311.5	"985"经费	基础医学院
193	二维双压线性离子阱—高场静电杂交质谱系统	554.4	"985"经费	基础医学院
194	体脂测量仪	76.6	"985"经费	基础医学院
195	流式细胞仪	52.4	"985"经费	人民医院
196	荧光定量PCR仪	54.2	其他"211"	人民医院
197	流式细胞仪	144.3	"985"经费	人民医院
198	激光器升级套件	63.0	"985"经费	人民医院
199	电动倒置式系统显微镜(活细胞工作站)	86.3	"985"经费	人民医院
200	腹腔镜手术模拟器	178.2	修购经费	人民医院
201	流式细胞仪	47.5	"985"经费	人民医院
202	基因分析仪	106.2	"985"经费	人民医院
203	智能存储器	78.0	科研	信息中心
204	综合信息门户平台	101.6	其他"211"	信息中心
205	高分辨活细胞成像系统	169.2	科研	药学院

续表

序号	设备名称	单价(万元)	经费来源	单位
206	高内涵分析仪	202.9	科研	药学院
207	全自动氨基酸分析仪	61.8	其他"211"	医药卫生分析中心
208	超速离心机	63.5	其他"211"	医药卫生分析中心
209	线性离子阱串联三级四级杆质谱仪	206.1	其他"211"	医药卫生分析中心
210	流式细胞仪	236.2	其他"211"	医药卫生分析中心
211	纳升级高效液相—串联飞行时间质谱联用仪	272.7	其他"211"	医药卫生分析中心
212	激光共聚焦活细胞成像显微镜系统	280.9	其他"211"	医药卫生分析中心
213	激光扫描共聚焦显微镜	406.8	其他"211"	医药卫生分析中心
214	二维纳升级高效液相色谱仪—线性离子阱	535.6	其他"211"	医药卫生分析中心
	合计:		31806.7 万元	

表 9-4　北京大学大型仪器设备开放测试基金使用情况统计表

序号	年份	校拨测试费(万元)	经费来源	资助课题(个)	测试费总额(万元)
十一期	2002—2003	70.00	"985"一期	374	91
十二期	2003—2004	152.00	"十五""211"	443	198
十三期	2004—2005	204.00	"十五""211"	564	306
十四期	2005—2006	249.14	"十五""211"	628	373.7
十五期	2006—2007	299.75	"985"二期	690	449.63
十六期	2007—2008	350.00	"985"二期	792	571
十七期	2008—2009	300.00	"985"二期	808	600
十八期	2009—2010	370.00	"985"三期	892	740
十九期	2010—2011	414.08	基本科研业务费	960	828.16
二十期	2011—2012	400.00	基本科研业务费	1055	800
二十一期	2012—2013	399.70	基本科研业务费	1198	799.4
二十二期	2013—2014	402.40	基本科研业务费	1293	804.8

表 9-5　2008—2013 年北京大学大型仪器设备测试服务收入统计表

年度	金额(万元)
2008	693.3
2009	1159
2010	1864
2011	1960.4
2012	3675
2013	5522

说明：校本部，不含开放测试基金。

昌平校区

【概况】　北京大学昌平校区位于北京市昌平区西北 4 千米的天寿山脚下,目前占地面积 550 余亩,已有建筑面积 5.6 万平方米,是北京大学 20 世纪 60 年代建设的分校区。1994—1999 年间,北京大学文科一年级新生迁入昌平校区,2000 年之后成为成人教育学院的办学基地。2008 年,北京大学做出决定,对昌平园区的功能定位进行调整,把北京大学昌平校区建设成集大科学装置、开放性公共科研平台、国家重大科研项目和国家重点实验室于一体的科学研究基地,建设成基础研究向实际应用转化的研发平台。截至 2013 年 12 月,昌平校区有职工 53 人,其中在编职工 12 人,劳动合同制职工 28 人,劳务协议职工 13 人。2013 年昌平校区的工作重点仍然是校园环境治理，主要为绿化、修路等工程。

9月6日朱善璐书记到昌平校区调研。10月9日王恩哥校长、王仰麟副校长、陈宝剑校长助理到昌平校区走访调研。

【日常行政工作】 昌平校区解聘2名劳动合同制职工、1名劳务协议职工，向社会招聘了3名劳动合同制职工，同时对6名季节工办理入职和离职。将1000元以上的90台设备录入学校的设备管理系统，70个家具录入家具系统。加强对昌平校区财务、公章、车辆、电话、信息以及网站维护等的管理，并及时将昌平校区办公会形成通报，及时对外公布。

【入驻实验室工作】 截至2013年底，入驻昌平校区的实验室有19个（含图书馆），长期开展试验的实验室有7个，2013年新增工学院太阳能研究中心。同时经过两年的建设，承担国家重大专项任务的高超声速静风洞实验室正式投入使用。工学院和生命科学学院等单位领导和专家分别于9月和10月来昌平校区进行实地考察选址，有意向在昌平校区建设大型实验室。校区累计收取各院系入驻实验室房屋资源费约254万元。

校区建立了实验室巡查制度，编发实验室工作周报，定期提供充水、充电、办理住宿等服务。对公寓内13个房间单人床及会议室的会议桌、椅进行了更换，并给所有房间装饰了壁画，进一步优化入住环境。

【运行保障工作】 基础设施的改造工程。昌平校区锅炉房更换了2台消烟除尘器，维修昌平校区围墙，进行了办公区东侧绿化1.2万平方米，移栽花灌乔木400余株，修补校园甬路50平方米、路牙25延长米，更换食堂售饭机10台，对办公区和锅炉房等房屋修补防水173平方米，铺设污水处理站电缆140米，安装了科研楼A座和C座部分教室的多媒体设备。

日常运行保障工作。1. 节能减排工作。完成了敷设中水回用管线200余米。完成雨水回用管线50米工程，集雨水引流至蓄水池内，用于绿化浇水，每次节约净水300吨。更换了进口井用水泵及配电柜。

2. 水、电、暖维修工作。维修照明设备，更换路灯170个，楼道照明灯190个，宿舍教室灯管90支，应急照明及安全出口指示灯30余个。人工清挖疏通化粪池8个，新砌1个。锅炉房做好夏季锅炉、管道检修工作，配合质监部门对锅炉及其他特种设备年度安全检验。

3. 宿舍管理工作。目前启用两栋宿舍楼每楼150个房间，对全楼进行了整理维修，并在开放的宿舍楼内安装了门禁系统。

4. 电话、网络维护工作。电话、网络全年接报故障400余起，排除率100%。对昌平校区14个网络机柜日常维护管理，为实验室和办学单位建户156个，为图书馆、食堂布线200米。

【安全保卫工作】 安全消防工作。1. 继续聘用北京市保安服务总公司所属文安分公司北京大学保安大队保安员，安全保卫重点部位、要害部位责任人和值守人员落实到位。2. 对A座、B座、C座等400余个烟雾探头进行清洗，更换电动门主控器、遥控器、门排轮等电动门设施，检修了昌平校区140余个到期或过期的灭火器，确保设施设备完好有效。3. 昌平校区车辆严格按照学校安委会和昌平区安委会的要求管理使用。同入驻实验室均签订了消防安全责任书。4. 联合检查组先后6次对昌平校区各单位、入驻实验室、办学单位开展消防安全检查，及时解决发现的安全隐患问题。

开展安全宣传教育活动，提高安全防范知识。昌平校区办公会专门研究部署校区安全稳定工作。元旦前后向昌平校区各单位、部门、入驻实验室等印发昌平消防安全重点严禁燃放烟花爆竹安全管理责任告知书；6月印发夏季防火安全提示、《消防常识手册》和安全常识材料；进行了"四个能力"建设并印制了手册。12月初昌平校区开展了宿舍4号楼火灾预警逃生自救演练。

【党组织建设】 党的群众路线教育实践活动。昌平校区制订了《昌平校区党的群众路线教育实践活动实施方案》，成立了领导小组及办公室，白树林主任为组长，卢永祥常务副主任、田为民为副组长，秘相欣、徐杰为组员，徐杰兼任领导小组办公室主任，全面启动了党的群众路线教育实践活动。昌平校区按照学习有关资料、听取群众意见、查摆问题开展批评、整改落实建章立制的环节进行，实施隔周集体学习制度和个人自学制度；要求11月底前上交学习心得，同时于11月15日组织到明昭陵参观了"明镜昭廉"明代反贪尚廉历史文化园，通过宣传栏、意见箱、座谈会等广泛征求群众意见；于12月17日上午召开了昌平校区领导班子专题民主生活会，下一阶段将进入整改落实建章立制阶段，昌平校区将进一步完善整改方案，落实整改措施。

党组织建设。昌平校区教工党支部原属成人教育学院党总支，现属继续教育学院党总支，是教工一支部。坚持隔周一次的学习制度，并于3月29日组织参观了昌平区首届"农业嘉年华"，开展了党内外"中国梦"座谈。

基 建 工 作

【发展概况】 学校批准北京大学基建工程部岗位编制为32人,截至2013年底,在编人员27人;其中,部长1人,副部长4人,综合办公室5人,计划办公室6人,维修管理办公室7人,工程建设办公室4人。在编人员中教授级正高职称1人,副高级职称6人,中级职称15人,其他工作人员5人。截至2013年12月底,基建工程部分总支共有党员48人,其中:在职一支部党员为27人(含北京大学建筑设计院5人,肖家河项目建设办公室3人),占在职人员66%;退休二支部党员21人。

基建工程部各类工程无论大小,均实施阳光工程;严格进行工程招标,接受政府及学校相关部门监督管理;在实际进行中接受校纪委、审计等部门全过程监督;工程竣工结算接受审计室审计监督。2013年在建筑市场共完成6项总包、监理招标,分别是:北京大学附属中学体育馆一期等5项(北京大学附属中学体育馆、教学北楼)工程(37053平方米、198470509元),教学科研楼(国家发展研究院)工程(27230平方米、126574363.16元),多功能后勤综合楼等2项(多功能后勤综合楼)工程(11700平方米、46873616.26元),北京大学环境科学大楼(北京大学环境大楼)工程(20500平方米、87183686元),临湖轩精装修工程(829平方米、3195778.94元),太平洋科技大厦变配电室增容改造工程(40536.42平方米、4414809.62元)。2013年在校内共完成6项总包、监理招标,分别是:北京大学附属小学东楼天文馆及温室加层改造工程(455平方米、857093.54元),北京大学技物楼西平房加固改造工程(1448.82平方米、1878234元),北京大学技物楼西平房装修改造工程(1448.82平方米、1871635.37元),太平洋科技大厦首层计算机服务器机房工程(520平方米、9998331.91元),太平洋科技大厦首层植物房工程(656平方米、3922982.19元),北京大学蔚秀幼儿园加固及装修改造工程(2197平方米、6212239元)。

2013年度结算完成83项,其中送审26项。

【基建投资计划与完成情况】 投资计划情况。截至2013年底,北京大学当年新建、代管、改造项目共有15项,建设总规模153857平方米,计划总投资79514万元。其中新建项目3项,建筑面积65590平方米,计划总投资40701万元;改造项目12项,建筑面积88267平方米,计划总投资38813万元。

投资完成情况。(1)新建项目完成情况:截至2013年底,教育部下达当年计划项目的本年度累计到位资金42251万元,其中国拨资金到位22600万元,自筹资金到位39219万元。本年度累计完成投资40225万元,其中完成国拨投资20053万元,自筹资金投资20172万元,全部为校本部完成投资。另外,基建工程部还完成由会议中心自筹资金项目,为中关新园留学生公寓投资11951万元(该项目由北京市立项,不在教育部计划内)。(2)改造项目完成情况:2013年完成维修改造工程投资17554万元。其中包括太平洋科技大厦改造、勺园1、2、3及5号楼翻建改造、光华1号楼加建改造工程等。

【工程项目管理情况】 2013年校本部新建和改造工程开复工主要项目为15项,建筑规模约为153857平方米。其中,竣工项目11项,竣工面积为79851平方米;在施项目4项,建筑规模约74006平方米。

竣工工程。1.南门区域2、3号楼:建筑面积21159平方米,分别为对外汉语教育学院大楼和新闻与传播学院大楼。该工程于2012年2月开工,2013年12月竣工。

2.朗润园158号(中国画法研究院及国学中心)修缮:建筑面积3626平方米,作为画家范曾主持的中国画法研究院和国学中心办公场所,该工程于2010年9月开工,2013年11月竣工。

3.经济学院综合楼加层:建筑面积1650平方米,该工程于2012年7月开工,2013年10月竣工。

4.电话室改造工程:建筑面积2961平方米,学校规划将沙特国王古籍图书馆建于目前电话室所处场址,因此需要将电话室迁至老生物系以北小楼所在位置,重新建设。该工程于2012年9月开工,2013年12月竣工。

5.太平洋大厦改造:建筑面积32307平方米,其中地上2—17层约31927平方米在收回后作为校内生命科学联合中心等单位的实验用房和办公场所。该工程于2012年12月开工,2013年12月竣工。

6.镜春园75号(教育基金会)修缮:建筑面积1598平方米,为教育基金会后院的加建及精装修工程。该工程于2010年12月开工,2013年12月竣工。

7.临湖轩修缮及精装修工程:建筑面积829平方米,按照学校规划对临湖轩进行挑顶改造及室内精装修。该工程于2012年6月开工,2013年10月竣工。

8.蔚秀园燕东幼儿园改造:

建筑面积2197平方米,为北京大学幼儿园抗震加固工程。该工程于2013年7月开工,2013年11月竣工。

9. 附属小学东楼天文馆及温室加层改造:建筑面积455平方米,为北京大学附属小学教学东楼天文馆的加层工程,基建工程部仅负责土建部分。该工程于2013年7月开工,2013年10月竣工。

10. 光华1号楼加建改造:建筑面积1268平方米,为光华管理学院1号楼的加层及内部精装修工程。该工程于2013年7月开工,2013年12月完工。

11. 斯坦福中心精装修改造一期:建筑面积382平方米,为斯坦福中心根据使用需要进行的二次装修,该工程于2013年9月开工,2013年11月竣工。

在施工程。1. 物理西楼:建筑面积25165平方米,2012年7月开始施工,计划2014年4月竣工。

2. 南门区域6号楼(新太阳学生活动中心):建筑面积19266平方米,由新太阳集团投资兴建。2011年9月开工,计划2014年5月竣工。

3. 核磁共振中心迁建:建筑面积1854平方米,将原核磁共振中心迁建至原校医院口腔门诊处,2012年11月开工,计划2014年3月竣工。

4. 勺园1、2、3及5号楼改造翻建餐厅与行政办公楼:建筑面积27721平方米,为解决滚动改造期间对学生宿舍28—32楼及35楼的用房周转问题及餐饮综合楼建设期间食堂周转问题,学校规划对勺园1号—3号楼及5号楼砖混结构仅进行改造,建筑面积约13599平方米;勺园2号楼西侧新建的餐厅及行政办公楼为钢筋混凝土框架结构,建筑面积约14122平方米。该工程5号楼和餐厅行政楼目前已完成结构和外装修,等1、2、3号楼腾退出来后进行改造工作,计划2014年9月底竣工。

【工程前期报批情况】 2013年除了承接前一年度各项工程的前期报批工作外,为配合学校事业发展需要,还新增了多项大型工程,比如一院—六院改造工程、学生公寓44楼、附属小学及附属中学的三项建设项目等。

截至2013年底,处于前期申报阶段的主要的项目的进展情况如下:

1. 生命科学科研大楼(20500平方米):因设计方案调整,上半年重新申报并取得文物及人防等部门的审批,经与北京市规划委员会海淀分局多次沟通,11月取得建设工程规划许可证。预计2014年上半年即可开工建设。

2. 环境科学大楼(26900平方米)及景观设计学大楼(22300平方米):环境科学大楼于2012年已取得文物及人防施工图批复。因成府园用地批准书过期,无法申办规划许可证。5月底取得了重新申办的建设项目用地批准书,在取得土地手续后,基建工程部立刻申办了这两个项目的规划许可证。环境科学大楼由于方案复函要求设置消防通道与规划条件中建筑退线要求不一致,园林绿化满足规划条件时与方案复函不一致,经与北京市规划委员会及北京市园林绿化局多次沟通协调,8月底取得环境科学大楼建设工程规划许可证,9月底取得景观设计学大楼建设工程规划许可证。工程2013年12月已完成招标工作。

3. 软件工程大厦(14000平方米):已取得项目建议书、建设项目规划条件、备案批复。2013年底前已完成已上报文物方案、建设项目用地预审等工作。计划2016年底开工建设。

4. 实验设备2号楼(30008平方米):2012年底取得建设项目规划条件,2013年上半年已取得项目建议书、人防规划、文物方案、建设项目备案、用地预审批复,下半年与使用单位、环评编制单位及可研编制单位配合编制可行性研究报告及环境影响评价。目前已上报文物核准及人防初步设计审图。预计2015年下半年可取得建设工程规划许可证并开工建设。

5. 一院—六院改造工程(39000平方米):该项目拟在一院—六院及静园草坪地下增加建设地下两层,地上部分除对一院—六院进行文物修缮之外均保持原貌。2013年底前已取得北京市政府领导批复,取得该项目教育部项目建议书批复,下一步开始正式向北京市文物局申报文物方案审批,并陆续完成环评、可研、规划等各项手续的报批工作,预计2014年初可开工建设。

6. 沙特国王图书馆分馆(12960平方米):该项目至2013年底已取得文物局及市政府批复并且得到项目建议书、环评、建设项目规划条件、备案、方案复函批复,已上报可行性研究报告、建设项目用地预审、园林绿化审批。预计2014年下半年开工建设。由于该项目建设资金由沙方捐赠,并且沙方希望自行管理资金,并因此提出了很多要求,例如希望限定建设报批时间、工程招标采用邀标形式等,基建工程部与国际合作部、图书馆配合多次研究讨论,与政府部门沟通,在合理合法的前提下,力求最大限度满足沙方要求,以促成项目的尽快实现。

7. 餐饮综合楼(32365平方米):目前正在编制可行性研究报告。本年度取得建设项目用地预审批复。完成文物核准方案多轮修改,目前已申报文物核准。2014年可取得人防初设、方案复函、园林绿化及规划许可证批复。预计2015年下半年可开工建设。

8. 学生公寓(28—32楼、35楼)(68782平方米)及学生公寓44楼(18883平方米):继2012年取得项目建议书批复后,于 2013 年上半年向教育部申报本项目的可行性研究报告,教育部已将本项目Ⅰ期(29、30、31)的可研报告委托评估单位进行评估,截至 2013 年底评估工作正在进行中。该项目已取得人防规划、文物、方案复函及园林绿化审批,已申报人防初步设计审图。预计 2014 年上半年取得规划许可证批复。学生公寓 44 楼已取得建设项目规划条件批复,待报文物方案审批。预计两工程 2014 年下半年可开工建设。

9. 北京大学附属小学体育馆(11647 平方米)、北京大学附属中学体育馆一期及教学北楼(37053 平方米)和北京大学附属中学北校区综合教学楼(31579 平方米);此三项工程为基建工程部为附小及附中代管的三项工程,基建工程部于 2013 年上半年推进前期报批工作,其中,附小体育馆于上半年完成了人防的初步设计及施工图设计的审查及批复,取得施工计划,8 月取得建设工程规划许可证;附中体育馆一期及教学北楼本年度取得了初步设计及概算、人防初步设计、人防施工图、园林绿化、施工计划批复,11 月初取得建设工程规划许可证批复;附中北校区综合教学楼于上半年取得了市政府用地容积率等规划指标问题的批复,2013 年底前已取得建设项目规划条件、建设项目备案、用地预审批复,已上报文物方案审批。其中附小体育馆及附中体育馆一期及教学北楼 2014 年初即可开工建设,附中北校区综合教学楼预计 2015 年下半年可开工建设。

2013 年处于前期报批及设计阶段的主要新建项目有 17 项,分别是:一院一六院改造、环境科学大楼、生命科学科研大楼、国家发展研究院大楼、艺术学院与歌剧研究院大楼、景观设计学大楼、软件工程大厦、实验设备楼 2 号楼、沙特国王图书馆分馆、餐饮综合楼、多功能后勤综合楼、学生公寓、北京大学附属小学体育馆、北京大学附属中学体育馆一期及教学北楼、北京大学附属中学北校区综合教学楼、学生公寓 44 楼、博雅俱乐部。

2013 年处于设计阶段的改造项目主要有 6 项,分别是:图书馆改造、二体改造、俄文楼改造、外文楼改造、民主楼改造、一体改造。

除校本部及附小、附中的前期报建任务外,基建工程部 2013 年还协助医学部完成其医药科技园区综合楼的有关前期工作,主要包括协助理顺报建程序,开展设计方案征集工作,项目建议书、可行性研究报告的编制及上报等前期工作。

总 务 工 作

【概况】 总务部是学校的行政职能机构,是学校教学科研中心工作和各项日常工作正常运转的后勤保障部门。其主要职责是:坚持"为教学科研和师生员工提供优质服务"的宗旨,以"做好保障服务和实现安全稳定"为根本目标任务,根据学校建设和发展的需要,制定后勤保障服务规划和总务系统工作计划;按照"小机关、多实体、大服务"的管理运行模式,协助学校,管理监督协调服务总务系统各中心做好各项后勤保障服务工作;做好和政府有关部门及校外业务单位的接口衔接工作。北京大学总务部下设综合办公室、计划管理办公室、运行管理办公室、人事办公室四个办公室。同时,北京大学爱国卫生运动委员会办公室、北京大学绿化委员会办公室常设于总务部。截至 2013 年 12 月,总务系统有在职事业编制 474 人(其中总务部 15 人)、各种合同制 2500 人(含劳务派遣、合作经营单位职工),共计 2974 人;离退休职工 860 人。

【运行管理工作】 基础设施维护改造。2013 年,为维护校园基础设施,确保教学楼、宿舍楼以及水、电、暖设施的正常运行,运行管理办公室(以下简称运办)先后实施了幼儿园抗震加固工程、校园感应雷防护工程二期、110kV 电站保护试验、10kV 变配电室保护试验、燕北园低压电气改造、全校避雷检测、校园供电网络大修、45 乙楼北侧上水管更换、7 甲南侧污水管更换、理科三号楼西侧消防管更换、全校室外消火栓更换与检修、41 楼和 42 楼外墙砖修补工程、45 乙楼屋面防水工程、二教、三教玻璃幕墙维修工程、学生宿舍修补地砖工程和燕南食堂排烟罩改造工程等数十项改造工程。

增加后勤设施的供给。运办于 2013 年先后实施了以下三个项目:(1)自备井更新工程。在成府园和燕东园区域分别打了一口自备井,增加了学校的供水能力。(2)圆明园校区改造工程。学校先后对圆明园校区的学生宿舍楼、浴室、阅览室、运动场、食堂和室外环境进行了改造,并开通了班车。(3)校园电缆隧道建设与西部开闭站外线电缆采购、敷设工程。该项目拟在学校西部区域新增一座 10kV 电站,并敷设相应的电缆外线。截至 2013 年底该项工程已完成前期的招投标工作,计划于 2014 年竣工。

提升校园环境的品质。(1)运办先后实施了学生宿舍楼粉刷与检修工程、校内饮水安装工程、康博斯食堂安装工程、学生宿舍楼安装吹风机插座工程、学生宿舍家具维修工程、学生宿舍铝合金门维修改造工程、公共教室课桌椅维修工程以及学生宿舍卧具采购工程等项目。(2)运办实施了全校道路更新改造工程、未名湖东岸及水塔附近环境改造工程、未名湖西河道景观工程、畅春园停车场绿地改造工程、临湖轩东侧环湖道路修补工程、南阁西侧草坪更换工程、西门华表围栏更新工程等多项道路及绿化改造工程。(3)运办启动了燕园景观与环境综合整治(节水、中水、湖底防渗与水系疏通)工程，前期的准备工作已全部完成。

【计划管理工作】 为进一步完善后勤基础设施的建设与改造，消除安全隐患问题，计划管理办公室与运行管理办公室协作，先后完成学校拨款的专项工程12项，分别为供暖煤改气工程、校内饮水机安装、校园水井开凿、校园供电网络大修、燕北园低压电气改造、康博思食堂空调安装、食堂排烟系统更新、光华楼外线电气改造、建筑节能监管体系二期、感应雷防护二期、全校道路更新改造、圆明园校区改造，已使用资金约2860万元，其余未完成资金下一年度将继续实施；年初总务部预算内资金计划工程55项，涉及全校水、电、暖、空调、食堂、土建、学生宿舍、园林绿化、校园环境等各个方面，实际完成工程120余项。其中总务部自筹资金700余万元完成50余项基础设施改造、建设项目。

【节能工作】 根据《北京大学"十二五"节能规划》，2013年学校节能指标计划为6万吨标准煤，截至2013年底，实际能源消耗总量为55078.78吨标准煤，完成了本年度设定的节能指标量。继续坚持执行北京大学用水用电全额收费的市场运作机制，将节约能源纳入市场经济的轨道。2013年全年水电费总支出为7587万元，总收费为8351万元，收支基本平衡，略有结余。2013年完成大大小小节能减排项目共计22项，投入资金约547万元：

1. 继续实施节能监管平台建设。利用学校自筹资金，继续进行全校节能监管平台的搭建工作。校园建筑节能监管系统覆盖全校区，按分类与分项相结合、分阶段建设、逐步完善的原则实施。平台建设严格按照高等学校校园节能监管平台建设相关导则要求，并结合北京大学实际情况，充分利用校园网络资源，具体分析校园建筑用能特征及管理需求。平台建成后，将为制定不同类型建筑的能耗基线提供数据支撑，正确把握学校能耗特点并及时发现问题，进行建筑节能潜力的分析，为节能改造和节能运行提供支撑。

2. 绿色照明推广工程。在2012年完成校园路灯、景观灯节能型光源改造工程的基础上，2013年又对成府园区、菉荠桥宿舍区的路灯进行节能改造，选用低频无极灯灯头作为路灯光源，既满足了照度要求又节约了电能资源。部分教学楼和圆明园校区学生宿舍进行照明灯具改造，用T5灯管代替原有T8灯管。

3. 完善节能管理制度。2013年5月前，学校统一为学生宿舍安装了空调，为保证空调的合理使用和节能管理，编制完成《北京大学学生宿舍空调设备使用和管理办法(试行)》，并通过学校主管领导的批准。

4. 学生宿舍盥洗水重复利用工程。为进一步推动节水工作，在吸取兄弟院校成功案例经验的同时，先对学生宿舍45乙楼进行盥洗水重复利用改造试验，以充分考察实施效果。45乙楼地上六层、地下一层，每层东、西各有1个卫生间，本项目是收集处理上一层盥洗室用水用于本层冲厕用水，通过对比改造前后用水数据，节水效果较为明显，预计2014年将在所有学生宿舍楼进行推广应用。

5. 其他节水工程。进行大浴室节水系统升级改造和节水龙头的更换，对校内部分绿地进行喷灌恢复和改造等，进一步节约水资源。

6. 能效之星评选。参与讨论、制定高校"中国能效之星评价指标体系"有关细则和公式，配合高校节能联盟完成"中国能效之星"在北京地区高等院校的推广工作，并参与国家节能环保中心组织的首批"能效之星"的评选活动。

7. 定期、及时报送能源利用状况报告。北京大学作为在京万家企业和全市57家重点用能单位，每年定期、按要求完成能源利用状况报告，报送至北京市发改委和节能环保中心，并接受相关部门对学校"十二五"节能目标完成情况的考核。学校已连续三年完成了既定的节能目标。

8. 加强节能宣传。积极配合各级政府的能源管理部门及市区节水办在世界节水日、全国节水宣传周及节能宣传周开展节水、节能宣传。加强与兄弟院校的沟通，学习周边学校切实可行的节水、节能经验和技术；与学校相关学生社团联系，开展宣传活动，引导学生树立节能环保观念，关注生活中节电、节水、节约资源的方式方法，从自己做起，从身边的小事做起，真正把节能减排工作落实到学校。

【财务管理工作】 2013年，总务部完成了各项财务任务，保障了学校在供暖、公用水电、校园环境及卫生、零星修缮、学生宿舍及公共教室等方面的基础运行保障的资金支持。

2013年总务系统校级预算经费为10116万元，预算支出为10116万元，全部完成校级预算经费，预算支出如下：(1)供暖费支出为6781万元。(2)修缮及零星维修维护费支出750万元。(3) 公用水电费等支出1100万元。(4) 校园管理服务环境卫生保洁费支出680万元。(5) 学生宿舍管理服务运行支出400万元。(6) 全校水电运行费用支出220万元。(7) 公共教室维护保洁费支出100万元。(8) 职工班车费支出30万元。(9) 办公费支出17万元。(10) 其他费用支出38万元。

2013年学校拨入专项资金3147.65万元，包括集中供暖煤改气、学生宿舍安装空调、家属区更换阶梯电价表、校园环境景观综合整治、勺园开闭站供电改造、校园水井泵房设备更新、校园东部家属区水电改造、光华管理学院配电室改造、农园食堂改造二期、校园建筑节能监管平台、燕北园低压电气改造、未名湖北岸水平衡、校园感应雷改造一、二期、食堂排烟系统改造、学校道路更新改造、校园水井开凿、校内饮水机安装、燕园校区避雷系统改造、校园供电网络大修、康博斯食堂装空调、电缆隧道、圆明园校区改造25项专项支出，总务部全部完成。

2013年总务部利用自有资金继续在学生宿舍、浴室、食堂、教室、校园绿化、道路维修、校园房屋修缮、公共基础设施的更新改造等方面支出360万元；弥补中心运行经费不足420.66万元，其中支付学生宿舍管理服务中心122万元，浴室运行费66.43万元、校园服务中心232.23万元、返回餐饮中心工资225.40万元；对学生宿舍、食堂进行除四害及购买药品共花费34.39万元；购置扫雪机9.65万元；燕东幼儿园教室改造结算329.29万元。自筹资金弥补了学校预算经费的不足，加强了学校后勤运行保障服务。2013年总务部上缴学校水电费差价为471.43万元，上缴学校供暖费833.26万元，上缴物美超市房租85万元。

【队伍建设】 1. 制定和实施《北京大学后勤队伍建设"十二五"规划纲要》，2013年进入实质操作阶段，队伍建设和后勤工作格局产生了自1999年高校后勤社会化改革后15年来的首次深刻变革并取得重要进展。(1) 全面总结后勤1999年社会化改革以来在管理运行体制机制，尤其是队伍建设方面的经验、瓶颈和不足，在学校党委和行政及相关职能部门的指导支持下，后勤由10个中心调整组建为5个中心。学校先后聘任了21名中心主任、副主任，47名内设机构负责人。各中心也进行了部分学校批准科室和自设科室负责人的内部招聘，对科室进行了岗位规划、人员规划和干部聘任。(2) 新老班子顺利交接，继往开来。老同志做好传帮带，新聘任的中心主任从上岗开始，就放弃了寒暑假休息，着手进行新组建单位从管理模式到人员、财务等多方面的整合。截至2013年底，各中心均已实现平稳过渡，并且大胆改革创新，在服务师生、内部管理等方面实施了很多既新又好的举措。(3) 学校新选任1名副总务长，任命了后勤党委书记、副书记。各中心也完成了党总支、部分党支部和部门工会的换届。

2. 开展党的群众路线教育实践活动，召开各中心人事干部和后勤职工代表座谈会广泛征求意见建议。总务部和中心共整改服务后勤职工的举措近三十项，如进行工人技师聘任、加大餐饮中心中青年骨干培训力度、加强对合同制职工关心慰问、协调解决合同制部分职工住宿、关怀帮助好离退休职工等。

3. 加强后勤干部队伍建设。(1) 对于总务部和中心干部的管理、考核、培训、薪酬等，配合学校相关部门做好规划和实施。(2) 做好总务部领导干部年度考核、民主生活会和收入、兼职、重要事项报告工作。总务部新选聘1名副部长。(3) 为后勤原中心主任争取破格晋升管理6级岗，张连贵、安忠义等相继晋升。(4) 校园服务中心副主任王燕华获得2013年方正优秀管理奖。

4. 进一步探讨建立骨干队伍管理制度。包括招聘事业编制度，对中心急需的岗位和计划进行规划，将招聘计划上报学校。正在逐步调研和制定骨干薪酬管理制度。

5. 做好工勤技能岗位聘任。(1) 2013年，学校首次启动这项工作，3—4月统计上报人事部后勤中心工人技师和所有工人工种岗位情况。(2) 按照学校有关文件，成立后勤工勤技能岗位聘用小组。后勤各单位均成立了聘用小组，制订了工勤技能队伍规划方案，并认真召开评审会进行评议，上报聘任结果。后勤聘用小组召开会议，经过严格的评审程序和无记名投票，推荐32人聘任到相应岗位，报学校批准。(3) 学校组织评审，后勤有15人聘任到工人技师及以上岗位，有17人聘任到高级工及以下岗位。

6. 做好总务部在职人员人事管理服务。(1) 完成通用岗位聘任。(2) 做好年度考核和985岗位聘任。2013年，部机关职员年度考核测评合格率为100%。(3) 完成部机关内设机构4名负责人的招聘。(4) 做好2名人事代理人员的聘期考核和续聘合同。(5) 总务部1人晋升助理研究员。(6) 做好月考勤考核、年终岗位绩效奖励发放、30年教龄申报、独生子女互助医疗等。

7. 协调服务各中心做好在职人员人事管理服务。(1) 完成通用岗位聘任。(2) 做好年度考核。总务系统5个中心470人，年度考核合格468人，不参加考核2人。(3) 2013年，学校启动合同制职工职称代评，后勤5个中心有11人申报中、初级职称。(4) 5个中心申报2014年招聘计划12个,学校批准下达8个。(5)做好职工培训。(6)做好30年教龄申报、独生子女互助医疗等。(7)做好返还工资工作。(8)做好对合同制职工管理服务。4个中心获得"北京大学劳动关系管理优奖"。在做好上述工作的同时,特别注意加强干部、管理、技术骨干和一线职工队伍建设,构建精干高效可靠的后勤队伍。

8. 加强对职工教育培训。(1)组织职工100余人参加北京市职业道德培训和考核。(2)会议中心全年组织各类培训1174课时,10028人次接受教育。对外交流中心侧重对项目主管和新员工的培训。讲堂侧重岗位实操技能练兵。中关新园形成以班组——部室——园区为主线的纵向培训体系,有针对地进行专业技能培训,组织业务技能比赛。(3)餐饮中心启动中青年技术骨干培训,打破身份限制,从食堂一线选拔优秀技术骨干进行系统培训,经考核表现优秀者,将有机会充实到中心技术管理队伍中。及时补充中心技术人才、优化技术骨干队伍结构,极大地调动了一线员工的积极性。(4)动力中心加强职工专业技能、职业操守和服务技能培训。(5)公寓服务中心全年共召开楼长培训会6次,加强保洁员队伍建设与管理。(6)校园服务中心按照科室加强人员专业技能、安全教育和服务水平培训。

9. 进一步规范对合同制职工的管理。(1)各中心加强合同制职工用工规范管理,订立合同、用工管理、发放工资、缴纳保险等方面都纳入学校统一的规范化管理,都执行国家、北京市和学校的相关政策。(2)积极贯彻落实国家、北京市和学校职工"同工同酬"的精神和要求,加强职工收入分配制度调整工作,打破身份界限,制定相关措施稳步推进"同工同酬"收入分配制度落实。(3)组织好后勤职工参加平民学校,截至2013年底,总务系统已经有500余人获得结业证书。(4)加大关心慰问合同制职工力度。餐饮中心、动力中心为合同制职工粉刷宿舍、改善住宿条件,原煤厂地区盖楼解决校园服务中心部分合同制职工宿舍问题。帮助患大病、生活困难的员工争取爱心基金。加强重要节日期间的慰问。为职工组织丰富多彩的文体活动。

10. 做好总务部和中心离退休人员管理服务。(1)及时向离退休人员传达学校组织的离退休人员政治学习、工资调整政策,发放活动经费、电影票、慰问品、困难职工慰问券,组织"北京大学'老有所为'先进个人"评选表彰等。(2)2013年6月,组织召开离退休工作部赴后勤系统工作调研会,加强后勤与离退休工作部的交流,汇报各单位工作开展情况和问题困难。(3)有101人次获得了离退休工作部生活特困补助专项经费。(4)总务部落实群众路线整改措施,新增为70周岁以上逢"5"和"10"过生日的离退休教师到家慰问并送生日蛋糕,对生活困难和遇有难事的部分离退休人员发放元旦节日补贴。

11. 组织人事干部参加人事部的业务培训。(1)参加人事综合信息管理系统、规划调配、薪酬福利等业务培训。(2)参加北京大学劳动合同管理的政策建议培训。

【综合事务管理】 1. 协调保障工作。与学校相关部门密切配合,协调北京大学开放日、全国优秀高中生夏令营、高考阅卷、迎接新生、新生党员培训、军训、毕业生就业招聘会、毕业生离校、校庆活动、北京论坛、国际文化节等大型活动和其他学校重大活动的后勤保障服务工作;完成开放校园暑期参观、冬季冰场管理等的相关组织协调工作,维护校园秩序、保护校园环境,保证各项活动圆满完成。

2. 安全检查工作。(1)总务部牵头,会同保卫部、学生工作部等7个单位配合学校开展了以"排查安全隐患,构建和谐校园"为主题的安全教育和联合检查活动。对校本部、畅春新园学生宿舍的消防设施和违章用电现象进行安全检查,排查安全隐患。(2)为迎接"海淀区创建全国文明城区"工作检查组,配合保卫部、燕园街道办,对学校的商铺进行几次重点检查,消除物美超市及其地下空间中的不安全因素。

3. 组织会议及对外接待工作。(1)2013年成功举办北京市教委高校后勤思政专委会会议、北京市教委高校后勤节能专委会会议,接待中国农业大学、河海大学、吉林农业大学、枣庄学院、新乡学院等后勤部门调研。(2)成功举办2013年度后勤系统年终工作总结会、老干部新春团拜会;完成本年度总务长办公会的筹备、议题收集、会议纪要报送工作。

4. 其他综合性事务。(1)管理未名BBS总务部账号,对校长信箱版面中针对后勤工作提出的意见和建议进行及时了解、答复、处理。2013年共答复同学发帖15件,答复教育实践活动意见受理单10件。(2)办理新生公交卡共计5000张;补办学生公交卡共计469张。(3)完成10余件新家具的采购、建账。更新和添置办公设备6件,完成新设备的建账和旧设备的报废工作。完成12个院系圆明园校区储物柜的采购、安装、建账工作。

医学部总务工作

【发展概况】 2013年,后勤加大改革步伐。调整职能、理顺机构;围绕民生,践行群众路线;转变机制,强化服务监管;集中力量,推进重点工作;敢于担当,积极探索解决历史问题新思路。

改革重组,优化机构设置。2013年,学校改组医学部后勤与基建管理处为医学部总务处和医学部基建工程处,在重组机构的基础上,调整职能,重设架构,配备人员,完善队伍。上半年,通过与人事处多次沟通,明确总务处下属办公室包括综合办公室、运行管理办公室、城内学生宿舍管理办公室、饮食管理办公室、校园管理办公室、房地产管理办公室,进一步清晰定位各办公室的职责。下半年,结合部门功能定位,分别就各办公室的主任、副主任进行选聘,并基本完成工作人员的配备。

以民为本,践行群众路线。2013年,医学部总务处严格按照上级部署和要求,分步开展党的群众路线教育实践活动。在群众路线活动开展过程中,领导班子成员分批赴各实体调研,并积极参加各学院及其他兄弟单位的调研会,听取各项意见建议。在第一时间能整改的,做到迅速整改落实,第一时间不能立即解决的,明确责任领导、责任部门和整改期限;对于需要长期坚持的措施,建立长效机制,确保实效。

【民生工作】 物美超市试运行。2013年,原学生食堂(时缘琚餐厅)整体改建,一层主要用作生活超市和面包房,二层用作新清真餐厅。12月24日,一层的物美超市正式试营业。

公寓管理办法新修订。2013年,后勤经调研和论证,并根据中央及北京大学各项政策规定,修订了《北京大学医学部教职工公寓管理办法》。通过与各二级单位召开沟通会议,就《公寓管理办法》涉及的总则、租住对象、租期和收费、分配和审核、服务和管理以及下一步公寓房清理整顿工作计划等进行了讨论和通报,并经9月16日医学部第19次部务办公会讨论通过,《北京大学医学部教职工公寓管理办法》正式下发各单位执行。

房屋所有权证见成效。2013年,后勤加大力度,集中力量,专人办理,一致努力,3月5日办理完了研究生公寓楼房的房屋所有权证,5月15日领取了教学大楼房屋所有权证。12月20日,海淀区房屋管理局下发了26号楼房屋所有权证。

餐饮服务保障新台阶。2013年,清真餐厅完成改造,进入试营业,形成了风味餐厅(综合楼二层)、清真餐厅、中西餐厅(综合楼三层)和德园为主的特色餐饮和只为学生提供服务的学生餐厅(综合楼一层)互补的餐饮服务保障格局。同时,加大餐饮监管,推行用餐重点时间段制度,确保用餐秩序。在菜品及价格管理上,实施成本核算和价格申报审核制度,防止价格虚高的不合理现象,并及时推陈出新,丰富菜品。留学生B座一层餐厅(原碧香阁)已完成招标,经调研及医学部批准,拟定为特色餐厅。

【项目监管】 2013年,后勤继续加大引入社会优质资源力度,通过招标,大宽物业(教学区日常维修)、北京嘉德恒安科技发展有限责任公司(门禁系统)、巨人通力电梯有限公司北京分公司(电梯维修)等20余家知名公司相继进入医学部承担服务保障工作。

1. 监管、考核相结合。完善监管队伍,提高组成人员的专业性和职业性。以直接对话、工作巡查及周期沟通会、专题协调会为手段,建立受众群体单位的工作评价与履行合同保证金相挂钩的联动机制,通过年度考核予以体现。

2. 完善制度,强化体系管控。完善监管制度机制设计,形成适合医学部服务保障特色的监管模式。在餐饮监管上,建立了师生投诉应对机制,要求在面对BBS、投诉箱、意见箱等反馈的问题时,明确责任人和具体餐饮单位,并在2个工作日内答复。在保洁工作上,以实际工作为基准,出台具体工作标准和考核实施细则,对照检查,发现问题,即查即改。

【房地产管理中心】 完成26号楼、研究生公寓及教学大楼产权办理。通过普查工作,摸清了医学部公用房的使用现状,为规范公用房配置、使用、管理等奠定基础。对《北京大学医学部教职工公寓管理办法》予以修订和完善。完成进修生公寓收费系统的设计,配合完成学生公寓空调安装、平台防护网安装及车队进修生公寓装修等。发放住房补贴、迎新派遣及五道口置换房屋后续事宜等常规工作有序运行,安全工作常抓不懈,党风廉政建设高标准、严要求,工会工作有实效,被评为2013年医学部模范工会小组。

【校园管理中心】 提供日常维修保障,全力确保学校正常供暖,做好学校迎新、表彰会、团拜会等各项大型活动的环境保洁等服务保障工作。完成2、3、4、6号楼及中南楼智能电表改造,更换自备井泵管、6号楼浴室改造等。严格管控,确保大宽物业、中竞同创等托管公司履行合同,提供满意服务。荣获"北京大学模范工会小家"称号。

【饮食服务中心】 面对"用工荒",不断改进餐饮服务,"保证质量、价格合理、卫生达标、满意服务"。及时调整菜品供应结构、改进烹调方法,定期推出新菜品、推出小炒服务,确保学生基本伙有序运行。拟订清真餐厅经营方案,调试厨房设备,办理餐饮服务许可,接待卫生监督所验收,全力配合清真餐厅改建。积极与学生沟通,密切与伙委会联系,开展"神厨烹调大赛"、云南文化节、包饺子比赛等活动,增强与师生互动,换位思考,共同推进餐饮工作。

【教室管理服务中心】 以人性化服务为本,党政互补促发展。主动征求教师意见,科学编排,提高服务质量。完成所有教室多媒体的安装,并加强设备的管理和维护。圆满完成研究生入学、四六级、博士生入学及网院、成人学士学位英语考试等多项教室保障任务。通过大屏幕通报医学部各项重要信息。加强物业管理和服务,确保教学楼正常运转。在会议服务上,全年完成460余场次,以良好服务心态、微笑服务,传递教室管理服务中心的热情与周到。

【运输服务中心】 定期召开安全工作会和主任办公会,加强安全教育。全年召开安全工作会22次,开展"强化安全意识 提高服务质量"的安全文明驾驶员评选活动和乘客满意度调查,加强安全巡视,全年安全运行284000千米。统一着装,规范服务用语,文明礼貌,提高服务质量。圆满完成迎新、团拜会、医学部临床医学认证等重大活动的保障任务。

【部医院】 2013年全年完成63978人次门诊,双向转诊7169人次,其中预约转诊569人次,出诊、门诊85人次。强化护理培训,严格执行消毒隔离制度;召开药事委员会,确保用药安全;把握药品政策,调整药品价格;严格执行药品出入库验收制度,四查十对,保证用药安全;规范自身管理,积极应对海淀药监检查。按照学校部署,完成军训、体检、献血及新生疫苗注射等服务保障工作。顺利完成精神病患者交接工作和五癌筛查工作。启动并完善"责任医师"健康服务试点工作,正式开展家庭护理病床工作,受到社区居民好评。

【幼儿园】 2013年,幼儿园工作以抗震加固改造工程为重点,争取到北京市教委资金,通过施工许可,并迁至医学部西北区临时办学。重新制定规章制度和安全预案,凭依饮食服务中心协助,保障儿童就餐和食品卫生安全。改建出版社仓库为幼儿园卧室,增加暖气、改造水电、建立儿童卫生间、平铺场地、配备教学设施,确保幼儿顺利入住并正常教学。加强领导班子和教师队伍建设,创新保教思路;发挥党团优势,组织革命传统教育,丰富职工活动,增强归属感。规范内部管理,严格开展卫生保健工作,强化后勤保障,控制经费使用,把安全保卫工作置于首位。获得2012—2013学年海淀教育事业统计工作优秀集体二等奖、海淀区"学新型团队"集体奖,通过北京市一级一类幼儿园复验,幼儿园党支部获得医学部优秀主题党日活动奖,幼儿园团支部获得医学部优秀团支部荣誉。

【居委会】 及时调整班子成员,科学分工。协助完成家属区居民楼安装楼宇对讲门禁系统及后续的钥匙发放工作,为家属区燃气表改造做好入户宣传及协调工作,协助开展家属区东区环境整治工作。通过推动垃圾分类、开展社区环境保洁检查工作制度及装修户规范化管理,建设干净整洁社区环境。按照街道要求,组织力量、按部就班,牵头开展全国第三次经济普查工作。规范服务渠道,强化专业培训,打造窗口服务品牌。确保各专门委员会正常有序开展工作,服务社区居民。

【饮食管理办公室】 积极完善餐饮监管机制,提高餐饮服务质量;明确职责,建立用餐重点时段值班制度;完善菜品成本核算、价格申报审核、推陈出新及保障制度。开辟各种渠道,加强与师生的沟通,及时处理师生投诉,第一时间予以反馈,努力营造师生共参与的北医餐饮文化。全力做好跃进厅的日常维保、保洁工作的监督考核管理以及设备设施的维修保养工作,群策群力,确保跃进厅正常有序运行。完善各项安全应急预案,通过消防演练、安全培训,提升人员安全意识及突发事件应对能力。会务服务周密安排、细心热情,得到办会单位一致好评。

【城内学生宿舍管理办公室】 总结经验、强化管控,督促托管公司全力保障。加强安全管理,重视安全巡查,保证设备设施正常运转。积极与学院、学生沟通,设置意见箱,听取意见建议,及时反馈。以节假日为契机,丰富形式,增强与托管公司、物业、保安等的交流,积极营造家的氛围。规范财务、印章管理,配合基建工程处,完成学生浴室更衣柜维修喷漆、南楼坡道外墙粉刷等工程。

【内部管理】 总结反思,明晰战略规划。2013年,通过年初干部会,追根溯源,对多年后勤发展建设进行总结和反思,明确后勤发展的本质是服务民生,要让广大师生共享学校改革发展的成果。

科学考核,加快目标管理。通过年初党政联席会,明确要求处级以上领导干部制订详细的2013年目标计划,主要从重点工作、日常工作及队伍建设三个大方面一一予以列举并明确完成时间,并召开两次党政联席会,就处领导班子成员的目标计划进行审议。同时,各实体、办公室全面实施全员目标管理,层层落实,细化分工,明确到人。

年终,以目标为基准,与年底考核相结合,考核与奖惩挂钩,奖勤罚懒,并通过会议,对照检查处领导班子目标计划,以考核督落实。同时,在各部门职工中推行并具体实施,形成全面、系统、科学的目标任务评价体系。

调整职能,完善架构功能。通过与人事处多次沟通,调整处级办公室职能,明确办公室设置,争取人员配备数。7月,医学部发文明确两处架构及人员编制,党政领导班子分工调整,进一步明确办公室职能并开始办公室主任、副主任的选聘。截至12月底,已基本完成中层领导聘任和工作人员配备。

【队伍建设】 2013年,立足长远,深惟重虑,不断加强干部和职工队伍建设,力求将自身的可持续发展与医学部事业的长远发展相结合,不断提升服务保障能力,提高服务满意度。

拓展渠道,择优选用。继续通过网络、招聘会等多种形式,不断拓宽人才引进渠道,加大人才引进力度。严格招聘程序,2013年引进研究生学历的应届毕业生3名、本科生1名,引入年轻化的非在编职工45名,充实到各个部门。

创新形式,培训交流。创新形式,不断丰富"软件建设"内容,开展政治、人文、历史、安全等各种培训,强化干部职工队伍素质建设。一是以医学部培训为契机,组织中层以上干部参加,如关于群众路线的辅导报告、十八大精神、十八届三中全会精神辅导学习、党的有关培训、财务知识讲座等。二是后勤组织的各项培训,如按照常规计划,开展新职工培训;组织各种讲座。三是参加各部门组织的各种培训,如后勤机关组织的人事培训,各实体组织的专业知识培训及各支部组织的革命传统、爱国主义教育培训等。

为民务实,用心留人。加强调研,以开展党的群众路线教育实践活动为契机,深入职工,了解职工诉求,通盘考虑,在后勤现有财力基础上,通过各种具体举措,提高职工待遇,留住人才。继续开展无固定期限劳动合同制职工入会,新增20余名职工成为工会会员,享受与事业编制人员同等工会福利待遇等。

【规章制度】 2013年,后勤结合实际工作,全面梳理后勤现行规章制度,加大制度的完善力度,健全制度化管控体系,规范各项工作流程。自2004年以来,后勤共有各项规章制度70项,其中,需废止的5项,需修订的18项,继续执行的47项。其次,针对部分存在漏洞或不规范的地方,出台新制度,完善管理。在餐饮方面,出台了《北京大学医学部学生食堂价格平抑资金管理使用办法》;在民主决策方面,出台了《北京大学医学部后勤党政领导班子落实"三重一大"制度的实施办法》等;在后勤值班管理上,加大管控力度,出台了《北京大学医学部后勤24小时服务热线值班制度(试行)》。最突出的是针对广大职工长期反映的公寓房管理问题,经多次调研和征求意见,形成了《北京大学医学部教职工公寓管理办法》,由医学部部务会通过并发文。

【安全稳定】 后勤始终把安全置于首位,坚持"安全第一,预防为主,综合治理"的发展理念。第一,在职工中加大安全宣传力度,通过各种安全会议、安全知识培训、"安全生产月"活动及现场参与消防演练,提升职工安全意识,预防各类安全事故的发生。第二,通过深入基层、积极沟通,及时掌握职工或学生的思想动态,提前解决诉求或矛盾焦点,排解潜在的险情,有效预防安全隐患。第三,加大巡查力度,通过四级巡查,加强巡查记录,实行痕迹管理,认真排查食品、卫生、水、电、防火、防盗等安全隐患。第四,强化责任观念,从处领导班子到职工个人,层层落实安全责任,签订安全责任书,确保服务保障、安全稳定不出问题。

【获奖情况】 在2013年度工作总结会上,总务处获得了北京高校后勤物业工作先进集体荣誉,另还有3名同志分别获得了北京高校后勤思想政治工作先进个人、北京高校后勤物业工作先进个人和北京高校后勤节能工作先进个人荣誉。

主要后勤保障服务机构

会议中心

【发展概况】 北京大学会议中心是1999年9月正式组建的专业化服务实体,主要负责组织承办各类会议,开展多种形式的对外学术、文化交流活动;管理经营群众文化活动场所,组织校园文化艺术活动;为外国专家、留学生、部分国内学生和其他中外宾客提供住宿、餐饮等服务。会议中心现有建筑面积23万平方米,拥有一个2100个座位的礼堂和44个大、中、小型会议室,5个各类不同风格特点的餐厅,接待床位近5000张及其他综合服务设施。

会议中心组建时下设办公室、对外交流中心、百周年纪念讲堂管理部和勺园管理部。2003年8月增设中关园留学生公寓建设项目部,负责中关园留学生专家公寓园区前期筹备和施工阶段的工作,并为建成后的运行管理做准备。2007年4月学校批准会议中心设立中关新园管理部,撤销原中关园留学生公寓建设项目部。2011年中关新园开始全面运营。2008年4月会议中心办公室开始实体运行,加强对中心行政、人事、信息等工作的统筹协调。2008年底成立中心财务室,开始整合中心财务工作,加强集中统一管理和内部控制。

2013年初,会议中心新一届领导班子在后勤改革进程中诞生。

范强任会议中心主任,张胜群、孙战龙、李榕、刘寿安任副主任。郝淑芳任中心办公室主任。2013年中心共有员工893人,其中学校编制员工120人(干部18人、工人102人)。2013年退休员工15人。

2013年会议中心服从学校大局,积极应对学校对勺园1—5号楼区域新的功能定位。利用会议中心整体资源,勺园管理部有序调整,各单位共同支持,体现大局意识、服从意识和执行能力。会议中心尊重员工利益与诉求,在中心范围内妥善分流安置工程涉及的69位员工;顺利将佟园餐厅和2号楼餐厅移交学校餐饮中心,服从学校大局,稳步推进1—3号楼腾空搬迁。

2013年会议中心继续保持稳定运行,在会议中心的总体框架和统筹领导下,对外交流中心、讲堂、勺园、中关新园密切协作,圆满完成各项工作任务,在学校工作中发挥了积极作用。

【业务发展】 2013年,会议中心承担大量高层次活动组织和重要接待任务,包括接待新西兰总理约翰·基、泰国公主诗琳通、美国前国务卿奥尔布莱特、诺贝尔奖获得者杨振宁、莫言等多位国内外政要、名人;组织或协助组织北京论坛、凤凰卫视影响世界华人颁奖盛典、第七届全国配位化学会、物理学院和数学科学学院百年院庆、学校领导战略研讨会、学校春节团拜会等重要活动;承办国际国内学术会议7个,承接海外交流团队、研修班10个;接待来访海外宾客78批5266人次;各类会场使用6505次,参加会议活动约78万人次;举办演出181台,放映电影82场,观众约36万人次;接待中外宾客8万多人次住宿,63万人次就餐;在住外国专家70多人,留学生1449人,港澳台学生52人。

对外交流中心高度重视会议与交流、会场服务两大主营业务规范化管理,进一步科学设计业务流程,明确要求,夯实基础,不断完善业务管理体系。讲堂巩固演出品牌,加强独立策划,推出图卢兹管弦乐团音乐会、"春风上巳天"昆曲系列等新的优质项目,演出状态走向"专而精";借助海淀区演出联盟争取资金扶持,增强优质演出引进能力;稳定普通影片低票价,新增3D放映功能,提升电影放映品质,克服片源少、速度慢、成本高等难题;与保卫部配合推出承接活动风险评估机制。稳定勺园、佟园清真餐厅价格和质量,将教授餐厅移至7号楼,一如既往竭诚为师生服务;做好4号楼本科生宿舍服务管理,加强与师生交流,不断改进服务。中关新园设立公寓接待中心一站式办理服务业务;多种渠道及时收集宾客意见,仔细分析快速处理;建立要客档案,提供个性化服务;首次在园区接待留学新生报到,积极接纳勺园1—3号楼留学生转移入住;实施留学生公寓半封闭式管理,净化住宿环境;加大网络销售力度,分别与国内两家最大的酒店预订门户网站携程网和艺龙网加强合作关系;通过高品质的创意融合菜、分子菜以及特色鲜明、搭配合理的中西式菜点,打造整体餐饮品牌。

会议中心整体经营水平再创新高,总收入首次超过2亿元,利润6797万元,偿还中关新园借款3336万元,完成了预算和上缴学校利润任务。

对外交流中心为学校重要活动减、免收费94万元;讲堂为学校和师生服务减、免收费153万元,为师生艺术团体免费提供排练场地168次,向校内师生销售让利20%的兑换券,优惠7.05万元,向贫困生赠兑换券折合人民币6000元。

会议中心自筹资金766万元用于完善基础设施,完成讲堂舞台机械更新、增加3D电影放映设备、英杰月光厅局部改造、勺园8号楼客房装修、7号楼前台改造、6—8号楼室外供暖管线改造等项目,有效改善接待服务条件,提高宾客满意度。中关新园制作西门大型导视灯箱、灯箱式园区平面图、夜晚发光墙体标识,与原有的其他导示标识交相呼应,逐步完善园区导示体系;完成部分公寓楼墙壁粉刷、8号楼排水管道改造等工程项目41个;启用地热水,大大节约能源成本。

【财务管理】 2013年会议中心严格落实财务预算制度、费用支出审批制度、招标管理制度,探索建立中心整体采购平台,通过招标确定食品原材料采购供应商,整合各单位的分散采购途径,规范程序,降低成本,规避风险。

中关新园严格预算管理,加强经营分析,严格资产清查和系统备案程序,认真遵守大额资金使用审批和借款审批规定,共完成涉及193万多元的7个项目的招标工作。

【队伍建设】 进一步加强班子建设,严格规范要求,制定完善了《会议中心领导班子改进工作作风、密切联系群众实施细则》《会议中心主任办公会会议制度》等规章,提高管理水平和防范风险能力。

会议中心核心骨干团队建设取得重要进展,完成中心所属单位干部岗位聘任,选拔单位副职及以上人员充实班子,并陆续选聘主任(总经理)助理,近20位同志履新,采取换岗、兼职等方式实质性推进中心内部干部交流任职,为年轻骨干提供更大实践平台;通过2003年以来每年一度的专题研讨会加强干部队伍建设。2013年研讨会参会人员主要为核心骨干团队成员,研讨力度和水平进一步提高,研讨会以"学习对外交流中心成功经验,加快会议中心争创一流进程"为主题,通过研讨提升中心高层管理团队的工作理念、精神状态、履职尽责水平和执行力。

会议中心继续加强培训力度，关注支持员工成长，共组织各类培训1174课时，10028人次受训，23人参加平民学校学习，45人参加北京市职业道德培训考核，24人参加北京市行业年审和验证培训，1人在职取得硕士学位，2人在职取得本科学位，23人正在学习大专或本科课程，3人通过学校工勤技能岗位聘任。讲堂针对技术办公室干部结构老化状况，及时组建青年骨干梯队，加强一线管理力度；减少集中培训，侧重岗位实操技能练兵。中关新园制定内训为主、外训为辅制度，逐步形成以班组——部室——园区为主线的纵向培训体系，有针对性地进行专业技能培训；组织业务技能比赛，建立技工评定动态管理模式。

会议中心切实采取措施关爱员工生活，全年为员工发放文娱活动兑换券23082张，组织1600人次观看讲堂演出、走进艺术课堂；举办国庆中秋游艺联欢；中心工会职工之家开始运行，700多人次参加健身；成立文艺兴趣小组，组织员工参加学校运动会、乒乓球比赛、歌咏比赛等活动；443名员工参加健康体检；关心生活困难、患病和离退休员工，坚持组织慰问活动。

【党建工作】 2013年会议中心共有6个党支部，党员99人，预备党员5人。中心党总支积极组织各分支部学习党的十八大精神，开展"落实十八大，共话中国梦"主题党日和征文活动；中心工会建立年初工作部署会和年底总结研讨会制度，并向教代会提交吸纳更多合同制职工加入工会的提案；团支部完成基层共青团员情况年度统计工作，组织团员参观首都博物馆。

会议中心党政领导通过学习、谈心和民主生活会，查摆"四风"问题，开展坦诚严肃的批评和自我批评，针对加强与基层联系、推进整体发展、加强员工培养、改善待遇等18条意见，抓紧制定落实整改措施。

会议中心首次组织不同编制、不同身份员工代表听取中心领导班子述职报告，进行年度考核测评。

会议中心继续坚持规范管理和集体决策，明确主任办公会审议范围、组织流程和决策落实责任；进一步规范重要干部任用和晋升程序，全年中心测评任命所属单位内设一级机构助理及以上人员11名。

【内部管理】 2013年会议中心继续加强中心统一领导，推进中心整体融合。制定《会议中心干部兼职工作暂行办法》《会议中心网站信息管理暂行办法》等4项中心层面规章制度；继续完善薪酬体系和绩效考核办法，提高员工福利待遇水平；完善安全管理体系，逐级签订安全责任书，加大监督检查力度，强化一线人员安全知识技能培训，全年运营安全稳定。

会议中心开展庆祝对外交流中心成立20周年系列活动，包括专题研讨、MV歌曲《我相信》创作与首发、主题游艺联欢、学者专访、校刊专版、纪念册等，并再次颁发"会议中心奉献奖"，褒奖长期在对外交流中心工作的优秀员工。

对外交流中心制定《薪酬管理办法》，提高财务管理规范化水平；逐步完善加班调休、加班交通补贴、年假管理规定，条文表述更为准确，员工责任和权益更加清晰；注重宣传工作，加强业务活动报道时效性与内容针对性，网页对主营业务功能介绍更为详细。

百周年纪念讲堂出台《讲堂加班管理办法》（试行）及《加班申请记录》，科学排班，提高效率；立足ISO9001国际质量管理体系，建立"责任有交叉、落实无死角"的网格化管理模式，使主体责任意识渗透员工头脑；合理规划活动承接数量，从源头理顺"两个效益"的关系。

勺园继续完善制度，制定实施《管理人员晋升考核暂行办法》《月度绩效奖金管理办法》等；规范总经理办公会、部门经理例会、经营分析会等会议制度，进一步提高议事决事制度化科学性水平；加强人力资源工作，聘请专业律师做法律顾问，努力构建和谐稳定的劳动关系；继续完善薪酬体系，推行新的绩效考核制度，逐步实现同工同酬。

中关新园坚持晨会、总经理办公会、经营分析会"三会"机制；推进制度建设，制定修订79项园区层面、266项部室层面规章；通过优秀总结汇编、先进个人专题报道、员工餐厅宣传栏等表彰先进树立典型，形成"比、学、赶、帮、超"的良好氛围和"园兴我荣"的主人翁意识；自主完成会议室灯光改造等27项小型工程改造项目，改善对客服务环境；建立月度安全卫生检查制度，安装消防安全户籍化管理系统，全面检修消防电气设备，打造"平安园区"。

2013年会议中心党总支被评为北京高校后勤思想政治工作先进集体。

2013年中关新园管理部连续第四年荣获海淀区公安分局出入境管理大队颁发的境外人员登记服务优秀单位。

餐饮中心

【发展概况】 截至2013年底，餐饮中心共有员工947人（含合作经营单位员工），其中劳动合同制职工851人，占员工总数的89.86%。2013年1月至12月，伙食营业总收入1.39亿元（含合作经营单位），比2012年增加6.8%。

2013年，日均服务就餐师生54092人次（以2013年9月23日用餐情况统计，早、中、晚三餐合计，人次统计每人每天不超过3次）。食品原材料采购量合计7902万元，大宗食材采购均来自北京高校伙食联合采购平台。其中，在北京高校联合采购及"农校对接"平台可提供采购品种中采购食品原材料总量达5780万元，占全年采购总量的73.15%。为保持伙食稳定，对米、面、肉、蛋、豆制品及蔬菜等品种执行价格补贴合计约721万元（含人工成本上涨因素）。

【队伍建设】 按照后勤"十二五"队伍建设规划，2013年1月23日，北京大学宣布了餐饮中心新一届领导班子的任职决定，王建华任餐饮中心主任，王晓如、张念梅、金宏丽任餐饮中心副主任。

在北京大学党委组织部、人事部、后勤党委、总务部的支持下，完成了餐饮中心4个正科级、6个副科级岗位的聘任工作。同时，为完善管理队伍建设工作，理顺工作机制，完成了8个管理岗位的内部聘任工作。

2013年，餐饮中心周彪、李长发、卞金羚、任金锁、骆长顺5名职工被聘任为北京大学技师，其中周彪被聘任为高级技师。在此背景下，为解决餐饮中心技术团队年龄老化的客观问题，餐饮中心启动了"中青年技术骨干培训"工作，打破身份限制，从食堂一线选拔优秀技术骨干进行系统培训，经考核表现优秀者，将有机会充实到技术队伍中。

【食品安全】 2013年8月，餐饮中心全面推行精细化管理，并制定了食堂、经理厨师长"每日短信日报"制度、科室周末值班制度，并将食堂伙食、卫生夜查工作列为常态。2013年在海淀区食品药品监督局的多次"拉网"检查中，食品卫生、加工流程、餐具消毒等项目均获"优秀"等级，受到上级卫生主管部门的高度评价，保持了连续56年未发生群体性食源性疾患的优良办伙记录。

在食堂饭菜管理方面，面对持续上涨的食品原材料价格和人工成本，餐饮中心一方面合理利用补贴，保证"专款专用"，对米、面、肉、蛋、豆制品类食材实施长期补贴；另一方面，严格成本核算和食谱审批，严控"高价菜"，确保食堂饭菜价格水平始终处在合理水平。

在低值易耗品管理方面，餐饮中心于7月建立了物资库及物流配送系统，实现了低值易耗品的集中采购。

【特色服务】 1. 实施早餐行动计划和午餐值班餐制度。餐饮中心4月推出了无矾油条、油饼，并保障早餐品种和持续供应，让师生在上午8:30前（非节假日期间）均可吃到香脆可口的油条、油饼。在午餐供应上，延长服务时间至下午1:30。

2. 落实基础设施改造工程。2013年暑期，餐饮中心自筹资金140万元实施了艺园食堂整体改造（包括运水烟罩改造、室内墙面粉刷、吊顶更新、安装洗碗机，购置公用餐具等）及家园食堂空调更换工作。同时，在总务部的大力支持下，顺利完成了康博思快餐厅的空调安装及燕南美食运水烟罩改造工程。

3. 执行暑期食堂正常开伙制度。根据2013年学校对职能部门及后勤服务保障机构正常化办公的意见，餐饮中心对暑期食堂工作安排做了较大调整。除艺园食堂、燕南美食因有大型装修改造工程、学五食堂因寒假值班做出停伙安排外，其余各食堂均正常开伙，并保证暑期的饭菜质量和品种。

4. 新建两个主食售卖点。在总务部的支持下，新建的两个主食售卖点于2013年4月正式启用。主食售卖点不限购，教职工可以按需购买，在一定程度上解决了"同学在食堂买不到主食，教职工不能保证供应"的矛盾。

5. 做好食堂合作经营项目招标工作。2013年8月初，餐饮中心启动了食堂合作经营项目公开招标工作，遴选出了38家服务业绩较好的餐饮公司为师生服务。

6. 营造"光盘行动"良好氛围。3月份，餐饮中心配合学校党委宣传部、电视台拍摄制作了"光盘行动"宣传片，同时在食堂内设计张贴了以"节约粮食"为主题的公益宣传海报，倡导全校师生积极参与到"光盘行动"中来，收到良好效果。

7. 及时妥善处理就餐者意见和建议。4月、11月分别组织学生代表50余人次深入食堂后厨、洗碗间、集中加工车间、主副食库房等场所，了解食堂食品卫生及菜品管理情况，接受同学们监督。在食品原材料招标采购方面，6月，邀请学生监督员参加北京高校食品原材料联合招标采购大会，确保采购工作公开、透明。针对校园网上同学的意见，坚持做到快速处理、及时答复，赢得师生认可。全年，师生对食堂工作无重大投诉。

8. 开通支付宝校园卡充值服务。配合校园卡管理与结算中心启动了支付宝校园卡充值服务，12月12日，系统正式投入运行。

动力中心

【发展概况】 2013年动力中心根据《北京大学后勤队伍建设"十二五"规划纲要》的部署，完成原供暖中心和原水电中心的合并重组工作。新组建的动力中心主要承担全校水、电、暖、浴室的运行管理工作，包括水电暖的运行、水电暖管网维护维修、防汛抗洪、零星维修、水电暖费用的收缴、浴室管理服务、校内公共区域物业管理服务等工作。中心下设综合办公室、财务室、供暖运行科、水管科、电管科、计划修缮科、节能收费科、物业管理科、工程技术办公室九个科室。中心有在编职工117人，合同制集体存档职工19人，合同制工人49人，劳务派遣制工人52人，职工总数共计237人。

【水电暖运行】 2013年全年北京大学供水量约为2448534吨，供电量约为108799719度。实收水费10649589.3元，电费72862920.3元，供暖费7011200元，与2012年同期相比，水费收费金额提高22.3%，电费收费金额提高3.4%，供暖费收费金额提高8.8%。浴室全年洗浴人数达到2336527人，日均洗浴人数6401人，单日最高洗浴人数达9157人。迎新当日制卡2094张。2013—2014供暖季，辖区供暖面积约为187.4万平方米，其中新增勺园、太平洋、南门2号楼、南门3号楼等供暖面积约12.6万平方米。动力中心圆满完成全校的水电暖正常供给、水电暖费用收缴、校内各项水电暖设施检修及维护、浴室管理服务、校内公共区域物业管理服务等各项工作任务。

【水电暖系统检修】 更新散热器。针对中关园二公寓散热器老化、堵塞严重等问题，对该公寓的散热器进行更新改造。此外，动力中心还完成了蔚秀园、燕北园燃烧机控制柜更新和水塔换热站二次水循环泵的更新改造，为蔚秀园、燕北园锅炉及水塔站内设备的安全经济运行提供了有力保障。

加强输配电线路及设备的检修。动力中心加强对输配电线路的巡视检修，尤其是在春秋两季到来之前对全校架空线及杆上变压器进行了清扫和检修。先后完成1座110kV电站的大修，大讲堂、图书馆、38楼至40楼、畅春园、箕斗桥、理科楼、低温等7座10kV开闭站的实验及检修工作，并对现有16台室外变台和14台箱变、家属区开辟站3处高压进户、北河沿1处高压进户、畅春园1处高压进户进行清扫，并更换一台变压器，大修2台变压器。为了减小对正常教学科研工作的影响，中心将校园电网的检修维护工作基本安排在夜间或周六日进行。

加强全校照明系统的巡视检修工作。动力中心对全校两千多盏路灯进行定期的巡视和检修。全年更换湖区双头灯具70套，校内外及家属区更换毁坏灯具8套，欧司朗100W钠灯（外启）210盏，欧司朗100W钠灯（自启）120盏，节能灯160个，保证了全校良好的夜间照明环境。

水电零修工作。动力中心2013年共完成电零修小票6136张，水零修小票10055张。全校疏通下水31500米，掏挖渗井48座，挖漏36次，检修阀门140余个（主控阀门），有效地保证了学校教学科研工作的正常进行。

【水电暖基础设施建设】 2013年动力中心共完成给排水工程62项，电气工程47项，暖通工程18项。其中大项工程包括：电话室搬迁室外电源工程、核磁中心室外电源工程、成府园路灯安装改造工程、学生区空调冷凝水管安装工程、学生宿舍饮水机安装工程、太平洋大厦采暖外线工程、勺园暖气总管道室外工程、南门区域教学科研综合楼2号楼和3号楼水、电、暖室外工程等。

【防汛工作】 防汛期间动力中心组织召开学校重点用电单位、重点实验室、自管楼宇防汛安全工作会，并根据学校整体布局，将全校划分为9个防汛责任区域，分片负责，明确职责范围，保证重点场所防汛安全。在此基础上，成立防汛抢险队、防汛突击队、防汛后备队，按照不同的防汛等级启动不同的防汛预案和防汛队伍，并添置水泵、电缆线轴、抽水管、塑料布、铁丝、沙袋等大批防汛抢险物资。汛期动力中心安排人员对全校井盖进行排查检修，清通校内雨水管道1780米，清理雨水井130座，共接用户报修电话80余个，出险抢修69次（协助学校其他部门抢修10余次），共苫塑料布800余米，为居民修缮漏雨房屋、阳台26余处，出动抢险维护车辆20余次，圆满完成了全校防汛工作。

【服务保障工作】 规范管理。动力中心组建后着力加强制度建设，制定《动力中心薪金发放制度》《中心机动车暂行管理使用办法》《报告签章试行管理办法》《工程材料管理规定》《房屋使用管理规定》《中心考勤管理办法》等文件，使干部职工有规可依、有章可循。

提升服务质量。动力中心组建后就如何增强服务意识、提高服务质量、规范服务内容提出了新工作标准：(1)要求中心服务窗口的一线工作人员塑造自身良好的精神面貌，工作时间统一着装，讲文明用语，待人热情周到。(2)动力中心整合水电零修班组，合理搭配各工种人员，做到当日报修小票当日完成，绝不过夜。(3)3319水电报修电话增加回访服务，监督和督促水电维修人员提供及时优质的维修服务。(4)为方便师生员工，教工浴室安装4部吹风机，学生浴室在原有16部吹风机的基础上增加到22部。(5)畅春新园浴室洗浴结束时间由原来的23点延长至23点30分。

【党建工作】 2013年，动力中心党总支和各支部分别完成改选工作。新的支委成员大力开展党的群众路线教育实践活动，通过学习教育、广泛听取群众意见、查摆"四风"问题，召开领导班子专题民主生活会，开展批评和自我批评等，切实转变工作作风，提升管理服务水平。中心领导班子对照"四风"具体表现，认真查摆自己在"四风"

方面的问题,认真梳理查找宗旨意识、工作作风等方面的差距,深刻进行党性分析和自我剖析,述职述廉,如实向党组织报告个人相关情况,切实把接受监督作为工作和生活的常态,在监督下行使权力、开展工作。

校园服务中心

【发展概况】 2013年校园服务中心根据《北京大学后勤队伍建设"十二五"规划纲要》的部署,完成原校园管理服务中心、运输中心、电话室和幼教中心合并重组。原幼教中心更名为北京大学附属幼儿园,由北京大学校园服务中心统筹管理。校园服务中心下设6个科室,分别是综合办公室、财务室、绿化环卫管理科、综合事务科、车辆管理科及附属幼儿园。2013年中心有在职职工435人,其中事业编职工115人,合同制职工320人;退休职工419人,其中2013年退休11人。

中心承担全校多项后勤服务项目,主要提供绿化环卫服务、公共教室及部分行政楼保洁服务、饮水机及各类小型维修服务、会议(会场布置、人员服务等)服务、报纸杂志及信件收发服务、交通订票服务、通信服务、车辆运输服务及综合性服务幼儿教育等。此外,中心还负责为迎接新生、毕业生就业洽谈会、毕业典礼、毕业行李发送、高考阅卷、学校重大会议活动、外事活动等提供后勤服务。

【业务发展】 园林绿化工作。负责全校83.56万平方米绿地、531株古树的绿化养护日常管理,10万平方米湖泊的清理保洁,重大节日、活动校园内的盆花生产及租摆。

完成北京大学27800株荒山义务植树的年度任务目标。完成校园内64.47万平方米露天的日常清扫保洁。

2013年重点短截修剪校内危险树木210余株、砍伐死树和极危险树木18株,抢险抢修因极端天气原因造成的树木倒伏12株。

2013年完成8个重点园林工程:

1. 荷花池水闸水道改造工程,修建水闸1座,修理河道20延长米。

2. 临湖轩绿化恢复及东侧环湖路修补工程,恢复绿篱20延长米,铺设草坪700平方米,修建山石和木桩护坡60延长米,修整水泥园路270平方米。

3. 畅春园天桥绿地改造工程,种植黄杨篱和灌木860株,种植崂峪苔草2150平方米,种植攀缘植物扶芳藤1575株。

4. 俄文楼至国政楼绿地恢复工程,种植草坪4920平方米,铺设喷灌系统5000平方米。

5. 电话室改造绿地恢复工程,补植草坪500平方米。

6. 水塔景区绿化改造工程,种植灌木1190株,铺装青石板园路面积51平方米。

7. 校内景区内100个园椅铺装卵石和青石板踏步300平方米。

8. 未名湖西河道绿化工程,种植水生植物300株,宿根花卉8900芽,崂峪苔草780平方米,木桩100米,卵石铺装58平方米。

综合事务科。保洁部2013年完成了教学区65467平方米,267间教室,22714个座位及50个服务单位60659平方米的日常清洁养护工作。圆满完成毕业生就业洽谈会、高考阅卷、毕业典礼及世界化学大会等重要活动的后勤保障工作。

茶饮服务部2013年4月开始将畅春新园1—4楼改造成节水节电型开水器,8—12月全校宿舍楼全部安装开水器,并先后停掉34楼及44楼开水房。负责123台开水器及饮水机巡查、保养工作。2个天然气锅炉房用燃气53873立方米,全年供应开水12699吨。5个开水房供应开水7387吨,饮水机开水器供应开水5312吨。

收发室2013年完成984770份报纸、39785份杂志的征订、分拣和派送工作。

电话室2013年新安装电话680部;迁移电话450部;检修电话故障2600部,其中学生宿舍201电话1627部;安装电话宽带(ADSL)170部;日常维护固定电话2万多部;收缴户数756321户,打印各类文件18760份,印刷复印文稿103150份,制版520张。电话室2013年新增线路:资源大厦新增50对电缆150米;勺园、30号楼改接50对电缆350米。电话室完成南门2、3号楼管道系统改造施工;配合联通公司完成20兆光纤入户。

订票处2013年完成寒暑期预订学生票共计14018张。全年共计出售火车票4万余张,航空机票2800余张。

车辆管理科。2013年为学校提供职工西二旗、西三旗(含旗胜)班车6辆,燕北园、附小班车3辆,新增圆明园校区班车2辆。

幼儿园。有教学班29个,在园儿童886名。2013年,在教委和学校各部门的支持帮助下,幼教中心基本完成蔚秀园幼儿园抗震加固和装修改造工程,使用教委沉淀资金,购置了玩具、图书及大型设备,使幼儿园教学设施和儿童生活学习环境进一步改善。

【财务管理】 后勤改革后,由四个单位组建了新的校园服务中心。由于财务科招聘工作还未开始进行,为了保证各单位在中心的领导下正常运行,2013年维持了原有的财务管理模式和财务制度,使财务管理平稳过渡。

【队伍建设】 队伍建设是后勤改革的重要内容，中心自成立以来尤为重视队伍建设。中心按照后勤改革规划，在学校党委组织部、人事部、后勤党委、总务部的领导下，认真组织开展干部选拔招聘。2013年8月，经过报名筛选、面试、民主测评等一系列公开、公正程序，中心内设科室正副职负责人基本到位，充实了中心的干部队伍配备，为更好完成学校交给中心的后勤保障任务奠定了良好的组织基础。2013年12月，中心按照上述公开、公正的程序，完成了中心主管一级自聘干部的选聘工作。

【党建工作】 在学校党委和后勤党委的指导下，校园服务中心认真组织开展党的群众路线教育实践活动，制订了《北京大学校园服务中心党总支开展党的群众路线教育实践活动实施方案》。

坚决贯彻落实党风廉政建设责任制，按照"谁主管，谁负责""一级抓一级，层层抓落实"的原则和"一岗双责"的要求，落实各级干部在党风廉政建设中的责任，坚持一手抓发展、一手抓廉政、两手都要硬。

【内部管理工作】 中心统筹制度建设，制定和完善各项规章制度。建立中心例会制度，定期讨论研究中心工作，布置阶段性工作任务和要求，及时召开专题工作会，研究和协调解决具体问题，推进中心工作。在科室层面，逐步建立科务会制度，各科室定期分析研究实际工作问题，确保运行工作顺畅有序。坚持"三重一大"决策制度，凡重大事项决策、重要干部任免、重要项目安排、大额资金的使用，坚持由中心班子办公会集体讨论做出决定。

学生宿舍管理服务中心

【发展概况】 2012年9月，学校发布《关于调整北京大学后勤系统中心设置的通知》（校发〔2012〕156号），决定将原学生宿舍管理服务中心和房地产管理部教师公寓管理服务中心合并组建为北京大学公寓服务中心。公寓服务中心为服务实体，负责学生公寓、教师公寓的有关管理与服务。

【学生公寓工作】 重点专项工作。
1. 解决宿舍床位缺口，切实做好圆明园校区入住工作。2013年7月上旬，公寓服务中心在圆明园校区为学校调剂88间宿舍，解决了近400个床位缺口问题。为确保新生开学后部分同学顺利入住圆明园校区宿舍，公寓服务中心和兄弟单位紧密配合，建立了学生楼委会，健全了工作沟通机制和面向同学的意见征集机制，切实做好圆明园校区的宿舍粉刷维修、家具配备、卫生间浴室改造等相应设施更新与环境美化工作等，及时帮助同学解决问题和困难。

2. 加强队伍建设，提升服务水平。公寓服务中心聘任一批综合素质较高的同志担任主要职务。2013年全年共招聘楼长24人，卫生员8人，并根据工作需要，调整楼管组9个，召开楼长培训会6次，选派优秀务工人员5人参加学校的"平民学校"课程等，保证了一线员工队伍素质的稳步提高。2012年全年共评选表彰先进楼管组15个，收到各类表扬100余人次，公寓服务中心团结合作、文明礼貌的良好风气得到了同学们的普遍好评。

日常工作。1. 保证重点时期各项工作有序进行。2013年，公寓服务中心分别完成了近13000名毕业生和新生的毕业离校和迎新工作，并调整男女生床位2100余次。通过组织楼委会成员座谈会、楼长保洁员业务培训和中心骨干专题会等，公寓服务中心充分了解学生的特点和需求，拟定了《新生床位分配指导建议》。根据学校安排，公寓服务中心还承担暑期新生党员培训、全国优秀高中生夏令营、全国科协夏令营、党训班等各项住宿接待服务，共接待各项目总人数近三千人。

2. 硬件设施改善工程落实到位。公寓服务中心有关部门完成了校内所有宿舍空调安装和管理工作。暑期修缮工作涉及22栋楼，约21000平方米，期间共完成1400余间宿舍的粉刷维修，150余间宿舍的综合检修及有关工程验收等工作。项目分别涉及：粉刷、家具及各类设施的维修检修工程；节水工程；饮水机进宿舍；34A和34B楼联通改造、33楼会议室及工会活动室维修改造等。

3. 安全保卫工作常抓不懈。第一，坚持落实各项安全规章，积极迎接全校春秋季安全检查、保卫部牵头的学校年终安全检查、毕业生离校期间安全检查、消防局防火处安全检查、市教委协作组检查、平安校园复核检查等，学生宿舍全年未发生安全责任事故。第二，加强安全基础设施建设和安全宣传教育。配合保卫部做好消防广播维保工作。设计制订自行车停车场改造方案，并分步骤开展实施。第三，开展安全文明卫生宿舍评选和安全先进楼管组评选活动，加强日常安全管理，强化安全意识。

4. 加强楼委会工作，开展宿舍文化建设。第一，加强对楼委会工作的指导。召开楼委会成员座谈会，征询意见建议，开展楼委会间的联谊，促进楼委会间的沟通与合作。调动同学积极性，促进同学内部自主开展宿舍文化建设。第二,结合重点活动,开展宿舍文化建设。在安全文明卫生宿舍建设和迎新毕业季,开展"北京大学首届示范宿舍评比""一封家书"活动等,进一步丰富了宿舍文化建设的形式。

5. 做好未名木器厂工作。木器厂承担了学校21000余套学生家具、165个公共教室16274个座椅、办公楼、部分院系办公室、实验室家具的维修、保养任务。同时作为安全防火重点单位,木器厂严格执行安全制度,制定安全预案并定期排查隐患。

【教师公寓工作】 重点专项工作。1. 启动教师公寓管理业务交接工作。公寓服务中心与房地产管理部就教师公寓管理的职能及业务切分进行了深入沟通协商,研究制订了业务切分方案,为顺利实现工作移交奠定基础。教师公寓办公室紧密围绕全心全意为教职工服务的宗旨,确保"部门更换,服务不断",切实提高管理效能,提升服务品质。

2. 2013年5月—9月,公寓服务中心与房地产管理部协同配合,利用五道口腾退住房作为教师公寓房源,启动教师公寓集中申请和调配工作。截至9月,有效申请387人,成功选房220人,其中教师公寓调整申请解决约35%,入住申请解决95%,解决了9月11日之前来校教职工的住宿问题。

11月—12月,中心启动正高级或正处级教职工教师公寓调整工作,有效申请26人,全部解决了住房调整(提供房源51套)。

日常工作。1. 应届毕业新来校教职工入住教师公寓。2013年7月,应届毕业新教工来校报到,经过网上申请审核,共安排49人入住校内筒子楼教师公寓。

2. 博士后公寓入住及腾退。2013年1、4、7、10月,分四批安排博士后入住公寓,共计65人。2013年3、4、7、10月,博士后到期出站腾退公寓共计54人。

3. 教师公寓腾退。2013年教师公寓共腾退27套(间)、校内筒子楼及万柳公寓合住床位16处。

【党建工作】 加强自身建设,增强党组织的凝聚力和战斗力。根据学校和后勤党委的要求,中心组建公寓服务中心党总支,并成立教师公寓和学生公寓党支部,健全了党组织。

中心认真学习贯彻党的群众路线教育实践活动,加强党员干部队伍建设,组织党员骨干队伍义务清理自行车、楼长节主题活动、群众路线整改工作中期反馈会等多项群众路线实践活动。12月16日,公寓服务中心还迎接了中央巡视组的考察,有关工作得到了巡视组的充分肯定。

贯彻"一岗双责",做好廉政风险防范管理。中心在工作中严格遵照党风廉政建设和"三重一大"有关规定,做到公正、公开、透明。按照学校要求,中心认真清查在用房屋资源并及时上报,清理规范各项收费。中心积极配合学校审计室,认真做好学生宿舍资源挖潜和临时住宿清理清退工作。

燕园社区服务中心

【发展概况】 北京大学燕园社区服务中心成立于1999年11月16日,是北京大学领导下的燕园社区服务机构。燕园社区服务中心承担着北大燕园七个园区的社区建设和社区服务工作。2013年燕园社区服务中心以党的十八大和北京大学第十二次党代会的会议精神为指导,紧密结合党的群众路线教育实践活动,牢固树立"以人为本、服务师生"的理念,圆满地完成了本年度的各项工作内容。

【社区服务】 居家养老服务。2013年燕园地区服务范围内的80岁以上的老人由718人增至918人,残疾人员近100人,共计发放老年券近100万元,回收老年券(含残疾券)50余万元。燕园社区服务中心不断扩大使用老年券的服务商,使老年人可以凭券享受到理发、订奶、订水、购买老年用品及为老服务、维修服务等多方面的内容,极大地方便了社区老年居民。中心以细致、优质的服务继续被北京市人民政府评为2013年度"北京市敬老爱老为老服务先进单位"。

呼叫系统及家政服务。继续做好呼叫系统的运行维护工作,中心全年接收服务呼叫220次,其中23次治安无事故报警呼叫。社区网站浏览量31000余次,接听热线电话6559余次,咨询类电话2510次。全年新增小时工16人,完成保姆及小时工服务量3123小时,极大程度上解决了园区内高龄老人的生活困难。在2013年海淀区组织的"九九重阳节为老服务行"活动中,社区免费为有困难的、行动不便的老人提供家政保洁服务。

"上门服务"。社区服务队依然保持传统承担着家属园区的日常维修、房屋修缮工作。全年服务2793次,其中免费上门320次。三个社区服务站更是创优争先,不仅做好日常的小商品供货,还为行动不便的老人提供送货上门、送水送粮服务,节假日无休,得到了居民的信任与好评。在2013年全区优秀服务商评选中,社区两家服务商得到了奖励。

公益讲座及文体活动。社区公益大讲堂2013年全年开展多次服务讲座,如老年人心理咨询、老年健康的养护、食品安全、法律讲座、防火安全等。中心在重阳节联合北京大学学生会举办了"重阳为老服务大联欢"活动。

63号院开展文体活动。63号院老干部活动中心组织退休老干部开展如手工、摄影、民乐、合唱、书法、山水画、舞蹈等丰富多彩的文体活动。

文化交流。2013年燕园社区服务中心继续开展留学生住家及厨艺家访活动,全年共接收来自日本、美国等国家的留学生170多人。

【社区服务设施建设】 2013年燕园社区服务中心在预算范围内,完成的维修改造工程共计11项,涉及金额20万元。完成部分商业网点屋面防水的维修改造工作,共计3项7.5万元。完成部分企业室内环境的维修改造工作,共计4项4.5万元。完成部分单位室外设施及环境整治改造工作,共计3项2万元。配合安全消防工作对有安全隐患的部位进行改造工作,共计1项6万元。

【经营管理】 2013年燕园社区服务中心在保证职工待遇、稳定团队建设的基础上,提高了管理水平,改善了服务质量,在48楼拆迁的情况下,基本保持了整体经营目标不下降。全年营业总额7366.46万元,比去年同期增长7%,营业成本6629万元,比去年同期增长11%,上缴国家税金210万元。中心完成了年初确定的834万元的经营指标,严格控制了全年费用支出不超过601万元的预算,取得了较理想的经济效益和社会效益,为社区服务提供了保障。

食品安全。2013年燕园社区服务中心对食堂加大了检查的力度,经常进行不定期抽查。从企业的执照到进货台账的登记,从商品货架的摆放到进货的来源及过期食品的处理等入手,只要是卫生监督局网上公布的下架食品,中心会及时通知企业经理去检查、及时下架,确保食品安全健康。

服务质量。2013年燕园社区服务中心与2012年收到较多投诉的学五修车部的经理及职工做了深入交流与沟通,确定了修车的价格和质量,并张贴公示,使学生一目了然,提高了服务标准。2013年全年没有收到一例投诉。博实商场的食品价格一直受到学生们的关注,社区服务中心每年定期走访清华大学、中国人民大学和首都师范大学等高校超市,并请学生监督员也走访这些超市进行价格对比。经过比较与解释,中心解答了学生对博实超市定价偏高的质疑。

沟通交流。燕园社区服务中心正面对待学生提出的问题,认真分析,努力为同学们着想。若是产品质量和服务不到位的问题,中心要求企业经理及时处理并给学生一个满意的答复。若是同学自身的问题,中心也请权益部和学生监督员向同学们做好解释工作,直到满意为止。年末,由权益部牵头做满意度调查,监督员负责收集问卷,中心满意度调查结果为93.9%。

燕欣宾馆。2013年燕欣宾馆以"开拓经营、提升服务质量、大力开发现有资源"为重点,完成了年初预定的300万元销售任务。经过两年多的运作和调整,宾馆运营已基本成型。2013年宾馆主要完成了以下三方面的内容:(1)以效益为目标,抓好销售工作。以培训机构、同行酒店、周边学校及网络销售作为主攻目标,将销售人员业绩与收入挂钩,采取把客户分类、进行满意度回访等一系列举措,完成销售任务。(2)细化服务措施,提高宾客满意度。宾馆通过改进硬件服务、软件服务、增设早餐服务吸引更多客户。(3)规范管理制度,使宾馆健康有序发展。宾馆通过制定宾馆管理实务、财务管理制度、客户信息档案,开源节流,对采购物品采取比价、比质降低进货价格等措施,降低成本,增加收入。

【党建工作】 党的群众路线教育实践活动开展以来,燕园社区服务中心积极响应并严格落实。按照中央及北京大学的规定,中心制订了《燕园社区服务中心党的群众路线教育实践活动实施方案》,认真组织宣传教育学习。中心召开了一线职工座谈会、党员专题理论生活会,设置意见箱、发放征求意见表,征询群众和广大师生的意见与建议,认真查找不足,开展批评和自我批评,并召开了"领导班子专题民主生活会"。领导班子成员深刻剖析了在遵守党的纪律、转变工作作风及在"四风"方面存在的问题,分析了产生这些问题的原因,提出了今后的努力方向和改进措施。在整改落实阶段,燕园社区服务中心针对查找出来的问题,提出解决对策,制订整改方案,落实整改时间表,将党的群众路线教育实践活动落到实处。

中心领导班子高度重视党风廉政建设及组织建设,定期召开民主生活会,形成"三重一大"集体决策机制。重大问题在领导班子内进行广泛讨论,求同存异,决策以燕园社区服务中心的利益和长远发展为重,形成决策有依据、会议有记录。

燕园街道办事处

【发展概况】 燕园街道办事处成立于1981年12月,属于大院式街道办事处,受北京大学和海淀区双重领导。燕园街道辖区面积约1.84平方千米,其中北京大学校园面积2721682平方米。辖区户籍人口约4.4万人,流动人口5296人。燕园街道办事处设有综合办公室、居民民政办公室、劳动和社会保障办公室、城管监察办公室、计划生育办公室、社会保障事务所六个科室,并设有中关园、燕东园、校内、畅春园、蔚秀园、承泽园、燕北园7个社区居委会。燕园街道办事处人员编制隶属北京大学，共有事业编制人员16人。

【环境建设】 完成蔚秀园社区老旧小区综合整治任务，共计投资5300万元，包括15栋楼宇的节能改造任务、1万平方米柏油路铺设、5000平方米的透水砖铺设、雨洪收集、2000平方米绿化新建等任务。开展"城市清洁日"活动，全年集中清理社区内各类垃圾50吨；加强垃圾分类，投入10万元设置围挡和宣传教育，设计分类指导牌以规范垃圾分类。投入30万元集中对北京大学东侧门地铁口、畅春园南路南侧以及燕东园社区周边进行重点整治，拆除各类违建8起、面积1746平方米，制止新生违建11起。投入50余万元加强环境治理工作，就承泽园南门车辆出行、中关园社区裸露地面及燕东园社区居民活动场地等问题进行重点整治。

【平安建设】 投入80余万元用于燕北园社区安装视频监控系统，共设置1处监控平台，57处监控位点。集中力量保障暑期、国庆期间"北京大学校园游"的外围环境秩序。严格遵守烟花爆竹禁限放令，开展社区可燃物清理；出动150余人次，针对平房区居民用煤及炉具进行调查和督促整改；2013年未发生煤气中毒、人员伤亡事故。建立辖区建筑工地的"四本台账"，规范工地用工，调解两起农民工讨薪事件，涉及金额14万元。网格化社会服务管理与城管监督指挥分中心项目建设完成，6月开始运行，为社区网格配备7台专用电脑，为15名相关工作人员配备移动3G终端。成立地区管理委员会和民主监督委员会，将北京大学有关职能部门纳入委员会。明确业务下沉人员及工作职责、流程、机制，8名在编干部作为网格力量对应所有社区网格。召开两次专题培训会，对各社区网格长、网格员及社区居委会主任助理进行业务培训。制作展板，公示社区网格力量。

【民生建设】 2013年发放低保金和帮困卡446户次39万元，生活补贴和两节慰问金177人次4.5万元，平房煤火费补贴3500元，阶梯电价补贴2518元，其他各类救助6.37万元，两次半年复审共办理金额变更5户、撤销5户低保家庭待遇和3户低收入家庭待遇；发放地退人员工资341万元、过节费35万元、抚恤金67.2万元、采暖补贴1.56万元、调标补发抚恤金16.4万元；发放无收入地退遗属补助9.2万元、困难救助6500元。发放伤残保障金、护理费、定期抚恤、补贴23.4万元；发放军休人员退休金11万元。发放居家养老服务券和高龄津贴103万元；新增老年优待证、优待卡、居家养老、高龄津贴336人。为148位无保障老人进行免费体检。宣传和执行新修订的《中华人民共和国老年人权益保障法》，做好老龄工作。在燕北园社区进行养老管理中心的建设；在7个社区组建老年互助社，开展活动、整理档案、规范工作。关注各类困难群体，组织各类慰问和文体活动。开展"春雨行动"和"送温暖 献爱心"捐赠活动，收到善款16163元。为"4·20"雅安地震组织捐赠善款55080元。投入94万元完成地区无障碍工程建设。向低残疾人、重残无业残疾人及无保障残疾老年人发放生活补助21.2万元。

整理规范失业、退休档案1350份；举办"燕园 我美丽的家园"退休人员摄影展；开展"增扩与自选基本养老金代发银行"宣传活动；开展《北京市贯彻〈社会保险工作人员纪律规定〉实施细则》系列学习活动；参加区社保经办业务考试及就业失业经办业务考试并取得优异成绩；接转档案219份；招聘备案15人；发放失业金295人次239640元；就业121人，职业指导382人，失业监测18人，社退疗养11人，特困认定25人；退休业务276人次，灵活就业237人次，城镇居民医疗新增223人；发自采暖补贴煤火费11人；城乡养老49人，无保障老人增减9人；异地就医8人，报销医药费51.8万元；社保卡业务932人次，信息变更213人次；发丧葬费4万元；社保登记业务295件。

严格依法行政，清理、更新并制作新版的一次性告知书共计22种，办理生育服务证等业务共计1656件；计生奖励扶助1904人次，金额47.22万元；发放各类避孕药具96509只（板/盒）；开展流动人口计生业务213件；户籍及流动人口全员人口信息库信息录入及处理6万条；开展"同建你我幸福家庭，共创全国文明城区""我青春，我健康"等宣教活动。

公租房评议通过家庭53户，已在市级备案28户。各类家庭复核21户，公租房意向登记7次共71户，办理公租房补贴13户，各类变更10户。承租社会存量房源1户，市场化租赁补贴3户。

【社区建设】 6月恢复成立统计所，审核各类报表694份，核实错误2434条。8月完成新能源与可再生能源统计调查、区划代码和城乡属性代码更新维护工作。9月完成法人单位经营情况调查。10月完成调查单位增减变动工作及《中华人民共和国统计法》和《全国经济普查条例》知识竞赛工作。完成普查小区划分、区划代码库核实、普查两员选聘等工作，完成辖区1232家单位的核查工作，核查完成率100.6%。完成地区四个实有的信息统计工作，完成流动人口、京籍人户分离人口及外籍人口

4800人的登记、普查；完成辖区建筑物普查工作。推选五好文明家庭1049户、和谐家庭5户、京籍平安家庭1户；报送三八红旗手1人、三八红旗集体1个、示范妇女之家1个；报送"妇女之家"网络信息67条、心愿82个、家庭方圆驿站案例31个。投资建设中关园社区体育场（包括2个网球场、1个篮球场、1个乒乓球场，投资100多万元），面向居民免费开放。开展1个六型社区和1个文明社区的创建工作。

【党建工作】 制定《燕园街道党的群众路线教育实践活动实施方案》，征集各类意见建议23条。把为民办实事工作与党的群众路线教育实践活动结合，切实解决相关问题。制定《燕园街道贯彻改进工作作风密切联系群众有关规定实施措施》，建立《燕园街道党的群众路线教育实践活动整改落实台账》，涉及改进工作作风、为民办实事、社区建设与实践育人、主动联系服务群众、社区居家养老和内控制度建设等六方面。

制定《提升燕园地区创建知晓率的十项措施》，开展三场主题宣传。投入15万元制作发放6000份便民服务手册、1万个生态文明环保袋等创建全国文明城区纪念品。成立由北京大学党委常务副书记为组长，北京大学保卫部、总务部、党委宣传部、工会、环境科学与工程学院、地球与空间科学学院、校医院、会议中心等20家单位主要负责人参加的"燕园地区创建全国文明城区领导小组"。

北京大学医院

【发展概况】 北京大学医院坚持"立足北大，服务社会，精益求精，诚信为本"的办院方针，以社区卫生服务为基础，以专科特色为亮点，为师生健康需求提供优质医疗保障；以医院健康持续发展、为医院全体职工谋福利、为北京大学创建世界一流大学贡献力量为目标，推进医院全面发展。

科室设置。设有综合办、医务科、护理部、财务科、人力资源办、宣教办、离退休接待办、质量管理与控制办、公费医疗管理办、医院感染管理与控制办等职能和管理科室；三个特色中心为口腔中心、体检中心、妇幼中心；门诊科室有内科、外科、急诊室、眼科、耳鼻喉科、中医科、皮肤科、康复科、心理咨询、保健科、导医组、挂号室；辅助科室有放射科、功能检查科、检验科、药房、手术室、供应室、信息科、物资组。

人员情况。医院现有事业编制职工130人，其中卫生技术人员114人，正高职称5人，副高职称45人，中级职称65人，初级职称9人，行政后勤人员8人；劳动合同制人员201人，其中医师96人，护士105人；其他62人；全年正式调入4人，退休7人。对新入职人员进行岗前培训及个人岗前教育，对全院在职人员进行合同期满测评、年终测评和岗位考核聘任。

【医疗服务】 工作任务。全年门诊384946人次，急诊30762人次；日均门诊量1631人次，住院病人420人次，免疫接种29124人次，上门医疗服务1619人次，医务人员参加学校重大活动医疗保健服务115人次。全年体检33406人次，接待咨询及答疑3300余人次，对职工体检中发现重大问题的412人进行追访，筛查确诊肿瘤17例；追访学生体检异常261人，筛查肺结核22人；为无社会养老保障老人及精神疾患病人免费体检81人次；开展心理咨询4978人次，影像学检查96194人次，各种检验808584件次。

质量管理。全年组织院长业务查房12次，门诊病历、住院病历及处方督导、检查24次，护理查房12次，有针对性组织召开医疗质量管理会议20次，及时讲评，奖优罚劣。三月开展"病历书写质量月"评优活动，对评选的14份优秀病历进行奖励并予以展示。全年住院甲级病历合格率98%以上。

重点开展抗菌药物临床应用专项整治活动，对全院医师和药师进行抗菌药物使用知识和规范化管理培训，组织考核，对考核合格者，分别授予抗菌药物处方权和抗菌药物调剂权。采用信息化手段，对8000张抗生素处方、1500张普通处方进行了处方抽查点评，通过医院网络系统设置，规范药物合理使用。

积极开展6个单病种的临床路径工作，规范医疗行为，提高诊疗水平。

依法执业，严格执行人员准入及技术准入制度。加强医务人员医疗安全教育，举办医疗纠纷防范及处理培训，提高医疗风险意识，从控制医疗缺陷入手，完善了《医疗纠纷、医疗事故处理及责任追究制度》，健全了《北京大学医院签字书汇编》《北京大学医院各类应急预案汇编》，补充完善医疗制度，规范医疗安全管理措施，规避医疗风险的发生。

服务质量。加强医德医风教育，增强职工"以病人为中心"的服务理念，培养良好的职业操守，规范诊疗行为，完善和改进就医流程，提供优质便捷服务，全年收到表扬信28封、锦旗2面；门诊患者满意度97%，住院患者满意度99%。

【社区卫生】 公共卫生。做好常见传染病流行病学调查，对密接者进行应急接种。加强疑似结核病例管理。传染病网络直报无漏报、迟报。儿童健康管理、妇女及围产保健管理、重大疾病随访等各项工作都做到规范管理,达到卫生局要求。

健康教育。开展社区居民健康教育大课堂、大学生健康教育课、社会或学校大型健康教育及宣传活动,受益人群广泛。同时完成市区卫生局布置的相关调查、报表、公共卫生应急任务等工作66次。

慢病管理。建立慢病管理网络,实现慢病管理电子化,规范管理覆盖率逐步提高,受到卫生局肯定。做好糖尿病知己健康门诊工作,定期对糖尿病、高血压等慢病患者进行膳食、运动干预和用药个体化指导。干预人群中糖尿病发病率降低77%。6月27日中国疾控中心授予医院"十二五"国家科技支撑计划课题"2型糖尿病干预管理模式示范基地",并举行了授牌仪式。

全年迎接市区卫生局的督查、验收、质控检查17次。

【专科特色】 妇幼中心。经北京大学教育基金会介绍,医院与台湾馨蕙馨医院合作,历时一年,共同筹建馨蕙馨妇幼中心,并顺利通过海淀卫生局妇产科助产资质验审,于11月27日隆重举行开诊庆典。

口腔中心。积极开展隐形矫治术、CAD/CAM嵌体修复术等新技术,成立"口齿动力学研究中心、儿童咬合诱导治疗中心",开展儿童咬合诱导治疗,开创了国内12岁以下儿童面颌畸形矫正治疗的先例。口腔中心就诊的患者达到7万多人次,其中自费患者比例达到55%。中心四位医生目前分别担任北京市口腔医学会五个专业委员会的常委、主任委员。

【教育培训】 全年举办院级各种业务讲座、培训48次,其中外请专家6次,全院性急救演练4次,特别是助产资质验收的演练,得到卫生局和验收专家的好评。全院共派出110余人次参加各种业务学习培训。实行在岗培训和多渠道学历培训相结合,全院医务人员继续医学教育达标率100%,通过北京市继续医学教育委员会验收。组织全体医疗技术人员进行年度理论考试和技能操作考核各1次,组织护理知识竞赛2次。

【科研合作与新业务】 1. 参与中国心脑血管疾病高危人群健康教育项目和海淀区H型高血压筛查与脑卒中防控项目研究,已结题。

2. 与安贞医院合作,参与北京市科委项目"心房颤动治疗规范和技术优化"研究。

3. 与阜外医院合作,参与国家科技支撑计划课题"职业场所高血压管理"。

4. 与北京大学环境科学与工程学院合作,参与国家自然科学基金重大项目"二次颗粒物和臭氧的环境暴露和健康效应研究"。

5. 与北京医院合作,参与"十二五"国家科技支撑项目"2型糖尿病高危人群干预";与北京医院合作,参与首发基金项目"北京市慢性肾脏病社区教育与干预"。

6. 院内科研项目:北京大学职工慢病及危险因素流行状况项目,北京大学职工慢病及危险因素知晓、治疗及达标情况调查分析项目,均已结题。

7. 新业务:新开展四肢血管超声检查、唐氏综合征筛查、TORCH的检测、甲状腺功能七项的检测等新业务;顺利通过血库的验收,增加了新的诊疗科目。

【党务工作】 高度重视,严密组织。根据《中共中央关于在全党深入开展党的群众路线教育实践活动的意见》和《北京大学院系领导班子开展党的群众路线教育实践活动指导意见》的要求,成立党的群众路线教育实践活动领导小组和办公室,落实党政一把手负责制,制定医院教育实践活动实施方案,于8月23日召开活动动员部署大会。

加强理论学习,提升政治素养。在主题教育活动中,围绕"为民务实清廉"的主题,采取集中学习、专家讲解等方式,医院班子成员深入学习习近平总书记系列重要讲话精神、党的十八大报告、《中国共产党章程》,以及教育实践活动规定的必读内容和相关篇目。开展马克思主义群众观点和党的群众路线专题讨论,开展理想信念、党性党风党纪和道德品行教育。

广泛征求意见,查摆问题。医院领导班子及成员开展谈心指问题活动。在活动中通过召开座谈会、发放征求意见表、设立意见箱、走访调研等方式,公开征集群众的意见和建议,了解基层群众的基本生活情况和关心的热点焦点问题,梳理归纳意见和建议153条,针对焦点问题建立整改台账,有针对性地提出解决问题的办法和措施。

建章立制,把握导向。一是建立领导督办机制,通过深入科室调查研究、组织检查指导等形式,督促各项工作的解决和落实。二是建立部门责任机制,责任落实到相关的部门和单位,建立起主要领导负总责、一级抓一级、层层抓落实的工作机制。

廉政建设。(1)认真贯彻落实《关于实行党风廉政建设责任制的规定》,强化干部"一岗双责"意识,加强廉政教育,增强医院党员、干部和重点岗位人员的责任意识和道德责任感,做到遵纪守法、廉洁自律。(2)认真执行民主集中制原则,落实"三重一大"制度,严格履行程序,凡"三重一大"事项,均需经党政联席会或医院办公会集体讨论,民主决策,报学校主管部门和主管领导审批。落实院务公开制度,主动将涉及职工切身利益和群众关心的问题提交干部会、职代会讨论。(3)推行党务公开,发扬党内民主，健全党内生活，保障党员权利的正常行使和不受侵犯。在医院行政办公区大厅设立党务工作公示栏，公示党建和党务工作。(4)组织发展。认真做好教工入党积极分子培养和党员发展工作，全年发展新党员3人，预备党员转正2人。(5)党内评优。积极开展争先创优活动，在学校"七一"表彰中，1人被评为北京大学优秀党务和思想政治工作者。

【安全稳定】 坚持正确的办院方针，党政密切配合，团结协作，在医院改革发展、各种创建活动等大事上，支持医院工作，保障安全稳定的大局。党政一把手直接抓安全教育、防火防盗、医疗安全、突发事件应急处理、信息报送等工作，做到有应急预案，确保万无一失。医院以医疗质量与安全为核心内容，依法行医，严格执行各项法律法规和医院各项规章制度，提高医疗服务技能。

【群众工作】 以"党政所需、职工所急、工会所能"为原则，维护好医院的整体利益与职工的合法权益。认真做好"三八妇女节""六一儿童节"慰问，组织职工春游、暑期游和秋游活动，增强职工团队意识和凝聚力。发展126名合同制职工加入工会组织，组织医院职工88人参加学校教工运动会集体操表演，并获得精神文明奖。做好离退休接待工作，协助离退休支部开展党日活动，重阳节组织离退休老同志到北京园博园游园，送上重阳花糕和节日祝福。

【信息化建设】 立足于数字化医院建设，着眼未来，与时俱进，重点完成了妇产中心信息软件开发、收费系统上线与网络安装；完成体检B超、药房取药、收费挂号、门诊就诊叫号系统安装与改进；完成口腔预约系统的开发与上线和药房上报报表开发；完善手术室系统和学生体检结果信息发布，开发应用

学生疫苗注射程序。利用信息化手段建立和完善健康体检档案与门诊病历兼容的系统管理模式；同时在社区预防保健、慢性疾病诊疗的量化管理等方面，均实现了信息化管理。

【公费医疗管理】 全年公费医疗总收入1.24亿元，其中卫生局专项拨款5857万元，学校公费医疗投入6500万元；总支出1.14亿元。按期向学校还借款利息1500万元。新增固定资产294万元。

北京大学附属中学

【发展概况】 北京大学附属中学占地面积5.16万平方米、建筑面积5.99万平方米，体育场馆面积1.6万平方米。图书馆藏书6万册，电子图书与北京大学图书馆共享。固定资产总值3896.61万元。全年教育经费投入12012万元，其中，国家拨款7081万元、自筹经费4931万元。学校信息化经费投入500万元，拥有计算机800台，多媒体教室座位300个，校园网出口总带宽170Mbps，数字资源量1TB，"信息技术"课程4课时/周。普通教室77个，专用教室108个，实验室14个。教职工272人，包括副高级职称105人、中级职称83人。专任教师199人，包括特级教师13人、北京市学科教学带头人4人、市级骨干教师6人；本科及以上学历177人。2013年开设教学班56个，其中，初中班20个、高中班36个。毕业740人，其中，初中260人、高中480人；招生636人，其中，初中240人、高中396人；在校生1800人，其中，初中780人、高中1020人，包括外省市借读生167人。高中录取分数线532分(海淀区)，应届高考本科上线率99%。

【教育教学改革】 1. 初中部"文

化魔方"综合实践活动课程化(2013年全年)。"文化魔方"以"文化"为核心，涵盖文学、历史、艺术、宗教、民俗、经济、法律、自然、科技、建筑、军事、地理等多个方面，最终被确定为初中部综合实践课程。"文化魔方"课程内容丰富多样，选题自由，形式灵活，师生全员参与。

"文化魔方"分为两部分，第一部分(第一学期)"文化魔方面面观"，学生以博物馆为依托，自愿组成小组，走进北京20多个博物馆，进行电子报制作或小论文写作。第二部分(第二学期)"文化魔方少年行"，初一、初二所有学生经过选题、专家讲座、阅读等数月的前期准备，走出校园，赴广西、内蒙古、江苏、陕西、北京十七处目的地进行考察，在全体教师及专业团队的指导下，学生通过亲身实践和体验，通过小组团队合作，多角度地观察自然与社会，提出他们自己的观点，形成考察报告或小论文等有价值的实践成果。

2. 高三备考模式改革(2013年7月—2014年6月)。2014届高三课程组织实行小班化、走班制，课程内容分为指导课、辅导课，统一高水平授课和分层个别化辅导相结合，辅以原创性的备考学案、精品题库和课堂实录。

3. 初中部开设探究课(2013年9月)。2013年9月起，初中部新开设了校本课程——探究课，它依托于语文和数学两门学科，依据课程目标，同时又具有独立性，是常规课程的延伸和补充。探究课是一门以学生自己合作学习为主的课程。探究课为学生进一步开展探究活动、学习其他课程奠定了基础，在家长开放日中，得到家长的高度认可。

4. 道尔顿学院开展Carp Week特色课程(2013年11月)。2013年11月道尔顿学院开展了

Carp Week及社会实践周，Carp Week学术周围绕"光"这个主题开展了跨学科的讲座、研讨和活动。为期一周的实践和服务，学生足迹延伸至非洲、东南亚、云南、广西和北京周边，在实践和体验中提升了尊重自然、服务他人的意识和能力。

5. 学段考试模式的新尝试。11月11日至14日，北京大学附属中学在学校体育馆尝试高中学段模块考试新方式以检验学生诚实守信、自我约束、自我管理能力，考试共开设16个标准化考场，每个考场安排30人同时开考，各科目总计480人，另安排监考教师37人。学段模块考试为"高中部第一学段模块考试"。

6. 改革体育授课方式。11月18日，北京大学附属中学改革体育授课方式。学校启动操场改扩建工程，将原有体育馆和田径场拆除，经与北京大学协商，高中体育课开设田径、羽毛球、地板球、足球、排球、武术、跆拳道、软式垒球8个项目，600名学生到北京大学上体育课。同时，学校将高中体育课由每周4节45分钟，调整为每周2节95分钟连堂课。其他体育课程改为户外教学方式，选择适于课程的场地开展体育教学。

【教学管理】 1. 广西生物多样性考察基地揭牌。1月31日，北京大学附属中学和北达资源中学广西生物多样性考察基地揭牌，该基地由北京大学生命科学学院负责日常管理。2011年，北京大学附属中学与北达资源中学共同设立博物课程，创办"自然之翼"夏令营、《自然之翼》杂志，并结合博物课程开展社会实践活动，每年组织学生到广西崇左北京大学生物多样性考察基地野外实地考察。

2. 王思真获物理国际奥赛金牌。7月14日，北京大学附属中学高三年级学生王思真获第44届国际中学生物理奥林匹克竞赛金牌。本届奥赛由丹麦教育部、哥本哈根大学、丹麦科技大学主办，来自全球83个国家和地区的381名中学生参赛。本届竞赛共评出金牌41人，银牌64人，铜牌101人，鼓励奖64人，共计270人获奖。王思真为北京大学附属中学自主发展模式改革后首批毕业生，保送至北京大学物理学院学习。

3. 书院制的设立及书院议事会课程化，晨会的举行和课程化。2013年9月正式确立书院制，以书院强化社区与公民概念，将北京大学附属中学培养目标中的"公民"概念切实落到一个实体。单元更名为书院，单元活动改名为书院议事会，明确了以公共事务的讨论，以社区生活成就公民成为可能。此举为学校各项政策提供了阐释平台，为学校之所以变革、如何更有效运转提供全体成员的讨论平台。

4. 首届"北京大学附属中学教工年度突出贡献奖"设立。北京大学附属中学从2013年9月起设立"北京大学附属中学年度突出贡献奖"，用以表彰在上一个学年中为学校发展作出突出贡献的教师。首届"年度突出贡献奖"有冯浩、李夏、翟蕾、刘亮、王志英、刘苏杰、李冬梅老师获奖。

5. 成立课程委员会，深入开展课程建设。2013年9月起，课程委员会成立，直接引导首席教师深入进行课程建设。

6. 青年教师培训。2013年9月启动了新入职青年教师专门培训，通过听北京大学附属中学老教师上课、青年教师互听互评等措施，为青年教师的成长提速。

7. 风雨操场（体育馆）的拆除。2013年12月，风雨操场拆除，体育馆一期及教学北楼项目工程建设正式启动。

8. 四校同上远程选修课。12月12日，北京大学附属中学与中国人民大学附属中学、清华大学附属中学、首都师范大学附属中学学生同上远程直播选修课。选修课由中国人民大学附属中学物理教师开设，题为科幻物理选修课"隐身技术"，4所学校学生通过搜集在科幻电影中的隐身、自然生物的变色、人类在隐身技术上的初步探索等方面资料，了解讨论各类隐身技术形成的原理及局限性，分享光学折射、投影、超声波反射、自然界生物体拟态等知识。

【外事交流】 接待。2013年4月泰国吉拉达学校；2013年5月英国金斯福德学校、英国使馆文化处举办的汉语大赛获奖学生团；2013年7月香港大学暑期课程夏令营；2013年9月—10月新加坡南洋女子中学、新加坡莱佛士书院。

出访。2013年4月新加坡莱佛士书院和南洋女子中学；2013年6月澳大利亚悉尼科学营、英国柏斯学校；2013年7月赴韩国参加亚洲科学营；2013年12月多哈体育盛会。

【德育教育】 北京大学附属中学初中部倡导"服务社会、关爱他人"的志愿服务精神，通过不断努力，初中部带领学生先后到中国科技馆、海淀区残疾人联合会进行志愿服务活动，并建立志愿服务基地，各班也相继开展志愿服务活动。2013年，海淀区特别表彰北京大学附属中学陆道炜同学为优秀志愿者，表彰北京大学附属中学初中部为志愿服务优秀团队。

3月7日，初中部组织青年教师开展以"德育"为话题的研修系列活动。教师们从尊重、平等和自主三个方面谈自己的感受，并对如何开发学生的志愿服务项目提出了建设性意见。4月22日、23日，经过两天的捐款，初中部学生为雅安地震灾区捐款6656.31元，款项已经送往中国扶贫基金会芦山地震紧急援助项目办公室。12月4日全国普法宣传日,北京大学附属中学20名学生到海淀区人民法院参观学习。

【教师评聘】 2013年进编人数9人,其中8人当年办理完成入编手续,1人2014年将办理完成入编手续。2013年,北京大学附属中学共计招聘合同制教工14人。北京大学附属中学职称评审初评委员会于4月24日召开了2013年职称评定会,最终评出中学高级教师7名,中学一级教师8名。

【图书馆】 北京大学附属中学图书馆以中学教育藏书为鲜明特色,由学术报告厅、综合阅览室、外文原版图书阅览室、教师阅览备课区及"康幔屋"休闲体验区等部分组成,总面积3000平方米,可同时供400余名读者阅览和自习。现图书馆藏书9万余册,学生人均40~50本,预计可藏书30余万册。新馆同时提供书刊借阅、教学参考资料检索、电子资源浏览和下载、信息咨询、用户培训、学术交流、阅读休闲、多媒体点播等多类型多层次服务。

北京大学附属小学

【发展概况】 2013年,北京大学附属小学占地面积2.71万平方米,校舍建筑面积2.17万平方米,运动场地面积6120平方米。全年教育经费投入4631万元,其中,国家拨款3612万元、自筹经费1019万元。固定资产总值2679万元。图书馆(室)藏书7.2万册,包括电子图书180GB,订阅杂志、报刊121种。普通教室59个,专用教室34个。拥有计算机660台,多媒体教室座位2652个。校园网出口总带宽100Mbps,数字资源量6000GB,"信息技术"课程1课时/周。教职工170人,其中,高级职称7人、中级职称134人。专任教师141人,包括北京市骨干教师8人、北京市学科教学带头人3人;本科以上学历138人。开设教学班59个。2013年毕业541人,招生365人,在校生2296人。
（孙江红）

【教育家实践研讨会】 5月23日上午,由中共海淀区委教育工委、海淀区教育委员会主办,北京大学附属小学承办的"爱·自由——北京大学附属小学教育家办学实践研讨会"在北大附小小讲堂隆重举行。研讨会由海淀区教委主任孙鹏主持。首先,与会代表们观看了北大附小专题片《放飞理想》和学生诵读《校园三字经》。《放飞理想》通过学校办学历程的全面梳理,真实地展现了北大附小的历史传承和办学特色。接下来,研讨会分别从学生、教师、家长的视角,通过对教育情景的回放、教育问题的对话、教育沙龙的呈现,从课堂教学、课程建设、新型师生关系、班主任管理等多方面,展示了北大附小的教育改革探索与实践。中共海淀区委教育工委书记张卫光、海淀区教委主任孙鹏,海淀区教工委、教委、教育督导室、教师进修学校领导,以及部分中小学校长、媒体代表近300人参加了此次会议。

【出版专著】 6月和11月,北大附小出版两部专著。6月,《数学的起点》由北京大学出版社出版。全书共12万字,由数学教师韩鹏所著,主要讲述一个普通教师对自己工作的素描式解读,折射对教育和教学的深度思考。11月,《为了爱和自由的教育》由北京师范大学出版社出版。该书作者为尹超校长,全书共38万字,主要讲述在爱和自由的教育理念下,北大附小践行为了生命、尊重生命的教育故事。

【学校课程方案】 9月29日,北大附小出台《北京大学附属小学课程方案》。该方案包含"三层五类的立体课程结构""5类25模块102个科目"的课程内容体系、"三维组成的多样化课程实施形态""丰富的精品课程建设、特色课程建设"等内容,不仅包括育人目标的调整、课程门类的整合、课程系统的架构、课程实施的变革,还包括各学科课程方案的构建、学校管理制度的改革等。它是立足北大附小办学理念和办学传统基础上的一次综合创新,将作为学校未来5年课程改革的指导纲要和操作文本。5月至9月方案制订期间,学校先后邀请北京师范大学、中国教育科学研究院、北京教育科学研究院、海淀区教育科学研究所等4名专家共同研讨。

【自主排课开放活动】 10月29日,北大附小承办海淀区"课程整合、自主排课"实验校开放活动。活动围绕"北大附小生命发展课程"展开研讨,教师与专家观摩12节开放课,交流课程开发的创新思考,听取题为《让生命自由成长》专题汇报,介绍学校"横纵交叉、立体建构"的课程整合特色。来自北京市、海淀区小学专家领导、教师200人参加活动。

【创新研究学术会】 11月14日,北大附小举办创新人才教育研究会小学幼儿园创新研究专业委员会(专委会)学术会议。研讨会由创新人才研究会主办,北大附小承办,以"创新人才培养与基础教育课程改革"为主题,就小学幼儿园阶段创新人才培养的机制、课程、实践等问题展开讨论,听取国家创新人才教育工作现状分析,听取人大附中刘彭芝校长《熔铸中外精华,坚持综合创新,创办面向未来的教育》、北师大裴娣娜教授《创新人才培养与小学课程改革的实践探索》、北京大学朱锋教授《当前国际新形势与中国的外交战略》三个报告。与会者分组从学校整体改革、课程教学改革、创新人才培养策略、创新课程设置等视角互动交流。来自教育部、创新人才教育研究会、中国教科院、北京师范大学、北京大学专家以及全国21个省市、70个学校150人参加研讨会。

【实验幼儿园】 9月18日,北大附小实验幼儿园开园。该实验幼儿园由海淀区教委批准成立,位于海淀区北部新区高科技核心区西山壹号院生态园林中,占地面积6000多平方米,建筑面积5000多平方米。现有教职工29人,目前开设5个教学班,其中,大班2个、中班1个、小班2个,在园幼儿109人。幼儿园以"以人为本、健康、快乐、和谐、发展"为办园理念,开设有围绕五大领域的基础课程,每日半日英语浸入式学习活动和特色体验课程以及围棋、陶艺、轮滑、科学实验、打击乐等个性发展课程。幼儿园设有多功能厅、舞蹈教室、美工教室、图书阅览室、科学实验室、美食制作体验室、社区小医院体验馆等,开展丰富多彩的教育教学、家园共育等活动。 （庄 严）

【科技专用教室】 截至12月底,北大附小建成5个科技专用教室,可供200名学生参加科技活动。专用教室包括植物温室、天文教室和数字天象厅、综合实验室、模型教室、智能机器人教室,总建筑面积600平方米,总投资600万元。其中,建筑面积200多平方米的植物温室,采用全自动控制设计;天文教室和数字天象厅配备折返望远镜、球幕投影机等先进设备。

（何立新）

信息化建设与管理办公室

【发展概况】 2013年,信息化建设与管理办公室有10名工作人员,其中主任1人,副主任1人,医学部兼职副主任1人,工作人员7人,其中1人调动至校内其他单位。

【智慧校园建设】 根据学校的统一部署,信息化建设与管理办公室参与了"北京大学2018圆梦计划"有关信息化的规划起草,提出合理布局,围绕硬件基础—软件基础—信息资源基础—信息化服务,稳步开展一整套升级创新活动,力争用五年的时间实现智慧的教学科研信息化服务体系、决策管理信息化服务体系和后勤保障信息化服务体系,成为北京大学2018圆梦行动中校园魅力计划的重要内容。

【信息化规章制度】 制定《北京大学信息化建设项目管理办法（试行）》。为规范学校信息化建设项目管理,避免重复投资建设,保障项目实施质量,提高项目建设效益,信息化建设与管理办公室制定了《北京大学信息化建设项目管理办法（试行）》（校发〔2013〕212号）,对纳入校级预算的信息化建设项目的组织、验收、经费管理及监督执行进行了明确规定。为促进学校各级各类网站制度化、规范化管理,确保学校各级各类网站安全稳定运行,结合网站群建设与管理的实际,信息化建设与管理办公室制定了《北京大学网站管理办法》（校发〔2013〕211号）,明确了北京大学各级各类网站管理责任、管理要求及管理措施。

修订《北京大学门户网站信息发布规定》。为理顺校级门户网站工作机制,保障网站内容的更新与维护,信息化建设与管理办公室对《北京大学主页信息发布规定》（校发〔2008〕3号）进行修订,形成了《北京大学门户网站信息发布规定》（校发〔2013〕213号）。该规定整合了中英文门户网站信息发布机制,规范与明确学校各业务主管部门及信息来源单位门户网站信息发布分工。为贯彻落实国家法律法规及上级主管部门的工作要求,信息化建设与管理办公室发布了《关于加强网络信息安全管理做好信息系统安全等级保护工作的意见》（校发〔2013〕214号）,建立健全了学校网络与信息系统安全工作的规范体系,对北京大学实行信息系统安全等级保护工作责任制进行明确规定,为全面实施信息系统安全等级保护,做好重要网站和信息系统安全管理奠定了基础。上述文件已于2013年12月3日第833次校长办公会讨论通过,同日颁布实施。

【信息化经费】 信息化常规经费：组织协调信息化建设相关单位开展信息化常规经费及建设专项申报,统筹管理"985"专项经费下拨的信息化经费,2013年安排经费442.83万元,涉及19个具体项目。部门信息化经费：2013年学校将相关部门信息化建设经费下拨至信息化建设与管理办公室统筹管理使用,完成了保密委员会办公室的涉密及敏感内容网络监测检查软件购置费、研究生院的研究生非学历学生管理系统建设费、学生工作部的学生管理服务平台建设费、学生资助中心的学生资助信息化系统建设费等经费的拨付使用。

【有线电视数字化】 7月24日,学校党政联席会听取了"有线电视系统数字化改造工作方案"的汇报,决定与北京歌华有线电视网络股份有限公司合作进行学校有线电视数字化改造。在前期现场勘察与工程设计的基础上,信息化建设与管理办公室与歌华公司签署《北京大学住宅区有线电视网络数字化合作协议书》,正式启动了该项工作,具体工作由现代教育技术中心落实。

【英文门户网站】 根据学校工作需要,信息化建设与管理办公室组织完成了校级英文门户网站改版,并于11月20日上线试运行。本次改版按照国际通行标准及访问者的使用习惯，优化了版面设计，调整了栏目设置，增加了 Research、Focus、People、Campus、Media 等专题，Events 栏目及 Overseas students、PKU newsletter、Peking University class 等应用。为保障英文门户网站内容的及时更新，信息化建设与管理办公室组织协调相关部门，进一步理顺了工作机制，落实了部门分工，加强了数据整合和内容管理。

【信息化服务项目】 短信平台管理。在全校范围内推广短信平台的使用，保障短信平台的正常运行，包括账户管理、日常维护、收费缴费管理、业务咨询。截至2013年底，已有83个校内单位使用该平台，共开通136个账户。

正版软件管理。经过规划建设，2013年5月完成正版软件共享平台改版，改版后该平台对北京大学校内用户实现统一管理，保障了用户的正常使用，限制了非法用户登录，并对软件激活手段进行相应技术处理，支持批量激活，并实现用户下载量统计和软件下载量实时统计。

大型软件购置审批。对校内各单位的大型软件申购进行审核、审批，2013年共审批申报表64份，见表9-6。协助基层单位，组织大型软件购置论证，2013年组织召开了"中小学教师远程培训研修平台"购置论证会。

编码管理。2013年完成离退休工作部、动力中心、公寓服务中心、校园服务中心、继续教育学院、汉语国际推广工作办公室、国际战略研究院等新增单位的编码发放和调整工作。

新建楼宇及旧楼改造信息网络建设。组织开展南门2号楼、3号楼、物理西楼等楼宇综合布线及光纤工程相关项目21个，详见表9-7。

表9-6　2013年北京大学大型软件审批目录

序号	大型软件
1	测序图像同步传输测试/分析软件
2	测序图像处理与碱基信息获取软件
3	嵌入式 ARM 板电源背板测试/分析软件
4	嵌入式 ARM 软硬件平台测试/分析软件
5	测序仪控制系统软件
6	测序反应液路和温控单板机模块
7	锐思金融研究数据库
8	双通道数字 CCD 控制软件及 SDK 开发包
9	北京大学—清华大学生命科学联合中心信息办公平台
10	北京大学—清华大学生命科学联合中心实验设备管理平台
11	89601B 矢量信号分析软件
12	源定位分析软件
13	中国一般均衡模型软件包
14	校准软件
15	Brain Vision Analyzer 专业版
16	COMSOL 多物理场数值仿真软件
17	SciFinder Scholar、美国化学会（2012）数据库
18	体视学软件
19	涉密计算机及移动存储介质保密管理系统软件
20	DDR2 控制器
21	光华管理学院信息化项目三期开发
22	光华管理学院英文网站及金融硕士网站设计
23	康信多物理场仿真软件
24	涉密网络敏感内容检测检查软件
25	Thomson Reuters 教育机构产品
26	CVSource 数据库
27	SAS 系统（教育授权许可）

续表

序号	大型软件
28	MATLAB
29	Synopsys 大学软件包
30	FDTD 软件 8.6(3 年许可)
31	中国星软件包
32	混合网格生成软件
33	气动噪声计算软件
34	流体力学流场计算后处理软件
35	紧耦合流固耦合求解软件
36	Tobii Studio 眼动追踪软件
37	荧光分子成像软件
38	DHI MIKE 11 一维水模拟软件 v2012
39	戴耐德商务英语系列课程软件
40	计算机访问问卷编程软件
41	光华管理学院网站 UED 设计
42	计算流体力学软件包
43	布瑞克数据软件
44	多媒体资源管理发布系统
45	维也纳从头算模拟软件包
46	北京大学信访案件管理系统
47	MOE 药物设计软件包
48	北京大学—清华大学生命科学联合中心视频点播平台
49	Resset/DB 金融研究数据库
50	中国股票市场 CSMAR 研究数据库
51	国家超级计算机天津中心科学计算服务
52	中小学教师远程培训平台
53	骨科样本库管理系统
54	骨科病例数据库管理系统
55	办公自动化系统软件
56	方物虚拟化软件
57	网络工作坊研修系统
58	气相色谱质谱联用仪服务费
59	骨干教师高端研修平台
60	诊所式法律实践教学个人空间系统
61	诊所式法律实践教学档案与交流管理系统
62	LabScout 公共仪器平台管理系统 中科软 SinoEP 应用支撑平台软件 中科软业务流程管理平台软件 中科软电子表单系统软件
63	Oracle 数据库软件一年原厂标准服务
64	Synopsys 大学软件包

表 9-7 2013 年北京大学新建楼宇及旧楼改造信息网络建设项目

序号	项目名称	序号	项目名称
1	南门2号楼综合布线施工	12	核磁中心迁建网络设备
2	南门2号楼光纤工程	13	临湖轩改造网络设备
3	南门3号楼综合布线施工	14	经济学院加层网络设备
4	南门3号楼光纤工程	15	物理西楼综合布线施工
5	南门2、3号楼综合布线材料	16	物理北楼综合布线施工
6	临湖轩综合布线、光纤工程	17	物理西楼、北楼光纤施工
7	电话室综合布线、光纤工程	18	核磁中心综合布线、光纤工程
8	物理西楼综合布线材料	19	太平洋大厦综合布线系统集成工程
9	南门2号楼网络设备	20	太平洋大厦光纤施工
10	南门3号楼网络设备	21	基金会(二期)综合布线、光纤工程
11	电话室迁建网络设备		

【党的群众路线教育实践】 根据学校统一安排和要求,结合信息化工作的实际,信息化建设与管理办公室制订了信息化建设与管理办公室开展党的群众路线教育实践活动实施方案,积极部署各个环节的教育实践活动。8月30日,信息化建设与管理办公室召开开展党的群众路线教育实践活动动员大会,对各项具体安排进行部署,第一督导组佟萌同志出席。9月6日信息化建设与管理办公室领导班子举行集体学习讨论活动,9月12日全天召开座谈会,广泛听取各职能部门、各院系对信息化建设和管理过程中各种问题的意见建议,以及对领导班子和班子成员的意见建议。结合征集到的意见建议,领导班子成员开展批评和自我批评,进行党性分析和自我剖析,认真查摆领导班子在形式主义、官僚主义、享乐主义、奢靡之风方面存在的问题。12月16日信息化建设与管理办公室召开领导班子民主生活会,王杰副校长、第一督导组佟萌同志出席。信息化建设与管理办公室领导班子及成员分别作了深刻的个人对照检查,开展了深刻、坦诚的批评和自我批评,王杰副校长、佟萌同志分别讲话指导。

教育基金会与校友工作

教育基金会

【发展概况】 2013年筹款工作取得新突破,共获得社会捐赠近2700笔,到账捐赠总金额13.748亿元(人民币,下同);新签署捐赠协议327个,协议总金额21.19亿元;另外,与学校财务部一起,争取并落实国家捐赠配比资金2.28亿元。这些资金为学校的人才培养、师资队伍建设、教学科研等提供了宝贵支持,为北京大学加快创建世界一流大学提供了有力支撑。

2013年到账捐赠中,用于基础设施建设的约占7.35%,用于教师发展的约占8.74%,用于学生发展的约占4.08%,用于院系发展的约占21.05%,非限定资金约占0.43%,发展基金占57.31%,其他用途占1.04%。

2013年,教育基金会通过民政部社会组织评估,获得了专家组的一致肯定,被评为最高等级5A级。此次评估主要涉及基础条件、内部治理、工作绩效、社会评价四个方面。

【筹资工作】 2013年是北京大学第十二次党代会布局学校发展的重要一年。学校进一步加强人才培养、师资队伍建设与学科发展等各项领域建设,得到了社会各界的大力支持。2013年,教育基金会紧紧围绕学校发展目标,围绕人才培养、师资队伍建设、教学科研等关键领域,密切捐赠联系,搭建交流和沟通平台,宣传北大理念,增进社会各界对北京大学的了解和认同,为学校发展争取更多支持。如围绕世界一流大学计划,教育基金会先后获得3笔巨额捐赠,用于支持校园建设、高层次人才培养和文科、基础医学等学科的发展以及设立讲席教授基金。

教育基金会密切结合国家重大战略,充分发挥北大优势,积极推动协同创新。如结合国家海洋强国发展战略,立足北大优势,学校提出建设北京大学海洋研究院的想法,获得社会捐赠支持;中恒集团许淑清董事长捐资设立北京大学发展基金,支持北京大学生物动态光学实验室开展科研合作;东旭集团李兆廷董事长捐资设立讲席教授基金,支持北京大学量子材料中心崔琦实验室的发展等。

完善筹款机制建设,构建立体筹资体系。为进一步完善筹款机制,全面动员校内资源,实现筹资工作新突破,教育基金会和校办、财务部一起筹备召开了北京大学筹资工作会议。

在院系捐赠配比基金的激励下,各院系根据自身实际,发挥各自优势,积极开展筹资工作,筹款工作迅速发展。2013年,已有42个院系或单位成立筹资工作小组,绝大多数院系在教育基金会都设立有捐赠项目。

教育基金会加强与院系的沟通和配合,借助各种契机协助院系开展筹款工作,在项目设计、协议签署、资金落实等方面给予全程指导和帮助,全力支持院系发展。如以物理学院百年院庆为契机,协助物理学院举办院友捐赠仪式,并邀请捐赠嘉宾出席庆典系列活动;以数学学院百年庆典为契机,协助学院争取校友捐资支持设立"金光数学基金",推动学科发展;协助环境科学与工程学院在香港举办北大公共论坛,扩大学院在港影响力,为争取支持打下良好基础;协助新闻与传播学院争取到捐赠设立"北京大学品牌建设发展基金"。

【项目管理】 截至2013年底,教育基金会管理的各类捐赠项目达2170项,其中,讲席教授基金36项、奖学金511项、助学金208项、奖教金119项、研究资助210项,直接奖励资助师生8000余名。

项目管理也是帮助捐赠人实现捐赠理念的重要过程。教育基金会按照捐赠项目性质以及捐赠人的需求,举办多元化、多层次的各类活动,增进捐赠人和受奖助师生的沟通与交流。在教育基金会及相关部门的共同努力下,一年一度的奖教金颁奖典礼、奖学金颁奖典礼已在学校产生广泛影响,成为学校重大典礼之一。2013年学校首次将奖教金和奖学金颁奖典礼同场举行。助学金学生见面交流会等已成为传统品牌活动,成为培育学生感恩、回馈意识的重要途径。

【机构建设】 2013年5月,教育基金会第五届理事会第一次会议召开,完成理事会和投资委员会换届改选,会议推选产生了第五届理事会,朱善璐担任理事长,吴志攀担任副理事长,邓娅担任秘书长。会议选举产生了第五届理事会投资委员会,推选王恩哥为投资委员会主任。会议对新一届理事会领导下的工作思路形成初步决议。9月,召开第五届理事会第二次会议,对于教育基金会筹资与投资工作做了进一步的部署。

根据《基金会管理条例》等相关法律法规要求,教育基金会顺利完成上一年度的审计和年检工作。

【年度纪事】 5月22日下午,由教育基金会主办的北京大学115周年校庆交流会拉开帷幕,朱善璐、王恩哥等校领导与200余位各界友人欢聚一堂,共庆北京大学115周岁华诞。

5月25日,北京大学教育基金会第五届理事会第一次会议顺利举行。按照《北京大学教育基金会章程》关于理事会换届改选的规定,会议推选产生了第五届理事会,朱善璐担任第五届理事会理事长,吴志攀担任副理事长,邓娅担任秘书长。会议选举产生了第五届理事会投资委员会,推选王恩哥担任投资委员会主任。

5月26日至31日,北京大学党委书记、教育基金会理事长朱善璐率代表团赴香港、澳门进行工作访问,并举办了"圆梦北大,筑梦中华"——北京大学庆祝建校115周年政治经济文化沙龙系列之"建设高等教育强国之发展宏图交流晚宴"。

5月31日,民政部网站公布了全国部分基金会的评估等级,北京大学教育基金会凭借规范的管理和良好的业绩,获得专家组一致肯定并荣获最高等级5A级。

6月18日上午,北京大学铁汉城市与环境大楼捐赠仪式举行。深圳铁汉生态环境股份有限公司董事长刘水校友将以个人名义捐赠5000万元人民币,用于支持北京大学城市与环境学院绿色大楼的建设。

11月1日下午,北京大学2013年度助学金学生交流会在北京大学英杰交流中心月光厅举行。各捐赠方嘉宾代表与获助学子进行了热烈亲切的交流。

11月7日,中国对外建设有限公司与北京大学共同签署协议,支持建设北京大学海洋研究院。根据约定,在未来十年内,中国对外建设有限公司将捐赠和筹措资金设立北京大学海洋研究院教育基金及专项科研经费。研究院将通过引进国际国内一流人才,打造国际一流科研教育条件,承担大型海洋科学和工程项目,迅速建成国内领先、国际一流的综合性海洋研究和教学机构。

12月13日,杨辛先生向北京大学捐赠荷花艺术藏品暨设立"杨辛荷花品德奖"仪式隆重举行。92岁高龄的杨辛先生决定将他珍藏的136件与荷花相关的珍贵艺术品全部无偿捐赠给北京大学,还慷慨捐资在北京大学设立"杨辛荷花品德奖",用于奖励北京大学品德高尚的学生楷模。这是北京大学历史上第一次设立以"品德"命名的学生奖励项目。

12月19日下午,北京大学2013年度奖教金、奖学金颁奖典礼隆重举行。本年度,北京大学共评出17个教师奖项,奖励总额达1000余万元,共有218名教师获得嘉奖。4198名学生分获本年度72项校级奖学金,奖励总额达4123余万元。

校友工作

【联络与服务】 2013年，北京大学校友信息覆盖面稳步提升，校友联络方式不断拓宽，信息化建设成果显著，针对性服务校友业务备受好评。

截至2013年，校友工作办公室已拥有22.5万的校友数据信息，并在拓展校友数据的同时，开始深挖数据工作，以期望让"静态"的校友数据鲜活起来，发挥更大功用，逐步实现校友数据由量及质的跨越式发展。同时，传统的交流方式与先进的沟通手段并行适用，通过电话、信件、《北大人》刊物、校友网、校友社区、微博、微信、节日祝福邮件、电子校友刊物、移动客户端等渠道，搭建起广泛、多维的立体校友联络机制。校友工作办公室逐步建立起遍布全球的北大校友网络互动平台，使海内外北大校友能够第一时间了解母校发展、宣传校友成就，更快捷、更便利地同校友互动，提供全方位的校友资讯服务。2013年11月，新版"北京大学校友网"全球发布，新版校友网对比老版校友网，不仅页面更加简洁、美观、便于阅读，而且在功能上大幅加强，加入了图片库、视频库等功能，同时全新校友社区"燕缘"同期上线。"燕缘"社区加入了校友身份识别及校友查询功能，让校友之间联络更加安全和便捷。同时"班级圈""兴趣圈"、活动发起等功能，让校友不仅可以和当年同窗共叙情谊，还可以在校友圈中"寻觅知音"，更可以便捷地组织线下活动。可以说全新校友网是为校友搭建了一个网上的"校友会馆"。对于青年校友，校友工作办公室则采用当下更流行的联络手段和互动方式，通过微博、微信等发起线上、线下系列活动20余次，组织了校庆微直播、毕业季微转播、中秋未名赏月微博微信送祝福、第八次会员代表大会微直播、"燕园建筑"微知识等系列活动，同时开设"北京大学讲座及演出预告"微刊，使年轻校友参与校园活动的活跃性与积极性大大提升。

【《北大人》杂志】 《北大人》编辑部2013年制作完成了春季刊（总第48期）、夏季刊（总第49期）、秋季刊（总第50期）、冬季刊（总第51期）、广东校友会成立30周年特刊共5期杂志。本年度《北大人》的工作重点是调整定位：内容上从以往偏重讲述北大历史故事转变为主要关注当下校友事迹，稿件来源上从选登名家名篇转变为主要由编辑部自主撰稿。调整后对于校友事迹的报道大量增加，与校友的联系感增强。此外，本年度编辑部还确定了采编工作流程，出刊时间更加稳定。

【机构建设】 截至2013年12月，在校内，共有16个院系建立了校友组织；在地方，已经建立起了84个地方校友会。其中，包括港澳台在内的53个国内地方校友会和31个海外校友会。在拓展组织架构上，校友工作办公室积极加强基础规章制度的建设，深度研讨，不断修改完善《北京大学校友会章程》。与此同时，校友工作办公室完善、规范了校友会作为社会组织的年度审计、年度检查、选举规程等，并逐步开展社会评估、信息公开等相关工作。

【创新创业计划】 为更好地服务国家创新驱动发展战略，优化产业结构与激发市场活力，2013年由北京大学校友会牵头发起"北京大学创新创业扶持计划"（简称"扶持计划"）。"扶持计划"充分依托北京大学教育优势、研究实力和校友资源，提出"创业教育、创业研究、创业孵化、创投基金"四位一体综合扶持创业的理念。北京大学创新创业计划（北创营、北大创投基金、北大创新创业基地、北大创业研究）于9月25日正式揭牌成立。

党建与思想政治工作

组织工作

【发展概况】 2013年，组织工作紧密围绕学校中心工作和党委部署，深入贯彻党的十八大和十八届三中全会精神，落实学校第十二次党代会和"三步走"发展战略，以深入开展党的群众路线教育实践活动为契机，重在抓服务、抓实际、抓具体、抓成效，努力实现组织创先进、党员争优秀、群众得实惠；进一步加强领导班子民主建设、干部队伍建设、基层党组织和党员队伍建设，持续推进干部人事制度改革、组织制度创新和基层党建工作创新，各项工作取得了新的进展和成效。

【干部工作】 班子换届调整。2013年校本部共完成班子换届、调整和新建83个，其中换届24个，班子组建6个，班子调整53个，在近几年中是最多的。2013年，校本部共任命中层干部194人次，其中新任干部90人，提任（副处提为正处）干部21人，连任干部52人，调配任命干部31人次；免职干部115人次。

管理监督。2013年1月、7月和12月，党委组织部举行了3次新上岗干部集体谈话会，累计参加干部231人次。贯彻落实领导干部任职廉政承诺制，要求新任职的中层领导干部签订《北京大学领导干部任职廉政承诺书》。认真执行领导干部报告个人有关事项、出国（境）报备和任期经济责任审计等制度。对领导干部报告个人有关事项制度进行完善，将住房、投资、配偶子女从业等情况列入领导干部报告内容；同时进一步加强对配偶子女均移居国（境）外领导干部的管理。按时前往北京市公安局出入境管理处更新干部报备数据库。坚持经济责任审计制度，对到届和调整的领导班子，委托审计室做好经济责任审计工作，2013年共对12个单位进行了领导干部任期经济责任审计。做好干部兼职情况统计工作。2013年5月，配合纪委，对全校副处级（含）以上干部的兼职情况进行统计。

干部交流。2013年，党委组织部牵头召开了北京大学干部对外交流工作领导小组办公室工作会，重新拟定并修改完善了《北京大学干部对外交流工作管理办法（试行）（草案）》，通过文件统一政策、统一运作、统一规范。初步制定了"优秀青年公共管理人才培养计划"，以优秀博士后研究人员为重要后备力量，逐渐建立起人才库、蓄水池，推动干部交流工作向"有计划、有组织、高质量"发展。

全年共计发布干部交流信息14条，与地方组织部门进行9次互访，主动开展10次去访，接待地方组织部门15次来访。与陕西省宝鸡市、江苏省宿迁市、浙江省舟山市、天津市蓟县、河南省林州市等多地签署了人才交流合作协议。

2013年，选派挂职锻炼或借调干部39人，其中管理干部15人、教师3人、博士后5人、应届博士生16人，较2012年增加8人，为三年来最多。输出干部16人，其中管理干部9人、博士后6人、应届博士毕业生1人，较2012年增加6人；任职岗位为副局级的1人，正处级的5人、副处级的10人，输出地市包括北京市大兴区、平谷区、通州区、房山区、丰台区、石景山区、江苏省宿迁市、南京市栖霞区、青岛市高新区等。

【党建工作】 党的群众路线教育实践活动。2013年，全党开展以"为民务实清廉"为主要内容的党的群众路线教育实践活动，北京大学作为第一批单位参加活动，学校党委高度重视，认真研究部署，周密组织实施，党委组织部承担着协调沟通、指导基层的重要职能，承担了组织开展教育实践活动三个环节各项主要工作任务，取得显著成效。一是扎实开展学习教育，广泛征求意见建议。7月11日，学校教育实践活动正式启动。通过召开座谈、设立信箱等多种方式广泛搜集了近千条意见建议，经过梳理整合，形成三大类18项407条意见。二是认真查摆问题，协助开好民主生活会。在广泛征集意见的基础上，11月25日，学校领导班子召开专题民主生活会，会议持续9小时，班子成员之间相互批评达151人次，提了177条意见建议，会议气氛好、质量高，达到预期效果，得到了督导组和上级部门领导充分肯定。随后，各二级单位也先后召开专题民主生活会。三是持续推进整改落实、建章立制工作。协助制订了校领导班子整改落实方案、专项治理方案和制度建设计划。提出了五大方面35个整改项目,明确责任人、责任单位和整改期限,建立监督检查和问责机制。建立完善群众意见收集整理与处理反馈机制办法,督促各机关职能部门积极采取各类措施,边整边改,立行立改。截至2013年底,全校各机关部门根据师生意见建议立行立改并已经完成的整改工作达到93项,正在积极推进或即将展开的还有涉及52个单位的147项整改工作,整改工作举措扎实、亮点突出、成效显著,广受师生好评。

党委组织部针对"四风"问题提出"四问",着力改进工作作风。一方面,"规定动作"落实到位。带头深入学习、联系师生、查找不足、建章立制,积极面向基层党委秘书、组织员、中层干部、教职工代表等党员干部群体"零距离"谈心谈话,听取意见。另一方面,"自选动作"务实有效,党委组织部坚持召开党支部每周学习会、实施互帮互助学习实践活动、建立"组织部部长与党员干部谈心谈话制度",着手制定组织工作五年规划,切实当好教育实践活动的参与者和引领者,努力成为作风改得最好的地方。

主题党日活动。2013年上半年北京大学开展了"中国梦"主题教育活动,下半年举行了党的群众路线主题教育实践活动。4月12日,党委组织部下发《关于在教工党支部中开展"落实十八大,共话中国梦"主题党日活动的通知》。10月10日,党委组织部下发《关于在教工党支部中开展"学习党的群众路线 建设服务型党支部"主题教育活动的通知》。推动党支部积极创建服务型党组织,增强推动发展、服务群众、凝聚人心、促进和谐的能力和水平,在高等教育战线切实发挥战斗堡垒作用。

评优表彰。7月1日,学校党委隆重举行七一表彰,授予11个单位"北京大学党务和思想政治工作先进集体"荣誉称号;授予138位同志个人荣誉称号。2014年,北京市委组织部、北京市委教育工委、北京市人力资源和社会保障局将组织开展第七次北京市党的建设和思想政治工作先进普通高等学校评选。为迎接这次评选工作,学校党口职能部门和各级基层党组织在2013年做了大量自查自评的准备工作,形成了专项工作和特色工作总结,积累了形象直观的备查资料。

党员发展。汇总制定党员发展规划,用规划督促基层单位增强党员发展工作的计划性和主动性。截至2013年12月底,北京大学共有党员29107人,占全校总人数的37.5%。其中,教师党员3335人,党员比例44.2%;学生党员13408人,党员比例33.5%。现有党支部1236个,其中,教工党支部558个,学生党支部551个,教师学生混合党支部27个,离退休党支部100个。新发展的党员在保证质量的基础上,规模有了进一步的提高,结构有了进一步改善。

党务工作者。2013年10月,召开了党委秘书工作研讨会,内容包括"党的群众路线教育"专题辅导报告、党建研究论文写作专题、党建创新立项与党组织活力的提升、信息系统应用与基层党建制度化程序化规范化等。通过奖励先进,充分调动党务工作者的积极性、创造性和主动性。

【党建研究】 2013年,高校党建研究专业委员会年会由北京大学和北京市委教育工委承办,党委组织部承担了主要的会议筹备与组织工作。3月26日,全国党建研究会高校党建研究专业委员会2013年年会在北京大学英杰交流中心举行,大会在回顾总结过去一年工作的基础上,交流研讨高等学校贯彻落实党的十八大精神的具体思路和措施,集思广益,凝聚共识,以高校党建研究的深入开展为全面提高高校党建科学化水平贡献力量。

积极参与全国党建研究会专业委员会工作交流,认真做好全国党建研究会重点课题子课题研究工作。为贯彻落实中央精神,全国党建研究会将"基层党建工作创新研究"列为2013年度重点课题,并要求高校党建研究专业委员会对"高等学校党建工作创新问题"进行深入研究。2013年4月,高校党建研究专业委员会成立了以北京大学相关人员为主的课题组,通过走访、座谈、查阅文献等方式认真梳理了近年来高校党建领域涌现的成功经验,剖析了新形势、新任务对高校党建工作提出的新要求及存在的主要差距,在此基础上,尝试性地提出了新时期推动高等学校党建工作创新的对策建议。

【党校工作】 北京大学第40期干部研讨班。北京大学第40期干部研讨班于2013年5月至12月举办,培训对象主要是2012年5月1日以来新上岗和新晋升职务的61位中层领导干部。校情校策培训阶段,邀请学校党政主要领导为学员讲授学校的基本情况、总体目标和发展战略,干部队伍现状,干部选拔任用的政策方针、考核标准等。国情国策培训阶段,学员赴山东临沂,通过参观革命纪念馆、听取专题辅导报告、走访先进模范社区、访问地方兄弟高校等形式,从历史和现实两个维度,学习"沂蒙精神",深化党的群众路线教育实践活动。治校理教能力培训阶段,邀请校内外相关领域的领导和专家,通过专题报告、现场教学和沟通座谈的形式,学习理论,分享经验,剖析案例,了解机关、院系的领导体制和工作机制,学习院系治理、团队管理等相关实践性内容。研讨班共有61位学员结业。

北京大学第4期中青年骨干

研修班。北京大学第4期中青年骨干研修班于2013年5月至12月举办,学员既包括专职从事教学科研工作的中青年教师,又有专职从事行政管理工作的正科级青年管理干部。"校情校策阶段教育""国情国策阶段教育""治校理教能力学习"三个阶段的培训,既有集中培训又有社会实践,既有现场教学又有专题沟通,既有调查研究又有分享交流,做到了"授课与沟通相结合,考察与体验相衔接",同时要求学员加强读书自学。研修班共有52名学员结业。

学生入党积极分子和发展对象培训。学校党委始终把举办党的知识培训班和党性教育读书班,作为党组织团结、教育、吸引优秀学生的抓手和平台,作为党组织带领青年学生树立共产主义远大理想,坚定不移地走中国特色社会主义道路的渠道和熔炉。2013年,党校举办了第26期党的知识培训班和第20期党性教育读书班,组织专题辅导报告、党委书记讲党课、院系分组讨论和创新性活动等。第26期党的知识培训班共有1449人结业,第20期党性教育读书班共有1295人结业。

北京大学第5期教职工党的知识培训班。为提高教职工入党积极分子的政治素质和理论水平,增进教职工对党的基础知识和基本理论的了解和掌握,进一步扩大教职工入党积极分子队伍,党校于2013年3月—4月举办北京大学第5期教职工党的知识培训班,组织专题辅导报告和参观教学,123名学员结业。

专题研讨班。6月7日至8日,学校党委举办了主题为"深入学习贯彻党的十八大 执着加快推进创一流凝心聚力共筑中国梦"的专题研讨班。各基层党委(党工委、党总支、直属党支部)负责人,各学院(系、所、中心)行政负责人,各职能部门、直属附属单位负责人,校内各民主党派负责人参加专题研讨。研讨班采用大会报告、小组讨论、专题发言相结合的模式,形成学习、讨论、思考、发言的有效推进环节,充分调动每位学员的积极性和参与性,效果良好。

中层正职干部暨二级单位活动领导小组组长学习班。为深入贯彻落实《中共中央关于在全党深入开展党的群众路线教育实践活动的意见》,切实加强北京大学中层正职干部暨二级单位活动领导小组组长的教育培训和思想武装,进一步推动全校二级单位教育实践活动深入开展,9月18日,北京大学举办"中层正职干部暨二级单位活动领导小组组长学习班"。校领导班子成员,全校各基层党委书记,各院系(所、中心)院长(所长、主任),各职能部门、直属附属单位、后勤各中心正职负责人,二级单位活动领导小组组长,督导组全体成员,党委各部门全体成员参加集体学习。中纪委驻教育部纪检组组长、党组成员王立英为学习班作专题报告。

调研与写作能力专题训练班。3月至5月,北京大学举办调研与写作能力专题训练班。本期训练班是党校多年来系统举办的第一个专项业务技能培训班,旨在为学校培养一支理论素养深厚、调研能力突出、文字运用娴熟的高水平文字工作队伍,促进各单位调研与公文处理工作的制度化、规范化建设。训练班先后组织主题报告、现场教学、报告撰写、小组评议等,来自校本部院(系、所、中心)、职能部门、直属附属单位以及医学部的132位学员顺利完成各阶段学习要求。

远程培训。为深入学习贯彻习近平总书记在中国共产党第十八届中央纪律检查委员会第二次全体会议上重要讲话精神以及党的十八大对党风廉政建设和反腐败工作提出的新观点、新论断、新任务、新要求,深入推进教育、制度、监督、改革、纠风、惩治等各项工作,扎实推进教育系统党风廉政建设,学校利用"中国教育干部网络学院"平台,组织各单位纪检干部于6月至7月进行了远程培训学习。

出国培训。深入开展有针对性的干部境外培训。为适应创建世界一流大学需要,着力建设一支拥有国际视野的管理干部队伍,提升北京大学管理工作的国际化水平,学校党委按照"单位推荐、专家评审、择优选拔、按需培训"的程序并结合学校发展建设需要,在2013年1月选派4名干部赴美国斯坦福大学、加利福尼亚大学伯克利分校培训。

宣 传 工 作

【发展概况】 新闻宣传工作继续围绕学校的中心工作,注重对北京大学全方位的报道。对外宣传方面,本学年组织召开了全校例行新闻发布会两次,专题新闻发布会若干次;每周均协助校内大型活动或校内其他单位邀请、接待校外媒体;每周联系接洽各类来校采访的媒体10～20人次。北大2012—2013年度对外宣传中正面宣传整体发稿2000多篇,转载率80%以上,中央电视台、《人民日报》等重要媒体都对北大重要的新闻进行了报道。围绕重大事项宣传办完成《重要言论快报》15期。

对内宣传方面,做好校内媒体的协调工作。组织对学校党的群众路线教育实践活动、教学评估、党建评估等重大活动的专项专题报道;组织对开学典礼、毕业典礼、新生报到、奖学金大会等学校重大活动的报道工作;组织对学校重要活动、重点人物和事迹的宣传工作,如数学科学学院、物理学院100周年院庆的宣传报道工作,进一步做好基层宣传报道的协调工作。

策划完成多项北大宣传项目,积极宣传报道北大在创建世界一流大学过程中的成绩,应对各项危机报道。在《中国教育报》头版头条刊登关于北大流动党支部的通讯员文章。重点宣传报道北大115周年校庆、毕业典礼、"北京论坛2013"等重大活动。重点策划北大谢晓亮、乔杰、汤富酬研究团队对单个卵细胞高通量测序带来的全基因组预测,邓宏魁团队研究成果,北大加入全球在线课程项目edX及Mooc项目,北京大学原创歌剧《为你而来·王选之歌》《北大博士西部创业》,侯仁之先生逝世,北京大学学习贯彻十八届三中全会精神的报道工作等,由中央电视台《新闻联播》等重要媒体予以重点报道。

应对新闻事件的危机处理,与校内相关部门和媒体积极沟通,与新闻媒体多方位沟通,为社会更客观、公正地看待北京大学搭建好平台,做好金庸文凭事件、中央电视台涉社会学系暑期夏令营乱象事件等危机事件的处理。

进一步规范校内新闻发布制度,制订修改《北京大学突发性事件新闻发布管理办法》。

积极策划组织北京大学第三届蔡元培奖的评选工作,在全校教师节大会上颁发"蔡元培奖",并为未到会领奖教师送奖到家。组织专人撰写获奖教师的传记文章,已由《北京青年报》作为系列专题刊发10期整版报道。

组织策划制作北京大学115周年校庆展览《加快创一流共圆中国梦——百年校庆以来北京大学建设成就巡礼》,于校庆期间在学校百周年纪念讲堂广场展出,获得校内外一致好评。

【理论工作】 制定了中长期、短期、近期学习计划,邀请校内外来自不同专业、不同领域的专家十余人为学校理论中心组作报告。创新北大"五四"理论研讨会的内容和形式,拓展研讨空间,开拓研究领域,以"大学与中国梦"为主题,承办北京大学2013年"五四"理论研讨会,邀请校内外理论专家进行深入研讨。联系中共中央文献研究室主任冷溶、中共中央党史研究室主任欧阳淞、共青团中央书记处书记周长奎以及教育部、北京市委教育工委代表等校外嘉宾出席会议并讲话。编写会议材料《北大学者论中国梦》,受到与会学者的一致好评。借助北大高层次的专家队伍和高水平的理论创新成果,发掘和整理了一批北大学者对党的群众路线教育实践活动的理论研究和感受体会。通过走访、搜集、整理北大学者围绕党的群众路线教育实践活动的理论文章、实践经验,定期分析整理《北大理论信息直报——北大学者论群众路线》等形式,深入学习研究党的群众路线理论,推动落实党的群众路线教育实践活动在北京大学的深入开展。为提升北京大学文科教师思想政治水平持续努力,连续第4年开展北京市哲学社会科学科研骨干研修班的组织工作。本年度共12期培训,涉及北京大学各院系文科教师和业务骨干51人,迄今已培训北京大学文科教师207人。落实全国宣传文化系统"四个一批"人才即"一批理论家,一批名记者、名编辑、名主持人,一批出版家,一批作家、艺术家"在北大的评选和组织工作。落实北京中青年社科理论人才"百人工程"的评选和组织工作,以及"百人工程"论坛的筹办工作等。承担上级部门交办的课题研究和调研任务。参加教育部每年一度的高校师生思想状况滚动调查活动,组织北京大学20个文理科院系参与此次调查。继续参与中宣部、北京教工委等部门组织的重要调研。组织上报舆情信息200余篇,其中上报校办、市教工委、教育部50余篇,专报中宣部150余篇。制定《北京大学中宣部舆情直报点管理办法》,组织学校舆情直报队伍,成立宣传部理论小组,组织宣传部理论小组培训,编写内部理论刊物《思路》,撰写分析评论文章20余篇。

【北京大学校刊】 2013年,北京大学校刊共出报32期(1307—1338期)。其中,出版了3个专刊:物理学院110周年、北京论坛、学生工作部表彰专刊。专刊集中宣传了学校、院系的大事、要事。本年共推出了13个专版:黄枬森纪念专版、大学与中国梦专版(两版)、"七一"表彰先进集体和个人访谈专版、北京市教学名师访谈专版、党的群众路线理论研讨会专版、侯仁之纪念专版、十八届三中全会《中共中央关于全面深化改革若干重大问题的决定》解读专版、对外交流中心20周年专版(两版)、毛泽东诞辰120周年专版、北大数字电视改造专版、第十二次党代会代表访谈专版。校刊突出了师德师风、思想理论、先进典型、学校部门工作等内容,积极贯彻落实党的政策,配合了学校的中心工作,完成了党报的宣传功能。此外,校刊还开设了科学优秀成果展示平台专栏、973首席科学家访谈、北大古籍珍藏、国际热点访谈等特色栏目,利用好校内学术资源,宣传好校内工作。

在落实总书记给考古文博学院团支部的回信中,写作了通讯《奋进、开拓、奉献——北大向中国梦出发》《流动党支部架起连心桥》等，宣传了北大学子勇于担当的精神。

积极做好深入采访，做好"人"的宣传。对学校中的典型教师、优秀学子进行深入采访和宣传，如《土地的召唤——邓向旺教授的学术与创业之路》《燕园的蓝天梦——北大首届空军国防生班的故事》等优秀作品。

在中国高校校报好新闻评比中，校刊选报的5篇作品，有4篇获得一等奖，1篇获得二等奖。

校刊是培养新闻写作的育人基地，2013年度很好地调动学生记者，完成了对"北京论坛2013"等重大任务、重大专题的报道工作。同时，认真加强队伍建设，建设一支有战斗力的学生记者队伍，并进行了年度表彰，年内对学生记者进行了6次新闻写作培训，还带领学生记者到清西陵、周口店、琉璃河商周遗址博物馆等进行考察，使这支鲜活的生力军在宣传工作中发挥作用。

【新闻网】 北大新闻网围绕学校中心工作，充分发挥新媒体环境下网络宣传的重要作用，全方位报道了学校在教学科研、国内外交流合作、思想党建、校园建设、校园文化等方面的新举措新面貌，编辑、发布文章6000余篇，采写新闻、通讯等新闻作品近400篇，发布新闻图片万余张。重要新闻点通过专题等形式多角度多层面报道。新开设专题24个，维护更新以往专题数十个。策划制作了北京大学"党的群众路线教育实践活动"专题网站，专题网站设置了新闻快报、中央精神、关注基层等13个频道。同时，根据学校的统一部署，以不同的体裁，进行多专题、多平台、多层次、分步骤的舆论造势，展现北大开展党的群众路线教育实践活动的进展和成效。网络宣传报道从内容文风形式进行了改进，更注重贴近校园生活，加大对教学科研

及校园文化、校园人物的报道。在新闻网主网站（http://pkunews.pku.edu.cn/)右上角，特别开设了"领导活动"栏目，将校领导近期的工作动态汇总，便于师生查看了解。更新了内容服务器，对服务器的操作系统及防火墙等应用软件进行了升级。对新闻网网站发布后台进行了积极维护，对新闻网的网络安全进行了自查。加强内部建设，重新修订新闻网各项规章制度，梳理、改进了工作程序。坚持每周编辑会制度。在编辑部内部进行了后台操作系统问题解决方案、摄影技巧、新闻网调研报告分析等不同内容的业务交流和培训。为了突出网络立体化报道特色，对发布页面进行了调整，根据宣传报道需要，在新闻后加进不同形式的链接，并对重要专题配以醒目LOGO，以提升传播效果。积极建设学生记者团，让新闻网成为学生的第二课堂。组织了数次学生记者交流沟通会、业务培训会、生日联欢会等。

【英语新闻网】 英语新闻网自主报道专题5个。英语新闻网与信息办等部门合作，改版了英文主页，新版网站于11月底上线。英语新闻网调整为8个版块，分别为Events、News、Focus、Campus、Research、People、Media及主页大图。英语新闻网制作了三期Beida Bulletin。

【电视台】 北大电视台2013年度共完成《北大新闻》68期约650余条新闻的制作播报工作，制作图文新闻112期，学生栏目148期，录制全程超过150场、次，制作新闻专题超过60期，制作专题片19部，大型现场直播23场。为配合学校提出的"三步走"战略的宣传，电视台制作了一系列节目：包括《党的群众路线教育实践活动专题报道》30期，《党的群众路线教育实践活动之学者谈教育发展》5期，《李大钊奖获得者访谈》4期，

《聚焦十八大加快创一流》17期，《北大学者解读十八届三中全会》10期，《中国梦 北大梦》5期等。电视台在2013年全年的新闻播报中，以视频新闻和图文新闻等不同形式，加大了对北京大学学术成果和人物的报道，并积极为中央和地方电视媒体提供素材和资料。2013年恰逢北京大学第三届蔡元培奖评选和颁奖，电视台制作了蔡元培奖获奖者新闻专题7期；录制了超过50场的各类学术讲座。除此之外，电视台积极联系社会媒体，引进适合大学校园的高质量的纪录片，全年共播出12部200余集。加大对学校基层员工和组织的报道。2013年上半年，电视台联系后勤党委，拍摄制作了《身边的燕园人》后勤员工系列6期；下半年与教务部、图书馆分别合作，完成制作了《身边的燕园人》教务系列3期，图书管理员系列2期，仍有3期正在策划中。除此之外，电视台还专门制作了《光盘行动在北大》《燕园变形记》等反映师生生活的专题节目，获得了师生们的关注和一致好评。为满足电视机前基层观众的需求，并考虑到电视台的受众中老年人的比重较大，电视台继续主动拍摄制作健康节目，全年制作有关师生身体健康方面的讲座20多场。

【广播台】 广播台在2013年度每周制作新闻、专题、访谈、文学、文化、音乐六大类共计11档栏目，在每个工作日安排播出"燕园之声"校园广播，本年度共计播出节目125期，7500分钟。完成了校党委宣传部布置的各项工作，认真完成了学校广播新闻宣传任务，对习近平总书记给北大学子回信的消息、"北京论坛2013"等学校重大新闻和师生关注的热点话题，均以特别专题的形式予以及时报道。完善了节目审核机制，实施听评小组集体审核的制度，规范了广播台文件的起草、决议、发布的流程和形式，

修订了广播台工作章程,完善听评、值班、安全等多项工作规章制度,编印了两版工作手册,启用了电子版编排的播出表代替以往的手写版机务手册。汇编了有关校园广播的法律法规和国家标准。此外,积极探索校园广播通过手机播出的新实现方式。组织了广播台学生兼职人员的招录工作,邀请中央人民广播电台节目制作人员为新招录人员进行了业务培训,与部分兄弟院校广播台交流工作,组织协调了在重庆召开的第十三届全国高校广播宣传工作研讨会。维护燕园校区公共广播系统,修复多处被学校各单位施工挖断的广播信号传输电缆。未名湖区更换了草坪音箱,改善了收听效果。更换了广播台前大门,部分解决了广播台安全隐患。根据学校要求,积极实施广播台搬迁工作,完成了搬迁前期调研报告,落实了新址的录音棚声学装修、录制和播出设备采购、主干线路改造、清理报废设备等各项工作。

【摄影与图片】 2013年,摄影组承担所有北大重要活动的拍摄工作,在北京大学115周年校庆活动、北京论坛、党的群众路线教育实践活动、北大十二届两委委员红楼寻根、延安学习班、伊朗总统鲁哈尼、哥伦比亚总统桑托斯、南苏丹总统基尔、立陶宛总统格里包斯凯特、英国前首相布莱尔等外国首脑访问北京大学等重大活动中及时、有力地配合了学校宣传报道工作。

宣传报道方面,在校内外报刊网上共发稿300余幅图片,做到当天及时发稿,提高了新闻的时效性。制作图片橱窗展板50余版。全年图片拍摄总数量约9万张。

摄影组还承担着为宣传部和学校其他多个部门各种图片展览、书籍出版提供图片的任务,如115周年校庆大型图片展览、北京大学第十二次党代会图片展览、北大学者风采图片展、《走进北大》画册等。

统 战 工 作

【思想建设】 2013年1月11日,学校举行了统战干部座谈会,对2012年度学校统战工作进行了总结,并对继续贯彻党的十八大精神和学校第十二次党代会精神,以及2013年统战工作的主要设想与参会人员进行了沟通。1月14日,举行了民主党派、侨联负责人座谈会,了解北大民主党派、侨联建设现状,讨论研究北大统战工作下一步的发展思路。11月20日,召开十八届三中全会精神专题学习会,集中学习《中共中央关于全面深化改革若干重大问题的决定》和习近平总书记所作的《关于〈中共中央关于全面深化改革若干重大问题的决定〉的说明》。11月27日,举行了北京大学统战系统学习十八届三中全会精神报告会。

进一步加强党外人士思想建设,分层分类开展教育培训。4月27日,在"五一口号"发布65周年前夕,与各民主党派联合,举办"同心同德同向同行"党派新成员学习班。6月25日,医学部统战部举办民主党派新成员研讨班。7月11日至14日,举办北京大学"学习延安精神,凝心聚力,圆梦北大,筑梦中华"党外代表人士延安学习班。医学部统战部于4月19日至20日举办纪念"五一口号"发布65周年主题教育活动,组织统战人士参观西柏坡,并召开座谈会;9月12日至14日,组织统战人士赴山东台儿庄参观学习。

【党的群众路线教育实践活动】 学校党的群众路线教育实践活动启动之后,统战部召开学习会,研讨制订了《党委统战部开展党的群众路线教育实践活动实施方案》,有计划有步骤地深入开展党的群众路线教育实践活动。从7月中旬开始,通过访谈、电话、电子邮件等多种方式邀请各民主党派、党外人士就学校党的群众路线教育实践活动及学校统战工作提出意见,并在校党委召开的党外人士座谈会、茶话会上征求对统战工作的意见建议,将这些意见建议整理上报学校。9月,为深入开展党的群众路线教育实践活动,敖英芳副书记同各党派负责人、无党派人士代表共11人进行了约谈,听取意见建议。统战部开展了部长、副部长与部内同志谈心、与工作对象谈心活动,认真听取意见建议。医学部党委副书记顾芸带领医学部统战部人员进行了调研,走访了9个二级党委,访谈了15名基层党委领导,召开了9个座谈会,共有115名统战人士参加。12月,统战部召开专题民主生活会和情况通报会,单位负责人做了班子对照检查和个人对照检查,敖英芳副书记、督导组组长许崇任出席。针对从各个渠道收集到的意见建议,以及工作中存在的不足进行分析,制订了整改方案。

广泛征求意见,充分发挥党外人士监督作用。8月27日,校党委邀请学校各民主党派、侨联会负责人及部分无党派人士举行座谈会,通报学校开展党的群众路线教育实践活动情况,并就切实改进工作作风进一步听取各党派及党外人士的意见建议。9月18日,"欢度中秋,喜迎国庆——北京大学2013

年党外人士茶话会"在英杰交流中心举行。与会党外人士对学校开展党的群众路线教育实践活动、学校管理建设、校园文化建设、学生培养教育、教职工医疗服务等方面进行了深入交流。12月23日和31日,朱善璐书记分别在北京市两会代表委员座谈会和统战系统2014年新春联谊会上,对学校党的群众路线教育实践活动开门搞整改的情况以及下一步的工作重点进行了通报。统战部加强与民主党派普通成员之间的沟通联络,多角度搜集群众意见。通过午间交流会同民革、民盟、民建、民进、农工党、九三学社等6个党派的近100名成员进行了交流,搜集意见建议及时上报学校。

【党外代表人士队伍建设】2013年在全国、北京市人大、政协换届和政府参事等调整工作中,北大共有46位党外人士担任全国和北京市人大代表、政协委员,2位党外人士担任国务院参事,3位党外同志担任海外联谊会理事,2位党外人士担任北京市政府参事。此外,还有6位党外人士担任市政府特约工作人员,8位党外人士担任市党外知识分子联谊会理事(其中2人入选常任理事)。还有1位党外人士担任全国工商联专职副主席,1位党外人士担任北京大学副校长。在北京大学2013年新当选的5位中国科学院院士中,有4位是统战人士(1人为民主党派成员,1人为侨眷,2人为无党派人士)。

新增51岁以下党外高层次人才库,丰富了党外后备干部库。4月18日,中央统战部、教育部在北大召开高校民主党派高层次代表人士队伍建设情况调研座谈会。5月,学校党委针对《中共北京大学委员会关于加强和改进新形势下党外代表人士队伍建设的意见》(讨论稿)分别召开了民主党派、党外人士,职能部门负责人,基层党委书记、院长三个征求意见座谈会,在充分吸收各方意见的基础上,经学校党委书记会、常委会数次讨论,6月出台《中共北京大学委员会关于加强和改进新形势下党外代表人士队伍建设的意见》。

2013年北大成为北京市委统战部党外代表人士挂职锻炼联系点。按照有关要求,全面开展了党外代表人士考察调研、党外干部挂职平台、课题研究等方面的工作。推荐了3位党外人士参加北京市"三个一百"处级岗位挂职锻炼,并与党委组织部联合对2012年度北京市处级岗位挂职锻炼的4位党外人士进行了考察。

进一步提高党外代表人士参政议政水平,促进履职,发挥两会代表、委员的作用和社会影响力。北京市两会前夕,1月14日学校举行校领导、职能部门与北京市两会代表委员座谈会;2月26日举行北京大学全国两会代表、委员座谈会。代表委员们就所关心的有关国家和北京市发展、教育与医疗改革、国际形势等问题发表了看法,学校领导介绍了学校近期主要工作,与会代表委员与相关职能部门负责人就拟在两会上提交的建议案、提案等进行了交流。全国两会结束后,3月27日学校召开代表、委员全国两会精神座谈会;3月29日举行统战系统两会精神学习报告会;与党委宣传部沟通,在新闻网建立"聚焦两会"专题,对北大代表、委员参加两会、积极发挥参政议政作用的情况进行宣传报道,供学校师生了解学习。12月23日举行北京市两会代表、委员座谈会,与会代表委员与校领导、职能部门就学校工作、代表委员拟在2014年北京市两会上提交的建议、提案进行了交流。医学部还制作了新一届全国、北京市政协委员、人大代表人物介绍展板和两会专刊,将代表委员建议和提案汇编成册,并以建言献策小组为载体,为统战人士发挥作用搭建平台。

12月,为贯彻落实中共中央、北京市有关文件精神,以及《中共北京大学委员会关于加强和改进新形势下党外代表人士队伍建设的意见》(党发〔2013〕24号)要求,更好地加强北大党员领导干部与党外代表人士联系交友工作,促进学校建设与发展,经校党委常委会研究通过,规范党员领导干部联系交友制度,北大13位党员校领导分别同45位党外人士建立了联系。

支持协助各民主党派基层组织加强自身建设。认真贯彻落实党对民主党派的各项方针政策,在经费、办公场所等方面给予支持,协助民主党派搞好学校基层组织建设。深化民主党派组织发展有关问题研究,就把握质量、保持特色、发展高层次人才等问题与民主党派、组织部门、相关单位充分沟通协商,有意识地把一部分优秀人才留在党外,做好民主党派组织发展工作。

中国农工民主党北京大学委员会与中国农工民主党北京市委、中国科学院委员会、中国农工民主党北京市委医科院委员会联合举办"科学·健康"论坛,论坛紧紧抓住新时期生态文明建设的新机遇,围绕中共十八大提出的"五位一体"中"生态文明建设"的主题,多角度、全方位地进行了生态文明建设的阐述和报告。中国民主建国会北京大学委员会主办第一届民建"城市发展论坛",九三学社北京大学委员会、北京大学第二委员会、清华大学委员会联合主办"高等教育国际化论坛",民盟北京大学委员会、北京大学医学部委员会、清华大学委员会联合主办第八届民盟高教论坛,民盟北京大学医学部委员会还举办了第四届医改沙龙。

经过近一年的筹备,6月,学校党委召开全校统战工作会议,全校统战干部、民主党派干部、党外人士代表、职能部门负责人等200余人参加了会议。

建立了党委组织部、统战部联席会议制度，加强统战系统同学校相关职能部门的沟通联系。党委组织部、统战部定期举行联席工作会议，专门研讨党外干部队伍建设及后备人才培养方面的有关问题，为党委提供决策建议。

明确基层党委（党工委、党总支、直属党支部）书记是统战工作第一责任人，原则上院（系）行政领导班子应有党外代表人士。开展学院（系）等基层单位调研，了解基层单位党外人士情况，增进与基层单位的联系沟通。推进基层统战工作，保障统战工作长效有序开展。

举办统战部与民主党派成员午间交流会，为更多的党派成员提供与学校统战部门直接沟通、了解学校工作情况、参与学校民主管理、民主监督的机会，同时也促进党派自身成员之间、党派与党派之间的沟通交流。这个平台建立以来，统战部先后同民革、民盟、民建、民进、农工党、九三学社等6个党派的近100名民主党派人士进行了交流。这项工作作为北大党的群众路线教育实践活动特色工作以简报形式上报中央督导组，人民网、党建共产党员网对活动进行了报道。北京市委常委、统战部部长牛有成对活动进行了专门批示。

丰富活动，加强与统一战线广大成员密切联系。开展"美在燕园"摄影展、民主党派合唱团、统战系统新春联谊会等群众性活动，促进统战干部与广大党外人士沟通交流，创造和谐氛围，增进互相了解和友谊。

【民族宗教、港澳台侨和统战对象照顾工作】 关心少数民族师生的工作、学习和生活情况，了解他们的思想动态，加强对少数民族师生骨干的培养教育。6月，参加著名回族学者马金鹏诞辰100周年纪念会。10月，与学校穆斯林师生一起在佟园清真餐厅欢度古尔邦节。在北京市第七届民族团结进步先进奖评选中，北大第一医院被评为先进集体，地球与空间科学学院关平教授被评为先进个人。

7月，协助完成中央统战部海外联谊会内地理事的考察工作，北大共有三位同志入选内地理事。8月，接待台湾高校教师大陆文化教育参访团访问北京大学，与北大部分教师代表进行了座谈交流。8月，接待香港部分中学师生访问团，帮助他们了解中华传统文化、北大精神和发展现状。承接北京市委教工委课题，完成在京高校台湾学生情况调研工作和留学归国人员调研工作。11月，医学部侨联获得"全国侨联系统先进组织"荣誉，基础医学院张毓教授和王韵教授获得"全国归侨侨眷先进个人"荣誉。

【宣传和信息工作】 承接5个来自中央统战部和北京市委教工委的课题：发挥首都高校无党派人士群体作用问题研究、台湾学生调研课题、民主党派组织建设研究、新媒体条件下民主党派成员的思想工作问题、北京高校归国留学人员统战工作研究等。其中，发挥首都高校无党派人士群体作用问题研究获北京市统战理论研究和调查研究优秀成果一等奖第一名；台湾学生调研课题获北京市涉台调研课题一等奖；北京高校归国留学人员统战工作研究课题获北京市统战理论研究和调查研究优秀成果三等奖。民建北京大学委员会承接了市委统战部"北京建设世界文化大都市的路径与方法研究"课题。

进一步加强统战工作的信息化建设，优化统战网页管理，重新设计并改善了统战网页，安排专人定期更新网页信息和内容。按照中央统战部信息工作要求，调整了信息员队伍。推进统战理论研究和调研，编印《北大统战工作》，2013年推出两期，积极宣传北大统一战线工作和优秀党外代表人士。继续做好统战信息报送工作，努力提高信息质量和参考价值。2013年共向中央统战部、北京市委统战部、北京市委教育工委报送了31份统战信息，信息采用排名高居北京市高校榜首。

【统战系统两会精神学习报告会】 3月29日下午，北京大学统战系统两会精神学习报告会在英杰交流中心召开。全国人大代表、肿瘤医院教授顾晋，全国政协委员、物理学院教授朱星，全国政协委员、地球与空间科学学院教授鲁安怀先后传达了两会精神，并介绍了参加两会的感受体会和个人的履职情况。北大统战系统各界人士及部分基层党委统战委员参加了报告会。

【调研座谈】 4月18日，中央统战部、教育部在北京大学召开高校民主党派高层次代表人士队伍建设情况调研座谈会。中央统战部一局巡视员孙凌雁、教育部思政司副司长谢新松等联合调研组成员出席会议。北京市委教育工委常务副书记刘建以及北京大学党委副书记敖英芳、清华大学党委副书记韩景阳等8所高校分管统战工作的党委副书记和统战部门负责人参加此次座谈会。北京大学党委副书记敖英芳、清华大学党委统战部部长唐杰、北京师范大学党委副书记刘利、中国农业大学党委统战部部长赵竹村、中国人民大学党委统战部部长周淑真、北京科技大学党委统战部部长张卫东、中央财经大学党委统战部副部长李跃新、北京航空航天大学党委副书记张维维分别介绍了各自单位民主党派高层次代表人士队伍建设的情况，分析了现实工作中的问题并提出了下一步工作的建议和思路。北京市委教育工委常务副书记刘建介绍了北京市高校民主党派高层次代表人士队伍建设的情况,提出了民主党派组织有序发展高校高层次代表人士的基本原则、标准及措施建议,分析了现实工作中的重点难点问题,并提出改进建议。

此外,联合调研组还召开了北京大学民主党派高层次代表人士队伍建设专项座谈会。北京大学党委组织部部长郭海、统战部部长张晓黎以及刘忠范、顾晋、鲁安怀、吴明、张颐武、关平、刘富坤、高炜、龚六堂等民主党派和无党派代表人士参加了座谈会。

【民主党派学习班】 4月27日,在"五一口号"发布65周年前夕,北京大学举办"同心同德同向同行"党派新成员学习班,进一步深入贯彻落实党的十八大精神和学校第十二次党代会精神,夯实统一战线思想政治基础。北京市委统战部副巡视员兼党派处处长刘先传、市委教育工委统一战线与群众工作处处长张健和北京大学党委副书记敖英芳出席了开班仪式。学习班由北京大学党委统战部与各民主党派组织、侨联共同举办,近年来加入民主党派、侨联的部分新成员近40人参加了此次学习。

在学习班上,刘先传作了"多党合作理论与实践"的专题报告;北大统战部原部长卢咸池介绍了北京大学统战工作的历史、北京大学各党派发展历史以及北大统战工作的优良传统;北京市人大常委会委员、九三学社北京市委副主委、社会学系教授陆杰华就"党外知识分子成长"话题与学员们进行了热烈的交流。随后,学员们进行了讨论,结合自身经历交流了此次学习的心得体会。

【民建"城市发展论坛"】 5月26日,中国民主建国会北京大学委员会主办了第一届民建"城市发展论坛",论坛的主题是"城市文化建设与城市繁荣之路"。民建中央副主席辜胜阻、王永庆,民建北京市委秘书长李申虹,民建海淀区委主委王玉梅,北京大学党委副书记敖英芳,北京大学党委统战部部长张晓黎,以及民建北京市委、海淀区委、中共海淀区委统战部等部门的领导,北大各民主党派负责人及民建会员共100余人出席了本届论坛。论坛由民建北京大学委员会主委陈效逑教授主持。

本次论坛共邀请了五位嘉宾做主题演讲。民建中央副主席辜胜阻首先发表了"趋利避害走健康城镇化之路"的演讲,民进北大委员会主委、中国语言文学系教授张颐武就"全球化与城镇化:追寻城市发展的新文化路向"发表了演讲,北京大学社会学系教授高丙中结合实例阐述了"城市文化建设与非物质文化遗产传承"的问题,北京大学城市与环境学院教授吴必虎就"历史遗产活化、城市文化继承与现代文化创新"做了阐述,民建北京大学委员会副主委、哲学系教授陈少峰就"文化中心城市的发展模式"发表了演讲。中国民主建国会北京大学委员会积极贯彻中共十八大精神,发起并主办了民建"城市发展论坛",该论坛将持续关注以城市发展为核心的经济问题、文化问题、管理问题、社会问题和生态问题等,论坛将每年举办一次。

【全校统战工作会议】 6月4日,在英杰交流中心召开全校统战工作会议。会议的主题是贯彻落实党的十八大精神和学校第十二次党代会部署,总结自2006年底召开全校统战工作会议以来学校的统战工作,安排和部署今后5年的学校统战工作。出席会议的校内外领导同志有:中共中央统战部副部长陈喜庆,中共北京市委常委、统战部部长牛有成,教育部思政司副司长王光彦,中央统战部六局局长王永庆,中央统战部一局巡视员孙凌雁,北京市委统战部常务副部长闵克,北京市委教育工委常务副书记刘建,中共海淀区委常委、组织部部长、统战部部长杨智慧;校党委书记朱善璐,校长王恩哥,常务副校长、医学部常务副主任柯杨,校党委副书记、纪委书记于鸿君,校党委副书记、医学部党委书记敖英芳,校党委副书记叶静漪,秘书长杨开忠,研究生院院长陈十一。学校各基层党委书记、统战委员,各职能部门负责人,各民主党派、侨联会负责人,部分全国、北京市、海淀区人大代表、政协委员,统战系统先进集体和获奖个人代表等共200余人参加了会议。

敖英芳副书记代表校党委作北京大学统战工作报告。会议表彰了几年来在学校统战工作中作出突出成绩与贡献的先进集体和个人。王恩哥校长宣读了《中共北京大学委员会关于表彰统战系统先进集体和先进个人的决定》,数学科学学院党委等10个单位获"北京大学统战工作先进党委"荣誉称号,民盟北京大学委员会等8个单位获"北京大学党派工作先进集体"荣誉称号,民革北大医院支部等13个单位获"北京大学党派工作先进基层支部"荣誉称号,贾庆国等8位同志获"北京大学统战系统特殊贡献奖",宋振清等22位同志获"北京大学统战工作先进个人"荣誉称号,卫燕等42位同志获"北京大学党派工作先进个人"荣誉称号,马弘等13位同志获"北京大学统战系统抗震救灾工作先进个人"荣誉称号。农工民主党北京大学委员会主委、肿瘤医院教授顾晋,民建北京大学委员会主委、城市与环境学院教授陈效逑分别代表先进集体和先进个人做了发言。

朱善璐书记,教育部思政司王光彦副司长,北京市委常委、统战部部长牛有成,中央统战部陈喜庆副部长先后讲话,从不同角度对北大的统战工作给予了高度评价和悉心指导。中央统战部六局王永庆局长作了"党外知识分子统战工作的几个问题"的专题报告。民盟北京大学委员会主委鲁安怀，九三学社北京大学第二委员会主委吴明，数学科学学院党委书记刘化荣，人民医院党委副书记陈红松，党委组织部部长郭海，人事部副部长张立分别代表民主党派基层组织、基层党委、职能部门作了大会发言。会议还就《中共北京大学委员会关于加强和改进新形势下统一战线工作的意见（征求意见稿）》进行了讨论。

【台湾教师参访团】 8月16日，台湾高校教师大陆文化教育参访团一行40余人访问北京大学，并在正大国际中心与北大部分教师代表进行座谈，全国政协常委、台盟中央副主席、台湾同学会会长吴国祯，台湾同学会秘书长林路征等一同到访。北京大学校务委员会副主任敖英芳及部分教师代表参加了座谈。

【九三学社"高等教育国际化论坛"】 8月20日，由九三学社北京大学委员会、清华大学委员会、北京大学第二委员会主办，九三学社北京市委员会教育专门委员会协办的"高等教育国际化论坛"在北京大学英杰交流中心举行。九三学社中央副主席、北京市委主委马大龙，九三学社北京市委副主委陆杰华，九三学社北京市委秘书长刘永泰，北京大学党委副书记、医学部党委书记敖英芳，北京大学党委统战部部长张晓黎，清华大学党委统战部副部长董力，北京大学党委统战部副部长、医学部党委统战部部长王军为，以及九三学社社员代表共60余人出席论坛。

本次论坛分特邀报告、主题发言和自由讨论三个主要环节，就高等教育国际化问题展开了热烈讨论。特邀报告人、建筑与景观设计学院院长俞孔坚教授介绍了北京大学建筑与景观设计学院创办过程中国际化教育的体会。九三学社社员、北京大学物理学院孟杰教授结合核物理专业研究生培养，介绍了高等教育国际化过程中的经验和体会。清华大学教授邢文训、北京大学药学院教授贾彦兴、北京大学分子医学研究所教授程和平、中国农业大学工学院教授周惠兴分别代表三个委员会和九三学社市委教育专门委员会作了主题发言。他们分析了高等教育国际化的背景、现状，中国高等教育与国际一流水平间存在的差距，并从人才的定义、教育的目的等宏观角度探讨了中国高等教育国际化的必要性和具体策略。在自由交流阶段，社员们踊跃发言，各抒己见，就高等教育走向国际化的目标、内涵、路径、限制条件、参与主体等各个方面进行了深入的探讨和分析。

【第八届民盟高教论坛】 8月25日，由民盟陕西省委、民盟北京大学委员会、清华大学委员会、北大医学部委员会主办，民盟清华大学委员会承办的第八届民盟高教论坛在西安市举行。本届论坛主题为"大学梦"，民盟中央副主席、北京大学数学科学学院院长、中国科学院院士田刚出席论坛并发言，民盟中央副主席、民盟北京市委主委葛剑平，陕西省副省长、民盟陕西省委主委张道宏在论坛上致辞。

来自北京大学、清华大学、北京大学医学部、西北大学、西安欧亚学院等多所院校的专家学者作了主题发言，对高等教育的宏观管理体制改革、高等教育发展战略与规划、高校课程与教学、高校科研工作等方面进行了深入的探讨。出席论坛的还有：中共陕西省委统战部常务副部长郑洁，清华大学党委副书记、纪委书记韩景阳，西咸新区管委会副主任、秦汉新城管委会主任杨占文，民盟北京市委专职副主委宋慰祖，民盟陕西省委专职副主委车建营，北京大学副秘书长、党委统战部部长张晓黎，清华大学副秘书长、党委统战部部长唐杰，北京大学党委统战部副部长、医学部党委统战部部长王军为，民盟中央《群言》杂志社副主编曲伟等。民盟北京大学委员会、民盟清华大学委员会、民盟北京大学医学部委员会及陕西省高校的近百名盟员参加了论坛。

【北京党外高级知识分子联谊会】 11月15日，北京党外高级知识分子联谊会换届大会暨第二届理事会第一次会议在首都大酒店举行。大会审议并通过了北京党外高级知识分子联谊会第一届理事会工作报告，选举产生了北京党外高级知识分子联谊会第二届理事（共183人）、常务理事（共34人）和理事会监事（共5人）。北大共有8位无党派人士当选为理事，他们分别是：校长助理、副教务长、信息科学技术学院教授李晓明，台湾研究院院长、国际关系学院教授李义虎，物理学院教授朱星，经济学院教授胡坚，化学与分子工程学院教授席振峰，第三医院骨科主任、脊柱外科研究所所长刘忠军，第一医院副院长丁洁，计算机科学技术研究所所长、北大方正集团董事、首席技术官肖建国，其中李晓明、肖建国为常务理事。北京党外高级知识分子联谊会成立于2006年4月，是一个以无党派人士为主体的融统战性、联谊性、民间性为一体的具有法人资格的群众团体，其宗旨是团结首都各界无党派人士和党外知识分子，为巩固壮大首都爱国统一战线、为促进北京经济社会发展服务。

【学习十八届三中全会精神报告会】 11月27日，北京大学统战系统学习十八届三中全会精神报告会在英杰交流中心举行。全国政协常委、民盟中央常委、国际关系学院贾庆国教授，北京市人大常委会委员、九三学社北京市委副主委、社会学系陆杰华教授，北京市政协常委、民建北京市委副主委、光华管理学院符国群教授受邀作辅导报告。全国人大代表、副校长陈十一出席，学校统战干部、两会代表委员、民主党派成员、无党派人士等统战系统成员近三百人参加报告会。

贾庆国教授以"建构和平、宽松的国际环境,为深化改革开放保驾护航"为题系统解读了中国的外交和国家安全问题。符国群教授重点解读了"十八届三中全会后政府职能转变与市场作用发挥"问题。陆杰华教授以"生育新政:改革的意义、挑战与出路"为题解读了新的人口政策。这次学习活动是学校统战系统为在全校统一战线成员及统战干部中深入开展学习贯彻十八届三中全会精神而举办的专场学习报告会。

【统战系统摄影展】 12月12日,由北京大学党委统战部主办的"美在燕园——北京大学统战系统摄影展"在百周年纪念讲堂二层展厅开展。校党委副书记、医学部党委书记敖英芳出席开展仪式,部分获奖代表、民主党派成员和统战干部参加。本次摄影展得到各方面的热切关注和积极参与。经过一个多月的征稿和评选,在一百多名作者的三百余幅作品中,选出百幅摄影作品集中参加这次展览。摄影展分"特别奖""大美燕园奖""最佳视觉奖""最佳创意奖""最佳主题奖""优秀奖"和"评委特邀作品"七大板块,从不同角度展示了北京大学统一战线广大成员对北大、对祖国的热爱和对生活、对时代的赞美。

纪检监察工作

【发展概况】 北京大学纪委是党内专门的监督机关,旨在维护党的章程和党的纪律,协助学校党委抓好党风廉政建设和反腐败工作,组织协调学校党风廉政建设工作,检查党的路线、方针、政策和决议的执行情况。纪委办公室与监察室实行合署办公。校本部纪委现有专职纪检干部7人,医学部纪委有专职纪检干部5人。

【党风廉政建设工作】 4月12日在英杰交流中心阳光大厅召开党风廉政建设工作会议。会议主题是学习贯彻党的十八大、中央纪委二次全会以及全国教育系统党风廉政建设工作视频会议精神,深入推进"一岗双责"制度,建设风清气正的校园文化。会议由校长王恩哥主持。学校党委副书记、纪委书记于鸿君从领导机制、教育措施、制度体系、监督工作、信访案件等方面报告了学校党风廉政建设工作情况,指出本年度的重点工作包括维护党的政治纪律、固化"一岗双责"制度、加强科研经费管理的监督检查、加强招生工作监督、推进廉政风险防控管理、加强作风建设的监督检查等六项内容。学校党委书记朱善璐针对学校当前面临的新形势新挑战,强调了三个要求,包括强化"一岗双责",加强纪律建设;落实领导责任,深入推进校纪校风建设;加强反腐倡廉建设,严把廉洁关。会议下发了《2013年北京大学纪检监察工作要点》《关于组织参加全国高校廉政文化作品大赛情况的通报》,并转发了《中共北京市纪委关于朝阳区原区委常委、副区长刘希泉等人严重违纪违法案件的通报》《中央纪委通报6起违反中央八项规定精神的典型问题》《教育部办公厅关于在部属高校开展科研经费管理自查自纠工作的通知》以及教育部、财政部下发的三个关于加强高校科研经费管理的文件。

【党的群众路线教育实践活动】 7月3日,组织召开纪检监察系统党的群众路线教育实践活动动员会,校纪委委员、专兼职纪检监察干部共50多人参加会议。校党委副书记、纪委书记于鸿君传达了习近平总书记在党的群众路线教育实践活动工作会议上的讲话精神、在全国组织部长会议上的讲话精神以及《北京大学党的群众路线教育实践活动实施方案》工作要点。

8月30日,组织召开纪检监察系统党的群众路线教育实践活动推进会,学校党的群众路线教育实践活动第一督导组成员以及校纪委委员、专兼职纪检干部出席会议。会议介绍了北京大学纪检监察系统近期开展党的群众路线教育实践活动的总体情况及下一步工作的具体安排,突出强调要抓好征求意见这个环节的工作,为查摆问题、整改落实打下良好的基础。

8月18日,按照《北京大学党的群众路线教育实践活动实施方案》和《北京大学机关职能部门领导班子开展党的群众路线教育实践活动指导意见》的要求,制订《北京大学纪检监察系统开展党的群众路线教育实践活动实施方案》,明确党的群众路线教育实践活动的目标任务、方法步骤以及工作要求。以切实解决问题、改进作风、提升工作质量效率为工作切入点和落脚点,梳理反腐倡廉工作制度,明确需要制定和修订的制度,推进惩防体系制度建设。

9月4日,召开各单位纪检委员座谈会,征集纪检委员及所在单位教职工的意见建议,重点对纪委领导班子和领导干部在"四风"方面存在的问题提出意见建议,并将征集到的意见建议整理汇总,报送党的群众路线教育实践活动领导小组办公室意见征集组。向全校二级单位党政负责人下发《关于征求对纪委监察室领导班子及其成员意见的通知》，征求对纪委领导班子的意见和建议。纪委书记与纪委办公室监察室专职纪检干部逐一进行谈心，深入了解纪委领导干部"四风"问题情况，专题听取相关工作建议和意见。纪委领导班子制订整改方案，推进建章立制，提出了14条整改措施，包括立行立改的任务和措施4项，近期整改的任务和措施5项，中长期整改的任务和措施5项。

11月22日，组织召开纪委办公室监察室党支部扩大会议，专题学习座谈党的十八届三中全会精神，集体学习《中国共产党第十八届中央委员会第三次全体会议公报》和《中共中央关于全面深化改革若干重大问题的决定》。

12月18日，召开领导班子专题民主生活会。学校党委副书记、纪委书记于鸿君主持会议，领导班子成员孔凡红、周有光、龚文东等参加会议，本部及医学部纪委办公室监察室全体干部列席会议。学校党的群众路线教育实践活动第一督导组成员到会指导。于鸿君代表领导班子作了对照检查，汇报了领导班子在遵守党的政治纪律、贯彻中央八项规定精神、转变作风方面的基本情况，对领导班子在"四风"方面存在的突出问题及原因作了深入查摆和剖析，制定了下一步的整改措施。

按照医学部关于开展党的群众路线教育实践活动部署，医学部纪委采取集中学习和自学相结合的形式精读必读书目，撰写读书心得。通过召开座谈会、走访、邮件等方式，向纪委委员、主管纪检监察工作书记、机关党委、有关职能部处以及纪检监察干部等不同层面、范围征集对部门和领导班子、干部的意见。在充分准备基础上召开专题民主生活会，开展批评和自我批评，达成思想认识上的高度共识，确立整改方向，制订出整改方案。梳理反腐倡廉工作制度，重新修订《北京大学医学部关于实行领导干部廉政谈话制度的规定》，从长效机制上下功夫。

【正风肃纪和专项检查】 中秋、国庆两节期间，下发《关于节日期间落实〈中国共产党党员领导干部廉洁从政若干准则〉的相关规定、加强廉洁自律和厉行节约的通知》，并转发中纪委《关于落实中央八项规定精神坚决刹住中秋国庆期间公款送礼等不正之风的通知》《关于严禁公款购买印制寄送贺年卡等物品的通知》《关于严禁元旦春节期间公款购买赠送烟花爆竹等年货节礼的通知》。会同党委办公室、校长办公室和财务部，对中纪委通知精神落实情况进行监督检查，取消了原来坚持的一年一度给教职工赠送月饼、印制年历、寄发贺年卡、发放食用油的工作安排。

参与修订《北京大学关于进一步加强机关工作作风建设的意见》和《北京大学关于厉行勤俭节约、反对铺张浪费、建设节约型校园的实施意见》并着力开展监督检查，把作风要求纳入党风廉政建设责任制检查考核工作和廉政风险防控体系。

根据学校印发的《北京大学关于寒暑假管理服务工作正常有效运行的意见（试行）》和《北京大学关于进一步加强机关工作作风建设的意见》精神，会同督查室对各单位假期值班情况进行检查，进一步促进机关职能部门提高服务意识和管理水平，保证假期教学科研工作有序开展。

按照《北京大学公用房管理条例》规定，对照领导干部工作生活待遇标准，严格纠正超标准、超规格的行政办公用房现象；开展教学科研用房专项检查，坚决纠正违规占有和出租公用房现象。根据群众反映，对2个单位的3位干部办公用房超标准问题进行了纠正。

建立协同监管机制，与财务、审计、科研管理等部门配合，召开专题会议，于5月共同研究下发《北京大学科研经费规范使用检查工作通知》，要求对科研经费规范使用情况开展自查。同时，结合科研经费专项治理工作，联合相关部门对全校处级干部的兼职情况进行全面调查和统计，着力规避因利益冲突而产生的违规使用科研经费问题。

下发《关于在全校副处级（含）以上领导干部中开展会员卡专项清退活动的通知》，在全校副处级（含）以上领导干部中开展会员卡专项清退活动，全校二级单位（除一个单位外）均提交了领导干部持有会员卡清退工作单位报告书，全部中层干部提交了个人会员卡"零持有""零报告"承诺书。根据教育部统一安排，全校纪委委员、专职纪检监察干部严肃开展会员卡清退活动，于6月10日前完成清退工作，共提交40份个人报告。

12月，根据教育部精神，纪委对照中央巡视组对中国人民大学提出的巡视意见，召开内部会议研究具体检查方案，查找问题，分析原因，制定整改措施。特别是针对纪检监察机关职能弱化、惩防体系建设等问题提出了一系列切实可行的整改意见。

在各类招生工作会议上，纪委主要领导针对易发多发的招生问题，向招生人员和工作人员提出具体的廉政要求和纪律要求。加大对研究生复试工作的监督力度，保证面试环节的程序化和规范化。根据教育部的新要求，着力加强对硕士研究生入学考试的安全监督，专门抽调纪委干部参加研究生入学考试的监督工作，了解考试工作进展情况、查看试卷保密的情况。

重点监督肖家河教师住宅项目建设，包括土方施工和监理招标等。参与监督教师公寓调换工作。

5月22日—23日，医学部纪委对医学部机关职能部处及直属单位落实党风廉政建设责任制工作情况进行集中检查,各单位负责人就落实医学部反腐倡廉建设任务分工、执行"三重一大"制度和处(所)务公开、业务管理制度设计嵌入廉政思维、重要工作事项流程化管理、反腐倡廉教育等情况以及存在的问题和工作思路进行汇报。检查意见书面反馈各单位。

【信访处理和案件查办】 校本部共收到各类信访87件,其中,办结73件。在办结的信访件中,失实32件,属实16件,部分属实2件,适当处理10件,转办13件。医学部共收到来信来访78件,非纪检监察类信访13件,其中检举控告类62件,批评建议3件。经查,失实41件,了结2件,正在核实6件,属实和部分属实3件,根据情况进行处理。协助司法机关核实1件。

【反腐倡廉教育】 结合学校科研经费管理工作经验、教育系统出现的典型案例,于5月底举办以"加强科研经费管理,建设风清气正校园文化"为主题的展览,内容包括教育部财政部关于科研管理规定的主要内容、学校科研管理制度建设情况的宣传以及高校领域近年来科研经费管理方面的典型案例及剖析。会同科研经费管理部门联合下发《北京大学科研经费管理知识测试卷》,共收回309份试卷。

根据北京市纪委、宣传部《关于举办北京市廉政微小说和平面廉政公益广告创作征集活动的通知》精神,在全校范围组织相关院系集体报送廉政微小说83篇,平面廉政公益广告24幅,宣传清白处世、拒绝贪腐的文明理念。

9月26日和10月10日分两批组织80多名校纪委委员、各单位纪检委员参观由北京市纪委举办的"光影典范颂清风"廉政教育展览和"明镜昭廉——明代反贪尚廉历史文化展"。

医学部纪委坚持干部廉政谈话制度,对基础医学院、第六医院行政班子成员进行了廉政谈话,为机关部处新一届领导班子进行了任前集体廉政培训和廉政知识测试。

【廉政风险防控】 根据北京市教委、市委教育工委《关于进一步加强首都教育系统廉政风险防控管理的通知》和《首都高校廉政风险防控管理工作要点》的有关要求,起草完成《北京大学进一步推进廉政风险防控管理"三个体系"建设实施方案》和《北京大学推进廉政风险防控管理权力结构科学化配置体系建设具体安排》,并调整充实廉政风险防控领导小组,进一步完善相关工作机制,着力推进权力结构科学化配置体系、权力运行规范化监督体系、廉政风险信息化防控体系建设。

按照《关于加强公立医院廉洁风险防控的指导意见》要求,各医院加强对职务公权力和职业公权力的监管。北大医院纪委组织医院重点部门梳理规章制度和工作流程,查找随着内外环境改变产生的新的廉政风险点,制定《科室领导班子及核心组"一岗双责"工作责任制分工实施办法》及《"一岗双责"工作责任制分工考核细则》;同医院计算机室进行协商,对投诉管理系统重新设计。人民医院监察办公室依托医院商务智能分析系统,建立药品使用预警与分析平台,对某些预警药物、常用药物和信访件中被举报的药物进行分析。北医三院纪委统一设计印制了《科室"三重一大"记录本》,加强对科室"三重一大"集体决策的监管。

【纪检监察队伍建设】 推进纪检监察工作的制度建设和规范管理,纪律检查委员会专题审议修订《中共北京大学纪律检查委员会职责》《中共北京大学纪律检查委员会委员工作职责》《中共北京大学纪委全委会议事规则》以及研讨如何充分发挥纪委委员作用,就纪委委员联系院系方案征求意见。

7月12日,组织开展信访案件调查业务培训。校纪委委员、专兼职纪检干部以及来自山东大学、中央美术学院、中国矿业大学、北京科技大学等院校的专职纪检干部近60人参加了培训。北京大学党委副书记、纪委书记于鸿君做了开班致辞。培训会上,纪委副书记龚文东,中国纪检监察学院培训部主任薛建平和北京大学心理学系党委书记吴艳红教授分别作了专题讲座,涉及信访案件调查的基本方法与技巧、高校信访案件调查的程序与方法以及信访案件调查中的心理学运用等内容。

纪委办公室监察室党支部集体赴中国纪检监察学院调研学习,交流如何适应新形势,进一步推进高校纪检监察工作。

参与中央纪委反对特权思想和特权现象调研工作,3月分别组织专家座谈会和学生代表座谈会,邀请校内9名知名专家和10名来自不同院系的本科生、硕士生、博士生进行了座谈。5月初学校党委副书记、纪委书记于鸿君赴教育部向中央纪委、教育部领导汇报研究成果。

经国家留学基金委遴选,9月选派一名纪检监察干部赴英国里丁大学研修3个月。

经教育部同意,11月选派一名纪检监察干部参加教育部纪检监察考察团赴英国考察3周。

【教育部纪检监察会议】 5月25日在大兴国家行政教育学院组织召开教育部直属高校纪检监察第一片组会议,深入研讨如何贯彻落实党的十八大精神的相关部署和举措、如何加强对高校领导班子特别是主要负责人实施有效监督等问题。经调整,本片组成员高校共有13所,分别是北京大学、北京科技大学、中央美术学院、东北大学、山东大学、中国矿业大学(徐州)、合肥工业大学、上海财经大学、武汉理工大学、湘潭大学、西安电子科技大学、宁夏大学、新疆大学。

保 卫 工 作

【发展概况】 2013年，保卫部在北京大学党委的坚强领导和上级部门的大力支持下，根据上级关于安全稳定的政策、规定与要求，紧密切合新时期、新特点，紧紧围绕为创建世界一流大学营造安全和谐的校园环境的中心任务，以巩固深化机构体制改革成果为重点，大力加强校园秩序管理，积极开展安全宣传教育，努力改善交通、消防、治安、技防等基础建设，稳妥有效地处置突发事件，有力维护了校园的安全与稳定，圆满完成了上级和学校交给的任务。

【校园秩序管理】 通过保卫部分管领导业务专题讲座、岗位技能培训、专项工作讲解，将保安员的培训工作贯穿全年。同时，秩序中心组织编订《北京大学保安员执勤手册》，并以此为基础通过保安员考核评比方案。现在保安员考核评比正以理论考核、模拟实战演练、知识竞赛、网上满意度测评等方式展开，逐步建立起以奖励机制为抓手的持续管理模式。为加强学校大型活动安全管理工作，秩序中心从2011年起开始着手《北京大学大型活动安全管理规定》的修订工作，增设风险评估前置环节，并增加了对临建设施施工的新要求。完成北京大学安全稳定智能化系统初步设计。北京大学现有视频监控摄像点位2000余个，覆盖面积具备一定规模，目前正以此为基础，以数字化信息处理、分析为技术手段，建立北京大学安全稳定智能化系统。目前设计初稿公务本已经完成，在此期间与信息科学技术学院密切配合，促进校企合作，积极进行试验，已开发出图像追踪等新功能，为今后开展系统改造创造了较好的技术条件。

【消防安全管理】 2013年，保卫部对学生宿舍、公共教室等公共空间7000余个灭火器进行了检查维修，确保了正常使用；4月制作了193块"消防栓"标识牌，对校本部和各家属院区的室外消防栓标识牌进行了更换；11月联系颐和园消防中队官兵对全校193个室外消火栓进行了检查维修保养。对未名湖沿岸文物建筑进行消防改造，加装了消防报警系统。该工程2012年启动，中标施工单位为科华公司，前期该公司查阅图纸档案，编制方案和预算，2013年进行施工，2014年竣工投入使用，提高了文物古建的防火能力。

【交通安全管理】 加强宣传教育，采取多种形式，宣传交通安全法律法规，开展交通秩序引导活动。开拓停车资源，深挖校内可用停车资源，建设人文学院地下车库，在五四运动场西侧等地增划停车位，统一规范校园交通标志标识，改进自行车停放设施。加强交通疏导，防范交通事故，尊重师生意见，与北京市、海淀区交通管理部门积极沟通，缓解校园周边压力，协调处理多起校内交通事故纠纷。科学组织成府园区交通方案，对未名湖周边交通进行重新规划，将成府园与朗润园之间的道路联通后，对未名湖周边道路实行机动车禁止通行的措施，实现校园第一个机动车禁行区。严格管理机动车通行证的办理和社会公务车辆入校预约，"北京大学车辆预约管理系统"正式投入运行，有效减少了校外车辆进入校园。严格公车管理，做好全国两会期间"三见面、三把关"等工作，加强对违法超标单位的提醒、监督和处理，防范校外交通事故。

【校园治安管理】 2013年，燕园派出所共接到并处理各类报警2275起（件），其中110报警1035起（件）；查处各类治安案件952起，调解各类纠纷246余起（件）；处理各类违法违纪人员280余人次（其中公安部全国在逃人员1名，治安、刑事拘留21人）。同时，根据分局要求，进行居民限养注册，共注册犬125条，办证率达到100%，收缴流浪犬14条；加强对旅店、招待所、复印、打字、横幅制作等特殊行业的管理；处理个体上访1起。加强治安预防工作，保卫部、燕园派出所、校园秩序管理中心联合成立安全检查督导组，对全校各单位、楼宇开展安全检查，现场发放意见单，指导其整改安全隐患；通过学校网站、BBS论坛及时发布各类诈骗提示30余篇，提高广大师生、社区居民防范意识，同时派出所积极与辖区内的银行建立联动机制，银行工作人员在日常工作中发现可能被骗的汇款人员后及时通知派出所，派出所民警及时出警对汇款人开展甄别和劝阻工作；为防范砸机动车玻璃盗窃印制发放了16000张传单，在食堂餐桌、教室饮水机、厕所楄门、便池等处张贴了卡通警察形象的警示帖1300张；加大校园犯罪的打击和侦破力度，破获一起学生刘某在宿舍被人砍伤的事件，成功控制了这一案件对校园安全稳定的负面影响，使燕园主校区发案率持续下降；加强物技防系统建设，更新、增设学校及周边社区、附小、幼儿园等地域的摄像设备；加强对流动人口和出租房屋管理，做好人口普查工作。严格户籍管理，全年户籍民警共开具各种户籍证明596份，整理户籍档案640卷，办理户口13200人次（户口迁入7600人次、迁出4142人次，出生报户口195人次，死亡注销62人次，办理变更户口项目1120人次，办理疑难户口190人次）。在身份证管理方面，全年共办理身份证6200余人次。

【安全宣传教育】 挖掘安全理念的表现形式，以安全体验强化安全教育接受。一是通过知识讲座、知识竞赛和消防演练"三位一体"强化安全知识的接受。抓住开学和军训演习两大重要时间点，开展形式多样的安全知识讲座和演习。8月26日，在怀柔学生军训基地联合北京市公安消防总队怀柔支队，开展2012级学生消防演习。演练前对3200名参训师生进行了消防知识培训，发放了《学生消防知识手册》，演练科目设置了消防疏散逃生、云梯救援、油盆灭火体验、烟雾棚逃生、地震车体验、高空速降表演、医疗救护表演、消防设施展示等内容。12月7日，在校内生命科学学院组织了"消防和反恐"演习，主要内容有疏散逃生、云梯救援、反恐救援、消防装备展示等。生命科学学院和学校各单位共1000人参加演练。二是继续在安全教育文字载体上下功夫，挖掘安全知识形式。"119"消防宣传日期间，发放消防宣传挂图、宣传册、消防常识培训教材等500份到公寓服务中心、餐饮中心、中关新园、讲堂等人员密集场所；制作10条消防宣传横幅，悬挂在主要校门、学生宿舍等重点区域。以"12·2"交通安全日为契机，保卫部整合交通安全相关材料，编写、设计了《交通安全，一定要加倍小心》手册和《解开这团麻》交通安全漫画书。三是利用多种信息渠道，适时做好提醒工作。重要时间节点和社会安全事件热点期间，编写各类"消防安全提示语"，通过校园网、短信、微信平台发送校内专兼职保卫干部。

【理论研究】 开展理论研究，承担北京高教保卫学会委托的"高等学校安全管理"课题，撰写研究报告和举办论坛。

保 密 工 作

【发展概况】 2013年，北京大学深入开展党的群众路线教育实践活动，按照《北京大学"十二五"时期保密事业发展规划》的要求，"以提高管理质量为核心的内涵发展"和"以改革创新为动力的创建工作"相结合，大力提升保密技术防范能力，合力提高保密管理精准水平，全力推进管理体制机制优化，尽力解决阻碍科学发展的矛盾，努力开展保密总结调查研究，极力确保国家秘密绝对安全，积极创建"示范引领，走在前列"的北大特色保密工作模式。根据教育部通知要求，开展学校保密技术防护专用系统配备工作。

在国家保密局主管的《保密工作》杂志2013年第3期上发表《北京大学：进一步规范保密资格证书管理工作》。根据国家保密局通知要求，选派先进技术研究院副院长兼保密办公室兼职副主任赴武汉参加工作座谈会。

向北京市国家保密局报送《北京大学"十二五"时期保密事业发展规划中期自查报告》。办公室负责人参加北京市国家保密局组织的增强保密宣传教育实效性和完善党政机关泄密风险防范机制座谈会，并作重点发言。办公室全体人员参加北京市国家保密局举办的保密干部全员培训班，并通过考试，获得结业证书。

梳理学校"六五"保密宣传教育工作开展情况，查找存在的问题，明确工作方向，填写量化考核评分表，连同《北京大学开展"六五"保密法制宣传教育中期自查报告》一并报送北京市国家保密局。

按照北京市军工认证办公室转发通知要求，召开专项座谈会进行讨论研究，形成并报送专题报告。

积极选派学校涉密计算机及设备管理技术小组成员参加国防科技工业局信息中心安全信息员培训班，通过考试获得《注册信息安全专业人员证书》。

圆满完成北京市国家保密局保密数据普查工作部署，报送《北京大学保密普查工作总结》。

三次赴北京市公安局出入境管理处对学校涉密人员变动情况进行申报备案。

【管理机制】 学校保密委员会两次召开全体会议，传达中央、北京市重要会议和文件精神，听取学校2012年保密工作总结及2013年保密工作要点、加强保密技术防护监管等的工作汇报；审议通过了学校保密要害部位变更申请，以及2012年学校保密工作先进集体、个人名单。

先后两次向有关领导呈报《关于提请重新确定学校保密委委员的请示》；向有关单位发出《关于商请重新确定学校保密委委员的公函》，及时开展委员变更。

向全校印发《关于对主管保密工作领导和保密员信息进行年度更新的通知》，核对各单位保密工作队伍人员信息。

根据中共北京市委保密委员会的相关文件内容，遵照学校主管领导的明确批示，呈报《关于进一步加强我校保密组织、机构和队伍建设的请示》。

为顺应近年保密形势变化，提升保密管理精准化水平，就编制《北京大学涉密事项汇总表》相关工作开展调研。

对全校涉密人员进行类别划分，以加强保密工作针对性，提升保密管理精细化水平。

为强化网络信息检查能力,经学校主管领导批准后,购置网络检查软件。

按照年度工作计划,为学校领导购置内部工作用计算机。

【监督检查】 组织对承担涉密科研项目单位保密工作和保密负责人保密责任落实情况进行检查,并对部分保密要害部位和涉密人员进行保密检查。

按照军工认证标准要求,对离任的周其凤校长办公用非涉密计算机进行保密检查。

对若干重点涉密科研项目组的涉密载体、涉密计算机管理情况进行检查。

根据上级工作部署,结合全校保密技术防护专用系统升级工作开展保密检查。

【教育培训】 发放保密教育培训资料——《北京大学军工科研定密工作小组召开工作会议》工作简报。

向参加岗前培训的新任教职工提供《北京大学普通教职工保密须知》,继续加强对普通教职工的保密教育培训。

12月,举办北京大学2013年保密培训会,邀请北京市国家保密局刘建华副局长对学校保密委委员、各相关单位主管保密工作领导、涉密人员、教育考试人员等进行保密管理教育培训。

编制保密教育培训教材:《保密工作周报》40期,《保密工作简报》5期,保密教育专栏3期。

【教育考试】 协助研究生院、继续教育部、教务部本科生招生办公室等单位做好各类考试过程中的保密工作。

【载体管理】 为全校集中销毁材料17.66吨,计算机硬盘12块,光盘10张。

【保密审批】 严格按照规章制度,完成各类事项审查、审批484件。制定并发放《关于规范北京大学保密资格证书申请使用工作的通知》。

【调研交流】 组织有关人员赴北京邮电大学保密处,就涉密计算机安全防护软件安装、使用过程中积累的经验和发现的问题进行调研。

联合先进技术研究院接待国家保密局科学技术司一行来校进行的调研活动,并积极推荐北京大学可转化为国家保密技术的科研成果。

接待天津大学一行12人到学校就保密工作日常管理、兼职保密队伍建设、教育检查开展经验、涉密论文保密管理、国防生保密教育等情况进行调研。

组织相关单位涉密管理人员、保密干部、涉密科研项目负责人赴中国航天五院下属的保密工作先进典型——北京控制工程研究所进行学习、调研。

向清华大学、北京航空航天大学、北京科技大学调研保密先进集体和个人表彰的做法,进一步完善保密表彰评选机制。

工会与教代会工作

【发展概况】 2013年,北京大学教代会、工会顺利完成换届。北京大学第六届教职工代表大会执行委员会委员19人,第十七届工会常委会委员17人、工会委员会委员43人。校工会专职干部8人,兼职干部4人。下属基层工会委员会、直属工会小组60个。在北京市教育工会2013年度年终考核中,北京大学工会、肿瘤医院工会荣获"先进单位奖",第一医院工会荣获"综合考评奖",北京大学工会"加强工会信息化建设,推进工作有效覆盖"成果荣获"特色工作奖"。

【民主建设】 换届工作。1月17日,北京大学第六届教职工代表大会暨第十八次工会会员代表大会胜利召开,选举产生新一届教代会执委会和工会委员会。站在新起点,迎接新挑战,谋求新发展,力争新作为是新一届教代会、工会面临的重大而紧迫的课题。3月14日,学校党政主要领导出席教代会执委会、工会委员会联席会议,与新任委员进行交流并提出希望和要求。5月9日,教代会制度建设专项研讨会召开。2012年12月21日,医学部第六届教职工代表大会暨第十一届工会会员代表大会胜利召开。医学部新一届教代会、工会完善各项工作机制,推进教代会、工会制度化、规范化、科学化建设,促进医学部基层民主管理体制更加完善。

教代会提案工作机制。新一届教代会实行提案征集日常化,闭会期间面向全体代表常年征集提案,根据情况分批交办。在校党委的领导下,进一步加强提案工作的规范化和制度化建设,建立提案工作"三会两评一化"制度,即召开提案立案评审会、提案交办会和重点提案沟通会,评选"优秀提案"和"提案办理奖";利用互联网等方式向全体代表及时通报提案工作进展、反馈答复落实意见,提高提案工作质量和实效。六届一次教代会共收到提案47件、意见23件,参与代表429人次。经提案工作委员会审议,部分并案、转为建议处理,最终立案30件,建议7件,意见23件。提案答复率100%。经提案工作委员会评审,并报第六届教代会执委会第四次全体会议讨论通过,共评选出"优秀提案"5

件,"提案办理奖"3个。医学部教代会收到提案27件,立案16件,答复率100%,满意率90%,评选出部院二级教代会优秀提案奖8件、提案落实奖7件。

教职工民主参与。组织召开四次校领导与教职工沟通会。5月16日,总会计师闫敏就"工资卡变更"事宜与各基层工会福利委员进行沟通;6月20日,教代会执委会主任、教务长高松、秘书长杨开忠就"寒暑假管理服务工作正常有效运行"主题与教代会执委会委员、教代表及基层工会主席深入交流;8月22日,校党委常务副书记、副校长张彦结合党的群众路线教育实践活动,与教职工代表交流座谈、听取意见建议;11月6日,副校长、总务长王仰麟、校长助理张宝岭,就"教职工住宅建设"主题与教职工代表进行沟通。

工会及时汇总上报教代会各代表组讨论意见、教职工关注焦点及思想状况,为学校改革发展献计献策。组织教代会代表参与学校民主评议领导干部及人事管理、校园秩序管理等征求意见活动,列席学校领导班子专题民主生活会通报会、党委理论中心组学习活动;推荐教代会代表加入肖家河教师住宅售房工作小组,参加项目造价咨询开标会和评标会,推进源头参与。组织教职工代表广泛参与学校党的群众路线教育实践活动,召开党的群众路线教育实践活动征求意见会、意见建议问诊会,与后勤党委联合召开后勤服务保障工作征求意见座谈会,加强教职工参与民主管理与监督的力度,广纳民意,助力学校发展。

教代会代表队伍建设。启动教代会代表"知校爱校"系列活动启动,以调研为主,旨在增进教代会代表对学校不同院系与部门的了解,进一步激发爱校荣校热情,促进代表履职能力提升,引导代表更好地为学校建设发展贡献智慧和力量。11月20日,三十余名教代会代表来到活动首站——北京大学第三医院,走近医务工作者,了解医院建设发展和医疗卫生工作现状。

【权益维护】 真诚服务教职工。开展"送温暖"和慰问活动,慰问两院院士、资深教授、骨干教师、劳动模范、困难教职工,以及节假日坚守岗位的职工。为3525名教职工办理职工互助卡(京卡);结合教职工需求,组织150名教职工参加暑期旅游、130名教职工参加驾驶员培训班,为教职工优惠购买公园年票613张和园博会门票490张,举办青年教职工联谊等活动;开展"父母沙龙"活动帮助年轻父母适应家庭角色转变、分享育儿经验,与北大第一医院联合举办儿科专家义诊咨询活动;医学部举办午间健康讲堂系列讲座,促进教职工身心健康全面发展。为2433名女教职工办理女教职工特殊疾病互助保险。医学部工会为1908人办理职工重大疾病互助保险,为1968人办理职工住院津贴互助保险。12月18日,工会以广大教职工的需求为基本出发点,启动教职工心理健康支持计划——"幸福学堂",发挥教职工心理压力"减压阀"作用,提升广大教职工的幸福感。通过培训建设一支教职工心理健康工作志愿者队伍,引导志愿者发挥教职工心理健康宣传员、引导员、信息员作用。

女教职工活动。举办女教职工趣味运动会、电影招待会、女干部参观中华老字号企业、工会女干部座谈会、女性服装服饰沙龙等活动。举办"参观大都会艺术博物馆精品展""走进中国山水画"等主题的女教授文化沙龙,在缓解工作压力、丰富精神文化生活的同时,增进了解、促进交流。医学部举办职业女性专题讲座、教职工服装服饰秀等活动,鼓励女教职工为学校和医疗教育事业发展建功立业。

服务合同制和劳务派遣制职工。合同制教职工和劳务派遣制职工是学校发展的一支重要力量。工会从实际出发,稳步推进合同制和劳务派遣制职工入会工作,重点赴软件与微电子学院、深圳研究生院、昌平园区、保卫部、后勤等部门调研相关工作。工会活动向合同制职工全部开放,爱心基金等工作全面覆盖;通过平民学校为合同制和劳务派遣制职工搭建成长平台;开展向全校保安员送保暖手套的冬季慰问活动。这些举措有效增强了合同制和劳务派遣制职工的认同感与归属感。

群众利益表达和协调机制。做好劳动争议调解和教职工接待工作。2013年,校工会共接待教职工个人来访十余人次,集体来访2次(共42人)。经多方沟通协调,教职工反映的问题得以圆满解决,理顺了大家的情绪,化解了矛盾,促进了校园和谐。医学部工会就教职工反映的班车收费、公寓房管理等问题积极协调,搭建沟通平台,化解矛盾。

扶贫帮困长效机制。2013年,工会"爱心基金"校本部账户共收到教职工捐款320718.2元,为21名重症教职工、身故教职工家属送去30.5万元慰问金,使他们感受到学校大家庭的温暖和关怀。

【教职工队伍建设】 师德师风建设。2013年,推荐评选出1名"首都劳动奖章"获得者、1名"全国医德标兵"、1个"北京市工人先锋号"集体。通过评选先进、树立典型,提高全体教职工的思想政治素质、职业道德水平和责任感,引导教职工立足岗位,争创一流业绩。号召教职工参加志愿服务,弘扬公益精神,深化文明校园建设。在教师节之际,近百名教职工参加工会组织的"美化校园"活动。

青年教师发展。在教师节之际,工会举办青年教师教学论坛暨第十二届青年教师教学基本功比赛颁奖会，隆重表彰获奖单位和个人。青年教师代表就如何在教学中充分发挥创造力，激发兴趣，挖掘学生潜力等分享个人感悟，向全校青年教师发出努力坚持梦想、放大梦想、实现梦想的倡议。校党委书记朱善璐鼓励青年教师不断学习，练就扎实的教学基本功，提高历史使命感与责任感，为提高育人水平而不懈努力。11月，举办青年教师教学基本功比赛交流会，往届比赛评委和选手代表就更好地发挥青教赛平台作用、助力青年教师成长展开讨论，认为比赛应进一步侧重教学内容和教学组织环节，淡化演示色彩，真正回归教学本质。为此，组委会适当调整第十三届青年教师教学基本功比赛规程，保持原有比赛模式的同时，强调回归课堂、回归教学，引入学生评委机制和教师评委点评环节。12月，比赛圆满落幕，来自67个教学单位的81名参赛教师展示风采，副校长、教务长、教代会执委会主任高松现场观摩比赛。本届教学比赛也被列为北京大学教师教学发展中心的重大项目之一。组织17名青年教师参加北京高校第八届青年教师教学比赛，7人获一等奖，获奖人数在北京高校中名列第一。医学部青年教师在中华医学会医学教育分会第三届医学院校青年教师教学基本功比赛中摘得桂冠，实现"三连冠"。暑期，组织青年教师赴贵州、浙江开展社会实践，参观革命老区和文化古城，考察风土人情，感悟建设成就。校党委常务副书记、副校长张彦赶赴贵州与青年教师、贵州校友座谈交流。举办青年教师沙龙、青年委员沙龙、青年教师户外活动，在促进交流的同时深入了解青年教师的成长发展需求。医学部工会举办"站在大学讲台上"教师论坛、"我与教学"青年教师沙龙等活动，为青年教师发展搭建交流平台。

平民学校。93名新学员走进平民学校第八期课堂，50余名北大师生加入第八期教师和学生志愿者队伍。除主课、英语和计算机培训之外，平民学校举办学员素质拓展、春秋游、庆祝北京大学115华诞歌咏比赛等活动，指导学员主办班刊《燕园百草堂》，帮助他们拓宽视野、促进交流。平民学校理事会（扩大）会议、师生座谈会，为进一步完善办学机制、提高办学质量总结了经验，凝聚了智慧。经过培训，学员的学习主动性和工作积极性得到有效激发，以更加良好的精神面貌融入学校，参与学校建设。下半年，平民学校面向全校合同制职工举办"中国梦，中国人""人际关系与人际冲突""家庭财产与遗嘱继承"等开放式讲座，与北京大学关心下一代工作委员会联合举办"校史漫谈"讲座。平民学校得到了上级领导的高度重视和社会各界的广泛关注。2013年，《中国教工》《工人日报》等先后刊登专题报道，推广平民学校办学成果；应北京市教育工会倡议，平民学校讲座开始面向北京市教育系统非事业编制职工开放。

【文化体育活动】 群众性文体运动。以校运动会、羽毛球、乒乓球、毽球、游泳、足球、棋牌、健康大步走等专项比赛和活动为主线，以团体操、网球等培训班为辅助，探索全民健身机制化模式。2013年，全校约有5万人次参加校工会组织的各类群众性体育活动。稳步推进并完善常规性文体工作。根据教职工的建议，5月举办游泳比赛，共400余人次报名参加。共51支队伍报名参加羽毛球赛，规模为近年新高，首次采用升降级机制，比赛气氛火热。棋牌友谊赛不仅为京华杯选拔人才，更促进了本部、医学部及附属医院之间的教职工交流。健步走活动月引入《国家普通人群体育锻炼标准》，每次活动环湖健步走3圈，力求达到更好的锻炼效果。

重心下移。修订《北京大学工会教职工社团管理办法》，规范社团管理。支持合唱团、舞蹈团、户外健身协会、足球协会等全校性教职工社团的活动，鼓励院系组建教职工兴趣小组，搭建多极教职工交流平台。工作重心下移，鼓励和支持基层自主开展文体活动。根据基层单位实际情况，下拨文体活动专项经费，为"教职工小家"添置乒乓球台等器材，在一定程度上改善了教职工的文体活动条件，丰富了教职工业余生活。

【自身建设】 学习交流平台。召开"建好'教职工之家'，助力一流大学创建"工会工作研讨会，北京市教育工会主席史利国，北大党委常务副书记、副校长张彦分别以"落实党的群众路线，创新开展工会工作""群众路线与工会工作"为题作辅导报告，校领导、校工会、基层工会共同交流继承、创新、发展工会工作。召开"党的群众路线与工会工作创新"研讨会，探讨如何更好地适应新形势新需求，创新工会工作。举办"学习中国工会十六大精神"委员扩大会、"写好新闻"宣传委员培训、"学习中国妇女十一大精神"女职工委员培训等活动，组织工会干部赴天津大学学习交流，医学部工会组织工会干部赴大庆市考察，为各级工会干部提升业务能力、互相学习交流搭建平台。

"建家"工作。规范二级"建家"工作，探索三级"建家"模式。验收4个"北京大学先进教职工之家"、1个"北京大学合格教职工之家"和11个"北京大学模范教职工小家"，邀请基层工会主席作为验收小组成员参与评审，促进学习和交流。自2013年始，设立"建家"奖励经费，对晋级单位给予一定金额的"建家"资助。承办北京市教育工会高校第二片组"北京市先进职工小家"验收活动，北京大学6家单位荣获"北京市先进职工小家"

荣誉；由院系教职工小家承办活动，以展示小家建设成果，推广先进经验。

激励基层。深入开展"创先争优"活动，促进整体工作水平提升。隆重表彰2011年、2012年北京大学先进工会委员会示范单位、先进工会委员会、工会工作先进集体和先进教职工社团，开展模范工会主席、优秀工会干部、优秀工会积极分子以及"好新闻奖"等评选交流活动，推广先进经验，激发基层工会活力。医学部设专项经费支持"权益杯"立项的重点工作，并组织现场观摩。通过观摩、交流，基层工会活动的顶层设计水平和实践效果得到普遍提升。

信息化建设。2013年，工会系统评优工作平台得到进一步优化和完善；工会活动报名平台和教代会代表活动报名平台上线投入使用，为广大会员和教代会代表参加工会、教代会活动提供了更加便捷的服务，提升了工会组织的服务能效；建设基层工会信息管理系统，为更好地服务全校教职工提供有力保障。

理论研究。2013年，校本部共资助课题6项。医学部继续开展调研课题立项活动，10项课题获准立项。先后赴软件与微电子学院、深圳研究生院、昌平园区、继续教育学院调研工会组织建设工作，扩大组织覆盖面。发放《基层工会组织建设情况调查问卷》，推进基层工会工作规范化和可持续发展。积极建设《北大教工》《教工之声》宣传阵地，充分利用互联网、电视台、报刊等媒介宣传北大工会、教代会工作，营造有利于树立北京大学教职工的整体形象、扩大工会教代会影响、促进工会事业发展的良好舆论氛围。开展新闻写作培训，基层工会新闻稿件质量与数量明显提升。

学生工作

【发展概况】 党的群众路线教育实践活动。7月2日，学生工作部召开党支部会议进行初步动员，传达上级和学校有关精神，提出工作要求。成立教育实践活动领导小组，组长由学生工作部部长担任，成员包括4个业务中心负责人。8月19日，领导小组召开会议，研究提出整体实施方案报督导组审阅。9月3日，进行教育实践活动的再动员。12月11日，召开学生工作部领导班子（含各业务中心负责人）专题民主生活会。各党小组分别召开专题组织生活会，组织工作人员进行批评和自我批评，提出努力方向。

活动过程中，通过座谈会、实体意见箱、电子邮件、微信、问卷调查、实地走访等多种渠道听取意见建议。组织学习指定材料，每次部务会组织学习《文风四谈》改进文风会风。聚焦于"四风"问题，领导班子查摆出四个方面10个突出问题。遵循边查边改、边学边改、立查立改的思路进行整改，提出涉及拓展密切联系群众的平台、增强服务意识改进服务水平、强化思想武装把握工作前沿、优化工作流程提高执行力、建章立制用制度管人管事管权、建立厉行节约的长效机制6个方面32条整改措施。

与教育实践活动相结合，继续完善内控机制建设，加强公章管理和财务管理，落实党风廉政建设责任制。精简会议；减少公务接待；减少活动场地支出，优先安排在教室开展活动；倡导旧物利用。

先后3次在北大新闻网报道学生工作部教育实践活动的进展情况。其中，《把学生记在心间、让作风见于行动——学生工作部党的群众路线教育实践活动纪实》被编入北京大学党的群众路线教育实践活动简报，在中央党的群众路线教育实践活动专题网站刊登。《北京大学校报》2013年12月25日专题报道二级单位党的群众路线教育实践活动剪影时，对学生工作部相关整改措施进行采访报道。

学生工作部协同办公平台启用。记录和分享工作动态，共享内部基础信息、政策信息和工作经验，规范工作流程，探索实行项目负责制。

学生工作部机关人员变动情况。7月25日，学校研究决定，任命陈征微为北京大学学生工作部副部长，免去霍晓丹北京大学学生工作部副部长职务。6月29日，尤宇川任教育宣传办公室副主任，刘宁任综合办公室副主任，魏培徽任国防工作办公室副主任。10月8日，免去尤宇川教育宣传办公室副主任职务，调任党委组织部。10月29日，李伟任教育宣传办公室副主任。12月23日，免去王玮学生管理办公室副主任职务，调任新闻与传播学院；林思聪任学生管理办公室副主任。

【队伍建设】 辅导员队伍建设。制定出台《北京大学辅导员培训学习积分管理办法》，对辅导员参加培训情况进行统计，建立培训记录与激励机制。选派14人参加全国高校辅导员骨干培训班，选派20人参加北京高校发展辅导与心理咨询培训。组织辅导员到广西、黑龙江考察调研，组织优秀辅导员到台湾高校进行学生事务管理专题研修。调整优秀班主任评选项目，设立优秀班主任标兵和优秀班主任奖项；新生班主任业务培训提前至6月，鼓励优秀班主任传帮带。

创办"学工半月谈",在每两周一次的学生工作系统例会之前请院系介绍特色工作和典型经验、辅导员分享学习体会。开设辅导员沙龙,由学生工作干部围绕学生个案和突发事件的处理深度交流、分享经验。面向选留学生工作干部开展有针对性的岗前培训,学生工作部部长张庆东主讲第一课"学生工作的使命和责任"。

完成2014届选留学生工作干部选拔工作。经过院系推荐、笔试、面试和确定攻读硕士研究生接收单位、确定工作单位等环节,选拔安晶丹等26人为北京大学2014届选留学生工作干部。

加强辅导员研究能力建设。学生工作系统课题结项15项,并进行成果交流展示。"网络育人系统工程"入选2013年高校辅导员工作精品项目建设计划。在2014年首都大学生思想政治教育课题申报中,中标1项重点课题、2项一般课题和2项支持课题。

把往年评选优秀班主任一等奖、二等奖、三等奖调整为评选"优秀班主任"和"优秀班主任标兵",优化了评审程序。2012—2013学年,全校共有16人获得"优秀班主任标兵"称号,107人获得"优秀班主任"称号,47人获得"优秀德育奖"。首次组织"北京大学优秀辅导员博文评选活动",并推荐优秀作品参加"2013年度全国高校优秀辅导员博客评选活动",刘天舒、李婷婷获奖。金鑫获评"2012全国高校辅导员年度人物"。

学生骨干队伍建设。指导学生助理学校开展对全校学生助理的培训工作。举办10次培训讲座,共计1700余人次参与;开展"我眼中的三中全会"学生助理学习全会精神PPT展示大赛;举办"助师助同窗·少年中国梦"第三届学生助理风采展示大赛;举办"我的中国梦"图文征集活动;开展职场体验活动,近200人次参与;联合近20个院系和10余个职能部门开展21次清扫未名湖志愿服务活动,共计400余人次参加;举办学生助理羽毛球赛;推送24期《学生助理生活周报》。

【学生思想政治教育】 2013年,学生工作部以"中国梦"主题教育为主线,加强和改进学生思想政治教育工作。

"中国梦"宣传教育。5月20日晚,北京大学党委书记朱善璐走进第三教学楼105教室,与百余名学生代表围绕"中国梦"进行谈心交流。9月2日上午,朱善璐以《大学之"大"与北大新青年的责任和担当》为题,在百周年纪念讲堂为主课堂和分课堂的3100余位2013级新生讲授"新生第一课"。举办"大国复兴战略与中国梦"系列形势政策报告会,邀请北京大学国际关系学院教授贾庆国、历史学系教授岳庆平、马克思主义学院教授郭建宁分别解读"实现中国梦的外交战略""中国梦的历史回顾与未来展望""文化强国与中国梦"。开展"落实十八大·共话中国梦"学生党团日联合主题教育活动,90个学生党团支部和班级开展了学习研讨、参观考察、志愿服务、社会实践等活动。

组织500多名同学参加近百支学生宣讲团,到社区、学校、企业,围绕法治中国、富强中国、和谐中国、美丽中国、健康中国等主题开展中国梦宣讲活动百余场,各界听众近万人。北京大学荣获北京高校"我的梦 中国梦"宣讲活动优秀组织奖,张天一同学荣获"我的梦 中国梦"优秀宣讲员称号。先后承办教育部"我的中国梦"专题现场教学活动和全国百万大学生网上接力活动启动仪式,承办"我的梦 中国梦"北京高校演讲比赛。举办"我的中国梦"主题征文比赛。2013年底,"圆梦北大 筑梦中华"主题活动荣获第七届高校校园文化建设优秀成果特等奖。

党的群众路线教育实践活动。按照学校党委统一部署,以学生党员为重点,以党员带团员为基本思路,依托学生党团日联合主题教育活动平台,开展学生党员党的群众路线教育实践活动。先后4次组织同学观看北大原创歌剧《为你而来·王选之歌》;举办"基层选调生、大学生村官事迹分享"系列活动,邀请在基层工作的校友分享深入群众、服务群众的经验;采编"感动燕园的身边故事"系列报道,宣传学生服务同学、关爱互助的事迹。开展"学习群众路线 践行服务承诺"学生党团日联合主题教育活动,校本部256个学生党团支部和班级组织主题学习活动224次、研讨交流类活动173次、志愿服务等实践类活动129次,提出关于校园民生和学校建设发展的意见建议1943条。编发11期《北京大学学生党员群众路线教育实践活动简报》。

学生党建。加强学生党员骨干培训。以"实现中国梦,勇当筑梦人"为主题举办2013年本科新生党员培训班,组织293位学员参观《复兴之路》,观看《正道沧桑》,开展"理想启航"和"中国梦"学习研讨活动,将中国特色社会主义和中国梦、北大党史校史、党性修养、骨干素质、文化素养等教育内容融入其中。王恩哥校长参加培训结业典礼并勉励新生党员继承光荣传统,坚定理想信念,承担社会责任。启动北京大学第12期学生党支部书记培训班,356名学生党支部书记参加培训。与往年相比,培训班在体制机制、课程设置、运作模式等方面均进行了较大调整。在培训时间上,由几天的短期集中培训变为历时两个学期的长期培训,强调培训的全面性、系统性和学员之间的交流。在培训体制上,设置了普通班和提高班,并将所有学员分成小组进行团队学习和自我教育。在培训机制上,引入学分制,设置必修课程和选修课程。在运作模式上,培训班试行项目负责制,由教师带领学生骨干组成培训班项目组,负责培训的策划筹备、组织实施等。课程内容和形式进一步丰富。开展第三届十佳学生党支部书记评选活动,常长长等10人当选。

指导学生党支部参加北京高校红色"1+1"活动,7个支部与农村、社区、部队、企业、学校等基层党支部结对共建,中国语言文学系2012本科生党支部在北京市的评比中获得一等奖,药学院研究生第五党支部获得三等奖,北京大学获得优秀组织奖。组织学生参加北京高校"正道沧桑——社会主义500年"知识竞赛,获赛区第一名、决赛三等奖。

毕业教育和新生入学教育。启动"2013筑梦起航"毕业季活动,创立毕业梦想留念墙,开展廉洁教育,发布《毕业前要做的十件事》倡议等。创新新生入学教育,校党委书记朱善璐以《大学之"大"与北大新青年的责任和担当》为题首讲"北大新生第一课"。举办安全与健康知识专场报告会,组织全体新生分批参观校史馆,并由学生志愿者讲解,强化校史校情教育。在教师节和中秋节前夕,设计和发放节庆文化主题明信片,举办"三行家书,遥寄乡情"活动,开展感恩教育。对网上开展校规校纪考试新模式进行试点。举办新生代表座谈会、网上测评方式,收集新生对系列活动的感受和建议。举办全校较大规模的新生入学教育活动超过20场,参与新生接近4万人次。新生入学教育创新工程获得第三届首都高校大学生思想政治教育工作实效奖特等奖。

网络思想政治教育。固化北大未名BBS学生工作部公共账号版面发布信息和答疑解惑制度,每个办公室安排1位工作人员负责重要版面、相关版面的巡查,及时发布奖学金发放、学生助理费发放等信息,帮助同学解决学生证加磁、借用户口卡、交纳住宿费等方面的具体问题。开通"燕园学子微助手"微信公众号,发布政策信息,提供生活指导,鼓励师生反馈意见建议。2013年推送9期,发布图文消息42条。

日常思想政治教育。组织学生通过集体观看直播、座谈研讨、聆听报告等形式学习《习近平总书记在同各界优秀青年代表座谈时的讲话》和《给北京大学考古文博学院2009级本科团支部全体同学的回信》精神。《教育部加强和改进大学生思想政治教育工作简报（总第1106期）》单篇编报了北京大学深入开展学习习近平总书记五四重要讲话和回信精神活动的情况。与离退休工作部合作,探索建立"春燕行动"长效工作机制,参与学校和院系活动的学生超过300人次。中国共产党手机报、"首都百万师生微党课"微博等新媒体平台都对北京大学"春燕行动"进行了报道。组建"美丽湖畔行动"和扫雪小分队,倡导校园内捡垃圾和义务扫雪。倡导"光盘行动"和建设节约型校园理念,指导学生向全国大学生发出《从点滴做起 共建节约型校园》倡议书。新闻与传播学院2010级本科生雷声入选"2012中国大学生年度人物"和"奋斗的青春最美丽全国50大人物"。编发"感动燕园的身边故事"系列报道,宣传学生典型。

通过座谈会、访谈调研等途径了解把握学生思想动态。固化校领导与学生见面会机制,向学校提交《北京大学校领导与学生见面制度试行办法》。建立主管校领导与学生每月见面制度。建立学生工作部领导班子与学生每周见面制度,由领导班子成员每周五下午与学生见面谈心,征求意见建议、提供发展辅导。开展学生思想政治状况滚动调查和首都高等教育质量与学生发展监测调查,了解学生思想状况。全年编报《学生思想动态专报》32期、《情况反映》9期,编写《学生工作周报》34期、《学生工作简报》9期。

【学生管理】 奖励奖学金评审。2013年,全校获得校级奖励4652人,占参评总人数的16.3%。评选2012—2013学年度"三好学生标兵"262人,"三好学生"180人,"优秀学生干部"99人,学习优秀奖1256人,社会工作奖854人,红楼艺术奖27人,五四体育奖30人。55名学生荣获"北京市三好学生",18名学生荣获"北京市优秀学生干部"。"创新奖"获奖个人244人(学术类226人,体育类13人,社会活动类5人);获奖团队3个(学术类2个,体育类1个)。评选2012—2013学年度"学生工作先进单位"7个,"优秀班集体"46个,"先进学风班"81个。19个班级荣获"北京市先进班集体"。物理学院2010级本科生2班在北京市"我的班级我的家"优秀班集体创建评选活动中被评为"十佳示范班集体"。首次举行北京大学"示范学生宿舍"评选,10个宿舍荣获2012—2013学年度"示范学生宿舍"称号,8个宿舍获得提名。

评出校级奖学金71项(不含新生奖学金),奖金总额2813.15万元;获奖3733人,占参评学生总数的17.38%,人均奖金额度为7536元。个人奖励额度最高的项目为福光奖学金,每人每年40000元。由学校出资设立的五四奖学金奖金总额164.8万元,奖励学生824人;由国家出资设立的国家奖学金奖金总额1433.8万元,奖励学生696人(另有医学部评审国家奖学金奖金总额387万元,奖励学生177人)。哲学系退休教师杨辛先生捐资设立"杨辛荷花品德奖",用于奖励北京大学品德高尚的学生楷模,这是在北大历史上第一次设立以"品德"命名的学生奖励项目。12月19日下午,在英杰交流中心阳光厅举办北京大学2013年度奖教金、奖学金颁奖典礼。组织光华奖学金、POSCO Asia Fellowship 奖学金等专项奖学金颁奖会、签字仪式以及相关的联谊活动。

完善奖学金评审工作,修订《北京大学国家奖学金评审办法》,制定《北京大学曾宪梓教育基金会"第五期优秀大学生"奖励计划评审发放管理办法》;所有奖学金项目实现同批次下达;探索奖学金评审过程育人功能,加强对学生书写感谢信的指导,指导仲英公益促进协会为同学团购微软 Surface RT,编写《校园生活服务指南》。

学生团体保险工作。启动学生综合信息管理系统团体保险模块,实现学生团体保险的通知、参保管理、扣款、理赔等业务的网络化和自动化。2013年,共有24098人投保,寿险理赔3人,理赔金额80万元;重大疾病理赔6人,金额60万元;住院理赔42人,金额约16万元。

学生综合信息管理系统。以优化流程、信息共享为目标,加快推进学生管理服务信息平台建设。学生团体保险模块启用,实现在线申请理赔;学生全信息查询维护模块已上线运行。部署和试用内部协同办公平台,推进协同办公和无纸化办公。

维护稳定工作。在重大活动和敏感时期实行在岗带班和值班巡查制度。建立学生突发事件处理协同机制,建立微信群,对学生突发个案的处理进行全程跟踪、指导,与院系和相关部门共同妥善处理。编发《学生个案处理专报》40期。

【国防教育】 学生军训。8月16日至31日,由北京大学3412名本科生整编组成的2013年学生军训团,在怀柔区军训基地开展军事技能训练,承训官兵为北京卫成区66329部队。军训期间开展了包括队列训练、内务训练、棍术、军体拳、刺杀操、匕首操等在内的常规军事训练以及包括内务比赛、板报比赛、演讲比赛、拔河比赛、歌咏比赛、文艺汇演等在内的军营文化活动,继续开展包括医疗讲座、定向越野、消防演练、安全教育体验等特色军事体验项目,首次融合多项战术科目举行反恐演练并于结业典礼进行汇报表演。科学制订训练计划,并根据训练情况及时调整,伤病、减训、退训学员数量进一步降低。按照"将支部建在连上"的原则,成立临时党总支。联合北京大学关心下一代工作委员会、中国大学生环境教育基地、北京大学爱心社开展"传递爱心唱响林歌"公益主题活动,回收军训服装并捐赠给河北省贫困地区的学生,皮带、肩章换领的资金用于"北大林歌林"植树。探索实施两级例会制度,制定《军训团减训和短期病假学生管理办法》《军训团车辆管理条例》《军训团纠察检查细则》等。军训期间,北京大学党委书记朱善璐赴基地慰问并传达党的群众路线教育实践活动精神,校党委副书记敖英芳、叶静漪等赴基地慰问参训师生,校长王恩哥出席军训结业典礼并检阅军训成果。

义务兵征集。6月20日上午,北大2013年夏季征兵政策咨询会在28楼北侧举办,北京大学2013年征兵工作启动。经过体检和政审,9月,地球与空间科学学院2011级本科生吴浩波和2012级本科生贺海军、外国语学院2010级本科生李振天和2012级本科生马孰若、化学与分子工程学院2008级毕业生张潇洒、环境科学与工程学院2008级毕业生杨涛、生命科学学院2008级毕业生张宸瑀、信息科学技术学院2008级毕业生罗龙、考古文博学院2010级本科生李寻球、医学部护理学院2012级本科生吕硕士、国际关系学院2011级本科生拉海荣、中国语言文学系2012级陈墨玉等12名同学参军入伍,入伍人数创历年新高。11月底,地球与空间科学学院2011级本科生伍昕钰、医学部2007级药学院硕士研究生陈业懂、医学部2010级生物医学英语专业本科生常伟和医学部2011级护理专业大专生李雪等4名大学生士兵退伍陆续返回学校。其中,陈业懂荣立三等功,其余3人都获得优秀士兵荣誉称号。

国防宣传教育。2013年,人民武装部依托定向运动协会和军事爱好者协会两个学生社团在校内开展国防教育活动。定向运动协会在校内组织了新生定向、夜间定向、趣味定向、军训定向等定向活动,在北京市体育大会定向赛中取得团体第三名,在北京高校学生军事定向运动联赛中取得了第二站团体第一名、第一站团体第二名、第三站团体第三名。学生军事爱好者协会举办了军事爱好者讲坛、赴军事基地参观走访、"告诉你一个真实的雷锋"讲座等活动。

军事理论课教学。协调国防大学知名教员分专题开课,完成2012级文科学生和2013级理科学生3000多人的军事理论课教学工作。继续开设"孙子兵法导读""当代国防"等课程,邀请校内外知名专家学者前来北京大学进行演讲。

学生就业指导服务中心

【发展概况】 2013年北京大学毕业生就业工作紧扣"服务"主题,严守"质量"标准,力推"精品"工程,学校在就业引导、市场拓展、职业辅导、课程教学、调查研究以及信息化建设等方面创新理念、整合资源、打造品牌,有效提升就业工作精致化指导水平和科学化服务能力。

【引导毕业生到基层和西部就业】

学校以"家·国"战略推进就业工作,倡导毕业生"回家乡作贡献"和"到祖国最需要的地方去",中央电视台《新闻联播》对此做了专题报道。学校组建成立毕业生就业党员示范引领班,编辑发布《北大选调生》电子杂志,举办选调生和大学生村官先进事迹报告会,特别是与十二个省(自治区、直辖市)进行定向选调生合作,重点加强向西部地区和基层一线的人才输送力度,赴基层和西部就业毕业生年均增长10%以上。2013年6月,成功举办第一届北京大学人才论坛,与全国十九个省(自治区、直辖市)共同实施"人才林"工程,打通人才培养与人力资源配置两大环节,共同建立服务国家战略、校地协同育人的互动平台和长效机制。

【开辟潜在市场与合作空间】 学校借用经济学中的"蓝海"与"红海"概念,注意发掘中西部和重点行业潜在岗位,大力拓展就业市场,实现毕业生多元分布与合理布局。先后举办北京大学春季大型人才洽谈会、500强企业高端咨询会、人才合作伙伴重点单位招聘会、校友企业专场招聘会等大中型招聘会50余场,用人单位专场宣讲会350余场;组织各院系按学科方向到用人单位走访调研,实地开展"职场体验日"活动,与用人单位建立务实的合作关系,为用人单位提供更加专业化和人性化服务。

【就业服务和品牌宣传】 加强对学生就业信息网的升级与维护,为学生提供快捷实用的就业信息和咨询服务;建立完善以新浪微博、BBS主页等贴近学生实际的互联网展示和信息交流空间;充分利用新媒介技术,设计开发北大就业手机报和微信服务号、订阅号;拍摄"中国梦"主题微电影《园·梦》和职业指导短片《师兄教你拿offer》,形成以"微博、微信、微电影"为主线的就业宣传平台,努力让北大就业服务品牌深入人心,赢得口碑;

北京大学学生就业信息网还被教育部思想政治工作司评为"全国高校百佳网站"。

【就业指导体系】 学校注重职业发展和就业成才教育,加快推进就业学科建设和课程改革,着力提高就业工作的针对性和实效性。长期开设"大学生职业生涯规划"课程,2013年获评北京地区以及全国高校职业发展与就业指导示范课程;探索开设"大学生发展综合素养"课程,将就业指导与人生发展有机融合。同时,举办简历提升工作坊、职业发展训练营,医学部积极开展"就业促进月"活动,实施案例督导制度,印制《二〇一三届毕业生纪念册》。学生就业指导服务中心从"改进工作作风、密切联系师生"出发,深入落实"就业工作十项服务措施",特别是面向特殊群体开展"五个一"帮扶活动,提供信息检索、深度咨询、岗位推荐、路费报销以及"托底"就业等服务措施。

【课题研究和学术交流】 学校不断加强调查研究工作,联合南开大学、复旦大学、重庆大学等直辖市高校共同承担教育部课题"高校学科专业设置与就业状况关系的研究",并召开大学生就业课题网络视频会。北京地区高校就业特色工作项目"探索建立适合当代中国国情和大学生实际需求的就业指导体系"顺利通过中期检查,《以思想政治教育提升高校创新创业教育理念论析》荣获全国大学职业发展研讨会优秀论文奖,《近20年北京大学学生就业状况特点与趋势》获批2013年度"北大研究"课题立项。

青年研究中心

【发展概况】 青年研究中心根据"一二三四"发展思路和"三步走"中长期规划目标,以"持续推动机构职能转型发展,积极探索高校网络育人创新模式"为统领,在全国高校相关工作领域继续保持了示范引领、走在前列的优势地位。

【网络舆情监控分析与研究】 积极维护校园安全稳定大局。中心坚持实施24小时网络舆情监控分析,全年共编辑《校园网络动态》174期、《网络舆情专报》23期、《网络舆情参考》17期,总计逾30万字,具体参与多个网络热点事件的舆情监控处置。与此同时,中心尝试用发展的思路进一步夯实稳定基层。一是进一步加大未名BBS建设投入和支持力度,提出并实现"校内信息平台、师生文化社区、网上精神家园"的基本定位。二是进一步做实未名BBS发展委员会职能,通过"网络问政"有力促进了校园和谐。三是进一步提高网络问题研究的专业化层次和学术化水平,多篇研究报告被上级主管单位采用,并以专报形式报送中央领导;中心负责人作为高校唯一非教学科研领域专家,受聘国家互联网信息办公室特约研究员,并连续第二年接受新华网记者专访。

【北大青年研究】 全年共编辑出版四期杂志,50个专栏,超过120篇文章、近70万字,在转载数量高位持平的情况下,核心期刊的转载比例进一步提高。其中,杂志以"大育人""大思政"为着眼点,根据全员育人、全方位育人、全过程育人的基本规律,以学生工作系统为核心,最大程度吸纳和团结学校教学、管理、服务领域各个单位部门的教职员工,共同参与青年成长成才的问题研究和现象分析,《北大青年研究》逐步演变成为全校各系统共同参与的全员育人的工作交流性平台。

【网络育人系统工程】 针对网络时代育人环境和育人方式以及育人对象的革命性变化,青年研究中心规划并牵头启动"网络育人系统工程",将育人工作向网络平台延伸和转移,将网络育人纳入学校人才培养体系进行综合考虑。

实施过程与主要成效。一是以加强网络社区管理推动网络实践育人开展。在上级单位2013年度"平安校园"验收复查中,北大网络舆情监管和引导的相关工作受到各级领导高度肯定。二是以繁荣校园网络文化推动网络环境育人开展。未名BBS新浪微博在虚拟空间中积极传播网络正能量,粉丝数量已近7万;"写给我的中国梦——三行情书及随手拍图片"主题网络图文征集大赛等活动,在现实生活中不断扩大健康校园网络文化的影响。三是以规范网络素养课程教学推动网络课堂育人开展。2013年秋季推出的全校公选课"大学生发展综合素养",网络素养教育是重要组成部分,此外,中心启动《网络社会与大学生媒介素养》一书编写工作。

工作影响及主要经验。青年研究中心对"网络育人系统工程"进行阶段性总结,就"高校如何科学化做好网络育人工作"进行模式探索,提出坚持一个中心、立足两个维度、统筹三个驱动、实现四个统一的"1234"主要经验,获得上级主管单位领导和兄弟高校部门同仁的高度重视与积极好评。1月23日,教育部官方网站"一线风采"栏目首先对北京大学这一工作进行介绍;8月24日,《新闻联播》就如何治理网络谣言问题,关注了北大校园网络文化建设以及网络媒介素养教育开展情况。9月30日,袁贵仁部长亲切复函"北大未名BBS发展俱乐部"五名骨干,对同学们在中心指导下取得的优异成绩表示祝贺,并对北大校园网络文化建设及网络素养教育的发展方向给予充分肯定。12月,"网络育人系统工程"经学校推荐,成功入选教育部2013年高校辅导员工作精品项目。

学生心理健康教育与咨询中心

【发展概况】 2013年,北京大学学生心理健康教育与咨询中心(以下简称心理中心)在学校领导的亲切关怀和大力支持下,在相关部门及各院系的积极配合下,坚持以人为本的原则,以大学生的健康成长成才为最高目标,在完成各项日常工作的同时,开展了大量以心教育为主题的心理健康教育活动。2013年12月,心理中心被教育部授予"全国高校心理健康教育与咨询示范中心"称号。在北京大学心理健康教育三级体系建设的总体思路的引领下,心理中心全体人员共同努力,探索出北大特色的心理健康心教育模式。

【普及心理健康教育】 心理中心的心理健康教育分课程、讲座、工作坊、报纸等4个方面。在课程方面,中心独立开设了"大学生心理素质拓展""朋辈心理辅导""自杀与危机干预"与"心理创伤治疗"4门课程,同时联合青年研究中心、就业指导服务中心开设"大学生综合素养提升"课程。同时,心理中心指导心理协会举办了"正念训练体验与介绍""自爱与修养""对抗拖延"等内容多样、贴近同学生活的讲座。在工作坊方面,心理中心累计组织"心教育"新生班级团体辅导1180余人次,新生适应工作坊500人次,素质拓展工作坊84人次,新生会心小组128人次,涵盖了人际交往、团队建设、情绪管理等十余个主题。在报纸方面,截至2013年11月,《燕园心声》本年度一共发放了9期,每期8000份,累计共72000份。

【心理咨询服务】 心理咨询服务是心理中心工作的重要组成部分,形式上分为个体面询和多人网络咨询。在个体面询方面,据统计2013年累计咨询时间为1675小时,有针对性地帮助学生解决各类心理问题。2013年开始,心理中心和留学生办公室合作,开展针对留学生的心理咨询服务。

【危机排查干预】 心理中心依托严密的心理危机监控网络,及时识别、干预危机个体。通过定期以及临时开展的危机排查上报工作,中心可以及时有效地识别学生中的危机个体。对于较严重的个案,都进行了专业的心理状况评估,并给出了评估意见、指导与转介。同时,通过月报制度,将每月汇总的危机情况和干预案例进行深入分析和总结后,汇报给学校主管领导。

2013年,心理中心还为参与网络测评的7707名新生(包括研究生)建立了心理健康档案。

【年度特色工作】 国内外学术交流培训。心理中心多次邀请耶鲁大学、斯坦福大学、哥伦比亚大学等知名高校的教授到北大交流工作并开展专业培训。同时,心理中心也承办了高质量的国际学术研讨会。2013年10月,心理中心与中美精神分析协会共同主办了"心理治疗对话——中美精神分析协会北大论坛"。2013年,心理中心多次培训各院系分管学生工作的教师、选留学生干部、辅导员、党团领导等,包括心理危机干预培训、"为胜任而教——北大咖啡汇谈"培训、辅导员能力建设系列督导培训等,普及了学生心理管理工作相关知识。为提升中心专兼职咨询师的业务水平,心理中心邀请北京高教学会心理咨询研究会秘书长、首都师范大学心理咨询中心主任蔺桂瑞教授、中国心理卫生协会临床与咨询委员会注册系统督导师孟莉、安定医院医师王倩等专家为中心专兼职咨询师提供两周一次的专业督导。心理中心总督导徐凯文老师主持两周一次例行工作督导，讨论案例，提升咨询效果。

公益活动。"心教育"是心理中心结合北大学生特点，发展出的心理健康教育的创新模式。"心教育"与传统心理健康教育不同的是其深度、广度和形式多样性、时代性和创新性。心理中心长期的研究和实践显示，学生从事公益活动有助于促进学生形成积极的心态和健康的价值观。为此，心理中心开展了大量的以公益服务为基础的心教育活动。

3月8日，在校团委的指导下，心理中心联合爱心社、学生红十字会、科技教育交流协会、教育知行社、心理协会和职业素养促进协会等公益类学生社团成立北京大学公益类社团联席会。心理中心和中国残疾人联合会合作，开放下属各事业单位，为北大公益类社团提供公益活动资源。4月26日晚，心理中心策划并承办了"心教育——千手观音的故事"公益晚会，共2300余人参加了此次活动。本次晚会以高雅艺术感染观众、高尚故事感动心灵、高端访谈启发智慧的活动形式，向网络时代的大学生呈现阳光心态、倡导互帮互助的校园文化以及传递利他大爱的人生智慧。7月1日至3日，由心理中心、中国残联团委、中央和国家机关青年联合会共同策划的心教育公益之旅在河南省新乡市驼人集团顺利举行，共57名青年学子和青年干部参与了此次活动。在三天的活动里，中心通过丰富多彩的团体辅导活动、深入基层的工种体验、发人深思的访谈和讲座，以及精彩纷呈的晚会等多种形式令同学们在行动与思考中获得了心体验、心联结，收获了心成长。9月4日晚，心理中心举办了"2013大学新生生命价值教育公开课——我的梦·中国梦·心教育"新生适应晚会，共2300余人参加了此次活动，另有数百名学生前往分会场观看现场直播。晚会现场，新生们通过微博墙积极地进行互动，抒发并分享自己感受到的感动和震撼。

现代网络技术咨询。网络在线咨询一直因其方便、快捷、匿名性以及充分共享性而深受同学的欢迎。心理中心每周定期在网上进行网络心理咨询，帮助学生发现自身问题，解决心理的困扰。2013年，开设咨询主题124个，累计发帖1197次。

心理中心通过微信公众平台账号每天为其关注用户推送一篇高质量的心理素质和心理健康方面的文章，通过短时间的阅读增加关注者的心理健康知识，提升心理健康水平。自2013年9月1日以来，累计发布图文消息60余篇。截至2013年12月1日，累计关注人数达到1097人。

学生资助中心

【发展概况】 2013年，学生资助中心获评中国青少年发展基金会"希望工程激励行动"优秀组织奖、中国扶贫基金会"优秀执行团队"、教育部首届全国学生"国家资助助我成长"主题征文优秀组织奖、"助学·筑梦·铸人主题征文"优秀组织奖，并在教育部学生资助年度评估中名列全国高校第一名。6月5日，校党委副书记叶静漪在2013年中央部属高校学生资助工作业务培训班（第一期）作典型发言，介绍北大学生资助中心的经验举措。6月，全国学生资助管理中心对北大学生资助情况进行了专项检查，充分肯定了中心工作。

【常规工作】 专业化机构建设。与30余个省级学生资助管理中心、国内40余所高校、近百所中学、数十家基金会建立学生资助机构联动平台。加强人员培养，安排中心工作人员赴境内外14个地区开展25次交流学习，向外推荐输出5名工作人员，招收1名选留学生干部（白彦花）和1名工作人员（纪小慧）。以教育部学生资助专项检查和绩效评估为契机，推进标准化工作机制建设，确保在人员减少的情况下圆满完成全年工作计划。

助学金项目。实现了资助理念从需求型资助到发展型资助的跨越转型，将每一项助学金打造为学生成才平台，举办二十余场助学金见面交流活动，多项助学金配套英语学习、境内外交流等成才项目，设立国防生专项补贴、扶贫连片地区学生专项补助。9月27日下午，北京大学轩辕种子助学基金捐赠仪式在陈守仁国际研究中心举行，香港轩辕教育基金会每年资助100名家庭经济困难学生。校党委副书记叶静漪、学生资助中心主任杨爱民等参加活动。11月14日上午，2013年余彭年助学金捐赠暨"彭年光明行动"联合启动仪式在北京大学英杰交流中心举行。北京大学党委常务副书记、副校长张彦，学生资助中心主任杨爱民等参加活动。

11月1日下午，北京大学2013年度助学金学生交流会在北京大学英杰交流中心月光厅举行。国宏奖学基金、许戈辉助学金、奔驰助学金、苏龙科技助学金、东升助学金等捐赠方代表到校与学生交流。北京大学常务副校长吴志攀、学生资助中心主任杨爱民等参加活动。

迎新绿色通道。8月31日，420名同学通过绿色通道入学，领取总价值约149.4万元的爱心礼包。为贴近学生提供服务，学生资助中心将绿色通道变为多家单位联合户外办公的场地，面对面地为每一个新生提供政策宣传与咨询，借款、助学金与贷款、爱心礼包等三个基本服务，开通电子化一站式服务，学生服务总队队员一对一全程陪同。教育部全国学生资助管理中心副主任涂义才、北京大学党委书记朱善璐、校长王恩哥、副书记叶静漪、副校长李岩松、教务长高松、秘书长杨开忠、总会计师闫敏等领导到迎新现场慰问新生。

国家助学贷款及管理。共为666名学生发放助学贷款399.5万元（含校园地国家助学贷款、生源地信用助学贷款）。在贷款业务办理全程中，融入感恩教育、诚信教育，实施"诚信教育月"活动。深化银校合作，前往中国银行举办两场助学贷款专项工作会议，对院系工作人员进行培训，提升还款率。积极开展生源地信用贷款诚信教育，还款率达到100%，受到教育部表彰并应邀作经验发言。北大信用教育工作受到教育部简报的表彰。

学费补偿贷款代偿。通过政策宣讲会、座谈会、网络公告、电话咨询等多种途径广泛宣传国家补偿代偿政策，为19名学生发放服义务兵补偿代偿资金25.4万元，为59名学生办理基层就业补偿代偿手续。

勤工助学培训。学生资助中心积极拓展校内勤工助学，开拓家教培训、校园引导、图书馆助理、教室多媒体协管等勤工助学岗位，共发放勤工助学费用110万元，设立勤工助学岗位2300个。4月，开设勤工助学培训学校，为同学提供涵盖法律、安全、礼仪、技能、人际交流等10次培训，叶静漪副书记担任名誉校长并作首场讲座。在中国银行、北京现代、北大方正、深圳产学研中心等机构建立勤工助学基地。

资助宣传工作。通过网络、广播、电视、学生资助工作信息发布亭、展板、短信、电话等各种媒介，在学生寒假、两会、新生录取与入学等重要节点集中广泛宣传国家资助政策。全国学生资助管理中心对北大学生资助工作进行了三次专项宣传，83家各类媒体报道达306篇次。面向全校三千多名新生开设学生资助课堂，由学生资助中心杨爱民主任直接宣讲绿色成长方案；继续在全国范围内开通免费咨询热线，共接听1638人次。

紧急救助机制。建立包括应急资助、国防生专项补助、毕业生资助、学生借款、临时困难补助、实物捐赠、伙食补贴、节日补贴等在内的紧急救助机制，共发放资助资金283.91万元。在四川雅安地震、甘肃岷县地震、东北洪灾等发生后，均在第一时间启动紧急救助机制。

学生服务总队。开展"善行一百"爱心包裹劝募、"爱心宿舍"宣传推广等公益项目，并获得中国扶贫基金会"爱心团队"称号；启动第11届校园公益项目欧莱雅"真情互动"校园义卖助学活动，共筹得资助款项252555元；设立校园引导讲解队，为参观团队提供引导和讲解服务。7月29日，共青团中央书记处第一书记秦宜智、北京大学党委书记朱善璐在出席"国酒茅台·国之栋梁——2013希望工程圆梦行动"公益活动的间隙，与学生服务总队队员亲切交流，充分肯定了北大学生资助工作的举措与成效。12月22日晚，学生服务总队2014年元旦风采展示会在正大国际交流中心弘雅厅举办。全国学生资助管理中心副主任马建斌，北京大学党委书记朱善璐、党委副书记叶静漪等出席活动并致辞。中国扶贫基金会、中国银行、校内22个相关部门院系的嘉宾和教师，学生资助中心主任杨爱民和100余名学生服务总队队员参加活动。

【创新工作】困难生认定模式。从重点认定经济状况升级为全面认定资助需求，采用实地寻访与面对面调查相结合的方式，利用寒暑假寻访14个省份经济困难学生家庭，通过全面问卷普查、专项需求调查、深度访谈、寻访经济困难学生家庭、组织基层院系需求调研会、走访院系等多种形式，深入了解需求差别，尊重差异，及时跟踪需求变化，定期更新档案信息，实现了动态跟踪管理。

理论研究。学生资助中心在《高校辅导员学刊》上发表研究成果《关于家庭经济困难学生个性化成才支持的研究——以北京大学为例》，在《北大青年研究》上发表3篇研究文章，编辑整理2本反映家庭经济困难学生成才风貌的征文集、1本勤工助学培训教材、1本优才拓展项目集和40余个项目报告。

成长成才基金。全年共募集家庭经济困难学生成长成才基金83万元、38个项目，其中有3名学生获得前往美国交流学习的机会、60名学生获得前往香港、台湾地区锻炼的机会。继续实施"燕园起航""燕园领航""燕园携手"、激励行动、公益环保等成才项目，创造性实施"燕园起航"海外项目、青年领袖计划。

研究生绿色成长方案。学生资助中心杨爱民主任两次参加教育部研究生培养工作研讨会，走访调研20余个基层院系，首次成立学生服务总队研究生分队，首次实施研究生个性化绿色成长方案，组织家庭经济困难研究生前往国家电网参观访谈，前往安徽省开展支农支教活动。

贫困地区专项计划。学生资助中心为90名贫困专项计划的学生制订个性化的绿色成长方案，在资助额度、成才项目等多方面给予倾斜支持。主要校领导均亲自担任受助学生的领航导师。联合招生部门，在基层院系召开现场会、主题研讨会，关注学生学业发展，组织实施英语、计算机等的辅导讲座。

暑期"优才拓展"项目。组织11个团队前往贵州、湖南等地开展优才拓展项目（比2012年增加6个），在各地建立优才拓展基地。9月17日晚，在理教108举行项目成果展示。

家庭经济困难学生走访。1月21日，校党委副书记叶静漪走访慰问北京籍家庭经济困难学生。北京大学学生资助中心主任杨爱民陪同前往。2月5日上午，北京市领导到校看望寒假期间留校家庭经济困难学生，送来20万元。

北京大学常务副校长王恩哥、党委副书记叶静漪、学生资助中心主任杨爱民等陪同看望。3月29日晚，香港罗氏慈善基金会主席罗嘉穗一行到校探访受助学生，北京大学党委副书记叶静漪、学生资助中心主任杨爱民等参加活动。

全国高校公益论坛。2月27日，首届全国高校公益论坛暨公益未来项目启动仪式在北京大学英杰交流中心阳光大厅举办，活动由中国扶贫基金会主办，北京大学学生资助中心协办。北京大学党委副书记叶静漪致辞，学生服务总队等120多所高校公益团体负责人和业界专家、爱心企业参加活动。

共青团工作

【发展概况】 2013年，北京大学共青团认真学习贯彻落实党的十八大、十八届三中全会及共青团十七大精神，以及习近平总书记给考古文博学院2009级本科团支部全体同学回信精神，按照团中央、团市委和学校党委的统一工作部署，紧扣北京大学加快创建世界一流大学的中心工作，服务大局，开拓进取，积极探索和创新工作思路和方法，切实改进大学生思想政治教育工作，努力发展繁荣校园文化，不断完善青年成才服务体系，大力加强共青团组织的自身建设。

五四青年节前夕，中共中央总书记、国家主席、中央军委主席习近平同志给北京大学考古文博学院2009级本科支部全体同学回信，充分肯定了同学们在校园学习和野外考古实习中取得的进步，对广大青年提出了殷切希望。北京大学各级团组织认真学习领会、坚决贯彻落实回信精神，通过举办一系列座谈会、专题展览、互动讨论，坚定了北大青年为中华民族伟大复兴的中国梦而奋斗的信心与决心。

2013年正值《北大青年》创刊十五周年，在完善原有《北大青年》电子日报内容框架的基础上，北京大学团委正式推出了以微信平台为载体的全新征稿、征文模式。按照学校党委和上级团组织的要求，北京大学共青团建立健全了"上下畅通、横向到边、纵向到底"的舆情信息网络，全时段掌控涉及青年学生各个方面的热点动态信息。此外，北京大学团委还指导北京大学学生会、研究生会加强校园热点调研，及时、充分、有效地反映同学的呼声，切实维护好同学们的合法权益。

北京大学团委举办"学雷锋树新风，加强校园文明建设"成果回顾展系列活动。围绕文化育人基本思路，大力推进校园文化文艺活动开展；立足现状，勇于创新，扎实高效推进社团工作；丰富创新系列赛事内涵，提升第二课堂创新教育实效；明确创业教育活动导向，进一步深化创业理念。

北京大学共青团稳步推进基层团建工作。积极推进实验室建团、社团建团、学生会建团、年级建团、宿舍建团、网络建团等团建新模式，建立健全全方位、多层次的网状基层团组织。通过首都大学、中专院校"先锋杯"竞赛评选与北京大学团系统评优活动的开展，鼓励各个院系形成自己的"拳头产品""特色品牌"，树立先进模范典型，同时总结提炼出具有普遍性、可推广性的经验成果，进行由点到面的推广。

【深入学习总书记回信精神】 5月2日，习近平总书记给北京大学考古文博学院2009级本科团支部全体同学亲切回信。为深入学习总书记五四重要讲话和回信精神，北京大学团委召开了"北大团员青年学习习近平总书记五四重要讲话和回信精神座谈会"。北京大学团委对贯彻落实总书记回信精神进行了周密部署，并在往年工作的基础上，继续推进实践育人工作精致化，把握定位、明确思路、整合资源、突出重点，进一步加强实践育人工作，在学生社会实践、志愿服务活动等工作上取得丰硕成果。

北京大学团委开展了以"勇做走在时代前面的奋进者、开拓者、奉献者"为主题的学生暑期社会实践活动，引导和鼓励青年学生在"寻梦、追梦、筑梦、圆梦"的过程中深入社会进行深度观察。北京大学团委与中国社会科学调查中心合作推出"实证求真知，深处看中国"第2期北京大学深入社会实证调研计划并推出了包括"寻梦"主题微电影拍摄活动、"追梦"主题交流活动、"筑梦"主题寻访活动、"圆梦"主题公益活动在内的系列主题实践活动。

北京大学团委积极开展党的群众路线教育实践活动，推进党风廉政建设。在广泛征求各院系团委、基层团支部和团员青年学生建议意见的基础上，北京大学团委聚焦"四风"查摆自身突出问题，剖析思想根源，取得了共识，把问题解决在专题民主生活会召开之前。以党的群众路线教育实践活动为契机，北京大学共青团进一步规范团委工作制度，严格遵守中央八项规定，积极开展民主生活会和自我批评活动，自觉接受群众监督。

【学生思想政治教育】 北京大学团委深入开展青年思想政治教育，通过召开座谈会、组织研讨会等形式，深入学习领会十八届三中全会和习近平总书记系列重要讲话精神，就创新工作体制机制、强化网络育人工作等主题，结合实际工作，分析了大学生思想政治教育工作的新形势与新发展。与此同时，北京大学团委通过访谈、电话采访、网络观察等多样化的形式，倾听、收集北大学子对于十八届三中全会及其改革措施的期待与想法，鼓励青年积极参与讨论，全面掌握、正确理解全会精神，对青年思想政治教育工作起到了推动作用。

北京大学团委通过专题讲座、展览参观、影像展播、青春歌会等生动丰富的形式，深入开展党史团史和国情民情教育；以北京大学115周年校庆为契机，深入挖掘与党史、团史紧密联系的历史素材，启发、引导青年学子将爱校、爱国、爱党、爱人民、爱社会主义的情感统一起来，牢固树立中国特色社会主义理想信念；以纪念毛泽东同志题词"向雷锋同志学习"50周年为契机，深入挖掘新时期雷锋精神的丰富内涵，顺利举办"学雷锋树新风，加强校园文明建设"成果回顾展，回顾了半个世纪以来北京大学校园内以"学雷锋"为主题的实践育人活动，借机推进学雷锋活动的常态化发展，蓬勃开展"院系青年志愿者协会服务日"系列服务项目，字字落实"向实践学习、向人民群众学习"号召，引导更多的青年学生迈出实践第一步。

【理论研究与宣传引导】 北京大学团委高度重视理论研究和宣传引导工作，把握理论研究的前瞻性、实践性、指导性，突出宣传引导工作的方向性、创新性、实效性，丰富工作内容，创新工作形式，大力推动团的理论研究和宣传引导工作。

推动理论研究工作制度建设。在机制上，加强青年理论骨干发展中心的建设，开设第八期学生骨干训练营，组织三支实践团队分赴祖国各地开展深入的社会观察与实践。除此以外，继续开展"学习例会""专题学习""专业写作""实践调查""基层理论研究"等特色工作，有力地促进了学习的日常化和规范化。在组织上，加强青年理论骨干发展中心的建设，带动团校以及青年马克思发展研究会等学生理论社团；建立覆盖大一到研究生，涵括院系、社团与机关骨干的全方位全过程培训架构，主动发挥"理论代表队"的作用。

北京大学团委指导学生会、研究生会加强校园热点调研，及时、充分、有效地反映同学的呼声，切实维护同学们的合法权益，健全"上下畅通、横向到边、纵向到底"的舆情信息网络，全时段掌控涉及青年学生各个方面的热点动态信息。

团委工作信息化。共青团北京大学委员会网站是北京大学团委和各级院系团委、基层团委组织信息发布与交流、宣传共青团育人理念、展现共青团风采、学习共青团先进理论的重要阵地。2013年共青团北京大学委员会网站重新设计了系统，对原有网站进行了改良，创新设计了界面，对各板块分工进行了优化，成为连接各个兄弟部门的活动管理平台。同时，提高了网站信息的更新速度，增强了共青团新闻的时效性，提升了共青团工作的信息化程度，为新时代共青团工作的宣传、开展和交流搭建了崭新的平台。

医学部团委以"青春心向党 共筑中国梦"主题系列活动为主线，将青年思想引领贯穿于全年工作始终，在医学部共青团系统全面启动首届"青春心向党 传递正能量"主题团日活动，并探索创新建立了"初团——团支部书记培训班——高团"三级团校培训体系，进一步推进了医学部青年马克思主义者培养工程建设。

【大学生素质教育】 2013年，北京大学团委继续开设形势与政策实践课程，课程包括爱乐传习、北大讲座、社会实践、志愿服务等无门槛课程，以及创新创业活动、学生骨干训练营、高级团校等认证类课程。其中社会实践和志愿服务课程的开课方式由各院系自行组织和负责变为由北京大学团委社会实践部统一开设，简化了开课环节，强化了对课程的管理，便捷了课程信息的发布。

第二课堂。2013年，北京大学团委针对现有工作体系的状况开展对第二课堂育人成效的详细调查，继续实施针对2012级新生的跟踪调研，全面追踪2012级本科生在第二课堂中的成长轨迹，为第二课堂育人体系的持续性发展提供参考。2013年，北京大学团委共举办第二课堂面对面工作坊三期，内容分别为定向越野、一站到底和美食DIY，兼顾提升同学们的身体素质、知识水平以及实践操作能力。同时，优化重组第二课堂资源，致力构筑"重点帮扶、全面覆盖"的第二课堂育人体系新格局。

新生教育。2013年，北京大学团委就"北大新生适应性服务需求"开展广泛深入的调研，积极听取各方意见，并根据调研成果就北京大学新生教育体系提出可参考性建议；同时，2013年度"预习北大"全面升级，采取"预习北大微电影"和《预习北大电子书》形式，内容继续革新；《师兄师姐告诉你》稿件质量不断提高，以更加精炼、更加有效的方式帮助新生提前了解北大生活，得到了广泛而热烈的好评。"预习北大"项目的个性化发展模式不断创新，新生教育效果得以巩固和提升。

【**学术科创与社会实践**】 学术科创。2013年，北京大学团委紧密围绕"创新创业"工作重心，本着"学术为本，创新成才"的宗旨，进一步完善北大学生科协组织和工作体系，通过广泛开展"五四文化季"、研究生"学术十杰"评选、"北大讲座""学生科学年会"、医学部"学术之星"评选活动、"北大生物医学论坛"等品牌活动，营造了浓厚的校园学术氛围，取得良好成效。

北京大学第二十一届"挑战杯"——五四青年科学奖竞赛深化了与本科生"研究课程"项目的合作机制，进一步激发学术热情。第二十一届赛事涵盖了校本部、医学部和深圳研究生院的36个院系，参赛作品达433件。北京大学第十届"江泽涵杯"数学建模竞赛顺利举行，共有来自14个院系的106支队伍、301名同学报名参赛。其中，7支队伍获得一等奖，15支队伍获得二等奖，20支队伍获得三等奖，40支队伍获得成功参赛奖。

在北京大学第五届计算机应用设计大赛中，共有来自19个院系的同学参加比赛，大赛共评审出25件获奖作品，其中3件作品获得一等奖，5件作品获得二等奖，8件作品获得三等奖，9件作品获得入围。该比赛提高了同学们运用信息技术解决实际问题的综合能力，并培养了团队合作精神，促使同学们在信息时代中具备更加全面的综合素质。

在第十三届全国"挑战杯"大学生课外学术科技作品竞赛中，北京大学团委积极组织学生参加比赛，邀请专业教师指导，加大对作品的支持力度。化学与分子工程学院赵泽琼同学获全国特等奖，工学院丁翼晨同学获交叉创新奖金奖。此外，北京大学还摘得两项一等奖，两项二等奖，一项三等奖，以团体总分350分的成绩获得"优胜杯"。在全国第四届大学生数学竞赛暨北京市第二十三届大学生数学竞赛中，北京大学8名同学获得数学专业组一等奖，25名同学获得数学专业组二、三等奖；2名同学获得非数学专业组一等奖，2名同学获得非数学专业组二、三等奖。

北京大学团委成功举办第十五届学生创业计划大赛，共有32支团队报名参赛，参赛作品涉及节能环保、旅游服务、信息网络等诸多领域。北京大学团委继续推行"大学生创业与创新"暑期课程，面向全校同学普及创业创新理念，采取理论授课和实践教育相结合的授课模式，实行导师责任化机制；积极推动创业创新讲座及论坛的开展，成功开展了北京大学与东京大学的第六次创业交流活动；拓展学生创业资源，在"河合创业基金"项目上，与日本通用工程股份有限公司保持长期友好稳定的合作。

社会实践。2013年，北京大学团委立足于阶段性新起点，结合前期工作经验和新方针政策，把握机遇，再接再厉，为开创学生社会实践工作新局面奠定了扎实基础。2013年寒假，北京大学团委鼓励同学们围绕"家乡建设和人民生活的现状及其变迁过程"主题进行深度观察，获取生动鲜活的第一手资料，体会平凡国人对于梦想的坚持和追求，升华对祖国、家乡和人民的感情。本次活动共有487名同学报名参加，共提交各类实践成果343份。

为深入贯彻习近平总书记给北京大学考古文博学院2009级本科生团支部全体成员回信精神，响应"中国梦""百姓梦""青年梦"的时代号召，2013年学生暑期社会实践活动以"勇做走在时代前面的奋进者、开拓者、奉献者"为主题，分为"寻梦、追梦、筑梦、圆梦"四个板块，全校共有257支团队赴全国各地开展活动，参与总人数达2638人次，参与人员涵盖了北京大学各个院系的学生和教师。10支团队荣获2013年首都大学生暑期社会实践优秀团队。

2013年，北京大学团委继续与北京大学中国社会科学调查中心合作推出"实证求真知，深处看中国"第2期北京大学深入社会实证调研计划。项目以中国老龄化问题为主题，样本覆盖全国28个省、150个县级单位、450个村级单位，包括一万余户家庭中的一万七千余人。

【**校园文化建设**】 2013年，北京大学团委深入学习贯彻党的十八大精神，大力加强校园文化建设，围绕"文化育人""体育强身"的工作理念，开展了丰富多元的文体活动，为学生提高综合素质、促进身心和谐提供了广阔的舞台，为繁荣校园文化贡献了自己的力量。

4月，北京大学团委成功举办作为深入开展"我的中国梦"主题教育活动重要载体的第十一届"演讲十佳"大赛。下半年，为继续开展"爱乐传习"活动，以纪念"一二·九"运动78周年暨毛泽东同志诞辰120周年为契机，在北京大学百周年纪念讲堂成功举办师生歌咏比赛及歌咏晚会，各院系积极参与，不断创新形式，进一步加深了广大师生对波澜壮阔的近代历史的认识。

新生文艺汇演、新年联欢晚会、毕业生晚会、"五月的鲜花"、武警天安门支队共建等常规工作的开展，推动了校园大众文艺的发展，激发了同学们积极参与校园文化建设的热情。应北京市委教育工委、北京市教委邀请，由北京大学团委指导制作的法制微电影《夺标行动》荣获首都高校优秀法制短剧作品一等奖。与国家大剧院合作的"高雅艺术进校园""IDG世界名人名作系列"活动贯穿2013年始终，为广大师生提供了走进国家大剧院、欣赏高雅艺术的机会，对于提高北大学子的文化艺术修养起到了有益的促进作用。

北京大学团委围绕"体育强身"工作理念,积极促进校园群众体育与竞技体育的发展。4月,学生趣味运动会成功举办,各院系积极参与,收到良好的效果。同时,北京大学棋牌队夺得"京华杯"历史上第一个七连冠,为校园竞技体育增光添彩。

11月,北京大学各艺术团体在第四届北京大学生艺术展中再创佳绩,合唱团、舞蹈团、民乐团和交响乐团均获相应组别一等奖。11月22日,为了更好地整合校内外相关资源,搭建优良有效的管理协调平台,为校园文化建设作出更大的贡献,北京大学学生艺术总团暨北京大学学生文化艺术协会正式成立,为开拓校园文化艺术工作新局面做出了有益的尝试。

【青年志愿服务】 2013年是毛泽东"向雷锋同志学习"题词发表50周年。以此为契机,北京大学团委举办"学雷锋树新风,加强校园文明建设"成果回顾展系列活动,同时倡议全国高校团员青年弘扬、践行雷锋精神,将社会实践作为个人成长成才的必经之路,深入群众、深度观察,携手青春路,共筑中国梦。

2013年也是北京大学开展志愿服务活动20周年。北京大学团委于11月23日举办纪念北京大学开展志愿服务二十周年大会暨首届北京大学志愿文化节开幕式,系统总结二十年来北大学子奉献爱心的风雨之路,以及志愿服务工作发展历程,以"廿载爱心接力,青春与梦同行"为主题开展了一系列活动。北京大学团委还建立了志愿者网络报名平台,对全校志愿者进行系统化管理;成功组织第八期平民学校志愿者项目,为校内工友提供免费的培训教育服务;顺利完成第九届中国(北京)国际园林博览会志愿服务工作。

2013年医学部青年志愿者队伍不断壮大,全年开展了103个志愿服务项目,累计志愿服务时长超过两万个小时。

【团干部与学生骨干培养】 北京大学团委高度重视团组织队伍建设,深入探索人才培养规律,不断完善团校体系。北大团校本着"以人为本、立足高端、因材施教、分类培养"的理念,进一步巩固和发展了三层次办学体系,建立覆盖大一到研究生,涵括院系、社团与机关骨干的全方位全过程培训架构。

高级团校紧跟时代热点,深入推进高素质青年骨干培养工作。北京大学团委组织学生骨干参与清明节公祭、"学习贯彻习近平总书记给北京大学考古文博学院2009级本科团支部全体同学回信精神座谈会"等活动,引导学生骨干明确历史使命,勇担时代责任。紧扣时政热点和青年需求,创新培养方式。以《北大青年时事评论》与"青年时事分享汇"为平台,鼓励学生骨干在提高思维、表达能力的同时自觉将个人的梦想与追求融入母校发展、民族复兴的伟大事业中,为实现"中国梦"贡献青春力量。

机关团校着力推进岗位交流培训计划,为学生骨干提供多岗位、多层面、理论学习与工作实务有机结合的锻炼平台。针对机关部门普遍性需要,北京大学团委整合校团委机关学生骨干培养资源,开展系列实务技能培训讲座,推进共青团学生骨干梯队建设。建立、优化基层团校通讯平台,开展基层院系团校调研与交流,完善基层团校学员培养机制,充分重视基层各类学生骨干尤其是团支书、团小组长的重点培养与指导。结合实际编写基层团校工作案例,总结院系先进典型经验,推进基层骨干建设全面协调发展。

北京大学第八期学生骨干训练营践行"自我教育、同伴教育、实践教育"的培养理念,以"勇做走在时代前面的奋进者、开拓者、奉献者"为主题,组织三支实践团队分别以"教育梦·中国梦""富民梦·中国梦"和"改革梦·中国梦"为主题,分赴长沙、云南、安徽、江苏、深圳、厦门等地展开深入的社会观察与实践,并组成实践团队,前往沈阳军区雷锋生前所在团学习实践,引导学生骨干加强对国情社情民情的认识,坚定理想信念,明确时代责任,努力成长为祖国需要的有用之才。

【研究生与青年工作】 促进青年就业创业,是团中央举全团之力推进的一项长期性、战略性任务,也是学校"第二课堂"育人格局中的重点工作。为贯彻落实团中央《关于建立"青年就业创业见习基地"的指导意见(试行)》,根据团中央的整体工作部署,北京大学团委从2009年3月正式启动北京大学"青年就业创业见习"活动(以下简称见习活动)。2013年,在北京大学党委的高度重视、上级团组织的关心指导和合作单位的大力支持下,北京大学团委继续深入开展"青年就业创业见习"活动,在加强见习基地建设、完善组织工作流程以及同步推进社会调研等方面取得了显著成效。

北京大学团委充分发挥北京大学品牌优势,调动一切社会力量,不断拓展见习基地。2013年新增江苏苏州、新疆克拉玛依、广西桂林、北京市西城区、湖北孝感等20余个见习基地,累计建立40个见习基地,覆盖全国东部、中部、西部地区的13个省、自治区、直辖市。2013年共征集到650余个见习岗位。

2013年北京大学团委选录出最出色的调研报告汇编成《2013年北京大学团委见习中心调研成果集》,为后续见习基地的社会调研提供指导,确保社会调研的连续性与继承性。

研究生专项公益活动。2013年,北京大学团委共派出10支博士生服务团队一百多名研究生分赴浙江、四川、福建、甘肃、湖南、江苏等省份的多个城市与地区开展调研、政策制定与宣讲等工作,为地方的发展提供了智力支持,解决了大量难题。深入的校地合作,不但使学生的个人能力得到提升,地方企事业单位的问题得到解决,更使大批的优秀人才留在当地发展,继续为当地的社会发展贡献自己的力量。

2013年,北京大学团委首次成规模开展研究生挂职活动,从在校研究生当中选拔了100余名博士生和优秀硕士生,组成九支挂职团队,分别赴北海、成都、防城港、海宁、南湖、平湖等全国各省份九个城市的基层党政机关开展挂职锻炼。

2013年暑假,青年公益接力计划中的"酥油灯传递计划"继续赴西藏日喀则地区聂拉木县亚来乡开展暑期公益服务项目。公益服务团队还通过开展学生健康体检、环保活动、园游会活动等形式多样的课外活动丰富当地学生们的课余生活。项目结束后,西藏日喀则电视台还专门对青年公益接力计划项目团队成员进行了专项采访,赢得了当地学校和社会公众的一致好评。

学志编纂工作。《北京大学研究生学志》编辑部顺利完成了《北京大学研究生学志》2012年秋冬合辑的编辑工作,并于2月交付印刷,3月初完成了校外寄刊与校内送刊工作。3月,编辑部召开了2013年编辑全体大会,推选2013年《北京大学研究生学志》春夏合辑的执行主编。

青年职工工作。为了进一步贯彻落实党的十八大精神,扎实推进北京大学第十二次党代会精神,深入开展以"为民务实清廉"为主要内容的党的群众路线教育实践活动,广泛动员学校青年职工群体积极参与和谐校园建设,加快推进创建世界一流大学进程,北京大学工会、后勤党委、机关党委、直属单位党委、图书馆和共青团北京大学委员会共同开展了北京大学2012年度"青年岗位能手"评选活动。

【学生组织】 学生会。5月25日,北京大学第三十二届学生会中期调整会议召开。经过无记名投票,王博、王绍新、冯标琪、李赫然、陈傲寒、钟文龙、贾润东当选主席团成员,杨栋、万岱、何奇峰、段玉洁成为新任常代会会长团成员。在主席团特别会议上,王博被推选为执委会主席。杨栋被会长团推选为常代会会长。学生会成员在一年的工作中精诚合作、兢兢业业,致力于为校园和同学贡献更多力量。

学生会积极发展文艺和文化事业,校园十佳歌手大赛、"北大剧星"风采大赛汇聚了一批富有热情与才华的学生;倡导体育精神,学生会在原有"新生杯""北大杯"的基础上创新了"运动达人"积分赛的项目模式。此外,学生会还举办了"北大之锋"和"新生杯"辩论赛、"十佳教师"评选、国际文化节等活动,承载起燕园学子的情怀与梦想。

学生会广泛收集同学建议,代表反映同学诉求,切实维护同学权益。开学发放的《学生维权手册》为新生提供维权渠道,树立维权意识;针对学生权益问题,学生会积极开展调查与维权活动,得到广泛的好评;未名一卡通的发放为学生的校园生活提供便利。

研究生会。5月26日北京大学第29次研究生代表大会选举产生了任庆鹏、韩非池、王威仪、张博男、李辉、张琼、陈超等7人组成的主席团。任庆鹏当选为北京大学第三十四届研究生会执行委员会主席,张明轩当选为北京大学第三十四届研究生会常代会主任。

研究生会继续大力推进"学术十杰"评选活动,并开创"论道杯"研究生学术演讲比赛;并于11月16日举办了"'在改革的新征程上'——全国高校研究生十八届三中全会学习交流论坛"。2013年7月以来,研究生会共组织了10个博士生服务团,吸引600余人次报名,选拔140余名同学赴省、市、企业进行调研实践。本届研究生会创立了博雅文化沙龙品牌活动,旨在让同学针对时事热点展开激烈的思想碰撞。研究生会还举办了"硕博杯"体育联赛,各项赛事的参赛院系共计45个,参赛运动员累计达1280人,共3800人次。

2013年成立了北京大学研究生会专门委员会,下设综合联络委员会、就业实践委员会、学术科创委员会、文化体育委员会。研究生会重建了官方网站,以微博为平台创立新闻部,从无到有开启微信平台等全媒体宣传渠道。为实现基础学科研究与临床实践相结合,推动本部基础科研优势资源与医学部临床医学经验的交流互助,创立科研临床部。

研究生会依托信息工程部骨干成员成功孵化了功能强大、智能便捷的北大未名BBS新版客户端"iPKU",为北大学子更好地通过移动终端访问未名BBS带来便利。研究生会创立了"燕园维权频道",旨在借助媒体的影响力,曝光北大周边的商业侵权行为,打击不法商家,引导同学保护自身权益。

医学部团委积极指导学生会、研究生会工作,打造出学生文艺汇演、"平凡的感动——擦肩而过的温暖"寻找身边的TA、第十四届北大生物医学论坛等高品质的文体活动。

【学生社团】 2013年,北京大学共青团坚持"科学引导、合理规划、分类指导、重点扶持、整体推进"的工作思路，不断强化"服务引导与监督管理并重"和"培育人才与繁荣文化兼顾"的工作理念，致力于活跃校园氛围，繁荣校园文化，建设学生第二课堂，丰富学生课余文化生活，提高学生综合素质，取得良好的效果。

3月，根据工作中的新问题、新思路，北京大学团委对《北京大学社团管理条例》实施细则进行了修订，以更好地开展对社团的管理与指导工作。10月，针对社团管理工作中的变化，北京大学团委对社团工作各项流程进行规范，并在每学期初学生社团工作会议上，组织《北京大学社团管理条例》及实施细则和其他各项条例学习。

3月和9月，北京大学团委根据《北京大学学生社团管理条例》及其实施细则之规定，组织全校学生社团进行了重新登记注册，并要求全校社团分别提交2012年度工作总结和社团现行章程。截至2013年10月，北京大学正式登记注册的学生社团达250家。2013年11月，通过申请材料初审、公开听证及答辩以及复审相关工作，最终有15个学生团体通过审核，成功成立新社团，为北大社团注入宝贵的新鲜血液。

2013年，北京大学团委每周五举办四方午餐会，邀请约20家社团及其指导单位和教师，进行院系团委、社团代表的多方沟通和交流，了解社团现状，解决社团问题，促进北大社团的繁荣和发展。此活动共举办十余次，已邀请所有学生社团、指导单位、指导教师至少参与一次午餐会，形成四方沟通的有效机制。

北京大学团委成功举办五四文化季开幕式暨社团大观园活动。2013年是北京大学建校115周年，约80家社团在讲堂广场、五四路搭设展位，开展与其社团相关或者主题涉及庆祝校庆的互动项目，活动现场气氛热烈，向社会各界展示北大社团的风采。

北京大学团委创立"北大社团"微信公众号，利用微信新媒体的力量，对北大社团的重大活动、精彩人物进行定期推送，向北大同学及社会各界展示北大社团人的风采，扩大社团在学生群体中的影响力，强化学生社团在第二课堂建设中的重要作用。

11月，在各学生社团指导单位负责人与指导教师的协助下，北京大学团委组织开展了2012—2013学年学生社团评优表彰工作。在奖项设置上，"品牌社团"作为北京大学学生社团的最高荣誉得以保留，该奖项旨在表彰本年度表现卓著、广受欢迎，对北京大学校园文化的丰富和第二课堂建设作出突出贡献的学生社团。9个"社团单项奖"作为新设置的团体奖项，将为不同类型、不同规模、不同发展方向的学生社团提供更完备的展示平台，这9个奖项分别是："精诚合作奖""厚德公益奖""新锐成长奖""文化传承奖""求学问道奖""乐活创意奖""践行探索奖""组织建设奖"和"成长助力奖"。

2013年，北京大学团委对社团管理平台进一步完善，对于学生团体借用公共教室和三角地展板等申请，通过网络平台代替纸质申请表，提高了申请和审批的效率。同时，社团管理平台的人员管理、群发短信等针对社团需求开发出来的功能，也为社团开展活动和宣传提供了支持。

【团的自身建设】 作风建设。2013年，北京大学团委认真学习贯彻党的十八大、十八届三中全会，共青团十七大和习近平总书记五四重要讲话精神，以习近平总书记给考古文博学院2009级本科团支部全体同学回信为契机，紧紧围绕党政大局和学校中心工作，积极探索工作思路和方法，努力做到思想上先进开放、工作上务实进取、坚持创先争优。

北京大学团委思想上与时俱进，推动青年思想政治教育取得新成效；通过座谈访谈、专题展览、互动讨论等方式深入学习党的十八届三中全会精神与习近平总书记回信精神，广泛开展"实现中国梦，勇当筑梦人"系列活动；通过开展调查研究工作，掌握大学生群体特征，适应时代发展，引领青年思想。

北京大学团委工作上务实进取，积极开展党的群众路线教育实践活动。紧密围绕党的群众路线教育实践活动的总体要求，北京大学团委先后召开动员大会、专题学习讨论会、师生座谈会、访谈调研活动、民主生活会，开展批评和自我批评。通过结合"走转改"调研活动、"团委书记与学生面对面"等活动，北京大学团委初步完成对学生思想状况的梳理。针对学生反映强烈的问题、民主生活会提出的问题及意见建议，北京大学团委制订综合整改方案，狠抓整改落实，制订了制度建设计划，取得了阶段性成果。

北京大学团委坚持创先争优，深入开展创优推优和奖项申报工作。2013年，北京大学团委先后完成"先锋杯"团支部、"达标创优"等各类上级组织奖项申报工作，并有30个团支部、30名基层团干部、30名团员分别获得"先锋杯"优秀团支部、优秀基层团干部和优秀团员荣誉。

组织建设。研究完善现有学生副部长选聘机制，加强干部配备，进一步维持组织机构稳定，保障团委工作的高效开展。2013年春、秋两学期两次进行校团委机关学生干部聘任工作，分别聘任106名、111名学生骨干担任副部长

（副主任、副秘书长）、部长助理（主任助理、秘书长助理），搭建起年级搭配合理、能力兴趣结合、权责明确的良好组织架构。

北京大学团委坚持"眼光向下、重心下移"，适应当代北大青年沟通、交流、联络和聚集方式的新变化，积极推进实验室建团、社团建团、学生会建团、年级建团、宿舍建团、网络建团等模式，完善全方位、多层次的网状基层团组织；注重提升基层团组织积极性和创造力。贯彻落实团市委相关要求，结合北京大学共青团自身特点，北京大学团委积极筹划并开展与乡镇团委、社区青年汇结对共建工作，引导青年学生"认识社会、回报社会"，有效促进基层组织的优势互补、资源共享，不断增强团组织的创造力、凝聚力和战斗力；同时进一步深化"青年文明号""青年岗位能手"创建工作，人民医院心脏中心荣获"全国青年文明号"荣誉称号，第三医院眼科中心副主任医师陈晓勇同志荣获"全国青年岗位能手"荣誉称号。

社团团建。2013年，北京大学团委扎实推进社团团建工作，并取得良好效果。除港澳台社团外，2013年登记注册和新成立的所有社团均建立团支部。2013年12月，北京大学团委进行北大社团优秀团支部评选。

信息工作。北京大学团委及时从机关各部门、学生会、研究生会和各基层院系团组织收集共青团工作信息，编辑每周一期的《北大团内信息》，及时上报团中央、团市委、校党委、校行政，并下发到各院（系、所、中心）团组织，力保团内信息能及时、准确、高效地报送给团中央、团市委的主要领导，信息报送涉及的深度和广度、数量和质量都有所提高。北京大学团委不断深化对基层信息员制度的改革与创新，2013年暑期向基层信息员发放《基层信息员工作反馈问卷》，积极收集第一手资料，掌握基层信息员的最新动态，并有针对性地对信息工作进行完善，进一步明确基层信息员权责、听取基层信息员意见、评估基层信息员绩效。

财务工作。北京大学团委进一步落实《北京大学团委财务报账工作制度》，规范财务报账流程，确保经费合理使用，为棋牌冬令营、"挑战杯"系列赛事、学生暑期社会实践、学生骨干训练营、纪念"一二·九"运动文艺汇演等一系列丰富多彩的活动的顺利举行提供保障，为充分发挥思想引领和成才服务的作用作出了积极贡献。

机 关 党 委

【发展概况】 机关党委是于2004年11月9日由原来的一、二机关党委合并组建成的新的党的基层党委。2012年，机关党委完成党委换届工作，目前有党委委员11人，书记1人，副书记2人，其中专职副书记1人。机关党委下设党支部23个，其中离退休支部1个；现有党员661人，在职党员439人，占党员总数的66.41%，离退休党员222名，占党员总数的33.59%。

2011年至2013年间，机关党委认真贯彻落实学校党委的工作部署，紧密结合北京大学创建世界一流大学的伟大实践，认真贯彻落实党中央历次重要会议决议及各项指示精神，深入开展了"保持共产党员先进性教育""深入学习实践科学发展观""创先争优""基层组织建设年"等活动，进一步加强了机关党组织的思想政治建设、组织建设、制度建设、作风建设和反腐倡廉建设，在努力发挥机关党委政治核心和监督保障作用、党支部的战斗堡垒作用和党员的先锋模范作用的同时，积极推进了机关党建工作和党的工作方式创新，为保证党的基本路线、教育方针和学校各项决议的贯彻落实提供了坚实的保证。

为进一步加强机关作风建设，完善机关考评体系，机关党委与复旦大学、武汉大学进行了工作交流，相互了解机关党委工作机构设置、运行机制以及开展工作情况。

撰写党建方面文章：《以学习实践科学发展观活动为契机开创机关党建工作新局面》《高校机关党的建设工作的研究与探索》《以评促建，全面推进机关党的基层组织建设工作——北京大学机关党建工作评估考核报告》等。

【队伍建设】 机关党委着眼于形成共同的思想基础，推进学习型党支部建设。按照学校党委的部署，各支部组织学习党的十七大和十七届三中、四中、五中、六中全会精神和贯彻落实中央领导的"两个讲话"精神、北京大学第十二次党代会精神，推动机关的理论学习不断向纵深发展。各党支部发挥党员在学习中的模范带头作用，带动了学习型团队建设。机关党委组织机关党员干部学习两个讲话和十七届六中全会精神。各党支部学习、研读讲话原文，领会其精神实质，围绕单位中心工作，积极组织大量学习、调研活动，激发了党员干部群众勇担使命、示范引领、走在前列的奋斗精神,并形成了立足本职、创先争优、多作贡献,努力推动机关工作科学发展的新局面。各党支部借鉴经验,创新学习方式。各党支部按照《决定》中"积极向书本学习、向实践学习、向群众学习"的要求,组织开展了校内外学习交流活动,如:考察了北京大学微处理器研究开发中心,考察了西城区大栅栏街道社区党建工作,调研了北京大成律师事务所非公有制企业党建,"走进滨海新区、走进南开大学",参观"十一五"重大科技展等活动,这些活动使大家进一步开阔了思维视野,感受了科学发展和社会进步的新成果,促进了学习方式的不断变革。

【主题党日活动】 机关党委深入学习党的十八大以来的会议精神,开展系列主题党日活动,进一步激发基层党支部的凝聚力。机关党委开展"服务群众树形象,示范引领创一流"的主题党日活动,为大家提供学习、交流的平台,把立德树人、示范引领的工作落到实处。老师们深刻体会到在工作实践中,作为北大人,要有使命感、责任感、要积极主动地学习,多思考、勇创新,继续坚持服务意识,把本职工作做好,在自己的岗位上为北大创一流作出更多的贡献。机关党委开展"迎接党代会,总结经验找差距"主题党日活动,各党支部根据本单位的实际情况,以讨论、座谈等形式,围绕活动的主题进行建言献策。机关党委开展"落实十八大,共话中国梦"主题党日活动,围绕"中国梦"的核心理念与价值,其科学内涵与实现路径、如何为实现"中国梦"和"北大梦"而努力奋斗等话题展开讨论,提出自己的思考与建议。在"学习党的群众路线,建设服务型党支部"主题活动中,各党支部积极为学校建言献策,制订建设服务型党支部方案。

教务部党支部的"落实十八大,共话中国梦"主题党日教育活动获得一等奖,保卫部党支部获得二等奖,国际合作部和研究生院党支部获得三等奖。机关党委在"学习党的群众路线,建设服务型党支部"主题教育活动中,获得优秀组织奖,实验室与设备管理部党支部、科学研究部党支部和审计室党支部获得三等奖。

【发展评优工作】 近三年,有多个党支部和个人获得优秀党支部、优秀共产党员和优秀党务和思想政治工作者称号,机关党委也在2013年获得北京大学党务和思想政治先进集体称号。机关党委重视组织发展工作,严格党员发展工作程序,2011—2013年共发展15名党员。

【工会、共青团工作】 做好教代表提案工作。"禁止环湖道路机动车通行,修建环湖慢跑专用道""关于校园机动车停车资源建设的提案"获得优秀提案奖。支持机关分工会开展丰富多彩的文体活动,如学校运动会、各种球类比赛、"校园清洁"志愿服务、学校"一二·九"合唱、机关趣味运动会等。团总支的工作也开展得有声有色,加强了机关青年干部的思想政治学习,参加校团委组织的评选青年岗位能手活动,为机关青年干部搭建服务学校、服务社会的平台。

后 勤 党 委

【发展概况】 2013年,后勤党委按照学校党委和行政的工作要求和部署,以深入学习贯彻党的十八大、十八届三中全会和学校第十二次党代会精神、开展党的群众路线教育实践活动为重要抓手和切入点,重点做好加强领导班子和干部队伍建设、加强党员学习教育、后勤队伍建设、评选表彰树典型、基层党组织建设、思想政治工作和党风廉政建设等,同时,创新工作思路与方式,特色工作取得进展。

后勤党委下设党总支6个,党支部29个(其中在职13个、退休8个、混编8个)。党员530人(其中在职295、离退休235人),分布在后勤9个单位:总务部、房地产管理部、基建工程部、燕园社区服务中心、会议中心、餐饮中心、动力中心、公寓服务中心(含特殊用房管理中心)、校园服务中心。

【队伍建设】 加强领导班子思想政治建设、组织建设、干部队伍建设和党风廉政建设,努力建成坚强有力的领导班子,发挥好后勤党委、后勤干部"带头人"的作用。(1)领导班子认真贯彻执行党的路线方针政策,落实学校党政工作精神,坚持正确的政治方向,不断提高思想认识水平。在党、国家、北京市教委和学校党委部署的历次思想政治和理论学习中,后勤党委认真贯彻落实学习内容,学习党的十八大报告、十八届三中全会和学校第十二次党代会精神,开展创先争优活动和党的群众路线教育实践活动,带头学习、主动学习,学习有计划、有检查、有总结,在学习的过程中撰写理论体会文章和本单位的发展规划纲要。后勤党委带领基层党组织和广大干部职工深入领会把握党、国家和学校的政策方针,坚持正确的政治方向和舆论导向。(2)召开好党的群众路线教育实践活动民主生活会,进行群众满意度测评,开展批评和自我批评,制定整改措施。(3)在组织建设方面,坚持民主集中制,集体议大事。一方面,遇有重要的事项都要召开党委会,一个月召开1～2次党委会;另一方面,指导监督后勤各单位执行好集体议大事的制度;后勤党委和各单位都坚持党政联席会议制度,党政配合,团结协作,科学决策,民主、规范管理。(4)坚持群众路线,深入基层,建立为民务实清廉作风,为群众办实事和解决问题困难。(5)干部工作配合党委组织部做好后勤干部的选拔聘任、管理、考核、培训和后备干部的推荐工作。(6)在党风廉政建设方面,突出对领导干部加强教育、完善制度、重点防控,党风廉政建设成效好,无违法违纪问题。领导班子坚强有力,在群众中威信高,发挥模范带头作用。

【主题党日活动】 后勤党委部署指导实施"落实十八大,共话中国梦"主题党日活动,进一步统一思想认识,提高理论水平,党建、创建工作互相推动。后勤党委明确学习目标,坚持"中国梦""北大梦""后勤梦""个人梦"相结合;坚持加快创建世界一流大学和履行好后勤工作职责、党支部发挥战斗堡垒作用、党员发挥先锋模范作用的要求相结合,理解好创建和党建的辩证关系、发挥好互相促进的作用。后勤党委开展思想理论学习。各单位通过个人学习、科室学习、支部集中学习、党员带领群众、骨干带动普通职工、参观考察等多种灵活的学习方式,部署主题党日活动,学习党的十八大报告和新党章、2013年两会精神、习近平总书记关于"中国梦"的相关阐释的重点内容、习近平总书记给北大考古文博学院2009级本科团支部全体同学回信的精神、学校第十二次党代会精神等。各支部开展专题讨论会、工作交流会,对提升服务质量、加强队伍建设、文化建设等方面进行了构想,并提出了具体措施。如会议中心党总支结合实现"北大梦"、形成英杰交流中心服务品牌效应、讲堂"打造与世界一流大学相配套的先进的师生文化娱乐大舞台"等主题召开了座谈会。

餐饮中心党总支召开"餐饮中心管理经验交流会",围绕"劳动用工管理、食品卫生管理、安全管理、员工激励"等多个主题进行讨论,进一步查找不足,提升管理,改进服务。各党支部明确圆梦目标,讨论、制订圆梦计划,结合实际,付诸实施。如公寓服务中心党总支特殊用房党支部以朱善璐书记"一套具有鲜明北大特色的校外公寓管理模式"和王恩哥校长"环境优美、师生认可、服务学校发展的现代化综合学区"为万柳公寓建设的目标。总务部党支部提出"创建符合世界一流大学需要的后勤保障服务体系,走以提高质量为核心的内涵发展道路",并明确了提高后勤保障服务水平和加强后勤自身建设两个努力方向。房地产管理部党支部、基建工程部党总支分别以"为教学科研、行政办公和教职工提供最大化的用房保障"和"把北京大学建设成为校园规划合理、使用功能齐全、建筑景观优美、国内领先、世界一流的综合性大学"为目标。基层党支部还提出创建一流的餐饮服务、学生公寓服务、水电运行服务、零修服务、会议服务、社区服务和校园服务等诸多梦想和目标。后勤党委共收到圆梦计划书17份。后勤党委开展特色活动、创新活动。五四前夕,习近平总书记给北大考古文博学院2009级本科团支部全体同学回信,在北大迅速掀起了学习总书记回信精神的热潮。在5月4日北京大学举行的"学习贯彻习近平总书记给北京大学考古文博学院2009级本科团支部全体同学回信精神座谈会"上,后勤党委、工会、团委和总务部共同推荐动力中心一线青年员工代表韩明明作大会发言,收到较好效果。后勤党委组织近200名党员、入党积极分子和群众代表参观园博会预展,切身感受"中国梦""北京梦",在建设北大美丽校园、美丽宿舍等方面思考和行动。基层党支部参观"复兴之路"的展览;会议中心第五党支部赴天津塘沽航母主题公园和大沽炮台遗址进行参观学习;校园服务中心党总支在北大115周年校庆前夕,开展"喜迎校庆、美化校园"爱校活动,与环保办联合开展校园师生认知燕园草木和校园环境保护活动。

后勤系统党员撰写多篇质量较好的主题征文。回顾历史、抒发报国之志的会议中心陆华北、李楠、李建富提交的《共奋斗 齐圆梦》,基建工程部王传成提交的《多难殷忧新国运 动心忍性希前哲——继承和发扬西南联大艰苦奋斗精神,实现北大梦、中国梦》,抒发"奋进北大人,共筑中国梦"心声的总务部朱滨丹提交的《勇担使命 示范引领 寻找差距 奋进有为——北大后勤人对实现"中国梦""北大梦"的思考和实践》,房地产管理部尹双石提交的《中国梦、北大梦与房产梦——"落实十八大,共话中国梦"主题党日活动学习心得》,会议中心郑倩提交的《执着,只为了那燕园情、中国梦》,以及公寓服务中心王太芹提交的《母亲的梦,中国梦》等多篇论文,都较好地体现了北大人、后勤人的思考和实践。后勤党委共收到征文21篇。

【后勤改革和干部聘任】 后勤党委发挥政治核心作用,配合行政保障监督,确保后勤改革平稳推进。后勤党委在规划纲要及实施细则的制定和推动实施过程中,同行政一起做了大量的制订方案、征求意见和组织协调工作。配合党委组织部,后勤党委完成了与中心主任、副主任选聘有关的民主推荐、面试考核和组织考察等工作,确保了干部聘任的顺利进行。后勤党委配合行政,做了大量干部职工宣传动员和思想政治工作,确保人心稳定、改革平稳进行。

1月,学校聘任了21名中心主任、副主任。7月,学校聘任了47名中心内设机构负责人。12月,学校下达中心8个事业编制招聘计划。

【后勤党委班子调整】 配合党委组织部对后勤党委班子人选进行考察,并产生新一届党委班子。

【调整后勤中心党组织】 向党委组织部递交《关于调整选任后勤中心党总支书记、副书记的报告》,通过后勤党委考察组访谈的方式,临时指定动力中心、公寓服务中心和校园服务中心党总支委员会,批准餐饮中心党总支委员会和党支部换届结果,完成党总支委员会组建;批准党总支委员分工、党支部设置结果。

【基层党建工作】 后勤党委依托基层党支部开展丰富多彩的活动,同时,协调指导党支部做好管理服务党员和基层党建工作。37人参加学校第5期教职工党的知识培训班并取得结业证。基层党支部换届10个,进行35名党支部书记的信息采集和新任党支部书记培训。发展党员11人,提交入党申请156人,入党积极分子139人,列入2014年发展计划24人。

总务部刘宝栓、餐饮中心甄涛2人被评为北京大学优秀党务和思想政治工作者,总务部牛建权、杨敏、餐饮中心王建华、公寓服务中心王成元、校园服务中心田爱国、张连贵6人获得北京大学党务和思想政治工作奉献奖。后勤党委推荐后勤系统17名一线职工,参加北京大学"贯彻党代会精神,展后勤员工风采"系列节目拍摄计划,在2012年拍摄的基础上,2013年度继续完成拍摄计划,相关内容已经在学校电视台播放,收到较好反响。后勤党委完成530名党员基本信息维护和统计工作。397名共产党员献爱心捐款22294元。9人获得"生活困难党员帮扶补助"。

【党风廉政建设】 党风廉政建设持续推进。后勤党委推进廉政风险防范管理,坚持"三重一大"和部务公开制度;开展北京大学党风廉政建设责任制实施办法贯彻执行情况专项检查;召开处级领导班子专题民主生活会。

【老干部工作】 后勤党委加强对离退休党组织和党员的管理服务,主动向离退休老同志介绍学校和后勤工作的近期动态与发展变化,组织年底慰问和团拜,向党委组织部申请困难帮扶补助,关心他们的思想状况和现实困难并帮助解决问题。

【工会和团委工作】 后勤党委支持后勤分工会开展各项工作。做好学校教代会、工会代表履职、代表提案工作,做好后勤中心调整的部门工会组织建设,做好非在编人员入会,做好后勤职工参加平民学校及平民学校的日常组织管理;组织后勤职工参加运动会、乒乓球羽毛球比赛、游泳比赛、爱心基金捐款、学校"一二·九"合唱比赛;加强新闻宣传等。2013年底,后勤党委推荐校级优秀工会干部、工会工作积极分子19人。后勤党委指导后勤团委工作,加强对后勤团员青年教育、引导、服务,推荐后勤青年代表在学校学习回信精神座谈会上发言并开展学习活动,引导后勤青年加强思想政治学习、爱岗敬业、争创一流。后勤团委重视评选表彰树典型活动,评选青年岗位能手10人(其中标兵5人);评选优秀团支部1个,优秀团干部、团员3人。后勤团委引导青年职工参加平民学校班主任等志愿服务工作,搭建青年服务学校、服务社会的平台。

【荣誉表彰】 后勤党委被评为北京大学党务和思想政治工作先进集体。

直属单位党委

【发展概况】 北京大学直属单位党委成立于2012年12月18日,前身为北京大学直属单位党总支,所属设有计算中心党支部、档案馆党支部、教育基金会党支部、现代教育技术中心党支部、校史馆党支部和歌剧研究院党支部共计6个党支部,党员133人。其中,学生党员3人,教职工党员130名;在职正式党员75人,离退休党员55人;女党员63人,少数民族党员10人,预备党员6人。与上年相比,党员总人数增加9人。

2013年,直属单位党委以学习贯彻党的十八大和十八届三中全会精神为主线,全面提升党员干部的政治理论素养;以落实中央八项规定和开展党的群众路线教育实践活动为主要内容,不断加强领导班子建设和党员干部队伍建设;以创建学习型党组织为目标,不断加强党的自身建设,有力地推动了各行政单位工作的开展,取得了优异成绩。

【党的群众路线教育实践活动】 2013年,直属单位党委紧紧围绕保持和发展党的先进性和纯洁性,以"为民、务实、清廉"为主题,按照"照镜子、正衣冠、洗洗澡、治治病"的总要求,自上而下在党委和各支部深入开展党的群众路线教育实践活动。

活动期间,直属单位党委按照学校要求,按时完成了学习教育、听取意见、查摆问题、开展批评、整改落实、建章立制等环节的各项工作。同时,直属单位党委还按时传达中央和学校有关党的群众路线教育实践活动的文件,并根据文件要求布置相关工作,认真督导各党支部配合行政领导班子完成各项工作。档案馆党支部在活动期间设计了"征集意见表",召开了以"学习党的群众路线 建设服务型党支部"为主题的专题学习会,坚持务求实效,广泛听取意见,查找问题,整改落实,将党的群众路线教育实践活动真正落到实处。计算中心党支部坚持将党的群众路线贯彻落实于业务工作之中,从师生实际需要出发,想师生之所想,急师生之所急,完成了毕业离校系统开发、新OA系统开发等十余项贴近群众需要、方便师生工作学习的业务项目。其中两项工作分别作为活动成果被北京大学党的群众路线教育实践活动简报登载。计算中心还于12月26日作为北京大学代表单位之一向中央第42督导组汇报了北京大学党的群众路线教育实践活动的典型工作成果。基金会党支部在组织党员向书本学习的同时,还特别邀请北京大学党委书记、基金会理事长朱善璐亲自为大家讲解有关理论问题,使大家懂得了党的群众路线教育实践活动在高校、在北大的具体内涵,提高了对于"四风"问题的认识。

【"中国梦"主题党日】 根据学校党委《"我的中国梦"主题教育活动方案》有关要求,直属单位党委结合实际,组织各党支部积极开展主题党日活动。各党支部分别通过理论学习、召开座谈会、观看宣传片、组织党员参观展览等不同方式举行活动,集中学习习近平总书记关于中国梦的相关阐释,包括习近平总书记在复兴之路展览现场的重要讲话、在十二届全国人大一次会议闭幕式上的讲话、同各界优秀青年代表座谈时的重要讲话以及相关的媒体评论文章。

【歌剧研究院党支部】 经学校党委组织部决定,歌剧研究院的党组织关系隶属于直属单位党委。2013年4月,歌剧研究院成立临时党支部,由崔春立同志暂任支部书记。2013年11月,经党员大会选举,党委研究批准,歌剧研究院党支部正式成立,崔春立同志担任支部书记。

【党支部到期换届】 2013年,直属单位党委有5个支部到期。在抓好基层党支部换届工作中,直属单位党委突出做到两个方面。一是加强督促,促使任期届满的党组织及时换届。直属单位党委专门就到期的党支部换届工作召开了党委扩大会,对相关工作和要求进行了通报和布置,使各党支部负责人对党组织按期换届给予了思想认识上的高度重视。二是严格程序,确保高质量地完成换届工作。换届工作进行期间,党委与换届支部多次进行协商和沟通,对各支部的换届方案、会议程序、候选人审批、召开时间、参加党员进行详细的要求和指导,确保换届工作顺利进行。

截至2013年11月,直属单位党委组织和指导计算中心党支部、现代教育技术中心党支部和校史馆党支部三个到期的党支部委员会按时完成换届工作,并指导歌剧研究院党支部正式成立党支部。几个换届和新成立的党支部全部实行公推直选,党员知晓率接近100%。基金会党支部和档案馆党支部因不同原因向党委申请延期换届,党委经讨论批准。

【党建创新】 现代教育技术中心党支部以"爱国,创新,包容,厚德"北京精神学习季为主题开展系列党员活动,并获得北京大学党建创新立项。该系列活动的目的是通过参观、座谈等丰富多彩的活动组织形式,深入挖掘以"爱国,创新,包容,厚德"为核心的"北京精神"的深刻内涵与文化底蕴。

"爱国"主题活动:中心党支部组织全体党员集体参观顺义焦庄户地道战遗址,开展以爱国主义为核心的教育参观、座谈活动。

"创新"主题活动:中心党支部组织全体党员集体访问顺义三高科技园。园区成立于1995年,是北京首家市级科技农业示范区。中心党支部党员通过访问和现场交流了解到空间花园等高科技农业示范技术,走访学习水培蔬菜生产车间、精品牡丹生产观光园及培育彩叶树木的技术和知识,体会创新农业带来的广阔发展前景和巨大的经济与社会效益。

"包容和厚德"主题活动:中心党支部组织全体党员参观昌平区文化新村——香堂村,组织以学习新农村文化建设成果为主题的观摩活动,主要了解北京新农村在创新发展建设方面所取得的成果。

【优秀表彰】 直属单位党委根据学校要求,讨论并申报计算中心党支部的马皓同志为2013年度"北京大学优秀党务和思想政治工作者"。另外,直属单位党委推荐基金会党支部的赵文莉、档案馆党支部的张娜两位同志为"北京大学直属单位优秀党务和思想政治工作者"。

【党员爱心捐款】 根据党委组织部文件精神,直属单位党委在5个党支部的全体党员中开展共产党员献爱心活动。活动共收到党员捐款5000元,以实际行动奉献了共产党员的爱心。

【困难党员帮扶】 直属单位党委积极配合学校党委开展2013年生活困难党员帮扶补助工作,确定并申报李兆权、刘兢、文清河3名党员为2013年度北京大学困难党员帮扶补助对象。另外确定张立云、高桂琴两名党员为2013年度直属单位党委的困难党员帮扶补助对象，并为每位困难党员发放帮扶补助1500元。由于校史馆党支部的文清河同志一直患病且家庭经济状况较差，校史馆党支部专门为其申请额外的困难补助1500元。党委讨论后批准发放。

产业党工委

【发展概况】 产业党工委所属设有方正集团党委、青鸟集团党委两个分党委，以及校产办机关党支部、未名集团党支部、科技园党支部、维信公司党支部、临湖公司党支部和软件工程公司六个直属党支部；其中方正集团党委设有15个党支部，青鸟集团党委设有6个党支部。2013年，产业党工委严格按照学校党委组织部的要求，认真贯彻落实党的十八大精神，积极开展党的群众路线教育实践活动。同时产业党工委高度重视党风廉政建设，坚持防范在先，保证校办企业廉洁经营，健康发展。

【党的群众路线教育实践活动】 产业党工委积极开展党的群众路线教育实践活动，成立了活动领导小组和领导小组办公室，拟订实施方案，并于8月29日召开了动员大会，正式启动教育实践活动。

在学习教育方面，产业党工委通过领导班子带头参与，工委集中组织，各分党委、直属党支部分头落实等多种方式开展学习。9月18日下午，产业党工委邀请了北京大学马克思主义学院党委书记孙熙国教授在方正大厦作了"群众路线与党性修养"的专题讲座，各分党委、直属党支部的党员代表90余人参加了活动，刘伟常务副校长出席。各分党委、直属党支部根据企业的特点，全面推开学习活动。北京北大维信生物科技有限公司党支部在组织支部党员开展学习的基础上，还通过支部QQ群交流心得体会、进行理论学习讨论等方式，增强学习的针对性。

在征求意见方面，产业党工委通过发放问卷、一对一谈心谈话、召开企业代表座谈会和机关全体党员座谈会等方式收集对产业党工委、校办产业管理委员会办公室工作及领导班子"四风"的意见。各企业充分根据自身特点，广泛组织建言献策。例如，北大方正集团有限公司根据进入年底考核期这一阶段性特点，在集团人力资源部进行企业巡查、员工访谈和座谈中加入党的群众路线教育实践活动征求意见的内容，充分收集一线党员、群众的意见和建议。

在查摆问题、开展批评方面，产业党工委领导班子及成员认真分析了工作，查找了问题，进行了批评和自我批评。领导班子成员之间进行了一对一谈心，对单位党员群众进行了约谈，并结合前一环节收集到的意见和建议撰写了对照检查材料。12月13日，召开了产业党工委、校办产业管理委员会办公室专题民主生活会，党委组织部副部长束鸿俊、谢婷、督导组副组长祝诣博、冯宁出席会议。

在整改落实、建章立制方面，根据党员群众、班子成员提出的意见和建议，产业党工委、校办产业管理委员会办公室领导班子及成员认真制订了班子和个人的整改落实方案、制度建设计划、活动整改落实台账，对工作中的问题提出了明确的解决措施和工作时间表，并通过民主生活会通报会向党员群众进行了公示。

【党建工作】 在组织建设方面，产业党工委对党工委委员组成进行了调整，增补了四名工委委员。2013年度共44人参加了入党积极分子培训班，5位同志加入了中国共产党，16位预备党员转为正式党员。

在领导班子建设方面，产业党工委坚持定期、不定期召开产业党工委扩大会，坚持召开产业党工委、校办产业管理委员会办公室领导班子民主生活会，坚持领导班子与全体工作人员一月一次的全体会议。同时，产业党工委结合党的群众路线教育实践活动认真开展批评和自我批评，加强班子团结，提高领导水平。

在干部队伍建设方面，以党的群众路线教育实践活动为契机，以校产办机关党支部为重点开展了"学习党的群众路线、建设服务型党支部"主题教育活动，通过学习教育、组织建言献策、召开专题组织生活会等方式，改进了机关工作作风，提升了干部的管理服务水平。

2013年，产业党工委组织各分党委、直属党支部开展了"落实十八大，共话中国梦"系列活动，各党支部学习了习近平总书记的重要讲话，报送了圆梦计划书，上报征文26篇，其中校产办机关党支部刘俊英老师的《中国梦·我的乐章"三重奏"》获一等奖，另有两篇来自企业直属支部的征文分获三等奖。

5月24日至26日，校产办机关党支部和北京北大临湖科技发展有限公司党支部联合开展了主题党日活动，赴重庆参观了解放碑、白公馆、渣滓洞和红岩村，切身感受到新中国的来之不易。同时，还考察了北大方正集团有限公司所属西南药业公司的医药基地。座谈时每位党员结合自己的工作实际，畅谈了实现中国梦与实现企业梦、个人梦的关系，认为实现中国梦归根到底都要落实到脚踏实产业党工委认真组织了"共产党员献爱心"活动,共340名党员群众参与捐献,共计捐款29865元。

产业党工委积极组织产业系统评优,有2名党员被评为北京大学优秀党务和思想政治工作者,1名党员获评北京大学党务和思想政治工作奉献奖。

【党风廉政建设】 领导班子率先垂范,如实、按期上报收入情况,并将落实党风廉政建设责任纳入年终领导班子民主生活会,自觉接受组织考核和群众监督。产业党工委还结合党的群众路线教育实践活动,适时开展宣传教育活动,组织产业系统党员学习相关文件、观看警示录像、参观廉政教育展览等。

【方正分党委思想建设】 根据方正集团的要求,阿帕比公司于9月11日启动了党的群众路线教育实践活动。活动分为学习教育和反馈意见两项内容。

自主学习:要求本支部全体党员自学集团下发的学习资料,共7个文件。参加集团培训:9月18日派出丁力和岳铁铸等两名党员代表参加集团《产业党工委、校产办党的群众路线教育实践活动实施方案》的培训。研讨会:党员代表主讲学习对应资料的心得体会,带领大家研讨对应专题,讲解《厉行节约 反对浪费——重要论述摘编》《中共中央关于在全党深入开展党的群众路线教育实践活动的意见》《坚定不移沿着中国特色社会主义道路前进 为全面建成小康社会而奋斗——胡锦涛同志代表第十七届中央委员会向大会作的报告》和《中国共产党章程》。

【维信党支部概况】 维信党支部隶属于北京大学校办产业党工委。现有党员43名(其中预备党员2名),其中在本公司就职者39名,离职但组织关系仍在本支部者4名;男党员18名,女党员25名;入党积极分子8名。支部委员会由支部书记段震文、支部副书记刘之椰、组织委员刘炜、宣传委员刘曦、范小慧、青年委员包宇6人组成。支部书记段震文作为党支部的"领头羊",在作风建设过程中政治坚定、遵章守纪、发扬民主、凝心聚力,以自己的实际行动带动整个支部思想、组织、工作作风不断提升。根据产业党工委的安排,维信支部2013年4月开展"我的中国梦"主题教育活动,2013年9月开展党的群众路线教育实践活动。

坚持"三会一课"制度。维信支部注意不断改进内容和形式,避免流于形式,采用支部QQ群交流的形式,注重质量,取得较好成效。2013年,维信支部深入学习宣传贯彻党的十八大精神,围绕学习宣传贯彻十八大精神不断深化理论武装工作,组织党员深入学习领会十八大报告、新党章和习近平总书记一系列重要讲话精神,着力掌握十八大提出的重大理论观点、重点战略和重大工作部署,坚定对中国特色社会主义的道路自信、理论自信、制度自信。

【临湖党支部活动】 4月28日下午,北京北大临湖科技发展有限公司党支部在燕园大厦916会议室,召开"落实十八大,共话中国梦"专题讨论会。支部党员在共同学习两会精神和习近平总书记关于"中国梦"的论述的基础上,结合个人成长经历,畅谈了自己的梦想与国家富强、公司稳定发展密不可分的关系。

医学部产业党总支

【发展概况】 在医学部党委领导下,医学部产业党总支以党的十八大和十八届三中全会精神为引领,以"中国梦·企业梦·个人梦"为主线,以形式多样、内容丰富、契合产业发展实际和党员群众需求的各种活动为载体,以创建和谐产业、创新产业、效益产业为目标,以党政工共建的方式,做好产业党总支和产业工会的各项工作;积极进取、攻坚克难,处理历史遗留问题,推动产业科学发展、创新发展。

【党的群众路线教育实践活动】 9月6日,产业党总支召开党的群众路线教育实践活动动员大会。产业党政班子成员、企业负责人、在职党员、离退休党员代表、支部书记、工会小组长、民主党派、职工代表以及产业党的群众路线教育实践活动领导小组成员共五十余人参加了会议。吕廷煜对产业党的群众路线教育实践活动具体实施方案进行部署并提出了要求。医学部党委副书记、医学部教育实践活动督导联络二组组长顾芸在讲话中充分肯定了产业开展党的群众路线教育实践活动以来的各项工作及实施方案。医学部副主任李鹰作了总结发言。

产业班子成员广泛调研,多渠道征集意见,对征集的40多条意见进行归纳分类并及时反馈。班子成员对照群众意见和"为民、务实、清廉"的要求,撰写个人检查材料,开展批评和自我批评。为贯彻落实党的群众路线,10月16日,国产办、产业工会组织离退休党员干部、工会小组长到北京市规划展览馆参观。产业党总支、产业党政领导、工会干部和退休老同志们进行了充分的沟通交流,虚心听取他们的意见和建议。11月中下旬,各在职支部召开了组织生活会。12月6日产业班子召开了专题民主生活会。12月23日,产业党总支召开了班子专题民主生活会情况通报会。

【党风廉政建设】 坚持党风廉政建设各项制度,如《党风廉政建设责任制实施办法》、重大事项报告制度、收入申报制度、领导班子民主生活会制度、《关于实行党风廉政建设责任制的规定》《中国共产党党员领导干部廉洁从政若干准则》、中央八项规定等。5月,产业党总支向北京大学医学部反腐倡廉建设工作小组汇报了产业反腐倡廉工作情况。6月,产业党总支向纪委专题介绍产业财务内部控制经验和模式;组织学习《教育部关于进一步推进直属高校贯彻落实"三重一大"决策制度的意见》,健全校办产业科学民主决策制度,防范决策风险。

【党建基础工作】 组织理论学习、实践活动,加强党员干部的思想组织建设。为了学习十八届三中全会精神,11月18日,产业组织党总支理论学习会。医学部副主任李鹰,产业党政工企管理团队,产业党总支委员,党支部书记、民主党派及无党派人士、各企业办公室主任及国产办全体人员参加了会议。李鹰副主任以《从历史发展的视角,看全面深入的改革》为题,与大家分享了她学习十八届三中全会精神的体会和思考。吕廷煜书记作了《党的优良传统和作风:群众路线和批评与自我批评》的报告。此次理论学习会内容丰富、思想深刻,收到了较好的学习效果,也为产业班子开好民主生活会打下了良好的基础。

7月12日至15日,由产业党总支书记、工会主席吕廷煜,国产办主任吴问汉领队,产业党总支、产业工会组织党员、管理干部和入党积极分子赴江西参观学习。

完成北京大学医学部第七期基层党建创新课题。2013年产业党总支三个在职党支部(国产办党支部、网络学院党支部、联合二支部)联合开展了产业职工思想状况调查,从职工的理想、价值观、思想、工作、学习、生活状况等方面进行了数据统计分析,撰写了产业职工思想状况调查报告,为医学部产业的改革与发展提供了决策参考。

2013年,孔繁菁同志获得北京大学党务和思想政治工作奉献奖,梁峰霞同志获得医学部优秀党务和思想政治工作者称号。

产业党总支在"三八妇女节"之际组织专题讲座,医学部副主任李鹰,中国著名人力资源专家、清华大学叶延红教授应邀分别作了关于职业女性有关问题的报告,产业各系统职工近百人参加。3月13日,产业参加医学部"春暖神州、花开北医"第二届女教职工服装服饰秀活动,荣获"优秀组织奖"。11月19日,各企业员工共100多人参加了两年一届的产业趣味运动会。本次趣味运动会为大家搭建了一个沟通交流、展示才华、增进友谊、磨炼意志的平台。

产业党总支在"七一"组织"共产党员献爱心"捐献活动,共捐款5100元;四川雅安地震灾后,产业员工捐款16560元。网络学院开放"心理危机干预"公益课的消息,获得2013年医学部好新闻评选一等奖,并及时推荐刊登在新华网"北京频道"。产业参加七一文艺汇演及学校新年文艺演出,分别获得优秀奖;参加"2013年度特色文化奖"评选活动,获文化建设奖。

培训中心4月组织全体员工参加"山吧"春游拓展培训,6月邀请国内知名礼仪培训师江平女士开展礼仪培训。4月28日,网络学院在奥林匹克森林公园组织了"放飞心情,圆梦2013"活动。国产办"缅怀先烈,俯瞰京津,畅谈'中国梦'"活动获得2013年度工会精品活动优秀活动奖。

【主题党日活动】 4月28日、5月6日,网络学院党支部组织了"落实十八大·共话中国梦·为党旗增辉"的主题党日活动,深入学习党的十八大精神,以及习近平总书记关于中国梦的论述。10月29日,网络学院党支部组织党员学习了习近平总书记在中纪委十八届二次会议上的讲话精神。5月14日,国产办党支部、工会小组举办"缅怀先烈,俯瞰京津,畅谈'中国梦'"主题活动,组织参观位于天津蓟县的全国爱国主义教育示范基地——盘山革命烈士陵园,向烈士陵园敬献花圈,并参观抗日斗争事迹陈列馆。

· 人 物 ·

在校院士名录

中国科学院院士

姓名	所在单位	姓名	所在单位
唐有祺	化学与分子工程学院	赵光达	物理学院
徐光宪	化学与分子工程学院	涂传诒	地球与空间科学学院
李政道(兼)	物理学院	叶恒强(兼)	物理学院
王 夔	医学部	陈运泰(兼)	地球与空间科学学院
韩济生	医学部	朱作言(兼)	生命科学学院
赵柏林	物理学院	解思深(兼)	信息科学技术学院
翟中和	生命科学学院	许智宏	生命科学学院
刘元方	化学与分子工程学院	韩启德	医学部
蒋有绪(兼)	城市与环境学院	文 兰	数学科学学院
杨芙清	信息科学技术学院	秦大河(兼)	城市与环境学院
黄春辉	化学与分子工程学院	周其凤	化学与分子工程学院
张焕乔(兼)	物理学院	陶 澍	城市与环境学院
秦国刚	物理学院	王诗宬	数学科学学院
杨应昌	物理学院	欧阳颀	物理学院
童坦君	医学部	朱玉贤	生命科学学院
陈佳洱	物理学院	陈十一	工学院
王阳元	信息科学技术学院	赵进东	生命科学学院
陆汝钤(兼)	信息科学技术学院	王恩哥	物理学院
童庆禧(兼)	地球与空间科学学院	吴云东	深圳研究生院
黄 琳	工学院	方岱宁	工学院
黎乐民	化学与分子工程学院	田 刚	数学科学学院
张弥曼(兼)	地球与空间科学学院	方精云	城市与环境学院
张恭庆	数学科学学院	包为民(兼)	工学院
苏肇冰(兼)	物理学院	严纯华	化学与分子工程学院
霍裕平(兼)	物理学院	刘忠范	化学与分子工程学院
贺贤土(兼)	工学院	程和平	分子医学研究所
姜伯驹	数学科学学院	梅 宏	信息科学技术学院
张礼和	医学部	鄂维南	数学科学学院
甘子钊	物理学院	高 松	化学与分子工程学院
周又元(兼)	物理学院	尚永丰	医学部
陈建生(兼)	物理学院	龚旗煌	物理学院
徐至展(兼)	物理学院	张培震(兼)	地球与空间科学学院
李启虎(兼)	先进技术研究院	李德仁(兼)	工学院
叶大年(兼)	地球与空间科学学院		

中国工程院院士

姓名	所在单位	姓名	所在单位
沈渔邨	医学部	何新贵(兼)	信息科学技术学院
郭应禄	医学部	王陇德(兼)	医学部
陆道培	医学部	高 文	信息科学技术学院
唐孝炎	环境科学与工程学院	马永生(兼)	地球与空间科学学院
庄 辉	医学部	甘晓华(兼)	工学院
俞梦孙(兼)	工学院	王 浩(兼)	建筑与景观设计学院

哲学社会科学资深教授名录

批次	院系	姓名	批次	院系	姓名
1	中国语言文学系	袁行霈	2	中国语言文学系	严家炎
1	历史学系	田余庆	2	哲学系	汤一介
1	考古文博学院	宿 白	2	哲学系	叶 朗
1	光华管理学院	厉以宁	2	历史学系	马克垚
			2	考古文博学院	严文明
			2	外国语学院	刘安武
			2	外国语学院	胡壮麟
			2	国际关系学院	梁守德
			2	马克思主义学院	梁 柱
			2	信息管理系	吴慰慈
			2	党委办公室校长办公室	吴树青
			2	教育学院	汪永铨

具有正高级职称的教师及专业技术人员名单

数学科学学院

教授

艾明要 蔡金星 陈大岳 邓明华 丁 帆 丁伟岳
范辉军 方新贵 房祥忠 冯荣权 甘少波 高 立
耿 直 姜伯驹 姜 明 蒋美跃 李才恒 李 若
李铁军 李伟固 李治平 林作铨 刘和平 刘力平
刘培东 刘旭峰 刘 勇 刘张炬 柳 彬 马尽文
莫小欢 潘家柱 庆 杰 裘宗燕 任艳霞 史宇光
宋春伟 孙文祥 谭小江 汤华中 田 刚 王保祥
王冠香 王 鸣 王诗宬 王正栋 文 兰 伍胜健
夏壁灿 夏志宏 徐 恺 徐茂智 徐树方 杨家忠

杨建生	杨静平	郁 彬	张恭庆	张继平	张平文
章志飞	郑 浩	郑志明	周蜀林	周 铁	朱小华
宗传明					

研究员

蔡云峰	黄 辉	刘化荣	王家军	席瑞斌	姚 远

力学系

教授

白树林	陈国谦	陈 璞	程承旗	楚天广	段志生
方 竞	耿志勇	黄 琳	李存标	励 争	刘才山
刘凯欣	余振苏	谭文长	唐少强	陶建军	王建祥
王金枝	王 龙	王 勇	谢广明	熊春阳	郑玉峰
朱怀球					

物理学院

教授

班 勇	陈 斌	陈佳洱	陈建生	陈晓林	陈 勇
陈志坚	崔 琦	戴 伦	杜瑞瑞	樊铁栓	范祖辉
付遵涛	盖 峥	甘子钊	高家红	龚旗煌	郭东升
胡小永	胡晓东	胡永云	华 辉	霍裕平	季 航
蒋红兵	李定平	李 浩	李 焱	李振平	林志宏
刘 川	刘富坤	刘克新	刘树华	刘晓为	刘玉鑫
刘运全	刘征宇	卢海洋	马伯强	马中水	冒亚军
孟 杰	孟智勇	牛 谦	欧阳颀	钱思进	钱维宏
秦国刚	邱子强	冉广照	沈 波	施 靖	史俊杰
孙庆丰	谭本馗	汤 超	田光善	涂豫海	王恩哥
王福仁	王宏利	王若鹏	王世光	王晓钢	王宇钢
吴学兵	肖立新	谢心澄	熊传胜	徐仁新	徐至展
许甫荣	颜学庆	杨海军	杨金波	杨应昌	叶恒强
叶沿林	尹 澜	于彤军	俞大鹏	张 冰	张朝晖
张国辉	张国义	张 酣	张宏昇	张焕乔	张家森
张庆红	赵柏林	赵春生	赵光达	郑汉青	周又元
朱世琳	朱守华	朱 星			

研究员

RYUICHI SHINDO		曹庆宏	陈建军	陈剑豪	
方哲宇	冯 济	付恩刚	傅宗玫	何琼毅	胡宗海
贾 爽	江 颖	黎 卓	李 博	李新征	李 源
林 晨	林金泰	林 熙	裴俊琛	彭逸西	乔 宾
全海涛	任泽峰	施均仁	施可彬	宋慧超	孙 栋
王大勇	王 堡	王 健	王新强	危 健	韦 骏
吴 飙	吴孝松	肖池阶	肖云峰	徐莉梅	杨李林
张 霖	朱 瑞				

教授级高工

陈 晶	葛愉成	连贵君	鲁向阳	陆元荣	王洪庆

化学与分子工程学院

教授

陈尔强	程正迪	范星河	甘良兵	高 松	高毅勤
何 川	黄春辉	黄富强	黄建滨	贾欣茹	金长文
来鲁华	黎乐民	李 娜	李星国	李 彦	李子臣
梁德海	林建华	刘春立	刘 锋	刘海超	刘虎威
刘文剑	刘元方	刘忠范	马玉国	裴 坚	齐利民
其 鲁	邵元华	沈兴海	施章杰	施祖进	唐有祺
宛新华	王剑波	王颖霞	王 远	王哲明	魏高原
吴 凯	吴云东	席振峰	夏 斌	徐东升	徐光宪
严纯华	杨 震	余志祥	袁 谷	翟茂林	张 锦
张新祥	张亚文	赵美萍	赵新生	周其凤	朱 涛
邹德春					

研究员

陈 鹏	陈 兴	付雪峰	郭雪峰	蒋 鸿	李笑宇
刘 剑	刘小云	罗佗平	马 丁	孙俊良	孙聆东
王 初	王申林	张俊龙	张文彬		

生命科学学院

教授

安成才	白书农	蔡 宏	柴 真	昌增益	陈建国
陈章良	邓宏魁	邓兴旺	范六民	顾红雅	顾 军
郭红卫	纪建国	蒋争凡	孔道春	李沉简	李 程
李 晴	李 毅	吕 植	秦咏梅	瞿礼嘉	饶广远
饶 毅	苏都莫日根		苏晓东	陶 伟	王家槐
王世强	王忆平	魏丽萍	吴 虹	谢晓亮	许崇任
翟中和	张 博	张传茂	张 研	赵进东	郑晓峰
朱玉贤	朱作言	庄小威			

研究员

方 敏	高 歌	李毓龙	刘 东	刘 磊	陆 剑
罗冬根	罗述金	钱伟强	宋 艳	汤富酬	唐世明
陶乐天	魏 平	魏文胜	谢 灿	徐成冉	徐冬一
姚 蒙	伊成器	张 晨	朱 健		

教授级高工

郝雪梅	李兰芬

地球与空间科学学院

教授

白志强	曾琪明	陈 斌	陈鸿飞	陈秀万	陈衍景
陈永顺	陈运泰	传秀云	费英伟	傅绥燕	高克勤
关 平	郭召杰	韩宝福	侯贵廷	侯建军	胡天跃
黄宝春	黄清华	江大勇	李江海	李培军	李 琦
林伯中	刘建波	刘树文	刘 瑜	鲁安怀	马学平
马宗晋	毛善君	宁杰远	潘 懋	秦其明	秦 善
宋述光	孙元林	童庆禧	涂传诒	王德明	王河锦
王彦宾	魏春景	邬 伦	吴朝东	吴泰然	徐 备

晏　磊　　叶大年　　张进江　　张立飞　　张弥曼　　赵永红　　　　林梅村　　齐东方　　秦大树　　宋向光　　孙　华　　孙庆伟
郑海飞　　周仕勇　　朱永峰　　宗秋刚　　　　　　　　　　　　　　王幼平　　韦　正　　魏正中　　吴小红　　徐天进　　张　弛
研究员　　　　　　　　　　　　　　　　　　　　　　　　　　　张　辛　　赵化成　　赵　辉
法文哲　　何建森　　林　沂　　刘　曦　　沈　冰　　宋振清　　　　**研究员**
王玲华　　巫　翔　　许　成　　周　莹　　　　　　　　　　　　　　陈　凌

心理学系

哲学系

教授

教授

方　方　　甘怡群　　韩世辉　　李　量　　钱铭怡　　苏彦捷　　　　Rainer Fritz Schafer　陈　波　　陈鼓应　　陈少峰
王　垒　　吴艳红　　谢晓非　　余　聪　　周晓林　　　　　　　　　杜维明　　丰子义　　干春松　　韩林合　　韩水法　　何怀宏
研究员　　　　　　　　　　　　　　　　　　　　　　　　　　　胡　军　　靳希平　　李四龙　　刘华杰　　刘壮虎　　聂锦芳
李　健　　李　晟　　纳家勇治　　　　　　　　　　　　　　　　　　尚新建　　孙尚扬　　王　博　　王中江　　王宗昱　　吴　飞

新闻与传播学院

吴国盛　　吴增定　　徐凤林　　徐龙飞　　杨立华　　杨学功
仰海峰　　姚卫群　　叶　闯　　叶　朗　　张广保　　张学智

教授

张志刚　　章启群　　赵敦华　　郑　开　　周北海　　周　程
陈　刚　　陈汝东　　程曼丽　　刘德寰　　陆　地　　陆绍阳　　　　朱良志
吕　艺　　师曾志　　吴　靖　　肖东发　　谢新洲　　杨伯溆　　　　**研究员**
俞　虹　　　　　　　　　　　　　　　　　　　　　　　　　　　　　冀建中

中国语言文学系

国际关系学院

教授

教授

曹文轩　　常　森　　车槿山　　陈保亚　　陈平原　　陈晓明　　　　查道炯　　丁　斗　　贾庆国　　孔凡君　　李安山　　李寒梅
陈泳超　　陈跃红　　戴锦华　　董秀芳　　杜晓勤　　傅　刚　　　　李义虎　　连玉如　　梁云祥　　罗艳华　　牛　军　　潘　维
高路明　　高远东　　葛晓音　　耿振生　　龚鹏程　　郭　锐　　　　尚会鹏　　唐士其　　王缉思　　王　联　　王逸舟　　王　勇
韩毓海　　胡敕瑞　　计璧瑞　　康士林　　孔江平　　孔庆东　　　　王正毅　　许振洲　　叶自成　　印红标　　袁　明　　张光明
李　简　　李小凡　　李　杨　　廖可斌　　刘勇强　　刘玉才　　　　张海滨　　张清敏　　张小明　　张植荣　　朱　锋
刘子瑜　　潘建国　　漆永祥　　钱志熙　　孙玉文　　王洪君

经济学院

王　岚　　王岳川　　王韫佳　　吴　鸥　　吴晓东　　夏晓虹
项梦冰　　杨荣祥　　杨　铸　　于迎春　　袁行霈　　袁毓林　　　　**教授**
张　辉　　张　鸣　　张颐武　　朱庆之　　　　　　　　　　　　　　曹和平　　董志勇　　杜丽群　　何小锋　　胡　坚　　黄桂田
研究员　　　　　　　　　　　　　　　　　　　　　　　　　　　李　虹　　李连发　　李庆云　　李绍荣　　李心愉　　刘民权
李　铎　　　　　　　　　　　　　　　　　　　　　　　　　　　　　刘　伟　　刘文忻　　刘　怡　　平新乔　　施建淮　　宋　敏

历史学系

孙祁祥　　王大树　　王曙光　　王一鸣　　王跃生　　夏庆杰
萧　琛　　叶静怡　　张　博　　张　延　　章　政　　郑　伟

教授

周建波
包茂红　　陈苏镇　　邓小南　　董经胜　　董正华　　高　岱　　　　**编审**
高　毅　　郭润涛　　郭卫东　　黄春高　　李剑鸣　　刘浦江　　　　于小东
刘一皋　　罗　新　　罗志田　　穆启乐　　欧阳哲生　　牛大勇

光华管理学院

彭小瑜　　钱乘旦　　桥本秀美　　荣新江　　尚小明　　王红生
王立新　　王奇生　　王晴佳　　王　希　　王小甫　　王新生　　　　**教授**
吴小安　　辛德勇　　徐　勇　　许　平　　阎步克　　颜海英　　　　蔡洪滨　　陈丽华　　陈松蹊　　陈玉宇　　单忠东　　符国群
杨奎松　　臧运祜　　张　帆　　赵世瑜　　朱凤瀚　　朱孝远　　　　龚六堂　　何志毅　　黄　涛　　贾春新　　江明华　　姜国华
研究员　　　　　　　　　　　　　　　　　　　　　　　　　　　金　李　　雷　明　　李　东　　李怡宗　　厉以宁　　梁钧平
陈侃理　　法恩瑞　　井上亘　　陆　扬　　朱玉麒　　　　　　　　　刘　力　　刘　俏　　刘　学　　刘玉珍　　陆正飞　　彭泗清

考古文博学院

涂　平　　王汉生　　王　辉　　王建国　　王立彦　　王明进
吴联生　　武常岐　　徐信忠　　杨云红　　姚长辉　　于鸿君

教授

岳　衡　　张国有　　张红霞　　张维迎　　张一弛　　张　影
方　拥　　杭　侃　　胡东波　　雷兴山　　李崇峰　　李水城　　　　张志学　　周黎安　　周长辉　　朱善利

法学院

教授

白桂梅	白建军	陈端洪	陈瑞华	陈兴良	傅郁林
甘培忠	葛云松	龚刃韧	郭自力	贺卫方	姜明安
蒋大兴	李 鸣	梁根林	刘剑文	刘凯湘	刘 燕
马忆南	潘剑锋	钱明星	强世功	饶戈平	邵景春
沈 岿	汪建成	汪 劲	王 成	王 磊	王世洲
王锡锌	王 新	吴志攀	徐爱国	尹 田	张建国
张 平	张 骐	张千帆	张守文	赵国玲	周旺生
朱苏力					

研究员

李红海	叶静漪	易继明

信息管理系

教授

陈建龙	段明莲	李常庆	李广建	李国新	刘兹恒
祁延莉	申 静	王 军	王延飞	王余光	王子舟
张浩达	周庆山				

社会学系

教授

蔡 华	方 文	高丙中	郭志刚	李建新	刘爱玉
刘 能	刘世定	陆杰华	马 戎	钱民辉	邱泽奇
佟 新	王铭铭	王思斌	吴宝科	谢立中	熊跃根
张 静	周飞舟	周 云	朱晓阳		

政府管理学院

教授

包万超	傅 军	顾 昕	关海庭	黄恒学	江荣海
金安平	李国平	李 强	陆 军	路 风	沈明明
沈体雁	王丽萍	王浦劬	吴 丕	肖鸣政	徐湘林
燕继荣	杨开忠	袁 刚	张国庆	赵成根	周志忍

外国语学院

教授

薄文泽	查晓燕	陈岗龙	陈 明	程朝翔	褚 敏
丁宏为	董 强	段 晴	付志明	高一虹	拱玉书
辜正坤	谷 裕	韩加明	黄必康	黄燎宇	姜景奎
姜望琪	金景一	金 勋	孔菊兰	李昌珂	李 强
李 玮	李 政	梁敏和	林丰民	凌建侯	刘 锋
刘建华	刘金才	刘曙雄	刘树森	罗 炜	马小兵
宁 琦	潘 钧	彭广陆	彭 甄	钱 军	秦海鹰
任一雄	申 丹	沈定昌	唐孟生	唐仁虎	滕 军
田庆生	王邦维	王 丹	王东亮	王继辉	王 建
王 军	王辛夷	王一丹	魏丽明	谢秋荣	杨国政
于荣胜	喻天舒	湛 如	张 敏	张世耘	赵白生
赵桂莲	赵华敏	赵 杰	周小仪		

马克思主义学院

教授

白雪秋	程美东	郭建宁	黄小寒	康沛竹	李少军
李淑珍	李翔海	李毅红	刘志光	孙蚌珠	孙代尧
孙熙国	仝 华	王文章	魏 波	郇庆治	杨 河
尹保云	张守民				

研究员

夏文斌

体育教研部

教授

董进霞	顾玉标	郝光安	何仲恺	李德昌	张 锐

艺术学院

教授

陈旭光	丁 宁	侯锡瑾	李爱国	李道新	李 松
林 一	彭 锋	王一川	翁剑青	朱青生	邹 惠

对外汉语教育学院

教授

李红印	刘颂浩	刘元满	王海峰	王若江	杨德峰
张 英	赵 杨				

元培学院

研究员

孙 华

信息科学技术学院

教授

蔡进一	查红彬	陈 兢	陈景标	陈 清	陈向群
陈徐宗	陈章渊	陈中建	陈 钟	程 旭	程玉华
迟惠生	丛京生	代亚非	党安红	杜 刚	封举富
傅云义	高 军	高 文	郭 弘	郝一龙	何 进
何新贵	何燕冬	侯士敏	胡薇薇	黄 罡	黄 如
黄铁军	焦秉立	焦文品	解思深	金玉丰	金 芝
康晋锋	李红滨	李红燕	李文新	李晓明	李正斌
李志宏	梁学磊	廖怀林	林宙辰	刘 宏	刘濮鲲
刘晓彦	刘新元	陆汝钤	罗 武	罗英伟	梅 宏
彭练矛	穗志方	谭少华	谭 营	田永鸿	汪国平
王捍贫	王厚峰	王金延	王立威	王千祥	王腾蛟
王阳元	王 漪	王志军	王子宇	邬江兴	吴文刚
吴玺宏	夏明耀	谢 冰	谢昆青	徐洪起	许 超
许 进	许胜勇	杨芙清	杨振川	姚建铨	叶安培
于晓梅	张大成	张 帆	张耿民	张海霞	张 路
张 铭	张 兴	张 岩	张志刚	赵建业	赵玉萍
周小计	周治平	朱柏承			

研究员

曾 钢　陈 婧　陈一峯　崔 斌　杜朝海　盖伟新
解晓东　黎 明　李廉林　宋令阳　孙 栩　王亦洲
王永锋　李廉林　魏贤龙　肖 臻　熊瑞勤　熊英飞
叶 凡　袁晓如　张盛东　赵卉菁

教授级高工

段晓辉　冯梅萍　高成臣　何永琪　金 野　李 婷
王兆江　于敦山

计算机科学技术研究所

教授

彭宇新　肖建国

研究员

陈晓鸥　郭宗明　汤 帜　杨 斌　赵东岩　周秉锋

国家发展研究院

教授

曾 毅　海 闻　胡大源　黄益平　霍德明　李 玲
林双林　林毅夫　刘国恩　卢 锋　马 浩　沈 艳
宋国青　唐方方　汪丁丁　汪 浩　巫和懋　徐晋涛
杨 壮　姚 洋　张 黎　张晓波　赵跃辉　周其仁
朱家祥

研究员

徐建国

教育学院

教授

陈洪捷　陈向明　陈晓宇　陈学飞　丁小浩　郭建如
李文利　刘云杉　马万华　闵维方　施晓光　汪 琼
文东茅　阎凤桥　岳昌君　赵国栋

研究员

哈 巍

人口研究所

教授

陈 功　李涌平　穆光宗　乔晓春　宋新明　郑晓瑛

计算中心

教授级高工

陈 光　陈 萍　李庭晏　马 皓　张 蓓　种连荣

前沿交叉学科研究院

教授

陈东敏

工学院

教授

包 刚　包为民　陈 峰　陈十一　董蜀湘　方岱宁
韩平畴　贺贤土　侯仰龙　黄岩谊　李德仁　刘 锋

米建春　任秋实　史建军　侍乐媛　孙 强　王健平
王习东　吴晓磊　谢天宇　徐 昆　俞梦孙　张东晓
郑春苗　郑 强

研究员

蔡 剑　曹安源　陈匡时　陈 正　戴志飞　段慧玲
段小洁　葛子钢　黄 迅　霍云龙　李忠奎　刘一军
陆祖宏　王蒡祥　王建东　王 前　席建忠　夏定国
杨 槐　杨剑影　杨 越　于海峰　袁章福　占肖卫
张信荣　张艳锋

图书馆

研究馆员

陈 凌　高倬贤　关志英　胡海帆　刘大军　刘素清
聂 华　宋力生　肖 珑　姚伯岳　张春红　张红扬
张明东　朱 强

城市与环境学院

教授

曾 辉　柴彦威　陈效述　邓 辉　方精云　冯长春
韩茂莉　贺灿飞　贺金生　胡建英　蒋有绪　李本纲
李双成　李有利　林 坚　刘耕年　刘鸿雁　刘文新
陆雅海　吕 斌　满燕云　莫多闻　朴世龙　秦大河
阙维民　唐晓峰　陶 澍　王红亚　王学军　王仰麟
吴必虎　徐福留　许学工　杨小柳　周力平

研究员

李喜青　刘峻峰　万 祎　王喜龙　王志恒　许云平
赵鹏军　赵淑清

环境科学与工程学院

教授

蔡旭晖　陈忠明　郭怀成　何玉山　胡建信　胡 敏
黄 艺　籍国东　李文军　李振山　刘阳生　栾胜基
马晓明　毛志锋　倪晋仁　邵 敏　宋 宇　宋豫秦
唐孝炎　谢绍东　张剑波　张人一　张世秋　张远航
郑 玫　朱 彤

研究员

刘 娟　刘思彤　刘 永　陆克定　邱兴华　童美萍
吴志军　要茂盛

教授级高工

曾立民

分子医学研究所

教授

肖瑞平

研究员

陈良怡　程和平　顾雨春　李川昀　梁子才　刘 颖
罗金才　田小利　汪阳明　熊敬维　张秀琴　周 专

软件工程国家工程研究中心

教授
柳军飞　王　平　王亚沙　吴中海

研究员
李　影　张世琨

先进技术研究院

教授
李启虎

中国社会科学调查中心

教授
谢　宇

中国教育财政科学研究所

教授
刘明兴　王　蓉

科维理天文与天体物理研究所

教授
樊晓晖

研究员
Gregory Joseph Herczeg　Marcel Zemp
东苏勃　柯文采　李柯伽　李立新　理查德　王　然
闫慧荣　于清娟

北京国际数学研究中心

教授
James Andrew Carlson　鄂维南　郭　岩　韩　青
刘小博　许晨阳　许进超

研究员
葛　颢　刘若川　文再文　张　磊

歌剧研究院

教授
傅海静　蒋一民　金　曼

建筑与景观设计学院

教授
John Keith Zacharias　俞孔坚

中国画法研究院

教授
范　曾

继续教育学院

研究员
张　虹

餐饮中心

研究员
崔芳菊

会议中心

研究员
范　强

北京大学医院

主任医师
李　华　云　虹　张宏印　赵丽雅　周广华

社区服务中心

研究员
赵桂莲

党委办公室校长办公室

教授
马化祥　王　杰　吴树青　许智宏　张　彦　朱善璐

研究员
冯支越　林钧敬

纪委办公室监察室

研究员
王丽梅

党委组织部

教授
李文胜

研究员
郭　海　岳素兰

党委宣传部

研究员
赵为民

党委统战部

教授
张晓黎

人事部

研究员
蒋宗凤　刘　波　王红印

国际合作部

研究员
李岩松　夏红卫

财务部

研究员
闫　敏　郑　庄　金顶兵　卢晓东

教务部

研究员
秦春华

科学研究部

研究员
蔡晖　周辉

研究生院

研究员
贾爱英

继续教育学院

研究员
李国斌

基建工程部

教授级高工
莫元彬

总务部

研究员
鞠传进　张宝岭

校办产业管理委员会办公室

教授级高工
王川　周亚伟

社会科学部

编审
刘曙光

审计室

研究员
王雷

实验室与设备管理部

研究员
李小寒　史守旭

保密委员会办公室

研究员
刘旭东

工会

研究员
孙丽

教育基金会

研究员
邓娅

北京大学出版社

编审
杜若明　冯益娜　符丹　高秀芹　耿协峰　金娟萍
林君秀　刘方　刘乐坚　马辛民　商鸿业　沈浦娜
王明舟　杨立范　杨书澜　张冰　张凤珠　张黎明
周雁翎

方正集团

研究员
蒋必金　张兆东
教授级高工
黄肖俊　汪岳林　王国印　杨燕如

北大未名生物工程集团有限公司

研究员
张华
教授级高工
潘爱华

北京北大维信生物科技有限公司

研究员
段震文

北大资源集团

研究员
张永祥

北大青鸟集团

研究员
初育国　杨明
教授级高工
田仲义　叶智勇

基础医学院

教授
陈英玉　崔彩莲　崔德华　崔庆华　杜晓娟　方伟岗
高远生　高子芬　顾江　管又飞　韩济生　韩晶岩
韩文玲　李刚　李学军　刘国庆　鲁凤民　马大龙
毛泽斌　梅林　倪菊华　濮鸣亮　齐永芬　钱瑞琴
邱晓彦　沙印林　尚永丰　沈丽　谭焕然　田新霞
童坦君　万有　汪南平　王凡　王露　王文恭
王宪　王韵　王月丹　吴立玲　邢国刚　徐国恒
杨宝学　尹长城　尹玉新　于常海　云彩红　张波
张宏权　张书永　张炜真　张永鹤　张毓　张晓伟

章国良	赵红珊	郑　杰	周春燕	钟　南	钟延丰
朱卫国	朱　毅	祝世功	庄　辉	孔　炜	王　应
彭宜红	葛　青	邵根泽			

研究员
吴鎏桢

编审
安晓意

药 学 院

教授
蔡少青	崔景荣	李润涛	李中军	梁　鸿	凌笑梅
刘俊义	卢　炜	吕万良	蒲小平	齐宪荣	史录文
屠鹏飞	王　超	王　夔	王　璠	王银叶	徐　萍
杨晓达	杨秀伟	杨振军	叶　敏	叶新山	曾慧慧
张礼和	张亮仁	张　强	张庆英	张天蓝	周德敏
杨晓改	王克威	张　烜			

研究员
| 车庆明 | 崔育新 | 傅宏征 | 郭敏杰 | 郭绪林 | 林文翰 |
| 贾彦兴 | 焦　宁 | | | | |

公共卫生学院

教授
安　琳	常　春	曹卫华	陈　娟	方　海	郭新彪
郭　岩	郝卫东	何丽华	胡永华	贾　光	康晓平
李立明	林晓明	刘　民	马　军	马谢民	马迎华
钮文异	潘小川	王海俊	王培玉	王晓莉	王　燕
吴　明	詹思延	张宝旭	张拓红	陈大方	王志锋
朱文丽	王　旗	张玉梅			

研究员
| 陈晶琦 | 李可基 | 李　勇 | 王京宇 | 武阳丰 | 余小鸣 |
| 周小平 | | | | | |

主任技师
欧阳荔

护 理 学 院

教授
| 郭桂芳 | 李明子 | 陆　虹 | 路　潜 | 尚少梅 | 孙宏玉 |

公共教学部

教授
丛亚丽	贺东奇	洪　炜	贾炳善	李　菌	刘大川
刘新芝	王　玥	吴任钢	张大庆	甄　橙	孙秋丹
郭莉萍	王一方				

研究员
| 王红漫 | 谢　虹 | | | | |

党政机关、后勤、直属及产业

教授
| 孟庆跃 | 田　佳 | | | | |

研究员
蔡景一	陈立奇	戴　清	邓艳萍	范春梅	樊建军
高澍苹	郭　立	郭艾花	侯　卉	李　红	李　鹰
梁建辉	刘建蒙	刘穗燕	刘志民	陆　林	马长中
聂克珍	任爱国	时　杰	王春虎	王翠先	王军为
王　青	徐白羽	叶荣伟	郑　庄	张　蕾	张　明
张　翎	朱树梅	祝　虹			

主任医师
| 韩方群 | 王晓军 | 易　英 | 王振宇 | 阮　晶 | 张素敏 |

研究馆员
| 林小平 | 王金玲 | 谢志耘 | | | |

主任技师
袁　兰

主任护师
丁　玥

教授级高级工程师
何其华

编审
| 安　林 | 白　玲 | 暴海燕 | 冯智勇 | 王凤庭 | 曾桂芳 |
| 赵　蒴 | | | | | |

第一临床医学院（北大医院）
（2013.1.1—2013.12.31）

教授
白文佩	包新华	鲍圣德	曹永平	陈　旻	陈育青
迟春花	崔一民	丁　洁	丁文惠	杜军保	冯　琪
高献书	龚　侃	郭晓蕙	郭应禄	洪　涛	黄一宁
霍　勇	贾志荣	姜　毅	姜玉武	金　杰	李建平
李海潮	李若瑜	李　挺	李晓玫	廖秦平	刘朝晖
刘梅林	刘新民	刘荫华	刘玉村	刘玉和	潘英姿
乔歧禄	秦　炯	秦　永	任汉云	涂　平	万远廉
王东信	王广发	王贵强	王海燕	王　丽	王荣福
王薇薇	王蔚虹	王维民	王霄英	王学美	温宏武
吴　林	吴问汉	吴　晔	谢鹏雁	肖水芳	辛钟成
徐小元	严仁英	晏晓明	杨慧霞	杨　柳	杨艳玲
杨尹默	杨　勇	姚　晨	于岩岩	袁　云	张　宏
张学智	张彦芳	张月华	张卓莉	赵明辉	周丛乐
周利群	周应芳	朱　平	朱丽荣	朱学骏	邹英华
左　力					

主任医师
| 白　勇 | 毕　蕙 | 岑溪南 | 柴卫兵 | 陈　建 | 陈　明 |

陈 倩	陈喜雪	陈旭岩	陈永红	成 虹	董 颖
段学宁	冯珍如	高 枫	高燕明	韩文科	何志嵩
贺占举	黄 真	金其庄	季素珍	李淳德	李海丽
李 简	李 良	李 梅	李巧娴	李淑清	李 岩
梁芙蓉	梁丽莉	梁卫兰	刘凤君	林 健	刘 刚
刘 洪	刘玲玲	刘桐林	刘宪义	刘小颖	刘秀芬
刘雪芹	刘玉洁	柳 萍	卢新天	陆海英	马晓伟
米 川	年卫东	聂红萍	聂立功	潘义生	庞 琳
齐慧敏	秦乃姗	曲 元	阙呈立	山刚志	邵忠福
盛琴慧	时春艳	宋以信	孙洪跃	孙 洁	孙伟杰
孙晓伟	孙 瑜	谭 伟	佟小强	汪 波	汪 欣
王爱萍	王化虹	王建中	王 军	王宁华	王 平
王全桂	王素霞	王文生	王 颖	文立成	吴士良
吴 艳	席志军	肖 锋	肖慧捷	肖江喜	熊 晖
徐 阳	许 幸	杨海珍	杨建梅	杨 莉	姚 勇
邑晓东	尹 玲	殷 悦	于晓兰	袁振芳	张 红
赵 鸿	张宝娓	张家湧	张俊清	张澜波	张淑娥
张宪生	张晓春	张志超	章小维	赵建勋	郑 波
周福德	庄 岩	曾 争			

研究员

高树宽	李惠芳	李敬伟	李六亿	刘 伟	刘晓燕
吕 媛	马兰艳	潘 虹	戚 豫	王静敏	辛殿祺
张春丽	张庆林				

研究馆员

黄明杰

主任药师

孙培红　周 颖　赵 侠

主任护师

陈建军	丁炎明	耿小凤	王 群

主任技师

艾 乙	李雪迎	刘静霞	卢桂芝	王 彬	杨宏云

编审

单爱莲

第二临床医学院(人民医院)

（2013.1.1—2013.12.31）

教授

白文俊	鲍永珍	常英军	陈 红	崔 恒	冯传汉
冯 艺	高承志	高旭光	高占成	关振鹏	郭淮莲
郭 卫	洪 楠	黄晓波	黄晓军	纪立农	姜保国
姜冠潮	姜燕荣	黎晓新	李建国	李 澍	栗占国
林剑浩	刘开彦	刘文玲	刘玉兰	刘元生	陆道培
苗懿德	彭吉润	沈 浣	苏 茵	王德炳	王 辉
王建六	王 俊	王 梅	王秋生	王 杉	王晓峰
魏 来	魏丽惠	徐 涛	许克新	许清泉	杨 欣
余力生	张建中	张 萍	张庆俊	张小明	张晓辉

张学武	赵明威	赵 彦	朱继业	左 力	冯婉玉

主任医师

安友仲	白 文	蔡 林	蔡美顺	曹照龙	陈 欢
陈 坚	陈江天	陈 雷	陈陵霞	陈琦玲	陈 适
陈 彧	陈源源	陈育红	陈 周	程 琳	戴 林
杜 娟	冯国平	付中国	高 燕	关 菁	郭静竹
郭丹杰	郭继鸿	郭 杨	韩 芳	韩学尧	何晋德
何燕玲	胡肇衡	黄 磊	黄 迅	贾 玫	贾 园
江 滨	江 倩	姜可伟	金 龙	寇伯龙	李帮清
李建兴	李剑锋	李 琦	李学斌	李永杰	李月红
粟光明	梁建宏	梁梅英	梁旭东	梁冶矢	梁 勇
刘春兰	刘代红	刘桂兰	刘国莉	刘海鹰	刘慧君
刘 健	刘 杰	刘 捷	刘 靖	刘 军	刘兰燕
刘 鹏	刘士军	刘献增	刘月洁	陆爱东	路 瑾
毛 汛	苗榕生	穆 荣	倪 磊	牛兰俊	裴秋艳
齐慧君	钱 彤	曲 军	曲星珂	任泽钦	沈晨阳
沈丹华	孙宁玲	孙铁铮	汤晓东	唐 军	田 莉
佟富中	王 波	王朝华	王 东	王福顺	王 豪
王晶桐	王 旻	王 茜	王少杰	王世军	王 殊
王天兵	王伟民	王 屹	王 悦	王智峰	韦 洮
吴 夕	吴 彦	吴 燕	谢启伟	邢志敏	熊六林
徐海林	许俊堂	许兰平	薛利芳	薛晓艳	严荔煌
燕太强	杨德起	杨荣利	杨松娜	杨铁生	杨晓东
叶颖江	尹东辉	尹 虹	尹慕军	于文贞	袁燕林
曾超美	张殿英	张海澄	张 欢	张乐萍	张立红
张挺杰	张万蕾	张熙哲	张晓红	赵 辉	赵 辉
赵晓涛	赵永平	郑春华	周 波	周殿阁	周 蓉
周翔海	朱凤雪	朱继红	朱天刚	朱元民	

研究员

陈红松	李翠兰	戴谷音	何雨生	黄 锋	李 红
李月东	刘艳荣	路 阳	阮国瑞	王吉善	赵 越
周庆环					

主任药师

顾 健　于芝颖

主任护师

王 泠　应菊素　张海燕

主任技师

李 丹　马丽萍

编审

李静然	李燕华	林文玉	王 黛	张立群

第三临床医学院(北医三院)

（2013.1.1—2013.12.31）

教授

敖英芳	陈跃国	陈仲强	崔 鸣	丁士刚	段丽萍
樊东升	付 卫	高 炜	郭向阳	韩鸿宾	韩启德
郝燕生	贺 蓓	洪 晶	洪天配	姜 辉	解基严

克晓燕　李　东　李邻峰　李昭屏　林共周　凌晓锋
刘剑羽　刘湘源　刘晓光　刘忠军　马彩虹　马芙蓉
马潞林　马志中　乔　杰　宋一青　汪　涛　王贵松
王金锐　王俊杰　王乐今　王　薇　王　侠　王　颖
王　悦　王振宇　吴玲玲　修典荣　徐　智　杨　孜
余家阔　袁慧书　翟所迪　张爱华　张　纯　张　捷
张燕燕　张永珍　赵扬玉　郑丹侠　周丽雅　周谋望

主任医师

毕洪森　陈　文　陈朝文　崔国庆　陈亚红　陈新娜
崔立刚　窦宏亮　冯新恒　高洪伟　葛堪忆　龚　熹
顾　芳　郭长吉　郭红燕　郭丽君　郭昭庆　韩劲松
韩庆烽　侯纯升　侯小飞　胡跃林　黄雪彪　黄　毅
黄永辉　霍则军　姬洪全　贾建文　姜　亮　景红梅
李　比　李　东　李东明　李海燕　李红真　李　民
李危石　李小刚　李　选　李学民　李在玲　李志刚
刘桂花　刘　平　刘书旺　刘延青　刘瑜玲　刘仲奇
鲁　明　鲁　珊　马力文　马勇光　么改琦　苗立英
聂有智　牛　杰　朴梅花　齐　虹　齐　强　沈　宁
沈　扬　史成和　宋世兵　宋为明　孙　宇　田　华
田　耘　童笑梅　万　峰　王爱英　王　超　王海燕
王继军　王健全　王　军　王　丽　王立新　王少波
王　霄　王新利　王雪梅　王永清　魏　玲　邬海博
夏志伟　肖卫忠　谢京城　熊光武　徐　雁　徐迎胜
肖春雷　胥　婕　许艺民　闫　辉　闫　明　闫天生
杨雪松　姚宏伟　袁　炯　张　奎　张凤山　张福春
张华斌　张　俊　张　克　张　立　张立强　张利萍
张璐芳　张　媛　赵　军　赵素焱　赵　艳　郑亚安
周　方　周劲松　朱　红　朱　丽　朱　曦　朱　昀
庄申榕　郑卓肇　曾　辉　曾　岩

研究员

艾　华　常翠青　耿　力　金昌晓　李树强　林　丛
刘薇薇　秦泽莲　沈　韬　宋纯理　徐　明　许　锋
张春雷　张小为　张幼怡　计　虹　赵一鸣　周洪柱

主任药师

段京莉　胡永芳　杨毅恒　赵荣生

主任护师

张洪君　张会芝

主任技师

吕志珍

口腔医学院

（2013.1.1—2013.12.31）

教授

蔡志刚　董艳梅　冯海兰　傅开元　傅民魁　甘业华
高学军　高雪梅　高　岩　葛立宏　谷　岩　郭传瑸
胡文杰　华　红　贾绮林　姜　婷　李翠英　李　刚
李铁军　李巍然　林久祥　林　野　刘　鹤　刘宏伟
刘　宇　栾庆先　吕培军　马　莲　毛　驰　孟焕新
欧阳翔英　彭　歆　秦　满　谭建国　王伟建　王晓燕
王新知　王　兴　魏世成　谢秋菲　许天民　徐　军
徐　莉　徐　韬　俞光岩　岳　林　张　刚　张建国
张　益　张震康　郑树国　周彦恒　周永胜

主任医师

陈　洁　丁　云　邓旭亮　樊　聪　高　娟　何秉贞
和　璐　胡　炜　胡晓阳　姬爱平　纪志农　姜若萍
姜　霞　江　泳　晋长伟　康　军　李健慧　李彤彤
李自力　梁　成　梁宇红　柳登高　刘瑞昌　刘　怡
刘玉华　罗　奕　马　琦　马文利　聂　琼　潘　洁
邱立新　荣文笙　孙　凤　唐志辉　佟　岱　王世明
王泽泗　王尊一　魏　松　阎　燕　杨亚东　伊　彪
翟新利　张汉平　张　豪　张　杰　张　清　张万林
张　伟　张祖燕　赵　奇　赵燕平

研究员

李盛林　林　红　郑　刚

主任技师

吴美娟

主任护师

李秀娥

教授级高级工程师

王　勇

临床肿瘤学院（肿瘤医院）

（2013.1.1—2013.12.31）

教授

陈克能　邓大君　方志伟　顾　晋　郭　军　郝纯毅
季加孚　柯　杨　李惠平　李萍萍　刘宝国　吕有勇
沈　琳　寿成超　王　洁　朱广迎　解云涛　邢宝才
杨仁杰　杨　勇　游伟程　张力建　张青云　张晓鹏

主任医师

安彤同　步召德　蔡　勇　陈　晓　迟志宏　邱立军
范志毅　方　健　高雨农　胡永华　蒋国庆　李　健
李　洁　李金锋　李　明　李　萍　李　燕　李子禹
廖盛日　陆爱萍　马丽华　那　加　欧阳涛　宋玉琴
苏向前　孙　红　孙　艳　谭宏宇　王洪义　王宏志
唐丽丽　卫　燕　武爱文　吴梅娜　吴　楠　徐　博
薛卫成　严　昆　杨　跃　张集昌　张乃嵩　张晓东
郑　文　朱步东　朱　军

研究员

胡亚洲　隗铁夫　许秀菊　潘凯枫　徐国兵　张焕萍
张　联　张志谦

主任药师

张艳华　杨　锐

精神卫生研究所(第六医院)

(2013.1.1—2013.12.31)

教授

沈渔邨　黄悦勤　钱秋谨　司天梅　于　欣　张　岱

主任医师

丛　中　甘一方　韩永华　贾美香　孔庆梅　李　冰
刘建成　刘　靖　马　弘　孙洪强　唐登华　唐宏宇
田成华　王希林　王向群　闫　俊　姚贵忠　张大荣
张鸿燕　周　沫

研究员

王华丽　汪向东　岳伟华

主任护师

马　莉

研究员

李晓霓

2013年逝世人员名单

姓名	单位	姓名	单位
白顺良	地球与空间科学学院	李克勤	校园管理服务中心
蔡翠玉	物理学院	李良助	化学与分子工程学院
蔡景春	会议中心	李庆荣	中国语言文学系
柴天荣	医学部机关	李石生	国际关系学院
陈秀清	北大附中	李淑清	医学部机关
陈玉龙	外国语学院	李淑贤	科技开发部
程渡川	北大青鸟	李天霖	公共卫生学院
仇桂生	信息科学技术学院	李廷栋	外国语学院
崔　巍	幼教中心	李薇锦	生命科学学院
段振华	北大青鸟	李寅增	药学院
范慈青	北大青鸟	李俞华	信息科学技术学院
高爱华	餐饮中心	李玉田	国际关系学院
高汝勤	基础医学院	林培湘	化学与分子工程学院
顾小凤	计算机科学技术研究所	林琬生	公共卫生学院
管玉珊	外国语学院	林勋建	国际关系学院
郭雅存	哲学系	刘长铨	城市与环境学院
郭正瑄	北京大学图书馆	刘德利	水电中心
韩维纯	北大附中	刘桂清	餐饮中心
侯仁之	城市与环境学院	刘敬婧	生命科学学院
胡代光	经济学院	刘若泉	数学科学学院
胡　可	马克思主义学院	刘盛章	餐饮中心
胡之滢	国际关系学院	刘维安	供暖中心
华道宏	物理学院	刘雪娥	校园管理服务中心
黄枬森	哲学系	刘玉清	保卫部
纪嘉良	北大青鸟	陆茂福	北大青鸟
焦福远	党委宣传部	骆　铎	图书馆
金瑞鑫	物理学院	马世长	考古文博学院
柯　高	国际合作部	毛美华	北大附中
李爱扶	物理学院	缪佟和	北京大学图书馆
李济生	外国语学院	倪为霞	北京大学医院

续表

姓名	单位	姓名	单位
潘润涵	历史学系	杨宝海	校园管理服务中心
裴站芬	化学与分子工程学院	叶于浦	化学与分子工程学院
钱鸿钧	北京大学图书馆	于文顺	物理学院
全镐锡	生命科学学院	袁芳	医学部机关
任仁眉	心理学系	曾延生	外国语学院
沈安	公共卫生学院	曾正源	医学部机关
石建立	校园服务中心	张常有	校园管理服务中心
苏勇	北京大学出版社	张桂兰	北京大学医院
王宝奇	北京大学图书馆	张嘉南	外国语学院
王鸿辰	药学院	张铭君	北大青鸟
王金山	北京大学出版社	张绍沂	基础医学院
王述姮	基础医学院	张书珍	公共卫生学院
王天有	历史学系	张宛豫	人才交流中心
王文江	化学与分子工程学院	张文华	北大青鸟
王文兰	基础医学院	张玉玲	物理学院
王燕海	北大附小	张志明	北京大学出版社
王亦闲	城市与环境学院	赵陵生	外国语学院
王祖申	公共卫生学院	赵榴真	医学部卫校
魏清	北大青鸟	赵学鸿	医学部卫校
吴树新	医学部机关	赵振绵	体育教研部
吴望一	力学系	仲秉元	化学与分子工程学院
吴秀婷	幼教中心	周淑成	医学部后勤
肖伟山	外国语学院	周志刚	医学部后勤
徐健	医学部医院	朱天俊	信息管理系
许殿彦	信息科学技术学院	庄道斌	生命科学学院
薛明德	餐饮中心		

党发、校发文件目录

党发文件目录

党发〔2013〕1 号	关于北京大学医学部机关部处正职干部任免的通知
党发〔2013〕3 号	关于李红任职的通知
党发〔2013〕4 号	关于中共北京大学第三医院第三次党员代表大会选举结果的批复
党发〔2013〕5 号	关于胡新龙、胡少诚、姚卫浩职务任免的通知
党发〔2013〕6 号	关于中共北京大学附属中学党员大会选举结果的批复
党发〔2013〕7 号	关于北京大学第六届教职工代表大会、第十八次工会会员代表大会选举结果的批复
党发〔2013〕8 号	关于成立中共北京大学国家发展研究院委员会的通知
党发〔2013〕9 号	关于杨弘博、张莉鑫职务任免的通知
党发〔2013〕10 号	关于李楠等任职的通知
党发〔2013〕11 号	中共北京大学委员会关于认真学习贯彻全国人大、政协两会精神的通知
党发〔2013〕12 号	关于评选表彰北京大学党务和思想政治工作优秀个人及先进集体的通知
党发〔2013〕13 号	关于印发《北京大学党委2013年工作要点》的通知
党发〔2013〕14 号	关于印发《北京大学"我的中国梦"主题教育活动实施方案》的通知
党发〔2013〕15 号	关于学习贯彻习近平总书记给北京大学考古文博学院2009级本科团支部全体学生回信精神的通知
党发〔2013〕16 号	中共北京大学委员会关于表彰统战系统先进集体和先进个人的决定
党发〔2013〕17 号	关于祝诣博、虎翼雄职务任免的通知
党发〔2013〕18 号	关于转发《中共教育部党组关于教育系统学习贯彻习近平总书记五四重要讲话精神的通知》的通知
党发〔2013〕19 号	关于调整贯彻落实中共北京大学第十二次代表大会会议精神任务分工的通知
党发〔2013〕20 号	关于樊志、王欣涛职务任免的通知
党发〔2013〕21 号	关于中共北京大学考古文博学院党员大会选举结果的批复
党发〔2013〕22 号	关于王杰、鞠传进同志职务任免的通知
党发〔2013〕23 号	关于中共北京大学生命科学学院党员代表大会选举结果的批复
党发〔2013〕24 号	中共北京大学委员会关于加强和改进新形势下党外代表人士队伍建设的意见
党发〔2013〕25 号	关于中共北京大学医学部机关党员代表大会选举结果的批复
党发〔2013〕26 号	关于中共北京大学中国语言文学系党员大会选举结果的批复
党发〔2013〕27 号	关于中共北京大学艺术学院党员大会选举结果的批复
党发〔2013〕28 号	关于成立北京大学党的群众路线教育实践活动领导小组的通知
党发〔2013〕29 号	中共北京大学委员会关于表彰党务和思想政治工作先进集体与优秀个人的决定
党发〔2013〕30 号	关于尹鹤灵任职的通知
党发〔2013〕31 号	关于中共北京大学环境科学与工程学院党员大会选举结果的批复
党发〔2013〕32 号	关于王天兵职务任免的通知
党发〔2013〕33 号	关于中共北京大学经济学院党员大会选举结果的批复

续表

党发〔2013〕34 号	关于成立北京大学党的群众路线教育实践活动领导小组办公室的通知
党发〔2013〕35 号	关于印发《北京大学党的群众路线教育实践活动实施方案》的通知
党发〔2013〕36 号	关于印发李延保同志在北京大学党的群众路线教育实践活动动员部署大会上的讲话的通知
党发〔2013〕37 号	关于转发中央党的群众路线教育实践活动领导小组《关于做好第一批教育实践活动学习教育、听取意见环节工作的通知》的通知
党发〔2013〕38 号	关于陈征微免职的通知
党发〔2013〕39 号	关于陈征微、霍晓丹职务任免的通知
党发〔2013〕40 号	关于印发朱善璐书记在北京大学党的群众路线教育实践活动动员部署大会上的讲话的通知
党发〔2013〕41 号	关于成立中共北京大学继续教育学院总支部委员会的通知
党发〔2013〕42 号	关于印发《北京大学学校领导班子党的群众路线教育实践活动学习方案》的通知
党发〔2013〕43 号	关于印发《北京大学学校领导班子党的群众路线教育实践活动调研和听取意见方案》的通知
党发〔2013〕44 号	关于印发《北京大学党的群众路线教育实践活动督导工作方案》的通知
党发〔2013〕45 号	关于印发《北京大学院系领导班子开展党的群众路线教育实践活动指导意见》的通知
党发〔2013〕46 号	关于陈向群、白志强职务任免的通知
党发〔2013〕47 号	关于印发《北京大学学生党员开展党的群众路线教育实践活动指导意见》的通知
党发〔2013〕48 号	关于调整北京大学关心下一代工作委员会的通知
党发〔2013〕49 号	关于瞿礼嘉任职的通知
党发〔2013〕50 号	关于节日期间落实《廉政准则》的相关规定加强廉洁自律和厉行节约的通知
党发〔2013〕51 号	关于推动新闻与传播学院建设的决定
党发〔2013〕52 号	关于印发《北京大学校领导接待日制度(试行)》的通知
党发〔2013〕53 号	关于路姜男任职的通知
党发〔2013〕54 号	关于调整北京大学推进廉政风险防控管理工作领导小组及领导小组办公室的通知
党发〔2013〕55 号	关于印发《北京大学推进廉政风险防控管理"三个体系"建设实施方案》的通知
党发〔2013〕56 号	关于北京大学新闻与传播学院党委班子调整的通知
党发〔2013〕57 号	关于虎翼雄等职务任免的通知
党发〔2013〕58 号	关于印发《北京大学党的群众路线教育实践活动院系级领导班子专题民主生活会方案》的通知
党发〔2013〕59 号	关于撤销部分议事协调机构的通知
党发〔2013〕60 号	关于撤销部分议事协调机构的通知
党发〔2013〕61 号	关于查晶免职的通知
党发〔2013〕62 号	关于成立中共北京大学元培学院委员会的通知
党发〔2013〕63 号	关于蒋承任职的通知
党发〔2013〕64 号	北京大学党委关于认真学习贯彻党的十八届三中全会精神的通知
党发〔2013〕65 号	关于印发《北京大学中层领导干部经济责任审计规定》的通知
党发〔2013〕66 号	关于转发《教育部关于深入贯彻落实〈党政机关厉行节约反对浪费条例〉的通知》的通知
党发〔2013〕67 号	关于印发《北京大学校务委员会章程》的通知
党发〔2013〕68 号	关于石秀梅免职的通知
党发〔2013〕69 号	关于吴锜免职的通知

续表

党发〔2013〕70号	关于在教学单位组建关心下一代工作委员会的决定
党发〔2013〕72号	关于中共北京大学法学院党员代表大会选举结果的批复
党发〔2013〕73号	关于北京大学后勤党委班子调整的通知
党发〔2013〕74号	关于唐伽拉任职的通知

校发文件目录

校发〔2013〕1号	关于表彰北京大学2012年优秀博士后的决定
校发〔2013〕2号	关于对口支援西藏大学有关财务问题的实施意见
校发〔2013〕5号	关于批复校友工作办公室内设机构负责人招聘结果的通知
校发〔2013〕6号	北京大学关于任命食品安全毒理学研究与评价北京市重点实验室主任和学术委员会主任的通知
校发〔2013〕7号	关于任命肿瘤系统生物学北京市重点实验室主任和学术委员会主任的通知
校发〔2013〕8号	关于批复总务部内设机构负责人招聘结果的通知
校发〔2013〕9号	关于调整北京大学国有资产管理委员会组成人员的通知
校发〔2013〕10号	关于印发《北京大学博士后研究人员管理办法(试行)》及其附件的通知
校发〔2013〕11号	关于田越任职的通知
校发〔2013〕12号	关于孙基男任职的通知
校发〔2013〕13号	关于陈杰任职的通知
校发〔2013〕14号	关于后勤各中心副主任任职的通知
校发〔2013〕15号	关于表彰2011—2012学年北京大学学生资助工作先进个人的决定
校发〔2013〕18号	关于批复燕园街道办事处内设机构负责人招聘结果的通知
校发〔2013〕19号	关于批复教育基金会和校友工作办公室内设机构负责人招聘结果的通知
校发〔2013〕20号	关于周波任职的通知
校发〔2013〕21号	关于北京大学软件工程国家工程研究中心行政班子任职的通知
校发〔2013〕22号	关于北京大学图书馆行政班子任职的通知
校发〔2013〕23号	关于成立北京大学体育馆的通知
校发〔2013〕24号	关于牛宏伟任职的通知
校发〔2013〕25号	关于北京大学数学科学学院行政班子任职的通知
校发〔2013〕26号	关于王宇任职的通知
校发〔2013〕27号	关于侯建军任职的通知
校发〔2013〕28号	关于成立继续教育学院的通知
校发〔2013〕29号	关于李洪权任职的通知
校发〔2013〕30号	关于印发《北京大学教学科研人员联合聘任的实施意见(试行)》的通知
校发〔2013〕31号	关于成立北京大学肖家河教师住宅售房领导小组和工作小组的通知
校发〔2013〕32号	关于续聘饶毅为生命科学学院院长的通知
校发〔2013〕33号	关于赖林涛任职的通知
校发〔2013〕34号	关于王周谊、萧群职务任免的通知
校发〔2013〕35号	关于印发《北京大学大型活动安全管理规定》的通知
校发〔2013〕36号	关于陈淑梅职务级别的通知

续表

校发〔2013〕37 号	关于同意北京市新型污水深度处理工程技术研究中心主任和技术委员会主任推荐人选的通知
校发〔2013〕38 号	关于转发《关于加强中央部门所属高校科研经费管理的意见》等三个文件的通知
校发〔2013〕39 号	关于改组医学部后勤与基建管理处的通知
校发〔2013〕40 号	关于成立医学部离退休工作处的通知
校发〔2013〕41 号	关于调整北京大学国有资产管理委员会的通知
校发〔2013〕42 号	北京大学关于积极推进网络开放课程建设的意见
校发〔2013〕43 号	关于同意授予布鲁斯·博伊特勒教授北京大学名誉教授称号的决定
校发〔2013〕44 号	关于做好建校 115 周年庆祝工作的通知
校发〔2013〕45 号	关于王芗祥任职的通知
校发〔2013〕46 号	关于邹维免职的通知
校发〔2013〕47 号	关于王恩哥免职的通知
校发〔2013〕48 号	关于高松任职的通知
校发〔2013〕49 号	关于鞠传进免职的通知
校发〔2013〕50 号	关于王仰麟任职的通知
校发〔2013〕52 号	关于调整部分委员会、领导小组负责人的通知
校发〔2013〕53 号	关于转发《关于在部属高校开展科研经费管理自查自纠工作的通知》的通知
校发〔2013〕54 号	关于调整学校行政领导分工安排的通知
校发〔2013〕55 号	关于批复总务部内设机构负责人招聘结果的通知
校发〔2013〕56 号	关于任命校级科学仪器公共平台主任及专家委员会的通知
校发〔2013〕57 号	关于批复人事部内设机构负责人招聘结果的通知
校发〔2013〕58 号	关于王铮任职的通知
校发〔2013〕59 号	关于成立北京大学人文社会科学研究院的通知
校发〔2013〕60 号	关于白宇任职的通知
校发〔2013〕61 号	关于吴宝科免职的通知
校发〔2013〕62 号	关于调整肖家河教工住宅项目建设领导小组组成人员的通知
校发〔2013〕63 号	关于批复房地产管理部内设机构负责人招聘结果的通知
校发〔2013〕64 号	关于杨学祥、刘广送等职务任免的通知
校发〔2013〕65 号	关于杨虎、舒忠飞等职务任免的通知
校发〔2013〕66 号	关于批复社会科学部内设机构负责人招聘结果的通知
校发〔2013〕67 号	关于康涛任职的通知
校发〔2013〕77 号	关于王杰、鞠传进职务任免的通知
校发〔2013〕80 号	关于王杰同志分工安排的通知
校发〔2013〕81 号	关于印发《北京大学科研经费管理审计规定》的通知
校发〔2013〕82 号	关于张思明、陈伟聪、徐丹等职务任免的通知
校发〔2013〕83 号	关于梅宏免职的通知
校发〔2013〕84 号	关于陈斌斌职务任免的通知
校发〔2013〕88 号	关于印发《北京大学产学研工作奖励办法》的通知
校发〔2013〕92 号	关于成立北京大学考试研究院的通知
校发〔2013〕93 号	关于调整北京大学教师公寓管理委员会组成人员的通知

续表

校发〔2013〕94 号	关于北京大学基础医学院行政班子任职的通知
校发〔2013〕96 号	北京大学关于同意开展北京正奇联讯科技有限公司清产核资工作的批复
校发〔2013〕102 号	关于调整北京大学汉语国际推广工作机构的通知
校发〔2013〕105 号	关于表彰 2012—2013 学年北京大学公益之星的决定
校发〔2013〕107 号	关于明确北京大学国际战略研究中心建制的决定
校发〔2013〕108 号	关于廖晓玲职务任免的通知
校发〔2013〕109 号	关于北京大学第六医院(精神卫生研究所)行政班子任职的通知
校发〔2013〕110 号	北京大学关于表彰 2013 届优秀毕业生的决定
校发〔2013〕111 号	关于表彰 2013 年度北京大学优秀博士学位论文获得者及其指导教师的决定
校发〔2013〕112 号	关于成立北京大学后勤财务核算中心的通知
校发〔2013〕113 号	关于张贵龙等职务任免的通知
校发〔2013〕114 号	关于北京大学地球与空间科学学院行政班子任职的通知
校发〔2013〕115 号	关于北京大学工学院行政班子任职的通知
校发〔2013〕120 号	关于批复会议中心内设机构负责人招聘结果的通知
校发〔2013〕121 号	关于批复餐饮中心内设机构负责人招聘结果的通知
校发〔2013〕122 号	关于批复动力中心内设机构负责人招聘结果的通知
校发〔2013〕123 号	关于批复公寓服务中心内设机构负责人招聘结果的通知
校发〔2013〕127 号	关于批复房地产管理部内设机构负责人招聘结果的通知
校发〔2013〕128 号	关于批复继续教育部内设机构负责人招聘结果的通知
校发〔2013〕129 号	关于高翔任职的通知
校发〔2013〕130 号	关于王浩任职的通知
校发〔2013〕131 号	关于李宁、郝光安职务任免的通知
校发〔2013〕132 号	关于刘金秋任职的通知
校发〔2013〕133 号	关于北京大学体育教研部行政班子任职的通知
校发〔2013〕134 号	关于批复校园服务中心内设机构负责人招聘结果的通知
校发〔2013〕135 号	关于杜鹏、林慧苹职务任免的通知
校发〔2013〕136 号	关于李宁、郝光安职务任免的通知
校发〔2013〕139 号	关于授予吴昌晶、王启玮等同学 2013—2014 学年度博士研究生校长奖学金的决定
校发〔2013〕140 号	关于生命科学学院院长任免的通知
校发〔2013〕141 号	关于北京大学生命科学学院行政班子调整的通知
校发〔2013〕142 号	关于表彰北京大学第十二届青年教师教学基本功比赛、北京高校第八届青年教师教学基本功比赛获奖单位及个人的决定
校发〔2013〕143 号	关于印发《北京大学国家奖学金评审办法》的通知
校发〔2013〕144 号	关于成立北京大学佛教典籍与艺术研究中心的通知
校发〔2013〕145 号	关于印发《北京大学"985 工程"(2010—2020)建设管理办法》的通知
校发〔2013〕147 号	北京大学关于表彰 2012—2013 学年招生工作优秀个人、优秀团队的决定
校发〔2013〕149 号	关于侯仰龙、谢冰等职务任免的通知
校发〔2013〕150 号	关于调整学校行政领导分工安排的通知
校发〔2013〕154 号	关于袁锐任职的通知
校发〔2013〕155 号	关于王宜然任职的通知

续表

校发〔2013〕156 号	关于韩松任职的通知
校发〔2013〕157 号	关于鄂维南、许崇任职务任免的通知
校发〔2013〕158 号	关于刘小博、王长平职务任免的通知
校发〔2013〕159 号	关于钟洁颖、陈淑梅职务任免的通知
校发〔2013〕160 号	关于赵江英、钟洁颖职务任免的通知
校发〔2013〕161 号	关于批复房地产管理部内设机构负责人招聘结果的通知
校发〔2013〕162 号	关于表彰北京大学离退休工作先进集体、先进个人的决定
校发〔2013〕163 号	关于黄益平任职的通知
校发〔2013〕165 号	关于印发《北京大学实验技术人员专业技术职务评审规定》的通知
校发〔2013〕167 号	关于校内独立核算单位返还人员费用的补充规定
校发〔2013〕168 号	关于表彰"北京大学第七届实验技术成果奖"获奖者的决定
校发〔2013〕169 号	关于萧群任职的通知
校发〔2013〕170 号	关于郭传瑸、徐韬职务任免的通知
校发〔2013〕171 号	关于北京大学科维理天文与天体物理研究所所长任职的通知
校发〔2013〕172 号	关于北京大学新闻与传播学院行政班子任职的通知
校发〔2013〕173 号	关于俞虹免职的通知
校发〔2013〕175 号	关于冯支越任职的通知
校发〔2013〕176 号	关于北京大学督查室加挂信访办公室牌子的通知
校发〔2013〕177 号	关于王亚章、秦春华职务任免的通知
校发〔2013〕178 号	关于王小玥任职的通知
校发〔2013〕180 号	关于调整北京大学实验动物管理委员会暨北京大学实验动物福利伦理审查委员会组成人员的通知
校发〔2013〕181 号	关于陈十一、海闻职务任免的通知
校发〔2013〕182 号	关于北京大学现代教育技术中心行政班子任职的通知
校发〔2013〕184 号	关于成立燕园地区第三次全国经济普查领导小组及领导小组办公室的通知
校发〔2013〕185 号	关于调整肖家河教工住宅项目建设领导小组组成人员的通知
校发〔2013〕186 号	关于北京大学新一届校务委员会组成人员的通知
校发〔2013〕187 号	关于印发《北京大学已购公有住房上市出售管理暂行办法》的通知
校发〔2013〕188 号	关于同意聘请费利蒲·沃克博士为北京大学客座教授的决定
校发〔2013〕189 号	关于同意聘请雷蒙·沃意斯博士为北京大学客座教授的决定
校发〔2013〕190 号	关于同意聘请维托德·纳查威次博士为北京大学客座教授的决定
校发〔2013〕191 号	关于撤销北京大学建筑学研究中心的通知
校发〔2013〕195 号	关于北京大学国际战略研究中心更名为北京大学国际战略研究院的通知
校发〔2013〕196 号	关于严纯华、王仰麟职务任免的通知
校发〔2013〕197 号	关于批复总务部内设机构负责人招聘结果的通知
校发〔2013〕200 号	北京大学关于表彰 2012—2013 学年度学生优秀个人和先进集体的决定
校发〔2013〕201 号	关于批复校友工作办公室内设机构负责人招聘结果的通知
校发〔2013〕202 号	关于批复房地产管理部内设机构负责人招聘结果的通知
校发〔2013〕203 号	关于批复档案馆内设机构负责人招聘结果的通知
校发〔2013〕204 号	关于北京大学哲学系宗教学系行政班子任职的通知

续表

校发〔2013〕206号	关于授予丁伟岳等六位教授2013年度北京大学国华杰出学者奖的决定
校发〔2013〕207号	关于于虹、王苏颖等职务任免的通知
校发〔2013〕208号	关于调整北京大学校园规划委员会组成人员的通知
校发〔2013〕210号	关于变更《大学图书馆学报》主办单位的批复
校发〔2013〕211号	关于印发《北京大学网站管理办法》的通知
校发〔2013〕212号	关于印发《北京大学信息化建设项目管理办法(试行)》的通知
校发〔2013〕213号	关于印发《北京大学门户网站信息发布规定》的通知
校发〔2013〕214号	关于印发《关于加强网络信息安全管理做好信息系统安全等级保护工作的意见》的通知
校发〔2013〕215号	关于表彰北京大学2013年优秀博士后的决定
校发〔2013〕218号	关于刘学志职务级别的通知
校发〔2013〕219号	关于霍琨任职的通知
校发〔2013〕220号	关于彭小斌任职的通知
校发〔2013〕221号	关于白利明职务级别的通知
校发〔2013〕222号	关于北京大学心理学系行政班子任职的通知
校发〔2013〕223号	关于同意聘请黄志戎博士为北京大学客座教授的决定
校发〔2013〕224号	关于批复科学研究部内设机构负责人岗位调整的通知
校发〔2013〕225号	关于印发《北京大学非学历继续教育管理办法》的通知
校发〔2013〕226号	关于表彰北京大学2013年度安全保卫工作先进集体和先进个人的决定
校发〔2013〕227号	关于北京大学国际关系学院行政班子任职的通知
校发〔2013〕228号	关于张西峰任职的通知
校发〔2013〕229号	关于北京大学信息管理系行政班子任职的通知
校发〔2013〕230号	关于成立北京大学海洋研究院的通知

表彰与奖励

党建与思想政治工作奖励

北京大学党务和思想政治工作先进集体（11个）

信息科学技术学院党委
外国语学院党委
新闻与传播学院党委
医学部公共教学部党委
第一医院党委
人民医院党委
机关党委
后勤党委
图书馆党委
民盟北京大学委员会
农工民主党北京大学委员会

北京大学优秀党务和思想政治工作者——李大钊奖（10人 按姓氏笔画为序）

朱卫国	基础医学院党委书记 生物化学与分子生物学系党支部书记 代理主任 教授
吴玉杰	医学部公共教学部党委书记 副研究员
吴艳红	心理学系党委书记 副主任 教授
陈晓宇	教育学院党委书记 财务部副部长 教授
陈晓林	物理学院党委书记 副院长 副教授
尚少梅	护理学院党委书记 教授
金 英	考古文博学院党委副书记 副教授
郑清文	外国语学院党委副书记 副院长 副教授
龚文东	纪委副书记 机关党委委员 副研究员
蒋朗朗	中国语言文学系党委书记 党委宣传部长 副教授

北京大学优秀党务和思想政治工作者（84人 按姓氏笔画为序）

丁 宁	艺术学院党总支委员 副院长 教授
于岩岩	第一医院党委委员 研究生党总支书记 教育处副处长 感染疾病科副主任 教授 主任医师
于瑞霞	教务部教材办公室主任 党支部书记 副研究员
万 有	基础医学院党委委员 神经生物学系主任 教授
马 珊	数学科学学院行政实验室党支部书记 中心实验室主任 高级工程师
马 信	科学研究部党支部副书记 基础研究办公室副主任 副研究员
马 皓	直属单位党委副书记 计算中心副主任 党支部书记 保密委员会办公室副主任 高级工程师
马世妹	教育学院党委秘书 综合办公室副主任 助理研究员
王 军	第三医院麻醉科党支部书记 副主任 主任医师
王 玥	医学部公共教学部党委副书记 哲学与社会科学系主任 教授
王 娓	城市与环境学院生态学系党支部书记 副教授
王少杰	人民医院中医科党支部书记 主任医师
王新茹	地球与空间科学学院党团人事办公室主任 行政党支部书记 助理研究员
韦俊民	产业党工委副书记 校产办机关党支部书记 北大资产经营有限公司高级副总裁 副研究员
卢 亮	信息科学技术学院党委副书记 讲师
丛中笑	计算机科学技术研究所直属党支部委员 秘书 副研究员
包茂红	历史学系党委书记 教授
邢劲松	保卫部副部长 党支部书记
邢滔滔	哲学系党委委员 逻辑科哲党支部书记 社会科学部副部长（挂） 副教授
曲一铭	国际关系学院党委办公室副主任 党委秘

	书　2011级本科生党支部书记　助理研究员	肖江平	法学院经济法党支部书记　副教授
曲振卿	北大侨联会副主席　心理学系综合办公室主任　党委秘书　人事干事　副研究员	宋芳秀	经济学院金融保险党支部书记　副教授
		宋绍年	中国语言文学系古代汉语党支部书记　教授
朱九田	口腔医学院团委书记　纪委办公室监察室副主任　助理研究员	张　兴	软件与微电子学院院长　党委委员　教授
		张　克	第三医院骨科党支部书记　副主任　主任医师
刘　洋	出版社行政第二党支部书记　总编室主任　助理编辑	张　凯	第一医院泌尿外科党支部书记　副教授　副主任医师
刘文玲	医学部机关党委副书记　助理研究员		
刘兴隆	深圳研究生院团委副书记	张　莉	化学与分子工程学院党委副书记　高级工程师
刘明利	机关党委委员　研究生院副院长　党支部书记　深圳研究生院副院长　副研究员	张　锐	体育教研部直属党支部书记　教授
		张　霞	精神卫生研究所党院办主任　新闻发言人　助理研究员
刘金秋	地球与空间科学学院团委书记　行政党支部宣传委员　讲师		
		张久珍	信息管理系党委副书记　副教授
刘宝栓	后勤党委副书记　总务部副部长　后勤分工会主席　副研究员	张广钦	信息管理系图书馆学党支部书记　副教授
		张凤霞	校医院党委委员　妇科主任　副主任医师
刘建国	环境科学与工程学院教工第一党支部书记　副教授	张红梅	药学院党委副书记　学生党总支书记　副研究员
刘桂兰	人民医院儿科党支部书记　主任医师		
关　平	民革北大支部副主委　地球与空间科学学院教师　教授	张美萍	图书馆资源建设部党支部书记　主任　副研究馆员
江书省	医学部后勤机关党支部书记　综合办公室主任　研究实习员	陆杰华	九三学社北京市委副主委　社会学系教师　教授
安　宇	医学部计财处党支部书记　审计室主任　会计师	陈　娟	公共卫生学院党委副书记　教授
		邵　枫	心理学系教工党支部书记　副教授
安成才	生命科学学院党委组织委员　教授	武　娟	深圳研究生院院长办公室党委办公室副主任　馆员
许秀菊	肿瘤医院党委委员　工会主席　研究员		
孙永安	第一医院神经内科党支部书记　副主任医师	昌晓红	九三学社北京市委委员　北医委员会副主任委员　人民医院支社主任委员　副研究员
严　军	国际合作部副部长　党支部书记　机关党委委员　副研究员		
		季　红	图书馆党委副书记　纪检委员　流通阅览部主任　副研究馆员
李军凯	工学院党委副书记　副教授		
李启龙	青鸟集团党委委员　第一党支部书记	郑　涛	物理学院党委副书记　副教授
李艳萍	信息科学技术学院电子学教工第一党支部书记　副教授	屈　兵	成人教育学院党总支委员　第二教工党支部书记　副研究员
杨　柳	校工会副主席（兼）　第一医院党委副书记　工会主席　眼科中心副主任　教授　主任医师	赵扬玉	第三医院妇产科党支部书记　副教授　主任医师
		查　晶	元培党总支书记　社会学系党委书记　副教授
杨　莉	第一医院肾内科党支部书记　肾脏病研究所副所长　副教授　副主任医师		
		姚　兰	人民医院手术麻醉科党支部书记　副主任医师
杨　跃	肿瘤医院党委副书记　主任医师		
杨弘博	哲学系党委副书记　讲师	姚静仪	政府管理学院党委副书记　副教授
杨明丽	外国语学院西语离退休党支部书记　副教授	钱民辉	社会学系党委委员　教工第二党支部书记　教授
杨晓雷	法学院党委副书记　讲师	黄福祥	人民医院工会主席　机关第四党支部书记　副主任医师
肖　渊	医学部主任办公室党委办公室主任　副研究员		
		崔一民	第一医院药剂科党支部书记　主任　教授

	主任药师	杨丽丽	医学部党委统战部综合办公室主任　助理研究员
章　政	经济学院党委书记　副院长　教授	杨铁生	人民医院检验病理党支部书记　主任医师
蒋广学	青年研究中心主任　副教授	邹俊华	基础医学院细胞党支部委员　副主任技师
韩巧慧	第三医院党院办公室干部　助理研究员	汪太辅	研究生院党支部原委员　退休干部　研究员
甄　涛	餐饮中心办公室主任　党总支副书记　助理研究员	宋向光	考古文博学院党委原书记　教授
詹成峰	对外汉语教育学院党委委员　行政党支部书记　党委秘书　讲师	张中秋	哲学系美学伦理学党支部书记　退休教师　副教授
穆良柱	物理学院教学党支部书记　物理演示实验室主任　讲师	张臣武	外国语学院俄语系退休党支部委员　副研究员
戴长亮	人事部副部长　党支部副书记　副研究员	张连贵	校园服务中心主任助理　党支部委员
戴锡兰	口腔医学院离退休党支部书记　离退休办公室主任　助理研究员	张桂英	研究生院党支部原委员　退休干部　研究员
		林　丛	医学部机关党委委员　人才服务与培训中心主任　研究员

北京大学党务和思想政治工作奉献奖
（44人　按姓氏笔画为序）

		林　洁	医学部医院党支部组织委员　主管技师
马兰艳	第一医院党委委员　纪委书记　监察室主任　研究员	季素珍	第一医院皮肤性病科党支部书记　主任医师
王成元	公寓服务中心党支部书记　高级工	宝海荣	医学部副主任　后勤党委原委员　助理研究员
王光中	第一医院保卫处党支部书记　副处长　研究实习员	郝光安	体育教研部主任　直属党支部委员　教授
王庆春	人民医院耳鼻喉科皮科党支部原书记　退休职工　副主任医师	侯品成	保卫部信息调研办公室主任　助理研究员
王建华	餐饮中心主任　党总支委员	祝　虹	基础医学院学生办公室干部　讲师
王春虎	医学部党委宣传部部长　研究员	聂红平	第一医院眼科党支部书记　主任医师　副教授
牛建权	总务部综合办公室主任　党支部组织委员　研究实习员	郭维忠	第三医院职业病科党支部书记　技师
孔繁菁	医学网络教育学院副院长　党支部书记　助理研究员	黄南平	马克思主义学院党委委员　党委原书记　副教授
田立青	数学科学学院数学研究所秘书　党委原副书记　研究员	黄蕴平	考古文博学院党委原组织委员　教授
田爱国	校园服务中心主任助理　原事务处事务科党务干部　校园管理服务中心党支部原书记　助理研究员	蒋建渝	第三医院麻醉党支部原纪检委员　退休职工　主任医师
		韩立国	心理学系党委原书记　退休教师　教授
田梦梦	保卫部信息调研办公室干部　研究实习员	鲍慧玲	第三医院儿科党支部书记　副主任医师
朴文丹	法学院党委副书记　副研究员	窦书霞	保卫部副部长　副研究员
刘乐坚	出版社党委副书记　副总编辑　编审	窦克瑾	中国语言文学系党委副书记　组织委员　行政党支部书记　助理研究员
许崇任	元培学院院长　生命科学学院副院长　党委原书记　教授		

北京大学抗震救灾优秀共产党员
（20人　按姓氏笔画为序）

李　仁	人民医院设备处党支部原书记　退休职工　主管技师	王　港	第三医院普通外科副主任医师
李　春	青鸟集团党委委员	尹慕军	人民医院胃肠外科主任医师
李文胜	医学部党委副书记　教授	孔祥燕	人民医院创伤骨科党支部书记　护士长　主管护师
李德昌	体育教研部直属党支部委员　教授	冯　英	第三医院普通外科护师
杨　敏	会议中心原副主任　后勤机关、总务部党支部原书记　高级会计师	刘晓光	第三医院副院长　教授　主任医师

刘慧强	第三医院儿科主治医师
李六亿	第一医院感染管理疾病预防控制处处长 研究员
李危石	第三医院骨科党支部副书记 主任医师
杨雪松	第三医院感染管理科 疾病预防控制科主任 主任医师
吴 华	第三医院感染联合党支部书记 助理研究员
张 娟	第三医院儿科主治医师
张志山	第三医院骨科副主任医师
武迎宏	人民医院感染管理办公室主任 副研究员
周谋望	第三医院康复医学科党支部书记 主任教授 主任医师
郑 康	第三医院急诊科主治医师
宗邵杰	第三医院骨科护师
段俊滔	第三医院心内科护师
姜保国	医学部副主任 人民医院创伤骨科主任 教授 主任医师
薛 磊	第三医院危重医学科护士长 护师
魏 滨	第三医院麻醉科主治医师

北京大学抗震救灾先进党组织（1个）

第三医院抗震救灾医疗队临时党支部

北京大学十佳学生党支部书记
（10人 按姓氏笔画为序）

王胤奎	第一医院学生党总支2008级临床一班党支部书记
代 冲	工学院2009级本科生党支部书记
冯 时	外国语学院2010级硕士生党支部书记
杨亚晨	外国语学院2009级本科生党支部书记
沈一心	历史学系2010级本科生党支部书记
张 岩	地球与空间科学学院地质本科生党支部书记
罗剑兴	物理学院凝聚态博士生第一党支部书记
房智轩	物理学院2009级本科生党支部书记
常长长	深圳研究生院2012级社会学党支部书记
彭 耕	药学院2010级本科生党支部书记

表13-1 北京大学2012—2013年度优秀德育奖名单

获奖者	单位	获奖者	单位
卢存宣	数学科学学院	蒋少翔	国家发展研究院
周路群	物理学院	唐金楠	艺术学院
刘金秋	地球与空间科学学院	谭 卓	新闻与传播学院
李军凯	工学院	沙丽曼	元培学院
李 妍	信息科学技术学院	何仲恺	体育教研部
王炳武	化学与分子工程学院	任 晔	歌剧研究院
昌增益	生命科学学院	于长江	深圳研究生院
张 帆	城市与环境学院	霍晓丹	学生工作部
张剑波	环境科学与工程学院	李纬华	学生工作部
张擎华	中国语言文学系	张 莹	学生工作部
牛 可	历史学系	杨爱民	学生资助中心
金 英	考古文博学院	刘海骅	心理健康教育与咨询中心
王少雄	哲学系	林思聪	学生就业指导服务中心
刘语潇	国际关系学院	李婷婷	青年研究中心
李 铄	经济学院	张莉鑫	校团委
王 欢	光华管理学院	王逸鸣	校团委
路姜男	法学院	冯 宁	校团委
刘兹恒	信息管理系	祝 虹	基础医学院
匡国鑫	社会学系	陈 平	药学院
姚静仪	政府管理学院	侯淑肖	护理学院
夏切尔	外国语学院	曾 辉	第三临床医院
李石生	马克思主义学院	郭玲伶	医学部研究生工作部
徐未欣	教育学院	崔博华	药学院
张 蕾	人口研究所		

表 13-2　北京大学 2012—2013 年度优秀班主任标兵名单

获奖者	单位	获奖者	单位
付新苗	生命科学学院	孙飞宇	社会学系
田　原	地球与空间科学学院	车　浩	法学院
梅亚冲	经济学院	孙建波	化学与分子工程学院
琴知雅	外国语学院	张趁利	深圳研究生院
徐思遥	物理学院	方爱珍	医学部预科管理办公室
蒋　承	教育学院	邹晓民	药学院
吴天岳	哲学系	张召锋	公共卫生学院
蒋　晖	中国语言文学系	王　洋	口腔医学院

表 13-3　北京大学 2012—2013 年度优秀班主任名单

获奖者	单位	获奖者	单位
范后宏	数学科学学院	孙建波	化学与分子工程学院
何洋波	数学科学学院	叶　飞	化学与分子工程学院
刘子豪	数学科学学院	李先江	化学与分子工程学院
邵嗣烘	数学科学学院	付新苗	生命科学学院
宋春伟	数学科学学院	瞿礼嘉	生命科学学院
刘项琨	物理学院	饶广远	生命科学学院
乔　锐	物理学院	纪玉锶	生命科学学院
徐思遥	物理学院	柴彦威	城市与环境学院
黄　龄	物理学院	蒙吉军	城市与环境学院
邵文静	物理学院	刘耕年	城市与环境学院
杜世宏	地球与空间科学学院	马国强	城市与环境学院
李　艳	地球与空间科学学院	王雪松	环境科学与工程学院
刘　琼	地球与空间科学学院	晏明全	环境科学与工程学院
田　原	地球与空间科学学院	姚　翔	心理学系
张海明	地球与空间科学学院	蒋　晖	中国语言文学系
杨　莹	工学院	张丽华	中国语言文学系
李　恒	工学院	何　晋	历史学系
于海峰	工学院	王书林	考古文博学院
郑殿峰	工学院	吴天岳	哲学系
王劲松	工学院	李　林	哲学系
郭　耀	信息科学技术学院	曲一铭	国际关系学院
李朝晖	信息科学技术学院	刘海方	国际关系学院
李　戈	信息科学技术学院	罗艳华	国际关系学院
刘　田	信息科学技术学院	黄　冠	经济学院
王恺然	信息科学技术学院	梅亚冲	经济学院
王　源	信息科学技术学院	张　莹	经济学院
依　那	信息科学技术学院	陈　磊	光华管理学院
任　菲	光华管理学院	郑　重	元培学院

续表

获奖者	单位	获奖者	单位
车 浩	法学院	丁夕友	元培学院
陈若英	法学院	贺 飞	元培学院
刘银良	法学院	林 爽	元培学院
王社坤	法学院	张趁利	深圳研究生院
张 晶	法学院	卢志明	深圳研究生院
张智勇	法学院	李大刚	深圳研究生院
徐 扬	信息管理系	赵亚波	深圳研究生院
孙飞宇	社会学系	冯 凝	深圳研究生院
户国栋	政府管理学院	郭凤清	深圳研究生院
孙铁山	政府管理学院	王 婧	深圳研究生院
单荣荣	外国语学院	陈娇娇	深圳研究生院
琴知雅	外国语学院	方爱珍	医学部预科管理办公室
高彦梅	外国语学院	佟 巍	医学部预科管理办公室
林丰民	外国语学院	林凌南	基础医学院
叶少勇	外国语学院	廖斐斐	基础医学院
潘 钧	外国语学院	邹晓民	药学院
刘 淳	外国语学院	倪 婧	公共卫生学院
谢 昂	外国语学院	张召锋	公共卫生学院
于施洋	外国语学院	朱燕萍	公共卫生学院
秦维红	马克思主义学院	李小卫	护理学院
蒋 承	教育学院	魏征新	护理学院
郭建如	教育学院	于新亮	公共教学部
刘 岚	人口研究所	谢 虹	公共教学部
黄 卓	国家发展研究院	唐志伟	医学部台港澳办公室
张文贤	对外汉语教育学院	陈晓雯	第一临床医院
商 伟	艺术学院	袁 云	第一临床医院
徐金灿	新闻与传播学院	张 皓	第一临床医院
王昇虹	新闻与传播学院	石淑宵	第二临床医院
褚 琳	第二临床医院	沈 勇	口腔医学院
乔志芳	第三临床医院	释 栋	口腔医学院
汪 恒	第三临床医院	王 洋	口腔医学院
霍 刚	第三临床医院	邵 然	航天中心医院
高 芳	第五临床医院	陈扬霖	肿瘤医学院
王培忠	第五临床医院		

表 13-4 北京大学"学生工作先进单位"名单

获奖单位	获奖单位
地球与空间科学学院	元培学院
外国语学院	第二临床医学院
化学与分子工程学院	基础医学院
环境科学与工程学院	

教学科研奖励与奖教金

表 13-5　北京大学 2012—2013 年度教学优秀奖获奖名单

院系	姓名	院系	姓名
数学科学学院	李伟固 高　立	法学院	凌　斌 王世洲
工学院	荣起国	信息管理系	刘兹恒
物理学院	王晓钢 马中水	社会学系	熊跃根
信息科学技术学院	刘　田 董明科	外国语学院	唐仁虎 谷　裕
化学与分子工程学院	卞　江 甘良兵	艺术学院	俞　虹
生命科学学院	郭红卫 张　博	新闻与传播学院	吕　艺
地球与空间科学学院	江大勇 张　波	马克思主义学院	李淑珍
城市与环境学院	宋　峰	教育学院	林小英
环境科学与工程学院	温东辉	国家发展研究院	余淼杰
心理学系	钱铭怡	体育教研部	李德昌
中国语言文学系	秦立彦 郭　锐	对外汉语教育学院	邓　丹
历史学系	赵冬梅	基础医学院	倪菊华
哲学系	吴天岳 郑　开	药学院	王　欣
考古文博学院	孙庆伟	第一临床医学院	刘占兵
政府管理学院	高鹏程	第二临床医学院	姜冠潮
国际关系学院	张清敏	口腔医学院	冯海兰
经济学院	李绍荣 张亚光	第三临床医学院	杨渝平
光华管理学院	赵龙凯 颜　色		

表 13-6　北京大学荣获第九届北京市教学名师奖名单

姓名	院系	姓名	院系
李　彦	化学与分子工程学院	董志勇	经济学院
牛　军	国际关系学院	王　韵	医学部

表13-7 北京大学2013年国华杰出学者奖获奖名单

序号	姓名	单位	序号	姓名	单位
1	丁伟岳	数学科学学院	4	郑晓瑛	人口研究所
2	秦国刚	物理学院	5	沈渔邨	医学部
3	刘伟	经济学院	6	朱学骏	医学部

表13-8 北京大学2013年杨芙清—王阳元院士教师奖获奖名单

序号	姓名	单位	序号	姓名	单位
1	张远航	环境科学与工程学院	10	王源	信息科学技术学院
2	任艳霞	数学科学学院	11	张铭	信息科学技术学院
3	许甫荣	物理学院	12	张志刚	信息科学技术学院
4	席振峰	化学与分子工程学院	13	傅民魁	口腔医学院
5	刘建华	外国语学院	14	刘晓光	第三医院
6	刘立新	对外汉语教育学院	15	陆林	中国药物依赖性研究所
7	印红标	国际关系学院	16	司天梅	第六医院
8	王一鸣	经济学院	17	吴立玲	基础医学院
9	沈晴霓	软件与微电子学院			

表13-9 北京大学2013年正大奖教金获奖名单

序号	姓名	单位	序号	姓名	单位
1	王正栋	数学科学学院	11	时光	外国语学院
2	陈斌	物理学院	12	唐孟生	外国语学院
3	薛惠文	物理学院	13	冯雅新	马克思主义学院
4	徐东升	化学与分子工程学院	14	董进霞	体育教研部
5	盖增喜	地球与空间科学学院	15	董明科	信息科学技术学院
6	徐金灿	新闻与传播学院	16	陆俊林	信息科学技术学院
7	虞吉海	光华管理学院	17	王兴军	信息科学技术学院
8	车浩	法学院	18	丁延庆	教育学院
9	申静	信息管理系	19	王前	工学院
10	徐湘林	政府管理学院			

表13-10 北京大学2013年通化东宝生命科学奖教金获奖名单

序号	姓名	单位	序号	姓名	单位
1	贺新强	生命科学学院	3	郑晓峰	生命科学学院
2	王戎疆	生命科学学院			

表13-11 北京大学2013年方正奖教金获奖名单

序号	姓名	单位	所获奖项	序号	姓名	单位	所获奖项
1	许德峰	法学院	特等奖	16	宗秋刚	地球与空间科学学院	优秀奖
2	杨弘博	哲学系	优秀管理奖	17	马戎	社会学系	优秀奖
3	刘萍	城市与环境学院	优秀管理奖	18	张波	政府管理学院	优秀奖
4	王燕华	幼教中心	优秀管理奖	19	罗炜	外国语学院	优秀奖
5	王红印	人事部	优秀管理奖	20	宁琦	外国语学院	优秀奖
6	谷雪	国际合作部	优秀管理奖	21	裴玉茹	信息科学技术学院	优秀奖
7	黄俊平	研究生院	优秀管理奖	22	王胜	信息科学技术学院	优秀奖
8	黄凯	设备部	优秀管理奖	23	王玮	信息科学技术学院	优秀奖
9	阮草	校团委	优秀管理奖	24	朱家祥	国家发展研究院	优秀奖
10	戴谷音	医学部机关	优秀管理奖	25	王倩宜	计算中心	优秀奖
11	王维民	医学部机关	优秀管理奖	26	郭新彪	公共卫生学院	优秀奖
12	刘鹏	党办校办	优秀管理奖	27	李海潮	第一医院	优秀奖
13	范后宏	数学科学学院	优秀奖	28	王俊	人民医院	优秀奖
14	刘春玲	物理学院	优秀奖	29	杨跃	临床肿瘤学院	优秀奖
15	吕国伟	物理学院	优秀奖				

表13-12 北京大学2013年树仁学院奖教金获奖名单

序号	姓名	单位	序号	姓名	单位
1	王晓钢	物理学院	4	聂志红	马克思主义学院
2	郭召杰	地球与空间科学学院	5	刘元满	对外汉语教育学院
3	王辉	光华管理学院			

表13-13 北京大学2013年中国工商银行教师奖获奖名单

序号	姓名	单位	所获奖项	序号	姓名	单位	所获奖项
1	张影	光华管理学院	经济学杰出学者奖	12	陈岗龙	外国语学院	优秀教师奖
2	陈仪	经济学院	经济学优秀学者奖	13	张敏	外国语学院	优秀教师奖
3	袁诚	经济学院	经济学优秀学者奖	14	刘丽萍	体育教研部	优秀教师奖
4	周黎安	光华管理学院	经济学优秀学者奖	15	丁宁	艺术学院	优秀教师奖
5	张黎	国家发展研究院	经济学优秀学者奖	16	汪中	信息科学技术学院	优秀教师奖
6	陈功	人口研究所	经济学优秀学者奖	17	王玮	信息科学技术学院	优秀教师奖
7	冯荣权	数学科学学院	优秀教师奖	18	朱红	教育学院	优秀教师奖
8	张坚	物理学院	优秀教师奖	19	夏定国	工学院	优秀教师奖
9	黄舟	地球与空间科学学院	优秀教师奖	20	潘小兵	财务部	优秀教师奖
10	王秀丽	新闻与传播学院	优秀教师奖	21	权忠鄂	财务部	优秀教师奖
11	姜明安	法学院	优秀教师奖				

表 13-14　北京大学 2013 年北京银行奖教金获奖名单

序号	姓名	单位	序号	姓名	单位
1	全胜文	物理学院	4	展立新	教育学院
2	朱永峰	地球与空间科学学院	5	毛志锋	环境科学与工程学院
3	刘 能	社会学系			

表 13-15　北京大学 2013 年宝洁奖教金获奖名单

序号	姓名	单位	序号	姓名	单位
1	冒亚军	物理学院	4	赵建业	信息科学技术学院
2	赖 勇	地球与空间科学学院	5	莫多闻	城市与环境学院
3	刘 田	信息科学技术学院			

表 13-16　北京大学 2013 年宝钢奖教金获奖名单

序号	姓名	单位	序号	姓名	单位
1	严纯华	化学与分子科学学院	4	万小军	计算机科学技术研究所
2	杨建生	数学科学学院	5	霍莉钦	医学部公共教学部
3	孟 策	物理学院			

表 13-17　北京大学 2013 年人文杰出青年学者奖获奖名单

序号	姓名	单位	序号	姓名	单位
1	常 森	中国语言文学系	26	吴小安	历史学系
2	陈连山	中国语言文学系	27	徐 健	历史学系
3	杜晓勤	中国语言文学系	28	颜海英	历史学系
4	韩毓海	中国语言文学系	29	张 帆	历史学系
5	胡敕瑞	中国语言文学系	30	臧运祜	历史学系
6	金永兵	中国语言文学系	31	崔剑锋	考古文博学院
7	李鹏飞	中国语言文学系	32	雷兴山	考古文博学院
8	李 杨	中国语言文学系	33	韦 正	考古文博学院
9	刘玉才	中国语言文学系	34	徐怡涛	考古文博学院
10	潘建国	中国语言文学系	35	杨哲峰	考古文博学院
11	漆永祥	中国语言文学系	36	张 弛	考古文博学院
12	汪 锋	中国语言文学系	37	周双林	考古文博学院
13	王 风	中国语言文学系	38	韩林合	哲学系
14	王 娟	中国语言文学系	39	李四龙	哲学系
15	吴国武	中国语言文学系	40	刘华杰	哲学系
16	吴晓东	中国语言文学系	41	聂锦芳	哲学系
17	许红霞	中国语言文学系	42	孙尚扬	哲学系
18	张 辉	中国语言文学系	43	王 博	哲学系
19	张 沛	中国语言文学系	44	吴国盛	哲学系
20	包茂红	历史学系	45	吴增定	哲学系
21	董经胜	历史学系	46	徐凤林	哲学系
22	黄春高	历史学系	47	杨立华	哲学系
23	尚小明	历史学系	48	仰海峰	哲学系
24	王立新	历史学系	49	郑 开	哲学系
25	王奇生	历史学系	50	周 程	哲学系

表 13-18　北京大学 2013 年绿叶生物医药杰出青年学者奖获奖名单

序号	姓名	单位	序号	姓名	单位
1	马玉荣	化学与分子工程院	9	陈良怡	分子医学研究所
2	王炳武	化学与分子工程院	10	吕凤祥	分子医学研究所
3	张艳	化学与分子工程院	11	焦宁	药学院
4	孔雷	生命科学学院	12	刘昭飞	基础医学院
5	汤富酬	生命科学学院	13	孟祥豹	药学院
6	姚蒙	生命科学学院	14	孙露洋	基础医学院
7	黄岩谊	工学院	15	叶敏	药学院
8	席鹏	工学院	16	郑乐民	基础医学院

表 13-19　北京大学 2013 年黄廷方/信和青年杰出学者奖获奖名单

序号	姓名	单位	序号	姓名	单位
1	章志飞	数学科学学院	11	吴杰伟	外国语学院
2	廖志敏	物理学院	12	叶少勇	外国语学院
3	薛进庄	地球与空间科学学院	13	朱晓洁	外国语学院
4	李晟	心理学系	14	周映辰	艺术学院
5	归泳涛	国际关系学院	15	汲传波	对外汉语教育学院
6	张久珍	信息管理系	16	周明辉	信息科学技术学院
7	卢云峰	社会学系	17	裴永茂	工学院
8	贾永生	外国语学院	18	李秉奎	医学部公共教学部
9	王雷	外国语学院	19	王海俊	公共卫生学院
10	翁家慧	外国语学院	20	肖苏龙	药学院

表 13-20　北京大学 2013 年华为奖教金获奖名单

序号	姓名	单位	序号	姓名	单位
1	曹喜信	软件与微电子学院	6	谢昆青	信息科学技术学院
2	蒋严冰	软件与微电子学院	7	陈永利	学工部
3	杨雅辉	软件与微电子学院	8	李泊桥	学工部
4	李妍	信息科学技术学院	9	吕媛	学工部
5	田军	信息科学技术学院			

表 13-21　北京大学 2013 年王选青年学者奖获奖名单

序号	姓名	单位	序号	姓名	单位
1	李若	数学科学学院	2	颜学庆	物理学院

学生及学生工作奖励

三好学生标兵

数学科学学院
韦东奕　雷理骅　顾诗颢　张峻梓　陈　麟　孙张鹏
梁哲铭　王少峰

工学院
俞　玥　李　程　王梦泽　王　曼　高　翔　杨　成
付　际

物理学院
吴　蒙　付少华　陈　露　肖　虓　马力克　王贺明
郭　诚　郭超群　邵鼎煜　刘项琨　王　欢　宋舒娜
魏　伟

地球与空间科学学院
刘嘉辉　吴　桐　刘　鹏　付　晨　邓正宾　方俊钦
杨晓雪

信息科学技术学院
王恺悦　左　源　吕垠轩　马思鸣　李　睢　赵玮泽
刘卢琛　胡志挺　陈云帆　车丽美　郑　倩　陈科吉
江　慧　赵　鑫　赵丹淇　梁　佳　王骏成　张晓东

化学与分子工程学院
施海玲　蒋兴宇　孙旭东　张　辰　常翠兰　李　劼
毕　烨　吴瞳勃

生命科学学院
商　瑾　陈智敏　成　林　刘轶群　杨明玉　郭红山

城市与环境学院
杨　倩　郭永沛　王瑀琦　闫伟奇　许超诣　林　笠

环境科学与工程学院
吴　悠　万　瑞　李　力

心理学系
彭玉佳　谢为伊　于宏波

中国语言文学系
黎潇逸　唐芊尔　罗　浩　吴妍姝　包凯华　王靖楠
韩沛奇　万　群

历史学系
王健丁　何天白　张慕智　邱靖嘉

考古文博学院
袁怡雅　陈斯雅

哲学系
赵　悦　何滨柔　韩梦迪　刘鹤亭

国际关系学院
李洪胜　张先弛　鲁　蕾　毛思源　王慧晶　宋　晨

经济学院
丁匡达　李　晗　向　佳　王耀东　王羽尧　胡汪音
龚晓飞　李抒怡

光华管理学院
侯千乘　计　羽　傅　蕾　杨雪萌　冯翼翔　段　湾
叶　杨　代龙脊　谌嘉席　马　松　刘　晶　郝兆伟

法学院
陈立诚　李思佳　金雪儿　肖政兴　张婉愉　李明哲
胡诗雪　张佳杰　胡灿莲　沈钰棪　沈　思　刘跃挺
王桦宇　韩静茹

信息管理系
许宜哲　史璐雯

社会学系
牟思浩　可黎明　强子珊

政府管理学院
赵培强　袁翙珊　余梦露　梁　玢　杨小斌

外国语学院
赵梓彤　刘韵姣　满　园　胡大炜　陈如晖　贵明玥
沈　希　冯其玲　殷国梁

马克思主义学院
陈　晨

艺术学院
李尽沙　牟冬野

新闻与传播学院
吕佳宁　刘爽健　柏小林　冯美娜　赵雅婷

元培学院
吴宇青　俞秀梅　陈　曦　靖　奇　盛大林　沈健平

对外汉语教育学院
雷梦婕

国家发展研究院
李　冉

教育学院
江淑玲

分子医学研究所
蒋蓓蓓

前沿交叉学科研究院
文　学

软件与微电子学院

杨 莉	付 梓	孙 妍	梁利刚	魏 鑫	王黎旭
林 硕	杨 珏	杨凯旋	王 静		

深圳研究生院

岳国宗	常丹琳	饶先拓	黄立富	刘 洋	李丽丽
华丽斯	林晓伟	张 靓	刘幸儿	隋 莹	王 钦
冯翠婷	刘瑞丰	许燕燕	马 琳	何 洁	王 玲

医学预科

李 佳	叶艺璇	左 影	蔡晓春	宗纪元	

医学部本科生系统

雷冈茜	李善欣	刘正阳	梁芳园	刘国臻	程 萱
王雅亭	王 婕	郭 娜	张艺嘉	金奥铭	史 薇
陈 镕	陈 璐	郅 新	李 珊	吕珑薇	庞一帆
辛 灵	王志新	杜雅丽	苏晓鸿	翁浩宇	郭 浩
姜雅楠	杜仁杰	赵 伟	徐 铌	姚兰秋	孙泽文
武名政	杨 祎				

医学部研究生系统

基础医学院

肖 鹏	房 煊	苏 文	葛菲菲	唐 颢	

药学院

陈 哲	郭志刚	秦 冲

公共卫生学院

白冠男	王宛怡

第一临床医学院

马 超	夏驭龙	刘淑平	冉梦龙

第二临床医学院

刘振华	唐 胤

第三临床医学院

石岩岩	李 刚

口腔医学院

崔晓曦	徐啸翔

临床肿瘤学院

赵兵甜	李晶晶

三好学生

数学科学学院

李文博	李立颖	陈天珩	庄梓铨	梅 松	姚健婷
雷理骅	白 钰	黄政宇	苏 钧	韦东奕	阮 丰
赵若扉	闫 峻	肖一君	顾诗颢	彭志超	王青璨
张明睿	耿志远	张峻梓	王恺峥	孔 嘉	李少堃
王 帅	吴艺翀	刘双城	孙月姣	胡安然	陈 麟
马 超	曾祥泽	王东皞	万若斯	吴 昊	佟 瑶
王晓玮	尤之一	冯书豪	樊玉伟	吴贵超	孙张鹏

黄维晨	彭建恩	梁哲铭	吴 昕	曹 寅	吴朔男
王善标	王少峰	陈正鸿	胡婷婷	张金华	文 豪
郎红蕾	楚健春	熊杰超	陈明娟	白 洋	郭培昌

工学院

尹 涵	俞 玥	刘 颖	李 颖	赵乾坤	刘一民
张 寅	孟 伟	李 程	黄振航	唐 萌	刘昕荷
周 皓	张鹏宇	万广超	张 越	孟名扬	王梦泽
陈星如	孙 瑶	王 平	王 曼	高 冉	张明轩
周文彬	曾 珍	赵泽钦	邹 曦	周 蕊	高 翔
李佳硕	张晶晶	李 楠	张 堃	余真鹏	伍 梓
杨 成	马 明	于 璐	于嘉鹏	刘诗泽	付 际
唐 肖	吴小芳	唐慧莹	张 琦	赵天山	戴 鹏

物理学院

吴 蒙	付少华	陈 露	包宜骏	庄 园	郭怡鑫
张佳辰	李 智	周 超	孙轶依	刘仪襄	康婉莹
杨 康	周智勤	肖 虓	马力克	刘春骁	杨 帆
胡志强	罗英华	杨志栋	陈东宇	史可鉴	王天乐
戴 极	沈博强	纪经纬	孙子墨	林则仁	高籍非
刘戈锐	宁鸿烈	郭 诚	王贺明	刘天仪	陈东政
吕旭东	单君翌	毛 丹	庄佳威	沈钟灵	胥 恒
刘芮杉	潘 超	高智涵	岳明昊	申时行	王光兵
周超然	杜立配	徐志庆	郭峥山	陈逸航	吕 程
邵鼎煜	邵华圣	王小平	邢 星	杨再宏	杨倩倩
陈学刚	贾方健	郭超群	罗剑兴	李庆涛	任金丽
陈启博	李贝贝	王 欢	王 浩	刘项琨	刘 帅
魏 伟	武凯军	张建东	陈 洁	宋舒娜	郭 静
邢 莉	王 绪	赵 冲	周伶俐	徐 源	陈云峰
张艳文	王 坤	蒋 宁	李明鑫		

地球与空间科学学院

刘 鹏	刘嘉辉	李显伟	李家腾	庞 昊	张瑞洁
肖元正	吴 桐	张云帆	李天意	王天阳	张申健
刘 晗	马文婷	王晋娟	刘 娜	杨娅侨	赵浩男
庞博宸	周 鑫	雷明达	李明佳	刘 磊	付 晨
郭馨蔚	杨晓雪	惠红军	王 雪	刘 曦	邓正宾
聂 婷	詹 彦	翟俪娜	刘志鹏	陶仁彪	张 磊
宋文磊	云 烨	周腾飞	赵 盼	赵 伟	李 滨
王 俊	刘红光	方俊钦	邓西里	闫丽梅	郭 舟
刘 博	贾 科				

信息科学技术学院

王恺悦	左 源	李晓光	陶世博	廉亚飞	吕垠轩
马思鸣	李 哲	杜 焱	许伦博	李 宝	李 雎
赵玮泽	刘卢琛	胡志挺	闫任驰	周振宇	黄权隆
白安琪	杨撒博雅	王子一	陈云帆	曲乐之	马玉玲
张 昭	王姗姗	丁瑞洲	廖 昀	马文博	王 楠
王 涵	胡智文	王 静	秦樵风	谢 杰	薛子钊
杨子小帆	潘晨毅	辛 超	鲜 染	邹达明	张舒汇

吴逸鸣	王潇放	毛景树	黄　元	刘　畅	徐良威
宋梓宇	杨　宇	张　瑶	柳　毓	范元宁	于博成
阿不都维力·阿布力克木		董文礼	宋思捷	赵万荣	
林宇哲	蔡思培	沈　琦	韦　琬	黄丽明	倪泽塑
朱　睿	李逸峰	张　伟	李　冲	吴渤翰	田　宇
车丽美	王　羿	郑　倩	陈科吉	尹　宁	林　拓
谢佳亮	李小奇	周　璟	江　慧	管应炳	弓　彬
钱梦仁	刘孟奇	万　纯	王　菁	孙　涛	卞宇阳
王东祺	张永太	蒋云飞	孟　洋	蒋娓娓	宁志远
陈中杰	郭秋怡	赵　鑫	赵丹淇	孙旭明	王武生
何正焱	卞超轶	刘中健	陈宏铭	梁　佳	李鹿原
杨建军	李　辰	王锦鹏	李　源	王骏成	王一娇
刘文韬	徐　畅	郁晨曦	李大为	朱子骁	薛继龙
盖　孟	朱恩强	刘　蒙	韩梦迪	张晓东	彭焕发
朱哌锟	陈思明	周夏冰	方　熙		

化学与分子工程学院

施海玲	蒋兴宇	王瑞琦	谢謇璇	刘　帅	诸琪磊
程　昳	王健纯	冯　煜	张可天	孙旭东	刘卡尔顿
李乙鑫	张英硕	张旻烨	季　栋	张　超	邓亦范
刘恒瑞	王　直	张　辰	高　峰	周钰静	张智榕
张璐婷	阎天炜	杨俊峰	傅天任	陈景诚	于　晋
王仁明	常翠兰	何晓辉	孟　虎	钟璐玮	牛　林
陈　昊	宋成程	李　劼	李先江	黄虹端	高　昂
冀　然	刘艺斌	唐　伟	赵文博	陈　阳	马　宾
蔡元博	娄舒洁	毕　烨	谭　伟	张　帅	赵　博
吴瞳勃	张达奇	郑雨晴	徐林楠	常玉珊	张　骏
张则尧					

生命科学学院

任　驰	王　欣	商　瑾	张　宏	唐苦尽	何朔南
赵峻峰	张轶伟	郑旭辉	马雨桐	孙大韪	赵天舒
古　欣	陈智敏	席中海	柴闫明	吴亦歌	王　琳
张远和	金　琛	刘春宏	成　林	瞿玲龙	任庆鹏
刘铁群	冯　晖	许　楠	张玉豪	李雁冰	郭红山
房昱含	徐　奕	王　睿	刘禹兵	薛瑞栋	雷　俊
关俊宏	刘　阳	周景峰	李春梅	杨明玉	董　璐
谢夏青	王志敏	Sha Sa	陈碧清	徐毅曦	

城市与环境学院

杨　倩	李筠洁	邹林佚	赵　巍	孔莹晖	郭昊丽
诗　雨	王嘉懿	郭永沛	万　岱	王瑀琦	蔡雅垠
袁钰莹	赵雅婧	肖　璇	宋　戈	邹东廷	董　玥
张元辰	左煜坤	于铖浩	林慧铭	黄珊慧	杨凯翔
闫伟奇	应凌霄	蒋洁琼	许超诣	郭文伯	王伟凯
冯　筱	侯　珍	陈　默	张萌萌	陶栋艳	法念真
沈惠中	何尬霜	王利伟	窦晓璐	许　婵	王　阳
韩忆楠	池秀莲	郑天立	罗　毅	林　笠	

环境科学与工程学院

龙显灵	李逸婧	吴　悠	冯　韬	邱明昊	肖　瑶
王卓然	李明真	李　蕾	万　瑞	张晓玲	于祥泉
李　力	张澄澄	刘　润	付慧真	黄　昕	李　莉
梁中耀					

心理学系

汪星宇	麦艳芬	范广川	杨奕颖	王嘉澍	宋轶凡
李　莎	彭玉佳	王　哲	马　鑫	胡昭然	刘昕彤
王　杰	冯胜闯	李　环	谢为伊	石振昊	于宏波
林伟鹏	陆静怡				

中国语言文学系

秦雅萌	隋思誉	张一帆	杜　雪	张　畅	严旋萍
叶栩乔	鄢　虹	程梦稷	宋　爽	刘家玮	陈子丰
刘　倩	郑子欣	张　驰	张明瑟	杨蕙璇	陈　乐
张　末	闫　皓	张安琪	韩　潇	陈墨玉	吴　比
许迪明	谭胜蓝	金新星	黄丽玲	金钟沅	李浴洋
王媛媛	黄攀伟	李　军	朱　倩	黄新骏蓉	任一丁
谢英镝	汪　莹	王耐刚	陈　晓	周京艳	兰善兴
张志娟	黄　琪	邓韵娜	蒋仁正	赵团员	李　静
黎潇逸	唐芊尔	罗　浩	吴妍姝	包凯华	王靖楠
韩沛奇	万　群	张　凡	袁　丁		

历史学系

沈一心	邹佳宸	彭诗画	赵　茜	章　涛	陈　扬
李　墨	陈　功	孙沐乔	刘　芳	顾　韬	陈少卿
袁　瑶	孙微言	白　云	梁跃天	罗　帅	韩基奭
于　月	杨　博	刘　晨	詹学昭	王健丁	何天白
张慕智	邱靖嘉				

考古文博学院

袁怡雅	达吾力江	冯　玥	李　唯	季　宇	胡毅捷
陈斯雅	徐文鹏	俞莉娜	李颖翀	张　寅	范佳翎
高　玉					

哲学系

曾　馨	谢清露	赵　悦	程高超	丁一峰	吕瑞石
孙烁琪	张文豪	王淏然	杨治洪	李茂颖	何滨柔
张　雷	钟振博	杨文敏	韩梦迪	郑　植	孙才真
李海燕	张兆民	崔凯华	吴宁宁	郑　华	邬　蕾
王　博	刘佳琪	徐文静	刘鹤亭	彭　荣	徐千懿

国际关系学院

陈菊婉聪	李秋平	王菁菁	卢雨涵	李洪胜	辛经纬
郑唯实	刘　阳	任柳佳	武　旋	方若冰	宋佳骏
张先弛	鲁　蕾	胡　杨	唐雨旋	王　菊	杨起帆
蒋雅茜	洪　叶	王天白	高鑫炜	承燕语	苑子豪
刘一璇	杨　旸	杨丹妮	吴诗卉	程梦圆	王浩臣
毛思源	孙天旭	吴　珊	赵寒玉	王裕庆	赵心知
白梱雄	王慧晶	杨明珠	周灿灿	杨志远	母君晨
刘品然	马嘉鸿	宋　晨	张荣德	朱清秀	贾子方

经济学院

王羽尧	黄 政	周 娜	王翼羽	王耀东	陈冠宇
向 佳	胡佳敏	胡汪音	李 晗	曾 蓁	胡允执
徐博立	丁匡达	李雨纱	庄 晨	石瑞琳	赵启程
任思璇	张 驰	封 帆	柴英楠	陈正勋	林大卫
张 婷	梁禹澄	吴佳泽	周虹先	高 琳	杜岩松
晏珅熔	张 悦	王钰希	赵 菡	欧 南	吴谢宇
袁亦扬	应京含	宫 颖	韩佳运	王昊博	曹 怡
龚晓飞	李抒怡	吴 堃	尹玉容	明晓磊	陈 琨
张昭蓉	程 强	肖体赞	陈丽华	李 栋	林山君
刘 博	赵廷辰				

光华管理学院

侯千乘	计 羽	傅 蔷	杨雪萌	冯翼翔	段 湾
叶 杨	代龙脊	谌嘉席	马 松	刘 晶	郝兆伟
李 铖	周伊伦	谢可夫	赵 仪	梁 昊	向昊天
巩爱博	杨大恒	贾 巍	洪乐园	严安然	余乔升
姜静妍	杨 帆	陈晋宇	陈博雅	文 雯	陈英浩
仇心诚	晋睿智	陈柯洋	贾婷彦	张翔雁	王兴杰
陈碧萱	石谷雨	侯志腾	陈志浩	马雨晴	贺 凯
王博洋	刘 力	张轩豪	李绯悦	刘子豪	高溢彤
刘光耀	仲崇然	高茉人	王浩铭	梁 萱	郭 薇
毛日佑	赵 然	姜坤伴	顾 飞	杨天天	刘正瑶
宋 欢	周晓松	吴 琦	辛 悦	杨 进	盛祥龙
汤 琳	萧羽君	张 绿	邹 洁	周 维	李卓君
段 野	孙鲁平	窦 欢	张曦如	康 立	张梦云
种法辉	王茜萌	王 莹	李江源	王 健	栾世栋
潘 珊	张好雨				

法学院

陈立诚	黄敏娜	李思佳	张立翘	俞广君	何于彬
王艺伟	郭怡廷	彭正一	陈尔彦	沈韵秋	蒋怡然
马克彤童	苟晨露	金雪儿	黄曼兮	邵明潇	张露露
冯时佳	肖政兴	豆飞洋	吴冬妮	庄文颖	邱遥堃
徐温妮	李昕妍	张婉愉	甘宜哲	吕雅馨	张冰凌
张瀚天	宋 璇	李明哲	魏顾瑶	颜 欣	汪怡安
刘 嘉	胡怡静	易 鸽	吕翰岳	韩婧文	王春蕾
胡诗雪	陈铭宇	吕祚成	马 煜	马吾叶	孙凤敏
张佳杰	卢龙婕	程 宁	曾思琪	胡灿莲	黄鸿昌
王振霞	郭俊野	马晓雨	刘茵茵	顾宓瑶	王梦琳
赵梦娇	刘 娟	龚梅力	赵 岩	朱 冰	刘 哲
沈钰棪	沈 思	董 昀	钟万梅	陆筱薇	罗艺欣
张 倩	陈炯阳	宋 佳	冯 源	姚 瑶	叶怀晴
张晓旭	张 涛	谷铮彦	刘 泽	李雨宸	李 程
刘跃挺	李大庆	江 玥	牟绿叶	王桦宇	王 怡
陈炜强	康 宁	韩静茹	邹兵建	张 欣	

信息管理系

李文琦	许宜哲	曾显越	张瑾贤	邢竹天	陈煜佳
娄 丹	张 帆	赵安圆	史璐雯	时翩翩	赵需要
孙 璐	李彦篁	周 亚	谢丽娜		

社会学系

李海蓉	张伊肖	曹 羽	石云龙	康 悦	牟思浩
贾晗琳	张芩珲	徐贤达	田梓垚	赵晓依	陈 钘
孙小淇	可黎明	于晓萌	王思明	强子珊	杨 雪
何 兮	李 萌	狄 雷	梁 萌	王伟进	周旅军
王笑非	杨 乐				

政府管理学院

于 雷	赵培强	李艺宸	刘奕含	侯 韵	刘镇杰
陈楚仪	张霄宇	肖韵曼	袁翊珊	王茂林	胡孝楠
叶霄麒	武雪健	余梦露	鲍星宇	杨 翔	周 璇
杨小斌	谢冬敬	阿 慧	林芳芳	梁 玢	张 恩
杜雪娇	马 瑞	戴木茅	陈涵波	李国正	陈 鹏
魏 娜	赵 源				

外国语学院

葛廷婷	唐梦莲	何 安	张如涵	胡大炜	刘 奕
刘谊颖	张 璐	肖由笛	王怡丹	刘昕昕	张金金
蒋 可	崔梦雅	孙 山	张 源	曾 骏	崔 鹤
李亚雯	董欣然	廖崧渊	叶梦婷	吴梦云	满 园
白 雪	张诗若	陈如晖	刘韵姣	吕筱萱	李 璋
贵明玥	李诗聪	赵梓彤	徐如梦	潘 玥	林一鸣
达娃群宗	陈思毅	翟雨嘉	杨心悦	沈 希	张欣宜
黄玉姣	张天宇	黄笑天	潘潇寒	王 怡	袁雨航
阳祝云	刘 彦	冯其玲	林 喆	赵春雨	刘 玲
韦慧慧	田思悦	黄 韬	殷国梁	依常生	赵 鹏
李 颖					

马克思主义学院

陈 晨	金 梦	钟子尧	韩秀霜	张传泉

艺术学院

牟冬野	严复初	李 蕊	李尽沙	李天昀	万欣钰
刘祎祎	姚秋蕙	顾华盈	杨欣欣	王一楠	李诗语

新闻与传播学院

吴雨俭	裴苒迪	孙 畅	刘钰迪	刘伊能	许 宁
范泽瑾	冯美娜	吕佳宁	柏小林	刘爽健	钟雯馨
周 伟	卓 晗	周宇诗	吴蕙予	王 森	韩 霜
赵 丹	杨文铁	卢南峰	甘兰蕙子	龚展至	李若曦
童淑婷	徐 畅	金 亮	陈晓婉	朱文婕	褚艳婷
李慧宁	翟秀凤	赵雅婷			

元培学院

吴宇青	俞秀梅	陈 曦	靖 奇	盛大林	沈健平
李成杨	王 琳	伍叶露	盛 浩	刘诗尧	廖智健
周九羊	郭雨阳	曲 鹿	朱睿智	姚杰雄	谌灼杰
寿振宇	汤 逊	彭子恒	孙伟杰	黄思翰	栾凯茹
李相宜	张雪禾	许晓琛	贾国钟	石 鎏	刘东奇
毛天白	徐 杨	王班班	郭紫倩	张鹏光	熊宇薇

姜　江　　刘　腾　　高英桐　　迟骁灵

人口研究所
高嘉敏　　戚晶晶

对外汉语教育学院
陈　静　　王　伟　　王　彤　　雷梦婕　　王潇悦　　佟　倩
张未然

国家发展研究院
李　冉　　纪　洋　　傅虹桥　　张　欣　　程协南　　唐笑天
王宾骆

教育学院
陈　娜　　杨素红　　李　璐　　安　栋　　魏　戈　　杨柏洁

分子医学研究所
孟　醒　　蒋蓓蓓　　王绍华　　赵　佳　　路福建　　简崇书

前沿交叉学科研究院
李　彦　　陈　佳　　王　颖　　吴娟霞　　文　学　　马若男
于　双　　邵　斌　　魏　静　　秦山山

体育教研部
张　雨

软件与微电子学院
袁军龙　　曲信学　　冯　璐　　陈　康　　尚粤宇　　胡　蓉
张睿俊　　徐鸿毅　　许智云　　余　江　　顾笑奕　　陈　祠
王　通　　程　思　　吴　琦　　宋　松　　刘诗祥　　张　涛
朱小云　　蒋婉莹　　翟晓东　　张雅婷　　贾　堂　　王　鹏
闫　丹　　杜　微　　黄　博　　赵静怡　　王晋琪　　古向楠
张　晨　　郝　丽　　吴　雷　　周亚凡　　李文吉　　赵　玮
刘　超　　林淑君　　朱　萌　　武　琼　　耿　岩　　靳　娇
赵　楠　　张　修　　易　斌　　王雪莹　　尹　君　　王柄璇
郑付超　　徐　翔　　李　浩　　陈泓汲　　刘敦伟　　叶启威
张之路　　孙辰阳　　翟　昱　　陈志权　　孙艺丹　　李文柯
罗　康　　邰泽波　　王　皓　　李婷婷　　何令琪　　宋　蕾
张　颖　　石荣晔　　师　龙　　张嘉栋　　崔松雅　　李　奇
白　连　　何志敏　　潘　旻　　王亚非　　丁博文　　王宇航
刘乃贵　　李腾浩　　林　硕　　杨　珏　　杨凯旋　　王　静
杨　莉　　付　梓　　孙　妍　　梁利刚　　魏　鑫　　王黎旭

深圳研究生院
陈杰安　　黄　俊　　李下蹊　　王　辉　　常丹琳　　韩香梅
林　媛　　饶先拓　　黄立富　　刘　洋　　程　琦　　唐骋洲
郑　弦　　宋建龙　　陶　斐　　刘　星　　苏光耀　　陈家诚
吴晓君　　徐立平　　安　淼　　雷鸿辉　　王婷婷　　张津海
刘　磊　　李丽丽　　陈朋宇　　刘幸儿　　赵　枭　　吴培宁
蔡莉丽　　张　靓　　李静雅　　杨　瑞　　包　乐　　谷晓晴
胡海波　　胡荣琴　　李梦莹　　苗　淼　　岳　也　　杨诗婕
华丽斯　　林翰骏　　邱昌璞　　林婧媛　　杨　坚　　陈　元
唐龙飞　　陈姝祎　　杨　柳　　于　婧　　员瑜平　　周宗凭
倪　华　　汪　颖　　资素姣　　徐　佳　　林晓伟　　李　昭
王　墨　　魏江月　　莫志威　　宋学辉　　王嘉炜　　荀方旺

祁宏涛　　李小亮　　陈　骥　　朱　昊　　李晨晨　　文楚君
钟晓红　　苏黎馨　　周彦吕　　莫　婷　　云　翃　　郑庆之
王　梓　　张　璇　　李　冰　　李　昆　　刘瑞丰　　刘　峣
蔡亚冬　　张湘龙　　孙晶晶　　唐　然　　王安琪　　严　特
马一卜　　畅　超　　冯翠婷　　厉莎莎　　宋　悦　　喻　磊
许燕燕　　朱霜月　　薛丽丽　　高桂玲　　张泽宜　　董　哲
李　智　　彭颖芳　　宋　超　　仲筱竹　　景梦龙　　韩彦升
隋　莹　　王　钦　　查正琳　　刘润坤　　沈　辰　　杨　炜
张　青　　岳国宗　　何　洁　　岳　宏　　马　琳　　冷传利
朱　兵　　王　玲　　刘　瑛

医学预科
雷　阳　　居家宝　　武　迪　　孙祎喆　　何以琳　　高　璐
李　硕　　张一凡　　冯梦绮　　杨凤泊　　曹爽婕　　尤　倩
李　佳　　高向阳　　王倬榕　　王　颖　　王　超　　崔应谐
马新然　　冷俊胜　　叶艺璇　　李甲森　　杨泽宇　　王敏敏
杨淞淳　　何映东　　刘勤一　　刘　啸　　文晓进　　陈　宽
左　影　　邓运强　　蔡晓春　　江　澜　　李亚琼　　刘元圆
宗纪元　　丁　芮

医学部本科生系统
仇宏宇　　聂天雪　　韩永旺　　郭　娟　　魏　远　　徐莉莉
张　萌　　邱丽爽　　李小涵　　周　闯　　任雪姣　　韩敬敏
朱鑫磊　　杨　洋　　杨静怡　　叶红菊　　张琳琳　　陈昊欣
刘昊天　　乔　雪　　康春雨　　刘　咏　　周　迎　　陈　颖
卢晓彤　　舒　洁　　奇　巍　　吴翠玲　　张泓昊　　张志军
李善欣　　雷冏茜　　刘国臻　　李梦月　　李佳颀　　刘正阳
听　夏　　梁芳园　　孙　黎　　张　帅　　杨　喆　　冯雪云
线海鹏　　陈靖嫒　　赵　伟　　刘聪颖　　王　迪　　王雅亭
程　萱　　侯跃隆　　姜尚卿　　陈　玥　　张　旸　　郭　磊
尹玉瑶　　王晔丹　　刘宏超　　舒　婷　　伊　欣　　裴静奇
王彩云　　李　昊　　代晓彤　　马冬梅　　张思奇　　曾凌晓
赵逸舟　　陈显慧　　王　婕　　徐　伟　　王　弘　　杨燕芬
宋　艺　　司佳卉　　李春燕　　金奥铭　　涂　健　　郭　娜
李　青　　庞文浩　　尹安玥　　张艺嘉　　秦蒙蒙　　许　哲
李雪晨　　赵厚宇　　黄　超　　司亚琴　　史　薇　　杨　琴
武　薇　　魏　巍　　文彦照　　陈　镕　　李耀豪　　钱鹏展
曾　群　　韩　茹　　郅　新　　杨恺惟　　李　珊　　董雪
闫子光　　张　婧　　付　玉　　吕珑薇　　陈　璐　　张　斌
赵　宇　　张大磊　　谭梅美　　尚诗瑶　　张晓盈　　石依农
岳　兵　　彭　灵　　赵晓蕾　　周　靖　　周天航　　王宗琦
余　涛　　闫　燕　　庞一帆　　张慧君　　孔东丽　　陈　峰
彭　媛　　王志新　　邱　林　　俞　萌　　吴玉婷　　陈锦超
杨昆霖　　孟园园　　迟雨佳　　张椿英　　廖　锋　　温　泉
石　巧　　谷　明　　杜雅丽　　包文晗　　邓绍晖　　刘　畅
柴　珂　　林晓清　　谢　洪　　李轶雯　　梁新全　　闻洁曦
梁海杰　　翁浩宇　　郭　浩　　丁　雪　　陈子圆　　唐　琳
史俊秀　　柳江枫　　苏晓鸿　　王冬青　　黄　骁　　梁文英
欧阳雨晴　王雨蒙　　彭丽颖　　韩竞男　　钟文龙　　王若珺

幸华杰	姜雅楠	杜仁杰	文　曦	刘奕君	张稚琪	曹海峰	徐啸翔
冀　拓	张兴中	许柏森	贾一挺	李建坤	张世红		
丁　宁	崔　铭	姚兰秋	孙泽文	武名政	朱奕彰		
孟沛琦	陆旻雅	陈雨菲	杨明子	李芷晴	温　越		
杨　祎	司　高	陈思霏	梁静汝	任新华	尹伊楠		
刘贝妮	徐　晶	白铭宇	宋　航	王睿捷	刘若曦		
黄子雄	徐　铌						

临床肿瘤学院
林新峰　杨　峰　赵兵甜　李晶晶　郑志学　覃思斯
韩海勃　高　天　何曦冉　田　乐

精神卫生研究所
尚凡红　董　平　郑凡凡　李　茜

第四临床医学院
毋睿涵

中日友好临床医学院
刘新光　黄　涛

第九临床医学院
颜　燧　巩　蓓　南　京

第五临床医学院
张秋鹂　张　晨

航天临床医学院
李　倩

首都儿科研究所
曹丁丁

深圳北京大学香港科技大学医学中心 深圳医院
叶晓阳　毕佳佳

地坛医院
纪世博

解放军302医院
曾庆磊

回龙观医院
崔翠翠

医学部研究生系统

基础医学院
李爱芹	吴　媛	那达翔	肖　鹏	王　帅	王志燕
徐　霆	卫宁宁	蔡石鹰	房　煊	王　超	张志远
李　鑫	苏　文	刘惠蛟	姜冬阳	黄　明	张书婷
童亚伟	贺　珂	葛菲菲	田　野	贾　晓	杨　颖
唐　颢	段昭君	张　巧	刘赵礼	潘　文	郑丽媛
金　翎	康雪敬	孙晓丽	司文喆	曹林林	

药学院
孙梦舸	杜　若	魏　雄	胡春阳	郭印良	王　鹏
薛敬一	陈　哲	郭志刚	万　丹	邵雪岩	吕海宁
冯林敏	赵紫楠	王　巍	王　青	秦　冲	周　勇
张　亮	黄　斌	吴泽宏	郑永祥	叶索夫	

公共卫生学院
华欣洋	白冠男	冯　鑫	尚晓瑞	宋雅然	邵祥龙
周学贤	王超男	陈　田	魏红英	王宛怡	陈　茹
段芳芳	付连国	王雪茵	王碧琦	曾庆奇	

护理学院
郭红艳　王亚亚

公共教学部
张　莹　鲍笑蕾

第一临床医学院
陈雪琪	徐嘉宁	宁向辉	李　腾	夏驭龙	张月苗
杨开来	王春赛尔	李彬彬	亓　昕	马　超	杜　闯
王　璐	赵　娟	李　娟	乔淑凯	刘淑平	江　柳
刘琳琳	张　晓	包　菊	向　伟	张阳阳	冉梦龙
周　蓉					

第二临床医学院
马晓旭	葛　庆	王　菲	刘　雯	王　芳	贺文强
朱华群	郭延秀	杜　燕	刘晓怡	卢群山	刘振华
陈衍辉	张　瑶	唐　胤	黄海艳	李素芳	

第三临床医学院
宋　祝	唐　冲	王玉洁	武　慧	朱汇慈	尤宇辰
崔岳毅	孟增慧	李　昊	陶　明	刘　蓉	石岩岩
李　丹	李　刚	刘　静			

口腔医学院
陈　彤	崔晓曦	于　杨	唐秀峰	路　璐	郭玉娇
信　义	李　越	刘浩辰	洪瑛瑛	吴　煜	高玉峰

优秀学生干部

数学科学学院
孙　龙　陈翀尧　周玄同　杨树宝

工学院
周　琪　王瑛琪

物理学院
宋翔宇　袁仁亮　王宏伟　田正阳

地球与空间科学学院
田定方　杨　茜

信息科学技术学院
文　才　张炜其　李　辉　钟　雷

化学与分子工程学院
闫　冰　敖银勇

生命科学学院
冷士强　林建飞

城市与环境学院
王　娜　李彤超

环境科学与工程学院
王静远　原　野

心理学系
石玉生　彭　聪

中国语言文学系
姜雯雯　曹德超

历史学系
罗　天　薛　玉

考古文博学院
刘晟宇　韩　爽

哲学系
贾润楠　温　雪

国际关系学院
王菁菁　杨　萌

经济学院
高庆昆　张　菁　任溯远

光华管理学院
黄宇健　曹光宇　曹利飞　郭　放

法学院
杨　瑜　李天嗣　徐先锋　杨宗威

信息管理系
夏恩灵　孟　越

社会学系
张　恒　杜津威

政府管理学院
汪星宇　张　权　魏　雨　刘　静　李钦帅

外国语学院
李潇伊　陶治旭　刘　璐

马克思主义学院
万　冲

艺术学院
夏瑞晨　张慧喆

新闻与传播学院
张星辰　马德林

元培学院
陈安祥　鲍　泓

对外汉语教育学院
马　娴

国家发展研究院
苏晓童

教育学院
吴红斌

分子医学研究所
石　慧

前沿交叉学科研究院
张亚杰

软件与微电子学院
张思羽　张博男

深圳研究生院
宋　铮　安　然

医学预科
崔　璨　杨乔林

医学部本科生系统
郑嘉堂　庄　昱　井　鑫　史末也　彭　耕　高　鹏
于　洋　唐　浩　高国璇　刘　蓉　崔圣洁　陈　沁
杨嘉瑞　孙彬佳

医学部研究生系统

基础医学院
付志伟

药学院
格桑罗布

公共卫生学院
武骁飞

第一临床医学院
宋宜祥

第二临床医学院
颜艺超

第三临床医学院
周剑锁

口腔医学院
张杰铌

临床肿瘤学院
袁　华

学习优秀奖

数学科学学院
肖经纬　金　冲　李晓澄　钟逸峤　王文俊　陈霄泓
文　浩　刘博闻　何　麒　包正钰　谢永嘉　黄　得
张贻辰　黄东明　张文钟　李振坤　郭永祎　易灵飞
白天衣　陈　龙　郭祎劼　陈树强　戚　鲁　梁喆晖
万政超　谢远成　孟令宇　李从辉　宿　愿　许白婧
郑国亮　杜　广　鲍　超　赵振华　李亮泽　罗　鹏
史际帆　罗钧峰

工学院
谢　瑜　杨　任　童　立　吕辰儒　滕益华　赵　垫

李 智	樊苹博	孙睿潇	张乃卿	熊佳铭	林 枫
李 腾	孙博斐	李 青	杨 倩	王秋爽	卞 磊
王 凯	原 媛	李阿明	韩梦瑶	卢闫晔	黎一江
石花朵	韩 旺	孙永奇	李华芳	韩倩倩	孟令怡

物理学院

马一凡	覃 亮	陈光湜	申攀攀	钟德亮	秦 芊
李日新	王建锋	王大涛	周洪彬	孙风潇	林梦祥
刘宏超	严乔靖	龚宗平	魏金霖	夏平宇	李欣桐
宋明育	乐天昊	李官涛	乔 宽	竺俊博	黄文卓
桂 贯	朱一舟	杜乾衡	王宗鹏	牛法富	刘 瑜
王志文	温晓东	康显阶	姜维超	肖成卓	付琪镔
范培亮	杜 伟	于济洲	艾瑜霏	何 晟	蒋 伟
李 晶	孙 惠	张冯望东			

地球与空间科学学院

张 岩	毛守迪	魏晓拙	王 康	刘家骏	柴宝惠
侯骏泷	周思杰	李 骞	杨 柳	来景涛	苗 睿
廖 岳	刘依苇	向英豪	李丰翔	郝以鑫	刘 婧
程雅琳	刘志成	熊文涛	王洲鹏	卢倩云	任 翔
陈 彦	王 洋	钟 军	周 晓	营汉超	程 丰
李维波	刘凤麟	郭博然	李洪林	胡 波	刘 亮

信息科学技术学院

卢海昌	张 航	龙 云	杜鸿锬	杨钰淏	林泽燕
郭嘉琦	王 杰	王异秀	徐 文	梁世裕	李丰安
魏嫣然	张哲炜	刘圣尧	尹雪帆	张德辉	姜 萌
陈泽宇	满天星	贺 曦	刘沛东	王明哲	薛易清
李家耀	张 恬	卜雨洁	赵 丹	信颖超	王 宁
鲁 培	陈元杰	姜皓云	韩 旭	黎明阳	李浩然
吕广利	张 逸	罗翔宇	刘子渊	张子健	陈庆英
史杨勃惟	王柏文	王泽宇	李美瞳	甘善良	刘 睿
王 宁	祁晓霞	汤 凯	张晓刚	杨 翔	张 昶
杨 挺	万富强	李 鹏	宣昱聪	宋治海	曹露艳
马松威	王逸然	左志强	张弘扬	韩 阳	潘婉琼
黄 婷	施心悦	张 洁	罗文峰	汪 蔚	龙秋朦
赫袆诺	吴艳蕾	王超一	王 丹	谭 斐	龚彩霞
山其君	许 晨	丁 科	王 洋	李 坤	孟 博
王晨光	吉祥虎	王子南	王祖超	林 旸	周明昕
张灵倩	黄 乐	周天伟	杨保国	刘 京	李 想
李田甜	余牧溪				

化学与分子工程学院

赵泽琼	范识玄	马 骋	韩 琦	陈添锴	李 喆
程剑辉	吴文博	寇焜照	刘朝伟	王亮亮	李嘉津
梁殿京	于小淞	刘纪一	钟广颜	牛 哲	朱新宇
刘玉鹏	朱宇峰	周 凤	陈 帅	商 冉	张玉乐
魏俊年	聂 绩	孙文静	杜 然	杨 熠	徐文丽
杨颧维	吴国骄	王 熠	师 楠	张 涛	刘佳佳

生命科学学院

孙 芮	王 飞	冯 艺	邢文敏	方 方	胡 帅
张孙嫒	金 田	何劭达	李 哲	丁 晨	石 阳
曹镇东	王雪刚	赖 欢	江润东	石 源	史煜飚
张博言	钱永军	李 钦	陈海威	王 刚	崔 韶
王舒心	丁 森	赵 诞	陶建立	朱 盼	贺 敬
邓小兵	席静怡	舒小婷	陈宋彬	凌俊杰	方 润

城市与环境学院

文布帆	陈 旭	乔 钰	王 茜	姜 昕	刘 鑫
吴尘染	匡 正	罗 芊	焦 扬	王凌越	高雪胜男
王 婷	孙诗桐	聂振宇	马承恩	仪 星	杨天骏
陈映臻	吴梦荷	边 防	魏 海	方 圆	冯 俊
刘 洁	陈源琛	陈超琪	杨 震	赵繁荣	

环境科学与工程学院

谢鹏飞	姜一晨	夏 凡	胡耀千	王 昭	梁嘉良
刘俊鑫	闫才青	王婉晶			

心理学系

林枭雄	何艺敏	姜凯文	金悦宁	陈斯琪	薛 欣
罗 滨	李杏子	黄 蔚	蔡 林	远雪霏	王 琼
范小月					

中国语言文学系

于 茜	王玉玉	陆 佩	徐紫馨	高 策	郝 琦
张文显	毛锦旖	李凌云	孙博轩	李 珣	郭书仪
王 珮	施林青	马 琳	杨浚鑫	佐藤爽	赵 楠
何雨殷	赵铁凯	刘 文	李新良	赵 旭	靳成诚
拓 璐	魏 航	任 荷	彭 超		

历史学系

赵可馨	李 娜	闫敏佳	冀夏黎	许 盈	吴佳健
王 兢	刘梦佳	柴 芃	张 希	胡 宁	李欣然
王 刚	陈 鹏	李丹婕	焦天然	熊 龙	

考古文博学院

李 弥	王小溪	吴 筱	张 林	宋 晶	陈晶鑫
徐团辉	沈 缌				

哲学系

石 羚	黄杨荔	刘宇明	柳 帅	陈高源	张 艺
刘长安	杨子平	蔡孟阳	程雨凡	王 苤	陈 冀
郑 伟	胡翌霖	刘世宇	沈 洁	金爱邻	刘缌娇

国际关系学院

梁 成	刘念鸿	钟 宁	杨凯茜	马 婕	陈香瑶
宋建含	赵轶君	周玫琳	钟林谷	王丹逸	庄晓月
张志豪	丁文婷	陈正楠	李 婷	欧舒婷	甘楚巾
吴翠婷	褚 懿	安 明	向昱筱	洪梓涵	顾 宁
刘妍辰	夏庆宇	刘 玮	斯瑞侃	金相淳	

经济学院

周 斌	张月月	刘子琪	张 赢	刘冬雪	陈 威
刘笑语	曹 琦	冯嘉会	丁泉莉	陈光颖	葛艺璇

胡淑颖	张荟慧	刘 焰	王思凯	姜宁馨	李 然	罗 琼	李海浩	蒋家瑜	崔梦田		
王晓蕾	慕天实	崔含笑	徐飞力	李婉婧	金 超			马克思主义学院			
高 鸣	张天涯	颜 洁	顾雨斐	刘伟光	牛铭梓	姜世奇	黄东波	陈金山	申 森		
金 婧	侯明威	沈 茜	唐至睿	张旭慧	卢天伊			艺术学院			
李正豪	马天骄	陈小伟	江 磊	涂 悦	陈培文	张天竹	闫立瑞	白添夫	王 菁	张雪婷	王京晶
于 涛	高秋明	刘萍萍	曾 江			刘胜眉	石 坤				
		光华管理学院						新闻与传播学院			
何川洋	丁瑞祺	孔馨瑶	常惠丰	赵昕玥	俞 悦	柳 旭	谢连英	王婧琦	涂鹏程	马维杰	侯忻妤
薛博元	蔺怪霏	王逸男	陈 晨	毛友昆	陈毓坤	李雪莲	范 晔	沈 燚			
王姝婕	曹 越	樊樵枫	吕珺璞	张心怡	李大可			元培学院			
吕 晔	周 桐	唐婷婷	石书铭	任娉然	王菲菲	刘 熠	宋少栋	张 帅	马越原	王昊达	杨 照
温 玥	蒋海涛	汪敬吾	六梦钰	李天文	余晓波	王树擎	邢 安	黎 斌	赵宇恒	张春晓	赵嘉俐
陈宇缘	麦晓芃	赵圣斌	祝子楠	孙进峰	卓 娅	李 也	王思思	张林峰	杨雨成	钟 泱	阿思汗
梁显庆	郭 惜	冯文婷	黄鸣鹏	李宏泰	王 曾	谭振洲	马云帆	高 飞	赵亿欣	隋东明	
张翠莲	刘莎莎	虞晓雯	安 超	董 晶				人口研究所			
		法学院				卢 云					
李兆俊	李 星	高天艺	李梦飞	晁 译	杨海波			对外汉语教育学院			
董家成	张 敏	杨 乐	冯思华	黄腾芳	沈 寒	马晓骁	桂孟秋				
贾 雪	徐 成	闫若铭	张昊旸	陈 欢	张笑怡			国家发展研究院			
秦 洋	张博骞	王盟茹	武 宁	李熙泽	宋伊歌	邹静娴	余方圆	张 戈			
初 萌	吉冠浩	田纯才	周悦霖	姜欣然	孙智超			教育学院			
郭剑桥	曾 思	汪兵兵	何 驰	张 璁	沈沉玲	肖海明	杨中超	张 恺	江 涛		
林 凯	陆 佳	梁 剑	谢梦然	王 蕾	李 洋			分子医学研究所			
杨诗雨	刘 洋	孙 贺	张雅霖	张小雪	王 杰	王 灿	山 丹	刘舒然	吴齐辉	鄢守宇	钟晓明
武亚楠	林 菲	林永平	冯 晨	吴桂青	崔君凤	韩晓帆					
王博勋	李传慧	黄 帝	方 圆	李燕萍	郑玉婷			前沿交叉学科研究院			
樊泽玉	王杰鹏	蔡兰芳	郭慧阳	朱 冬	袁娟娟	李 明	王 欣	吴远浩	江 海	徐小志	张荣飞
康 欣	高俊杰	周 淳	颜晶晶	高 涛	孙 那			体育教研部			
		信息管理系				廖倩文					
赵 誉	王申罡	张 璐	李 然	陈润文	李秀敏			软件与微电子学院			
郑玉凤	杨雅芬	王念祖	李芙蓉			黄颖彪	陶倩倩	陈 曦	潘朋飞	王海啸	欧 青
		社会学系				王泉锐	崔 力	任 敏	张晓东	张 燕	王英喆
金 婷	何 鲜	唐伊豆	张 涵	倪笑君	王 力	纪 斌	李淑怡	王刘振	田 飞	杨冰莹	冯 超
裴电清	张博伦	夏希原	孙明哲	李春华	王绍琛	张 扬	赵 晶	张芸维	黄慧颖	杨 洋	陈经伟
孙东波						李绍令	唐为杰	张 甜	王雪菲	叶 玫	张紫竹
		政府管理学院				徐 超	王明永	张 驰	张旭婧	张潇予	周 靓
刘舰蔚	蔡凯华	臧天宇	王默儒	陈婉斯	罗浩月	代廷竹	徐孟春	翁启阳	江耀堃		
张东明	王晓琦	易 辉	刘海文	闫 璐	齐云蕾			深圳研究生院			
李 杨	曹伟晓	陈华生	黄 晗	李 乐	黄敬理	黄 坚	马 吉	李星海	李 毅	林德宇	李丘怿
		外国语学院				李世军	范 婷	王思博	沙文鹏	王 倩	辛 争
马怡然	栾思寒	李麟寅	曹 旸	蔺思淼	杨媛淋	赖君渊	石 刚	唐巧玲	周 沂	付 琳	陈 丹
余 悦	谈玉衡	唐静怡	黄思睿	商惟玮	范文艺	柏 卉	肖 瀚	陈曼如	刘寅璐	金家慧	山成英
杨笑琪	韩 梅	钟超男	喻文姗	申明钰	张世哲	郭 剑	肖 登	胡桐宁	迟世鹏	和 峰	夏 睿
姚 岚	冯玉妍	周睿璇	肖楚舟	王可萌	白玛央金	郭 峰	刘传鸿	冯玺祥	谢 磊	史飞飞	侯佳力
平亦奇	张文虚	郭艺华	周 杰	张 芳	李丽红	曹 阳	李文静	蒋雪涵	汪鲁顺	郑维豪	李 涛
贺剑峰	陈森娟	曾 悦	张书剑	段九州	赵 航						

崔莹莹	郭彦蓉	李璐颖	汪　菲	肖鸾慧	朱　俐	刘剑锋	雷　虹	张　艳	王燕婷		
肖　航	李思宇	张俊琪	周庆华	徐　瑶	郭田子	\multicolumn{6}{l}{药学院}
张帅虎	张婉宁	刘　琳	蔚昊哲	任尚伟	何健雄	胡　琨	杨思敏	吴　妮	梁清照	杨海松	汪小叉
杨清楠	肖思齐	方　锐	林樾强	路　璐	陈文泰	陈溢欣	陈金凤	丁　源	易莉炜	王宝敏	栾　嵘
王　灿	袁誉乐	陈惠渝				卜琦鑫	司　霞	张　超	于小婷	王　丹	任汝通

医学预科

康冠楠	钟雯婕	曹春玲	张创为	彭　程	李　桦
陈盛彬	张沛阳	胡宇晴	赵中凯	蔡　豪	姚　烨
匡　易	毕黛冉	潘　军	王丽莹		

梁雨锋　孙婧菁　余家沛

公共卫生学院

张越伦	王　梦	张洪涛	李子一	郑华龙	刘　昕
刘芳宏	王　璐	胡光宇	丁　筱	孙　璇	董冲亚
房爱萍					

医学部本科生系统

李　旭	路思雨	高雅楠	佟　乐	孙海凤	曹孟杰
丁晓萌	赵　檬	李　攀	彭育颖	王　娜	王明杰
任　静	张彩霞	王　瑜	赵春爽	见莉莉	刘欣悦
张　微	赵梦瑶	刘　莹	常艳红	王海菊	魏　怡
赵　亮	李柳霖	陈　杰	邓翠玉	武　杰	沈晶晶
霍文华	任天云	马文梅	卫凯平	崔航菁	韦静涛
岳梅梅	张艺潇	邢小京	张　众	蒋依兰	张　婷
王杠杠	吴　薇	冯晔囡	谢思安	夏　炎	祝锦杰
吴瑀峰	陈雅筑	雷婉钰	王君逸	姜安娜	吴　桐
张钰琪	王雨斯	孙博雅	汪　颖	李蕾蕾	李恫桐
黄小强	方任飞	宁　可	刘　灿	孙苗苗	张　琪
赵　祎	庞　宁	王　欢	林　莉	李星火	郭美含
佘　睿	李　夏	陈　昶	李红星	赵玉琼	宋　歌
李　欣	从双晨	满春霞	胡英杰	王　妍	钟倩雯
甘凤夏	郑博隆	王翰音	张扬子	倪彦彬	段天娇
胡晓晟	杨　洋	王丁一	魏　颖	王学举	王彦洁
刘少强	肖琦凡	黄　鑫	李　潇	杨希孟	何金山
田　单	朱　丽	李　妍	杨腾蛟	宋文君	孙奕鑫
阳　雯	谭　萌	张　雷	陈　姣	于丰源	张玄烨
赵楚楚	林圣荣	范　聪	孙婧茹	周星彤	王昕彤
王华栋	曾　成	顾珣可	袁　青	谢也斯	贾胜男
严琴琴	江志红	冯非儿	黄　可	胡晓丹	李　浩
程　丝	刘旭妍	田诗雨	张明洲	伍楚君	陈　民
龙赟子	范晓岑	吴唯伊	胡心怡	张　静	刘诗颖
郭姝珉	周　斌	陈君逸	胡臻娴	刘星雨	李晓蓓
韩高峰	张一帆	童林超	张新宇	徽晓兵	杨瑾裕
尹　露	张　颖	陈锦文	袁　磊	周明新	孙　瑶
洪　鹏	陈佳琰				

护理学院

李小卫　李英华　王　敏

公共教学部

胡　悦　杨丹玮

第一临床医学院

张雨佳	王婷婷	张海华	崔广霞	吴　浩	李嘉欣
丁　娟	晏红改	郭亮依	李东晓	苑姗姗	崔婵娟
徐芷珩	王　峤	江雅平	蔡文超	许小菁	魏　博
邵翠萍	徐洪亮	张　菁	王　奔	鲍　毅	侯新江
刘　杰					

第二临床医学院

冯　霄	万　博	孙义峰	菅广敏	刘　晰	王　澍
沈　超	薛　倩	黎庆钿	袁也晴	高宝荣	石连杰
李珊珊	邱新运	马晓蕾	刘　昱	张继准	廖贻达
余盈盈					

第三临床医学院

刘新秀	朱　凯	廖程程	王　宁	王彦霞	翟文雯
易　端	刘少君	董西慧	郭海晓	易　端	杨　波
周　延	陆丹芳				

口腔医学院

浦寅飞	葛志朴	朱建华	丁美丽	罗志强	孟　松
肖佳灵	郑　晖	袁重阳	王　晶	郇洪宇	何丹青
傅　振	郭　睿	李天竹	范　琴		

临床肿瘤学院

徐蔚然	潘宏达	田　野	林红梅	马若兰	孙　崴
刘　卉	张　阳	余钿田	刘　燕	白　雪	

精神卫生研究所

郁　昊　邢笑萌　钱　红　董立彩　赵希希

第四临床医学院

王　超

中日友好临床医学院

李广峰

第九临床医学院

刘新志　卢彦娜　赵　晟

医学部研究生系统

基础医学院

赵　亮	李　晋	寇耀辉	杜香宁	高　见	李　鹏
胡阿锦	张梦雪	何　瑞	李　垚	黄　洁	张江波
高雅楠	马丽千	周　瑞	罗雨虹	段建辉	李　雪
韩　晓	李萍萍	方　立	杨　银	樊　迪	刘　昊
丁彦红	刘书理	潘　虹	陈　哲	胡金霞	吕翠翠
齐俊娟	王秀娟	牛苗苗	王振达	贾新颖	李语玲

第五临床医学院

王占奎　高军伟

航天中心医院

王琳琳

首都儿科研究所

刘明

深圳北京大学香港科技大学医学中心 深圳医院

黄宇欣　王琪

解放军302医院

王英

解放军306医院

余萌

回龙观医院

江雪

社会工作奖

数学科学学院

房玮	高东旭	刘卓	赵国宇	贺少杰	刘逸飞
关安颀	顾诗颢	佟浩功	杨懿	杨雨田	郭秋含
蔡阳	李勇锋	毛运航	翟毓琦	周正泽	叶骏翔
秦莉	李宣成	鲁绍非	徐冰卉	王佩	杨功荣
赵越	方华英	臧鑫	陈薪羽	崔金杰	雷燕军

工学院

孙赫	陈培楷	顾佳欢	郑方毅	姚岳瀚	张祺
徐露	周东	沈丹妮	张力天	罗太	郭高娟
王博	石昌盛	陈志杰	周子桓	曹梦涛	刘咏泉
于浩	张昭	肖厦子	陶勇	赵宇	朱贵之
周浩					

物理学院

李巍	马骁	程明昊	田博	马千里	王习
孔令剑	朱逢源	李文明	李思尘	张傲星	韩帅斌
郭璇	梁泽西	龚梓博	赵罡	陈禄敏	章鸿飞
柯楠	韩笑	褚慈	周敖	刘希同	王正
陈艺	王澜	吴行中	贾喆	田佳	潘萌萌
李静	邵珠臣	李鹏飞	马健	张广文	张骏
李金钊	管淳	迟玉洁	姜显哲	陈广	高光宇
林陈昉	张从尧	辛现银	荔宁	施成龙	王姝
姚聘	倪相	贾振钊	付海龙	吴幸军	颜世莉
李建					

地球与空间科学学院

罗迦文	闵阁	赵静贤	崔一鑫	李辰卿	邓迪
邢超超	赵月圆	董娜	黄璿	程胜东	刘腾
张单明	胡传胜	郭潇	吕雷奇	王玲	周钊
王楠	李岩	胡健	林靖欣		

信息科学技术学院

孙宗禹	雷鑫	王干	聂旭辉	柳熠	黄鑫
朱臻慧	倪燎	李楚雨	黄佳丽	于晨	王宁宇
余韧哲	丁宇辰	熊文洁	顾乾辰	倪际楠	刘子鹏
余俊峰	朱纪乐	孙泽远	王未	王也	刘昊
沈戈晖	杨俊睿	刘建元	张腾	彭广举	史默臻
郭颂	高文斌	林旖	陈刚	吴志川	魏文亮
王璐	杨丹	刘璐	牟雁超	韩速	赵星
景年强	刘宝光	王栋	王闻昊	隋岩	马郓
杜旭东	米古琪				

化学与分子工程学院

黄超	李天祥	张传杰	刘紫薇	庄方东	平赫
李佳琪	金一	洪欣颖	牛无奇	高翔	黎翔
周彤辉	姚泽凡	余侨林	张家康	袁堃	郑仲
李珉	刘又铭	张成森	张佳玲	王华明	孙少阳
苏翠翠	孙建波	王硕珏	李丽萍	朱琳	付翔宇
张振宇	张一丁	郁凯文	张琪凯		

生命科学学院

孙海莉	刘晖	李杰圣	吴铭锟	孙怀远	汤国柱
张泽	黄清配	沈璧蓉	张晓川	温兴	林青
彭竞宇	孙华英	高千千	张金喆	巨艳	朱军豪
朱子云	余志伟	陈艳敏			

城市与环境学院

刘星辰	康艺馨	周玥玥	信心	王扬帆	冯思源
王竞	宿莽	张禾	李嘉宁	李俊禹	毛祺
马程	罗洁	王璐	周瑛	刑星	刘明
赵淼	加那提古丽·卡德尔		崔桂鹏	郑颖尔
张一凡	杨子江				

环境科学与工程学院

周梦怡	刘文嘉辉	邓佳豪	赵群	常瀛月	朱婧
陈仕意	王磊明	林谧	代超	陈源	郑茂盛
李玉照					

心理学系

| 王雪娜 | 王知言 | 周颖 | 高一凡 | 玉尔麦 | 张星 |
| 王丽薇 | 余苗 | 沈波 | 贾汇源 | 周智清 | |

中国语言文学系

李派	张清莹	谭洁羽	王玉婷	李喆	王恺文
金鸽	何冰冰	武嘉玥	刘一凡	邹翔	吕安琪
李思言	王登鑫	刘芳滢	段小寒	孙国轩	陈祎
朱思杰	桑园	袁苗苗	黄政杰	周莹	李远达
王飞	陈澹宁	边明江	申金贤	王琳	李育明
王尧	王瑶	袁媛	唐浩	麻治金	闫顺英
潘静如	吴茵	赵博	蔺芳		

历史学系

| 刘沐轩 | 张桐源 | 陈凯 | 张亮 | 陆元勋 | 李东辉 |
| 宋宛儒 | 宗雨 | 诸颖超 | 赵通 | 聂濒萌 | 王龙飞 |

马思宇　宋　今

考古文博学院

翁汝佳　周凯南　杜　杨　张　琼　刘　瑞

哲学系

赵亚明　段　锐　唐晓旭　燕倩倩　刘　坦　罗　远
聂众乐　王　姣　董文龙　刘珂舟　夏菘泽　蒋　薇
赵　震　杜松石　晋世翔　汤元宋　张涵静　罗双双
曹春祥

国际关系学院

卢　敏　苑文杰　傅翰文　胡康琪　郝婧青　王靖雯
周　越　夏雨佳　李慧文　罗　烨　陈傲寒　马欣悦
邓君蕊　吕　楠　孙茜蕊　高启慧　黄子权　刘婧妍
陆　闯　梁嘉真　冯　安　努尔兰　李安风　金晓文
蔡秉宪　赵田园　杨晓婷

经济学院

李思婕　王　成　范雯琪　郭科琪　夏之梦　冯薪铫
谌泽昊　李劲林　李伊旗　孙金铸　吕　赫　刘华山
孙　宇　刘梦园　郑小洁　董　源　杨　梅　杜浩然
郭宇宸　覃明杰　陈冠宇

光华管理学院

童　坤　唐国桥　杨炜乐　耿一丹　李露霖　项姝蕾
俞晓婧　于　越　于　超　王　梅　邓　喆　佟　瑶
王　球　李思雨　严汞曼　金子琳　石　伟　张少强
黄秋园　安志鹏　王晓宇　姜　动　李雪钒　杨启超
许　孜　张翰驰　郑剑宇　曾　晓　蔡　青　朱为玉
王俊喆　吴倩然　李　明　朱峭峭　闫清波　李　森
张小冬　冯　爽　倪子泰　田恩慈　曹文圭　金宰永
刘慧慧　韩非池　马晓白　汪剑锋　吴颖萌　黄丹阳
李　硕　万　飞　郝　阳

法学院

李彦恺　秦晓蒙　郝贵喜　于雪辰　胡思宇　彭正一
蒋若然　李梦帆　耿炎炎　张　驰　陈虹州　付明燕
刘祥名　吴　胤　王晓萱　沈泽乔　戴　月　谭思瑶
安珊珊　胡瑞琪　程　凯　宋求实　谢冲宇　陈熠霓
冯世杰　郭曼云　李晓宇　索芳放　闫　柯　袁　素
赵晓蕾　李弘杰　李　勇　刘　宽　袁　圆　张庆洋
戴天慧

信息管理系

吴素平　翟佳璐　郭　鑫　田　葭　王维佳　陆晓曦
王一帆　陈　博

社会学系

丁红霞　陈方俊　马　江　陈颖茵　梁中良　张　楠
王志杰　王梦蝶　罗　帏　丛　雪　谢琳璐　陈菲菲
张玉洁　侯俊丹

政府管理学院

王　腾　韩丰蔚　韦宇丹　邓舒瀚雅　王洪轩　李君然

何邦振　张　辰　周　璐　刘芸芸　杨　文　袁国栋
夏罗宗启　王晓峰　龚宏龄　李　硕　孔雪琳　张　博
高霈宁　李春晓　翟　耀

外国语学院

国颖函　盛文杰　高　爽　司雨萌　向　伟　李　畅
赵雪莹　王玉超　左倩茜　吕明鹤　祝思齐　范宇亮
吴　扬　尚建勋　李俐娇　李胜威　陈笑生　张英子
邢　玮　顾　末　赵　婷　高金升　雷　璇　王江睿
胡书涯　曹德荣　吕　行　吴春成　魏　然　汪　然
聂艺菲

马克思主义学院

满　媛　何瑷琳

艺术学院

徐之波　刘清憎　庄沐扬　宗小宁　向芝谊

新闻与传播学院

黄景能　钟爱慈　曹　森　陈佳静　张婷婷　谢　旭
王　超　张东兰　侯奇江　严　妍　赵紫馨　唐国荣
缑文强　王梦潇　单晓宁　崔昆阳　邱悦铭　侍佳妮
廉冰雅　谢思楠　王　尧

元培学院

郑宇琦　赵　洋　骆嘉瑛　陈梦蕾　王青艳　李　灏
车　倩　魏　祺　江之韵　贾宇亮　韵　潇　周俊龙
严肇隽　夏尔凡　张乐凡　常钰熙　王　昊　洪若涌
陈星烁　罗家胜　施文娴　邹冠男　韩　坤　王一凡

人口研究所

林群栋

对外汉语教育学院

张　易　贺静静　徐瑶瑶　王佳宁　魏　伟　朱　婧

国家发展研究院

黄劲草　唐淑薇　张亦弛　尹占涛　曾　广

教育学院

张优良　张宸珲　王世岳　黄　超

前沿交叉学科研究院

刘　倩　张明亮　李嘉明　孙宇婷　陈　曦

软件与微电子学院

祝梦林　王志龙　刘　兆　牟　楠　聂同朝　刘亚芳
高　翔　孙　玥　崔　晓　许莉莉　郭皓洁　来　源
刘京沅　吴　伟　李　玮　刘嘉琦　刘　杰　陈　望
赵相东　孙　洁　李　卿　佘桂华　侯蔼玲　李　乔
胡恒魁　郝梦怡　朱龙飞　荣令金　张婷婷　刘贤彬
赵　硕　赵雪松

深圳研究生院

付　锋　马　翔　卢　丹　蒋　雳　周士琳　邹　洁
戴妙荷　沈广冲　杨　轩　张劲虎　郭晓明　王　朦
李奕潼　王　月　夏　青　侯海波　张晓宇　王　希
关浩亮　高　莹　浦槟岩　邢　燕　周石泉　徐祖怡

戴静	徐春慧	刘轩宇	林倩	李静	李弘扬
王婷婷	陈晨	曹天骄	冯天泽	张天	张一沙
李学东	张积东	李楚婷	张剑锋	秦维	曾铖虹
吴璇	王丹	程立军	张悦	李效正	刘坤
黄辉	焦剑波	张结	董少灵	孙立红	乔创
阮旻	尹丰	郭标	田原	梁芳	

医学预科

马啸	李范红	姜又升	郭雨思	罗江滢	王萌
王辉杭	张浩然	章皓	张天惟	王怡莲	刘锦荣
李星	袁杨	魏田	韩明月		
穆巴拉克·伊力哈木					

医学部本科生系统

胡万亨	蔡士铭	高立权	何梦婷	李艾为	冯标琪
李英杰	韩春瑶	董敏	李维特	梁嘉慧	张天翼
王祎然	李浩鑫	王若冰	彭意吉	王秋典	孔令赫
蔡雨润	苏怡	依尔帕尼江·艾海提			李贺
杨秀聪	张慕禹	赵剑雄	孙婷	姜汉杰	陈斌龙
戴明明	潘昱廷	邓飞阳	郑婷	何天羽	周珊珊
赵楠	米胜男	王丹	林燕铭	王宇晴	田园
李润润	于晨	席思思	王智	罗强	黄行健
王洋	陈施言	曲卉	张一楠	许毅博	白云洋
王梦晨	何婉毓	汪基炜	王畅	方璇	要雅君
王益勤	胡天驹	韩尚容	朱佳琳	谢玥	张馨雨
惠本刚	柳英	陈青芳	耿子涵	谭玉琴	何培欣
马闯卓	陈拿云	王强	杜毅聪	李佳卿	王岳鑫
王珂欣	和晓堃	李文睿	孟佳		

医学部研究生系统

药学院

孙谊	王璐	周颖	宋平	孙琦	李昆峰

公共卫生学院

王品泽	陈娟	王飞	杨昊旻	朱凌燕	魏乾伟

第一临床医学院

易致	焦晓玲

第三临床医学院

张金	侯晓飞	王天任

中日友好临床医学院

郝敏

地坛医院

王智强

红楼艺术奖

社会学系

殷梓介	庄秋玲

艺术学院

时梦月

新闻与传播学院

高姗	吴思凡	皇甫凌雨	李星怡	吴姗姗

软件与微电子学院

孙浩	吴梦妍	王俊婷	郑洋	黎槟华	王佳
孔腾淇	孟雅文	梁东渊	唐赋婷	张阳	曲曼宁
范琳琳	荣英杰	叶晨晖			

医学预科

许芊芊	丁蕾	周一帆

医学部本科生系统

刘宇

五四体育奖

社会学系

李芊黛

新闻与传播学院

方梦琦	宗航宇	王惠琴

法学院

黄唯伦

软件与微电子学院

朱滨	赵瑶明	唐文博	李钊	程龙	李赫
朱灿华	郑泽	郭峰	刘昊冬	位明旭	陈志金
徐亮庭	王振戍	祁红坤			

医学预科

张洋铭	王兴午	秋宇典	陈榴	康文博	陈智博
吾尔开西·乃比江					

医学部本科生系统

胡梦雨	金笑

医学部研究生系统

第一临床医学院

张栋

创新奖

(一) 学术类

数学科学学院

林伟南	卢嘉瑞

工学院

李睿	夏威	刘飞	周锡龙	丁翼晨	李亚伟
李应卫	蒋丽阳	王晴飞	邵玲	张艳玲	李亮
赵宇	刘杰	张健鹏	张顺洪	王卫杰	王伟
刘国希	师恩政	武振伟	邓梓健	孙涛	刘振濮

朱静菡

物理学院
刘永椿　黎　敏　王洋洋　张甲举　高智威　靖　礼
孟　杰　吴　聪　李　恒　姜雪峰　路翠翠　曲慧麟
陈　基　董国香　刘　韧　李程远　付学文　卫斯远
李　晓　吴　栋　张涌良　吕廷博　马草原

生命科学学院
舒　健　樊　伟　纪玉锶　侯萍萍　洪森炼　关景洋
郦宏刚　祖　尧　王展翔

城市与环境学院
丛　楠　王蓓丽　胡　莹

化学与分子工程学院
王谭源　辛纳纳　李子龙　蔡　欣　辛恭标　彭　鸣
王小野　耿巍芝　周继寒　邱　颉　林　亮　王斯博
吴红伟　郭芸帆　廖　磊　李　磊　苏　昕　赵亚光
潘　菲　湛　明

地球与空间科学学院
王　伟　王　新　刘东东　钱加慧　郑荣国　田作林
袁憧憬

信息科学技术学院
张晓升　殷红志　魏　兰　王中凯　夏华荣　邵林博
李　伟　吴争锴　周　江　陈　伟

环境科学与工程学院
申芳霞　蔡　荔　林　岩　廖静秋　晋银佳　李　前
李　冉　袁　丽

心理学系
罗思阳　汪晨波

分子医学研究所
王　旭　常楠楠　张仕坚　程　强　胡晓敏

前沿交叉学科研究院
邓　怡　张恒彬　李志强　马冬林

深圳研究生院
罗朝生　刘　文　宋利娟　刘　纯　赵镜一　李文军
张　旭　蔡顺有　吕　浩　傅俊凯　刘　惠

软件与微电子学院
郭晓强

中国语言文学系
王传龙　黄　政　龚自强

历史学系
张德明　杜洪涛

考古文博学院
侯卫东

哲学系
李彬彬　李　猛

社会学系
陈　涛

外国语学院
丁　一
聂慧慧　马保全　阎鼓润

法学院
孙海波　王华伟　景　辉　赵　玄　李文曾　吴景键
郭　晶　白　冰

光华管理学院
秦　昕　丁　瑛　乔坤元　盛　峰　晏梦灵　许莎雯
周小宇

政府管理学院
王志宝　袁　倩　刘凌旗　臧雷振

艺术学院
赵立诺　范　颖　黄凌子

教育学院
蔡文璇

新闻与传播学院
陈彦蓉　王晨子

对外汉语教育学院
易　维　赵　明　武宏琛

信息管理系
尹培丽　韩秋明

医学部本科生系统
孙　祥　王　超　李梓赫　唐　琦　郑　棒　郑　扬
袁家佳　王冰玉

医学部研究生系统
郑　琴　陈薪伊　李正康　刘　鹏　张峻岭　买　欢
范胜军　王　薇　南　栩　宋一萌　殷　雷　尹菁华
李卫华　黄　婧　单　冬　唐从辉　刘　辉　后　曼
方　希　孙玉华　闫跃鹏　申　涛　闫　力　杨承志
周静怡　魏　瑾　张寓安　王　渊　陈　蕾　王　玲
董诚岩　李常虹　宋培歌　刘　强　陈　耕　周　鑫
董　冬　耿　强　张淑贞　黄　野　陈伊凡　吕天石
郭婷婷　滕贵根　王　辰

（二）体育类
吕安烨　李凯钰　赵　鑫　郭祥龙　杨　洋　吕仲坤
曹晓萍　王丽丽　任爱枫　李　梦　毕翼飞　温　庆
孙燕卫

（三）社会活动类
田　鹤　肖　遥　慈洪娟　李　韦　欧阳汉强

表 13-22　北京市三好学生名单

姓名	性别	专业	年级	姓名	性别	专业	年级
韦东奕	男	数学	2010级本科	刘韵姣	女	希伯来语	2011级本科
张峻梓	男	数学	2011级本科	赵梓彤	女	英语系	2010级本科
李程	男	理论与应用力学	2011级本科	陈晨	女	思想政治教育	2012级硕士
王贺明	男	物理	2012级本科	雷梦婕	女	汉语国际教育	2012级硕士
付少华	男	物理	2010级本科	李尽沙	男	广播电视编导	2011级本科
付晨	女	遥感	2011级硕士	柏小林	女	新闻学	2011级本科
陈云帆	男	智能科学与技术	2010级本科	俞秀梅	女	金融学	2010级本科
张晓东	男	计算机软件与理论	2010级硕博连读	宗纪元	女	生物医学英语	2012级本科
赵玮泽	男	计算机科学与技术	2010级本科	孙妍	女	软件工程	2012级硕士
常翠兰	女	分析化学	2009级硕博连读	杨莉	女	软件工程	2012级硕士
施海玲	女	化学	2010级本科	白冠男	女	社会医学与卫生事业管理	2011级硕士
商瑾	女	生物科学	2010级本科	秦冲	男	药物化学	2010级博士
郭永沛	男	城市规划	2010级本科	唐胤	男	胸心外科	2012级博士
万瑞	女	环境科学	2011级硕士	赵伟	男	基础	2010级本博连读
于宏波	男	心理	2010级博士	杨祎	女	基础	2011级本博连读
包凯华	男	中文	2012级本科	姚兰秋	女	临床	2011级本博连读
张慕智	男	世界史	2013级博士	陈镕	男	药学	2011级本硕连读
陈斯雅	女	汉唐考古	2011级硕士	雷冏茜	女	药学	2010级本硕连读
赵悦	男	哲学系	2010级本科	郭娜	女	预防	2010级本硕连读
李洪胜	男	国际政治	2010级本科	李善欣	女	护理	2010级本科
王耀东	男	财政学	2010级本科	刘国臻	男	医学英语	2010级本科
代龙脊	男	金融学	2012级硕士	李珊	女	临床	2006级本博连读
侯千乘	女	金融学	2010级本科	郭浩	男	临床	2009级本博连读
胡诗雪	女	国际经济法	2012级硕士	杜雅丽	女	临床	2008级本博连读
李思佳	女	法学	2010级本科	王志新	男	临床	2007级本博连读
许宜哲	男	信息管理与信息统计	2010级本科	苏晓鸿	男	临床	2009级本博连读
强子珊	女	社会学	2011级硕士	吕珑薇	女	口腔	2006级本博连读
梁玢	女	区域经济学	2012级硕士				

表 13-23　北京市优秀学生干部名单

姓名	性别	专业	年级	姓名	性别	专业	年级
陈翀尧	男	数学	2011级本科	李天嗣	男	法学	2010级本科
王宏伟	男	核技术及应用	2010级博士	陶冶旭	男	俄语	2010级本科
田定方	男	空间信息学系地理信息系统	2011级本科	张星辰	男	广播电视	2011级本科
李辉	男	通信与信息系统	2011级硕士	陈安祥	男	经济学	2010级本科
林建飞	男	生物化学与细胞生物学	2010级直博	武骁飞	男	公共卫生	2011级硕士
姜雯雯	女	语言学	2010级本科	张杰铌	女	口腔正畸	2013级硕转博
王菁菁	女	国际政治	2010级本科	杨嘉瑞	男	临床	2011级本博连读
高庆昆	男	经济系	2010级本科	高鹏	男	预防	2011级本硕连读
曹光宇	男	金融学专业	20××级本科	于洋	女	临床	2006级本博连读

北京大学"优秀班集体"

院系	班级
城市与环境学院	2012级博士生班
信息科学技术学院计算机系	2011级本科生4班
地球与空间科学学院	2012级遥感硕士生班
医学部基础医学院	2012级本科生口腔班（医预）
物理学院	2011级本科生1班
元培学院	2012级本科生1班
工学院	2010级本科生生物医学工程班
物理学院	2012级本科生4班
法学院	2011级法律硕士3班
化学与分子工程学院	2011级本科生5班
地球与空间科学学院	2012级本科生3班
生命科学学院	2012级本科生2班
考古文博学院	2010级本科生班
医学部公共教学部	2012级生物医学英语本科生班（医预）
马克思主义学院	2012级硕士生班
国际关系学院	2012级本科生3班
元培学院	2011级本科生4班
对外汉语教育学院	2012级硕士生班
中国语言文学系	2011级本科生班
历史学系	2012级本科生班
经济学院	2011级金融系本科生班
数学科学学院	2012级本科生3班
社会学系	2011级本科生班
化学与分子工程学院	2012级本科生1班
教育学院	博士生班
经济学院	2011级经济系本科生班
信息科学技术学院	2010级本科生电子系1班
环境科学与工程学院	2012级本科生班
城市与环境学院	2012级硕士生2班
法学院	2012级本科生4班
外国语学院英语系	2012级本科生班
政府管理学院	2012级本科生班
生命科学学院	2011级本科生1班
光华管理学院	2012级本科生工商1班
数学科学学院	2011级本科生4班
公共卫生学院预防	2009级1班
第一临床医学院临床	2010级1班
第三临床医学院临床	2010级5班
公共教学部医学英语	2011级
第二临床医学院临床	2010级4班
基础医学院临床	2011级3班
口腔医学院	口腔颌面外科科研班
公共卫生学院	流行病与卫生统计学系研究生班
药学院	研究生5班
深圳研究生院城市规划与设计学院	2012级城市与区域规划班
深圳研究生院人文社科学院	2012级社会学班

北京大学先进学风班

院系	班级
城市与环境学院	2011级硕士研究生1班
城市与环境学院	2012级硕士研究生1班
地球与空间科学学院	2011级本科生地质1班
地球与空间科学学院	2011级硕士生地质班
地球与空间科学学院	2012级硕士生地质班
法学院	2012级本科生3班
法学院	2012级博士研究生班
法学院	2012级法学硕士1班
工学院	2011级本科生能源班
工学院	2012级硕士研究生班
工学院	2011级本科生材料班
光华管理学院	2011级本科生工商1班
光华管理学院	2011级博士生班
光华管理学院	2012级本科生2班
对外汉语教育学院	2011级硕士研究生汉语言文字学班
对外汉语教育学院	博士研究生班
化学与分子工程学院	2012级本科生4班
化学与分子工程学院	2012级本科生2班
化学与分子工程学院	2012级研究生3班
环境科学与工程学院	2012级博士研究生班
环境科学与工程学院	2012级硕士研究生班
经济学院	2012级本科生4班
经济学院	2012级硕士研究生班
前沿交叉学科研究院	2011级研究生班
前沿交叉学科研究院	2010级研究生班
数学科学学院	2011级本科生5班
数学科学学院	2012级硕士1班
数学科学学院	2011级博士研究生班
外国语学院朝鲜（韩国）语言文化系	2012级硕士研究生班
外国语学院	2012级硕士研究生日汉翻译班

外国语学院	2012级本科生西班牙语系	深圳研究生院汇丰商学院	2012级金融班
物理学院	2012级本科生1班	深圳研究生院信息工程学院	2012级微电子1班
物理学院	2013级研究生光学班	深圳研究生院汇丰商学院	2012级数量金融班
物理学院	2010级本科生1班	第三临床医学院临床	2009级5班
心理学系	2011级本科生班	第二临床医学院临床	2009级4班
心理学系	2012级本科生班	公共卫生学院预防	2011级1班
新闻与传播学院	2012级本科生班	第一临床医学院临床	2009级1班
新闻与传播学院	2011级本科生班	第三临床医学院	研究生4班
信息科学技术学院	计算语言所研究生班	航天临床医学院	研究生班
信息科学技术学院	智能系研究生机器感知班	护理学院	研究生班
		基础医学院	病生物物理研究生班
信息科学技术学院	2011级本科生智能班（5班）	第一临床医学院	2011级科研博士班

北京市先进班集体

医学部基础医学院	2012级临床1班		
医学部基础医学院	2012级临床3班		
医学部药学院	2012级药学1班		
艺术学院	2012级硕士研究生班	城市与环境学院	2012级博士生班
艺术学院	2012级博士研究生班	信息科学技术学院计算机系	2011级本科生4班
元培学院	2011级本科生2班		
元培学院	2012级本科生2班	地球与空间科学学院	2012级遥感硕士生班
元培学院	2012级本科生3班	基础医学院	2012级本科生口腔班（医预）
政府管理学院	2012级硕士研究生班		
政府管理学院	2012级博士研究生班	物理学院	2011级本科生1班
考古文博学院	2011级硕士研究生班	元培学院	2012级本科生1班
马克思主义学院	2012级博士研究生班	工学院	2010级本科生生物医学工程班
社会学系	2012级本科生班		
历史学系	2012级硕士研究生班	法学院	2011级法律硕士3班
哲学系	2012级硕士生班	化学与分子工程学院	2011级本科生5班
哲学系	2012级本科班	生命科学学院	2012级本科生2班
国际关系学院	2012级本科生2班	考古文博学院	2010级本科生班
国际关系学院	2010级本科1班	马克思主义学院	2012级硕士生班
国际关系学院	2011级本科2班	国际关系学院	2012级本科生3班
教育学院	2012级高管班	深圳研究生院城市规划与设计学院	2012级城市与区域规划班
教育学院	2012级普硕班		
体育教研部	研究生班	公共卫生学院	预防2009级1班
生命科学学院	2012级硕博2班	第一临床医学院临床	2010级1班
生命科学学院	2010级本科生1班	第三临床医学院临床	2010级5班
生命科学学院	2011级本科生4班	口腔医学院	口腔颌面外科科研班
中国语言文学系	2011级硕士生班	公共卫生学院	流行病与卫生统计学系研究生班
中国语言文学系	2012级硕士生班		
中国语言文学系	2012级本科生班		

奖学金名单

廖凯原奖学金

数学科学学院
胡鸣鹤　雷理骅　黄政宇　王艳莉　赵　越　宋　凯

工学院
李佳硕

物理学院
卫斯远　付少华　黄太武　刘春骁　沈钟灵　姜雪峰
付学文　孙兆茹　王册明

化学与分子工程学院
叶小舟

生命科学学院
舒　建　刘轶群　王　刚　白冬梅　侯　宇

地球与空间科学学院
田作林

城市与环境学院
杨晟朗　陈天歌　张添宏　胡　莹　卫　晓　杨　明
童银栋　丛　丽

心理学系
林慧娟　石振昊

软件与微电子学院
梁　微

新闻与传播学院
赵　恺　赵　琳　王雨濛　施佳妍　及　桐　孙嘉津
刘　畅

中国语言文学系
曹德超　马娇娇　王柯月　施　朝　张鹤天　闫　皓
赵　楠　任一丁　蒋仁正

历史学系
李扬天　程　最　谢　敏　陈　鹏

考古文博学院
李　唯　陈斯雅

哲学系
朱子建　谭炜杰　曹春洋　项浩男　沈仲凯　孟雨桐
邱　羽　程志翔　佟欣妍　赵文涛　吕存凯　周卓林
熊至立　尹德云　余　州　李晓璐　崔晓姣　廖璨璨
井　琪　赵立研

国际关系学院
田少颖　陈菊婉聪　尉秋实　张　亮　丁凌霄　宋建含
周玫琳　钟林谷

经济学院
张昭蓉　程　强　肖体赞　陈丽华　陈小伟　陈乃彬
王　祥　曾　江　王晓蕾　李正豪　江　磊　邵丹青
杨　洋　林　佳　赵启程　马天骄　涂　悦　薛家耀
陈正勖　周　娜　葛艺璇　刘　焰　卢天伊　赖海涛
林大卫　王翼羽　封　帆　王思凯　陈培文　汪术勤
张　婷　周　斌　柴英楠　李婉婧　于　涛　招　杰
胡允执　张月月　庄　晨　吴佳泽　林浩锋　高庆昆
陈　威　刘子琪　冯嘉会　周虹先　邹蕴涵　杜岩松
刘笑语　胡佳敏　丁泉莉　高　琳　胡汪音　曹　琦

光华管理学院
肖　洁

法学院
彭正一　王艺伟　沈韵秋　俞广君　李兆俊　郭怡廷
陈尔彦　何于彬　蒋怡然　马可彤童　李昕妍　杨　乐
邵明潇　冯时佳　张露露　庄文颖　肖政兴　邱遥堃
冯思华　豆飞洋　李熙泽　武　宁　刘　嘉　颜　欣
胡怡静　汪怡安　张笑怡　易　鸽　宋　璇　甘宜哲
吕祚成　马　煜　马吾叶·托列甫别尔干　孙凤敏
刘　娟　赵梦娇　梁　剑　刘　哲　陆佳林　凯
唐　颖　龚梅力　汪兵兵　赵　岩　叶怀晴　张晓旭
张　涛　谷铮彦　刘　泽　李雨宸　吴桂青　王博士勋
王杰鹏　冯　晨　牟绿叶　朱　冬　袁娟娟　张　欣
邹兵建　周　淳

信息管理系
刘　娟　周　亚　李乐章　程媛媛

社会学系
吴长青

政府管理学院
王志宝　臧雷振　赵浚竹　张　宁　黄彰国　郝壮敏
程　熙　井　焜　李　倩　王琳琳　王　衡　王水涣
张　昊　朱　萌　刘凌旗　李京京　徐　杰　董英霞
王坎坷　杜雪娇　唐　宇　丁俐丹　曹伟晓　袁国栋
翟　耀　魏钰明　周　璇　韩　婧　李佳璐　鲍星宇
李晨曦　王　哲　殷炀榜　袁嘉炜　余　洪　夏罗宗启
李钦帅　邓祎顾　孔　维　陈罗烨　何琛仪　王　璇
邓凌嫒　武沐瑶　阚明月　宁　晶　李圣晓　赵师楠
吴望可　刘雪莲　陈星月　褚　亮　施晓铭　李南泠
阎晓鄞　范文琦　李　昶　吴晓玥　钟　京　陆思岑

外国语学院
王信夫　李亚雯　鞠舒文　贾　岩　冯木子
马克思主义学院
章舜粤
艺术学院
王捷宇　杨歆迪　吴燕武
对外汉语教育学院
徐璠璠
元培学院
王维梓　熊宇薇　吴仪扬　赵喜俐　陈少闻　张　帅
信息科学技术学院
张龙凯　陈　恺
国家发展研究院
邹静娴
教育学院
李　璐
环境科学与工程学院
王　昭
分子医学研究所
吴鸿昆
前沿交叉学科研究院
李志强
人口研究所
程昭雯
体育教研部
陆　地
医学部
刘勤一　雷　阳　高　璐　杨凤泊　刘一宁

中国石油奖学金
地球与空间科学学院
鞠　玮　白　翔　刘世然　范斯腾　花君临　刘冬冬
徐光晶
物理学院
陈启博
环境科学与工程学院
原　野
工学院
秦欢欢　王飞飞　梁洁良

张昀奖学金
地球与空间科学学院
黄　璞
生命科学学院
龙　颖　赵天昊　杨君娇　郑鹏里

西南联大国采奖学金
国际关系学院
母君晨　黄　畅
光华管理学院
钞　悦　池　翔
经济学院
程剑飞

章文晋奖学金
物理学院
魏金霖　陈　一
化学与分子工程学院
冯　煜　傅天任
新闻与传播学院
熊　敏　尹　聪
历史学系
刘会文　杜洪涛　廖基添　陈　雪
国际关系学院
梁筱璇　林怡慧　董伟国　蔡佳伶
外国语学院
肖　琳　唐　微　史敏岳　连佳璨
元培学院
张乐凡　周闻宇

休斯敦校友会奖学金
地球与空间科学学院
钟旻言　谢沐禾
新闻与传播学院
纳　菡　钱一彬
元培学院
戴　锴　闫　睿
信息科学技术学院
管毓清　姚　旸
医学部
郑　峒　王倬榕

西南联大曾荣森奖学金
化学与分子工程学院
耿魏芝　刘玉鹏

西南联大吴惟诚奖学金

化学与分子工程学院
卓连刚

金龙鱼奖学金

生命科学学院
范逸临　冯慧中　胡致远　姚一鑫　薛浩然

经济学院
李雨纱　张　驰

光华管理学院
俞晓婧　赵昕玥　林雪婷　李　喆　谢怡然

信息科学技术学院
邱博雅　邵林博　陈　林　胡志挺　高　飞　王锴成
顾贤强　马　林　蒋明轩　刘本元

工学院
尹　涵　童　立　孟　伟　陆灏川　万广超　张　越

环境科学与工程学院
姜一晨　冯　韬

西南联大奖学金

数学科学学院
韦东奕

化学与分子工程学院
程　昳

物理学院
肖　虓　吴　蒙

中国语言文学系
李轶男　郑子欣

历史学系
张文怡

哲学系
张　怡

钟天心奖学金

历史学系
郭洪伯　张　慧

外国语学院
周睿璇　廖崧渊

周昭庭奖学金

艺术学院
辛诗旸

外国语学院
董欣然

元培学院
宣文玥

杨芙清—王阳元院士奖学金

数学科学学院
冯怡珺　王晓玮

软件与微电子学院
熊　英　赵　晶

中国语言文学系
王媛媛　李昕桐　朱　倩　侯晓晨

信息科学技术学院
顾　澄　贺心蕊　肖琦琦

工学院
陈宽宇　黄振航　吴易繁

环境科学与工程学院
王卓然　周梦怡

哲学系
孙骞谦　李红丽　卫斯洁　余梦婷　邓向玲

生命科学学院
马牧青　肖　瑶

城市与环境学院
史秋洁　黎　婕　淑阿克　褚丹彤　赵瑜嘉　颜　燕
李　琰

信息管理系
蔡　骏　谢丽娜

曾宪梓奖学金

数学科学学院
陈　龙　杨　煜　许开来　董佶圣　郭向阳

物理学院
刘典京　叶伟成　刘彦昭　赵义强　姚文杰　吴　凡

化学与分子工程学院
蔡泽伦　封木冬　张璐婷　蒋佳弟　王　月

生命科学学院
林　晨　刘　薇　金　琛

地球与空间科学学院
马　博　　陈　越　　易　超　　叶诗婷　　刘丽萍

心理学系
路　浩　　胡浩阳　　米青天

社会学系
方田野　　梁维聪　　何婷婷

艺术学院
何佩莲　　余　亮

新闻与传播学院
缑文强　　钟　旺　　崔昆阳

住友商事奖学金

数学科学学院
张峰硕　　张文钟　　张贻辰　　林祎露　　顾诗颢

物理学院
贾思瑶　　龚梓博　　杨　坚　　李枝蔚　　孔令剑

化学与分子工程学院
谢　达　　张冬予　　王昊楠　　郭庆云

生命科学学院
雷　雪　　李一楠　　臧维成　　徐捷慧

地球与空间科学学院
张　恒　　邹　琳

三菱商事国际奖学金

国际关系学院
丁凌霄　　李竞菁　　王　菊　　蒋雅茜

经济学院
颜　洁　　吴志强　　尚　进　　田露露

光华管理学院
樊樵枫　　洪乐园

中国工商银行奖学金

经济学院
陈　琨　　黄　政　　欧　南　　应京含　　王昊博　　曾　蓁
陈冠宇　　王钰希　　吴谢宇　　宫　颖　　曹　怡　　丁匡达
韩佳运　　赵　菡　　袁亦扬

光华管理学院
张晓雪　　李　劼　　于　越　　洪乐园　　李　响　　曹光宇
贾婷彦　　秦劲风　　王　宁　　高茉人　　王菲菲　　雷　羽
辛　悦　　Jim Qian　　晏梦灵

国家发展研究院
傅虹桥　　袁　东　　陈路明　　智　琨　　程协南　　祝　武

余方圆　　张　戈　　唐笑天　　刘　洋　　孙俊磊　　王　凯
肖成哲　　黄　京

五四奖学金

数学科学学院
苏　骁　　贺少杰　　王文俊　　王　森　　李云啸　　孙卿云
张宇驰　　张一婷　　王　琦　　范若昕　　董金硕　　黄东明
赵　南　　赵　禹　　楼凌霄　　肖一君　　区宇飞　　彭志超
王　琪　　王　喆　　罗晨旭　　王宇辰　　高　超　　庞　硕
向志敏　　余毅阳　　卢运则　　吴振国　　郑灵超　　安　冬
高瑞琦　　曾祥泽　　李思锐　　曾丽伟　　程家豪　　马卫军
郎红蕾　　赵　泗　　孙旭旭　　王　越　　刘兆楠　　马　睿
闫博巍　　宿　愿　　韩梦姗

工学院
李佳智　　翟唯钧　　范润东　　彭　博　　李晖域　　樊苹博
刘昕荷　　陈　琪　　朱斯亚　　童思捷　　傅　豪　　李嘉伟
万明阳　　吴月珥　　戴　城　　李阿明　　韩梦瑶　　谢　浩
于　璐　　徐秉声　　张顺洪　　王瑛琪　　袁克彬　　宋文杰
韩　旺　　武　丹　　张泽群　　赵天山　　韩倩倩　　李　亮
张楠林　　张明轩　　陈天梧　　喻立珊　　冯　源　　刘理鹏
张晓伟

物理学院
艾瑜霏　　黄　龄　　谭晓晓　　陈云峰　　井　然　　生冀明
黄越飞　　王钦生　　葛韶峰　　扈鸿业　　张　霄　　张涌良
王李祺　　潘　瑞　　李俊泽　　熊　林　　李官涛　　刘　丰
侯宇航　　肖伊康　　李新然　　朱天顺　　李怀宇　　蔡新强
徐　放　　郭兆珩　　李欣桐　　周　奎　　王晨旭　　潘兴杰
吴一鸣　　胡　地　　刘雅琪　　李青晟　　胡家祺　　耿易星
刘　尚　　徐义尧　　许　镭　　张建东　　朱瑜坚　　褚　慈
刘戈锐　　彭小磊　　岳　莉　　沈齐欣　　荆任之　　刘思东
潘萌萌　　冯近溪　　陈学刚　　陈　颖　　郭超群　　丛麟骁
徐子骏　　张亚晖　　王一帆　　杜立配　　任金丽　　田正阳
王洋洋　　徐广伟

地球与空间科学学院
冯　禧　　曹露青　　张单明　　王金梁　　黎晓东　　刘沛显
郑萌萌　　郭荣荣　　张　巍　　吴洛菲　　赖潇静　　蔡玉珍
邓　轲　　陈红瑾　　钟日晨　　徐劲懿　　周基明　　蒋久阳
陈　理　　骆　琳　　孙为杰　　陈　宁　　吴梦羽　　王　雨
吉明宇　　郑晓岚　　段　叠　　金时运　　朱　翀　　王明志
杨　彬　　庄育龙　　任悦溪　　张虎来　　方　托

信息科学技术学院
曾　益　　徐　悦　　贾　韬　　张曦光　　周　鹏　　唐永旭
牛育泽　　邓昊培　　贡　献　　王子一　　刘　泉　　罗宇翔
窦笑添　　权浩亮　　邓景文　　赵　鹏　　全　成　　傅　强
张泽亚　　倪　燎　　黄　鑫　　朱晓旻　　赵庄田　　孙豪泽

余韧哲	申天纬	林 逍	张宇辉	张开伟	许兆鹏
王紫怡	陈菲雅	吕彬彬	杨宜欣	刘 畅	郑淇木
倪 焱	曹 晶	萧柳丹	汪成龙	黄 震	张亦驰
高 欣	苗正杰	陆焕铨	邹赵雯	刘 易	金纪诚
张寰宇	张舒航	毛冬元	于善哲	张 圣	张雨思
邢曜鹏	徐经纬	徐乾桐	曹琳琳	朱福运	文永正
李男男	孟 迪	杨 慧	余 丽	郑少秋	郑中阳
刘春彤	段 镭	洪毅虹	刘 冬	桂欣璐	孙 浩
郑卫国	强闰伟	公 韦	李 辰	吴 腾	张志超
邢雪源	吴 倩	朱佳伟	滕建斌	吴 炜	司俊俊
董中倩	祝 闯	张勤健	许婷婷	李君杰	李 潇

化学与分子工程学院

徐 澍	孟 赫	晏佳禳	王申恺	王羽琛	段文洁
张帅林	王 萌	武振伟	林语秾	黄 铃	武振强
江 淮	史含清	杨 晓	王佩奇	梅 林	于 晋
王仁明	邱晨虎	揭鉴澍	雷浩然	吴桢钦	潘东旭
郑海峰	舒志斌	董 会	黄虹端	张西沙	徐 凌
陈其伟	杜 然	刘 婧	林 立	吴瞳勃	谢文俊
孙乾辉	陈莉莎				

生命科学学院

李韩牧云	商 瑾	严筱澂	俞若凡	陶怡乐	朱劲奕
肖 凡	陈鹿鸣	田瑞琳	古 欣	刘星晨	张嘉成
王立豪	杨 津	孙植成	王 欢	李丹妍	黄海娜
李祺君	冯为栋	倪士超	赵 峰	陈 亮	王 霞
张 莹	赵 峰	许 楠	晋 莲	张 雷	彭炎炎
肖光辉	宗 乐	肖凌云	张媛媛	刘佳峰	丁 淼
赵 诞	侯 玫	鲍艺天	万俊男	刘 筱	吕国良
马梦迪	朱诗优	刘 哲	汤 赞	李昊洁	张 功

城市与环境学院

王斌喆	郑 欣	安太然	刘 璐	楼梦醒	吕丹妮
刘萍萍	张 宇	李宁汀	帕合丽娅	申子杭	宫 瑞
胡邦毅	吴梦希	王 泱	孙艺笑	付 博	王梦婷
王冀韬	蒋筱雯	孟 阳	邓 雷	卫 然	卫 俊
肖 昊	姚一帆	孙 柘	朱昱玮	李鹏飞	张禹平
龙茂乾	王 敏	吴文佳	刘 晔	马 妍	谢婷婷
刘 明	夏可慧	乔治洋	周德成	刘天宝	黄 典
郝 倩	吕胜华	史 进	孙 喆	郭 琪	王洪波

环境科学与工程学院

黄 越	谢 璠	谢 楠	赵 芮	熊富忠	勾 斌
王静远	林 谧	刘俊鑫	张轩瑞	王欣瑜	李芸邑
吴蓉蓉	晋银佳	范明明	蔡 荔	杨海燕	刘文嘉辉

心理学系

冯哲道	罗志薇	张翼飞	李耀中	马国凤	林丽清
金悦宁	史 超	王 哲	陈安吉尔	孙经纬	尚思源
申秀丽	梁恺欣	崔格格	李靖宇	王立卉	雷 铭
张 媛					

中国语言文学系

张弘毅	宝诺娅	马 源	楼悦晨	刘雅丽	刘 倩
夏 雪	王 航	王萧依	程珊珊	何冰冰	孙博轩
徐麟周	俞培源	刘雯昕	刘隽敏	迟静伊	李煜哲
李琳祎	李超宇	黄丽玲	韩淑娴	金恩惠	禹姷汀
张窈绿	郑惠文	金钟沅	金恩慧	宋源景	黄攀伟
陈澹宁	李远达	倪木兰	辛 爽	武梦恬	王坤宇
丁 姝	林子敏	曾泫淳	张锐锋	刘潇雨	李 静
车致新					

历史学系

何天白	常宇鑫	周相杜	仲 琼	梅嘉禾	刘 超
卓 楠	季欣悦	谢佳艺	王彩凤	郭 宁	沈 琛
高翔宇	胡 宁	李坤睿	王龙飞	罗 玮	

考古文博学院

王圣雨	张保卿	乔苏婷	伍 扬	李云河	陈 筱
刘净贤					

哲学系

赵 悦	周小龙	蔡震宇	赵 欣	陈汝嫣	铁丹丹
郭晓媛	陈建美	朱瑞旻	崔 爽	黄素珍	邹 蕴
高 坤	谭 惟	张海洪			

国际关系学院

李帅虎	杜虹颖	吴劼杰	徐政伟	郭小雨	冯 峥
拉 雅	陈柏熙	吕孟珊	宁艺晴	陈若丛	许 颖
董婉妮	吴诗卉	罗撼玲	苑子豪	陈轩昂	李卓尔
赵雅雯	秦 肯	吴碧莹	索菲娅	周 越	

经济学院

徐飞力	刘伟光	郝孟源	谢文彬	荆 旗	麦联俊
卢宇轩	牛铭梓	刘 立	梁 天	郭宇宸	袁婧雯
王 薇	谌泽昊	何蒙悦	张霖梅	陈明熙	高 鸣
颜 洁	李劲林	顾雨斐	尚 进		

光华管理学院

周安儿	苏 鑫	陈 川	高 洁	钟 婧	葛晓燕
王丹烨	刘 晗	费立孝	陆维翔	杨大恒	唐 好
王兴杰	李培琳	刘 超	李绯悦	杜云舟	姚梦灵
袁 瑛	王一棉	陈卓欣	姜晓玲	姜坤佯	徐 婷
李 明	朱为玉	杨小溪	杨 进	赵圣斌	祝子楠
门金生	洪魏芸	曾婷婷	韩 哲	广川国臣	王于鹤
郭 斌	刘 彪	王是业	马 松	窦 欢	郭 放
刘海北	雷文妮	郝 阳			

法学院

张戴旭	秦晓蒙	陈晓航	张 萱	庞 序	盛星宇
赵英男	车 晔	徐 爽	顾赛君	刘屹坤	徐冰彦
肖荻菲	刘祥名	唐褚怡	陈琰琳	王俪璟	黄易旻
孔清扬	刘鸣赫	郑 媛	韩 磊	施 贝	李 权
王春蕾	周韶龙	张 璁	滕秋涛	张小雪	赵晓蕾
何 静	林芳璐	杨俊伟	黄 琪	陈蕙娟	李 勇

李弘杰	吴银娇	杜 波	蒲 毅	卫凌波	张万顺
覃甫政	吴才毓				

信息管理系

郑丽芬	刘芝玮	魏一鸣	赵需要	严 洁	姜庆远

社会学系

张雨晴	万 青	李利利	丁丽琴	刘小天	汤 澄
李佳颖	许立欣	张君榕	颜青琪	张 涵	范鹏程
赵晓航	刘永博	张 双	贺 凌	张莹文	苑子文
陈红宇	张博伦	阿依努尔·卡马		褚文璐	战亦霖

政府管理学院

车静屏	张 莹	何明帅

外国语学院

周雨思	郑心怡	郑 琪	张悦新	袁 婧	俞一星
徐 鸣	夏 琪	王亚天卓	王诗敏	王 珏	唐嘉薇
孙晓雯	沈惠知	聂涵今	马保全	李麟寅	李慧若
金 艳	蒋 骏	何英杰	韩 梅	郭彩琛	郭 丽
凤 鸢	方静一	陈润曦			

马克思主义学院

黄 斐	王 凯	章新若

教育学院

刘 昕	韩亚菲	朱 琼	蔡文璇	翁秋怡	程 飞

人口研究所

茹长宝

艺术学院

张 薇	林菁菁	李晓唱	阮 嵘	陈 瑶	王婧思
雷 昊	石 坤				

新闻与传播学院

孙一奇	张艺瑾	缪亚敏	赵勤勤	朵 兰	岳 汀
张哲源	王一诺	智思奇	冯少杰	张 啸	吴伟峰
刘爽健	赵丹彤	成可欣	胡苗苗	聂 可	侯耀坤
崔馨予	翟秀凤				

元培学院

安永睿	李兆洋	程 威	韩牧岑	韩博伦	王斯达
牛乾坤	胡 煜	嵇环宇	胡 东	石 鎏	张春晓
罗莉莎	王亚男	姚安之	金 洋	刘诗尧	代 莹
刘天歌	徐涵剑				

深圳研究生院

李广娣	吕 甜	成贵娟	王潞怡	陈丹颖	赵天玉
林雄斌	李 颖	谭海波	杨诗婕	陈宇静	何 楠
崔莹莹	郑田园	焦梦津	邹 洁	李其轩	冯 莹
苏黎馨	凌 通	孟 昊	刘 稣	张长悦	蒋海飞
庄 岩	赵裕辉	袁金凤	王 哲	周 沫	潘冰雁
方明慧	马万达	向 皎	李心欣	曹乐思	胡 玲
蔡顺有	胡希媛	唐 然	沙文鹏	祁宏涛	王 墨
陈 凯	唐龙飞	焦剑波	夏 睿	朱 兵	杨 鹏
郑 弦	张 恒	郭朝阳	唐骋洲	程 琦	吕 浩

软件与微电子学院

靳 娇	佘桂华	黄成炎	陈泓汲	王振戎	唐文博
汪怡欣	陈智涵	李文柯	李 卿	周庆余	张永旭
曾兴亮	王 磊	吴润龙	王鹏程	王刘振	相歆琦
林佳明	卢扬波	王英喆	陈智娟	刘海蛟	刘艳东
贾 堂	欧 青	王雨辰	宋 松	李婷婷	师 龙
王 恒	陈经伟	刘 超	李梦楠	余 倩	刘昊冬
祝梦林	何志敏	朱 萌	赵 楠	李 钊	蔡立珊
翟 昱	张 宇	白 连	张晓璐	张豫辉	孙庆娟
潘 旻	杨海玲	曲曼宁	王 静	林毅君	黄礼骏
许欣蕾	刘天意	范冬妮	郭皓洁	张 欢	林 腾

医学部

郭 扬	李范红	施青吕	康冠楠	贾慧敏	胡鑫浓
范一鸣	黎关火	张栌丹	彭 程	罗江滢	王兴午
鲍予顿	果 佳	陈 曦	彭嘉婧	杨 妮	赵中凯
冷俊胜	张浩然	王 蒙	韩冰峰	丁 蕾	何映东
康文博	王新童	李 灏	詹 威	王明瑞	李亦博
傅 誉	李 星	李亚琼	张 熠	王 放	

分子医学研究所

胡晓敏	杨 熹	维力斯	许 可	张 雷

前沿交叉学科研究院

林 猛	高东亮	贾昭君	刘 凯	杨龙澍	王艺舒

体育教研部

冯雪晗

对外汉语教育学院

唐 静	陈 静	赵慧婷	白 雪

沈同奖学金

生命科学学院

李冰峰

苏州工业园区奖学金

化学与分子工程学院

高 翔	孙旭东	王程鹏	童炳琦	刘文哲	叶子醒
钟璐玮	周 凤	商 冉	王志坚	顾 均	陈洪亮

生命科学学院

李文聪	胡莹莹	郭新阳	吴宇婷	伍应丹	邢孟坦
郝丽宏					

信息科学技术学院

孙诗晴	翟羽佳	黄子犟	田嘉睿	丹 晨	李 辉
钟 雷	郭 颂	张旭东	马万里	张 超	

工学院

黄逸凡	张柯杰	姚岳瀚	周 皓	王勤英	余 靓
王雪刚	张 博	金炜炜	周志浩		

腾讯微爱创新奖学金

信息科学技术学院
王　然　王婉怡　杨和敏　张晨炜　龙秋风　耿海洋
付　翔　段一舟　魏康亮

软件与微电子学院
王苏茵　文子龙　王俊婷　张　晨

田村久美子奖学金

中国语言文学系
张亚如　徐　颖　汪　莹

谢培智奖学金

历史学系
郭欣韵　文　俊

友利银行奖学金

光华管理学院
阳　盼　丁瑞祺　黄伦洋　彭若洋　陈碧萱　吕　晔

外国语学院
庄子奇　沙　凡　许诣玲　谷笑媛　王　芮　张　富
刘　畅　陆思嘉　郭月华

奔驰奖学金

法学院
魏顾瑶　李明哲　刘韵迪　张　玥　吴冬妮　徐温妮

光华管理学院
张兴星　余乔升　李大可　余　舟　张辰阳　姚　倩

外国语学院
胡大炜　闫颂阳　姚　墺　梁欣然　钟超男　叶梦婷

物理学院
单君翌　桂　贯　吕廷博　钟德亮　杨　婧　沈钰峰

哲学系
林　芳　柳　舟　李晓丹　陈晗倩　侯杰耀　赵檬锡

中国语言文学系
陈琳琳　黄　蕙　程　悦　程梦稷　王　蕊　陈启远

唐仲英德育奖学金

城市与环境学院
潘佳佳

地球与空间科学学院
刘泽学

法学院
常雅玲　贾　雪　闫若铭　吕雅馨

工学院
王绍鑫　刘乃嘉

光华管理学院
杨法皓　姜　雪

国际关系学院
杨　旸　刘思雨　王　菊　龚玉婷

化学与分子工程学院
季　栋　王　直　沈昊明　刘春怡

环境科学与工程学院
杨裕茵

经济学院
廖　戈　柳　林　刘丽兵

考古文博学院
张　夏

社会学系
张瑞辰　赵钰浓

生命科学学院
李诗涵　杨　越

数学科学学院
刘智彬　郭祎劼　段俊明　宋梓宇

外国语学院
张子轲　李雪菲

心理学系
王　婧

新闻与传播学院
刘钰迪　王　星　杜　涵　韩　霜

信息管理系
赵怡然　王　聪

信息科学技术学院
吕婷婷　陶世博　王小西　阿不都·阿布力克木
韦　琬

艺术学院
李尽沙　黄　强

元培学院
李鑫宇　杨雨成　徐　睿　车　倩　李则达

政府管理学院
杨　翔

中国语言文学系
袁　硕

医学部
章　芮　邹　达　雷冏茜　杨燕芬　于　晨　段蕫蕃

芝生奖学金

历史学系
张强伟

三星奖学金

数学科学学院
卢嘉瑞　李少堃

物理学院
杨志栋　郭怡鑫

化学与分子工程学院
雷若星

光华管理学院
巩爱博　姜静妍

社会学系
侯文泽　张芩珲　董婧嘉　吕昊天

外国语学院
都闻心

信息科学技术学院
田树一　姚　超　李海桐　刘大河　刘靖骞

王家蓉—王山奖学金

光华管理学院
刘威仪　郑晓莹　黄丹阳　康　立　魏丽莹　吕渭星

张景钺—李正理奖学金

生命科学学院
张　兴　孙田舒

膳府奖学金

新闻与传播学院
王　扬

历史学系
杞支雅男

地球与空间科学学院
高志芳

哲学系
张　华　肖伟光　姜　虹

国际关系学院
贾子方　王　晶　高　焕

法学院
赵　玄　周　游

数学科学学院
王　倩

物理学院
何　法

信息科学技术学院
陈　龙　郭翰琦

马克思主义学院
陈铭杰

艺术学院
裴之田

中国语言文学系
赵志国

CASC 一等奖学金

物理学院
杨　帆

心理学系
林伟鹏

前沿交叉学科研究院
王瑞雪

CASC 二等奖学金

城市与环境学院
熊若轩　张亦培

地球与空间科学学院
孟繁露　曹　曦　李展辉　王成祖　杨静懿　孟庆野

CASC 三等奖学金

物理学院
邢　颖　刘　欣　贠　超　柴　真　姜维超　王钟堂

工学院
张　寅　袁　野

地球与空间科学学院
尹丹东　刘思叶

中营奖学金

深圳研究生院
刘　惠　刘　苗　周　雪　刘　健　杨　雯　周彦吕
李　丹　姚　瑶　郭　繁　隋冰冰　毕潇涵　孙　昱

张 娴	陈盛兰	迟文卉	辛俊卿	金 曦	桂红刚
容 杰	汪兆丰	王 飔	陈 萍	陆 峰	郑 超
龚巍巍	张承禹	杜博涵	田 颖	张 莹	冯唐人
张晓宇	方万紫	霍 茜	雷 淼	沈冰洁	肖 瀚
刘诗瑶	杨惠萍	李文怡	任尚伟	王雁冰	曹 畅
韩 涛	林 琳	裴婉嫕	郑晓琪	何颖仪	黄 凯
熊雨婷	侯 佳	倪天歌	胡峰辰	缪巧霞	李昕琳
孙倩茹	王思博	郭 剑	肖 登	辛 争	戴妙荷
李世军	郭 峰	刘传鸿	史飞飞	谢 磊	和 峰
黄 辉	郭 标				

IBM 奖学金

信息科学技术学院

翟羽佳　许伦博

软件与微电子学院

黄少卿

ESEC 奖学金

中国语言文学系

李晚寒　崔 璨

国际关系学院

王 松

考古文博学院

崔秀琳　郭士嘉

Panasonic 育英奖学金

地球与空间科学学院

付 玲　解 超

信息科学技术学院

刘 展　栾 添　梁广泰

化学与分子工程学院

刘姗姗　高 琛

社会学系

孙增平　李 代　吴银铃

董氏东方奖学金

数学科学学院

李晓澄　金 冲　耿志远　林伟南　高慕鸿　尤之一
胡安然　马 超　戚 鲁　佟 瑶

物理学院

沈博强　康婉莹　宁鸿烈　刘仪襄　孙子墨　林则仁
刘天仪　毛 丹　孙轶依　周 超

信息科学技术学院

杨撒博雅	肖刘明镜	李豁然	刘志鸿	黄权隆
李长松	周 岚	陈 鸣	邹乐其	綦金玮　蒋 捷
王 越	杜宇飞	李天石	刘敏行	刘澜涛　张番栋
鲁扬扬	李晔晨	张梦驰		

国际关系学院

包 恺　林怡慧　高鑫炜　李竞菁　赖 欣

光华管理学院

万 飞　刘 晶　栾世栋　郝兆伟　种法辉

元培学院

张泽懿　吕思瑶　蒋欣芯　蒋欣芯　武韶懋

软件与微电子学院

陈 祠　田 原　赵碧涵　刘乃贵　王 祥　张计业
陶倩倩　代廷竹　周 靓　杨 莉

李彦宏奖学金

数学科学学院

梅 松　程哲驰　赵若扉　房 玮

工学院

俞 玥

物理学院

曲慧麟　孙风潇　罗连通　何宇驰

地球与空间科学学院

刘雨薇　黄立博　陈哲萌

信息科学技术学院

杨建波	张 凯	王 卓	朱臻慧	林萍萍	杨廷翰
汤子洋	赵明民	汪建峰	徐力有		

化学与分子工程学院

郎海峰　陈文煜　陈纬国　杨俊峰　易 恒

生命科学学院

杨晓旭　黄福大　张翔宇　徐建锋　杨嘉禾　戴安婧
师维康

城市与环境学院

彭瑶瑶　于成曜

环境科学与工程学院

夏 凡

心理学系

蒋雨蒙　宋 钰　娄宇阁　彭玉佳　周圆圆

中国语言文学系

郝 琦　张文显　毛锦旖　李凌云　韩 杨

历史学系

高 燎　张泽坤　邵 晴　尹晓宇

考古文博学院

王小溪　胡毅捷

哲学系

周智烨

国际关系学院

郝依然　沈雨菲　王浩臣　刘一璇　洪　叶

经济学院

刘冬雪

光华管理学院

何川洋　孔馨瑶　曹思盈　郑铭辉　卢　珊

法学院

秦　洋

信息管理系

杨　帆　云梦妍　王琪斯　顾嘉伟　张瀚雄

社会学系

牟思浩　胡璟怡　蓝星宇

政府管理学院

陈晓茵　萧　箫　周　宇　姚璐薇　雷　蕾

外国语学院

唐静怡　聂冠华　刘思楠

艺术学院

卢正源　王京晶

新闻与传播学院

刘思毅　沈於婕　廖紫滢

元培学院

胡金宝　盛大林　于戴维　谭振洲　高　飞　黎　玥
董　皓　张林峰　张璐雅　谢瑞豪　黄佩媛　金柏宏

软件与微电子学院

袁军龙

POSCO 奖学金

数学科学学院

易灵飞

工学院

林人瑞　周　昊

物理学院

王宇晨　高智涵

地球与空间科学学院

刘　熠

信息科学技术学院

郝　嘉　成　丰

光华管理学院

薛博元　孟紫煊

法学院

杨　肯　汪晋楠

社会学系

张艺芩

元培学院

刘　熠　褚　君

佳能奖学金

数学科学学院

刘浩洋　李振坤　李从辉

物理学院

王宏伟　张靖中　严梦媛

信息科学技术学院

刘佳奇　王世衡　刘宝光

化学与分子工程学院

彭　康　姚爱宁

环境科学与工程学院

单敬雯　高　伟

信息管理系

李芙蓉　赵域航　史璐雯　许　清

外国语学院

叶素颖　贺　钦　陈　希

方正奖学金

数学科学学院

庄梓铨　张明睿　王恺峥　窦夏良　陈　麟　白天衣
吴　昊　孙月姣　郑嘉寅　胡婷婷　孟令宇　吴贵超

工学院

刘一民　郝进华　姚梦碧　熊佳铭　张力天

物理学院

张玉涛　缪育聪　陈　广　郭　磊　孙　刚　李金钊
王思敏　郑平辉　陈建辉

地球与空间科学学院

朱　递　时　辰　周恩波　梁静之　周志豪　陈逸然
马宇岩　王梓涵　吴葆宁　孙唯童　侯俊涛　田　祯
张　旭　王建华

信息科学技术学院

刘笑尘　李玉林　毕颖杰　喻韵璇　陈桐飞　王纾寒
闫任驰　周振宇　李晨旸　罗炳峰　宋利伟　周昊宇
娄一翎　沈业基　刘　垚　王冠男

化学与分子工程学院

王汝一　金泽鑫　郑钦珩　周志尧　张可天　谢䜣璇
黄彦捷

生命科学学院

慕　童　马　蕾　丁贯乔　殷章元　彭若诗　史旭雯

徐璐颖　黄清配　侯信锋

城市与环境学院
郑超群　吕　吉　陈培培　张佳梁　赵皓琪　孙利北
张　津　加那提古丽·卡德尔　　胡雪洋　胡映洁

环境科学与工程学院
张晓玲　李　前

中国语言文学系
董　晨　陈子丰　杨薏璇　刘一凡　丁文静　祁　玥
张夏妍　徐梓岚　梁昌维　袁乐琼　鞠　晨

历史学系
陈祥军

考古文博学院
袁怡雅　李　楠　季　宇

哲学系
吴苗森　贺韵辉

国际关系学院
辛经纬　黄天元　任柳佳　张　月　毛思源　严云扬
张先弛　蒋雅茜　王丹逸　庄晓月

光华管理学院
钟隽仪　常惠丰　梁　昊　方　铭　王逸男　秦程程
熊　乔　许志超　李雪钒　陈志浩　郑剑宇　曾　晓
王晓宇　傅　康　石书铭　周红豆　王钰珏　杨　哲

法学院
吉冠浩

社会学系
王柯懿　胡凤潮　张靖华　董春峰　廖梦莎　徐贤达
李　静　吉砚茹　曾彦琪　杨舒晗

政府管理学院
温咏仪　贺　佳　李广兴　杨　舟　孙　兆

外国语学院
朱璨小钰　张晓雅　孙凌凌　寿晨霖　聂慧慧　刘丽文
连　漪　李诗聪　黄庭昌　胡凌彦　杜晓彬　褚　楚

心理学系
姚泥沙　张曼灵

艺术学院
唐璐璐　宁　昕　李诗语　庄沐扬　徐韫琪

新闻与传播学院
马　珺　何　萍　胡馨木　王　娴　谭东方　张伊妍

信息管理系
阿力木

马克思主义学院
于文静

对外汉语教育学院
宋璟瑶　陆　冉

国家发展研究院
王宾骆　陈弘毅

教育学院
王世岳　刘　钊

前沿交叉学科研究院
周俊鸿　王　欣

分子医学研究所
张仕坚

软件与微电子学院
王一宇　张紫竹

基础医学院
何以琳　武　迪　杨乔林　李　硕　曹爽婕　王　颖
马新然

公共卫生学院
李甲森　杨淞淳

药学院
刘　啸　王怡莲　尹雅杰　江　澜

护理学院
刘元圆

公共教学部
丁　芮

华为奖学金

数学科学学院
孙张鹏　梁哲铭

信息科学技术学院
丁　昊　张献涛　王　靖　王江涛　黄威靖　马丽娜

软件与微电子学院
黄颖彪　郝　丽

宝钢奖学金

数学科学学院
刘博闻　张国良

物理学院
严　缘

地球与空间科学学院
王　盟

信息科学技术学院
周惠斌

化学与分子工程学院
李丽萍

工学院
滕益华

新闻与传播学院

李 冰

社会学系

徐仙萍 何 苗

外国语学院

施顶立 田 妍

元培学院

石春晖

航天科工一等奖学金

信息科学技术学院

魏 豪

化学与分子工程学院

张琦璐

航天科工二等奖学金

前沿交叉学科研究院

杨 薇

物理学院

刘天博

化学与分子工程学院

徐丽敏

信息科学技术学院

陈晋升 牟力立

航天科工三等奖学金

工学院

顾丁炜 李 冰

物理学院

沈红明

元培学院

周舒翔 吴建邦

信息管理系

赵 瑜 许宜哲

前沿交叉学科研究院

马晓旻

戴德梁行奖学金

工学院

杜金铭 王向华 王卫杰 吴小芳 刘诗泽

国际关系学院

许钊颖 梁嘉真 张永鹏 王艳磊 刘武鑫

法学院

初 萌 何 驰 沈沉玲 林 菲 樊泽玉 康 欣
高俊杰 康玉梅 颜晶晶 高 涛

社会学系

翟淑平 向 宁 孙俨斌 曹何稚

外国语学院

李 盛

新闻与传播学院

张 翕

分子医学研究所

雷 蕾 康新江

马克思主义学院

唐 权

人口研究所

叶晓蒙

乐生奖学金

新闻与传播学院

刘梦怡

元培学院

朱 熠

方树泉奖学金

艺术学院

肖艳琳 吴忠谚

芝生奖学金

历史学系

张强伟

季羡林奖学金

中国语言文学系

王学强 覃俊珺 王文颖

外国语学院

田 唐 姜一秀

成舍我奖学金

中国语言文学系

戴辰忱 段 莹 费冬梅

长岛奖学金

城市与环境学院
郑音楠

中国语言文学系
庞若愚

国际关系学院
刘 阳　郑唯实

新闻与传播学院
王 琪　金 地

林超地理学奖学金

城市与环境学院
李 上　肖 菁

环境科学与工程学院
李 蕾　杨巧云

顾温玉生命科学奖学金

生命科学学院
钟 声　陈 昊　周海宁

东宝奖学金

生命科学学院
罗 佳　董 杰　任 合　孙祥忠　李佳鞠　王晨曲

欧阳爱伦奖学金

生命科学学院
靳兆晨

经济学院
张旭慧

外国语学院
武瑞婷　王婉琳　高佳艳

三菱东京日联银行奖学金

信息科学技术学院
郑永安　汪佳逸　李 靓　王子腾　刘 翔　王春雨
左 君

化学与分子工程学院
杜庶铭　李 刚　彭 江　姚二冬　刘栋栋　王 恒
李 娜

经济学院
付芳伟　侯湘宜　张真诚　刘铠维　沈芳瑶　刘 宇

光华管理学院
王博慧　徐 勉　吕一凡　张翠莲　汪剑锋　姚 凯
施雨水

法学院
郭剑桥　曾 思　杨 舒　王 烨　杨 术　郑玉婷
胡玉桃

外国语学院
尹 旭　王 倩　郭晓丽　贵雪佼　魏李萍　高 伟

乐森旬—白顺良奖学金

地球与空间科学学院
马乐天

黄昆—李爱扶奖学金

物理学院
刘 韧

冈松奖学金

物理学院
胡润杰　辛现银　谢子昂　王 赫　王 龙

信息科学技术学院
潘睿智　孙 翼　潘 睿　高成良　何文欣　唐 艳
王中凯

城市与环境学院
宋 萌　赵鹿芸　张云惠　胡 斌

SK 奖学金

物理学院
岳明昊

信息科学技术学院
郭 锐

化学与分子工程学院
郭 锐

光华管理学院
王 鹜

外国语学院
丁文洁

李惠荣奖学金

数学科学学院
舒睿文　阮　丰　钟逸峤　何　麒

物理学院
严乔靖　吕旭东　杨　康　陈东宇　刘宏超　朱逢源
纪经纬　龚宗平　周智勤　竺俊博　章逸飞　王天乐
李文杰　庄佳威　刘　晗

信息科学技术学院
朴成哲　戴竹韵

化学与分子工程学院
闫天炜　仁之湄

生命科学学院
熊　枫

城市与环境学院
张艳晗　秦双妮　张逸昕

心理学系
路　浩　宋轶凡

中国语言文学系
闫纛骐　朱佳艺　吴妍姝

历史学系
栾颖新　张辞修　漆袁旻　左文健　陈钰琪

法学院
李梦飞　杨海波　董家成　刘之忻　寇梦晨　侯梦旭
黄腾芳　陈　欢　陈陌阡　王盟茹

社会学系
赵友伦

新闻与传播学院
刘　宇　姚　源　杨若兰　张可欣　蔡　敀　陈俊涵

信息管理系
刘天祎

元培学院
徐竹西　邹冠男　李　通　高英桐　王　越　王　梓
钱　帅　张君宇　张　天　薛逸凡　魏　玮　张凯东
杨锦程

外国语学院
周毅成　颜景奂　谭　政

邓真邓琨奖学金

外国语学院
吴一南　霍晶晶　陈如晖

光华奖学金

数学科学学院
艾　辛　范睿托　包正钰　黄　得　王　帅　孔　嘉
吴艺翀　梁喆晖　刘双城　余　冰　李勇锋　王善标
鲍　超　张金华　李亮泽　于浩然　李奎杰　史际帆
苗　旺　罗钧峰　陈美玲　乔　山　魏　颖　曹　寅
杜　广　吴　昕

工学院
林勤业　黄超宇　周　琪　王哲梁　王苡人　陈保君
方　卉　余真鹏　孙　涛　杨婷云　夏　威　肖厦子
陶　勇　唐　肖　高　刚　王晴飞　孟　靖　柳　涛
宋　星

物理学院
殷如廷　王韩腾　弓　正　郑　辉　李　航　于甜甜
康显阶　刘项琨　杨锦怡　杨是巅　赵拿斐　李佳睿
杨晓婷　诸兆轩　朱鸿轩　夏平宇　陈柏桦　唐静怡
高藉非　贾方健　孔淑妍　管　淳　荔　宁　陈　煦
沈逸文　栾一龙　张　帆　张一怒　何　超　姜　爽
宫　郑　张　袆　包　健　万芳铭　朱　瑜　王　达

地球与空间科学学院
胡志峰　张　琼　孟浩然　张　成　杨永飞　张子亚
白琰冰　张方利　李蔚然　徐　蕾　何　强　涂继耀
王洪浩　夏　彬　杨　华　邱熙蒙　袁憧憬　王　雯
刘天时

信息科学技术学院
辛　雨　兰　铮　侯　放　赵　澈　李沁格　牟刘杉
唐子豪　徐梦炜　黄祎程　卢思颖　张恩田　李绪荣
刘径舟　丁博岩　关　宇　樊捷闻　陈远祥　李先刚
何梦文　王迎春　于洪亮　韩冬煦　李　龙　马　郓
殷　钊　陆　敏　吴振刚　吴　良　袁　媛　邵壸侠
谭　旭　崔宏宇　王天宇　张颖睿　许海涛　吴锟霖
钟　华　刘国苤　刘国华　常怀鑫　马永强

化学与分子工程学院
贾　上　王健纯　刘　帅　施立雪　陈泽华　谢嘉欣
刘　臻　赵嗣彰　吴　越　陈景诚　罗　达　苏　凯
崔晓杰　李　珉　王　欣　邹　林　王　欢　胡　悦
刘艺斌　周　旭　毛囡囡　禹　钢　蒋美玲

生命科学学院
徐　君　吴宇杰　俞　强　李佳昀　柳皋隽　石　佼
朱文桢　袁鹏飞　傅语思

城市与环境学院
蒋　瓛　曾振中　叶宝源　马　晶　韩　洋　杨琳琳
李　晶　刘松雪　高　阳　陈　龙　吴佳雨

心理学系

沈如意　侯娅琼　简晓微　詹乐夏　刘　一　张喜琳
余红玉　刘金婷

中国语言文学系

吴飞鹏　张　力　韩　煦　张哲茜　陈静雯　孙巧智
林悠然　殷婉莹　何诗航　池　骋　杨　柳　郑睿竹
李华雨　马　腾　王　丁　张玉瑶　黄新骏蓉
欧阳月姣　谢英镝　杨庭曦　袁　媛　杨　果　宋欢迎
翟　赟　朱天助　潘妍艳　林　莹　赵团员　袁　丁

历史学系

王翘楚　李莹萌　刘佩韦　薛　玉　刘　芳　荆　腾
张　毅　曹　杰　杨　悦　张　展

哲学系

郭小瑜　陈　希　董心尚　静　潘　思　陈　冀
张兆民　范　杰　姜明泽　李丹琳

国际关系学院

李思佳　赵　娜　李　侃　田　欣　王姝奇　郑多训
郝江东　王疆婷　马勇田　易骁骁　黄　曦　韩钟天
王　敬　杨　珺　方若冰　吴　婷　侯星辰　胡伟晨
程梦圆　顾嘉杨　郭　澜　庄礼骏　李　琳　王康威
宋昊天　杨芳音　廖　媛　卢　晓　赵晨宇　唐雨旋
陈丹梅　董伟国

光华管理学院

覃　翔　杨孟麟　李露霖　项姝蕾　李笑宇　刘大路
宋　然　钟宁静　陈　晨　杨　晨　文　雯　张雨晴
陈健雄　陈博雅　关海英　仇心诚　晋睿智　权五燮
丁　晖　杨鸿源　荣幸子　张心怡　孙　菁　高鹏飞
韩　超　虞　跃　郭　齐　苏梦泽　刘云博　翟达琦
青　白　谭　帅　赵琬迪　彭　来　周晓敏　张　潇
闫清波　倪维宇　陈雅晖　毛伟才　李　芸　孔　伟
韩　宁　LIAO POHUA　李　楠　高加贝　孙　聪
惠文杰　石孟卿　燕　翔　张明玺　张　楚　邹　韬

法学院

杨宇潇　吴景键　汪琛莹　李彦恺　于雪辰　鲁一帆
方潇逸　赵睿璇　胡瑞琪　李　盼　符舒程　韩妍婷
宋伊歌　王晓萱　李夏怡　姜欣然　周悦霖　田纯才
贾　元　闫　柯　林　欢　徐先锋　王艺煊　张　强
吴海军　张雅霖　王　杰　郭曼云　彭雪璐　方　圆
郭慧阳　李燕萍　武娅楠　高至人　卢　山　鲁　璐
林永平　张　帆　崔君凤

信息管理系

刘　丹　赵　誉　孟晨霞　蒋　勤　赵域航　李乐章
曾显越　陈　博　王照寒　林子婕　蒋　勤　樊振佳
马　婕　韩秋明

社会学系

马志谦　宗泽伟　罗　曼　蒋紫晗　焦长权　翟宇航

外国语学院

朱亦红　张艺晨　张文瀚　张　博　徐晓倩　熊正华
邢　玮　王一工　王昊婷　王　畅　王北辰　万　方
陶治旭　孙一晓　沈弋琳　潘焕明　倪　杨　孟莹莹
刘昕宇　刘夕冉　刘　爽　李　泽　李溪月　李惟祎
李宛凝　黄　真　杭苏宁　韩志华　葛　格　冯玉妍
程智超　陈雪儿

艺术学院

杨欣欣　车　琳　杜若飞　李墨若迷　张天竹
吴倩如　姜　宇

新闻与传播学院

雒健晴　安晶丹　杨　荃　项　思　姜　波　游　牧
余萌希　张华麟　曾　嫒　冯美娜　仲昭戎　李　菡
朱垚颖　郭丹阳　李嘉佳　申　茜　魏无忌　张　也

元培学院

魏　佳　曲　鹿　陈安祥　连心怡　邓诗萌　沈健平
徐　杨　杨　硕　彭龄萱　常钰熙　李　也　邓溪瑶
王延波　戴骊颖　李相宜　赵宇恒　王翰生　刘淑彦
姜舒文　赵雨淘　孙顺杰　李佳欣　郭雨阳　冯嘉荟
杨　照

国家发展研究院

韩　薇　张百平　唐君宇

马克思主义学院

张　伟　刘　寒

对外汉语教育学院

王佳宁　关亚楠　朱艳欣　林　丹　袁格霄

教育学院

杨　晋　江　涛　郭　晨

深圳研究生院

陈正侠　谷志莲　赵　枫　王驭龙　陈　飞　徐　可
史莉莉　赵镜一　蒋晶晶　蒋丽婷　员瑜平　陈曼如
师成平　刘水茵　陈　菲　刘梦杰　张小峰　黄　蕾
徐艺婷　王　冉　李文军　张津海　陶　斐　李小亮
莫志威

前沿交叉学科研究院

张恒彬　马冬林　张　茜　周维瑞　陈　佳

分子医学研究所

郭冬青　侯婷婷

人口所

朱　琳

软件与微电子学院

田　飞　张晓东　张　涛　李志涌　侯蔼玲　冯　璐
廖怡珍

中国石油塔里木奖学金

法学院

陈　卓　阴彦博士　班　轲　戴天慧　张雨露　周丹妮

杨山珊　臧建伟
地球与空间科学学院
于　勇　王慧玲　于川淇　吕　扬　王　璐
信息科学技术学院
余怀强　陈　琛　刘　凯　罗　宁　蒋　昭

韩亚金融集团奖学金

光华管理学院
曾　强　杨瑞冬　吕珺璞　王博文　陈　实　李安然
李天文　六梦钰

经济学院
慕天实　沈　茜　姜宁馨　李承健　张　睿　崔含笑
唐至睿　刘乃铭　金　婧　侯明威

国际关系学院
陈　光　宋佳骏　周彩婷　张　婧　缪　盈　王慧晶

法学院
郭　奇　张昊旸　张博士　李　洋　黄　帝

外国语学院
张　妍　许诣铃　王怡丹　申明钰　黄逸岑

恒生银行奖学金

光华管理学院
文欣怡

新闻与传播学院
丁怡婷

经济学院
于东伶

陶氏化学奖学金

化学与分子工程学院
闫　冰　施海玲　张昭悦　周钰静　高　峰　李　伟
张德文　邱　顿　刘　君　邓鑫星

数学科学学院
肖经纬　罗　鹏

社会学系
毛一凡　金　毅　张惠强

福光奖学金

经济学院
芮思佳　江曜民

光华管理学院
傅　艺　黄宇健　杨　帆　陈　娱　张翔雁

元培学院
施文娴

九二校友奖学金

新闻与传播学院
李海雁　马蕴瑶　康越明　田维希　赵紫馨

元培学院
何　翃　刘天媛　刘钢贤　余　璐　唐宇哲

费孝通奖学金

新闻与传播学院
魏兆阳　高　洁

国际关系学院
李洪胜　武　旋

社会学系
强子珊　庞　亮

政府管理学院
肖　遥　王　卓

优衣库奖学金

生命科学学院
赵天舒　陈智敏

经济学院
陈剑隽　吴佳泽

艺术学院
王一楠

新闻与传播学院
陈靖夫

国家奖学金（本科）

数学科学学院
文　浩　白　钰　苏　钧　陈霄泓　张峻梓　王青璨
闫　峻　王东皞　郭永祎　韦东奕

工学院
赵乾坤　刘　颖　李　程　唐　萌　王梦泽

物理学院
包宜骏　吴　蒙　陈　露　庄　园　郭　诚　陈东政
王贺明　刘芮杉　胡志强　罗英华　马力克　肖　虓

化学与分子工程学院
诸琪磊　蒋兴宇　程　昳　谢　天　赵博超　蓝光旭
张　辰　张智榕

地球与空间科学学院
张云帆　李天意　杨娅侨　赵浩男　刘　鹏　刘嘉辉

信息科学技术学院
郑子杰　张泓亮　熊文洁　齐荣嵘　刘卢琛　马舒蕾
丁瑞洲　廖　昀　薛子钊　陈诗安　陈　灏　黄智鹏
姜笑雨　邱赫梓　智天成　吴争锴　倪泽堃　姜　和

生命科学学院
夏思杨　黄骎骎　张子栋　陆　天　杨琦嵘　成　林

城市与环境学院
李梦涵　张　穆　刘翌旸　邱　爽　高　硕　方嘉雯

环境科学与工程学院
吴　悠　邱明昊

中国语言文学系
李轶男　高虹飞　高　策　郑子欣　章莎菲　王雨童

历史学系
高　源　张子悦　李　墨

考古文博学院
达吾力江·叶尔哈力克　冯　玥

哲学系
朱子杰　彭　民

国际关系学院
唐苁睿　李秋萍　鲁　蕾　赵轶君　覃文婷　李斯森

经济学院
王羽尧　王耀东　晏珅熔　向　佳　石瑞琳　梁禹澄
徐博立　张　悦　李　晗　任思璇

光华管理学院
周伊伦　刘　穗　杨雪萌　谢可夫　冯翼翔　段　湾
樊樵枫　贺　凯　刘　力　仲崇然

法学院
李思佳　陈立诚　张立翘　黄敏娜　苟晨露　金雪儿
黄曼兮　张婉愉　张冰凌　张瀚天

信息管理系
步　一　程媛媛

社会学系
周　扬　贾晗琳　周瑞宇

政府管理学院
刘镇杰　侯　韵　陈楚仪　余梦露

外国语学院
赵梓彤　张欣云　王虹元　满　园　金德弘　吉　竞
胡　媛　高毅菲　徐　涵　马学敏　刘韵姣

艺术学院
王一楠

新闻与传播学院
石　慧　龚恋雯　姚怡云　李佳凝　肖　贝

元培学院
毛天白　姜　江　刘　腾　黄思翰　贾国翀　张雪禾
俞秀梅　盛　浩　伍叶露　朱睿智

基础医学院
赵　伟　徐　铌　陆旻雅　姚兰秋　孙泽文　武名政
陈雨菲　杨　祎　裴静奇　尹玉瑶　崔　璨　李　佳
崔应谱

公共卫生学院
叶艺璇　王敏敏　郭　娜　李　昊　金奥铭　史　薇

药学院
左　影　蔡晓春　王　婕　王　弘　张艺嘉　尹安玥
陈　镕　文彦照

公共教学部
舒　洁　宗纪元

护理学院
李善欣

第一临床医学院
崔　铭　翁浩宇

第二临床医学院
郭　浩　梁海杰

第三临床医学院
刘奕君　黄　骁

第四临床医学院
丁　宁

第五临床医学院
王冬青

口腔医学院
陈子圆

航天临床医学院
郑嘉堂

国家奖学金(硕士)

数学科学学院
谢远成　樊玉伟　许白婧　陈子一　徐冰卉　郑国亮

工学院
刘海龙　张健鹏　李亚伟　刘振濮　朱静菡　慈鹏弘

物理学院
张妩帆　简　悦　申时行　陈　佳　吴婧文　李　恒

地球与空间科学学院
吴　也　张华添　郭佳鹏　李晨放　邱　添　李　亭
蔡亚平　孟　树

信息科学技术学院
陈　超　丁　瑞　顾　源　何明丽　后　羿　姜通晓
李自然　廖　凯　卢　钏　饶俊阳　佘頔頔　孙金岭
孙星海　夏华荣　许世泽　杨　易　余　琴　张　伟
周家帅　张晓迪　白　蔚　李广一　邱健威　王干文
王睿智　朱宁莉　庄希威

城市与环境学院
宋丽青　王卿梅　白芸芸　张街春　曾文静　蒋玉娇
樊　星　刘　锐

环境科学与工程学院
李玉照　李　力　万　瑞　李明真

心理学系
李　曼　孔改清　吴哲萌　彭　聪

中国语言文学系
韩沛奇　何雨殷　王靖楠　李浴洋　边明江　李　军
任滨雁

历史学系
薛冰清　姜　涛　苗润博　顾　韬　许翔云

考古文博学院
曹芳芳　和　奇　王　东

哲学系
张　胜　覃诗雅　寻晶晶　许一苇　杨祖荣

国际关系学院
嵩竹兰　赵福斌　钟　潇　李建广　钟梓欧

经济学院
吴　垦　明晓磊　龚晓飞　李抒怡　尹玉容

光华管理学院
蒋海涛　陈彧西　王浩铭　王　轩　叶　杨　岳　靓
刘正瑶　乔坤元　叶　涵　顾　飞　陈宇缘　余智禄
班乘炜　代龙脊　郭　薇　余晓波　梁　萱　许莎雯

法学院
韩婧文　黄鸿昌　程　晨　王华伟　刘茵茵　董　昀
沈钰棪　马晓雨　顾宓瑶　胡灿莲　郭俊野　王梦琳
宋　佳　张佳杰　张　倩　姚　瑶　程　宁　王振霞
冯　源　卢龙婕　陈铭宇　徐　俊　曾思琪　陈炯阳
陆筱薇　沈　思　钟万梅　罗艺欣

信息管理系
孟　越

社会学系
韦　伟　范钟秀　俞月慧　聂　磊　吴琼文倩

政府管理学院
林芳芳　荣秋艳　孙　伟　苏　政

外国语学院
阎鼓润　陈　璐　常玲晓　轩　乐　刘　璐　吕　行
马芳菲　金延伟　钟　娟　王启超　陈　昀

艺术学院
李雨谏　黄凌子

新闻与传播学院
吕凌寒　张　鲁　朱蔓衡　郭　超

软件与微电子学院
魏　鑫　李宗枝　赵　玮　牟　楠　郑　洋　李　乔
徐孟春　潘朋飞　林　硕　于　哲　张　甜　孟　正
王海啸　李绍令　王晋琪　石荣晔　冯　超　李　赫
杜　红　王梦浩　杨　洋　许智云　崔　晓　来　源
张芸维　孙　玥　王明永　程　思　陈志权　许殿豪
张博男　孙　妍　尚粤宇　唐为杰　黄　博　任　敏
李淑怡　曲信学　刘文雯　王雪莹　崔　力　翟晓东
徐鸿毅　吴　琦　覃韡韡　周亚凡　张思羽　叶　玫
张　燕　崔松雅　梁东渊　林毅超　武　琼　祁红坤
位明旭　张睿俊　孟　莹

马克思主义学院
雷梦芹

体育教研部
范梦娇

对外汉语教育学院
王潇悦　羊乃书　易　维　周曼群

深圳研究生院
刘　洋　苏光耀　陈家诚　饶先拓　刘　星　黄立富
陈　骥　苟方旺　朱　昊　魏江月　王嘉炜　宋学辉
宋利娟　孙　焕　赵冰川　李晶晶　雷　鹏　曾盈盈
金　潇　钟晓红　云　翃　郭彦蓉　李晨晨　文楚君
姚晓明　周　沂　张　力　何嘉颖　李紫菡　张梦夏
杨清楠　曾新杰　邓文慧　郭子琨　柳怡骎　郑澄然
汪　琪　洪　达　魏士清　黄子骥　刘伫伫　金家慧
李袖榕　邵舒萍　宋永琛　张雪莹　丁　丁　王　影
赵宇先　周　聿　朱钊轲　孔　龙　常长长　孙泽建
余　姣　姜佟琳

人口研究所
诸　萍

国家发展研究院
张　欣　谭语嫣　崔晓敏

教育学院
陈　娜　魏　戈　杨柏洁

前沿交叉学科研究院
王国敏

分子医学研究所
程　强

基础医学院
李正康　高　成　南　栩　房　煊　李丹花　潘　玉

张 潆	王大为	陈伊凡	胡阿锦		

药学院

单 冬	吕海宁	郭 飞	冯 敏	卢晓静	冯林敏
闫跃鹏	魏 雄	叶志康			

公共卫生学院

白冠男	李 帅	刘莹娟	聂晓璐	宋培歌	郑 建

护理学院

郭红艳

公共教学部

徐 坤

第一临床医学院

夏驭龙	杜 闯	张月苗	王 辰	张淑贞	马 超
宁向辉					

第二临床医学院

贺文强	王 菲	王 芳

第三临床医学院

周 鑫	宋 祝	尤宇辰	崔岳毅

口腔医学院

张杰铌	吴彬彰	史 闻

临床肿瘤学院

赵兵甜	林新峰

精神卫生研究所

陈 超	王恩聪

中日友好临床医学院

董洪军

第四临床医学院

王 玲

第五临床医学院

后 曼

第九临床医学院

巩 蓓南京

航天临床医学院

刘晶晶

深圳医院

崔军威

北京地坛医院

顾红岩

国家奖学金(博士)

数学科学学院

王 枫	谢振肖	郑 直	吴开亮	王志明	贾 晨
范朝盛	楚健春	熊杰超	林 锋		

工学院

邵 玲	师恩政	王 超	张艳玲	李 睿	周锡龙
邓梓健	赵 宇	李玉辉	李华芳	刘国希	蒋丽阳
武振伟	魏庆凯	陈 林			

物理学院

王小平	魏 伟	陈焱高	邢 莉	陈 基	黎 敏
杨再宏	董国香	李庆雷	吴 聪	张甲举	杨云波
张 辰	高智威	刘永椿	杨 薇	黄胜	孟 杰
周伶俐	李程远	李 晓	刘倍贝	刘 帅	邵华圣
杨腾飞					

地球与空间科学学院

钱加慧	王 伟	俞红玉	郭 震	梁存任	刘 乐
郑荣国	王 新	段依妮	朱 峰	舒启海	王佳敏

信息科学技术学院

王贵重	张建军	张荣庆	谢明利	李 萌	阴红志
周 超	翟晓华	王 烁	罗 勇	李冬晨	陈 琪
高睿鹏	黄芊芊	黄文灏	梁世博	吴 凌	喻梁文
张晓升	罗 川	米古月	林邦姜		

化学与分子工程学院

贾传成	敬 静	辛恭标	肖先金	李子龙	王小野
李 恒	夏 莹	唐 伟	李亦舟	郝子洋	谢 然
赵亚光	王也夫	王进莹	郭芸帆	刘梦溪	纪清清
周继寒	蔡 康	朱 智			

生命科学学院

陈 伟	樊 伟	冯 晖	关景洋	郭冬姝	郭红山
洪森炼	侯萍萍	黄 宁	黄 岳	纪玉锶	孔寅飞
郦宏刚	刘朋朋	刘 勇	马嫄慧	沈璧蓉	唐 星
王展翔	邹 倩	杨明玉	张金喆	周景峰	

城市与环境学院

丛 楠	孔祥臻	黄志基	赵 亮	何 伟	王蓓丽
冯 喆					

环境科学与工程学院

黄 昕	付慧真	刘 润	张澄澄	申芳霞

心理学系

于宏波	罗思阳	陆静怡

中国语言文学系

王耐刚	刘紫云	孟 飞	邵琛欣	王传龙	吴 可
王铁军	刘 奎	白惠元	李淑英		

历史学系

李 洋	周 雯	韩 策	韩基奭	于 月	徐 畅
杨 鑫					

考古文博学院

路国权	罗汝鹏	范佳翎

哲学系
左　稀　赵　震　李　猛　杨洪源　张　沛　雷爱民
孙国柱　蒋　澈　王　硕

国际关系学院
顾　炜　余忠剑　陶元浩　康　杰　海泽龙

经济学院
杜浩然　刘　博　刘　鹏

光华管理学院
韩非池　张梦云　周小宇　黄鸣鹏　刘慧慧　高　明
林道谧

法学院
刘跃挺　陈炜强　王桦宇　王　怡　孙海波　李大庆
韩静茹

信息管理系
黄红华　蔡银春

社会学系
胡　雯　陈　涛　杭苏红

政府管理学院
张　权　胡微微　赵　源　袁　倩　劳　昕

外国语学院
丁　一　赵婷廷　任　婧　刘丽娇　张　怡

艺术学院
戴　璐　雍文卯

新闻与传播学院
崔远航　孙美玲

马克思主义学院
刘爱章　王小凤

对外汉语教育学院
王　帅

深圳研究生院
王　玲　傅俊凯　罗朝生　朱礼志　刘　文

人口研究所
王灏晨

国家发展研究院
李　冉　纪　洋

教育学院
江淑玲　杨素红

前沿交叉学科研究院
高雅博　屈贺如歌　李　旸　尹　宁　邓　怡
金坚石

分子医学研究所
王　旭　黄章泷　章　婷

基础医学院
周静怡　范胜军　王文彦　董诚岩　李卫华　王燕婷
方　希　伊利夏提·肖开提　　　　董　冬　宋一萌
刘剑锋　张小磊　杨紫伟　郑丽媛　张　超　宋博研
杜军霞　王威仪　孙维梁

药学院
刘　强　张　亮　吴泽宏　翁　庚　仰浈臻　冀希炜
黄　野

公共卫生学院
蔡　莉　叶　芳　陈　田　苏　萌　隗瑛琦

公共教学部
于舒洋

第一临床医学院
周天航　辛　灵　唐　琦　李　珊　刘琳琳　黄　婧
滕贵根　刘　辉　殷　雷　王　峤　王　璐　蔡文超
许小菁　乔淑凯

第二临床医学院
于　洋　郅　新　张晓盈　赵晓蕾　刘振华　唐　胤
耿　强　杜　燕　颜艺超　魏　瑾

第三临床医学院
王　超　张　斌　庞一帆　孔东丽　石岩岩　刘　蓉
李常虹　陶　明　李　刚

口腔医学院
吕珑薇　付　玉　杨瑞莉　肖　锷　孙玉华　陈薪伊
魏　攀

临床肿瘤学院
闵　力　李晶晶　何曦冉　韩海勃

精神卫生研究所
王　丽

第四临床医学院
谭梅美

第五临床医学院
张大磊

深圳医院
吴　琦

北京地坛医院
全　敏

共青团系统表彰名单

2012—2013 年度首都大学、中专院校"先锋杯"优秀基层团干部

孙　龙　　田方敏　　王宏伟　　孙海莉　　刘晶晶　　叶久艳
万　瑞　　何冰冰　　漆袁旻　　王菁菁　　李彦恺　　潘　援
杨宗威　　韩丰蔚　　李俐娇　　李诗语　　贾国翀　　谢　专
张思羽　　周曼群　　文　学　　林子婕　　宋妍萱　　陈晓雯
何婉毓　　张稚琪　　冯　萌　　张媛媛　　赵艺媛　　秦晓蒙

2012—2013 年度首都大学、中专院校"先锋杯"优秀团员

苏　钧　　童　立　　陈禄敏　　姚颖琪　　王子一　　王　娜
范汗青　　孔改清　　王健丁　　周凯南　　刘宇明　　陈傲寒
范雯琪　　宋求实　　万隽阳　　张　楠　　汪星宇　　李冠徵
冯美娜　　胡李鹏　　李一凡　　杨　超　　王　镝　　郑唯实
何小璐　　孔令赫　　冯宇彤　　陈　杰　　王　颢　　彭　耕

2012—2013 年度首都大学、中专院校"先锋杯"优秀团支部

数学科学学院 2011 级本科 04 班团支部
工学院 2011 级博士生 2 班团支部
物理学院 2010 级本科 2 班团支部
生命科学学院 2009 级本科 1 班团支部
信息科学技术学院 2010 级本科智能团支部
地球与空间科学学院 2012 级地质硕班团支部
心理学系 2011 级本科团支部
中国语言文学系 2011 级本科团支部
考古文博学院 2009 级本科团支部
哲学系 2012 级硕士生团支部
国际关系学院 2011 级本科 3 班团支部
经济学院 2010 级本科财政学系团支部
光华管理学院 2011 级工商 3 班团支部
法学院 2011 级本科 4 班团支部
社会学系 2011 级本科团支部
政府管理学院 2010 级本科团支部
艺术学院广播电视编导专业 2011 级本科团支部
新闻与传播学院 2011 级本科团支部
马克思主义学院 2012 级硕士班团支部
元培学院 2011 级本科团支部
教育学院 2012 级高管团支部
软件与微电子学院 2012 级经管六苑团支部
对外汉语教育学院 2012 级硕士生团支部
前沿交叉学科研究院 2011 级团支部
基础医学院 2009 级基础医学团支部
公共卫生学院 2009 级本科 1 班团支部
公共教学部医学英语 2010 级团支部
护理学院 2010 级本科团支部
药学院 2010 级 4 班团支部
医学部 2012 级药学 3 班团支部

2012—2013 年度北京大学共青团系统先进集体和共青团标兵表彰名单

北京大学红旗团委（共 5 家）

信息科学技术学院团委
经济学院团委
法学院团委
新闻与传播学院团委
基础医学院团委

北京大学共青团专项工作创新奖（共 9 家）

数学科学学院团委
物理学院团委
地球与空间科学学院团委
哲学系团委
光华管理学院团委
政府管理学院团委
外国语学院团委
北大医院团委
药学院团委

共青团标兵（共 10 名）

王一涵　　信息科学技术学院团委书记
王绍鑫　　工学院 2010 级本科生
马　郓　　信息科学技术学院 2011 级博士研究生
高庆昆　　经济学院 2010 级本科生

潘 援	光华管理学院 2009 级本科生	
李 明	法学院 2013 级硕士研究生	
杨宗威	法学院 2012 级硕士研究生	
秦晓蒙	法学院 2010 级本科生	
王 硕	深圳研究生院人文社会科学学院社会学系 2012 级硕士研究生	
姜 雪	北京大学第三医院团委书记	

2012—2013 年度北京大学共青团系统优秀团支部和先进个人表彰名单

优秀团支部（共 40 个）

工学院 2011 本科生能源班团支部
物理学院 2010 级 2 班团支部
物理学院 2010 级 5 班团支部
化学分子与工程学院 2011 级 1 班团支部
生命科学学院 2009 级 3 班团支部
信息科学技术学院 2010 级计算机 1 班团支部
地球与空间科学学院 2011 级本科班团支部
城市与环境学院 2011 级城规班团支部
环境科学与工程学院 2012 级硕士团支部
中国语言文学系本科 12 级团支部
考古文博学院 2009 级本科生团支部
哲学系 2012 级本科生团支部
国际关系学院 2011 级本科生 2 班团支部
经济学院 2011 级本科生 2 班团支部
光华管理学院 2011 级工商 3 班团支部
法学院 2012 级法硕 2 班团支部
社会学系 2011 级本科生团支部
政府管理学院 2012 级本科生团支部
外国语学院 2011 级西班牙语团支部
马克思主义学院 2012 级硕士班团支部
教育学院 2012 级研究生普硕团支部
软件与微电子学院 2012 级科技四苑团支部
人口研究所 2012 级团支部
后勤幼教中心团支部
前沿交叉学科研究院 2010 级团支部
医学部 2009 级基础医学团支部
医学部 2009 级预防医学 2 班团支部
医学部 2011 级护理团支部
医学部 2011 级药学 1 班团支部
医学部 2011 级医学英语团支部
医学部北京大学第一临床医学院 2009 级团支部
医学部北医三院第二门诊团支部
医学部口腔医学院修复科团支部
医学部人民医院心脏中心一支部
医学部肿瘤医院行政后勤团支部
法律援助协会团支部
自行车协会团支部
曲艺协会团支部
耕读社团支部
台湾研究会团支部

十佳团支书（共 10 名）

张 祺	工学院 2011 级本科生
沈星辰	物理学院 2010 级本科生
李佳琪	化学与分子工程学院 2011 级本科生
付 晨	地球与空间科学学院 2011 级硕士研究生
王健丁	历史学系 2010 级本科生
程 翔	哲学系 2010 级本科生
陈菊婉聪	国际关系学院 2010 级本科生
曹光宇	光华管理学院 2011 级本科生
张 楠	社会学系 2010 级本科生
孙 薇	北京大学人民医院机关团支部书记

优秀新生团支书（共 10 名）

刘双龙	数学科学学院 2012 级硕士研究生
王晨曲	生命科学学院 2012 级硕士研究生
张 悦	城市与环境学院 2012 级本科生
曹 怡	经济学院 2012 级本科生
黄易旻	法学院 2012 级本科生
周 璐	政府管理学院 2012 级本科生
王 畅	外国语学院 2012 级本科生
刘东奇	元培学院 2012 级本科生
淦宇杰	人口研究所 2012 级硕士研究生
杜文瑜	医学部 2012 级本科生

优秀团干部（共 100 名）

数学科学学院
李少堃　罗华刚

工学院
孙　赫　王　曼　杜华睿

物理学院
陈　广　姜显哲

化学与分子工程学院
赵　博　李天祥

生命科学学院
龙　颖　孙海莉

信息科学技术学院
白安琪　李　辉　王子一　杨撒博雅　尚逸峰

地球与空间科学学院
刘 熠　孟庆鹏　王 也

城市与环境学院
郭永沛　康艺馨　冯思源　刘萍萍　谷月昆

环境科学与工程学院
张轩瑞

心理学系
周圆圆

中国语言文学系
杨可扬　吉云飞　石昊一

历史学系
罗 天　杨 等　沈一心

考古文博学院
刘晟宇

哲学系
赵 悦　易 宇　柳 舟

国际关系学院
方若冰　杨博允　郑唯实　郑方圆　庄晓月

经济学院
沈 佳　陈正勋　萧嘉成　李晓明

光华管理学院
向昊天　侯千乘　周静荷

法学院
冯泰来　潘驿炜　宋求实　李彦恺　杨 瑜

信息管理系
瞿 绮

社会学系
牟思浩　陈方俊　付华昊

政府管理学院
张 辰　赵 越　肖 遥　褚 亮

外国语学院
李潇伊

艺术学院
陈思毅　杜周安安　吴倩如　杨歆迪

新闻与传播学院
姜 波　钱一彬

马克思主义学院
陈铭杰

元培学院
陈安祥　王青艳

国家发展研究院
徐志浩

教育学院
吴临风

软件与微电子学院
孙 妍　师 龙　张博男　张思羽

人口研究所
宋妍萱　高嘉敏

后勤
张 伟

校医院
李亚敏

对外汉语教育学院
张 迪

前沿交叉学科研究院
张亚杰

医学部
赵予涵　王 昕　甄文亚　郑雪雅　邓飞阳　李 雪
容晓莹　张 众　吕博雅　李梦月　聂 丹　刘 晨
张 帅　张稚琪　郝莉莉　黄晓敏　傅孟元

优秀团员（共 232 名）

数学科学学院
高瑞琦　王青璨　吴曼曦　徐冰卉

工学院
丁翼晨　童 立　王世龙　周 健　郑方毅

物理学院
李文杰　刘戈锐　王 斓　张世杰　刘永富

化学与分子工程学院
曹观海　牛无奇　常翠兰　王 俊

生命科学学院
冷士强　李杰圣　刘 源　张小宇　赵天昊

信息科学技术学院
陈云帆　李 冲　马玉玲　文 才　熊文洁　张 伟
赵玮泽　钟 雷　郑 何

地球与空间科学学院
吕 丹　欧阳天　邱熙蒙　申 晨　张申健　王明璨

城市与环境学院
王瑀琦　张艳晗　刘 达　吕 吉　陈晓威　蔡雅垠
杨光临　邹建军

环境科学与工程学院
马 源　李 力

心理学系
吴雷焱　代 良

中国语言文学系
杨 竹　刘家玮　张安琪　李思言

历史学系
冀夏黎　张乔伊　赵 通　蔡怡宽

考古文博学院
何 康　李 唯

哲学系
刘子先　张　磊

国际关系学院
程浩然　罗　烨　王天白　杨起帆　杨小龙　王靖雯
郝婧青　陈傲寒　吕　宸

经济学院
刘　硕　张　菁　张　驰　李思婕　谢禹韬　潘　正
金晨歌

光华管理学院
陈晋宇　李露霖　黄宇健　于　超　蔡惠琦

法学院
黄唯伦　蒋若然　李天嗣　姚　姚　于雪辰　张　敏
胡瑞琪　王思竹　朱逸杰　杜一凡　宋雨薇　陈熠霓

信息管理系
万隽阳　夏恩灵

社会学系
张　楠　孙朔晗　代瀚锋

政府管理学院
陈楚仪　李广兴　徐伟峰　赵胥邑　王茂林　黎　泉
郝凌瑶　宁思莹　刘　静

外国语学院
李俐娇　李冠徵　李　季　欧阳诗怡　董欣然
郑　然　李学敏　顾佳晖　孙利利

艺术学院
刘清悟　万欣钰　黄嘉莹　向芝谊

新闻与传播学院
刘爽健　王雨濛　周　伟　朱垚颖　沈於婕　周宇诗

马克思主义学院
章舜粤　钟子尧　张传泉　陈铭杰

元培学院
姜　江　成希希　姜舒文　杨千叶　郑宇琦　李相宜
施阮正浩　朱致远

国家发展研究院
傅虹桥　苏晓童

教育学院
刘　昕　吴红斌

软件与微电子学院
付　梓　魏　鑫　杨　珏　杨凯旋　赵　楠　苏　迪
代胜飞

人口研究所
高嘉敏　诸　萍

后勤
由晓婷　徐　岩

校医院
刘倩倩　王　妍

对外汉语教育学院
马　娴　莫凡妮

前沿交叉学科研究院
李　佳　王晓娟

医学部
陈锦超　石晶晶　辛　灵　李　昂　闫　俊　朱明珂
韩春瑶　胡小靖　黄　辉　井　鑫　王　敏　王明杰
何培欣　梁之桥　刘心怡　王　颢　郭风如　杨建森
张　晴　冯　瑶　符君张　莹　史末也　宋卿卿
武骁飞　彭　鹏　阎慧凝　洪　哲　李耀豪　魏　巍
陈　然　董　佳　葛昊天　李　然

毕业生名单

本科生毕业生名单

一、校本部普通本科毕业生授予学士学位名单

理学学士学位 1192 人

数学与应用数学专业 130 人

艾婧	毕楠	常洪	陈冲	陈涵	陈蕾
成冰	董乐	范悦	费斐	高原	何壮
季婧	金陡	兰洋	李超	李豪	梁玥
廖威	林博	刘尚	刘照	刘媛	卢雨
潘略	钱磊	曲焜	涂瑶	王凯	王朗
王拓	王越	文雅	吴岳	熊璋	徐骥
薛非	叶子	于斯	曾立	张越	赵洋
郑超	滕越	蔡林泉	陈晨曦	陈力仲	陈延冰
陈韵竹	陈恺林	翟光耀	丁之元	方文阳	傅晶雪
付龙杰	龚斯靓	勾文慧	郭留杨	郭溢譞	韩京俊
何思奇	胡昭熙	黄嘉怡	黄滋才	季彦杰	贾金健
姜宰栋	江嘉骏	蒋子翔	金云帆	柯凯翔	孔维燃
黎雄凤	黎永汉	李谷川	李金哲	李漫欣	李欣然
李泽喆	李竹天	梁小君	刘彧多	刘博玄	刘康立
卢焕然	马千卉	宁少阳	齐圆直	秦一骁	邱颖骏
沈俊亮	沈诗宇	孙振尧	田昉旸	王环宇	王竞先
王木木	王一辰	王殷超	王子鹤	魏佳林	魏玉婷
魏晔翔	吴昌晶	吴斯嘉	吴泽彬	许大昕	薛玉杰
杨鹏宇	杨兆鑫	叶立早	易鼎东	尹简琛	余晨迪
袁会卓	袁文韬	章博宇	张佳琦	张诗梦	张世宙
张晓沛	张一甲	张云飞	赵义敏	赵珍华	赵志威
周安方	周意闻	阚刘瑞	吉克林皓		

信息与计算科学专业 26 人

陈璞	李屹	刘斐	鲁澧	徐泽	姚帆
张怡	张楠	阚欣	陈江琦	杜彦涛	韩劼群
江昊昱	李效玮	廖崇宁	孟洪宇	沈峥迪	宋索源
童嘉骏	王冬午	王文佳	王中平	徐智韬	徐迦玉
张鹏浩	贠晓帆				

统计学专业 38 人

蔡政	冯勇	江超	李骋	刘洋	盛开
孙博	王师	王森	张升	周越	陈东来
陈铭亮	段云嫣	范理思	胡一鸣	靳竹萱	李铧炘
刘明辉	刘沛然	马思远	马祥雄	田辰玮	万梦婷
王亚平	魏鹏宇	吴剑书	杨戈屿	杨秋晨	杨怡然
殷倩楠	喻怡安	张静雯	赵靖康	周小博	朱佳琪
朱凌雪	欧阳云泊				

物理学专业 166 人

摆展	曹魏	曹阳	陈骁	程通	从盈
董阁	段然	范翔	方为	高凡	郭葳
胡哲	黄杰	黄妍	黄鲲	李昂	李冲
李晶	李靖	李响	李旭	李余	李正
李宸	李婵	刘易	刘犷	鲁意	吕鹏
罗逸	罗睿	娜仁	史乐	苏骢	王栋
王栗	王硕	王菁	王睿	吴强	吴宪
谢浩	徐骏	严引	杨珺	杨钊	杨皓
叶轲	章亮	张骏	张鹏	张滔	张琨
张韬	郑伟	郑宇	邝杨	滕茜	zha越
白文若	蔡陈骋	柴兆阳	陈建国	陈思聪	陈嗣栋
陈鑫泉	程胜寒	程宇清	程正谦	迟梦阳	崔亚龙
崔震崴	崔治权	戴思捷	杜奕辰	段淳若	房智轩
付建龙	高诗远	葛理健	龚南博	龚书恒	管紫轩
何庆宇	胡荣豪	胡少冉	黄盛达	黄泳洋	吉文成
金诸峰	雷九思	李峰云	李虹飞	李佳鹏	李宛玉
李志宇	李昊坤	林清源	林雨晗	刘冰雁	刘慎修
刘征瀛	卢骁祺	鲁文宾	吕映荷	马红旭	孟繁一
欧伟科	潘杰云	秦伟伦	任天豪	任雪欣	任俞铭
商亮亮	沈冰然	师丹阳	史寒朵	束加沛	宋哲文
孙舶寒	孙逸超	孙知方	汤富杰	王冬阳	王田田
王通和	王一男	王逸伦	王志远	王中兴	王子蘅
王晗宇	魏司奇	吴兴宜	武翌阳	夏本翔	肖英东
徐少川	徐怡博	宣宜昊	杨大能	杨起帆	杨肖易
杨志成	杨骐源	阳金珉	叶麒俊	俞平原	袁海宇

原亚焜　曾泽生　张功球　张钧南　张骏祎　张文硕
张逸伦　张元韬　张跃伟　张志鹏　赵笑然　周天骥
朱立群　朱威顿　庄群韬　裘东盈

化学专业 80人

艾　濛　安　彤　陈　喆　陈　立　邓　超　郭　华
郭　靖　韩　冬　金　亮　刘　吉　刘　宇　牟　迪
孙　斌　田　晶　田　韵　王　朝　王之　许　言
张　斌　张　涛　臧　正　边屹超　蔡文婷　陈安琦
陈斌波　陈耿佳　陈俊祺　陈心懿　崔馨戈　戴亚中
顾亚雄　官亚夫　郭晋汉　过新炎　何俊杰　胡剑书
季文治　解佳翰　李林东　李凌风　李祥波　李亦伦
刘高元　刘文驰　马晓申　曲培源　申国华　宋泽昊
谭羚迪　王敬锋　王宇豪　王苑先　王子宽　王睿博
吴思彧　武秀峰　肖艺能　谢国俊　徐安沁　徐格格
徐航宇　徐振东　严佳骏　叶宇轩　于静雯　于天麟
张嘉俊　张龙天　张晓辉　张卓然　赵鸿翔　赵洪凯
赵欧狄　赵文慧　郑莲君　郑文山　周臻畅　朱如意
朱锐之　闫鹏起

应用化学专业 11人

来　旸　李　骥　刘　玙　许　祎　丁端尘　康冠宇
李清目　林智豪　刘博通　鲜朝阳　周宇翔

化学生物学专业 23人

白　羽　程　序　戴　鹏　高　原　李　耕　刘　场
储鹏翔　方梓元　韩梦婷　黄俊骁　黄蓉冰　荆慧泽
李宇航　林若韵　苏一驰　万雨晨　王昊禺　吴若嘉
姚聪慧　游乾承　苑荣峰　张明达　邱世宇

生物科学专业 107人

薄　乐　蔡　乐　陈　骏　陈　露　陈　曦　成　泽
丁　懿　都　行　高　远　韩　煜　何　源　黄　榕
江　都　兰　青　李　月　刘　畅　刘　迪　刘　骥
马　娟　蒙　皓　牛　婕　秦　箫　沙　辉　沙　颖
石　汧　石　琦　宋　丹　孙　昊　汤　澜　陶　杨
王　芳　辛　怡　徐　桢　杨　　　杨迎　殷　翔
张　弛　张　驰　张　帆　钟　昳　臧　潇　白安琪
蔡丽凡　蔡晓璇　陈宏博　陈伟琦　陈亦炜　陈则宇
陈曦炳　程万里　邓琳娜　范琳琳　郭靖涛　韩舒婷
郝思杨　黄达度　贾雅希　姜冬艾　孔心宇　李梦彤
李雪莹　李一同　李争达　梁希同　林瀚驰　刘诗璇
刘再冉　隆例江　陆魏魏　罗文翰　孟宇琦　苗洁玲
牛荣锋　邱耘江　邵思达　施逸豪　苏晨蕾　王凌燕
王文佳　王雪征　王子坤　吴靖滔　吴思云　吴霄汉
武宇宁　徐偲玥　徐习进　许心意　杨爽柔　袁雪菲
袁莹哲　詹俊雅　张汉林　张慧婷　张乐冰　张小宇
张艳婵　张樱腊　张雨田　赵诗杰　赵洋阳　郑凯元
朱秦毓　朱晓彤　邹文君　邹征廷　郭冰格格

生物技术专业 1人

赵　云

天文学专业 18人

曹　荣　高　桦　郭　锐　梁　辰　刘　尧　龙　凤
苏　航　向　勇　张　岳　祝　伟　邰　勖　陈晶晶
翟渊坤　金逸飞　李明峰　刘琴剑　罗剑群　吴骏飞

地质学专业 26人

何　晨　潘　炜　王　旭　魏　强　张　超　张　晨
周　彤　朱　峰　常一尧　陈慧菁　戴宇豪　高佳佳
金一民　李雪文　李仪楷　刘博达　陆晓彧　梅可辰
申发龙　王峰伊　王浩聿　王明明　魏雷鸣　许耀中
于翔宇　张立骏

地球化学专业 9人

李　明　于　彤　陈太中　李子悦　林思达　麻男迪
邵子剑　王炎阳　周艺芝

地理科学专业 6人

傅　豪　江　红　王　祺　李政隆　刘一苇　彭丽青

资源环境与城乡规划管理专业 25人

曹　今　陈　庚　陈　婷　成　涛　孔　卉　谢　磊
杨　旦　赵　楠　周　航　朱　婷　卜俊骁　陈沙霖
陈思洁　郝文璇　胡一川　李竞妍　李愚非　林晓文
马嘉文　汝牧野　王静如　王首琨　王奕翰　徐志搏
余耀东

地理信息系统专业 18人

陈　艳　姜　城　景　妍　康　峻　李　婷　曲　洋
施　力　石　雷　张　玮　翟卫欣　侯俊雄　金青峰
李夏路　林汉华　石瀚文　徐竟腾　于泓峰　张倍通

地球物理学专业 12人

高　彬　金　欣　朱　铭　安圣培　董佳慧　胡佳顺
刘明阳　刘天泽　王智超　吴逸飞　余舒乐　朱尉强

空间科学与技术专业 6人

李　奇　刘　鹰　樊文韬　刘子谱　史晓菲　闫兴亚

大气科学专业 22人

程　倩　邓　欣　潘　达　裴　浩　郑　程　初奕琦
葛红星　郭嘉骅　何自强　林英东　刘李成　马晨耕
冉胡超　任云柯　吴茂炜　于仁杰　张玉苗　张睿雄
郑丰谊　周一敏　朱清照　余睿聪

理论与应用力学专业 22人

曹　杨　高　翔　李　聪　梁　霄　吕　璐　马　骏
孙　源　陶　然　王　菲　闻　悦　章楚　钟　杨
段云鹏　冯亚杰　甘洋科　李世琛　聂彩明　张东焜
张培骏　张永甲　周戈迪　邹桂进

电子信息科学与技术专业 75人

陈　凯　陈　震　杜　娇　傅　杰　郭　岩　胡　扬
李　多　李　佩　李　山　李　帅　刘　正　柳　黎
陆　彬　罗　龙　牟　瞻　潘　多　史　歌　宋　岳

孙越	田路	汪刚	王冰	王可	王率
吴樵	徐符	薛萍	于齐	张成	张骐
祝锋	安玮琪	白曈阳	曹作伟	崔飘扬	丁家瑞
丁建策	董理骅	范梓野	封自强	郝雨萌	和五木
胡骁巍	胡睿琦	李长根	李成伟	李嘉琦	李帅源
李昱良	刘程玉	刘广垚	刘晶晶	刘荔园	刘文旭
刘作生	马靖寰	马宇轩	马鑫冰	庞杰锋	乔宇澄
宋天宇	孙一博	谈仲纬	唐良晓	王淑姬	王亚洲
王子腾	王斐然	吴尚竹	许仕嘉	于佳晨	张清翔
张瑞松	周润玺	邹亚苡			

微电子学专业 62人

白洋	曹杉	陈诚	陈淳	陈卓	李萌
李涛	梁栋	刘盖	刘力	刘琦	孙汉
王田	徐越	张宪	张翼	张睿	赵冲
郑阳	褚海	常一阳	常逸坤	陈纪宇	陈佳华
陈子豪	邓叶昕	方亦陈	冯恺骏	何沛键	胡独巍
贾若溪	黎文浩	黎雪骄	李炳天	李忠亮	刘晓哲
刘志清	马啸宇	欧阳伟	任浩瀚	史文庭	孙弘扬
孙宇翔	唐文懿	王俊尧	王立根	王润华	王天聪
王宇辰	王子然	谢小龙	叶天扬	殷士辉	于方舟
张奉琦	张文龙	张一博	张英璜	赵聚晟	赵路睿
朱文通	朱元超				

材料化学专业 45人

陈冲	胡骏	柳杨	潘巍	田宇	王龙
王腾	杨宇	张弛	周易	白金义	陈思怡
程农壹	戴晶鑫	董静雅	段俊雄	郝鹏骁	黄昕晨
姜军略	井宇阳	李季芃	梁和乐	刘任翔	刘原君
马龙醒	裴煜晨	彭思语	孙铭泽	汪平春	汪沐扬
王秋然	王抒扬	王野峰	吴雨桓	吴宗凯	肖嘉琪
徐健吾	徐天扬	杨驰远	杨晏泉	张理升	张潇洒
赵龙溪	赵秋辰	赵子丰			

环境科学专业 12人

陈卓	胡瑞	谢涵	陈怡琳	李婷婷	林芃川
沈肇怡	徐隐吟	钟奇瑞	周与茵	卓少杰	亓明文

生态学专业 4人

张原	刘泽睿	王秋懿	闫昱晶

环境科学专业 19人

冯琳	冯想	胡帅	黄荷	屈航	王岩
吴桢	徐琳	杨涛	段婧琳	胡元晖	黄贤睿
李诗瑶	尚冬杰	邵子骏	颜余真	杨骏楠	杨泗栋
殷子涵					

心理学专业 34人

丁博	和悦	何康	黄怡	可钦	雷蕾
梁优	刘煜	毛佩	彭聪	王萍	王洋
谢曼	尹博	张达	张欢	张帆	朱青
陈志起	方嘉鸿	方雪阳	何晓莉	孔文默	李浩杰
罗晓维	罗运轴	孟天骄	邵晓琳	孙晶尧	王晨舟
王广谦	吴菲音	余天心	张益嘉		

应用心理学二学位专业 10人

白龙	柳洋	王帅	高来源	侯晓旭	金玲玲
李晓丹	梁秋萍	赵巳彤	赵晓希		

智能科学与技术专业 38人

冯晨	何鑫	李晴	李问	李菁	刘真
王雨	张雄	赵时	朱凯	闫旭	陈晓东
翟方舟	段丁瑞	方永堃	高泽群	郭宝宇	郭佳奇
郭小璇	姬柯宇	李骏之	吕梦瑜	罗堃虎	孟庆蕴
潘见南	乔克图	任东昊	王夏冬	王仪康	王臻皇
姚佳程	姚舒扬	尤鸿元	曾齐齐	张宏毅	张润泽
部渊源	李石映雪				

计算机科学与技术专业 147人

艾苇	常罃	陈伟	陈颜	程烨	费跃
龚尘	郭颖	胡然	焦航	寇然	李刚
李烁	李翔	林舒	林原	刘畅	刘驰
刘凯	刘阔	刘庆	刘斯	刘洋	刘芸
龙跃	鲁帅	陆璇	罗浩	马丁	孟骥
牛童	任和	申鹏	舒爽	唐浩	田钊
王娜	王翔	王臻	王晟	谢越	许辰
颜聪	杨柳	杨楠	姚畅	张博	张涵
张阳	赵忱	赵朔	朱迪	朱锦	安传恺
包新启	曹昊文	陈垚坤	陈萧宇	陈雪璐	陈雨禾
单子非	邓德重	邓诗弘	董加卿	方译萌	高可言
高翔宇	耿玉峰	郝逸洋	何宇宁	侯世安	胡明达
黄宇钦	黄睿哲	惠宇翔	贾培申	江海挺	黎斯达
黎桐辛	李嘉瑞	李马丁	李明阳	李秋宇	李舜阳
李文渊	李友焕	李远韬	李云鹏	李振东	廖小泉
林海南	林奕农	刘晨昊	刘芳璐	刘洪元	刘智猷
鲁瀚杰	罗贝尔	罗韬威	马俊磊	孟子骞	彭晓畅
彭行超	任鸿儒	沈嘉思	盛达魁	舒清雅	孙徐湛
孙潇雪	涂列捷	王寒冰	王劲卓	王梦岩	王维依
王一同	王泽瑞	王仲禹	巫雅兮	吴斌星	吴欣宇
谢家晔	徐源盛	徐泽骈	许逸飞	寻云波	阳泓吉
叶少强	叶亚鹏	于昕元	余乐乐	余美华	张浩宇
张泰之	张天伟	张学西	张耘昊	赵佳俊	赵晓濛
郑培欣	周迪宇	周诗林	朱维檬	朱颖博	湛国风
闫宝贵	欧阳思元	欧阳旭			

工学学士学位 126人

能源与资源工程专业 27人

胡丹	马琪	梅然	齐勇	田巍	汪汀
王琛	吴凡	张迪	张薇	陈嘉祥	古建军
贺宜萍	胡号朋	纪炘烨	金兆阳	李潜葛	李逾辉
毛亦心	宋佳芳	王舒颜	徐菁玮	曾军胜	张凯强

赵庆虎　钟恒森　卓增庆

航空航天工程专业 4 人
代　冲　胡　舰　沈　欢　杨　洋

工程结构分析专业 27 人
白　杨　郎　猛　罗　楠　孙　涛　汤　槟　熊　思
薛　姣　张　一　张　琦　崔笑尘　高红强　胡艺术
黄日富　李小乖　刘忻悦　吕跃祖　马生虎　孙仕琦
孙天佑　王志峰　王子康　吴少磊　许鑫文　颜剑敏
姚希俊　朱盈盈　雷罗宇凡

环境工程专业 2 人
陈　曦　师　师

材料科学与工程专业 5 人
储　鑫　修　壮　黄心宇　孔耀男　李凤江

生物医学工程专业 11 人
谷　茜　郭　畅　吕　嘉　安云坤　翟晓晖　黄益星
刘佳颖　孙牧旸　田方敏　王珏晶　谢启骏

软件工程二学位专业 8 人
黄　金　葛兴春　梁泽明　林晓雁　徐小金　杨海澍
杨明睿　赵立云

城市规划专业 42 人
董　颖　甘　霖　林　溪　刘　杰　刘　颖　盘　超
孙　童　孙　瑜　熊　筱　徐　彬　徐　汉　杨　帆
杨　昕　陈诗弘　陈小杰　丁晔昕　杜骏驹　范敬怡
方晓晖　高文翰　黄琳珊　黄懿杰　李惠子　李雅妮
李泽林　李斐然　梁悦聪　林璐茜　刘宁致　刘逸飞
柳巧云　马烟笛　蒙中剑　妙关素　邱诗永　宋蕾蕾
肖竹韵　熊忻恺　徐迪航　徐梓原　赵子良　周家祥

文学学士学位 398 人

中国文学专业 68 人
陈　超　程　涛　冯　颖　韩　放　李　瑞　李　志
梁　勇　卢　涛　卢　楠　孙　鑫　田　园　汪　忞
王　丽　王　宁　王　雪　旺　珍　张　卉　张　盼
张　石　张　薇　周　鹤　朱　博　邰　楠　包磊嵬
蔡沁知　曹子聪　陈涵煦　陈文豪　陈晓君　樊桔贝
付泽新　桂春雷　郭蔚臻　何冠男　胡佳依　胡行舟
黄昳婧　黄娣佳　蒋思婷　焦晓宇　康宇辰　李文倩
李晓蓉　凌熙榕　刘晨智　刘兰芷　刘雅琛　刘葭子
刘雯婷　陆沁诗　阮如蔚　童可依　王珺璨　王大鹏
王康宁　王启玮　王骁健　魏域波　肖闽星　肖映萱
许若文　杨明福　于海洋　于佳仁　曾文宏　张冰洁
赵兴智　赵雅娇

汉语言文学专业 24 人
李　昂　刘　娟　刘　强　刘　婧　王　冠　向　君
滕　菲　胡琛莹　吉雪霏　焦一和　金晓丹　雷瑭洵
李维宸　刘淑娴　龙思云　饶德孟　向灵凤　徐轶玮

叶述冕　曾钰宇　张琳莉　张若弘　张亚婕　张迎雪

应用语言学专业 5 人
艾　琦　田　骏　苗宇晶　徐益雪　张佳华

古典文献学专业 17 人
陈　耕　邓　琳　戴璐绮　范雪琳　贺毅武　寇晓丹
李少博　李玉长　李芸鑫　吕文杰　潘子豪　王舒帷
王相宜　魏晋茹　杨思敏　赵君楠　朱瑞婷

编辑出版学专业 7 人
任　媛　夏　曼　范徐艳　李卓群　梁天韵　万羽翔
余萧桓

英语专业 51 人
陈　斌　戴　顺　耿　炎　纪　娜　姜　筱　蒋　馨
李　航　李　想　刘　丹　刘　琼　马　啸　聂　欢
秦　唯　孙　然　孙　舒　谭　璐　王　丽　王　琪
许　欣　杨　欢　杨　阳　姚　青　张　琦　周　宓
朱　帅　陈莲婷　崔文涛　郭雅格　韩春华　郝晓彤
洪慧敏　金东梅　雷鸢雯　李研美　刘俊杰　刘文婧
刘治君　马文佳　牛晶晶　孙齐圣　王莉娟　王清雨
徐志刚　易子伊　张彦希　张一凡　张雨薇　赵亚杰
钟昊燕　邹露潇　伊丽努尔·艾尔肯

俄语专业 14 人
金　姗　邹　舒　董师艺　高未森　葛红岩　黄海韵
贾冠春　陆文静　宋文轩　王彦松　徐慕文　尹彦君
张芮铭　赵振宇

德语专业 14 人
董　屹　赖　可　李　霞　张　蕊　蔡亚玲　刘芮男
刘媛媛　马超平　毛文凯　汪嘉蕾　徐雯靖　余美慧
余小翠　赵倩雪

法语专业 16 人
白　钰　高　蕾　黄　颖　梁　栋　倪　晨　宋　澎
王　恒　王　星　王　郁　王　楠　展　望　崔蔚璇
刘维维　吕如羽　施文嘉　张书衔

西班牙语专业 19 人
方　舟　韩　璐　侯　鑫　唐　辉　王　源　许　睿
张　雨　蔡晓奕　陈倩雯　陈荟宇　邓荣超　段晓宇
何雨晴　李晓飞　李心怡　邱志豪　田育杰　张博君
周翠君

阿拉伯语专业 8 人
徐　月　张　塔　冯振源　王佐敏　吴天雨　吴溢慧
徐博雅　朱翼云

日语专业 21 人
华　英　焦　博　李　微　徐　晋　杨　硕　袁　梦
曾　健　陈艳玫　范幽雅　李美子　李昱堃　沈亦乐
孙嘉宁　王红音　王天驰　王雯莹　武高强　杨芳达
张译丹　周璐蓉　朱中原

朝鲜语专业 12 人
成　翔　　董　斌　　李　昕　　田　恬　　王　骁　　文　豪
夏　坤　　张　耒　　朱　莉　　陈迎新　　彭高唱　　朱林彬

印地语专业 12 人
郭　翀　　何　赟　　梁　海　　赵　琳　　赵　易　　陈松泉
蒋平博　　赖冠辰　　梁伊宁　　任其然　　沈逸鸣　　杨衡宇

缅甸语专业 8 人
曹　腾　　杨　璟　　冯思遥　　黎亚兴　　梁方舟　　盛亚捷
杨丹妮　　张蕊博

越南语专业 10 人
刘　博　　杨　昊　　耿佚英　　黎诗雨　　李子凡　　李骁雄
米业成　　王长利　　杨亚晨　　张晓雷

广播电视新闻学专业 11 人
崔　莹　　李　璟　　栗　征　　刘　晶　　盛　月　　陈佳佳
林玥妍　　吕伏阳　　马宗阁　　潘先珮　　朱羿璇

广告学专业 27 人
丁　妮　　都　晓　　贺　研　　江　钧　　李　靖　　林　闻
马　丁　　唐　俊　　肖　轶　　熊　杜　　陈诗梦　　高伊俏
龚方舟　　何如佳　　黄泥萌　　靳羽洁　　李苒苒　　林宬希
刘彭媛　　彭雪松　　王凌子　　王言言　　王元威　　尹美艳
于鸿鹤　　张文婷　　钟静伟

新闻学专业 27 人
陈　玲　　高　雷　　何　威　　姜　静　　妮　妮　　闪　希
张　欣　　张　宸　　曹宇辰　　陈纤雨　　陈卓忻　　程曼祺
程思炜　　冯慧文　　贺喜梅　　黄晓蕾　　惠济州　　靳子玄
林艺舟　　刘淑娴　　刘宗雨　　刘潇艺　　王润茜　　王文浩
王小敏　　魏天瑶　　周雨婷

广播电视编导(影视编导)专业 27 人
程　心　　高　菁　　胡　宁　　吕　唯　　宋　骞　　王　宇
杨　朦　　陈源源　　范蔚菁　　高静静　　郭莉莉　　韩迅韬
黄颖湘　　李伟民　　刘逸楠　　吕净蔓　　马依韵　　秦一然
孙露溪　　王孟迪　　王薇雅　　徐华茵　　徐小棠　　赵天怡
周圣崴　　朱冰然　　祖纪妍

历史学学士学位 78 人

历史学专业 32 人
陈　磊　　高　凯　　陆　号　　莽　帆　　石　雯　　孙　迪
孙　萌　　孙　斐　　谢　尧　　郑　宪　　包晓悦　　曹茜茜
池丽玲　　邓茂科　　段维维　　贺梦晨　　李继东　　梁千里
林欢彦　　卢雪铮　　马奏旦　　马骥飞　　邵琳琳　　史少伟
苏健伟　　王圆中　　吴淑敏　　严正达　　于天琳　　袁晶靖
张晓慧　　努丽亚·卡迪尔

世界历史专业 18 人
郝　超　　马　倩　　戚　航　　王　唱　　徐　蕊　　张　骥
支　锂　　韩梦晴　　侯亚杰　　刘星辰　　刘漪文　　钱栖榕
石晨叶　　王沁鸥　　徐天一　　叶雨薇　　郁妍莹　　张吟雪

考古学专业 15 人
侯　琳　　黄　莹　　周　杨　　蔡经纬　　邓婉文　　何月馨
侯郁聪　　解心怡　　孔中华　　李婉玉　　卢亚辉　　马文轩
孙沛阳　　孙雪静　　徐斐宏

博物馆学专业 7 人
程　宬　　龙　妍　　樊雪皎　　邵鸣飞　　王思渝　　萧洁铭
张巳丁

文物保护专业 6 人
何　纳　　陈竹茵　　陆元诚　　马艳歌　　谢雨豪　　裔传臻

哲学学士学位 70 人

哲学专业 48 人
成　立　　高　旭　　何　聪　　黄　笛　　李　冀　　李　想
李　响　　李　震　　刘　梁　　刘　沁　　潘　骁　　唐　帆
张　寰　　郑　雨　　白彦花　　曹钦翔　　迟顺利　　方晔顿
冯慧羚　　贺加贝　　贾祯祯　　姜芷青　　蒋季芳　　李红锦
李嘉华　　李舒群　　刘一鸣　　罗宇迪　　马瑞娜　　马鑫博
那云昊　　裴济洋　　秦晋楠　　邵家毅　　申一青　　汪笑男
王博医　　王群韬　　王倩君　　伍翔凤　　杨偲勋　　姚中道
张平天　　郑晓莹　　周力洋　　周世愚　　周巍卫　　邹婷湘

宗教学专业 5 人
彭　骞　　李依蔚　　杨蕗闻　　张靖祺　　赵志宏

政治学、经济学与哲学专业 17 人
韩　越　　李　琦　　裴　兰　　薛　豪　　张　恬　　佘　宇
李佳敏　　刘雨轩　　潘禹尧　　王茜茜　　魏雨婷　　吴东源
谢方超　　谢天龙　　熊婉茹　　杨春雨　　周文杰

法学学士学位 362 人

法学专业 185 人
白　杨　　鲍　鹋　　陈　璟　　陈　坚　　陈　洁　　邓　欣
高　凤　　高　扬　　耿　颖　　韩　旭　　和　园　　何　阳
黄　硕　　冀　放　　李　根　　李　奎　　李　梦　　李　明
李　抒　　林　移　　林　雯　　刘　茪　　刘　腾　　马　琳
齐　乐　　萧　君　　时　秒　　宋　欣　　苏　颖　　孙　娇
田　铖　　汪　越　　王　强　　王　然　　王　舒　　王　天
王　玄　　王　洋　　王　尹　　王　志　　王　珏　　王　睿
徐　驰　　徐　鹏　　杨　玲　　张　芳　　张　娇　　张　奇
赵　璐　　郑　杰　　周　东　　周　瑾　　朱　艺　　朱　侃
邹　睿　　吴果谦　　敖重森　　白泽蒙　　蔡方烨　　蔡其颖
苍证阳　　曹文姣　　陈翠贤　　陈剑华　　陈静怡　　陈少珠
陈亚晓　　陈映萍　　崔辰宇　　戴夕宁　　但雪聪　　樊瑞斌
龚丽媛　　顾鼎鼎　　顾益闻　　郭佳睿　　郭丽莎　　韩瑶瑶
和佩璁　　何一沙　　胡佳琦　　胡俊英　　计莉卉　　纪晓雯
解梦菲　　金文丹　　康玮星　　李鼎熙　　李东霖　　李佳蔚
李霖姗　　李梦莹　　李沁纨　　李权恒　　李婉笛　　李文静
李亦慧　　李姝君　　李婧一　　梁慧琳　　梁洁艳　　梁羽昊

林丽凤　　林天予　　林颖琳　　刘慧蓉　　刘梦莹　　刘晓兵
刘艺娜　　刘振赟　　刘姝琪　　路致遥　　吕嘉莹　　马方圆
马梦芸　　马学婵　　毛安娜　　毛心欣　　那续怀　　聂维依
潘娇娇　　朴云峰　　齐伟聪　　邱舒婷　　邱思果　　阮东辉
石丹锋　　石佳霖　　石雨霓　　帅凯旋　　宋东青　　宋若昕
宋新华　　宋子笠　　孙弘儒　　孙靖洲　　唐建秋　　田雨桐
涂婧羚　　王嘉琮　　王静姝　　王凯琳　　王培培　　王皖群
王一涵　　王永航　　王煜珩　　韦龙杰　　魏冬京　　吴海波
吴雨豪　　吴雨洋　　吴子钦　　夏昕晨　　肖贺文　　谢丽昳
徐龙超　　徐骁睿　　徐聆音　　杨梦瑶　　杨天博　　杨心恬
由思宇　　于智精　　俞文秀　　禹丽敏　　岳凌霄　　章雨辰
张弛驰　　张弛欣　　张冠驰　　张琳竺　　张梦元　　张瑞娟
张晓彤　　张小军　　张亚菲　　张月敏　　张舟航　　赵安琪
朱灵希　　岑浩彰　　虞惠铭　　胥振阳　　傅杜阳希

社会学专业 44 人
陈　康　　戴　赟　　党　珂　　胡　晓　　黄　静　　纪　明
吕　帅　　梅　涛　　宋　宇　　王　晨　　王　伟　　张　琳
范志英　　付华昊　　高婧妍　　金丽华　　金炜玲　　李昌琦
李云鹏　　刘开标　　刘若桐　　刘雨甲　　刘滢冰　　罗晓亚
马璐岩　　齐晓艺　　任怡群　　沈悦菲　　苏文扬　　田志鹏
王丽雅　　王岩桦　　叶正睿　　张一楠　　张婧涵　　张昊阳
郑力璇　　周福波　　朱晓羽　　祝莹莹　　邹亚琦　　邝继浩
哈斯乌云　罗杨星辰

社会工作专业 2 人
梁　栋　　李晓慧

国际政治专业 64 人
安　然　　黄　微　　李　泽　　刘　荻　　刘　乔　　娄　敏
钱　乙　　萧　尧　　孙　婧　　魏　芸　　叶　阳　　于　点
曾　顺　　张　蕾　　张　扬　　郑　薇　　朱　彧　　逄　欢
包亦然　　薄秋磊　　陈琦斐　　崔可忆　　傅若兰　　贺艳林
黄伟晶　　霍雪霏　　江欣仪　　蒋雨涵　　金钰棠　　李丹阳
李晋文　　李晓杰　　李艳茹　　林文欣　　彭晨虹　　彭雅竹
叶思朗　　孙博文　　田马爽　　王安然　　王敏钊　　王婉璐
王筱稚　　伍雪骏　　夏布望　　徐宝林　　徐嘉琪　　徐小溪
阎紫悦　　杨海晓　　杨品杰　　杨向云　　姚晨钰　　叶键懿
叶若伊　　张梦秋　　张昕扬　　赵子含　　赵烨超　　周冰阳
周禹光　　周瑜倩　　朱雅仪　　白托亚日乐

政治学与行政学专业 23 人
梁　爽　　刘　硕　　任　翔　　宣　超　　常鹏本　　陈富春
陈晓宇　　陈颖新　　邓珈仪　　李昊原　　林碧霞　　林丹阳
宋君琦　　唐秋韵　　王祎男　　王怀乐　　王鸣曦　　王玉潇
许牧南　　曾子洋　　张祎宁　　张梦梦　　濮天琪

外交学专业 8 人
罗　芳　　董傲燃　　江许婷　　吕非儿　　田田叶　　王馨安
颜凤超　　张高原

国际政治经济学专业 36 人
陈　畅　　崔　圣　　姜　悦　　李　平　　李　青　　刘　通
史　超　　田　童　　宛　如　　卫　琛　　杨　倩　　赵　珣
曹丹妮　　陈之伊　　韩致宁　　惠雅莉　　梁嘉韵　　刘佳宁
陆佳仪　　吕秋月　　秦晓月　　史迪雯　　宋璐瑶　　唐艺丹
王梦璇　　徐剑辉　　叶菁菁　　尤怡宁　　于美哲　　于润南
张馨月　　赵真睿　　周佳静　　周学晨　　周苑青　　邹尚桓

经济学学士学位 320 人

经济学专业 52 人
陈　刚　　陈　皓　　代云　　房　誉　　何　苗　　吕　麒
钱　城　　宋　哲　　唐　琦　　田　悦　　宣　言　　杨　鹤
杨　旭　　郑　诚　　陈博凯　　陈远晴　　陈箐箐　　范译水
符琴剑　　韩佳伟　　何婷宇　　洪徐悦　　胡晓玲　　华晓辰
黄子威　　李明曦　　李文馨　　李西振　　李雨婷　　刘抱一
陆鹏飞　　茅昱寒　　潘陈辰　　潘昱诺　　孙克扬　　孙术乔
孙唯羚　　王沐尘　　王子豪　　韦璐璐　　夏健全　　夏腾骁
杨仁琨　　杨紫馨　　于淑仪　　章晓婷　　张延鹏　　赵曦瑶
周艺然　　朱琳彦　　闫静雅　　缪莹荟

国际经济与贸易专业 17 人
戴　革　　龚　翱　　金　楠　　宁　铂　　陈晚津　　陈晓宇
方健翔　　卢静园　　马世龙　　全君瑜　　孙梦迪　　吴兰英
薛中一　　杨易霏　　张一哲　　赵碧文　　周紫露

金融学专业 192 人
曹　琦　　陈　琳　　陈　哲　　戴　威　　戴　晔　　韩　涛
侯　颖　　胡　卓　　黄　嫣　　李　浩　　李　赛　　李　洋
李　昶　　刘　娜　　刘　岩　　刘　杨　　刘　毅　　陆　洵
骆　恺　　马　然　　梅　佳　　潘　援　　邱　昉　　邱　嫒
施　思　　施　茜　　宋　宁　　王　臻　　王　琰　　文　豪
翁　雁　　吴　昊　　薛　鼎　　杨　松　　余　梦　　詹　蕾
张　潘　　张　凡　　张　蒙　　张　婧　　赵　奕　　卓　识
曹笑阅　　曹宇菁　　查刘云　　陈俊任　　陈思思　　陈元林
成佳蕾　　程航远　　戴雪薇　　戴忆尔　　戴茗菲　　单宏哲
翟静嫒　　董宝强　　付雪晴　　葛严蔚　　关诗航　　郭骅亮
洪诺亚　　侯凌达　　胡修怡　　黄诗豪　　黄永雷　　蒋哲良
景伟豪　　李博文　　李博远　　李广宇　　李佳明　　李江雁
李睿鹏　　廖尚阳　　刘彼得　　刘丽文　　刘令琦　　刘欣旸
刘学良　　刘婵嫒　　刘轶群　　吕志远　　吕昕洋　　牛昊天
任力子　　任泽宇　　沈凌波　　沈宇豪　　石瑞赟　　宋泓滢
孙进斌　　孙若翎　　孙菁泽　　谭世博　　谭逸霄　　王沛嘉
王淘沙　　王小傲　　王一林　　王致远　　王子佩　　王曦婷
王斐然　　夏雨晗　　夏子斌　　谢晓晨　　杨嘉铭　　杨时羽
杨小雨　　杨嫒嫒　　于丹丹　　于京竹　　于静文　　俞经纬
张博通　　张明玉　　张伟玮　　张文琦　　张晓琳　　张芊岱
赵楚然　　赵一橙　　朱思静　　卓昊洋　　韩雪骏雯
陈　优　　成　也　　程　驰　　冯　瑶　　郭兴　　姬　青

刘 菲	刘 萍	吕 骁	孙 婧	孙 睿	王 磊
王 煜	吴 琼	吴 泓	徐 帆	徐 青	张 晓
张 楠	赵 康	郑 晨	郑 霓	邹 帆	闫 欣
陈嘉曦	陈敏行	陈玉九	陈梓亦	楚金楠	戴若尘
丁雨晴	杜芸菲	高仲骐	高恺鸿	葛凤女	顾思婕
何曼冰	何映天	胡冉迪	华怡晨	靳祖幂	李博然
李申如	李硕菲	李昱萱	廖蔚铭	林骥原	刘雅清
刘芮睿	罗建宇	莫太平	邱森淼	商润清	王明明
魏依男	吴越伦	武熠阳	萧振业	许竟辉	湛鸣捷
张博涵	张雪晴	张跃加	赵博文	朱千帆	邹鲁秦
瞿翎苡					

财政学专业 19 人

李 广	吴 憾	张 俏	陈名曦	符天洋	高瑛泽
桂正卿	何平宇	侯哲灏	陆匡妍	马玉洁	司方博
孙晨晓	陶雨琴	王朝麒	王佳颖	周思原	周一帆
朱圣洁					

环境、资源与发展经济学专业 10 人

李 博	秦 霄	田 晴	于 航	高瑞琪	姜孟佚
金洪渊	刘洋轩	宋伯浩	寒梦微		

保险专业 30 人

陈 俊	陈 栩	高 雅	高 懋	贺 天	黄 辰
李 桃	田 维	田 野	于 骁	张 波	朱 英
陈西岳	侯欣然	贾雯蕾	李文竹	刘同悄	卢绮婷
彭释之	苏亿峰	王锦江	王文健	王壮飞	魏思奇
翁年辉	徐小明	袁浚皓	詹惠舒	张译尹	郑力铭

管理学学士学位 133 人

会计学专业 35 人

陈 璐	樊 帅	方 洋	方 怡	郝 凡	申 思
宋 琪	孙 哲	周 秦	蔡林峰	郭倩凝	洪莉莎
黄俊珺	江昕海	李德龙	李怡然	刘丽媛	刘天鹤
刘正伟	么华薇	潘怡婧	彭立新	宋婧瑄	唐晓天
王秋豪	王欣怡	魏久乔	徐美辰	杨扬阳	叶思雨
赵佳卉	赵婷婷	郑宇菁	周久棠	朱琴怡	

市场营销专业 13 人

郝 艺	金 弦	牛 靖	许 鹭	张 涵	戴珊珊
郭自强	黄晶晶	李思琪	零俊凯	刘耘成	任韩菲
夏炜烨					

行政管理学专业 21 人

冯 悦	管 理	孔 斌	王 闯	王 达	张 博
张 帆	张 彤	严欣婷	付筱菁	郭亚楠	何孟奇
何庆钦	金雅昭	孟茹玉	王洋洋	武曒辉	詹修贤
张变荣	张赫扬	窦新竹			

图书馆学专业 6 人

| 黄嘉敏 | 李王馨 | 汤荷月 | 徐思伊 | 殷晓巍 | 张梦迪 |

信息管理与信息系统专业 32 人

程 昕	谷 明	李 维	李 兴	彭 程	于 信
张 磊	张 扬	周 妍	陈童彬	陈中华	段紫薇
郭凌波	李佳林	李力非	李文琦	苗美娟	石舍非
寿秋野	宋小双	汪丹华	汪洋旸	王景业	王天一
王懿然	颜时彦	姚珂男	于文静	张翔宇	赵玉现
郑笑宵	郜铎淮				

公共政策学专业 13 人

陈 飞	王 超	云 霄	高庆璞	蒋秀恒	李牧青
李文琪	皮晚笛	王安琪	吴雪尧	叶岑桦	殷子枫
运安琦					

城市管理专业 13 人

陈 超	黄 宁	李 钰	王 帅	王 天	程冬琪
揭懋汕	马瑜琼	米伊雯	王安然	严靖凯	张一聪
周思齐					

二、校本部本科留学生授予学士学位名单

理学学士学位 5 人

物理学专业 1 人
周元颖

生物科学专业 1 人
张丽汶

心理学专业 1 人
朱信健

智能科学与技术专业 1 人
爱留娜

计算机科学与技术专业 1 人
管建扬

工学学士学位 1 人

环境工程专业 1 人
陈德愉

文学学士学位 63 人

汉语言文学专业 27 人

柯 云	高梓清	韩宰赫	何灿浩	黄好林	金斗山
金惠真	金那妍	金孝珍	金徐熙	李彩韵	李敏祯
李相陈	李昃宰	刘心韵	潘柔锦	朴灿槿	朴慧敏
朴惠晨	朴俊相	朴世娜	全成镐	全炯俊	尹载雄
俞俊英	曾歆颖	郑诗苓			

广播电视新闻学专业 10 人

恩 宁	张 晴	曹莎拉	金大铉	金奎延	金敏慧
金希玲	李佳英	禹荷娜	周斯玉		

广告学专业 16 人

曹瑗璟　崔彬娜　崔印慧　黄雅薇　黄钟显　金娥永
金智瑛　具本娥　李东根　马庆东　朴庆雄　严丹骅
夜秀智　张娇娇　郑东和　闵东彬

新闻学专业 1 人

朱婉婷

广播电视编导（影视编导）专业 9 人

金　韩　韩范熙　黄美爱　金旻廷　李玕俊　李钟允
李周盈　李注沅　朴晋荣

历史学学士学位 11 人

历史学专业 6 人

蔡慧钏　崔炳壹　崔太阳　大武亘　金甫锡　权起范

世界历史专业 3 人

金珉彻　李芊丽　颜秀慧

考古学专业 2 人

朴奭圭　张玹俊

哲学学士学位 3 人

哲学专业 3 人

金　祎　白盛媛　李钟俊

法学学士学位 84 人

法学专业 17 人

王　天　庄　莉　成又庆　黄思颖　金淏然　金东哲
金松枝　金珉志　李泰昀　李昭政　林丽伶　全炳禹
申璘嫛　许支荣　严忆沁　张智焕　杰森·史密斯

社会学专业 19 人

文　现　安茶美　陈铭伟　崔恩惠　封之颖　韩相源
金叙英　金昭姬　金珉庆　金顯起　李安敏　李昌勋
李汉我　李容雄　刘恩成　朴慧守　朴俊晔　张允瑞
海老泽圭视

国际政治专业 29 人

法　拉　何　骊　成瑟娥　崔晓雯　洪仪霖　金柏迷
金泰宪　李冠辉　李克瑞　李孝贞　李芝苓　李侑珍
林若双　林怡君　刘苑芝　南旻柱　全宇宙　全垠昌
宋珠咏　田中润　谢瑷郡　辛贞和　尹智贤　于嬿华
钟智仁　村松文也　高桥洋子　卢玛丽亚　杉山和正

政治学与行政学专业 3 人

文相雄　张学礼　郑东烈

外交学专业 11 人

白东晔　达乌德　丁贞炫　金旻泳　金眈炷　金昭希
李恩惠　李柱姬　朴恩智　全惠延　徐周源

国际政治经济学专业 5 人

金　韩　陈智勇　洪锡兆　黄育仁　禹敞允

经济学学士学位 28 人

国际经济与贸易专业 10 人

陈葆佳　崔祐瑛　崔原硕　金信睿　金银翡　李炫尚
林仪真　柳在河　慎元泽　张惠旻

金融学专业 17 人

兰　天　宁　晶　谢　楠　金泰沅　李舒菡　孙壮熏
王大宇　徐润国　邹约琳　巴图苏仁　蔡敏琪　金汉宰
金炫升　朴英雄　赵春天　郑玹宇　郑仁圭

财政学专业 1 人

具本升

管理学学士学位 24 人

会计学专业 6 人

吉　璐　白承惠　南岁永　咸秀沈　郑霞润　郑笑罗

市场营销专业 5 人

刘　通　潘　云　朴起范　闫林茜　草田佳美

行政管理学专业 3 人

郭小芬　李载元　权伯相

信息管理与信息系统专业 1 人

金载文

公共政策学专业 4 人

崔瑞炫　崔珉硕　金俊荣　朴成敏

城市管理专业 5 人

崔容熏　韩旻星　金林莹　李镇倞　田钒圭

三、校本部授予双学位及辅修名单

1. 双学位名单

理学学士学位 201 人

数学与应用数学专业 29 人

都　行　曲　洋　孙　瑜　王　煜　于　航　于　骁
张　娇　曹钦翔　陈嘉祥　翟渊坤　黄盛达　姜孟佚
李宇航　林骥原　刘令琦　刘慎修　刘同悄　刘征瀛
卢睿翔　冉胡超　王野峰　王奕翰　吴骏飞　吴逸飞
武熠阳　徐安沁　余舒乐　原亚焜　钟奇瑞

统计学专业 80 人

陈　颜　陈　哲　代　云　高　雅　郭　兴　李　桃
梁　优　彭　聪　钱　城　秦　霄　屈　航　田　维
王　菲　王　磊　吴　憾　吴　昊　谢　磊　徐　帆
张　晓　赵　康　郑　晨　郑　霓　闫　晗　安传恺
曹笑阅　曹宇菁　陈箐箐　戴若尘　戴茗菲　单宏哲
邓琳娜　方译萌　付雪晴　关诗航　桂正卿　何婷宇
侯哲灏　胡修怡　李申如　廖蔚铭　刘彼得　刘欣旸
刘学良　陆鹏飞　罗建宇　茅昱寒　莫太平　牛昊天

商润清	沈凌波	史晓菲	司方博	宋伯浩	孙达飞
孙若翀	孙术乔	谈仲纬	王广谦	王志峰	王致远
王斐然	魏依男	武宇宁	萧振业	肖贺文	谢晓晨
徐小明	颜时彦	杨小雨	于丹丹	于京竹	于淑仪
余耀东	张文琦	张延鹏	张跃加	赵博文	朱琳彦
朱千帆	邹桂进				

物理学专业 4 人

陶 然	方文阳	郭留杨	李凌风

心理学专业 72 人

陈 庚	陈 曦	董 颖	黄 榕	姜 城	李 冀
李 萌	李 赛	李 旭	李 昕	梁 爽	刘 宇
刘 骥	田 晶	王 娜	王 骁	熊 筱	杨 朦
曾 健	张 芳	赵 琳	卓 识	陈慧菁	陈敏行
陈嗣栋	陈曦炳	楚金楠	崔恩惠	但雪聪	杜骏驹
段云嫣	付华昊	甘洋科	高恺鸿	顾益闻	韩佳伟
胡佳依	胡明达	胡冉迪	计莉卉	江欣仪	蒋秀恒
金雅昭	李红锦	李佳蔚	李文馨	李艳茹	罗文翰
秦伟伦	秦一然	邱森淼	王冬午	王鸣曦	王婉璐
王志远	王仲禹	王壮飞	韦璐璐	徐格格	徐华茵
徐小棠	阎紫悦	杨向云	杨紫馨	姚希俊	尹彦君
袁莹哲	詹俊雅	张樱腊	张馨月	周璐蓉	邝继浩

计算机软件专业 16 人

狄 飞	邱 昉	王 龙	向 勇	蔡陈骋	蔡丽凡
陈佳华	崔震崴	段云鹏	高红强	贾金健	李夏路
李效玮	石瀚文	俞平原	曾军胜		

文学学士学位 37 人

汉语言文学专业 13 人

华 英	栗 征	王 伟	柴兆阳	陈博凯	方梓元
李明曦	马文佳	宋君琦	王静姝	王中宇	张倍通
钟昊燕					

艺术学专业 24 人

崔 圣	刘 沁	田 晴	王 舒	夏 曼	徐 蕊
许 骘	于 点	陈竹茵	侯凌达	霍雪霏	李仪楷
刘一苇	刘轶群	吕伏阳	田田叶	魏天瑶	徐思伊
徐粼澄	易子伊	斋传臻	于鸿鹤	于润南	詹修贤

历史学学士学位 17 人

历史学专业 17 人

陈 骏	韩 冬	黄 微	张 涵	高梓清	侯希然
胡佳琦	江许婷	刘慧蓉	秦晓月	宋婧瑄	王馨安
杨易霏	岳晓琼	曾文宏	张一哲	周艺然	

哲学学士学位 17 人

哲学专业 17 人

陈 磊	萧 尧	王 闯	王 玄	王 音	姚 帆

郑 伟	陈春婷	崔太阳	胡行舟	刘振赟	吕锐峰
罗晓维	彭丽青	王洋洋	王一林	韦龙杰	

法学学士学位 153 人

法学（知识产权）专业 61 人

陈 优	陈 皓	方 舟	房 誉	韩 涛	何 赟
江 钧	刘 丹	刘 菲	陆 号	吕 麒	牛 婕
宋 哲	宛 如	王 达	杨 旭	张 弛	张 岳
张 薇	张 寰	闫 欣	包磊嵬	蔡林峰	陈远晴
樊桔贝	冯慧文	付筱菁	何孟奇	胡晓玲	黄俊骁
惠济州	孔耀男	李昌琦	李晓慧	刘宁菁	刘淑娴
刘星辰	刘媛媛	吕昕洋	苗美娟	聂思捷	任一丁
任泽宇	沈逸鸣	孙晨晓	王沛嘉	王秋豪	王润茜
王玉潇	魏佳林	吴兰英	武曒辉	徐博雅	张巳丁
张昊阳	赵天怡	周雨婷	朱林彬	朱雅仪	朱羿璇
卓昊洋					

社会学专业 33 人

成 也	狄 爽	高 懋	和 园	黄 荷	毛 佩
唐 琦	周 宓	程曼祺	程思炜	段维维	樊雪皎
冯慧羚	高伊俏	郭莉莉	侯郁聪	黄海韵	李晋文
李诗瑶	李西振	马奏旦	潘昱诺	彭雅竹	任其然
施文嘉	王天驰	王彦松	王子豪	徐雯靖	殷晓巍
张梦迪	周禹光	朱琴怡			

国际政治专业 7 人

蒲 田	金昭延	萧势华	横田浩之	山本湧也
丑久保胜仁	手岛伸太朗			

国际关系与对外事务专业 52 人

贺 天	侯 鑫	雷 蕾	李 航	李 靖	李 微
龙 妍	马 倩	倪 晨	王 郁	王 楠	杨 欢
于 彤	展 望	郑 杰	朱 博	陈纤雨	崔辰宇
范幽雅	郭倩凝	何雨晴	贺喜梅	贺正超	蒋佩雯
蒋平博	雷霭雯	李子凡	梁天韵	林丹阳	刘一鸣
吕净蔓	马鑫博	潘子豪	全君瑜	邵子剑	王珺璨
王长利	王朝麒	王小敏	王亚洲	王倩君	夏腾骁
余萧桓	曾歆颖	詹惠舒	张赫扬	张晓雷	张译尹
张芮铭	赵振宇	岑浩彰	闫静雅		

经济学学士学位 750 人

经济学专业 750 人

艾 苇	安 然	鲍 石	鲍 鹍	毕 鹤	毕 楠
蔡 兴	曹 喆	曹 今	陈 璟	陈 畅	陈 超
陈 冲	陈 飞	陈 凯	陈 立	陈 鹏	陈 伟
陈 艳	陈 婷	程 浩	程 心	程 昕	邓 超
邓 巍	邓 欣	邓 旭	丁 懿	董 斌	都 晓
杜 尧	段 然	范 悦	费 跃	冯 琳	冯 伟
冯 想	冯 悦	甘 霖	高 彬	高 凤	高 涛

高郭	龚婷	谷明	关	嬴	管	郭	翀	邓立婉	翟卫欣	刁思远	董佳慧	董加卿	董师艺
贺飞	韩煜莹	郝胡	阳何	威晓	理何	何郭	阳宁	董文婷	董向杨	董展育	杜奕辰	杜睿洋	段紫薇
黄莹	胡黄	胡宁	胡静	黄静	静蒋	黄馨	斌焦	段婧琳	樊瑞斌	范徐艳	范志英	方嘉鸿	方源达
金亮	金龙	季靳	姜景	姜然	蒋可	蒋钦	斌晨	方晔顿	封自强	冯思遥	冯亚杰	冯泽龙	冯振源
孔卉	孔玮	李寇	李郎	李宇	李蕾	李玲	李青	傅若兰	付龙杰	高静静	高可言	高翔宇	高婧妍
李骋	李耕	李靖	李奎	李岩	李雷	李洋	李意	葛红星	葛红岩	葛理健	耿玉峰	勾文慧	顾本达
李维	李想	李响	李喆	李钰	李喆	李喆	李雯	关鑫龙	郭凌波	郭雅格	郭艺华	郭豫舟	韩劼群
李志	李婵	李骥	李迪	李琼	李林	李杰		郝冠清	郝文璇	和五木	何鼎鼎	何方竹	何如佳
刘畅	刘晨	刘驰	刘婷	刘伦	刘晖	刘通		何宇宁	贺艳林	贺宜萍	侯净译	胡佳顺	胡俊英
刘娟	刘凯	刘梁	刘雨	刘琼	刘帅	刘煜		胡一川	胡骁魏	黄泥萌	黄贤睿	黄晓蕾	黄颖湘
刘颖	刘真	刘正	鲁琳	鲁瞻	陆璇			黄治华	黄滋才	黄懿杰	黄梓宏	黄睿哲	惠雅莉
刘镝	娄敏	卢涛	卢虹	牟任	帅时	骁和		惠宇翔	季彦杰	纪炘烨	纪晓雯	贾学谊	姜昌浩
吕唯	骆恒	马威	马航	钱乙	任杰	任时	秒	姜军略	姜通晓	姜芷青	江嘉骏	江一明	蒋季芳
彭飞	平闪	原希	师帅	施力	石雷	时孙	洁	蒋佳霖	蒋雨涵	蒋子翔	揭懋汕	解梦菲	金小辰
任行	欣宋	苏丹	苏鑫	苏颖	苏昕	田俊	胜浩	金云帆	金兆阳	柯凯翔	孔维燃	黎诗雨	黎斯达
宋欣	孙越	孙丹	谭雨	唐韵	田钊	汪	达	黎桐辛	黎永汉	李博然	李方一	李浩昊	李惠子
孙萌	田欣	田鑫	田韵	田	田	王聪	王达	李季芃	李嘉华	李嘉瑞	李佳林	李晶晶	李景明
田恬	汪睿	王宇	王超	王晨萍	王舒	王帅		李竞妍	李力非	李美子	李秋宇	李善涛	李文静
汪汀	王柯	王朗	王希	王越	王志	王旭		李文琪	李晓杰	李小乖	李欣然	李雪文	李雅妮
王凯	王颂	王田	王希	王	王卫	王珏		李亦慧	李亦伦	李应非	李愚非	李泽喆	李泽林
王硕	王岩	王尹	王然	王芸	王琛			李志宇	李卓群	李姝君	李骁雄	李昱良	李歆凯
王岩	王祺	魏迪	魏强	魏武	夏曼	夏坤		李斐然	李睿桐	梁小君	廖小泉	林碧霞	林欢彦
王琰	闻宇	吴君	吴肖	吴贤	谢晖	谢尧		林天予	林文欣	林晓文	林英东	林璐茜	刘喆轩
温馨	向	肖雪	肖轶	武	谢骏	徐琳		刘芳璐	刘洪元	刘佳宁	刘静琨	刘俊杰	刘开标
夏巍	熊思	徐彬	徐晨	徐	徐靖	徐婕		刘荔园	刘明阳	刘沛然	刘彭媛	刘文滔	刘希汉
邢毅	徐骥	徐桢	许璟	许旦	许阳	许帆		刘雅琛	刘艺娜	刘逸飞	刘逸楠	刘原君	刘苑芝
徐泽	薛姣	薛楠	杨玲	杨盼	杨阳	杨迎		刘泽睿	刘治君	刘子瑞	刘潇艺	柳巧云	卢焕然
许睿	杨欢	杨楠	杨楠	杨昕	杨皓	叶航		陆佳仪	陆巍巍	陆益欣	吕嘉莹	吕凌寒	吕梦瑜
杨帆	杨倩	杨云	杨霄	曾睿	章帆	亮	张晨	吕秋月	吕曰洲	罗剑群	罗晓亚	罗宇迪	罗寰宇
杨宇	袁骏	张迪	张帆	张帆	张	张欢		罗婧怡	麻男迪	马超平	马嘉文	马啸宇	马欣妮
于鈫	张聪	张塔	张雄	张	张扬	张韬		马烟笛	马骧飞	马瑜琼	马璐岩	毛心欣	蒙中剑
张驰	张健	张	张忱	张冲	张非	张时		孟茹玉	孟天骄	米伊雯	苗宇晶	母亚乾	南旻柱
张欢	张珣	赵易	赵云	赵楠	赵郑	赵焕		倪铭辰	牛荣锋	牛三元	彭晨虹	彭雪松	朴慧守
张钰	赵胤	周东	周	周鹤	周适	周越		朴惠晨	朴民均	齐伟聪	秦一骁	邱明晶	邱诗永
赵欣	郑	朱晋	朱开	朱	朱瑞	朱侃	添	邱舒婷	邱耘江	邱志豪	饶德孟	任浩瀚	任天豪
郑绅	周瑾	左瑶	佟郡	蔺琳	栾	安云坤		汝牧野	尚冬杰	邵晓琳	沈浩鹏	沈开明	沈亦乐
周妍	邹舒	滕菲	滕越	覃笪	吴果谦			沈肇怡	盛亚捷	施巧妮	石君哲	史迪雯	史鹤飞
朱婷								史向男	寿秋野	宋东青	宋佳芳	宋若昕	宋子笠
臧正								苏文扬	孙弘儒	孙露溪	孙仕琦	孙照宇	孙潇雪
白瞳阳	白彦花	白泽蒙	包亦然	鲍锦涛	边屹超			索天艺	汤雅妃	唐秋韵	唐艺丹	田辰玮	田志鹏
卜俊骁	蔡东桦	蔡晓璇	曹丹妮	曹宇辰	曹昊文			涂列捷	涂婧羚	屠晓杰	万洋坤	汪笑男	王安然
常一尧	陈积微	陈佳佳	陈剑华	陈少珠	陈诗弘			王安琪	王晨舟	王呈冰	王方宇	王峰伊	王浩聿
陈诗梦	陈思洁	陈童彬	陈心懿	陈诣娴	陈迎新			王景业	王静如	王竟先	王俊尧	王丽雅	王首琨
陈颖新	陈之伊	陈中华	陈卓忻	陈怡琳	陈恺林			王抒扬	王思渝	王思睿	王通和	王维依	王文浩
陈鑫泉	程楚夏	程冬琪	程万里	程璐瑶	崔可忆			王岩桦	王言言	王一涵	王殷超	王永航	王友傲
崔蔚璇	崔晓雯	崔笑尘	崔馨戈	戴思捷	戴夕宁			王元威	王苑先	王泽瑞	王哲勐	王臻皇	王智超
								王中兴	王舟楫	王子聪	王晗宇	王斐然	王雯莹

魏鹏宇	魏玉婷	魏晔翔	文世伦	巫雅兮	吴嘉青
吴剑书	吴临风	吴斯嘉	吴霄汉	吴雪尧	吴雨豪
吴子钦	武晨箫	武高强	武翌阳	伍翔凤	伍雪骏
夏布望	肖竹韵	谢雨豪	谢茜茜	熊忻恺	熊嵩嵩
徐嘉琪	徐剑辉	徐慕文	徐杨菲	徐隐吟	徐志博
徐智威	徐智韬	徐菁玮	徐骁睿	徐梓原	徐聆音
严飞龙	严靖凯	严亚伟	严杨杨	杨戈屿	杨骏楠
杨蕗闻	杨爽柔	杨思敏	杨婉馨	杨心恬	杨筱茜
阳泓吉	叶祖龙	叶菁菁	易鼎东	殷子枫	殷子涵
殷倩楠	尹华亮	尹美艳	于海滢	于华杰	于美哲
于智精	于泓峰	余晨迪	余乐乐	余美华	俞文秀
俞逸超	郁妍莹	袁海宇	袁奕芳	运安琦	张弛欣
张奉琦	张冠驰	张海涛	张浩宇	张继伟	张家琪
张俊聪	张俊雄	张琳竺	张龙天	张蕊博	张诗梦
张诗莹	张世海	张淑均	张天伟	张统帅	张伟婧
张夏骏	张翔宇	张小宇	张亚明	张艳婵	张一甲
张元韬	张耘昊	张允瑞	张舟航	张婧涵	赵欧狄
赵真睿	赵子良	赵梓棚	赵烨超	郑祎依	郑俊杰
郑培欣	郑晓莹	郑笑宵	周曼哲	周家祥	周力洋
周梦琦	周巍卫	周学晨	周苑青	周瑜倩	周聘婕
朱俊羽	朱立群	朱凌雪	朱秦毓	朱思雨	朱尉强
朱文亮	朱翼云	朱云琦	朱中原	朱顾枫	祝思凡
祝莹莹	卓雨晴	邹亚琦	祖纪妍	邰铎淮	庹惠铭
濮天琪	窦新竹	雷罗宇凡	令狐昌海	欧阳神州	
欧阳云泊					

2. 辅修学生名单

数学与应用数学专业1人

郭靖涛

统计学专业6人

陆洵	周介	成佳蕾	何曼冰	李博然	杨扬阳

物理学专业1人

金一民

心理学专业7人

高翔	高旭	裴兰	吴越	张博	段丁瑞
王莉娟					

艺术学专业4人

李响	周谊	姚泥沙	赵靖雯

历史学专业1人

陈刚

哲学专业5人

苗旺	李骏之	刘春超	马婵	谢英镝

国际关系与对外事务专业6人

黄颖	纪明	金姗	杨硕	朴美来	杨嘉铭

社会学专业1人

王文健

经济学专业31人

戴赟	郭颖	贺研	李璟	刘博	盘超
王丽	许欣	杨昊	殷翔	朱彧	陈富春
邓晨曦	耿侠英	侯世安	李浩杰	李研美	李一同
李云鹏	李镇侲	林颖颖	林怡君	毛文凯	牟欣桐
石丹锋	史文庭	田育杰	郑守亨	周迪宇	朱冰然
罗杨星辰					

行政管理学专业5人

李平	崔佳齐	马梦芸	苏健伟	赵玉现

生物科学专业2人

宁少阳 史寒朵

计算机软件专业9人

黄杰	廖威	张帆	陈思思	蒋哲良	李德龙
林瀚驰	尹简琛	张佳琦			

微电子学专业1人

崔亚龙

德语专业10人

江红	邝杨	姬柯宇	梁方舟	毛亦心	肖闽星
叶键懿	张亚婕	张吟雪	赵君楠		

法语专业23人

任媛	盛开	宋悦	田铖	张迥	陈涵煦
邓婉文	韩梦晴	蒋思婷	李硕菲	梁嘉韵	陆沁诗
王皖群	魏域波	肖映萱	张高原	张梦秋	张梦元
张彦希	张雨薇	赵安琪	赵义敏	周紫露	

西班牙语专业9人

田悦	丁贞炫	韩春华	全惠延	舒清雅	王嘉琮
于佳仁	张冰洁	邹露潇			

日语专业27人

陈玲	高扬	孙然	孙舒	王丽	张卉
郑宪	郑阳	陈萧宇	葛凤女	龚丽嫒	郭丽莎
黄昳婧	李梦莹	李晓蓉	李芸鑫	林丽凤	林思达
吴淑敏	谢丽昳	于文静	张博涵	张晓慧	张一聪
张迎雪	郑仁圭	邹尚桓			

四、校本部2012年结业、2013年换发毕业证补授学士学位学生名单

中国文学专业1人

管萌

应用语言学专业2人

顾淼 张韵竹

法语专业1人

张朔

世界历史专业1人

简金赤

物理学专业 2 人
廖雪斌　张树栋

大气科学专业 1 人
丛　森

化学专业 2 人
谢　龙　赵晓卉

应用化学专业 3 人
苏　丹　叶文和　张延秀

材料化学专业 2 人
蔡雯倩　黄云翔

生物科学专业 1 人
马士清

电子信息科学与技术专业 2 人
刘增涛　朱天枢

智能科学与技术专业 1 人
聂鑫维

计算机科学与技术专业 5 人
孙　妍　王文虎　严亚伟　赵宇飞　周文航

环境科学专业 1 人
陈积微

生态学专业 1 人
宋倩倩

心理学专业 4 人
狄　爽　米　涛　张思珺　邹德龙

能源与资源工程专业 1 人
李鹏基

会计学专业 2 人
江　翔　霍家格（留）

市场营销专业 2 人
周　竟　安逍遥

城市管理专业 1 人
幸　泽

国际经济与贸易专业 1 人
曹成昊（留）

社会学专业 2 人
朴龙俊（留）　赵仁善（留）

政治学与行政学专业 4 人
崔伦爽（留）　李周炯（留）　赵敏勋（留）
郑守亨（留）

外交学专业 1 人
权钟洙（留）

广播电视编导专业 2 人
李浩升（留）　郑孝仁（留）

公共政策学专业 2 人
金宝美（留）　金志洪（留）

五、医学部学生获得学士学位名单

理学学士 152 人

医学实验学专业 31 人

周俊拓　王　超　樊境朴　魏　曦　彭志强　陈奕霖
陈鹏程　张鲁豫　贾岱君　孟　扬　田　爽　王　俊
马长然　李云乔　信斯明　明玛旦增　陈　雪　刘博雅
吴　彤　滕睿顿　杨　兰　聂　贺　王　鹏　王卓飞
顾亚娟　石羽茜　翁家驹　康玉麟　陈颖嘉　徐　璐
阿布都热依木江·艾力

药学专业 121 人

王　超　王　弘　张慕禹　史慧峰　许嘉旻　顾梦洁
贾翊康　戚　希　唐　涛　陈显慧　裴希为　李　磊
闫　钢　梁辰昀　杨秀聪　李　杭　梁丹琳　田雨濛
韩志航　赵逸舟　薛喜文　王云鹤　李雨书　尹大伟
程阔原　李静云　冯梦柯　郑育奋　张诚翔　林其敏
郭鸿成　金路迪　彭阳秋　郝雨辰　周　泉　苏奥泽
赵剑雄　庄鸿蒙　李远新　吴一鸣　余先朝　刘建梅
李泽实　胡小波　朱冰玉　何　维　梁文飞　李　艺
黄文杰　段　丹　胥　洋　卢玉娇　洪冬喆　徐　伟
王芳杰　李鹏飞　何宏艳　王子维　白贺元　张　沛
王雨斯　吴慧心　孙婧媛　孙　婷　孙　祥　翟若水
杜义青　于　飞　任若荻　白绍涛　陈雪晴　汪冰琪
姚　望　左　雪　黄小强　周宁宁　肖昊鹏　宁茂恒
曾凌晓　杜婉宁　蒙卓明　赵怡然　郭　磊　孙　爽
裴　芬　袁逸之　王鹤川　苏清虹　高远晴　姜汉杰
马　元　周俊文　王欣竹　王　聪　张　超　聂智峰
吴　凌　杨　照　胡宏祥　李逢春　韩道元　王　鸿
赵炜煜　陈斌龙　黄昱之　吴竞轩　孙　璐　王爱婷
张碧晨　杨　巧　王　婕　任功明　苏慧中　王计明
董　超　柳丹凤　李建国　王　潇　帕如克·艾毕布拉
木合他拜尔　古丽努尔·依明江

医学学士 423 人

护理学专业 34 人

王　强　尹恋秋　任霄剑　杨博杰　曹　炜　唐恪雅
伍再翔　倪先强　潘　勇　刘恩阳　张译天　曾　岩
张　咪　宁　忻　玉小燕　王凯凡　刘晓彤　同　飞
张爱平　金　彪　邱　旭　郭凯骁　赵增鹏　蔡庆超
李　苗　刘　飞　姜　良　于秋晓　宋　哲　陈　奎
任家林　金嘉郦　孙浩杰　周萌萌

医学检验专业 21 人

张　易　　吕天楚　　张彤格　　吴骛州　　高宏进　　
牛志伟　　钱予忱　　黄瑞玲　　张璐丹　　张琪悦　　董瑞瑞
刘　杨　　张　玥　　李　阳　　娄冰洁　　马润镒　　线晶晶
孙　骥　　俞雯航　　丁晗玥　　郑金阳

临床医学专业 206 人

李於聪　　黄　可　　夏　奥　　曹　敏　　吴玉婷　　李　强
马晓婧　　姚智菁　　黄　森　　冯非儿　　文雨萌　　吕笑冬
祝腾蛟　　张碧辉　　金月波　　张　丽　　陈亚希　　王谦明
李佳轩　　周天池　　张一楠　　姜立伟　　李　硕　　郑伟成
黄　佳　　李　楱　　王劲夫　　王　南　　郑雪怡　　葛晶晶
王昕彤　　金泽健　　王新宇　　胡晓丹　　罗　骁　　李岩祺
夏秋翔　　司徒炫明　　黄天霁　　陈施言　　曾　成
苏　杨　　谢　思　　包文晗　　张犁雪　　杨　魁　　曾焕虹
王春艺　　冀慧娟　　刘启佳　　宋　婧　　丛端端　　何　静
尹文诗　　贺　曦　　邓绍晖　　杜　炜　　于　洋　　李　毅
郭红斌　　郑　涛　　卢瀚宇　　赵嘉玲　　钱　源　　孙　彬
左　强　　张　阳　　陈　宁　　孙　灿　　常　宁　　赵健芳
乔　健　　钟　鹏　　柴　珂　　张世敏　　吕蓓妮　　刘胜聪
高雅宁　　汪海峰　　张　希　　迟雨佳　　张　雷　　吴泽璇
阎德熹　　杨骊鹏　　王　丹　　林晓清　　李　薇　　刘　旸
石　雷　　孙婧茹　　梁　靓　　李　雪　　孙　蕾　　严梦芩
宋　洋　　王雨馨　　吴文汧　　薛　超　　刘　帅　　刘雅菲
李红校　　肖滋润　　王奥楠　　吴章鑫　　张一龙　　俞　萌
刘旭东　　门　茜　　阎　凯　　张锦超　　张　俊　　徐思超
刘　畅　　徐俊雄　　林宏远　　曲　卉　　王　恒　　陈帆宇
刘梦然　　刘　沛　　龙　蓉　　袁亦方　　闫　论　　林胜逸
李丽红　　林宇凤　　何　潇　　张　毅　　徐悦萌　　田　帅
胡攀攀　　贾　冉　　杨梦溪　　王胤奎　　周毅辉　　张宝庆
顾珣可　　孙禹尧　　鲁雯馨　　张　云　　杨泽川　　段　妍
余霄腾　　周星彤　　张椿英　　吴　茜　　李晓雪　　余　洋
张卓璐　　徐颖奇　　李　峰　　魏路华　　程安琪　　杨宏宇
顿耀军　　孟庆娱　　李　博　　任怡洁　　高国璇　　刘京宇
潘　伟　　郑　扬　　蔡　莹　　张来运　　任　达　　梁斯晨
陈津川　　张　腾　　黎梦涵　　张　栋　　周笑同　　谈　诚
盛　晴　　刘　苗　　雷　宇　　王华栋　　刘　畅　　劳永斌
许毅博　　肖一涵　　关文龙　　周　源　　胡　深　　王大帅
廖　锋　　王思琦　　冯冶凝　　杨昆霖　　孟园园　　张　坤
赵懋宇　　张　哲　　张　菌　　侯宇尘　　邱宇轩　　马　炜
刘向一　　刘　艳　　刘源锋　　蓝骏飞　　柳颖佼　　江志红
杜雅丽　　袁　青　　阿拉努尔·加索尔

预防医学专业 62 人

申　鑫　　熊梦昀　　刘　清　　连雨峥　　白文兴　　郭泽华
王冰玉　　高娟娟　　王　烁　　黄　越　　许伟伟　　杨　天
吴旭龙　　王　欢　　黄元升　　赵　杨　　张钰琪　　梁宝婧
金音子　　陈东骥　　卓　琳　　孟祥坤　　庞元捷　　宋　杰
庞明樊　　何耀华　　王振星　　李　政　　鲁　雅　　王清波
王彩云　　康小伟　　张小龙　　赵元野　　刘向宇　　陈美恋
贾亚奇　　程吟楚　　张澜涛　　靳　奕　　李梦瑶　　陈　实
周艳玲　　李丽诗　　刘胜兰　　徐海鹏　　杨帅帅　　王　骁
秦晨曦　　赵文艺　　何晶晶　　张翠红　　陈润滋　　韦冬梅
胡积龙　　狄　亮　　郭儒雅　　巴　特　　张文晓　　曾　娜
田景丰　　刘大锦

基础医学专业 66 人

黄杨佩韦　　刘　皎　　张超华　　程　根　　缪晓杰
段　昊　　王　威　　彭新建　　张晓雨　　古　柏　　陈　洁
张　路　　戈　婧　　张承露　　尹　悦　　谢郭佳　　罗丽达
冯　寒　　徐亚平　　范静慧　　王光熙　　李妍静　　曹泽运
张泊宁　　许鹏飞　　杜从阔　　尹　晨　　李　磊　　陆　阳
邓嘉成　　卢　秦　　冯佳佳　　陈迪新　　雷雅昕　　张　丛
张少微　　杨婧祎　　姚伊莎　　李大一　　刘　明　　张瑞阳
李　歌　　方祺浩　　林　梁　　桑建明　　梁　令　　李　馨
岳路鹏　　陆小鹏　　张　朦　　何嘉甥　　曹陈名　　徐　虎
刘丝雨　　魏依依　　崔　佳　　付佳霖　　谢北辰　　于　璐
高　瀚　　王晓琳　　李拓圯　　李　秋　　王晔凡　　张嵩阳
韩　盈

口腔医学专业 34 人

杨颖婷　　韩建辉　　穆长清　　温　泉　　隋华欣　　刘存瑞
牛力璇　　常大桐　　唐仁韬　　杨　尧　　伍文杰　　谷　明
彭海龙　　隗芳乔　　石　巧　　刘　擎　　贾胜男　　杨泓江
滕　飞　　白云洋　　刘　意　　李世赢　　陆瑾慧　　侯力瑜
渠　薇　　王浩杰　　张　达　　丁　茜　　张　路　　谢也斯
郑　苗　　王　衍　　王　菲　　于　尧

文学学士 21 人

生物医学英语专业 21 人

邵　薇　　岳　强　　楚合玉　　宫恩莹　　范丽君　　常　莉
庞雨薇　　赵　洋　　白　婧　　鲁　曼　　陈　博　　杨鲁宁
王冠龙　　胡金彪　　徐明明　　李洪山　　沈妮娜　　倪　顺
王　飞　　张吉祥　　张　璋

医学学士 55 人

临床医学专业 44 人

李琳丽莎　　李水静　　裴进洪　　安书完　　安洙贤
林敏娥　　郭天元　　竹井暖　　棚桥亨　　彭武轩　　杜孟威
郝宏翔　　林宥辰　　李轩恩　　余韦臻　　庄于修　　李培雯
王定慧　　王思祁　　邹尚志　　瞿乃斌　　李培荣　　吴宜洁
俞孜奇　　陈颖诗　　张宇生　　黄小纹　　林昱良　　林佳音

方亭甯　吕冠熹　林函萦　赖彦汝　江　玮　叶秀昌
吴秉宪　曾睿明　于　凡　何文杰　赖旒杰　李敏熙
黄小丹　潘铭梓

口腔医学专业 11 人

高善一　谢宇婕　洪惠琳　安愚彬　金允贞　黄挹众
董宛宜　马绮君　沈家安　廖子雅　廖子婷

六、医学部 2012 年结业、2013 年换发毕业证书补授学士学位名单

临床医学专业 3 人

吴　迪　张　峰　加那提

药学专业 1 人

刘晋豪

七、医学部学生获得双学位及辅修名单

1. 双学位学生名单

理学学士学位 20 人

数学与应用数学专业 2 人

韩道元　张承露

统计学专业 8 人

吴　凌　周　泉　翟若水　秦晨曦　苏清虹　吴鹜州
姚伊莎　张一龙

心理学专业 8 人

刘　畅　王　烁　关文龙　金嘉郦　李丽红　李梦瑶
刘京宇　杨骊鹏

计算机软件专业 2 人

李　艺　倪　顺

文学学士学位 5 人

汉语言文学专业 1 人

肖昊鹏

艺术学专业 4 人

李　雪　陈雪晴　刘丝雨　周天池

哲学学士学位 2 人

哲学专业 2 人

王　强　魏依依

法学学士学位 20 人

社会学专业 20 人

常　莉　麻　莹　潘　勇　申　鑫　宋　哲　王　希
徐　璐　张　璋　程吟楚　樊境朴　宫恩莹　郭凯骁
何晶晶　金音子　刘恩阳　马小卓　王清波　张鲁豫
张璐丹　司徒炫明

经济学学士学位 69 人

经济学专业 69 人

曹　炜　陈　博　陈　洁　雷　驰　李　馨　刘　畅
刘　杨　鲁　曼　宁　忻　邱　旭　邵　薇　孙　婷
同　飞　王　超　王　弘　徐　伟　杨　照　尹　悦
张　路　闫　钢　胥　洋　白贺元　蔡庆超　陈奕霖
楚合玉　杜义青　范丽君　高娟娟　顾亚娟　郭儒雅
郭泽华　黄元升　黄昱之　姜汉杰　康小伟　李建国
李远新　梁丹琳　林其敏　刘博雅　刘旭东　刘源锋
吕天楚　倪先强　彭阳秋　钱予忱　任家林　桑建明
沈妮娜　石羽茜　王芳杰　王冠龙　王鹤川　王振星
徐海鹏　徐明明　杨秀聪　俞霁航　曾凌晓　张翠红
张吉祥　张澜涛　张慕禹　赵增鹏　郑育奋　周俊文
周艳玲　朱冰玉　缪晓洁

2. 辅修学生名单

行政管理学专业 1 人

阎　凯

经济学专业 1 人

信斯明

数学与应用数学专业 1 人

李丽诗

计算机软件专业 1 人

裴希为

德语专业 1 人

董瑞瑞

法语专业 1 人

左　雪

日语专业 2 人

苏奥泽　吴慧心

研究生毕业生名单

硕士毕业生名单

数学科学学院

白帆	陈若微	陈显泉	陈旭	程承	程宏
程再兴	崔彦达	邓超	董福春	董妍	樊俊波
樊伟	樊昊霏	范俊秋	付潇鹏	付鐍方	何曼怡
何银深	黄辰	黄君	贾肇聪	姜清元	姜彦敏
蒋龙龙	金威	李蕾	李世雄	李祥	李晓月
李雅樵	李颖	李玮玮	梁墨琳	梁璐璐	刘烜伯
刘超	刘玲芳	刘熙	刘雨晨	龙昌伦	卢长根
卢天亮	卢星	吕健成	罗武林	罗毅	孟歆
牛曾蔚	庞嘉伟	钱笑羽	秦平	任洁	施超
束则奚	宋星亮	苏怡宁	孙昂	孙苒	孙璐
谭新文	唐松柏	王佳星	王锦霞	王昆余	王灵朝
王佩俊	王烁	王志刚	王志龙	吴文豪	辛永安
熊欢	徐健	徐律	徐曙	徐晓漾	许欣
薛艳	杨金舟	杨帅	易龙	余彪	余波
余诚	余孟洋	张海伦	张立	张蓉蓉	张涛
张小涛	张璋	张楠	张焱斌	赵超	赵旭春
郑娜	周宏升	朱秀芳	邹德阳	邹岩	

物理学院

陈笔澄	陈建洲	陈钊	崔小波	代爽	邓红波
杜德川	范顺飞	冯立文	郭猜	郭帅	韩金华
贺永发	候峻	胡健勇	姜香丹	江漫	孔文文
李庆	李五生	李宪阔	李志龙	李昕容	梁浩明
刘传武	刘杰	刘坤	刘梦娟	宁启城	屈海京
施图万	史本良	孙轲	谭晟宇	涂道广	王东
王红刚	王培培	王宇	王云辰	王烨芳	邢美英
许建辉	杨洪生	杨彦楠	于中龙	余杰	袁刚成
张翔	赵洋洋	赵子龙	钟维	祝娇	胥君

化学与分子工程学院

崔振鹏	董珍	郭政铎	罗杰鸿	王悦	吴京珂
杨艳	张红娟	周菁			

生命科学学院

黄国维	贾方兴	李辉辉	李爽	宋新文	王剑峤
王云凤	魏少伟	朱修篁			

地球与空间科学学院

包慧漪	曹强	柴智	陈静	陈智敏	程小岛
丁连军	丁娜	范诗玥	冯洋	冯昕	高林
郭昕阳	韩建刚	贺伟光	胡晓彦	黄琴	贾思奇
焦龙	李多	李梦	李瑞彪	李文山	李星辰
李雪	廖春华	刘海超	刘明超	刘瑞娟	刘世雄
刘相锋	刘媛	柳琼瑶	罗梦佳	罗旭巍	马玉忠
邱稚鹏	司若辰	孙艺	田媛	万家欢	王长雄
王浩然	王露	王陆新	王思程	王雪艳	王岳松
文学	吴文娟	夏阳	肖兵	徐操	杨鹏飞
杨楠	余萍	郁浩	曾绍刚	张丹	张洪亮
张伟	张莹	朱梅倩	朱骁		

心理学系

陈美林	陈曦	程昭	戴广南	丁琦城	杜婉婉
范志伟	房志永	甘廷婷	龚新玲	管明春	韩婷
郝晓玲	贺钊胜	侯立文	侯冉冉	胡辰彧	黄阳
姜婧	江信文	蒋梦杰	李丹	李凤清	李智威
林靖	林欧	刘畅	刘畅	刘柯珂	刘思铭
刘一芃	吕聪	罗萌	梅蔚	牟彤林	彭唯
朴秋虹	乔灵思	曲路静	邵双	孙睿杰	唐尧
陶然	童尧	童玉	王玥	王敏	王秋鸿
王子叶	王璎钰	魏志霞	文敏	吴抒瑶	夏海伟
谢子龙	谢钰琪	许海明	颜翔	杨向荣	叶长春
尹璐	詹稼毓	湛红柳	张碧娟	张宏	张惠惠
张康	张晓	张英俊	张妮	赵小寨	赵璇
郑桂先	郑晶晶	钟茹	周琛	朱润	左向宇
陈怡廷					

软件与微电子学院

艾华文	安晶晶	安丽莎	安琪	白晓鹏	柏璐
鲍旭	蔡承	蔡斯	曹达钦	曹广慧	曹汉真
曹顺达	曹挺	曹亚杰	曹恺璐	曹晔	陈彬
陈超然	陈楚	陈定胜	陈菲菲	陈汉宜	陈慧琼
陈慧挺	陈杰宾	陈劲	陈静	陈君丽	陈俊梁
陈开蒙	陈兰丽娜	陈丽君	陈明	陈秋凤	陈素
陈涛	陈伟	陈希	陈晓瑾	陈雄	陈英逸
陈应欣	陈郁馨	陈粤佳	陈震	陈振龙	陈枳扦
程栋	程启其	程寅	丛维	崔巍	崔晓航
崔珍珍	戴剑浩	戴荞原	代文文	单丹	邓学映
邓昊	刁振亚	丁波	丁大伟	丁五岳	丁岑
丁昱洁	董晨耕	董舰	杜刚	段思明	樊华
樊玉春	范平	范兴泽	方博	方培培	方旭
方舟	方鑫	费伟杰	冯焕	冯文雅	冯昱棋

符 璨	浮 宁	傅传家	傅 融	傅小利	付 豪	万梅雨	万 冕	万 威	汪 林	汪 硕	汪 洋
高 超	高 磊	高 然	高铁鑫	高挺挺	葛静静	汪 洋	王 超	王楚然	王 栋	王 芳	王方圆
葛 震	葛志儒	耿 耘	龚 京	龚勇谋	宫 莉	王富强	王 键	王建国	王建华	王 坤	王乐晶
勾金海	关怡然	官 毅	管佳珏	郭 简	郭勉之	王 琳	王龙飞	王龙妍	王梅梅	王美锋	王明程
郭士超	郭小兵	郭益林	郭志军	郭子豪	郭瑜童	王培方	王 鹏	王秋菊	王曙球	王 帅	王水木
国 强	韩 成	韩付为	韩 穗	韩 峥	何 飞	王 涛	王文进	王晓艺	王笑语	王 欣	王 雪
何宏兆	何济舟	何京燕	何奇超	何士军	何世玺	王雪丽	王雅慢	王衍胜	王艳芹	王 彦	王元媛
何泓颖	贺 勇	贺瑾玮	洪理琛	侯海先	侯宛彤	王圆圆	王云鹏	王 哲	王壮哉	王紫敬	王自明
侯晓琳	侯 政	侯 茜	胡 凯	胡 克	胡 咏	王祖坤	王胤鑫	王 倩	王 薇	王 潇	王瀚超
胡云帆	胡 薇	华祥约	黄 晨	黄晨曦	黄桂林	王 玮	王 珂	王轶群	王 皓	韦成媛	魏春喜
黄家驹	黄 乐	黄邵锐	黄文土	黄晓伟	黄 毅	魏 泰	魏同娜	温 静	温明果	文 洁	吴阿娜
黄鑫川	姬 浩	贾海涛	贾 娜	简 晨	姜 慧	吴春煦	吴 丹	吴 刚	吴桂兰	吴皇其	吴际洲
姜凯丽	姜瑞翔	姜跃佳	姜 楠	江奇勇	焦腾啸	吴胜兰	吴兆玉	吴志华	吴潇玥	吴鑫涛	伍星旭
解梦晖	金世超	金玉姬	靳 伟	经 磊	康 森	伍杨洋	夏 巍	夏小涵	向 风	肖永康	肖泽宇
康 宇	孔 洁	孔 觏	匡迎春	旷攀峰	蓝岩真	肖宗鼎	肖 铮	谢华庭	谢 进	谢 军	谢梦兰
雷闽川	黎洪彬	李 昵	李 昂	李 超	李大川	谢少梅	谢智健	谢 茜	辛 洁	邢 溟	熊竞凯
李德志	李 飞	李浩辉	李 恒	李 剑	李静晨	熊 力	熊胜江	熊思瑶	熊一冰	徐 晶	徐培翔
李俊汝	李 蕾	李丽霖	李 蒙	李 敏	李 默	徐奇龙	徐雅薇	徐 薇	徐 玮	许博蕊	许胜峰
李培培	李 鹏	李巧佳	李青青	李庆先	李若淼	许伟民	许文锋	许晓峰	薛丁文	薛 烽	薛国华
李双江	李思思	李苏媛	李卫涛	李文娜	李 晓	严冬宇	严兆辉	颜 宏	颜秦进	杨 奔	杨斌杰
李晓华	李小亮	李学文	李艳萍	李耀中	李 艺	杨 参	杨德林	杨 帆	杨 芳	杨涵舒	杨 浩
李艺峰	李永啸	李勇泉	李 油	李玉成	李 远	杨 洁	杨 洁	杨静文	杨俊杰	杨 维	杨文硕
李泽文	李卓静	李莺乔	李 蓓	李 楠	李 楠	杨 旭	杨旭东	杨永泰	杨尊好	杨婷婷	杨 鹭
李昕昕	廖 逍	林航锋	林鸿挺	林进生	林清足	姚 丹	叶 鹏	易科政	易流平	殷静静	尹晓晓
林文亮	凌 昱	刘白璐	刘晨晨	刘春雷	刘翠翠	尤春丽	有 为	于 达	于海洋	于青青	禹志成
刘海然	刘杰琪	刘 立	刘 龙	刘梅梅	刘 鹏	玉薇敏	喻洁琼	喻淑慧	袁白华	袁定平	袁茂斌
刘奇屹	刘 强	刘秋志	刘水清	刘 腾	刘威威	袁 灏	岳 佳	曾 琳	曾 妮	曾庆东	詹春员
刘先政	刘 洋	刘 洋	刘 洋	刘 洋	刘永祥	张 超	张 晨	张海霞	张浩亮	张红梅	张华玲
刘宇希	刘在强	刘泽旭	刘志伟	刘 婧	刘 瑜	张慧晶	张金晶	张 莉	张丽辉	张励之	张 翀
刘昱锦	刘 炜	刘 鑫	龙佳曦	娄显赫	卢家广	张立帆	张立佳	张 龙	张 萌	张 明	张其星
卢镜如	卢 帅	卢婉明	卢 伟	卢炫直	陆 遥	张青超	张人欢	张 锐	张圣春	张晓静	张燕飞
吕 静	吕 萌	吕 蒙	吕 旭	吕一夫	吕 琦	张杨阳	张也弛	张艺潇	张 寅	张颖异	张 玉
罗 凯	罗 文	骆天一	骆 云	麻 莹	马彩霞	张 悦	张展培	张忠蓬	张钟文	张竹青	张壮壮
马 静	马 亮	马 青	马 赛	马卫东	马 燕	张子君	张婷婷	张珈玮	张 璇	张 楠	张 昀
马玉超	马占刚	马恺声	苗春雨	莫 丹	南舒宇	赵冬冬	赵凤月	赵贵兴	赵 键	赵金燕	赵锦娜
倪 磊	牛佳玥	潘 婧	潘 媛	彭 波	彭 杉	赵丽亚	赵梦初	赵仁豫	赵 瑞	赵文杰	赵小华
彭一鹤	皮 磊	朴海彤	普 洲	钱 聪	钱金鑫	赵 玉	赵玉涛	赵 原	赵 园	赵 越	赵越月
钱 琴	乔 欢	乔奇兵	秦 华	秦 英	秦 茜	赵泽宇	赵志超	赵子园	赵婧伊	赵 昊	赵 鑫
邱力非	曲金明	曲 轶	冉 伟	饶 涛	任东生	郑冰凌	郑德举	郑 杰	郑 磊	郑 丽	郑 重
任海潮	任 娜	任前平	邵晶晶	邵立康	申冠雄	郑 瀚	钟俊学	钟晓莉	钟 云	周耕稷	周建波
申锦涛	施玉麟	石盛传	石 晗	史金明	史 琳	周建国	周 俊	周 康	周利华	周 敏	周培海
史倩男	舒杰容	舒洁露	宋 超	宋 雪	苏 畅	周 擎	周石雨	周晓飞	周 游	周雨熙	周宇翔
苏静思	孙宝刚	孙才婵	孙成松	孙 飞	孙光荣	周正博	周志轩	周 麟	朱 成	朱 迪	朱 峰
孙 静	孙靖人	孙俊方	孙 凯	孙 明	孙婉裙	朱鸿宇	朱林川	朱晓文	朱 耀	朱志兴	朱仲华
孙雁伟	孙兆东	孙 烨	孙 熠	檀 利	谭朝华	朱 珠	宗俊言	邹棉文	邹小琳	邹琛曦	闫 健
谭 葭	汤婧璇	唐 亮	唐 璇	唐炜嘉	唐 烨	闫立朋	缪 行	臧晓哲	臧志杰	滕 达	颉恩泽
陶 健	陶胤至	田 朋	田唯力	田孝启	田宇洲	翟 乔					

新闻与传播学院

吴宛蓁	安丰沛	卜飒	蔡融融	陈磊	陈梦溪
陈薇	池煜	戴韵	杜川	方日金	高嘉晗
耿引弟	管佖路	郭燠琳	何扬	胡译丹	胡昱
宦佳	黄恬	焦佳文	焦孟乔	靳戈	李凤娟
李梦迪	李扬	梁英	林国榆	林苗苗	刘凡子
刘晓桐	刘琪	龙昊	鲁啸	陆瑶	马丹宁
马佳	欧阳思羽	乔聪睿	任博雅	任娜	任雪娇
沈叶	石静菲	苏艺	孙楚原	孙慧	孙应杰
汤星	田原	万安凤	汪玉龙	王安妮	王冰琪
王缔	王金	王梦影	王南南	王思磊	王丝丝
王维	王文湛	王莹	王梓	王森	王钰涵
魏玲	吴芳容	吴红毓然	吴为	武海炜	谢立言
谢宁	徐嫩羽	徐溶	徐润南	许雅	许懿方
薛松	颜君怡	杨静	杨丽娜	杨眉	杨闪闪
杨帅	杨文华	杨欣	杨雪萍	殷晴	于双燕
俞海萍	袁利	袁洋	张末冬	张斯雅	张婷婷
张筱雯	张雯	赵舒萌	赵亦楠	赵雯雯	周田田
朱晓琪	祝秀				

中国语言文学系

常妍	陈莉家	陈欣瑶	董岑仕	杜春丽	杜萌
冯龙	富嘉吟	高诗云	巩国莹	关思怡	桂枭
郭艳瑜	韩达	何欢	何双双	黄少兰	黄小玉
金达蒂	李昌禹	李超	李晓春	李茜	李妍
李鑫	梁苍泱	梁芷嫣	林品	刘芸	路杨
罗静	罗涛	罗瑶	莫建强	朴婕	祁立
邱丽媛	荣文汉	申孟哲	沈悦	苏婧	孙姝
唐田恬	田源	汪汝会	王春茵	王广雷	王利娟
王适文	魏新丽	徐琪	许莎莎	薛寅双	尹尚胜男
曾健德	曾小	张丹星	张静芬	张一帆	张倩
张烨	赵妮	赵阳	赵昱	仲济强	周翔
周雅娜	朱基钗	朱晓斐	朱姗	宗立冬	仝十一妹
黄雅诗					

历史学系

刘嘉恒	陈瑜	董晓君	付马	郭沫	何丽铃
胡晓琛	吉辰	黎思岑	李上	李振理	李婷君
刘学	刘亚娟	刘亚坪	路峻岩	骆露	马丹
牛丽君	宋舒扬	苏显华	谭贺	王华礼	王倩
肖乃铖	谢寅童	谢婷	徐梦	张绍飞	朱天啸
谭学超					

考古文博学院

陈燕茹	范佳楠	胡少泉	李梦静	李晴	李盈
卢方琦	卢一	吕淑贤	冉宏林	宋嘉莉	苏光圣

铁铮	王冬冬	王佳月	王彦玉	谢西营	杨晨
余兆冰	张成睿	张洁	郑晗	囯欣	逄博

哲学系

艾瑾	安冬	卞军伟	陈彪	陈凌	陈龙
陈帅	陈涛	戴晓芳	豆江涛	高洋	郭峰
郭智铭	李益然	李帅	林叶	刘健	刘凯鹏
刘娜	刘平	卢雅怀	吕原野	牟潘莎	潘孝汶
任小溪	铁春雷	汪一峰	王嘉	王静波	王淑庆
王帅	王文龙	王筱娜	翁少龙	吴青	夏慧
谢吨虎	邢鑫	易丹韵	易恒	于小钧	张棽
张通	赵新侃	赵元梓	郑云鹏	周滢琼	周婧
臧春蕾					

国际关系学院

刘冠甫	常耿	陈璟	陈豪	陈少钦	陈宇慧
储云燕	崔金珂	邓凯	高尔坦	郭晓钊	韩思博
何双伶	赫佳妮	胡烨	贾力楠	贾韶罡	姜波
解然	劳展新	黎慧怡	李丹	李梦婕	李新宇
李宇博	林奕谷	刘畅	刘晓玉	刘姝含	吕超鸿
欧阳鹏上	彭小沛	邱道隆	上官玉婷	邵开愚	
石颖群	帅慧敏	孙懿	谭宛洳	田隆斌	王旻
王梦影	吴晨垚	吴蓉	谢若莎	邢淇治	徐鹏
杨羽西	姚国梁	叶琬	尹承志	袁静宇	袁钟怡
张冲	张冠李	张若虚	张思思	张宇炎	赵晨硕
郑怡洁	周蕾蕾	周衍冰	周淇隽	朱竹雷	缪慧凌
龚信杰					

经济学院

边赛	卜凡婕	卜晓雯	常静静	陈慧永	陈路漫
程伯康	程超	程凌	邓凯馨	刁乃琦	丁雅坤
董宝印	董欣欣	段誉	冯天骄	郭娟	郭儒霖
何健	何文强	洪悦	胡鉴	胡亮亮	胡欣欣
桓雅琦	黄山松	黄校艺	黄亦妙	黄璐	霍达
纪小慧	贾雪	江小林	李垚	李辰遥	李晨晨
李丹	李飞宇	林佳颖	刘畅	刘洁纯	刘笑黎
刘笑吟	刘远超	龙文	吕玮栋	马骁骁	聂云川
曲秋颖	孙启明	孙爽	王琳	王峭茜	王天时
王笠欢	危然	吴伟良	吴逸	吴越凡	夏茂成
徐丹	徐佩玉	许陈杰	许蓉蓉	严鹏举	易芬琳
游谦益	余东亚	袁佳	袁靖	曾蔚萍	扎西次仁
张丽莎	张淑敏	张宇翔	赵娜	赵仲匡	赵睿
郑淳仁	周晓燕	周杨	周嵩	庄嫒嫒	逯金才
栾小平					

光华管理学院

安卓	白桦	包文成	才博	蔡波勇	蔡胜琴

蔡彦斌	曹 驰	曹东生	曹觉青	曹 逸	曹玉明	王心然	王 旭	王延林	王 雁	王 翼	王 宇
常雪伦	常 邈	陈佳波	陈丽燕	陈思羽	陈文强	王 宇	王允嘉	王 哲	王之鑫	王志鹏	王智慧
陈晓晨	陈艳群	陈 英	陈 莹	陈之若	陈卓思	王怡然	王瀚民	王 婧	王 琪	韦 达	魏佳斌
陈斐然	成逢椿	程子涵	储李群	从俊湘	崔东旭	魏 玲	魏 巍	温 笛	吴 戈	吴佳耘	吴 茂
崔 寒	崔双博	崔 岩	党锋恩	邓童卉	邓 薇	吴明阳	吴 檀	吴晓玮	吴雨抒	吴育新	吴忠丽
狄 梅	丁 倩	董梦琬	董 敏	董全宇	董 硕	武 斌	武 赫	武 媚	武云金	武媛媛	伍 纲
董一磐	董 楠	杜婷婷	段一龙	段姝颖	范为琳	伍 娟	夏 斐	鲜慧姝	肖 佳	肖剑犁	肖 阳
方思匀	方中华	房子正	丰若秋	冯 迪	冯国云	肖永庆	肖 月	谢思信	信 琪	邢宏洋	邢艺华
冯 晶	冯 南	冯翔欣	冯亿钊	冯 雨	傅建井	徐 甦	徐飞虎	徐 虎	徐 欢	徐 克	徐 颖
高 晨	高 然	高胜杰	高 雪	高燕侠	高 洋	徐 震	徐中华	徐中强	徐 琥	许 日	薛振东
高 婧	关景振	官 通	管书旋	管 伟	郭 洁	严 峻	杨 帆	杨 光	杨海燕	杨宏伟	杨 乐
郭景学	韩 明	何 凡	何利文	何田富	何志婵	杨 莉	杨 柳	杨拴坡	杨天彬	杨万芹	杨巍巍
何 媛	何璐婧	何 睿	贺智勇	洪振飞	侯 强	杨之光	杨昊辰	姚懿文	叶 凯	易 洁	尹澎华
侯青阳	侯亚娜	胡葛箐	胡海滨	胡金戈	胡龙文	印建坤	应 峰	雍莹雪	于春潮	于文婧	于滢滢
胡 民	胡文杰	胡 幸	胡赢颖	胡中平	胡箫箫	余赛男	余晓锋	郁春华	袁 瑗	曾 健	曾 莉
华静文	华 硕	黄富青	黄天潇	黄 欣	黄雅楠	詹 川	章 磊	张程程	张 弛	张峰毓	张 浩
黄 燕	黄 洋	黄一纯	黄 芸	黄昊奚	皇 晓	张鹤年	张宏宇	张华信	张华宇	张慧媛	张 静
姬 静	贾 强	贾志涛	贾 昱	姜 晨	姜琳琳	张 敬	张 可	张丽娟	张 琳	张美然	张 萌
江 源	蒋立众	蒋逸雪	蒋 颖	解冬雪	金 晶	张敏岩	张 蔚	张 旭	张 旭	张雪荣	张 亚
金 奕	康 慨	寇 巍	寇晓杰	赖永帆	雷 璇	张亚男	张 颜	张 艳	张叶子	张一楠	张宇翔
李大为	李 东	李 耕	李 恒	李金荣	李静恬	张元豪	张振家	张执中	张 倩	张 茜	张菁雯
李 娟	李 钧	李开龙	李可心	李黎藜	李 里	张璐涵	张梓伦	张 轶	张 翊	赵甲东	赵建苏
李 练	李 亮	李 萌	李敏辉	李明秋	李 默	赵江波	赵 琳	赵 龙	赵思宁	赵兴隆	赵 洋
李启源	李 强	李 清	李 旭	李莹莹	李玉忠	赵鹰妍	赵姣姣	赵媛媛	郑夏雨	郑晓凌	郑 直
李 悦	李 悦	李 征	李 智	李治才	李 峥	周佳利	周丽洁	周凌云	周茂奎	周兴龙	周燕华
李 琦	李 璇	李 歆	李 钰	梁湘文	梁 艺	周 颖	周 昊	朱慧芳	朱 玲	朱晓博	朱晓飞
梁 毅	廖旷维	凌 飞	凌 莉	刘彬彬	刘 滨	朱 珂	朱轶颖	诸梦馨	祝宇翔	庄梦齐	邹 加
刘晨光	刘承谦	刘传洋	刘 枫	刘 佳	刘 可	邹 萌	闫倩恺	栾 强	栾宜男	臧 蓝	胥瑞升
刘 立	刘林林	刘 敏	刘 娜	刘 宁	刘 洋						
刘 颖	刘玉鉴	刘潇潇	刘 璐	刘 睿	柳宝迪			法学院			
娄 珺	卢 鹏	卢 伟	路 杨	鹿 芳	吕 松	奥 林	鲍雨佳	毕 雪	布嘉舒	蔡亚楠	曹 卉
吕曾望	罗 如	骆 飞	马 呈	马红琼	马天菏	常森鹏	陈 波	陈德馨	陈航舟	陈鹤瑞	陈 际
马永宝	马 骁	马瑾萱	马 楠	毛学军	聂志方	陈利娟	陈俐利	陈 立	陈 鹏	陈 曲	陈 帅
聂 炜	牛柯新	潘 岚	庞海桥	彭 丹	彭瑞心	陈晓欧	陈 新	陈 莹	程 黎	邓 洁	邓振华
彭 悦	漆 添	祁益峰	祁振华	钱 杨	钱 璐	董素沫	董晓超	董学智	杜春江	杜清磊	樊中豪
邱 琳	曲婧佳	任庆乾	任世杰	任松明	任 卓	方 刚	房 莹	高国彬	高 尚	高 伟	高 瑶
阮 鹏	沙 峰	申 振	申 睿	沈嘉琦	沈 娟	高月显	高 雯	葛鹏伟	龚冰冰	宫 政	关 磊
沈强盛	沈盛杰	沈 婷	师玉鹏	师 祺	石 岩	郭冰琪	郭 慧	郭雪玲	郭一杰	郭云矞	韩其珍
石 莹	时 光	史保新	舒代明	舒 珂	宋佳妮	何扶昇	何 霄	何晓安	贺 子	侯 翔	侯章虎
宋军营	宋敏敏	宋雪莉	宋燕华	苏志锋	孙 静	胡 超	胡 立	胡敏之	胡强芝	黄 超	黄冠男
孙 磊	孙丽思	孙 琳	孙慕烈	孙 彤	孙希法	黄 龙	黄敏华	黄 瑞	黄文兀	黄 韬	黄昕瑞
孙延东	孙 原	孙媛媛	孙 昊	唐 浩	唐经波	纪登波	贾大伟	姜 晨	江 延	蒋晶晶	蒋莉莉
唐天顺	唐显煜	唐晓祎	陶 琳	陶玉柱	陶 照	蒋凌霄	蒋 悦	蒋箴毅	金冉冉	金盛兰	金晓芸
田 丹	田 佳	田 柳	田 野	童丹丹	万金洁	靳钰楚	景 娜	景 婧	鞠 黎	雷亚方	黎 亮
汪海明	王朝薇	王春静	王冬妮	王 峰	王江涛	黎婷婷	李 澔	李保霖	李冰凝	李 季	李 梁
王 凯	王 琳	王 鹏	王鹏飞	王 伟	王希娜	李临榆	李 舒	李松晓	李万平	李威克	李 伟
王晓芹	王晓燕	王小军	王小龙	王笑一	王新伟	李 祥	李晓宇	李 宣	李 燕	李 扬	李 阳

李 玉	李泽涵	李 真	李子木	李昊博	李 睿	连康平	林 源	刘 通	刘 蔚	吕 果	罗颖琳
连书琦	梁林楚	梁 桑	林柳岑	林培超	林熙翔	梅培培	彭金芳	王 灿	王红涛	王明星	王启贤
林 挚	刘 博	刘 唱	刘 丹	刘富涵	刘基临	王文磊	王艳妮	王 哲	王 婧	武 娇	许 辉
刘靖靖	刘苗苗	刘 芹	刘仁贵	刘思萌	刘文斌	许美静	杨保珠	杨学婧	杨振铎	易征宇	于 洁
刘文文	刘晓燕	刘雅星	刘 亚	刘 洋	刘馨阳	俞治朕	张苾苂	张艺山	张 薇	朱文洁	
刘璐瑶	龙 潇	楼春颖	卢琳琳	卢少虹	卢思颖						
卢羽睿	卢志鹏	路毅强	吕尚琳	吕玉梅	罗 玲	## 社会学系					
马晨旭	马 冲	马建忠	马 龙	米 努	宁 强						
欧峻佟	潘 玥	潘 登	潘倩仪	潘泓晴	彭茹娟	陈航英	陈慧萍	陈思颖	陈 英	陈 玮	戴 融
彭 伟	彭晓玲	浦翔宇	任林静	邵 俊	申筱然	代 洲	杜立佳	杜柳喆	冯 路	何 宁	侯亚丽
沈浮郡	沈星宇	沈杨飞	施剑云	施 杰	施 睿	胡萍萍	黄 珮	黄承萍	黄文香	姜思羽	姜松延
石 全	石晓勇	石妍妍	时 涓	史志强	舒 丹	姜 艳	景 堃	赖梵一	李 博	李隆虎	李颖珊
宋 振	宋贻焱	孙宝珠	孙红杰	孙红优	孙钦璐	李雨珊	李泽男	李 竹	李媛媛	李 炜	刘 菲
孙深彬	孙向远	孙 玄	孙云霄	孙 漪	谭 欣	刘精卫	刘沁真	刘蔚然	刘 晓	刘颖婷	刘永晨
唐文烨	唐晓韬	唐昊文	唐 朦	陶 倩	田晶晶	卢 云	罗秋实	马凤允	南晓娟	潘晓泉	齐珊珊
田 野	万江波	王 喆	王 璟	王晨琛	王 程	秦长运	冉 艳	申 超	石 静	宋 文	宋 月
王 帆	王 飞	王 赫	王 洪	王健琳	王江懿	苏 丹	孙鲁香	谭明智	田思钰	王 睨	王 辉
王南旭	王 攀	王若思	王 森	王 舜	王文斌	王惠琴	王剑莹	王君莉	王美君	王梦莹	王田一
王希真	王 晓	王学红	王 杨	王一翔	王优怡	王倩茹	王媛媛	王 靓	吴丽梅	吴施雨	吴子峰
王 雨	王 宇	王 征	王 争	王胤元	王茉郦	向 星	肖宇慧	肖婧华	谢生金	谢杏芳	熊春莲
王 茜	王绮雁	王 璇	王 璐	王 鑫	王 鑫	徐 悦	徐宗阳	姚欣颖	易丽叶	尹丽芳	于洪妍
魏园园	尉承栋	温建康	吴 丹	吴 寒	吴丽源	曾立群	章 茜	张 瑞	张 婉	赵天书	周 娜
吴萌萌	吴颖妮	吴志明	武 玥	武 林	向晨韵	周 炎	周 杨	朱艺星	朱 芸	朱婷婷	祝 伟
萧家炜	肖 卓	谢冰春	谢慧君	谢露冬	谢 为	卓 杰	訚 磊	眭静坤			
谢杨帆	谢 茵	谢 娴	邢同荣	邢梓琳	熊 虹						
熊凌霄	熊文超	徐方亮	徐广凤	徐慧丽	徐嘉祎	## 政府管理学院					
徐静圆	徐梦晴	徐铭谦	徐暮紫	徐 晴	徐文芳						
徐樱子	徐 源	徐婧玮	许星遥	许 晖	雅 婧	艾宸伊	柏 澍	蔡 平	常 成	陈继友	陈晓白
杨 帆	杨佳颖	杨 娇	杨 名	杨 珊	杨伟竹	陈小霞	陈 笑	陈秀红	杜乐乐	范锡敏	傅 睿
杨文卿	杨云霞	杨振天	杨子江	杨 璐	应宗国	付震宇	甘雄波	郭瑜芬	何 林	胡 甜	胡文雁
尤 佳	于 翔	余 峰	余 敏	余 未	袁 彬	胡芝荣	黄 莉	惠长虹	赖明威	冷笑非	黎 薇
袁 琼	原 宁	曾钰涵	张 玥	张博伟	张国兴	李 锋	李 鹤	李 琴	李亚薇	李 洋	李泽辉
张海蕾	张 浩	张佳俊	张江峰	张 克	张 明	梁群娣	刘琳琳	刘 洋	刘懿冰	路 娜	罗紫罗兰
张舒妍	张树芳	张 硕	张 烁	张斯怡	张 腾	马文彬	倪龙军	任雅丽	施 琳	宋海涛	宋 灏
张维佳	张祥宇	张晓敏	张晓宇	张小旭	张 旭	苏美东	苏伟麟	孙宇锋	唐军旗	陶晓东	汪远航
张 炎	张宇勋	张宇识	张郁安	张云龙	张占林	王冬梅	王 平	王 朔	王向东	王 哲	吴玲玲
张 卓	张蓓贝	张泓毅	张 琦	张 昊	赵洪莉	吴晓雪	向 前	徐冠男	徐 宏	薛秀丽	薛有为
赵红军	赵立柱	赵 奇	赵司聪	赵晓东	赵晓阳	杨沛铮	杨先哲	叶瑞龙	张 纯	张丽敏	张泰欣
赵倩倩	赵 焱	郑祎宁	郑琳琳	郑莹莹	钟俊鹏	张一龙	赵亭亭	周 楚	周武良	朱虹璇	祝欢欢
周 嫚	周 慧	周慧婷	周洁娴	周 诺	周 莎	庄 恒	晏国雄				
周胜男	周 洋	周耀凤	周园丁	周瑜婕	朱 含						
朱 琳	朱晓然	朱 娴	宗 晓	邹 运	左胜群	## 外国语学院					
左璀璀	余倩影	闫春晓	阙冰雪	臧雨晴	褚锦霞						
褚晓霞	瞿懿雯					阿茹罕	艾 崴	白 乐	曹 堤	曹 君	曹雪姣
						车 斌	陈 波	陈洪学	陈俊宏	陈 蒙	陈若君
## 信息管理系						陈亚萍	陈 曦	崔丽伟	董 君	董 燕	董之瑶
						冯 时	冯一涵	高 冀	高文丽	高晓金	高雅祺
蔡小芳	曹雨佳	崔 莎	冯思颖	李富春	李志强	高玉乾	龚兆华	关 迪	郭格格	郭 鑫	韩小春
						韩 笑	何 丹	何宇飞	侯 烨	华珂蓓	黄青橙
						霍 然	姬晓萌	姜佳颖	姜 婧	姜 楠	蒋丽娇

蒋 杨	金海坤	金美玲	靖安达	康 哲	乐 颖	陈 浩	陈 疆	陈林林	陈 露	陈秋明	陈 舒
李 旻	李 玥	李冰天	李楚菡	李菲菲	李 嘉	陈思燕	陈 婉	陈伟劲	陈文婷	陈旭来	陈 彦
李小晨	李小岛	李雪瑶	李膺函	廖 宇	刘高力	陈雨虹	陈圆圆	陈 卓	陈 潇	陈璇卿	程 放
刘 欢	刘 欢	刘江山	刘 静	刘 磊	刘 璐	程 飞	程 肯	崔玮华	戴芹芹	邓子龙	邓 奕
芦 毅	卢华玉	鲁蒙初	陆 晨	陆一琛	陆琪玮	邓错钟	翟昕怡	丁 超	丁鹏亮	丁 勐	董晓晨
罗国花	马文辉	马 骧	梅 静	门泊舟	苗 淼	董 琪	杜国超	段明君	范 京	范重阳	费洁琼
宁斐帆	潘金欣	乔 芊	任 昊	沈玉婵	宋文静	傅辰渊	傅一程	付 卓	高 超	高 洁	高妍妍
宋义敏	宋 鑫	孙 兵	孙菲阳	孙 璇	孙 烨	高 璇	耿萌萌	龚 钊	宫照恒	谷皓月	顾 泉
檀 越	田 怡	万富刚	王国鹏	王惠敏	王丽君	顾闻达	管 超	郭 谦	郭 提	郭盈盈	郭宇翔
王丽婷	王梦奇	王思敏	王 腾	王 雪	王亚群	哈依古丽·撒依然拜克		韩 冰	韩楚楚	韩 綮	
王盈洁	王 梓	魏淑梅	吴娜娜	吴汶倩	武 婧	韩慧君	韩天然	何 彧	何荣玲	何宇馨	何 羿
须一吟	徐祥丽	许瀚艺	薛晓溪	颜秋静	杨崇献	贺 敏	洪云萍	侯 蕊	胡卜文	胡锦文	胡 凯
杨 凡	杨禽然	殷环宇	尤 娜	游文思	于 乐	胡 冉	胡 嫒	胡 钊	黄 玥	黄 淮	黄 力
于 壮	袁镜淇	张江玲	张露露	张晴晴	张天怡	黄妙珏	黄 莎	黄诗瑜	黄水平	霍佳森	吉 瑶
张甜甜	张 瑶	张 银	赵嘉龙	赵薇薇	周 袁	季 宁	简 婧	姜 祎	姜雨奇	姜 姗	江湘蓉
俸绪娴	訚 欣	栾瑞英	贾月梅	褚 叶		蒋 玲	蒋 锐	解灿霞	金 雨	金 鑫	靳 晶
						靳 森	靳 毅	康文胜	柯晓媚	孔亮集	孔祥雨

马克思主义学院

陈兰芳	崔琳璐	贺 庆	侯 云	黄 欣	兰 池
李 丽	李铭岩	李晓露	李 星	梁 爽	凌加英
刘 菲	马 龙	孟繁旺	邱文静	汤 乐	汪 泺
王 晨	王 璐	王 璐	王 昊	徐 越	颜叶甜
杨慧林	杨玉好	杨 菁	张 凯	赵 阳	赵玉娴

体育教研部

黄 亮	李 冀	张景瑜

艺术学院

董艺蓓	杜 凯	高 明	蒋方亭	解 明	金影村
刘文文	龙缘之	欧阳天	潘 彧	万永婷	石 纯
王黄典子	王思泓	王未雨	王寅博	徐为觉	薛相宜
游惠媛	张 慧	张 鹏	张婧婧	周 翠	

对外汉语教育学院

白 玉	蔡幸娜	曹巧丽	曹 霄	常 悦	陈 叶
崔凌云	丁一秋	董艳婷	段艳玲	冯丽娜	付璐璐
葛璐萌	关彩萍	郭鲁华	郭求达	郭 鹠	郝俊茹
郝永梅	贺玲玲	侯 达	胡 飞	季靖楠	焦嘉斌
李萌怡	李明珠	李天舒	李秀月	李 萱	李 楠
梁清沁	林易勤	刘思文	彭梁颖	宋鹏程	孙海静
万 卉	王艳艳	王 依	谢敏灵	邢 飞	熊 隽
徐 威	杨宏业	禹文静	曾 天	张 迪	赵 丹
赵文凤	朱蒙娜	朱应一	赵君洁	黄慧如	

深圳研究生院

白 燕	摆 麟	鲍圣元	边潇男	蔡晨薇	蔡雯慧
曹光亮	曹 翀	曹 潜	曹姗姗	巢 园	陈 驰

雷 涛	冷 眉	李白露	李 朝	李 辰	李 程
李春艳	李宏永	李金平	李 凯	李 昆	李 乐
李 丽	李林营	李龙飞	李佩珊	李鹏飞	李 沁
李 苏	李秀娟	李学文	李 阳	李泽辉	李卓熹
李 晗	李 锟	连 欣	梁方霖	梁少卿	梁天羽
林晨薇	林陈瑶	林汉松	林 松	林 婴	刘烜彤
刘超然	刘丹彤	刘 迪	刘 浩	刘洪萌	刘华峰
刘 佳	刘金龙	刘 静	刘 萌	刘其姝	刘启原
刘社军	刘 实	刘文雯	刘岩红	刘禹含	刘越瑛
刘志威	刘 倩	刘 婷	刘 琦	刘 昊	刘晏伶
龙颖茜	吕 琳	吕龙威	罗显琴	罗莹莹	罗 婧
骆盈盈	马 奔	马 涛	马欣卫	马泽宇	马致远
麦文隽	毛锐捷	毛志坚	孟凌霄	孟令涵	苗蓬威
穆 静	倪佳伟	倪孝威	宁 锐	牛官俊	牛天然
欧阳鹏	潘旻然	彭 稳	彭智文	彭焱民	钱 苗
秦晓晴	邱国波	邱力戈	邱 松	曲 琛	饶 凯
任 进	荣亮亮	桑磊鑫	商骏梅	邵聪聪	施 展
施 璇	石天卓	史相宾	宋 海	宋佩珊	宋伟伟
苏日娜	苏亚辉	孙 玥	孙 丹	孙 丹	孙慧洁
孙 林	孙凌昊	孙文姝	孙小莉	孙志梅	孙 岚
索 晨	谭小龙	谭 森	谭钰阳	汤婧瑜	唐汉红
唐开元	唐声晓	唐泽龙	陶 娜	陶天然	陶 阳
田 云	童 磊	万 杰	汪 雷	王 超	王 诚
王丁冉	王 枫	王 欢	王惠民	王嘉瑶	王佳音
王家柱	王令凯	王 鹏	王庆霞	王庆贤	王润滋
王 帅	王 霞	王雪婷	王雅雯	王艳兵	王 尧
王 一	王 宇	王宇双	王 政	王 恂	王婧瑶
王 婷	王曦溪	韦 琳	韦祉含	魏 朋	魏雪艳
魏偁偁	魏婧毅	位雯雯	温典运	温晓玲	吴昌柱
吴 迪	吴莎莎	吴 欣	吴 雪	吴雅妮	吴一凡

武景涛 武抗抗 武凌霄 夏 爽 夏 伟 夏 悦 李义春 李云洁 李志男 李 卓 李烨青 李 睿
夏 雯 肖慧慧 肖作鹏 谢浩玲 谢连风 谢 念 梁 丰 廖艳围 林清祥 林 琛 凌 莉 刘 彬
谢 彰 辛柏成 邢 单 熊澄宇 熊 俊 徐 华 刘 博 刘恩亚 刘国俊 刘鸿博 刘凯波 刘丽娟
徐 丽 徐 硕 徐婉倩 徐一峰 徐晟程 薛 丹 刘丽颖 刘茂强 刘三林 刘圣亚 刘 洋 刘 阳
薛逢源 薛娇娇 薛俊龙 薛蓉蓉 杨 彬 杨长萱 刘一会 刘振华 刘振岳 刘婷婷 龙祁峰 卢善波
杨 帆 杨 帆 杨 枫 杨 柳 杨天翼 杨晓东 卢 欣 卢志远 陆顾婧 陆真国 陆自清 陆 炀
杨 欣 杨行川 杨 雪 杨 洋 杨 一 杨 真 吕毅强 罗桂波 罗 进 罗永贵 罗 鑫 毛 俊
杨 正 杨 倩 杨婧靓 姚立婷 姚 鹏 叶存玉 马尔胡甫曼苏尔 马飞超 马宏飞 马 龙 马庆利
叶紫薇 伊 姣 殷 坤 殷 铭 尹竟超 尹文鹏 毛 琛 孟俊毅 孟庆龙 孟祥云 南天骄 倪晓宇
尹中兴 尹潇霖 尤东鸣 于文静 余德克 余 珊 牛国喻 欧皎交 潘秀娟 裴雨龙 彭雅华 戚 峰
余思颖 余 颖 袁慧佳 袁征远 原小楠 岳 明 戚红霞 祁茜茜 钱旻昉 钱争予 任晓波 任 毅
岳 鹰 岳 琪 云 慧 曾现进 曾 旭 曾一凡 阮正坤 桑 燕 申 林 沈然生 盛拓耕 石光辉
章 军 章俊晨 张 超 张浩淼 张晋竹 张凯诚 石润伯 石 伟 时 亮 史小龙 史新明 宋怀达
张凯翔 张 良 张 锰 张 鹏 张 蕊 张圣鑫 宋天宝 宋 宇 苏汉宸 苏昕东 孙博雅 孙 航
张 腾 张晓刚 张星辰 张旭辉 张亚男 张 燕 谭 东 谈 卫 田 陆 涂锦辉 万明瑜 汪 燕
张永平 张 悦 张志坚 张郅灏 张 郦 张馨月 汪瑜婧 王 斌 王晨曦 王东颖 王 菲 王海超
张婧远 张瑛媛 张 璐 张昱超 赵 博 赵广华 王立佳 王亮亮 王龙庆 王明龙 王培权 王 鹏
赵嘉祺 赵 娟 赵明月 赵 庆 赵文清 赵研然 王秋实 王瑞超 王 省 王泰寰 王天楠 王万红
赵 艳 赵 引 赵 珍 赵振宇 赵 鋆 郑传续 王卫卫 王小军 王一然 王 宇 王志慧 王志强
郑梦婕 郑尚荣 周玥婷 周芳芳 周 浩 周 龙 王胤阳 王 荀 王 薇 王 琰 魏安军 魏代猛
周 详 朱 蕾 朱 晓 朱燕琼 庄梦周 宗敏丽 魏 鹏 魏 为 闻茗萱 翁玲妹 吴 迪 吴梦希
祖 瑾 闫应威 吴幸夏 吴咏臻 武慧薇 伍敏慧 伍 翔 伍 玉
西 鹏 肖 虎 肖旺裕 肖永强 谢水源 熊巧丽
信息科学技术学院
徐鹤卿 徐辉强 徐祥俊 徐 倩 许 腾 薛 瑞
敖 朋 白文亮 卞俊杰 蔡 剑 蔡金宝 蔡 帅 颜乐驹 杨 春 杨 帆 杨 丰 杨 果 杨海玲
曹子栋 陈峰宏 陈 刚 陈 浩 陈剑飞 陈俊宇 杨康德 杨奇桦 杨 望 杨晓勇 杨小林 杨 泽
陈 磊 陈 蒙 陈善佩 陈书慧 陈 思 陈晓君 杨增飞 姚辉坤 姚金宇 叶 楠 易 芳 易 飞
陈晓龙 陈晓璐 陈 旭 陈学轩 陈彦均 陈 昭 于 迪 于全福 余 杰 余晓琦 余 跃 余奕峰
陈兆麟 陈智发 崔 凯 崔雯雯 戴志伟 单东晶 俞元锴 禹 森 袁文清 袁学好 袁 野 苑 超
单黎平 邓 俊 邓康发 丁 辰 丁健平 董 理 曾希君 张道岚 张芳妮 张华兵 张建林 张 凯
杜光伟 杜 朋 杜少轩 杜 艳 段 超 樊 楷 张 磊 张李伟 张龙毅 张 萌 张 鹏 张 侨
房晓宇 冯 辉 冯天骁 符易阳 付炳楠 付娇娇 张 清 张守鹤 张 涛 张添威 张星星 张亚明
付如海 甘 哲 高晓敏 高云鹏 高鑫光 耿友峰 张亚萍 张延东 张耀凯 张 宇 张 缘 张 振
龚浩然 龚 鑫 谷东格 顾超然 顾正敏 郭广亮 张婷婷 张 昕 张歆业 赵海玉 赵红梅 赵 猛
郭思尧 郭晓雷 韩 特 韩晓琼 韩元波 韩菁菁 赵 鹏 赵 帅 赵伊秋 赵月明 赵 楠 赵铁璞
何辰章 何春华 何金薇 何 苗 何文睿 何 宇 郑 灿 郑昌伟 郑 聪 郑 焕 郑如意 郑雅丹
贺 笛 贺坚强 贺志勇 洪 浩 洪 杰 洪 杰 郑 炜 钟科杰 钟宇澄 周昌杰 周 超 周 辰
洪一帆 侯吉冉 胡保东 胡 刚 胡光辉 胡 佳 周 骏 周梦杰 周 欣 朱 彻 朱洋洋 朱元昊
黄 博 黄凤春 黄劲松 黄良喜 黄 鹏 黄 萍 朱运玺 祝 韬 宗 露 邹 华 邹 军 仉尚航
黄珊珊 黄思波 黄益超 黄志远 黄 淼 贾宇超 闫 仑 缪雨壮 褚丽恒 黄雅雯
贾泽宇 姜志敏 江家健 江 珊 江少波 蒋碧波
蒋 波 蒋佳琪 蒋逸晨 蒋玉洁 矫亦朋 揭 忠
国家发展研究院
金 丹 金 靖 靳纯艳 巨 程 康 龙 康崴铃 蔡卡尔 楚海澎 崔 旭 段 念 方 伟 管 睿
孔令明 孔 菁 孔 睿 赖博彦 劳 丰 乐 天 何 滔 蒋 浩 李 明 刘 超 刘贵振 刘 磊
黎国梁 李 斌 李博洋 李 超 李 晨 李 辉 刘 蓉 刘 阳 马加岳 欧星星 潘炳超 孙小婷
李 佳 李 江 李 军 李 立 李 琳 李柳青 孙伊满 陶尹斌 王筑艺 徐志浩 于佳宝 章 菲
李 路 李 敏 李树节 李 舜 李文杰 李 欣 张琳弋 张 巍 张 妍 张霁阳 周海平 周俊安

周新明　缪海勤

教育学院

白银	陈慧猛	陈燕	陈霏	仇双武	周虹
谷屹欣	郭珍	侯菲	胡丽莎	胡云	蒋肖琛
金轶男	赖琳娟	李炳龙	李宁	李晓杰	李晓婷
李秀晗	刘珵	刘璟	刘腾飞	吕玉兰	吕婧
马峚	马紫威	庞星星	任帅	阮小娟	孙也程
田艳春	汪旸	王钟贤	魏兵兵	吴琼	肖南
肖珊琪	辛云娜	熊卫雁	许玉洁	颜小雅	杨天虎
叶晓阳	袁堂钢	张辉	张丽婧	张琳娜	张振东
赵亚楠	赵涌涛	迪丽·米然别克			

人口研究所

江维	李晓铭	宋妍萱	王曼	吴金晶	徐铭蔚
杨政	张博	张梦欣	张旭		

前沿交叉学科研究院

程健	徐杰佳	张向梅	赵荧晖

工学院

白龙	陈良杰	陈雪	崔宁	顾雄	郭珊
贺扬	黄林	纪双喜	江涌	雷震	雷正东
林立志	刘傲	刘欢	刘熙	刘晓鹏	刘璐瀛
吕佩涛	马晟厚	梅域城	欧阳子健	沈晓明	宋娟
宋小源	宋婷	苏铭森	苏桩	孙坚	田川
万欢	王才旺	王晨钰	王新巍	王玉成	王志轩
魏琼	徐一鸣	许健伟	尹玲	张辰振	张秋实
周乐	周舟	朱华伟			

城市与环境学院

边雪	曹曼青	陈锋	崔司宇	邓冬松	邓潇潇
杜玉成	范湛蓝	房静思	丰学兵	傅江帆	高明捷
葛峰	桂颖	韩霞	何文林	侯跃	胡丹
胡钧宇	胡子龙	黄超	黄金碧	黄元照	黄园园
贾长宝	赖雨青	郎凤玲	李盼盼	李荣威	李雅
刘澈	刘翰	刘洁敏	刘笑彤	卢映云	罗翔中
马恩行	马世罕	毛岩	毛子丹	牟雪洁	穆晓燕
聂宁	聂危萧	聂森	牛煜虹	欧阳慧京	潘梅林
潘晓丽	潘雅婧	邱雪莹	沈晔	石婷婷	孙才奇
孙建宁	孙姝	孙璐	谭肖红	田建梅	汪宜龙
王春	王惠	王娟	王清卿	王双	王松
王小兵	王一帆	王宇凡	魏筱	文婧	吴伟超
吴颖	项怡之	徐曼	许洁舲	薛磊	姚晔
游鸿	禹航	岳玉麒	詹圆方	张才玉	张长宏
张聪聪	张含	张静茹	张磊	张敏	张然
张小平	张雪	张峥	张姝	张婷婷	张玮璐

赵雪琴　周洁　周鑫　朱超　朱丹　朱镜颖
邹沛思

环境科学与工程学院

张智翔	曹玮	陈亚玲	陈琦	程晓亮	董东
方波	韩云飞	胡瑕	黄昆	姜英男	蒋博峰
金璐	李沁怡	刘硕	刘晓途	刘昊	马彦荣
聂滕	秦墨涵	申秀芳	寿明佳	舒中亚	宋凯
孙仁华	汪清	王青峰	王巍淇	王艺淋	王昭
吴伟龙	夏晶	向男	徐淳	徐道杰	颜小品
杨璐华	叶俊辉	叶龙浩	詹贤达	张浩月	张来
张振州	张祯祯	赵怡凡	直伟	邹正禹	闫美霖

分子医学研究所

郭舒婷

基础医学院

罗弘之	徐恩泉	刘敏	彭辉	高萌	王栋
宋肖	马壮	李晓君	宋代军	金仲夏	李翀
陈伊凡	陈杰	解新	谢婷婷	卢月	潘怡
张琦	邱宁	徐芳	姚俊华	李际朝	郭亚飞
贾石	马俊凤	林丽云	杨静静	李潇潇	郑雪梅
赵文婷	王跃	李菊萍	尚海旭	吴文涛	原芳
张占辉	邹鹏程	石春彦	申春艳	丁海	王江南
李博	贾翠	戚雨婷	岳芳桦	谷冬梅	冯嘉辉

药学院

陈海朋	吴琼	王荟霞	秦琪	邹朗	高小力
赵硕	位玉仃	王刚	刘香宜	毛世永	李捷思
李红菲	王蔼华	陈景贤	范俣辰	吴东应	杨廷响
刘彦君	陶逸伦	万钊	高鹏超	段瑀	李晗
熊堃	宁颖	霍辰伊	田永亮	刘春芳	徐悠然
彭飞	杨璐	张征来	陈魁霞	吴琼	杨芳
周函	黄文芳	冯震东	冯健全	刘珂弟	李雅婷
涂盈锋	梁艳	周佳	侯文杰	李超	许智涵
李文静	赵琳	王艺辉	贾璇	冉丽	刘玉鹏
孙文爽	刘爱华	李楠	季双敏	郭羽佳	魏荷琳
郭帅	朱亚楠	全铭	信枭雄	王珍	张莹
张凡	田淦中	李丹	朱仁宗	邹萍萍	回艺
付庆荣	王玮	彭逸云	戎舟挺	赵波	谢可辉
胡斌	于超	关旭颖	付双双	牛姗	段耀锴
陈修敏	皮晓雪	路卫刚	赵志霞	郑凯	梁艳
张志方	李夏溪	林文斯	王占璋	柳盈盈	周硕
梁静静	张欣	吴凯	刘文龙	赵勇	张宝宝
李美娜	阙琳玲	许泽君	萨尔阿	杜林蔚	张微微
罗荔敏	杨文	李彦	李璐娟	楚明明	刘鹏
安海娟	王颖峥	李丹丹	孟瑶	马绫	刘倩

宋志玲　李　伟　翁怡然　闫　青　于　博

公共卫生学院

孙生志　刘　芳　雷　迪　房玥晖　董凤鸣
亚库甫·艾麦尔　米　岚　田　野　郑婵娟　付知雨
杨　蕾　巴音达拉·夏格德尔　曹望楠　郑启文
赵　海　刘佳帅　梅风格　崔好胜　蔡夏夏　何祥波
曲艳吉　陶斯宇　段　维　罗晓玲　唐秋琼　王　耕
荣念赫　张和龙　张　妍　顾芳慧　许陆飞　王富华
刘铁兵　张丽娜　陶庆梅　宋　颖　孙　霄　祝靓靓
韦力仁　井路路　吴静静　余治平　管鹏程　孔　丹
袁雁飞　岳　青　张　璐　赵云龙　卓滋泽　赵　芳
郭伟龙　侯文娟　王逸斌　富韵婷　葛智文　赵　啸
王佩鑫　朱　莹　吴超群　黄绯绯　徐艺翀　吕艳丽
丛敏超　刘钊燕　王　苹　高　放　骆大胜　张子龙
周榕溶　秦　宇　陈倩倩　林深婷　王　姣　顾永恩
罗杰斯　郭帅军　赵一飞　洪　颖　李卓婷　孙玉颖
王　乔　杨东旭　濮　吉　黄　雯　杨智荣

护理学院

韩赛丹　英圣艳　王慧杰　于妍婷　董玉静　孙瑞阳
李晓翠　周英霞　朱丽娜　李晓宁　刘欣娟

医学人文研究院

顾宝要　白　璐　张　严　李金湜　关立深　刘晓柳
常　蕾　刘赫铮　张　骞

第一临床医学院

杨　轩　张　洁　赵曼曼　崔兰卿　李亮亮　张寒峭
汪慧君　张　敏　高灵灵　李　雅　张文博　赵　改
王淑君　黄炳伟　谭静文　初　荣　柏明见　胡绪焕
孙　楠　桑佳特　李钢苹　楚伟丽　李　浩　文　锋
王　喜　王艳妮　李　文　孙　青　曹国辉　苗林子
安乐美　李　娜　王　培　高庆祥　赵兰岚　周文娟
丁玉静　胡建敏　孙晚晴　王　湛　王恩华　李　想
高娟娟　张健薇　王寒敏　邓文敏　程晓悦　张榕尹
郭芒芒　韩丽娜　房立娟　尹　强　侯婉音　伊文霞
杨锦艳　刘　贤　张　楠　张　凯　郑佩孜

第二临床医学院

高元丰　谢　京　刘冰洁　马　唱　杨晓花　何恭诚
贺改霞　易雁鸿　冷　馨　王　静　肖增丽　江　盛
张　彤　高彦彦　司广英　梁春蕊　尹璐瑶　刘政邑
赵　灿　孔　蕊　格日勒　李　鹏　王玉娟　柯宜均
马淑云　卢　丹　徐奇奇　苍惠岩　周文灏　郑　璐
王军锋　左　波　陈素珊　赵　静　王　栋　窦丽稳
张恒维　陈旭红

第三临床医学院

李　拉　蒋丽潇　张颖健　单红花　樊文强　吕会斌
马元良　杨　译　王　敏　严小青　常　远　韩永正
李雨文　彭　诗　安慧杰　吴丽媛　孙　云　雷　蕾
邢　瑞　刘雅昕　蔡　宾　马世凤　陈　茉　王亮凯
陈　梦　牟　笛　高文超　李博仑　高江曼　耐　特
荆立忠　朱　莎　陶　瑾　孙玉芳　王军红　颜如玉
王　军　车树楠　靳沙沙　王筱璨　张莉萍　李婷安
王佳琳　付乃奇　彭吉剑　于华贞　来　璇　沈伟伟
黄贤仁　孙家庆　王志彬　郑方圆

积水潭医院

迪拉娜　张　蕾　李佳录　钱占华　敦元莉
热孜万古丽·买买提

口腔医学院

郑云飞　张謦一　何　舒　王　莹　苏永亮　李彦昂
杨盼盼　李宜芬　娄　群　宝莎娜　靳潇潇　王诗惠
郭志敏　王晓蓓　刘怡杰　朱榴宁　陈慧君　郝　帅
陆　慧　王　娜　杨　甦　崔焕焕　李莉玫　王　茹
郭　晓　张　群　王爱萍　邓　江　魏嘉慧　方思月
闫文娟　郭　园　任　翀　张丽丽　单儒楷　曾宝仪
王　振

精神卫生研究所

刘晨星　王　芳　高兵玲　齐军慧　姜　男　王鹏飞
肖静波　李　洁　马全刚　贾　峰

临床肿瘤学院

郭　锐　陈　蕊　方　方　刘　聪　王　兵　崔　岩
吕艳丽　邓建华　王亚朋　张虞男　何　琼　苏晓美
姚艳红　王国栋　党运芝　姚源山　王　燕　梁　龙
王程程　叶春祥　袁小笋　宋　倩

北京医院

禹松林　王丽娟　梁思颖　种　红　张　帆　刘　媛
张海洋　孙　晨　田小超

中日友好医院

白倩倩　杨阚波　董道然　赵　扬　熊有毅　曹三利
李　敏

世纪坛医院

代传福　金恩忠　李国青　李　娜　王爱新　李鹏飞
龙燕妤　刘　岩　蔡　佳　初丽娜　张雁凯　王　丽
崔济夏　马童煜　王润丰　谢文良　曹世长　孙婷婷

航天中心医院

常　奕　　王跃华　　荆伟龙　　姜　斌　　李倩倩　　高　峰
李凤斐　　赵　静

首都儿科研究所

马晓林　　李光璞　　胡梦泽　　李　屾

民航总医院

李　阳

深圳医院

吴　婷　　张明爽　　沈兢兢　　关　靓　　朱　迪　　崔志文
赵林俊　　夏　烨

首钢医院

牛鹏飞　　吕鹏飞

地坛医院

张仁雯　　董金玲　　李彦媚　　孟　雪

解放军第三〇二医院

陈　珑　　余　希　　江　玲

解放军第三〇六医院

李正鹏　　迟　成　　郭　庆　　温天杨

回龙观医院

何雪玲　　王林平

博士毕业生名单

数学科学学院

蔡振宁　　陈　鹏　　陈伊凡　　陈治津　　邓婉璐　　董广峰
霍胜进　　廖　军　　林爱津　　林慧敏　　林义筌　　刘和灵
刘　娜　　娄　裕　　卢　欣　　罗守胜　　石胜坤　　宋承根
苏乃芳　　王长长　　王　更　　王　琳　　王　明　　王　泉
王淑霞　　王　伟　　魏凡成　　吴怡君　　徐伟权　　许奕彦
杨智成　　张　伟　　赵国庆　　朱　军　　朱艳乔　　邹晨辰
闵　斌

物理学院

别亚青　　曹文彧　　陈国兴　　陈　蕾　　陈瑞九　　戴　倩
代　宇　　单晓龙　　付熙明　　付星星　　富聿岚　　郭宝仲
郭逸飞　　郝思洁　　何　丽　　何晏春　　黄呈橙　　黄　姗
赖文喜　　李博华　　李　磊　　李　琳　　李　宁　　李文喜
刘　博　　刘尚飞　　刘　铁　　刘雄伟　　刘占伟　　刘兆沛
刘振鑫　　龙　浩　　卢志鑫　　陆　波　　吕　博　　马　楠

梅伏洪　　孟　虎　　皮　石　　乔　锐　　全　旖　　孙金华
田　原　　王浩宇　　王　赫　　王鸿勇　　王　健　　王久珂
王昆仑　　王　胜　　王　伟　　王宇星　　王珞珈　　王　曦
王　翡　　魏　伟　　徐　川　　徐光明　　徐　强　　许正昱
杨　军　　杨　茂　　姚德良　　游海波　　袁乃明　　袁　熙
章　益　　张广鹏　　张明骁　　张伟伟　　张晓佳　　张　兴
张艺宝　　张　钺　　赵仕俊　　钟灿涛　　朱家彩　　朱金奎
朱　瑞

化学与分子工程学院

蔡欢欢　　蔡金光　　陈　静　　陈　静　　陈亚彬　　陈　哲
陈重一　　陈涓涓　　成富圈　　成慧明　　成　静　　程新皓
方　坦　　高　凡　　郭子豪　　汉京春　　何　珊　　黄　换
纪天容　　姜国杰　　江国梁　　江媛媛　　金　玥　　雷　霆
李　湖　　李　田　　李锡涛　　李　勇　　连　超　　梁　洁
林　木　　凌　镇　　刘　玥　　刘　斌　　刘　刚　　刘良会
刘清海　　刘少轩　　刘　文　　刘晓宇　　刘　一　　刘肇芳
刘　赟　　龙　霞　　吕洪彬　　吕志彬　　马错果　　梅　雷
聂俊芳　　钱　康　　秦　震　　邱顺晨　　任昕昕　　尚尔昌
申　茜　　石　航　　石玲英　　宋　萍　　孙涛祥　　铁　偲
王丁众　　王　航　　王慧慧　　王路化　　王珊珊　　王绍杰
王　杨　　王　兮　　卫慧波　　吴　迪　　吴玲燕　　吴屹然
徐伟高　　许　军　　薛众鑫　　杨云芳　　叶铁英　　尹延东
俞初红　　章　伟　　张　犇　　张　晨　　张　强　　张韶光
张　雪　　张有为　　赵华博　　赵　莉　　郑　癹　　郑　萃
周　琳　　朱　枫　　祝　诚　　邹明健　　訚　慧　　滕明俊

生命科学学院

安明瑞　　白效耘　　边　洋　　曹文渊　　曹　骎　　陈文博
崔　巍　　单春燕　　董其平　　樊　圃　　付力文　　付　兴
高海山　　郭　亮　　郭运波　　韩　晶　　韩　娟　　何　珊
黄亦和　　赖文佳　　黎荣昌　　李　晶　　李思慧　　李文阳
李　婵　　梁　巍　　刘继伟　　刘佳子　　刘　猛　　刘赛男
吕考升　　罗诗琦　　齐　慧　　祁　燃　　钱丽丽　　任贵奇
沈美丽　　隋　鑫　　孙　辉　　孙进京　　孙文香　　孙夏琴
王厚斌　　王吉龙　　王世威　　吴　晨　　吴丽虹　　吴业涛
夏桔丹　　夏时伟　　夏薇薇　　向晨罡　　谢　忱　　辛广伟
徐琳杰　　许　昌　　严　欢　　杨永康　　杨　勇　　杨　茜
张新岩　　赵旭阳　　周　颐

地球与空间科学学院

常琳琳　　陈　博　　陈　超　　陈　石　　陈　伟　　崔喜爱
丁竑瑞　　董　芳　　董　恒　　段佰川　　范俊佳　　高计县
顾婷婷　　郭玉倩　　黄水生　　李　承　　纪晓璐　　贾桂云
简　星　　金　安　　李丹宁　　李　琳　　李小伟　　李易隆
李智慧　　李　婷　　刘　江　　刘绥华　　陆　楠　　马　燕
孟美岑　　任　荣　　史冠中　　隋正伟　　王宝鹏　　王　凯
王　玲　　王淑芳　　王晓先　　王永福　　王　鑫　　夏　菁
熊聪慧　　杨　军　　杨朋涛　　杨宇博　　杨云坤　　杨　鑫
曾开祥　　詹燕涛　　张　浩　　张　宁　　张庆莲　　张　文

张颖慧　赵　亮　钟　俊　周印章

心理学系

毕泰勇　高永东　胡天翊　黄鬵青　孔令志　刘海骅
刘晓燕

新闻与传播学院

邓耀荣　顾京军　季芳芳　贾哲敏　雷碧秀　李之美
莫　森　王　伟　叶韡明　尹铁钢　余　人　郑保国

中国语言文学系

张少英　安　宁　毕红霞　蔡丹君　陈恒舒　陈帅锋
陈　思　丛治辰　杜兆金　范晶晶　冯青青　傅　林
付　佳　高笑可　管　琴　郭家琪　黄育聪　姜仁涛
李洪波　李声凤　李松睿　李为政　李雅娟　李子鹤
梁慧婧　林　静　刘探宙　鲁太光　罗　旻　罗言发
马　征　马　昕　牟利锋　齐一民　秦兰珺　孙文访
王璐璐　吴向廷　徐奉先　杨宇枫　袁一丹　曾南逸
张　冰　张　辉　张　娟　张　丽　张　文　赵二超
仲　瑶　朱利华

历史学系

毕晓莹　曹　鸿　常　彧　陈志远　邓伟权　翟　韬
丁义珏　董　晶　高丹丹　郭伟全　兰教材　雷　博
李芳瑶　李　斯　李　倩　林姿呈　刘　畅　刘　坤
毛海明　乔志勇　乔　瑜　孙　琇　孙红国　孙闻博
檀　柯　唐仕春　王　超　王　果　王　欢　王治国
徐乐天　徐前进　薛　刚　易丙兰　殷　宏　于艳茹
张海荣　张梅雅　张卫忠　张艳玲　赵妍杰　周诗茵
周月峰

考古文博学院

陈　殿　郭　明　冀洛源　贾昌明　李雨生　盛起新
舒　涛　张　东　张　雯

哲学系

曹润青　常　超　陈军燕　陈晓燕　陈肖生　邓明艳
冯小茫　龚元之　谷红岩　谷继明　贾辰阳　李吴伊莉
李勇刚　刘靖贤　刘丽娜　刘力红　刘一南　吕代豪
庞培培　彭书颖　施　璇　孙雨辰　田　丰　王　玲
王玉彬　文　雅　武　彦　谢　波　熊　浩　许春梅
杨　杰　于　宙　余　亮　俞菁慧　岳砥柱　曾　诚
张东林　张励耕　张雨涵　张　曦　赵　猛　郑笑冉
周素丽　朱卫平

国际关系学院

陈　垦　陈　铭　杜晓军　樊　超　符　晓　谷　宁
黄　蕊　江　扬　李忠斌　林宜纯　马国林　马　婧
孙　敏　谭　牧　王春燕　王阳林　吴芳芳　肖　河
熊　洁　臧　励

经济学院

董香书　段胜辉　房　飞　高　歌　郭永斌　何石军
胡祖铨　贾秀玲　姜大广　李林芳　李四光　李真男
刘　超　谭君强　王　琼　王雁玲　吴仕建　谢　超
张　棋　张　舒　张越昕　周正卿

光华管理学院

曹　森　常晋源　陈永伟　高照军　龚启辉　胡志国
霍　钊　纪月娥　蒋子熹　兰　伟　黎　欢　李继学
李祥进　刘　冲　刘忠轶　吕秀华　彭璐珞　石　川
孙树强　陶　川　田　巍　汪　平　王春芬　王会娟
王　娟　王丽颖　王　鹏　王　颂　韦　夏　于丽峰
曾建光　张成林　张丽君　张玉龙　赵欣娜　周　炎
周寅猛　朱　虹

法学院

曹旭东　陈　坤　程　艳　翟晓巍　段礼乐　高仕银
高　阳　高　咏　何锦前　贺　剑　黑静洁　黄凤龙
李科珍　李　任　李诗鸿　李宗辉　林志毅　刘灿华
刘国乾　卢　佩　鲁　宁　吕　翔　吕亚萍　罗　芳
罗欢欣　马寅翔　苗志江　彭丽容　卿　越　沈　晖
石　勇　苏　宇　孙　忠　王文婷　王　志　吴义龙
肖　京　徐　斌　徐培强　杨天江　于小川　袁　巍
岳　林　曾志超　张春燕　张　凡　赵运恒　周慧菁
周　明　周晓冰　周晓霞　朱新林

信息管理系

曹海霞　陈幼华　丁希如　冯　佳　管延斌　贾　佳
贾永刚　孔少华　刘　丹　刘合翔　龙　健　王巍巍
徐　蒙　叶元龄　张　超　周余姣

社会学系

储卉娟　范　譞　干咏昕　郭慧玲　何贝莉　胡　伟
黄匡时　寇浩宁　梁文静　刘宏涛　卢　露　马　丹
马冬玲　孟红莉　潘利侠　宋　奕　苏熠慧　王　娟
王列军　王晓宁　杨　可　张　婧　周彦汐　朱　荟
邹艳辉

政府管理学院

陈佳云　陈　伟　傅晋豫　葛耘娜　黄国珍　黄仁宗
冀　玮　蒋敏娟　兰　捷　兰宗敏　李军凯　李俊轶
李庆滑　李先忠　刘伟巍　柳泰宇　孟天广　冉　昊
孙世鳌　孙迎春　唐志田栋　王　浩　魏风劲
魏　卓　吴爱芝　吴　庆　吴晓霞　项　冶　杨景涛
杨　平　杨　旎　叶亚芝　余　茜　俞　蘴　张继亮
张佳康　张　源　赵　滕　周　适　朱宇江

外国语学院

蔡　枫　樊　颖　傅燕晖　付文慧　郝群欢　贺赛波
黄　轶　姜国玲　李晓东　李　烨　刘　潋　史　歌

孙 凯	王淑芳	王 希	王绪梅	王宇新	吴允兵
伍 倩	熊 燃	徐 嘉	杨国影	杨珍珍	于怀瑾
余凝冰	袁 欣	张丽娇	张墨桑	张玉玲	张 远
张 琰	周利群	周 皓	朱 璇	祝 茵	荀波淼

马克思主义学院

杜兴军	巩茹敏	何宝峰	李红霞	李基礼	李建华
刘洪刚	史海泉	杨 文	杨晗旭	尹玮煜	于 潇
张 莉	张树焕	张学成	祝猛昌		

艺术学院

陈娴颖	司 达	邹建林			

对外汉语教育学院

李 占	王文龙	薛晶晶			

信息科学技术学院

陈红圆	陈建广	陈 星	程如中	戴帅夫	单栋栋
党向磊	邓 勇	翟跃阳	方 然	方跃坚	房 振
房 婧	冯 岩	高 滨	高 昕	郭 芃	侯中原
黄靖清	黄 涛	黄小江	黄英龙	贾守卿	姜森林
江小敏	李 鹏	李绍娟	李 顺	李晓飞	李应博
李振华	李 政	廖聪维	廖建华	刘长泽	刘 驰
刘 飞	刘华平	刘 珊	刘宇超	刘 钰	柳 毅
吕雁飞	毛先领	毛新宇	蒙新泛	宁 博	庞 燕
裴 天	钱 梁	任 杰	邵 津	沈劲鹏	宋 洋
苏 娟	孙茂珠	孙伟强	孙 韬	谭明星	汤伟男
唐 伟	王 波	王立杰	王任鑫	王彦飞	王永刚
王中华	王梓又	吴峰锋	武玲娟	辛 伟	邢远见
徐晓燕	严 睿	杨 健	杨 涛	杨云祥	杨 赞
姚俊杰	于延锁	张栎滴	张 超	张朝英	张 诚
张 磊	张鹏涛	张 平	张 平	张贤国	张新义
张轶铭	朱孔涛	邹 哲			

国家发展研究院

蔡晓慧	戴 觅	黄 雯	贾 珅	姜 超	李殊琦
林 念	刘 航	柳庆刚	吕 焱	马光荣	茅 锐
卯光宇	潘 莉	陶坤玉	王碧珺	王雪珂	魏 旭
张川川	张牧扬				

教育学院

毕于民	陈才锜	陈 哲	陈 怡	董晓华	郭 楠
季 靖	金 鑫	刘根正	刘向锋	刘旭杰	刘玉波
刘子瑜	裴志林	申 超	史宏捷	王宾齐	王友航
杨晓明	杨玉成	姚新喜	殷晓丽	张贵龙	张宏岩
张秋山	赵立红	钟凯凯	周志光	邹 斌	闫树涛

人口研究所

陈 鹤	高 羽	李全棉	林 婷	王亚菲	

前沿交叉学科研究院

毕双玉	何康敏	蒋灵莉	金 凡	金 桥	赖彬彬

刘海啸	刘 松	刘晓晨	任晓帅	沈 琦	司光伟
汤敏贤	王福贵	王 霖	魏 朋	杨雷静	杨 萌
尹 虹	尹建波	余 芳	张朝华	赵敏芝	郑丹丹
郑家新	周 鼎	周幸叶	朱学珺		

工学院

陈 曦	陈 熹	崔 磊	范宣华	冯 侃	付 峥
戈阳祯	郭江涛	洪仁楷	江 舟	晋立丛	康建宏
李 超	李鹏飞	李维娜	廖函彬	刘冬冬	刘万海
刘 伟	刘 玄	刘永初	倪琼琳	庞 刚	庞 勇
彭 明	平 婧	秦国政	申 华	孙常宏	王 晨
王晓堃	王琦峰	未志杰	吴 特	邢瑞君	杨 熙
杨鎏智	于长平	袁宏阳	张春燕	张函栗	张宏剑
张鲁辉	张佩光	张亚龙	张艳娇	张 翼	张又升
张 钺	周 健	周 璇			

城市与环境学院

陈 琼	陈义勇	陈睿山	董兆敏	杜恩在	郭媛媛
鞠 莉	李川川	李拓宇	刘小鹏	刘 旭	彭 辉
秦 宁	孙建林	檀文炳	王 斌	王 戎	王少鹏
魏 丹	吴之凌	徐晓婷	徐小波	许俊杰	杨言生
张书海	赵烽君	赵砚彬	赵 莹	赵志强	周 敏
周 璋					

环境科学与工程学院

陈晓兰	程 鹏	崔 锋	顾 鹏	胡伟伟	胡 璇
黄德生	计军平	江旭佳	雷 立	李金凤	李云鹏
卢宇飞	曲洪娟	盛 虎	王 鸣	王 强	武 艳
夏 成	邢 璇	杨永辉	阳平坚	姚 硕	叶春翔
张宜升	赵 岳				

分子医学研究所

丁 怡	胡方园	胡镇乾	黄唯燕	黄小虎	黄渊余
李 扬	尚书江	王 黎	王叶拾	吴 翀	杨 峰
郑 洁					

基础医学院

朱 萌	周 澧	高 凯	郭小凯	张 焱	
艾克白尔·买买提	胡红丽	丁 力	唐逸泉	孙 卓	
常晋瑞	战 军	罗 聘	李鸣佳	李 刚	董子洵
索 琳	裴晓言	肖 琳	陈 魁	唐 娜	刘 青
高建超	冯 刚	胡 敏	赵 睿	何 鹏	李 津
尹胜菊	刘 闯	吴成林	庞丽君	郑 强	何金龙
刘旭杰	吕传超	涂 磊	张珊珊	赵春燕	黄娅茜
王 攀	董 杰	刘 炎	付伟伟	魏复铮	王 婧
韩继嫒	褚秀峰	刘子懿	肖 娟	陈霁晖	金雅琼
刘 忱	顾名夏	柴睿超	刘 佳	刘 璐	苏运超
张晓静	雷 蕾	安 宇	徐 巍	邹良强	张 阳
吴军舟	裴学莲	杨晓媛	王晓珍	李 倩	孙琳琳

金 博	南 燕	毛光楣	黄雅姿	王 蓉	张易雄	刘 强	周爱意	王振威	张胜国	李玉茜	刘益鸣
赵远波	张 萍	吕 盈	姜 胤	李福旺	李 正	尚志杰	柯 岩	李明晖	解 桢	谢艳迪	郭建强
丁增波	戴雪伶	郑森峰	魏 峥	卢彦欣	张 迪	朱佳鑫	温广东	焦 剑	刘 蔚	孙青苗	王怀清
张 玉	张 磊	杨 玫	刘 雯	聂晶晶	张 娟	刘如玉	田 芸	安 帅	赵赟赟	曹 键	李忠佑
丁 绪	张 恒	石 青	赵晓静	王雷明	邱 彬	王志永	韩冠平	李佳宁	吕 游	郝一昌	潘中婷

第三临床医学院

孔金峰	孙 琳	席晨光	张浩琳	相新新	于 娜
王春昃	徐晓健	张岩飞	沈 芳	杜贻鹏	

药学院

付玉红	臧新钰	周 绚	张文轩	田 恬	李 滢
刘称福	韩明杰	林雄浩	边 莎	刘 鹏	张 梅
王延亮	霍常鑫	周俊俊	董达文	孙婷婷	武亚玲
张国州	李 立	谭海亮	高善云	闫 旭	王 琪
胡伟民	张 淳	俞 飞	杨 琳	赵爱红	赵明波
孙丽丹	张丰盈	余占江	宁显玲	王 青	陈 敬
王 超	陈 锋	王伟楠	南泽东	苗文娟	王 迎
李 晨	陈成军	李 勇	高 玮	程晓亮	杜雯雯
梁 静	余克富	王洪平	杜玲然	向 柏	张同波
徐 硕	邓晨辉	田帅华	赵岳涛	史雪琦	马 旭
刘遂库					

隋艳玲 李维义 赵 娜 陶立元 李 曼 李 彦
赵子春 李 影 郑 毅 陈 根 梅静静 廖文峰
钟婵娟 曹永星 魏 蕊 林 蕾 王晴晴 段清川
袁作辉 张晶晶 刘亚杰 孟昭君 张 娜 王云鹏
李云珠 邓 凯 鲍 杨 朱 迪 曲恩泽 林裕舜
李 凯 王迎春 龙 成 朱继超 白 琼

积水潭医院

翁 崇

口腔医学院

姜炜鹏 王啸轩 关 心 陈志宇 何 颖 王芳萍
陈 卓 刘中宁 刘晓默 曹 甜 李 晶 谢 颖
冯晓宇 宋广瀛 于潇楠 宫玮玉 刘思琦 甄 敏
贾凌飞 时瑞瑞 赵 静 郭玉兴 苏家增 周绍楠

精神卫生研究所

公共卫生学院

张浩然	黄 菊	张馨如	徐贤荣	修 燕	邢彩虹
康楚云	张 婷	赵 艾	王晋伟	张 莹	董 彬
沈 励	刘 然	贺 媛	徐美虹	宋洁云	宋艳双
戴小倩	田 君	袁 悦	黄 婧	吴 晶	高丽芳
黄旸木	胡 晶				

李 俊 李幼虹 刘 莎 赵莹莹 陈雅光 王喜今
何笑笑 李梓萌 段艳平 蒲城城 杨 文 郭 琦
马晓燕

临床肿瘤学院

医学人文研究院

毋 嫘 贾 茹 麻 超

第一临床医学院

张晓英	赵 璨	盖钧伟	程法娟	刘希高	刘黎黎
朱馨媛	田 地	王凤梅	金海强	卜晓萌	王亭亭
刘 叠	郑颖颖	佟训靓	刘明明	郭琳佳	胡 娟
张 丽	张晋卿	孙 毅	刘 倩	孟 彦	程元甲
王梓凝	董 健	谷晓广	罗莉漫	李小艳	韩云毅
吴桐菲	王 强	张 弛	巩艳青	赵 倩	刘 恒
张纪恒	郝 昆	荀慎菊	刘 佳	贺鹏康	段 星
郭 榕	鱼红亮	叶长青	邓光达	李 昂	卓秀伟
李 翠	刘 京	何维范	范 兵	王 萌	郑建伟

田 闯 袁 鹏 徐仲尧 孙 远 李少雷 马家芳
田 巍 代 杰 孙 佳 韩 晓 周怡君 孙志伟
范 彪 李思明 喻经纬 郑晓辉 刘玉良 周海洋
王 媛 高维娇 李 鹤 王 雯 刘 伟 曾 妍
张 濛 刘懿萱 王其艳 杨 晨 李小凡 吕 昂

北京医院

杨 拓

中日友好医院

张 辉

世纪坛医院

李海磊

首都儿科研究所

郭晋臻 梁 燕

地坛医院

第二临床医学院

张奕杰	娄志远	祁文娟	王 硕	曹成富	曾庆福
张维涛	李 琦	高 英	高福梅	陈 静	谢 冰
崔竹青青	吕 萌	孔秀丽	孔令云	冯 敏	程 涌
彭显博	张石英	张思敏	王 田	李 雪	张丽娟

李 敏

深圳医院

刁瑞英

留学生研究生毕业生名单

硕士毕业生名单

对外汉语教育学院

麦雅琪(埃及) 莫佳蓉(埃及)
延承珉(韩国) 李知娟(韩国)
李贤贞(韩国) 崔瑛恩(韩国)
朴珍株(韩国) 张仁姬(韩国)
全香任(韩国) 林巧恬(马来西亚)
刘全惟(马来西亚) 谢秀丽(马来西亚)
马达泰行(日本) 何玉玲(泰国)
史静儿(泰国) 罗馥霜(泰国)
林恩琦(泰国) 刘碧心(泰国)

法学院

荀泰浩(澳大利亚) 斯泰尔(德国)
李承昱(韩国) 李羲中(韩国)
孙娥玲(韩国) 李晶(加拿大)
郑泰然(加拿大) 刘媛媛(加拿大)
王安娜(美国) 泰来(美国)
黄德娴(美国) 徐清华(美国)
德地屋圭治(日本) 河合顺子(日本)
刘泰英(泰国) 林智鹏(泰国)
孙东耀(新加坡) 费云凡(英国)

光华管理学院

亚历山大(奥地利) 曹铱丹(澳大利亚)
张登(澳大利亚) 金仁杰(朝鲜)
马修(法国) 查德瑞(法国)
安廷訓(韩国) 韩万佑(韩国)
金亨锡(韩国) 金敬周(韩国)
金泰完(韩国) 晋湖俊(韩国)
李俊衡(韩国) 吴旺埈(韩国)
赵三基(韩国) 郑原学(韩国)
金庆浩(韩国) 古丽(吉尔吉斯斯坦)
李盛楠(加拿大) 路光宇(加拿大)
马丁(加拿大) 许丘韦(加拿大)
黄俊凯(马来西亚) 金爱德温(美国)
王韧(美国) 陶科文(美国)
吴敢虓(美国) 何耀林(美国)
李承炫(美国) 李晓帆(美国)
麦嘉敏(美国) 王尧(美国)
华威(挪威) 中山碧(日本)
方怡文(泰国) 王湘宁(新加坡)
方伟成(新加坡) 陆漠花(以色列)
大力(意大利) 黄宝萤(印度尼西亚)

国际关系学院

纳子林(阿塞拜疆) 林若珊(奥地利)
王安娜(澳大利亚) 何都利(冰岛)
白建勇(德国) 白天雅(德国)
李丽(法国) 柑橘(法国)
林马修(法国) 郭俊百(菲律宾)
阿达来提(哈萨克斯坦) 吴相泽(韩国)
宋草叶(韩国) 蔡宝贝(韩国)
南宫雕恩(韩国) 金光宇(韩国)
莫里斯(荷兰) 梁锶淼(加拿大)
高明(美国) 柯岩(美国)
涂米文(美国) 莫小龙(美国)
尔顿(蒙古) 玛莲(墨西哥)
新田顺一(日本) 小野游斗(日本)
寺山学(日本) 苏白庭(瑞士)
刘伟彬(泰国) 郑惠心(泰国)
奥玛(土耳其) 希望(土耳其)
冯玮琳(新加坡) 林善慈(新加坡)
伊娜(以色列) 卡罗琳(意大利)
赵爱华(意大利) 桑多妮(意大利)
尤思(意大利) 柯斯博(意大利)
陈春后(印度尼西亚) 白佩佳(英国)
戴毅丰(英国) 苏菲(英国)
傅德阳(越南)

考古文博学院

朴俊炯(韩国) 朴南巡(韩国)

历史学系

边钰鼎(美国) 山口亮子(日本)
图巴(土耳其)
郭家莘(美国)

社会学系

南宫檀(韩国)

深圳研究生院

左进巍(澳大利亚) 安纳斯(巴基斯坦)
布拉(巴基斯坦) 孔寒(巴基斯坦)
塞娜(巴基斯坦) 麦可恩(俄罗斯)
丽娜(哥伦比亚) 爱伦(美国)
金伯琳(美国) 黄献元(美国)
马秋(美国) 韩妮(纳米比亚)
巴乔治(尼日尔) 陈秀丽(泰国)
陈秀雯(泰国) 崔思(乌干达)
爱米塔(伊朗) 马克思(意大利)
加雷思(英国)

数学科学学院

林俊宇(美国)

外国语学院
小野田亮（日本）

新闻与传播学院
杨喻涵（美国）

艺术学院
金起民（韩国）

哲学系
托马斯（德国）

政府管理学院
雷吉娜（博茨瓦纳）　　何美儿（博茨瓦纳）
谢芸（布隆迪）　　　　任亚明（德国）
张芝润（韩国）　　　　艾力马（吉尔吉斯斯坦）
王琦（加拿大）　　　　麦瑞丹（加拿大）
贝克恩（加纳）　　　　狄波拉（加纳）
莫妮可（津巴布韦）　　马克姆（津巴布韦）
韦联（肯尼亚）　　　　康伟博（利比里亚）
亚伦（利比里亚）　　　苏珍娜（马尔代夫）
莫哈德（马尔代夫）　　马帝（马拉维）
康斯坦丁（马其顿）　　伊玲慧（美国）
赛云娜（孟加拉国）　　伊拉姆（孟加拉国）
石头（莫桑比克）　　　加米亚（坦桑尼亚）
陈诗敏（新加坡）　　　周蕾森（新西兰）
尹诺（叙利亚）　　　　阮重和（越南）
方玉簪（越南）　　　　阮维坚（越南）

中国语言文学系
权惠莉（韩国）　　　　丁多永（韩国）
翁柳洁（马来西亚）　　杨迎楹（马来西亚）
姚美真（泰国）　　　　陶乐心（新加坡）
张铭洲（新加坡）

博士毕业生名单

对外汉语教育学院
宋时黄（韩国）　　　　江诗鹏（泰国）
柯伟智（泰国）

国际关系学院
具天书（韩国）　　　　孟康铉（韩国）
伊美娜（突尼斯）

教育学院
金茗海（泰国）　　　　李秀珍（韩国）

经济学院
李钟灿（韩国）　　　　赵恩娇（韩国）

考古文博学院
曹周妍（韩国）

历史学系
范世昌（美国）　　　　李平秀（韩国）

人口研究所
张团（加拿大）

社会学系
汉尼·阿德勒（伊朗）
安瑞德（加拿大）

外国语学院
崔才德（韩国）

新闻与传播学院
金摞美（韩国）

信息管理系
柯修（孟加拉国）

艺术学院
权基永（韩国）

哲学系
朴吉洙（韩国）　　　　徐真瑛（韩国）
萧贞贞（泰国）　　　　吴昊（法国）

中国语言文学系
郑慧仁（韩国）　　　　金秀玹（韩国）
吕亭渊（韩国）　　　　林素廷（韩国）
林惠彬（韩国）　　　　韩知延（韩国）
皮垌勋（韩国）　　　　金基玉（韩国）
郭思韵（马来西亚）

大事记

1月

1月5日 由北京大学、中共中央党校、北京师范大学以及教育部高等学校社会科学发展研究中心共同发起的"马克思主义与中国文化协同创新中心"成立。

1月5日至6日 由北京大学联合中共北京市海淀区委、北京市海淀区人民政府主办的第十届中国文化产业新年国际论坛举行。

1月18日 2012年度中国国家科学技术奖励大会在北京举行。北京大学共有11个项目获得国家科学技术奖励，包括4项国家自然科学奖、7项国家科技进步奖。其中5项是北京大学作为第一完成人所在单位或者第一完成单位获奖。

1月23日 法国国家外科学院召开年度大会，国际著名心脏外科专家、北京大学心血管外科学系系主任、北京大学第三医院心脏外科主任万峰教授被推举为法国国家外科学院外籍院士。这是近30年来首位中国学者当选该院外籍院士。

1月24日 北京大学资深教授、著名哲学家黄枬森先生因病在北京逝世，享年92岁。

1月26日 中共北京大学第十二届委员会第二次全体会议召开。

1月29日 教育部学位与研究生教育发展中心发布2012年学科评估结果。在参加评估的95个一级学科中，北京大学共有16个一级学科排名第一，数量位居全国高校之首。

1月31日至2月1日 周其凤率代表团赴福建省访问，会晤福建省党政领导，并举行省校战略合作协议签约仪式。

2月

2月6日 全国政协副主席、科学技术部部长万钢一行来校亲切看望徐光宪院士，向徐光宪及其家人送去新春的祝福。

2月24日 十八大重点献礼影片《南泥湾》北京大学首映暨重返南泥湾公益活动启动仪式在北京大学百周年纪念讲堂隆重举行。

2月27日 首届全国高校公益论坛暨公益未来项目启动仪式在北京大学举行。

2月28日 由中共北京市海淀区委宣传部、北京大学艺术学院民族音乐与音乐剧研究中心联合主办的2013中国音乐剧创作与产业高端论坛暨"中国音乐剧孵化基地"挂牌仪式举行。

2月28日 2013年973计划和重大科学研究计划项目立项启动会召开。北京大学2013年一共有12项973计划系列项目获得批准立项。其中包括6项国家973计划和3项重大科学研究计划。此外，2013年科技部新设立973青年科学家专题，全国批准19项，北京大学获批3项。

2月28日 首都卫生系统精神文明建设协调委员会组织开展的第四届"首都十大健康卫士"评选揭晓。中国运动创伤治疗领域的开创者、北京大学第三医院运动医学科主任医师田得祥，复发直肠癌"冰冻骨盆"手术治疗专家、北京大学医院普通外科万远廉教授入选。

3月

3月2日 北京大学联合中国科学院生物物理所、上海交通大学筹建"老年重大疾病系统生物医学协同创新中心"培育启动会举行。

3月4日 北京大学纪念毛泽东同志"向雷锋同志学习"题词发表五十周年座谈会暨北京大学团委与雷锋生前所在团"共建共育培训班"开班仪式举行。

3月7日至8日 由北京大学产业技术研究院主办的"国际研究型大学联盟（IARU）协同技术转移研讨会"举行。

3月11日 北京大学与天津市滨海新区政府共建北京大学（滨海）新一代信息技术研究院签约仪式举行。

3月13日 法国驻华特命全权大使白林（Sylvie Bermann）女士与德国驻华大使施明贤（Michael Schaefer）博士来校访问，在陈守仁国际研究中心中馆与北京大学师生就"法德和解进程与欧洲一体化"问题进行交流。

3月22日 召开全校教师干部大会。中共中央、国务院任命王恩哥为北京大学校长，因年龄原因，周其凤不再担任北京大学校长职务。

3月22日 教育部正式公布了第六届"高等学校科学研究优秀成果奖（人文社会科学）"获奖名单。北京大学共有61项成果获奖，其中一等奖5项，二等奖23项，三等奖28项，成果普及奖5项，获奖总数稳居全国高校第一。

3月24日 由中国工程院、北京大学深圳研究生院、香港中文大学联合主办的"智慧城市中的视频分析与评测"论坛召开。

3月27日 加拿大蒙特利尔大学校长居伊·布雷顿（Guy Breton）教授率团来访。

4月

4月7日 泰国公主玛扎哈克里·诗琳通在泰国驻华大使伟文·丘氏君的陪同下来校访问。

4月8日 2011年诺贝尔生理学或医学奖得主、得克萨斯西南医学中心"宿主防御遗传研究中心"主任、美国学者布鲁斯·博伊特勒（Bruce A. Beutler）博士来访并作学术演讲，并接受"北京大学名誉教授"称号和"大学堂顶尖学者讲学计划"奖牌。

4月8日 美国加利福尼亚大学尔湾分校校长迈克·德雷克教授一行来校访问，双方校长签署了两校框架性合作协议。

4月9日 教育部发布《关于成立2013—2017年教育部高等学校教学指导委员会的通知》，北京大学80位教授位列其中，入选教授任职席数、出任主任委员及副主任委员人数均居全国高校之首。

4月10日至14日 第41届日内瓦国际发明展于在瑞士日内瓦举办。由北京大学选送的3项发明成果参加了展示，获得了1项特别奖、3项金奖。

4月11日 教育部、财政部公布了"高等学校创新能力提升计划"（即"2011计划"）的首批入选名单。由北京大学物理学院作为牵头单位申报的北京大学—清华大学—中国科学院物理研究所"量子物质科学协同创新中心"名列首位。

4月11日 新西兰总理约翰·基来校访问并发表演讲。

4月11日 北京大学拔尖创新人才早期培养座谈会举行。

4月11日 欧洲骨髓移植协会（European Group for Blood and Marrow Transplantation，EBMT）授予北京大学人民医院黄晓军教授2013年度"欧洲骨髓移植协会圣安东尼成就奖"（Saint-Antoine-EBMT Achievement Award）。

4月16日 耶鲁大学校长理查德·莱文，候任校长、教务长彼得·沙洛维，副校长琳达·罗瑞茉率团来访。

4月21日至23日 哈佛大学著名教授傅高义（Ezra Vogel）来校访问。傅高义分别于21、23日发表主题为"21世纪的亚洲视域""邓小平和中国外交""邓小平时代：历史变迁和中国转型"的演讲。

4月30日 北京大学—台湾师范大学奥运太极雕像赠送仪式在邱德拔体育馆举行。

4月 北京大学城市与环境学院团委书记金鑫老师荣获2012年度全国高校辅导员年度人物。新闻与传播学院2009级本科生雷声同学荣获2012年度中国大学生年度人物。

5月

5月2日 习近平总书记给北京大学考古文博学院2009级本科团支部全体同学回信。习近平在回信中表达了他对同学们的关怀和嘱托，并致以节日的问候，肯定他们立志为实现中华民族伟大复兴的中国梦而奋斗的理想和追求，勉励当代青年珍惜韶华、奋发有为，勇做走在时代前面的奋进者、开拓者、奉献者。4月28日，北京大学考古文博学院2009级本科生团支部全体成员给习近平总书记写信，汇报他们近一年来在学习和生活中的所思所想，以及为实现中国梦奉献青春力量的坚定信念。

5月3日 北京大学软物质科学与工程中心成立仪式暨首届学术讲坛举行。

5月4日 为学习贯彻习近平总书记重要回信精神，北京大学在英杰交流中心举行了"学习贯彻习近平总书记给北京大学考古文博学院2009级本科团支部全体同学回信精神座谈会"。

5月5日 首届北京大学"五四科学论坛"举行。

5月6日 韩国高等教育财团朴仁国总长一行来校访问。

5月7日 "北大·方正·长荣之夜：北京大学建校115周年音乐会"在北京音乐厅举行。

5月7日 中央政治局委员、广东省委书记胡春华，广东省副省长陈云贤率省委、省政府各部门主要负责人一行20余人到深圳就增强创新能力进行专题调研，考察北京大学深圳研究生院在创新驱动发展、助推产业升级以及汇聚高端人才方面的成果与体会。北京大学副校长、深圳研究生院长海闻作了以"理顺机制、扩大规模、增加学科、提高水平"为主题思路的中长期规划汇报。

5月7日至9日 "中美奇特核物理理论研究所"成立大会暨"奇特核性质以及对核反应和核天体的影响"学术研讨会在北京大学举行，中美两国核物理同行70余人参加。

5月10日 北京大学第15届化学文化节开幕。

5月10日至11日 "北大—清华—斯坦福数量金融国际会议"在光华管理学院新楼举行。

5月14日 以色列耶路撒冷希伯来大学校长梅纳赫姆·本·萨松教授率团来访。

5月15日 "众芳所在"系列讲座——"科学与文学的对话"在北京大学举行,诺贝尔物理学奖获得者杨振宁、诺贝尔文学奖获得者莫言等参加。

5月20日 第26届中国戏剧梅花奖揭晓。北京大学歌剧研究院首届歌剧表演专业在读硕士研究生陈小朵获奖。

5月21日 哈佛大学和麻省理工学院在线课程项目(edX)宣布新增15所高校的在线课程项目。在澳大利亚、欧洲、美国的高校之外,在线课程首次增加了包括北京大学、清华大学、香港大学、香港科技大学、日本京都大学、韩国首尔大学等在内的6所亚洲高校。

5月23日 泰国副总理兼教育部部长蓬帖·帖甘扎纳一行来校访问。

5月25日 北京大学—林肯研究院城市发展与土地政策研究中心成立五周年庆典举行。

5月25日 2013耐克高校田径精英邀请赛在北京大学未名湖畔成功举行。

5月26日至31日 北京大学代表团赴香港、澳门进行工作访问。代表团一行分别访问了香港大学、香港中文大学、香港科技大学、澳门大学、澳门理工学院等高校。

6月

6月6日 由北京大学团委、国际合作部、艺术学院、心理健康教育与咨询中心及校电视台联合举办的2013年北京大学十佳微电影大赛开幕论坛举行。

6月7日 "北京大学考试研究院"暨"北京大学招生考试研究基金"成立。

6月13日 法兰西学院正式公布2013年各大奖项获奖名单。北京大学外国语学院法语系主任董强获"法语国家联盟金奖"。

6月18日 北京大学医学部血液病学学系成立大会举行。

6月18日 北京大学铁汉城市与环境大楼捐赠仪式举行。

6月20日 第一届北京大学人才论坛暨人才战略伙伴授牌仪式举行。

6月20日 北京大学党委常委会会议传达学习习近平总书记在党的群众路线教育实践活动工作会议上的重要讲话精神,讨论通过了北京大学党的群众路线教育实践活动领导机构组成名单,并制订北京大学党的群众路线教育实践活动方案。

6月24日 北京大学—石河子大学—横滨国立大学三校学术交流协议签署仪式在北京大学举行。

6月24日至28日 在第10届亚洲与大洋洲地球科学学会(AOGS)学术年会上,北京大学地球与空间科学学院名誉院长陈运泰院士当选为亚洲和大洋洲地球科学学会主席。陈运泰成为AOGS成立十年以来第一位来自中国大陆的主席。

6月25日 中国共产党北京大学第十二届委员会第三次全体会议召开。会议传达了中央关于开展党的群众路线教育实践活动的有关精神。按照中央的部署,北京大学是第一批开展本次教育实践活动的单位。

6月28日 "当代中国妇女理论研讨会"在北京大学举办。

6月 世界卫生组织经过严格评估,再次认定北京大学人口研究所作为"世界卫生组织生殖健康和人口科学合作研究中心"。

7月

7月1日 北京大学庆祝中国共产党成立92周年暨表彰大会举行。

7月1日 美国明尼苏达大学埃里克·卡拉尔(Eric Kaler)校长率团来访并签署了学术交流协议。

7月2日 北京大学党的群众路线教育实践活动领导小组召开第一次会议。

7月11日 校领导班子党的群众路线教育实践活动学习班开班仪式举行。

7月18日 《科学》(Science)杂志刊登邓宏魁教授和赵扬博士带领的研究团队的研究成果——用小分子化合物诱导体细胞重编程为多潜能干细胞。

7月18日 朱善璐、王恩哥一行到海淀区调研,并就进一步推动北京大学和海淀区的合作进行座谈。

8月

8月16日 国家自然科学基金委员会公布了2013年度自然科学基金项目(集中受理期)评审结果。北京大学获批各类项目总计604项,批准总经费4.7亿元。其中,面上项目338项,青年科学基金项目146项,重点项目29项,创新研究群体项目3个,优秀青年科学基金项目28项,国家重大科研仪器设备研制专项自由申请项目2项,海外及港澳学者合作研究基金项目4项,国家基础科学人才培养基金项目2项,国际(地区)合作研究项目30项,联合基金项目

2项。

8月28日至30日 朱善璐率团依次赴山西省和贵州省交流访问,就进一步深入推进校省合作与省委、省政府领导及有关部门、企业负责人进行座谈。

8月30日 北京市教育委员会公布2013年北京市优秀博士学位论文名单。在最终评选出的59篇北京市优秀博士学位论文中,北京大学有12篇,再次位居北京市高校之首。

9月

9月4日 澳大利亚首都领地首席厅长凯蒂·加拉赫(Katy Gallagher)女士、澳大利亚国立大学校长伊恩·杨(Ian Young)教授一行来校访问。

9月5日 《自然》(Nature)杂志刊发北京大学城市与环境学院彭书时与朴世龙教授等人在碳循环研究方面取得的新进展。

9月8日 在第29个教师节即将来临之际,中共中央政治局委员、国务院副总理刘延东来校看望慰问师生,并观看原创歌剧《为你而来·王选之歌》。刘延东首先亲切看望徐光宪院士和王选院士夫人陈堃銶教授,并代表党中央、国务院向北京大学全体教师致以节日的问候和祝福。

9月10日 北京大学教师节庆祝大会举行,表彰第三届"蔡元培奖"获得者和2012—2013学年获奖教师。

9月12日至15日 中华医学会第十八次全国儿科学术大会在湖南省长沙市召开。北京大学第一医院儿科杜军保教授获得首届"中国儿科医师奖"。"中国儿科医师奖"是我国儿科医师最高奖项。

9月12日 北京大学2013年首次"校领导接待日"活动举行。

9月15日至16日 朱善璐率团赴广西壮族自治区访问,就进一步加强双方全面合作与自治区党委、区政府领导及相关部门负责人进行交流,并看望了北京大学在桂校友和选调生。

9月23日 首届中德领袖论坛在北京大学正式启动。

9月25日 泰国驻华大使伟文·丘氏君来校访问,转交设立"北京大学诗琳通泰学研究讲席"的启动资金人民币50万元。

9月26日 北京大学党的群众路线教育实践活动理论研讨会召开。

9月27日 北京大学经济学院社会经济史研究所成立大会暨首届北京大学经济史学研讨会在经济学院举行。

9月 北京大学主办的《中外法学》英文版(Peking University Law Journal)正式创刊。

10月

10月11日 "北京大学数学学科创建100周年庆典"举行。

10月11日 中国国家乒乓球队总教练刘国梁、女队主教练孔令辉、领队黄彪率领国家队成员走进北京大学,与学子交流互动,传承家国梦想,共享国球荣耀。

10月14日 英国财政大臣乔治·奥斯本(George Osborne)及伦敦市市长鲍里斯·约翰逊(Boris Johnson)一行来校访问并进行演讲。

10月16日至18日 由国际图书馆协会联合会主办、中国高等教育文献保障系统(CALIS)承办的"国际图联第13届馆际互借与文献提供(ILDS)会议"在北京大学召开。

10月19日 北京大学物理学科建立100周年庆祝大会举行。

10月19日 北京大学第十届国际文化节在百周年纪念讲堂广场开幕。

10月19日至20日 "第三届北京大学国际脊柱外科高峰论坛暨2013北大—哈佛国际脊柱外科高峰论坛"举行。

10月21日 第八届中国老龄产业高端论坛在北京大学召开。

10月22日 中国共产党优秀党员、中国科学院资深院士、北京大学教授侯仁之先生逝世,享年102岁。

10月23日 "北京大学国际战略研究院成立大会"举行。该研究院的前身为2007年成立的北京大学国际战略研究中心。在成立大会上,正式聘请戴秉国同志担任国际战略研究院名誉院长。

10月26日 中国象棋头号女棋手、北京大学中国语言文学系2012级本科生唐丹在"碧桂园杯"第十三届世界象棋锦标赛女子组中以优异成绩夺得冠军,成功卫冕象棋女子世界冠军称号。

10月29日至30日 第十六届蔡元培学术讲座和第十七届汤用彤学术讲座在北京大学举办。

10月30日 北京大学高松院士获2013年度"何梁何利基金科学与技术进步奖"。截至2013年,北京大学共有45位学者获得何梁何利基金奖励,是全国高校中获奖人数最多的单位。

11月

11月1日 普林斯顿大学校长克里斯托弗·伊斯格鲁布一行来校访问。

11月1日至3日 第十届北京论坛举行。论坛以"文明的和谐与共同繁荣——回顾与展望"为主题。

11月7日 科学技术部公布

了国家重点基础研究发展计划（973 计划）2014 年启动的 160 个项目前两年预算安排。其中北京大学获批 9 项（含 2 项青年科学家专题项目）总预算达 7975 万元。立项数以及批复经费总预算均高居全国首位。目前，北京大学共获批 973 计划项目 53 项、重大研究计划 28 项，67 名教授被聘为项目首席科学家（5 名被聘为 973 青年科学家专题负责人），立项数和首席科学家数均居全国首位，体现了北京大学的科学领导力。

11 月 7 日 中国对外建设有限公司向北京大学捐赠暨共建"北京大学海洋研究院"签约仪式举行。

11 月 8 日 中共中央政治局常委、国务院总理李克强在中南海向新聘任的国务院参事、中央文史研究馆馆员颁发聘书。北京大学国家发展研究院林毅夫教授被聘为国务院参事。中国语言文学系袁行霈教授于 2006 年起任中央文史研究馆馆长，经济学院李庆云教授于 2009 年被聘任为国务院参事，哲学系汤一介于 2011 年被聘任为中央文史研究馆馆员。

11 月 11 日 第十四届"吴阶平医学研究奖——保罗·杨森药学研究奖"颁奖典礼在协和医院举行。北京大学人民医院冯传汉教授荣获第十四届吴杨奖特殊贡献奖。

11 月 11 日 江西省党政代表团访问北京大学，双方签署了江西省人民政府与北京大学新一轮战略合作协议。

11 月 15 日 国家社科基金重大项目（第二批）立项名单公布。北京大学本批次国家社科重大项目共申报 9 项，9 项全部立项，其中 7 项为重大项目，2 项为重点项目。

11 月 17 日至 19 日 王恩哥出席中美高水平大学校长圆桌研讨会和"全球城市挑战：研究型大学的作用"会议。

11 月 22 日 北京大学学生艺术总团暨学生文化艺术协会成立仪式举行。

11 月 23 日 由北京大学校团委主办，北京大学青年志愿者协会和爱心社承办，"廿载爱心接力，青春与梦同行"纪念北京大学开展志愿服务二十周年大会暨首届北京大学志愿文化节开幕式举行。

11 月 24 日 第十六届 CUBA 中国大学生篮球联赛（北京赛区）结束，北京大学女篮以全胜的战绩获得北京赛区冠军。

11 月 《细胞》（Cell）杂志公布新一届编委名单，北京大学生命科学学院邓宏魁教授入选。这是中国科学家首次入选。

12 月

12 月 4 日 北京大学纪念毛泽东同志诞辰 120 周年理论研讨会举行。

12 月 9 日 纪念"一二·九"运动 78 周年暨毛泽东同志诞辰 120 周年师生歌咏晚会举行。

12 月 12 日 CCTV 第十四届中国经济年度人物获奖名单揭晓，北京大学光华管理学院名誉院长厉以宁教授荣获中国经济年度人物"终身成就奖"。

12 月 13 日 贵州省党政代表团来校访问，双方签署了贵州省人民政府与北京大学战略合作协议。

12 月 21 日 由北京大学牵头、复旦大学和吉林大学作为主要协同合作单位的协同创新机构——国家治理协同创新中心，在北京大学举行签约、揭牌仪式。

12 月 21 日 2013 年度医院服务"改革创新人物""改进服务推进人物"颁奖典礼举办，北京大学人民医院院长王杉荣获 2013 年度卫生系统"改革创新人物"称号。

12 月 29 日 海淀区政府公共服务委员会、北京大学第三医院、海淀医院合作协议签署暨北京大学第三医院海淀院区揭牌仪式在海淀医院举行。

附 录

2013 年授予的名誉教授

序号	姓名	职业与现职务	授予日期	申报单位
1	布鲁斯·博伊特勒 Bruce A. Beutler	诺贝尔生理学或医学奖得主，美国得克萨斯大学宿主防御遗传学中心主任	2013 年 4 月 8 日	生命科学学院
2	米尔德里德·崔瑟豪斯 Mildred S. Dresselhaus	美国麻省理工学院电子工程与计算机科学系和物理系教授，美国国家科学院、美国国家工程院和美国艺术与科学学院院士	2013 年 9 月 16 日	化学与分子工程学院
3	莱罗·胡德 Leroy Hood	美国系统生物学研究所创始人兼所长，美国国家科学院、美国国家工程院和美国医学院院士	2013 年 9 月 16 日	医学部
4	科林·雷欧丹 Colin Riordan	英国卡迪夫大学校长	2013 年 9 月 16 日	医学部

2013 年聘请的客座教授

序号	姓名	职务	聘任时间	申报单位
1	费利蒲·沃克 Philip Malzard Walker	英国萨瑞大学教授	2013 年 10 月 29 日	物理学院
2	黄志戎	美国斯坦福加速器中心（国家实验室）和斯坦福大学高级研究员	2013 年 12 月 17 日	物理学院
3	雷蒙·沃意斯 Ramon Alexander Wyss	瑞典皇家理工大学教授	2013 年 10 月 29 日	物理学院
4	维托德·纳查威次 Witold Nazarewicz	美国田纳西大学终身教授、美国橡树岭国家实验室资深科学家	2013 年 10 月 29 日	物理学院

北京大学 2012—2013 学年校历

第一学期 (2012.8.20—2013.1.27)

星期 月 周次	一	二	三	四	五	六	日
2012年八月	27	28	29	30	31	1/8	2/9
	3	4	5	6	7		
九月	10	11	12	13	14	15	16
	17	18	19	20	21	22	23
	24	25	26	27	28	29	30
十月	1	2	3	4	5	6	7
	8	9	10	11	12	13	14
	15	16	17	18	19	20	21
	22/29	23/30	24/31	25	26	27	28
十一月	5	6	7	8	9	10	11
	12	13	14	15	16	17	18
	19	20	21	22	23	24	25
十二月	26	27	28	29	30	1/8	2/9
	3	4	5	6	7	8	9
	10	11	12	13	14	15	16
	17	18	19	20	21	22	23
	24/31	25	26	27	28	29	30
2013年一月	7	8	9	10	11	12	13
	14	15	16	17	18	19	20
	21	22	23	24	25	26	27
	28	29	30	31			

第一学期

一、新生报到：
校本部、医学部：2012年9月1日
深圳研究生院：9月3日

二、新生体检和入学教育：
校本部、医学部：9月2日—9月9日

三、新生选课指导：9月4日—9日
深圳研究生院：9月6日、7日

四、新生开学典礼：
校本部、医学部：9月4日
深圳研究生院：9月6日

五、上课：
校本部、深圳研究生院：9月10日
医学部：在校生8月27日 新生9月10日

六、在校学生注册：9月10—14日
（在职攻读硕士专业学位学生：9月15日）
医学部：8月31日
深圳研究生院：9月10—11日

七、中秋节、国庆节：
9月30日—10月6日放假 全校停课
9月29日、10月7日公休，原有课程照常安排

八、元旦：2012年12月29日—2013年1月1日放假

九、停课复习考试：
校本部、医学部：2013年1月7日—1月20日
深圳研究生院：1月21日—1月25日

十、学生放寒假：
校本部、医学部：1月21日—2月24日（在职攻读硕士专业学位轮休一致）
深圳研究生院：1月28日—2月24日

十一、校本部、医学部教职工轮休：
1月23日—2月20日
2月21日全体教职工上班

校本部上课时间：
第一节 8:00—08:50　　第二节 9:00—09:50　　第三节 10:10—11:00
第四节 11:10—12:00　　第五节 13:00—13:50　　第六节 14:00—14:50
第七节 15:10—16:00　　第八节 16:10—17:00　　第九节 17:10—18:00
第十节 18:40—19:30　　第十一节 19:40—20:30　　第十二节 20:40—21:30

第二学期 (2013.2.21—2013.7.28)

星期 月 周次	一	二	三	四	五	六	日
二月	18	19	20	21	22	23	24
	25	26	27	28	1/8	2/9	3/10
三月	4	5	6	7	15	16	17
	11	12	13	14	22	23	24
	18	19	20	21	29	30	31
	25	26	27	28	5	6	7
四月	1	2	3	4	12	13	14
	8	9	10	11	19	20	21
	22/29	23/30	24	25	26	27	28
五月	6	7	8	9	10	11	12
	13	14	15	16	17	18	19
	20	21	22	23	24	25	26
	27	28	29	30	31		
六月	3	4	5	6	7	1/8	2/9
	10	11	12	13	14	15	16
	17	18	19	20	21	22	23
	24	25	26	27	28	29	30
七月	1	2	3	4	5	6	7
	8	9	10	11	12	13	14
	15	16	17	18	19	20	21

第二学期

一、校本部本科生选课指导：2013年2月22日

二、上课、学生注册：2月25日

三、在校学生注册：
校本部、医学部：2月25日—3月1日
（在职攻读硕士专业学位学生：3月2日）
深圳研究生院：2月25日—2月26日

四、本科生招生开放日：4月13日

五、全校运动会：4月19日—21日

六、校庆：5月4日

七、停课复习考试：
校本部、医学部：5月4日学生停课、教职工上班
校本部、医学部：6月17日—7月30日

八、学生放暑假：
校本部、医学部：7月1日
深圳研究生院：7月1日

九、毕业典礼：
校本部、医学部：7月1日—7月12日
（研究生放暑假时间与教职工轮休一致）
深圳研究生院：7月15日

九、毕业教育
办理离校手续、校学位评定委员会会议：7月5日
毕业典礼。

十、校本部暑期学校：7月8日—8月11日
托运行李：7月6日

十一、校本部、医学部教职工轮休：
7月15日—8月19日
8月19日全体教职工上班

十二、2012级本科生军训：8月16日—8月29日

清明节、劳动节、端午节放假安排按照国务院办公厅公布2013年节假日安排后另行通知。

校本部、深圳研究生院上课时间：
第一节 8:00—8:50　　第二节 9:00—09:50　　第三节 10:10—11:00
第四节 11:10—12:00　　第五节 13:30—14:20　　第六节 14:30—15:20
第七节 15:40—16:30　　第八节 16:40—17:30　　第九节 18:30—19:20
第十节 19:30—20:20　　第十一节 20:30—21:20

医学部上课时间：
第一节 8:00—08:50　　第二节 9:00—09:50　　第三节 10:10—11:00
第四节 11:10—12:00　　第五节 13:00—13:50　　第六节 14:00—14:50
第七节 15:10—16:00　　第八节 16:10—17:00　　第九节 17:10—18:00
第十节 18:40—19:30　　第十一节 19:40—20:30　　第十二节 20:40—21:20

附录·北京大学 2013—2014 学年校历

北京大学 2013—2014 学年校历
第一学期（2013.8.19—2014.1.14）

周次	月\星期	一	二	三	四	五	六	日
1	2013年八月	25	26	27	28	29	30	
2		2	3	4	5	6	7	
3	九月	9	10	11	12	13	14	
4		16	17	18	19	20	21	
5		23/30	24	25	26	27	28	29
6			1	2	3	4	5	
7	十月	14	8	9	10	11	12	
8		21	15	16	17	18	19	
9		28	22	23	24	25	26	
10	十一月	4	29	30	31	1	2	
11		11	5	6	7	14	8/1	
12		18	12	13	14	15		
13		25	19	20	21	22		
14	十二月	2	26	27	28	29		
15		9	3	4	5	6		
16		23/30 24/31	10	11	12	13		
17			17	18	19	20		
18	2014年一月	6	24/31	25	26	27		
19		13	7	8	9	10		
20		20	14	15	16	17		
21		27	21	22	23	24		
			28	29	30	31		

第一学期

一、新生报到：8月31日
二、新生入校和入学教育：9月1日—9月8日
三、深圳研究生院、校本部本科生报到：8月27日—9月1日
四、校本部本科生选课指导：9月5日
五、新生开学典礼：9月6日
六、上课：
  校本部：9月9日
  医学部：在校生8月26日，新生9月9日
  深圳研究生院：9月2日
七、在校生注册：
  校本部：9月9日—13日
  （在职攻读硕士专业学位学生：9月14日）
  医学部：8月26日—8月30日
  深圳研究生院：9月2日、3日
八、中秋节：9月19日放假，全校停课
九、国庆节：9月30日—10月4日放假，全校停课
  9月28日、29日和10月5日、6日公休，原有课程照常安排
十、停课复习考试：
  2013年12月30日—2014年1月13日—17日
十一、深圳研究生院：2014年1月13日—2月16日
  学生放寒假：1月13日—2月16日
  （研究生放寒假时间与教职工轮休一致）
  校本部：1月20日—2月16日
  教职工轮休：1月15日—2月12日
  （2月13日上班）
元旦放假安排按国务院办公厅公布2014年节假日安排后另行通知

【注】若再因节假日放假导致缺课，教师应利用第9节第12节机动排课单元进行补课，或单独借教室补课；相关单位须予以积极支持。

北京大学 2013—2014 学年校历
第二学期（2014.2.13—2014.7.8）

周次	月\星期	一	二	三	四	五	六	日
1	二月	10	11	12	13	14	15	16
2		17	18	19	20	21	22	23
3	三月	24	25	26	27	28	1/8	2/9
4		3	4	5	6	7	15	16
5		10	11	12	13	14	22	23
6		17	18	19	20	21	29	30
7		24/31	25	26	27	28	5	6
8	四月	7	1	2	3	4	12	13
9		14	8	9	10	11	19	20
10		21/28	22/29	23/30	24	25	26	27
11	五月	5	6	7	1	2	3	4
12		12	13	14	8	15	10	11
13		19	20	21	22	16	17	18
14		26	27	28	29	23	24	25
15	六月	2	3	4	5	30	31	1/8
16		9	10	11	12	6	7	
17		16	17	18	19	13	14	15
18		23/30	24	25	26	20	21	22
19			1	2	3	27	28	29
20	七月	7	8	9	10	4	5	6
21						11	12	13

第二学期

一、上课：2月17日
二、在校生注册：
  2月17日—21日
  （在职攻读硕士专业学位学生：2月22日）
三、深圳研究生院：2月17日、18日
  本科生招生开放日：4月12日
四、校本部运动会：4月25日—4月27日
五、校庆：
  5月4日学生停课、校庆相关单位上班
六、停课复习考试：
  校本部：6月9日—6月22日
  医学部：6月23日—7月4日
  深圳研究生院：6月23日—6月27日
七、学生放暑假：
  校本部：6月23日
  医学部：7月7日
  （研究生放暑假时间与教职工轮休一致）
八、深圳研究生院：6月23日—7月4日
  毕业离校手续：6月30日—7月4日
  办理离校手续：7月3日、4日
  托运行李：7月3日、4日
  学位评定委员会会议：6月30日
  毕业典礼：7月1日、2日
九、校本部暑期学校：7月9日—8月27日
  教职工轮休：6月30日—8月1日
十、2013级本科生军训：8月16日—8月29日
  （8月28日上班）

清明节、劳动节、端午节放假安排待国务院办公厅公布2014年节假日安排后另行通知

深圳研究生院上课时间：

第一节 08:00—08:50　第二节 09:00—09:50　第三节 10:10—11:00
第四节 11:10—12:00　第五节 13:30—14:20　第六节 14:30—15:20
第七节 15:40—16:30　第八节 16:40—17:30　第九节 18:30—19:20
第十节 19:30—20:20　第十一节 20:30—21:20

校本部、医学部上课时间：

第一节 08:00—08:50　第二节 09:00—09:50　第三节 10:10—11:00
第四节 11:10—12:00　第五节 13:00—13:50　第六节 14:00—14:50
第七节 15:10—16:00　第八节 16:10—17:00　第九节 17:10—18:00
第十节 18:40—19:30　第十一节 19:40—20:30　第十二节 20:40—21:30

索引

0～9(数字)

211 工程　13a、371c
　　建设　371c
985/211 设备经费管理与执行　389c
985 工程　13a、371a
　　建设　371a
2006—2013 年到校科研经费分类统计(表)　284
2008—2013 年大型仪器设备测试服务收入统计(表)　398
2012 年度党委工作报告　6a
2012 年主要工作　13a
2012—2013 年度共青团系统　537b、538a
　　先进集体和共青团标兵表彰名单　537b
　　优秀团支部和先进个人表彰名单　538a
2012—2013 年度教学优秀奖获奖名单(表)　495
2012—2013 年度首都大学、中专院校先锋杯　537
　　优秀基层团干部　537a
　　优秀团员　537a
　　优秀团支部　537a
2012—2013 年度优秀班主任标兵名单(表)　493
2012—2013 年度优秀班主任名单(表)　493
2012—2013 年度优秀德育奖名单(表)　492
2012—2013 学年校历(表)　576
2013—2014 学年校历(表)　577
2013 年工作意见　11a
2013 年聘请客座教授(表)　575
2013 年逝世人员名单(表)　480
2013 年授予名誉教授(表)　575
2013 年行政工作要点　15a
2013 年学校党委工作　7b

A～Z(英文)

CASC 奖学金　524b
　　一等奖学金　524b
　　二等奖学金　524b
　　三等奖学金　524b
ESEC 奖学金　525a
IBM 奖学金　525a
Panasonic 育英奖学金　525a
POSCO 奖学金　526a
SCI 数据库收录的北京大学为第一作者单位论文及分布总体情况统计(表)　295
SK 奖学金　529b

A～B

安全稳定工作　7b、25b
办好人民满意的高等教育　加快创建世界一流大学进程　4
办学条件改善　14b
保密工作　443a～444c
　　保密审批　444b
　　调研交流　444c
　　发展概况　443a
　　管理机制　443c
　　监督检查　444a
　　教育考试　444b
　　教育培训　444a
　　载体管理　444b
保卫工作　442a～443c
　　安全宣传教育　443a
　　发展概况　442a
　　交通安全管理　442b
　　理论研究　443c
　　消防安全管理　442b
　　校园治安管理　442c
　　校园秩序管理　442a

宝钢奖教金获奖名单(表)　498
宝钢奖学金　527b
宝洁奖教金获奖名单(表)　498
北大概况　33
北大精神传承　16a
北大梦具体内涵　8a
《北大人》杂志　428b
北大文化软实力　16a
北京大学科技园　331a～331c
　　获奖情况　331b
　　基地建设　331c
　　企业概况　331a
　　业务发展　331c
　　园区建设　331a
北京大学学报(医学版)　356c、357a
　　获奖情况　356c
　　组稿情况　357a
北京大学学报(哲学社会科学版)　356a、356b
　　编辑队伍建设　356b
　　获奖情况　356a
　　栏目设置　356a
　　网络建设　356b
　　学术影响力　356b
北京大学学报(自然科学版)　355b、355c
　　2011—2012 年文献计量指标统计(表)　355
　　出版质量　355c
　　获奖情况　355c
　　论文刊载情况　355b
　　数据库收录情况　355c
　　文献计量指标　355c
北京大学医院　418a～420b
　　安全稳定　420a
　　党务工作　419b
　　发展概况　418a
　　公费医疗管理　420b

索　引

教育培训　419a
科研合作与新业务　419b
群众工作　420a
社区卫生　418c
信息化建设　420a
医疗服务　418b
专科特色　419a
北京国际数学研究中心　163c～165b
　　对外交流与合作　165b
　　队伍建设　163c
　　科研工作　164a
　　人才培养　164b
　　学术活动　165a
北京市教学名师奖名单（表）　495
北京市三好学生名单（表）　514
北京市先进班集体　516b
北京市优秀学生干部名单（表）　514
北京市重点实验室/工程技术研究中心（表）　282
北京银行奖教金获奖名单（表）　498
奔驰奖学金　523a
本部2013年主办的理工类国际学术会议和研讨班情况统计（表）　296
本科教学　27b
本科教育　15a
本科课程目录（表）　177
本科生毕业生名单　541
本科生教育　15a、172～248
　　本科课程目录（表）　177
　　本科生科研训练　174a
　　本科专业分布（表）　175
　　获北京高等教育精品教材名单（表）　246
　　获北京高等教育经典教材名单（表）　246
　　基础学科拔尖学生培养试验计划　172b
　　教材建设　173c
　　教材建设立项名单（表）　245
　　教务管理　173c
　　教学评估与奖励　173c
　　开放课程建设　174a
　　课程情况　172c

　　入选第二批国家级精品资源共享课立项项目名单（表）　247
　　入选第三批国家级精品资源共享课立项项目名单（表）　247
　　入选第五批精品视频公开课名单（表）　248
　　市属高校教师发展基地　174c
　　招生工作　172a
本科学生　41
本科专业分布（表）　175
毕业生名单　541
表彰　489
滨海医院　155c～158b
　　党建工作　157b
　　发展概况　155c
　　后勤工作　157c
　　护理工作　156c
　　获奖情况　158b
　　基本建设　157c
　　科研与教学　157b
　　人才队伍建设　158b
　　社会服务　157c
　　卫生应急　158b
　　信息化建设　158b
　　学科建设　156c
　　医保工作　156c
　　医疗工作　156a
　　医院管理　156a
　　预防保健　158a
博士毕业生名单　564a
博士后人数　42
博士研究生　41

C

财务工作　379a
财务管理　27a、380a
财务运行　14b
财务专题分析　379b
财政状况　38b
餐饮中心　410c～411b
　　队伍建设　411a
　　发展概况　410c
　　食品安全　411a
　　特色服务　411b

产学研奖获奖名单（表）　322
产业党工委　466a～467b
　　党的群众路线教育实践活动　466a
　　党风廉政建设　467a
　　党建工作　466b
　　发展概况　466a
　　方正分党委思想建设　467a
　　临湖党支部活动　467b
　　维信党支部　467a
昌平校区　398a～399c
　　安全保卫　399b
　　党组织建设　399c
　　日常行政　399a
　　入驻实验室工作　399a
　　运行保障　399a
长岛奖学金　529a
城市与环境学院　68a～70b
　　党建工作　69c
　　交流合作　69c
　　教学工作　68b
　　科研工作　69b
　　行政工作及其他工作　70a
　　学生工作　70b
成人教育学生　41
成舍我奖学金　528b
筹资工作　31a
筹资业绩　14b
出版社　347c～349a
　　版权工作　348b
　　党建工作　348c
　　发展概况　347c
　　年度纪事　349a
　　荣誉　348b
　　社会公益　349a
　　重点项目　348a
出访活动　374a
创新奖　512b
从严治党　9b、11a

D

大事记　570
大型交流活动　375b
大型软件审批目录（表）　424
大型仪器设备开放测试基金使用情况统计（表）　398
大学生思想政治教育　7a、20b、

索 引

25a
戴德梁行奖学金　528a
党的建设　7a、9b
　　科学化水平　7a
党的群众路线教育实践活动　4、
　　19a、21a
　　动员部署大会　4a
　　全面启动　4
　　总结　19a
党的十八大精神学习宣传贯彻落
　　实　8b
党的组织建设　24b
党发目录（表）　482
党风廉政建设　7b、20b、25a
党建工作　24b、429
党建工作年活动　7a
党建与思想政治工作奖励　489
党委工作　7b、21a
党务和思想政治工作　489a、491a
　　奉献奖　491a
　　先进集体　489a
党员队伍建设　24b
档案馆　349c～350c
　　档案安全　350c
　　档案编研　350c
　　档案管理　350b
　　档案利用服务　350b
　　档案收集与整理　350a
　　信息化建设　350c
邓真邓琨奖学金　530a
地球与空间科学学院　70c～74a
　　党建工作　73c
　　发展概况　70c
　　工会工作　74a
　　交流合作　72a
　　教学工作　71b
　　科研工作　71c
　　社会服务　72c
　　学生工作　74a
地铁振动影响评估专项工作
　　392c
地质博物馆　353c～354b
　　教育教学　353c
　　科研活动　354b
　　科研项目　354b
　　社会科普　354a
第三医院　140a～142c

对外交流　142a
发展概况　140a
改革与管理　140b
换届工作　140b
获奖情况　142c
基本建设　142b
科研工作　141c
信息化建设　142b
医疗工作　140c
医学教育　141b
第六医院　150b～152a
　　党建工作　151c
　　公共卫生服务　152a
　　工会工作　152a
　　共青团工作　152a
　　继续教育　151a
　　交流合作　151a
　　教学工作　150c
　　科研工作　150c
　　学生工作　152a
　　医疗工作　151b
第六届教职工代表大会执行委员
　　会　47
第十二次党代会　6a
电视台　433b
顶层设计　23b
东宝奖学金　529a
董氏东方奖学金　525a
动力中心　411c～412c
　　党建工作　412c
　　发展概况　411c
　　防汛工作　412b
　　服务保障工作　412c
　　水电暖基础设施建设　412b
　　水电暖系统检修　412a
　　水电暖运行　412a
对口支援　30a
对外汉语教育学院　97a～98b
　　承担科研项目（表）　98
　　党建工作　98a
　　交流合作　98a
　　教师代表成果（表）　97
　　教学工作　97b
　　科研工作　97a
　　学生工作　98b
对外合作　37b
对外交流　374a

多样化人才培养模式　27b

F

发展规划部　372a～373c
　　事业规划　372b
　　文物保护与管理　373a
　　现代大学制度　373b
　　校园规划　372c
　　学科规划　372a
　　学战略规划　373c
法学院　104b～105c
　　党建工作　105b
　　交流合作　105b
　　教学工作　104b
　　科研工作　104c
　　学生工作　105c
方树泉奖学金　528b
方正集团有限公司　332a、332b
　　回报社会　332b
　　获奖情况　332a
　　企业改革　332a
　　企业概况　332a
　　研究开发　332a
　　自主创新　332b
方正奖教金获奖名单（表）　497
方正奖学金　526b
房地产管理　385a
房改工作　386b
费孝通奖学金　532b
分子医学研究所　161a～162c
　　AAALAC复审　162c
　　党建工作　163a
　　二级学科设置　161c
　　发展概况　161b
　　科研工作　162a
　　人才队伍　161c
　　学生工作　162b
　　学术交流　162c
　　中期评估　161c
风清气正校园环境　7b、10a
服务国家社会水平　16b
福光奖学金　532a
辅修学生名单　551a、554b
附录　575
附属小学　422a～423a
　　创新研究学术会　422c
　　发展概况　422a

索　引

　　教育家实践研讨会　422b
　　科技专用教室　423a
　　实验幼儿园　423a
　　学校课程方案　422b
　　专著出版　422b
　　自主排课开放活动　422c
附属医院建设与管理　30a
附属中学　420b～422a
　　德育教育　421c
　　发展概况　420b
　　教师评聘　422a
　　教学管理　421a
　　教育教学改革　420b
　　图书馆　422a
　　外事交流　421c

G

改革创新　12a、23b
干部队伍建设　6b、20b、23b
干部人事制度改革　24a
干部　24b、44
　　教育培训　24b
冈松奖学金　529b
港澳台交流　375c
港澳台联络　17a
高等学校科学研究优秀成果奖（人文社会科学）　300、308
　　获奖成果名单（表）　308
　　前10名高校获奖情况（表）　300
高端人才队伍　13a、15b
高科技企业　331a
高水平人才队伍建设　34a
高素质创新型人才培养　15a、27a
歌剧研究院　98c～99c
　　交流合作　99c
　　教学工作　99a
　　科研工作　99c
公共卫生学院　123a～124b
　　对外交流　124a
　　发展概况　123a
　　教学工作　123b
　　科研工作　123c
　　人才培训　124b
　　学科建设　123c
工会与教代会工作　21a、25a、444a～446c

　　发展概况　444a
　　教职工队伍建设　445c
　　民主建设　444a
　　权益维护　445b
　　文化体育活动　446b
　　自身建设　446c
工勤人员　41
工学院　81a～82c
　　党建工作　82a
　　发展与产学研　82c
　　交流合作　82b
　　教学工作　81a
　　科研工作　81b
　　学生工作　82a
工资与福利　377a
共青团标兵　537b
共青团工作　21a、25a、455a～459c
　　大学生素质教育　456c
　　发展概况　455a
　　理论研究　456a
　　青年志愿服务　458a
　　社会实践　457a
　　深入学习总书记回信精神　455b
　　团的自身建设　460b
　　团干部与培养　458b
　　校园文化建设　457c
　　宣传引导　456a
　　学生骨干培养　458b
　　学生社团　459c
　　学生思想政治教育　456c
　　学生组织　459b
　　学术科创　457a
　　研究生与青年工作　458c
共青团系统表彰名单　537、538
　　先进集体和共青团标兵表彰名单　537b
　　优秀团支部和先进个人表彰名单　538
共青团专项工作创新奖　537b
固定资产总额　40
顾温玉生命科学奖学金　529a
管理效能　31b
管理与后勤保障　371
光华管理学院　102c～104a
　　党建工作　103c
　　交流与合作　103b

　　教学工作　103a
　　科研工作　103b
　　学生工作　104a
光华奖学金　530b
广播台　433c
广东省重点实验室（表）　283
规范会议　18b
国华杰出学者奖获奖名单（表）　496
国际关系学院　99c～100c
　　党建工作　100c
　　交流合作　100b
　　教学工作　100a
　　科研活动　100b
　　学生工作　100c
国际合作　27a
国际化人才培养　374c
国际化水平　17a
国际会议　375b
国际交流　30b
国家发展研究院　115c～116c
　　党建工作　116b
　　交流合作　116b
　　教学工作　115c
　　科研工作　116a
　　学生工作　116c
国家工程实验室（表）　281a
国家工程研究中心（表）　280
国家级教师教学发展示范中心建设　27b
国家级重点实验室（表）　280
国家奖学金　532b～535a
　　本科　535a
　　博士　535a
　　硕士　533b
国家重大科研项目承担　13b
国内合作　16b、29b、323a～324c
　　定点扶贫　324c
　　方式转变　16b
　　交流合作　323a
　　支援援建　324a

H

韩亚金融集团奖学金　532a
航天科工奖学金　528a
　　一等奖学金　528a
　　二等奖学金　528a

索引

三等奖学金　528a
和谐校园建设　7a、10b
恒生银行奖学金　532a
红楼艺术奖　512a
红旗团委　537b
后备干部建设　24b
后勤保障　27a、371、408a
　　服务机构　408a
后勤党委　462a～464c
　　党风廉政建设　464b
　　党委班子调整　464a
　　队伍建设　462b
　　发展概况　462a
　　干部聘任　463c
　　工会工作　464c
　　后勤改革　463c
　　后勤中心党组织调整　464a
　　基层党建工作　464a
　　老干部工作　464b
　　荣誉表彰　464c
　　团委工作　464c
　　主题党日活动　463a
护理学院　124b～127
　　对外交流　126a
　　发展概况　124b
　　获奖情况　127a
　　获奖情况（表）　127
　　教师外出学习、参会情况（表）　125
　　教师主编教材情况（表）　125
　　教学改革　124b
　　科研工作　125b
　　社会服务　127b
　　学科建设　124b
　　学生工作　127a
　　学生交流　126b
华为奖教金获奖名单（表）　499
华为奖学金　527b
化学与分子工程学院　60b～64c
　　成果统计　63a
　　发展概况　60b
　　机构设置（表）　61
　　教学工作　61c
　　教学获奖情况　62a
　　科研项目　63a
　　年度纪事　64c
　　学科设置　61a

　　学生工作　62b
　　学术交流　63b
　　专业设置　61a
环境科学与工程学院　86c～87c
　　党建工作　87c
　　发展概况　86c
　　交流合作　87b
　　教学工作　86c
　　科研工作　87b
　　学生工作　87c
黄昆—李爱扶奖学金　529b
黄廷方/信和青年杰出学者奖获奖名单（表）　499
会议中心　408a～410b
　　财务管理　409c
　　党建工作　410a
　　队伍建设　409c
　　发展概况　408a
　　内部管理　410b
　　业务发展　409a
获北京高等教育精品教材名单（表）　246
获北京高等教育经典教材名单（表）　246
获北京市科学技术奖项目（表）　294
获北京市社会科学理论著作出版基金2013年资助著作名单（表）　313
获高等学校科学技术奖项目（表）　294
获国家科学技术奖项目（表）　293
获批863计划课题（表）　292
获批《国家重点基础研究发展规划》　291
　　课题（表）　291
　　项目（表）　291
获批公益性行业专项（表）　293
获批国家自然科学基金　290
　　国家重大科研仪器设备研制专项（表）　290
　　重大国际合作项目（表）　290
　　重大研究计划（表）　290
获批教育部科学技术研究项目（表）　293
获批支撑计划课题（表）　292
获批重大科学研究计划　291

　　课题（表）　291
　　项目（表）　291
获批重大仪器设备专项（表）　292
获中华医学会医学教育分会2012年度医学教育优秀论文奖名单（表）　250
获中华医学科技奖项目（表）　295

J

基本数据　40
基层党建工作创新　25b
基础设施建设　27a
基础学科拔尖学生培养试验计划　172b
基础医学院　118b～120a
　　发展概况　118b
　　教学活动　118c
　　科研活动　119a
　　所获奖项　119b
　　学科建设　119b
　　学术活动　119a
　　转化医学研发标志性进展　120a
基建工作　400a～405b
　　财务管理　403c
　　队伍建设　404a
　　发展概况　400a
　　工程前期报批　401b
　　工程项目管理　400b
　　基建投资计划与完成情况　400b
　　计划管理　403a
　　节能工作　403a
　　运行管理　402b
　　综合事务管理　405b
机构　44
机关党委　461a～462c
　　队伍建设　461c
　　发展概况　461a
　　发展评优工作　462c
　　工会工作　462c
　　共青团工作　462c
　　主题党日活动　462a
机关各部门、工会、团委负责人　50
季羡林奖学金　528b
技术合同到款统计（表）　318

技术转移　16b
纪检监察工作　439a～441c
　　案件查办　441a
　　党的群众路线教育实践活动
　　　439b
　　党风廉政建设　439a
　　队伍建设　441b
　　发展概况　439a
　　反腐倡廉教育　441a
　　教育部纪检监察会议　441c
　　廉政风险防控　441b
　　信访处理　441a
　　正风肃纪和专项检查　440b
继续教育　271a～274b
　　成人高等学历教育年度概况
　　　271c
　　访问学者　272a
　　非学历继续教育培训　272b
　　高端培训　273b
　　管理体制改革　271a
　　继续教育学院　272c
　　教学成果　271c
　　进修教师　272a
　　课题研究　271c
　　人员招聘　273a
　　思想文化建设　273a
　　网络非学历继续教育　274a
　　学历继续教育　273c
　　圆明园校区运行　274b
　　制度建设　272c
　　自学考试工作　272b
计算机科学技术研究所　83b～
　84c
　　党建工作　84b
　　交流合作　84b
　　教学工作　83b
　　科技开发　84a
　　科研工作　83b
　　其他工作　84c
　　王选纪念陈列室　84c
　　行政工作　84c
计算中心　357a～360a
　　成立五十周年活动　360a
　　成人教育　357c
　　党建工作　358a
　　电子校务开发　358c
　　发展概况　357a

公共教学资源建设　359b
交流合作　357c
科研工作　357b
校园网建设　358b
校园网运行及用户服务　360a
佳能奖学金　526b
家具资产管理　387b
建筑与景观设计学院　77b～78a
　　合作交流　78a
　　教学工作　77c
　　科研工作　77c
　　社会服务　77c
奖教金　376a、495
　　评审工作　376a
奖励　489
奖学金　40、517
　　名单　517
　　项数　40
教材建设立项名单（表）　245
教风学风建设　21b
教辅人员　41
教师队伍　15b
教学科研　42、339a、495
　　服务机构　339a
　　奖励　495
教学优秀奖获奖名单（表）　495
教育部工程研究中心（表）　281
教育部纪检监察会议　441c
教育部人文社会科学重点研究基
　地名单（表）　301
教育部重点实验室（表）　281
教育基金会　426b～427b
　　筹资工作　426c
　　发展概况　426b
　　机构建设　427b
　　年度纪事　427b
　　项目管理　427a
教育教学　14a、15a、26a、27b、172
　　改革　14a、27b
　　质量　15a
教育实践活动　21b
教育学院　111c～113b
　　党建工作　113a
　　交流合作　112c
　　教学工作　112a
　　科研工作　112b
　　学生工作　113b

教职工　40、47
　　代表大会执行委员会　47
　　情况　40
　　人数　40
津贴与补助　377c
金龙鱼奖学金　519a
精简讲话　18a
精气神　11b
经济学院　101a～102c
　　党建工作　102c
　　交流合作　102a
　　教学工作　101b
　　科研工作　101c
　　学生工作　102b
净化校园　18a、48a
九二校友奖学金　532b

K

开放办学　17a、30b
开源节流　18b
抗震救灾　491b、492b
　　先进党组织　492b
　　优秀共产党员　491b
考古文博学院　1、90b～91b
　　2009级本科团支部　1
　　党建工作　91b
　　教学工作　90c
　　科研工作　91a
　　学生工作　91c
科技开发　315a～322
　　产学研工作奖　316c
　　产学研奖获奖名单（表）　322
　　成果落地　315c
　　成果收集　315b
　　创新创业教育与研究　316c
　　发展概况　315a
　　国际技术转移　316a
　　合同管理　316a
　　技术合同到款统计（表）　318
　　交流与合作　317a
　　经费管理　316b
　　签订100万元以上技术合同
　　　（表）　318
　　签订进款技术合同分布区域
　　　统计（表）　318
　　签订进款技术合同统计（表）
　　　317

校地合作 316a
校企协同创新 316a
医学部专利申请及授权情况
　　统计（表） 322
专利运营 317b
科维理天文与天体物理研究所
　　163b、163c
　　教学工作 163b
　　科研工作 163b
　　天文夏令营 163c
科学研究 26b、29b、35b、41、277
　　保密工作 29b
　　创新体系 29b
　　机构人员 41
　　全球竞争力 29b
　　实力 35b
科研创新能力 15b
科研水平领先地位 13b
客座教授（表） 575
孔子学院建设 374c
口腔医院 143a～147a
　　党建工作 146b
　　获奖情况 147a
　　获奖情况（表） 145
　　交流合作 146b
　　教师出版著作、发表论文情况
　　　（表） 144
　　教学工作 144a
　　其他工作 146b
　　科研工作 144c
　　社会服务 146a
　　行政工作 146b
　　学生工作 146c
　　医疗工作 143b
　　医院文化 147a
　　专利获得情况（表） 145

L

乐森旬—白顺良奖学金 529b
乐生奖学金 528b
离退休工作 10b、377c～379a
　　发展概况 377c
　　工作队伍 377c
　　关心下一代工作 379a
　　生活待遇 378a
　　文体活动 378b
　　宣传调研 378c

政治待遇 378a
离退休人员 41
李大钊奖 489a
李惠荣奖学金 530a
李延保 5a、5b
李彦宏奖学金 525b
理工科新批科研项目和经费统计
　　（表） 285、286
理工科与医科科研 277a～296
2006—2013年到校科研经费
　　分类统计（表） 284
SCI数据库收录北京大学为
　　第一作者单位论文及分布
　　总体情况统计（表） 295
北京市重点实验室/工程技术
　　研究中心（表） 282
发展概况 277a
广东省重点实验室（表） 283
国家工程实验室（表） 281a
国家工程研究中心（表） 280
国家级重点实验室（表） 280
国家实验室（表） 280
国家重点实验室（表） 280
获北京市科学技术奖项目
　　（表） 294
获高等学校科学技术奖项目
　　（表） 294
获国家科学技术奖项目（表）
　　293
获批863计划课题（表） 292
获批《国家重点基础研究发展
　　规划》课题（表） 291
获批《国家重点基础研究发展
　　规划》项目（表） 291
获批公益性行业专项（表）
　　293
获批国家自然科学基金国家
　　重大科研仪器设备研制专
　　项（表） 290
获批国家自然科学基金项目
　　和经费统计（表） 287、288
获批国家自然科学基金重大
　　国际合作项目（表） 290
获批国家自然科学基金重大
　　项目/课题（表） 289
获批国家自然科学基金重大
　　研究计划（表） 290

获批国家自然科学基金重点
　　项目（表） 289
获批教育部科学技术研究项
　　目（表） 293
获批支撑计划课题（表） 292
获批重大科学研究计划课题
　　（表） 291
获批重大科学研究计划项目
　　（表） 291
获批重大仪器设备专项（表）
　　292
获中华医学科技奖项目（表）
　　295
教育部工程研究中心（表）
　　281
教育部重点实验室（表） 281
科研成果 279c
科研基地建设 278a
科研经费 278b
科研项目 278b
理工科新批科研项目和经费
　　统计（表） 285、286
理工医科获批创新团队发展
　　计划名单（表） 292
理工医科获批新世纪优秀人
　　才支持计划名单（表） 292
理工医科在研科研项目数分
　　类统计（表） 283
理科与医科科研项目到校经
　　费统计（表） 284
其他省部级研究基地（表）
　　283
青年教师入选北京市科技新
　　星计划名单（表） 293
深圳市重点实验室（表） 283
省部共建国家重点实验室培
　　育基地（表） 281
通过鉴定的科研成果统计
　　（表） 296
卫生部工程技术研究中心
　　282
卫生部重点实验室（表） 281
校本部2013年主办的理工类
　　国际学术会议和研讨班情
　　况统计（表） 296
医学部2013年主办医学类国
　　际学术会议和研讨班情况

索 引

统计（表） 297
中关村开放式实验室（表） 282
专利申请受理、获授权情况统计（表） 296
理学部学术委员会 45
历史学系 89a～90a
　　党建工作 90a
　　交流合作 89c
　　教学工作 89b
　　科研工作 89c
　　学生工作 90a
廖凯原奖学金 517a
临床学系 251a、252
　　成立时间及第一届学系主任名单（表） 252
临床医学专业认证 248b
临湖科技发展有限公司 336c～337a
　　年度纪事 337a
　　企业概况 336c
　　重点项目 337a
林超地理学奖学金 529a
领导班子和干部考核评价机制 24b
领导班子建设 6b、20b、23b
思想作风建设 6b
刘延东 2～4、19a
　　观看北大原创歌剧《为你而来·王选之歌》 2
　　看望慰问北京大学师生 2
　　看望徐光宪院士 2a
　　与教师代表座谈 3a
留学生研究生毕业生名单 568a、269a
　　博士毕业生名单 569a
　　硕士毕业生名单 568a
留学生与港澳台学生教育 276
　　港澳台侨学生工作 276c
　　留学生校友活动 276b
　　留学生招生 276a
绿叶生物医药杰出青年学者奖获奖名单（表） 499

M

马克思主义学院 110c～111b
　　党建工作 111b
　　教学工作 110c
　　科研工作 111a
　　学生工作 111b
民生工程 38a
民主党派和归国华侨联合会负责人 53
名誉教授（表） 575

N～P

能力建设 16b
凝聚力量 11b
欧阳爱伦奖学金 529a
派出工作 375c
平安校园建设 7b
普通本专科毕业生 41

Q

其他人员 41
其他省部级研究基地（表） 283
其他纵向项目立项情况（表） 299
签订100万元以上技术合同（表） 318
签订进款技术合同统计（表） 317、318
　　分布区域统计（表） 318
青年干部队伍建设 24b
青年教师入选北京市科技新星计划名单（表） 293
青年人才队伍建设 15b
青年研究中心 451b、451c
　　北大青年研究 451c
　　发展概况 451b
　　网络舆情监控分析与研究 451c
　　网络育人系统工程 451c
青鸟集团 332c、333a
　　回报社会 333a
　　获奖情况 333a
　　业务发展 332c
　　重点项目 332c
区域发展服务机构 327
全国教育技术协作委员会换届 361c
全面质量管理 17a、31b
全日制学生 41
群团工作 7b、10b

R

人才工作理念创新 28a
人才培养质量 14a、36a
人才强校战略 13a
人口研究所 115a～115c
　　党建工作 115c
　　发展概况 115a
　　交流合作 115b
　　教学工作 115c
　　科研工作 115a
人民满意的高等教育 4
人民医院 134a～140a
　　党建工作 139b
　　对外交流 139a
　　发展概况 134a
　　改革与管理 134a
　　后勤工作 138b
　　护理工作 136b
　　获奖情况 140a
　　教学工作 136c
　　科研工作 137c
　　学生工作 137b
　　医疗工作 135a
　　运营工作 138c
人事部 376a
人文杰出青年学者奖获奖名单（表） 498
人文社会科学建设 29b
人文社会科学研究优秀成果奖名单（表） 311
人文学部学术委员会 46
人物 469
荣获第九届北京市教学名师奖名单（表） 495
《儒藏》编纂与研究中心 165b
　　教学工作 165b
　　科研工作 165b
　　年度纪事 165b
入选第五批精品视频公开课名单（表） 248
入选国家级精品资源共享课立项项目名单（表） 247
　　第二批 247
　　第三批 247
入选教育部新世纪优秀人才支持计划名单（表） 313

入选全国优秀博士学位论文名单
　　（表）　265
软件与微电子学院　84c～86a
　　党建工作　85b
　　交流与合作　86a
　　教学工作　85a
　　科研工作　85a
　　学生工作　85c
　　招生与就业　86a

S

赛克勒博物馆　353a
　　年度纪事　353a
三好学生　500a、501a
　　标兵　500a
三菱东京日联银行奖学金　529a
三菱商事国际奖学金　520a
三星奖学金　524a
膳府奖学金　524a
社会服务　14a、16b、26b、37a、277
　　能力　14a
社会工作奖　510a
社会科学部学术委员会　46
社会学系　107c～108b
　　党建工作　108b
　　教学工作　107c
　　科研工作　108a
　　学生工作　108c
深港产学研基地　328a～329c
　　博士后科研工作站　329c
　　产业孵化　328a
　　创业投资　328b
　　对外合作　329c
　　公共研发平台建设　328c
　　中国生物材料大会　329b
深入学习贯彻习近平总书记五四
　　重要讲话和回信精神　1
深圳市重点实验室（表）　283
深圳研究生院　165c～171a
　　城市规划与设计学院　168c
　　党建工作　166c
　　国际法学院　170b
　　化学生物学与生物技术学院
　　　168a
　　环境与能源学院　168b
　　汇丰商学院　169c
　　交流合作　166b

　　教学工作　166a
　　科研工作　166a
　　人文社会科学学院　171a
　　新材料学院　169a
　　信息工程学院　167b
　　行政工作　167a
　　学生工作　167a
深圳医院　154b～155b
　　基建工作　155b
　　教学科研　155a
　　人才引进　155b
　　医疗工作　154b
身边工作　18a
审计工作　382a～384
　　建设工程管理审计　383b
　　建设工程投资评审　383a
　　经济责任审计　382c
　　三重一大经济事项　383c
　　审计工作数量和绩效　382a
　　审计项目分类统计（表）　384
　　审计业务战略　382a
　　审计专业化建设　383c
　　医学部审计　384b
　　综合管理审计　382b
沈同奖学金　522b
生命科学学院　65a～68
　　党建工作　66c
　　工会工作　67a
　　横向科研项目明细（表）　68
　　基层党建创新立项情况（表）
　　　68
　　教学工作　65b
　　科研工作　66a
　　年度纪事　67c
　　行政工作　67a
　　学生工作　67b
　　学生活动情况一览（表）　68
　　纵向科研项目（包括子课题）
　　　一览（表）　67
省部共建国家重点实验室培育基
　　地（表）　281
师资队伍建设　26b、28a
十佳团支书　538b
十佳学生党支部书记　492b
实践育人水平　14a
实验动物科学部　364c～365c
　　党建工作　365b

　　发展概况　364c
　　教学与培训　365a
　　实验动物工作　365a
　　医用废弃物清运　365b
实验教学改革　389a
实验室　389a、391b、392
　　安全与环境保护　391b
　　基本情况一览（表）　392
　　建设　389a
实验室与设备管理部　388a
世界一流大学创建　4、9a
事业规划　372b
市属高校教师发展基地　174c
逝世人员名单（表）　480
首都大学、中专院校先锋杯　537a
　　优秀基层团干部　537a
　　优秀团员　537a
　　优秀团支部　537a
首都发展研究院　327a～328a
　　党建工作　327a
　　发展概况　327a
　　合作交流　328a
　　科研工作　327c
　　首都发展服务　327b
首钢医院　152b～154a
　　党建工作　153c
　　后勤工作　154a
　　护理工作　153b
　　基建工作　154a
　　交流合作　153c
　　教学工作　153c
　　科研工作　153c
　　医疗工作　152b
　　医院文化　154b
首批理工科院系国际同行评议试
　　点工作　260b
授予博士、硕士学位学科专业目录
　　（表）　261
书记办公会　2a
数学科学学院　55a～57
　　本科生在校生人数统计（表）
　　　55b
　　毕业生毕业去向统计（表）
　　　57
　　党建工作　56a
　　教学工作　55b
　　举办国际学术会议（表）　56

科研工作 56a
数学学科百周年庆典 57a
行政工作及其他工作 57a
学生工作 57b
学生人数 55b
研究生在校生人数统计（表） 55c
树仁学院奖教金获奖名单（表） 497
双学位学生名单 554a、548b
硕士毕业生名单 555a
硕士研究生 41
思勉原创奖获奖名单（表） 312
思想理论建设 10a、20b
思想武装 23a
思想政治工作 429
苏州工业园区奖学金 522b

T

唐仲英德育奖学金 523a
陶氏化学奖学金 532a
特载 1
腾讯微爱创新奖学金 523a
体育馆 354c
  校系服务 354c
体育教研部 116c～118a
  党建工作 117c
  交流合作 117b
  教学工作 117a
  科研工作 117b
  学生工作 118a
田村久美子奖学金 523a
通过鉴定的科研成果统计（表） 296
通化东宝生命科学奖教金获奖名单（表） 496
统战工作 7b、10b、20b、25a、434a～439b
  北京党外高级知识分子联谊会 438c
  党的群众路线教育实践活动 434b
  党外代表人士队伍建设 435b
  调研座谈 436c
  九三学社高等教育国际化论坛 438a

民建城市发展论坛 437a
民盟高教论坛 438b
民主党派学习班 437a
民族宗教、港澳台侨和统战对象照顾工作 436a
思想建设 434a
台湾教师参访团 438a
统战工作会议 437b
统战系统两会精神学习报告会 436c
统战系统摄影展 439b
宣传和信息工作 436b
学习十八届三中全会精神报告会 438c
图书馆 40、339a～345b
  CALIS全国文理中心 345a
  CALIS全国医学中心 345a
  藏书 40
  党建工作 343a
  电子资源订阅情况统计（表） 340
  电子资源检索服务 341a
  读者到馆服务 340c
  读者服务工作进展情况（表） 341
  读者服务深化创新 341a
  分馆建设进展与分馆服务 342b
  高校图书馆数字资源采购联盟 345b
  工会工作 343c
  古籍整理 340c
  馆际互借与文献传递 341a
  基础设施保障 342c
  教育部高校图工委与中国图书馆学会高校分会 345b
  科研机构 344b
  科研项目一览（表） 343
  课题咨询与学科服务 342b
  人力资源建设 343b
  书刊采访工作统计（表） 339
  数字图书馆门户 342a
  特藏整理 340c
  文献信息资源体系 342b
  文献资源建设 339c
  文献资源组织与揭示 340b
  信息基础设施建设 342c

学术成果获奖情况统计（表） 344
学术与交流 343c
中国高校人文社会科学文献中心 345a
团的自身建设 460b

W

外部交流合作 14a
外国留学生 41
外国语学院 93b～95b
  党建工作 95a
  获得教育部第六届高等学校科学研究优秀成果奖名单（表） 94
  交流合作 94a
  教学工作 93c
  科研工作 94a
  入选北京大学教材建设立项支持名单（表） 94
  入选北京市高等教育精品教材名单（表） 94
  学生工作 95b
王恩哥 13、26
王家蓉—王山奖学金 524a
王选青年学者奖获奖名单（表） 499
网络本专科学生 41
网络公开课建设 27b
《为你而来·王选之歌》 3b
维信生物科技有限公司 334b～335b
  回报社会 335a
  获奖情况 335a
  企业概况 334b
  研究开发 334b
  业务发展 334c
  重点项目 335b
卫生部工程技术研究中心（表） 282
卫生部重点实验室（表） 281
未名生物工程集团有限公司 333b～334b
  回报社会 334b
  获奖情况 334b
  企业概况 333b
  研究开发 333b

重点项目 334a
文化建设 10a
文科科研 298a～313
　2009 年至 2013 年文科科研经费一览(表) 299
　第二届思勉原创奖北京大学获奖名单(表) 312
　第六届高等学校科学研究优秀成果奖获奖成果名单(表) 308
　第十二届人文社会科学研究优秀成果奖名单(表) 311
　发展概况 298a
　高等学校科学研究优秀成果奖前 10 名高校获奖情况(表) 300
　获北京市社会科学理论著作出版基金资助著作名单(表) 313
　教育部人文社会科学重点研究基地名单(表) 301
　科研成果 300a
　科研管理活动 301c
　科研机构 300b
　科研项目 298b
　其他纵向项目立项情况(表) 299
　人才工作 301b
　人文社科 SSCI、AHCI、SCI 收录论文院系统计(表) 313
　文科入选教育部新世纪优秀人才支持计划名单(表) 313
　纵向科研课题立项名单(表) 302
　纵向项目评审组织情况(表) 299
　纵向项目申报和立项情况(表) 299
文物保护与管理 373a
五四奖学金 520b
五四体育奖 512b
物理学院 58a～60a
　党委工作 60a
　科研工作 58c
　年度纪事 58b
　人才培养 59b
　实验室建设 59c
　行政后勤工作 59c
　学科建设 58c

X

西部扶贫工作 30a
西南联大国采奖学金 518b
西南联大奖学金 519a
西南联大吴惟诚奖学金 519a
西南联大曾荣森奖学金 518b
习近平 1、11b
　给考古文博学院 2009 级本科团支部回信 1
先进学风班 515b
现代大学制度 17a、39a、373b
　建设 39a
　完善 17a
现代教育技术中心 360c～361c
　电子巡考系统 361b
　发展概况 360c
　教学促进工作 361a
　教学信息化工作 360c
　教育技术支持服务 361c
　慕课上线 361b
　全国教育技术协作委员会换届 361c
　有线电视改造 361c
项目建设 374b
肖家河教工住宅项目 387c～388c
　建设办自身建设 388c
　开工筹备工作 388a
　腾退工作 388a
　政府力量依靠 388c
小班课教学试点 27b
校办产业管理委员会办公室 330a～330c
　创新发展 330b
　管理服务 330a
　管理制度规范 330c
校办企业职工 41
校本部 541a、547b、548b、551b
　2012 年结业、2013 年换发毕业证补授学士学位学生名单 551b
　本科留学生授予学士学位名单 547b
　普通本科毕业生授予学士学位名单 541a
　授予双学位及辅修名单 548b
校发文件目录(表) 482
校刊 432c
校历(表) 576、577
校领导机构组成名单 44
校舍建筑面积 40
校史馆 351c～352c
　参观接待 351c
　党建工作 352c
　内部管理 352c
　图书资料 352b
　文物征集与管理 352b
　校史研究 352b
　业务交流 352b
　展览筹办 352a
校务委员会 45
校学术委员会 45
校友工作 428a～428c
　《北大人》杂志 428b
　创新创业计划 428c
　机构建设 428c
　联络与服务 428a
校园安全 11a、17b、31b
　管理 31b
　稳定 11a
校园地下空间开发利用 31a
校园服务中心 413a～414a
　财务管理 413c
　党建工作 414a
　队伍建设 414a
　发展概况 413a
　内部管理 414a
　业务发展 413a
校园公共服务体系 14b
校园规划与治理 30b、372c
校园环境建设 27a
校园建设 17b
校园空间布局 31a
校园面积 40
校园民生 10b、17b、25a、30b、31b
　工程 31b
校园文化 7a、16a
协同创新 26b
谢培智奖学金 523a

心理学系　74a～76c
　　IDG 麦戈文脑科学研究所　75c
　　党委工作　74a
　　国际学术交流　76b
　　教学工作　74b
　　科研工作　75b
　　人事工作　76b
　　学生工作　76c
新聘任博士生导师交流论坛　260a
新闻网　433a
新闻与传播学院　113c～115a
　　党建工作　114b
　　交流合作　114b
　　教学工作　113c
　　科研工作　114a
　　学生工作　115a
新学期学校党委工作　21a
新一届双代会　7a
新增 40 万元以上大型仪器设备一览（表）　393
信息管理系　106a～107b
　　党建工作　107a
　　教学工作　106b
　　科研工作　106c
　　学生工作　107b
信息化建设与管理办公室　423a～426
　　大型软件审批目录（表）　424
　　党的群众路线教育实践　426a
　　发展概况　423a
　　新建楼宇及旧楼改造信息网络建设项目（表）　426
　　信息化服务项目　424a
　　信息化规章制度　423b
　　信息化经费　423c
　　英文门户网站　423c
　　有线电视数字化　423c
　　智慧校园建设　423b
信息科学技术学院　78a～80c
　　党建工作　80b
　　工会及离退休工作　80c
　　教学工作　79a
　　科研工作　79c
　　学生工作　80c

信息与工程科学部学术委员会　45
行政工作安排部署　27b
行政人员　41
休斯敦校友会奖学金　518b
徐光宪　2a
宣传工作　431a
　　电视台　433b
　　发展概况　431a
　　广播台　433c
　　理论工作　432b
　　摄影与图片　434b
　　新闻网　433a
　　校刊　432c
　　英语新闻网　433b
宣传思想工作　20b、22a、23a、431a
　　创新　23a
学科布局　15b、29a
学科规划　372a
学科建设　13a、26b、29a、34b、172、372a
　　水平　29a
学科建设与评估工作研讨会　260c
学生创新创业就业工作　14a
学生工作　14a、447a～450a、494
　　队伍建设　447c
　　发展概况　447a
　　国防教育　450a
　　水平　14a
　　先进单位名单（表）　494
　　学生管理　449c
　　学生思想政治教育　448b
学生管理和服务　28a、449c
学生海外学习　375a
学生及学生工作奖励　500
学生就业指导服务中心　450c～451b
　　毕业生到基层和西部就业引导　450c
　　发展概况　450c
　　就业服务　451a
　　就业指导体系　451b
　　课题研究　451b
　　品牌宣传　451a
　　潜在市场与合作空间　451a

　　学术交流　451b
　　学生社团　459c
　　学生思想政治教育　448b
　　学生宿舍管理服务中心　414b～415b
　　党建工作　415b
　　发展概况　414b
　　教师公寓工作　415a
　　学生公寓工作　414b
学生心理健康教育与咨询中心　452b、452c
　　发展概况　452b
　　年度特色工作　452c
　　普及心理健康教育　452b
　　危机排查干预　452c
　　心理咨询服务　452b
学生资助中心　453b～454b
　　常规工作　453b
　　创新工作　454b
　　发展概况　453b
学生组织　459b
学术委员会　45
学位评定委员会　47
学习教育活动　19b
学习型社会发展作　16b
学习宣传贯彻十八大　6a
学习优秀奖　506b
学校安全稳定　21a
学校党委工作总结　19a
学校战略规划　373c

Y

研究生毕业生名单　555
研究生教育　15a、27b、253a～265
　　促进交流计划　261a
　　奖助工作　257c
　　教学成果　256b
　　培养工作　254c
　　入选全国优秀博士学位论文名单（表）　265
　　首批理工科院系国际同行评议试点工作　260b
　　授予博士、硕士学位学科专业目录（表）　261
　　新聘任博士生导师交流论坛　260a
　　学科建设与评估工作研讨会

260c
　　学科评估第一　260a
　　学位工作　256b
　　研究生教育工作研讨会
　　　260a
　　优秀博士学位论文（表）　265
　　招生工作　253b
　　中国研究生院院长联席会秘
　　　书处　259a
研究生培养　28a
　　机制改革　28a
　　质量评价体系　28a
研究生与青年工作　458c
研究生招生选拔机制完善　28a
燕园街道办事处　416c～418a
　　党建工作　418a
　　发展概况　416c
　　环境建设　417a
　　民生建设　417b
　　平安建设　417a
　　社区建设　417c
燕园社区服务中心　415b～416b
　　党建工作　416b
　　发展概况　415b
　　经营管理　416a
　　社区服务　415c
　　设施建设　416a
杨芙清—王阳元院士奖学金
　519b
杨芙清—王阳元院士教师奖获奖
　名单（表）　496
杨辛捐赠荷花藏品　379c
药学院　120a～122c
　　博士毕业去向（表）　122
　　党建工作　121c
　　队伍建设　120b
　　发展概况　120a
　　继续教育　121b
　　交流合作　121b
　　教学工作　120b
　　科研成果　121a
　　科研工作　121a
　　科研获奖　121b
　　社会服务　121b
　　硕士毕业去向（表）　122
　　行政工作　122b
　　学科建设　120b

　　学生工作　122c
依法治校　17b
医疗服务水平　16b
医学部　44～47、248、251、297、
　467b、322、552b、554a
　　2012年结业、2013年换发毕
　　　业证书补授学士学位名单
　　　554a
　　2013年主办医学类国际学术
　　　会议和研讨班情况统计
　　　（表）　297
　　本科招生基本情况（表）　248
　　产业党总支　467b
　　负责人　44
　　教学单位汇总（表）　251
　　学生获得双学位及辅修名单
　　　554a
　　学生获得学士学位名单
　　　552b
　　学术委员会　46
　　学位评定委员会　47
　　专利申请及授权情况统计
　　　（表）　322
医学部本科生教育　248a～252
　　获中华医学会医学教育分会
　　　2012年度医学教育优秀论
　　　文奖名单（表）　250
　　教务管理　249a
　　教学成果　250a
　　教学单位汇总（表）　251
　　教学发展　249c
　　教学改革　248c
　　教学基地　250a
　　教学研究　250a
　　教育评价　249b
　　科研训练　252a
　　课程情况　249b
　　临床学系　251a
　　临床学系成立时间及第一届
　　　学系主任名单（表）　252
　　临床医学专业认证　248b
　　招生工作　248b
　　招生基本情况（表）　248
　　质量工程　252c
医学部档案馆　350c～351b
　　党支部工作　351b
　　档案编研工作　351a

　　档案利用服务　351a
　　档案收集整理　350c
　　工会工作　351b
　　业务学习与交流　351a
医学部国内合作与产业管理
　324c～326b
　　产业管理与服务　324c
　　经营状况　325c
　　企业改制　325c
　　医学网络教育学院　325c
　　在职教育培训中心　326b
　　制度建设　325b
医学部信息通讯中心　361c～
　363a
　　常规工作数据统计　363a
　　电话系统更新改造　362c
　　发展概况　361c
　　服务工作　363a
　　校园卡业务更新　362b
　　校园网络环境　362a
　　校园支付平台发布　362c
　　信息安全建设　363a
　　信息门户　362c
　　信息应用环境　362b
医学部研究生教育　269a～271b
　　学位工作　270b
　　研究生工作部工作　270b
　　医学教指委　271b
　　医药科秘书处　271b
　　招生工作　269a
　　综合工作　271a
医学部总务工作　405c～408c
　　安全稳定　408c
　　部医院　407a
　　城内学生宿舍管理办公室
　　　407c
　　队伍建设　408a
　　发展概况　405c
　　房地产管理中心　406c
　　规章制度　408b
　　获奖情况　408c
　　教室管理服务中心　407a
　　居委会　407b
　　民生工作　406a
　　内部管理　407c
　　项目监管　406b
　　校园管理中心　406c

饮食服务中心　406c	教学工作　128b	党建工作　96a
饮食管理办公室　407b	科研工作　129a	教学工作　96a
幼儿园　407a	行政工作及其他工作　129c	科研工作　96b
运输服务中心　407a	学生工作　130a	学生工作　96c
医学出版社　349a～349c	医学图书馆　346a～347c	英华科技有限公司　335c～336b
基金申请　349b	党建工作　347b	产品介绍　336c
教材出版　349b	服务工作　346c	产业运行　336b
经济指标　349a	获奖情况　347c	节能减排　336b
企业管理　349b	科研工作　347c	年度纪事　335c
数字出版　349c	阅读推广　347a	企业改革　336a
图书出版　349a	医学网络教育学院　325c	企业概况　335c
图书获奖　349b	医学信息学中心　368a～369c	研究开发　336a
信息化建设　349b	发展概况　368a	重点项目　336b
学术专著出版　349c	国内外交流与合作　369c	英语新闻网　433b
译著出版　349c	教学工作　368a	优秀班集体　515a
医学继续教育　274c～275c	科研工作　368a	优秀班主任　493
对内继续医学教育项目　275c	人才培养　368a	标兵名单(表)　493
访学工作　275b	人事工作　368a	名单(表)　493
国家级和北京市市级继续医学教育项目　275b	团队建设　368a	优秀博士学位论文(表)　265
进修生培养工作　275c	文章发表　369b	优秀党务和思想政治工作者　489a
课题研究工作　275c	研究项目　369b	优秀德育奖名单(表)　492
评优创先工作　275c	医药卫生分析中心　363b～364b	优秀团干部　538b
其他工作　276a	党建工作　364b	优秀团员　539b
委托短期培训班　275c	发展概况　363b	优秀团支部　538a
住院医师规范化培训工作　274c	分析测试工作　363c	优秀新生团支书　538b
住院医师规范化培训工作体系建设　274c	交流合作　364b	优秀学生干部　505b
住院医师规范化培训工作质量保证　275c	教学工作　363b	优衣库奖学金　532b
	科研工作　363b	友利银行奖学金　523a
	其他工作　364b	元培学院　158c～160a
	实验室建设　364a	党建工作　159b
	行政工作　364b	国际化发展　160a
医学教育研究所　367a～367c	医院管理处　314a～315c	教育教学　158c
研究生培养　367c	党风廉政建设　315c	学生工作　159b
医学教育研究　367c	发展概况　314a	院、系、所、中心负责人　47
中华医学会医学教育分会和中国高等教育学会秘书处　367a	服务政府和社会工作　314c	院士名录(表)　469
	共建医院　315a	院系情况　55
	护理管理工作　314c	
《中华医学教育》杂志　367b	年度纪事　315c	**Z**
医学教育综合改革　15a	培训工作　314b	
医学人文研究院/医学部公共教学部　128a～130b	外国医师考试中心　315a	在春季全校干部大会上的讲话　6、13
党的群众路线教育实践活动　130b	医疗信访工作　314c	在秋季全校干部大会上的讲话　18、26
党建工作　129b	医疗质量管理　314b	
发展概况　128a	仪器设备　390a、391a	在校学生情况　41
继续教育　129b	采购　391a	在校院士名录(表)　469
交流合作　129b	管理　390a	在职教育培训中心　326b
	意识形态领域工作　22a	曾宪梓奖学金　519b
	艺术学院　95c～96b	

张景钺—李正理奖学金　524a
张昀奖学金　518a
章文晋奖学金　518b
哲学社会科学资深教授名录（表）
　　470
哲学系（宗教学系）　91c~94b
　　党建工作　92c
　　交流合作　94b
　　教学工作　92a
　　科研工作　92b
　　学生工作　93a
真抓实干　12a
政府管理学院　109a~110b
　　党建工作　110a
　　交流合作　109c
　　教学工作　109b
　　科研工作　109b
　　学生工作　110b
正大奖教金获奖名单（表）　496
正风肃纪　22a、32a
　　专项活动　22a
正高级职称教师及专业技术人员
　　名单　470
芝生奖学金　524a、528b
执行委员会名单　47
直属单位党委　464a~465c
　　党的群众路线教育实践活动
　　　464c
　　党建创新　465b
　　党员爱心捐款　465c
　　党支部到期换届　465b
　　发展概况　464a
　　歌剧研究院党支部　465b
　　困难党员帮扶　465c
　　优秀表彰　465c
　　中国梦主题党日　465a
直属、附属单位负责人　52
中关村开放式实验室（表）　282
中国工程院院士（表）　470
中国工商银行奖学金　520a
中国工商银行教师奖获奖名单
　　（表）　497
中国科学院院士（表）　469

中国社会科学调查中心　160b~
　　161b
　　发展概况　160b
　　会议出版　161a
　　教育与培训　161b
　　数据调查　160c
中国生物材料大会　329b
中国石油奖学金　518a
中国石油塔里木奖学金　531b
中国特色社会主义办学道路　18b
中国卫生发展研究中心　369c~
　　370b
　　国际合作　370b
　　教学工作　370a
　　科研工作　370a
　　年度纪事　370b
　　学术活动　370a
　　政策传播　370a
中国药物依赖性研究所　365c~
　　366c
　　出版工作　366b
　　发展概况　365c
　　教学工作　366b
　　科研成果　366a
　　科研工作　366a
　　社会服务　366c
　　实验室建设　366c
　　学科建设　365c
　　学术会议　366b
中国语言文学系　88a~88c
　　党建工作　88c
　　交流合作　88b
　　教学工作　88a
　　科研工作　88b
　　学生工作　88c
中华医学会医学教育分会和中国
　　高等教育学会秘书处　367a
《中华医学教育》杂志　367b
中营奖学金　524b
钟天心奖学金　519a
肿瘤医院　147b~150a
　　党建工作　149b
　　发展概况　147b

　　工会工作　149c
　　共青团工作　149c
　　教学工作　148b
　　科研工作　147c
　　年度纪事　150a
　　学术交流　149a
　　医疗工作　147b
　　重点专项工作　387b
　　重要出访　374a
周昭庭奖学金　519b
朱善璐　2a~6、18
住友商事奖学金　520a
专科学生　41
专利申请受理、获授权情况统计
　　（表）　296
专任教师数　40
专文　6
专业技术人员名单　470
专业技术职务评审委员会　46
专业情况　42
资深教授名录（表）　470
资源汲取能力　30b
资源集团　337b~338c
　　获奖情况　338c
　　年度纪事　337b
　　企业概况　337b
　　重点项目　338a
资源配置　31b
宗教学系　91c
总体数据　40
总务工作　402a
纵向科研课题立项名单（表）　302
纵向项目评审组织情况（表）　299
纵向项目申报和立项情况（表）　299
组织工作　429a~430c
　　党建工作　429c
　　党建研究　430b
　　党校工作　430c
　　发展概况　429a
　　干部工作　429a
作风建设　11a

（王彦祥、毋栋、张若舒　编制）